Concordancia breve de la Biblia

EDITORIAL

Vida

HACIA UN NUEVO MILENIO

La misión de Editorial Vida es proporcionar los recursos necesarios a fin de alcanzar a las personas para Jesucristo y ayudarlas a crecer en su fe.

ADVERTENCIA

La presente Concordancia Breve de la Biblia Reina-Valera se ha preparado con el fin de ayudar al lector a localizar los textos conocidos y hallar los principales pasajes relacionados con los temas bíblicos más significativos. Esta obra es el resultado de un estudio especial basado en una comparación de varias concordancias breves en otros idiomas, y se ha procurado incluir las mejores características de ellas y a la vez dar más atención a las palabras que figuran de manera especial en las Sagradas Escrituras (p. ej., *amor, salvación, redención, justificación,* etc.).

Puesto que esta Concordancia es breve y no completa, debe usarse teniendo en cuenta las referencias que se encuentran al pie de las páginas de la Biblia, y los pasajes paralelos que se citan bajo los títulos de algunas partes de la misma.

Hay ciertos aspectos especiales de esta Concordancia que deben tenerse en cuenta al hacer uso de la misma:

(1) Las palabras citadas en la Concordancia se presentan en orden alfabético, impresas en tipo negro. Debajo de cada palabra clave se da, en orden bíblico, una lista de referencias y textos en que aquélla aparece. En los renglones tomados del texto bíblico se presentan estas palabras en forma abreviada, dando en bastardilla su primera letra únicamente, con excepción de los verbos, que se presentan en su forma completa. La omisión de una palabra o frase se indica por medio de dos puntos suspensivos (. .); estas omisiones a menudo ayudan a citar el texto en una forma que, aunque abreviada, sea más significativa.

(2) De las palabras que tienen formas masculina y femenina, éstas generalmente se dan juntas. Los plurales de los sustantivos y adjetivos se incluyen indistintamente bajo la forma del singular. Cuando un adjetivo tiene forma idéntica a la del sustantivo correspondiente, y un significado estrechamente relacionado con éste, no se separan en la lista. En algunos casos en que el sustantivo es femenino y el adjetivo masculino, se hace notar esto al dar la palabra clave en la lista. Puesto que los participios de algunos verbos a menudo se usan como sustantivos o adjetivos, pueden figurar bajo el verbo o bajo el sustantivo según el caso.

(3) Para palabras importantes que tienen sinónimos u otras voces con significados similares o íntimamente relacionados con ellas en el texto, éstos se hacen notar inmediatamente después de la palabra clave, con la indicación *véase* o *v.*

(4) Respecto a personajes importantes de la Biblia, se da un breve párrafo con referencias escogidas que abarcan los principales acontecimientos de sus vidas, para evitar una larga lista de pasajes en los cuales sus nombres aparecen. En algunos casos este resumen biográfico viene seguido de una lista de referencias posteriores a tales personajes. Respecto a los nombres propios que aparecen una sola vez, o muy pocas veces, en la Biblia, generalmente se dan las referencias sin reproducir las palabras del texto.

(5) Cuando hay dos o más expresiones idénticas o similares en diferentes pasajes de la Biblia, éstos a menudo se agrupan bajo el primero de tales pasajes, con el fin de conservar espacio, aun cuando en esta forma el lector tenga que buscarlos en la lista un poco fuera de su orden bíblico.

CONCORDANCIA

AARÓN Hermano de Moisés, Ex. 4.14; 7.1;
encomiado por su elocuencia, Ex. 4.14; ayudante
de Moisés, Ex. 4.14–16, 27; caudillo junto con
Moisés, Ex. 5.1; 8.25; sostiene los brazos de Moisés,
Ex. 17.12; apartado como sacerdote, Ex. 28;
He. 5.4; hace un becerro de oro, Ex. 32; Hch.
7.40; murmura contra Moisés, Nm. 12; su vara
florece, Nm. 17; He. 9.4; muere, Nm. 20.22–29.

ABADÓN *véase* Hades, Infierno, Seol
Job 26.6 el Seol .. y el *A* no tiene cobertura
Sal. 88.11 ¿será contada .. tu verdad en el *A*?
Pr. 15.11 el Seol y el *A* están delante de Jehová
    27.20 el Seol y el *A* nunca se sacian; así los
Ap. 9.11 nombre en hebreo es *A*, y en griego

ABANDONAR *v.* Dejar, Ir
Dt. 31.17 los *abandonaré*, y esconderé de ellos mi
    32.15 entonces *abandonó* al Dios que lo hizo
Esd. 8.22 furor contra todos los que le *abandonan*
Neh. 9.19 no los *abandonaste* en el desierto
    10.39 y no *abandonaremos* la casa de .. Dios
Sal. 94.14 no *abandonará* Jehová a su pueblo, ni
Pr. 2.17 *abandona* al compañero de su juventud
Is. 7.16 la tierra .. que tú temes será *abandonada*
    54.7 por un breve momento te *abandoné*
Ez. 8.12; 9.9 Jehová ha *abandonado* la tierra
1 Co. 7.13 consiente en vivir .. no lo *abandone*
2 Ti. 1.15 me *abandonaron* todos los que están en

ABATIDO *v.* Afligido, Quebrantado
Sal. 74.21 no vuelva avergonzado el *a*
Is. 53.4 le tuvimos por .. herido de Dios y *a*

ABATIMIENTO *v.* Angustia, Quebranto
Sal. 136.23 en nuestro *a* se acordó de nosotros
Pr. 18.12 y antes de la honra es el *a*
Lm. 3.19 de mí *a*, del ajenjo y de la hiel

ABATIR *v.* Afligir, Humillar
1 S. 2.7 Jehová empobrece .. *abate*, y enaltece
Job 9.13 debajo de él se *abaten* los que ayudan
Sal. 42.5, 11; 43.5 ¿por qué te *abates*, oh alma
    107.39 luego son menoscabados y *abatidos*
Pr. 12.25 la congoja en el corazón .. lo *abate*
    29.23 la soberbia del hombre le *abate*; pero
Is. 2.11 la altivez de los ojos del .. será *abatida*
    5.15 el varón será *abatido*, y serán bajados
    57.9 *abatiste* hasta la profundidad del Seol
Ez. 17.14 para que el reino fuese *abatido* y no se
    17.24 que yo Jehová *abatí* el árbol sublime
Lc. 10.15 tú .. hasta el Hades serás *abatida*

ABBA
Mr. 14.36 decía: *A*, Padre, todas las cosas son
Ro. 8.15 por el cual clamamos: ¡*A*, Padre!
Gá. 4.6 el Espíritu .. el cual clama: ¡*A*, Padre!

ABDÍAS mayordomo de Acab   1 R. 18.3–16.

ABED-NEGO Dn. 1.6—3.30.

ABEJA *v.* Mosca
Jue. 14.8 en el cuerpo del león había un .. de *a*
Sal. 118.12 me rodearon como *a* .. como fuego

ABEL Gn. 4.2–10.
Mt. 23.35; Lc. 11.51 la sangre de *A* el justo
He. 11.4 por la fe *A* ofreció a Dios .. sacrificio

ABIATAR
1 S. 22.20 pero uno .. que se llamaba *A*, escapó
1 R. 2.27 así echó Salomón a *A* del sacerdocio
Mr. 2.26 cómo entró .. siendo *A* sumo sacerdote

ABIERTAMENTE *v.* Públicamente
Jn. 7.10 subió a la fiesta, no *a* .. en secreto
    11.54 Jesús ya no andaba *a* entre los judíos

ABIERTO, ta
Nm. 24.4 el que oyó .. caído, pero *a* los ojos
Is. 60.11 tus puertas estarán de continuo *a*
Hch. 10.11 vio el cielo *a*, y que descendía algo

ABIGAIL 1 S. 25.3–42.

ABIMELEC rey de Gerar   Gn. 20.2—21.32;
26.1–31.

ABIMELEC hijo de Gedeón Jue. 9.1–57; 2 S.
11.21.

ABISAG 1 R. 1.3; 2.17.

ABISAI Propone matar a Saúl, 1 S. 26.5–9;
persigue a Abner, 2 S. 2.18–24; quiere matar a
Simei, 2 S. 16.9–11; 19.21; derrota a los edomi-
tas, 1 Cr. 18.12.

ABISMO *v.* Profundidad
Ex. 15.5 los *a* los cubrieron; descendieron a las
Job 28.14 el *a* dice: No está en mí; y el mar
Sal. 18.15 entonces aparecieron los *a* de las aguas
    42.7 *a* llama a otro a la voz de tus cascadas
    69.15 ni me trague el *a*, ni el pozo cierre
    104.6 con el *a*, como con vestido, la cubriste
Pr. 23.27 *a* profundo es la ramera, y pozo angosto
Is. 63.13 el que los condujo por los *a*, como un
Ro. 10.7 ¿quién descenderá al *a*? (esto es, para
Ap. 9.1 y se le dio la llave del pozo del *a*
    17.8 está para subir del *a* e ir a perdición
    20.3 lo arrojó al *a*, y lo encerró, y puso su

ABIÚ hijo de Aarón Lv. 10.1–5.

ABNER General del ejército, 1 S. 14.50; hace
rey a Is-boset, 2 S. 2.8–11; mata a Asael, 2 S.
2.18–23; hace pacto con David, 2 S. 3.6–21; muerto
por Joab, 2 S. 3.26–30; llorado por David, 2 S.
3.31–39.

ABOFETEAR *v.* Bofetada, Golpear, Puñetazo
Mt. 26.67 de puñetazos, y otros le *abofeteaban*
1 Co. 4.11 somos *abofeteados*, y no tenemos
2 Co. 12.7 mensajero de Satanás que me *abofetee*

ABOGAR
Pr. 18.17 justo parece el primero que *aboga* por
Lm. 3.58 *abogaste*, Señor, la causa de mi alma

ABOMINABLE
Gn. 34.30 me habéis turbado con hacerme *a* a
Ex. 5.21 nos habéis hecho *a* delante de Faraón
Dt. 7.26 no traerás cosa *a* .. que no seas anatema
    14.3 no comerás
1 S. 13.4 Israel se había hecho *a* a los filisteos
    27.12 él se ha hecho *a* a su pueblo de Israel
1 R. 21.26 fue en gran manera *a* .. en pos de los
Job 15.16 ¿cuánto menos el hombre *a* y vil, que
Sal. 14.1; 53.1 se han corrompido, hacen obras *a*
Pr. 28.9 que aparta .. su oración también es *a*
Jer. 2.7 entrasteis .. e hicisteis *a* mi heredad
Os. 9.10 hicieron *a* como aquello que amaron
Hch. 10.28 sabéis cuán *a* es para un varón judío
Tit. 1.16 siendo *a* y rebeldes, reprobados en

ABOMINACIÓN
Gn. 46.34 para los egipcios es *a* todo pastor
Lv. 11.10 no tienen aletas .. los tendréis en *a*
    11.13 de las aves .. tendréis en *a* .. serán *a*
    18.22 no te .. con varón como con mujer; es *a*
Dt. 18.9 no aprenderás a hacer según las *a* de
    23.18 *a* es a Jehová .. cualquiera que hace
1 R. 14.24 hicieron .. todas las *a* de las naciones
Pr. 11.1 el peso falso es *a* Jehová; mas la
    12.22 los labios mentirosos son *a* a Jehová
    15.9 *a* es a Jehová el camino del impío; mas
    15.26 *a* son a .. los pensamientos del malo
    21.27 el sacrificio de los impíos es *a*
    29.27 *a* es al impío el de caminos rectos
Is. 1.13 el incienso me es *a*; luna nueva y día
    41.24 obras vanidad; *a* es el que os escogió
    44.19 ¿haré del resto de él una *a*?
    66.3 propios caminos, y su alma amó sus *a*
Jer. 6.15; 8.12 avergonzado de haber hecho *a*?
Ez. 7.3 juzgaré .. pondré sobre ti todas tus *a*

1

Ez. 8.9 entra, y ve las malvadas *a* que éstos hacen
11.18 y quitarán de ella .. todas sus *a*
16.51 multiplicaste tus *a* más que ellas
33.29 convierta la tierra en soledad .. las *a*
37.23 con sus *a* y con todas sus rebeliones
Dn. 9.27 con la .. de las *a* vendrá el desolador
11.31 tropas .. y pondrán la *a* desoladora
12.11 hasta la *a* desoladora, habrá 1.290 días
Mal. 2.11 y en Jerusalén se ha cometido *a*
Mt. 24.15; Mr. 13.14 veáis .. la *a* desoladora
Lc. 16.15 por sublime, delante de Dios es *a*
Ap. 21.27 no entrará .. que hace *a* y mentira

ABOMINAR *v.* Aborrecer, Odiar
Lv. 26.11 morada .. y mi alma no os *abominará*
Job 7.16 *abomino* mi vida; no he de vivir para
Sal. 106.40 se encendió .. y *abominó* su heredad
107.18 su alma *abominó* todo alimento, y
119.163 la mentira aborrezco y *abomino*
Pr. 3.32 porque Jehová *abomina* al perverso
8.7 y la impiedad *abominan* mis labios
Is. 5.24 y *abominaron* la palabra del Santo de
Am. 5.21 *abominé* vuestras solemnidades, y no me
6.8 ha dicho: *Abomino* la grandeza de Jacob

ABORRECEDOR
Is. 61.8 *a* del latrocinio para holocausto
Ro. 1.30 *a* de Dios, injuriosos, soberbios
2 Ti. 3.3 intemperantes, crueles, *a* de lo bueno

ABORRECER *v.* Abominar
Gn. 27.41 y *aborreció* Esaú a Jacob por la
37.4 hermanos, le *aborrecían*, y no podían
Ex. 23.5 si vieres el asno del que te *aborrece*
Lv. 19.17 no *aborrecerás* a tu hermano en tu
26.17 los que os *aborrecen* se enseñorearán
Dt. 7.26 la *aborrecerás* .. porque es anatema
19.11 *aborreciere* a su prójimo y lo acechare
32.41 la retribución a los que me *aborrecen*
2 S. 13.15 la *aborreció* Amnón con tan gran
13.22 Absalón *aborrecía* a Amnón, porque
19.6 amando a los que te *aborrecen*, y
22.41 yo destruyese a los que me *aborrecen*
1 R. 22.8; 2 Cr. 18.7 Micaías .. yo le *aborrezco*
2 Cr. 19.2 amas a los que *aborrecen* a Jehová?
Job 8.20 he aquí, Dios no *aborrece* al perfecto
8.22 los que te *aborrecen* serán vestidos de
19.19 mis íntimos amigos me *aborrecieron*
33.20 le hace que su vida *aborrezca* el pan
42.6 por tanto me *aborrezco*, y me arrepiento
Sal. 5.5 *aborreces* a todos los que hacen iniquidad
26.5 *aborrecí* la reunión de los malignos
34.21 los que *aborrecen* al justo serán
36.2 de que su iniquidad no será .. *aborrecida*
45.7 has amado la .. y *aborrecido* la maldad
68.1 huyan de su .. los que le *aborrecen*
69.4 han aumentado .. los que me *aborrecen*
78.59 en gran manera *aborreció* a Israel
81.15 los que *aborrecen* a Jehová se le
97.10 que amáis a Jehová, *aborreced* el mal
101.3 *aborrezco* la obra de los que se desvían
107.11 *aborrecieron* el consejo del Altísimo
119.113 *aborrezco* a los hombres hipócritas
119.163 la mentira *aborrezco* y abomino
139.21 ¿no odio .. a los que me *aborrecen*
Pr. 1.29 por cuanto *aborrecieron* la sabiduría
6.16 seis cosas *aborrece* Jehová, y aun siete
8.13 el temor de Jehová es *aborrecer* el mal
13.5 el justo *aborrece* la palabra de mentira
13.24 detiene el castigo, a su hijo *aborrece*
15.10 el que *aborrece* la corrección morirá
19.7 los hermanos del pobre le *aborrecen*
25.21 si el que te *aborrece* tuviere hambre
27.6 importunos los besos del que *aborrece*
28.16 el que *aborrece* la avaricia prolongará
Ec. 2.17 *aborrecí*, por tanto, la vida, porque la
Is. 33.15 que *aborrece* la ganancia de violencias
66.5 que os *aborrecen*, y os echan fuera por
Jer. 6.19 no escucharon .. *aborrecieron* mi ley
7.29 Jehová ha *aborrecido* .. la generación
14.19 ¿ha *aborrecido* tu alma a Sion?
Ez. 20.43 os *aborreceréis* a vosotros mismos

Am. 5.15 *aborreced* el mal, y amad el bien, y
Mi. 3.2 vosotros que *aborrecéis* lo bueno y amáis
Zac. 8.17 son cosas que *aborrezco*, dice Jehová
Mt. 5.44; Lc. 6.27 bien a los que os *aborrecen*
6.24; Lc. 16.13 *aborrecerá* al uno y amará al
10.22; 24.9; Mr. 13.13; Lc. 21.17 seréis *abo-
rrecidos* de todos por causa de mi nombre
Lc. 6.22 bienaventurados .. cuando .. *aborrezcan*
14.26 viene a mí, y no *aborrece* a su padre
19.14 pero sus conciudadanos le *aborrecían*
Jn. 3.20 aquel que hace lo malo, *aborrece* la luz
7.7; 15.18 mundo os *aborrece* .. a mí me *a*
12.25 que *aborrece* su vida en este mundo
15.23 el que me *aborrece* .. a mi Padre *a*
15.25 escrita .. Sin causa me *aborrecieron*
17.14 y el mundo los *aborreció*, porque no
Ro. 7.15 quiero, sino lo que *aborrezco*, eso hago
9.13 a Jacob amé, mas a Esaú *aborrecí*
12.9 *aborreced* lo malo, seguid lo bueno
Ef. 5.29 nadie *aborreció* jamás a su propia carne
Tit. 3.3 aborrecibles, y *aborreciéndonos* unos a
1 Jn. 2.9; 4.20 dice .. y *aborrece* a su hermano
3.13 no os extrañéis si el mundo os *aborrece*
3.15 que *aborrece* a su hermano es homicida
Jud. 23 *aborreciendo* aun la ropa contaminada
Ap. 2.6 que *aborreces* las obras de los nicolaítas

ABORTIVO
Job 3.16 ¿por qué no fui escondido como *a*, como
1 Co. 15.8 de todos, como a un *a*, me apareció a mí

ABRAHAM (Abram) Nace, Gn. 11.26; se casa
con Sarai, Gn. 11.29; emigra de Ur a Harán,
Gn. 11.31; es llamado por Dios, Gn. 12.1-5;
viaja a Egipto, Gn. 12.10-20; se separa de Lot,
Gn. 13.7-11; rescata a Lot, Gn. 14.13-16; pacto
de Dios con él, Gn. 15.18; 17.1-22; recibe a los
ángeles, Gn. 18.1-21; intercede por Sodoma,
Gn. 18.22-33; despide a Agar e Ismael, Gn. 21.9-
21; ofrece a Isaac, Gn. 22.1-14; entierra a Sara en
la cueva de Macpela, Gn. 23; se casa con Cetura,
Gn. 25.1; muere y es sepultado, Gn. 25.8-9.

Mt. 3.9; Lc. 3.8 Dios puede levantar hijos a *A*
8.11 se sentarán con *A* e Isaac y Jacob en
Mr. 12.26 soy el Dios de *A*, el Dios de Isaac
Lc. 13.28 cuando veáis a *A* .. en el reino de Dios
16.22 llevado por los ángeles al seno de *A*
Jn. 8.39 fueseis hijos de *A*, las obras de *A* haríais
8.58 os digo: Antes que *A* fuese, yo soy
Hch. 7.2 Dios .. apareció a nuestro padre *A*
Ro. 4.3; Gá. 3.6; Stg. 2.23 creyó *A* a Dios
4.16 sino .. para la que es de la fe de *A*
9.7 ni por ser descendientes de *A* son .. hijos
Gá. 3.7 los que son de fe, éstos son hijos de *A*
He. 11.8 por la fe *A* .. obedeció para salir al
Stg. 2.21 ¿no fue justificado por las obras *A*

ABRAZAR
Gn. 33.4 pero Esaú corrió .. y le *abrazó*, y se echó
Pr. 5.20 y *abrazarás* el seno de la extraña?
Ec. 3.5 tiempo de *abrazar*, y .. abstenerse de *a*
Hch. 20.10 Pablo .. *abrazándole*, dijo: No os

ABREVAR
Gn. 29.10 *abrevó* el rebaño de Labán hermano
Sal. 36.8 los *abrevarás* del torrente de .. delicias

ABRIGO
Job 24.8 y abrazan las peñas por falta de *a*
31.19 sin vestido, y al menesteroso sin *a*
Sal. 91.1 el que habita al *a* del Altísimo morará
Is. 4.6 habrá un *a* para sombra contra el calor
1 Ti. 6.8 teniendo .. *a* estemos contentos con

ABRIR
Nm. 16.31 se *abrió* la tierra que estaba debajo de
Dt. 15.11 *abrirás* tu mano a tu hermano, al pobre
2 R. 6.17 ruego que *abras* sus ojos para que vea
Job 16.10 *abrieron* contra mí su boca; hirieron
Sal. 22.13 *abrieron* sobre mí su boca como león
51.15 Señor, *abre* mis labios, y .. mi boca
74.15 *abriste* la fuente y el río; secaste
118.19 *abridme* las puertas de la justicia

Pr. 17.19 el que *abre* demasiado la puerta busca
31.8 *abre* tu boca por el mudo en el juicio
Is. 22.22 *abrirá,* y nadie cerrará .. y nadie *a*
26.2 *abrid* las puertas, y entrará la gente
35.5 ojos .. serán *abiertos* .. oídos se *abrirán*
50.5 Jehová el Señor me *abrió* el oído, y yo
Mal. 3.10 si no os *abriré* las ventanas de los cielos
Mt. 3.16; **Mr.** 1.10; **Lc.** 3.21 los cielos .. *abiertos*
7.7; **Lc.** 11.9 buscad .. llamad, y se os *abrirá*
13.35 *abriré* en parábolas mi boca; declararé
25.11; **Lc.** 13.25 diciendo: ¡Señor .. *ábrenos!*
27.52 y se *abrieron* los sepulcros, y muchos
Mr. 7.34 y le dijo: Efata, es decir: Sé *abierto*
Hch. 5.19 ángel .. *abriendo* de noche las puertas
12.14 de gozo no *abrió* la puerta, sino que
14.27 cómo había *abierto* la puerta de la fe
27.41 la popa se *abría* con la violencia del
1 Co. 16.9 me ha *abierto* puerta grande y eficaz
Ef. 6.19 al *abrir* mi boca me sea dada palabra
Col. 4.3 para que el Señor nos *abra* puerta
He. 4.13 todas las cosas están .. *abiertas* a los
10.20 por el camino .. vivo que él nos *abrió*
Ap. 3.7 *abre* y ninguno cierra .. y ninguno *a*
5.2 ¿quién es digno de *abrir* el libro y desatar
6.1 vi cuando el Cordero *abrió* uno de los

ABROGAR *v.* Anular, Quitar
Dn. 6.8 ley de .. la cual no puede ser *abrogada*
6.15 ningún edicto .. puede ser *abrogado*
Mt. 5.17 que he venido para *abrogar* la ley o los
Gá. 3.17 la ley .. no lo *abroga,* para invalidar la
He. 7.18 queda, pues, *abrogado* el mandamiento

ABRUMAR
2 Co. 1.8 *abrumados* sobremanera más allá de
2 P. 2.7 Lot, *abrumado* por .. de los malvados

ABSALÓN 2 S. 13.1—18.33. Tercer hijo de
David, 2 S. 3.3; venga a Tamar y huye, 2 S. 13.22–
39; regresa a Jerusalén, 2 S. 14.24–33; conspira
contra David, 2 S. 15.1–12; derrotado y muerto
por Joab, 2 S. 18.9–17; llorado por David, 2 S.
18.33.

ABSOLVER
Dt. 25.1 *absolverán* al justo, y condenarán al
Jer. 25.29 ¿y vosotros seréis *absueltos?* No seréis *a*
49.12 ¿y serás tú *absuelto* .. No serás *a*

ABSTENERSE
Lv. 22.2 que se *abstengan* de las cosas santas
Dt. 23.22 cuando te *abstengas* de prometer, no
Hch. 21.25 se *abstengan* de lo sacrificado a los
1 Co. 9.25 aquel que lucha, de todo se *abstiene*
1 Ts. 5.22 *absteneos* de toda especie de mal
1 Ti. 4.3 mandarán *abstenerse* de alimentos que
1 P. 2.11 que os *abstengáis* de los deseos carnales

ABUNDANCIA *v.* Plenitud
Gn. 41.29 he aquí vienen siete años de gran *a*
41.53 así se cumplieron los siete años de *a*
Dt. 28.47 gozo .. por la *a* de todas las cosas
1 Cr. 22.5 David .. hizo preparativos en gran *a*
29.16 esta *a* .. de tu mano es, y todo es tuyo
Job 20.22 en el colmo de su *a* padecerá estrechez
Pr. 3.10 y serán llenos tus graneros con *a,* y tus
21.5 los pensamientos del .. tienden a la *a*
Jer. 2.7 y os introduje en tierra de *a,* para que
31.14 el alma del sacerdote satisfaré con *a*
Mt. 12.34; **Lc.** 6.45 de la *a* del corazón habla la
Lc. 12.15 la vida del hombre no consiste en la *a*
Jn. 10.10 tengan vida, y para que la tengan en *a*
2 Co. 8.14 la *a* vuestra supla la escasez de ellos
Fil. 4.12 sé vivir humildemente, y sé tener *a*
4.18 pero todo lo he recibido, y tengo *a*
1 Ti. 6.17 que nos da todas las cosas en *a* para

ABUNDANTEMENTE
Ef. 3.20 hacer todas las cosas mucho más *a* de lo
Tit. 3.6 derramó en nosotros *a* por Jesucristo
Stg. 1.5 Dios, el cual da a todos *a* y sin reproche

ABUNDAR *v.* Exceder, Sobreabundar
Dt. 30.9 te hará Jehová .. *abundar* en toda obra
Ro. 3.7 la verdad de Dios *abundó* para su gloria

Ro. 5.15 *abundaron* .. para los muchos la gracia y
5.20 cuando el pecado *abundó,* sobreabundó
6.1 ¿perseveraremos .. que la gracia *abunde?*
15.13 para que *abundéis* en esperanza por el
1 Co. 14.12 *abundar* en ellos para edificación de
2 Co. 1.5 *abundan* en nosotros las aflicciones de
4.15 que *abundando* la gracia por medio de
8.2 *abundaron* en riquezas de su generosidad
9.8 hacer que *abunde* en vosotros toda gracia
Fil. 1.9 pido .. vuestro amor *abunde* aun más
1 Ts. 3.12 el Señor os haga .. *abundar* en amor
4.10 rogamos .. que *abundéis* en ello más y
2 P. 1.8 estas cosas están en vosotros, y *abundan*

ACAB 1 R. 16.29—22.40.

ACABAR *v.* Agotar, Completar, Concluir,
Cumplir, Perfeccionar, Terminar
Gn. 2.1 fueron, pues, *acabados* los cielos y la
47.18 el dinero ciertamente se ha *acabado*
1 Cr. 28.20 hasta que *acabes* toda la obra para
Job 23.14 *acabará* lo que ha determinado de mí
Sal. 12.1 salva .. porque se *acabaron* los piadosos
59.13 *acábalos* con furor, *a,* para que no
77.8 ha *acabado* perpetuamente su promesa?
90.9 *acabamos* .. años como un pensamiento
Is. 10.25 se *acabará* mi furor y mi enojo, para
60.20 los días de tu luto serán *acabados*
Lc. 4.13 cuando .. hubo *acabado* toda tentación
Jn. 4.34 haga la voluntad .. y que *acabe* su obra
17.4 he *acabado* la obra que me diste que
1 Co. 13.8 las profecías se *acabarán,* y cesarán
2 Co. 8.6 *acabe* también entre vosotros esta obra
Gá. 3.3 ahora vais a *acabar* por la carne?

ACAMPAR
Ex. 14.2 que den la vuelta y *acampen* delante de
19.2 *acampó* allí Israel delante del monte
Nm. 10.31 conoces .. donde hemos de *acampar* en
Job 19.12 *acamparon* en derredor de mi tienda
Sal. 27.3 aunque un ejército *acampe* contra mí
34.7 el ángel de Jehová *acampa* alrededor de
Is. 29.3 porque *acamparé* contra ti alrededor

ACÁN
Jos. 7.1 prevaricación en .. porque *A* hijo de
7.18 fue tomado *A* hijo de Carmi, hijo de

ACAYA
Hch. 18.27 queriendo él pasar a *A,* los hermanos
Ro. 15.26 y *A* tuvieron a bien hacer una ofrenda
1 Co. 16.15 familia de Estéfanas .. primicias de *A*
2 Co. 9.2 *A* está preparada desde el año pasado
11.10 esta mi gloria en las regiones de *A*

ACAZ 2 R. 16.1–20; 2 Cr. 28.1–27; Is. 7.1–12.

ACCIÓN *v.* Hecho, Obra, Obrar
1 S. 2.3 es Jehová, y a él toca el pesar las *a*
Ap. 19.8 el lino fino es las *a* justas de los santos

ACECHAR
Sal. 37.32 *acecha* el impío al justo, y procura
56.6 miran .. como quienes *acechan* a mi alma
Pr. 24.15 oh impío, no *aceches* la tienda del justo
Mi. 7.2 todos *acechan* por sangre; cada cual arma
Mr. 3.2; **Lc.** 6.7 *acechaban* para ver si .. sanaría
Lc. 20.20 *acechándole,* enviaron espías que se

ACEITE
Gn. 28.18; 35.14 y derramó *a* encima de ella
Ex. 30.25 harás de ello el *a* de la santa unción
Lv. 8.12 derramó del *a* .. la cabeza de Aarón
Dt. 32.13 que chupase .. *a* del duro pedernal
33.24 bendito .. Aser .. moje en *a* su pie
1 S. 10.1 tomando .. Samuel una redoma de *a,* la
16.13 Samuel tomó el cuerno del *a* y lo ungió
1 R. 17.12 tengo .. un poco de *a* en una vasija
2 R. 4.2 ninguna cosa .. sino una vasija de *a*
Job 29.6 y la piedra me derramaba ríos de *a!*
Sal. 23.5 unges mi cabeza con *a;* mi copa está
55.21 suaviza sus palabras más que el *a*
104.15 *a* que hace brillar el rostro, y el pan
Pr. 21.17 o sujetar el *a* en la mano derecha
Mi. 6.7 ¿se agradará .. de diez mil arroyos de *a?*
Mt. 25.3 insensatas .. no tomaron consigo *a*

Mr. 6.13 ungían con *a* a muchos enfermos
Lc. 10.34 vendó sus heridas, echándoles *a* y vino
Stg. 5.14 oren .. ungiéndole con *a* en el nombre
Ap. 6.6 denario; pero no dañes el *a* ni el vino

ACEPCIÓN *v.* Diferencia, Distinción
Dt. 10.17 no hace *a* de personas, ni toma cohecho
Job 32.21 no haré ahora *a* de personas, ni usaré
    34.19 a aquel que no hace *a* de personas
Pr. 24.23; 28.21 hacer *a* de personas no es bueno
Mal. 2.9 y en la ley hacéis *a* de personas
Hch. 10.34; Ro. 2.11; Gá. 2.6; Ef. 6.9; Col. 3.25
    Dios no hace *a* de personas
Stg. 2.1 vuestra fe .. sea sin *a* de personas
    2.9 si hacéis *a* de personas, cometéis pecado
1 P. 1.17 sin *a* de personas juzga según la obra

ACEPTABLE
Is. 49.8 así dijo Jehová: En tiempo *a* te oí, y en el
2 Co. 6.2 he aquí ahora el tiempo *a*; he aquí

ACEPTAR *v.* Recibir, Tomar
Sal. 20.3 haga memoria .. *acepte* tu holocausto
    82.2 *aceptaréis* las personas de los impíos?
Mal. 1.10 ni de vuestra mano *aceptaré* ofrenda

ACEPTO, ta
Gn. 32.20 después veré su rostro; quizá le seré *a*
Lv. 22.20 cosa en que haya defecto .. no será *a*
1 S. 2.26 joven Samuel .. era *a* delante de Dios
    18.5 y era *a* a los ojos de todo el pueblo
Ro. 15.31 la ofrenda de mi servicio .. sea *a*
2 Co. 8.12 será *a* según lo que uno tiene, no según
Ef. 1.6 con la cual nos hizo *a* en el Amado

ACERCAR *v.* Venir
Ex. 3.5 no te *acerques*; quita tu calzado de tus
    24.2 pero Moisés solo se *acercará* a Jehová
2 S. 11.20 ¿por qué os *acercasteis* demasiado a
Sal. 73.28 a mí, el *acercarme* a Dios es el bien
Is. 29.13 pueblo se *acerca* a mí con su boca
Jer. 30.21 ¿quién .. se atreve a *acercarse* a mí?
Lm. 3.57 te *acercaste* el día que te invoqué
Ez. 12.23 se han *acercado* aquellos días, y el
Am. 6.3 dilatáis .. *acercáis* la silla de iniquidad
Mt. 3.2; 4.17; 10.7 el reino .. se ha *acercado*
Mr. 11.1 cuando se *acercaban* a Jerusalén, junto
Hch. 8.29 Felipe: *Acércate* y júntate a ese carro
Ro. 13.12 noche está avanzada, y se *acerca* el día
He. 4.16 *acerquémonos*, pues, confiadamente al
    7.19 por la cual nos *acercamos* a Dios
    10.22 *acerquémonos* con corazón sincero, en
    10.25 cuanto veis que aquel día se *acerca*
    11.6 el que se *acerca* a Dios crea que le hay
Stg. 4.8 *acercaos* a Dios, y él se *acercará* a
    5.8 porque la venida del Señor se *acerca*
1 P. 4.7 el fin de todas las cosas se *acerca*

ACLAMAR *v.* Alabar, Enaltecer, Exaltar
1 Cr. 16.34 *aclamad* a Jehová, porque él es bueno
Esd. 3.11 todo el pueblo *aclamaba* con gran júbilo
Sal. 47.1 *aclamad* a Dios con voz de júbilo
    66.1 *aclamad* a Dios con alegría, toda la
    95.1 venid, *aclamemos* alegremente a Jehová
Is. 12.4 cantad a Jehová, *aclamad* su nombre
Mt. 21.15 los muchachos *aclamando* en el templo

ACLARAR
1 S. 14.27 un panal .. y fueron *aclarados* sus ojos
1 Co. 4.5 *aclarará* .. lo oculto de las tinieblas

ACOMPAÑAR
Hch. 10.23 le *acompañaron* .. hermanos de Jope
    20.38 su rostro. Y le *acompañaron* al barco
He. 4.2 por no ir *acompañada* de fe en los que

ACONGOJADO *v.* Atribulado, Turbado
Sal. 38.10 mi corazón está *a*, me ha dejado mi
    69.20 el escarnio ha quebrantado .. y estoy *a*

ACONSEJAR
Ex. 18.19 oye ahora mi voz; yo te *aconsejaré*
1 R. 12.6; 2 Cr. 10.9 ¿cómo *aconsejáis* vosotros que
    responda a este pueblo?
Sal. 16.7 bendeciré a Jehová que me *aconseja*
Ec. 8.2 te *aconsejo* que guardes el mandamiento

Is. 40.13 ¿quién .. le *aconsejó* enseñándole?
Ap. 3.18 yo te *aconsejo* que de mí compres oro

ACONTECER *v.* Suceder
Gn. 42.4 no sea que le *acontezca* algún desastre
Ec. 2.14 un mismo suceso *acontecerá* al uno
    9.2 todo *acontece* de la misma manera a todos
    9.11 que tiempo y ocasión *acontecen* a todos
Mt. 16.22 en ninguna manera esto te *acontezca*
    24.34; Lc. 21.32 no pasará .. esto *acontezca*
Hch. 20.22 sin saber lo que .. me ha de *acontecer*

ACOR, valle de Jos. 7.24; Os. 2.15.

ACORDAR *v.* Determinar, Recordar
Gn. 8.1 se *acordó* Dios de Noé, y de .. animales
    9.15 me *acordaré* del pacto mío que hay entre
    19.29 Dios se *acordó* de Abraham, y envió
    30.22 se *acordó* Dios de Raquel, y la oyó Dios
    40.14 *acuérdate* .. de mí .. hagas mención de
    41.9 coperos .. Me *acuerdo* hoy de mis faltas
Ex. 2.24 y se *acordó* de su pacto con Abraham
    6.5 he oído .. y me he *acordado* de mi pacto
    20.8 *acuérdate* del día de reposo para
Lv. 26.42 me *acordaré* de mi pacto con Jacob
Nm. 11.5 *acordamos* del pescado que comíamos
    15.39 os *acordéis* de todos los mandamientos
Dt. 5.15 *acuérdate* que fuiste siervo en tierra de
    7.18 *acuérdate* .. lo que hizo Jehová tu Dios
    8.2 te *acordarás* de todo el camino por donde
    8.18 *acuérdate* de Jehová tu Dios, porque él
    15.15; 24.18 *acordarás* de que fuiste siervo en
    16.3 te *acuerdes* del día en que saliste de la
    32.7 *acuérdate* de los tiempos antiguos
Jos. 1.13 *acordaos* de la palabra que Moisés
Jue. 8.34 no se *acordaron* .. de Jehová su Dios
    16.28 Señor Jehová, *acuérdate* ahora de mí
Neh. 4.14 *acordaos* del Señor, grande y temible
    5.19 *acuérdate* de mí para bien, Dios mío
    13.14 *acuérdate* de mí, oh Dios, en orden a
Sal. 9.12 el que demanda la sangre se *acordó* de
    22.27 se *acordarán*, y se volverán a Jehová
    25.7 y de mis rebeliones, no te *acuerdes*
    42.6 me *acordaré* .. de ti desde la tierra de
    48.9 nos *acordamos* de tu misericordia, oh
    63.6 cuando me *acuerde* de ti en mi lecho
    74.2 *acuérdate* de tu congregación, la que
    77.3 me *acordaba* de Dios, y me conmovía
    77.11 me *acordaré* de las obras de JAH
    78.35 se *acordaban* de que Dios era su refugio
    89.50 *acuérdate* del oprobio de tus siervos
    98.3 se ha *acordado* de su misericordia y de su
    103.14 él .. se *acuerda* de que somos polvo
    105.5 *acordaos* de las maravillas que él ha
    105.8 se *acordó* para siempre de su pacto
    105.42 se *acordó* de su santa palabra dada a
    106.7 no se *acordaron* de .. tus misericordias
    115.12 Jehová se *acordó* de nosotros
    119.52 me *acordé* .. de tus juicios antiguos
    136.23 en nuestro abatimiento se *acordó* de
Ec. 9.15 y nadie se *acordaba* de aquel hombre
    11.8 *acuérdese* .. de los días de las tinieblas
    12.1 *acuérdate* de tu Creador en los días de
Is. 17.10 no te *acordaste* de la roca de tu fuerza
    26.13 en ti .. nos *acordaremos* de tu nombre
    43.18 no os *acordéis* de las cosas pasadas
    43.25 y no me *acordaré* de tus pecados
    62.6 que os *acordáis* de Jehová, no reposéis
Jer. 2.2 me he *acordado* de ti, de la fidelidad de
    30.17 es Sion, de la que nadie se *acuerda*
Lm. 1.7 se *acordó* de los días de su aflicción
Ez. 16.22 no te has *acordado* de los días de tu
    16.61 te *acordarás* de tus caminos y te
    20.43 allí os *acordaréis* de vuestros caminos
    36.31 y os *acordaréis* de .. malos caminos
Jon. 2.7 desfallecía en mí, me *acordé* de Jehová
Hab. 3.2 en la ira *acuérdate* de la misericordia
Zac. 10.9 aún en lejanos países se *acordarán* de mí
Mal. 4.4 *acordaos* de la ley de Moisés mi siervo
Mt. 5.23 te *acuerdas* de que tu hermano tiene algo
    26.75; Lc. 22.61 se *acordó* de las palabras
Lc. 1.72 padres, y *acordarse* de su santo pacto

Lc. 16.25 *acuérdate* que recibiste tus .. en tu vida
17.32 *acordaos* de la mujer de Lot
23.42 *acuérdate* de mí cuando vengas en tu
24.6 *acordaos* de lo que os habló, cuando
Jn. 12.10 *acordaron* dar muerte también a Lázaro
12.16 se *acordaron* de que estas cosas estaban
Ef. 2.11 *acordaos* de que .. vosotros, los gentiles
Fil. 1.3 siempre que me *acuerdo* de vosotros
Col. 4.18 de Pablo. *Acordaos* de mis prisiones
2 Ts. 2.5 ¿no os *acordáis* que cuando yo estaba
2 Ti. 1.3 de que sin cesar me *acuerdo* de ti en mis
He. 2.6 ¿qué es el hombre para que te *acuerdes*
8.12; 10.17 nunca más me *acordaré* .. pecados
13.3 *acordaos* de los presos, como si .. presos
Ap. 3.3 *acuérdate*, pues, de lo que has recibido
18.5 Dios se ha *acordado* de sus maldades

ACORTAR
Nm. 11.23 se ha *acortado* la mano de Jehová?
Job 17.1 se *acortan* mis días, y me .. sepulcro
17.12 luz se *acorta* delante de las tinieblas
18.7 sus pasos vigorosos serán *acortados*
Pr. 10.27 los años de los impíos serán *acortados*
Is. 50.2 ¿acaso se ha *acortado* mi mano para no
59.1 no se ha *acortado* la mano de Jehová
Mi. 2.7 ¿se ha *acortado* el Espíritu de Jehová?
Mt. 24.22 si aquellos días no fuesen *acortados*
Mr. 13.20 si el Señor no hubiese *acortado* .. días

ACREEDOR
2 R. 4.1 ha venido el *a* para tomarse dos hijos
Sal. 109.11 el *a* se apodere de todo lo que tiene
Is. 50.1 ¿o quiénes son mis *a*, a quienes yo os he
Lc. 7.41 un *a* tenía dos deudores: el uno le debía

ACRISOLADA
2 S. 22.31; Sal. 18.30 a la palabra de Jehová

ACSA Jos. 15.16; Jue. 1.12.

ACTUAR *v.* Hacer, Obrar, Trabajar
2 Co. 4.12 que la muerte *actúa* en nosotros, y en
Gá. 2.8 *actuó* .. en mí para con los gentiles

ACUERDO *v.* Convenio, Pacto
Am. 3.3 ¿andarán dos juntos, si no .. de *a*?
Mt. 18.19 dos .. se pusieran de *a* en la tierra
Hch. 15.25 habiendo llegado a un *a*, elegir
Ap. 17.17 ponerse de *a*, y dar su reino a la bestia

ACUSACIÓN *v.* Cargo
Esd. 4.6 escribieron *a* contra los habitantes de
Jn. 18.29 ¿qué *a* traéis contra este hombre?
Hch. 25.7 lo rodearon .. presentando .. graves *a*
1 Ti. 5.19 contra un anciano no admitas *a* sino

ACUSADOR
Hch. 23.30 intimando también a los *a* que traten
25.16 que el acusado tenga delante a sus *a*
Ap. 12.10 sido lanzado fuera el *a* de .. hermanos

ACUSAR *v.* Condenar, Denunciar
Pr. 30.10 no *acuses* al siervo ante su señor
Dn. 3.8 vinieron y *acusaron* .. a los judíos
Mt. 12.10; Mr. 3.2 sanaría .. de poder *acusarle*
27.12 siendo *acusado* por .. nada respondió
Mr. 15.4 ¿nada .. Mira de cuántas cosas te *acusan*
Lc. 6.7 para ver .. a fin de hallar de qué *acusarle*
11.54 cazar alguna palabra .. para *acusarle*
16.1 *acusado* .. como disipador de sus bienes
23.10 estaban .. *acusándole* con .. vehemencia
Jn. 5.45 yo voy a *acusaros* .. hay quien os *acusa*
8.10 ¿dónde están los que te *acusaban*?
Hch. 24.2 Tértulo comenzó a *acusarle*, diciendo
24.19 debieran comparecer .. y *acusarme*
26.7 por esta esperanza .. soy *acusado* por
Ro. 2.15 y *acusándoles* o defendiéndoles sus
3.9 ya hemos *acusado* a judíos y a gentiles
8.33 ¿quién *acusará* a los escogidos de Dios?
Ap. 12.10 el que los *acusaba* delante de .. Dios

ADÁN *v.* Hombre Gn. 1.26—5.5.
Ro. 5.14 reinó la muerte desde *A* hasta Moisés
1 Co. 15.22 porque así como en *A* todos mueren
15.45 fue hecho el primer .. *A* alma viviente
1 Ti. 2.13 *A* fue formado primero, después Eva

ADELANTE *v.* Seguir
2 Ti. 3.9 no irán más *a*, porque su insensatez
He. 6.1 vamos *a* a la perfección; no echando

ADIESTRAR
Sal. 144.1 *adiestra* mis manos para la batalla
Is. 2.4 ni se *adiestrarán* más para la guerra

ADIVINACIÓN *v.* Encantamiento, Hechicería
Nm. 22.7 fueron .. con las dádivas de *a* en su
23.23 no hay agüero, ni *a* contra Israel
Dt. 18.10 ni quien practique *a*, ni agorero, ni
1 S. 15.23 como pecado de *a* es la rebelión
28.7 una mujer que tenga espíritu de *a*
Ez. 13.6 vieron vanidad y *a* mentirosa. Dicen
21.21 se ha detenido en .. para usar de *a*
Hch. 16.16 una muchacha que tenía espíritu de *a*

ADIVINAR
Gn. 44.15 un hombre como yo sabe *adivinar*?
1 S. 28.8 te ruego .. *adivines* por el espíritu de
Ez. 22.28 *adivinándoles* mentira, diciendo: Así

ADIVINO *v.* Agorero, Hechicero, Mago
Lv. 19.26 con sangre. No seréis agoreros, ni *a*
19.31 no os volváis a los encantadores ni .. *a*
Is. 8.19 preguntad .. a los *a*, que susurran
44.25 que deshago las señales de los *a*
Jer. 27.9 no prestéis oído a vuestros .. *a*, ni a
Dn. 2.27 ni magos ni *a* lo pueden revelar al rey

ADMINISTRACIÓN *v.* Apostolado, Dispensación, Ministerio, Servicio
Ef. 3.2 si es que habéis oído de la *a* de la gracia
Col. 1.25 fui hecho ministro, según la *a* de Dios

ADMINISTRADOR *v.* Mayordomo, Ministro
1 Co. 4.1 de Cristo, y *a* de los misterios de Dios
4.2 se requiere de los *a*, que cada uno sea
Tit. 1.7 obispo sea irreprensible, como *a* de Dios
1 P. 4.10 buenos *a* de la multiforme gracia de

ADMIRABLE *v.* Maravilloso
Jue. 13.18 ¿por qué preguntas .. mi nombre .. *a*?
Is. 9.6 se llamará su nombre *A*, Consejero, Dios
1 P. 2.9 os llamó de las tinieblas a su luz *a*

ADMIRAR *v.* Asombrar, Atónito, Maravillarse
Mt. 22.33 oyendo esto la gente, se *admiraba* de
Mr. 1.22; Lc. 4.32 se *admiraban* de su doctrina
11.18 pueblo estaba *admirado* de su doctrina
Lc. 9.43 todos se *admiraban* de la grandeza de

ADMITIR *v.* Recibir, Reconocer
Ec. 4.13 que el rey .. necio que no *admite* consejo
2 Co. 7.2 *admitidnos*: a nadie hemos agraviado

ADONÍAS
1 R. 1.5 *A* .. se rebeló, diciendo: Yo reinaré
2.13 *A* hijo de Haguit vino a Betsabé madre

ADONI-BEZEC Jue. 1.5–7.

ADOPCIÓN
Ro. 8.15 habéis recibido el espíritu de *a*, por el cual
8.23 gemimos .. esperando la *a*, la redención
9.4 son israelitas, de los cuales son la *a*
Gá. 4.5 a fin de que recibiésemos la *a* de hijos

ADORAR *v.* Alabar, Honrar, Servir
Gn. 22.5 yo y el muchacho iremos .. *adoraremos*
Ex. 34.8 bajó la cabeza hacia el suelo y *adoró*
1 S. 1.3 aquel varón subía .. para *adorar* y para
2 R. 17.16 *adoraron* .. el ejército de los cielos
2 Cr. 33.3 *adoró* a todo el ejército de los cielos
Neh. 9.6 los ejércitos de los cielos te *adoran*
Sal. 5.7 *adoraré* hacia tu santo templo en tu temor
22.27 las familias de .. *adorarán* delante de ti
29.2; 96.9 *adorad* a Jehová en la hermosura
66.4 toda la tierra te *adorará*, y cantará
86.9 todas .. vendrán y *adorarán* delante de ti
95.6 venid, *adoremos* y postrémonos
Is. 27.13 *adorarán* a Jehová en el monte santo
36.7 dijo .. Delante de este altar *adoraréis*?
44.15 hace además un dios, y lo *adora*
66.23 vendrán todos a *adorar* delante de mí
Dn. 3.5 *adoréis* la estatua de oro que el rey
3.18 tampoco *adoraremos* la estatua que has

Zac. 14.17 los .. que no subieren .. para *adorar*
Mt. 2.2 hemos visto en el .. y venimos a *adorarle*
4.9; Lc. 4.7 te daré, si postrado me *adorares*
4.10; Lc. 4.8 al Señor tu Dios *adorarás*
28.17 cuando le vieron, le *adoraron*; pero
Jn. 4.20 nuestros padres *adoraron* en este monte
4.22 vosotros *adoráis* lo que no sabéis
4.24 los que le *adoran*, en espíritu y en verdad
9.38 él dijo: Creo, Señor; y le *adoró*
12.20 que habían subido a *adorar* en la fiesta
Hch. 8.27 había venido a Jerusalén para *adorar*
10.25 Cornelio .. postrándose a sus pies, *adoró*
17.23 al que .. *adoráis*, pues, sin conocerle
1 Co. 14.25 así, postrándose .. *adorará* a Dios
He. 1.6 *adórenle* todos los ángeles de Dios
Ap. 4.10; 5.14 *adoran* al que vive por los siglos
13.4 *adoraron* al dragón .. y a a la bestia
13.8 la *adoraron* todos los moradores de la
14.7 *adorad* a aquel que hizo el cielo y la
14.9 alguno *adora* a la bestia y a su imagen
15.4 las naciones vendrán y te *adorarán*
19.4 se postraron en tierra y *adoraron* a Dios
19.10; 22.8 me postré a sus pies para *adorarle*
20.4 los que no habían *adorado* a la bestia

ADORNADO, da
Mt. 12.44; Lc. 11.25 la halla .. barrida y *a*
Lc. 21.5 el templo .. *a* de hermosas piedras
Ap. 17.4 y *a* de oro, de piedras preciosas y de

ADORNAR *v.* Ataviar, Hermosear
Job 26.13 su espíritu *adornó* los cielos; su mano
Pr. 7.16 he *adornado* mi cama con colchas
15.2 la lengua de los sabios *adornará* la
Jer. 2.33 ¿por qué *adornas* tu camino para hallar
Mt. 23.29 *adornáis* los monumentos de los justos
Tit. 2.10 para que en todo *adornen* la doctrina de

ADORNO *v.* Atavío
Pr. 1.9 porque *a* de gracia serán a tu cabeza
1 P. 3.3 de *a* de oro o de vestidos lujosos

ADQUIRIR *v.* Comprar, Ganar
Rt. 4.9 he *adquirido* de mano de Noemí todo lo
Sal. 74.2 la que *adquiriste* desde tiempos antiguos
Pr. 4.5 *adquiere* sabiduría, *a* inteligencia; no te

ADULTERAR *v.* Falsificar, Fornicar, Prostituir
Jer. 5.7 *adulteraron*, y en casa de rameras
Ez. 23.37 han *adulterado*, y hay sangre en sus
Mt. 5.32 el que repudia .. hace que ella *adultere*
19.9; Lc. 16.18 con la repudiada, *adultera*
19.18; Mr. 10.19; Lc. 18.20; Ro. 13.9 no
adulterarás. No hurtarás
Lc. 16.18 repudia .. y se casa con otra, *adultera*
2 Co. 4.2 ni *adulterando* la palabra de Dios, sino
Ap. 2.22 tribulación a los que con ella *adulteran*

ADULTERIO *v.* Fornicación
Ex. 20.14; Dt. 5.18 no cometerás *a*
Lv. 20.10 si un hombre cometiere *a* con la mujer
Pr. 6.32 que comete *a* es falto de entendimiento
Jer. 13.27 tus *a*, tus relinchos, la maldad de tu
Os. 2.2 aparte, pues .. sus *a* de entre sus pechos
Mt. 5.27 oísteis que fue dicho: No cometerás *a*
5.32 se casa con la repudiada, comete *a*
15.19; Mr. 7.21 del corazón salen .. los *a*
Mr. 10.11 que se casa con otra, comete *a* contra
Jn. 8.3 le trajeron una mujer sorprendida en *a*
Gá. 5.19 las obras de la carne, que son: *a*
Stg. 2.11 el que dijo: No cometerás *a*, también

ADÚLTERO, ra *v.* Fornicario, Ramera
Lv. 20.10 el *a* y la *a* .. serán muertos
Job 24.15 el ojo del *a* está aguardando la noche
Sal. 50.18 al ladrón y con los *a* era tu parte
Jer. 23.10 porque la tierra está llena de *a*
Ez. 16.38 yo te juzgaré por las leyes de las *a*
Os. 3.1 vé, ama a una mujer amada .. aunque *a*
7.4 todos ellos son *a*; son como horno
Mal. 3.5 seré pronto testigo contra los .. *a*
Mt. 12.39; 16.4 la .. mala y *a* demanda señal
Mr. 8.38 avergonzare .. en esta generación *a*
Lc. 18.11 no soy .. *a*, ni .. como este publicano

Ro. 7.3 se uniere a otro varón, será llamada *a*
1 Co. 6.9 ni los *a*, ni los afeminados, ni los que se
He. 13.4 pero a los .. *a* los juzgará Dios
Stg. 4.4 ¡oh almas *a*! ¿No sabéis que la amistad

ADVENEDIZO *v.* Extranjero, Forastero
Sal. 39.12 forastero soy para ti, y *a*, como todos
Ef. 2.19 así que, ya no sois extranjeros ni *a*, sino

ADVENIMIENTO *v.* Aparición, Venida
2 Ts. 2.9 inicuo cuyo *a* es por obra de Satanás
2 P. 3.4 ¿dónde está la promesa de su *a*? Porque

ADVERSARIO *v.* Diablo, Enemigo
Nm. 22.22 el ángel de Jehová se puso en .. por *a*
2 S. 2.16 uno echó mano de la cabeza de su *a*
1 R. 11.14 Jehová suscitó un *a* a Salomón: Hadad
Job 31.35 mí, aunque mi *a* me forme proceso
Sal. 3.1 ¡cuánto se han multiplicado mis *a*!
108.12 danos socorro contra el *a*, porque
143.12 destruirás a todos los *a* de mi alma
Is. 50.8 ¿quién es el *a* de mi causa? Acérquese
Jer. 30.16 todos tus *a*, todos irán en cautiverio
Mi. 5.9 enemigos, y todos tus *a* serán destruidos
Nah. 1.2 se venga de sus *a*, y guarda enojo para
Mt. 5.25 ponte de acuerdo con tu *a* pronto, entre
Lc. 12.58 cuando vayas al magistrado con tu *a*
13.17 al decir .. se avergonzaban todos sus *a*
18.3 a él, diciendo: Hazme justicia de mi *a*
1 Co. 16.9 puerta grande .. y muchos son los *a*
1 Ti. 5.14 que no den al *a* ninguna ocasión de
1 P. 5.8 vuestro *a* el diablo .. anda alrededor

ADVERSIDAD *v.* Aflicción, Angustia, Calamidad, Dolor, Malo, Miseria, Padecimiento, Sufrimiento, Tribulación
Sal. 35.15 pero ellos se alegraron en mi *a*, y se
Pr. 12.21 ninguna *a* acontecerá al justo; mas los
Ec. 7.14 del bien; y en el día de la *a* considera
Is. 45.7 que hago la paz y creo la *a*. Yo Jehová

ADVERTIR *v.* Avisar, Decir, Informar
Is. 42.20 ves muchas cosas y no *advierte*, que
He. 8.5 como se le *advirtió* a Moisés cuando iba

AFÁN *v.* Ansiedad, Fatiga, Trabajo
Ec. 5.17 comerá en tinieblas, con mucho *a* y dolor
Mt. 13.22; Mr. 4.19 el *a* .. ahogan la palabra
Lc. 8.14 son ahogados por los *a* y las riquezas
21.34 los *a* de esta vida, y venga de repente
2 Ts. 3.8 trabajamos con *a* y fatiga día y noche

AFANAR *v.* Fatigar, Preocupar
Sal. 39.6 ciertamente en vano se *afana*
Pr. 23.4 no te *afanes* por hacerte rico; sé prudente
Ec. 1.3 trabajo con que se *afana* debajo del sol
Mt. 6.25; Lc. 12.22 no os *afanéis* por vuestra
6.28 por el vestido, ¿por qué os *afanáis*?

AFECTO *v.* Amor
1 Cr. 29.3 tengo mi *a* en la casa de mi Dios
Job 14.15 tendrás *a* a la hechura de tus manos
Ro. 1.31 necios, desleales, sin *a* natural
2 Co. 7.7 haciéndonos saber vuestro gran *a*
Fil. 2.1 si algún *a* entrañable, si .. misericordia
2 Ti. 3 sin *a* natural, implacables .. crueles

AFERRAR *v.* Asir
Mr. 7.8 os *aferráis* a la tradición de los hombres
Fil. 2.6 igual a Dios como cosa a que *aferrarse*

AFILAR
1 S. 13.20 *afilar* cada uno la reja de su arado
Sal. 64.3 que *afilan* como espada su lengua
Ez. 21.9 la espada, la espada está *afilada*

AFIRMAR *v.* Asegurar, Confirmar, Decir
2 S. 7.12 uno de tu linaje .. *afirmaré* su reino
1 R. 9.5 yo *afirmaré* el trono de tu reino sobre
Sal. 86.11 *afirma* mi corazón para que tema
89.2 en los cielos .. *afirmarás* tu verdad
111.8 *afirmados* eternamente y para siempre
Pr. 16.12 con justicia será *afirmado* el trono
25.5 y su trono se *afirmará* en justicia
Is. 35.3 manos cansadas, *afirmad* las rodillas endebles
59.16 salvó .. y le *afirmó* su misma justicia
Jer. 51.15 que *afirmó* el mundo con su sabiduría

Lc. 22.59 otro *afirmaba* .. éste estaba con él
Hch. 25.19 el que Pablo *afirmaba* estar vivo
1 Ts. 3.13 para que sean *afirmados* .. corazones
1 Ti. 1.7 sin entender ni lo .. ni lo que *afirman*
He. 13.9 buena cosa es *afirmar* el corazón con la
Ap. 3.2 y *afirma* las otras cosas que están para

AFLICCIÓN *v.* Adversidad, Angustia, Calamidad, Dolor, Malo, Miseria, Padecimiento,
Quebrantamiento, Sufrimiento, Tribulación
Gn. 29.32 Lea .. dijo: Ha mirado Jehová mi *a*
Ex. 3.7 he visto la *a* de mi pueblo .. en Egipto
Dt. 16.3 pan de *a*, porque aprisa saliste de .. Egipto
32.35 porque el día de su *a* está cercano
Jue. 10.16 angustiado a causa de la *a* de Israel
1 S. 1.16 de mis congojas y de mi *a* he hablado
10.19 que os guarda de todas vuestras *a*
26.24 así sea mi vida .. y me libre de toda *a*
2 S. 16.12 quizá mirará Jehová mi *a*, y me dará
2 R. 13.4; 14.26 Jehová .. miró la *a* de Israel
Esd. 9.5 hora del sacrificio .. me levanté de mi *a*
Neh. 9.9 miraste la *a* de nuestros padres en
Job 5.6 la *a* no sale del polvo, ni la molestia
5.7 pero como .. así el hombre nace para la *a*
22.23 te volvieres .. alejarás de tu tienda la *a*
30.16 y ahora .. días de *a* se apoderan de mí
36.21 pues ésta escogiste más bien que la *a*
42.10 y quitó Jehová la *a* de Job, cuando él
Sal. 9.13 mira mi *a* que padezco a causa de los
22.24 no menospreció .. la *a* del afligido
25.18 mira mi *a* y mi trabajo, y perdona
31.7 me gozaré .. porque has visto mi *a*
94.13 para hacerle descansar en los días de *a*
119.50 ella es mi consuelo en mi *a*, porque
119.153 mira mi *a*, y líbrame, porque de tu ley
132.1 acuérdate .. de David, y de toda su *a*
Pr. 27.10 ni vayas a .. de tu hermano en .. tu *a*
Ec. 1.14; 2.11, 26; 6.9 todo .. es vanidad y de *a*
Is. 9.1 angustia, tal como la *a* que le vino en el
48.10 he aquí .. te he escogido en horno de *a*
53.11 verá el fruto de la *a* de su alma
57.1 que de delante de la *a* es quitado el justo
Jer. 16.19 refugio mío en el tiempo de la *a*
Lm. 3.1 yo soy el hombre que ha visto *a* bajo
3.19 acuérdate de mi *a* y de mi abatimiento
Mt. 13.21 pues al venir la *a* .. luego tropieza
Jn. 16.33 en el mundo tendréis *a*; pero confiad, yo
Hch. 7.34 he visto la *a* de mi pueblo que está
Ro. 8.18 las *a* del tiempo presente no son
1 Co. 7.28 pero los tales tendrán *a* de la carne
2 Co. 1.5 abundan en nosotros las *a* de Cristo
1.6 la cual se opera en el sufrir las mismas *a*
Fil. 1.16 pensando añadir *a* a mis prisiones
1 Ts. 3.7 en medio de .. *a* fuimos consolados
2 Ti. 1.8 participa de las *a* por el evangelio
4.5 soporta las *a*, haz obra de evangelista
He. 2.10 perfeccionase por *a* al autor de la
Stg. 5.10 tomad como ejemplo de *a* .. los profetas

AFLIGIDO, da *v.* Angustiado, Pobre
1 S. 22.2 se juntaron con él todos los *a*, y todo el
2 S. 22.28; Sal. 18.27 porque tú salvas al pueblo *a*
Job 10.15 hastiado de deshonra, y de verme *a*
36.6 al impío, pero a los *a* dará su derecho
Sal. 9.12 no se olvidó del clamor de los *a*
25.16 mírame .. porque estoy solo y *a*
40.17 a yo y necesitado, Jehová pensará en
69.29 mas a mí, *a* y miserable, tu salvación
70.5 yo estoy *a* y menesteroso; apresúrate a
72.4 juzgará a los *a* del pueblo, salvará a
74.19 no olvides .. la congregación de tus *a*
109.22 porque yo estoy *a* y necesitado, y mi
140.12 que Jehová tomará .. la causa del *a*
Pr. 15.15 todos los días del *a* son difíciles, mas
25.20 el que canta canciones al corazón *a*
Is. 10.2 quitar el derecho a los *a* de mi pueblo
53.7 y *a*, no abrió su boca; como cordero
58.10 si dieres tu pan .. y saciares al alma *a*
Mr. 10.22 *a* por esta palabra, se fue triste, porque
1 Ti. 5.10 si ha socorrido a los *a*; si ha practicado
Stg. 5.13 ¿está alguno entre vosotros *a*? Haga

AFLIGIR *v.* Oprimir, Perseguir
Gn. 16.6 como Sarai la *afligía*, ella huyó de su
45.26 corazón de Jacob se *afligió*, porque no
Ex. 5.22 Señor, ¿por qué *afliges* a este pueblo?
Lv. 16.29 mes séptimo .. *afligiréis* vuestras almas
Dt. 8.2 para *afligirte* .. saber lo que había en
Rt. 1.21 y el Todopoderoso me ha *afligido*?
1 S. 10.2 tu padre .. está *afligido* por vosotros
2 S. 7.10 ni los inicuos le *aflijan* más, como al
12.18 ¿cuánto más se *afligirá* si le decimos
1 R. 8.35; 2 Cr. 6.26 del pecado, cuando los *afligieres*
Esd. 8.21 para *afligirnos* delante de nuestro Dios
Job 30.11 Dios desató su cuerda, y me *afligió*
37.23 en multitud de justicia no *afligirá*
Sal. 90.15 conforme a los días que nos *afligiste*
94.5 a tu pueblo .. y a tu heredad *afligen*
107.17 *afligidos* los insensatos, a causa del
119.75 conforme a tu fidelidad me *afligiste*
Is. 11.13 Efraín no .. ni Judá *afligirá* a Efraín
49.10 ni el calor ni el sol los *afligirá*
64.12 ¿callarás, y nos *afligirás* sobremanera?
65.25 no *afligirán*, ni harán mal en todo mi
Lm. 3.33 no *aflige* .. a los hijos de los hombres
Dn. 10.2 *afligido* por espacio de tres semanas
Am. 5.12 sé que *afligís* al justo, y recibís cohecho
Nah. 1.12 te he *afligido*; no te *afligiré* ya más
Stg. 4.9 *afligíos*, y lamentad, y llorad
1 P. 1.6 aunque .. tengáis que ser *afligidos* en

AFRENTA *v.* Agravio, Ofensa
Gn. 30.23 un hijo, y dijo: Dios ha quitado mi *a*
1 S. 25.39 juzgó la causa de mi *a* .. de Nabal
Sal. 40.15 sean asolados en pago de su *a* los que
44.13 nos pones por *a* de nuestros vecinos
69.7 porque por amor de ti he sufrido *a*
69.19 sabes mi *a*, mi confusión y mi oprobio
70.3 sean vueltos atrás, en pago de su *a*
89.45 has acortado .. le has cubierto de *a*
Pr. 6.33 hallará, y su *a* nunca será borrada
9.7 corrige al escarnecedor, se acarrea *a*
14.34 mas el pecado es *a* de las naciones
18.3 viene .. y con el deshonrador la *a*
Is. 25.8 quitará la *a* de su pueblo de toda la
51.7 no temáis *a* de hombre, ni desmayéis
Jer. 3.25 y nuestra *a* nos cubre; porque pecamos
15.15 sabes que por amor de ti sufro *a*
20.8 la palabra de Jehová me ha sido .. para *a*
23.40 pondré sobre vosotros *a* perpetua
31.19 porque llevé la *a* de mi juventud
Sof. 2.8 he oído las *a* de Moab, y .. de Amón
Hch. 5.41 por dignos de padecer *a* por causa del
He. 10.29 e hiciere *a* al Espíritu de gracia?

AFRENTAR *v.* Agraviar, Ofender
Sal. 42.10 mis enemigos me *afrentan* .. cada día
55.12 no me *afrentó* un enemigo, lo cual
83.17 sean *afrentados* y turbados para siempre
102.8 cada día me *afrentan* mis enemigos
Pr. 17.5 el que escarnece al pobre *afrenta* a su
Is. 65.7 sobre los collados me *afrentaron*
Mt. 22.6 otros .. los *afrentaron* y los mataron
Lc. 11.45 cuando dices esto .. nos *afrentas* a
18.32 escarnecido, y *afrentado*, y escupido
Hch. 14.5 los judíos .. se lanzaron a *afrentarlos*
1 Co. 11.4 cabeza cubierta, *afrenta* su cabeza
Stg. 2.6 pero vosotros habéis *afrentado* al pobre

AGABO Hch. 11.28; 21.10.

AGAG 1 S. 15.8–33.

AGAR Gn. 16.1–16; 21.9–21; Gá. 4.22–31.

AGITAR .Sacudir
Job 16.22 él *agita* el mar con su poder, y con su
Jn. 5.4 un ángel descendía .. y *agitaba* el agua

AGORERO *v.* Adivino, Encantador, Hechicero,
Mago
Lv. 26.12 no seréis *a*, ni adivinos
Is. 2.6 están llenos de costumbres .. y de *a*
Jer. 27.9 a vuestros *a*, ni a vuestros encantadores
Mi. 5.12 hechicerías, y no se hallarán en ti *a*

AGOTAR v. Acabar, Terminar
Job 17.1 mi aliento se *agota*, se acortan mis días
Lc. 18.5 que viniendo . . me *agote* la paciencia

AGRADABLE v. Grato
Gn. 3.6 vio la mujer . . que era *a* a los ojos
Sal. 119.108 te ruego . . que te sean *a* los sacrificios
Pr. 11.20 los perfectos de camino le son *a*
   16.7 cuando los caminos . . son *a* a Jehová
Ec. 11.7 suave . . es la luz, y *a* a los ojos ver el sol
   12.10 procuró el Predicador hallar esta palabra *a*
Lc. 4.19 a predicar el año *a* del Señor
2 Co. 5.9 por tanto procuramos también . . serle *a*
Ef. 5.10 comprobando lo que es *a* al Señor
Fil. 4.18 olor fragante, sacrificio acepto, *a* a Dios
He. 13.21 haciendo . . lo que es *a* delante de él
1 Jn. 3.22 y hacemos las cosas que son *a* delante

AGRADAR v. Complacer
Nm. 14.8 si Jehová se *agradare* de nosotros, él
Dt. 10.15 de tus padres se *agradó* Jehová para
1 S. 8.6 pero no *agradó* a Samuel esta palabra que
   29.6 a los ojos de los príncipes no *agradas*
1 R. 3.10 y *agradó* . . que Salomón pidiese esto
1 Cr. 29.17 yo sé . . que la rectitud te *agrada*
Est. 2.9 la doncella *agradó* a sus ojos, y halló
Job 6.9 y que *agradara* a Dios quebrantarme
Sal. 18.19 me libró, porque se *agradó* de mí
   40.6 sacrificio y ofrenda no te *agrada*; has
   40.8 el hacer tu voluntad . . me ha *agradado*
   41.11 en esto conoceré que te he *agradado*
   51.19 entonces te *agradarán* los sacrificios de
   69.31 *agradará* a Jehová más que sacrificio
Pr. 10.32 labios del justo . . hablar lo que *agrada*
   11.1 peso falso . . mas la pesa cabal le *agrada*
Ec. 7.26 el que *agrada* a Dios escapará de ella
Mi. 6.7 ¿se *agradará* Jehová de millares de
Mal. 1.8 ¿acaso se *agradará* de ti, o le serás
Mt. 11.26 sí, Padre, porque así te *agradó*
   12.18 mi amado, en quien se *agrada* mi alma
Jn. 8.29 yo hago siempre lo que le *agrada*
Hch. 10.35 se *agrada* del que le teme y hace
   12.3 que esto había *agradado* a los judíos
Ro. 8.8 viven según la carne no pueden *agradar*
   14.18 en esto sirve a Cristo, *agrada* a Dios
   15.2 cada uno . . *agrade* a su prójimo en lo
1 Co. 7.32 el soltero . . de cómo *agradar* al Señor
   10.5 de los más de ellos no se *agradó* Dios
   10.33 yo en todas las cosas *agrado* a todos
Gá. 1.10 ¿o trato de *agradar* a los hombres?
   6.12 los que quieren *agradar* en la carne
Ef. 6.6; Col. 3.22 los que quieren *agradar* a los
Col. 1.10 *agradándole* en todo, llevando fruto en
   1.19 *agradó* al Padre que en él habitase toda
1 Ts. 2.15 no *agradan* a Dios, y se oponen a todos
   4.1 cómo os conviene conduciros y *agradar* a
He. 10.6 holocaustos y . . no te *agradaron*
   10.38 retrocediere, no *agradará* a mi alma
   11.6 pero sin fe es imposible *agradar* a Dios
   13.16 de tales sacrificios se *agrada* Dios

AGRAVAR v. Aumentar
1 R. 12.4; 2 Cr. 10.4 padre *agravó* nuestro yugo
Sal. 32.4 porque . . se *agravó* sobre mí tu mano
   38.4 mis iniquidades se han *agravado* sobre
   39.2 enmudecí con . . y se *agravó* mi dolor
Is. 6.10 *agrava* sus oídos, y ciega sus ojos, para
   59.1 ni se ha *agravado* su oído para oír

AGRAVIAR v. Afrentar, Ofender
Sal. 105.14 no consintió que nadie los *agraviase*
Pr. 27.11 tendré qué responder al que me *agravie*
2 Co. 7.2 a nadie hemos *agraviado*, a nadie hemos

AGRAVIO v. Afrenta, Ofensa
Ex. 23.2 ni responderás en litigio . . para hacer *a*
Job 19.7 he aquí, yo clamaré *a*, y no seré oído
Sal. 52.2 a maquina tu lengua; como navaja
Pr. 3.30 no tengas pleito . . si no te han hecho *a*
Lm. 3.59 tú has visto, oh Jehová, mi *a*; defiende
Mt. 20.13 amigo, no te hago *a*; ¿no conviniste
Hch. 25.10 a los judíos no les he hecho ningún *a*
1 Co. 6.7 ¿por qué no sufrís más bien el *a*?

2 Co. 12.13 he sido carga? ¡Perdonadme este *a*!
Gá. 4.12 ningún *a* me habéis hecho

AGRIA
Jer. 31.29; Ez. 18.2 padres comieron las uvas *a*

AGRIPA, Herodes   Hch. 25.13—26.32.

AGUA
Gn. 1.2 Espíritu . . se movía sobre la faz de las *a*
   21.15 y le faltó el *a* del odre, y echó al
   24.11 la hora en que salen las doncellas por *a*
Ex. 4.9 tomarás de las *a* del río y las derramarás
   15.22 tres días por el desierto sin hallar *a*
   17.6 golpearás la peña, y saldrán de ella *a*
Nm. 19.9 las guardará . . para el *a* de purificación
   20.2 no había *a* . . se juntaron contra Moisés
Dt. 8.15 él te sacó *a* de la roca del pedernal
1 S. 26.12 y la vasija de *a* de la cabecera de Saúl
2 S. 14.14 morimos, y somos como *a* derramadas
   22.17; Sal. 18.16 me sacó de las muchas *a*
1 R. 22.27; 2 Cr. 18.26 pan . . y con *a* de aflicción
2 R. 2.8 y golpeó las *a*, las cuales se apartaron
   2.21 sanea estas *a*, y no habrá más en ellas
   3.17 este valle será lleno de *a*, y beberéis
Job 14.19 las piedras se desgastan con el *a*
   22.7 no diste de beber *a* al cansado, y . . pan
   26.8 ata las *a* en sus nubes, y las nubes no se
   29.19 mi raíz estaba abierta junto a las *a*
Sal. 23.2 junto a *a* de reposo me pastoreará
   58.7 sean disipados como *a* que corren
   69.1 sálvame, oh Dios, porque las *a* han
   78.20 he aquí ha herido la peña, y brotaron *a*
   114.8 cambió . . en fuente de *a* la roca
   124.4 entonces nos habrían inundado las *a*
Pr. 20.5 como *a* profundas es el consejo en el
   25.21 pan, y si tuviere sed, dale de beber *a*
   25.25 como el *a* fría al alma sedienta, así son
   27.19 como en el *a* el rostro corresponde al
   30.4 ¿quién ató las *a* en un paño?
Ec. 11.1 echa tu pan sobre las *a* . . lo hallarás
   11.3 si las nubes fueren llenas de *a*, sobre
Is. 11.9 será llena . . como las *a* cubren el mar
   12.3 sacaréis con gozo *a* de las fuentes de la
   32.20 dichosos . . sembráis junto a todas las *a*
   33.16 se le dará su pan, y sus *a* serán seguras
   35.6 porque *a* serán cavadas en el desierto
   41.17 afligidos . . buscan las *a*, y no las hay
   43.2 cuando pases por las *a*, yo estaré contigo
   43.20 daré a mi pueblo *a*, ríos en la soledad
   44.3 yo derramaré *a* sobre el sequedal, y ríos
   54.9 juré que nunca más las *a* de Noé pasarían
   55.1 a todos los sedientos: Venid a las *a*
Jer. 3.3 las *a* han sido detenidas, y faltó la lluvia
   9.1 ¡oh, si mi cabeza se hiciese *a*, mis ojos
   14.3 enviaron sus . . al *a* . . y no hallaron *a*
   47.2 suben *a* del norte, y se harán torrente
Ez. 36.25 esparciré sobre vosotros *a* limpia
   47.1 *a* que salían de debajo del umbral de la
Am. 5.24 corra el juicio como las *a*, y la justicia
Zac. 14.8 saldrán de Jerusalén *a* vivas, la mitad
Mt. 3.11; Mr. 1.8; Lc. 3.16; Jn. 1.26 yo a la verdad
   os bautizo en *a*
   10.42 que dé a uno de estos . . un vaso de *a*
Mr. 9.41 os diere un vaso de *a* en mi nombre
Lc. 16.24 que moje la punta de su dedo en *a*
Jn. 2.7 Jesús les dijo: Llenad estas tinajas de *a*
   3.23 en Enón . . porque había allí muchas *a*
   4.10 tú le pedirías, y él te daría *a* viva
   5.3 que esperaban el movimiento del *a*
   7.38 de su interior correrán ríos de *a* viva
   19.34 lanza, y al instante salió sangre y *a*
Hch. 1.5; 11.16 Juan ciertamente bautizó con *a*
   8.36 llegaron a cierta . . Aquí hay *a*; ¿qué
   10.47 alguno impedir el *a*, para que no sean
1 P. 3.20 pocas . . ocho, fueron salvadas por *a*
2 P. 2.17 son fuentes sin *a*, y nubes empujadas
   3.5 proviene del *a* y por el *a* subsiste
1 Jn. 5.6 a y sangre; no . . *a* solamente, sino . . *a*
Ap. 7.17 y los guiará a fuentes de *a* de vida
   17.15 las *a* que has visto donde la ramera se

Ap. 21.6 le daré .. de la fuente del *a* de la vida
22.1 me mostró un rio limpio de *a* de vida
22.17 tome del *a* de la vida gratuitamente

AGUARDAR *v.* Esperar
Sal. 27.14 *aguarda* a Jehová; esfuérzate, y
Lc. 12.36 hombres que *aguardan* a que su señor
Gá. 5.5 *aguardamos* por fe la esperanza de la

AGUIJÓN
Nm. 33.55 ellos serán por *a* en vuestros ojos
Ec. 12.11 las palabras de los sabios son como *a*
Hch. 9.5; 26.14 dura cosa .. dar coces contra el *a*
1 Co. 15.55 ¿dónde está, oh muerte, tu *a*?
15.56 ya que el *a* de la muerte es el pecado
2 Co. 12.7 me fue dado un *a* en mi carne, un
Ap. 9.10 también *a*; y en sus colas tenían poder

ÁGUILA
Dt. 28.49 que vuele como *á*, nación cuya lengua
32.11 el *á* que excita su nidada, revolotea
2 S. 1.23 más ligeros eran que *á*, más fuertes que
Job 39.27 ¿se remonta el *á* por tu mandamiento
Sal. 103.5 de modo que te rejuvenezcas como el *á*
Pr. 30.19 el rastro del *á* en el aire; el rastro de la
Jer. 4.13 más ligeros son sus caballos que las *á*
49.16 aunque alces como *á* tu nido, de allí
Ez. 17.3 una gran *á* .. vino al Líbano, y tomó el
Abd. 4 si te remontares como *á*, y aunque entre
Mt. 24.28; Lc. 17.37 muerto, allí se juntarán las *á*
Ap. 4.7 y el cuarto era semejante a un *á* volando

AGUJA
Mt. 19.24; Mr. 10.25; Lc. 18.25 es más fácil pasar
un camello por el ojo de una *a*

AGUZAR
Job 16.9 contra mí *aguzó* sus ojos mi enemigo
Pr. 27.17 hierro con hierro se *aguza*; y así el hombre

AHÍAS el sacerdote *v.* Ahimelec
AHÍAS el profeta 1 R. 11.29–30; 14.2–6.
AHICAM Jer. 26.24.
AHIMELEC (Ahías) 1 S. 21.1—22.18.

AHOGADO
Hch. 15.20; 21.25 fornicación, de *a* y de sangre

AHOGAR *v.* Anegar, Hundir
Mt. 13.7; Mr. 4.7; Lc. 8.7 los espinos crecieron,
y la *ahogaron*
13.22; Mr. 4.19; Lc. 8.14 los afanes .. *ahogan*
la palabra
18.28 asiendo de él, le *ahogaba*, diciendo
Mr. 5.13; Lc. 8.33 los cerdos .. se *ahogaron*
He. 11.29 los egipcios .. lo mismo, fueron *ahogados*

AHOLA y **AHOLIBA** Ez. 23.4–44.
AHOLIAB Ex. 31.6; 35.34; 38.23.

AHORCAR *v.* Colgar
Gn. 40.22 hizo *ahorcar* al jefe de los panaderos
2 S. 17.23 después de .. se *ahorcó*, y así murió
21.9 los *ahorcaron* en el monte delante de
Mt. 27.5 arrojando las piezas .. fue y se *ahorcó*

AHUYENTAR
Neh. 13.28 yerno de Sanbalat .. *ahuyenté* de mí
Is. 17.13 serán *ahuyentados* como el tamo de los

AIRADO *v.* Enojado
2 Cr. 28.11 porque Jehová está *a* contra vosotros
Sal. 31 Dios está *a* contra el impío todos los días
79.5 ¿estarás *a* para siempre? ¿Arderá
Pr. 22.14 contra el cual Jehová estuviere *a* caerá
25.23 lluvia, y el rostro *a* la lengua detractora
Is. 34.2 Jehová está *a* contra todas las naciones
Zac. 1.12 las cuales has estado *a* por espacio de
1.15 estoy muy *a* contra las naciones que

AIRAR *v.* Enfurecer, Enojar, Irritar
Nm. 16.22 *airarte* contra toda la congregación?
Dt. 1.37 contra mí se *airó* Jehová por vosotros
Sal. 89.38 a tu ungido, y te has *airado* con él
Pr. 14.29; 15.18; 16.32 el que tarda en *airarse* es
Cnt. 1.6 hijos de mi madre se *airaron* contra mí
Jer. 8.19 ¿por qué me hicieron *airar* con sus

Lm. 5.22 te has *airado* contra nosotros en gran
Hab. 3.8 ¿te *airaste*, oh Jehová, contra los ríos?
Ef. 4.26 *airaos*, pero no pequéis; no se ponga el
Stg. 1.19 tardo para hablar, tardo para *airarse*
Ap. 11.18 se *airaron* las naciones, y tu ira ha venido

AIRE
1 Co. 9.26 peleo, no como quien golpea el *a*
14.9 si .. no diereis palabra .. hablaréis al *a*
Ef. 2.2 conforme al príncipe de la potestad del *a*
1 Ts. 4.17 las nubes para recibir al Señor en el *a*
Ap. 16.17 séptimo ángel derramó su copa por el *a*

AJENJO *v.* Hiel
Jer. 9.15 a este pueblo yo les daré a comer *a*
Am. 6.12 convertido .. el fruto de justicia en *a*?
Ap. 8.11 y el nombre de la estrella es *A*

AJENO *v.* Extraño
Dn. 11.39 con un dios *a* .. colmará de honores a
Ef. 2.12 y *a* a los pactos de la promesa, sin .. Dios
4.18 *a* de la vida de Dios por la ignorancia
1 Ti. 5.22 a ninguno, ni participes en pecados *a*

ALA
Dt. 32.11 extiende sus *a*, los toma, los lleva sobre
Rt. 2.12 bajo cuyas *a* has venido a refugiarte
2 S. 22.11; Sal. 18.10 voló sobre las *a* del viento
Job 39.13 diste tú .. *a* y plumas al avestruz?
Sal. 17.8 escóndeme bajo la sombra de tus *a*
36.7 se amparan bajo la sombra de tus *a*
57.1 en la sombra de tus *a* me ampararé
61.4 estaré seguro bajo la cubierta de tus *a*
91.4 debajo de sus *a* estarás seguro
139.9 si tomare las *a* del alba y habitare en
Pr. 23.5 se harán *a* como *a* de águila, y volarán
Is. 6.2 había serafines; cada uno tenía seis *a*
40.31 levantarán *a* como las águilas
Ez. 1.6 cada uno tenía cuatro caras y cuatro *a*
Mt. 23.37; Lc. 13.34 la gallina .. debajo de sus *a*
Ap. 9.9 el ruido de sus *a* era como .. carros

ALABANZA *v.* Honra
2 Cr. 29.31 presentad sacrificios y *a* en la casa
Neh. 12.27 hacer la dedicación y la fiesta con *a*
Sal. 50.14 sacrifica a Dios *a*, y paga tus votos
50.23 el que sacrifica *a* me honrará, y al que
65.1 tuya es la *a* en Sion, oh Dios, y a ti
69.30 alabaré yo el .. lo exaltaré con *a*
95.2 lleguemos ante su presencia con *a*
96.6 y magnificencia delante de él; poder
116.17 ofreceré sacrificio de *a*, e invocaré
145.3 grande es .. y digno de suprema *a*
147.1 cantad a Jehová con *a*, cantad con
Is. 38.19 el que vive, éste te dará *a*, como yo hoy
Jon. 2.9 con voz de *a* te ofreceré sacrificios
Sof. 3.19 os pondré por *a* .. en toda la tierra
Mt. 21.16 de la boca de .. perfeccionaste la *a*?
2 Co. 8.18 hermano cuya *a* .. se oye por todas
He. 13.15 ofrezcamos .. sacrificio de *a*, es decir
Stg. 5.13 ¿está alguno alegre? Cante *a*
Ap. 5.13 al Cordero, sea la *a*, la honra, la gloria

ALABAR, *v.* Adorar, Engrandecer, Exaltar
Glorificar, Gracias, Honrar, Magnificar
Ex. 15.2 Jehová .. éste es mi Dios, y lo *alabaré*
Dt. 32.43 *alabad*, naciones, a su pueblo, porque
Jue. 7.2 no sea que *alabe* Israel contra mí
1 R. 20.11 no se *alabe* tanto el que se ciñe las
1 Cr. 16.8 *alabad* a Jehová, invocad su nombre
29.13 *alabamos* y loamos tu glorioso nombre
Job 38.7 *alababan* todas las estrellas del alba
Sal. 6.5 porque .. en el Seol, ¿quién te *alabará*?
7.17 *alabaré* a Jehová conforme a su justicia
9.1; 138.1 te *alabaré* .. con todo mi corazón
30.12 Jehová Dios mío, te *alabaré* para s
42.5, 11; 43.5 espera en Dios; porque aún he de
alabarle
43.4 y te *alabaré* con arpa, oh Dios .. mío
57.9 te *alabaré* entre los pueblos, oh Señor
67.3, 5 oh Dios; todos los pueblos te *alaben*
71.22 te *alabaré* con instrumento de salterio
79.13 tu prado, te *alabaremos* para siempre
92.1 bueno es *alabarte*, oh Jehová, y cantar

Sal. 99.3 *alaben* tu nombre grande y temible
100.4 entrad .. *alabadle*, bendecid su nombre
105.1 *alabad* a Jehová, invocad su nombre
106.1; 107.1; 118.1 *alabad* a Jehová, porque él es bueno
107.8, 15, 21, 31 *alaben* la misericordia de
111.1 *alabaré* a Jehová con todo el corazón
113.1; 135.1 *alabad*, siervos de Jehová, *a* el
117.1 *alabad* a Jehová, naciones .. *alabadle*
118.21 te *alabaré* porque me has oído, y me
119.7 te *alabaré* con rectitud de corazón
119.62 me levanto para *alabarte* por tus
119.164 siete veces al día te *alabo* a causa
136.2 *alabad* al Dios de los dioses, porque
140.13 los justos *alabarán* tu nombre
146.1 *alaba*, oh alma mía, a Jehová
146.2 *alabaré* a Jehová en mi vida; cantaré
147.12 *alaba* a Jehová .. *a* a tu Dios, oh
148.2 *alabadle*, vosotros todos sus ángeles
148.13 *alaben* el nombre de Jehová, porque
150.6 todo lo que respira *alabe* a JAH
Pr. 12.8 según su sabiduría es *alabado* el hombre
20.14 dice .. mas cuando se aparta, se *alaba*
25.6 no te *alabes* delante del rey, ni estés
27.2 *alábete* el extraño, y no tu propia boca
Ec. 8.15 por tanto, *alabé* yo la alegría; que no
Is. 38.18 el Seol no te .. ni te *alabará* la muerte
61.7 *alabarán* en sus heredades; por lo cual
Jer. 9.23 así dijo Jehová: No se *alabe* el sabio
9.24 mas *alábese* en esto el que .. de *alabar*
Mt. 11.25; **Lc.** 10.21 te *alabo*, Padre, Señor del
Lc. 16.8 *alabó* el amo al mayordomo malo por
24.53 *alabando* y bendiciendo a Dios. Amén
Hch. 5.13 mas el pueblo los *alababa* grandemente
Ro. 15.11 *alabad* al Señor todos los gentiles
2 Co. 10.12 algunos que se *alaban* a sí mismos
10.18 no es aprobado el que se *alaba* a sí
Ef. 5.19 *alabando* al Señor en vuestros corazones
He. 2.12 en medio de la congregación te *alabaré*
Ap. 19.5 *alabad* a nuestro Dios todos sus siervos

ALABASTRO
Mt. 26.7; **Mr.** 14.3 una mujer, con un vaso de *a*
Lc. 7.37 trajo un frasco de *a* con perfume

ALARGAR *v.* Prolongar
1 R. 3.14 si anduvieres en .. *alargaré* tus días
Hch. 20.7 *alargó* el discurso hasta la medianoche

ALARMA
Nm. 10.5 cuando tocareis *a*, entonces moverán
Sal. 144.14 ni grito de *a* en nuestras plazas
Jl. 2.1 y dad *a* en mi santo monte; tiemblen todos

ALBA
Jos. 6.15 levantaron al despuntar el *a*, y dieron
Sal. 119.147 me anticipé al *a*, y clamé; esperé
Is. 58.8 entonces nacerá tu luz como el *a*, y tu

ALBOROTAR
Pr. 15.27 *alborota* su casa el codicioso; mas el que
30.21 por tres cosas se *alborota* la tierra
Mr. 5.39 ¿por qué *alborotáis* y lloráis? La niña
Lc. 23.5 *alborota* al pueblo, enseñando por toda

ALBOROTO
Is. 22.2 tú, llena de *a*, ciudad turbulenta, ciudad
22.5 día es de *a*, de angustia y de confusión
Jer. 10.22 a grande de la tierra del norte, para
Mt. 9.23 viendo a los .. y la gente que hacía *a*
26.5; **Mr.** 14.2 no se haga *a* en el pueblo
27.24 viendo Pilato .. que se hacía más *a*
Hch. 12.18 hubo no poco *a* entre los soldados

ALCANZAR
Gn. 31.25 *alcanzó*, pues, Labán a Jacob; y éste
44.4 cuando los *alcances*, diles: ¿Por qué
Nm. 32.23 que vuestro pecado os *alcanzará*
Job 37.23 Todopoderoso, al cual no *alcanzamos*
Is. 40.28 su entendimiento no hay quien lo *alcance*
Am. 9.10 que dicen .. ni nos *alcanzará* el mal
9.13 que el que ara *alcanzará* al segador
Ro. 9.31 Israel, que iba tras una .. no la *alcanzó*
Fil. 3.12 no que lo haya *alcanzado* ya, ni que ya

He. 12.15 deje de *alcanzar* la gracia de Dios

ALDEA *v.* Ciudad, Pueblo
Jue. 5.7 las *a* quedaron abandonadas en Israel
Mt. 21.2; **Mr.** 11.2; **Lc.** 19.30 id a la *a* que está enfrente de vosotros
Mr. 6.6 recorría las *a* de alrededor, enseñando
8.26 no entres en la *a*, ni lo digas .. en la *a*
Lc. 24.13 dos de ellos iban el mismo día a una *a*

ALEGAR *v.* Discutir, Litigar
Is. 41.21 *alegad* por vuestra causa, dice Jehová

ALEGORÍA *v.* Parábola, Proverbio
Jn. 16.25 estas cosas os he hablado en *a*; la hora
Gá. 4.24 una *a*, pues estas mujeres son las dos

ALEGRAR *v.* Deleitar, Gozar, Regocijar
Gn. 43.34 José .. bebieron, y se *alegraron* con él
Dt. 16.14 te *alegrarás* en tus fiestas solemnes
24.5 año, para *alegrar* a la mujer que tomó
26.11 te *alegrarás* en todo el bien que Jehová
1 S. 2.1 por cuanto me *alegré* en tu salvación
1 R. 21.7 levántate, y come y *alégrate*; yo te daré
1 Cr. 16.10 *alégrese* el corazón de los que buscan
16.31; **Sal.** 96.11 *alégrense* los cielos, y gócese
29.9 se *alegró* el pueblo por haber contribuido
Esd. 6.22 Jehová los había *alegrado*, y había
Sal. 5.11 *alégrense* todos los que en ti confían
9.2 me *alegraré* y me regocijaré en ti; cantaré
13.5 mi corazón se *alegrará* en tu salvación
16.9 se *alegró* por tanto mi corazón, y se
19.8 los .. son rectos, que *alegran* el corazón
20.5 nosotros nos *alegraremos* en tu salvación
21.1 el rey se *alegra* en tu poder, oh Jehová
25.2 no se *alegren* de mí mis enemigos
32.11 *alegraos* en Jehová y gozaos, justos
33.1; 97.12 *alegraos*, oh justos, en Jehová
33.21 en él se *alegrará* nuestro corazón
34.2 lo oirán los mansos, y se *alegrarán*
35.9 entonces mi alma se *alegrará* en Jehová
35.15 ellos se *alegraron* en mi adversidad, y
46.4 del río sus corrientes *alegran* la ciudad
58.10 se *alegrará* el justo cuando viere la
60.6; 108.7 Dios ha dicho .. Yo me *alegraré*
64.10 se *alegrará* el justo en Jehová, y confiará
68.3 mas los justos se *alegrarán*; se gozarán
71.23 mis labios se *alegrarán* cuando cante
89.16 en tu nombre se *alegrará* todo el día
90.14 y nos *alegraremos* todos nuestros días
90.15 *alégranos* conforme a los días que nos
92.4 me has *alegrado*, oh Jehová, con tus
94.19 tus consolaciones *alegraban* mi alma
104.31 *alégrese* Jehová en sus obras
105.3 *alégrese* el corazón de los que buscan
107.42 véanlo los rectos, y *alégrense*, y todos
118.24 nos gozaremos y *alegraremos* en él
119.74 que te temen me verán, y se *alegrarán*
122.1 yo me *alegré* con los que me decían
149.2 *alégrese* Israel en su Hacedor; los
Pr. 5.18 *alégrate* con la mujer de tu juventud
10.1 el hijo sabio *alegra* al padre, pero el hijo
11.10 en el bien de los .. la ciudad se *alegra*
12.25 abate; mas la buena palabra lo *alegra*
15.23 el hombre se *alegra* con la respuesta de
17.5 y el que se *alegra* de la calamidad no
23.15 también a mí se me *alegrará* el corazón
23.24 mucho se *alegrará* el padre del justo
28.12 justos se *alegran*, grande es la gloria
29.2 los justos dominan, el pueblo se *alegra*
Ec. 2.24 y que su alma se *alegre* en su trabajo
3.12, 22 no hay .. cosa mejor que *alegrarse*
10.19 el vino *alegra* a los vivos; y el dinero
11.9 *alégrate*, joven, en tu juventud, y toma
Is. 14.29 no te *alegres* tú, Filistea toda, por haber
23.12 no te *alegrarás* más, oh oprimida .. hija
35.1 se *alegrarán* el desierto y la soledad
49.13 cantad .. oh cielos, y *alégrate*, tierra
52.9 cantad .. *alegraos* juntamente, soledades
61.10 gozaré .. mi alma se *alegrará* en mi Dios
65.13 que mis siervos se *alegrarán*, y vosotros
66.10 *alegraos* con Jerusalén, y gozaos con

Jer. 32.41 me *alegraré* con ellos haciéndoles bien
Lm. 2.17 ha hecho que el enemigo se *alegre* sobre
Ez. 7.12 que compra, no se *alegre*, y el que vende
Os. 9.1 no te *alegres* .. hasta saltar de gozo como
Jl. 2.21 tierra, no temas; *alégrate* y gózate
Am. 6.13 vosotros que os *alegráis* en nada, que
Mi. 7.8 no te *alegres* de mí, porque aunque caí
Hab. 3.18 me *alegraré* en Jehová, y me gozaré en
Zac. 9.9 *alégrate* mucho, hija de Sion; da voces
Lc. 23.8 Herodes, viendo a Jesús, se *alegró* mucho
Jn. 11.15 me *alegro* .. de no haber estado allí
Hch. 2.26 por lo cual mi corazón se *alegró*, y se
Ro. 15.10 dice: *Alegraos*, gentiles, con su pueblo
1 Co. 7.30 se *alegran*, como si no se *alegrasen*
2 Co. 2.2 ¿quién será luego el que me *alegre*
1 P. 1.6 en lo cual vosotros os *alegráis*, aunque
       1.8 en quien .. os *alegráis* con gozo inefable
Ap. 11.10 moradores de la tierra .. se *alegrarán*
       12.12 por lo cual *alegraos*, cielos, y los que
       19.7 *alegrémonos* y démosle gloria; porque

ALEGRE *v.* Dichoso, Gozoso
Sal. 126.3 cosas ha hecho Jehová .. estaremos *a*
Pr. 15.13 el corazón *a* hermosea el rostro; mas
2 Co. 9.7 dé como .. porque Dios ama al dador *a*
Stg. 5.13 ¿está alguno *a*? Cante alabanzas

ALEGRÍA *v.* Deleite, Dicha, Gozo, Regocijo
Nm. 10.10 el día de vuestra *a*, y .. solemnidades
Dt. 28.47 no serviste a Jehová .. con *a* y con
Esd. 3.12 muchos otros daban grandes gritos de *a*
Neh. 8.12 el pueblo se fue .. a gozar de grande *a*
Est. 8.16 los judíos tuvieron luz y *a*, y gozo
       9.22 el mes que de tristeza se les cambió en *a*
Job 20.5 la *a* de los malos es breve, y el gozo
       29.13 y al corazón de la viuda yo daba *a*
Sal. 4.7 tú diste *a* a mi corazón mayor que la
       51.8 hazme oír gozo y *a*, y se recrearán los
       66.1 aclamad a Dios con *a*, toda la tierra
       97.11 luz .. y *a* para los rectos de corazón
       137.3 que nos habían desolado nos pedían *a*
Pr. 10.28 la esperanza de los justos es *a*; mas
       14.10 y extraño no se entremeterá en su *a*
       14.13 la risa .. y el término de la *a* es congoja
       15.21 necedad es *a* al falto de entendimiento
       21.15 *a* es para el justo el hacer juicio; mas
Ec. 2.1 te probaré con *a*, y gozarás de bienes
       8.15 por tanto, alabé yo la *a*; que no tiene
Is. 9.3 multiplicaste la gente, y aumentaste la *a*
       24.8 se acabó el estruendo .. la *a* del arpa
       24.11 todo gozo .. se desterró la *a* de la tierra
       35.10 los redimidos .. vendrán a Sion con *a*
       51.3 se hallará en ella *a* y gozo .. y voces de
       55.12 con *a* saldréis, y con paz .. vueltos
       65.18 yo traigo a Jerusalén *a*, y a su pueblo
       66.5 pero él se mostrará para *a* vuestra, y
Jer. 16.9 haré cesar .. toda voz de *a*, y toda voz
Hch. 14.17 llenando de .. *a* nuestros corazones
He. 13.17 que lo hagan con *a*, y no quejándose
Jud. 24 sin mancha delante de su gloria con gran *a*

ALEJANDRO
Hch. 19.33 sacaron .. a *A*, empujándole los judíos
1 Ti. 1.20 los cuales son Himeneo y *A*, a quienes
2 Ti. 4.14 *A* el .. me ha causado muchos males

ALEJAR *v.* Apartar, Separar
Job 19.13 hizo *alejar* de mí a mis hermanos, y mis
       22.23 si te .. *alejarás* de tu tienda la aflicción
       30.10 me abominan, se *alejan* de mí, y aun
Sal. 22.11 no te *alejes* de mí, porque la angustia
       35.22; 38.21 Dios mío, no te *alejes* de mí
       73.27 he aquí, los que se *alejan* de ti perecerán
       103.12 *alejar* de nosotros nuestras rebeliones
Is. 59.9 por esto se *alejó* de nosotros la justicia
       59.11 no la hay; salvación, y se *alejó* de nosotros
Ez. 7.26 la ley se *alejará* del sacerdote, y de los
Gá. 1.6 os hayáis *alejado* del que os llamó por la
Ef. 2.12 sin Cristo, *alejados* de la ciudadanía de

ALELUYA
Ap. 19.1 ¡*A*! Salvación y honra y gloria y poder
       19.4 adoraron a Dios .. y decían: ¡Amén! ¡*A*!

Ap. 19.6 ¡*A*, porque el Señor nuestro Dios .. reina!

ALENTAR *v.* Animar
1 Ts. 4.18 *alentaos* los unos a los otros con estas
       5.14 que *alentéis* a los de poco ánimo, que

ALFA
Ap. 1.8; 21.6; 22.13 yo soy el *A* y la Omega

ALFARERO
Is. 29.16 será reputada como el barro del *a*
Jer. 18.2 vete a casa del *a*, y allí te haré oír
       18.6 ¿no podré yo hacer de .. como este *a*
       19.1 vé y compra una vasija de barro del *a*
Mt. 27.7 compraron con ellas el campo del *a*
Ro. 9.21 ¿o no tiene potestad el *a* sobre el barro
Ap. 2.27 y serán quebradas como vaso de *a*

ALFOLÍ *v.* Granero
Mal. 3.10 traed todos los diezmos al *a* y haya

ALFORJA *v.* Bolsa, Cinto
Mt. 10.10 ni de *a* para el camino, ni de dos túnicas
Mr. 6.8; Lc. 9.3 ni *a*, ni pan, ni dinero en el cinto

ALGUACIL *v.* Carcelero, Oficial
Mt. 5.25; Lc. 12.58 te entregue al *a*, y el *a* te
Mr. 14.65 y los *a* le daban de bofetadas
Jn. 7.32 enviaron *a* para que le prendiesen
Hch. 16.35 los magistrados enviaron *a* a decir

ALHAJA *v.* Joya
Gn. 24.53 sacó el criado *a* de plata y *a* de oro
Ex. 3.22; 11.2 pedirá cada .. *a* de plata, *a* de oro

ALIADO *v.*
Gn. 14.13 Escol y .. Aner .. eran *a* de Abram
Abd. 7 todos tus *a* te han engañado; hasta los

ALIANZA *v.* Convenio, Pacto
Ex. 23.32 no harás *a* con ellos, ni con sus dioses
Jos. 9.6 haced, pues, ahora *a* con nosotros
1 R. 15.19 *a* entre nosotros .. y rompe tu pacto
2 Cr. 16.3 haya *a* entre tú y yo, como la hubo
       23.1 se animó Joiada, y tomó consigo en *a* a

ALIENTO *v.* Espíritu, Hálito, Soplo
Gn. 2.7 Dios .. sopló en su nariz *a* de vida, y fue
1 R. 17.17 fue tan grave que no quedó en él *a*
Is. 30.28 su *a*, cual torrente que inunda; llegará
       42.5 que da *a* al pueblo que mora sobre ella
Hch. 17.25 él es quien da a todos vida y *a*
Ap. 13.15 infundir *a* a la imagen de la bestia, para

ALIJAR
Hch. 27.18 al siguiente día empezaron a *alijar*

ALIMENTAR
Gn. 45.11 te *alimentaré* .. aún quedan cinco años
       47.12 y *alimentaba* José a su padre y a sus
Pr. 15.14 la boca de los necios se *alimenta* de
Is. 44.20 de ceniza se *alimenta*; su corazón
Mt. 6.26; Lc. 12.24 Padre celestial las *alimenta*

ALIMENTO *v.* Comida, Provisión, Vianda
Gn. 42.7 de la tierra de Canaán, para comprar *a*
       44.1 llena de *a* los costales de estos varones
       47.17 José les dio *a* por caballos, y .. ganado
Ex. 21.10 si tomare .. otra mujer, no disminuirá su *a*
Job 6.7 cosas que mi alma no .. son ahora mi *a*
       38.41 ¿quién prepara al cuervo su *a*, cuando
Sal. 136.25 el que da *a* a todo ser viviente, porque
Mt. 6.25 ¿no es la vida más que el *a*, y el cuerpo
       10.10 porque el obrero es digno de su *a*
       24.45 al cual puso .. para que les dé el *a* a
1 Co. 10.3 todos comieron el mismo *a* espiritual

ALIVIAR
Gn. 5.29 Noé .. éste nos *aliviará* de nuestras obras
2 Cr. 10.4 *alivia* algo de la dura servidumbre y del

ALMA *v.* Corazón, Espíritu, Vida
1 S. 18.1 *a* de Jonatán quedó ligada con .. David
Job 12.10 en su mano está la *a* de todo viviente
       27.3 todo el tiempo que mi *a* esté en mí
Sal. 16.10 porque no dejarás mi *a* en el Seol, ni
       23.3 confortará mi *a*; me guiará por sendas
       25.1 a ti, oh Jehová, levantaré mi *a*
       42.1 aguas, así clama por ti, oh Dios, el *a* mía

Sal. 42.5, 11; 43.5 ¿por qué te abates, oh *a* mía
  62.1 en Dios .. está acallada mi *a*; de él
  103.1, 22; 104.1 bendice, *a* mia, a Jehová
  121.7 Jehová te guardará .. él guardará tu *a*
  143.8 hazme oir .. porque a ti he elevado mi *a*
Pr. 11.30 árbol de vida; y el que gana *a* es sabio
  19.16 que guarda el mandamiento guarda su *a*
Jer. 31.12 su *a* será como huerto de riego, y nunca
Ez. 3.19 él morirá .. pero tú habrás librado tu *a*
  13.20 vendas .. con que cazáis las *a* al vuelo
  18.4 todas las *a* son mías; como el *a* del padre
Mt. 10.28 no temáis a los .. el *a* no pueden matar
  16.26; Mr. 8.36 si ganare .. y perdiere su *a*?
  22.37; Mr. 12.30; Lc. 10.27 amarás al Señor tu
    Dios .. con toda tu *a* y con toda tu mente
  26.38; Mr. 14.34 dijo: Mi *a* está muy triste
Lc. 12.19 diré a mi *a*: A, muchos bienes tienes
  12.20 esta noche vienen a pedirte tu *a*; y lo
  21.19 vuestra paciencia ganaréis vuestras *a*
Hch. 2.27 porque no dejarás mi *a* en el Hades, ni
1 Co. 15.45 fue hecho el primer .. Adán *a* viviente
1 Ts. 5.23 ser, espíritu, *a* y cuerpo, sea guardado
He. 4.12 penetra hasta partir el *a* y el espíritu
Stg. 1.21 palabra .. la cual puede salvar vuestras *a*
1 P. 1.9 fin, que es la salvación de vuestras *a*
  1.22 habiendo purificado vuestras *a* por la
  2.11 los deseos .. que batallan contra el *a*
  2.25 habéis vuelto al .. Obispo de vuestras *a*
  4.19 encomienden sus *a* al fiel Creador
3 Jn. 2 que tengas salud, así como prospera tu *a*
Ap. 20.4 y vi las *a* de los decapitados por causa de

ALMUD *v.* Medida
Mt. 5.15; Mr. 4.21; Lc. 11.33 luz .. debajo del *a*

ÁLOE
Jn. 19.39 trayendo un compuesto de mirra y de *á*

ALQUILADO, da
Ex. 22.15 si era *a*, reciba el dueño el alquiler
Is. 7.20 en aquel día el Señor raerá con navaja *a*
Hch. 28.30 permaneció dos años .. en una casa *a*

ALQUILAR
Gn. 30.16 te he *alquilado* por las mandrágoras de
Os. 8.9 Efraín con salario *alquiló* amantes

ALTAR *v.* Alto, Casa, Ofrenda, Sacrificio,
    Santuario, Templo
Gn. 8.20 y edificó Noé un *a* a Jehová, y tomó de
  13.18 Abram, pues .. y edificó allí *a* a Jehová
  22.9 edificó allí Abraham un *a* .. y ató a Isaac
  26.25 edificó allí un *a*, e invocó el nombre de
  33.20 erigió .. un *a*, y lo llamó El-Elohe-Israel
  35.1 sube a Bet-el .. y haz allí un *a* al Dios
Ex. 17.15 Moisés edificó un *a*, y llamó su nombre
  20.24 *a* de tierra harás para .. y sacrificarás
  27.1 harás también un *a* de madera de acacia
  29.12 pondrás sobre los cuernos del *a* con
  30.1 asimismo un *a* para quemar el incienso
  34.13; Dt. 7.5 derribaréis sus *a* .. sus estatuas
  38.1 hizo de madera .. el *a* del holocausto
Nm. 23.1 Balaam dijo .. Edifícame aquí siete *a*
Dt. 12.27 ofrecerás .. sobre el *a* de Jehová tu
  27.5 edificarás allí un *a* .. *a* de piedras; no
Jos. 8.30 Josué edificó un *a* a Jehová Dios de
  22.10 edificaron allí un *a* junto al Jordán
Jue. 6.24 y edificó allí Gedeón *a* a Jehová, y lo
1 S. 14.35 edificó Saúl *a* a Jehová; este *a* fue el
2 S. 24.25; 1 Cr. 21.26 edificó allí David un *a*
1 R. 1.50 se fue, y se asió de los cuernos del *a*
  13.1 y estando Jeroboam junto al *a* para
  16.32 hizo *a* a Baal, en el templo de Baal
  18.30 Elías .. arregló el *a* de Jehová que
  19.10, 14 han derribado tus *a*, y han matado a
2 R. 16.10 vio .. el *a* que estaba en Damasco
  21.3 levantó *a* a Baal, e hizo una imagen de
  23.15 el *a* que estaba en Bet-el .. destruyó
2 Cr. 1.6 subió, pues, Salomón .. al *a* de bronce
  4.1 hizo .. un *a* de bronce de veinte codos
  28.24 Acaz .. se hizo *a* en Jerusalén en todos
  33.3 levantó *a* a los baales, e hizo imágenes
Esd. 3.2 edificaron el *a* del Dios de Israel, para

Sal. 43.4 entraré al *a* de Dios, al Dios de mi
  84.3 sus polluelos, cerca de tus *a*, oh Jehová
Is. 6.6 carbón .. tomado del *a* con unas tenazas
  19.19 habrá *a* para Jehová en .. Egipto, y
  36.7 dijo .. Delante de este *a* adoraréis?
Jer. 11.13 los *a* de ignominia, *a* para .. Baal
Lm. 2.7 desechó el Señor su *a*, menospreció su
Ez. 43.13 estas son las medidas del *a* por codos
Os. 8.11 multiplicó .. *a* para pecar, tuvo *a* para
  10.1 multiplicó también los *a*, conforme a la
Am. 9.1 vi al Señor que estaba sobre el *a*, y dijo
Mal. 2.13 cubrir el *a* de Jehová de lágrimas, de
Mt. 5.23 si traes tu ofrenda al *a*, y allí te acuerdas
  23.18 si alguno jura por el *a*, no es nada
  23.35 quien matasteis entre el templo y el *a*
Lc. 1.11 ángel del Señor .. a la derecha del *a* del
Hch. 17.23 hallé también un *a* en el cual estaba
Ro. 11.3 y tus *a* han derribado, y sólo yo he
1 Co. 9.13 que sirven al *a*, del *a* participan?
  10.18 que comen .. ¿no son partícipes del *a*?
He. 13.10 tenemos un *a*, del cual no tienen
Ap. 6.9 vi bajo el *a* las almas de los que habían
  11.1 mide el templo de Dios, y el *a*, y a los

ALTERCADO *v.* Discordia, Discusión
Gn. 13.8 no haya ahora *a* entre nosotros dos

ALTERCAR *v.* Contender, Discutir, Litigar
Ex. 17.2 *altercó* .. ¿por qué *altercáis* conmigo?
Mi. 6.2 Jehová tiene pleito .. *altercará* con Israel

ALTÍSIMO
Nm. 24.16 dijo .. el que sabe la ciencia del *A*
2 S. 22.14; Sal. 18.13 tronó .. el *A* dio su voz
Sal. 9.2; 92.1 cantaré a tu nombre, oh *A*
  83.18 Jehová; tú solo *A* sobre toda la tierra
  87.5 Sion .. y el *A* mismo la establecerá
Is. 14.14 sobre .. subiré, y seré semejante al *A*
Dn. 4.17 conozcan .. que el *A* gobierna el reino
Lc. 1.32 será llamado Hijo del *A*; y el Señor
  1.35 el poder del *A* te cubrirá con su sombra
  1.76 tú, niño, profeta del *A* serás llamado
  6.35 seréis hijos del *A*; porque él es benigno
Hch. 7.48 *A* no habita en templos hechos de mano

ALTIVEZ *v.* Arrogancia, Soberbia
Job 20.6 aunque subiere su *a* hasta el cielo
Sal. 10.4 el malo, por la *a* de su rostro, no busca
Pr. 21.4 *a* de ojos, y orgullo de .. son pecado
Is. 2.11 la *a* de los ojos del hombre será abatida
  2.17 la *a* del hombre será abatida, y la soberbia
  13.11 que cese .. abatiré la *a* de los fuertes
Ez. 30.6 la *a* de su poderío caerá; desde Migdol
2 Co. 10.5 derribando .. toda *a* que se levanta

ALTIVO *v.* Soberbio
2 S. 22.28 mas tus ojos están sobre los *a* para
Job 40.11 derrama .. mira a todo *a*, y abátelo
Sal. 18.27 tú salvarás .. y humillarás los ojos *a*
  138.6 al humilde, mas al *a* mira de lejos
Pr. 6.17 los ojos *a*, la lengua mentirosa, las manos
  16.5 abominación es a Jehová todo *a* de
  28.25 el *a* de ánimo suscita contiendas; mas
Ec. 7.8 mejor es el sufrido .. que el *a* de espíritu
Is. 5.15 abatido, y serán bajados los ojos de los *a*
Dn. 8.23 al fin .. se levantará un rey *a* de rostro y
Ro. 12.16 no *a*, sino asociándoos con los humildes
1 Ti. 6.17 a los ricos de .. manda que no sean *a*

ALTO, ta *v.* Altura
Dt. 2.10 pueblo grande y numeroso, y *a* como los
1 R. 12.31 también casas sobre los lugares *a*
  14.23 se edificaron lugares *a*, estatuas, e
2 R. 14.4 con todo .. los lugares *a* no fueron
    quitados
Job 11.8 es más *a* que los cielos; ¿qué harás?
Pr. 24.7 *a* está para el insensato la sabiduría
Ec. 5.8 sobre el *a* .. otro más *a*, y uno más *a*
Is. 57.15 porque así dijo el *A* y Sublime, el que
Dn. 8.3 los cuernos eran *a*, uno era más *a* que el
Mr. 14.15 él os mostrará un gran aposento *a* ya
Lc. 24.49 que seáis investidos de poder desde lo *a*
Stg. 1.17 y todo don perfecto desciende de lo *a*

ALTURA
2 S. 22.34 y me hace estar firme sobre mis *a*
Sal. 93.4 Jehová en las *a* es más poderoso que el
Pr. 25.3 para la *a* de los cielos .. la profundidad
Ec. 10.6 la necedad está colocada en grandes *a*, y
Is. 57.15 yo habito en la *a* y la santidad, y con el
Ez. 31.5 se encumbró su *a* sobre todos los árboles
Am. 2.9 *a* era como la *a* de los cedros, y fuerte
Hab. 3.19 Jehová .. en mis *a* me hace andar
Mt. 21.9; Mr. 11.10 bendito .. ¡Hosanna en las *a*!
Ef. 3.18 la longitud, la profundidad y la *a*

ALUMBRAR *v.* Iluminar
2 S. 22.29; Sal. 18.28 mi Dios *alumbrará* mis
Esd. 9.8 fin de *alumbrar* nuestro Dios nuestros ojos
Sal. 18.8 precepto .. puro, que *alumbra* los ojos
    34.5 los que miraron a él fueron *alumbrados*
    119.130 exposición de tus palabras *alumbra*
Mt. 5.16 así *alumbre* vuestra luz delante de los
Ef. 1.18 *alumbrando* los ojos de .. entendimiento
    5.14 levántate de .. y te *alumbrará* Cristo
1 Jn. 2.8 pasando, y la luz verdadera ya *alumbra*

ALZAR *v.* Levantar
Gn. 21.18 *alza* al muchacho, y sostenlo con tu
Sal. 24.7, 9 *alzad*, oh puertas .. y *alzaos* vosotras
    63.4 mi vida; en tu nombre *alzaré* mis manos
    102.10 pues me *alzaste*, y me has arrojado
Hch. 1.9 fue *alzado*, y le recibió una nube que le

AMABLE
Sal. 84.1 ¡cuán *a* son tus moradas, oh Jehová
Tit. 3.2 no sean pendencieros, sino *a* .. con todos

AMADO, da
Dt. 21.15 un hombre tuviere dos mujeres, la una *a*
2 S. 1.23 Saúl y Jonatán, *a* y queridos .. su vida
Sal. 60.5; 108.6 para que se libren tus *a*, salva
    127.2 pues que a su *a* dará Dios el sueño
Cnt. 1.14 racimo de flores de .. es para mí mi *a*
    2.3 manzano .. así es mi *a* entre los jóvenes
    2.16; 6.3 mi *a* es mío, y yo suya; él apacienta
    4.16 venga mi *a* a su huerto, y coma de su
    6.1 ¿a dónde se apartó tu *a*, y lo buscaremos
    8.5 ésta que sube .. recostada sobre su *a*?
Is. 5.1 ahora cantaré por mi *a* el cantar de mi *a*
Mt. 3.17; 17.5; Mr. 1.11; 9.7; Lc. 3.22; 9.35; 2 P
    1.17 éste es mi Hijo *a*, en quien tengo
    12.18 mi *A*, en quien se agrada mi alma
Ro. 9.25 llamaré pueblo mío .. y a la no *a*, y
    11.28 elección, son *a* por causa de los padres
Ef. 1.6 con la cual nos hizo aceptos en el *A*
1 Ti. 6.2 son .. *a* los que se benefician de su buen
2 Ti. 1.2 a Timoteo, *a* hijo: Gracia .. y paz
1 Jn. 3.2 *a*, ahora somos hijos de Dios, y aún no
Jud. 20 pero vosotros, *a*, edificándoos sobre vuestra

AMADOR
2 Ti. 3.2 habrá hombres *a* de sí mismos, avaros
    3.4 *a* de los deleites más que de Dios

AMALEC
Ex. 17.8 vino *A* y peleó contra Israel en Refidim
    17.16 mano de *A* .. Jehová tendrá guerra con *A*
Nm. 13.29 *A* habita el Neguev, y el heteo, el jebuseo
    24.20 viendo a *A*, tomó su parábola y dijo
Dt. 25.17 acuérdate de lo que hizo *A* contigo en
1 S. 15.3 hiere a *A*, y destruye todo lo que tiene
    30.1 los de *A* habían invadido el Neguev y

AMALECITA
Nm. 14.43 el *a* y el cananeo están allí delante de
Jue. 6.3 subían los madianitas y *a*, y los hijos de
1 S. 30.13 soy siervo de un *a*, y me dejó mi amo
2 S. 1.13 yo soy hijo de un extranjero, *a*

AMÁN Est. 3.1—7.10.

AMANCILLAR
Lv. 18.24 en ninguna de .. cosas os *amancilléis*
Nm. 35.33 porque esta sangre *amancillará* la tierra
Jer. 3.1 ¿no será tal tierra del todo *amancillada*?

AMANTE *v.* Enamorado
Is. 61.8 Jehová soy *a* del derecho, aborrecedor

Ez. 23.22 he aquí que yo suscitaré contra ti a tus *a*
Os. 2.5 iré tras mis *a*, que me dan mi pan y mi
    8.9 para sí solo; Efraín con salario alquiló *a*

AMAR *v.* Querer
Gn. 25.28 *amó* Isaac a Esaú .. mas Rebeca *amaba*
    29.20 como pocos días, porque la *amaba*
    37.3 *amaba* Israel a José más que a todos sus
Ex. 20.6; Dt. 5.10 hago .. a los que me *aman*
Lv. 19.18 *amarás* a tu prójimo como a ti mismo
Dt. 6.5; 11.1 *amarás* a Jehová tu Dios de todo tu
    7.9 guarda .. a los que le *aman* y guardan sus
    10.19 *amaréis*, pues, al extranjero; porque
    11.13 *amando* a Jehová .. y sirviéndole
    13.3 saber si *amáis* a Jehová vuestro Dios
    30.16 yo te mando hoy que *ames* a Jehová tu
1 S. 18.1; 20.17 lo *amó* Jonatán como a sí mismo
    20.17 hizo jurar a David .. porque le *amaba*
2 S. 19.6 *amando* a los que te aborrecen, y
1 R. 3.3 Salomón *amó* a Jehová, andando en los
    5.1 Hiram siempre había *amado* a David
    11.1 Salomón *amó* .. mujeres extranjeras
2 Cr. 19.2 *amas* a los que aborrecen a Jehová?
Job 33.26 orará a Dios, y éste le *amará*, y verá
Sal. 18.1 te *amo*, oh Jehová, fortaleza mía
    31.23 *amad* a Jehová, todos vosotros sus
    45.7 has *amado* la justicia y aborrecido
    52.3 *amaste* el mal más que el bien, la mentira
    97.10 los que *amáis* a Jehová, aborreced el mal
    102.14 tus siervos *aman* sus piedras, y del polvo
    116.1 *amo* a Jehová, pues ha oído mi voz y mis
    119.97 ¡oh, cuánto *amo* yo tu ley! Todo el día
    119.165 mucha paz tienen los que *aman* tu ley
    145.20 Jehová guarda a todos los que le *aman*
Pr. 3.12 Jehová al que *ama* castiga, como el padre
    4.6 no la dejes .. *ámala*, y te conservará
    8.17 yo *amo* a los que me *aman*, y me hallan
    12.1 el que *ama* la instrucción a la sabiduría
    16.13 los reyes .. *aman* al que habla lo recto
    22.11 el que *ama* la limpieza de corazón, por
    27.6 fieles son las heridas del que *ama*
    29.3 el hombre que *ama* la sabiduría alegra a
Ec. 3.8 tiempo de *amar*, y tiempo de aborrecer
    5.10 el que *ama* el mucho tener, no sacará fruto
Is. 48.14 aquel a quien Jehová *amó* ejecutará su
Jer. 31.3 con amor eterno te he *amado*; por tanto
Os. 14.4 los *amaré* de pura gracia; porque mi ira
Am. 5.15 aborreced el mal, y *amad* el bien, y
Mi. 6.8 qué pide .. *amar* misericordia, y humillarte
Zac. 8.19 ha dicho .. *amad*, pues, la verdad y la paz
Mal. 1.2 yo os he *amado* .. ¿En qué nos *amaste*?
    1.2 ¿no era Esaú hermano de .. y *amé* a Jacob
Mt. 5.43 que fue dicho: *Amarás* a tu prójimo, y
    5.44; Lc. 6.27, 35 *amad* a vuestros enemigos
    6.24; Lc. 16.13 aborrecerá al uno y *amará* al
    10.37 el que *ama* a padre o .. más que a mí
    19.19; 22.39; Mr. 12.31; Ro. 13.9; Gá. 5.14;
    Stg. 2.8 *amarás* a tu prójimo como a ti
    22.37; Mr. 12.30; Lc. 10.27 *amarás* al Señor
    tu Dios con todo tu corazón
Mr. 10.21 Jesús, mirándole, le *amó*, y le dijo: Una
Lc. 7.5 *ama* a nuestra nación, y nos edificó una
    7.42 di, pues, ¿cuál de ellos le *amará* más?
Jn. 3.16 de tal manera *amó* Dios al mundo, que ha
    3.19 hombres *amaron* más las tinieblas que la
    3.35; 5.20 el Padre *ama* al Hijo, y todas las
    8.42 si vuestro padre fuese Dios .. me *amaríais*
    10.17 por eso me *ama* el Padre, porque yo
    11.3 Señor, he aquí el que *amas* está enfermo
    11.5 *amaba* Jesús a Marta, a su .. a Lázaro
    11.36 dijeron .. judíos: Mirad cómo le *amaba*
    12.25 el que *ama* su vida, la perderá; y el que
    13.1 como había *amado* a .. los *amó* hasta el fin
    13.23 uno de sus .. al cual Jesús *amaba*, estaba
    13.34; 15.12 os *améis* .. como yo os he *amado*
    14.15 si me *amáis*, guardad mis mandamientos
    14.21 que me *ama*, será *amado* por mi Padre
    15.9 como el Padre me ha *amado* .. yo os he *a*
    15.17 os mando: Que os *améis* unos a otros
    16.27 Padre mismo os *ama* .. me habéis *amado*

Jn. 17.23 los has *amado* .. como .. a mí me has *a*
17.26 amor con que me has *amado* .. en ellos
21.15 Simón, hijo .. ¿me *amas* más que éstos?
Ro. 8.37 vencedores por .. Aquel que nos *amó*
9.13 a Jacob *amé*, mas a Esaú aborrecí
12.10 *amaos* los unos a los otros con amor
13.8 no debáis .. sino el *amaros* unos a otros
1 Co. 2.9 Dios ha preparado para los que le *aman*
8.3 si alguno *ama* a Dios, es conocido por él
16.22 el que no *amare* al Señor .. sea anatema
2 Co. 9.7 dé .. porque Dios *ama* al dador alegre
12.15 aunque *amándoos* más, sea *amada* menos
Ef. 5.2 andad en amor, como .. Cristo nos *amó*
5.25; Col. 3.19 *amad* a vuestras mujeres, así
Fil. 1.8 Dios me es testigo de cómo os *amo* a
2 Ts. 2.16 nos *amó* y nos dio consolación eterna
Tit. 2.4 enseñen .. a *amar* a sus maridos y a sus
He. 12.6 porque el Señor al que *ama*, disciplina
1 P. 1.8 a quien *amáis* sin haberle visto, en quien
1.22 *amaos* unos a otros entrañablemente, de
2.17 *amad* a los hermanos. Temed a Dios
1 Jn. 2.10 el que *ama* a su hermano, permanece en
2.15 no *améis* al mundo, ni las cosas que
3.11, 23; 2 Jn. 5 que nos *amemos* unos a otros
3.14 sabemos .. en que *amamos* a los hermanos
3.18 no *amemos* de palabra ni de lengua, sino
4.7 amados, *amémonos* unos a otros; porque el
4.8 el que no *ama*, no ha conocido a Dios
4.10 no en que .. hayamos *amado* a Dios, sino
4.19 le *amamos* a él .. él nos *amó* primero
4.21 el que *ama* a Dios, *ame* también a su
5.1 aquel que *ama* al que engendró, *a* .. al que
5.2 *amamos* a los hijos de .. cuando *a* a Dios
Ap. 1.5 al que nos *amó*, y nos lavó de nuestros
3.19 reprendo y castigo a todos los que *amo*

AMARGAR
Ex. 1.14 *amargaron* su vida con dura servidumbre
Ap. 10.9 te *amargará* el vientre, pero en tu boca

AMARGO, ga
Gn. 27.34 Esaú .. clamó con .. muy *a* exclamación
Ex. 15.23 no pudieron beber .. porque eran *a*
Pr. 5.4 su fin es *a* como el ajenjo, agudo como
27.7 pero al hambriento todo lo *a* es dulce
Is. 24.9 la sidra les será *a* los que la bebieron
Sof. 1.14 es *a* la voz del día de Jehová; gritará
Stg. 3.11 alguna fuente echa .. agua dulce y *a*?
Ap. 8.11 murieron .. aguas, porque se hicieron *a*

AMARGURA
Gn. 26.35 *a* de espíritu para Isaac y para Rebeca
Rt. 1.20 en .. *a* me ha puesto el Todopoderoso
1 S. 1.10 ella con *a* de alma oró a Jehová, y lloró
15.32 dijo Agag .. ya pasó la *a* de la muerte
22.2 los que se hallaban en *a* de espíritu
Job 21.25 y este otro morirá en *a* de ánimo, y sin
23.2 hoy también hablaré con *a*; porque está
Sal. 73.21 se llenó *a* mi alma, y en mi corazón
Lm. 3.5 contra mí, y me rodeó de *a* y de trabajo
3.15 me llenó de *a*, me embriagó de ajenjo
Hch. 8.23 porque en hiel de *a* y .. veo que estás
Ro. 3.14 su boca está llena de maldición y de *a*
Ef. 4.31 quítense de vosotros toda *a*, enojo, ira
He. 12.15 brotando alguna raíz de *a*, os estorbe

AMASAR
Gn. 18.6 toma .. harina, y *amasa* y haz panes
Nm. 15.20 de lo primero que *amaséis*, ofreceréis

AMASÍAS rey de Judá   2 R. 14.1–20; 2 Cr. 25.1–28.

AMEDRENTAR *v.* Espantar, Temer
Abd. 9 valientes, oh Temán, serán *amedrentados*
2 Co. 10.9 no parezca .. que os quiero *amedrentar*

AMÉN
Sal. 41.13 por los siglos de los siglos. *A* y *A*
106.48 y diga todo el pueblo, *A.* Aleluya
1 Co. 14.16 ¿cómo dirá el *a* a tu acción de
2 Co. 1.20 las promesas de Dios son .. en él *A*
Ap. 3.14 he aquí el *A*, el testigo fiel y verdadero
22.20 vengo en breve. *A*; sí, ven, Señor Jesús

AMENAZA
Is. 30.17 un millar huirá a la *a* de uno; a la *a* de
Hch. 4.29 mira sus *a*, y concede a tus siervos
9.1 Saulo, respirando aún *a* y muerte contra
Ef. 6.9 dejando las *a*, sabiendo que el Señor de
1 P. 3.6 si hacéis el bien, sin temer ninguna *a*

AMENAZAR
Hch. 4.17 *amenacémosles* para que no hablen de
1 P. 2.23 cuando padecía, no *amenazaba*, sino

AMIGO, ga *v.* Compañero, Conocido, Hermano
2 S. 15.37 vino Husai *a* de David a la ciudad
Job 2.11 tres *a* de Job .. vinieron cada uno de su
16.20 disputadores son mis *a*; mas ante Dios
Sal. 88.18 has alejado de mí al *a* y al compañero
Pr. 17.17 en todo tiempo ama el *a*, y es como un
18.24 tiene *a* ha de mostrarse *a*; y *a* hay más
19.4 riquezas traen muchos *a*; mas el pobre
27.10 no dejes a tu *a*, ni al *a* de tu padre
Cnt. 1.15; 4.1 he aquí que tú eres hermosa, *a* mía
Is. 41.8 Jacob .. descendencia de Abraham mi *a*
Lm. 1.2 todos sus *a* le faltaron, se le volvieron
Mi. 7.5 no creáis en *a*, ni confiéis en príncipe
Mt. 11.19; Lc. 7.34 *a* de publicanos y de pecadores
20.13 dijo a uno de .. *A*, no te hago agravio
26.50 Jesús le dijo: *A*, ¿a qué vienes?
Lc. 14.12 no llames a tus *a*, ni a tus hermanos
15.6 al llegar a casa, reúne a sus *a* y vecinos
16.9 ganad *a* por medio de las riquezas
23.12 se hicieron *a* Pilato y Herodes aquel día
Jn. 3.29 el *a* del esposo, que está a su lado y le oye
15.13 amor .. que uno ponga su vida por sus *a*
15.14 vosotros sois mis *a*, si hacéis lo que yo
Hch. 27.3 Julio .. le permitió que fuese a los *a*
Stg. 2.23 creyó a Dios .. fue llamado *a* de Dios

AMISTAD
Job 22.21 vuelve ahora en *a* con él, y tendrás paz
Sal. 55.14 andábamos en *a* en la casa de Dios
Pr. 17.9 el que cubre la falta busca *a*; mas el
Stg. 4.4 la *a* del mundo es enemistad contra Dios?

AMNÓN   2 S. 13.1–39.

AMO *v.* Dueño, Señor
Gn. 39.3 vio su *a* que Jehová estaba con él, y que
Lc. 16.8 alabó el *a* al mayordomo malo por haber
Ef. 6.5; Col. 3.22 siervos, obedeced a vuestros *a*
Col. 4.1 sabiendo que .. tenéis un *A* en los cielos
1 Ti. 6.1 tengan a sus *a* por dignos de todo honor
Tit. 2.9 que se sujeten a sus *a*, que agraden en
1 P. 2.18 criados, estad sujetos .. a vuestros *a*

AMÓN
Dt. 2.19 no te daré posesión de la tierra de .. *A*
Jue. 11.4 los hijos de *A* hicieron guerra contra
Jer. 49.1 acerca de los hijos de *A*. Así ha dicho
Ez. 25.2 pon tu rostro hacia los hijos de *A*
Sof. 2.8 oído .. los denuestos de los hijos de *A*

AMONESTACIÓN *v.* Exhortación, Represión
Sal. 2.10 prudentes; admitid *a*, jueces de la tierra
Pr. 15.31 el oído que escucha las *a* de la vida
Ef. 6.4 criadlos en disciplina y *a* del Señor
Tit. 3.10 después de una y otra *a* deséchalo

AMONESTAR *v.* Exhortar, Reconvenir, Redargüir, Reprender
2 R. 17.13 Jehová *amonestó* .. a Israel y a Judá
Sal. 19.11 siervo es además *amonestado* con ellos
Pr. 21.11 se le *amonesta* al sabio, aprende ciencia
Ec. 12.12 hijo mío, a más de esto, sé *amonestado*
Jer. 6.10 quién .. *amonestaré*, para que oigan?
Ez. 3.17 oirás .. y los *amonestarás* de mi parte
3.18 y tú no la *amonestares* ni le hablares
Zac. 3.6 el ángel .. *amonestó* a Josué, diciendo
Hch. 20.31 cesado de *amonestar* con lágrimas a
27.9 pasado el ayuno, Pablo les *amonestaba*
Ro. 15.14 podéis *amonestaros* los unos a los otros
1 Co. 4.14 sino para *amonestaros* como a hijos
10.11 cosas .. están escritas para *amonestarnos*
Col. 1.28 a quien anunciamos, *amonestando* a todo
1 Ts. 5.12 reconozcáis a los que .. os *amonestan*
5.14 os rogamos .. *amonestéis* a los ociosos

2 Ts. 3.15 sino *amonestadle* como a hermano
1 P. 5.12 he escrito brevemente, *amonestándoos*

AMONITA
Gn. 19.38 el cual es padre de los *a* hasta hoy
Dt. 23.3 no entrará *a* ni .. en la congregación
1 S. 11.11 hirieron a los *a* hasta que el día
2 S. 11.1 destruyeron a los *a*, y sitiaron a Rabá

AMONTONAR *v.* Juntar
Dt. 32.23 yo *amontonaré* males sobre ellos
Pr. 25.22 ascuas *amontonarás* sobre su cabeza
Ec. 2.8 me *amontoné* .. plata y oro, y tesoros
2 Ti. 4.3 se *amontonarán* maestros conforme a sus

AMOR *v.* Afecto, Compasión, Corazón
2 S. 1.26 más .. me fue tu *a*, que el *a* de las
Sal. 91.14 por cuanto en mí ha puesto su *a*, yo
Pr. 7.18 embriaguémonos de *a* hasta la mañana
    10.12 pero el *a* cubrirá todas las faltas
    15.17 mejor es la comida de .. donde hay *a*
    27.5 mejor es reprensión .. que *a* oculto
Cnt. 2.1 porque mejores son tus *a* que el vino
    8.6 porque fuerte es como la muerte el *a*
    8.7 las muchas aguas no podrán apagar el *a*
Is. 63.9 en su *a* y en su clemencia los redimió
Jer. 31.3 con *a* eterno te he amado; por tanto, te
Os. 11.4 con cuerdas .. atraje, con cuerdas de *a*
Mt. 24.12 la maldad, el *a* de muchos se enfriará
Lc. 11.42 pasáis por alto la justicia y el *a* de
Jn. 5.42 que no tenéis *a* de Dios en vosotros
    15.13 nadie tiene mayor *a* que este, que uno
    17.26 el *a* con que me has amado, esté en ellos
Ro. 5.5 porque el *a* de Dios ha sido derramado en
    5.8 Dios muestra su *a* para con nosotros, en
    8.35 ¿quién nos separará del *a* de Cristo?
    8.39 ni lo .. nos podrá separar del *a* de Dios
    12.9 el *a* sea sin fingimiento. Aborreced lo
    13.10 el *a* no hace mal al prójimo; así que
    13.10 que el cumplimiento de la ley es el *a*
    14.15 si por .. ya no andas conforme al *a*
1 Co. 13.1 si yo hablase lenguas .. y no tengo *a*
    13.13 permanecen la fe, la esperanza y el *a*
    14.1 seguid el *a*; y procurad los dones
    16.14 todas vuestras cosas sean hechas con *a*
2 Co. 2.4 supieseis cuán grande es el *a* que os
    5.14 porque el *a* de Cristo nos constriñe
    6.6 bondad, en el Espíritu Santo, en *a* sincero
    8.8 a prueba .. la sinceridad del *a* vuestro
    13.14 el *a* de Dios .. sean con todos vosotros
Gá. 5.6 vale algo .. sino la fe que obra por el *a*
    5.13 sino servíos por *a* los unos a los otros
    5.22 el fruto del Espíritu es *a*, gozo, paz
Ef. 2.4 Dios .. por su gran *a* con que nos amó
    3.17 fin de que, arraigados y cimentados en *a*
    3.19 de conocer el *a* de Cristo, que excede a
    4.2 soportándoos con paciencia los .. en *a*
    4.15 siguiendo la verdad en *a*, crezcamos en
    5.2 andad en *a*, como también Cristo nos amó
Fil. 1.8 os amo a todos .. con el entrañable *a*
    1.17 pero los otros por *a*, sabiendo que estoy
    2.2 lo mismo, teniendo el mismo *a*, unánimes
Col. 1.4 oído .. del *a* que tenéis a .. los santos
    2.2 unidos en *a*, hasta alcanzar todas las
    3.14 y sobre todas estas cosas vestíos de *a*
1 Ts. 1.3 vuestra fe, del trabajo de vuestro *a* y de
    3.12 os haga .. abundar en *a* unos para con
    4.9 acerca del *a* fraternal no tenéis necesidad
    5.13 y que los tengáis en mucha estima y *a*
2 Ts. 1.3 .. abunda para con los
1 Ti. 1.5 es el *a* nacido de corazón limpio
    6.10 raíz de todos los males es el *a* al dinero
2 Ti. 1.7 espíritu de .. *a* y de dominio propio
Tit. 3.4 se manifestó .. su *a* para con los hombres
He. 6.10 para olvidar vuestra obra y el trabajo de *a*
    10.24 para estimularnos al *a* y a las .. obras
    13.1 permanezca el *a* fraternal
1 P. 4.8 tened entre vosotros ferviente *a*; porque
    5.14 saludaos unos a otros con ósculo de *a*
2 P. 1.7 piedad, afecto .. y al afecto fraternal, *a*
1 Jn. 2.5 en éste .. *a* de Dios se ha perfeccionado
    3.1 mirad cuál *a* nos ha dado el Padre .. que

1 Jn. 3.16 en esto hemos conocido el *a*, en que el
    4.7 amémonos .. porque el *a* es de Dios. Todo
    4.8 no ha conocido a Dios .. Dios es *a*
    4.10 esto consiste el *a*: no en que nosotros
    4.16 Dios es *a*; y el que permanece en *a*
    4.18 en el *a* no hay temor, sino que el .. *a*
3 Jn. 6 los cuales han dado .. testimonio de tu *a*
Jud. 21 conservaos en el *a* de Dios, esperando
Ap. 2.4 contra ti, que has dejado tu primer *a*
    2.19 conozco tus obras, y *a*, y fe, y servicio

AMORREO
Ex. 34.11 yo echo de delante de tu presencia al *a*
Nm. 21.25 habitó Israel en .. las ciudades del *a*
Jos. 5.1 cuando .. los reyes de los *a* .. oyeron
    10.12 Jehová entregó al *a* delante de los .. Israel
Jue. 11.21 se apoderó Israel .. la tierra de los *a*

AMOTINAR
Sal. 2.1; Hch. 4.25 ¿por qué se *amotinan* las

AMPARAR *v.* Defender
Lv. 25.35 hermano empobreciere .. lo *ampararás*
2 R. 19.34; Is. 37.35 *ampararé* esta ciudad para
Sal. 57.1 en la sombra de tus alas me *ampararé*
Is. 31.5 como las aves .. *amparará* .. a Jerusalén
Zac. 9.15 Jehová de los ejércitos .. los *amparará*

AMPARO *v.* Defensor
Sal. 46.1 Dios es nuestro *a* y fortaleza, nuestro
    59.16 porque has sido mi *a* y refugio en

AMPLIO, plia
Sal. 119.96 a sobremanera es tu mandamiento
2 P. 1.11 os será otorgada *a* .. entrada en el reino

ANA   1 S. 1.2—2.21.

ANANÍAS de Jerusalén   Hch. 5.1–11.

ANANÍAS de Damasco   Hch. 9.10–18; 22.12–13.

ANANÍAS el sumo sacerdote
Hch. 23.2 A ordenó .. a los que estaban junto a
    24.1 descendió el sumo sacerdote *A* con

ANÁS
Lc. 3.2 y siendo sumos sacerdotes *A* y Caifás
Jn. 18.13 y le llevaron primeramente a *A*; porque
    18.24 *A* .. le envió atado a Caifás, el sumo
Hch. 4.6 y el sumo sacerdote *A*, y Caifás, y Juan

ANATEMA *v.* Maldición, Maldito
Jos. 6.18 ni toquéis, ni toméis alguna cosa del *a*
    7.1 una prevaricación en cuanto al *a* .. Acán
Ro. 9.3 deseara yo mismo ser *a* .. de Cristo
1 Co. 12.3 nadie que hable por .. llama *a* a Jesús
    16.22 no amare al Señor Jesucristo, sea *a*
Gá. 1.8 os anunciare otro evangelio .. sea *a*

ANCIANO, na *v.* Viejo
Ex. 3.16 ve, y reúne a los *a* de Israel, y diles
    24.1 sube .. tú .. y setenta de los *a* de Israel
Nm. 11.16 reúneme setenta .. de los *a* de Israel
1 S. 15.30 que me honres delante de los *a* de mi
2 S. 19.32 era Barzilai muy *a*, de ochenta años
1 R. 12.8; 2 Cr. 10.8 dejó el consejo que los *a* le
Esd. 3.12 *a* que habían visto la casa primera
Job 12.12 en los *a* está la ciencia, y en la larga
    15.10 cabezas canas y hombres muy *a* hay
    29.8 los *a* se levantaban, y estaban de pie
    32.9 no son .. ni los *a* entienden el derecho
Sal. 105.22 para que .. a sus *a* enseñara sabiduría
Pr. 20.29 la hermosura de los *a* es su vejez
    31.23 cuando se sienta con los *a* de la tierra
Ez. 8.11 estaban setenta varones de los *a* de la
Dn. 7.9 sentó un *A* de días .. vestido era blanco
Jl. 2.28 vuestros *a* soñarán sueños .. jóvenes
Zac. 8.4 han de morar *a* y *a* en las calles de
Mt. 15.2 quebrantan la tradición de los *a*?
    16.21 necesario .. padecer mucho de los *a*
    21.23 los *a* del pueblo se acercaron a él
    26.59 los *a* .. buscaban falso testimonio
Mr. 7.5 no .. conforme a la tradición de los *a*
    8.31; Lc. 9.22 y ser desechado por los *a*
    11.27 vinieron a él .. los escribas y los *a*

Hch. 2.17 visiones, y vuestros *a* soñarán sueños
     4.5 se reunieron en .. los *a* y los escribas
     6.12 solivientaron .. a los *a* y a los escribas
     11.30 enviándolo a los *a* por mano de Bernabé
     14.23 constituyeron *a* en cada iglesia
     15.4 recibidos por .. los apóstoles y los *a*
     15.23 los apóstoles y los *a* y los hermanos
     20.17 hizo llamar a los *a* de la iglesia
1 Ti. 5.1 no reprendas al *a*, sino exhórtale como
     5.17 los *a* que gobiernan bien, sean tenidos
Tit. 1.5 establecieses *a* en cada ciudad, así como
     2.2 que los *a* sean sobrios, serios, prudentes
     2.3 las *a* asimismo sean reverentes en su
Flm. 9 siendo como soy, Pablo ya *a*, y ahora
Stg. 5.14 llame a los *a* de la iglesia, y oren por él
1 P. 5.1 ruego a los *a* .. yo *a* también con ellos
     5.5 jóvenes, estad sujetos a los *a*; y todos
2 Jn. 1 el *a* a la señora elegida y a sus hijos
3 Jn. 1 el *a* a Gayo, el amado, a quien amo en la
Ap. 4.4 y vi sentados en los tronos a 24 *a*

ANCLA
Hch. 27.29 echaron cuatro *a* por la popa, y
He. 6.19 la cual tenemos como .. firme *a* del alma

ANCHURA
1 R. 4.29 y *a* de corazón como la arena que está
Ef. 3.18 de comprender .. cuál sea la *a*, la
Ap. 21.16 en cuadro, y su longitud es igual a su *a*

ANDAR *v.* Caminar, Conducta, Ir, Vivir
Gn. 17.1 dijo .. *anda* delante de mí y sé perfecto
Lv. 18.3 no haréis .. ni *andaréis* en sus estatutos
     20.23 no *andéis* en las prácticas de los
     26.12 *andaré* entre vosotros y yo seré vuestro
Nm. 14.33 vuestros hijos *andarán* pastoreando en
Dt. 5.33 *andad* en todo el camino que Jehová
     8.6 *andando* en sus caminos, y temiéndole
     10.12 que *andes* en todos sus caminos, y que
     13.4 en pos de Jehová vuestro Dios *andaréis*
     23.14 Jehová tu Dios *anda* en medio de tu
Jos. 5.6 *anduvieron* por el desierto 40 años, hasta
1 R. 3.14 *anduvieres* en mis caminos, guardando
2 R. 10.31 Jehú no cuidó de *andar* en la ley de
     17.22 *anduvieron* en .. pecados de Jeroboam
Neh. 5.9 ¿no *andaréis* en el temor de .. Dios
Job 9.8 él solo .. *anda* sobre las olas del mar
Sal. 1.1 bienaventurado el varón que no *anduvo* en
     23.4 aunque *ande* en valle de sombra de
     26.3 está delante de .. y *ando* en tu verdad
     48.12 *andad* alrededor de Sion, y rodeadla
     55.14 y *andábamos* en amistad en la casa de
     56.13 para que *ande* delante de Dios en la
     81.13 en mis caminos hubiera *andado* Israel!
     89.15 *andará*, oh Jehová, a la luz de tu rostro
     115.7 manos tienen .. pies, mas no *andan*; no
     116.9 *andaré* delante de Jehová en la tierra
     119.1 los que *andan* en la ley de Jehová
     128.1 teme a Jehová .. *anda* en sus caminos
     139.3 has escudriñado mi *andar* y mi reposo
Pr. 1.15 hijo mío, no *andes* en camino con ellos
     2.20 *andarás* por el camino de los buenos
Ec. 10.7 príncipes que *andaban* como siervos
Is. 30.21 este es el camino, *andad* por él; y no
     35.8 el que *anduviere* en .. no se extraviará
     42.16 les haré *andar* por sendas que no
     42.24 no quisieron *andar* en sus caminos
     60.3 *andarán* las naciones a tu luz, y los reyes
Jer. 7.23 *andad* en todo camino que os mande
Ez. 5.7 no habéis *andado* en mis mandamientos
     11.20 para que *anden* en mis ordenanzas
     20.19 *andad* en mis estatutos, y guardad mis
     36.27 que *andéis* en mis estatutos, y guardéis
     37.24 y *andar* en mis preceptos, y mis
Mi. 4.2 caminos, y *andaremos* por sus veredas
     4.5 nosotros .. *andaremos* en el nombre de
Zac. 3.7 si *anduvieres* por mis caminos, y si
Mt. 9.5; Mr. 2.9 o decir: Levántate y *anda*?
     11.5; Lc. 7.22 los cojos *andan*, los leprosos
     12.43; Lc. 11.24 *anda* por lugares secos
     14.26; Mr. 6.49; Jn. 6.19 *andar* sobre el mar

Jn. 5.8 dijo: Levántate, toma tu lecho, y *anda*
     11.9 el que *anda* de día, no tropieza, porque
Hch. 3.6 te doy; en el nombre de Jesucristo .. *anda*
     3.8 saltando, se puso en pie y *anduvo*
Ro. 6.4 así también .. *andemos* en vida nueva
     8.1 que no *andan* conforme a la carne, sino
     13.13 *andemos* como de día, honestamente
2 Co. 5.7 porque por fe *andamos*, no por vista
     10.2 como si *anduviésemos* según la carne
Gá. 5.16 digo, pues: *Andad* en el Espíritu, y no
     5.25 si .. *andemos* también por el Espíritu
     6.16 los que *anden* conforme a esta regla
Ef. 2.2 en los cuales *anduvisteis* en otro tiempo
     4.1 os ruego que *andéis* como es digno de la
     4.17 que ya no *andéis* como los otros gentiles
     5.2 y *andad* en amor, como .. Cristo nos amó
     5.15 mirad, pues, con diligencia cómo *andéis*
Col. 1.10 que *andéis* como es digno del Señor
     2.6 habéis recibido al Señor .. *andad* en él
     4.5 *andad* sabiamente para con los de afuera
1 Ts. 2.12 que *anduvieseis* como es digno de Dios
2 Ts. 3.6 hermano que *ande* desordenadamente
1 P. 4.3 *andando* en lascivias, concupiscencias
2 P. 3.11 ¡cómo no debéis .. *andar* en santa y
1 Jn. 2.6 que dice .. debe *andar* como él *anduvo*
2 Jn. 6 que *andemos* según sus mandamientos
3 Jn. 4 el oir que mis hijos *andan* en la verdad
Jud. 18 que *andarán* según sus malvados deseos
Ap. 3.4 *andarán* conmigo en vestiduras blancas
     21.24 las naciones .. *andarán* a la luz de ella

ANDRÉS
Mt. 4.18; Mr. 1.16 Simón, llamado Pedro, y *A* su
     10.2; Lc. 6.14 y *A* su hermano; Jacobo hijo
Jn. 1.40 *A* .. de los dos que habían oído a Juan
     12.22 lo dijo a *A* .. *A* y .. lo dijeron a Jesús

ANEGAR *v.* Ahogar, Hundir
Mr. 4.37; Lc. 8.23 tempestad .. que ya se *anegaba*
2 P. 3.6 el mundo de entonces pereció *anegado*

ÁNGEL *v.* Espíritu, Mensajero, Ministro
     Querubín, Serafín
Gn. 19.1 llegaron, pues, los dos *á* a Sodoma a la
     21.17 *á* de Dios llamó a Agar desde el cielo
     22.11 el *á* de Jehová le dio voces desde el
     24.7 enviará su *á* delante de ti
     28.12 *á* de Dios que subían y descendían
     32.1 y le salieron al encuentro *á* de Dios
     48.16 el *A* que me liberta de todo mal, bendiga
Ex. 3.2 se le apareció el *A* de Jehová en una llama
     14.19 y el *á* de Dios que iba delante del
     23.20 he aquí yo envío mi *á* delante de ti
Nm. 22.23 y el asna vio el *á* de Jehová, que
Jue. 2.1 el *á* de Jehová subió de Gilgal a Boquim
     6.11 vino el *á* de Jehová, y se sentó debajo
     13.3 a esta mujer apareció el *á* de Jehová
1 S. 29.9 bueno ante mis ojos, como un *á* de Dios
2 S. 19.27 mi señor el rey es como un *á* de Dios
     24.16 el *á* extendió su mano sobre Jerusalén
1 R. 13.18 un *á* me ha hablado por palabra de
     19.5 un *á* le tocó, y le dijo: Levántate, come
2 R. 1.3 el *á* de Jehová habló a Elías tisbita
     19.35; Is. 37.36 salió el *á* de Jehová, y mató
1 Cr. 21.15 envió Jehová el *á* a Jerusalén para
Sal. 8.5 le has hecho poco menor que los *á*, y lo
     34.7 el *á* de Jehová acampa alrededor de los
     35.5 sean como .. y el *á* de Jehová los acose
     91.11 pues a sus *á* mandará acerca de ti, que
     103.20 bendecid a Jehová, vosotros sus *á*
     148.2 alabadle, vosotros todos sus *á*
Ec. 5.6 ni digas delante del *á*, que fue ignorancia
Is. 63.9 *á* de su faz los salvó; en su amor
Dn. 3.28 bendito sea el Dios .. que envió su *á*
     6.22 mi Dios envió su *á*, el cual cerró la
Os. 12.4 venció al *á*, y prevaleció; lloró, y le
Zac. 1.9 y me dijo el *á* que hablaba conmigo
     3.1 Josué .. estaba delante del *á* de Jehová
     4.5 el *á* que hablaba .. me dijo: ¿No sabes
Mal. 3.1 vendrá .. el *á* del pacto, a quien deseáis
Mt. 1.20 un *á* del Señor le apareció en sueños
     4.6; Lc. 4.10 a sus *á* mandará acerca de ti

Mt. 4.11 le dejó; y he aquí vinieron á y le servían
13.39 fin del siglo; y los segadores son los á
13.41 enviará el Hijo del Hombre a sus á
16.27 vendrá en la gloria de .. con sus á, y
18.10 sus á .. ven siempre el rostro de mi
22.30; Mr. 12.25 serán como los á de Dios
24.31 enviará sus á con gran voz de trompeta
24.36 ni aun los á de los cielos, sino sólo mi
25.31 el Hijo .. y todos los santos á con él
26.53 no me daría más de doce legiones de á?
28.2 un á del Señor descendiendo del cielo
Mr. 1.13 estaba con las fieras; y los á le servían
Lc. 1.11 y se le apareció un á del Señor puesto en
2.9 he aquí, se les presentó un á del Señor
15.10 hay gozo delante de los á de Dios por
16.22 murió .. y fue llevado por los á al seno
20.36 pues son iguales a los á, y son hijos de
22.43 y se le apareció un á del cielo para
24.23 visión de á, quienes dijeron que él vive
Jn. 1.51 los á de Dios que suben y descienden
5.4 un á descendía de tiempo en tiempo al
12.29 otros decían: Un á le ha hablado
20.12 y vio a dos á con vestiduras blancas
Hch. 5.19 un á del Señor, abriendo de noche las
6.15 vieron su rostro como el rostro de un á
7.53 recibisteis la ley por disposición de á
8.26 un á del Señor habló a Felipe, diciendo
10.3 vio .. que un á de Dios entraba donde él
12.7 se presentó un á del Señor, y una luz
23.8 dicen que no hay .. ni á, ni espíritu
27.23 ha estado conmigo un á del Dios de
Ro. 8.38 ni á, ni principados, ni potestades, ni lo
1 Co. 4.9 ser espectáculo al mundo, a los á y a los
6.3 ¿o no sabéis que hemos de juzgar a los á?
2 Co. 11.14 Satanás se disfraza como á de luz
Gá. 1.8 nosotros, o un á .. os anunciare otro
Col. 2.18 afectando humildad y culto a los á
2 Ts. 1.7 se manifieste .. con los á de su poder
1 Ti. 3.16 Dios fue .. visto de los á, predicado a
5.21 te encarezco delante de Dios y .. sus á
He. 1.4 hecho tanto superior a los á, cuanto
1.7 el que hace a sus á espíritus, y a sus
2.2 si la palabra dicha por .. los á fue firme
2.7 le hiciste un poco menor que los á; le
2.16 porque ciertamente no socorrió a los á
12.22 a la compañía de muchos millares de á
13.2 algunos, sin saberlo, hospedaron á
1 P. 1.12 cosas en las cuales anhelan mirar los á
3.22 y a él están sujetos á, autoridades y
2 P. 2.4 si Dios no perdonó a los á que pecaron
2.11 á .. no pronuncian juicio de maldición
Jud. 6 a los á que no guardaron su dignidad, sino
Ap. 1.20 las siete estrellas son los á de las siete
5.2 a un á fuerte que pregonaba a gran voz
5.11 oí la voz de muchos á alrededor del trono
7.1 después de esto vi a cuatro á en pie sobre
7.2 vi .. a otro á que subía de donde sale el
7.11 los á estaban en pie alrededor del trono
8.2 los siete á que estaban en pie ante Dios
9.14 desata a los cuatro á que están atados
10.1; 18.1; 20.1 vi descender del cielo a otro á
12.7 Miguel y sus á .. contra .. dragón y sus á
14.6 vi volar .. otro á, que tenía el evangelio
15.1 vi .. siete á que tenían las siete plagas
15.6 del templo salieron los siete á que tenían
16.5 oí al á de las aguas, que decía: Justo eres
18.21 y un á poderoso tomó una piedra, como
19.17 vi a un á que estaba en pie en el sol
21.12 y en las puertas, doce á, y nombres
22.8 me postré para adorar a los pies del á
22.16 he enviado mi á para daros testimonio

ANGOSTO, ta v. Estrecho
Mt. 7.14 á el camino que lleva a la vida, y pocos
Lc. 13.24 esforzaos a entrar por la puerta á

ÁNGULO
Mt. 21.42; Mr. 12.10; Lc. 20.17; Hch. 4.11 ha
venido a ser cabeza del á
Ef. 2.20; 1 P. 2.6 la principal piedra del á
Ap. 7.1 ángeles en pie sobre los cuatro á de la

ANGUSTIA v. Adversidad, Aflicción, Calamidad,
Dolor, Miseria, Padecimiento, Quebrantamiento,
Sufrimiento, Tribulación
Ex. 3.7 he oído su clamor .. he conocido sus a
Dt. 4.30 estuvieres en a, y te alcanzaren todas
31.17 vendrán sobre ellos muchos males y a
Jue. 16.16 su alma fue reducida a mortal a
2 S. 4.9; 1 R. 1.29 ha redimido mi alma de toda a
22.7; Sal. 18.6 en mi a invoqué a Jehová, y
24.14; 1 Cr. 21.13 David dijo .. En .. a estoy
2 Cr. 33.12 fue puesto en a, oró a Jehová su Dios
Neh. 9.37 por nuestros pecados .. en grande a
Job 7.11 hablaré en la a de mi espíritu, y me
15.24 tribulación y a le turbarán; y le
36.16 te apartará de la boca de la a a lugar
Sal. 4.1 cuando estaba en a, tú me hiciste ensanchar
9.9 refugio del pobre para el tiempo de la a
22.11 no te alejes de mí, porque la a está cerca
25.17 las a de mi corazón se han aumentado
25.22 redime, oh Dios, a Israel de todas sus a
31.7 has visto .. conocido mi alma en las a
32.7 tú eres mi refugio, me guardarás de la a
50.15 invócame en el día de la a; te libraré
54.7 él me ha librado de toda a, y mis ojos
77.2 al Señor busqué en el día de mi a
86.7 en el día de mi a te llamaré, porque tú
91.15 con él estaré yo en la a; lo libraré y le
106.44 él miraba cuando estaban en a, y oía
116.3 me encontraron a del Seol; a y dolor
118.5 desde la a invoqué .. me respondió JAH
119.143 aflicción y a se han apoderado de mí
138.7 si anduviere yo en medio de la a, tú me
142.2 mi queja; delante de él manifestaré mi a
Is. 9.1 para la que está ahora en a, tal como la
13.8 a y dolores se apoderarán de ellos
30.20 os dará .. pan de congoja y agua de a
65.16 porque las a primeras serán olvidadas
Jer. 30.7 tiempo de a para Jacob; pero de ella
Dn. 12.1 será tiempo de a, cual nunca fue desde
Os. 5.15 busquen mi rostro. En su a me buscarán
Abd. 12 ni debiste .. jactado en el día de la a
Jon. 2.2 cuando estaba en a a Jehová, y él me oyó
Nah. 1.7 Jehová es .. fortaleza en el día de la a
Sof. 1.15 día de ira .. día de a y de aprieto
Lc. 21.25 señales .. y en la tierra a de las gentes
Ro. 2.9 a sobre todo ser .. que hace lo malo, el
8.35 a, o persecución, o hambre, o desnudez
2 Co. 2.4 la mucha .. y a del corazón os escribí
5.4 en este tabernáculo gemimos con a
6.4 en .. tribulaciones, en necesidades, en a

ANGUSTIADO v. Afligido
Esd. 9.3 cuando oí esto .. me senté a en extremo
Sal. 66.14 y habló mi boca, cuando estaba a
Pr. 18.14 mas ¿quién soportará el ánimo a?
Is. 53.7 a él, y afligido, no abrió su boca
2 Co. 4.8 estamos atribulados en todo, mas no a
He. 11.37 anduvieron .. pobres, a, maltratados

ANGUSTIAR v. Afligir, Atribular, Vejar
Ex. 22.21; 23.9 al extranjero no .. angustiarás
Jue. 10.16 angustiado a causa de la aflicción de
Job 19.2 ¿hasta cuándo angustiaréis mi alma
Sal. 129.1 me han angustiado desde mi juventud
142.3 mi espíritu se angustiaba dentro de mí
Is. 63.9 en toda angustia de ellos él fue angustiado
Lm. 1.12 Jehová me ha angustiado en el día de
Mt. 26.37; Mr. 14.33 comenzó .. a angustiarse
Lc. 12.50 ¡cómo me angustio hasta que se cumpla!
Fil. 2.26 se angustió porque habíais oído que

ANHELAR v. Desear, Querer
Sal. 84.2 anhela mi alma .. los atrios de Jehová
1 Co. 14.12 pues que anheláis dones espirituales
1 Ti. 3.1 si alguno anhela obispado, buena obra
He. 11.16 pero anhelaban una mejor, esto es, celestial
Stg. 4.5 el Espíritu .. en nosotros nos anhela

ANILLO
Est. 3.10 entonces el rey quitó el a de su mano
8.8 y selladlo con el a del rey; porque un
Jer. 22.24 si Conías hijo de .. fuera a en mi mano

Dn. 6.17 selló el rey con su *a* y con el *a* de sus
Lc. 15.22 y poned un *a* en su mano, y calzado en
Stg. 2.2 entra un hombre con *a* de oro y con

ANIMAL *v.* Bestia, Fiera, Ser [sust.]
Gn. 1.24 produzca la tierra .. serpientes y *a* de
7.2 de todo *a* limpio tomarás siete parejas
Lv. 11.2; Dt. 14.4 estos son los *a* que comeréis
18.23 ni con ningún *a* tendrás ayuntamiento
27.9 *a* de los que se ofrece ofrenda a Jehová
1 Co. 15.44 siembra cuerpo *a*, resucitará cuerpo

ANIMAR *v.* Alentar, Fortalecer
Dt. 1.38 *anímale* .. él la hará heredar a Israel
3.28 manda a Josué, y *anímalo*, y fortalécelo
Job 16.3 vacías? ¿O qué te *anima* a responder?
Hch. 18.27 los hermanos le *animaron*, y escribieron
1 Ts. 5.11 por lo cual, *animaos* unos a otros

ÁNIMO *v.* Corazón, Espíritu, Voluntad
Dt. 31.6 esforzaos y cobrad *á*; no temáis, ni
Neh. 4.6 porque el pueblo tuvo *á* para trabajar
Pr. 18.14 el *á* del .. soportará su enfermedad
Mt. 9.22 dijo: Ten *á*, hija; tu fe te ha salvado
14.27; Mr. 6.50 ¡tened *á*; yo soy, no temáis!
Hch. 23.11 ten *á*, Pablo .. como has testificado
27.25 por tanto, oh varones, tened buen *á*
Fil. 2.20 a ninguno tengo del mismo *á*, y que
Stg. 1.8 el hombre de doble *á* es inconstante en
4.8 los de doble *á*, purificad .. corazones
1 P. 5.2 no por ganancia .. sino con *á* pronto

ANSIEDAD *v.* Afán, Cuidado
Sal. 119.28 se deshace mi alma de *a*; susténtame
Ez. 12.18 come tu pan .. y bebe tu agua .. con *a*
1 P. 5.7 echando toda vuestra *a* sobre él, porque

ANTICRISTO
1 Jn. 2.18 el *a* viene .. han surgido muchos *a*
4.3 este es el espíritu del *a*, el cual vosotros
2 Jn. 7 quien esto hace es el engañador y el *a*

ANTIGUO, gua
2 R. 19.25 ¿nunca has oído que desde tiempos *a*
Jer. 6.16 preguntad por las sendas *a*, cuál sea el
He. 11.2 por ella alcanzaron buen testimonio los *a*
2 P. 2.5 si no perdonó al mundo *a*, sino que

ANTIOQUÍA
Hch. 11.19 pasaron hasta Fenicia, Chipre y *A*
11.26 llamó cristianos por primera vez en *A*
13.14 ellos, pasando de Perge, llegaron a *A*
14.26 de allí navegaron a *A*, desde donde
15.22 elegir .. varones y enviarlos a *A* con
15.35 y Pablo y Bernabé continuaron en *A*
18.22 habiendo arribado a .. descendió a *A*
2 Ti. 3.11 como los que me sobrevinieron en *A*

ANTIPAS Ap. 2.13.

ANTÍPATRIS Hch. 23.31.

ANTORCHA *v.* Candelero, Lámpara, Luz
Dn. 10.6 sus ojos como *a* de fuego, y sus brazos
Jn. 5.35 era *a* que ardía y alumbraba; y vosotros
18.3 Judas .. fue allí con linternas y *a*, y con
2 P. 1.19 estar atentos como a una *a* que alumbra
Ap. 8.10 una gran estrella, ardiendo como una *a*

ANULAR *v.* Invalidar, Quitar, Revocar
Nm. 30.12 si su marido los *anuló* el día que los oyó
Is. 28.18 *anulado* vuestro pacto con la muerte
Ro. 4.14 vana resulta la fe, y *anulada* la promesa
Col. 2.14 *anulando* el acta de los decretos que

ANUNCIAR *v.* Declarar, Predicar, Pregonar, Proclamar, Profetizar, Publicar
Ex. 9.16 que mi nombre sea *anunciado* en toda la
2 S. 1.20 no lo *anunciéis* en Gat, ni deis las
Job 33.23 que *anuncie* al hombre su deber
Sal. 22.22 *anunciaré* tu nombre a mis hermanos
22.31 vendrán, y *anunciarán* su justicia; a
40.9 he *anunciado* justicia en .. congregación
64.9 temerán .. *anunciarán* la obra de Dios
75.9 *anunciaré* y cantaré alabanzas al Dios
92.15 para *anunciar* que Jehová .. es recto
Is. 41.22 traigan, *anúnciennos* lo que ha de venir
41.26 ¿quién lo *anunció* desde el principio

Is. 42.9 yo *anuncio* cosas nuevas; antes que salgan
Jer. 16.10 ¿por qué *anuncia* Jehová .. este mal tan
Am. 4.13 y *anuncia* al hombre su pensamiento
Jon. 3.7 hizo proclamar y *anunciar* en Nínive
Lc. 4.43 es necesario que .. *anuncie* el evangelio
9.60 y tú vé, y *anuncia* el reino de Dios
Hch. 3.20 Jesucristo, que os fue antes *anunciado*
4.2 *anunciasen* en Jesús la resurrección de
5.20 *anunciad* al pueblo todas las palabras de
8.4 iban por todas .. *anunciando* el evangelio
8.35 Felipe .. le *anunció* el evangelio de Jesús
10.36 *anunciando* el evangelio de la paz por
13.38 de él se os *anuncia* perdón de pecados
16.17 os *anuncian* el camino de salvación
20.27 no he rehuido *anunciaros* todo el consejo
21.26 *anunciar* el cumplimiento de los días de
1 Co. 2.1 fui a .. para *anunciaros* el testimonio
9.14 ordenó .. a los que *anuncian* el evangelio
9.16 ¡ay de mí si no *anunciare* el evangelio!
11.26 la muerte del Señor *anunciáis* hasta que
2 Co. 10.16 que *anunciaremos* el evangelio en los
Gá. 1.8 os *anunciare* otro evangelio diferente del
Ef. 2.17 vino y *anunció* las buenas nuevas de paz a
3.8 de *anunciar* entre los gentiles el evangelio
He. 2.12 *anunciaré* a mis hermanos tu nombre
4.2 se nos ha *anunciado* la buena nueva como
1 P. 1.11 el cual *anunciaba* .. los sufrimientos de
1.25 la palabra que .. os ha sido *anunciada*
1 Jn. 1.3 lo que hemos visto y oído .. *anunciamos*

ANUNCIO
Is. 53.1; Jn. 12.38; Ro. 10.16 ¿quién ha creído a nuestro *a*?

ANZUELO
Job 41.1 ¿sacarás tú al leviatán con *a*, o con
Mt. 17.27 echa el *a*, y el primer pez que saques

AÑADIR *v.* Aumentar
Gn. 30.24 diciendo: *Añádame* Jehová otro hijo
Dt. 4.2 no *añadiréis* a la palabra que yo os mando
Pr. 11.24 hay quienes reparten, y les es *añadido*
Ec. 3.14 sobre aquello no se *añadirá*, ni de ello
Mt. 6.27; Lc. 12.25 *añadir* a su estatura un codo
6.33; Lc. 12.31 estas cosas os serán *añadidas*
Hch. 2.41 se *añadieron* aquel día como tres mil
2.47 el Señor *añadía* cada día a la iglesia los
Gá. 3.19 *añadida* a causa de las transgresiones
Ap. 22.18 si alguno *añadiere* a estas cosas, Dios

AÑO *v.* Día, Tiempo
Dt. 15.9 cerca está el *a* séptimo, el de la remisión
26.12 en el tercero, el *a* del diezmo, darás
Job 10.5 ¿son .. tus *a* como los tiempos humanos
36.26 ni se puede seguir la huella de sus *a*
Sal. 90.4 mil *a* delante de tus ojos son como el
90.10 los días de nuestra edad son setenta *a*
102.24 generación de generaciones son tus *a*
102.27 eres el mismo, y tus *a* no se acabarán
Pr. 4.10 oye .. y se te multiplicarán *a* de vida
10.27 los *a* de los impíos serán acortados
Is. 61.2 a proclamar el *a* de la buena voluntad de
63.4 el *a* de mis redimidos ha llegado
Dn. 9.2 el número de *a* de que habló Jehová
Zac. 14.16 subirán de *a* en *a* para adorar al Rey
Lc. 4.19 a predicar el *a* agradable del Señor
He. 1.12 tú eres el mismo, y tus *a* no acabarán
9.25 como entra el sumo .. cada *a* con sangre
2 P. 3.8 un día es como mil *a*, y mil *a* como un día
Ap. 20.2 prendió al dragón .. lo ató por mil *a*
20.4 vivieron y reinaron con Cristo mil *a*

AOD Jue. 3.15–30.

APACENTAR
Gn. 30.36 Jacob *apacentaba* las otras ovejas de
37.12 fueron sus hermanos a *apacentar* las
2 S. 5.2 tú *apacentarás* a mi pueblo Israel, y tú
Sal. 37.3 la tierra, y serás *apacentado* de la verdad
78.72 los *apacentó* conforme a .. su corazón
Pr. 10.21 los labios del justo *apacientan* a muchos
Cnt. 1.7 saber .. dónde *apacientas* .. al mediodía
2.16; 6.3 mi amado .. él *apacienta* entre lirios
Is. 49.9 en los caminos serán *apacentados*, y en

Is. 61.5 y extranjeros *apacentarán* .. ovejas, y
Jer. 3.15 que os *apacienten* con ciencia y con
     23.4 pondré .. pastores que las *apacienten*
Ez. 34.2 ¿no *apacientan* los .. a los rebaños?
     34.16 buscaré .. las *apacentaré* con justicia
Mi. 5.4 y él .. *apacentará* con poder de Jehová
Zac. 11.7 *apacenté* .. las ovejas de la matanza
Lc. 15.15 le envió a .. para que *apacentase* cerdos
Jn. 21.15 él le dijo: *Apacienta* mis corderos
Hch. 20.28 para *apacentar* la iglesia del Señor
1 P. 5.2 *apacentad* la grey de Dios que está entre
Jud. 12 comiendo .. se *apacientan* a sí mismos

APACIBLE
1 R. 19.12 y tras el fuego un silbo *a* y delicado
Pr. 14.30 el corazón *a* es vida de la carne; mas la
     15.4 la lengua *a* es árbol de vida; mas la
He. 12.11 después da fruto *a* de justicia a los que
1 P. 3.4 el .. ornato de un espíritu afable y *a*

APACIGUAR *v.* Aplacar
Gn. 32.20 *apaciguaré* su ira con el presente que
Pr. 15.18 el que tarda en .. *apacigua* la rencilla

APAGAR
2 S. 14.7 *apagarán* el ascua que me ha quedado
     21.17 sea que *apagues* la lámpara de Israel
Cnt. 8.7 muchas aguas no podrán *apagar* el amor
Is. 42.3; Mt. 12.20 ni *apagará* el pábilo que
Mr. 9.44 no muere, y el fuego nunca se *apaga*
Ef. 6.16 escudo de la fe, con que podáis *apagar*
1 Ts. 5.19 no *apaguéis* al Espíritu
He. 11.34 *apagaron* fuegos impetuosos, evitaron

APARECER *v.* Manifestar
Sal. 90.16 *aparezca* en tus siervos tu obra, y tu
Mr. 16.9 Jesús .. *apareció* .. a María Magdalena
1 Co. 15.6 *apareció* a más de quinientos hermanos
1 Jn. 3.5 sabéis que él *apareció* para quitar

APAREJO *v.* Enseres
Hch. 27.19 con .. manos arrojamos los *a* de la nave

APARICIÓN *v.* Manifestación, Venida
1 Ti. 6.14 hasta la *a* de nuestro Señor Jesucristo

APARIENCIA *v.* Aspecto
Ez. 1.5 seres .. y esta era su *a*: había en medio
Mt. 22.16; Mr. 12.14 no miras la *a* de los hombres
Lc. 9.29 la *a* de su rostro se hizo otra, y su vestido
Jn. 7.24 no juzguéis según las *a*, sino juzgad
1 Co. 7.31 porque la *a* de este mundo se pasa
2 Co. 5.12 responder a los que se glorían en las *a*
     10.7 miráis las cosas según la *a*. Si alguno
2 Ti. 3.5 tendrán *a* de piedad, pero negarán la

APARTADO, da *v.* Lejos
Job 1.1 hombre .. temeroso de Dios y *a* del mal
Lc. 15.13 hijo menor, se fue lejos a una provincia *a*

APARTAR *v.* Alejar, Consagrar, Dedicar, Descarriar, Desviar, Dividir, Santificar, Separar
Gn. 13.11 y se *apartaron* el uno del otro
     31.49 cuando nos *apartemos* el uno del otro
Ex. 8.22 *apartaré* la tierra de Gosén, en la cual
     33.16 yo y tu pueblo seamos *apartados* de
Lv. 15.31 así *apartaréis* de sus impurezas a los
     20.24, 26 os he *apartado* de los pueblos para
Nm. 6.2 se *apartare* haciendo voto de nazareo
     16.9 que el Dios de Israel os haya *apartado*
     16.21 *apartaos* de .. los consumiré en un
     22.33 asna .. se ha *apartado* luego de .. mí
Dt. 10.8 *apartó* Jehová la tribu de Leví para que
     17.11 no te *apartarás* ni a diestra ni a
     29.21 lo *apartará* Jehová de todas las tribus de
1 S. 16.14 Espíritu de Jehová se *apartó* de Saúl
     19.10 él se *apartó* de delante de Saúl, el cual
     28.16 si Jehová se ha *apartado* de ti y es tu
2 S. 2.22 volvió a decir a Asael: *Apártate* .. mí
1 R. 12.19 se *apartó* Israel de la casa de David
Esd. 10.11 *apartaos* de los pueblos de las tierras
Job 7.19 ¿hasta cuándo no *apartarás* de mí tu
     13.21 *aparta* de mí tu mano, y no me asombre
     16.6 si dejo de hablar, no se *aparta* de mí
     21.14 dicen .. a Dios: *Apártate* de nosotros
     28.28 y el *apartarse* del mal, la inteligencia

Job 33.17 para .. *apartar* del varón la soberbia
     33.30 para *apartar* su alma del sepulcro, y
Sal. 6.8 *apartaos* de mí, todos los hacedores de
     18.21 no me *aparté* impíamente de mi Dios
     34.14; 37.27 *apártate* del mal, y haz el bien
     44.18 ni se han *apartado* .. nuestros pasos
     58.3 se *apartaron* los impíos desde la matriz
     119.22 *aparta* de mí .. oprobio y el
     119.51 mí, mas no me he *apartado* de tu ley
     119.157 de tus testimonios no me he *apartado*
Pr. 1.15 hijo mío .. *aparta* tu pie de sus veredas
     3.7 teme a Jehová, y *apártate* del mal
     4.27 no te desvíes .. *aparta* tu pie del mal
     16.17 camino de los rectos se *aparta* del mal
     21.16 el hombre que se *aparta* del camino de
     22.6 instruye al niño .. no se *apartará* de él
Is. 52.11 *apartaos*, *a*, salid de ahí, no toquéis
     53.6 cada cual se *apartó* por su camino; mas
     54.10 no se *apartará* de ti mi misericordia
     56.3 diciendo: Me *apartará* .. de su pueblo
Jer. 5.25 vuestros pecados *apartaron* de .. el bien
     37.12 para *apartase* de en medio del pueblo
Lm. 4.15 ¡*apartaos*! .. les gritaban; ¡*a*, a, no
     4.16 la ira de Jehová los *apartó*, no los
Ez. 18.21, 23 si se *apartare* de todos sus pecados
Os. 7.13 ¡ay de ellos! porque se *apartaron* de mí
Mt. 7.23; Lc. 13.27 *apartaos* de mí, hacedores de
     13.49 *apartarán* a los malos de .. los justos
     25.32 *apartará* .. como *aparta* el pastor las
     25.41 dirá .. a los de la izquierda: *Apartaos*
Lc. 4.13 el diablo .. se *apartó* de él por un tiempo
     5.8 *apártate* de mí .. soy hombre pecador
Hch. 5.38 os digo: *Apartaos* de estos hombres
     13.2 *apartadme* a Bernabé y a Saulo para la
     13.13 Juan, *apartándose* de ellos, volvió a
     15.20 se *aparten* de .. ídolos .. y de sangre
     15.38 al que se había *apartado* de ellos desde
     19.26 toda Asia, ha *apartado* a muchas gentes
Ro. 1.1 *apartado* para el evangelio de Dios
     16.17 os fijéis en .. y que os *apartéis* de ellos
2 Co. 6.17 salid de .. y *apartaos*, dice el Señor
Gá. 1.15 Dios, que me *apartó* desde el vientre de
     2.12 pero después .. se retraía y se *apartaba*
     4.17 quieren *apartaros* de nosotros para que
2 Ts. 3.6 os *apartéis* de todo hermano que ande
1 Ti. 5.15 algunas se han *apartado* en pos de
     6.5 hombres corruptos .. *apártate* de los tales
2 Ti. 2.19 *apártese* de iniquidad todo aquel que
He. 3.12 corazón malo .. *apartarse* del Dios vivo
1 P. 3.11 *apártese* del mal, y haga el bien; busque

APARTE
Mr. 13.3 Juan y Andrés le preguntaron *a*
1 Co. 16.2 cada uno de vosotros ponga *a* algo

APEDREAR
Nm. 15.35 *apedréelo* toda la congregación fuera
Dt. 21.21 los hombres .. lo *apedrearán*, y morirá
1 S. 30.6 el pueblo hablaba de *apedrearlo*, pues
Mt. 23.37; Lc. 13.34 *apedreas* a los que te son
Jn. 10.31 judíos .. tomar piedras para *apedrearle*
     11.8 ahora procuraban los judíos *apedrearte*
Hch. 7.59 *apedreaban* a Esteban, mientras él
     14.19 y habiendo *apedreado* a Pablo, le
2 Co. 11.25 una vez *apedreado*; tres veces he
He. 11.37 *apedreados*, aserrados, puestos a

APELAR
Hch. 25.11 entregarme a ellos. A César *apelo*

APERCIBIR *v.* Advertir, Preparar
Ez. 33.5 de la trompeta oyó, y no se *apercibió*

APETITO *v.* Concupiscencia, Deseo, Hambre
Pr. 23.2 cuchillo a tu garganta, si tienes gran *a*
Col. 2.23 no tiene valor alguno contra los *a* de

APIO, Foro de   Hch. 28.15.

APLACAR *v.* Apaciguar
Ex. 32.30 quizá te *aplacaré* acerca de vuestro
Sal. 90.13 y *aplácate* para con tus siervos
Pr. 25.15 con larga paciencia se *aplaca* el príncipe

APOLOS
Hch. 18.24 llegó .. a Efeso un judío llamado *A*

1 Co. 1.12; 3.4 yo soy de Pablo; y yo de *A*; y yo
    4.6 he presentado como ejemplo en mí y en *A*
    16.12 acerca del hermano *A*, mucho le rogué
Tit. 3.13 a Zenas . . *A*, encamínales con solicitud

APOSENTO *v.* Cámara
1 R. 17.19 lo llevó al *a* donde él estaba, y lo
2 R. 4.10 te ruego que hagamos un pequeño *a*
2 Cr. 22.11 le guardó a él y a . . en uno de los *a*
Sal. 104.3 que establece sus *a* entra las aguas
Mt. 6.6 cuando ores, entra en tu *a*, y cerrada la
    24.26 mirad, está en los *a*, no lo creáis
Mr. 14.14 el Maestro dice: ¿Dónde está el *a*
Lc. 12.3 que habéis hablado al oído en los *a*, se
    22.12 mostrará un gran *a* alto ya dispuesto
Hch. 1.13 subieron al *a* alto, donde moraban

APOSTASÍA
2 Ts. 2.3 no vendrá sin que antes venga la *a*, y se

APOSTATAR
1 Ti. 4.1 algunos *apostatarán* de la fe, escuchando

APÓSTOL *v.* Discípulo, Doce, Embajador,
    Mensajero, Ministro, Profeta
Mt. 10.2 los nombres de los doce *a* son estos
Mr. 6.30 los *a* se juntaron con Jesús, y le contaron
Lc. 6.13 doce de . . a los cuales también llamó *a*
    11.49 les enviaré profetas y *a*; y de ellos
    22.14 se sentó a la mesa, y con él los *a*
    24.10 María . . dijeron estas cosas a los *a*
Hch. 1.2 dado . . por el Espíritu Santo a los *a*
    4.35 y ponían a los pies de los *a*, se
    5.12 por la mano de los *a* se hacían muchas
    5.18 y echaron mano a los *a* y los pusieron en
    6.6 a los cuales presentaron ante los *a*, a quienes
    8.1 todos fueron esparcidos . . salvo los *a*
    8.18 por la imposición de las manos de los *a*
    9.27 Bernabé . . lo trajo a los *a*, les contó
    11.1 oyeron los *a* . . que estaban en Judea, que
    15.2 que subiesen . . a los *a* y los ancianos
    15.22 pareció bien a los *a* y a los ancianos, con
    16.4 ordenanzas que habían acordado los *a*
Ro. 1.1; 1 Co. 1.1 Pablo . . llamado a ser *a*
    1.13 por cuanto yo soy *a* a los gentiles
    16.7 y a Junias . . muy estimados entre los *a*
1 Co. 9.1 ¿no soy *a*? ¿No soy libre? ¿No he visto
    12.28 puso . . primeramente *a*, luego profetas
    15.7 apareció a Jacobo; después a todos los *a*
2 Co. 1.1; Ef. 1.1; Col. 1.1; 1 Ti. 1.1; 2 Ti. 1.1
    Pablo, *a* de Jesucristo por la voluntad de
    11.5; 12.11 en nada he sido inferior a . . *a*
    11.13 porque éstos son falsos *a*, obreros
Gá. 1.1 Pablo, *a* (no de hombres ni por hombre
    1.17 ni subí . . a los que eran *a* antes que yo
Ef. 2.20 sobre el fundamento de los *a* y profetas
    3.5 como ahora es revelado a sus santos *a*
    4.11 él mismo constituyó a unos, *a*; a otros
1 Ts. 2.6 podíamos seros carga como *a* de Cristo
1 Ti. 2.7 para esto yo fui constituido . . *a* (digo
2 Ti. 1.11 fui constituido . . *a* y maestro de los
Tit. 1.1 Pablo, siervo de Dios y *a* de Jesucristo
He. 3.1 considerad al *a* y sumo sacerdote de
1 P. 1.1; 2 P. 1.1 Pedro, *a* de Jesucristo, a los
2 P. 3.2 del mandamiento . . dado por vuestros *a*
Ap. 2.2 has probado a los que se dicen ser *a*, y
    21.14 doce nombres de los doce *a* del Cordero

APOSTOLADO *v.* Administración, Ministerio
Hch. 1.25 tome la parte de este ministerio y *a*
Ro. 1.5 por quien recibimos la gracia y el *a*
Gá. 2.8 el que actuó en Pedro para el *a* de la

APOYAR *v.* Confiar
Jue. 16.26 columnas . . que me *apoye* sobre ellas
2 R. 18.19; Is. 36.4 confianza . . en que te *apoyas*?
2 Cr. 13.18 se *apoyaban* en Jehová el Dios de sus
    14.11 ayúdanos . . porque en ti nos *apoyamos*
    16.7 te has *apoyado* en el rey de Siria, y no te
Job 8.15 se *apoyará* él en su casa, mas no
Is. 64.7 que se despierte para *apoyarse* en ti
Mi. 3.11 y se *apoyan* en Jehová, diciendo: ¿No
Ro. 2.17 y te *apoyas* en la ley, y te glorías en
He. 11.21 adoró *apoyado* sobre . . de su bordón

APOYO
2 S. 22.19; Sal. 18.18 mas Jehová fue mi *a*

APREMIAR
Ex. 5.13 cuadrilleros los *apremiaban*, diciendo
    12.33 y los egipcios *apremiaban* al pueblo
Job 32.18 me *apremia* el espíritu dentro de mí
Sof. 3.19 yo *apremiaré* a todos tus opresores
1 Co. 7.26 a causa de la necesidad que *apremia*

APRENDER *v.* Enseñar
Dt. 4.10 oir mis palabras, las cuales *aprenderán*
    5.1 *aprendedlos* . . para ponerlos por obra
    18.9 no *aprenderás* a hacer . . abominaciones
    31.12 para que oigan y *aprendan*, y teman a
Sal. 119.7 cuando *aprenda* tus justos juicios
    119.71 para que *aprenda* tus estatutos
Pr. 22.25 que *aprendas* sus maneras, y tomes lazo
Is. 1.17 *aprended* a hacer el bien; buscad el juicio
Jer. 10.2 no *aprendáis* el camino de las naciones
    12.16 *aprendieren* los caminos de mi pueblo
Mt. 9.13 id, pues, y *aprended* lo que significa
    11.29 y *aprended* de mí, que soy manso y
    24.32 *aprended* la parábola de la higuera
Jn. 6.45 oyó al Padre, y *aprendió* de él, viene a mí
1 Co. 14.31 para que todos *aprendan*, y todos
Gá. 1.12 ni lo *aprendí* de hombre alguno, sino por
Fil. 4.9 lo que *aprendisteis* . . en mí, esto haced
    4.11 he *aprendido* a contentarme, cualquiera
1 Ts. 4.9 habéis *aprendido* de Dios que os améis
2 Ts. 2.15 retened la doctrina que . . *aprendido*
1 Ti. 2.11 la mujer *aprenda* en silencio, con toda
    5.13 *aprenden* a ser ociosas, andando de
2 Ti. 3.7 éstas siempre están *aprendiendo*, y nunca
    3.14 pero persiste tú en lo que has *aprendido*
Tit. 3.14 *aprendan* . . a ocuparse en buenas obras
He. 5.8 lo que padeció *aprendió* la obediencia
Ap. 14.3 nadie podía *aprender* el cántico sino

APRESURADAMENTE *v.* Prisa
Ex. 12.11 lo comeréis *a*; es la Pascua de Jehová
Pr. 20.25 lazo es al hombre hacer *a* voto de
    25.8 no entres *a* en pleito, no sea que no
Lc. 2.16 vinieron, pues, *a*, y hallaron a María y

APRESURAR *v.* Prisa
Sal. 22.19; 40.13; 70.1 *apresúrate* a socorrerme
    38.22 *apresúrate* a ayudarme, oh Señor, mi
Pr. 19.2 aquel que se *apresura* con los pies, peca
    21.5 el que se *apresura* . . va a la pobreza
    28.22 se *apresura* a ser rico el avaro, y no
Ec. 5.2 ni tu corazón se *apresure* a proferir
    7.9 no te *apresures* tu espíritu a enojarte
    8.3 no te *apresures* a irte de su presencia
Jer. 1.12 yo *apresuro* mi palabra para ponerla por
Hab. 2.3 se *apresura* hacia el fin, y no mentirá
Hch. 20.16 pues se *apresuraba* por estar el día de
Ro. 3.15 pies se *apresuran* para derramar sangre
2 P. 3.12 *apresurándoos* para la venida del día de

APRETAR
Nm. 22.25 *apretó* contra la pared el pie de Balaam
Am. 2.13 yo os *apretaré* . . como se *aprieta* el carro
Mr. 5.24 una gran multitud, y le *apretaban*
Lc. 8.45 la multitud te *aprieta* y oprime, y dices

APROBADO
Hch. 2.22 Jesús nazareno, varón *a* por Dios
2 Co. 13.7 no que *a* . . aparezcamos *a*, sino
2 Ti. 2.15 presentarte a Dios *a*, como obrero que

APROBAR
Ro. 2.18 instruido por la ley *apruebas* lo mejor
    7.16 esto hago, *apruebo* que la ley es buena
    14.18 agrada a Dios, y es *aprobado* por los
    14.22 no se condena a sí . . en lo que *aprueba*
1 Ts. 2.4 según fuimos *aprobados* por Dios para
1 P. 2.20 esto . . es *aprobado* delante de Dios

APROVECHAR *v.* Bien, Provecho
Job 21.15 ¿de qué nos *aprovechará* que oremos
    33.27 porque . . y no me ha *aprovechado*
    35.8 y al hijo de hombre *aprovechará* tu
Ec. 1.36 de qué le *aprovechó* trabajar en vano?
Is. 30.5 del pueblo que no les *aprovecha*, ni los
Mal. 3.14 ¿qué *aprovecha* que guardemos su ley

Mt. 16.26; Mr. 8.36; Lc. 9.25 ¿qué *aprovechará* al
　hombre, si ganare todo el mundo
Jn. 6.63 da vida; la carne para nada *aprovecha*
Ro. 2.25 en verdad la circuncisión *aprovecha*, si
　3.1 ¿o de qué *aprovecha* la circuncisión?
Gá. 5.2 si os .. de nada os *aprovechará* Cristo
Ef. 5.16 *aprovechando* bien el tiempo, porque los
1 Ti. 4.8 pero la piedad para todo *aprovecha*
2 Ti. 2.14 lo cual para nada *aprovecha*, sino que
Stg. 2.14 ¿de qué *aprovechará* si alguno dice que

Lc. 9.62 hacia atrás, es *a* para el reino de Dios
Col. 1.12 hizo *a* para participar de la herencia
He. 13.21 os haga *a* en toda obra buena para que

AQUÍ
1 S. 3.4 Jehová llamó a Samuel, y él .. Heme *a*
Is. 6.8 respondí yo: Heme *a*, envíame a mí
Mt. 17.4; Mr. 9.5; Lc. 9.33 bueno es para nosotros
　que estemos *a*
　28.6; Mr. 16.6; Lc. 24.6 no está *a*, pues ha
　resucitado
Lc. 17.23 helo *a*, o helo allí. No vayáis, ni los
Jn. 11.21, 32 si hubieses estado *a*, mi hermano no

AQUIETAR *v.* Calmar
Jon. 1.11 ¿qué haremos .. el mar se nos *aquiete*?
　1.15 al mar; y el mar se *aquietó* de su furor

AQUILA Hch. 18.2–26.
Ro. 16.3 saludad .. a *A*, mis colaboradores en
1 Co. 16.19 *A* y Priscila .. os saludan mucho en
2 Ti. 4.19 saluda a Prisca y a *A*, y a la casa de

AQUIS
1 S. 27.3 moró David con *A* en Gat, él y sus
　29.2 David y sus hombres iban en la .. con *A*

ÁRABE
Is. 13.20 ni levantará allí tienda el *á*, ni pastores
Jer. 3.2 te sentabas .. como *á* en el desierto

ARABIA
1 R. 10.15 lo de todos los reyes de *A*, y de los
2 Cr. 9.14 los reyes de *A* .. traían oro y plata
Is. 21.13 profecía sobre *A* .. la noche en *A*, oh
Gá. 1.17 fui a *A*, y volví de nuevo a Damasco
　4.25 porque Agar es el monte Sinaí en *A*

ARAD Nm. 21.1; 33.40.

ARADO
Is. 2.4 volverán sus espadas en rejas de *a*, y sus
Lc. 9.62 poniendo su mano en el *a* mira .. atrás

ARAMEO, mea
Dt. 26.5 un *a* a punto de perecer fue mi padre
2 R. 18.26; Is. 36.11 hables a tus siervos en *a*
Dn. 2.4 hablaron los caldeos al rey en lengua *a*

ARAÑA
Job 8.14 porque .. su confianza es tela de *a*
Pr. 30.28 la *a* que atrapas con la mano, y está en
Is. 59.5 huevos de áspides, y tejen telas de *a*

ARAR
Dt. 22.10 no *ararás* con buey y con asno
1 R. 19.19 Eliseo .. que *araba* con doce yuntas
Job 4.8 los que *aran* iniquidad y siembran injuria
Pr. 20.4 el perezoso no *ara* a causa del invierno
Is. 28.24 el que *ara* para .. *arará* todo el día?
Jer. 4.3 dice Jehová .. *Arad* campo para vosotros
　26.18; Mi. 3.12 Sion será *arada* como campo
Os. 10.13 habéis *arado* impiedad, y segasteis
Am. 9.13 que el que *ara* alcanzará al segador
1 Co. 9.10 con esperanza debe *arar* el que *ara*

ARARAT Gn. 8.4.

ÁRBOL *v.* Fruto, Raíz, Rama
Gn. 1.11 produzca la tierra hierba .. *á* de fruto
　2.9 *á* de vida .. el *á* de la ciencia del bien
　3.6 y vio la mujer que el *á* era bueno para
　21.33 plantó Abraham un *á* .. en Beerseba
Ex. 15.25 le mostró un *á* .. lo echó en las aguas
Dt. 20.19 no destruirás sus *á* metiendo hacha en
Jue. 9.8 fueron una vez los *á* a elegir rey sobre
1 R. 14.23 altos .. y debajo de todo *á* frondoso

Job 14.7 si el *á* fuere cortado, aún queda de él
Sal. 1.3; Jer. 17.8 será como *á* plantado junto a
　104.16 se llenan de savia los *á* de Jehová
Pr. 3.18 es *á* de vida a los que de ella echan mano
　11.30 el fruto del justo es *á* de vida; y el que
Ec. 11.3 en el lugar que el *á* cayere allí quedará
Is. 61.3 y serán llamados *á* de justicia, plantío
Ez. 17.24 yo Jehová abatí el *á* sublime, levanté
　47.7 la ribera del río había muchísimos *á*
Dn. 4.10 me parecía ver .. un *á*, cuya altura era
Mt. 3.10; Lc. 3.9 el hacha .. a la raíz de los *á*
　7.17; Lc. 6.43 todo buen *á* da buenos frutos
　12.33; Lc. 6.44 por el fruto se conoce el *á*
　13.32; Lc. 13.19 y se hace *á*, de tal manera
Mr. 8.24 dijo: Veo los hombres como *á*, pero los
Jud. 12 *á* otoñales, sin fruto, dos veces muertos
Ap. 2.7 le daré a comer del *á* de la vida, el cual
　7.3 no hagáis daño .. ni a los *á*, hasta que
　22.2 en medio de la calle .. estaba el *á* de la
　22.14 para tener derecho al *á* de la vida, y

ARCA *v.* Pacto, Propiciatorio
Gn. 6.14 hazte un *a* de madera de gofer; harás
　7.1 dijo .. Entra tú y toda tu casa en el *a*
　8.4 reposó el *a* .. sobre los montes de Ararat
　8.16 sal del *a* tú, y tu mujer, y tus hijos
Ex. 25.10 harán .. un *a* de madera de acacia
　37.1 hizo .. Bezaleel el *a* de madera de acacia
　40.3 y pondrás en él el *a* del testimonio, y la
Nm. 10.33 el *a* del pacto .. fue delante de ellos
Jos. 3.3 cuando veáis el *a* del pacto de Jehová
　6.11 hizo que el *a* de Jehová diera una vuelta
　8.33 estaba de pie a uno y otro lado del *a*
Jue. 20.27 el *a* del pacto de Dios estaba allí
1 S. 4.3 traigamos a nosotros de Silo el *a* del
　4.11 el *a* de Dios fue tomada, y muertos los
　5.7 no quede con nosotros el *a* del Dios de
　6.11 pusieron el *a* de Jehová sobre el carro
　6.19 habían mirado dentro del *a* de Jehová
　7.1 llevaron el *a* .. en casa de Abinadab
　14.18 Saúl dijo a Ahías: Trae el *a* de Dios
2 S. 6.2 para hacer pasar de allí el *a* de Dios
　15.29 Sadoc y Abiatar volvieron el *a* de Dios
1 R. 8.1 traer el *a* del .. de la ciudad de David
2 R. 12.9 Joiada tomó un *a* e hizo en la tapa un
1 Cr. 13.3 traigamos el *a* de nuestro Dios a
　15.2 el *a* de Dios no debe ser llevada sino
　16.1 trajeron el *a* de Dios, y la pusieron
2 Cr. 5.2 que trajesen el *a* del pacto de Jehová
　6.11 y en ella he puesto el *a*, en la cual está
　24.8 mandó, pues, el rey que hiciesen un *a*
Jer. 3.16 no se dirá más: *A* del pacto de Jehová
Mt. 24.38; Lc. 17.27 día que Noé entró en el *a*
Mr. 12.41; Lc. 21.1 pueblo echaba dinero en el *a*
He. 9.4 el *a* del pacto cubierta de oro por todas
　11.7 por la fe Noé .. con temor preparó el *a*
1 P. 3.20 mientras se preparaba el *a*, en la cual
Ap. 11.19 el *a* de su pacto se veía en el templo

ARCO *v.* Saeta
Gn. 9.13 mi *a* he puesto en las nubes por señal
　21.20 el muchacho .. creció .. fue tirador de *a*
Jos. 24.12 envié .. no con tu espada, ni con tu *a*
1 S. 2.4 los *a* de los fuertes fueron quebrados
2 S. 1.22 el *a* de Jonatán no volvía atrás, ni la
　R. 22.34; 2 Cr. 18.33 disparó su *a* a la ventura
2 R. 9.24 Jehú entesó su *a*, e hirió a Joram
　13.15 dijo Eliseo: Toma un *a* y unas saetas
Sal. 44.6 porque no confiaré en mi *a*, ni mi espada
　46.9 que quiebra el *a*, corta la lanza, y quema
　78.57 sino .. se volvieron como *a* engañoso
Ez. 1.28 como parece el *a* iris que está en las
Os. 1.5 en aquel día quebraré yo el *a* de Israel
Ap. 4.3 había alrededor del trono un *a* iris
　6.2 y el que lo montaba tenía un *a*; y le fue
　10.1 ángel .. con el *a* iris sobre su cabeza

ARDER *v.* Enardecer, Encender, Fuego
Ex. 3.2 vio que la zarza *ardía* en fuego, y .. no se
Job 19.11 hizo *arder* contra mí su furor, y me
Sal. 89.46 ¿*arderá* tu ira como el fuego?
Lc. 24.32 ¿no *ardía* nuestro corazón en nosotros

Ap. 19.20 dentro de un lago de fuego que *arde*

ARDOR *v.* Calor, Enojo, Furor, Ira

Dt. 29.24 ¿qué significa el *a* de esta gran ira?
Job 20.23 Dios enviará sobre él el *a* de su ira
　　40.11 derrama el *a* de tu ira; mira a todo
Sal. 78.49 envió sobre ellos el *a* de su ira; enojo
　　85.3 tu enojo; te apartaste del *a* de tu ira
Ap. 16.19 darle el cáliz del vino del *a* de su

ARENA *v.* Estrella

Job 6.3 pesarían ahora más que la *a* del mar
Sal. 139.18 si los .. se multiplican más que la *a*
Is. 10.22 si tu pueblo .. fuere como las *a* del mar
　　48.19 fuera como la *a* tu descendencia, y los
Os. 1.10 será el número de .. Israel como la *a*
Mt. 7.26 insensato .. edificó su casa sobre la *a*
Ro. 9.27 el número de .. Israel como la *a* del mar
Ap. 20.8 el número de los cuales es como la *a*

AREÓPAGO Hch. 17.22.

ARGUMENTO

2 Co. 10.5 refutando *a*, y toda altivez que se
1 Ti. 6.20 los *a* de la falsamente llamada ciencia

ARIEL Is. 29.1.

ARISTARCO Hch. 19.29; Col. 4.10.

ARMA

Gn. 49.5 son hermanos; *a* de iniquidad sus *a*
1 S. 17.54 pero las *a* de él las puso en su tienda
2 S. 1.27 ¡cómo .. han perecido las *a* de guerra!
Job 20.24 huirá de las *a* de hierro, y el arco
Ec. 8.8 no valen *a* en tal guerra, ni la impiedad
　　9.18 mejor es la sabiduría que las *a* de guerra
Is. 54.17 ninguna *a* .. contra ti prosperará
Jer. 21.4 yo vuelvo atrás las *a* de guerra que
Lc. 11.22 le quita todas sus *a* en que confiaba
Ro. 13.12 tinieblas, y vistámonos las *a* de la luz
2 Co. 6.7 *a* de justicia a diestra y a siniestra

ARMADURA *v.* Coraza, Escudo, Yelmo

1 R. 22.34 al rey .. entre las junturas de la *a*
Ef. 6.11 vestíos de toda la *a* de Dios, para que

ARMAGEDÓN Ap. 16.16.

ARNÓN

Nm. 21.13 acamparon .. A .. A es límite de Moab
　　21.24 tomó su tierra desde *A* hasta Jaboc
Dt. 2.24 levantaos, salid, y pasad el arroyo de *A*
Jos. 12.1 desde el arroyo de *A* hasta .. Hermón

ARPA *v.* Alabar, Salterio

Gn. 4.21 padre de todos los que tocan *a* y flauta
1 S. 16.16 que busquen a .. que sepa tocar el *a*
Job 30.31 se ha cambiado mi *a* en luto y mi
Sal. 33.2 aclamad a Jehová con *a*; cantadle con
　　57.8 despierta, salterio y *a*; me levantaré con
　　92.3 en el salterio, en tono suave con el *a*
　　137.2 sobre los sauces .. colgamos nuestras *a*
Ap. 5.8 todos tenían *a*, y copas de oro llenas de
　　14.2 voz .. de arpistas que tocaban sus *a*
　　15.2 en pie sobre el mar .. con las *a* de Dios

ARQUILLA

Ex. 2.3 tomó una *a* de juncos y la calafateó

ARQUIPO Col. 4.17; Flm. 2.

ARQUITECTO

1 Co. 3.10 yo como perito *a* puse el fundamento
He. 11.10 ciudad .. cuyo *a* y constructor es Dios

ARRAIGADO

Ef. 3.17 a fin de que, *a* y cimentados en amor
Col. 2.7 *a* y sobreedificados en él, y confirmados

ARRANCAR *v.* Desarraigar

1 R. 14.15 *arrancará* a Israel de esta buena tierra
2 Cr. 7.20 yo os *arrancaré* de mi tierra que os he
Job 9.5 él *arranca* los montes con su furor, y no
　　17.11 fueron *arrancados* mis pensamientos
　　18.14 confianza será *arrancada* de su tienda
Sal. 52.5 destruirá .. te *arrancará* de tu morada
Jer. 1.10 te he puesto sobre .. para *arrancar*
　　12.14 los *arrancaré* de su tierra, y a .. Judá
　　22.24 fuera anillo . aun de allí te *arrancaría*
Ez. 17.9 ¿no *arrancará* sus raíces, y se secará?

Am. 9.15 nunca más serán *arrancados* de su tierra
Mt. 13.29 que al *arrancar* .. *arranquéis* .. el trigo
Mr. 2.23; Lc. 6.1 *arrancaban* espigas y comían

ARRAS

2 Co. 1.22; 5.5 nos ha dado las *a* del Espíritu
Ef. 1.14 que es las *a* de nuestra herencia hasta la

ARRASTRAR

Jn. 21.8 vinieron .. *arrastrando* la red de peces
Hch. 8.3 *arrastraba* a hombres y a mujeres, y los
　　20.30 para *arrastrar* tras sí a los discípulos
Stg. 2.6 mismos que os *arrastran* a los tribunales?

ARREBATAR

Jue. 21.21 *arrebatad* cada uno mujer para sí de
Job 27.21 tempestad lo *arrebatará* de su lugar
Sal. 10.9 acecha para *arrebatar* .. *arrebatar* al
　　26.9 no *arrebates* con los pecadores mi alma
　　90.5 los *arrebatas* como con torrente de aguas
Is. 17.11 la cosecha será *arrebatada* en el día de
Mt. 13.19 viene el malo, y *arrebata* .. sembrado
Jn. 10.28 ni nadie las *arrebatará* de mi mano
Hch. 6.12 le *arrebataron*, y le trajeron al concilio
　　23.10 mandó .. le *arrebatasen* de en medio de
2 Co. 12.2 fue *arrebatado* hasta el tercer cielo
1 Ts. 4.17 seremos *arrebatados* juntamente con
Jud. 23 a otros salvad, *arrebatándolos* del fuego
Ap. 12.5 su hijo fue *arrebatado* para Dios y para

ARREPENTIDO *v.* Contrito, Entristecido

Mt. 27.3 Judas .. devolvió a los treinta piezas de
Ro. 2.5 y por tu corazón no *a*, atesoras para ti

ARREPENTIMIENTO *v.* Dolor, Tristeza

Mt. 3.8; Lc. 3.8 haced, pues, frutos dignos de *a*
　　3.11 a la verdad os bautizo en agua para *a*
Mr. 1.4; Lc. 3.3 predicaba el bautismo de *a* para
Lc. 24.47 predicase en su nombre el *a* y el perdón
Hch. 5.31 dar a Israel *a* y perdón de pecados
　　11.18 a los gentiles ha dado Dios *a* para
　　20.21 testificando .. acerca del *a* para con
　　26.20 a Dios, haciendo obras dignas de *a*
Ro. 2.4 ignorando que su benignidad te guía al *a*?
2 Co. 7.9 sino porque fuisteis contristados para *a*
　　7.10 la tristeza .. produce *a* para salvación
He. 6.1 el fundamento del *a* de obras muertas
　　6.6 recayeron, sean otra vez renovados para *a*
　　12.17 no hubo oportunidad para el *a*, aunque
2 P. 3.9 perezca, sino que todos procedan al *a*

ARREPENTIRSE *v.* Cambiar, Doler, Volver

Gn. 6.6 *arrepintió* Jehová de haber hecho hombre
Ex. 13.17 no se *arrepienta* el pueblo cuando vea la
　　32.14; 2 S. 24.16; 1 Cr. 21.15 Jehová se
　　arrepintió del mal
Nm. 23.19; 1 S. 15.29 no es hombre para que se
　　arrepienta
Jue. 21.6 los hijos de Israel se *arrepintieron*
1 S. 15.35 y Jehová se *arrepentía* de .. a Saúl
Job 42.6 y me *arrepiento* en polvo y ceniza
Jer. 8.6 no hay hombre que se *arrepienta* de su
　　18.8; 26.3, 13 me *arrepentiré* del mal que
　　42.10 estoy *arrepentido* del mal que os he
Jl. 2.14 se *arrepentirá* y dejará bendición tras
Am. 7.3 se *arrepintió* Jehová de esto: No será
Jon. 3.9 ¿quién sabe si se .. *arrepentirá* Dios
Mt. 3.2; 4.17 *arrepentíos* .. el reino de los cielos
　　11.20 las ciudades .. no se habían *arrepentido*
　　11.21; Lc. 10.13 se hubieran *arrepentido* en
　　12.41; Lc. 11.32 se *arrepintieron* a .. de Jonás
　　21.29 no quiero .. después, *arrepentido*, fue
　　21.32 no os *arrepentisteis* .. para creerle
Mr. 1.15 *arrepentíos*, y creed en el evangelio
　　6.12 predicaban que los .. se *arrepintiesen*
Lc. 13.3 si no os *arrepentís*, todos pereceréis
　　15.7 gozo .. por un pecador que se *arrepiente*
　　16.30 alguno fuere a ellos .. se *arrepentirán*
　　17.3 pecare .. y si se *arrepintiere*, perdónale
Hch. 2.38 dijo: *Arrepentíos*, y bauticese cada uno
　　3.19 *arrepentíos* .. para que sean borrados
　　8.22 *arrepiéntete*, pues, de esta tu maldad
　　17.30 manda a todos los .. que se *arrepientan*
2 Ti. 2.25 Dios les conceda que se *arrepientan*

Ap. 2.5 y *arrepiéntete*, y haz las primeras obras
2.16 *arrepiéntete*; pues si no, vendré a ti
2.21 he dado tiempo para que se *arrepienta*
3.3 guárdalo, y *arrepiéntete*. Pues si no velas
3.19 que amo; sé, pues, celoso, y *arrepiéntete*
9.20 ni aun así se *arrepintieron* de las obras de
16.9 no se *arrepintieron* para darle gloria

ARRIBA
Pr. 15.24 el camino de la vida es hacia *a* al
Jn. 3.31 el que de *a* viene, es sobre todos
19.11 ninguna .. si no te fuese dada de *a*
Col. 3.2 poned la mira en las cosas de *a*, no en las

ARRODILLAR *v.* Adorar, Inclinar, Rodilla
Est. 3.2 pero Mardoqueo ni se *arrodillaba* ni se
Dn. 6.10 Daniel .. se *arrodillaba* tres veces al día
Mt. 17.14 vino a él un hombre que se *arrodilló*

ARROGANCIA *v.* Altivez, Jactancia, Soberbia
Job 26.12 con su entendimiento hiere la *a* suya
Pr. 8.13 la soberbia y la *a*, el mal camino, y la
Is. 13.11 haré que cese la *a* de los soberbios
37.29 airaste, y tu *a* ha subido a mis oídos
Jer. 49.16 tu *a* te engañó, y la soberbia de tu

ARROJAR *v.* Echar, Lanzar, Precipitar
Ex. 34.24 *arrojaré* a las naciones de tu presencia
Dt. 9.4 por la .. Jehová las *arroja* de delante de ti
1 S. 18.11 y *arrojó* Saúl la lanza .. lo evadió
25.29 él *arrojará* la vida de tus enemigos
2 R. 7.15 enseres que los sirios habían *arrojado*
Job 6.27 también os *arrojáis* sobre el huérfano
Sal. 62.4 consultan para *arrojarle* de su grandeza
Is. 2.20 aquel día *arrojará* el hombre a los topos
22.19 te *arrojaré* de tu lugar, y de tu puesto
Jer. 10.18 *arrojaré* con honda los moradores de la
16.13 os *arrojaré* de esta tierra a una tierra
Ez. 11.16 aunque les he *arrojado* lejos entre las
Mt. 27.5 *arrojando* las piezas de plata en el templo
Mr. 9.42; **Lc.** 17.2 atase .. se le *arrojase* en el mar
Hch. 27.19 *arrojamos* los aparejos de la nave

ARROYO *v.* Río, Torrente
Dt. 8.7 tierra de *a*, de aguas, de fuentes y de
1 S. 17.40 escogió cinco piedras lisas del *a*, y las
1 R. 17.5 fue y vivió junto al *a* de Querit que está
Sal. 110.7 del *a* beberá en el camino, por lo cual
Pr. 18.4 *a* que rebosa, la fuente de la sabiduría
Is. 32.2 como *a* de aguas en tierra de sequedad
Jl. 1.20 porque se secaron los *a* de las aguas
Am. 5.24 corra .. la justicia como impetuoso *a*

ARRUGA
Job 16.8 tú me has llenado de *a*; testigo es mi
Ef. 5.27 iglesia .. que no tuviese mancha ni *a* ni

ARTÍFICE *v.* Obrero
Gn. 4.22 *a* de toda obra de bronce y de hierro
Is. 3.3 consejero, el *a* excelente, y el hábil orador
Hch. 19.24 Diana, daba no poca ganancia a los *a*
Ap. 18.22 ningún *a* de .. se hallará más en ti

ARTIMAÑA *v.* Astucia
Ef. 4.14 emplean con astucia las *a* del error

ASA 1 R. 15.9–24; 2 Cr. 14.1—16.14; Jer. 41.9.

ASAEL 2 S. 2.18–32.

ASAETEAR *v.* Arco, Saeta
Gn. 49.23 le *asaetearon*, y le aborrecieron los
Sal. 11.2 *asaetear* en oculto a los rectos de corazón
64.4 *asaetear* .. al íntegro .. lo *asaetean* y no

ASAF 1 Cr. 6.39; 16.5, 7, 37.

ASAMBLEA *v.* Congregación, Iglesia, Reunión
2 Cr. 30.23 *a* determinó que celebrasen la fiesta
Is. 1.13 el convocar *a*, no lo puedo sufrir
Jl. 1.14; 2.15 proclamad ayuno, convocad *a a*
Hch. 19.39 cosa, en legítima *a* se puede decidir

ASCALÓN
Jue. 1.18 tomó .. Judá .. *A* con su territorio
14.19 descendió a *A* y mató a 30 hombres de

ASCUA *v.* Brasa
Pr. 25.22; **Ro.** 12.20 *a* amontonarás sobre su

ASECHANZA
Nm. 35.20 echó sobre él alguna cosa por *a*, y
Pr. 1.18 pero ellos a su propia sangre ponen *a*
Hch. 20.3 siéndole puestas *a* por los judíos para

ASEDIO *v.* Sitio
Sal. 53.5 los huesos del que puso *a* contra ti
Ez. 4.7 al *a* de Jerusalén afirmarás tu rostro

ASEGURAR *v.* Afirmar, Confirmar, Decir
Pr. 6.3 ve, humíllate, y *asegúrate* de tu amigo
Is. 12.2 me *aseguraré* y no temeré; porque mi
Mt. 27.64 manda .. que se *asegure* el sepulcro
1 Co. 15.31 os *aseguro*, hermanos, por la gloria
1 Jn. 3.19 y *aseguraremos* .. corazones delante de

ASER
Gn. 30.13 para dicha mía .. y llamó su nombre *A*
49.20 el pan de *A* será substancioso; y él dará
Dt. 33.24 a *A* dijo: Bendito sobre los hijos sea *A*

ASERA *v.* Dios, Estatua, Idolo, Imagen
Ex. 34.13 altares .. y cortaréis sus imágenes de *A*
Dt. 7.5 estatuas, y destruiréis sus imágenes de *A*
16.21 no plantarás ningún árbol para *A*
1 R. 14.15 hecho sus imágenes de *A*, enojando
16.33 hizo también Acab una imagen de *A*
2 R. 17.16 hicieron imágenes .. e imágenes de *A*

ASFALTO
Gn. 11.3 les sirvió .. el *a* en lugar de mezcla
Ex. 2.3 arquilla .. la calafateó con *a* y brea

ASIA
Hch. 2.9 Judea, en Capadocia, en el Ponto y en *A*
6.9 se levantaron unos .. de *A*, disputando
16.6 fue prohibido .. hablar la palabra en *A*
19.10 todos los que habitan en *A*, judíos y
20.18 he comportado .. desde .. que entré en *A*
21.27 unos judíos de *A*, al verle en el templo
2 Co. 1.8 tribulación que nos sobrevino en *A*
2 Ti. 1.15 me abandonaron .. los que están en *A*
Ap. 1.4 Juan, a las siete iglesias que están en *A*

ASIENTO *v.* Lugar, Silla
1 S. 20.18 serás echado de menos .. tu *a* .. vacío
Job 29.7 y en la plaza hacía preparar mi *a*
Lc. 14.7 cómo escogían los primeros *a* a la mesa

ASIR *v.* Aferrar, Tomar
Mt. 14.31 extendiendo la mano, *asió* de él, y le
Fil. 2.16 *asidos* de la palabra de vida, para que en
3.12 *asir* aquello para lo cual fui .. *asido*

ASIRIA
2 R. 15.29 Tiglat-pileser los llevó cautivos a *A*
17.6 llevó a Israel cautivo a *A*, y los puso en
Is. 7.18 y a la abeja que está en la tierra de *A*
10.5 oh *A*, vara y báculo de mi furor, en su
20.4 así llevará el rey de *A* a los cautivos
30.31 *A* que herirá con vara .. será quebrantada
31.8 entonces caerá *A* por espada no de varón
Os. 8.9 subieron a *A*, como asno montés para sí
Sof. 2.13 extenderá su mano .. y destruirá a *A*

ASIRIO
2 R. 19.35; **Is.** 37.36 el ángel .. mató .. de los *a*
Is. 14.25 que quebrantaré al *a* en mi tierra, y en
Ez. 31.3 he aquí era el *a* cedro en el Líbano, de
Os. 11.5 el *a* mismo será su rey, porque

ASNO, na *v.* Bestia, Mulo, Pollino
Gn. 49.14 Isacar, *a* fuerte que se recuesta entre
Ex. 23.4 si encontrares .. *a* extraviado, vuelve a
Nm. 22.23 el *a* vio al ángel .. se apartó el *a* del
Dt. 22.10 no ararás con buey y con *a* juntamente
Jue. 15.16 Sansón dijo: Con la quijada de un *a*
1 S. 9.3 y se habían perdido las *a* de Cis, padre
25.23 Abigail .. se bajó prontamente del *a*
2 S. 16.1 Siba .. salió a recibirle con un par de *a*
Job 11.12 un pollino de *a* montés nazca hombre
24.3 se llevan el *a* de los huérfanos, y toman
39.5 ¿quién echó libre al *a* montés, y quién
Pr. 26.3 el látigo para .. el cabestro para el *a*
Is. 1.3 conoce .. el *a* el pesebre de su señor
Jer. 22.19 en sepultura de *a* será enterrado
Os. 8.9 subieron a Asiria, como *a* montés para sí

Mt. 21.2 hallaréis una *a* atada, y un pollino con
21.5; **Jn.** 12.15 tu Rey . . sentado sobre una *a*
Lc. 13.15 no desata en el día de reposo su . . *a*
14.5 ¿quién de vosotros, si su *a* o su . . cae en

ASOLAMIENTO *v.* **Desolación, Destrucción**
Sal. 46.8 venid . . que ha puesto *a* en la tierra
73.18 los has puesto . . en *a* los harás caer
74.3 dirige tus pasos a los *a* eternos, a todo el
Is. 10.3 que os ayude cuando venga de lejos el *a*?
13.6 el día . . vendrá como *a* del Todopoderoso
Ez. 15.8 y convertiré la tierra en *a*, por cuanto

ASOLAR *v.* **Destruir**
Lv. 26.31 *asolaré* vuestros santuarios, y no oleré
Est. 9.5 *asolaron* los judíos a todos sus enemigos
Sal. 40.15 sean *asolados* en pago de su afrenta
69.25 sea su palacio *asolado*; en sus tiendas
73.19 ¡cómo han sido *asolados* de repente!
Pr. 14.11 la casa de los impíos será *asolada*; pero
15.25 Jehová *asolará* la casa de los soberbios
Is. 24.6 tierra, y sus moradores fueron *asolados*
Jer. 4.27 toda la tierra será *asolada*; pero no le
25.36 ¡voz de . . porque Jehová *asoló* sus pastos
46.19 será *asolada* hasta no quedar morador
Ez. 6.6 y los lugares altos serán *asolados*, para que
32.15 cuando *asuele* la tierra de Egipto, y la
Os. 13.16 Samaria será *asolada*, porque se rebeló
Mt. 12.25; **Lc.** 11.17 reino dividido es *asolado*
Hch. 8.3 Saulo *asolaba* la iglesia, y entrando casa
9.21 ¿no es éste el que *asolaba* en Jerusalén a
Gá. 1.23 predica la fe que en otro tiempo *asolaba*

ASOMBRAR *v.* **Admirar, Atónito, Maravillarse, Sorprender**
Job 21.6 aun yo . . cuando me acuerdo, me *asombro*
Is. 52.15 así *asombrará* él a muchas naciones
Jer. 17.18 *asómbrense* ellos, y yo no me *asombre*
Mt. 19.25 discípulos, oyendo esto, se *asombraron*
Mr. 2.12 de manera que todos se *asombraron*
Lc. 24.22 nos han *asombrado* unas mujeres de
Hch. 13.41 mirad . . y *asombraos*, y desaparecec
Ap. 17.6 vi, quedé *asombrado* con gran asombro

ASOMBRO *v.* **Espanto**
Lc. 5.26 sobrecogidos de *a*, glorificaban a Dios
Hch. 3.10 y se llenaron de *a* y espanto por lo que

ASOMBROSO *v.* **Admirable, Maravilloso**
Sal. 66.3 decid a Dios: ¡Cuán *a* son tus obras!

ASPECTO *v.* **Apariencia, Faz, Rostro**
Dn. 3.25 el *a* del cuarto es semejante a hijo de
Mt. 28.3 *a* era como un relámpago, y su vestido

ÁSPERO, ra *v.* **Duro, Severo**
Pr. 15.1 mas la palabra *á* hace subir el furor
Is. 40.4 lo torcido se enderece, y lo *á* se allane
Lc. 3.5 enderezados, y los caminos *á* allanados
Col. 3.19 maridos, amad . . no seáis *á* con ellas

ÁSPID
Dt. 32.33 veneno . . es su vino, y ponzoña . . de *á*
Sal. 58.4 como el *á* sordo que cierra su oído
140.3 veneno de *á* hay debajo de sus labios
Is. 11.8 el niño . . jugará sobre la cueva del *á*
14.29 de la raíz de la culebra saldrá *á*, y su
59.5 incuban huevos de *á*, y tejen telas de

ASTAROT *v.* **Dios, Ídolo, Imagen**
Jue. 2.13 dejaron a Jehová, y adoraron . . a *A*
1 S. 7.3 quitad los dioses ajenos y a *A* de entre
12.10 y hemos servido a los baales y a *A*
31.10 pusieron sus armas en el templo de *A*
1 R. 11.5 Salomón siguió a *A*, diosa de los

ASTUCIA *v.* **Artimaña**
Job 5.13 que prende a los sabios en la *a* de ellos
Sal. 119.118 hollaste . . porque su *a* es falsedad
Lc. 20.23 comprendiendo la *a* de ellos, les dijo
Hch. 7.19 éste . . usando de *a* con nuestro pueblo
1 Co. 3.19 prende a los sabios en la *a* de ellos
2 Co. 4.2 no andando con *a*, ni adulterando la
Ef. 4.14 emplean con *a* las artimañas del error

ASTUTO, ta *v.* **Sabio**
Gn. 3.1 pero la serpiente era *a*, más que todos

2 S. 13.3 y Jonadab . . era hombre muy *a*
Job 5.12 frustra los pensamientos de los *a*, para
15.5 pues has escogido el hablar de los *a*
Pr. 7.10 con atavío de ramera y *a* de corazón
2 Co. 12.16 como soy *a*, os prendí por engaño

ASUERO **Est.** 1.2—10.1.

ATALAYA *v.* **Centinela, Guarda**
2 S. 18.25 a dio . . voces, y lo hizo saber al rey
Is. 52.8 ¡voz de tus *a*! Alzarán la voz . . darán
56.10 sus *a* son ciegos, todos ellos ignorantes
Jer. 6.17 puse también sobre vosotros *a*, que
Ez. 3.17; 33.7 te he puesto por *a* a la casa de
Os. 9.8 a es Efraín para con mi Dios; el profeta
Mi. 7.4 el día de tu . . el que anunciaron tus *a*

ATALAYAR *v.* **Velar**
Gn. 31.49 Mizpa . . *atalaye* Jehová entre tú y yo
Sal. 66.7 sus ojos *atalayan* sobre las naciones

ATALÍA **2 R.** 11.1; **2 Cr.** 22.10—23.15.

ATAR
Jue. 15.13 le *ataron* con dos cuerdas nuevas
16.7 si me *ataren* con siete mimbres verdes
Job 38.31 ¿podrás tú *atar* los lazos de las Pléyades?
Pr. 3.3 *átalas* a tu cuello, escríbelas en la tabla
6.21 *átalos* siempre en tu corazón . . tu cuello
Mt. 12.29; **Mr.** 3.27 bienes, si primero no le *ata*?
16.19; 18.18 *atares* . . será *atado* en los cielos
22.13 *atadle* de pies y manos, y echadle en
23.4 porque *atan* cargas . . difíciles de llevar
Mr. 5.3 nadie podía *atarle*, ni aun con cadenas
9.42 mejor . . se le *atase* una piedra de molino
Lc. 13.16 esta hija de . . que Satanás había *atado*
Hch. 21.11 Pablo, y *atándose* los pies y las manos
22.25 le *ataron* con correas, Pablo dijo al

ATAVIAR *v.* **Adornar, Vestir**
Is. 61.10 como a novio me *atavió*, y como a novia
1 Ti. 2.9 las mujeres se *atavíen* de ropa decorosa

ATAVÍO *v.* **Adorno**
Is. 3.18 día quitará el Señor el *a* del calzado
Jer. 2.32 ¿se olvida la virgen de su *a*, o galas?
1 P. 3.3 vuestro *a* no sea el externo de peinados

ATEMORIZAR *v.* **Aterrar, Espantar**
Dt. 1.28 *atemorizado* nuestro corazón, diciendo
Jos. 10.25 les dijo: No temáis, ni os *atemoricéis*
Esd. 4.4 el pueblo de la tierra . . lo *atemorizó* para
Jer. 30.10 no temas . . ni te *atemorices*, Israel

ATENDER
Dt. 8.20 no habréis *atendido* a la voz de Jehová
1 R. 8.28 tú *atenderás* a la oración de tu siervo
Job 24.12 claman . . Dios no *atiende* su oración
30.20 oyes; me presento, y no me *atiendes*
42.8 porque de cierto a él *atenderé* para no
Sal. 28.5 no *atendieron* a los hechos de Jehová
39.1 *atenderé* a mis caminos, para no pecar
119.6 *atendiese* a todos tus mandamientos
138.6 es excelso, y *atiende* al humilde, mas
Pr. 8.33 *atended* el consejo, y sed sabios, y no lo
Tit. 1.14 no *atendiendo* a fábulas judaicas, ni a
He. 2.1 *atendamos* a las cosas que hemos oído

ATENTO
Sal. 55.2 está *a*, y respóndeme; clamo en mi
130.2 estén *a* tus oídos a la voz de mi súplica
Pr. 4.20 hijo mío, está *a* a mis palabras; inclina
5.1 hijo mío, está *a* a mi sabiduría, y a mi
17.4 el malo está *a* al labio inicuo; y el

ATERRAR *v.* **Asombrar, Atemorizar, Espantar**
Job 7.14 entonces . . me *aterras* con visiones
Sal. 83.15 con tu . . y *atérralos* con tu torbellino

ATESORAR *v.* **Amontonar, Guardar**
Is. 39.6 y lo que tus padres han *atesorado* hasta
Am. 3.10 *atesoran* rapiña . . en sus palacios
Ro. 2.5 *atesoras* . . ira para el día de la ira y de
1 Ti. 6.19 *atesorando* para sí buen fundamento

ATESTIGUAR
1 S. 12.3 *atestiguad* contra mí delante de Jehová
2 S. 1.16 tu misma boca *atestiguó* contra ti

25

Is. 59.12 nuestros pecados han *atestiguado* contra
Mal. 2.14 Jehová ha *atestiguado* entre ti y la
Jn. 3.33 recibe .. éste *atestigua* que Dios es veraz
He. 10.15 nos *atestigua* lo mismo el Espíritu Santo

ATÓNITO *v.* **Admirar, Asombrar, Maravillarse, Sorprender**
Gn. 43.33 estaban aquellos hombres *a* mirándose
Ez. 3.15 y allí permanecí siete días *a* entre ellos
Dn. 4.19 Daniel .. Beltsasar, quedó *a* casi una hora
Lc. 8.56 sus padres estaban *a*; pero Jesús les
Hch. 8.13 Simón .. viendo las señales y .. estaba *a*
9.7 se pararon *a*, oyendo .. la voz, mas sin
9.21 y todos los que le oían estaban *a*
12.16 cuando abrieron y le .. se quedaron *a*

ATORMENTAR *v.* **Afligir, Atribular**
1 S. 16.14 y le *atormentaba* un espíritu malo de
Pr. 26.28 la lengua falsa *atormenta* al que ha
Mt. 8.29 para *atormentarnos* antes del tiempo?
15.22 mi hija es .. *atormentada* por un demonio
Mr. 5.7; Lc. 8.28 que no me *atormentes*
Lc. 6.18 habían sido *atormentados* de espíritus
He. 11.35 fueron *atormentados*, no aceptando el
Ap. 9.5 sino que los *atormentasen* cinco meses
14.10 será *atormentado* con fuego y azufre
20.10 serán *atormentados* día y noche por los

ATRAER
Cnt. 1.4 *atráeme*; en pos de ti correremos
Jn. 12.32 levantado .. a todos *atraeré* a mí mismo
Stg. 1.14 de su propia concupiscencia es *atraído* y

ATRAPAR *v.* **Enlazar, Enredar**
Sal. 10.2 será *atrapado* en los artificios que ha
Pr. 11.6 mas los pecadores serán *atrapados* en su
Is. 42.22 este es pueblo .. *atrapado* en cavernas

ATRÁS
Gn. 19.26 entonces la mujer de Lot miró *a*
2 R. 20.10 pero no que la sombra vuelva *a* diez
Jer. 7.24 fueron hacia *a* y no hacia adelante
Lc. 9.62 mira hacia *a*, es apto para el reino de
Jn. 6.66 muchos de sus discípulos volvieron *a*
Fil. 3.13 una cosa .. olvidando .. lo que queda *a*

ATREVERSE *v.* **Osar**
Hch. 5.13 ninguno se *atrevía* a juntarse con ellos
Fil. 1.14 se *atreven* .. a hablar la palabra sin temor

ATRIBUIR *v.* **Contar**
Dt. 22.14 le *atribuyere* faltas que den que hablar
Sal. 68.34 *atribuid* poder a Dios; sobre Israel es
Hab. 1.11 ofenderá *atribuyendo* su fuerza a su dios
Ro. 4.6 a quien Dios *atribuye* justicia sin obras

ATRIBULADO, da *v.* **Acongojado, Turbado**
1 S. 1.15 yo soy una mujer *a* de espíritu; no he
Lm. 1.20 mira, oh Jehová, estoy *a*, mis entrañas
2 Co. 4.8 estamos *a* en todo, mas no angustiados

ATRIBULAR *v.* **Afligir, Padecer, Sufrir**
2 Co. 1.6 si somos *atribulados*, es para vuestra
2 Ts. 1.6 con tribulación a los que os *atribulan*

ATRIO
Ex. 27.9 asimismo harás el *a* del tabernáculo
38.9 hizo asimismo el *a* .. de lino torcido
Sal. 65.4 atrajeres a ti, para que habite en tus *a*
84.2 anhela mi alma .. desea los *a* de Jehová
92.13 en los *a* de nuestro Dios florecerán
100.4 entrad por .. por sus *a* con alabanza
116.19 los *a* de la casa de Jehová, en medio
Is. 62.9 lo beberán en los *a* de mi santuario
Jer. 19.14 se paró en el *a* de la casa de Jehová
Mr. 15.16 los soldados le llevaron dentro del *a*

ATROPELLAR
2 R. 7.20 el pueblo le *atropelló* a la entrada
Lc. 12.1 tanto que unos a otros se *atropellaban*

AUGUSTO Lc. 2.1; Hch. 25.21, 25.

AULLAR *v.* **Gritar, Lamentar, Llorar**
Is. 15.2 *aullará*, porque cerca está el día de Jehová
Jer. 25.34 *aullad*, pastores, y clamad; revolcaos
Zac. 11.2 *aúlla*, oh ciprés, porque el cedro cayó

AUMENTAR *v.* **Crecer, Ensanchar, Multiplicar**
Dt. 8.13 tus vacas y tus ovejas se *aumenten*, y la

Job 17.9 el limpio de manos *aumentará* la fuerza
Sal. 92.10 tú *aumentarás* mis fuerzas como las del
Pr. 10.27 el temor de Jehová *aumentará* los días
28.8 el que *aumenta* sus riquezas con usura
Ec. 5.11 *aumentan* .. bienes .. a los que .. consumen
Is. 9.3 multiplicaste la .. y *aumentaste* la alegría
26.15 *aumentaste* el pueblo, oh Jehová, *a* el
Lc. 17.5 dijeron .. al Señor: *Auméntanos* la fe
Hch. 5.14 y los que creían en el .. *aumentaban* más
16.5 la fe, y *aumentaban* en número cada día

AURORA
Pr. 4.18 la senda de los .. es como la luz de la *a*

AUSENTE
1 Co. 5.3 como *a* en cuerpo, pero presente en
2 Co. 5.6 entre tanto que estamos *a* del Señor
Col. 2.5 aunque estoy *a* en cuerpo, no obstante

AUTOR
Hch. 3.15 matasteis al *A* de la vida, a quien Dios
He. 2.10 perfeccionase .. al *a* de la salvación de
5.9 vino a ser *a* de eterna salvación para
12.2 en Jesús, el *a* y consumador de la fe

AUTORIDAD *v.* **Dominio, Imperio, Poder, Potestad, Reino**
Mt. 7.29; Mr. 1.22 enseñaba como quien tiene *a*
8.9; Lc. 7.8 también yo soy hombre bajo *a*
10.1; Mr. 3.15; 6.7; Lc. 9.1 les dio *a* sobre los espíritus inmundos
21.23; Mr. 11.28; Lc. 20.2 ¿con qué *a* .. ¿y quién te dio esta *a*?
Mr. 13.34 dejó su casa, y dio *a* a sus siervos
Lc. 4.32 se admiraban .. su palabra era con *a*
19.17 fiel, tendrás *a* sobre diez ciudades
22.25 que sobre ellas tienen *a* son llamados
Jn. 5.27 le dio *a* de hacer juicio, por cuanto es
19.11 ninguna *a* tendrías contra mí, si no te
Hch. 9.14 aun aquí tiene *a* de los principales
Ro. 13.1 sométase .. a las *a* .. no hay *a* sino de
2 Co. 10.8 aunque me glorie algo .. de nuestra *a*
Tit. 2.15 esto habla, y exhorta .. con toda *a*
1 P. 3.22 a él están sujetos .. *a* y potestades
Ap. 13.12 ejerce toda la *a* de la primera bestia

AUXILIO *v.* **Ayuda, Socorro**
Job 6.13 ¿no es así .. que todo *a* me ha faltado?
Sal. 46.1 nuestro pronto *a* en las tribulaciones
Hch. 26.22 pero habiendo obtenido *a* de Dios

AVANZADO, da *v.* **Anciano, Tarde, Viejo**
Job 15.10 mucho más *a* en días que tu padre
Ro. 13.12 la noche está *a* y se acerca el día

AVARICIA *v.* **Codicia**
1 S. 8.3 antes se volvieron tras la *a* .. sobornar
Sal. 119.36 inclina mi corazón .. y no a la *a*
Jer. 6.13; 8.10 cada uno sigue la *a*; y desde el
22.17 tus ojos .. no son sino para tu *a*
Ez. 22.13 que batí mis manos a causa de tu *a*
Mr. 7.22 hurtos, las *a*, las maldades, el engaño
Lc. 12.15 les dijo: Mirad, y guardaos de toda *a*
Ro. 1.29 atestados de .. perversidad, *a*, maldad
Col. 3.5 malos deseos y *a*, que es idolatría
1 Ts. 2.5 ni encubrimos *a*; Dios es testigo
He. 13.5 sean vuestras costumbres sin *a*, contentos

AVARO
Pr. 28.22 se apresura a ser rico el *a*, y no sabe
Lc. 16.14 y le oían .. los fariseos .. que eran *a*, y
1 Co. 5.10 no absolutamente con los .. *a*, o con
6.10 ni los ladrones, ni los *a*, ni los borrachos
Ef. 5.5 ningún .. *a* .. tiene herencia en el reino

AVE *v.* **Pájaro**
Gn. 1.20 produzcan las aguas .. *a* que vuelen
7.3 de las *a* de los cielos, siete parejas
15.11 y descendían *a* de rapiña sobre los
Lv. 14.4 la ofrenda para Jehová fuere .. de *a*
Dt. 14.11 toda *a* limpia podréis comer
Job 28.7 senda que nunca la conoció *a*, ni ojo de
Sal. 11.1 ¿cómo decís .. escape al monte cual *a*?
78.27 hizo .. como arena del mar, *a* que vuelan
104.12 a sus orillas habitan las *a* de los
104.17 allí anidan las *a*; en las hayas hace su

Sal. 124.7 nuestra alma escapó cual *a* del lazo
Pr. 1.17 en vano . . la red ante los ojos de toda *a*
    6.5 como *a* de la mano del que arma lazos
    27.8 cual *a* que se va de su nido, tal es el
Ec. 10.20 porque las *a* del cielo llevarán la voz
Jer. 12.9 ¿es mi heredad . . como *a* de rapiña
Dn. 4.33 su pelo . . y sus uñas como las de las *a*
Mt. 6.26 mirad las *a* del cielo, que no siembran
    8.20; Lc. 9.58 las *a* del cielo nidos; mas el
    13.4; Mr. 4.4; Lc. 8.5 vinieron las *a* y la
    comieron
    13.32; Mr. 4.32; Lc. 13.19 vienen las *a* . . y
    hacen sus nidos en sus ramas
Lc. 12.24 ¿no valéis vosotros . . más que las *a*?
Hch. 10.12; 11.6 había . . reptiles, y *a* del cielo
Ap. 18.2 ha hecho . . albergue de toda *a* inmunda
    19.17 clamó a gran voz . . a todas las *a* que

AVENTADOR
Mt. 3.12; Lc. 3.17 su *a* está en su . . y limpiará

AVENTAR
Rt. 3.2 *avienta* esta noche la parva de las cebadas
Is. 41.16 los *aventarás*, y los llevará el viento
Jer. 15.7 los *aventé* . . hasta las puertas de la

AVERGONZADO
Esd. 9.6 dije: Dios mío, confuso y *a* estoy para
Jl. 2.26 y nunca jamás será mi pueblo *a*
1 Jn. 2.28 en su venida no nos alejemos de él *a*

AVERGONZAR *v.* Confundir
Gn. 2.25 ambos desnudos . . y no se *avergonzaban*
Job 11.3 ¿harás . . y no habrá quien te *avergüence*?
Sal. 6.10 se *avergonzarán* . . todos mis enemigos
    25.3 serán *avergonzados* los que se rebelan
    31.17; 71.1 no sea yo *avergonzado*, oh Jehová
    31.17 sean *avergonzados* los impíos . . el Seol
    35.4 *avergonzados* los que mi mal intentan
    44.7 has *avergonzado* a . . que nos aborrecían
    53.5 *avergonzaste*, porque Dios los desechó
    97.7 *avergüéncense* todos los que sirven a las
    119.6 entonces no sería yo *avergonzado*
    119.31 me he . . oh Jehová, no me *avergüences*
    119.78 sean *avergonzados* los soberbios
Pr. 25.8 que tu prójimo te haya *avergonzado*
Is. 30.5 todos se *avergonzarán* del pueblo que no
    45.17 no os *avergonzaréis* . . por . . los siglos
    50.7 por tanto no me *avergoncé*; por eso puse
Jer. 2.26 como se *avergüenza* el ladrón cuando es
    2.36 *avergonzada* de Egipto . . *a* de Asiria
    6.15; 8.12 ¿se han *avergonzado* . . no se han *a*
    8.9 los sabios se *avergonzaron*, se espantaron
    10.14 se *avergüenza* de su ídolo todo fundidor
    12.13 se *avergonzarán* de sus frutos, a causa
    17.18 *avergüéncense* los . . no me *avergüence*
    51.17 se *avergüenza* . . artífice de su escultura
Ez. 6.9 se *avergonzarán* de sí mismos, a causa de
    16.54 *avergüences* de todo lo que has hecho
    36.31 os *avergonzaréis* de vosotros mismos
Os. 10.6 *avergonzado*, e Israel se *avergonzará* de su
Mi. 3.7 *avergonzarán* los profetas, y se
Zac. 13.4 profetas se *avergonzarán* de su visión
Mr. 8.38; Lc. 9.26 el que se *avergonzare* de mí, el
    Hijo . . se *avergonzará* . . de él
Lc. 13.17 se *avergonzaban* todos sus adversarios
Ro. 1.16 porque no me *avergüenzo* del evangelio
    5.5 y la esperanza no *avergüenza*; porque el
    9.33; 10.11 que creyere . . no será *avergonzado*
1 Co. 1.27 lo necio escogió . . para *avergonzar* a
    4.14 no escribo esto para *avergonzaros*, sino
Fil. 1.20 de que en nada seré *avergonzado*; antes
2 Ti. 1.8 no te *avergüences* de dar testimonio de
    1.12 padezco esto; pero no me *avergüenzo*
    2.15 obrero que no tiene de qué *avergonzarse*
He. 2.11 no se *avergüenza* de llamarlos hermanos
    11.16 no se *avergüenza* de llamarse Dios de
1 P. 3.16 en lo que murmuran . . sean *avergonzados*
    4.16 alguno padece como . . no se *avergüence*

AVESTRUZ Job 39.13; Is. 43.20; Jer. 50.39.

AVISADO *v.* Prudente
Pr. 13.10 mas con los *a* está la sabiduría

Pr. 14.15 lo cree; mas el *a* mira bien sus pasos
    19.25 al escarnecedor, y el simple se hará *a*
    22.3; 27.12 el *a* ve el mal y se esconde

AVISAR *v.* Advertir, Decir, Informar
Jer. 42.19 sabed ciertamente que os lo *aviso* hoy
Mt. 2.12 siendo *avisados* por revelación en sueños

AVISPA Ex. 23.28; Dt. 1.44; 7.20.

AVIVAR
Hab. 3.2 *aviva* tu obra en medio de los tiempos
2 Ti. 1.6 que *avives* el fuego del don de Dios que

AY
Ec. 4.10 ¡*a* del solo! que cuando cayere, no habrá
Is. 5.8 ¡*a* de los que juntan casa a casa, y
    5.11 ¡*a* de los que se levantan de mañana
    5.20 ¡*a* de los que a lo malo dicen bueno
    6.5 dije: ¡*A* de mí! que soy muerto; porque
    10.1 ¡*a* de los que dictan leyes injustas
    28.1 ¡*a* de la corona de soberbia de los
    29.1 ¡*a* de Ariel, de . . donde habitó David!
    30.1 ¡*a* de los hijos que se apartan, dice
    31.1 ¡*a* de los que descienden a Egipto por
Jer. 22.13 ¡*a* del que edifica su casa sin justicia
    23.1 ¡*a* de los pastores que destruyen y
Jl. 1.15 ¡*a* del día! porque cercano está el día
Am. 5.16 en todas las calles dirán: ¡*A*! ¡*A*!
    6.1 ¡*a* de los reposados en Sion, y de los
Mi. 2.1 ¡*a* de los que en sus camas piensan
Nah. 3.1 ¡*a* de ti, ciudad sanguinaria, toda llena
Hab. 2.6 ¡*a* del que multiplicó lo que no era
    2.15 ¡*a* del que da de beber a su prójimo!
Zac. 11.17 ¡*a* del pastor inútil que abandona el
Mt. 11.21; Lc. 10.13 ¡*a* de ti, Corazín! ¡*a* de ti
    18.7; Lc. 17.1 ¡*a* . . por quien viene el tropiezo!
    23.13; Lc. 11.44 ¡*a* de vosotros, escribas y
    26.24; Mr. 14.21; Lc. 22.22 ¡*a* de aquel hombre
    por quien el Hijo . . es entregado!
Lc. 6.24 mas ¡*a* de vosotros, ricos! porque ya
1 Co. 9.16 ¡*a* de mí si no anunciare el evangelio!
Ap. 8.13 ¡*a*, *a*, *a*, de los que moran en la tierra
    9.12 el primer *a* pasó . . vienen aún dos *a*
    11.14 el segundo *a* pasó . . el tercer *a* viene
    18.10 ¡*a*, *a*, de la gran ciudad de Babilonia

AYER
Job 8.9 nosotros somos de *a*, y nada sabemos
He. 13.8 Jesucristo es el mismo *a*, y hoy, y por los

AYO, ya *v.* Nodriza
Rt. 4.16 y tomando Noemí el hijo . . fue su *a*
Is. 49.23 reyes serán tus *a*, y sus reinas tus
1 Co. 4.15 aunque tengáis diez mil *a* en Cristo
Gá. 3.24 que la ley ha sido nuestro *a*, para llevar

AYUDA *v.* Auxilio, Socorro
Gn. 2.18 dijo . . Dios . . le haré *a* idónea para él
Dt. 33.7 y tú seas su *a* contra sus enemigos
2 R. 14.26 no había . . ni quien diese *a* a Israel
2 Cr. 14.11 dar *a* al poderoso o al que no tiene
Sal. 20.2 te envíe *a* desde el santuario, y desde
    27.9 mi *a* has sido. No me dejes ni me
    40.17; 70.5 mi *a* y mi libertador eres tú
    60.11; 108.12 vana es la *a* de los hombres
Os. 13.9 te perdiste, oh Israel, mas en mí está tu *a*
He. 13.16 de hacer bien y de la *a* mutua no os

AYUDADOR
Sal. 30.10 ten misericordia . . Jehová, sé tú mi *a*
    146.5 bienaventurado aquel cuyo *a* es el Dios
Is. 31.3 al extender . . su mano, caerá el *a* y caerá
He. 13.6 el Señor es mi *a*; no temeré lo que me

AYUDAR *v.* Cooperar, Socorrer
Ex. 23.5; Dt. 22.4 asno . . le *ayudarás* a levantarlo
1 S. 7.12 diciendo: Hasta aquí nos *ayudó* Jehová
2 Cr. 32.8 está Jehová . . para *ayudarnos* y pelear
Sal. 28.7 en él confió mi corazón, y fui *ayudado*
    46.5 Dios la *ayudará* al clarear la mañana
    54.4 Dios es el que me *ayuda*; el Señor está
    79.9 *ayúdanos*, oh Dios de nuestra salvación
    86.17 tú, Jehová, me *ayudaste* y me consolaste
    94.17 si no me *ayudara* Jehová, pronto

Is. 10.3 ¿a quién os acogeréis para que os *ayude*
41.10 yo soy .. siempre te *ayudaré*, siempre te
50.7 Jehová el Señor me *ayudará*, por tanto
63.5 miré, y no había quien *ayudara*, y me
Dn. 11.34 serán *ayudados* de pequeño socorro
Mt. 15.5; Mr. 7.11 con que pudiera *ayudarte*
Mr. 9.22 ten misericordia de nosotros, y *ayúdanos*
Lc. 10.40 servir sola? Dile, pues, que me *ayude*
Hch. 16.9 visión .. Pasa a Macedonia y *ayúdanos*
Ro. 8.26 Espíritu nos *ayuda* en nuestra debilidad
8.28 aman .. todas las cosas les *ayudan* a bien
16.2 ella ha *ayudado* a muchos, y a mí mismo
Col. 4.11 son los únicos .. que me *ayudan* en el

AYUNAR
1 S. 7.6 sacaron agua .. y *ayunaron* aquel día
2 S. 12.16 David rogó a Dios .. y *ayunó* David
Est. 4.16 *ayunad* por mí, y no comáis ni bebáis
Is. 58.3 ¿por qué, dicen, *ayunamos*, y no .. caso?
58.4 que para contiendas y debates *ayunáis*
Jer. 14.12 cuando *ayunen*, yo no oiré su clamor
Zac. 7.5 cuando *ayunasteis* .. *ayunado* para mí?
Mt. 4.2 después de haber *ayunado* 40 días y 40
6.16 cuando *ayunéis*, no seáis austeros, como
9.14; Mr. 2.18 *ayunamos* .. tus .. no *ayunan*?
Lc. 5.33 discípulos de Juan *ayunan* muchas veces
5.34 hacer que los que están de bodas *ayunen*
18.12 *ayuno* dos veces a la semana, doy

AYUNO, na
1 R. 21.9 proclamad *a*, y poned a Nabot delante
2 Cr. 20.3 Josafat .. hizo pregonar *a* a todo Judá
Esd. 8.21 publiqué *a* allí junto al río Ahava
Neh. 9.1 se reunieron los hijos de Israel en *a*
Sal. 35.13 afligí con *a* mi alma, y mi oración
69.10 lloré afligiendo con *a* mi alma, y esto
109.24 mis rodillas están debilitadas .. del *a*
Dn. 6.18 rey se fue a su palacio y se acostó *a*
9.3 buscándole .. en *a*, cilicio y ceniza
Jl. 1.14; 2.15 proclamad *a*, convocad a asamblea
Jon. 3.5 Nínive creyeron a Dios, y proclamaron *a*
Zac. 8.19 el *a* del cuarto mes, el *a* del quinto
Mt. 15.32; Mr. 8.3 enviarlos en *a* no quiero
17.21; Mr. 9.29 no sale sino con .. *a*
Hch. 10.30 hace cuatro días .. yo estaba en *a*
27.9 por haber pasado ya el *a*, Pablo les
27.33 veláis y permanecéis en *a*, sin comer
2 Co. 6.5; 11.27 en trabajos, en desvelos, en *a*

AZAZEL Lv. 16.8.

AZOTAR *v.* Golpear, Herir
Ex. 5.14 *azotaban* a los capataces de los .. Israel
Lv. 19.20 ambos serán *azotados*; no morirán, por
Nm. 22.28 que me has *azotado* estas tres veces?
Sal. 73.14 pues he sido *azotado* todo el día
Jer. 2.30 en vano he *azotado* a vuestros hijos
5.3 oh Jehová .. los *azotaste*, y no les dolió
31.18 me *azotaste*, y fui castigado como
Mt. 10.17; Mr. 13.9 en sus sinagogas os *azotarán*
14.24 la barca estaba .. *azotada* por las olas
23.34 a otros *azotaréis* en vuestras sinagogas
27.26; Mr. 15.15 habiendo *azotado* a Jesús, le
Lc. 18.33 después que le hayan *azotado*, le matarán
Jn. 19.1 entonces tomó Pilato a Jesús, y le *azotó*
Hch. 16.37 después de *azotarnos* públicamente sin
22.25 ¿os es lícito *azotar* a un .. romano sin
2 Co. 11.25 tres veces he sido *azotado* con varas
He. 12.6 *azota* a todo el que recibe por hijo

AZOTE
Dt. 25.3 se podrá dar cuarenta *a*, no más; no sea
Jue. 2.3 que serán *a* para vuestros costados, y sus
1 R. 12.11; 2 Cr. 10.11 os castigó con *a*, mas yo
Job 5.21 del *a* de la lengua serás encubierto; no
9.23 si *a* mata de repente, se ríe del
Pr. 17.10 aprovecha .. más que cien *a* al necio
19.29 y *a* para las espaldas de los necios
20.30 los *a* que hieren son medicina para el
Is. 10.26 levantará Jehová .. *a* contra él como
Mr. 5.29 sintió en .. que estaba sana de aquel *a*
Lc. 12.47 no se preparó .. recibirá muchos *a*
12.48 sin conocerla hizo cosas dignas de *a*

Jn. 2.15 y haciendo un *a* de cuerdas, echó fuera
2 Co. 6.5 en *a*, en cárceles, en tumultos, en

AZOTEA *v.* Techo, Tejado
Mt. 10.27; Lc. 12.3 oís .. proclamadlo desde las *a*
24.17; Mr. 13.15; Lc. 17.31 el que esté en la *a*,
no descienda
Hch. 10.9 Pedro subió a la *a* para orar, cerca de

AZUFRE
Gn. 19.24 Jehová hizo llover sobre .. *a* y fuego
Dt. 29.23 *a* y sal, abrasada toda su tierra
Ap. 14.10 atormentado con fuego y *a* delante de
19.20 un lago de fuego que arde con *a*

BAAL *v.* Dios, Estatua, Ídolo, Imagen
Jue. 2.13; 3.7 dejaron a Jehová, y adoraron a *B*
6.25 derriba el altar de *B* que tu padre tiene
8.33 volvieron a prostituirse tras los *b*
10.10 hemos dejado .. Dios, y servido a los *b*
1 R. 16.31 Acab .. fue y sirvió a *B*, y lo adoró
18.26 invocaron el nombre de *B* desde la
19.18 cuyas rodillas no se doblaron ante *B*
2 R. 10.18 Acab sirvió poco a *B*, mas Jehú le
17.16 hicieron imágenes .. y sirvieron a *B*
23.4 utensilios .. hechos para *B*, para Asera
2 Cr. 34.4 derribaron .. los altares de los *b*
Jer. 2.23 no soy .. nunca anduve tras los *b*?
7.9 jurando en falso, e incensando a *B*, y
11.13 altares para ofrecer incienso a *B*
19.5 edificaron lugares altos a *B*, para quemar
23.13 profetizaban en nombre de *B*, e hicieron
Os. 2.13 por los días en que incensaba a los *b*, y
11.2 de mí; a los *b* sacrificaban, y a los ídolos
13.1 fue exaltado .. mas pecó en *B*, y murió
Sof. 1.4 exterminaré de .. lugar los restos de *B*
Ro. 11.4 no han doblado la rodilla delante de *B*

BAAL-PEOR
Nm. 25.3 así acudió el pueblo a *B*; y el furor de
Dt. 4.3 lo que hizo Jehová con motivo de *B*; que
Sal. 106.28 se unieron asimismo a *B*, y comieron
Os. 9.10 ellos acudieron a *B*, se apartaron para

BAAL-ZEBUB 2 R. 1.2.

BABEL Gn. 11. 1–9.

BABILONIA
2 R. 20.14; Is. 39.3 de lejanas tierras han .. de *B*
25.7 y atado con cadenas lo llevaron a *B*
Sal. 137.1 junto a los ríos de *B* .. nos sentábamos
Is. 13.1 profecía sobre *B*, revelada a Isaías hijo de
13.19 *B* .. será como Sodoma y Gomorra, a las
14.4 este proverbio contra el rey de *B*, y dirás
21.9 dijo: Cayó, cayó *B*; y todos los ídolos
47.1 siéntate en el polvo, virgen hija de *B*
48.14 ejecutará su voluntad en *B*, y su brazo
Jer. 34.3 ojos verán .. rey de *B* .. y en *B* entrarás
39.7 aprisionó con grillos para llevarle a *B*
50.1 palabra que habló Jehová contra *B*
51.1 levanto un viento destruidor contra *B*
52.11 lo hizo llevar a *B*; y lo puso en la
Dn. 4.30 ¿no es ésta la gran *B* que yo edifiqué
Mi. 4.10 ahora saldrás de la .. y llegarás hasta *B*
1 P. 5.13 la iglesia que está en *B*, elegida
Ap. 14.8 ha caído, ha caído *B*, la gran ciudad
16.19 gran *B* vino en memoria delante de Dios
17.5 *B* la grande, la madre de las rameras
18.2 ha caído, ha caído la gran *B*, y se ha
18.10 ¡ay, ay, de la gran ciudad de *B* .. fuerte

BÁCULO *v.* Bordón, Vara
Gn. 38.18 tu sello, tu cordón, y tu *b* que tienes
Jue. 6.21 extendiendo el ángel de Jehová el *b*
2 R. 4.29 pondrás mi *b* sobre el rostro del niño
Is. 14.5 quebrantó Jehová el *b* de los impíos
Ez. 29.6 fueron *b* de caña a la casa de Israel

BAILAR *v.* Danzar
Jue. 21.21 veáis salir a las hijas de Silo a *bailar*
Ec. 3.4 tiempo de endechar, y tiempo de *bailar*
Mt. 11.17; Lc. 7.32 os tocamos .. y no *bailasteis*

BAJO *v.* Profundo
Job 30.8 hombres .. más *b* que la misma tierra
Ef. 4.9 descendido primero a las partes más *b* de la

BALAAM
Nm. 22.5; Jos. 24.9 envió .. a *B* hijo de Beor
   31.8 a *B* hijo de Beor mataron a espada
Dt. 23.4 alquilaron contra ti a *B* hijo de Beor
2 P. 2.15; Jud. 11 siguiendo el camino de *B* hijo
Ap. 2.14 ahí a los que retienen la doctrina de *B*

BALAC
Nm. 22.2 vio *B* hijo de Zipor todo lo que Israel
Jos. 24.9 después se levantó *B* hijo de Zipor, rey
Ap. 2.14 que enseñaba a *B* a poner tropiezo ante

BALANZA *v.* Pesa, Pesar [verbo], Peso
Lv. 19.36 *b* justas, pesas justas, y medidas justas
Job 6.2 pesasen .. se alzasen igualmente en *b*
   31.6 péseme Dios en *b* de justicia, y conocerá
Sal. 62.9 pesándolos a todos .. en la *b*, serán
Pr. 16.11 peso y *b* justas son de Jehová; obra
   20.23 pesas falsas, y la *b* falsa no es buena
Ez. 5.1 toma después una *b* de pesar y divide
Dn. 5.27 pesado has sido en *b* .. hallado falto
Am. 8.5 ¿cuándo .. falsearemos con engaño la *b*
Mi. 6.11 ¿daré por inocente al que tiene *b* falsa
Ap. 6.5 el que lo montaba tenía una *b* en la mano

BALDE *v.* Gracia, Gratuitamente
Pr. 31.27 considera los .. y no come el pan de *b*
Is. 52.3 de *b* fuisteis vendidos; por tanto, sin
2 Co. 11.7 os he predicado el evangelio .. de *b*?

BALSAMERA
2 S. 5.23; 1 Cr. 14.14 vendrás .. frente de las *b*

BÁLSAMO *v.* Ungüento
Jer. 8.22 no hay *b* en Galaad? ¿No hay .. médico
   46.11 sube .. y toma *b*, virgen hija de Egipto
   51.8 tomad *b* para su dolor, quizá sane

BALUARTE *v.* Columna
Job 13.12 refranes .. y vuestros *b* son *b* de lodo
1 Ti. 3.15 la iglesia .. columna y *b* de la verdad

BANCO *v.* Banquero
Mt. 9.9; Mr. 2.14 Mateo .. sentado al *b* de los
Lc. 19.23 ¿por qué .. no pusiste mi dinero en el *b*

BANDERA *v.* Pendón
Nm. 2.2 hijos de Israel acamparán .. junto a su *b*
   10.14 *b* .. de Judá comenzó a marchar primero
Sal. 60.4 has dado a los que te temen *b* que alcen
Cnt. 2.4 me llevó a .. y su *b* sobre mí fue amor
Is. 18.3 cuando se levante *b* en los montes, mirad
   49.22 a los pueblos levantaré mi *b*; y traerán
   59.19 el Espíritu de Jehová levantará *b* contra
Jer. 4.6 alzad *b* en Sion, huid, no os detengáis
   4.21 ¿hasta cuándo he de ver *b*, he de oir

BANQUERO *v.* Banco
Mt. 25.27 debías haber dado mi dinero a los *b*

BANQUETE *v.* Cena, Comida, Fiesta
Jue. 14.10 Sansón hizo allí *b*; porque así solían
Est. 1.3 a todos sus príncipes y cortesanos
   5.4 vengan hoy el rey y Amán al *b* que he
   7.1 fue, pues, el rey con Amán al *b* de la
   9.17 lo hicieron día de *b* y de alegría
Pr. 15.15 mas el de corazón contento tiene un *b*
Cnt. 2.4 llevó a la casa del *b*, y su bandera sobre
Is. 25.6 Jehová .. hará en este monte .. *b* de
Dn. 5.1 Belsasar hizo un gran *b* .. sus príncipes
Lc. 5.29 y Leví le hizo gran *b* en su casa; y había
   14.13 cuando hagas *b*, llama a los pobres
   16.19 y hacía cada día *b* con esplendidez

BARAC Jue. 4.6–23; He. 11.32.

BARBA *v.* Rapar, Rasurar
Lv. 13.29 le saliere llaga en la cabeza o en la *b*
   19.27 ni dañaréis la punta de vuestra *b*
2 S. 10.4 y les rapó la mitad de la *b*, y les cortó los
   20.9 tomó Joab .. la *b* de Amasa, para besarlo
Ez. 5.1 hazla pasar sobre tu cabeza y tu *b*; toma

BÁRBARO *v.* Extranjero
Col. 3.11 donde no hay .. *b* ni escita, siervo ni

BARBECHO
Pr. 13.23 en el *b* de los pobres hay mucho pan

Os. 10.12 haced para vosotros *b*; porque es

BARCA *v.* Nave
Mt. 4.22 dejando al instante la *b* .. le siguieron
   14.24; Mr. 6.47 la *b* estaba en medio del mar
Lc. 5.7 y vinieron, y llenaron ambas *b*, de tal
   8.22 que entró en una *b* con sus discípulos
Jn. 6.22 vio que no había .. más que una sola *b*

BARJESÚS Hch. 13.6–12.

BARRABÁS
Mt. 27.16; Mr. 15.7 tenían .. preso .. llamado *B*
Lc. 23.18 ¡fuera con éste, y suéltanos a *B*!
Jn. 18.40 no a éste, sino a *B*. Y *B* era ladrón

BARRER
Is. 14.23 y la *barreré* con escobas de destrucción
   28.17 granizo *barrerá* el refugio de la mentira
Lc. 15.8 enciende .. y *barre* la casa, y busca con

BARRIDO
Mt. 12.44; Lc. 11.25 la halla .. *b* y adornada

BARRO *v.* Lodo
Job 10.9 acuérdate que como *b* me diste forma
   33.6 heme aquí .. de *b* fui yo también formado
Is. 29.16 perversidad .. será reputada como el *b*
   45.9 ¿dirá el *b* al que lo labra: ¿Qué haces?
   64.8 nosotros *b*, y tú el que nos formaste
Jer. 18.6 como el *b* en la mano del alfarero, así
Lm. 4.2 ¡cómo son tenidos por vasijas de *b*, obra
Dn. 2.41 lo que viste de .. en parte de *b* cocido
Ro. 9.20 ¿dirá el vaso de *b* al que lo formó: ¿Por
   9.21 potestad .. sobre el *b*, para hacer de la
2 Co. 4.7 pero tenemos este tesoro en vasos de *b*

BARTIMEO Mr. 10.46.

BARTOLOMÉ Mt. 10.3; Mr. 3.18; Lc. 6.14.

BARUC
Jer. 32.12 di la carta de venta a *B* hijo de Nerías
   36.4 llamó Jeremías a *B* hijo de Nerías
   43.3 sino que *B* .. te incita contra nosotros
   45.1 palabra que habló .. Jeremías a *B* hijo de

BARZILAI 2 S. 17.27–29; 19.31–39.

BASÁN
Nm. 21.33 volvieron, y subieron camino de *B*
Dt. 3.13 todo *B* .. di a la media tribu de Manasés
Sal. 22.12 fuertes toros de *B* me han cercado
   68.15 monte de Dios es el monte de *B*; monte
Am. 4.1 oíd esta palabra, vacas de *B*, que estáis
Nah. 1.4 *B* fue destruido, y el Carmelo, y la flor
Zac. 11.2 aullad, encinas de *B*, porque el bosque

BASTAR
Nm. 11.22 degollarán .. bueyes que les *basten*?
   16.3 y les dijeron: ¡*Basta* ya de vosotros!
2 S. 24.16; 1 Cr. 21.15 dijo al ángel .. *Basta*
1 R. 19.4 *basta* ya, oh Jehová, quítame la vida
Pr. 30.15 aun la cuarta nunca dice: ¡*Basta*!
Abd. 5 ¿no hurtarían lo que les *bastase*?
Mt. 6.34 su afán. *Basta* a cada día su propio mal
   10.25 *bástale* al discípulo ser como su maestro
Lc. 22.38 hay dos espadas. Y él les dijo: *Basta*
Jn. 6.7 doscientos denarios de pan no *bastarían*
   14.8 Señor, muéstranos el Padre, y nos *basta*
2 Co. 12.9 y me ha dicho: *Bástate* mi gracia
1 P. 4.3 *baste* ya el tiempo pasado para haber

BASTARDO
Dt. 23.2 no entrará *b* en la congregación de
He. 12.8 si se os deja sin disciplina .. sois *b*, y no

BASURA
Fil. 3.8 lo tengo por *b*, para ganar a Cristo

BATALLA *v.* Guerra, Lucha
Gn. 14.8 ordenaron contra ellos *b* en el valle de
Nm. 21.14 dice en el libro de las *b* de Jehová
Jue. 8.13 Gedeón hijo de Joás volvió de la *b*
1 S. 4.1 Israel a encontrar a los filisteos
   4.16 dijo .. hombre a Elí: Yo vengo de la *b*
   17.47 de Jehová es la *b*, y él os entregará en
   18.17 con tal que .. pelees las *b* de Jehová
   25.28 cuanto mi señor pelea las *b* de Jehová
   29.4 no venga .. a la *b*, no sea que en la *b* se

2 S. 2.17 la *b* fue muy reñida aquel día, y Abner
10.9 se puso en orden de *b* contra los sirios
11.15 poned a Urías .. en lo más recio de la *b*
17.11 arena .. y que tú en persona vayas a la *b*
18.8 la *b* se extendió por todo el país, y fueron
22.35; Sal. 18.34; 144.1 quien adiestra mis
manos para la *b*
1 R. 8.44 si tu pueblo saliere en *b* contra sus
20.14 ¿quién comenzará la *b*? .. respondió: Tú
2 Cr. 35.22 a darle *b* en el campo de Meguido
Job 39.25 ¡ea! y desde lejos huele la *b*, el grito
1 Co. 14.8 incierto, ¿quién se preparará para la *b*?
1 Ti. 6.12 pelea la buena *b* de la fe, echa mano
2 Ti. 4.7 he peleado la buena *b*, he acabado la
He. 11.34 se hicieron fuertes en *b*, pusieron en
Ap. 12.7 después hubo una gran *b* en el cielo
16.14 van a los reyes .. para reunirlos a la *b*
20.8 saldrá .. a fin de reunirlos para la *b*

BATALLAR *v.* **Combatir, Luchar, Militar,
Pelear**
1 Co. 15.32 si como hombre *batallé* en Efeso
1 P. 2.11 deseos .. que *batallan* contra el alma

BATIR
Sal. 47.1 pueblos todos, *batid* las manos; aclamad
98.8 los ríos *baten* las manos, los montes
Lm. 2.15 los que pasaban .. *batieron* las manos

BAUTISMO
Mt. 3.7 al ver él que .. los saduceos venían a su *b*
20.22; Mr. 10.38 bautizados con el *b* con que
21.25; Mr. 11.30; Lc. 20.4 el *b* de Juan, ¿era
Lc. 3.3 predicando el *b* del arrepentimiento para
7.29 a Dios, bautizándose con el *b* de Juan
12.50 de un *b* tengo que ser bautizado; y
Hch. 18.25 aunque solamente conocía el *b* de Juan
Ro. 6.4 somos sepultados .. para muerte por el *b*
Ef. 4.5 un Señor, una fe, un *b*
He. 6.2 de la doctrina de *b*, de la imposición de
1 P. 3.21 el *b* que corresponde a esto ahora nos

BAUTIZAR
Mt. 3.6 y eran *bautizados* por él en el Jordán
3.11; Lc. 3.16; Jn. 1.26 os *bautizo* en agua
3.13; Lc. 3.21 Jesús vino .. para ser *bautizado*
20.22; Mr. 10.38 ser *bautizados* con el bautismo
con que yo soy *b*?
28.19 *bautizándolos* en el nombre del Padre
Mr. 1.4 *bautizaba* Juan en el desierto, y predicaba
16.16 creyere y fuere *bautizado*, será salvo
Lc. 12.50 de un bautismo tengo que ser *bautizado*
Jn. 3.23 Juan *bautizaba* también en Enón, junto a
4.1 Jesús hace y *bautiza* más discípulos que
Hch. 1.5; 11.16 Juan .. *bautizó* con agua, mas
2.38 *bautícese* cada uno de vosotros en el
8.12 se *bautizaban* hombres y mujeres
8.36 agua; ¿qué impide que yo sea *bautizado*?
9.18 la vista; y levantándose, fue *bautizado*
10.47 para que no sean *bautizados* éstos que
16.15 cuando fue *bautizada*, y su .. nos rogó
16.33 se *bautizó* él con todos los suyos
18.8 muchos .. creían y eran *bautizados*
19.3 ¿en qué, pues, fuisteis *bautizados*?
22.16 levántate y *bautízate*, y lava tus pecados
Ro. 6.3 hemos sido *bautizados* en su muerte?
1 Co. 1.13 ¿o fuisteis *bautizados* en .. de Pablo?
1.17 no me envió Cristo a *bautizar*, sino a
10.2 y todos en Moisés fueron *bautizados* en
12.13 fuimos todos *bautizados* en un cuerpo
15.29 ¿qué harán los que se *bautizan* por los
Gá. 3.27 todos los que habéis sido *bautizados* en

BEBEDOR *v.* **Borracho, Ebrio**
Pr. 23.20 no estés con los *b* de vino, ni con los
23.21 porque el *b* y el comilón empobrecerán
Mt. 11.19; Lc. 7.34 hombre comilón, y *b* de vino

BEBER *v.* **Comer**
Gn. 19.32 demos a *beber* vino .. durmamos con él
21.19 llenó el .. y dio de *beber* al muchacho
Ex. 17.1 no había agua .. que el pueblo *bebiese*
Jue. 4.19 te ruego me des de *beber* .. de agua

1 S. 1.15 no he *bebido* vino ni sidra, sino que
2 S. 23.16; 1 Cr. 11.18 mas él no la quiso *beber*
1 R. 17.6 cuervos le traían .. y *bebía* del arroyo
Neh. 8.10 id, comed grosuras, y *bebed* vino dulce
Est. 3.15 el rey y Amán se sentaron a *beber*; pero
Job 15.16 vil, que *bebe* la iniquidad como agua?
21.20 y *beberá* de la ira del Todopoderoso
Sal. 60.3 nos hiciste *beber* vino de aturdimiento
75.8 lo *beberán* todos los impíos de la tierra
110.7 del arroyo *beberá* en el camino, por lo
Pr. 5.15 *bebe* el agua de tu misma cisterna, y los
Ec. 2.24 cosa mejor .. sino que coma y *beba*, y
9.7 gozo, y *bebe* tu vino con alegre corazón
10.17 reponer sus fuerzas y no para *beber*
Cnt. 5.1 comed .. *bebed* en abundancia, oh amados
Is. 5.22 ¡ay de los .. valientes para *beber* vino
43.20 para que *beba* mi pueblo, mi escogido
51.22 el cáliz de mi ira; nunca más lo *beberás*
65.13 mis siervos *beberán*, y vosotros .. sed
Jer. 25.17 di de *beber* a todas las naciones, a las
Lm. 5.4 nuestra agua *bebemos* por dinero .. leña
Dn. 5.4 *bebieron* vino, y alabaron a los dioses de
Am. 4.8 venían dos o tres .. para *beber* agua, y no
Abd. 16 de la manera que .. *bebisteis* en mi
Hab. 2.15 ¡ay del que da de *beber* a su prójimo!
Mt. 6.25; Lc. 12.29 o qué habéis de *beber*; ni por
11.18; Lc. 7.33 Juan, que ni comía ni *bebía*
11.19 que come y *bebe*, y dicen: He aquí un
20.22; Mr. 10.38 *beber* del vaso que yo he de *b*
24.38; Lc. 17.27 comiendo y *bebiendo* .. hasta
25.35 comer; tuve sed, y me disteis de *beber*
26.27; Mr. 14.23 copa .. *bebed* de ella todos
26.29; Mr. 14.25; Lc. 22.18 hasta aquel día en
que lo *beba* nuevo
26.42 si no puede pasar .. sin que yo lo *beba*
27.34; Mr. 15.23 le dieron a *beber* vinagre
Mr. 16.18 si *bebieren* cosa mortífera, no les hará
Jn. 2.10 cuando ya han *bebido* mucho .. el inferior
4.7 sacar agua; y Jesús le dijo: Dame de *beber*
4.14 el que *bebiere* del agua que yo le daré
7.37 si alguno tiene sed, venga a mí y *beba*
18.11 la copa que .. dado, ¿no la he de *beber*?
Ro. 14.21 bueno es no .. *beber* vino, ni nada en
1 Co. 10.4 *bebieron* .. porque *bebían* de la roca
11.25 haced .. todas las veces que la *bebiereis*
11.27 *bebiere* esta copa del Señor indignamente
12.13 se nos dio a *beber* de un mismo Espíritu
15.32 y *bebamos*, porque mañana moriremos
1 Ti. 5.23 ya no *bebas* agua, sino usa de un poco
Ap. 14.10 *beberá* del vino de la ira de Dios, que ha

BECERRO, rra *v.* **Buey, Ganado, Novillo, Toro,
Vaca**
Gn. 15.9 le dijo: Tráeme un *b* de tres años
18.7 corrió Abraham a las vacas, y tomó un *b*
Ex. 32.24 oro .. lo eché en el fuego, y salió este *b*
Lv. 9.2 toma de la vacada un *b* para expiación
Dt. 9.16 os habíais hecho un *b* de fundición
21.3 tomarán .. una *b* que no haya trabajado
1 R. 12.28 hizo el rey dos *b* de oro, y dijo al
Neh. 9.18 cuando hicieron para sí *b* de fundición y
Sal. 106.19 hicieron *b* en Horeb, se postraron
Jer. 34.18 pacto .. dividiendo en dos partes el *b* y
46.20 *b* .. es Egipto; mas viene destrucción
Os. 8.5 tu *b*, oh Samaria, te hizo alejarte
Mal. 4.2 y saltaréis como *b* de la manada
Lc. 15.23 traed el *b* gordo y matadlo, y comamos
Hch. 7.41 hicieron un *b*, y ofrecieron .. al ídolo

BEELZEBÚ *v.* **Diablo, Satanás**
Mt. 10.25 si al padre de familia llamaron *B*
12.24; Lc. 11.15 echa .. demonios sino por *B*

BEER Nm. 21.16.

BEERSEBA
Gn. 21.14 salió y anduvo .. por el desierto de *B*
21.32 así hicieron alianza en *B* .. Abimelec
22.19 fueron .. a *B*; y habitó Abraham en *B*
26.23 y de allí subió a *B*
46.1 salió Israel con todo lo .. y vino a *B*
Jue. 20.1 Israel .. reunió .. desde Dan hasta *B*

BEHEMOT   Job 40.15.

BELÉN
Gn. 35.19 sepultada en el camino de Efrata .. *B*
1 S. 16.4 luego que él llegó a *B*, los ancianos de
Mi. 5.2 tú, *B* Efrata, pequeña para estar entre
Mt. 2.1 cuando Jesús nació en *B* de Judea, en
  2.6 y tú, *B*, de la tierra de Judá, no eres la
  2.16 matar a todos los niños .. había en *B*
Lc. 2.4 a la ciudad de David, que se llama *B*
  2.15 pasemos, pues, hasta *B*, y veamos esto
Jn. 7.42 de la aldea de *B* .. ha de venir el Cristo?

BELIAL
2 Co. 6.15 ¿y qué concordia Cristo con *B*?

BELSASAR   Dn. 5.1–30.

BELTSASAR *v.* Daniel   Dn. 1.7.

BEN-ADAD   1 R. 15.18—2 R. 13.25. Sobornado por Asa, 1 R. 15.18–22; 2 Cr. 16.2–6;
pelea contra Acab, 1 R. 20.1–34; sitia Samaria,
2 R. 6.24; consulta a Eliseo, 2 R. 8.7–14; muerto
por Hazael, 2 R. 8.15; "casas de Benadad", Jer.
49.27; Am. 1.4.

BENDECIR
Gn. 1.22 Dios los *bendijo*, diciendo: Fructificad
  2.3 y *bendijo* Dios al día séptimo, y lo
  9.1 *bendijo* Dios a Noé y a sus hijos, y les
  12.2 te *bendeciré*, y engrandeceré tu nombre
  12.3 *bendeciré* a los que te *bendijeren*, y a los
  17.16 la *bendeciré*, y también te daré de ella
  22.17 de cierto te *bendeciré*, y multiplicaré
  25.11 Dios *bendijo* a Isaac su hijo; y habitó
  26.3 estaré contigo, y te *bendeciré*; porque
  27.4 para que yo te *bendiga* antes que muera
  27.23 no le conoció .. sus manos .. y le *bendijo*
  28.1 Isaac llamó a Jacob, y lo *bendijo*, y le
  30.30 Jehová te ha *bendecido* con mi llegada
  32.26 Jacob .. No te dejaré, si no me *bendices*
  39.5 Jehová *bendijo* la casa del egipcio a
  47.1 lo presentó .. y Jacob *bendijo* a Faraón
  48.9 acércalos ahora a mí, y los *bendeciré*
  48.20 y los *bendijo* .. En ti *bendecirá* Israel
  49.25 Dios Omnipotente, el cual te *bendecirá*
Ex. 20.24 mi nombre, vendré a ti y te *bendeciré*
  23.25 Jehová .. *bendecirá* tu pan y tus aguas
Lv. 9.22 alzó Aarón sus manos .. y lo *bendijo*
Nm. 6.24 Jehová te *bendiga*, y te guarde; Jehová
  22.6 sé que el que tú *bendigas* será bendito
  23.20 he recibido orden de *bendecir*; él dio
Dt. 7.13 te amará, te *bendecirá* .. y *b* el fruto de
  8.10 comerás .. y *bendecirás* a Jehová tu Dios
  15.4 *bendecirá* con abundancia en
  16.10 según Jehová .. te hubiere *bendecido*
  26.15 *bendice* a tu pueblo Israel, y a la tierra
  27.12 sobre el monte Gerizim para *bendecir*
  29.19 él se *bendiga* en su corazón, diciendo
  30.16 Jehová tu Dios te *bendiga* en la tierra
  33.1 con la cual *bendijo* Moisés varón de Dios
Jos. 22.6 *bendiciéndolos*, Josué los despidió, y se
2 S. 6.11 *bendijo* Jehová a Obed-Edom y a toda
  7.29 ten ahora a bien *bendecir* la casa de tu
1 R. 8.55 en pie, *bendijo* a toda la congregación
1 Cr. 17.27 has querido *bendecir* la casa de tu
  29.10 *bendijo* a Jehová delante de toda la
2 Cr. 20.26 Beraca .. allí *bendijeron* a Jehová
Neh. 8.6 *bendijo* entonces Esdras a Jehová, Dios
  9.5 *bendecid* a Jehová vuestro Dios desde la
Job 42.12 *bendijo* Jehová el postrer estado de Job
Sal. 5.12 tú, oh Jehová, *bendecirás* al justo; como
  16.7 *bendeciré* a Jehová que me aconseja
  34.1 *bendeciré* a Jehová en todo tiempo
  45.2 Dios te ha *bendecido* para siempre
  62.4 con su boca *bendicen*, pero maldicen
  63.4 así te *bendeciré* en mi vida; en tu nombre
  66.8 *bendecid*, pueblos, a nuestro Dios
  68.26 *bendecid* a Dios en las congregaciones
  100.4 entrad .. alabadle, *bendecid* su nombre
  103.1, 2, 22 *bendice*, alma mía, a Jehová
  103.20 *bendecid* a Jehová .. sus ángeles
  107.38 los *bendice*, y se multiplican en gran

Sal. 115.13 *bendecirá* a los que temen a Jehová
  128.5 *bendígate* Jehová desde Sion, y veas el
  134.1 mirad, *bendecid* a Jehová, vosotros
  135.19 casa de Israel, *bendecid* a Jehová
  145.1 y *bendeciré* tu nombre eternamente
  147.13 *bendijo* a tus hijos dentro de ti
Pr. 3.33 pero *bendecirá* la morada de los justos
Is. 19.25 Jehová .. los *bendecirá*, diciendo
  65.16 el que se *bendijere* en la tierra, en el
  65.16 en el Dios de verdad se *bendecirá*
Dn. 2.19 por lo cual *bendijo* Daniel al Dios del
Hag. 2.19 mas desde este día os *bendeciré*
Mt. 5.44; Lc. 6.28 *bendecid* a los que os maldicen
  14.19 *bendijo*, y partió y dio los panes a los
  26.26; Mr. 14.22 *bendijo*, y lo partió, y dio
Mr. 10.16 tomándolos en sus brazos .. *bendecía*
Lc. 2.28 le tomó en sus brazos, y *bendijo* a Dios
  24.50 y alzando sus manos, los *bendijo*
Hch. 3.26 lo envió para que os *bendijese*, a fin de
Ro. 12.14 *bendecid* a los que os persiguen; *b*, y no
1 Co. 4.12 nos maldicen, y *bendecimos*
Ef. 1.3 que nos *bendijo* con toda bendición
He. 6.14 de cierto te *bendeciré* .. y te multiplicaré
  7.1 salió a recibir a Abraham .. y le *bendijo*
  11.20 por la fe *bendijo* Isaac a Jacob y a
Stg. 3.9 con ella *bendecimos* al Dios y Padre

BENDICIÓN
Gn. 12.2 y engrandeceré tu nombre, y serás *b*
  27.38 ¿no tienes más que una sola *b*, padre
  49.25 con *b* de los cielos .. con *b* del abismo
Ex. 32.29 para que él dé *b* hoy sobre vosotros
Dt. 11.26 yo pongo hoy delante de vosotros la *b*
  16.17 conforme a la *b* que Jehová tu Dios te
  28.2 y vendrán sobre ti todas estas *b*, y te
  30.19 la *b* y la maldición; escoge, pues, la
Jos. 8.34 leyó .. de la ley, las *b* y las maldiciones
Job 1.10 al trabajo de sus manos has dado *b*
  29.13 la *b* del que se iba a perder venía sobre
Sal. 3.8 es de Jehová; sobre tu pueblo sea tu *b*
  21.3 le has salido al encuentro con *b* de bien
  24.5 él recibirá *b* de Jehová, y justicia del
Pr. 10.6 hay *b* sobre la cabeza del justo; pero
  10.22 la *b* de Jehová es la que enriquece
  11.11 por la *b* de los rectos la ciudad será
  24.25 los que .. sobre ellos vendrá gran *b*
  28.20 el hombre de verdad tendrá muchas *b*
Is. 19.24 Israel será tercero con Egipto .. para *b*
  44.3 derramaré .. y mi *b* sobre tus renuevos
Ez. 34.26 dará *b* a ellas .. lluvias de *b* serán
  44.30 para que repose la *b* en vuestras casas
Zac. 8.13 de Israel, así os salvaré, y seréis *b*
Mal. 3.10 derramaré sobre vosotros *b* hasta que
Ro. 15.29 llegaré con .. de la *b* del evangelio
Gá. 3.14 la *b* de Abraham alcanzase a los gentiles
He. 12.17 deseando heredar la *b*, fue desechado
Stg. 3.10 una misma boca proceden *b* y maldición
1 P. 3.9 fuisteis llamados para que heredaseis *b*

BENDITO, ta *v.* Bienaventurado
Gn. 12.3; 18.18; 26.4; 28.14 serán *b* en ti todas las familias
  14.19 le bendijo, diciendo: *B* sea Abram del
  24.27 *b* sea Jehová, Dios de mi amo Abraham
  27.29 te maldijeren, y *b* los que te bendijeren
Dt. 28.3 *b* serás tú en la ciudad, y *b* tú en el
Rt. 2.19 le dijo .. *b* sea el que te ha reconocido
1 S. 26.25 Saúl dijo a David: *B* eres tú, hijo mío
1 Cr. 16.36 *b* sea Jehová Dios de Israel, de
Esd. 7.27 *b* Jehová Dios de nuestros padres, que
Sal. 68.19 *b* el Señor; cada día nos colma de
  72.18; 106.48 *b* Jehová .. el Dios de Israel
  89.52 *b* sea Jehová para siempre. Amén, y
  118.26 *b* el que viene en el nombre de Jehová
  124.6 *b* sea Jehová, que no nos dio por presa
Is. 61.9 reconocerán que son linaje *b* de Jehová
Jer. 4.2 entonces las naciones serán *b* en él, y en
  17.7 *b* el varón que confía en Jehová, y cuya
Dn. 3.28 dijo: *B* sea el Dios de ellos, de Sadrac
Mt. 21.9; Mr. 11.9; Lc. 19.38 ¡*b* el que viene en
  25.34 el Rey dirá .. Venid, *b* de mi Padre

Mr. 14.61 dijo: ¿Eres tú el Cristo, el Hijo del *B*?
Lc. 1.28 el Señor es contigo; *b* tú entre las
1.42 *b* tú entre .. y *b* el fruto de tu vientre
1.68 *b* el Señor Dios de Israel, que ha
Hch. 3.25 en tu simiente serán *b* .. las familias

BENEFICIO
Sal. 68.19 el Señor; cada día nos colma de *b* el
103.2 alma mía .. no olvides ninguno de sus *b*
104.24 Jehová .. la tierra está llena de tus *b*
116.12 ¿qué pagaré a Jehová por todos sus *b*
Is. 63.7 grandeza de sus *b* hacia la casa de Israel
Hch. 4.9 se nos interroga acerca del *b* hecho a
1 **Co.** 10.33 no procurando mi propio *b*, sino el

BENEVOLENCIA *v.* Benignidad, Bondad,
Misericordia, Piedad
Sal. 51.18 haz bien con tu *b* a Sion; edifica los
106.4 acuérdate de mí .. según tu *b* para con
Pr. 14.35 la *b* del rey es para con el servidor
16.15 su *b* es como nube de lluvia tardía
18.22 halla el bien, y alcanza la *b* de Jehová

BENIGNIDAD *v.* Benevolencia, Bondad, Piedad
2 **S.** 22.36; **Sal.** 18.35 tu *b* me ha engrandecido
Ro. 2.4 que su *b* te guía al arrepentimiento?
Col. 3.12 de *b*, de humildad, de mansedumbre
1 **P.** 2.3 si es que habéis gustado la *b* del Señor

BENIGNO *v.* Misericordioso
Sal. 135.3 cantad salmos a su nombre .. él es *b*
1 **Co.** 13.4 el amor es sufrido, es *b*; el amor no
Ef. 4.32 sed *b* unos con otros, misericordiosos

BENJAMÍN último hijo de Jacob Nace, **Gn.**
35.16–18; llevado a Egipto y detenido, **Gn.** 43.1—
44.34; bendecido por Jacob, **Gn.** 49.27.

BENJAMÍN la tribu Bendecida por Moisés,
Dt. 33.12; asignada su territorio, **Jos.** 18.11;
castigada, **Jue.** 20; consiguen mujeres, **Jue.** 21; la
tribu de Pablo, **Fil.** 3.5.

BEREA **Hch.** 17.10–15.

BERENICE **Hch.** 25.23.

BERNABÉ Vende su heredad, **Hch.** 4.36–37;
trae a Saulo adonde los apóstoles, **Hch.** 9.26–27;
enviado a Antioquía, **Hch.** 11.22; trae a Saulo desde
Tarso a Antioquía, **Hch.** 11.25–26; lleva socorros a
Judea, **Hch.** 11.27–30; acompaña a Pablo, **Hch.**
13.1—14.28; asiste al concilio de Jerusalén,
Hch. 15.1–31; se separa de Pablo, **Hch.** 15.36–41;
censurado por Pablo, **Gá.** 2.13.

BESAR
Gn. 27.26 acércate ahora, y *bésame*, hijo mío
29.11 Jacob *besó* a Raquel, y alzó su voz y
45.15 y *besó* a todos sus hermanos, y lloró
Rt. 1.14 Orfa *besó* a su suegra, mas Rut se quedó
2 **S.** 14.33 inclinó su .. y el rey *besó* a Absalón
15.5 extendía la mano y lo tomaba, y lo *besaba*
1 **R.** 19.18 siete mil .. cuyas bocas no lo *besaron*
Job 31.27 en secreto, y mi boca *besó* mi mano
Pr. 7.13 se asió de él, y le *besó*. Con semblante
24.26 *besados* serán los labios del que
Cnt. 1.2 ¡oh, si él me *besara* con besos de su boca!
Os. 13.2 dicen a los .. que *besen* los becerros
Mt. 26.48; **Mr.** 14.44 al que yo *besare*, ése es
Lc. 15.20 y se echó sobre su cuello, y le *besó*
22.47 Judas .. acercó hasta Jesús para *besarle*
Hch. 20.37 echándose al cuello de Pablo le *besaban*

BESO *v.* Osculo
Pr. 27.6 pero importunos los *b* del que aborrece
Lc. 7.45 no me diste *b*; mas ésta, desde que entré
22.48 ¿con un *b* entregas al Hijo del Hombre?

BESTIA *v.* Animal, Fiera, Ser [sust.]
Gn. 37.20 y diremos: Alguna mala *b* lo devoró
Ex. 22.19 cualquiera que cohabitare con *b*, morirá
Job 18.3 ¿por qué somos tenidos por *b* .. viles?
Sal. 49.12 en honra; es semejante a las *b* que perecen
104.14 el hace producir el heno para las *b*
147.9 él da a la *b* su mantenimiento, y a los
Pr. 12.10 el justo cuida de la vida de su *b*
Ec. 3.18 vean que ellos .. son semejantes a las *b*

Dn. 4.25 con las *b* del campo será tu morada
7.3 y cuatro *b* grandes, diferentes la una de
1 **Co.** 15.39 otra carne la de las *b*, otra la de los
Tit. 1.12 los cretenses .. malas *b*, glotones
Stg. 3.7 toda naturaleza de *b* .. se doma y ha
2 **P.** 2.16 una muda *b* .. hablando con voz de
Ap. 11.7 la *b* que sube del abismo hará guerra
13.1 vi subir del mar una *b* que tenía siete
13.11 vi otra *b* que subía de la tierra; y
15.2 habían alcanzado la victoria sobre la *b*
17.8 la *b* que has visto, era, y no es; y está
19.20 la *b* fue apresada, y con ella el falso

BETÁBARA **Jn.** 1.28.

BETANIA
Mt. 21.17 salió fuera de la ciudad, a *B*, y posó
26.6; **Mr.** 14.3 estando Jesús en *B*, en casa
Mr. 11.1 junto .. *B*, frente al monte de los Olivos
Lc. 19.29 llegando cerca de Betfagé y de *B*, al
24.50 los sacó .. hasta *B*, y alzando sus manos
Jn. 11.1 estaba .. enfermo uno .. Lázaro, de *B*
12.1 vino Jesús a *B*, donde estaba Lázaro

BET-EL
Gn. 28.19; 35.15 llamó el nombre de .. lugar *B*
31.13 yo soy el Dios de *B*, donde tú ungiste la
35.1 dijo Dios a Jacob: Levántate y sube a *B*
Jue. 1.22 también la casa de José subió contra *B*
1 **R.** 12.29 puso uno en *B*, y el otro en Dan
2 **R.** 2.3 hijos de los profetas que estaban en *B*
23.15 el altar que estaba en *B* .. destruyó
Os. 12.4 en *B* le halló, y allí habló con nosotros
Am. 4.4 id a *B*, y prevaricad; aumentad en Gilgal
5.5 y no busquéis a *B* .. y *B* será deshecha
7.13 no profetices más en *B* .. es santuario

BETFAGÉ **Mt.** 21.1; **Mr.** 11.1; **Lc.** 19.29.

BETSABÉ Se baña a la vista de David, 2 **S.**
11.1–4; da a luz a Salomón, 2 **S.** 12.24; intercede por
el derecho de Salomón al trono, 1 **R.** 1.15–21; pide
por Adonías, 1 **R.** 2.19–25.

BETSAIDA
Mt. 11.21; **Lc.** 10.13 ¡ay de ti, *B*! Porque si en
Mr. 6.45 e ir delante de él a *B*, en la otra ribera
8.22 vino luego a *B*; y le trajeron un ciego
Lc. 9.10 se retiró .. a un lugar desierto de .. *B*

BET-SEMES 1 **S.** 6.12–21.

BEULA **Is.** 62.4.

BEZALEEL **Ex.** 31.2; 35.30; 36.1.

BIEN [sust.] *v.* Bienestar, Bueno
Gn. 2.9 y el árbol de la ciencia del *b* y del mal
3.5 seréis como Dios, sabiendo el *b* y el mal
14.16 recobró todos los *b*, y también a Lot
32.12 te haré *b*, y tu descendencia será como
50.20 Dios lo encaminó a *b*, para hacer lo que
Ex. 22.8 vea si ha metido su mano en los *b* de su
Nm. 10.29 ven con nosotros, y te haremos *b*
Dt. 6.11 casas llenas de todo *b*, que tú no llenaste
30.5 y te hará *b*, y te multiplicará más que a
1 **R.** 1.52 si él fuere hombre de *b*, ni uno de sus
1 **Cr.** 17.26 que has hablado de tu siervo este *b*
Esd. 8.22 mano de nuestro Dios es para *b* sobre
Neh. 2.10 para procurar el *b* de los hijos de Israel
5.19; 13.31 acuérdate de mí para *b*, Dios mío
9.25 y heredaron casas llenas de todo *b*
Job 2.10 ¿recibiremos de Dios el *b*, y el mal no lo
30.26 esperaba yo el *b*, entonces vino el mal
Sal. 4.6 que dicen: ¿Quién nos mostrará el *b*?
13.6 cantaré a Jehová, porque me ha hecho *b*
14.1; 53.1 no hay quien haga el *b*
16.2 mi Señor; no hay para mí *b* fuera de ti
23.6 ciertamente el *b* y la misericordia me
34.10 buscan a .. no tendrán falta de ningún *b*
34.12 que desea muchos días para ver el *b*?
35.12 me devuelven mal por *b*, para afligir a
37.27 apártate del mal, y haz el *b*, y vivirás
49.6 los que confían en sus *b*, y .. se jactan
65.11 tú coronas el año con tus *b*, y tus nubes

Sal. 84.11 no quitará el *b* a los que andan en
85.12 Jehová dará también el *b*, y nuestra
103.5 el que sacia de *b* tu boca de modo que
106.5 que yo vea el *b* de tus escogidos, para
112.3 *b* y riquezas hay en su casa, y su
116.7 vuelve .. porque Jehová te ha hecho *b*
125.4 haz *b*, oh Jehová, a los buenos, y a los
Pr. 3.27 no te niegues a hacer el *b* a quien es
11.10 en el *b* de los justos .. se alegra; mas
11.17 a su alma hace *b* el .. misericordioso
11.27 el que procura el *b* buscará favor; mas
12.20 alegría en el *b* de los que piensan el *b*
17.13 da mal por *b*, no se apartará el mal de
20.21 los *b* que se adquieren de prisa al
Ec. 3.12 cosa mejor que .. hacer *b* en su vida
6.12 ¿quién sabe cuál es el *b* del hombre en
7.14 en el día del *b* goza del *b*; y en el día de
Cnt. 8.7 si diese el hombre todos los *b* de su casa
Jer. el mal, pero hacer el *b* no supieron
18.20 ¿se da mal por *b*, para que hayan
32.42 así traeré sobre ellos todo el *b* que
33.9 temblarán de todo el *b* y de toda la
Mt. 12.12; **Mr.** 3.4; **Lc.** 6.9 es lícito hacer el *b* en
12.29 entrar en la casa del .. y saquear sus *b*
24.47 digo que sobre todos sus *b* le pondrá
25.14 llamó a sus siervos y les entregó sus *b*
Lc. 6.33 y si hacéis *b* a los que os hacen *b*, ¿qué
12.19 alma, muchos tienes guardados para
15.12 padre, dame la parte de los *b* que me
16.1 fue acusado .. como disipador de sus *b*
16.25 que recibiste tus *b* en tu vida, y Lázaro
19.8 la mitad de mis *b* doy a los pobres; y si
Hch. 2.45 y vendían sus propiedades y sus *b*, y lo
10.38 éste anduvo haciendo *b* y sanando a
Ro. 2.7 los que, perseverando en *b* hacer, buscan
3.8 decir .. Hagamos males para que vengan *b*?
7.18 y yo sé que .. en mi carne, no mora el *b*
7.19 porque no hago el *b* que quiero, sino el
8.28 todas las cosas les ayudan a *b*, esto es
12.21 de lo malo, sino vence con el *b* el mal
14.16 no sea, pues, vituperado vuestro *b*
1 Co. 10.24 ninguno busque su propio *b*, sino el
13.3 si repartiese todos mis *b* para dar de
Gá. 6.9; **2 Ts.** 3.13 no nos cansemos .. hacer *b*
6.10 hagamos *b* .. y mayormente a los de la
1 Ti. 6.18 que hagan *b*, que sean ricos en buenas
He. 13.16 de hacer *b* y de !a ayuda mutua no os
1 P. 2.15 haciendo *b*, hagáis callar la ignorancia
3.11 apártese del mal, y haga el *b*; busque la
3.17 mejor es que padezcáis haciendo el *b*
4.19 encomienden sus almas .. y hagan el *b*
1 Jn. 3.17 el que tiene *b* .. y ve a su hermano

BIEN [adv.]
Gn. 29.6 les dijo: ¿Está *b*? Y ellos dijeron: *B*
43.28 *b* va a tu siervo nuestro padre .. vive
Dt. 4.40 para que te vaya *b* a ti y a tus hijos
Jos. 1.8 prosperar tu camino, y todo te saldrá *b*
22.33 el asunto pareció a los hijos de Israel
1 S. 20.7 si él dijere: *B* está, entonces tendrá paz
2 S. 18.29 el rey dijo: ¿El joven Absalón está *b*?
2 R. 7.9 se dijeron .. No estamos haciendo *b*
Ec. 8.12 sé que les irá *b* a los que a Dios temen
Jer. 12.6 no los creas cuando *b* te hablen
Mt. 25.21 *b*, buen siervo y fiel; sobre poco has
Mr. 7.37 diciendo: *B* lo ha hecho todo; hace a
Lc. 6.26 ¡ay .. cuando .. hablen *b* de vosotros!
20.39 escribas, dijeron: Maestro, *b* has dicho

BIENAVENTURADO, da *v.* **Bendito**
Dt. 33.29 *b* tú, oh Israel. ¿Quién como tú, pueblo
Job 5.17 *b* es el hombre a quien Dios castiga
Sal. 1.1 *b* el varón que no anduvo en consejo de
2.12 *b* todos los que en él confían
32.1 *b* aquel cuya transgresión ha sido
33.12 *b* la nación cuyo Dios es Jehová
40.4 *b* el hombre que puso en Jehová su
41.1 *b* el que piensa en el pobre; en el día
65.4 *b* el que tú escogieres y atrajeres a ti
84.4 *b* los que habitan en tu casa .. alabarán
94.12 *b* el hombre a quien tú, JAH, corriges

Sal. 112.1 *b* el hombre que teme a Jehová, y en
119.1 *b* los perfectos de camino; los que
127.5 *b* el .. que llenó su aljaba de ellos
144.15 *b* el pueblo que tiene esto; *b* el pueblo
146.5 *b* aquel cuyo ayudador es el Dios de
Pr. 3.13 *b* el hombre que halla la sabiduría, y que
8.32 oídme, y *b* los que guardan mis caminos
16.20 el bien, y el que confía en Jehová es *b*
28.14 *b* el hombre que siempre teme a Dios
31.28 se levantan sus hijos y la llaman *b*
Is. 30.18 Dios justo; *b* todos los que confían en él
56.2 *b* el hombre que hace esto, y el hijo de
Dn. 12.12 *b* el que espere, y llegue a 1.335 días
Mal. 3.12 y todas las naciones os dirán *b*
Mt. 5.3; **Lc.** 6.20 *b* los pobres en espíritu, porque
11.6; **Lc.** 7.23 *b* es el que no halle tropiezo
13.16; **Lc.** 10.23 *b* vuestros ojos, porque ven
16.17 respondió Jesús: *B* eres, Simón, hijo de
24.46; **Lc.** 12.43 *b* aquel siervo al cual, cuando
Lc. 1.48 me dirán *b* todas las generaciones
11.28 antes *b* los que oyen la palabra de Dios
12.37 *b* aquellos siervos a los cuales su señor
14.14 y serás *b*; porque ellos no te pueden
Jn. 13.17 si sabéis estas .. *b* seréis si las hiciereis
20.29 Tomás .. *b* los que no vieron, y creyeron
Hch. 20.35 que dijo: Más *b* es dar que recibir
Ro. 4.8 *b* el varón a quien el Señor no inculpa de
14.22 *b* el que no se condena a sí mismo en lo
1 Ti. 6.15 la cual a su tiempo mostrará el *B* y solo
Stg. 1.12 *b* el varón que soporta la tentación
5.11 he aquí, tenemos por *b* a los que sufren
1 P. 3.14 si alguna cosa padecéis por .. *b* sois
4.14 si sois vituperados por .. de Cristo, sois *b*
Ap. 1.3 *b* el que lee, y los que oyen las palabras
14.13 *b* .. los muertos que mueren en el Señor
16.15 *b* el que vela, y guarda sus ropas, para
19.9 *b* los que son llamados a la cena de las
20.6 *b* .. el que tiene parte en la primera
22.7 *b* el que guarda las palabras de .. libro

BIENESTAR *v.* **Bien**
Est. 10.3 procuró el *b* de su pueblo y habló paz
Job 36.11 le sirvieren, acabarán sus días en *b*
Sal. 25.13 gozará él de *b*, y su descendencia

BIENHECHOR
Sal. 119.68 bueno eres tú, y *b*; enséñame tus
Lc. 22.25 que .. tienen autoridad son llamados *b*

BIENVENIDO
2 Jn. 10 no lo recibáis en casa, ni le digáis: ¡*B*!

BILDAD **Job** 2.11; 8.1–22; 18.1–21; 25.1–6.

BILHA **Gn.** 29.29; 30.4.

BITINIA **Hch.** 16.7; 1 P. 1.1.

BLANCA [moneda] **Mr.** 12.42; **Lc.** 21.2.

BLANCO, ca *v.* **Resplandeciente**
Lv. 13.10 si apareciere tumor *b* en la piel, el cual
Job 7.20 ¿por qué me pones por *b* tuyo, hasta
Ec. 9.8 todo tiempo sean *b* tus vestidos, y nunca
Cnt. 5.10 mi amado es *b* y rubio, señalado entre
Lm. 3.12 entesó su arco, y me puso como *b* para
4.7 sus nobles fueron .. más *b* que la leche
Mt. 17.2; **Mr.** 9.3; **Lc.** 9.29 vestidos se hicieron *b*
Mr. 16.5 un joven .. cubierto de una large ropa *b*
Jn. 4.35 mirad los campos .. están *b* para la siega
20.12 vio a dos ángeles con vestiduras *b*, que
Hch. 1.10 a ellos dos varones con vestiduras *b*
Ap. 1.14 sus cabellos eran *b* como la lana, como
2.17 y le daré una piedrecita *b*, y .. un nombre
3.4 andarán conmigo en vestiduras *b*, porque
4.4 vi .. 24 ancianos, vestidos de ropas *b*, con
6.2 miré, y he aquí un caballo *b*; y el que lo
7.9 vestidos de ropas *b*, y con palmas en las
19.11 un caballo *b*, y el que lo montaba se
20.11 vi un gran trono *b* y al que estaba

BLANQUEADO, da
Mt. 23.27 sois semejantes a sepulcros *b*, que por
Hch. 23.3 dijo: ¡Dios te golpeará a ti, pared *b* !

BLASFEMAR *v.* Maldecir, Vituperar
Lv. 24.11 hijo de la mujer .. *blasfemó* el Nombre
1 S. 3.13 sus hijos han *blasfemado* a Dios, y él no
2 S. 12.14 hiciste *blasfemar* a los enemigos de
1 R. 21.10 y digan: Tú has *blasfemado* a Dios
2 R. 19.4; Is. 37.4 para *blasfemar* al Dios vivo
 19.6 me han *blasfemado* los siervos del rey
2 Cr. 32.17 escribió cartas en que *blasfemaba*
Job 1.11 verás si no *blasfema* contra ti en tu
Sal. 74.10 ¿ha de *blasfemar* él .. tu nombre?
Is. 52.5 es *blasfemado* mi nombre todo el día
Mt. 9.3 los escribas decían .. Este *blasfema*
Mr. 3.29; Lc. 12.10 *blasfeme* contra el Espíritu
Jn. 10.36 decís: Tú *blasfemas*, porque dije: Hijo
Hch. 13.45 rebatían lo que .. decía .. *blasfemando*
 26.11 muchas veces .. los forcé a *blasfemar*
Ro. 2.24 el nombre de Dios es *blasfemado* entre
1 Ti. 1.20 para que aprendan a no *blasfemar*
 6.1 que no sea *blasfemado* el nombre de Dios
Tit. 2.5 la palabra de Dios no sea *blasfemada*
Stg. 2.7 ¿no *blasfeman* ellos el buen nombre que
1 P. 4.14 él es *blasfemado*, pero por vosotros es
Jud. 8 *blasfeman* de las potestades superiores
Ap. 13.6 abrió su boca .. para *blasfemar* de su
 16.9 se quemaron .. y *blasfemaron* el nombre

BLASFEMIA
Sal. 139.20 porque *b* dicen ellos contra ti
Dn. 3.29 nación .. que dijere *b* contra el Dios de
Mt. 12.31 todo pecado y *b* será perdonado a los
 26.65; Mr. 14.64 ahora .. habéis oído su *b*
Mr. 2.7; Lc. 5.21 ¿por qué habla éste así? *B* dice
Jn. 10.33 por la *b*; porque tú, siendo hombre, te
Ap. 2.9 la *b* de los que se dicen ser judíos, y no
 13.5 se le dio boca que hablaba grandes *b*
 17.3 una bestia .. llena de nombres de *b*, que

BLASFEMO, ma
Hch. 6.11 que le habían oído hablar palabras *b*
1 Ti. 1.13 habiendo yo sido antes *b*, perseguidor
2 Ti. 3.2 habrá .. *b*, desobedientes a los padres

BOANERGES Mr. 3.17.

BOCA *v.* Garganta, Labio, Lengua
Ex. 4.11 ¿quién dio la *b* al hombre? ¿o quién
Dt. 30.14 cerca está .. en tu *b* y en tu corazón
2 R. 4.34 poniendo su *b* sobre la *b* de él, y sus
Job 40.4 soy vil .. mi mano pongo sobre mi *b*
Sal. 8.2 de la *b* de los niños y los que maman
 10.7 llena está su *b* de maldición .. engaños
 35.21 ensancharon contra mí su *b*; dijeron
 49.3 *b* hablará sabiduría, y el pensamiento
 63.11 la *b* de los que hablan mentira será
 109.2 *b* de impío y *b* de engañador se han
 141.3 pon guarda a mi *b*, oh Jehová; guarda
Pr. 10.31 la *b* del justo producirá sabiduría; mas
 13.3; 21.23 el que guarda su *b* guarda su alma
 15.7 la *b* de los sabios esparce sabiduría
 18.7 *b* del necio es quebrantamiento para sí
 19.24 su mano .. y ni aun a su *b* la llevará
Ec. 6.7 todo el trabajo del hombre es para su *b*
Is. 29.13 este pueblo se acerca a mí con su *b*
Jer. 12.2 cercano estás tú en sus *b*, pero lejos de
Dn. 7.20 este mismo cuerno tenía ojos, y *b* que
Mal. 2.6 ley de verdad estuvo en su *b*, e iniquidad
Lc. 6.45 de la abundancia del corazón habla la *b*
 19.22 mal siervo, por tu propia *b* te juzgo
Ro. 3.14 *b* está llena de maldición y de amargura
 3.19 que toda *b* se cierre, y todo el mundo
 10.8 cerca de ti .. en tu *b* y en tu corazón
Ef. 4.29 ninguna palabra .. salga de vuestra *b*
Tit. 1.11 a los cuales es preciso tapar la *b*
Stg. 3.10 de una misma *b* proceden bendición y

BOCADO
Gn. 18.5 y traeré un *b* de pan, y sustentad
Rt. 2.14 come del pan, y moja tu *b* en el vinagre
1 S. 2.36 a postrarse .. por .. un *b* de pan
Pr. 17.1 mejor es un *b* seco, y en paz, que casa
 18.8 las palabras del chismoso son como *b*
 28.21 por un *b* de pan prevaricará el hombre

BOCINA *v.* Cuerno, Trompeta
Ex. 19.16 truenos .. y sonido de *b* muy fuerte
Jos. 6.4 siete *b* .. y los sacerdotes tocarán las *b*
Dn. 3.5 que al oir el son de la *b* .. os postréis y

BODA
Mt. 9.15; Mr. 2.19; Lc. 5.34 los que están de *b*
 22.2 a un rey que hizo fiesta de *b* a su hijo
 25.10 las .. preparadas entraron con él a las *b*
Lc. 12.36 a que su señor regrese de las *b*, para
 14.8 cuando fueres convidado .. a *b*, no te
Jn. 2.1 se hicieron unas *b* en Caná de Galilea
Ap. 19.7 porque han llegado las *b* del Cordero
 19.9 llamados a la cena de las *b* del Cordero

BOFETADA *v.* Abofetear, Golpear, Puñetazo
Mr. 14.65; Jn. 18.22 los alguaciles le daban de *b*
Jn. 19.3 decían: ¡Salve, rey de .. y le daban de *b*
2 Co. 11.20 pues toleráis .. si alguno os da de *b*

BOGAR
Lc. 5.4 *boga* mar adentro, y echad .. redes para

BOLSA *v.* Alforja, Cinto, Saco
Lc. 10.4 no llevéis *b*, ni alforja, ni calzado; y a
 12.33 haceos *b* que no se envejezcan, tesoro
 22.36 pues ahora, el que tiene *b*, tómela
Jn. 12.6 teniendo la *b*, sustraía de lo que se
 13.29 pensaban, puesto que Judas tenía la *b*

BONANZA
Mt. 8.26; Mr. 4.39; Lc. 8.24 se hizo grande *b*

BONDAD *v.* Compasión, Misericordia, Piedad
Rt. 3.10 has hecho mejor tu postrera *b* que la
2 Cr. 6.41 Dios .. tus santos se regocijen en tu *b*
Sal. 25.7 acuérdate de mí, por tu *b*, oh Jehová
 31.19 ¡cuán grande es tu *b*, que has guardado
 68.10 por tu *b*, oh Dios, has provisto al pobre
 145.7 proclamarán la memoria de tu inmensa *b*
Pr. 20.6 hombres proclaman cada uno su propia *b*
Zac. 9.17 ¡cuánta es su *b*, y .. su hermosura!
Ro. 11.22 mira, pues, la *b* y la severidad de Dios
 15.14 de que .. estáis llenos de *b*, llenos de
2 Co. 6.6 en *b*, en el Espíritu Santo, en amor
Gá. 5.22 gozo, paz, paciencia, benignidad, *b*, fe
Ef. 2.7 en su *b* para con nosotros en Cristo
 5.9 fruto del Espíritu es en toda *b*, justicia
2 Ts. 1.11 cumpla todo propósito de *b* y toda
Tit. 3.4 pero cuando se manifestó la *b* de Dios

BOOZ Rt. 2.1—4.13.

BOQUIM Jue. 2.5.

BORDE
Mr. 6.56 les dejase tocar .. el *b* de su manto

BORDÓN *v.* Báculo, Vara
Mt. 10.10; Lc. 9.3 ni de calzado, ni de *b*; porque
Mr. 6.8 no llevasen nada .. sino solamente *b*
He. 11.21 Jacob .. adoró apoyado sobre .. su *b*

BORRACHERA *v.* Embriaguez
Ro. 13.13 no en .. *b*, no en lujurias y lascivias
Gá. 5.21 *b*, orgías, y cosas semejantes a estas

BORRACHO *v.* Bebedor, Ebrio, Embriagado
Dt. 21.20 este nuestro hijo .. es glotón y *b*
Job 12.25 a tientas .. y los hace errar como *b*
Jl. 1.5 despertad, *b*, y llorad; gemid, todos los
1 Co. 5.11 que no os juntéis con .. *b*, o ladrón
 6.10 los avaros, ni los *b*, ni los maldicientes

BORRAR *v.* Raer
Dt. 9.14 *borre* su nombre de debajo del cielo
 25.19 *borrarás* la memoria de Amalec de
 29.20 Jehová *borrará* su nombre de debajo
Neh. 13.14 no *borres* mis misericordias que
Sal. 51.1, 9 ten piedad de .. *borra* mis rebeliones
Is. 43.25 soy el que *borro* tus rebeliones por amor
Jer. 18.23 ni *borres* su pecado de .. de tu rostro
Hch. 3.19 que sean *borrados* vuestros pecados
Ap. 3.5 no *borraré* su nombre del libro de la vida

BOSQUE
1 R. 7.2 edificó la casa del *b* del Líbano
Is. 29.17 y el campo fértil será estimado por *b*?

Jer. 26.18 monte de la casa como cumbres de *b*

BOTÍN *v.* Presa
Nm. 31.53 habían tomado *b* cada uno para sí
Jue. 5.30 han hallado *b*, y lo están repartiendo?
1 S. 14.32 se lanzó el pueblo sobre el *b* .. vacas
    30.20 delante, decían: Este es el *b* de David
2 Cr. 20.25 tres días estuvieron recogiendo el *b*
Is. 42.24 ¿quién dio a Jacob en *b*, y entregó a
    49.24 ¿será quitado el *b* al valiente? Será

BOYERO
Am. 7.14 que soy *b*, y recojo higos silvestres

BOZAL
Dt. 25.4; 1 Co. 9.9; 1 Ti. 5.18 no pondrás *b* al buey

BRAMAR *v.* Rugir
1 S. 6.12 seguían camino recto .. y *bramando*, sin
Sal. 42.1 como el ciervo *brama* por las corrientes
    96.11; 98.7 *brame* el mar y su plenitud
Is. 5.30 *bramará* sobre .. como bramido del mar

BRASA *v.* Ascua
Sal. 140.10 caerán sobre ellos *b*; serán echados
Pr. 6.28 ¿andará el hombre sobre *b* sin que sus
    26.21 el carbón para *b*, y la leña para el
Cnt. 8.6 celos; sus *b*, *b* de fuego, fuerte llama
Jn. 21.9 vieron *b* puestas, y un pez encima de

BRAZO *v.* Diestro, Mano, Poder
Ex. 15.16 a la grandeza de tu *b* enmudezcan como
Dt. 33.27 tu refugio, y acá abajo los *b* eternos
Job 22.9 los *b* de los huérfanos fueron quebrados
    40.9 ¿tienes tú un *b* como el de Dios?
Sal. 37.17 los *b* de los impíos serán quebrados
    44.3 ni su *b* los libró; sino tu diestra, y tu *b*
    77.15 con tu *b* redimiste a tu pueblo, a los
    89.13 tuyo es el *b* potente; fuerte es tu mano
    89.21 mi mano .. mi *b* también lo fortalecerá
    98.1 su diestra lo ha salvado, y su santo *b*
Is. 33.2 tú, *b* de ellos en la mañana, sé también
    40.11 en su *b* llevará los corderos, y en su
    49.22 traerán en *b* a tus hijos, y tus hijas
    51.5 mis *b* juzgarán a los pueblos; a mí me
    52.10 Jehová desnudó su santo *b* ante los
    53.1 quién se ha manifestado el *b* de Jehová?
    63.5 y me salvó mi *b*, y me sostuvo mi ira
    63.12 los guio por la .. con el *b* de su gloria
Mr. 10.16 tomándolos en los *b* .. los bendecía

BRECHA
Jue. 21.15 Jehová había abierto una *b* entre las
Jer. 39.2; 52.7 abrió *b* en el muro de la ciudad
Ez. 22.30 hombre que .. que se pusiese en la *b*

BREVE
Job 20.5 que la alegría de los malos es *b*, y el
Sal. 89.47 recuerda cuán *b* es mi tiempo; ¿por qué
Ap. 22.20 ciertamente vengo en *b*. Amén; sí, ven

BRONCE
Nm. 21.9 Moisés hizo una serpiente de *b*, y la
Dt. 28.23 los cielos que están sobre .. serán de *b*
1 S. 17.6 traía grebas de *b*, y jabalina de *b*
1 R. 7.14 su mano, que trabajaba en *b*, era de
1 Cr. 15.19 eran cantores, sonaban címbalos de *b*
Job 6.12 ¿es mi fuerza la .. o es mi carne de *b*?
    20.24 huirá de .. y el arco de *b* lo atravesará
    41.27 estima como .. y el *b* como leño podrido
Is. 60.17 en vez de *b* traeré oro, y por hierro plata
Jer. 1.18; 15.20 te he puesto .. como muro de *b*
    15.12 ¿puede alguno quebrar el hierro .. y el *b*?
Dn. 2.32 de plata; su vientre y sus muslos, de *b*
    2.39 y tuyo un tercer reino de *b*, el cual
Mi. 4.13 haré .. tus uñas de *b*, y desmenuzarás
Ap. 1.15 pies semejantes al *b* bruñido, refulgente

BROTAR *v.* Nacer, Retoñar
Sal. 85.11 la verdad *brotará* de la tierra, y la
Is. 45.8 la justicia; hágase *brotar* juntamente
Mr. 4.27 la semilla *brota* .. sin que sepa cómo
Lc. 21.30 cuando ya *brotan*, viéndolo, sabéis que

BUENO, na *v.* Bien
Gn. 1.31 y he aquí que era *b* en gran manera

Dt. 1.25 es *b* la tierra que Jehová .. Dios nos da
    6.18; 12.28 haz lo recto y *b* ante .. Jehová
1 R. 3.9 para discernir entre lo *b* y lo malo
    12.7 si tú .. respondiéndoles *b* palabras les
2 Cr. 19.11 esforzaos .. Jehová estará con el *b*
Sal. 14.3; 53.3 no hay quien haga lo *b*, no hay
    25.8 *b* y recto es Jehová .. él enseñará a los
    100.5 porque Jehová es *b*; para siempre es
    119.68 *b* eres tú, y bienhechor; enséñame tus
    133.1 ¡mirad cuán *b* y cuán delicioso es
Pr. 2.20 así andarás por el camino de los *b*
Is. 5.20 los que a lo malo dicen *b*, y a lo *b* malo
    39.8 palabra de Jehová que has hablado es *b*
Jer. 24.3 y dije: Higos; higos *b*, muy *b*; y malos
Lm. 3.25 *b* es Jehová a los que en él esperan, al
Mi. 3.2 vosotros que aborrecéis lo *b* y amáis
Nah. 1.7 Jehová es *b*, fortaleza en el día de la
Mt. 7.17 todo *b* árbol da *b* frutos, pero el árbol
    12.34 ¿cómo podéis hablar lo *b*, siendo malos?
    12.35; Lc. 6.45 el hombre, del *b* tesoro de
    13.8; Mr. 4.8; Lc. 8.8 parte cayó en *b* tierra
    17.4; Mr. 9.5; Lc. 9.33 *b* .. que estemos aquí
    19.17; Mr. 10.18; Lc. 18.19 ¿por qué me
    llamas *b*? Ninguno hay *b* sino uno
    20.15 ¿o tienes tú envidia porque yo soy *b*?
    25.21 *b* siervo y fiel; sobre poco has sido fiel
    26.10; Mr. 14.6 ha hecho conmigo una *b* obra
    26.24; Mr. 14.21 le fuera .. no haber nacido
Lc. 2.14 paz, *b* voluntad para con los hombres!
    11.34 cuando tu ojo es *b*, también todo tu
Jn. 1.46 dijo: ¿De Nazaret puede salir algo de *b*?
    2.10 todo hombre sirve primero el *b* vino
    5.29 los que hicieron lo *b*, saldrán a .. de vida
    7.12 unos decían: Es *b*; pero otros .. No, sino
    10.11 soy el *b* pastor; el *b* pastor su vida da
Hch. 9.36 abundaba en *b* obras y en limosnas que
    11.24 era varón *b*, y lleno del Espíritu Santo
Ro. 2.10 honra y paz a todo el que hace lo *b*, al
    3.12 no hay quien haga lo *b*, no hay ni
    7.12 la ley .. el mandamiento santo, justo y *b*
    7.16 si .. esto hago, apruebo que la ley es *b*
    12.9 aborreced lo malo, seguid lo *b*
    12.17 procurad lo *b* delante de todos los
1 Co. 7.8 digo .. que *b* les fuera quedarse como yo
2 Co. 5.10 lo que haya hecho .. sea *b* o sea malo
1 Ts. 5.15 seguid .. lo *b* unos para con otros
1 Ti. 1.8 pero sabemos que la ley es *b*, si uno la
    2.3 esto es *b* y agradable delante de Dios
    4.4 porque todo lo que Dios creó es *b*, y nada
    5.25 se hacen manifiestas las *b* obras; y las
Tit. 2.7 presentándote tú .. ejemplo de *b* obras
    3.8 estas cosas son *b* y útiles a los hombres
Stg. 4.17 que sabe hacer lo *b*, y no lo hace, le es
3 Jn. 11 amado, no imites lo malo, sino lo *b*

BUENOS PUERTOS Hch. 27.8.

BUEY *v.* Becerro, Novillo, Toro, Vaca
Ex. 21.28 *b* acorneare .. ello muriere, *b* será
    22.1 hurtare *b* .. por aquel *b* pagará cinco *b*
Dt. 25.4 no pondrás bozal al *b* cuando trillare
1 S. 11.7 y tomando un par de *b*, los cortó en
1 R. 19.20 dejando .. *b*, vino .. en pos de Elías
Job 6.5 ¿acaso .. muge el *b* junto a su pasto?
Sal. 69.31 agradará .. más que sacrificio de *b*
Pr. 14.4 mas por la fuerza del *b* hay .. de pan
    15.17 que de *b* engordado donde hay odio
Is. 1.3 el *b* conoce a su dueño, y el asno el pesebre
    11.7 la osa .. y el león como el *b* comerá paja
Lc. 14.19 he comprado cinco yuntas de *b*, y voy
Jn. 2.14 halló en el templo a los que vendían *b*
1 Co. 9.9; 1 Ti. 5.18 no pondrás bozal al *b* que

BURLA *v.* Escarnio
Gn. 39.14 traído un hebreo para que hiciese *b*
2 Cr. 7.20 y la pondré por *b* y escarnio de todos
Job 30.9 soy objeto de su *b*, y les sirvo de
Lm. 3.14 fui escarnio .. *b* de ellos todos los días
Lc. 14.29 que lo vean comiencen a hacer *b* de él

BURLADOR *v.* Escarnecedor
Gn. 27.12 me tendrá por *b*, y traeré .. maldición

Pr. 1.22 hasta cuándo .. los *b* desearán el burlar
13.1 mas el *b* no escucha las represiones
Is. 28.14 varones *b* .. oíd la palabra de Jehová
2 P. 3.3; Jud. 18 en los postreros días vendrán *b*

BURLAR *v.* Escarnecer, Reir
Gn. 19.14 pareció a sus .. como que se *burlaba*
21.9 el hijo de Agar .. se *burlaba* de su hijo
Nm. 22.29 Balaam respondió .. has *burlado* de mí
1 R. 9.8 cualquiera que pase por ella .. se *burlará*
18.27 Elías se *burlaba* de .. diciendo: Gritad
2 R. 2.23 *burlaban* de él, diciendo: ¡Calvo, sube!
2 Cr. 30.10 correos .. mas se reían y *burlaban* de
Job 13.9 os *burlaréis* de él como quien se *burla* de
Sal. 2.4 cielos se reirá; el Señor se *burlará* de ellos
14.6 del consejo del pobre se han *burlado*
59.8 Jehová .. te *burlarás* de todas las naciones
119.51 los soberbios se *burlarán* mucho de mí
Pr. 1.26 *burlaré* cuando os viniere lo que teméis
Is. 28.22 no os *burléis* .. que no se aprieten más
57.4 ¿de quién os habéis *burlado*? ¿Contra el
Jer. 19.8 se *burlará* sobre toda su destrucción
20.7 cada día .. cada cual se *burla* de mí
48.27 cuando de él hablaste .. te has *burlado*
Mt. 2.16 Herodes .. se vio *burlado* por .. se enojó
Mr. 5.40; Lc. 8.53 se *burlaban* de él. Mas él
Lc. 16.14 oían .. los fariseos .. se *burlaban* de él
23.35 aun los gobernantes se *burlaban* de él
Hch. 2.13 otros, *burlándose*, decían: Están llenos
17.32 lo de la resurrección .. se *burlaban*
Gá. 6.7 Dios no puede ser *burlado*: pues todo lo

BUSCAR *v.* Escudriñar, Examinar, Inquirir
Gn. 31.34 *buscó* Labán en toda la tienda, y no los
Nm. 10.33 fue .. *buscándoles* lugar de descanso
Dt. 4.29 si desde allí *buscares* a Jehová tu Dios
12.5 el lugar que .. ése *buscaréis*, y allá iréis
1 S. 16.17 Saúl respondió .. *buscadme*, pues, ahora
20.21 luego enviaré al .. Vé, *busca* las saetas
26.20 ha salido el rey .. a *buscar* una pulga
2 R. 2.17 *buscaron* tres días, mas no lo hallaron
1 Cr. 15.13 no le *buscamos* según su ordenanza
16.11; Sal. 105.4 *buscad* a Jehová .. *b* su rostro
28.9 si tú le *buscares*, lo hallarás; mas si lo
2 Cr. 7.14 si .. oraren, y *buscaren* mi rostro, y se
14.7 hemos *buscado* a Jehová .. le hemos *b*, y
15.4 Dios .. le *buscaron*, él fue hallado de ellos
15.12 prometieron .. que *buscarían* a Jehová
26.5 días en que *buscó* a Jehová .. prosperó
34.3 comenzó a *buscar* al Dios de David su
Esd. 6.1 dio la orden de *buscar* en .. los archivos
8.22 para bien sobre todos los que le *buscan*
Job 5.8 yo *buscaría* a Dios, y encomendaría a él
7.21 si me *buscares* de mañana, ya no existiré
8.5 de mañana *buscares* a Dios, y rogares
10.6 mi iniquidad, y *busques* mi pecado
32.11 he escuchado .. en tanto que *buscabais*
Sal. 10.4 malo .. no *busca* a Dios; no hay Dios en
14.2 algún entendido, que *buscara* a Dios
24.6 los que *buscan* .. que *b* tu rostro, oh
27.4 una cosa he demandado .. ésta *buscaré*
27.8 *buscad* mi rostro. Tu rostro *buscaré*, oh
34.4 *busqué* a Jehová, y él me oyó, y me
34.10 los que *buscan* a Jehová no tendrán falta
34.14 haz el bien; *busca* la paz, y síguela
40.16; 70.4 gócense .. todos los que te *buscan*
63.1 mío eres tú; de madrugada te *buscaré*
69.32 *buscad* a Dios, y vivirá vuestro corazón
70.2 confundidos los que *buscan* mi vida
83.16 y *busquen* tu nombre, oh Jehová
119.2 los que .. con todo el corazón le *buscan*
119.10 con todo mi corazón te he *buscado*
119.94 porque he *buscado* tus mandamientos
122.9 por amor a la casa .. *buscaré* tu bien
Pr. 2.4 si como a la plata la *buscares*, y la
8.17 me hallan los que temprano me *buscan*
Ec. 3.6 tiempo de *buscar*, y tiempo de perder
7.28 aún *busca* mi alma, y no lo encuentra
7.29 pero ellos *buscaron* muchas perversiones
Cnt. 3.1 *busqué* .. al que ama mi alma; lo *b*, y no
Is. 26.9 madrugaré a *buscarte*; porqué luego que

Is. 45.19 no dije a .. Jacob: En vano me *buscáis*
55.6 *buscad* a Jehová mientras puede ser
58.2 que me *buscan* cada día, y quieren saber
65.1 fui *buscado* por los que no preguntaban
Jer. 5.1 *buscad* .. a ver si halláis hombre, si hay
10.21 los pastores .. no *buscaron* a Jehová
29.13 me *buscaréis* .. me *b* de todo .. corazón
Lm. 3.25 bueno es Jehová .. al alma que le *busca*
Ez. 34.4 ni *buscasteis* la perdida; sino que os
34.6 perdidas .. no hubo quien las *buscase*
Os. 3.5 volverán .. y *buscarán* a Jehová su Dios
5.15 reconozcan su pecado y *buscarán* mi rostro
10.12 porque es el tiempo de *buscar* a Jehová
Am. 6.33; Lc. 12.31 *buscad* .. el reino de Dios y
7.7 *buscad*, y hallaréis; llamad, y se os abrirá
Mt. 6.33; Lc. 12.31 *buscad* .. el reino de Dios y
7.7 *buscad*, y hallaréis; llamad, y se os abrirá
18.12 a buscar la que se había descarriado
26.59 *buscaban* falso testimonio contra Jesús
28.5 yo sé que *buscáis* a Jesús, el que fue
Mr. 1.37 hallándole, le dijeron: Todos te *buscan*
16.6 *buscáis* a Jesús .. el que fue crucificado
Lc. 2.45 pero .. volvieron a Jerusalén *buscándole*
2.48 tu padre y yo te hemos *buscado* con
4.42 la gente le *buscaba*, y llegando a donde
19.10 el Hijo .. vino a *buscar* y a salvar lo
24.5 ¿por qué *buscáis* entre los muertos al
Jn. 1.38 Jesús .. les dijo: ¿Qué *buscáis*? Ellos le
4.23 el Padre tales adoradores *busca* que le
5.30 porque no *busco* mi voluntad, sino la
6.26 me *buscáis*, no porque habéis visto las
7.11 te *buscaban* los judíos en la fiesta
7.34 me *buscaréis*, y no me hallaréis; y a
8.21 dijo Jesús: Yo me voy, y me *buscaréis*
8.50 no *busco* mi gloria; hay quien la *busca*
11.56 y *buscaban* a Jesús, y .. se preguntaban
18.4 adelantó y les dijo: ¿A quién *buscáis*?
20.15 ¿por qué lloras? ¿A quién *buscas*?
Hch. 6.3 *buscad* .. hermanos, de entre vosotros
10.19 dijo .. He aquí, tres hombres te *buscan*
15.17 para que el resto de .. *busque* al Señor
17.27 para que *busquen* a Dios, si en alguna
Ro. 3.11 entienda, no hay quien *busque* a Dios
10.20 fui hallado de los que no me *buscaban*
1 Co. 10.24 ninguno *busque* su propio bien, sino
13.5 no *busca* lo suyo; no se irrita, no guarda
2 Co. 12.14 no .. gravoso .. no *busco* lo vuestro
Fil. 2.21 porque todos *buscan* lo suyo propio, no
4.17 no es que *busque* dádivas .. *busco* fruto
Col. 3.1 *buscad* las cosas de arriba, donde está
1 Ts. 2.6 ni *buscamos* gloria de los hombres; ni
He. 11.6 es galardonador de los que le *buscan*
11.14 dan a entender que *buscan* una patria
13.14 ciudad .. sino que *buscamos* la por venir
1 P. 3.11 haga el bien; *busque* la paz, y sígala
5.8 el diablo .. anda alrededor *buscando* a

CABALGAR
Dt. 33.26 *cabalga* sobre los cielos para tu ayuda
Sal. 45.4 *cabalga* sobre palabra de verdad, de
66.12 hiciste *cabalgar* hombres sobre nuestra
68.4 exaltad al que *cabalga* sobre los cielos

CABALLO *v.* Asno, Bestia, Carro, Jinete
Gn. 47.17 por *c*, y por el ganado de las ovejas
Ex. 15.1 ha echado en el mar al *c* y al jinete
1 R. 10.28 traían de Egipto *c* y lienzos a Salomón
2 R. 2.12; 13.14 carro de .. y su gente daba a *c*!
2 Cr. 1.16 los mercaderes del rey compraban .. *c*
9.25 tuvo .. Salomón .. caballerizas para sus *c*
Est. 6.11 Amán tomó el vestido y el *c*, y vistió a
Job 39.19 ¿diste tú al *c* la fuerza? ¿Vestiste tú

Sal. 32.9 no seáis como el *c*, o como el mulo
33.17 vano para salvarse es el *c* . . su fuerza
147.10 no se deleita en la fuerza del *c*, ni se
Pr. 21.31 el *c* se alista para el día de la batalla
Ec. 10.7 vi siervos a *c*, y príncipes que andaban
Is. 30.16 no, antes huiremos en *c*; por tanto
31.1 a Egipto por ayuda, y confían en *c*
Jer. 4.13 más ligeros son sus *c* que las águilas
5.8 *c* bien alimentados, cada cual relinchaba
8.6 como *c* que arremete con ímpetu a la
12.5 te cansaron, ¿cómo contenderás con los *c*?
Am. 6.12 ¿correrán los *c* por las peñas? ¿Ararán
Hab. 3.8 cuando montaste en tus *c*, y en tus
Zac. 1.8 vi . . un varón que cabalgaba sobre un *c*
6.2 en el primer carro había *c* alazanes
Stg. 3.3 ponemos freno en la boca de los *c* para
Ap. 6.2, 5, 8 miré, y he aquí un *c*
9.7 aspecto . . semejante a *c* . . para la guerra
19.11 vi . . un *c* blanco, y el que lo montaba se

CABAÑA *v.* **Enramada, Tabernáculo**
Gn. 33.17 Jacob fue . . e hizo *c* para su ganado
Is. 1.8 queda . . como *c* en melonar, como ciudad

CABECERA
Gn. 28.11 tomó de las piedras . . y puso a su *c*
Mi. 4.1 monte de la casa de Jehová será por *c*

CABELLO *v.* **Cabeza, Pelo**
Jue. 16.22 el *c* de su cabeza comenzó a crecer
2 S. 14.26 se cortaba el *c* . . pesaba el *c* de su
Sal. 69.4 se han aumentado más que los *c* de mi
Cnt. 4.1 tus *c* como manada de cabras que se
Is. 3.24 cabeza rapada en lugar de la . . del *c*
Mt. 5.36 no puedes hacer blanco o . . un solo *c*
10.30; Lc. 12.7 aun . . *c* están todos contados
Lc. 7.38 y los enjugaba con sus *c*, y besaba sus
21.18 pero ni un *c* de vuestra cabeza perecerá
Jn. 11.2; 12.3 ungió . . le enjugó los pies con sus
1 Co. 11.14 le es deshonroso dejarse crecer el *c*?
Ap. 1.14 su cabeza y sus *c* eran blancos como

CABER
Mr. 2.2 que ya no *cabían* ni aun a la puerta
Jn. 21.25 ni . . *cabrían* los libros que se habrían

CABEZA *v.* **Caudillo, Jefe, Principal, Príncipe**
Ex. 29.10 pondrán . . manos sobre la *c* del becerro
Dt. 28.13 te pondrá Jehová por *c*, y no por cola
1 S. 17.51 lo acabó de matar, le cortó . . la *c*
31.9 le cortaron la *c*, y le despojaron de las
2 S. 4.8 y trajeron la *c* de Is-boset a David en
18.9 se le enredó la *c* en la encina, y Absalón
20.21 su *c* te será arrojada desde el muro
2 R. 4.19 dijo y . . a su padre: ¡Ay, mi *c*, mi *c*!
1 Cr. 10.10 colgaron la *c* en el templo de Dagón
Sal. 7.16 su iniquidad volverá sobre su *c*, y
27.6 levantará mi *c* sobre mis enemigos
60.7; 108.8 Efraín es la fortaleza de mi *c*
68.21 Dios herirá la *c* de sus enemigos, la
109.25 miraban, y burlándose meneaban su *c*
118.22 piedra . . ha venido a ser *c* del ángulo
140.7 tú pusiste a cubierto mi *c* en el día de
Pr. 25.22 porque ascuas amontonarás sobre su *c*
Ec. 2.14 el sabio tiene sus ojos en su *c*, mas el
Cnt. 7.5 tu *c* encima de ti, como el Carmelo
Is. 1.5 toda *c* está enferma, y todo corazón
2.2 confirmado . . como *c* de los montes, y
9.14 Jehová cortará de Israel *c* y cola, rama
Lm. 2.15 movieron despectivamente sus *c* sobre
Dn. 2.38 dominio . . tú eres aquella *c* de oro
Mt. 5.36 ni por tu *c* jurarás, porque no puedes
8.20; Lc. 9.58 no tiene donde recostar su *c*
14.8; Mr. 6.24 dame . . la *c* de Juan el Bautista
21.42; 1 P. 2.7 ha venido a ser *c* del ángulo
27.39 pasaban le injuriaban, meneando la *c*
Jn. 13.9 Señor, no sólo mis pies, sino . . la *c*
Ro. 12.20 ascuas de . . amontonarás sobre su *c*
1 Co. 11.3 que Cristo es la *c* de todo varón, y el
11.4 ora . . con la *c* cubierta, afrenta su *c*
Ef. 1.22 lo dio por *c* sobre todas las cosas a la
4.15 crezcamos en todo en Aquel que es la *c*
5.23 el marido es *c* de la . . Cristo es *c* de la

Col. 1.18 él es la *c* del cuerpo que es la iglesia
2.10 en él, que es la *c* de todo principado y
2.19 y no asiéndose de la *C*, en virtud de
Ap. 9.7 en las *c* tenían como coronas de oro
12.3 tenía siete *c* y diez cuernos, y en sus *c*
17.9 las siete *c* son siete montes, sobre los

CABRA *v.* **Cabrío, Cabrito, Carnero**
Job 39.1 ¿sabes tú el tiempo en que paren las *c*
Sal. 104.18 los montes altos para las *c* monteses

CABRÍO *v.* **Azazel, Cabra, Cabrito, Carnero**
Gn. 30.35 Labán apartó aquel día los machos *c*
Lv. 9.3 tomad un macho *c* para expiación, y un
Pr. 30.31 el ceñido de lomos . . el macho *c*, y el
Dn. 8.5 un macho *c* venía del lado del poniente
He. 9.12 y no por sangre de machos *c* ni de

CABRITO *v.* **Cabra, Cabrío, Carnero, Cordero**
Gn. 27.9 tráeme . . dos buenos *c* de las cabras
37.31 degollaron un *c* de las cabras, y tiñeron
Ex. 23.19; 34.26 no guisarás el *c* en la leche de su
Jue. 6.19 entrando Gedeón, preparó un *c*, y panes
Pr. 27.26 y los *c* para el precio del campo
Mt. 25.32 como aparta . . las ovejas de los *c*
Lc. 15.29 y nunca me has dado ni un *c* para

CADÁVER *v.* **Cuerpo, Muerto**
Nm. 19.11 tocare *c* . . será inmundo siete días
Is. 5.25 sus *c* fueron arrojados en . . las calles
66.24 y verán los *c* de los hombres que se
Ap. 11.8 sus *c* estarán en la plaza de la . . ciudad

CADENA *v.* **Cárcel, Prisión**
Jue. 16.21 le ataron con *c* para que moliese en
1 R. 6.21 cerró la entrada del santuario con *c*
2 R. 25.7 atado con *c* lo llevaron a Babilonia
Ec. 12.6 antes que la *c* de plata se quiebre
Mr. 5.3 y nadie podía atarle, ni aun con *c*
Hch. 12.7 y las *c* se le cayeron de las manos
16.26 puertas, y las *c* de todos se soltaron
26.29 tales cual yo soy, excepto estas *c*
28.20 esperanza de . . estoy sujeto con esta *c*
Ef. 6.20 por el cual soy embajador en *c*; que con
2 Ti. 1.16 confortó, y no se avergonzó de mis *c*

CAER *v.* **Descender, Tropezar**
Ex. 21.33 un pozo . . y *cayere* allí buey o asno
2 S. 1.19 gloria . . ¡cómo han *caído* los valientes!
3.38 un príncipe . . ha *caído* hoy en Israel
17.12 *caeremos* sobre él, como cuando el rocío
24.14; 1 Cr. 21.13 *caigamos* ahora en mano de Jehová
1 R. 22.20; 2 Cr. 18.19 suba y *caiga* en Ramot
2 R. 14.10; 2 Cr. 25.19 *caigas* tú y Judá contigo?
Sal. 7.15 cavado ha . . en el hoyo que hizo *caerá*
37.24 cuando . . *cayere*, no quedará postrado
38.17 pero yo estoy a punto de *caer*, y mi
91.7 *caerán* a tu lado mil, y diez mil a tu
141.10 *caigan* los impíos a una en sus redes
145.14 sostiene Jehová a todos los que *caen*
Pr. 24.16 siete veces *cae* el justo, y vuelve a
24.17 *cayere* tu enemigo, no te regocijes
25.26 es el justo que *cae* delante del impío
26.27 el que cava foso *caerá* en él; y al que
Ec. 4.10 porque si *cayeren*, el uno levantará a su
10.18 por la pereza se *cae* la techumbre
11.3 lugar que el árbol *cayere*, allá quedará
Is. 8.14 por tropezadero para *caer*, y por lazo
9.8 el Señor envió palabra . . *cayó* en Israel
10.4 sin mí se . . entre los muertos *caerán*
14.12 ¡cómo *caíste* del cielo, oh Lucero, hijo
21.9 y dijo: Cayó, *c* Babilonia; y todos los
22.25 el clavo . . será quebrado y *caerá*, y la
24.4 *cayó* la tierra; enfermó, el mundo
24.20 ella . . *caerá*, y nunca más se levantará
31.8 *caerá* Asiria por espada no de varón
34.4 *caerá* . . como se *cae* la hoja de la parra
40.30 se cansan, los jóvenes flaquean y *caen*
64.6 *caímos* todos nosotros como la hoja
Jer. 8.13 no quedarán uvas en . . se *caerá* la hoja
23.19 tempestad . . *caerá* sobre la cabeza de
50.32 y el soberbio tropezará y *caerá*, y no

Jer. 51.8 en un momento *cayó* Babilonia, y se
Ez. 47.12 sus hojas nunca *caerán*, ni faltará su
Os. 4.5 *caerás* .. y *caerá* .. contigo el profeta de
　4.14 tanto, el pueblo sin entendimiento *caerá*
　14.1 vuelve .. porque por tu pecado has *caído*
Mi. 7.8 no te .. porque aunque *caí*, me levantaré
Mt. 5.29; 18.9; Mr. 9.47 tu ojo .. ocasión de *caer*
　5.30; 18.8; Mr. 9.43 tu mano .. ocasión de *caer*
　7.25 golpearon contra aquella casa; y no *cayó*
　10.29 ni uno de ellos *cae* a tierra sin vuestro
　12.11 si ésta *cayere* en un hoyo en día de
　15.14 si el ciego guiare .. *caerán* en el hoyo
　21.44; Lc. 20.18 que *cayere* sobre esta .. sobre
　　quien ella *c*
　24.29; Mr. 13.25 las estrellas *caerán* del cielo
Lc. 2.34 he aquí, éste está puesto para *caída* y
　5.8 *cayó* de rodillas ante Jesús, diciendo
　6.49 luego *cayó*, y fue grande la ruina de
　10.18 a Satanás *caer* del cielo como un rayo
　23.30; Ap. 6.16 *caed* sobre nosotros; y a los
Jn. 12.24 si el grano de trigo no *cae* en la tierra
　18.6 yo soy, retrocedieron, y *cayeron* a tierra
Hch. 1.18 *cayendo* de cabeza, se reventó por la
　9.4 *cayendo* en tierra, oyó una voz que le
　20.9 vencido del sueño *cayó* del tercer piso
Ro. 14.4 para su propio señor está en pie, o *cae*
1 Co. 8.13 si la comida le es .. ocasión de *caer*
　10.12 piensa estar firme, mire que no *caiga*
Gá. 5.4 de Cristo os .. de la gracia habéis *caído*
He. 4.11 que ninguno *caiga* en semejante ejemplo
　10.31 ¡horrenda cosa es *caer* en manos del Dios
　11.30 por la fe *cayeron* los muros de Jericó
Stg. 1.11 la hierba se seca, su flor se *cae*, y perece
2 P. 1.10 haciendo estas cosas, no *caeréis* jamás
　3.17 arrastrados por el error .. *caigáis* de
Ap. 1.17 cuando le vi, *caí* como muerto a sus pies
　2.5 recuerda, por tanto, de dónde has *caído*
　6.16 decían a .. montes: *Caed* sobre nosotros, y
　14.8; 18.2 ¡ha *caído*, ha *caído* Babilonia, la gran
　16.19 las ciudades de las naciones *cayeron*

CAÍDA *v.* Tropezar, Tropiezo
Pr. 16.18 antes de la *c* la altivez de espíritu
Jud. 24 que es poderoso para guardaros sin *c*

CAÍDO, da
Sal. 55.22 no dejará para siempre *c* al justo
He. 12.12 levantad las manos y las rodillas

CAIFÁS Sumo sacerdote, Lc. 3.2; Jn. 18.13;
profetiza que Jesús ha de morir, Jn. 11.49–53;
18.14; proyecta arrestar a Jesús, Mt. 26.3–5, 57;
toma parte en el juicio de Jesús, Jn. 18.24–28;
amenaza a Pedro y a Juan, Hch. 4.6–21.

CAÍN Gn. 4.1–25.
He. 11.4 Abel .. más excelente sacrificio que *C*
1 Jn. 3.12 no como *C*, que era del maligno y
Jud. 11 porque han seguido el camino de *C*, y se

CALABACERA
Jon. 4.6 preparó .. una *c*, la cual creció sobre

CALAMIDAD *v.* Adversidad, Aflicción, Angustia,
　Dolor, Malo, Miseria, Padecimiento, Que-
　brantamiento, Sufrimiento, Tribulación
Sal. 11.6 sobre los malos hará llover *c*; fuego
Pr. 1.26 yo me reiré en vuestra *c*, y me burlaré
　1.27 vuestra *c* llegare como un torbellino
　6.15 su *c* vendrá de repente; súbitamente
　10.14 mas la boca del necio es *c* cercana
　17.5 el que se alegra de la *c* no quedará sin
Jer. 2.27 y en el tiempo de su *c* dicen .. líbranos
Lc. 21.23 habrá gran *c* en la tierra, e ira sobre

CALAVERA
Mt. 27.33; Mr. 15.22; Lc. 23.33; Jn. 19.17 que
　significa, Lugar de la *c*

CALCAÑAR
Gn. 25.26 salió .. trabada su mano al *c* de Esaú
Sal. 41.9; Jn. 13.18 pan comía, alzó contra mí el *c*

CALDEO
Job 1.17 dijo: Los *c* hicieron tres escuadrones, y

Jer. 25.12 castigaré al rey .. y a la tierra de los *c*
　32.24 ciudad .. entregada en mano de los *c*
Dn. 1.4 que les enseñase .. la lengua de los *c*
Hab. 1.6 he aquí, yo levanto a los *c*, nación cruel

CALEB Enviado como espía, Nm. 13.6;
informa al pueblo, Nm. 13.30; 14.6–8; sobrevive a
los demás espías, Nm. 14.38; sobrevive a los contados en Sinaí, Nm. 26.63–65; "fue perfecto en
pos de Jehová", Nm. 32.12; Dt. 1.36; Jos. 14.6–14;
hereda Hebrón, Jos. 14.13; 15.13; Jue. 1.20.

CALENTAR
Ex. 16.21 luego que el sol *calentaba*, se derretía
1 R. 1.1 le cubrían de ropas, pero no se *calentaba*
Job 39.14 huevos, y sobre el polvo los *calienta*
Ec. 4.11 dos .. juntos, se *calentarán* mutuamente
Is. 44.16 se *calienta*, y dice: ¡Oh! me he *calentado*
　47.14 no quedará brasa para *calentarse*, ni
Dn. 3.19 ordenó que el horno se *calentase* siete
Mr. 14.54; Jn. 18.18 Pedro .. estaba .. *calentándose*
Stg. 2.16 id en paz, *calentaos* .. pero no les dais

CALIENTE
Job 37.17 ¿por qué están *c* tus vestidos cuando
Ap. 3.15 conozco tus .. que ni eres frío ni *c*

CÁLIZ *v.* Copa, Vasija, Vaso
Sal. 75.8 el *c* está en la mano de Jehová, y el
Is. 51.17 Jerusalén, que bebiste .. el *c* de su ira
Ez. 23.33 llena .. de dolor por el *c* de soledad
Hab. 2.16 el *c* de la .. de Jehová vendrá hasta ti
Ap. 16.19 darle el *c* del vino del ardor de su ira

CALMAR *v.* Aquietar
Pr. 21.14 la dádiva en secreto *calma* el furor, y
Mt. 14.32; Mr. 6.51 subieron .. *calmó* el viento

CALOR *v.* Ardor, Fuego
2 R. 4.34 tendió .. y el cuerpo del niño entró en *c*
Is. 4.6 habrá un abrigo para .. contra el *c* del día
　49.10 ni el *c* ni el sol los afligirá; porque el
Mt. 20.12 hemos soportado la .. y el *c* del día
Lc. 12.55 el viento .. decís: Hará *c*; y lo hace
Ap. 7.16 ni el sol los caerá más sobre .. ni *c* alguno

CALUMNIA
Sal. 31.13 porque oigo la *c* de muchos; el miedo
Pr. 10.18 encubre .. y el que propaga *c* es necio

CALUMNIADOR, ra *v.* Detractor
1 Ti. 3.11 no *c*, sino sobrias, fieles en todo
2 Ti. 3.3 implacables, *c*, intemperantes, crueles
Tit. 2.3 no *c*, no esclavas del vino, maestras del

CALUMNIAR *v.* Difamar
Lv. 6.2 bien robare o *calumniare* a su prójimo
1 S. 12.3 atestiguad .. si he *calumniado* a alguien
Sal. 15.3 el que no *calumnia* con su lengua, ni
　109.29 vestidos de .. los que me *calumnian*
Lc. 3.14 no hagáis extorsión .. ni *calumniéis*
Ro. 3.8 como se nos *calumnia*, y como algunos
1 P. 3.16 sean avergonzados los que *calumnian*

CALVO, va
Lv. 13.40 se le cayere el cabello, es *c*, pero limpio
2 R. 2.23 burlaban .. diciendo: ¡*C*, sube! ¡*c*, sube!
Ez. 29.18 cabeza ha quedado *c*, y toda espalda
Mi. 1.16 ráete .. hazte *c* como águila, porque en

CALZADA *v.* Camino, Senda, Vereda
Pr. 15.19 mas la vereda de los rectos, como una *c*
Is. 19.23 tiempo habrá una *c* de Egipto a Asiria
　33.8 las *c* están deshechas, cesaron los
　35.8 habrá allí *c* y camino, y será llamado
Jer. 31.21 nota atentamente la *c*; vuélvete por el

CALZADO *v.* Zapato
Ex. 3.5; Jos. 5.15 quita tu *c* de tus pies, porque
Mt. 3.11 cuyo *c* yo no soy digno de llevar, es más
　10.10 ni de *c*, ni de bordón; porque el obrero
Mr. 1.7; Lc. 3.16; Jn. 1.27 desatar la correa del *c*
Lc. 15.22 un anillo en su mano, y *c* en sus pies
Hch. 7.33 dijo el Señor: Quita el *c* de tus pies
Ef. 6.15 *c* los pies con el .. evangelio de la paz

CALLAR v. Enmudecer, Mudo, Silencio

Nm. 13.30 Caleb hizo *callar* al pueblo delante de
2 R. 7.9 hoy es día de buena nueva, y .. *callamos*
Neh. 8.11 los levitas, pues, hacian *callar* a todo
Job 29.21 me oían .. y *callaban* a mi consejo
33.33 óyeme .. *calla*, y te enseñaré sabiduría
Sal. 8.2 hacer *callar* al enemigo y al vengativo
32.3 mientras *callé*, se envejecieron mis
39.2 me *callé* aun respecto de lo bueno
Pr. 17.28 aun el necio, cuando *calla*, es contado
Ec. 3.7 tiempo de *callar*, y tiempo de hablar
Is. 42.14 desde el siglo he *callado*, he guardado
47.5 siéntate, *calla*, y entra en tinieblas, hija
62.1 por amor de Sion no *callaré*, y por amor
Am. 5.13 el prudente en tal tiempo *calla*, porque
Hab. 2.20 *calle* delante de él toda la tierra
Zac. 2.13 *calle* toda carne delante de Jehová
Mt. 22.34 había hecho *callar* a los saduceos
Mr. 4.39 dijo al mar: *Calla*, enmudece. Y cesó el
Lc. 19.40 si éstos *callaran*, las piedras clamarían
Hch. 18.9 dijo .. no temas, sino habla, y no *calles*
1 Co. 14.28 si no hay intérprete, *calle* en la
14.34 mujeres *callen* en las congregaciones

CALLE v. Plaza

Zac. 8.5 las *c* de .. estarán llenas de muchachos
Mt. 6.5 aman el orar .. en las esquinas de las *c*
Lc. 14.21 vé pronto por .. las *c* de la ciudad
Ap. 21.21 la *c* de la ciudad era de oro puro

CAM Gn. 6.10; 9.22.

CAMA v. Lecho

Dt. 3.11 su *c*, una *c* de hierro, ¿no está en Rabá
2 R. 4.10 un aposento .. y pongamos allí *c*, mesa
Job 7.13 cuando digo .. mi *c* atenuará mis quejas
17.13 el Seol es .. haré mi *c* en las tinieblas
Sal. 4.4 meditad .. corazón estando en vuestra *c*
Is. 28.20 la *c* será corta para poder estirarse
Am. 3.12 que moran .. en el rincón de una *c*
Mt. 9.6 levántate, toma tu *c*, y vete a tu casa
Lc. 11.7 mis niños están conmigo en *c*; no puedo
17.34 dos en una *c*; el uno será tomado, y el
Hch. 9.33 que hacía ocho años que estaba en *c*
Ap. 2.22 la arrojo en *c*, y en gran tribulación

CÁMARA v. Aposento

2 S. 4.5 cual estaba durmiendo la siesta en su *c*
2 R. 11.2 lo ocultó de Atalía .. en la *c* de dormir
Pr. 24.4 y con ciencia se llenarán las *c* de todo
Cnt. 1.4 atráeme .. el rey me ha metido en sus *c*

CAMARERO

Hch. 12.20 sobornado Blasto, que era *c* mayor

CAMBIAR v. Anular, Invalidar, Mudar

Lv. 27.10 no será *cambiado* ni trocado, bueno por
Job 23.13 él determina .. ¿quién le hará *cambiar*?
Sal. 15.4 aun jurando en daño suyo, no .. *cambia*
Jer. 2.36 discurres .. *cambiando* tus caminos?
Ez. 5.6 ella *cambió* mis decretos .. en impiedad
Os. 4.7 también su *cambiaré* su honra en afrenta
Mal. 3.6 porque yo Jehová no *cambio*; por esto
Hch. 6.14 *cambiará* las costumbres que nos dio
Ro. 1.25 que *cambiaron* la verdad de Dios por la
1.26 aun sus mujeres *cambiaron* el uso natural
Gá. 4.20 estar con vosotros .. y *cambiar* de tono
He. 7.12 *cambiado* el sacerdocio, necesario es que

CAMBISTA

Mt. 21.12; **Mr.** 11.15 volcó las mesas de los *c*
Jn. 2.14 halló en el templo .. a los *c* allí sentados

CAMELLO

Gn. 24.10 tomó diez *c* de los *c* de su señor, y se
24.19 también para tus *c* sacaré agua, hasta
24.64 Rebeca .. vio a Isaac, y descendió del *c*
Lv. 11.4 el *c*, porque rumia pero no tiene pezuña
Job 1.17 los caldeos .. arremetieron contra los *c*
Is. 60.6 multitud de *c* te cubrirá; dromedarios
Mt. 3.4; **Mr.** 1.6 Juan estaba vestido de pelo de *c*
19.24; **Mr.** 10.25; **Lc.** 18.25 pasar un *c* por el
23.24 que coláis el mosquito, y tragáis el *c*!

CAMINANTE v. Forastero

Jue. 19.17 alzando el .. los ojos, vio a aquel *c*
2 S. 12.4 guisar para el *c* que había venido a él
Job 31.32 el forastero .. mis puertas abría al *c*
Is. 33.8 cesaron los *c*; ha anulado el pacto
Jer. 9.2 ¡oh, quién me diese .. un albergue de *c*
14.8 como *c* que se retira para pasar la noche

CAMINAR v. Andar, Ir

Gn. 5.24 *caminó* .. Enoc con Dios, y .. le llevó Dios
6.9 Noé, varón justo .. con Dios *caminó* Noé
1 R. 19.8 *caminó* 40 días y 40 noches hasta Horeb
Pr. 10.9 que *camina* en integridad anda confiado
Is. 2.5 venid .. *caminaremos* a la luz de Jehová
35.9 ni fiera .. para que *caminen* los redimidos
40.31 fuerzas .. *caminarán*, y no se fatigarán
Os. 11.10 en pos de Jehová *caminarán*; él rugirá
Hab. 3.15 *caminaste* en el mar con tus caballos
Zac. 10.12 y *caminarán* en su nombre, dice
Lc. 24.17 ¿qué pláticas son .. mientras *camináis*?

CAMINO v. Calzada, Senda, Vereda, Viaje

Ex. 18.20 muéstrales el *c* por donde deben andar
Dt. 8.2 te acordarás de todo el *c* .. te ha traído
8.6 tu Dios, andando en sus *c*, y temiéndole
26.17 que andarás en sus *c*, y guardarás sus
Jos. 23.14 entrar hoy por el *c* de toda la tierra
1 S. 6.9 quedaron abandonados los *c*, y su caje
2 S. 22.22 porque yo he guardado los *c* de Jehová
22.33 Dios es el que me .. quien despeja mi *c*
1 R. 2.3 andando en sus *c*, y observando sus
8.36 enseñándoles el buen *c* en que anden
2 R. 7.15 que todo el *c* estaba lleno de vestidos
Job 8.13 tales son los *c* de .. que olvidan a Dios
16.22 y yo iré por el *c* de donde no volveré
19.8 cercó de vallado mi *c*, y no pasaré
26.14 estas cosas son .. los bordes de sus *c*
28.23 Dios entiende el *c* de ella, y conoce
31.4 ¿no ve él mis *c*, y cuenta todos mis
38.19 ¿por dónde va el *c* a la .. de la luz
Sal. 1.1 que no .. ni estuvo en *c* de pecadores
18.21 porque yo he guardado los *c* de Jehová
18.32 Dios es .. quien hace perfecto mi *c*
27.11; 86.11 enséñame, oh Jehová, tu *c*
32.8 te enseñaré el *c* en que debes andar
37.5 encomienda a Jehová tu *c*, y confía en
49.13 este su *c* es locura; con todo, sus
50.23 al que ordenare su *c*, le mostraré la
67.2 para que sea conocido en la tierra tu *c*
68.24 vieron tus .. los *c* de mi Dios, de mi
77.19 en el mar fue tu *c*, y tus sendas en las
84.5 hombre .. en cuyo corazón están tus *c*
95.10 que divaga .. y no han conocido mis *c*
103.7 sus *c* notificó a Moisés, y sus hijos
119.5 ¡ojalá fuesen ordenados mis *c* para
Pr. 3.6 reconócelo en todos tus *c*, y él enderezará
3.17 *c* son deleitosos, y todos sus veredas
4.26 de tus pies, y todos tus *c* sean rectos
10.29 el *c* de Jehová es fortaleza al perfecto
13.15 mas el *c* de los transgresores es duro
14.12; 16.25 hay *c* que al hombre le parece
15.19 *c* del perezoso es como seto de espinos
15.24 el *c* de la vida es hacia arriba al
16.17 su vida guarda el que guarda su *c*
16.18 la dádiva del hombre le ensancha el *c*
22.6 instruye al niño en su *c*, y aun cuando
Is. 2.3 venid, y subamos .. nos enseñará sus *c*
11.16 habrá *c* para el remanente de su pueblo
30.21 este es el *c*, andad por él; y no echéis
35.8 habrá allí *c* .. llamado *C* de Santidad
40.3 preparad *c* a Jehová; enderezad calzada
40.27 mi *c* está escondido de Jehová, y de mi
43.16 el que abre *c* en el mar, y senda en las
49.11 convertiré en *c* todos mis montes
51.10 transformó en *c* las profundidades del
55.7 deje el impío su *c*, y el hombre inicuo
55.8 no son .. vuestros *c* mis *c*, dijo Jehová
57.10 en la multitud de tus *c* te cansaste, pero
58.2 me buscan cada .. y quieren saber mis *c*
Jer. 4.18 tu *c* y tus obras te hicieron esto; esta
6.16 las sendas antiguas, cuál sea el buen *c*

Jer. 7.3; 26.13 mejorad vuestros *c* y vuestras obras
10.23 el hombre no es señor de su *c*, ni del
16.17 mis ojos están sobre todos sus *c*, los
21.8 pongo delante . . *c* de vida y *c* de muerte
23.12 por tanto, su *c* será como resbaladeros
32.19 tus ojos están . . sobre todos los *c* de
32.39 les daré un . . y un *c*, para que me teman
42.3 que Jehová . . nos enseñe el *c* por donde
Ez. 18.25; 33.17 no es recto el *c* del Señor
Os. 14.9 los *c* de Jehová son rectos, y los justos
Mi. 2.13 subirá el que abre *c* delante de ellos
Hab. 3.6 se levantó, y midió . . sus *c* son eternos
Mal. 3.1 el cual preparará el *c* delante de mí
Mt. 3.3; Lc. 3.4; Jn. 1.23 preparad el *c* del Señor
7.13 espacioso el *c* que lleva a la perdición
11.10; Mr. 1.2; Lc. 7.27 preparará tu *c* delante
de ti
13.4; Mr. 4.4; Lc. 8.5 parte . . cayó junto al *c*
22.9 id, pues, a las salidas de los *c*, y
22.16; Mr. 12.14; Lc. 20.21 enseñas con verdad
el *c* de Dios
Mr. 6.8; Lc. 10.4 que no llevasen nada para el *c*
10.46 Bartimeo . . estaba sentado junto al *c*
11.8 muchos tendían sus mantos por el *c*
16.12 apareció . . a dos de ellos que iban de *c*
Lc. 1.76 irás delante de la . . para preparar sus *c*
13.33 es necesario que hoy y . . siga mi *c*
14.23 dijo . . Vé por los *c* y por los vallados
Jn. 14.4 sabéis a dónde voy, y sabéis el *c*
14.6 yo soy el *c*, y la verdad, y la vida; nadie
Hch. 9.2 hombres . . de este *C*, los trajese presos
18.26 y le expusieron más . . el *c* de Dios
19.9 maldiciendo el *C* delante de la multitud
19.23 un disturbio no pequeño acerca del *C*
22.4 perseguía yo este *C* hasta la muerte
24.14 según el *C* que ellos llaman herejía
24.22 estando bien informado de este *C*, les
2 Co. 11.26 en *c* muchas veces; en peligros de
He. 3.10 vagando . . y no han conocido mis *c*
9.8 no se había manifestado el *c* al Lugar
10.20 por el *c* nuevo y vivo que él nos abrió
Stg. 1.8 doble ánimo es inconstante en todos sus *c*
Ap. 16.12 preparado el *c* a los reyes del oriente

CAMPAMENTO
Gn. 32.2 dijo Jacob cuando los vio: *C* de Dios
32.7 Jacob . . distribuyó el pueblo . . en dos *c*
Lv. 13.46 inmundo . . fuera del *c* será su morada
Nm. 4.5 cuando haya de mudarse el *c*, vendrán
11.26 Eldad . . Medad . . profetizaron en el *c*
Dt. 23.10 saldrá fuera del *c*, y no entrará en él
1 S. 4.6 ¿qué voz . . esto en el *c* de los hebreos?
17.20 llegó al *c* cuando el ejército salía en
26.5 y estaba Saúl durmiendo en el *c*, y el
Sal. 78.28 las hizo caer en medio del *c*, alrededor
Cnt. 6.13 veréis . . algo como la reunión de dos *c*
He. 13.13 salgamos . . a él, fuera del *c*, llevando

CAMPO *v.* Campamento
Gn. 33.19 compró . . *c*, donde plantó su tienda
Mt. 13.38 el *c* es el mundo; la buena semilla son
13.44 a un tesoro escondido en un *c*
24.18; Mr. 13.16; Lc. 17.31 en el *c*, no vuelva
24.40; Lc. 17.36 estarán dos en el *c*; el uno
27.8 aquel *c* se llama hasta . . *C* de sangre
Lc. 23.26 cierto Simón de Cirene, que venía del *c*
Jn. 4.35 alzad vuestros ojos y mirad los *c*, porque
Hch. 1.18 adquirió un *c*, y cayendo de cabeza

CANÁ
Jn. 2.1 se hicieron unas bodas en *C* de Galilea
4.46 vino . . Jesús otra vez a *C* de Galilea

CANAÁN *v.* Israel, Judá, Judea
Gn. 9.25 y dijo: Maldito sea *C*; siervo de siervos
12.5 Abram . . salieron para ir a tierra de *C*
13.12 Abram acampó en la tierra de *C*, en
17.8 te daré a ti . . toda la tierra de *C* en
28.1 no tomes mujer de las hijas de *C*
36.2 Esaú tomó sus mujeres de las . . de *C*
37.1 habitó Jacob en la . . en la tierra de *C*
Ex. 15.15 se acobardarán . . los moradores de *C*

Nm. 13.2 hombres que reconozcan la tierra de *C*
CANANEO
Gn. 13.7 el *c* y el ferezeo habitaban . . la tierra
Jos. 17.12; Jue. 1.27 el *c* persistió en habitar en
Jue. 1.9 hijos de Judá . . para pelear contra el *c* que
CANAS
Lv. 19.32 delante . . *c* te levantarás, y honrarás
1 S. 12.2 yo soy ya viejo y lleno de *c*; pero mis
Job 15.10 cabezas *c* y hombres muy ancianos hay
Is. 46.4 hasta la vejez . . y hasta las *c* os soportaré
Os. 7.9 y aun *c* le han cubierto, y él no lo supo
CANASTILLO *v.* Canasto, Cesta
Gn. 40.16 veía tres *c* blancos sobre mi cabeza
Am. 8.1 me ha mostrado . . un *c* de fruta de verano
CANASTO, ta *v.* Canastillo, Cesta
2 R. 10.7 y pusieron sus cabezas en *c*, y se las
Mt. 15.37; Mr. 8.8, 20 recogieron . . siete *c* llenas
Hch. 9.25 le bajaron . . descolgándole en una *c*
2 Co. 11.33 fui descolgado del muro en un *c*
CANCIÓN *v.* Cantar, Cántico
Sal. 69.12 me zaherían en sus *c* los bebedores
81.2 entonad *c*, y tañed el pandero, el arpa
Pr. 25.20 el que canta *c* al corazón afligido es
Cnt. 2.12 la tierra, el tiempo de la *c* ha venido
Is. 12.2 porque mi fortaleza y mi *c* es JAH Jehová
Lm. 3.63 yo su levantarse mira; yo soy su *c*
CANDACE Hch. 8.27.
CANDELERO *v.* Antorcha, Lámpara, Luz
Ex. 25.31; 37.17 un *c* de oro puro, labrado a
Nm. 8.2 lámparas alumbrarán . . adelante del *c*
Mt. 5.15; Mr. 4.21; Lc. 8.16; 11.33 sino sobre el
c, y alumbra a todos
Ap. 1.12 me volví . . y vuelto, vi siete *c* de oro
2.5 vendré . . a ti, y quitaré tu *c* de su lugar
CANSADO *v.* Fatigado
Gn. 25.29 guisó . . y volviendo Esaú del campo, *c*
Jue. 8.4 Gedeón . . los 300 . . *c*, mas . . persiguiendo
Sal. 69.3 *c* estoy de llamar; mi garganta se ha
Is. 1.14 me son gravosas; *c* estoy de soportarlas
28.12 este es el reposo; dad reposo al *c*
35.3 fortaleced las manos *c*, afirmad las
40.29 él da esfuerzo al *c*, y multiplica las
50.4 me dio . . para saber hablar palabras al *c*
Jer. 15.6 te destruiré; estoy *c* de arrepentirme
31.25 satisfaré al alma *c*, y saciaré a toda
Jn. 4.6 Jesús, *c* del camino, se sentó así junto a
CANSAR *v.* Fatigar
Ex. 17.12 y las manos de Moisés se *cansaban*
2 S. 21.15 pelearon con los . . y David se *cansó*
23.10 hirió a . . hasta que su mano se *cansó*
Is. 7.4 no se *cansará* ni desmayará, hasta que
43.22 sino que de mí te *cansaste*, oh Israel
57.10 en . . tus caminos te *cansaste*, pero no
Jer. 12.5 si corriste con los de a pie, y te *cansaron*
Mal. 2.17 hecho *cansar* a Jehová con . . palabras
Gá. 6.9; 2 Ts. 3.13 no nos *cansemos* . . hacer bien
He. 12.3 que vuestro ánimo no se *canse* hasta
CANTAR *v.* Canción, Cántico
Ex. 15.1 *cantó* Moisés y los hijos de Israel este
Jue. 5.1 aquel día *cantó* Débora con Barac hijo
1 R. 4.32 proverbios y sus *cantares* fueron 1.005
1 Cr. 16.9 *cantad* a él, *cantadle* salmos; hablad de
16.23; Sal. 96.1 *cantad* a Jehová toda la
Esd. 3.11 y *cantaban* . . dando gracias a Jehová
Sal. 30.4 *cantad* a Jehová, vosotros sus santos
por tanto, a ti *cantaré*, gloria mía, y no
47.6 *cantad* a Dios, *c*; *c* a nuestro Rey, *c*
51.14 líbrame . . *cantará* mi lengua tu justicia
66.2 *cantad* la gloria de su nombre; poned
81.1 *cantad* con gozo a Dios, fortaleza mía
96.1; 98.1; 149.1; Is. 42.10 *cantad* a Jehová
cántico nuevo
98.4 *cantad* alegres a Jehová, toda la tierra
100.1 *cantad* alegres a Dios, habitantes de
101.1 misericordia y juicio *cantaré*; a ti *c* yo
104.33 a Jehová *cantaré* en mi vida; a mi Dios

Sal. 105.2 *cantadle*, *c* salmos; hablad de todas sus
106.12 creyeron a . . y *cantaron* su alabanza
108.1 *cantaré* y entonaré salmos; esta es mi
137.3 los que . . nos pedían que *cantásemos*
137.3 *cantadnos* algunos de los cánticos de
149.5 su gloria, y *canten* aun sobre sus camas
Is. 5.1 *cantaré* por mi amado el cantar de mi
12.1 *cantaré* a ti, oh Jehová; pues aunque te
12.5 *cantad* salmos a Jehová, porque ha hecho
12.6 y *canta*, oh moradora de Sion; porque
24.9 no beberán vino con *cantar*; la sidra les
26.19 ¡despertad y *cantad*, moradores del polvo!
44.23 *cantad* loores, oh cielos, porque . . hizo
51.11 volverán a Sion *cantando*, y gozo
65.14 que mis siervos *cantarán* por júbilo del
Sof. 3.14 *canta*, oh hija de Sion; da voces de
Zac. 2.10 *canta* y alégrate, hija de Sion; porque
Mt. 26.34, 75; Mr. 14.30; Lc. 22.34; Jn. 13.38
antes que el gallo *cante*, me negarás tres
Mr. 14.26 cuando hubieron *cantado* el himno
Hch. 16.25 Pablo y . . *cantaban* himnos a Dios
1 Co. 14.15 *cantaré* con el espíritu . . *c* también
Col. 3.16 *cantando* . . vuestros corazones al Señor
Stg. 5.13 ¿está alguno alegre? *Cante* alabanzas

CÁNTARO v. Tinaja, Vasija
Jue. 7.19 quebraron los *c* que llevaban en sus
Ec. 12.6 y el *c* se quiebre junto a la fuente
Mr. 14.13; Lc. 22.10 un hombre que lleva un *c*
Jn. 4.28 la mujer dejó su *c*, y fue a la ciudad

CÁNTICO v. Canción, Cantar
Ex. 15.2 Jehová es mi fortaleza y mi *c*, y ha sido
Dt. 31.19 escribíos este *c*, y enséñalo a los hijos
Job 35.10 ¿dónde está Dios . . da *c* en la noche
Sal. 33.3 cantadle *c* nuevo; hacedlo bien, tañendo
40.3 puso luego en mi boca *c* nuevo, alabanza
42.8 y de noche su *c* estará conmigo, y mi
77.6 me acordaba de mis *c* de noche; meditaba
95.2 ante . . con alabanza; aclamémosle con *c*
96.1; 98.1; 149.1; Is. 42.10 cantad . . *c* nuevo
98.5 cantad . . con arpa; con arpa y voz de *c*
119.54 *c* fueron para mí tus estatutos en la
137.4 ¿cómo cantaremos *c* de Jehová en tierra
144.9 oh Dios, a ti cantaré *c* nuevo; con
Is. 26.1 cantarán este *c* en tierra de Judá: Fuerte
30.29 tendréis *c* como de noche en que se
Col. 3.16 cantando . . salmos . . *c* espirituales
Ap. 5.9 cantaban un nuevo *c*, diciendo: Digno es
14.3 y cantaban un *c* nuevo delante del trono
15.3 el *c* de Moisés . . y el *c* del Cordero

CANTOR, ra
2 S. 23.1 dijo David hijo . . el dulce *c* de Israel
1 Cr. 15.19 Hemán, Asaf . . que eran *c*, sonaban
Sal. 68.25 los *c* iban delante, los músicos detrás
Ec. 2.8 me hice de *c* y *c*, de los deleites de los
Ez. 33.32 que tú eres a ellos como *c* de amores

CAÑA v. Medir
Gn. 41.5 siete espigas . . crecían de una sola *c*
2 R. 18.21; Is. 36.6 confías en este báculo de *c*
Is. 42.3 no quebrará la *c* cascada, ni apagará el
Ez. 40.3 tenía un cordel de . . y una *c* de medir
Mt. 11.7; Lc. 7.24 ¿una *c* sacudida por el viento?
12.20 la *c* cascada no quebrará, y el pábilo
27.29 pusieron . . y una *c* en su mano derecha
Ap. 21.15 el que hablaba . . tenía una *c* de medir

CAPA v. Manto, Ropa, Vestido
Rt. 3.9 soy Rut . . extiende el borde de tu *c* sobre
1 R. 11.30 tomando Ahías la *c* nueva que tenía
Mt. 5.40 quitarte la túnica, déjale también la *c*
Mr. 13.16 el que . . no vuelva atrás a tomar su *c*
Lc. 6.29 al que te quite la *c*, ni aun la túnica le

CAPATAZ
Ex. 5.14 azotaban a los *c* de los hijos de Israel
Job 3.18 los cautivos; no oyen la voz del *c*

CAPAZ
Gn. 47.6 si . . hombres *c*, ponlos por mayorales
2 Cr. 2.6 mas ¿quién será *c* de edificarle casa

CAPERNAUM
Mt. 4.13; Lc. 4.31 dejando . . vino y habitó en *C*
8.5 entrando Jesús en *C*, vino . . un centurión
11.23; Lc. 10.15 *C*, que eres levantada hasta
Mr. 1.21 entraron en *C*; y . . sinagoga, enseñaba
Lc. 7.1 que hubo terminado todas . . entró en *C*

CAPITÁN v. Caudillo, Jefe, Oficial
Gn. 37.36 Potifar, oficial de . . *c* de la guardia
Nm. 14.4 designemos un *c*, y volvámonos a Egipto
Pr. 6.7 la cual no teniendo *c*, ni gobernador, ni

CAPOTE
2 Ti. 4.13 trae . . el *c* que dejé en Troas, en casa

CARA v. Apariencia, Aspecto, Faz, Rostro
Gn. 32.30 porque dijo: Vi a Dios a *c* *c*, y fue
Ex. 33.11 *c* a *c*, como habla cualquiera a su
Nm. 14.14 que *c* a *c* aparecías tú, oh Jehová
Dt. 5.4 *c* a *c* habló Jehová con vosotros en el
34.10 quien haya conocido Jehová *c* a *c*
2 R. 14.8; 2 Cr. 25.17 para que nos veamos las *c*
1 Co. 13.12 ahora . . mas entonces veremos *c* a *c*

CARACOL
1 R. 6.8 y se subía por una escalera de *c* al de
Sal. 58.8 pasen ellos como el *c* que se deslíe

CÁRCEL v. Cadena, Cisterna, Prisión
Gn. 39.20 tomó su amo a José, y lo puso en la *c*
41.14 lo sacaron apresuradamente de la *c*
1 R. 22.27; 2 Cr. 18.26 echad a éste en la *c*
Sal. 142.7 saca mi alma de la *c*, para que alabe
Ec. 4.14 de la *c* salió para reinar, aunque en su
Is. 42.7 para que saques de la *c* a los presos
53.8 por *c* y por juicio fue quitado; y su
61.1 publicar . . a los presos apertura de la *c*
Jer. 37.21 custodiaron a Jeremías en el . . de la *c*
Lm. 3.55 invoqué tu nombre, oh . . desde la *c*
Mt. 5.25; Lc. 12.58 y seas echado en la *c*
14.3; Mr. 6.17; Lc. 3.20 a Juan . . en la *c*
18.30 fue y le echó en la *c*, hasta que pagase
25.36 estuve . . en la *c*, y vinisteis a mí
Lc. 21.12 y os entregarán a las . . y a las *c*
22.33 dispuesto . . ir contigo no sólo a la *c*
Hch. 5.18 los apóstoles . . pusieron en la *c* pública
8.3 arrastraba a . . y los entregaba en la *c*
12.5 así que Pedro estaba custodiado en la *c*
22.4 y entregando en *c* a hombres y mujeres
26.10 yo encerré en *c* a muchos de los santos
2 Co. 6.5 en *c*, en tumultos, en trabajos, en
11.23 en *c* más; en peligros de muerte muchas
He. 11.36 azotes, y a más de esto prisiones y *c*
Ap. 2.10 el diablo echará a algunos de . . en la *c*

CARCELERO v. Alguacil
Hch. 16.23 mandando al *c* que los guardase con
16.27 despertando el *c*, y viendo abiertas las

CARDO v. Espino
2 R. 14.9; 2 Cr. 25.18 *c* que está en el Líbano
Is. 5.6 haré que . . crecerán el *c* y los espinos

CARGA v. Gravoso, Pesado
Ex. 1.11 comisarios de . . molestasen con sus *c*
Nm. 11.11 has puesto la *c* de todo . . sobre mí?
1 S. 17.22 dejó su *c* en mano del que guardaba
Sal. 55.22 echa sobre Jehová tu *c* . . sustentará
66.11 pusiste sobre nuestros lomos pesada *c*
Is. 10.27 su *c* será quitada de tu hombro, y su
46.1 sus imágenes . . sobre animales de *c*
Jer. 17.21 guardaos . . de llevar *c* en el día de
Mt. 5.41 te obligue a llevar *c* por una milla, vé
11.30 porque mi yugo es fácil, y ligera mi *c*
20.12 hemos soportado la *c* y el calor del
21.5 sobre un pollino, hijo de animal de *c*
23.4; Lc. 11.46 atan *c* pesadas y difíciles de
Hch. 15.28 no imponeros ninguna *c* más que
2 Co. 11.9 y tuve necesidad, a ninguno fui *c*
12.13 sino en que yo mismo no os he sido *c*?
12.16 que yo no os he sido *c*, sino que como
Gá. 6.2 sobrellevad las unos las *c* de los otros
6.5 porque cada uno llevará su propia *c*
1 Ts. 2.6 podíamos seros *c* como apóstoles de
Ap. 2.24 yo os digo: No os impondré otra *c*

CARGADO
Mt. 11.28 venid a mí todos los que estáis .. *c*

CARGO *v.* Acusación
Nm. 4.16 a *c* de .. *c* de todo el tabernáculo y de
Hch. 25.27 y no informar de los *c* que haya en su

CARMELO
1 R. 18.19 congrégame a todo Israel en el monte *C*
Jer. 50.19 Israel .. y pacerá en el *C* y en Basán

CARNAL *v.* Espiritual, Natural
Ro. 7.14 ley .. mas yo soy *c*, vendido al pecado
1 Co. 3.1 sino como a *c*, como a niños en Cristo
2 Co. 10.4 las armas de nuestra milicia no son *c*

CARNE *v.* Cuerpo
Gn. 2.23 dijo .. Adán: Esto es ahora .. *c* de mi *c*
2.24 se unirá a su mujer, y serán una sola *c*
Nm. 11.4 dijeron: ¡Quién nos diera a comer *c*!
Dt. 12.15 podrás matar y comer *c* en todas tus
1 S. 2.15 no tomará de ti *c* cocida, sino cruda
2 Cr. 32.8 con él está el brazo de *c*, mas con
Sal. 38.3 nada hay sano en mi *c*, a causa de tu ira
78.20 ¿podrá .. ¿dispondrá *c* para su pueblo?
78.27 hizo llover sobre ellos *c* como polvo
78.39 se acordó de que eran *c*, soplo que va
Is. 40.6 toda *c* es hierba, y toda su gloria como
44.16 con parte de él come *c*, prepara un
Ez. 11.19 quitaré el .. y les daré un corazón de *c*
Mt. 16.17 porque no te lo reveló *c* ni sangre, sino
19.5; Mr. 10.8; 1 Co. 6.16; Ef. 5.31 y los dos
serán una sola *c*
26.41; Mr. 14.38 velad y orad .. la *c* es débil
Lc. 24.39 porque un espíritu no tiene *c* ni huesos
Jn. 1.14 aquel Verbo fue hecho *c*, y habitó entre
3.6 lo que es nacido de la *c*, *c* es; y lo que es
6.51 el pan que yo daré es mi *c*, la cual yo
6.55 mi *c* es verdadera comida, y mi sangre
6.63 que da vida; la *c* para nada aprovecha
8.15 vosotros juzgáis según la *c*; yo no juzgo
Ro. 7.18 yo sé que en .. en mi *c*, no mora el bien
8.1 los que no andan conforme a la *c*, sino
8.3 en semejanza de *c* de pecado y a causa del
8.5 son de la *c* piensan en las cosas de la *c*
8.6 el ocuparse de la *c* es muerte, pero el
8.7 designios de la *c* son enemistad contra
8.9 vosotros no vivís según la *c*, sino según
8.12 no a la *c* .. que vivamos conforme a la *c*
8.13 hacéis morir las obras de la *c*, viviréis
13.14 no proveáis para los deseos de la *c*
1 Co. 15.39 una *c* es la de los hombres, otra *c*
15.50 que la *c* .. no pueden heredar el reino
2 Co. 5.16 aun si a Cristo conocimos según la *c*
10.2 tienen como si anduviésemos según la *c*
12.7 me fue dado un aguijón en mi *c*, un
Gá. 3.17 no consulté en seguida con *c* y sangre
3.3 el Espíritu, ahora vais a acabar por la *c*?
5.13 la libertad como ocasión para la *c*
5.16 andad .. no satisfagáis los deseos de la *c*
5.17 el deseo de la *c* es contra el Espíritu, y el
5.24 han crucificado la *c* con sus pasiones
6.8 el que siembra para su *c*, de la *c* segará
Ef. 2.15 aboliendo en su *c* las enemistades, la ley
5.30 somos miembros .. de su *c* y de sus
6.12 no tenemos lucha contra sangre y *c*
Fil. 3.3 espíritu .. no teniendo confianza en la *c*
He. 2.14 los hijos participaron de *c* y sangre, él
9.10 sólo de .. ordenanzas acerca de la *c*
10.20 abrió a través del velo, esto es, de su *c*
1 P. 1.24 porque: Toda *c* es como hierba, y toda
4.1 Cristo ha padecido por nosotros en la *c*
2 P. 2.10 aquellos que, siguiendo la *c*, andan en
1 Jn. 2.16 los deseos de la *c* .. no proviene del
4.2; 2 Jn. 7 que Jesucristo ha venido en *c*
Ap. 19.18 que comáis *c* de reyes .. y *c* de fuertes

CARNERO *v.* Cabra, Cordero, Oveja
Gn. 22.13 Abraham .. miró .. a sus espaldas un *c*
Ex. 29.15 pondrán sus manos sobre la cabeza del *c*
Lv. 5.15 traerá por su culpa a Jehová un *c* sin
8.18 hizo que trajeran el *c* del holocausto
Sal. 114.4 montes saltaron como *c*, los collados

Dn. 8.3 y he aquí un *c* que estaba delante del río
Mi. 6.7 ¿se agradará Jehová de millares de *c*

CARPINTERO *v.* Herrero, Obrero
2 S. 5.11 Hiram .. envió .. *c* y canteros para los
1 Cr. 14.1 envió .. *c*, para que le edificasen una
Is. 41.7 el *c* animó al platero, y el que alisaba
44.13 el *c* tiende la regla, lo señala con
Zac. 1.20 me mostró luego Jehová cuatro *c*
Mt. 13.55; Mr. 6.3 ¿no es éste el hijo del *c*?

CARPO 2 Ti. 4.13.

CARRERA
Ec. 9.11 ni es de los ligeros la *c*, ni la guerra
Hch. 20.24 con tal que acabe mi *c* con gozo
2 Ti. 4.7 he acabado la *c*, he guardado la fe
He. 12.1 corramos .. *c* que tenemos por delante

CARRO *v.* Caballo
Gn. 45.19 tomaos de la tierra de Egipto *c* para
Ex. 14.25 quitó las ruedas de sus *c*, y los .. trastornó
Nm. 7.3 trajeron .. seis *c* cubiertos y doce bueyes
Jue. 1.19 que habitaban en los llanos .. tenían *c*
1 S. 6.7 haced .. ahora un *c* nuevo, y tomad dos
2 S. 6.3 pusieron el arca de .. sobre un *c* nuevo
2 R. 2.11 un *c* de fuego con .. apartó a los dos
2.12; 13.14 *c* de Israel y su gente de a
6.17 de *c* de fuego alrededor de Eliseo
7.6 estruendo de *c*, ruido de caballos, y
1 Cr. 13.7 llevaron el arca de Dios .. en un *c*
Sal. 46.9 quiebra .. y quema los *c* en el fuego
68.17 los *c* de Dios se cuentan por .. millares
Hab. 3.8 cuando montaste .. en tus *c* de victoria?
Zac. 6.1 cuatro *c* que salían de entre dos montes

CARTA
Dt. 24.1 escribirá *c* de divorcio, y se la entregará
1 R. 21.8 ella escribió *c* en nombre de Acab
2 R. 5.6 tomó también *c* para el rey de Israel
10.1 Jehú escribió *c* y las envió a Samaria
19.14; Is. 37.14 tomó Ezequías las *c* de mano
Esd. 4.11 esta es la copia de la *c* que enviaron
7.11 copia de la *c* que dio el rey Artajerjes
Est. 8.10 envió *c* por medio de correos
Jer. 32.10 y escribí la *c* y la sellé .. certificar
Hch. 15.30 y reuniendo a la .. entregaron la *c*
23.25 escribió una *c* en estos términos
23.33 llegaron .. dieron la *c* al gobernador
2 Co. 3.1 necesidad .. de *c* de recomendación
3.2 nuestras *c* sois vosotros, escritas en
3.3 siendo manifiesto que sois *c* de Cristo
7.8 aunque os contristé con la *c*, no me pesa
10.10 dicen, las *c* son duras y fuertes; mas la
Col. 4.16 cuando esta *c* haya sido leída entre
1 Ts. 5.27 que esta *c* se lea a todos los santos
2 Ts. 3.17 de Pablo, que es el signo en toda *c* mía
2 P. 3.1 amados, esta es la segunda *c* que os

CASA *v.* Descendencia, Edificio, Familia, Habitación, Morada, Simiente, Templo
Gn. 28.17 no es otra cosa que *c* de Dios, y puerta
43.16 lleva a *c* a esos hombres, y degüella
Ex. 12.30 no había *c* donde no hubiese un muerto
Nm. 22.18 Balac me diese su *c* llena de plata
Dt. 8.12 edifiques buenas *c* en que habites
Jos. 24.15 pero yo y mi *c* serviremos a Jehová
2 S. 7.11; 1 Cr. 17.10 hace saber que él te hará *c*
17.23 después de poner su *c* en orden, se ahorcó
1 R. 5.5 he determinado .. edificar *c* al nombre
8.43; 2 Cr. 6.33 nombre es invocado sobre .. *c*
2 R. 25.9 quemó la *c* de Jehová, y la *c* del rey
1 Cr. 17.5 no he habitado en *c* alguna desde la
29.1 la *c* no es para hombre, sino para Jehová
2 Cr. 3.1 comenzó .. a edificar la *c* de Jehová
7.1; Ez. 43.5 y la gloria de Jehová llenó la *c*
8.16 hasta que la *c* de Jehová fue acabada
24.4 Joás decidió restaurar la *c* de Jehová
29.5 santificad la *c* de Jehová el Dios de
29.31 presentad sacrificios .. en la *c* de Jehová
34.15 he hallado el libro .. en la *c* de Jehová
Neh. 13.11 ¿por qué .. la *c* de Dios abandonada?
Job 21.9 sus *c* están a salvo de temor, ni viene

Job 22.18 les había colmado de bienes sus *c*
Sal. 26.8 la habitación de tu *c* he amado, y el
    27.4 esté yo en la *c* de Jehová todos los días
    42.4 de cómo .. la conduje hasta la *c* de Dios
    49.11 pensamiento es que sus *c* serán eternas
    122.1 que me decían: A la *c* de Jehová iremos
Pr. 2.18 su *c* está inclinada a la muerte, y sus
    9.1 la sabiduría edificó su *c*, labró sus siete
    19.14 la *c* y las riquezas son herencia de los
    24.3 con sabiduría se edificará la *c*
Is. 2.3 subamos al .. a la *c* del Dios de Jacob
    5.8 ¡ay de los que juntan *c* a *c*, y añaden
    6.4 del que clamaba, y la *c* se llenó de humo
    38.1 dice así: Ordena tu *c*, porque morirás
    56.7 mi *c* será llamada *c* de oración para
    60.7 mi altar, y glorificaré la *c* de mi gloria
    65.21 edificarán *c*, y morarán en ellas .. viñas
    66.1 ¿dónde está la *c* que me habréis de
Jer. 16.5 no entres en *c* de luto, ni vayas a
    29.5 edificad *c*, y habitadlas; y plantad huertos
    52.13 quemó la *c* de Jehová, y la *c* del rey
Ez. 3.17 te he puesto por atalaya a la *c* de Israel
Am. 3.15 las *c* de marfil perecerán; y muchas *c*
Mi. 4.2 y subamos al .. a la *c* del Dios de Jacob
Hag. 1.9 mi *c* está desierta .. corre a su propia *c*
Mt. 10.36 enemigos del hombre serán los de su *c*
    12.25; Mr. 3.25; Lc. 11.17 *c* dividida contra
    21.13; Mr. 11.17; Lc. 19.46 mi *c*, *c* de oración
        será llamada
    23.14 porque devoráis las *c* de las viudas, y
    23.38; Lc. 13.35 *c* os es dejada desierta
    26.18 en tu *c* celebraré la pascua con mis
Mr. 1.29 vinieron a *c* de Simón y Andrés, con
    2.26; Lc. 6.4 cómo entró en la *c* de Dios
    5.19 dijo: Vete a tu *c*, a los tuyos, y cuéntales
    5.38 vino a *c* del principal de la sinagoga
    6.10 que entréis en una *c*, posad en ella hasta
Lc. 4.38 Jesús .. salió .. y entró en *c* de Simón
    6.48 al hombre que al edificar una *c*, cavó y
    9.4; 10.5 en cualquier *c* donde entréis
    9.61 me despida .. de los que están en mi *c*
    10.7 posad .. misma *c* .. no os paséis de *c* en *c*
    14.23 fuérzalos a entrar .. que se llene mi *c*
    15.8 barre la *c*, y busca con diligencia hasta
    19.5 hoy es necesario que pose yo en tu *c*
    19.9 dijo: Hoy ha venido la salvación a esta *c*
Jn. 2.16 no hagáis .. *c* de mi Padre *c* de mercado
    2.17 escrito: El celo de tu *c* me consume
    4.53 entendió que .. y creyó él con toda su *c*
    12.3 la *c* se llenó del olor del perfume
    14.2 en la *c* de mi Padre muchas moradas hay
Hch. 2.46 partiendo el pan en las *c*, comían
    4.34 todos los que poseían .. *c*, las vendían
    5.42 en el templo y por las *c*, no cesaban de
    7.49 ¿qué *c* me edificaréis? dice el Señor
    10.2 piadoso y temeroso de Dios con toda su *c*
    28.30 Pablo permaneció .. en una *c* alquilada
Fil. 4.22 especialmente los de la *c* de César
1 Ti. 3.15 cómo debes conducirte en la *c* de Dios
    5.8 si alguno no provee para los .. de su *c*
2 Ti. 3.6 de éstos son los que se meten en las *c* y
He. 3.3 tiene mayor honra que la *c* el que la hizo
1 P. 4.17 que el juicio comience por la *c* de Dios

CASADO, da
1 Co. 7.33 el *c* tiene cuidado de las .. del mundo
    7.39 mujer *c* está ligada por la ley mientras
Ef. 5.22; Col. 3.18 las *c* estén sujetas a .. maridos

CASAMIENTO *v.* **Matrimonio**
Mr. 12.25 ni se casarán, ni se darán en *c*, sino
1 Co. 7.38 y el que no la da en *c* hace mejor

CASAR *v.* **Esposo, Marido, Mujer, Tomar**
Nm. 36.6 cásense como a ellas les plazca, pero
Dt. 25.5 la mujer del muerto no se *casará* fuera
Mal. 2.11 Judá .. se *casó* con hija de dios extraño
Mt. 5.32; 19.9 el que se *casa* con la repudiada
    19.10 así .. con su mujer, no conviene *casarse*
    22.25 siete .. el primero se *casó*, y murió
    22.30; Mr. 12.25 ni se *casarán* ni se darán en
    24.38; Lc. 17.27 *casándose* y dando en

Mr. 10.11; Lc. 16.18 repudia a su .. y se *casa*
Lc. 14.20 y otro dijo: Acabo de *casarme*, y por
    20.35 ni se *casan*, ni se dan en casamiento
1 Co. 7.9 *cásense*, pues mejor es *casarse* que
    7.27 ¿estás libre de .. No procures *casarte*
    7.28 si te *casas*, no pecas, y si la doncella se
    7.36 haga lo que quiera, no peca; que se *case*
1 Ti. 4.3 prohibirán *casarse*, y mandarán
    5.11 se rebelan contra .. quieren *casarse*
    5.14 que las viudas jóvenes se *casen*, críen

CASO
Pr. 12.16 que no hace *c* de la injuria es prudente
Is. 58.3 por qué .. ayunamos, y no hiciste *c*
Ro. 14.6 hace *c* del día .. no hace *c* del día

CASTIGAR *v.* **Disciplinar**
Ex. 32.34 pero .. yo *castigaré* en ellos su pecado
Lv. 26.28 *castigaré* aún siete veces por vuestras
Dt. 8.5 como *castiga* el hombre a .. Dios te *c*
    22.18 tomarán al hombre y lo *castigarán*
2 S. 7.14 le *castigaré* con vara de hombres, y con
1 Cr. 16.21; Sal. 105.14 *castigó* a los reyes
Esd. 9.13 no nos has *castigado* de acuerdo con
Job 5.17 bienaventurado .. a quien Dios *castiga*
    11.6 conocerías .. que Dios te ha *castigado*
    22.4 ¿acaso te *castiga*, o viene a juicio contigo
    31.11 es maldad .. han de *castigar* los jueces
    33.19 sobre su cama es *castigado* con dolor
    35.15 ahora, porque en su ira no *castiga*, ni
Sal. 5.10 *castígalos*, oh Dios; caigan por sus
    6.1; 38.1 tu enojo, ni me *castigues* con tu ira
    59.5 para *castigar* a todas las naciones
    94.10 el que *castiga* a las naciones, ¿no
    118.18 me *castigó* gravemente JAH, mas no
Pr. 3.12 Jehová al que ama *castiga*, como el padre
    11.21 tarde o .. el malo será *castigado*; mas
    19.18 *castiga* a tu hijo en tanto que hay
    23.14 *castigarás* con vara, y librarás su alma
Is. 1.5 ¿por qué queréis ser *castigados* aún?
    10.12 *castigaré* el fruto de la soberbia del
    13.11 *castigaré* al mundo por su maldad, y
    24.21 Jehová *castigará* al ejército de los
    26.16 derramaron .. cuando los *castigaste*
    60.10 porque en mi ira te *castigué*, mas en
Jer. 2.19 tu maldad te *castigará*, y tus rebeldías
    5.9, 29; 9.9 ¿no había de *castigar* esto? y
    9.25 que *castigaré* a todo circuncidado, y a
    10.24 *castígame* .. mas con juicio, no con
    21.14 yo os *castigaré* conforme al fruto de
    23.2 yo *castigo* la maldad de vuestras obras
    25.12; 50.18 *castigaré* al rey de Babilonia
    29.32 yo *castigaré* a Semaías de Nehelam
    30.11; 46.28 sino te *castigaré* con justicia
    32.18 *castigas* la maldad de los padres en
    44.13 *castigaré* a los que moran en .. Egipto
Lm. 4.22 *castigará* tu iniquidad, oh hija de Edom
Ez. 7.9 sabréis que yo Jehová soy el que *castiga*
Os. 2.13 *castigaré* por los días en que incensaba
    4.9 le *castigaré* por su conducta, y le pagaré
    7.12 les *castigaré* conforme a lo .. anunciado
    8.13 se acordará de .. y *castigará* su pecado
    10.10 y los *castigaré* cuando lo desee
    12.2 pleito tiene .. para *castigar* a Jacob
Am. 3.2 por tanto, os *castigaré* por .. maldades
Hab. 1.12 tú, oh Roca, lo fundaste para *castigar*
Mt. 24.51; Lc. 12.46 lo *castigaré* duramente
Lc. 23.16 le soltaré, pues, después de *castigarle*
Hch. 4.21 no hallando .. modo de *castigarles*
    26.11 *castigándolos* en todas las sinagogas
Ro. 13.4 para *castigar* al que hace lo malo
1 Co. 11.32 somos *castigados* por .. Señor, para
2 Co. 6.9 como *castigados*, mas no muertos
    10.6 prontos para *castigar* toda desobediencia
2 P. 2.9 a los injustos para ser *castigados* en
Ap. 3.19 reprendo y *castigo* a todos los que amo

CASTIGO *v.* **Corrección, Disciplina, Pena**
Gn. 4.13 dijo Caín a Jehová: Grande es mi *c*
Ex. 32.34 el día del *c*, yo castigaré .. su pecado
Job 31.23 porque temí el *c* de Dios, contra cuya
    34.31 he llevado ya *c*, no ofenderé ya más

Sal. 39.11 con *c* por el pecado corriges al hombre
149.7 ejecutar venganza .. *c* entre los pueblos
Pr. 3.11 no menosprecies, hijo mío, el *c* de Jehová
13.24 el que detiene el *c*, a su hijo aborrece
19.5 el testigo falso no quedará sin *c*, y el
Is. 10.3 ¿y qué haréis en el día del *c*? ¿A quién
Jer. 11.15 ¿crees que los .. pueden evitarte el *c*?
11.23; 48.44 yo traeré mal .. el año de su *c*
17.16 yo no he ido .. para incitarte a su *c*
23.34 yo enviaré *c* sobre tal hombre y sobre
Lm. 4.22 se ha cumplido tu *c*, oh hija de Sion
Os. 9.7 vinieron los días del *c*, vinieron los días
Am. 1.3, 6, 9 por el cuarto, no revocaré su *c*
Mi. 7.4 tu *c* viene .. ahora será su confusión
Mt. 25.46 éstos al *c* eterno, y los justos a la vida
Ro. 3.5 ¿será injusto Dios que da *c*? (Hablo como
13.5 sujetos, no solamente por razón del *c*
He. 10.29 ¿cuánto mayor *c* .. el que pisoteare al
Jud. 7 por ejemplo, sufriendo el *c* del fuego eterno

CASTILLO *v.* **Fortaleza, Torre**
Sal. 31.3 tú eres mi roca y mi *c*; por tu nombre
91.2 diré yo a Jehová: Esperanza mía, y *c* mío

CASTO *v.* **Puro**
Tit. 2.5 a ser prudentes, *c*, cuidadosas de su casa
1 P. 3.2 considerando vuestra conducta *c* y

CAUDILLO *v.* **Capitán, Jefe**
Jue. 11.9 me hacéis volver .. ¿seré yo vuestro *c*?
Neh. 9.17 en su rebelión pensaron poner *c* para

CAUSA
Nm. 27.5 Moisés llevó su *c* delante de Jehová
Job 5.8 buscaría a Dios, y encomendaría a él mi *c*
Sal. 140.12 Jehová tomará .. la *c* del afligido
Pr. 31.9 defiende la *c* del pobre y del menesteroso
Is. 41.21 alegad por vuestra *c*, dice Jehová
49.4 pero mi *c* está delante de Jehová, y mi
Jer. 20.12 porque a ti he encomendado mi *c*
Mt. 27.37 pusieron sobre su cabeza su *c* escrita
Mr. 15.26 y el título escrito de su *c* era: El Rey
Jn. 15.25 está escrito .. Sin *c* me aborrecieron
Hch. 25.14 Festo expuso al rey la *c* de Pablo

CAUTERIZADO
1 Ti. 4.2 mentirosos que, teniendo *c* la conciencia

CAUTIVAR
Sal. 68.18 *cautivaste* la cautividad, tomaste dones
Is. 14.2 *cautivarán* a los que los *cautivaron*

CAUTIVERIO *v.* **Cautividad**
Dt. 28.41 hijos-e hijas engendrarás .. irán en *c*
Esd. 2.1; Neh. 7.6 son los .. que subieron del *c*
Jer. 15.2; 43.11 el que a muerte .. el que a *c*, a *c*
22.22 y tus enamorados irán en *c*; entonces
52.31 en el año 37 del *c* de Joaquín rey de
Lm. 1.3 Judá ha ido en *c* a causa de la aflicción
Ez. 12.4 tú saldrás por la .. como quien sale en *c*
32.9 cuando lleve al *c* a los tuyos entre las
Am. 9.14 y traeré del *c* a mi pueblo Israel, y
Mi. 1.16 los hijos de tus .. en *c* se fueron de ti
Sof. 2.7 su Dios los visitará, y levantará su *c*
3.20 yo os traeré .. cuando levante vuestro *c*

CAUTIVIDAD *v.* **Cautiverio**
Sal. 53.6 Dios hiciere volver de la *c* a su pueblo
85.1 tierra, oh Jehová; volviste la *c* de Jacob
126.1 Jehová hiciere volver la *c* de Sion
Jer. 29.14 haré volver vuestra *c*, y os reuniré de
Am. 6.7 ahora irán a la cabeza de los que van a *c*
Ef. 4.8 llevó cautiva la *c*, y dio dones a los
Ap. 13.10 si alguno lleva en *c*, va en *c*; si alguno

CAUTIVO, va *v.* **Preso, Prisionero**
Nm. 31.9 llevaron *c* a las mujeres .. madianitas
Dt. 21.11 vieres entre los *c* a alguna mujer hermosa
30.3 entonces Jehová hará volver a tus *c*
Jue. 5.12 levántate, Barac, y lleva tus *c*, hijo de
1 S. 30.5 dos mujeres de David .. también eran *c*
2 R. 5.2 habían llevado *c* .. a una muchacha
15.29 toda la tierra de Neftalí; y los llevó *c*
17.6 llevó a Israel a Asiria, y los puso
24.14 llevó en cautiverio .. hasta diez mil *c*
2 Cr. 28.11 devolved a los *c* que habéis tomado

Sal. 14.7 cuando Jehová hiciere volver a los *c* de
68.6 Dios saca a los *c* a prosperidad; mas
Is. 5.13 mi pueblo fue llevado *c*, porque no tuvo
20.4 llevará el rey de Asiria a los *c* de Egipto
49.25 el *c* será rescatado del valiente, y el
52.2 levántate y siéntate .. *c* hija de Sion
Jer. 13.17 porque el rebaño de Jehová fue hecho *c*
20.4 y los llevará *c* a Babilonia, y los matará
30.3 vienen días .. que haré volver a los *c* de
32.44 yo haré regresar sus *c*, dice Jehová
33.7 volver los *c* de Judá y los *c* de Israel
33.26 haré volver sus *c*, y tendré de ellos
52.30 llevó *c* a 745 personas de los .. de Judá
Ez. 3.15 y vine a los *c* en Tel-abib, que moraban
39.23 que la casa de Israel fue llevada *c* por
Am. 1.6 porque llevó *c* a todo un pueblo para
Lc. 4.18 ha enviado .. a pregonar libertad a los *c*
21.24 serán llevados *c* a todas las naciones
Ro. 7.23 ley .. que me lleva *c* a la ley del pecado
2 Co. 10.5 llevando *c* todo pensamiento a la
Ef. 4.8 llevó *c* la cautividad, y dio dones a los
2 Ti. 2.26 escapen del lazo del .. en que están *c*
3.6 éstos son los .. llevan *c* a las mujercillas

CAVAR
Nm. 21.18 pozo, el cual *cavaron* los señores; lo *c*
Job 6.27 y *caváis* un hoyo para vuestro amigo
Pr. 16.27 hombre perverso *cava* en busca del mal
Jer. 2.13 dejaron a mí .. y *cavaron* para sí cisternas
Ez. 8.8 *cava* .. en la pared. Y *cavé* a la pared
Mt. 21.33; Mr. 12.1 *cavó* .. un lagar, edificó una
25.18 *cavó* en la tierra, y escondió el dinero
Mr. 15.46 en un sepulcro .. *cavado* en una peña
Lc. 13.8 hasta que yo *cave* alrededor de ella, y la
16.3 ¿qué haré? .. *Cavar* no puedo; mendigar

CAVERNA *v.* **Cueva, Hendidura**
1 S. 14.11 he aquí los hebreos, que salen de las *c*
Is. 2.19 se meterán en las *c* de las peñas y en las

CAVILAR
Mr. 2.8; Lc. 5.22 *cavilaban* .. ¿Por qué *caviláis*

CAYADO
Gn. 32.10 con mi *c* pasé este Jordán, y ahora
Sal. 23.4 tu vara y tu *c* me infundirán aliento
Zac. 11.7 tomé para mí dos *c*: al uno puse por

CAZA
Gn. 25.28 amó Isaac a Esaú, porque comía de su *c*
27.5 y se fue Esaú al campo para buscar la *c*
1 S. 24.11 andas a *c* de mi vida para quitármela

CAZADOR
Gn. 10.9 Nimrod, vigoroso *c* delante de Jehová
Jer. 16.16 enviaré muchos *c*, y los cazarán por

CAZAR *v.* **Perseguir, Seguir**
Job 10.16 cabeza te alzare, cual león tú me *cazas*
38.39 ¿cazarás tú la presa para el león?
Sal. 140.11 el mal *cazará* al hombre injusto para
Lm. 4.18 *cazaron* nuestros pasos, para que no
Ez. 13.18 habéis de *cazar* las almas de mi pueblo
Lc. 11.54 procurando *cazar* alguna palabra de su

CEBADA *v.* **Grano, Trigo**
Jue. 7.13 soñé un sueño: Veía un pan de *c* que
Rt. 3.2 él avienta esta noche la parva de las *c*
2 R. 7.1 dos seahs de *c* por un siclo, a la puerta de
Ap. 6.6 y seis libras de *c* por un denario; pero no

CEDRO *v.* **Árbol, Madera**
2 S. 5.11; 1 Cr. 14.1 Hiram .. envió .. madera de *c*
1 R. 5.6 manda .. que me corten *c* del Líbano
2 R. 14.9; 2 Cr. 25.18 el cardo envió a decir al *c*
1 Cr. 17.1 habito en casa de *c*, y el arca del pacto
Sal. 104.16 savia .. los *c* del Líbano que él plantó
Cnt. 1.17 las vigas de nuestra casa son de *c*, y de
Is. 9.10 cortaron .. pero en su lugar pondremos *c*
Ez. 17.3 una gran águila .. tomó el cogollo del *c*
31.3 he aquí era el asirio *c* en el Líbano, de
Zac. 11.2 aúlla, oh ciprés, porque el *c* cayó

CEFAS *v.* **Pedro**
Jn. 1.42 serás llamado *C* (que quiere decir, Pedro)
1 Co. 1.12 de Pablo; y yo de Apolos; y yo de *C*
9.5 como .. los hermanos del Señor, y *C*?

1 Co. 15.5 apareció a C, y después a los doce
Gá. 2.9 C .. eran considerados como columnas

CEGAR

Ex. 23.8; Dt. 16.19 el presente *ciega* a los que ven
Jn. 12.40 *cegó* los ojos .. endureció su corazón
2 Co. 4.4 el dios de este .. *cegó* el entendimiento
1 Jn. 2.11 las tinieblas le han *cegado* los ojos

CEGUERA

Gn. 19.11 hirieron con *c* desde el menor hasta el
Dt. 28.28 te herirá con locura, *c* y turbación de
2 R. 6.18 te ruego que hieras con *c* a esta gente
Zac. 12.4 y a todo caballo de los .. heriré con *c*

CELAR

Zac. 1.14 *celé* con gran celo a Jerusalén y a Sion
8.2 a Sion con .. celo, y con gran ira la *c*

CELEBRAR

Rt. 4.14 cuyo nombre será *celebrado* en Israel
2 Cr. 35.1 Josías *celebró* la pascua a Jehová en
Sal. 145.4 generación a .. *celebrará* tus obras

CELESTIAL *v.* **Cielo, Terrenal**

Mt. 6.26 las aves .. vuestro Padre *c* las alimenta
Lc. 2.13 multitud de las huestes *c*, que alababan
Jn. 3.12 creéis, ¿cómo creeréis si os dijere las *c*?
Hch. 26.19 oh rey .. no fui rebelde a la visión *c*
1 Co. 15.40 hay cuerpos *c*, y cuerpos terrenales
15.48 y cual el *c*, tales también los *c*
Ef. 1.3 nos bendijo .. en los lugares *c* en Cristo
2.6 nos hizo sentar en los lugares *c* con Cristo
3.10 ahora dada a conocer .. en los lugares *c*
He. 6.4 gustaron del don *c*, y fueron hechos
9.23 las cosas *c* .. con mejores sacrificios que
11.16 pero anhelaban una mejor, esto es, *c*
12.22 Jerusalén la *c*, a la compañía de

CELO *v.* **Envidia**

Nm. 5.14 espíritu de *c*, y tuviere *c* de su mujer
11.29 le respondió: ¿Tienes tú *c* por mí?
25.11 yo no he consumido en mi *c* a .. Israel
Dt. 32.16 le despertaron a *c* con los dioses ajenos
32.21 me movieron a *c* .. los moveré a *c* con
1 R. 19.10, 14 sentido un vivo *c* por Jehová Dios
2 R. 10.16 ven conmigo, y verás mi *c* por Jehová
19.31; Is. 9.7; 37.32 el *c* de Jehová .. hará esto
Sal. 69.9 porque me consumió el *c* de tu casa
78.58 le provocaron a *c* con sus imágenes
79.5 ¿hasta .. ¿Arderá como fuego tu *c*?
119.139 mi *c* me ha consumido, porque mis
Pr. 6.34 porque los *c* son el furor del hombre, y
Cnt. 8.6 el amor; duros como el sepulcro los *c*
Is. 59.17 tomó .. se cubrió de *c* como de manto
63.15 ¿dónde está tu *c*, y tu poder, la
Ez. 5.13 sabrán que yo Jehová he hablado en mi *c*
8.3 de la imagen del *c*, la que provoca a *c*
Jn. 2.17 está escrito: El *c* de tu casa me consume
Hch. 5.17 secta de los saduceos, se llenaron de *c*
13.45 viendo los judíos .. se llenaron de *c*, y
17.5 los judíos que no creían, teniendo *c*
Ro. 10.2 doy testimonio de que tienen *c* de Dios
10.19 os provocaré a *c* con un pueblo que no
11.11 salvación a .. para provocarles a *c*
11.14 pueda provocar a *c* a los de mi sangre
1 Co. 3.3 habiendo entre vosotros *c*, contiendas
10.22 ¿o provocaremos a *c* al Señor? ¿Somos
2 Co. 7.11 qué temor, qué ardiente afecto, qué *c*
9.2 vuestro *c* ha estimulado a la mayoría
11.2 porque os celo con *c* de Dios; pues os
Gá. 4.17 tienen *c* por vosotros, pero no para bien
Fil. 3.6 en cuanto a *c*, perseguidor de la iglesia
Stg. 3.14 pero si tenéis *c* .. en vuestro corazón, no

CELOSO

Ex. 20.5; Dt. 5.9 soy Jehová tu Dios, fuerte, *c*
34.14 Jehová, cuyo nombre es *C*, Dios *c* es
Dt. 4.24 Jehová .. es fuego consumidor, Dios *c*
6.15 el Dios *c*, Jehová .. en medio de ti está
Nah. 1.2 Jehová es Dios *c* y vengador .. se venga
Hch. 21.20 han creído; y todos son *c* por la ley
22.3 *c* de Dios, como hoy lo sois .. vosotros
Gá. 1.14 siendo muchos más *c* de las tradiciones

Tit. 2.14 un pueblo propio, *c* de buenas obras
Ap. 3.19 reprendo .. sé, pues, *c*, y arrepiéntete

CENA *v.* **Banquete, Comida**

Mt. 23.6; Mr. 12.39; Lc. 20.46 aman los primeros asientos en las *c*
Lc. 14.16 un hombre hizo una gran *c*, y convidó a
17.8 ¿no le dice .. Prepárame la *c*, cíñete, y
Jn. 12.2 le hicieron allí una *c*; Marta servía
1 Co. 11.20 os reunís .. no es comer la *c* del Señor
Ap. 19.17 venid, y congregaos a la gran *c* de Dios

CENAR

Lc. 22.20 después que hubo *cenado*, tomó la copa
Ap. 3.20 entraré .. y *cenaré* con él, y él conmigo

CENCREA Hch. 18.18; Ro. 16.1.

CENIZA *v.* **Polvo**

Gn. 18.27 y Abraham replicó .. soy polvo y *c*
Nm. 19.9 un hombre limpio recogerá las *c* de la
2 S. 13.19 Tamar tomó *c* .. sobre su cabeza, y
Est. 4.1 se vistió de cilicio y de *c*, y se fue
Job 2.8 Job .. estaba sentado en medio de *c*
Sal. 102.9 como *c* a manera de pan, y mi bebida
Is. 44.20 de *c* se alimenta; su corazón engañado
61.3 se les dé gloria en lugar de *c*, óleo de
Jon. 3.6 el rey de Nínive .. se sentó sobre *c*
He. 9.13 de la becerra rociadas a los inmundos
2 P. 2.6 condenó .. Sodoma .. reduciéndolas a *c*

CENSO *v.* **Empadronar**

Nm. 1.2 tomad el *c* de toda la congregación de
1 S. 24.1; 1 Cr. 21.2 haz un *c* de Israel y de Judá
Hch. 5.37 se levantó Judas .. en los días del *c*

CENTINELA *v.* **Atalaya, Guarda**

Neh. 4.22 de noche sirvan de *c* y de día en la obra
Sal. 130.6 mi alma espera a Jehová más que .. los *c*

CENTURIÓN *v.* **Oficial**

Mt. 8.5 en Capernaum, vino a él un *c*, rogándole
27.54 el *c* .. visto el terremoto .. temieron
Mr. 15.39 el *c* que estaba frente a él, viendo que
Lc. 7.2 siervo de un *c*, a quien éste quería mucho
23.47 cuando el *c* vio lo que había acontecido
Hch. 10.1 de la compañía llamada la Italiana
27.1 entregaron a Pablo .. a un *c* llamado Julio
27.43 pero el *c*, queriendo salvar a Pablo

CEÑIDO

Ex. 12.11 lo comeréis así: *c* vuestros lomos
Ef. 6.14 *c* vuestros lomos con la verdad, y vestidos

CEÑIR

2 S. 22.40 me *ceñiste* de fuerzas para la pelea
1 R. 20.11 no se alabe tanto el que se *ciñe* las
Sal. 18.32 Dios es el que me *ciñe* de poder
45.3 *ciñe* tu espada sobre el muslo, oh valiente
Is. 8.9 *ceñíos*, y seréis quebrantados; disponeos
45.5 te *ceñiré*, aunque tú no me conociste
Lc. 12.37 se *ceñirá*, y hará que se sienten a la mesa
17.8 *cíñete*, y sírveme hasta que haya comido
Jn. 21.7 cuando oyó que era el Señor, se *ciñó* la ropa
21.18 joven te *ceñías*, e ibas donde querías
1 P. 1.13 por tanto, *ceñid* los lomos de vuestro

CEPO

Job 13.27 pones .. mis pies en el *c*, y observas
Jer. 20.2 lo puso en el *c* que estaba en la puerta
Hch. 16.24 metió .. y les aseguró los pies en el *c*

CERA

Sal. 22.14 mi corazón fue como *c*, derritiéndose
68.2 como se derrite la *c* delante del fuego
Mi. 1.4 los valles se hendirán como la *c* delante

CERCA *v.* **Acercar, Cercano**

Dt. 30.14 porque muy *c* de ti está la palabra, en tu
Jer. 23.23 ¿soy yo Dios de *c* solamente, dice
Mt. 24.33; Mr. 13.29; Lc. 21.31 conoced que está *c*, a las puertas
26.18 el Maestro dice: Mi tiempo está *c*
21.8 diciendo .. El tiempo está *c*. Mas no
Ro. 10.8 de ti está la palabra, en tu boca y en tu
13.11 ahora está más *c* .. nuestra salvación
Fil. 4.5 de todos los hombres. El Señor está *c*
2 Ts. 2.2 el sentido de que el día del Señor está *c*

CERCANO, na *v.* Acercar, Cerca
Dt. 4.7 ¿qué nación .. que tenga dioses tan *c*
Sal. 34.18 *c* está Jehová a los quebrantados de
85.9 *c* está su salvación a los que le temen
119.151 *c* estás tú, oh Jehová, y todos tus
145.18 *c* está Jehová de todos los que le
Is. 51.5 *c* está mi justicia, ha salido mi salvación
56.1 porque *c* está mi salvación para venir
Jl. 1.15; Abd. 15 *c* está el día de Jehová
2.1 viene el día de Jehová, porque está *c*
Sof. 1.14 *c* está el día .. de Jehová, *c* y próximo
Ef. 2.13 habéis sido hechos *c* por la sangre de
2 Ti. 4.6 porque .. el tiempo de mi partida está *c*

CERCAR *v.* Sitiar
Job 1.10 ¿no le has *cercado* alrededor a él y a su
19.8 *cercó* de vallado mi camino, y no pasaré
Sal. 12.8 *cercando* andan los malos, cuando la
Is. 5.2 la había *cercado* y despedregado y plantado
Lm. 3.7 *cercó* por todos lados, y no puedo salir
3.9 *cercó* mis caminos con piedra labrada
Os. 2.6 la *cercaré* con seto, y no hallará sus
Mt. 21.33 la *cercó* de vallado, cavó en ella un lagar

CERDO *v.* Puerco
Lv. 11.7 también el *c* .. lo tendréis por inmundo
Dt. 14.8 *c*, porque tiene pezuña hendida, mas no
Pr. 11.22 zarcillo de oro en el hocico de un *c*
Is. 66.3 ofrenda, como si ofreciese sangre de *c*
Mt. 7.6 ni echéis vuestras perlas delante de los *c*
8.31; Mr. 5.12 permítenos ir a .. hato de *c*
Lc. 8.33 entraron en los *c*; y el hato .. se ahogó
15.15 le envió a su .. para que apacentase *c*

CERRAR
Dt. 15.7 ni *cerrarás* tu mano contra tu hermano
2 R. 4.5 se fue la mujer, y *cerró* la puerta
Pr. 17.28 el que *cierra* sus labios es entendido
Lm. 3.8 clamé .. *cerró* los oídos a mi oración
Dn. 12.9 estas palabras están *cerradas* y selladas
Mt. 23.13 *cerráis* el reino de los cielos delante
25.10 entraron .. bodas; y se *cerró* la puerta
Lc. 4.25 cuando el cielo fue *cerrado* por tres años
13.25 haya .. *cerrado* la puerta, y estando
Hch. 28.27 sus ojos han *cerrado*, para que no vean
Ro. 3.19 para que toda boca se *cierre* y todo el
1 Jn. 3.17 ve a su .. y *cierra* contra él su corazón
Ap. 3.7 que abre y ninguno *cierra*, y *c* y ninguno

CERROJO
Dt. 33.25 hierro y bronce serán sus *c*, y como tus
Jue. 16.3 las puertas con sus dos pilares y su *c*

CERTEZA *v.* Certidumbre, Seguridad
He. 6.11 hasta el fin, para plena *c* de la esperanza
11.1 es, pues, la fe la *c* de lo que se espera, la

CERTIDUMBRE *v.* Certeza, Seguridad
Pr. 22.21 para hacerte saber la *c* de las palabras
1 Ts. 1.5 en el Espíritu Santo y en plena *c*, como
He. 10.22 plena *c* de fe, purificados los corazones

CERVIZ *v.* Cuello, Endurecer
Ex. 32.9 que por cierto es pueblo de dura *c*
33.3 yo no subiré .. eres pueblo de dura *c*
Dt. 10.16 corazón, y no endurezcáis más vuestra *c*
21.6 sus manos sobre la becerra cuya *c* fue
31.27 yo conozco tu rebelión, y tu dura *c*
2 Cr. 30.8 no endurezcáis, pues, ahora vuestra *c*
Sal. 75.5 no hagáis .. ni habléis con *c* erguida
Pr. 29.1 el hombre que reprendido endurece la *c*
Jer. 2.27 porque me volvieron la *c*, y no el rostro
Hch. 7.51 ¡duros de *c*, e incircuncisos de corazón
15.10 sobre la *c* de los discípulos un yugo

CÉSAR *v.* Augusto
Mt. 22.21; Mr. 12.17; Lc. 20.25 dad, pues, a *C* lo
que es de *C*
Lc. 2.1 un edicto de parte de Augusto *C*, que todo
3.1 el año quince del imperio de Tiberio *C*
23.2 prohibe dar tributo a *C*, diciendo que él
Jn. 19.12 si a éste sueltas, no eres amigo de *C*
19.15 gritaron .. No tenemos más rey que *C*
Hch. 17.7 éstos contravienen los decretos de *C*
25.11 nadie puede entregarme a .. A *C* apelo

CESAR *v.* Acabar, Dejar, Terminar
Gn. 8.22 no *cesarán* la sementera y la siega, el
Nm. 16.48 se puso entre .. y *cesó* la mortandad
1 S. 7.8 no *ceses* de clamar por nosotros a Jehová
2 R. 4.6 no hay más .. Entonces *cesó* el aceite
Esd. 4.23 les hicieron *cesar* con poder y violencia
Job 16.6 si hablo, mi dolor no *cesa*; y si dejo de
Sal. 77.8 ¿ha *cesado* para siempre su misericordia?
Pr. 19.27 *cesa*, hijo mío, de oir las enseñanzas
22.10 echa .. y *cesará* el pleito y la afrenta
Jer. 7.13 os hablé desde temprano y sin *cesar*
7.34 haré *cesar* de .. la voz de gozo y la voz
Dn. 9.27 hará *cesar* el sacrificio y la ofrenda
Mr. 4.39 *cesó* el viento y se hizo grande bonanza
Hch. 20.31 tres años .. no he *cesado* de amonestar
Ro. 1.9 que sin *cesar* hago mención de vosotros
1 Co. 13.8 *cesarán* las lenguas, y la ciencia acabará
Col. 1.9 no *cesamos* de orar por vosotros, y de
1 Ts. 5.17 orad sin *cesar*

CESAREA
Hch. 18.22 habiendo arribado a *C*, subió para
21.8 saliendo Pablo y los que .. fuimos a *C*
23.23 200 lanceros, para que fuesen hasta *C*
25.4 Festo .. que Pablo estaba custodiado en *C*

CESAREA de Filipo Mt 16.13; Mr. 8.27.

CESTA *v.* Canastillo, Canasto
Jer. 24.1 me mostró Jehová dos *c* de higos puestas
Mt. 13.48 recogen lo bueno en *c*, y lo malo echan
14.20 recogieron .. los pedazos, doce *c* llenas
16.9; Mr. 8.19 panes .. cuántas *c* recogisteis?

CETRO *v.* Vara
Gn. 49.10 no será quitado el *c* de Judá .. hasta
Nm. 24.17 se levantará *c* de Israel, y herirá las
Est. 5.2 el rey extendió a Ester el *c* de oro que
Sal. 45.6 trono .. *c* de justicia es el *c* de tu reino
Is. 14.5 quebrantó Jehová .. el *c* de los señores
Jer. 51.19 Israel es el *c* de su herencia; Jehová de
He. 1.8 trono .. *c* de equidad es el *c* de tu reino

CETURA Gn. 25.1.

CIEGO
Lv. 19.14 delante del *c* no pondrás tropiezo
Dt. 28.29 palparás al mediodía como palpa el *c*
Job 29.15 yo era ojos al *c*, y pies al cojo
Sal. 146.8 Jehová abre los ojos a los *c*; Jehová
Is. 29.18 los .. *c* verán en medio de la oscuridad
35.5 los ojos de los *c* serán abiertos, y los
42.7 para que abras los ojos de los *c*, para que
42.16 guiaré a los *c* por camino que no sabían
42.19 ¿quién es *c*, sino mi siervo? ¿Quién los
43.8 sacad al pueblo *c* que tiene ojos, y a
56.10 atalayas son *c*, todos ellos ignorantes
59.10 palpamos la pared como *c*, y andamos
Lm. 4.14 titubearon como *c* en las calles, fueron
Sof. 1.17 andarán como *c*, porque pecaron contra
Mal. 1.8 cuando ofrecéis el animal *c* para sacrificio
Mt. 9.27 pasando Jesús de allí le siguieron dos *c*
11.5; Lc. 7.22 los *c* ven, los cojos andan
12.22 manera que el *c* y mudo veía y hablaba, los
15.14; Lc. 6.39 si el *c* guiare al *c* .. caerán
15.31 viendo .. los cojos andar, y a los *c* ver
20.30 y dos *c* que estaban sentados junto al
23.16 ¡ay de vosotros, guías *c*! que decís
23.24 ¡guías *c*, que coláis el mosquito, y
Mr. 8.22 vino .. a Betsaida; y le trajeron un *c*
10.46 Bartimeo el *c* .. estaba sentado junto
Lc. 4.18 me ha enviado a sanar .. vista a los *c*
14.13 llama a los pobres, los .. cojos y los *c*
18.35 un *c* estaba sentado junto al camino
Jn. 9.1 al pasar Jesús, vio a un hombre *c* de
9.41 si fuerais *c*, no tendríais pecado; mas
Hch. 13.11 serás *c*, y no verás el sol por algún
Ro. 2.19 pero confías en que eres guía de los *c*, luz
2 P. 1.9 el que no tiene estas cosas .. es *c*
Ap. 3.17 que tú eres un .. pobre, *c* y desnudo

CIELO *v.* **Firmamento, Nube, Tierra**
Gn. 1.1 en el principio creó Dios los *c* y la tierra
1.8 llamó Dios a la expansión *c.* Y fue la
11.4 una torre, cuya cúspide llegue al *c*
28.12 escalera . . y su extremo tocaba en el *c*
Ex. 20.22 he hablado desde el *c* con vosotros
Dt. 10.14 de Jehová . . son los *c,* y los *c* de los *c*
30.12 no está en el *c,* para que digas: ¿Quién
1 R. 8.27; 2 Cr. 2.6; 6.18 los *c* y los *c* de los *c* no te
pueden contener
Neh. 9.6 hiciste los *c,* y los *c* de los *c,* con todos
Job 15.15 ni aun los *c* son limpios delante de sus
22.12 ¿no está Dios en la altura de los *c?*
22.14 y por el circuito del *c* se pasea
26.11 columnas del *c* tiemblan, y se espantan
37.18 ¿extendiste tú con él los *c,* firmes como
38.33 ¿supiste tú las ordenanzas de los *c?*
Sal. 8.3 cuando veo tus *c,* obra de tus dedos
11.4 templo; Jehová tiene en el *c* su trono
19.1 los *c* cuentan la gloria de Dios, y el
33.6 por la palabra de . . fueron hechos los *c*
50.6 y los *c* declararán su justicia, porque
73.25 ¿a quién tengo yo en los *c* sino a ti?
89.6 ¿quién en los *c* se igualará a Jehová?
102.19 Jehová miró desde los *c* a la tierra
102.25 tierra, y los *c* son obra de tus manos
103.11 como la altura de los *c* sobre la tierra
104.2 que extiende los *c* como una cortina
108.4 más grande . . y hasta los *c* tu verdad
115.16 los *c* son los *c* de Jehová; y ha dado
139.8 si subiere a los *c,* allí estás tú; y si en
146.6 el cual hizo los *c* y la tierra, el mar
Ec. 5.2 porque Dios está en el *c,* y tú sobre la
Is. 34.4 se enrollarán los *c* como un libro; y caerá
40.12 ¿quién midió las . . los *c* con su palmo
40.22 él extiende los *c* como una cortina, los
51.6 los *c* serán deshechos como humo, y la
55.9 como son más altos los *c* que la tierra
64.1 ¡oh, si rompieses los *c,* y descendieras
65.17 que yo crearé nuevos *c* y nueva tierra
66.1 Jehová dijo así: El *c* es mi trono, y la
66.22 como los *c* nuevos y la nueva tierra que
Jer. 10.2 ni de las señales del *c* tengáis temor
23.24 ¿no lleno yo, dice . . el *c* y la tierra?
31.37 si los *c* arriba se pueden medir, y
Ez. 32.7 cubriré los *c* . . sol cubriré con nublado
Mt. 3.16 he aquí los *c* le fueron abiertos, y vio
5.12 vuestro galardón es grande en los *c*
5.18 hasta que pasen el *c* y la tierra, ni una
5.34 ni por el *c,* porque es el trono de Dios
6.9; Lc. 11.2 Padre nuestro que estás en los *c*
11.23 tú . . que eres levantada hasta el *c*
16.1 pidieron les mostrase señal del *c*
16.2 decís: Buen tiempo . . el *c* tiene arreboles
16.19 lo que atares en . . será atado en los *c*
19.21 tendrás tesoro en el *c;* y ven y sígueme
21.25; Mr. 11.30; Lc. 20.4 el bautismo de Juan
. . ¿del *c,* o de los hombres?
24.29 oscurecerá . . las estrellas caerán del *c*
24.29; Mr. 13.25; Lc. 21.26 las potencias de los
c serán conmovidas
24.30 aparecerá la señal del Hijo del . . en el *c*
24.35; Mr. 13.31; Lc. 21.33 el *c* y la tierra
pasarán, pero mis palabras no pasarán
28.18 toda potestad me es dada en el *c* y en
Mr. 1.10; Lc. 3.21 vio abrirse los *c,* y al Espíritu
16.19 después . . fue recibido arriba en el *c*
Lc. 4.25 cuando el *c* fue cerrado por tres años
9.54 descienda fuego del *c,* como hizo Elías
10.20 vuestros nombres están escritos en los *c*
12.33 haceos . . tesoro en los *c* que no se agote
12.56 sabéis distinguir el aspecto del *c* y de la
15.7 habrá más gozo en el *c* por un pecador
16.17 más fácil es que pasen el *c* y la tierra
24.51 se separó de . . y fue llevado arriba al *c*
Jn. 1.51 veréis el *c* abierto, y a los ángeles de Dios
3.13 subió al *c,* sino el que descendió del *c*
6.31 está escrito: Pan del *c* les dio a comer
6.32 mi Padre os da el verdadero pan del *c*
Hch. 3.21 a quien es . . necesario que el *c* reciba

Hch. 4.12 no hay otro nombre bajo el *c,* dado a los
7.49 el *c* es mi trono, y la tierra el estrado de
7.56 veo los *c* abiertos, y al Hijo del Hombre
22.6 de repente me rodeó mucha luz del *c*
2 Co. 5.1 tenemos . . una casa . . eterna, en los *c*
12.2 que . . fue arrebatado hasta el tercer *c*
Ef. 1.10 así las que están en los *c,* como las que
3.15 toma nombre toda familia en los *c* y en
4.10 subió por encima de todos los *c* para
Fil. 3.20 mas nuestra ciudadanía está en los *c,* de
Col. 1.16 las que hay en los *c* y las que hay en la
1 Ts. 1.10 y esperar de los *c* a su Hijo, al cual
4.16 voz . . y con trompeta . . descenderá del *c*
He. 1.10 la tierra, y los *c* son obra de tus manos
9.24 en el *c* mismo para presentarse ahora por
10.34 mejor y perdurable herencia en los *c*
12.23 de los . . que están inscritos en los *c*
Stg. 5.12 no juréis, ni por el *c,* ni por la tierra
1 P. 1.4 reservada en los *c* para vosotros
3.22 quien habiendo subido al *c* está a la
2 P. 3.10 los *c* pasarán con grande estruendo, y
3.13 nosotros esperamos . . *c* nuevos y tierra
1 Jn. 5.7 tres son . . los que dan testimonio en el *c*
Ap. 6.14 el *c* se desvaneció como un pergamino
12.7 después hubo una gran batalla en el *c*
21.1 vi un *c* nuevo y una tierra nueva; porque
21.3 y oí una gran voz del *c* que decía: He

CIENCIA, Conocimiento, Entendimiento
Gn. 2.9 el árbol de la *c* del bien y del mal
Nm. 24.16 el que sabe la *c* del Altísimo
Pr. 2.10 cuando . . la *c* fuere grata a tu alma
18.15 el oído de los sabios busca la *c*
19.2 el alma sin *c* no es buena, y aquel que
30.3 sabiduría, ni conozco la *c* del Santo
Ec. 1.18 porque . . quien añade *c,* añade dolor
7.12 escudo es la *c,* y escudo es el dinero
Is. 28.9 ¿a quién se enseñará *c,* o a quién se hará
40.14 ¿quién . . le enseñó *c,* o le mostró la
Dn. 1.4 sabios en *c* y de buen entendimiento
5.12 fue hallado en él mayor espíritu y *c*
12.4 muchos correrán . . y la *c* se aumentará
Lc. 11.52 porque habéis quitado la llave de la *c*
Ro. 2.20 tienes en la ley la forma de la *c* y de
10.2 que tienen celo . . pero no conforme a *c*
1 Co. 1.5 enriquecidos . . en toda palabra y . . *c*
12.8 a otro, palabra de *c* según el mismo
13.8 cesarán las lenguas, y la *c* acabará
1 Ti. 6.20 los argumentos de la . . llamada *c*

CIERVO, va
Gn. 49.21 Neftalí, *c* . . que pronunciará dichos
Sal. 42.1 como el *c* brama por las corrientes de las
Lm. 1.6 príncipes fueron como *c* que no hallan

CIGÜEÑA
Dt. 14.18 la *c,* la garza según su especie, la
Sal. 104.17 aves; en las hayas hace su casa la *c*
Jer. 8.7 aun la *c* en el cielo conoce su tiempo
Zac. 5.9 dos mujeres que . . tenían alas como de *c*

CILICIA Hch. 15.41; Gá. 1.21.

CILICIO
1 R. 20.32 ciñeron, pues, sus lomos con *c,* y sogas
Neh. 9.1 se reunieron . . con *c* y tierra sobre sí
Est. 4.1 se vistió de *c* y de ceniza, y se fue por la
Sal. 30.11 desataste mi *c,* y me ceñiste de alegría
35.13 cuando ellos enfermaron, me vestí de *c*
Is. 20.2 vé y quita el *c* de tus lomos, y descalza
37.1 Ezequías . . cubierto de *c* vino a la casa
Jon. 3.5 vistieron de *c* desde el mayor hasta el
Ap. 6.12 el sol se puso negro como tela de *c*

CÍMBALO
Sal. 150.5 alábadle con *c* resonantes . . con *c* de
1 Co. 13.1 vengo a ser como . . *c* que retiñe

CIMIENTO *v.* **Fundamento**
Jos. 6.26 sobre su primogénito eche los *c* de ella
2 S. 22.8 se conmovieron los *c* de los cielos
22.16; Sal. 18.15 quedaron al descubierto los *c*
1 R. 7.10 el *c* era de piedras costosas . . grandes
16.34 a precio de la vida de . . echó el *c,* y

Esd. 3.10 cuando los albañiles .. echaban los *c*
5.16 Sesbasar vino y puso los *c* de la casa
Sal. 18.7 se conmovieron los *c* de los montes, y se
82.5 andan .. tiemblan todos los *c* de la tierra
87.1 su *c* está en el monte santo
137.7 cuando decían .. arrasadla hasta los *c*
Is. 24.18 porque .. temblarán los *c* de la tierra
28.16 puesto en Sion .. piedra .. de *c* estable
58.12 los *c* de .. levantarás, y serás llamado
Lc. 14.29 no sea que después que haya puesto el *c*
Ap. 21.14 el muro de la ciudad tenía doce *c*
21.19 los *c* del muro .. estaban adornados con

CINCO
Gn. 18.28 ¿destruirás por .. *c* toda la ciudad?
Mt. 25.2 *c* de ellas eran prudentes, y *c* insensatas

CINTO *v.* Bolsa, Cinturón
Is. 11.5 será la justicia *c* de sus lomos, y la
Jer. 13.1 me dijo .. Vé y cómprate un *c* de lino
Mr. 1.6 tenía un *c* de cuero alrededor de sus
Hch. 21.11 viniendo a vernos, tomó el *c* de Pablo

CINTURÓN *v.* Cinto
Ex. 28.4 efod .. la túnica bordada, la mitra y el *c*
Is. 3.24 cuerda en lugar de *c*; y cabeza rapada

CIPRÉS *v.* Arbol, Madera
1 R. 5.10 dio .. Hiram a Salomón .. madera de *c*

CÍRCULO
Is. 40.22 él está sentado sobre el *c* de la tierra

CIRCUNCIDAR
Gn. 17.10 será *circuncidado* todo varón de entre
21.4 *circuncidó* Abraham a su hijo Isaac de
Dt. 10.16 *circuncidad*, pues, el prepucio de vuestro
Jos. 5.2 vuelve a *circuncidar* .. los hijos de Israel
Jer. 4.4 *circuncidaos* a Jehová, y quitad el prepucio
Jn. 7.22 el día de reposo *circuncidáis* al hombre
Hch. 7.8 a Isaac, y le *circuncidó* al octavo día
15.1 si no os *circuncidáis* conforme al rito de
15.5 es necesario *circuncidarlos*, y mandarles
16.3 le *circuncidó* por causa de los judíos que
Gá. 2.3 ni aun Tito fue obligado a *circuncidarse*
5.2 yo Pablo os digo que si os *circuncidáis*
6.12 que os *circuncidéis* .. para no padecer
Fil. 3.5 *circuncidado* al octavo día, del linaje de
Col. 2.11 en él también fuisteis *circuncidados*

CIRCUNCISIÓN
Jn. 7.22 por cierto, Moisés os dio la *c* (no porque
Hch. 11.2 disputaban con los que eran de la *c*
Ro. 2.26 ¿no será .. su incircuncisión como *c*?
2.29 la *c* es la del corazón, en espíritu, no en
3.1 ¿qué ventaja .. ¿o de qué aprovecha la *c*?
3.30 justificará por la fe a los de la *c*, y por
4.11 recibió la *c* como señal, como sello de la
4.12 padre de la *c*, para los que no .. de la *c*
Cristo Jesús vino a ser siervo de la *c*
1 Co. 7.19 la *c* nada es, y la incircuncisión nada es
Gá. 2.7 encomendado .. como a Pedro el de la *c*
5.6; 6.15 en Cristo .. ni la *c* vale algo, ni la
Fil. 3.3 porque nosotros somos la *c*, los que en
Col. 2.11 con *c* no hecha a mano .. la *c* de Cristo
3.11 donde no hay .. *c* ni incircuncisión
Tit. 1.10 contumaces .. mayormente los de la *c*

CIRCUNCISO
1 Co. 7.18 llamado alguno siendo *c*? Quédese *c*

CIRENE Mt. 27.32; Lc. 23.26; Hch. 6.9; 11.20.

CIRENIO Lc. 2.2.

CIRO
2 Cr. 36.22; Esd. 1.1 despertó el espíritu de *C*
Esd. 5.13 año primero de *C* .. rey *C* dio orden
Is. 44.28 dice de *C*: Es mi pastor, y cumplirá
45.1 dice Jehová a su ungido, a *C*, al cual
Dn. 1.21 y continuó Daniel hasta el .. del rey *C*

CISTERNA *v.* Estanque, Fuente, Pozo
Gn. 37.22 no derraméis sangre; echadlo en esta *c*
Ex. 21.33 si alguno abriere un pozo, o cavare *c*
Dt. 6.11 *c* cavadas que tú no cavaste, viñas y
Jer. 2.13 cavaron .. *c*, *c* rotas que no retienen
37.16 entró .. Jeremías en la casa de la *c*
38.6 a Jeremías y lo hicieron echar en la *c*

CIUDAD *v.* Aldea, Pueblo
Nm. 35.11 os señalaréis *c*, *c* de refugio tendréis
Dt. 6.10 *c* grandes y buenas que tú no edificaste
19.2 apartarás tres *c* en medio de la tierra
Jos. 6.3 rodearéis, pues, la *c* todos los hombres
1 R. 9.11 el rey Salomón dio a Hiram veinte *c*
Sal. 46.4 del río sus corrientes alegran la *c* de Dios
48.1 en la *c* de nuestro Dios, en su monte
87.3 cosas gloriosas se han dicho de ti, *c* de
122.3 Jerusalén .. edificado como una *c* que
127.1 si Jehová no guardare la *c*, en vano
Pr. 10.15 las riquezas del rico son su *c* fortificada
16.32 mejor es el .. que el que toma una *c*
Ec. 9.14 una pequeña *c*, y pocos hombres en ella
Is. 1.21 te has convertido en ramera, oh *c* fiel!
1.26 entonces te llamarán *C* de justicia, *C* fiel
6.11 hasta que las *c* estén asoladas y sin
26.1 cantarán .. Fuerte *c* tenemos; salvación
48.2 de la santa *c* se nombran, y en el Dios
52.1 vístete tu ropa .. oh Jerusalén, *c* santa
60.14 y te llamarán *C* de Jehová, Sion del
61.4 y restaurarán las *c* arruinadas, los
Jer. 4.29 al estruendo de la .. huyó toda la *c*
5.17 a espada convertirá en nada tus *c*
21.10 mi rostro he puesto contra esta *c* para
29.7 de la *c* a la cual os hice transportar
32.28 voy a entregar esta *c* en mano de los
52.7 abierta una brecha en el muro de la *c*
Am. 3.6 ¿habrá algún mal en la *c*, el cual Jehová
4.7 hice llover sobre una *c*, y sobre otra *c* no
Zac. 8.3 Jerusalén se llamará *C* de la Verdad
Mt. 5.14 una *c* asentada sobre un monte no se
10.11; Lc. 10.8 cualquier *c* .. donde entréis
11.20 a reconvenir a las *c* en las cuales había
12.25 toda *c* o casa dividida contra sí misma
21.10 toda la *c* se conmovió, diciendo: ¿Quién
Lc. 2.3 iban .. para ser empadronados .. a su *c*
8.1 que Jesús iba por todas las *c* y aldeas
19.17 sido fiel, tendrás autoridad sobre diez *c*
Hch. 8.8 así que había gran gozo en aquella *c*
9.6 entra en la *c*, y se te dirá lo que debes
13.44 juntó casi toda la *c* para oír la palabra
21.39 ciudadano de una *c* no insignificante
He. 11.10 esperaba la *c* que tiene fundamentos
11.16 de ellos; porque les ha preparado una *c*
13.14 porque no tenemos aquí *c* permanente
Ap. 16.19 la gran *c* fue dividida en tres partes
17.18 la muj́er .. es la gran *c* que reina sobre
20.9 y rodearon el campamento .. y la *c* amada
21.2 yo Juan vi la santa *c*, la nueva Jerusalén
22.14 y para entrar por las puertas en la *c*

CIUDADANÍA
Hch. 22.28 yo con una gran suma adquirí esta *c*
Ef. 2.12 alejados de la *c* de Israel y ajenos a los
Fil. 3.20 nuestra *c* está en los cielos, de donde

CIZAÑA
Mt. 13.25 vino su enemigo y sembró *c* entre el
13.38 del reino, y la *c* son los hijos del malo

CLAMAR *v.* Gritar, Invocar, Llamar
Gn. 4.10 de la sangre de tu hermano *clama* a mí
27.34 cuando Esaú oyó las palabras .. *clamó*
41.55 el pueblo *clamó* a Faraón por pan .. Id
Ex. 22.23 ellos *clamaren* a mí .. oiré yo su clamor
Jue. 10.14 *clamad* a los dioses .. habéis elegido
1 S. 8.18 *clamaréis* aquel día a causa de .. rey
2 S. 22.7 *clamé*; Sal. 18.6 invoqué a Jehová, y *clamé* a
2 R. 18.28 el Rabsaces se puso en pie y *clamó* a
Job 35.12 *clamarán*, y él no oirá, por la soberbia
Sal. 3.4; 77.1 con mi voz *clamé* a Jehová, y él me
4.1 respóndeme cuando *clamo*, oh Dios de mi
34.6 este pobre *clamó*, y le oyó Jehová, y lo
34.17 *claman* los justos, y Jehová oye, y los
42.1 así *clama* por ti, oh Dios, el alma mía
55.2 *clamo* en mi oración, y me conmuevo
55.16 en cuanto a mí, a Dios *clamaré*; y
86.2 Jehová; porque a ti *clamo* todo el día
88.1 Jehová .. día y noche *clamo* delante de ti
107.6 *clamaron* a Jehová en su angustia, y los
119.145 *clamé* con todo mi corazón .. Jehová

Sal. 130.1 de lo profundo, oh Jehová, a ti *clamo*
141.1 Jehová, a ti he *clamado*; apresúrate a mí
Is. 58.1 *clama* a voz en cuello, no te detengas
59.4 no hay quien *clame* por la justicia, ni
65.14 vosotros *clamaréis* por el dolor del
65.24 y antes que *clamen*, responderé yo
Jer. 11.11 he aquí . . *clamarán* a mí, y no los oiré
33.3 *clama* a mí, y yo te responderé, y te
Os. 7.7 no hay entre ellos quien a mí *clame*
Jon. 1.6 levántate, y *clama* a tu Dios; quizá él
Hab. 1.2 ¿hasta cuándo . . *clamaré* y no oirás
2.11 la piedra *clamará* desde el muro, y la
Mt. 20.31 ellos *clamaban* más, diciendo: ¡Señor
27.50; Mr. 15.34; Lc. 23.46 Jesús, habiendo . .
clamado a gran voz
Mr. 1.3; Jn. 1.23 voz del que *clama* en el desierto
10.48; Lc. 18.39 pero él *clamaba* mucho más
Lc. 18.7 escogidos, que *claman* a él día y noche?
19.40 si éstos callaran, las piedras *clamarían*
Ro. 8.15 por el cual *clamamos*: ¡Abba, Padre!
Gá. 4.6 Espíritu . . el cual *clama*: ¡Abba, Padre!
Stg. 5.4 *clama* el jornal de los obreros que han
Ap. 7.10 *clamaban* a gran voz . . La salvación

CLAMOR *v.* Voz
Gn. 18.20 cuanto el *c* contra Sodoma . . aumenta
Esd. 3.13 no podía distinguir el pueblo el *c* de los
Job 34.28 venir delante de él el *c* del pobre
Sal. 5.2 está atento a la voz de mi *c*, Rey mío
17.1 oye, oh Jehová . . está atento a mi *c*
102.1 Jehová, escucha . . llegue a ti mi *c*
Pr. 21.13 el que cierra su oído al *c* del pobre
Jer. 14.12 cuando ayunen, yo no oiré su *c*, y
Mt. 25.6 a la medianoche se oyó un *c*: Aquí

CLARAMENTE
Dt. 27.8 escribirás muy *c* en las piedras . . esta ley
Jn. 16.25 sino que *c* os anunciaré acerca del Padre

CLAUDICAR
1 R. 18.21 ¿hasta cuándo *claudicaréis* vosotros
Jer. 20.10 todos mis amigos miraban si *claudicaría*

CLAUDIO Hch. 11.28; 18.2.

CLAVO
Ec. 12.11 como *c* hincados son las de los maestros
Is. 22.23 lo hincaré como *c* en lugar firme; y será

CLEMENCIA *v.* Misericordia, Piedad
Pr. 20.28 al rey, y con *c* se sustenta su trono
31.26 abre . . y la ley de *c* está en su lengua
Jer. 16.13 os arrojaré . . porque no os mostraré *c*
1 Ti. 1.16 mostrase en mí el primero toda su *c*

CLEMENTE Fil. 4.3.

CLEMENTE *v.* Misericordioso
Ex. 33.19 y seré *c* para con el que seré *c*
2 Cr. 30.9 porque Jehová vuestro Dios es *c*
Neh. 9.17 *c* y piadoso, tardo para la ira, y grande
9.31 porque eres Dios *c* y misericordioso
Sal. 86.15 mas tú, Señor, Dios misericordioso y *c*
103.8; 145.8 misericordioso y *c* es Jehová
116.5 *c* es Jehová, y justo; sí, misericordioso
Is. 19.22 se convertirán a Jehová, y les será *c*
Jl. 2.13 porque misericordioso es y *c*, tardo para
Jon. 4.2 sabía yo que tú eres Dios *c* y piadoso

CLEOFAS Lc. 24.18.

COBARDÍA *v.* Temor
Lv. 26.36 infundiré en sus corazones tal *c*, en la
2 Ti. 1.7 no nos ha dado Dios espíritu de *c*, sino

COCER
Ex. 16.23 lo que habéis de *cocer*, *cocedlo* hoy, y lo
Lv. 26.26 *cocerán* diez mujeres vuestro pan en un
Dt. 14.21 no *cocerás* el cabrito en la leche de su
Is. 44.15 enciende . . el horno, y *cuece* panes
Lm. 4.10 mujeres piadosas *cocieron* a sus hijos

COCES
Dt. 32.15 engordó Jesurún, y tiró *c* (engordaste
Hch. 9.5; 26.14 dura . . dar *c* contra el aguijón

CODICIA *v.* Avaricia
Pr. 1.19 las sendas de todo el que es dado a la *c*

Is. 57.17 por la iniquidad de su *c* me enojé, y le
Mr. 4.19 afanes . . y las *c* . . ahogan la palabra
Ro. 7.7 tampoco conociera la *c*, si la ley no dijera
7.8 mas el pecado . . produjo en mí toda *c*
1 Ti. 6.9 caen en . . muchas *c* necias y dañosas
2 P. 2.14 tienen el corazón habituado a la *c*

CODICIABLE
Cnt. 1.5 morena soy, oh hijas de . . pero *c* como
5.16 su paladar, dulcísimo, y todo él *c*

CODICIAR *v.* Anhelar, Desear, Querer
Ex. 20.17; Dt. 5.21 no *codiciarás* la mujer de tu
Dt. 7.25 no *codiciarás* plata ni oro de ellas para
Jos. 7.21 un lingote de oro . . lo cual *codicié*
Pr. 6.25 no *codicies* su hermosura en tu corazón
21.26 hay quien todo el día *codicia*; pero
23.3 no *codicies* sus manjares delicados
Mi. 2.2 *codician* las heredades, y las roban; y casas
Hab. 2.9 ¡ay del que *codicia* injusta ganancia
Mt. 5.28 que mira a una mujer para *codiciarla*
Hch. 20.33 plata ni oro . . de nadie he *codiciado*
Ro. 7.7 si la ley no dijera: No *codiciarás*
1 Co. 10.6 no *codiciemos* . . como ellos *codiciaron*
1 Ti. 6.10 al dinero, el cual *codiciando* algunos
Ap. 18.14 los frutos *codiciados* por tu alma

CODICIOSO *v.* Avaro
Job 5.2 lo mata . . y al *c* lo consume la envidia
Sal. 10.3 bendice al *c*, y desprecia a Jehová
Pr. 15.27 alborota su casa el *c*; mas el que

CODORNIZ
Ex. 16.13 subieron *c* que cubrieron el campamento
Nm. 11.31 vino un viento de Jehová, y trajo *c* del
Sal. 105.40 pidieron, e hizo venir *c*; y los sació

COHECHO *v.* Dádiva, Presente, Soborno
1 S. 12.3 si de alguien he tomado *c* para cegar
Sal. 15.5 usura, ni contra el inocente admitió *c*
Is. 5.23 los que justifican al impío mediante *c*
33.15 que sacude sus manos para no recibir *c*
Am. 5.12 sé que . . recibís *c*, y en los tribunales
Mi. 3.11 sus jefes juzgan por *c*, y . . por precio

COHEREDERO, ra *v.* Heredero
Ro. 8.17 herederos de Dios y *c* con Cristo, si es
Ef. 3.6 que los gentiles son *c* y miembros del
1 P. 3.7 como a *c* de la gracia de la vida, para que

COJEAR
Gn. 32.31 pasado Peniel . . *cojeaba* de su cadera
Mi. 4.6 en aquel día . . juntaré la que *cojea*, y
Sof. 3.19 y salvaré a la que *cojea*, y recogeré la

COJO *v.* Ciego, Sordo
2 S. 5.8 suba por el canal y hiera a los *c* y ciegos
Pr. 26.7 las piernas del *c* penden inútiles; así es
Is. 33.23 despojos; los *c* arrebatarán el botín
35.6 entonces el *c* saltará como un ciervo
Mt. 11.5; Lc. 7.22 los *c* andan, los leprosos son
15.30 gente que traía consigo a *c*, ciegos
18.8; Mr. 9.45 mejor te es entrar en la vida *c*
21.14 vinieron a él en el templo ciegos y *c*
Lc. 14.21 y trae acá . . mancos, los *c* y los ciegos
Hch. 3.2 era traído un hombre *c* de nacimiento
14.8 cierto hombre de Listra . . *c* de nacimiento
He. 12.13 para que lo *c* no se salga del camino

COLA
Ex. 4.4 extiende tu mano, y tómala por la *c*
Job 40.17 su *c* mueve como un cedro, y los nervios
Ap. 9.10 tenían *c* como de escorpiones, y también
12.4 su *c* arrastraba . . parte de las estrellas

COLABORADOR *v.* Consiervo
1 Co. 3.9 nosotros somos *c* de Dios, y vosotros
2 Co. 8.23 Tito, es mi . . y *c* para con vosotros
Fil. 2.25 enviaros a Epafrodito, mi hermano y *c*
4.3 Clemente también . . y los demás *c* míos

COLGADO
Dt. 21.23; Gá. 3.13 maldito por Dios es el *c*

COLGAR *v.* Ahorcar
Jos. 10.26 Josué . . los mató, y los hizo *colgar*
1 S. 31.10 *colgaron* su cuerpo en el muro de
2 S. 18.10 he visto a Absalón *colgado* de una

Esd. 6.11 sea *colgado* en él, y su casa sea hecha
Est. 7.9 entonces el rey dijo: *Colgadlo* en ella
     9.13 *cuelguen* en la horca a los diez hijos de
Sal. 137.2 los sauces .. *colgamos* nuestras arpas
Is. 22.24 *colgarán* de él toda la honra de la casa
Mt. 18.6 mejor le fuera que se le *colgase* al cuello
Hch. 5.30 matasteis *colgándole* en un madero

COLMAR *v.* Llenar, Saciar
Sal. 68.19 cada día nos *colma* de beneficios el Dios
    145.16 y *colmas* de bendición a todo ser
1 Ts. 2.16 así *colman* .. la medida de sus pecados

COLOR
Nm. 11.7 era el maná .. su *c* como *c* de bedelio
Jue. 5.30 las vestiduras de *c* para Sísara, las

COLUMNA *v.* Baluarte, Fuego, Humo
Ex. 13.21; Nm. 14.14; Neh. 9.12 de día en una *c* de
     nube .. y de noche en una *c* de fuego
Jue. 16.25 a Sansón .. y lo pusieron entre las *c*
1 R. 7.21 estas *c* erigió en el pórtico del templo
Neh. 9.19 la *c* de nube no se apartó de ellos de día
Job 9.6 remueve la tierra .. y hace temblar sus *c*
Sal. 75.3 sus moradores. Yo sostengo sus *c*
Gá. 2.9 que eran considerados como *c*, nos dieron
Ap. 3.12 al que venciere, yo le haré *c* en el templo

COLLADO *v.* Monte
Sal. 65.12 destilan .. y los *c* se ciñen de alegría
Is. 40.4 bájese todo monte y *c*; y lo torcido se
     40.12 pesó los montes .. y con pesas los *c*?
     54.10 se moverán, y los *c* temblarán, pero no
Lc. 3.5 se bajará todo monte y *c*; los caminos

COLLAR
Gn. 41.42 Faraón .. puso un *c* de oro en su cuello
Cnt. 1.10 hermosas son .. tu cuello entre los *c*
Is. 3.19 los *c*, los pendientes y los brazaletes

COMBATIR *v.* Batallar, Contender, Luchar,
     Militar, Pelear
Sal. 35.1 pelea contra los que me *combaten*
Fil. 1.27 *combatiendo* .. por la fe del evangelio
     4.3 ruego .. ayudes a éstas que *combatieron*
He. 12.4 la sangre, *combatiendo* contra el pecado
Stg. 4.2 *combatís* .. pero no tenéis lo que deseáis

COMENZAR
1 R. 20.14 Acab: ¿Quién *comenzará* la batalla?
Lc. 24.17 predicase .. *comenzando* desde Jerusalén
2 Co. 8.6 tal como *comenzó* antes, asimismo acabe
Gá. 3.3 ¿habiendo *comenzado* por el Espíritu, ahora
Fil. 1.6 que *comenzó* en vosotros la buena obra
1 P. 4.17 el juicio *comience* por la casa de Dios

COMER *v.* Beber, Consumir, Devorar
Gn. 1.29 todo árbol en que .. os serán para *comer*
     2.9 Dios hizo .. todo árbol .. bueno para *comer*
     2.16 de todo árbol del huerto podrás *comer*
     2.17 mas del árbol de la ciencia .. no *comerás*
     3.5 que sabe Dios que el día que *comáis* de él
     3.6 vio la mujer que .. era bueno para *comer*
     9.4 pero carne con su .. sangre, no *comeréis*
    24.33 le pusieron .. qué *comer* .. No *comeré*
    25.28 amó Isaac a .. porque *comía* de su caza
    43.16 pues estos hombres *comerán* conmigo al
    43.32 los egipcios no pueden *comer* pan con
Ex. 12.43 de la pascua; ningún extraño *comerá*
    16.32 vean el pan que yo os di a *comer* en el
    29.34 no se *comerá*, porque es cosa santa
Lv. 10.13 la *comeréis*, pues, en lugar santo; porque
    10.17 no *comisteis* la expiación en lugar santo?
    25.20 y si .. ¿Qué *comeremos* el séptimo año?
Nm. 11.13 lloran .. Danos carne que *comamos*
Dt. 12.16 solamente que sangre no *comeréis*
Jue. 13.4 no bebas vino .. ni *comas* cosa inmunda
1 S. 14.24 que *coma* pan antes de caer la noche
    14.34 no pequéis .. *comiendo* la carne con la
    28.20 aquel día .. noche no había *comido* pan
2 S. 9.11 Mefi-boset, hijo del rey, *comerá* a mi mesa
    19.42 ¿hemos nosotros *comido* algo del rey?
1 R. 19.5 ángel le tocó .. le dijo: Levántate, *come*
    21.5 está tan decaído tu espíritu, y no *comes*?
2 R. 4.43 a decir: Da a la gente para que *coma*

2 R. 6.28 dijo: Da acá tu hijo, y *comámoslo* hoy
Neh. 8.10 id, *comed* grosuras, y bebed vino dulce
Job 31.8 siembre yo, y otro *coma*, y sea arrancada
    31.17 si *comí* mi bocado solo, y no *comió*
Sal. 22.26 *comerán* los humildes, y serán saciados
    78.25 pan de nobles *comió* el hombre; les
   128.2 cuando *comieres* el trabajo de tus manos
Pr. 1.31 *comerán* del fruto de su camino, y serán
    13.2 del fruto de su boca el hombre *comerá*
    13.25 el justo *come* hasta saciar su alma
    23.1 cuando te sientes a *comer* con algún señor
    23.7 *come* y bebe, te dirá; mas su corazón no
    24.13 *come* .. de la miel, porque es buena
Ec. 2.25 porque ¿quién *comerá* .. mejor que yo?
    4.5 necio cruza sus manos y *come* su misma
    5.12 *coma* mucho, *c* poco; pero al rico no le
    5.17 todos los días de .. *comerá* en tinieblas
    5.19 *coma* y beba y se alegre; y que esto le
Cnt. 5.1 he *comido* mi panal y mi miel, mi vino
    5.1 *comed*, amigos; bebed en abundancia, oh
Is. 1.19 si .. oyereis, *comeréis* el bien de la tierra
    3.10 porque *comerá* de los frutos de sus manos
    4.1 nosotras *comeremos* de nuestro pan, y nos
   22.13 *comamos* y bebamos, porque mañana
   29.8 y sueña, y le parece que *come*, pero
   36.16 *coma* cada uno de su viña, y cada uno
   51.8 como a vestidura los *comerá* polilla
   55.2 oídme atentamente, y *comed* del bien
   58.14 y te daré a *comer* la heredad de Jacob
   65.13 que mis siervos *comerán*, y vosotros
Jer. 5.17 *comerá* tu mies y tu pan, *c* a tus hijos
   15.16 hallados tus palabras, y yo las *comí*
   19.9 les haré *comer* la carne de sus hijos y de
Ez. 3.1 hijo de hombre, *come* .. *c* este rollo, y vé
Dn. 4.33 *comía* hierba como los bueyes, y su
Os. 4.10 *comerán*, pero no se saciarán; fornicaron
Am. 5.11 *comeréis* los corderos del rebaño, ni
Mi. 3.5 no les da de *comer*, proclaman guerra
    6.14 *comerás*, y no te saciarás .. no salvarás
Hag. 1.6 *coméis*, y no os saciáis; bebéis, y no
Mt. 6.25 habéis de *comer* o qué habéis de beber
    9.11; Mr. 2.16; Lc. 5.30 ¿por qué *come* vuestro
     Maestro con los publicanos
    12.1; Lc. 6.1 a arrancar espigas y *comer*
    13.4; Lc. 8.5 vinieron las aves y la *comieron*
    14.16; Mr. 6.37; Lc. 9.13 les dijo .. dadles
     vosotros de *comer*
    14.20 *comieron* todos y se saciaron .. sobró
    15.20 pero el *comer* con las manos sin lavar no
    15.27 aun los perrillos *comen* de las migajas
    15.32; Mr. 8.2 *comer* .. no tienen que *comer*
    15.38; Mr. 8.9 los que habían *comido*, 4.000
    24.38 antes del diluvio estaban *comiendo* y
    24.49 a *comer* y a beber con los borrachos
    25.35 tuve hambre, y me disteis de *comer*
    26.17; Mr. 14.12 para que *comas* la pascua?
    26.26; 1 Co. 11.24 tomad, *comed*; esto es mi
Mr. 2.26 y *comió* de los panes de la proposición, de
    4.4 vinieron las aves del cielo y la *comieron*
    6.31 que ni aun tenían tiempo para *comer*
    6.44 los que *comieron* eran cinco mil hombres
    7.2 viendo .. *comer* pan con manos inmundas
Lc. 3.11 y el que tiene qué *comer*, haga lo mismo
    5.30 ¿por qué *coméis* y bebéis con publicanos
    5.33 ayunan .. pero los tuyos *comen* y beben
    7.36 uno .. rogó a Jesús que *comiese* con él
    8.55 y él mandó que se le diese de *comer*
    10.8 reciban, *comed* lo que os pongan delante
   11.37 le rogó un fariseo que *comiese* con él
   12.19 alma .. repósate, *come*, bebe, regocíjate
   12.22 no os afanéis por .. vida, qué *comeréis*
   12.45 comenzare a golpear .. *comer* y a beber
   13.26 a decir: Delante de ti hemos *comido*
   17.27 *comían*, bebían, se casaban y se daban
   22.15 *comer* con vosotros esta pascua antes
   22.30 para que *comáis* y bebáis a mi mesa en
   24.41 les dijo: ¿Tenéis aquí algo de *comer*?
   24.43 y él lo tomó, y *comió* delante de ellos
Jn. 4.31 le rogaban, diciendo: Rabí, *come*
    6.26 me buscáis .. porque *comisteis* el pan

Jn. 6.57 el que me *come* .. también vivirá por mí
21.12 dijo Jesús: Venid, *comed.* Y ninguno
Hch. 9.9 estuvo .. sin ver, y no *comió* ni bebió
10.13; 11.7 levántate, Pedro, mata y *come*
11.3 has entrado .. y has *comido* con ellos?
27.35 tomó el pan y dio .. comenzó a *comer*
Ro. 14.3 el que *come,* no menosprecie al que no *c*
1 Co. 5.11 o ladrón; con el tal ni aun *comáis*
8.7 algunos .. *comen* como sacrificado a ídolos
8.13 no *comeré* carne jamás, para no poner
9.4 ¿acaso no tenemos derecho de *comer* y
10.3 *comieron* el mismo alimento espiritual
10.27 de todo .. *comed,* sin preguntar nada
10.31 si, pues, *coméis* o .. hacedlo todo para
15.32 *comamos* y .. porque mañana moriremos
2 Co. 9.10 el que da .. pan al que *come,* proveerá
2 Ts. 3.10 si .. no quiere trabajar, tampoco *coma*
3.12 que trabajando .. *coman* su propio pan
He. 13.10 del cual no tiene derecho de *comer*
2 P. 2.13 aun mientras *comen* con vosotros, se
Ap. 10.10 tomé el librito de la mano .. y lo *comí*

COMETER
Ex. 20.14; Dt. 5.18; Mt. 5.27 no *cometerás* adulterio

COMIDA *v.* **Alimento, Banquete, Cena, Provisión, Vianda**
1 R. 19.8 y fortalecido con aquella *c* caminó 40
Job 23.12 guardé las palabras de .. más que mi *c*
Sal. 145.15 en ti, y tú les das su *c* a su tiempo
Pr. 6.8 prepara en el verano su *c,* y recoge en
31.15 se levanta aun .. y da *c* a su familia
Jer. 7.33 serán los cuerpos .. *c* de las aves del
Dn. 1.5 les señaló .. provisión de la *c* del rey
1.8 no contaminarse con la .. *c* del rey, ni
Mt. 22.4 decid .. He aquí, he preparado mi *c*
Lc. 12.23 la vida es más que la *c,* y el cuerpo que
14.12 cuando hagas *c* o cena, no llames a tus
Jn. 4.34 mi *c* es que haga la voluntad del que me
6.55 porque mi carne es verdadera *c,* y mi
Ro. 14.15 no hagas que por la *c* tuya se pierda
14.17 el reino de Dios no es *c* ni bebida
1 Co. 8.13 si la *c* le es a mi hermano ocasión de
Col. 2.16 nadie os juzgue en *c* o en bebida, o en

COMILÓN *v.* **Bebedor, Glotón**
Pr. 23.21 porque el bebedor y el *c* empobrecerán
Is. 56.11 esos perros *c* son insaciables; y los
Mt. 11.19 he aquí un hombre *c,* y bebedor de

COMPADECER
Sal. 103.13 como el padre se *compadece* de los
Is. 49.15 dejar de *compadecerse* del hijo de su
Os. 1.6 no me *compadeceré* más de la casa de
Lc. 7.13 el Señor la vio, se *compadeció* de ella, y
Ro. 9.15 me *compadeceré* del que .. *compadezca*
He. 4.15 que no pueda *compadecerse* de nuestras

COMPAÑERISMO *v.* **Comunión**
2 Co. 6.14 porque ¿qué *c* tiene la justicia con la
Gá. 2.9 dieron a mí a .. la diestra en señal de *c*

COMPAÑERO, ra *v.* **Amigo, Conocido, Hermano**
Ex. 33.11 a cara, como habla cualquiera a su *c*
Jue. 14.20 la mujer de Sansón fue dada a su *c*
Sal. 35.14 como por mi *c,* como por mi .. andaba
38.11 mis *c* se mantienen lejos de mi plaga
88.18 has alejado de mí al amigo y al *c*
119.63 *c* soy yo de todos los que te temen
Pr. 2.17 la cual abandona al *c* de su juventud
Cnt. 8.13 los *c* escuchan tu voz; házmela oír
Jer. 9.4 guárdese cada uno de su *c* .. hermano
Zac. 3.10 cada uno de vosotros convidará a su *c*
13.7 levántate .. contra el hombre *c* mío
Mal. 2.14 siendo ella tu *c,* y la mujer de tu pacto
Mt. 11.16 se sientan en .. y dan voces a sus *c*
Lc. 5.7 hicieron señas a los *c* que estaban en la
2 Co. 1.7 que así como sois *c* en las aflicciones
8.19 como *c* de nuestra peregrinación para
Fil. 4.3 ruego también a ti, *c* fiel, que ayudes
Flm. 2 a Arquipo nuestro *c* de milicia, y a la
17 si me tienes por *c,* recíbele como a mí mismo
He. 10.33 llegasteis a ser *c* de los que estaban

COMPAÑÍA *v.* **Ejército**
1 S. 10.5 la ciudad encontrarás una *c* de profetas que
11.11 dispuso Saúl al pueblo en tres *c*
Jn. 18.3 Judas, pues, tomando una *c* de soldados
He. 12.22 a la *c* de muchos millares de ángeles

COMPARAR *v.* **Igualar**
Jue. 8.2 ¿qué he hecho yo ahora *comparado* con
Pr. 3.15 todo .. no se puede *comparar* a ella
Is. 40.25; 46.5 a qué, pues .. me *compararéis?*
Mt. 11.16 mas ¿a qué *compararé* esta generación?
Mr. 4.30 ¿o con qué parábola lo *compararemos?*
2 Co. 10.12 ni a *compararnos* con algunos que se

COMPARECER *v.* **Presentar**
Hch. 27.24 necesario que *comparezcas* ante César
Ro. 14.10 todos *compareceremos* ante el tribunal
2 Co. 5.10 todos .. *comparezcamos* ante el tribunal

COMPASIÓN *v.* **Benignidad, Bondad, Misericordia, Piedad**
Ex. 2.6 teniendo *c* de él, dijo: De los niños de
Dt. 3.17 Jehová tenga *c* de ti, y te multiplique
2 S. 12.22 ¿quién sabe si Dios tendrá *c* de mí
Job 19.21 amigos, tened *c* de mí, tened *c* de mí!
Os. 13.14 oh Seol; la *c* será escondida de mi vista
Jon. 1.6 tu Dios; quizá él tendrá *c* de nosotros
Mt. 9.36 y al ver a las multitudes, tuvo *c* de ellas
14.14 tuvo *c* de ellos, y sanó a .. enfermos
15.32; Mr. 8.2 tengo *c* de la gente, porque ya
Mr. 6.34 salió Jesús y .. tuvo *c* de ellos, porque

COMPASIVO *v.* **Benigno, Misericordioso**
1 P. 3.8 todos de un mismo sentir, *c,* amándoos

COMPETENTE
2 Co. 3.5 no que seamos *c* por nosotros mismos
3.6 nos hizo ministros *c* de un nuevo pacto

COMPLACENCIA *v.* **Contentamiento**
Mal. 1.10 yo no tengo *c* en vosotros, dice Jehová
Mt. 3.17; 17.5; Mr. 1.11; Lc. 3.22; 2 P. 1.17 éste es
mi Hijo amado, en quien tengo *c*

COMPLACERSE *v.* **Agradar, Deleitar**
1 S. 15.22 ¿se *complace* Jehová tanto en los
2 S. 15.26 si dijere: No me *complazco* en ti; aquí
Sal. 5.4 no eres un Dios que se *complace* en la
147.10 ni se *complace* en la agilidad del
147.11 *complace* Jehová en los que le temen
Ec. 5.4 Dios .. no se *complace* en los insensatos
Is. 42.21 Jehová se *complació* por amor de su
Am. 5.21 y no me *complaceré* en .. asambleas
Ro. 1.32 se *complacen* con los que las practican

COMPLETAR *v.* **Acabar, Colmar, Cumplir, Llenar**
Fil. 2.2 *completad* mi gozo, sintiendo lo mismo
1 Ts. 3.10 *completemos* lo que falte a vuestra fe?

COMPLETO, ta *v.* **Cumplir, Lleno**
Col. 2.10 y vosotros estáis *c* en él, que es la
Stg. 1.4 mas tenga la paciencia su obra *c,* para

CÓMPLICE
Pr. 29.24 *c* del ladrón aborrece su propia alma
Mt. 23.30 no hubiéramos sido sus *c* en la sangre

COMPORTARSE *v.* **Conducir, Vivir**
1 S. 21.13 cambió su manera de *comportarse*
Sal. 131.2 en verdad que me he *comportado* y, he
Fil. 1.27 que os *comportéis* como es digno del

COMPRAR *v.* **Adquirir**
Gn. 25.10 heredad que *compró* .. de los hijos de
41.57 de toda .. venían a Egipto para *comprar*
42.2 descended allá, y *comprad* de allí para
47.19 *cómpranos* a nosotros y a nuestra tierra
Lv. 25.33 el que *comprare* de los levitas saldrá de
2 S. 24.24 David *compró* la era y los bueyes por
Pr. 23.23 *compra* la verdad, y no la vendas; la
Ec. 2.7 *compré* siervos y siervas, y tuve siervos
Is. 24.2 como al que *compra,* al que vende; como
55.1 los que no tenéis dinero venid, *comprad* y
Jer. 32.7 *cómprame* mi heredad que está en Anatot
32.15 aún se *comprarán* casas, heredades y
Os. 3.2 la *compré* .. para mí por quince siclos de
Am. 8.6 para *comprar* los pobres por dinero, y los

51

Mt. 13.44 vende todo lo .. y *compra* aquel campo
14.15 vayan por las aldeas y *compren* de comer
21.12; Mr. 11.15; Lc. 19.45 echó fuera a .. los
que *compraban* en el templo
25.9 id a los .. y *comprad* para vosotras mismas
Mr. 6.37 ¿que .. *compremos* pan por 200 denarios
15.46 *compró* una sábana, y .. lo envolvió en
Lc. 17.28 comían, bebían, *compraban*, vendían
22.36 espada, venda su capa y *compre* una
1 Co. 6.20; 7.23 habéis sido *comprados* por precio
Ap. 18.11 ninguno *compra* más sus mercaderías

COMPRENDER *v.* Conocer, Entender, Saber
Job 26.14 trueno .. ¿quién lo puede *comprender*?
Sal. 51.6 me has hecho *comprender* sabiduría
73.17 hasta que .. *comprendí* el fin de ellos
139.6 para mí; alto es, no lo puedo *comprender*
Dn. 8.15 consideraba la visión .. *comprenderla*
Lc. 18.34 pero ellos nada *comprendieron* de estas
20.19 *comprendieron* que contra ellos .. dicho
24.45 para que *comprendiesen* las Escrituras
Jn. 13.7 lo que yo hago, tú no lo *comprendes* ahora
Hch. 7.25 pensaba que sus hermanos *comprendían*
10.34 *comprendo* que Dios no hace acepción
Ef. 3.18 seáis .. capaces de *comprender* con todos

COMÚN
Ec. 6.1 hay un mal .. muy *c* entre los hombres
Hch. 2.44; 4.32 y tenían en *c* todas las cosas
10.14 ninguna cosa *c* o .. he comido jamás
10.28 que a ningún hombre llame *c* o inmundo
11.8 ninguna cosa *c* .. entró jamás en mi boca
11.9 lo que Dios limpió, no lo llames tú *c*
Tit. 1.4 a Tito, verdadero hijo en la *c* fe

COMUNICAR
Ro. 1.11 para *comunicaros* algún don espiritual
Gá. 2.6 a mí, pues .. nada nuevo me *comunicaron*

COMUNIÓN *v.* Compañerismo
Sal. 25.14 la *c* íntima de Jehová es con los que le
Pr. 3.32 mas su *c* íntima es con los justos
Hch. 2.42 perseveraban .. en la *c* unos con otros
1 Co. 1.9 por el cual fuisteis llamados a la *c*
10.16 ¿no es la *c* de la sangre de Cristo?
2 Co. 13.14 la *c* del Espíritu Santo sean con todos
Fil. 1.5 por vuestra *c* en el evangelio, desde el
1 Jn. 1.3 que también tengáis *c* con nosotros
1.6 decimos que tenemos *c* con él, y andamos

CONCEBIR *v.* Dar
Gn. 17.17 Sara, ya de 90 años, ha de *concebir*?
21.2 Sara *concibió* y dio a Abraham un hijo
25.21 lo aceptó Jehová, y *concibió* Rebeca
Nm. 11.12 ¿*concebí* yo a todo este pueblo? ¿Lo
Sal. 51.5 y en pecado me *concibió* mi madre
Is. 7.14 he aquí que la virgen *concebirá*, y dará a
33.11 *concebisteis* hojarascas, rastrojo daréis
59.4 vanidades; *conciben* maldades, y dan a luz
Mt. 1.18 María .. se halló que había *concebido* del
Lc. 1.36 Elisabet .. ha *concebido* hijo en su vejez
He. 11.11 Sara .. recibió fuerza para *concebir*

CONCEDER *v.* Dar, Otorgar
Sal. 20.5 *conceda* Jehová todas tus peticiones
21.2 le has *concedido* el deseo de su corazón
140.8 no *concedas*, oh .. al impío sus deseos
Mr. 10.37 *concédenos* que en tu gloria nos
1 Co. 2.12 sepamos lo que Dios nos ha *concedido*
2 Ti. 1.18 *concédale* .. que halle misericordia

CONCEPTO
Ro. 12.3 que no tenga más alto *c* de sí que el que

CONCESIÓN
1 Co. 7.6 mas esto digo por vía de *c*, no por

CONCIENCIA *v.* Alma, Corazón, Mente
Sal. 16.7 aun en las noches me enseña mi *c*
Jn. 8.9 acusados por su *c*, salían uno a uno
Hch. 23.1 con toda buena *c* he vivido delante de
24.16 por esto procuro tener .. *c* sin ofensa
Ro. 2.15 la ley escrita .. dando testimonio su *c*
9.1 mi *c* me da testimonio en el Espíritu Santo
13.5 castigo, sino también por causa de la *c*
1 Co. 4.4 aunque de nada tengo mala *c*, no por

1 Co. 8.7 y su *c*, siendo débil, se contamina
8.12 hiriendo su débil *c*, contra Cristo pecáis
10.25 sin preguntar nada por motivos de *c*
10.29 ha de juzgar mi libertad por la *c* de otro?
2 Co. 5.11 espero .. también lo sea a vuestras *c*
1 Ti. 1.5 es el amor nacido de .. buena *c*, y de fe no
1.19 manteniendo la fe y buena *c*, desechando
4.2 mentirosos que, teniendo cauterizada la *c*
Tit. 1.15 hasta su mente y su *c* están corrompidas
He. 9.9 hacer perfecto, en cuanto a la *c*, al que
9.14 limpiará vuestras *c* de obras muertas
13.18 pues confiamos en que tenemos buena *c*
1 P. 2.19 si alguno a causa de la *c* delante de Dios
3.16 teniendo buena *c*, para que en lo que
3.21 la aspiración de una buena *c* hacia Dios

CONCILIO
Mt. 10.17; Mr. 13.9 os entregarán a los *c*, y en sus
26.59; Mr. 14.55 *c* buscaban falso testimonio
Lc. 23.50 miembro del *c*, varón bueno y justo
Hch. 5.21 convocaron al *c* y a todos los ancianos
22.30 le soltó .. y mandó venir .. a todo el *c*

CONCLUIR *v.* Acabar, Terminar
Rt. 3.18 hombre no descansará hasta que *concluya*
Ro. 15.28 cuando haya *concluido* esto, y les haya

CONCUBINA
Jue. 19.1 un levita .. había tomado .. *c* de Belén
19.25 tomando aquel hombre a su *c*, la sacó
2 S. 3.7 ¿por qué te has llegado a la *c* de mi padre?
16.22 se llegó Absalón a las *c* de su padre

CONCUPISCENCIA *v.* Apetito, Deseo, Pasión,
Placer
Ro. 6.12 de modo que le obedezcáis en sus *c*
1 Ts. 4.5 no en pasión de *c*, como los gentiles
Tit. 3.3 extraviados, esclavos de *c* y deleites
Stg. 1.14 cuando de su propia *c* es atraído y
1 P. 4.2 para no vivir .. conforme a las *c* de los
2 P. 1.4 la corrupción que hay .. a causa de la *c*
2.18 hablando .. seducen con *c* de la carne

CONDENACIÓN *v.* Castigo, Juicio
Mt. 23.14; Mr. 12.40; Lc. 20.47 por esto recibiréis mayor *c*
23.33 ¿cómo escaparéis de la *c* del infierno?
Lc. 23.40 ¿ni aun temes .. estando en la misma *c*?
Jn. 3.19 esta es la *c*: que la luz vino al mundo, y
5.24 no vendrá a *c*, mas ha pasado de muerte
5.29 hicieron lo malo a resurrección de *c*
Ro. 3.8 como algunos, cuya *c* es justa, afirman
8.1 ninguna *c* hay para los que están en Cristo
2 Co. 3.9 si el ministerio de *c* fue con gloria
1 Ti. 5.12 incurriendo así en *c*, por haber
Stg. 3.1 sabiendo que recibiremos mayor *c*
2 P. 2.3 sobre los tales ya la *c* no se tarda

CONDENAR *v.* Juzgar
Dt. 25.1 absolverán al .. y *condenarán* al culpable
Job 9.20 me justificare, me *condenaría* mi boca
40.8 ¿me *condenarás* a mí para justificarte tú?
Sal. 34.22 no serán *condenados* .. en él confían
37.33 ni lo *condenará* cuando le juzgaren
94.21 del justo, y *condenan* la sangre inocente
Pr. 12.2 mas él *condenará* al hombre de malos
17.26 no es bueno *condenar* al justo, ni herir
Is. 50.9 me ayudará; ¿quién hay que me *condene*?
Mt. 12.37 y por tus palabras serás *condenado*
12.41; Lc. 11.32 levantarán .. y la *condenarán*
20.18; Mr. 10.33 y le *condenarán* a muerte
Mr. 7.2 comer pan .. no lavadas, los *condenaban*
16.16 mas el que no creyere, será *condenado*
Lc. 6.37 no *condenéis*, y no seréis *condenados*
Jn. 3.17 no envió Dios .. para *condenar* al mundo
3.18 el que en él cree, no es *condenado*; pero
8.11 Jesús le dijo: Ni yo te *condeno*; vete, y no
Ro. 8.3 Dios .. *condenó* al pecado en la carne
8.34 ¿quién es el que *condenará*? Cristo es el
14.23 el que duda .. es *condenado*, porque no
1 Co. 11.32 no seamos *condenados* con el mundo
Gá. 2.11 resistí cara a .. porque era de *condenar*
2 Ts. 2.12 sean *condenados* .. los que no creyeron

Tit. 3.11 y está *condenado* por su propio juicio
He. 11.7 por esa fe *condenó* al mundo, y fue hecho
Stg. 5.9 no os quejéis .. que no seáis *condenados*

CONDOLERSE
Job 2.11 en venir juntos para *condolerse* de él
     42.11 se *condolieron* de él, y le consolaron

CONDUCIR *v.* Comportarse, Guiar, Vivir
Job 30.23 yo sé que me *conduces* a la muerte, y a
Sal. 77.20 *condujiste* a tu pueblo como ovejas
Jer. 2.6 Jehová .. que nos *condujo* por el desierto
Fil. 3.17 los que así se *conducen* según el ejemplo
1 Ts. 4.1 cómo os conviene *conduciros* y agradar
1 Ti. 3.15 sepas cómo debes *conducirte* en la casa

CONDUCTA *v.* Andar, Comportarse, Vivir
Pr. 20.11 muchacho .. si su *c* fuere limpia y recta
Gá. 1.13 ya habéis oído acerca de mi *c* en otro
1 Ti. 4.12 sé ejemplo de .. en palabra, *c*, amor
2 Ti. 3.10 tú has seguido mi .. *c*, propósito, fe
He. 13.7 cuál haya sido el resultado de su *c*
Stg. 3.13 muestre por la buena *c* sus obras en
1 P. 3.1 sean ganados .. por la *c* de sus esposas
2 P. 2.7 abrumado por la .. *c* de los malvados

CONEJO
Lv. 11.5 también el *c* .. lo tendréis por inmundo
Pr. 30.26 los *c*, pueblo nada esforzado, y ponen su

CONFESAR *v.* Reconocer
Lv. 26.40 y *confesarán* su iniquidad, y .. sus padres
Nm. 5.7 aquella persona *confesará* el pecado que
2 S. 22.50; Sal. 18.49 yo te *confesaré* entre las
Neh. 9.2 *confesaron* sus pecados, y las iniquidades
Job 40.14 y yo también te *confesaré* que podrá
Sal. 32.5 *confesaré* mis transgresiones a Jehová
     38.18 por tanto, *confesaré* mi maldad, y me
Pr. 28.13 el que los *confiesa* y se aparta alcanzará
Mt. 3.6 eran bautizados .. *confesando* sus pecados
     10.32; Lc. 12.8 quien me *confiese* .. le *confesaré*
Jn. 1.20 *confesó*, y no negó, sino *c*: Yo no soy el
     9.22 si alguno *confesare* que Jesús era el
Hch. 19.18 venían, *confesando* y dando cuenta de
Ro. 10.9 si *confesares* con tu boca que Jesús es el
     10.10 con la boca se *confiesa* para salvación
     14.11 rodilla, y toda lengua *confesará* a Dios
     15.9 te *confesaré* entre los gentiles, y cantaré
Fil. 2.11 toda lengua *confiese* que Jesucristo es el
Stg. 5.16 *confesaos* vuestras ofensas unos a otros
1 Jn. 1.9 si *confesamos* nuestros pecados, él es fiel
     2.23 el que *confiesa* al Hijo, tiene también al
     4.2 todo espíritu que *confiesa* que Jesucristo
     4.15 aquel que *confiese* que Jesús es el Hijo de
2 Jn. 7 no *confiesan* que Jesucristo ha venido en
Ap. 3.5 *confesaré* su nombre delante de mi Padre

CONFIADAMENTE
Pr. 1.33 el que me oyere, habitará *c* y vivirá
     3.23 andarás por tu camino *c*, y tu pie no

CONFIADO, da *v.* Seguro
Dt. 33.12 amado de Jehová habitará *c* cerca de él
Jue. 18.7 el pueblo .. estaba seguro, ocioso y *c*
     18.27 llegaron a Lais, al pueblo tranquilo y *c*
Sal. 4.8 porque solo tú, Jehová, me haces vivir *c*
     27.3 contra mí se levante guerra, yo estaré *c*
     112.7 su corazón está firme, *c* en Jehová
Pr. 14.16 el insensato se muestra insolente y *c*
     28.1 huye .. mas el justo está *c* como un león
     31.11 el corazón de su marido está en ella *c*
Is. 32.9 oíd mi voz; hijas *c*, escuchad mi razón
Ez. 33.13 él *c* en su justicia hiciere iniquidad
Dn. 9.18 no elevamos nuestros ruegos ante ti *c* en
2 Co. 5.6 así que vivimos *c* siempre, y sabiendo que
Fil. 1.25 y en esto, sé que quedaré, que aún

CONFIANZA *v.* Fe, Seguridad
2 R. 18.19; Is. 36.4 *c* es esta en que te apoyas?
Job 8.14 será cortada, y su *c* es tela de araña
     11.18 tendrás *c*, porque hay esperanza
     18.14 su *c* será arrancada de su tienda, y al
     31.35 mi *c* es que el Omnipotente testificará
Sal. 40.4 el hombre que puso en Jehová su *c*
     78.7 a fin de que pongan en Dios su *c*, y no se
Pr. 3.26 Jehová será tu *c*, y él preservará tu pie

Pr. 14.26 en el temor de Jehová está la fuerte *c*
     22.19 para que tu *c* sea en Jehová, te las
     25.19 como diente roto y .. es la *c* en el
Is. 30.15 en quietud y en *c* será vuestra fortaleza
Jer. 17.7 bendito el varón .. cuya *c* es Jehová
2 Co. 3.4 tal *c* tenemos mediante Cristo para con
     7.16 de que en todo tengo *c* en vosotros
Ef. 3.12 en quien tenemos .. acceso con *c* por
2 Ts. 3.4 tenemos *c* respecto a vosotros en el
1 Ti. 3.13 ganan .. mucha *c* en la fe que es en
He. 3.6, 14 si retenemos firme hasta el fin la *c*
     10.35 no perdáis, pues, vuestra *c*, que tiene
1 Jn. 2.28 que cuando se manifieste, tengamos *c*
     4.17 para que tengamos *c* en el día del juicio
     5.14 y esta es la *c* que tenemos en él, que si

CONFIAR *v.* Apoyar, Creer, Encargar, Encomendar, Entregar, Fe
2 S. 22.3; Sal. 18.2 fortaleza mía, en ti *confiaré*
Job 15.31 no *confíe* el iluso en la vanidad, porque
Sal. 2.12 bienaventurados .. los que en él *confían*
     4.5 ofreced sacrificios .. y *confiad* en Jehová
     5.11 alégrense todos los que en ti *confían*
     7.1 Jehová Dios mío, en ti he *confiado*
     9.10 en ti *confiarán* los que conocen tu
     11.1 en Jehová he *confiado*; ¿cómo decís a mi
     13.5 mas yo en tu misericordia he *confiado*
     16.1 guárdame, oh Dios .. en ti he *confiado*
     20.7 éstos *confían* en carros, y aquéllos en
     21.7 por cuanto el rey *confía* en Jehová, y en
     25.2 mío, en ti *confío*; no sea yo avergonzado
     26.1 he *confiado* asimismo en Jehová sin
     31.1 en ti, oh Jehová, he *confiado*; no sea yo
     31.14 mas yo en ti *confié*, oh Jehová; digo
     33.21 en su santo nombre hemos *confiado*
     34.8 dichoso el hombre que *confía* en él
     34.22 no serán condenados .. en él *confían*
     37.3 *confía* en Jehová, y haz el bien; y
     37.5 encomienda a .. y *confía* en él; y él hará
     44.6 no *confiaré* en mi arco, ni mi espada me
     49.6 los que *confían* en sus bienes, y en la
     52.7 sino que *confió* en .. sus riquezas, y se
     52.8 yo .. en la misericordia de Dios *confío*
     55.23 de sus días; pero yo en ti *confiaré*
     56.4, 11 En Dios he *confiado*; no temeré
     78.22 ni habían *confiado* en su salvación
     91.2 castillo mío; mi Dios, en quién *confiaré*
     115.9 oh Israel, *confía* en Jehová; él es tu
     118.8 es *confiar* en Jehová que *c* en el hombre
     125.1 los que *confían* en Jehová son como el
     143.8 hazme oír .. porque en ti he *confiado*
     146.3 no *confiéis* en los príncipes, ni en hijo
Pr. 11.28 el que *confía* en sus riquezas caerá; mas
     16.20 que *confía* en Jehová es bienaventurado
     28.25 mas el que *confía* en Jehová prosperará
     28.26 el que *confía* en su propio corazón es
     29.25 que *confía* en Jehová será exaltado
Is. 26.3 tú guardarás .. porque en ti ha *confiado*
     26.4 *confiad* en Jehová perpetuamente, porque
     30.18 bienaventurados todos los que *confían*
     36.7 decís: En Jehová nuestro Dios *confiamos*
     37.10 no te engañe tu Dios en quien tú *confías*
     42.17 confundidos los que *confían* en ídolos
     47.10 te *confiaste* en tu maldad, diciendo
     48.2 en el Dios de Israel *confían*; su nombre
     50.10 el que .. *confíe* en el nombre de Jehová
     57.13 en mí *confía* tendrá la tierra por
     59.4 confían en vanidad, y hablan vanidades
Jer. 13.25 olvidaste .. y *confiaste* en la mentira
     17.5 maldito el varón que *confía* en el hombre
     17.7 bendito el varón que *confía* en Jehová
     49.4 la que *confía* en sus tesoros, la que dice
Os. 10.13 *confiaste* en tu camino y en la multitud
     12.6 vuélvete .. en tu Dios *confía* siempre
Mi. 7.5 no creáis en .. ni *confiéis* en príncipe
Nah. 1.7 Jehová .. conoce a los que en él *confían*
Sof. 3.12 el cual *confiará* en el nombre de Jehová
Mt. 27.43 *confió* en Dios; líbrele ahora si le
Mr. 10.24 a los que *confían* en las riquezas!
Lc. 18.9 a unos que *confiaban* en sí mismos como

Jn. 16.33 pero *confiad,* yo he vencido al mundo
Hch. 27.25 porque yo *confío* en Dios que será así
Ro. 2.19 *confías* en que eres guía de los ciegos
    3.2 les ha sido *confiada* la palabra de Dios
2 Co. 1.9 que no *confiásemos* en nosotros mismos
    2.3 *confiando* .. que mi gozo es el de todos
Gá. 5.10 *confío* .. en el Señor, que no pensaréis
Fil. 3.4 yo tengo .. de qué *confiar* en la carne
He. 2.13 otra vez: Yo *confiaré* en él. Y de nuevo
    13.18 *confiamos* en que .. buena conciencia

CONFIRMACIÓN
Rt. 4.7 para la *c* de cualquier negocio, el uno
He. 6.16 el fin de toda .. es el juramento para *c*

CONFIRMAR *v.* Afirmar, Ratificar
Dt. 28.9 te *confirmará* Jehová por pueblo santo
2 S. 7.25 Jehová Dios, *confirma* para siempre la
1 Cr. 17.14 que lo *confirmaré* en mi casa y en mi
2 Cr. 1.9 *confírmese* .. Jehová Dios, tu palabra
    7.18 yo *confirmaré* el trono de tu reino, como
Sal. 68.28 *confirma,* oh Dios, lo que has hecho
    89.4 para siempre *confirmaré* tu descendencia
    90.17 la obra de nuestras manos *confirma*
    99.4 tú *confirmas* la rectitud; tú has hecho
    119.38 *confirma* tu palabra a tu siervo, que
Is. 9.7 *confirmándolo* en juicio y en justicia
Dn. 6.8 oh rey, *confirma* el edicto y fírmalo, para
Mr. 16.20 *confirmando* la palabra con las señales
Lc. 22.32 tú .. vuelto, *confirma* a tus hermanos
Hch. 3.16 a éste .. le ha *confirmado* su nombre
    14.22 *confirmando* los ánimos de los discípulos
    15.32 Silas .. *confirmaron* a los hermanos con
    15.41 pasó por .. *confirmando* a las iglesias
    16.5 las iglesias eran *confirmadas* en la fe
    18.23 *confirmando* a todos los discípulos
    24.9 los judíos .. *confirmaban,* diciendo ser
Ro. 15.8 para *confirmar* las promesas hechas a
    16.25 y al que puede *confirmaros* según mi
1 Co. 1.6 el testimonio .. ha sido *confirmado* en
    1.8 el cual .. os *confirmará* hasta el fin, para
2 Co. 1.21 el que nos *confirma* con vosotros en
    2.8 ruego que *confirméis* el amor para con él
Col. 2.7 y *confirmados* en la fe, así como habéis
1 Ts. 3.2 *confirmaros* .. respecto a vuestra fe
2 Ts. 2.17 y os *confirme* en toda buena palabra
He. 9.17 el testamento con la muerte se *confirma*
2 P. 1.12 sepáis, y estéis *confirmados* en la verdad

CONFLICTO *v.* Batalla, Lucha
Sal. 20.1 Jehová te oiga en el día de *c;* el nombre
2 Co. 7.5 sino .. de fuera *c;* de dentro, temores
Fil. 1.30 teniendo el mismo *c* que habéis visto en

CONFORMAR
Job 34.9 de nada .. *conformar* su voluntad a Dios
Ro. 12.2 no os *conforméis* a este siglo, sino
1 Ti. 6.3 no se *conforma* a las sanas palabras
1 P. 1.14 no os *conforméis* a los deseos que antes

CONFORTAR *v.* Animar, Esforzar, Fortalecer
Sal. 23.3 *confortará* mi alma; me guiará por
Pr. 15.30 la buena nueva *conforta* los huesos
1 Co. 16.18 porque *confortaron* mi espíritu y el
2 Co. 7.13 haya sido *confortado* su espíritu por
Col. 4.8; 2 Ts. 2.17 que .. *conforte* .. corazones
2 Ti. 1.16 porque muchas veces me *confortó,* y
Flm. 7 han sido *confortados* los corazones de

CONFUNDIR *v.* Avergonzar
Gn. 11.7 *confundamos* allí su lengua, para que
Sal. 25.3 ninguno de .. en ti será *confundido*
    31.1 no sea yo *confundido* jamás; líbrame en
    35.4 y *confundidos* los que buscan mi vida
    69.6 no sean *confundidos* por mí los que te
Jer. 50.2 Bel es *confundido,* deshecho es Merodac
Mi. 3.7 profetas, y se *confundirán* los adivinos
Lc. 21.25 *confundidas* a causa del bramido del mar
Hch. 9.22 *confundía* a los judíos que moraban en

CONFUSIÓN *v.* Congoja, Vergüenza
1 S. 20.30 para *c* tuya, y para *c* .. de tu madre?
Sal. 35.26 vístanse de vergüenza y de *c* los que se
    44.15 cada día .. y la *c* de mi rostro me cubre
    109.29 sean cubiertos de *c* como con manto

Sal. 132.18 a sus enemigos vestiré de *c;* mas sobre
Is. 22.5 día es de alboroto, de angustia y de *c*
    61.7 en lugar de vuestra doble *c,* y de
Jer. 3.24 *c* consumió el trabajo de nuestros padres
    3.25 yacemos en nuestra *c,* y nuestra afrenta
    7.19 ¿no obran más bien ellos .. su propia *c?*
Ez. 16.54 para que lleves tu *c,* y te avergüences
Dn. 9.7 tuya .. justicia, y nuestra la *c* de rostro
    12.2 y otros para vergüenza y *c* perpetua
Mi. 7.4 día de tu castigo viene .. ahora será su *c*
Hch. 19.29 la ciudad se llenó de *c,* y a una se
1 Co. 14.33 Dios no es Dios de *c,* sino de paz

CONFUSO, sa *v.* Perplejo, Turbado
Esd. 9.6 Dios mío, *c* y avergonzado estoy para
Hch. 2.6 estaban *c* .. cada uno les oía hablar en
    19.32 porque la concurrencia estaba *c,* y los

CONGOJA *v.* Confusión
Ex. 6.9 no escuchaban a Moisés a causa de la *c*
Sal. 25.17 se han aumentado; sácame de mis *c*
    107.39 a causa de tiranía, de males y *c*
Pr. 12.25 la *c* en el corazón del hombre lo abate
    14.13 risa .. y el término de la alegría es *c*
Is. 30.20 bien que os dará el Señor pan de *c* y

CONGREGACIÓN *v.* Asamblea, Iglesia, Reunión
Lv. 4.13 si toda la *c* de Israel hubiere errado
    8.3 reúne toda la *c* a la puerta del tabernáculo
Nm. 14.5 Moisés y .. se postraron delante de la *c*
    16.3 toda la *c,* todos ellos son santos, y en
Sal. 7.7 te rodeará *c* de pueblos, y sobre ella
    22.22 anunciaré .. en medio de la *c* te alabaré
    26.12 en rectitud; en las *c* bendeciré a Jehová
    89.7 Dios temible en la gran *c* de los santos
    107.32 exáltenlo en la *c* del pueblo, y en la
Hch. 7.38 aquel Moisés que estuvo en la *c* en el
    13.43 despedida la *c,* muchos de los judíos
1 Co. 14.34 vuestras mujeres callen en las *c*
    14.35 indecoroso que una mujer hable en la *c*
He. 2.12 tu nombre, en medio de la *c* te alabaré
    12.23 a la *c* de los primogénitos que están
Stg. 2.2 en vuestra *c* entra un hombre con anillo

CONGREGAR *v.* Juntar, Reunir
1 R. 18.19 *congrégame* a todo Israel en el monte
Sal. 107.3 y los ha *congregado* de las tierras, del
Is. 43.9 *congréguense* a una todas las naciones
Ez. 11.17 y os *congregaré* de las tierras en las
Mt. 18.20 dos o tres *congregados* en mi nombre
Jn. 11.52 para *congregar* en uno a los hijos de
He. 10.25 no dejando de *congregarnos,* como

CONJURAR *v.* Juramentar, Juramento, Jurar
Cnt. 2.7 yo os *conjuro,* oh doncellas de Jerusalén
Mt. 26.63 te *conjuro* por el Dios viviente, que nos
Hch. 19.13 os *conjuro* por Jesús, el que predica

CONMIGO
Sal. 118.6 Jehová está *c;* no temeré lo que me
Mt. 12.30 el que no es *c,* contra mí es; y el que
Jn. 17.24 que donde yo estoy, también ellos estén *c*

CONMISERACIÓN *v.* Lástima, Piedad
1 Co. 15.19 somos los más dignos de *c* de todos

CONMOVER *v.* Agitar, Mover, Sacudir
Gn. 43.30 se *conmovieron* sus entrañas a causa de
2 S. 22.8 y se *conmovieron* los cimientos de los
2 Cr. 34.27 tu corazón se *conmovió* .. humillaste
Sal. 16.8 está a mi diestra, no seré *conmovido*
    18.7 la tierra fue *conmovida* y tembló; se
    21.7 rey confía en Jehová .. no será *conmovido*
    30.6 no mí .. dije yo: No seré jamás *conmovido*
    46.5 Dios está en medio .. no será *conmovida*
Lm. 1.12 ¿no os *conmueve* a cuántos pasáis por el
Mt. 24.29; Mr. 13.25; Lc. 21.26 las potencias de los
    cielos serán *conmovidas*
Hch. 2.25 está a mi diestra, no seré *conmovido*
    21.30 así que toda la ciudad se *conmovió,* y
He. 12.26 *conmoveré* no solamente la tierra, sino

CONMOVIDO, da
Est. 3.15 a beber; pero la ciudad de Susa estaba *c*
Jn. 11.38 Jesús .. *c* otra vez, vino al sepulcro

CONOCER v. Comprender, Entender, Saber

Gn. 27.23 no le *conoció*, porque sus manos eran
42.7 mas hizo como que no los *conocía*, y les
42.8 *conoció* a sus hermanos; pero ellos no
45.1 no quedó nadie con él al darse a *conocer*
Ex. 18.11 *conozco* que Jehová es más grande que
33.12 dices: Yo te he *conocido* por tu nombre
Dt. 18.21 dijeres .. ¿cómo *conoceremos* la palabra
1 R. 8.43 los pueblos de .. *conozcan* tu nombre
2 R. 5.15 *conozco* que no hay Dios en .. sino en
19.27; Is. 37.28 he *conocido* tu situación, tu
1 Cr. 16.8 dad a *conocer* en los pueblos sus obras
2 Cr. 6.33 los pueblos de la tierra *conozcan* tu
Job 21.27 *conozco* vuestros pensamientos, y las
23.10 mas él *conoce* mi camino; me probará
36.26 Dios es grande, y .. no le *conocemos*
Sal. 1.6 Jehová *conoce* el camino de los justos
9.10 en ti confiarán los que *conocen* tu nombre
9.16 Jehová se ha hecho *conocer* en el juicio
36.10 extiende tu .. a los que te *conocen*
44.21 él *conoce* los secretos del corazón
46.10 quietos, y *conoced* que yo soy Dios
67.2 que sea *conocido* en la tierra tu camino
76.1 Dios es *conocido* en Judá; en Israel es
91.14 alto, por cuanto ha *conocido* mi nombre
94.11 Jehová *conoce* los pensamientos de los
103.14 él *conoce* nuestra condición .. polvo
105.1 dad a *conocer* sus obras en los pueblos
139.2 tú has *conocido* mi sentarme y mi
Pr. 1.2 para entender .. *conocer* razones prudentes
20.11 aun el muchacho es *conocido* por sus
29.7 *conoce* el justo la causa de los pobres
Ec. 9.12 el hombre tampoco *conoce* su tiempo
Is. 19.21 y Jehová será *conocido* de Egipto, y los
33.13 vosotros que .. cerca, *conoced* mi poder
45.4 te llamé por .. aunque no me *conociste*
49.26 *conocerá* todo hombre que yo Jehová
55.5 aquí, llamarás a gente que no *conociste*
59.8 no *conocieron* camino de paz, ni hay
63.16 nos ignora, e Israel no nos *conoce*; tú
66.18 *conozco* sus obras y sus pensamientos
Jer. 1.5 antes que te formase en el .. te *conocí*
9.24 en .. *conocerme*, que yo soy Jehová, que
24.7 para que me *conozcan* que yo soy Jehová
31.34 *conoce* a Jehová .. todos me *conocerán*
Os. 6.3 *conoceremos*, y proseguiremos en *conocer*
11.3 brazos; y no *conoció* que yo le cuidaba
Am. 3.2 vosotros solamente he *conocido* de todas
Mi. 4.12 ellos no *conocieron* los pensamientos de
Nah. 1.7 Jehová .. *conoce* a los que en él confían
Zac. 11.11 *conocieron* los pobres del rebaño que
Mt. 7.16 por sus frutos los *conoceréis*. ¿Acaso
7.23 declararé: Nunca os *conocí*; apartaos de
12.33; Lc. 6.44 porque por el fruto se *conoce*
17.12 que Elías ya vino, y no le *conocieron*
25.12 de cierto os digo, que no os *conozco*
26.72; Mr. 14.68 negó .. No *conozco* al hombre
Mr. 15.10 *conocía* que por envidia le habían
Lc. 2.17 al verlo, dieron a *conocer* lo que se les
4.34 te *conozco* quien eres, el Santo de Dios
5.22 Jesús .. *conociendo* los pensamientos de
12.47 siervo que *conociendo* la voluntad de su
Jn. 1.18 el unigénito Hijo .. le ha dado a *conocer*
7.17 *conocerá* si la doctrina es de Dios, o si
8.32 *conoceréis* la verdad, y .. os hará libres
8.55 no le *conocéis*; mas yo le *conozco*, y si
10.4 ovejas le siguen, porque *conocen* su voz
10.14 *conozco* mis ovejas, y .. me *conocen*
10.15 el Padre me *conoce* .. *conozco* al Padre
13.35 *conocerán* todos que sois mis discípulos
14.7 si me *conocieseis* .. mi Padre *conoceríais*
14.17 ni le *conoce*; pero vosotros le *conocéis*
15.21 porque no *conocen* al que me ha enviado
17.3 que te *conozcan* a ti, el único Dios .. y a
17.25 mundo no te ha *conocido*, mas yo te he *c*
17.26 he dado a *conocer* tu nombre .. daré a *c*
Hch. 7.13 José se dio a *conocer* a sus hermanos
7.18 en Egipto otro rey, que no *conocía* a José
15.8 y Dios, que *conoce* los corazones, les dio
17.23 esta inscripción: Al Dios no *conocido*

Hch. 19.15 a Jesús *conozco*, y sé quién es Pablo
26.3 porque tú *conoces* todas las costumbres
Ro. 1.19 porque lo que de Dios se *conoce* les es
1.21 habiendo *conocido* a Dios, no le .. a Dios
3.17 y no *conocieron* camino de paz
7.7 yo no *conocí* el pecado sino por la ley
8.29 a los que antes *conoció* .. los predestinó
11.2 su pueblo, al cual desde antes *conoció*
1 Co. 1.21 el mundo no *conoció* a Dios mediante
2.8 ninguno de los .. de este siglo *conoció*
2.11 nadie *conoció* las cosas de Dios, sino el
3.20 el Señor *conoce* los pensamientos de los
13.9 porque en parte *conocemos*, y en parte
13.12 *conozco* en .. *conoceré* como fui *conocido*
15.34 porque algunos no *conocen* a Dios; para
2 Co. 5.16 a nadie *conocemos* según la carne
5.21 al que no *conoció* pecado, por nosotros
12.2 *conozco* a un hombre en Cristo, que hace
Gá. 1.22 no era *conocido* de vista a las iglesias
4.8 no *conociendo* a Dios, servíais a los que
Ef. 6.19 dar a *conocer* con denuedo el misterio
Fil. 3.10 a fin de *conocerle*, y el poder de su
4.5 vuestra gentileza sea *conocida* de todos
4.6 sino sean *conocidas* vuestras peticiones
Col. 2.2 a fin de *conocer* el misterio de Dios el
4.8 he enviado .. para que *conozcan* lo que
2 Ts. 1.8 dar retribución a los que no *conocieron*
2 Ti. 2.19 *conoce* el Señor a los que son suyos
Tit. 1.16 profesan *conocer* a Dios, pero con los
He. 8.11 *conoce* al Señor .. todos me *conocerán*
2 P. 2.21 mejor .. no haber *conocido* el camino de
1 Jn. 2.3 en esto sabemos que .. le *conocemos*, si
2.20 la unción .. y *conocéis* todas las cosas
3.1 mundo no nos *conoce* .. no lo *conoció* a él
3.16 en esto hemos *conocido* el amor, en que
3.19 esto *conocemos* que somos de la verdad
4.16 hemos *conocido* y creído el amor que
Ap. 2.24 no han *conocido* .. las profundidades de

CONOCIDO v. Amigo, Compañero, Hermano

Job 19.13 mis *c* como extraños se apartaron de mí
Sal. 88.8 has alejado de mí mis *c*; me has puesto
Lc. 23.49 sus *c* .. estaban lejos mirando estas

CONOCIMIENTO v. Ciencia, Entendimiento, Inteligencia, Prudencia, Sabiduría

Job 21.14 porque no queremos el *c* de tus caminos
Sal. 53.4 ¿no tienen *c* todos los que hacen
73.11 ¿cómo sabe .. y hay *c* en el Altísimo?
139.6 tal *c* es demasiado maravilloso para mí
Pr. 9.10 el *c* del Santísimo es la inteligencia
Is. 11.2 poder, espíritu de *c* y de temor de Jehová
11.9 la tierra será llena del *c* de Jehová, como
53.11 por su *c* justificará mi siervo justo a a
Dn. 1.17 estos cuatro muchachos Dios les dio *c*
Os. 4.6 pueblo fue destruido, porque le faltó *c*
Hab. 2.14 será llena del *c* de la gloria de Jehová
Lc. 1.77 para dar *c* de salvación a su pueblo, para
Hch. 2.23 entregado por .. anticipado *c* de Dios
25.21 mas como Pablo apeló .. el *c* de Augusto
Ro. 3.20 por medio de la ley es el *c* del pecado
1 Co. 8.1 todos tenemos *c*. El *c* envanece, pero
2 Co. 10.5 altivez que se levanta contra el *c* de
Ef. 3.4 cuál sea mi *c* en el misterio de Cristo
3.19 el amor de Cristo, que excede a todo *c*
4.13 a la unidad de la fe y del *c* del Hijo de
Fil. 1.9 vuestro amor abunde aún más .. en todo *c*
3.8 por la excelencia del *c* de Cristo Jesús
Col. 1.9 que seáis llenos del *c* de su voluntad en
3.10 cual .. se va renovando hasta el *c* pleno
1 Ti. 2.4 sean salvos, y vengan al *c* de la verdad
2 Ti. 3.7 nunca pueden llegar al *c* de la verdad
Flm. 6 eficaz por el *c* de todo el bien que está en
2 P. 1.3 mediante el *c* de aquel que nos llamó
1.5 añadid a vuestra fe virtud; a la virtud, *c*
3.18 en la gracia y el *c* de nuestro Señor

CONSAGRACIÓN v. Dedicación

Lv. 8.22 hizo que trajeran .. el carnero de las *c*
Nm. 6.7 *c* de su Dios tiene sobre su cabeza

CONSAGRADO, da v. Santo

Lv. 27.28 lo *c* será cosa santísima para Jehová

Nm. 18.14 lo *c* por voto en Israel será tuyo
2 R. 12.4 el dinero *c* que se suele traer a la casa
Esd. 8.28 vosotros estáis *c* a Jehová, y son santos
Ez. 36.38 como las ovejas *c* . . de Jerusalén
　　44.29 toda cosa *c* en Israel será de ellos

CONSAGRAR *v.* Apartar, Dedicar, Santificar
Ex. 13.2 *conságrame* todo primogénito . . mío es
　　29.9 así *consagrarás* a Aarón y a sus hijos
　　29.35 así . . por siete días los *consagrarás*
　　32.29 hoy os habéis *consagrado* a Jehová
Lv. 8.33 porque por siete días seréis *consagrados*
　　27.32 el diezmo será *consagrado* a Jehová
Nm. 6.12 *consagrará* para Jehová los días de su
Dt. 15.19 *consagrarás* a Jehová . . primogénito
Jos. 6.19 la plata y el oro . . sean *consagrados* a
I Cr. 26.27 de lo que habían *consagrado* de las
Is. 23.18 negocios . . serán *consagrados* a Jehová

CONSEJERO
Job 12.17 andar despojados de consejo a los *c*
Pr. 11.14 mas en la multitud de *c* hay seguridad
　　15.22 mas en la multitud de *c* se afirman
Is. 1.26 restauraré tus . . y tus *c* como eran antes
　　9.6 se llamará . . *C*, Dios fuerte, Padre eterno
　　41.28 miré, y . . pregunté de . . y ningún *c* hubo
Mi. 4.9 ¿no hay rey en ti? ¿Pereció tu *c*, que te ha

CONSEJO *v.* Designio, Parecer, Propósito
Nm. 31.16 por *c* de Balaam ellas fueron causa de
Dt. 32.28 porque son nación privada de *c*, y no
2 S. 15.31 entorpece . . Jehová, el *c* de Ahitofel
　　17.7 el *c* que ha dado . . Ahitofel no es bueno
1 R. 12.6 el rey Roboam pidió *c* de los ancianos
　　12.8; 2 Cr. 10.8 dejó el *c* que los ancianos
Job 21.16 el *c* de los impíos lejos esté de mí
　　29.21 oían, y esperaban, y callaban a mi *c*
　　38.2 ¿quién es ése que oscurece el *c* con
Sal. 1.1 bienaventurado . . que no anduvo en *c* de
　　33.10 Jehová hace nulo el *c* de las naciones
　　73.24 me has guiado según tu *c*, y después
　　83.3 han entrado en *c* contra tus protegidos
Pr. 1.5 oirá el sabio . . y el entendido adquirirá *c*
　　3.21 no se aparten . . guarda la ley y el *c*
　　4.13 retén el *c*, no lo dejes; guárdalo . . vida
　　5.2 para que guardes *c*, y tus labios conserven
　　5.12 digas: ¡Cómo aborrecí el *c*, y mi corazón
　　8.33 atended el *c*, y sed sabios, y no lo
　　12.5 rectitud; mas los *c* de los impíos, engaño
　　12.15 mas el que obedece al *c* es sabio
　　15.5 el necio menosprecia el *c* de su padre
　　19.20 escucha el *c*, y recibe la corrección
　　19.21 mas el *c* de Jehová permanecerá
　　20.5 aguas profundas es el *c* en el corazón
　　21.30 no hay sabiduría . . ni *c*, contra Jehová
　　22.20 ¿no te he escrito tres veces en *c* y en ciencia
　　27.9 y el cordial *c* del amigo, al hombre
Is. 7.5 ha acordado maligno *c* contra ti el sirio
　　8.10 tomad *c*, y será anulado; proferid
　　16.3 reúne *c*, haz juicio; pon tu sombra en
　　19.17 temerá por causa del *c* que Jehová de
　　25.1 tus *c* antiguos son verdad y firmeza
　　28.29 de Jehová . . para hacer maravilloso el *c*
　　30.1 se apartan . . para tomar *c*, y no de mí
　　40.14 ¿a quién pidió *c* para ser avisado?
　　46.10 mi *c* permanecerá, y haré todo lo que
Jer. 7.24 antes caminaron en sus propios *c*, en la
　　49.7 ¿se ha acabado el *c* en los sabios?
Ez. 11.2 estos son los . . dan en esta ciudad mal *c*
Mt. 12.14; 26.4 *c* contra Jesús para destruirle
　　27.1; Mr. 15.1 entraron en *c* contra Jesús
Hch. 2.23 por el determinado *c* y . . conocimiento de
　　5.38 si este *c* o esta obra es de los hombres
　　20.27 rehuido anunciaros todo el *c* de Dios
2 Co. 8.10 en esto doy mi *c*; porque esto os
He. 6.17 mostrar más . . la inmutabilidad de su *c*

CONSENTIDO
Pr. 29.15 muchacho *c* avergonzará a su madre

CONSENTIR
Dt. 13.8 no *consentirás* . . ni le prestarás oído
Pr. 1.10 si . . te quisieren engañar, no *consientas*

Lc. 23.51 no había *consentido* en el acuerdo ni en
Hch. 8.1 Saulo *consentía* en su muerte. En aquel
　　22.20 yo . . presente, y *consentía* en su muerte
1 Co. 7.12 y ella *consiente* en vivir con él, no la

CONSERVAR *v.* Guardar, Preservar
Dt. 6.24 nos *conserve* la vida, como hasta hoy
Sal. 36.6 Jehová . . al hombre y al animal *conservas*
Pr. 4.6 no la dejes . . ámala, y te *conservará*
Ec. 2.9 de esto, *conservé* conmigo mi sabiduría
Lc. 5.38 el vino . . lo uno y lo otro se *conservan*
Jud. 21 *conservaos* en el amor de Dios, esperando

CONSIDERAR *v.* Meditar, Pensar
Dt. 32.7 considera los años de muchas generaciones
1 S. 12.24 *considerad* cuán grandes cosas ha hecho
Job 37.14 Job . . y *considera* las maravillas de Dios
Sal. 5.1 escucha, oh Jehová . . *considera* mi gemir
　　37.37 *considera* al íntegro, y mira al justo
　　48.13 *considerad* . . su antemuro, mirad sus
　　102.17 habrá *considerado* la oración de los
　　119.59 *consideré* mis caminos, y volví mis pies
Pr. 5.21 Jehová . . *considera* todas sus veredas
　　7.7 *consideré* entre los jóvenes, a un joven
　　21.12 *considera* el justo la casa del impío
　　31.27 *considera* los caminos de su casa, y no
Is. 5.12 ni *consideran* la obra de sus manos
Mt. 6.28; Lc. 12.27 *considerad* los lirios del campo
Ro. 6.11 *consideraos* muertos al pecado, pero
Gá. 6.1 *considerándote* a ti mismo, no sea que tú
2 Ti. 2.7 *considera* lo que digo, y el Señor te dé
He. 10.24 *considerémonos* unos a otros para
Stg. 1.23 es semejante al . . que *considera* en un

CONSIERVO *v.* Colaborador
Mt. 18.28 saliendo . . halló a uno de sus *c* que le
　　24.49 comenzar a golpear a sus *c*, y aun a
Ap. 19.10; 22.9 no lo hagas; yo soy *c* tuyo, y de

CONSOLACIÓN *v.* Consuelo
Job 15.11 ¿en tan poco tienes la *c* de Dios, y las
Is. 66.11 maméis y os saciéis de los pechos de sus *c*
Jer. 16.7 ni les darán a beber vaso de *c* por su
Mt. 5.4 los que lloran, porque ellos recibirán *c*
Lc. 2.25 Simeón . . piadoso, esperaba la *c* de Israel
Hch. 15.31 leído la cual, se regocijaron por la *c*
Ro. 15.4 por la . . *c* de las Escrituras, tengamos
　　15.5 el Dios . . de la *c* os dé . . un mismo sentir
2 Co. 1.3 Padre de misericordias y Dios de toda *c*
　　1.5 abunda . . por el mismo Cristo nuestra *c*
　　7.4 mucho me glorío con . . lleno estoy de *c*
　　7.13 hemos sido consolados en vuestra *c*
Fil. 2.1 por tanto, si hay alguna *c* en Cristo, si
2 Ts. 2.16 y nos dio *c* eterna y buena esperanza
Flm. 7 pues tenemos gran gozo y *c* en tu amor

CONSOLADOR
Job 16.2 he oído . . *c* molestos sois todos vosotros
Sal. 69.20 esperé quien . . y *c*, y ninguno hallé
Is. 51.12 yo, yo soy vuestro *c*. ¿Quién eres tú
Zac. 1.13 Jehová respondió . . palabras *c*, al ángel
Jn. 14.16 yo rogaré al Padre, y os dará otro *C*
　　14.26 el *C* . . a quien el Padre enviará en mi
　　15.26 pero cuando venga el *C*, a quien yo os
　　16.7 porque si no me fuere, el *C* no vendría

CONSOLAR *v.* Confortar
Gn. 37.35 para *consolarlo*; mas él no quiso recibir
Job 2.11 en venir juntos para . . y para *consolarle*
　　6.14 atribulado es *consolado* de su compañero
　　10.20 déjame, para que me *consuele* un poco
　　21.34 ¿cómo, pues, me *consoláis* en vano
Sal. 71.21 mi grandeza, y volverás a *consolarme*
　　86.17 Jehová, me ayudaste y me *consolaste*
Is. 40.1 *consolaos*, *consolaos*, pueblo mío, dice . . Dios
　　49.13; 52.9 Jehová ha *consolado* a su pueblo
　　51.3 *consolará* Jehová a Sion; *c* todas sus
　　61.2 el año . . a *consolar* a todos los enlutados
　　66.13 *consuela* su madre, así os *consolaré* yo
Jer. 31.13 los *consolaré*, y los alegraré de su dolor
　　31.15 Raquel que . . no quiso ser *consolada*
Lm. 1.2 no tiene quien la *consuele* de todos sus
Ez. 14.22 seréis *consolados* del mal que hice venir
Zac. 1.17 *consolará* Jehová a Sion, y escogerá

Lc. 16.25 pero ahora éste es *consolado* aquí, y tú
Jn. 11.19 judíos habían venido a .. *consolarlas*
Hch. 16.40 hermanos, los *consolaron*, y se fueron
2 Co. 1.4 nos *consuela* en todas .. tribulaciones
    7.6 pero Dios, que *consuela* a .. nos *consoló*
    7.13 sido *consolados* en vuestra consolación
Ef. 6.22 y que *consuele* vuestros corazones
Col. 2.2 para que sean *consolados* sus corazones
1 Ts. 3.7 fuimos *consolados* de vosotros por .. fe

CONSPIRACIÓN
2 S. 15.12 la *c* se hizo poderosa, y aumentaba el
1 R. 16.20 los hechos de Zimri, y la *c* que hizo
Sal. 64.2 de la *c* de los que hacen iniquidad
Is. 8.12 no llaméis *c* a todas las cosas que este
Jer. 11.9 *c* se ha hallado entre los varones de

CONSPIRAR
Gn. 37.18 *conspiraron* contra él para matarle
1 S. 22.8 vosotros hayáis *conspirado* contra mí
1 R. 16.9 y *conspiró* contra él su siervo Zimri

CONSTANTE
Ro. 12.12 gozosos .. sufridos .. *c* en la oración
1 Co. 15.58 firmes y *c*, creciendo en la obra del

CONSTITUIR *v*. Designar, Elegir, Poner Señalar
Sal. 81.5 lo *constituyó* como testimonio en José
1 Ti. 2.7 yo fui *constituido* predicador y apóstol
He. 3.2 el cual es fiel al que le *constituyó*, como
    7.28 la ley *constituye* sumos sacerdotes a

CONSTREÑIR *v*. Obligar
2 Co. 5.14 porque el amor de Cristo nos *constriñe*

CONSUELO *v*. Consolación
Job 6.10 sería aún mi *c*, si me asaltase con dolor
    21.2 mi palabra, y sea esto el *c* que me deis
Sal. 77.2 alzaba .. manos .. mi alma rehusaba *c*
    119.50 ella es mi *c* en mi aflicción, porque
Ez. 16.54 hecho, siendo tú motivo de *c* para ellas
Lc. 6.24 ¡ay .. ricos! porque ya tenéis vuestro *c*
Fil. 2.1 si algún *c* de amor, si alguna comunión
He. 6.18 tengamos un .. *c* los que hemos acudido

CONSULTAR *v*. Preguntar
Ex. 18.15 el pueblo viene a mí para *consultar* a
Jos. 9.14 los hombres .. no *consultaron* a Jehová
Jue. 20.18 Israel, y subieron .. *consultaron* a Dios
1 S. 9.9 cualquiera que iba a *consultar* a Dios
    14.37 Saúl *consultó* a Dios: ¿Descenderé tras
    23.2 David *consultó* a Jehová, diciendo: Iré
S. 16.23 como si se *consultase* la palabra de Dios
2 R. 1.2 *consulta* a Baal-zebub dios de Ecrón
2 Cr. 34.21 *consultad* a Jehová por mí y por el
Sal. 31.13 mientras *consultan* juntos contra mí
    62.4 *consultan* para arrojarle de su grandeza
Is. 8.19 ¿no *consultará* el pueblo a su Dios?
Ez. 14.3 ¿acaso he de ser .. *consultado* por ellos?
    20.3 ¿a *consultarme* venís vosotros? Vivo yo
Mt. 22.15 fueron los fariseos y *consultaron* cómo
Gá. 1.16 no *consulté* en seguida con carne y sangre

CONSUMAR *v*. Acabar, Cumplir, Terminar
Jn. 19.28 todo estaba *consumado*, dijo .. Tengo sed
    19.30 Jesús .. dijo: *Consumado* es. Y habiendo
Ap. 10.7 se *consumará*, como él lo anunció a sus

CONSUMIDOR
Dt. 4.24 Jehová tu Dios es fuego *c*, Dios celoso
He. 12.29 porque nuestro Dios es fuego *c*

CONSUMIR *v*. Comer, Destruir, Devorar
Ex. 3.2 ardía en fuego, y la zarza no se *consumía*
    32.10 se encienda mi ira en .. y los *consuma*
Lv. 26.20 vuestra fuerza se *consumirá* en vano
Nm. 16.21 apartaos de entre .. y los *consumiré*
2 S. 2.26 ¿*consumirá* la espada perpetuamente?
1 R. 18.38 y *consumió* el holocausto, la leña, las
Job 11.20 los ojos de los malos se *consumirán*
Sal. 21.9 deshará en tu ira, y fuego los *consumirá*
    50.3 vendrá .. fuego *consumirá* delante de él
    69.9 porque me *consumió* el celo de tu casa
    78.33 *consumió* sus días en vanidad, y sus años
    90.7 con tu furor somos *consumidos*, y con tu

Sal. 104.35 *consumidos* de la tierra los pecadores
Ec. 5.11 también aumentan los que los *consumen*
Is. 1.20 seréis *consumidos* a espada; porque la boca
    10.18 *consumirá* totalmente, alma y cuerpo
    29.20 el escarnecedor será *consumido*; serán
Jer. 30.16 serán *consumidos* .. los que te *consumen*
Lm. 3.22 no hemos sido *consumidos*, porque
Ez. 4.17 para que .. se *consuman* en su maldad
    33.10 y a causa de ellos somos *consumidos*
Am. 7.4 *consumió* un gran abismo, y *c* una parte
Nah. 1.10 serán *consumidos* como hojarasca
Sof. 1.18 la tierra será *consumida* con el fuego de
    3.8 de mi celo será *consumida* toda la tierra
Jn. 2.17 escrito: El celo de tu casa me *consume*
2 Co. 2.7 que no sea *consumido* de .. tristeza
Ap. 18.17 una hora han sido *consumidas* tantas
    20.9 descendió fuego del cielo, y los *consumió*

CONTAMINADO, da
Nm. 5.2 todo leproso .. y a todo *c* con muerto
Is. 59.3 porque vuestras manos están *c* de sangre

CONTAMINAR *v*. Corromper, Profanar
Lv. 11.44 no *contaminéis* vuestras personas con
    19.29 no *contaminarás* a tu hija .. fornicar
    21.1 que no se *contaminen* por un muerto en
Nm. 19.13 el tabernáculo de Jehová *contaminó*
    35.34 no *contaminéis*, pues, la tierra donde
Ez. 20.7 no os *contaminéis* con los ídolos de Egipto
    20.43 vuestros hechos en que os *contaminasteis*
    22.3 y que hizo ídolos .. para *contaminarse*
    22.26 mi ley, y *contaminaron* mis santuarios
    33.26 *contaminasteis* cada cual a la mujer
    36.17 la *contaminaron* con sus caminos y con
    37.23 ni se *contaminarán* ya más con sus
Dn. 1.8 no *contaminarse* con la porción de la
Sof. 3.4 sacerdotes *contaminaron* el santuario
Mt. 15.11, 18; Mr. 7.15, 23 lo que sale de la boca, esto *contamina* al hombre
Jn. 18.28 no entraron en .. para no *contaminarse*
1 Co. 8.7 conciencia, siendo débil, se *contamina*
He. 12.15 por ella muchos sean *contaminados*
Stg. 3.6 la lengua .. *contamina* todo el cuerpo

CONTAR *v*. Atribuir, Decir, Declarar, Proclamar, Revelar
Gn. 13.16 si alguno puede *contar* el polvo de la
    15.5 *cuenta* las estrellas, si las puedes *contar*
Nm. 1.19 Moisés, los *contó* en el desierto de Sinaí
Job 14.16; 31.4 ahora me *cuentas* los pasos, y no
    15.17 escúchame .. te *contaré* lo que he visto
Sal. 48.12 andad .. y rodeadla; *contad* sus torres
    66.16 *contaré* lo que ha hecho a mi alma
    75.1 los hombres *cuentan* tus maravillas
    90.12 enséñanos .. a *contar* nuestros días
Ec. 1.15 y lo incompleto no puede *contarse*
Dn. 5.26 Mene: *Contó* Dios tu reino, y le ha
Hab. 1.5 cuando se os *contare*, no la creeréis
Mt. 8.33 viniendo .. *contaron* todas las cosas
    10.30; Lc. 12.7 cabellos están todos *contados*
    26.13; Mr. 14.9 *contará* lo que ésta ha hecho
Mr. 5.19; Lc. 8.39 *cuéntales* cuán grandes cosas
    15.28; Lc. 22.37 fue *contado* con los inicuos
Hch. 8.33 mas su generación, ¿quién la *contará*?
    11.4 comenzó Pedro a *contarles* por orden
    15.12 *contaban* cuán grandes señales .. había
    21.19 *contó* .. las cosas que Dios había hecho
Ro. 4.3, 9, 22; Gá. 3.6; Stg. 2.23 le fue *contado* por justicia

CONTENCIÓN *v*. Contienda, Discusión
Sal. 31.20 pondrás .. a cubierto de *c* de lenguas
Fil. 1.16 los unos anuncian a Cristo por *c*, no
Stg. 3.14 si tenéis celos .. y *c* en vuestro corazón

CONTENCIOSO
Ro. 2.8 ira y enojo a los que son *c* y no obedecen
1 Co. 11.16 si alguno quiere ser *c*, nosotros no
2 Ti. 2.24 el siervo del Señor no debe ser *c*, sino

CONTENDER *v*. Altercar, Combatir, Discutir, Luchar, Pelear
Gn. 6.3 no *contenderá* mi Espíritu con el hombre
    30.8 he *contendido* con mi hermana, y he

Nm. 20.13 *contendieron* los .. de Israel con Jehová
Jue. 6.31 Joás .. ¿*Contenderéis* vosotros por Baal?
1 S. 12.7 *contenderé* con vosotros delante de
Job 9.3 si quisiere *contender* con él, no le podrá
10.2 entender por qué *contiendes* conmigo
13.8 favor? ¿*Contenderéis* vosotros por Dios?
13.19 ¿quién es el que *contenderá* conmigo
23.6 ¿*contendería* conmigo con grandeza de
33.13 ¿por qué *contiendes* contra él? Porque
40.2 sabiduría *contender* con el Omnipotente?
Sal. 35.1 Jehová, con los que contra mí *contienden*
103.9; Is. 57.16 no *contenderá* para siempre
Pr. 29.9 el hombre sabio *contendiere* con el necio
Ec. 6.10 no puede *contender* con Aquel que es
Is. 41.11 y perecerán los que *contienden* contigo
50.8 me salva; ¿quién *contenderá* conmigo?
Jer. 12.5 ¿cómo *contenderás* con los caballos?
Os. 2.2 *contended* con vuestra madre, *c*; porque
4.1 Jehová *contiende* con los moradores de la
4.4 hombre no *contienda* ni reprenda a hombre
Mt. 12.19 no *contenderá*, ni voceará, ni nadie oirá
Jn. 6.52 los judíos *contendían* entre sí, diciendo
Hch. 23.9 levantándose .. *contendían*, diciendo
Ro. 14.1 pero no para *contender* sobre opiniones
2 Ti. 2.14 no *contiendan* sobre palabras, lo cual
Jud. 3 que *contendáis* ardientemente por la fe
9 cuando el arcángel Miguel *contendía* con el

CONTENER
Gn. 45.1 no podía ya José *contenerse* delante de
1 R. 8.27; 2 Cr. 6.18 cielos no te pueden *contener*
Sal. 119.101 de todo mal camino *contuve* mis pies
Pr. 27.16 *contenerla* es como refrenar el viento

CONTENTAMIENTO *v.* Complacencia
Job 22.3 ¿tiene *c* el Omnipotente en que tú seas
Sal. 149.4 porque Jehová tiene *c* en su pueblo
Pr. 12.22 pero los que hacen verdad son su *c*
16.13 los labios justos son el *c* de los reyes
Is. 42.1 mi escogido, en quien mi alma tiene *c*
1 Ti. 6.6 ganancia es la piedad acompañada de *c*

CONTENTAR *v.* Satisfacer
Lc. 3.14 dijo .. *contentaos* con vuestro salario
Fil. 4.11 he aprendido a *contentarme*, cualquiera

CONTENTO *v.* Satisfecho
Job 31.16 si estorbé el *c* de los pobres, e hice
Pr. 14.14 el hombre de bien estará *c* del suyo
15.15 el de corazón *c* tiene un banquete
1 Ti. 6.8 teniendo sustento .. estemos *c* con esto
He. 13.5 *c* con lo que tenéis ahora; porque él dijo

CONTIENDA *v.* Contención, Discusión, Lucha
Sal. 18.43 me has librado de las *c* del pueblo
Pr. 13.10 la soberbia producirá *c*; mas con los
15.18 el hombre iracundo promueve *c*; mas
17.1 paz, que casa de *c* llena de provisiones
18.6 los labios del necio traen *c*, y su boca
20.3 honra es del hombre dejar la *c*; mas todo
22.10 echa fuera al escarnecedor, y saldrá la *c*
26.20 y donde no hay chismoso, cesa la *c*
26.21 el hombre rencilloso para encender *c*
28.25 el altivo de ánimo suscita *c*; mas el que
30.33 y el que provoca la ira causará *c*
Is. 58.4 para *c* y debates ayunáis, y para herir
Jer. 15.10 me engendraste hombre de *c* y hombre
Ro. 1.29 llenos de envidia .. *c*, malignidades
1 Co. 1.11 informado .. que hay entre vosotros *c*
2 Co. 12.20 que haya entre vosotros *c*, envidias, ira
Fil. 2.3 nada hagáis por *c* o por vanagloria; antes
2.14 haced todo sin murmuraciones y *c*
1 Ti. 2.8 levantando manos santas, sin ira ni *c*
6.4 delira acerca de .. *c* de palabras, de las
2 Ti. 2.23 desecha .. sabiendo que engendran *c*

CONTINENCIA *v.* Dominio propio
1 Co. 7.9 pero si no tienen don de *c*, cásense

CONTINUO *v.* Perpetuo, Siempre
Dn. 12.11 que sea quitado el *c* sacrificio hasta
Ro. 9.2 tengo gran .. y *c* dolor en mi corazón

CONTORNO *v.* Límite, Lindero, Término
Mt. 8.34; Mr. 5.17 rogarle que se fuera de sus *c*

CONTRA *v.* Contrario
Gn. 16.12 su mano .. *c* todos, y la de todos *c* él
Mr. 9.40; Lc. 9.50; 11.23 que no es *c* nosotros
Hch. 26.9 hacer muchas cosas *c* el nombre de
Ro. 8.31 si Dios es por .. ¿quién *c* nosotros?
11.24 y *c* naturaleza fuiste injertado en el
2 Co. 13.8 nada podemos *c* la verdad, sino por
Ap. 2.4 tengo *c* ti, que has dejado tu primer amor
2.14 tengo unas pocas cosas *c* ti: que

CONTRARIO *v.* Contra
Est. 9.1 el mismo día en que los .. sucedió lo *c*
Mt. 14.24; Mr. 6.48 porque el viento les era *c*, cerca
Col. 2.14 anulando el acta de .. que nos era *c*

CONTRISTAR *v.* Doler, Entristecer
Sal. 38.18 maldad, y me *contristaré* por mi pecado
Ro. 14.15 si .. tu hermano es *contristado*, ya no
2 Co. 2.2 si yo os *contristo*, ¿quién será luego el
7.8 aunque os *contristé* con la carta, no me
7.9 habéis sido *contristados* según Dios
Ef. 4.30 no *contristéis* al Espíritu Santo de Dios

CONTRITO *v.* Arrepentido, Entristecido
Sal. 34.18 Jehová .. salva a los *c* de espíritu
51.17 al corazón *c* .. no despreciarás tú, oh

CONTUMAZ *v.* Obstinado, Rebelde
Jer. 31.22 ¿hasta cuándo andarás .. oh hija *c*?
Tit. 1.10 porque hay aún muchos *c*, habladores de
2 P. 2.10 atrevidos y *c*, no temen decir mal de las

CONVENCER *v.* Persuadir, Redargüir
Jn. 16.8 él venga, *convencerá* al mundo de pecado
Ro. 14.5 esté .. *convencido* en su propia mente
1 Co. 14.24 indocto, por todos es *convencido*
Tit. 1.9 para .. y *convencer* a los que contradicen
Jud. 22 a algunos que dudan, *convencedlos*

CONVENIO *v.* Acuerdo, Pacto
Is. 28.15 hicimos *c* con el Seol; cuando pase

CONVENIR *v.* Necesario
Pr. 25.11 oro .. es la palabra dicha como *conviene*
Mt. 3.15 así *conviene* que cumplamos toda justicia
20.2 habiendo *convenido* con .. en un denario
Lc. 22.5 ellos se .. y *convinieron* en darle dinero
Jn. 11.50; 18.14 nos *conviene* que un hombre muera
16.7 os *conviene* que yo me vaya; porque si no
Hch. 22.22 quita .. porque no *conviene* que viva
23.20 los judíos han *convenido* en rogarte que
Ro. 1.28 para hacer cosas que no *convienen*
1 Co. 6.12; 10.23 lícitas, mas no todas *convienen*
2 Co. 8.10 porque esto os *conviene* a vosotros, que
12.1 no me *conviene* gloriarme; pero vendré a

CONVERSACIÓN *v.* Comportarse, Conducta, Vivir
1 Co. 15.33 las malas *c* corrompen las buenas

CONVERTIR *v.* Volver
Dt. 30.2 te *convirtieres* a Jehová tu Dios .. su voz
1 R. 8.47 si se *convirtieren*, y oraren a ti en la
2 Cr. 6.24 se *convirtiere*, y confesare tu nombre
7.14 se *convirtieren* de sus malos caminos
Sal. 19.7 la ley de Jehová .. que *convierte* el alma
51.13 los pecadores se *convertirán* a ti
90.3 dices: *Convertíos*, hijos de los hombres
Is. 6.10 ni se *convierta*, y haya para él sanidad
19.22 se *convertirán* a Jehová .. será clemente
Jer. 15.19 así dijo Jehová: Si te *convirtieres*, yo
18.8 si .. se *convirtieren* de su maldad contra
18.11; Jon. 3.8 *conviértase* ahora cada uno de
su mal camino
23.14 que ninguno se *convirtiese* de su maldad
31.18 *conviérteme*, y seré *convertido*, porque tú
Ez. 14.6 *convertíos*, y volveos de vuestros ídolos
18.30 dice .. *Convertíos*, y apartaos de todas
Os. 11.5 su rey, porque no se quisieron *convertir*
Jl. 2.12 *convertíos* a mí con todo vuestro corazón
Mt. 13.15; Mr. 4.12; Jn. 12.40; Hch. 28.27 y se
conviertan, y yo les sane
Lc. 1.16 hará que muchos .. Israel se *conviertan*
Hch. 3.19 *convertíos*, para que sean borrados
3.26 que cada uno se *convierta* de su maldad

Hch. 14.15 os *convirtáis* al Dios vivo, que hizo el
26.18 se *conviertan* de las tinieblas a la luz
1 Ts. 1.9 os *convertisteis* de los ídolos a Dios
CONVIDAR *v.* **Invitar**
Lc. 14.10 cuando fueres *convidado*, vé y siéntate
14.16 hizo una gran cena, y *convidó* a muchos
CONVITE *v.* **Banquete, Comida**
Sal. 69.22 sea su *c* delante de ellos por lazo, y lo
Ro. 11.9 sea vuelto su *c* en trampa, y en red, en
CONVOCACIÓN *v.* **Fiesta**
Ex. 12.16 el primer día habrá santa *c* .. séptimo
Lv. 23.3 el séptimo día será de reposo, santa *c*
23.36 octavo día tendréis santa *c* .. a Jehová
Nm. 28.26 el día de las primicias .. tendréis .. *c*
CONVOCAR *v.* **Juntar, Llamar, Reunir**
2 Cr. 1.2 *convocó* Salomón a todo Israel, a jefes
Sal. 50.4 *convocará* a los cielos de arriba, y a
Hch. 28.17 Pablo *convocó* a los principales de
CONYUGAL
1 Co. 7.3 marido cumpla con la mujer el deber *c*
COOPERAR *v.* **Ayudar**
2 Co. 1.11 *cooperando* .. a favor nuestro con
3 Jn. 8 para que *cooperemos* con la verdad
COPA *v.* **Cáliz, Vasija, Vaso**
Gn. 40.11 las exprimía en la *c* .. y daba yo la *c*
44.2 pondrás mi *c*, la *c* de plata, en la boca
2 S. 5.24; 1 Cr. 14.15 de marcha por las *c* de las
Sal. 23.5 unges mi cabeza .. mi *c* está rebosando
116.13 tomaré la *c* de la salvación, e invocaré
Jer. 25.15 toma de mi mano la *c* del vino de este
Zac. 12.2 yo pongo a Jerusalén por *c* que hará
Mt. 26.27; Mr. 14.23; Lc. 22.17; 1 Co. 11.25
tomando la *c* .. les dio, diciendo
26.39, 42; Mr. 14.36; Lc. 22.42 si es posible,
pase de mí esta *c*
Lc. 22.20; 1 Co. 11.25 esta *c* es el nuevo pacto en
Jn. 18.11 la *c* que el Padre me ha dado, ¿no la he
1 Co. 10.16 la *c* de bendición que .. ¿no es la
10.21 no podéis beber la *c* del Señor, y la *c* de
Ap. 5.8 todos tenían arpas, y *c* de oro llenas de
15.7 dio a los siete ángeles siete *c* de oro
16.1 derramad sobre la tierra las siete *c* de
COPARTÍCIPE *v.* **Participante, Partícipe**
Ef. 3.6 *c* de la promesa en Cristo Jesús por medio
Ap. 1 yo Juan .. *c* vuestro en la tribulación
COPERO
Gn. 40.9 el jefe de los *c* contó su sueño a José
41.9 jefe de los *c* habló a Faraón, diciendo
Neh. 1.11 te ruego .. porque yo servía de *c* al rey
COPIA
Dt. 17.18 escribirá para sí .. una *c* de esta ley
Jos. 8.32 escribió allí sobre las piedras una *c* de
CORAZA *v.* **Armadura, Escudo, Yelmo**
1 S. 17.38 Saul vistió a David .. y le armó de *c*
Is. 59.17 de justicia se vistió como de una *c*
Ef. 6.14 la verdad, y vestidos con la *c* de justicia
1 Ts. 5.8 habiéndonos vestido con la *c* de fe y de
Ap. 9.9 tenían *c* como *c* de hierro; el ruido de sus
9.17 sus jinetes, los cuales tenían *c* de fuego
CORAZÍN
Mt. 11.21; Lc. 10.13 ¡ay de ti, *C*! ¡Ay de ti
CORAZÓN *v.* **Alma, Endurecer, Espíritu, Mente**
Gn. 6.5 todo designio .. del *c* de ellos era .. mal
50.21 miedo .. los consoló, y habló al *c*
Nm. 15.39 no miréis en pos de vuestro *c* y de
Dt. 4.29 si lo buscares de todo *c* y de toda tu alma
6.5 amarás a Jehová tu Dios de todo tu *c*, y de
32.46 aplicad vuestro *c* a todas las palabras
Jue. 5.15 de Rubén hubo grandes resoluciones del *c*
1 S. 10.9 aconteció luego que .. mudó Dios su *c*
13.14 se ha buscado un varón conforme a su *c*
16.7 el hombre mira .. pero Jehová mira el *c*
24.5 después de esto se turbó el *c* de David
25.37 desmayó su *c* en él, y se quedó como

1 R. 3.9 da, pues, a tu siervo *c* entendido para
11.4 su *c* no era perfecto con Jehová su Dios
2 R. 5.26 ¿no estaba también allí mi *c*, cuando
1 Cr. 22.7 en mi *c* tuve el edificar templo al
28.9 porque Jehová escudriña los *c* de todos
29.17 yo sé, Dios mío, que tú escudriñas los *c*
Job 22.22 de su boca, y pon sus palabras en tu *c*
23.16 Dios ha enervado mi *c*, y me ha turbado
32.19 de cierto mi *c* está como el vino que no
Sal. 7.9 el Dios justo prueba la mente y el *c*
14.1; 53.1 dice el necio en su *c*: No hay Dios
24.4 el limpio de manos y puro de *c*; el que
33.15 formó el *c* de todos ellos; atento está
37.31 ley de su Dios está en su *c*; por tanto
45.1 rebosa mi *c* palabra buena; dirijo al rey
57.7 pronto está mi *c* .. mi *c* está dispuesto
66.18 si en mi *c* hubiese yo mirado a la
78.37 pues sus *c* no eran rectos con él, ni
108.1 mi *c* está dispuesto, oh Dios; cantaré
119.11 en mi *c* he guardado tus dichos, para
141.4 no dejes que se incline mi *c* a cosa mala
Pr. 2.2 atento .. si inclinares tu *c* a la prudencia
4.23 sobre toda cosa guardada, guarda tu *c*
6.21 átalos siempre en tu *c*, enlázalos a tu
14.10 el *c* conoce la amargura de su alma
16.9 el *c* del hombre piensa su camino; mas
17.22 el *c* alegre constituye buen remedio
21.2 todo camino .. pero Jehová pesa los *c*
23.26 dame, hijo mío, tu *c*, y miren tus ojos
24.12 no lo entenderá el que pesa los *c*?
27.19 así el *c* del hombre responde al hombre
Ec. 7.2 el fin .. el que vive lo pondrá en su *c*
7.4 el *c* de los sabios está en la casa del luto
10.2 el *c* del sabio está a su mano derecha
Is. 51.7 oídme .. pueblo en cuyo *c* está mi ley
Jer. 4.14 lava tu *c* de maldad, oh Jerusalén, para
12.2 estás tú en sus bocas, pero lejos de sus *c*
17.9 engañoso es el *c* más que todas las cosas
20.9 había en mi *c* como un fuego ardiente
31.33 daré mi ley en .. y la escribiré en su *c*
Ez. 11.19; 36.26 quitaré el *c* .. les daré un *c* de
18.31 haceos un *c* nuevo y un espíritu nuevo
Os. 2.14 la llevaré al desierto, y hablaré a su *c*
Jl. 2.13 rasgad vuestro *c*, y no vuestros vestidos
Mal. 4.6 volver el *c* de los padres hacia los hijos
Mt. 5.8 bienaventurados los de limpio *c*, porque
5.28 que mira .. ya adulteró con ella en su *c*
6.21; Lc. 12.34 allí estará también vuestro *c*
12.35; Lc. 6.45 del buen tesoro del *c* saca
12.40 estará el Hijo del .. en el *c* de la tierra
13.15; Hch. 28.27 el *c* de este pueblo se ha
13.19; Mr. 4.15; Lc. 8.12 arrebata lo que fue
sembrado en su *c*
15.8; Mr. 7.6 honra; mas su *c* está lejos de mí
15.19; Mr. 7.21 del *c* salen los .. pensamientos
19.8; Mr. 10.5 por la dureza de vuestros *c*
22.37; Mr. 12.30; Lc. 10.27 amarás al Señor
tu Dios con todo tu *c*
Mr. 6.52 por cuanto estaban endurecidos sus *c*
8.17 ¿aún tenéis endurecido vuestro *c*?
Lc. 2.19, 51 María guardaba .. cosas en su *c*
16.15 mas Dios conoce vuestros *c*; porque lo
24.32 ¿no ardía nuestro *c* en nosotros
Jn. 14.1 no se turbe vuestro *c*; creéis en Dios
Hch. 2.37 se compungieron de *c*, y dijeron a Pedro
2.46 comían juntos con .. y sencillez de *c*
4.32 los que habían creído eran de un *c* y un
7.54 oyendo estas .. se enfurecían en sus *c*
8.37 dijo: Si crees de todo *c*, bien puedes
13.22 a David .. varón conforme a mi *c*, quien
16.14 el Señor abrió el *c* de ella para que
Ro. 2.5 y por tu *c* no arrepentido, atesoras .. ira
2.15 mostrando la .. de la ley escrita en sus *c*
2.29 y la circuncisión es la del *c*, en espíritu
5.5 ha sido derramado en nuestros *c* por el
8.27 el que escudriña los *c* sabe cuál es la
10.10 con el *c* se cree para justicia, pero con
2 Co. 3.2 cartas sois .. escritas en nuestros *c*
3.3 de piedra, sino en tablas de carne del *c*
3.15 el velo está puesto sobre el *c* de ellos

2 Co. 5.12 glorían en las apariencias, y no en el *c*
      6.12 pero si sois estrechos en vuestro propio *c*
      7.3 ya he dicho antes que estáis en nuestro *c*
Ef. 4.18 ajenos de la vida .. por la dureza de su *c*
      5.19 y alabando al Señor en vuestros *c*
      6.6 sino .. de *c* haciendo la voluntad de Dios
Fil. 1.7 por cuanto os tengo en el *c*; y en mis
      4.7 la paz de Dios .. guardará vuestros *c* y
Col. 3.16 cantando con gracia en vuestros *c* al
      3.23 todo lo que hagáis, hacedlo de *c*, como
He. 3.8 no endurezcáis vuestros *c*, como en la
      4.7 si oyereis .. no endurezcáis vuestros *c*
      4.12 discierne los pensamientos y las .. del *c*
      8.10 pondré mis .. y sobre su *c* las escribiré
      10.22 acerquémonos con *c* sincero, en plena
      10.22 purificados los *c* de mala conciencia
Stg. 4.8 los de doble ánimo, purificad vuestros *c*
1 P. 3.4 el interno, del *c* en el incorruptible
      3.15 santificad a Dios el Señor en vuestros *c*
1 Jn. 3.20 mayor que nuestro *c* es Dios, y él sabe
Ap. 2.23 yo soy el que escudriña la mente y el *c*

CORBÁN
Mr. 7.11 basta que diga un hombre .. Es *C* (que

CORDEL *v.* **Cuerda, Medir**
2 S. 8.2 los midió con *c* .. dos *c* para .. morir
Job 38.5 ordenó .. ¿o quién extendió sobre ella *c*?
Is. 28.17 ajustaré el juicio a *c*, y a nivel la justicia
Zac. 2.1 aquí un varón que tenía .. un *c* de medir

CORDERITO, ta
2 S. 12.3 el pobre no tenía más que una sola *c*
Sal. 114.4 saltaron como .. los callados como *c*

CORDERO *v.* **Cabrío, Carnero, Oveja**
Gn. 22.8 Dios se proveerá de *c* para .. hijo mío
Ex. 29.39 ofrecerás uno de los *c* por la mañana
Lv. 4.32 por su ofrenda por el pecado trajere *c*
1 S. 7.9 Samuel tomó un *c* de leche y lo sacrificó
Is. 11.6; 65.25 morará el lobo con el *c*, y el
      40.11 en su brazo llevará los *c*, y en su seno
      53.7 como *c* fue llevado al matadero; y como
Jer. 11.19 yo era como *c* inocente que llevan a
Lc. 10.3 yo os envío como *c* en medio de lobos
Jn. 1.29, 36 dijo: He aquí el *C* de Dios
      21.15 que le amo. El le dijo: Apacienta mis *c*
1 P. 1.19 un *c* sin mancha y sin contaminación
Ap. 5.6 estaba en pie un *C* como inmolado, que
      5.12 *C* que fue inmolado es digno de tomar
      6.16 y escondednos del .. y de la ira del *C*
      7.10 la salvación pertenece a .. Dios .. y al *C*
      12.11 vencido por medio de la sangre del *C*
      13.8 en el libro de .. del *C* que fue inmolado
      14.1 miré .. *C* estaba en pie sobre el monte
      14.4 son los que siguen al *C* por dondequiera
      17.14 pelearán contra el *C*, y el *C* los vencerá
      19.7 porque han llegado las bodas del *C*
      21.9 ven acá, yo te mostraré .. esposa del *C*
      21.23 Dios la ilumina, y el *C* es su lumbrera
      22.3 el trono de Dios y del *C* estará en ella

CORDÓN
Nm. 15.38 en cada franja de los bordes un *c* de
Jos. 2.18 atarás este *c* de grana a la ventana

CORDURA *v.* **Prudencia, Sabiduría**
Pr. 1.4 para dar .. a los jóvenes inteligencia y *c*
      8.12 yo, la sabiduría, habito con la *c*, y hallo
      9.4 a los faltos de *c* dice: Venid, comed
      19.11 la *c* del hombre detiene su furor, y su
Hch. 26.25 que hablo palabras de verdad y de *c*
Ro. 12.3 sino que piense de sí con *c*, conforme a

CORÉ   Nm. 16.1; 26.10; Jud. 11.

CORINTO   Hch. 18.1–18.

CORNELIO   Hch. 10.1–48.

CORONA *v.* **Diadema, Tiara**
2 S. 1.10 tomé la *c* que tenía en su cabeza, y la
2 R. 11.12; 2 Cr. 23.11 le puso la *c* y el testimonio
Sal. 21.3 *c* de oro fino has puesto sobre su cabeza
      89.39 has profanado su *c* hasta la tierra
Pr. 4.9 adorno de .. *c* de hermosura te entregará

Pr. 12.4 la mujer virtuosa es *c* de su marido
      14.24 las riquezas de los sabios son su *c*
      27.24 será la *c* .. perpetuas generaciones?
Is. 28.1 ¡ay de la *c* de soberbia de los ebrios de
      28.5 Jehová .. será por *c* de gloria y diadema
      62.3 serás *c* de gloria en la mano de Jehová
Jer. 13.18 la *c* de vuestra gloria ha caído de
Lm. 5.16 cayó la *c* de nuestra cabeza; ¡ay ahora
Ez. 21.26 depón la tiara, quita la *c*; esto no será
Zac. 6.11 tomarás, pues, plata y oro, y harás *c*
Mt. 27.29; Mr. 15.17; Jn. 19.2 una *c* .. de espinas
1 Co. 9.25 ellos .. para recibir una *c* corruptible
Fil. 4.1 así que, hermanos míos .. gozo y *c* mía
1 Ts. 2.19 ¿cuál es .. gozo, o *c* de que me glorie?
2 Ti. 4.8 está guardada la *c* de justicia, la cual
Stg. 1.12 haya resistido .. recibirá la *c* de vida
1 P. 5.4 recibiréis la *c* incorruptible de gloria
Ap. 2.10 sé fiel hasta .. yo te daré la *c* de la vida
      3.11 retén lo .. para que ninguno tome tu *c*
      6.2 le fue dada una *c*, y salió venciendo
      12.1 sobre su cabeza una *c* de doce estrellas
      14.14 que tenía en la cabeza una *c* de oro

CORONAR
Sal. 8.5; He. 2.7 le *coronaste* de gloria y de honra
      65.11 tú *coronas* el año con tus bienes, y tus
Pr. 14.18 los prudentes se *coronarán* de sabiduría
2 Ti. 2.5 el que lucha como .. no es *coronado* si no

CORRECCIÓN *v.* **Castigo, Disciplina**
Job 5.17 no menosprecies la *c* del Todopoderoso
      36.10 despierta .. el oído de ellos para la *c*
Sal. 50.17 tú aborreces la *c*, y echas a tu espalda
Jer. 2.30; 5.3 he azotado a .. no han recibido *c*
      7.28 esta es la nación que no .. ni admitió *c*
      17.23 su cerviz para no oír, ni recibir *c*
Sof. 3.2 no escuchó la voz, ni recibió la *c*; no
      3.7 dije: Ciertamente me temerá; recibirá *c*

CORREGIR *v.* **Amonestar, Castigar, Disciplinar, Reprender**
Lv. 26.23 con estas cosas no fuereis *corregidos*
Sal. 39.11 con castigos por .. *corriges* al hombre
      94.12 bienaventurado .. quien tú .. *corriges*
Pr. 9.8 no reprendas .. *corrige* al sabio, y te amará
      13.24 que lo ama, desde temprano lo *corrige*
      16.6 con .. y verdad se *corrige* el pecado
      23.13 no rehúses *corregir* al muchacho; porque
      29.17 *corrige* a tu hijo, y te dará descanso
Jer. 6.8 *corrígete* .. no se aparte mi alma de ti
Mi. 4.3 juzgará .. *corregirá* a naciones poderosas
2 Ti. 2.25 con mansedumbre *corrija* a los que se
Tit. 1.5 *corrigieses* lo deficiente, y establecieses

CORRER *v.* **Carrera**
1 R. 18.46 el cual ciñó .. y *corrió* delante de Acab
Sal. 119.32 por el camino de .. *correré*, cuando
Pr. 18.10 a él *correrá* el justo, y será levantado
Is. 2.2; Mi. 4.1 *correrán* a él todas las naciones
      40.31 *correrán*, y no se cansarán; caminarán
      55.5 *correrán* a ti, por causa de Jehová tu
      59.7 sus pies *corren* al mal, se apresuran para
Jer. 12.5 si *corriste* con los de a pie, y te cansaron
      31.12 y *correrán* al bien de Jehová, al pan, al
Dn. 12.4 muchos *correrán* de aquí para allá, y la
Hab. 2.2 para que *corra* el que leyere en ella
Mt. 28.8 fueron *corriendo* a dar las nuevas a sus
Jn. 7.38 de su interior *correrán* ríos de agua viva
      20.4 *corrían* los dos .. *corrió* más aprisa que
Ro. 9.16 así que no depende del que .. *corre*
1 Co. 9.24 ¿no sabéis que los que *corren* en el
Gá. 5.7 vosotros *corríais* bien; ¿quién os estorbó
Fil. 2.16 gloriarme de que no he *corrido* en vano
2 Ts. 3.1 palabra de Dios *corra* y sea glorificada
He. 12.1 *corramos* con paciencia la carrera que
1 P. 4.4 extraña que vosotros no *corráis* con ellos

CORROMPER *v.* **Contaminar, Pervertir, Profanar**
Gn. 6.11 se *corrompió* la tierra delante de Dios
Ex. 32.7; Dt. 9.12 tu pueblo .. se ha *corrompido*
Lv. 18.24 se han *corrompido* las naciones que yo
Dt. 4.16 no os *corrompáis* y hagáis para vosotros

Dt. 31.29 *corromperéis* y os apartaréis del camino
Neh. 1.7 en extremo nos hemos *corrompido* contra
Sal. 14.1, 3; 53.1, 3 se han *corrompido*, hacen
Pr. 6.32 *corrompe* su alma el que tal hace
Sof. 3.7 apresuraron a *corromper* . . sus hechos
Mal. 2.8 habéis *corrompido* el pacto de Leví
1 Co. 15.33 *corrompen* las buenas costumbres
Jud. 10 se *corrompen* como animales irracionales

CORROMPIDO, da v. Corrupto
Ef. 4.29 ninguna palabra *c* salga de vuestra boca
Tit. 1.15 para los *c* . . nada les es puro; pues

CORRUPCIÓN
Dt. 32.5 *c* no es suya; de sus hijos es la mancha
Job 17.14 a la *c* he dicho: Mi padre eres tú
Sal. 16.10 Seol, ni permitirás que tu santo vea *c*
Is. 38.17 a ti agradó librar mi vida del hoyo de *c*
Os. 9.9 llegaron hasta lo más bajo en su *c*, como
Hch. 2.27; 13.35 ni permitirás que tu Santo vea *c*
    2.31 no fue dejada en el . . ni su carne vio *c*
Ro. 8.21 creación misma será libertada de . . *c*
1 Co. 15.42 se siembra en *c*, resucitará en
    15.50 carne . . ni la *c* hereda la incorrupción
Gá. 6.8 el que siembra para su carne . . segará *c*
2 P. 1.4 habiendo huido de la *c* que hay en el
    2.19 y son ellos mismos esclavos de *c*

CORRUPTIBLE
Ro. 1.23 en semejanza de imagen de hombre *c*, de
1 Co. 9.25 ellos . . para recibir una corona *c*
    15.53 es necesario que esto *c* se vista de
1 P. 1.18 no con cosas *c*, como oro o plata, sino
    1.23 renacidos, no de simiente *c*, sino de

CORRUPTO v. Corrompido
1 Ti. 6.5 necias de hombres *c* de entendimiento
2 Ti. 3.8 hombres *c* de entendimiento, réprobos

CORTAR v. Quitar, Raer, Sajar
1 S. 24.4 David . . *cortó* la orilla del manto de
1 R. 5.18 *cortaron* y prepararon la madera y la
2 Cr. 2.2 hombres que *cortasen* en los montes
Job 14.2 sale como una flor y es *cortado*, y huye
Sal. 31.22 *cortado* soy de delante de tus ojos
Pr. 2.22 los impíos serán *cortados* de la tierra
Ec. 10.9 quien *corta* piedras, se hiere con ellas
Is. 9.14 Jehová *cortará* de Israel cabeza y cola
    53.8 fue *cortado* de la tierra de los vivientes
Mt. 3.10; 7.19; Lc. 3.9 es *cortado* y echado en el
    5.30; 18.8; Mr. 9.43 *córtala*, y échala de ti
Hch. 27.32 los soldados *cortaron* las amarras del
Ro. 11.22 otra manera tú también serás *cortado*
1 Co. 11.6 no se cubre, que se *corte* . . el cabello

CORTINA
Ex. 26.1; 36.8 el tabernáculo de diez *c* de lino
2 S. 7.2; 1 Cr. 17.1 el arca de Dios está entre *c*
Sal. 18.11 puso . . por *c* suya alrededor de sí
    104.2; Is. 40.22 extiende los cielos como . . *c*

CORZO
Cnt. 2.9 mi amado es semejante al *c*, o al
    2.17; 8.14 vuélvete . . y sé semejante al *c*, o

COSECHA v. Fruto, Mies, Siega
Ex. 23.16; 34.22 fiesta de la *c* a la salida del año
Is. 16.9 sobre tus *c* . . caerá el grito de guerra
    17.11 la *c* será arrebatada en el día de la

COSTADO
Jn. 19.34 uno de . . le abrió el *c* con una lanza
    20.27 acerca tu mano, y métela en mi *c*; y no

COSTILLA
Gn. 2.21 mientras . . dormía, tomó una de sus *c*

COSTUMBRE v. Camino
Lv. 18.30 no haciendo las *c* abominables que
Jer. 10.3 porque las *c* de los pueblos son vanidad
Lc. 4.16 entró en la sinagoga, conforme a su *c*
Hch. 16.21 enseñan *c* que no nos es lícito recibir
    26.3 tú conoces todas las *c* . . entre los judíos
1 Co. 11.16 no tenemos tal *c*, ni las iglesias de
    15.33 conversaciones corrompen las buenas *c*
He. 13.5 sean vuestras *c* sin avaricia, contentos

COYUNDA v. Cuerda
Sal. 129.4 Jehová . . cortó las *c* de los impíos
Is. 5.18 traen . . el pecado como con *c* de carreta

COYUNTURA
Ef. 4.16 unido entre sí por todas las *c* que se
Col. 2.19 todo el cuerpo . . uniéndose por las *c* y
He. 4.12 hasta partir . . las *c* y los tuétanos

COZ v. Coces

CREACIÓN v. Principio
Mr. 10.6 al principio de la *c*, varón y hembra los
Ro. 1.20 se hacen . . visibles desde la *c* del mundo
    8.19 anhelo ardiente de la *c* es el aguardar
    8.21 también la *c* misma será libertada de
    8.22 sabemos que toda la *c* gime a una, y a
Gá. 6.15 ni la incircuncisión, sino una nueva *c*
He. 9.11 no hecho de . . es decir, no de esta *c*
2 P. 3.4 así como desde el principio de la *c*
Ap. 3.14 el principio de la *c* de Dios, dice esto

CREADO, da
Ro. 8.39 ni ninguna otra cosa *c* nos podrá separar
Ap. 5.13 a todo lo *c* . . oí decir . . al Cordero

CREADOR v. Formador, Hacedor
Ec. 12.1 acuérdate de tu *C* en los días de tu
Is. 42.5 así dice Jehová Dios, *C* de los cielos y
    43.15 yo Jehová . . *C* de Israel, vuestro Rey
Ro. 1.25 culto a las criaturas antes que al *C*
1 P. 4.19 encomienden sus almas al fiel *C*, y

CREAR v. Formar, Hacer
Gn. 1.1 en el principio *creó* Dios los cielos y la
Dt. 32.6 ¿no es él tu padre que te *creó*? El te
Job 26.13 su mano *creó* la serpiente tortuosa
Sal. 51.10 crea en mí, oh Dios, un corazón limpio
    89.47 ¿por qué habrás *creado* en vano a todo
    104.30 envías tu Espíritu, son *creados*, y
    148.5 porque él mandó, y fueron *creados*
Is. 41.20 esto, y que el Santo de Israel lo *creó*
    43.21 este pueblo he *creado* para mí; mis
    45.7 que formo la luz y *creo* las tinieblas
    45.12 la tierra, y *creé* sobre ella al hombre
    65.17 yo *crearé* nuevos cielos y nueva tierra
Mal. 2.10 ¿no nos ha *creado* un mismo Dios?
1 Co. 11.9 tampoco . . fue *creado* por causa de la
Ef. 2.10 hechura suya, *creados* en Cristo Jesús
Col. 1.16 todo fue *creado* por medio de él
1 Ti. 4.4 todo lo que Dios *creó* es bueno, y
Ap. 4.11 tú *creaste* todas las cosas, y por tu
    10.6 que *creó* el cielo y las cosas que están

CRECER v. Aumentar, Multiplicar
Lv. 26.9 os haré *crecer*, y os multiplicaré
Jue. 16.22 el cabello de su . . comenzó a *crecer*
1 Cr. 11.9 David iba . . *creciendo*, y Jehová de
Mt. 13.30 dejad *crecer* . . lo uno y lo otro hasta
Lc. 2.40 el niño *crecía* y se fortalecía, y se llenaba
    2.52 Jesús *crecía* en sabiduría y en estatura
Jn. 3.30 es necesario que él *crezca*, pero que yo
Hch. 6.1 como *crecía* el número . . discípulos
    6.7; 12.24; 19.20 *crecía* la palabra del Señor
1 Co. 15.58 *creciendo* en la obra del Señor
2 Co. 10.15 conforme *crezca* vuestra fe seremos
Col. 2.19 *crece* con el crecimiento que da Dios
1 Ts. 3.12 el Señor os haga *crecer* y abundar en
1 P. 2.2 que por ella *crezcáis* para salvación
2 P. 3.18 *creced* en la gracia . . de nuestro Señor

CREER v. Confiar, Fe, Fiar
Gn. 15.6 *creyó* a Jehová, y le fue contado por
Ex. 4.1 no me *creerán*, ni oirán mi voz; porque
    4.31 el pueblo *creyó*; y oyendo . . adoraron
    14.31 el pueblo temió a Jehová, y *creyeron*
    19.9 también para que te *crean* para siempre
Nm. 14.11 ¿hasta cuándo no me *creerán*, con
    20.12 no *creísteis* en mí, para santificarme
Dt. 1.32 aun con esto no *creísteis* a Jehová
    9.23 no le *creísteis*, no obedecisteis a su voz
2 R. 17.14 cuales no *creyeron* en Jehová su Dios
2 Cr. 20.20 *creed* en Jehová . . *c* a sus profetas
Job 9.16 aún no *creeré* que haya escuchado mi voz

Job 15.22 él no *cree* que volverá de las tinieblas
29.24 si me reía con ellos, no lo *creían*
Sal. 27.13 si no *creyese* que veré la bondad de
78.22 por cuanto no habían *creído* a Dios, ni
116.10 *creí*; por tanto hablé, estando afligido
119.66 porque tus mandamientos he *creído*
Pr. 14.15 el simple todo lo *cree*; mas el avisado
26.25 hablare amigablemente, no le *creas*
Is. 7.9 si vosotros no *creyereis*, de cierto no
28.16 piedra .. el que *creyere*, no se apresure
43.10 que me conozcáis y *creáis*, y entendáis
53.1 ¿quién ha *creído* a nuestro anuncio?
Jer. 12.6 no los *creas* cuando bien te hablen
Jon. 3.5 y los hombres de Nínive *creyeron* a Dios
Mt. 8.13 dijo .. Vé, y como *creíste*, te sea hecho
9.28 les dijo: ¿Creéis que puedo hacer esto?
21.22 que pidiereis .. *creyendo*, lo recibiréis
21.25; Lc. 20.5 ¿por qué .. no le *creísteis*?
21.32 publicanos y las rameras le *creyeron*
21.32 no os arrepentisteis después para *creerle*
24.23; Mr. 13.21 mirad, allí está, no lo *creáis*
27.42; Mr. 15.32 descienda .. y *creeremos*
Mr. 1.15 arrepentíos, y *creed* en el evangelio
9.23 si puedes *creer*, al que *cree* todo es
9.24 y dijo: Creo; ayuda mi incredulidad
11.24 *creed* que lo recibiréis, y os vendrá
16.11 oyeron que vivía .. no le *creyeron*
16.16 el que *creyere* .. será salvo; mas el que
Lc. 1.20 por cuanto no *creíste* mis palabras, que
8.12 quita de .. para que no *crean* y se salven
8.50 no temas; *cree* solamente, y será salva
22.67 les dijo: Si os lo dijere, no *creeréis*
24.11 les parecía locura .. y no las *creían*
24.25 tardos .. para *creer* todo lo que los
Jn. 1.7 vino .. a fin de que todos *creyesen* por él
1.12 a los que *creen* en su nombre, les dio
2.11 Caná .. y sus discípulos *creyeron* en él
2.22 y *creyeron* la Escritura y la palabra que
2.23 muchos *creyeron* en su nombre, viendo
3.12 ¿cómo *creeréis* si os dijere las celestiales?
3.16 para que todo aquel que en él *cree*, no se
3.18 el que en él *cree* no es condenado; pero
3.36 el que *cree* en el Hijo tiene vida eterna
4.42 ya no *creemos* solamente por tu dicho
4.48 dijo: Si no viereis señales .. no *creeréis*
4.53 el padre .. *creyó* él con toda su casa
5.24 *cree* al que me envió, tiene vida eterna
5.46 si *creyeseis* a Moisés me *creeríais* a mí
6.29 Dios, que *creáis* en el que él ha enviado
6.35 el que en mí *cree*, no tendrá sed jamás
6.64 hay algunos de vosotros que no *creen*
6.69 nosotros hemos *creído* y conocemos que
7.5 porque ni aun sus hermanos *creían* en él
7.31; 8.30 muchos .. *creyeron* en él, y decían
7.38 el que *cree* en mí, como dice la Escritura
7.48 ¿acaso ha *creído* en él alguno de los
8.24 si no *creéis* que yo soy, en vuestros
8.45 porque digo la verdad, no me *creéis*
9.35 le dijo: ¿Crees tú en el Hijo de Dios?
10.26 no *creéis*, porque no sois de mis ovejas
10.38 no me *creáis* a mí, *creed* a las obras
11.15 me alegro por vosotros .. para que *creáis*
11.25 el que *cree* en mí .. esté muerto, vivirá
11.27 yo he *creído* que tú eres el Cristo, el
11.45 vieron lo que hizo Jesús, *creyeron* en él
11.48 si le dejamos así, todos *creerán* en él
12.36 *creed* en la luz, para que seáis hijos de
12.37 hecho tantas señales .. no *creían* en el
12.38 ¿quién ha *creído* a nuestro anuncio?
12.42 aun de los gobernantes .. *creyeron* en él
12.44 el que *cree* en mí, no *cree* en mí, sino en
13.19; 14.29 para que cuando suceda, *creáis*
14.1 *creéis* en Dios, *creed* también en mí
14.10 ¿no *crees* que yo soy en el Padre, y el
16.9 de pecado, por cuanto no *creen* en mí
16.27 habéis *creído* que yo salí de Dios
17.8 ellos .. han *creído* que tú me enviaste
17.20 que han de *creer* en mí por la palabra
17.21 que el mundo *crea* que tú me enviaste
20.8 entró también el otro .. y vio, y *creyó*

Jn. 20.25 y metiere mi mano en su .. no *creeré*
20.29 porque me has visto, Tomás, *creíste*
20.31 éstas se han escrito para que *creáis* que
Hch. 4.32 los que habían *creído* era de un corazón
8.12 pero cuando *creyeron* a Felipe, que
8.37 si *crees* .. Creo que Jesucristo es el Hijo
9.42 notorio .. y muchos *creyeron* en el Señor
10.43 que todos los que en él *creyeren*
11.21 número *creó* y se convirtió al Señor
13.39 en él es justificado todo aquel que *cree*
13.48 *creyeron* .. los que estaban ordenados
14.1 que *creyó* una gran multitud de judíos
16.31 *creyeron* en el Señor Jesucristo
17.4, 34 algunos .. *creyeron*, y se juntaron con
19.2 el Espíritu Santo cuando *creísteis*?
23.21 tú no les *creas*; porque más de cuarenta
24.14 *creyendo* todas las cosas que en la ley
26.27 ¿crees, oh rey Agripa, a los profetas?
Ro. 1.16 para salvación a todo aquel que *cree*
4.3; Stg. 2.23 *creyó* Abraham a Dios, y le fue
4.5 al que no obra, sino *cree* en aquel que
4.18 él *creyó* en esperanza contra esperanza
9.33 que *creyere* en él, no será avergonzado
10.4 para justicia a todo aquel que *cree*
10.9 y *creyeres* en tu corazón que Dios le
10.11 todo aquel que en él *creyere*, no será
10.14 ¿cómo, pues, invocarán .. no han *creído*?
10.16 ¿quién ha *creído* a nuestro anuncio?
14.2 uno *cree* que se ha de comer de todo lo
1 Co. 13.7 todo lo *cree*, todo lo espera, todo
2 Co. 4.13 *creí*, por lo cual hablé .. *creemos*, por
Gá. 6.3 el que se *cree* ser algo, no siendo nada
Ef. 1.13 oído la palabra .. y habiendo *creído* en él
1.19 de su poder para con .. los que *creemos*
Fil. 1.29 no sólo que *creáis* en él, sino también
2 Ts. 1.10 ser admirado en todos los que *creyeron*
2.12 condenados todos los que no *creyeron*
1 Ti. 3.16 *creído* en el mundo, recibido arriba
2 Ti. 1.12 yo sé a quién he *creído*, y estoy seguro
He. 4.3 que hemos *creído* entramos en el reposo
11.6 que se acerca a Dios *crea* que le hay
11.13 de lejos, y *creyéndolo*, y saludándolo
Stg. 1.26 si alguno se *cree* religioso entre vosotros
2.19 tú *crees* que Dios es uno; bien haces
1 P. 1.8 en quien *creyendo* .. os alegráis con gozo
1.21 mediante el cual *creéis* en Dios, quien le
1 Jn. 3.23 que *creamos* en el nombre de su Hijo
4.1 amados, no *creáis* a todo espíritu, sino
4.16 hemos .. *creído* el amor que Dios tiene
5.10 el que *cree* en el Hijo de Dios, tiene el
5.13 he escrito a vosotros que *creéis* en el

CRETA Hch. 27.7, 12, 13; Tit. 1.5.

CREYENTE v. Fiel
Ro. 4.11 padre de todos los *c* no circuncidados
1 Co. 7.12 hermano tiene mujer que no sea *c*
2 Co. 6.15 ¿o qué parte el *c* con el incrédulo?
Gá. 3.9 la fe son bendecidos con el *c* Abraham
3.22 la promesa .. por la fe .. dada a los *c*
1 Ti. 5.16 si algún *c* o alguna *c* tiene viudas, que
6.2 los que tengan amos *c*, no los tengan en

CRIADO, da v. Esclavo, Siervo
Rt. 2.8 Booz dijo .. aquí estarás junto a mis *c*
1 S. 20.21 dijere al *c*: He allí las saetas más acá
Mt. 8.6 Señor, mi *c* está postrado .. paralítico
26.69 y se acercó una *c*, diciendo: Tú
Mr. 14.69 la *c*, viéndole otra vez, comenzó a
Lc. 22.56 pero una *c*, al verle sentado al fuego
Jn. 18.17 la *c* portera dijo a Pedro: ¿No eres
Ro. 14.4 ¿tú quién eres, que juzgas al *c* ajeno?
1 P. 2.18 *c*, estad sujetos con todo respeto a

CRIAR
Is. 1.2 *crie* hijos, y los engrandecí, y ellos se
Dn. 1.5 que los *criase* tres años, para al fin
Mt. 24.19; Mr. 13.17; Lc. 21.23 ¡ay .. de las que
crien en aquellos días!

CRIATURA v. Ser [sust.]
Mr. 16.15 id .. y predicad el evangelio a toda *c*

Lc. 1.41 aconteció que .. la *c* saltó en su vientre
Ro. 1.25 dando culto a las *c* antes que al Creador
Stg. 1.18 para que seamos primicias de sus *c*

CRIMEN *v.* Delito, Ofensa, Pecado
Jue. 20.6 cuanto han hecho maldad y *c* en Israel
Os. 10.10 cuando sean atados por su doble *c*

CRISOL
Pr. 17.3; 27.21 el *c* para la plata, y la hornaza para

CRISPO Hch. 18.8; 1 Cor. 1.14.

CRISTAL *v.* Vidrio
Ap. 4.6 como un mar de vidrio semejante al *c*
21.11 como piedra de jaspe, diáfana como el *c*
22.1 un río limpio .. resplandeciente como *c*

CRISTIANO
Hch. 11.26 a los discípulos se les llamó *c* por
26.28 Agripa .. Por poco me persuades a ser *c*
1 P. 4.16 pero si alguno padece como *c*, no se

CRISTO *v.* Cristo Jesús, Jesucristo, Jesús, Mesías, Salvador, Señor, Señor Jesucristo, Señor Jesús, Ungido, Verbo
Mt. 2.4 les preguntó dónde había de nacer el *C*
16.16; Mr. 8.29; Lc. 9.20 tú eres el *C*, el Hijo
16.20 que a nadie dijesen que él era Jesús el *C*
22.42 ¿qué pensáis del *C*? ¿De quién es hijo?
23.8 uno es vuestro Maestro, el *C*, y todos
24.5; Mr. 13.6; Lc. 21.8 nombre, diciendo: Yo soy el *C*
24.23; Mr. 13.21 mirad, aquí está el *C*, o mirad
24.24 porque se levantarán falsos *C*, y falsos
26.63; Mr. 14.61; Lc. 22.67; Jn. 10.24 si eres tú el *C*
27.17 a Barrabás, o a Jesús, llamado el *C*?
Mr. 9.41 un vaso de agua en .. porque sois de *C*
12.35; Lc. 20.41 que el *C* es hijo de David?
15.32 el *C*, Rey de Israel, descienda ahora de
Lc. 2.11 nacido .. un Salvador, que es *C* el Señor
23.2 diciendo que él mismo es el *C*, un rey
23.39 si tú eres el *C*, sálvate a ti mismo y a
24.46 así fue necesario que el *C* padeciese, y
Jn. 1.20 no negó, sino confesó: Yo no soy el *C*
3.28 de que dije: Yo no soy el *C*, sino que soy
4.29 venid, ved a un .. ¿No será éste el *C*?
4.42 éste es el Salvador del mundo, el *C*
6.69 conocemos que tú eres el *C*, el Hijo de
7.26 ¿habrán reconocido .. que éste es el *C*?
11.27 he creído que tú eres el *C*, el Hijo de Dios
20.31 para que creáis que Jesús es el *C*, el Hijo
Hch. 2.30 de su descendencia .. levantaría al *C*
2.36 a este .. Dios le ha hecho Señor y *C*
3.18 cumplido .. que su *C* había de padecer
4.26 se juntaron en uno .. y contra su *C*
9.20 seguida predicada a *C* en las sinagogas
17.3 Jesús, a quien yo os anuncio .. es el *C*
18.5, 28 a los judíos que Jesús era el *C*
26.23 el *C* había de padecer, y ser el primero
Ro. 5.6 *C*, cuando aún éramos débiles, a su tiempo
5.8 en que siendo aún pecadores, *C* murió por
8.9 si alguno no tiene el Espíritu de *C*, no es
8.10 si *C* está en vosotros, el cuerpo en verdad
8.34 *C* es el que murió; más aún, el que
8.35 ¿quién nos separará del amor de *C*?
9.3 separado de *C*, por amor a mis hermanos
10.4 el fin de la ley es *C*, para justicia a todo
12.5 así nosotros .. somos un cuerpo en *C*
15.3 porque ni aun *C* se agradó a sí mismo
15.7 también *C* nos recibió, para gloria de
1 Co. 1.23 predicamos a *C* crucificado, para los
1.24 mas para los llamados .. *C* poder de Dios
2.16 mas nosotros tenemos la mente de *C*
3.23 vuestro, y vosotros de *C*, y *C* de Dios
5.7 porque nuestra pascua, que es *C*, ya fue
6.15 vuestros cuerpos son miembros de *C*?
8.12 pecando contra los .. contra *C* pecáis
11.3 *C* es la cabeza .. y Dios la cabeza de *C*
15.17 si *C* no resucitó, vuestra fe es vana; aún
2 Co. 1.5 abundan en nosotros las aflicciones de *C*
3.14 el mismo velo .. el cual por *C* es quitado

2 Co. 5.14 el amor de *C* nos constriñe, pensando
5.16 si a *C* conocimos según la carne, ya no
5.17 si alguno está en *C*, nueva criatura es
5.18 nos reconcilió consigo mismo por *C*, y
5.19 Dios estaba en *C* reconciliando consigo
6.15 ¿y qué concordia *C* con Belial? ¿O qué
10.5 llevando cautivo .. a la obediencia de *C*
10.7 como él es de *C* .. nosotros somos de *C*
11.3 extraviados de la sincera fidelidad a *C*
Gá. 2.20 con *C* estoy .. crucificado, y ya no vivo
3.13 nos redimió de la maldición de la ley
3.27 bautizados en *C*, de *C* estáis revestidos
3.29 si .. sois de *C* .. linaje de Abraham sois
4.19 hasta que *C* sea formado en vosotros
Ef. 1.10 de reunir todas las cosas en *C*, en la
1.12 nosotros los que .. esperábamos en *C*
2.12 en aquel tiempo estábais sin *C*, alejados
3.17 que habite *C* por la fe en .. corazones
4.15 en aquel que es la cabeza, esto es, *C*
4.20 vosotros no habéis aprendido así a *C*
4.32 como Dios también os perdonó .. en *C*
5.2 andad en amor, como .. *C* nos amó, y se
5.23 así como *C* es la cabeza de la iglesia, la
6.5 obedeced a vuestros amos .. como a *C*
Fil. 1.18 pretexto o por verdad, *C* es anunciado
1.20 magnificado *C* en mi cuerpo, o por vida
1.21 porque para mí el vivir es *C*, y el morir
1.23 deseo de partir y estar con *C*, lo cual es
3.7 he estimado como pérdida por amor de *C*
4.13 todo lo puedo en *C* que me fortalece
Col. 1.27 *C* en vosotros, la esperanza de gloria
3.3 vuestra vida está escondida con *C* en Dios
3.11 libre, sino que *C* es el todo, y en todos
3.13 de la manera que *C* os perdonó, así
3.24 la herencia, porque a *C* el Señor servís
He. 3.6 pero *C* como hijo sobre su casa, la cual
5.5 así tampoco *C* se glorificó a sí mismo
9.28 *C* fue ofrecido una sola vez para llevar
1 P. 2.21 *C* padeció por nosotros, dejándonos
3.18 *C* padeció una sola vez por los pecados
1 Jn. 2.22 sino el que niega que Jesús es el *C*?
5.1 todo aquel que cree que Jesús es el *C*
Ap. 11.15 reinos .. de nuestro Señor, y de su *C*
20.4 y vivieron y reinaron con *C* mil años

CRISTO JESÚS *v.* Cristo, Jesucristo, Jesús, Mesías, Salvador, Señor, Señor Jesucristo, Señor Jesús, Ungido, Verbo
Ro. 6.3 los que hemos sido bautizados en *C J*
8.1 ninguna condenación hay para los .. en *C J*
8.39 del amor de Dios, que es en *C J* Señor
1 Co. 1.30 mas por él estáis vosotros en *C J*
2 Co. 2.14 nos lleva siempre en triunfo en *C J*
Gá. 3.28 porque todos vosotros sois uno en *C J*
Ef. 3.11 al propósito eterno que hizo en *C J*
Fil. 2.5 haya .. este sentir que hubo .. en *C J*
3.12 para lo cual fui también asido por *C J*
1 Ti. 1.15 *C J* vino al mundo para salvar a los
2 Ti. 3.12 que quieren vivir piadosamente en *C J*
He. 3.1 el apóstol .. de nuestra profesión, *C J*

CRUCIFICAR
Mt. 20.19 azoten, y le *crucifiquen*; más al tercer
23.34 a unos mataréis y *crucificaréis*, y
26.2 será entregado para ser *crucificado*
27.22 todos le dijeron: ¡Sea *crucificado*!
27.31; Mr. 15.20 le llevaron para *crucificarle*
27.38; Mr. 15.27; Lc. 23.33; Jn. 19.18 *crucificaron* con él a dos ladrones
28.5; Mr. 16.6 a Jesús, el que fue *crucificado*
Mr. 15.13, 14; Lc. 23.21 a dar voces: ¡*Crucifícale*
Lc. 24.20 cómo le entregaron .. y le *crucificaron*
Jn. 19.10 que tengo autoridad para *crucificarte*
Hch. 2.23 a éste .. matasteis .. *crucificándole*
2.36; 4.10 a quien vosotros *crucificasteis*
Ro. 6.6 nuestro viejo hombre fue *crucificado*
1 Co. 1.13 ¿fue *crucificado* Pablo por vosotros?
1.23; 2.2 predicamos a Cristo *crucificado*
2.8 nunca habrían *crucificado* al Señor de
2 Co. 13.4 aunque fue *crucificado* en debilidad
Gá. 2.20 con Cristo estoy .. *crucificado*, y ya no

Gá. 3.1 fue ya presentado .. como *crucificado*
5.24 han *crucificado* la carne con sus pasiones
6.14 el mundo me es *crucificado* a mí, y yo al
He. 6.6 *crucificando* de nuevo .. al Hijo de Dios
Ap. 11.8 donde .. nuestro Señor fue *crucificado*

CRUEL
Job 30.21 te has vuelto *c* para mí; con el poder de
Pr. 11.17 mas el *c* se atormenta a sí mismo
12.10 mas el corazón de los impíos es *c*
17.11 y mensajero *c* será enviado contra él

CRUJIR
Job 16.9 me ha .. *crujió* sus dientes contra mí
Lm. 2.16 se burlaron, y *crujieron* los dientes
Mt. 8.12; 13.42; 22.13; 24.51 el *crujir* de dientes

CRUZ *v.* Madero
Mt. 10.38; Lc. 14.27 el que no toma su *c* y sigue
16.24; Mr. 8.34 niéguese a sí .. y tome su *c*
27.32; Mr. 15.21 obligaron a que llevase la *c*
Mr. 10.21 te falta .. ven, sígueme, tomando tu *c*
15.30 sálvate a ti mismo, y desciende de la *c*
Lc. 9.23 niéguese .. tome su *c* cada día, y sígame
Jn. 19.17 él, cargando su *c*, salió al lugar llamado
1 Co. 1.17 para que no se haga vana la *c* de Cristo
1.18 la palabra de la *c* es locura a los que se
Gá. 5.11 tal caso se ha quitado el tropiezo de la *c*
6.12 no padecer persecución a causa de la *c*
6.14 gloriarme, sino en la *c* de nuestro Señor
Ef. 2.16 mediante la *c* reconciliar con Dios a
Fil. 2.8 obediente hasta la muerte, y muerte de *c*
3.18 que son enemigos de la *c* de Cristo
Col. 1.20 la paz mediante la sangre de su *c*
2.14 quitándola de en .. y clavándola en la *c*
He. 12.2 sufrió la *c*, menospreciando el oprobio

CUARENTA
Ex. 16.35 comieron los .. de Israel maná *c* años
24.18; Dt. 9.9 en el monte *c* días y *c* noches
Nm. 14.33 pastoreando en el desierto *c* años
Dt. 9.18 me postré delante de .. *c* días y *c* noches
Jon. 3.4 de aquí a *c* días Nínive será destruida
Lc. 4.2 por *c* días, y era tentado por el diablo

CUARTO (moneda) Mt. 10.29; Lc. 12.6.

CUBRIR *v.* Esconder, Ocultar
Gn. 7.20 después que fueron *cubiertos* los montes
24.65 ella entonces tomó el velo, y se *cubrió*
Ex. 3.6 Moisés *cubrió* su rostro .. tuvo miedo de
10.5 *cubrirá* la faz de la tierra, de modo que
33.22 te *cubriré* con mi mano hasta que haya
Dt. 23.13 al volverte *cubrirás* tu excremento
Job 29.14 me vestía de justicia, y ella me *cubría*
Sal. 78.53 guio .. y el mar *cubrió* a sus enemigos
85.2 todos los pecados de ellos *cubriste*
91.4 con sus plumas te *cubrirá*, y debajo de
Pr. 10.12 pero el amor *cubrirá* todas las faltas
17.9 el que *cubre* la falta busca amistad
Is. 49.2 me *cubrió* con la sombra de su mano
60.2 he aquí que tinieblas *cubrirán* la tierra, y
Lm. 3.44 te *cubriste* de nube para que no pasase
Os. 10.8 dirán a los .. *Cubridnos*; y a los collados
Mt. 17.5; Lc. 9.34 una nube de luz los *cubrió*
Mr. 14.65 a escupirle, y a *cubrir* le el rostro y a
Lc. 1.35 y el poder del Altísimo te *cubrirá* con
23.30 caed .. y a los collados: *Cubridnos*
Ro. 4.7 aquellos .. cuyos pecados son *cubiertos*
1 Co. 11.6 si la mujer no se *cubre*, que se corte
11.13 la mujer ore .. sin *cubrirse* la cabeza?
Stg. 5.20; 1 P. 4.8 *cubrirá* multitud de pecados

CUCHILLO *v.* Espada
Gn. 22.10 extendió Abraham su mano y tomó el *c*
Jos. 5.2 Jehová dijo a Josué: Hazte *c* afilados
Jue. 19.29 llegando a su casa, tomó un *c*, y echó
Pr. 23.2 a tu garganta, si tienes gran apetito
Ez. 5.1 tómate un *c* agudo, toma una navaja de

CUELLO *v.* Cerviz
Jos. 10.24 poned vuestros pies sobre los *c* de estos
Pr. 3.3 átalas a tu *c*, escríbelas en la tabla de tu
Cnt. 1.10 hermosas son .. tu *c* entre los collares

Is. 3.16 *c* erguido y con ojos desvergonzados
Jer. 30.8 quebraré su yugo de tu *c*, y romperé tus
Lc. 15.20 y se echó sobre su *c*, le besó
17.2 mejor .. se le atase al *c* una piedra de
Hch. 20.37 echándose al *c* de Pablo, le besaban

CUENTA
Lv. 25.50 hará la *c* con el que lo compró, desde
Dt. 18.19 cualquiera que no oyere le pediré *c*
Job 33.13 él no da *c* de ninguna de sus razones
38.37 puso por *c* los cielos con sabiduría?
Is. 1.18 venid luego, dice Jehová, y estemos a *c*
Mt. 12.36 de ella darán *c* en el día del juicio
18.23 un rey que quiso hacer *c* con sus siervos
25.19 vino el señor .. y arregló *c* con ellos
Lc. 16.2 da *c* de tu mayordomía, porque ya no
16.6 dijo: Toma tu *c* .. y escribe cincuenta
Hch. 7.60 Señor, no les tomes en *c* este pecado
Ro. 1.28 ellos no aprobaron tener en *c* a Dios
14.12 cada uno de .. dará *c* a Dios de sí
2 Ti. 4.16 desampararon; no les sea tomado en *c*
Flm. 18 en algo te dañó, o te debe, ponlo a mi *c*
He. 4.13 ojos de aquel a quien tenemos que dar *c*
13.17 velan por .. como quienes han de dar *c*
1 P. 4.5 ellos darán *c* al que está preparado para

CUERDA *v.* Cordel, Coyunda, Lazo
Jue. 15.13 entonces le ataron con dos *c* nuevas
16.11 si me ataren fuertemente con *c* nuevas
Sal. 16.6 las *c* me cayeron en lugares deleitosos
Pr. 5.22 retenido será con las *c* de su pecado
Is. 3.24 *c* en lugar de cinturón, y cabeza rapada
5.18 que traen la iniquidad con *c* de vanidad
33.23 *c* se aflojaron; no afirmaron su mástil
54.2 alarga tus *c*, y refuerza tus estacas
Os. 11.4 con *c* humanas los atraje, con *c* de amor

CUERDO *v.* Necio
2 Co. 5.13 si somos *c*, es para vosotros
11.19 toleráis a los necios, siendo vosotros *c*

CUERNO *v.* Bocina, Poder, Trompeta
Gn. 22.13 miró .. un carnero trabado .. por sus *c*
Jos. 6.4 llevarán siete bocinas de *c* de carnero
1 S. 16.1 llena tu *c* de aceite, y ven, te enviaré a
1 R. 1.50 y se fue, y se asió de los *c* del altar
Dn. 7.7 bestia .. era muy diferente .. tenía diez *c*
7.8 este *c* tenía ojos como de hombre, y una
8.3 un carnero .. tenía dos *c* .. los *c* eran altos
8.5 y aquel macho cabrío tenía un *c* notable
Mi. 4.13 haré tu *c* como de hierro, y tus uñas de
Zac. 1.18 alcé mis ojos y miré, he aquí cuatro *c*
Ap. 12.3; 13.1; 17.3 tenía siete cabezas y diez *c*
17.12 los diez *c* .. son diez reyes, que aún no

CUERPO *v.* Cadáver, Carne, Muerto
Gn. 47.18 nada ha quedado .. sino nuestros *c*
Dt. 21.23 no dejaréis que su *c* pase la noche sobre
1 S. 31.12 quitaron el *c* de Saúl y los *c* de sus
Sal. 139.15 no fue encubierto de ti mi *c*, bien que
Jer. 7.33 los *c* muertos de este pueblo para comida
Dn. 10.6 su *c* era como de berilo, y su rostro
Mt. 5.29 y no que todo tu *c* sea echado al infierno
6.22 la lámpara del *c* es el ojo; así que, si tu
6.25 ni por vuestro *c*, que habéis de vestir
10.28; Lc. 12.4 no temáis a los que matan el *c*
24.28; Lc. 17.37 estuviere el *c*, allí se
26.26; Mr. 14.22; Lc. 22.19; 1 Co. 11.24 dijo:
Tomad, comed; esto es mi *c*
27.52 muchos *c* de santos que habían dormido
27.58; Mr. 15.43; Lc. 23.52 fue a Pilato y
pidió el *c* de Jesús
Mr. 6.29 vinieron y tomaron su *c*, y lo pusieron
Lc. 24.3 y entrando, no hallaron el *c* del Señor
Jn. 2.21 mas él hablaba del templo de su *c*
19.31 de que los *c* no quedasen en la cruz
Ro. 1.24 que deshonraron entre sí sus propios *c*
7.4 habéis muerto a la ley mediante el *c*
7.24 ¿quién me librará de este *c* de muerte?
8.10 el *c* en verdad está muerto a causa del
8.11 vivificará también vuestros *c* mortales
8.23 esperando la .. redención de nuestro *c*

Ro. 12.1 presentéis vuestros *c* en sacrificio vivo
12.5 así nosotros . . somos un *c* en Cristo
1 Co. 6.13 *c* . . para el Señor, y el Señor para el
6.15 que vuestros *c* son miembros de Cristo?
6.19 ¿o ignoráis que vuestro *c* es templo del
6.20 glorificad, pues, a Dios en vuestro *c* y
7.4 la mujer no tiene potestad sobre su . . *c*
7.34 para ser santa así en *c* como en espíritu
9.27 golpeo mi *c*, y lo pongo en servidumbre
10.16 ¿no es la comunión del *c* de Cristo?
10.17 nosotros, con ser muchos, somos un *c*
11.27 culpado del *c* y de la sangre del Señor
12.27 vosotros, pues, sois el *c* de Cristo, y
13.3 si entregase mi *c* para ser quemado, y no
15.35 pero dirá alguno . . ¿Con qué *c* vendrán?
15.40 y hay *c* celestiales, y *c* terrenales; pero
2 Co. 4.10 llevando en el *c* . . la muerte de Jesús
5.6 entre tanto que estamos en el *c*, estamos
12.2 en el *c*, no lo sé; si fuera del *c*, no lo sé
Gá. 6.17 yo traigo en mi *c* las marcas del Señor
Ef. 1.23 la cual es su *c*, la plenitud de Aquel que
2.16 reconciliar con . . a ambos en un solo *c*
3.6 los gentiles son . . miembros del mismo *c*
4.4 un *c*, y un Espíritu, como fuisteis también
4.16 de quien todo el *c* . . recibe su crecimiento
5.28 amar a sus mujeres como a sus mismos *c*
Fil. 3.21 el cual transformará el *c* de la humillación
Col. 1.18 él es la cabeza del *c* que es la iglesia
2.23 en humildad y en duro trato del *c*; pero
1 Ts. 5.23 todo . . espíritu, alma y *c* sea guardado
He. 10.5 ofrenda del *c* no quisiste; mas me preparaste *c*
10.10 la ofrenda del *c* de Jesucristo hecha una
Stg. 2.26 como el *c* sin espíritu está muerto, así
3.2 es capaz también de refrenar todo el *c*
2 P. 1.13 por justo, en tanto que estoy en este *c*
Jud. 9 disputando con él por el *c* de Moisés, no

CUERVO *v.* Ave
Gn. 8.7 envió una *c*, el cual salió, y estuvo yendo
Lv. 11.15; Dt. 14.14 todo *c* según su especie
1 R. 17.6 los *c* le traían pan y carne por la mañana
Job 38.41 ¿quién prepara al *c* su alimento, cuando
Lc. 12.24 considerad los *c*, que ni siembran, ni

CUEVA *v.* Caverna, Hendidura
Gn. 19.30 Lot subió de Zoar . . y habitó en una *c*
23.19 sepultó Abraham a Sara . . en la *c* de la
Jos. 10.16 cinco reyes . . se escondieron en una *c*
Jue. 6.2 de Israel . . se hicieron *c* en los montes
1 S. 13.6 escondieron en *c*, en fosos, en peñascos
22.1 luego David . . huyó a la *c* de Adulam
24.10 te ha puesto hoy en mis manos en la *c*
2 S. 23.13 vinieron . . a David en la *c* de Adulam
1 R. 18.4 los escondió . . en *c*, y los sustentó con
19.9 se metió en una *c*, donde pasó la noche
Jer. 7.11 ¿es *c* de ladrones delante de . . ojos esta
Mt. 21.13; Mr. 11.17; Lc. 19.46 la habéis hecho *c*
de ladrones
Jn. 11.38 era una *c*, y tenía una piedra puesta
He. 11.38 errando . . por las *c* y por las cavernas
Ap. 6.15 se escondieron en las *c* y entre las peñas

CUIDADO
Jer. 31.28 como tuve *c* de ellos para arrancar y
Lc. 10.40 ¿no te da *c* que mi hermana me deje
1 Co. 7.21 no te dé *c*; pero también, si puedes
7.32 el soltero tiene *c* de las cosas del Señor
Fil. 4.10 y al fin habéis revivido vuestro *c* de mí
1 P. 5.3 señorío sobre los que están a vuestro *c*
5.7 sobre él, porque él tiene *c* de vosotros

CUIDAR *v.* Defender, Velar
Dt. 11.12 tierra de la cual Jehová tu Dios *cuida*
Pr. 12.10 el justo *cuida* de la vida de su bestia
Jer. 23.2 mis ovejas . . y no las habéis *cuidado*
1 Ti. 3.5 ¿cómo *cuidará* de la iglesia de Dios?
1 P. 5.2 apacentad la grey de . . *cuidando* de ella

CULEBRA *v.* Aspid, Serpiente, Víbora
Ex. 4.3 él la echó en tierra, y se hizo una *c*
Pr. 30.19 rastro de la *c* sobre la peña; el rastro

CULPA *v.* Delito, Falta
Gn. 44.10 será mi siervo, y vosotros seréis sin *c*
Lv. 7.1 esta es la ley del sacrificio por la *c*
Dt. 21.9 tú quitarás la *c* de la sangre inocente
Jos. 2.19 sea sobre su cabeza, y nosotros sin *c*
Pr. 28.20 el que se apresura a . . no será sin *c*
Mt. 12.5 en el templo profanan . . y son sin *c*?

CULPABLE
Gn. 43.9 si no lo pongo delante de ti, seré . . el *c*
Ex. 5.16 son azotados, y el pueblo tuyo es el *c*
Lv. 5.3 ver, si después llegare a saberlo, será *c*
5.17 pecare . . sin hacerlo a sabiendas, es *c*
2 S. 14.13 hablando el rey . . se hace *c* él mismo
Sal. 14.4 cuando fuere juzgado, salga *c*; y su
Jer. 2.3 todos los que lo devoraban eran *c*; mal
Os. 10.2 serán hallados *c*; Jehová demolerá sus
Nah. 1.3 Jehová . . no tendrá por inocente al *c*
Mt. 5.21 cualquiera que matare será *c* de juicio
Stg. 2.10 ofendiere en un punto, se hace *c* de

CULPAR *v.* Inculpar
Nm. 35.27 matare al . . no se le *culpará* por ello
1 S. 22.15 no *culpe* al rey de cosa alguna a su
2 S. 19.19 no me *culpe* mi señor de iniquidad
Sal. 32.2 el hombre a quien Jehová no *culpa* de

CUMPLEAÑOS
Gn. 40.20 día del *c* de Faraón . . hizo banquete
Mt. 14.6; Mr. 6.21 se celebraba el *c* de Herodes

CUMPLIMIENTO
Ez. 12.23 aquellos días, y el *c* de toda visión
Ro. 13.10 así que el *c* de la ley es el amor

CUMPLIR *v.* Completar, Consumar, Ejecutar
Dt. 27.10 oirás . . y *cumplirás* sus mandamientos
1 R. 8.20 Jehová ha *cumplido* su palabra que
8.26; 2 Cr. 6.17 *cúmplase* tu palabra que tú
Sal. 105.45 guardasen . . y *cumpliesen* sus leyes
119.34 tu ley, y la *cumpliré* de todo corazón
119.112 mi corazón incliné a *cumplir* tus
138.8 Jehová *cumplirá* su propósito en mí
145.19 *cumplirá* el deseo de los que le temen
Ec. 5.4 haces promesa, no tardes en *cumplirla*
Is. 42.9 se *cumplieron* las cosas primeras, y yo
44.26 *cumple* el consejo de sus mensajeros
44.28 Ciro . . *cumplirá* todo lo que yo quiero
60.22 yo Jehová . . haré que esto sea *cumplido*
Ez. 12.25 hablaré palabra y la *cumpliré*, dice
Mi. 7.20 *cumplirás* la verdad a Jacob, y a Abraham
Mt. 3.15 así conviene que *cumplamos* toda justicia
5.17 no he venido para . . sino para *cumplir*
5.33 sino *cumplirás* al Señor tus juramentos
26.54 cómo . . se *cumplirían* las Escrituras
27.35 para que se *cumpliese* lo dicho por el
Lc. 12.50 ¡cómo me angustio hasta que se *cumpla*!
18.31 se *cumplirán* todas las cosas escritas
21.22 para que se *cumplan* todas las cosas
22.16 hasta que se *cumpla* en el reino de Dios
24.44 que era necesario que se *cumpliese* todo
Jn. 3.29 así pues, este mi gozo está *cumplido*
5.36 que el Padre me dio para que *cumpliese*
7.8 porque mi tiempo aún no se ha *cumplido*
15.11; 1 Jn. 1.4 vuestro gozo sea *cumplido*
Hch. 13.33 la cual Dios ha *cumplido* a los hijos
Ro. 8.4 para que la justicia de la ley se *cumpliese*
13.8 el que ama al prójimo, ha *cumplido* la ley
2 Co. 8.11 lo estéis en *cumplir* de acuerdo a lo que
Gá. 5.14 la ley en esta sola palabra se *cumple*
6.2 de los otros, y *cumplid* así la ley de Cristo
Col. 1.24 *cumplo* en mi carne lo que falta de las
4.17 que *cumplas* el ministerio que recibiste
2 Ts. 1.11 y *cumpla* todo propósito de bondad
Stg. 2.8 si en verdad *cumplís* la ley real, conforme
Ap. 20.3, 5 hasta que fuesen *cumplidos* mil años
20.7 cuando los mil años se *cumplan* . . suelto

CURACIÓN *v.* Sanar, Sanidad
Jer. 8.15 hubo bien; día de *c*, y he aquí turbación
46.11 por demás . . medicinas; no hay *c* para ti
Lc. 13.32 hago *c* hoy y mañana, y al tercer día

CURAR *v.* Sanar
Job 5.18 la vendará; él hiere, y sus manos *curan*

Ec. 3.3 tiempo de matar, y tiempo de *curar*
Is. 53.5 por su llaga fuimos nosotros *curados*
Jer. 6.14; 8.11 *curan* la herida de mi pueblo con
    33.6 los *curaré*, y les revelaré abundancia de
Os. 5.13 no os podrá sanar, ni os *curará* la llaga
    6.1 porque él arrebató, y nos *curará*; hirió, y
    7.1 mientras *curaba* yo a Israel, se descubrió
Lc. 4.23 me diréis .. Médico, *cúrate* a ti mismo

CURTIDOR
Hch. 9.43; 10.6 en casa de un cierto Simón, *c*

CHACAL
Job 30.29 he venido a ser hermano de *ch*, y
Jer. 9.11 reduciré a Jerusalén a .. morada de *ch*
    10.22 las ciudades de Judá, en morada de *ch*
Mi. 1.8 haré aullido como de *ch*, y lamento como

CHIPRE
Hch. 11.20 entre ellos unos varones de *Ch* y de
    13.4 a Seleucia, y de allí navegaron a *Ch*
    15.39 Bernabé, tomando a .. navegó a *Ch*

CHISMOSO, sa
Pr. 16.28 y el *ch* aparta a los mejores amigos
    18.8 las palabras del *ch* son .. bocados suaves
    26.20 donde no hay *ch*, cesa la contienda
1 Ti. 5.13 también *ch* y entremetidas, hablando

DÁDIVA v. Don, Presente, Soborno
Pr. 18.16 la *d* del hombre le ensancha el camino
    21.14 la *d* en secreto calma el furor, y el don
Ec. 7.7 al sabio, y las *d* corrompen el corazón
Mt. 7.11; Lc. 11.13 malos, sabéis dar buenas *d* a
Ro. 6.23 la *d* de Dios es vida eterna en Cristo
Fil. 4.17 no es que busque *d*, sino que busco fruto
Stg. 1.17 toda buena *d* y .. desciende de lo alto

DADOR
2 Co. 9.7 cada uno .. porque Dios ama al *d* alegre
Stg. 4.12 uno solo es el *d* de la ley, que puede

DAGÓN v. Dios, Ídolo, Imagen
Jue. 16.23 filisteos .. para ofrecer sacrificio a *D*
1 S. 5.2 la metieron en la casa de *D* .. junto a *D*
1 Cr. 10.10 colgaron la cabeza en el templo de *D*

DÁMARIS Hch. 17.34.

DAMASCO
1 Cr. 18.6 puso David guarnición en Siria de *D*
Is. 7.8 la cabeza de Siria es *D*, y la cabeza de *D*
    17.1 profecía sobre *D* .. que *D* dejará de ser
Jer. 49.23 acerca de *D*. Se confundieron Hamat y
Am. 1.3 ha dicho Jehová: Por tres pecados de *D*
Hch. 9.2 y le pidió cartas para las sinagogas de *D*
    9.22 confundía a los judíos que moraban en *D*
    22.5 fui a *D* para traer presos a Jerusalén
2 Co. 11.32 en *D* el gobernador de .. guardaba la
Gá. 1.17 que fui a Arabia, y volví de nuevo a *D*

DAN hijo de Jacob Nace, Gn. 30.6; bendecido
por Jacob, Gn. 49.16–18.

DAN la tribu Bendecido por Moisés, Dt. 33.22.

DAN la ciudad v. también Lais (Jue. 18.29).
"Desde Dan hasta Beerseba", Jue. 20.1; 2 S. 3.10;
17.11; 24.2; 1 R. 4.25; 1 Cr. 21.2; 2 Cr. 30.5; lugar
de idolatría, 1 R. 12.28–30.

DANIEL v. también Beltsasar Educado en el
palacio del rey, Dn. 1.1–7; firme en su propósito,
Dn. 1.8–16; interpreta el sueño de Nabucodonosor,
Dn. 2.14–45; lee la escritura en la pared, Dn. 5.17–
29; librado del foso de los leones, Dn. 6.10–24;
sueños y visiones, Dan. 7, 8, 10–12; ora por su
pueblo, Dn. 9.1–19.

DANZA v. Bailar
Ex. 32.19 vio el becerro y las *d*, ardió la ira de
Jer. 31.13 entonces la virgen se alegrará en la *d*
Lm. 5.15 cesó el .. nuestra se cambió en luto
Lc. 15.25 cuando vino .. oyó la música y las *d*

DANZAR v. Bailar
2 S. 6.14 y David *danzaba* con toda su fuerza
    6.21 por tanto, *danzaré* delante de Jehová
Mt. 14.6; Mr. 6.22 la hija de Herodías *danzó* en

DAÑAR v. Herir, Malo
Is. 11.9 no .. ni *dañarán* en todo mi santo monte
Lc. 10.19 os doy potestad de .. y nada os *dañará*
Flm. 18 y si en algo te *dañó*, o te debe, ponlo a
Ap. 9.4 se les mandó que no *dañasen* a la hierba
    11.5 si alguno quiere *dañarlos*, sale fuego

DAÑO v. Malo, Pérdida
Esd. 4.22 habrá de crecer el *d* en perjuicio de
Sal. 15.4 jurando en *d* suyo, no por eso cambia
Pr. 26.6 como el que se corta los pies y bebe su *d*
Dn. 6.22 cerró la boca de los .. no me hiciesen *d*
Mr. 16.18 bebieron cosa mortífera, no les hará *d*
Hch. 28.5 él, sacudiendo la víbora .. ningún *d*
1 P. 3.13 ¿y quién es aquel que os podrá hacer *d*
Ap. 2.11 no sufrirá *d* de la segunda muerte
    7.2 se les había dado el poder de hacer *d*

DAR v. Entregar, Ofrecer, Pagar
Gn. 3.12 la mujer que me diste .. me *dio* del
    29.26 que se *dé* la menor antes de la mayor
Ex. 12.36 egipcios, y les *dieron* cuanto pedían
Lv. 12.2 la mujer, cuando conciba y *dé* a luz
Dt. 15.10 *darás*, y no serás de mezquino corazón
Jos. 15.19 me has *dado* tierra del Neguev, *dame*
1 R. 5.12 Jehová, pues, *dio* a Salomón sabiduría
    10.13 Salomón *dio* a la reina de Sabá todo lo
1 Cr. 16.18; Sal. 105.11 *daré* la tierra de Canaán
    16.28; Sal. 96.7 *dad* a Jehová gloria y poder
    29.14 de lo recibido de tu mano te *damos*
2 Cr. 1.7 pideme lo que quieras que yo te *dé*
Esd. 2.69 según sus fuerzas *dieron* al tesorero de
    7.20 te sea necesario *dar*, lo *darás* de la casa
Job 1.21 dijo .. Jehová *dio*, y Jehová quitó; sea
    39.13 ¿*diste* tú hermosas alas al pavo real
Sal. 28.4 *dales* conforme a su obra, y conforme
    85.12 Jehová *dará* también el bien, y nuestra
    119.34 me *darás* entendimiento, y guardaré tu ley
Pr. 10.24 a los justos les será *dado* lo que desean
    19.6 cada uno es amigo del hombre que *da*
    21.26 pero el justo *da*, y no detiene su mano
    23.26 *dame*, hijo mío, tu corazón, y miren tus
    24.12 él .. *dará* al hombre según sus obras
    28.27 el que *da* al pobre no tendrá pobreza
    30.15 tiene dos hijas que dicen: ¡*Dame*! ¡*D*!
Is. 26.12 Jehová, tú nos *darás* paz, porque también
    42.24 ¿quién *dio* a Jacob en botín, y entregó
    43.3 Egipto he *dado* por tu rescate, a Etiopía
    49.6 te *di* por luz de las naciones, para que
    66.9 yo que hago *dar* a luz, ¿no haré nacer?
Jer. 17.10 para *dar* a cada uno según su camino
    32.39 les *daré* un corazón, y un camino, para
Mt. 4.9 todo esto te *daré*, si postrado me adorares
    5.42; Lc. 6.30 al que te pida, *dale*; y al que
    6.11; Lc. 11.3 el pan nuestro .. *dánoslo* hoy
    7.11 siendo malos, sabéis *dar* buenas dádivas
    10.8 de gracia recibisteis, *dad* de gracia
    13.12 a cualquiera que tiene, se le *dará*, y
    14.7 le prometió .. *darle* todo lo que pidiese
    14.16 les dijo .. *Dadles* vosotros de comer
    15.36; Mr. 6.41 partió y *dio* a sus discípulos
    20.23; Mr. 10.40 sentaros .. no es mío *darlo*
    20.28 para *dar* su vida en rescate por muchos
    21.23; Lc. 20.2 ¿quién te *dio* .. autoridad?
    25.29; Mr. 4.25; Lc. 8.18; 19.26 al que tiene se
    le *dará*
Mr. 8.37 ¿o qué recompensa *dará* .. por su alma?
    12.14 lícito *dar* tributo .. ¿*daremos*, o no *d*?
    12.17; Lc. 20.25 *dad* a César lo que es de
    15.45 informado .. *dio* el cuerpo a José por el
Lc. 3.11 que tiene dos túnicas dé al que no tiene
    4.6 esta potestad .. y a quien quiero la *doy*
    6.38 *dad*, y se os *dará*; medida buena .. *darán*
    11.8 levantará y le *dará* todo lo que necesita
    11.9 yo os digo: Pedid, y se os *dará*; buscad
    11.13 *dará* el Espíritu Santo a los que se lo
    12.32 Padre le ha placido *daros* el reino
    22.19 es mi cuerpo, que por vosotros es *dado*
Jn. 4.7 sacar .. y Jesús le dijo: *Dame* de beber
    5.27 *dio* autoridad de hacer juicio, por cuanto
    6.32 Padre os *da* el verdadero pan del cielo

Jn. 6.51 la cual yo *daré* por la vida del mun do
  6.65 puede venir a mí, si no le fuere *dado*
  10.28 yo les *doy* vida eterna, y no perecerán
  14.16 yo rogaré .. y os *dará* otro Consolador
  14.27 mi paz os *doy* .. yo no os la *d* como el mundo la *da*
  15.16 que todo lo que pidiereis al .. os lo *dé*
  16.21 la mujer cuando *da* a luz, tiene dolor
  17.2 que *dé* vida .. a todos los que le *diste*
  17.24 que me has *dado*, quiero que donde yo
Hch. 3.6 pero lo que tengo te *doy*; en el nombre
  20.35 más bienaventurado es *dar* que recibir
Ro. 8.32 ¿cómo no nos *dará* .. todas las cosas?
  11.35 ¿o quién le *dio* a él primero, para que
  14.12 cada uno de .. *dará* a Dios cuenta de sí
2 Co. 5.5 nos ha *dado* las arras del Espíritu
  8.5 a sí mismos se *dieron* .. al Señor, y luego
  9.7 cada uno *dé* como propuso en su corazón
Gá. 1.4 se *dio* a sí mismo por nuestros pecados
Ef. 3.16 para que os *dé*, conforme a las riquezas
Fil. 4.15 en razón de *dar* y recibir sino vosotros
1 Ts. 4.8 Dios, que también nos *dio* su Espíritu
1 Ti. 6.17 nos *da* todas las cosas en abundancia
He. 7.2 a quien .. *dio* Abraham los diezmos de
Stg. 2.16 no les *dais* las cosas que son necesarias
Ap. 12.5 ella *dio* a luz un hijo varón, que regirá
  18.6 *dadle* a ella como ella os ha *dado*

DARDO *v.* Saeta
Zac. 9.14 su *d* saldrá como relámpago; y Jehová
Ef. 6.16 con que podáis apagar todos los *d* de

DARÍO el persa
Esd. 5.5 que el asunto fuese llevado a *D*
  6.1 el rey *D* dio la orden de buscar en la casa
Hag. 1.1 en el año segundo del rey *D*, en el mes
Zac. 1.1 en el octavo mes .. de *D* vino palabra

DARÍO el meda **Dn.** 5.31—6.28; 11.1.

DAVID 1 S. 16.13—1 R. 2.11; 1 Cr. 11.1—29.30. Ungido por Samuel, 1 S. 16.1-13; toca el arpa ante Saúl, 1 S. 16.14-23; mata a Goliat, 1 S. 17.1-58; hace pacto con Jonatán, 1 S. 18.1-5; Saúl tiene celos de él, 1 S. 18.6-9; se casa con Mical, 1 S. 18.20-29; se gana la amistad de Jonatán, 1 S. 20.1-42; huye de Saúl, 1 S. 19.1-24; 21.1—22.5; habita en el desierto, 1 S. 23.1-29; perdona a Saúl en En-gadi, 1 S. 24.1-22; David y Abigail, 1 S. 25.1-44; perdona a Saúl en Zif, 1 S. 26.1-25; vive entre los filisteos, 1 S. 27.1—28.2; los filisteos desconfían de él, 1 S. 29.1-11; derrota a los amalecitas, 1 S. 30.1-31; endecha a Saúl y a Jonatán, 2 S. 1.1-27; hecho rey de Judá, 2 S. 2.1-7; hecho rey de Israel, 2 S. 5.1-16; 1 Cr. 11.1-9; trae el arca a Jerusalén, 2 S. 6.1-23; 1 Cr. 15.1—16.6; pacto de Dios con David, 2 S. 7.1-29; 1 Cr. 17.1-27; extiende sus dominios, 2 S. 8.1-18; 1 Cr. 18.1-17; David y Betsabé, 2 S. 11.1—12.25; huye ante la rebelión de Absalón, 2 S. 15.1—16.23; vuelve a Jerusalén, 2 S. 19.1-43; cántico de David, 2 S. 22.1—23.7; hace el censo de Israel y Judá, 2 S. 24.1-25; 1 Cr. 21. 1-27; da instrucciones a Salomón, 1 R. 2.1-9; 1 Cr. 28.1-21; muere, 1 R. 2.10-12; 1 Cr. 29.26-30.
Sal. 78.70 eligió a *D* su siervo, y lo tomó de las
Jer. 23.5; 33.15 levantaré a *D* renuevo justo, y
Ez. 34.23 sobre ellas a un pastor .. mi siervo *D*
Os. 3.5 buscarán a Jehová su Dios, y a *D* su rey
Am. 9.11 yo levantaré el tabernáculo caído de *D*
Zac. 12.8 entre ellos fuere débil .. será como *D*
Mt. 9.27 misericordia de nosotros, Hijo de *D*!
  12.3; Mr. 2.25; Lc. 6.3 leísteis lo que hizo *D*
  21.9 ¡Hosanna al Hijo de *D*! ¡Bendito el que
  22.43 cómo *D* en el Espíritu le llama Señor?
Lc. 1.32 Dios le dará el trono de *D* su padre
  2.11 os ha nacido hoy, en la ciudad de *D*, un
Jn. 7.42 del linaje de *D* .. ha de venir el Cristo?
Hch. 2.25 *D* dice de él: Veía al Señor siempre
  15.16 el tabernáculo de *D*, que está caído
Ro. 1.3 que era del linaje de *D* según la carne
  4.6 *D* habla de la bienaventuranza del hombre
Ap. 5.5 el León de la .. la raíz de *D*, ha vencido
  22.16 soy la raíz y el linaje de *D*, la estrella

DEBER [sust. y verbo]
Ex. 21.10 no .. ni su vestido, ni el *d* conyugal
Job 33.23 escogido, que anuncie al hombre su *d*
Mt. 18.24 le fue presentado uno que le *debía*
  18.34 hasta que pagase todo lo que le *debía*
Lc. 11.4 perdonamos a todos los que nos *deben*
  16.5 al primero: ¿Cuánto *debes* a mi amo?
  17.10 pues lo que *debíamos* hacer, hicimos
Ro. 13.7 pagad a todos lo que *debéis*: al que
  13.8 no *debáis* a nadie nada, sino el amaros
Flm. 18 te dañó, o te *debe*, ponlo a mi cuenta

DÉBIL *v.* Frágil
Gn. 30.42 venían las ovejas más *d*, no las ponía
1 S. 2.4 fuertes .. y los *d* se ciñeron de poder
2 S. 3.39 y yo soy *d* hoy, aunque ungido rey
Neh. 4.2 ¿qué hacen estos *d* judíos? ¿Se les
Job 4.3 enseñabas a .. y fortalecías las manos *d*
Ez. 34.16 buscaré la perdida .. fortaleceré la *d*
Jl. 3.10 forjad espadas .. diga el *d*: Fuerte soy
Mt. 26.41; Mr. 14.38 dispuesto, pero la carne es *d*
Ro. 5.6 aún éramos *d* .. murió por los impíos
  14.1 recibid al *d* en la fe, pero no para
  15.1 debemos soportar las flaquezas de los *d*
1 Co. 1.25 y lo *d* de Dios es más fuerte que los
  4.10 nosotros *d*, mas vosotros fuertes
  8.7 su conciencia, siendo *d*, se contamina
  8.9 no venga a ser tropezadero para los *d*
  9.22 me he hecho *d* a los *d*, para ganar a los *d*
  12.22 los miembros .. que parecen más *d*, son
2 Co. 10.10 la presencia corporal *d*, y la palabra
  12.10 cuando soy *d*, entonces soy fuerte
  13.3 el cual no es *d* para con vosotros, sino
  13.9 nos gozamos de que seamos nosotros *d*, y
Gá. 4.9 ¿cómo es que os volvéis de nuevo a los *d*
1 Ts. 5.14 que sostengáis a los *d*, que seáis pacientes

DEBILIDAD *v.* Enfermedad
Is. 10.16 Jehová .. enviará *d* sobre sus robustos
Ro. 8.26 el Espíritu nos ayuda en nuestra *d*; pues
1 Co. 2.3 y estuve entre vosotros con *d*, y mucho
2 Co. 11.30 me gloriaré en lo que es de mi *d*
  12.5 en nada me gloriaré, sino en mis *d*
  12.9 porque mi poder se perfecciona en la *d*
  12.10 por amor a Cristo me gozo en las *d*
  13.4 aunque fue crucificado en *d*, vive por el
He. 4.15 que no pueda compadecerse de nuestras *d*
  5.2 puesto que él también está rodeado de *d*
  7.18 abrogado .. a causa de su *d* e ineficacia

DEBILITAR
Jue. 16.7, 17 me *debilitaré* y seré como cualquiera
2 S. 3.1 y la casa de Saúl se iba *debilitando*
Sal. 18.45 los extraños se *debilitaron*, y salieron
  102.23 él *debilitó* mi fuerza en el camino
Is. 13.7; Ez. 7.17 toda mano se *debilitará*
  14.10 te dirán: ¿Tú también te *debilitaste*
  14.12 tú que *debilitabas* a las naciones
Hab. 1.4 por lo cual la ley es *debilitada*, y el
Sof. 3.16 no temas; Sion, no se *debiliten* tus
Ro. 4.19 no se *debilitó* en la fe al considerar su

DÉBORA la profetisa **Jue** 4.4—5.31.

DECAPITAR *v.* Degollar, Matar
Mt. 14.10 ordenó *decapitar* a Juan en la cárcel
Mr. 6.16; Lc. 9.9 éste es Juan, el que yo *decapité*
Lc. 19.27 traedlos aca, y *decapitadlos* delante de

DECÁPOLIS
Mt. 4.25 le siguió mucha gente de Galilea, de *D*
Mr. 5.20 comenzó a publicar en *D* cuán grandes
  7.31 vino por .. pasando por la región de *D*

DECENTEMENTE *v.* Decoroso
1 Co. 14.40 pero hágase todo *d* y con orden

DECIDIR
Ro. 14.13 decidid no poner tropiezo u ocasión de
2 Co. 13.1 por boca de .. testigos se *decidirá* todo

DECIR *v.* Advertir, Afirmar, Anunciar, Asegurar, Avisar, Declarar, Hablar, Predicar, Profetizar, Publicar
Ex. 7.2 *dirás* todas las cosas que yo te mande
  19.8 todo lo que Jehová ha *dicho*, haremos

Nm. 23.26 lo que Jehová me *diga,* eso tengo que
Dt. 5.20 no *dirás* falso testimonio contra tu
1 R. 22.14; 2 Cr. 18.13 Jehová me hablare, eso *diré*
Sal. 33.9 porque él *dijo,* y fue hecho; él mandó
    60.6; 108.7 Dios ha *dicho* en su santuario: Yo
Is. 41.22 *dígannos* lo que ha pasado desde el
    48.3 lo que pasó, ya antes lo *dije,* y de mi
Jer. 13.21 ¿qué *dirás* cuando él ponga .. cabeza
Mt. 8.4; Lc. 5.14 no lo *digas* a nadie; sino vé
    10.27 lo que os *digo* en .. *decidlo* en la luz
    16.13; Mr. 8.27; Lc. 9.18 ¿quién *dicen* los
      hombres que es el Hijo del Hombre?
    16.20; Mr. 8.30 mandó .. que a nadie *dijesen*
    17.9; Mr. 9.9 no *digáis* a nadie la visión
    21.27 tampoco yo os *digo* con qué autoridad
    24.3 *dinos,* ¿cuándo serán estas cosas, y qué
    24.25 ya os lo he *dicho* antes
Mr. 12.12; Lc. 20.19 entendian que *decía* contra
Jn. 2.5 madre *dijo* .. Haced todo lo que os *dijere*
    4.29 un hombre que me ha *dicho* todo cuanto
    10.24 el alma? Si tú eres el Cristo, *dínoslo*
    14.25 os he *dicho* estas cosas estando con
    14.29 ahora os lo he *dicho* antes que suceda
    16.4 mas os he *dicho* estas cosas, para que
Hch. 2.12 *diciéndose* .. ¿Qué quiere *decir* esto?
    4.20 no podemos dejar de *decir* lo .. visto
    11.12 el Espíritu me *dijo* que fuese con ellos
    17.20 queremos .. saber qué quiere *decir* esto
    17.21 cosa .. sino en *decir* o en oir algo nuevo
2 Co. 13.2 he *dicho* antes .. que si voy otra vez

DECLARAR *v.* Anunciar, Decir, Hablar, Pre-
    dicar, Profetizar, Publicar
Ex. 25.22 de allí me *declararé* a ti, y hablaré contigo
Dt. 1.5 Moab, resolvió Moisés *declarar* esta ley
    26.17 has *declarado* .. hoy que Jehová es tu
Jos. 4.22 *declararéis* .. diciendo: Israel pasó en
    7.19 y *declárame* ahora lo que has hecho
Jue. 14.14 no pudieron *declararle* el enigma en
Sal. 32.5 mi pecado te *declaré,* y no encubrí mi
    50.6 y los cielos *declararán* su justicia
Jer. 38.15 y Jeremías *dijo* .. Si te lo *declarare*
Mt. 13.35 *declararé* cosas escondidas desde la
Mr. 4.34 a sus discípulos .. les *declaraba* todo
Lc. 24.27 les *declaraba* .. lo que de él decían
Jn. 4.25 cuando él venga nos *declarará* todas las
Hch. 17.3 *declarando* .. que era necesario que el
Ro. 1.4 que fue *declarado* Hijo de Dios con poder
1 Co. 14.25 *declarando* que .. Dios está entre

DECOROSO, sa
1 Co. 12.23 los que en nosotros son menos *d*
1 Ti. 2.9 que las mujeres se atavien de ropa *d*

DECRETO *v.* Edicto, Estatuto, Juicio, Manda-
    miento, Mandato, Orden, Ordenanza, Precepto
Lv. 26.3 si anduviereis en mis *d* y guardareis mis
Dt. 4.1 oh Israel, oye los estatutos y *d* que yo os
Sal. 2.7 yo publicaré el *d;* Jehová me ha dicho
Hch. 17.7 todos estos contravienen los *d* de César
Col. 2.14 anulando el acta de los *d* que había

DEDICACIÓN *v.* Consagración
Nm. 7.10 trajeron ofrendas para la *d* del altar
Esd. 6.17 y ofrecieron en la *d* de .. cien becerros
Neh. 12.27 la *d* del muro de Jerusalén, buscaron
Dn. 3.2 para que viniesen a la *d* de la estatua
Jn. 10.22 celebrábase en .. la fiesta de la *d*

DEDICAR *v.* Apartar, Consagrar, Santificar
Lv. 27.14 alguno *dedicare* su casa .. a Jehová
Jue. 17.3 he *dedicado* el dinero a Jehová por mi
1 S. 1.11, 28 lo *dedicaré* a Jehová todos los días
2 S. 8.11; 1 Cr. 18.11 rey David *dedicó* a Jehová
1 R. 7.51 y que David .. había *dedicado*
    8.63; 2 Cr. 7.5 *dedicaron* .. la casa de Jehová
2 Cr. 31.4 para que ellos se *dedicasen* a la ley de

DEDO *v.* Brazo, Mano
Ex. 8.19 dijeron a Faraón: *D* de Dios es éste
    31.18 dos tablas .. escritas con el *d* de Dios
Lv. 4.6 mojará el sacerdote su *d* en la sangre
1 R. 12.10; 2 Cr. 10.10 menor *d* de los míos es más
Sal. 8.3 cuando veo tus cielos, obra de tus *d,* la

Dn. 2.41 los pies y los *d,* en parte
    5.5 aparecieron los *d* de una mano de hombre
Mt. 23.4; Lc. 11.46 pero ellos ni con un *d* quieren
Lc. 11.20 mas si por el *d* de Dios echo yo fuera
    16.24 para que moje la punta de su *d* en agua y
Jn. 8.6 pero Jesús .. escribía en tierra con el *d*
    20.25 metiere mi *d* en el lugar de los clavos

DEFECTO *v.* Falta, Mancha
Ex. 12.5 el animal será sin *d,* macho de un año
Lv. 1.3 si su ofrenda .. macho sin *d* lo ofrecerá
    21.17 ninguno .. tenga algún *d,* se acercará
    22.21 para que sea aceptado será sin *d*
Dt. 15.21 si hubiere en él *d* .. no lo sacrificarás
He. 8.7 porque si aquel primero hubiera sido sin *d*

DEFENDER *v.* Amparar
Ex. 2.17 Moisés se levantó y las *defendió,* y dio
    2.19 un varón egipcio nos *defendió* de mano
Dt. 32.38 levántense .. os ayuden y os *defiendan*
Job 13.15 *defenderé* delante de él mis caminos
Sal. 5.11 den voces de júbilo .. los *defiendes*
    20.1 el nombre del Dios de Jacob te *defienda*
    82.3 *defended* al débil y al huérfano; haced
Pr. 31.9 y *defiende* la causa del pobre y del
Jer. 15.20 yo estoy contigo .. para *defenderte*
Hch. 25.16 pueda *defenderse* de la acusación
Ro. 2.15 y acusándoles o *defendiéndoles* sus

DEFENSA
Job 22.25 el Todopoderoso será tu *d,* y tendrás
    36.2 todavía tengo razones en *d* de Dios
Sal. 59.9 esperaré en ti, porque Dios es mi *d*
Hch. 19.33 Alejandro .. quería hablar en su *d*
    22.1 varones .. oíd ahora mi *d* ante vosotros
Fil. 1.7 y en la *d* y confirmación del evangelio
    1.17 estoy puesto para la *d* del evangelio
2 Ti. 4.16 en mi primera *d* ninguno estuvo a mi
1 P. 3.15 siempre preparados para presentar *d*

DEFENSOR *v.* Amparo, Guardador
Sal. 68.5 padre de huérfanos y *d* de viudas es Dios
Pr. 23.11 porque el *d* de ellos es el Fuerte, el cual

DEFRAUDAR *v.* Engañar, Hurtar
Lv. 5.16 pagará lo que hubiere *defraudado* de las
Pr. 8.36 que peca contra mí, *defrauda* su alma
Ec. 4.8 ¿para quién .. *defraudo* mi alma del bien?
Ez. 22.12 tus prójimos *defraudaste* con violencia
Mal. 3.5 que *defraudan* en su salario al jornalero
Lc. 19.8 si en algo he *defraudado* a alguno, se lo

DEGOLLAR *v.* Decapitar, Matar
2 R. 10.7 rey, y *degollaron* las setenta varones
Jer. 25.34 vuestros días para que seáis *degollados*

DEIDAD *v.* Divinidad
Ro. 1.20 poder y *d,* se hacen claramente visible
Col. 2.9 en él habita .. toda la plenitud de la *D*

DEJAR *v.* Abandonar, Cesar, Permitir
Gn. 2.24 *dejará* el hombre a su padre y .. madre
    28.15 no te *dejaré* hasta que haya hecho lo
    32.26 dijo: *Déjame,* porque raya el alba
Ex. 3.19 rey de Egipto no os *dejará* ir sino por
Dt. 4.31 tu Dios; no te *dejará,* ni te destruirá, ni
    29.25 por cuanto *dejaron* el pacto de Jehová
Jos. 1.5 contigo; no te *dejaré,* ni te desamparaté
Jue. 2.12 *dejaron* a Jehová el Dios de sus padres
    10.13 me habéis *dejado,* y habéis servido a
Rt. 1.16 no me ruegues que te *deje,* y me aparte
1 S. 8.8 *dejándome* a mí y sirviendo a dioses
    12.10 hemos pecado .. hemos *dejado* a Jehová
1 R. 18.18 *dejando* los mandamientos de Jehová
1 Cr. 28.9 mas si le *dejares,* él te desechará para
    28.20 él no te *dejará* .. hasta que acabes toda
2 Cr. 12.1 Roboam .. *dejó* la ley de Jehová, y todo
    13.11 Dios, mas vosotros le habéis *dejado*
    15.2 mas si le *dejareis,* él también os *dejará*
Esd. 9.10 nosotros hemos *dejado* .. mandamientos
Job 9.27 dijere .. *dejaré* mi triste semblante, y me
Sal. 27.9 no me *dejes* ni me desampares, Dios de
    27.10 aunque mi padre y mi madre me *dejaran*
    39.13 *déjame,* y tomaré fuerzas, antes que vaya
    49.10 mueren .. y *dejan* a otros sus riquezas

Sal. 89.30 *dejaren* sus hijos mi ley, y no anduvieren
    119.8 guardaré; no me *dejes* enteramente
    119.87 pero no he *dejado* tus mandamientos
Pr. 4.6 no la *dejes*, y ella te guardará; ámala
    4.15 *déjala*, no pases por ella; apártate de
    20.3 honra es del hombre *dejar* la contienda
Is. 1.4 *dejaron* a Jehová, provocaron a ira al
    2.6 tú has *dejado* tu pueblo, la casa de Jacob
    2.22 *dejaos* del hombre, cuyo aliento está en
    49.14 pero Sion dijo: Me *dejó* Jehová, y el
    55.7 *deje* el impío su camino, y el hombre
Jer. 1.16 mis juicios contra los que me *dejaron*
    2.13 me *dejaron* a mí, fuente de agua viva
    2.17, 19 el haber *dejado* a Jehová
    3.1 si alguno *dejare* a su mujer, y yéndose
    5.7 sus hijos me *dejaron*, y juraron por lo
    5.19 de la manera que me *dejasteis* a mí
    15.6 tú me *dejaste*, dice Jehová; te volviste
    16.11 porque vuestros padres me *dejaron*
    17.13 *dejaron* a Jehová, manantial de aguas
    22.9 porque *dejaron* el pacto de Jehová su
    50.20 perdonaré a los que yo hubiere *dejado*
Am. 5.2 fue *dejada* sobre su tierra, no hay quien
Mt. 3.15 *deja* ahora, porque .. Entonces le *dejó*
    4.11 el diablo entonces le *dejó*; y he aquí
    4.20; Mr. 1.18; Lc. 5.11 *dejando* .. las redes,
    le siguieron
    5.24 *deja* allí tu ofrenda delante del altar
    8.15 y tocó su mano, y la fiebre la *dejó*
    18.12 ¿no *deja* las 99 y va por los montes a
    19.14; Mr. 10.14; Lc. 18.16 *dejad* a los niños
    19.27; Mr. 10.28; Lc. 18.28 nosotros lo hemos
    dejado todo
    19.29 y cualquiera que haya *dejado* casas, o
    23.23 y *dejáis* lo más importante de la ley: la
Mr. 10.7 *dejará* el hombre a su padre y a su madre
    14.50 todos los discípulos, *dejándole*, huyeron
Lc. 11.42 era necesario hacer, sin *dejar* aquello
    13.8 *déjala* todavía este año, hasta que yo
1 S. 13.8 el amor nunca *deja* de ser; pero las
    13.11 ya fui hombre, *dejé* lo que era de niño
2 Co. 12.6 lo *dejo*, para que nadie piense de mí
Ap. 2.4 contra ti, que has *dejado* tu primer amor

DELANTAL
Gn. 3.7 cosieron hojas de higuera .. y se hicieron *d*

DELANTE *v.* Presencia
Gn. 33.2 y puso las siervas y sus niños *d*
1 S. 6.20 ¿quién podrá estar *d* de Jehová el Dios

DELEITAR *v.* Alegrar, Complacer
Job 22.26 entonces te *deleitarás* en el Omnipotente
Sal. 37.4 *deléitate* asimismo en Jehová, y él te
    112.1 en sus mandamientos se *deleita* en gran
Is. 55.2 y se *deleitará* vuestra alma con grosura
Mi. 7.18 enojo, porque se *deleita* en misericordia
Ro. 7.22 según .. me *deleito* en la ley de Dios

DELEITE *v.* Alegría, Delicia, Placer
Gn. 49.20 el pan de Aser .. y él dará *d* al rey
Job 21.21 ¿qué *d* tendrá él de su casa después de
Pr. 19.10 no conviene al necio el *d*; ¡cuánto menos
    21.17 hombre necesitado será el que ama el *d*
Ez. 24.16 yo te quito de golpe el *d* de tus ojos
2 Ti. 3.4 amadores de los *d* más que de Dios
He. 11.25 gozar de los *d* temporales del pecado
Stg. 5.5 habéis vivido en *d* sobre la tierra, y sido
2 P. 2.13 tienen por delicia el gozar de *d*
Ap. 18.3 han enriquecido de la potencia de sus *d*

DELEITOSO
Sal. 16.6 las cuerdas me cayeron en lugares *d*
Pr. 3.17 sus caminos son caminos *d*, y todas sus

DELICADA *v.* Espléndido, Tierno
Dt. 28.56 la tierna y la *d* entre vosotros, que
Mt. 11.8; Lc. 7.25 a un hombre .. de vestiduras *d*?

DELICIA *v.* Deleite
Sal. 1.2 en la ley de Jehová está su *d*, y en su ley
    16.11 de gozo; *d* a tu diestra para siempre
    119.24, 77, 143 tus testimonios son mis *d*
Pr. 8.30 con él estaba .. y era su *d* de día en día

Pr. 8.31 mis *d* son con los hijos de los hombres
Is. 58.13 lo llamares *d*, santo, glorioso de Jehová
2 P. 2.13 tienen por *d* el gozar de deleites cada

DELITO *v.* Crimen, Culpa, Falta, Ofensa
Esd. 9.6 nuestros *d* han crecido hasta el cielo
Ez. 7.23 la tierra está llena de *d* de sangre
Lc. 23.4, 14; Jn. 18.38; 19.4 ningún *d* hallo en
Ef. 2.1 estabais muertos en vuestros *d* y pecados

DEMANDAR *v.* Pedir, Requerir
Gn. 9.5 *demandaré* la sangre de vuestras vidas
Dt. 15.2 no lo *demandará* más a su prójimo, o a
Jos. 22.23 si .. el mismo Jehová nos lo *demande*
Jue. 21.22 vinieron los padres .. a *demandárnoslas*
1 Cr. 12.17 véalo el Dios de .. y lo *demande*
Sal. 9.12 el que *demanda* la sangre se acordó de
    27.4 una cosa he *demandado* a Jehová, ésta
    44.21 ¿no *demandaría* Dios esto? Porque él
Pr. 30.7 dos cosas te he *demandado*; no me las
Is. 1.12 ¿quién *demanda* esto de vuestras manos
Ez. 3.18; 33.8 su sangre *demandaré* de tu mano
    33.6 *demandaré* su sangre de mano del atalaya
Lc. 11.50 que se *demande* de .. la sangre de todos
    12.48 se haya dado .. mucho se le *demandará*
Hch. 19.39 y si *demandáis* alguna otra cosa, en

DEMAS Col. 4.14; 2 Ti. 4.10; Flm. 24.

DEMETRIO el platero Hch. 19.24–38.

DEMETRIO el cristiano 3 Jn. 12.

DEMONIO *v.* Endemoniado, Espíritu inmundo
Lv. 17.7 y nunca más sacrificarán sus .. a los *d*
Dt. 32.17 sacrificaron a los *d*, y no a Dios
Sal. 106.37 sacrificaron sus hijos y sus .. a los *d*
Mt. 7.22 dirán .. en tu nombre echamos fuera *d*
    8.16 con la palabra echó fuera a los *d*, y sanó
    9.34; 12.24; Mr. 3.22; Lc. 11.15 por el príncipe
    de los *d* echa fuera el
    11.18; Lc. 7.33 vino Juan .. y dicen: *D* tiene
    12.28; Lc. 11.20 por el Espíritu .. echo .. *d*
    15.22 mi hija es .. atormentada por un *d*
    17.18 reprendió Jesús al *d*, el cual salió del
Mr. 1.34 echó .. *d*; y no dejaba hablar a los *d*
    3.15; Lc. 9.1 autoridad .. para echar fuera *d*
    5.12 y le rogaron todos los *d*, diciendo
    7.29 le dijo .. Vé; el *d* ha salido de tu hija
    9.38; Lc. 9.49 en tu nombre echaba fuera *d*
    16.9 a María .. de quien había echado siete *d*
    16.17 en mi nombre echarán fuera *d*; hablarán
Lc. 4.33 un hombre que tenía un espíritu de *d*
    4.41 también salían *d* de muchos, dando voces
    9.42 el *d* le derribó y le sacudió con violencia
    11.14 estaba Jesús echando fuera un *d* .. mudo
Jn. 7.20 *d* tienes; ¿quién procura matarte?
    8.48 que tú eres samaritano, y que tienes *d*?
    10.20 decían: *D* tiene, y está fuera de sí
1 Co. 10.20 a los *d* lo sacrifican, y no a Dios
1 Ti. 4.1 escuchando a .. y a doctrinas de *d*
Stg. 2.19 creen .. también los *d* creen, y tiemblan
Ap. 9.20 ni dejaron de adorar a los *d*, y a las
    18.2 y se ha hecho habitación de *d* y guarida

DEMORAR *v.* Tardar
Ex. 22.29 no *demorarás* la primicia de tu cosecha
Dt. 7.10 no se *demora* con el que le odia, en
Pr. 13.12 la esperanza que se *demora* es tormento

DENARIO
Mt. 18.28 halló a uno de .. que le debía cien *d*
    20.2 convenido con los obreros en un *d* al
    22.19 tributo. Y ellos le presentaron un *d*
Lc. 7.41 el uno le debía quinientos *d*, y el otro
    10.35 sacó dos *d*, y los dio al mesonero, y le
Jn. 6.7 doscientos *d* de pan no bastarían para que
Ap. 6.6 dos libras de trigo por un *d*, y seis

DENUEDO
Hch. 4.13 viendo el *d* de Pedro y de Juan, y
    4.31 y hablaban con *d* la palabra de Dios
    13.46 Pablo y Bernabé, hablando con *d*
    14.3 se detuvieron allí .. hablando con *d*
    19.8 habló con *d* por espacio de tres meses
1 Ts. 2.2 *d* en nuestro Dios para anunciaros el

DENUESTO
Sal. 69.9 los *d* de los que te .. cayeron sobre mí

DENUNCIAR *v.* Acusar
Est. 2.22 lo *denunció* a la reina Ester, y Ester lo
Job 21.31 ¿quién le *denunciará* en su cara su
Jer. 20.10 porque oí .. *Denunciad, denunciémosle*
Mi. 3.8 para *denunciar* a Jacob su rebelión, y a

DEPÓSITO
Gn. 41.36 esté aquella provisión en *d* para el país
2 Ti. 1.12 es poderoso para guardar mi *d* para

DEPRAVADO *v.* Perverso
Nm. 14.27 ¿hasta cuándo oiré esta *d* multitud que
Pr. 6.12 hombre malo, el hombre *d*, es el que anda
Is. 1.4 ¡oh .. generación de malignos, hijos d!

DERBE Hch. 14.6, 20, 21; 16.1.

DERECHO, cha *v.* Diestro, Recto
Gn. 13.9 fueres a la .. izquierda, yo iré a la *d*
Dt. 16.19 no tuerzas el *d*; no hagas acepción de
　21.17 y suyo es el *d* de la primogenitura
Job 8.3 ¿acaso torcerá Dios el *d*, o pervertirá el
　27.2 vive Dios, que ha quitado mi *d*, y el
　32.9 no son .. ni los ancianos entienden el *d*
　34.12 y el Omnipotente no pervertirá el *d*
　36.6 al impío, pero a los afligidos dará su *d*
Sal. 9.4 porque has mantenido mi *d* y mi causa
　103.6 justicia y *d* a todos los que padecen
Pr. 4.11 y por veredas *d* te he hecho andar
　12.15 el camino del necio es *d* en su opinión
　14.12; 16.25 camino que al hombre le parece *d*
Is. 10.2 para quitar el *d* a los afligidos de mi pueblo
　56.1 dijo Jehová: Guardad *d* y haced justicia
　61.8 porque yo Jehová soy amante del *d*
Lm. 3.35 torcer el *d* del hombre delante de la
Mi. 3.9 abomináis el juicio, y pervertís todo el *d*
Mt. 3.6 no sepa tu izquierda lo que hace tu *d*
　20.21; Mr. 10.37 el uno a tu *d*, y el otro a tu
　22.44 siéntate a mi *d*, hasta que ponga a tus
　25.33 y pondrá las ovejas a su *d*, y los
Hch. 9.11 vé a la calle que se llama *D*, y busca
1 Co. 9.12 si otros participan de este *d* sobre
　9.18 para no abusar de mi *d* en el evangelio
He. 12.13 y haced sendas *d* para vuestros pies

DERRAMAR *v.* Esparcir, Rebosar, Regar
Gn. 9.6 el que *derramare* sangre de hombre, por
1 S. 1.15 que he *derramado* mi alma delante de
2 S. 23.16 la *derramó* para Jehová, diciendo
2 Cr. 18.16 he visto a todo Israel *derramado* por
Sal. 42.4 me acuerdo de .. y *derramo* mi alma
　79.6 *derrama* tu ira sobre las naciones que
Pr. 15.28 la boca de los impíos *derrama* malas
Is. 32.15 sea *derramado* el Espíritu de lo alto
　44.3 *derramaré* aguas .. mi Espíritu *d* sobre
Jer. 6.11 la *derramaré* sobre los niños en la calle
　7.20 mi ira se *derramarán* sobre este lugar
Lm. 2.19 *derrama* como agua tu corazón ante la
Ez. 7.8 ahora pronto *derramaré* mi ira sobre ti, y
　20.46 *derrama* tu palabra hacia la .. austral
　39.29 habré *derramado* de mi Espíritu sobre
Mi. 1.6 y *derramaré* sus piedras por el valle
Nah. 1.6 su ira se *derrama* como fuego, y por el
Mal. 3.10 y *derramaré* sobre vosotros bendición
Mt. 9.17; Mr. 2.22; Lc. 5.37 el vino se *derrama*
　26.7; Mr. 14.3 lo *derramó* sobre su cabeza
　26.28; Mr. 14.24; Lc. 22.20 que por muchos es
　derramada
Hch. 1.18 y todas sus entrañas se *derramaron*
　2.17 *derramaré* de mi Espíritu sobre toda carne
Ro. 5.5 el amor .. ha sido *derramado* en nuestros
Fil. 2.17 aunque sea *derramado* en libación sobre
Tit. 3.6 *derramó* en nosotros abundantemente por
Ap. 16.1 *derramad* sobre la tierra las siete copas

DERRETIR
Sal. 22.14 *derritiéndose* en medio de mis entrañas
　97.5 los montes se *derritieron* como cera
　107.26 sus almas se *derriten* con el mal
　147.18 enviará su palabra, y los *derretirá*

DERRIBADO
Sal. 62.3 como pared desplomada y como cerca d?

2 Co. 4.9 perseguidos .. *d*, pero no destruidos

DERRIBAR *v.* Destruir
Ex. 14.27 Jehová *derribó* a los egipcios en medio
　15.7 has *derribado* a los que se levantaron
Dt. 12.3 *derribaréis* sus altares, y quebraréis sus
Jue. 6.31 contienda .. con el que *derribó* su altar
2 R. 6.5 mientras uno *derribaba* un árbol, se le
Job 19.6 sabed ahora que Dios me ha *derribado*
Sal. 37.14 para *derribar* al pobre y al menesteroso
　56.7 y *derriba* en tu furor a los pueblos
　81.14 habría yo *derribado* a sus enemigos
Pr. 21.22 *derribó* la fuerza en que ella confiaba
Am. 9.1 *derriba* el capitel, y .. puertas estremézcanse
Zac. 1.21 han venido .. para *derribar* los cuernos
Mt. 24.2; Mr. 13.2 piedra, que no sea *derribada*
　26.61; Mr. 14.58 puedo *derribar* el templo de
　27.40; Mr. 15.29 tú que *derribas* el templo
Lc. 12.18 esto haré: *Derribaré* mis graneros, y
Ef. 2.14 *derribando* la pared .. de separación
Ap. 18.21 con .. ímpetu será *derribada* Babilonia

DESAGRADAR *v.* Disgustar
Gn. 38.10 *desagradó* en ojos de Jehová lo que
1 S. 18.8 se enojó Saúl .. le *desagradó* este dicho
Pr. 24.18 sea que Jehová lo mire, y le *desagrade*
Is. 59.15 lo vio Jehová, y *desagradó* a sus ojos
Hch. 16.18 *desagradando* a Pablo, éste se volvió

DESALENTAR *v.* Desanimar, Desmayar
Dt. 20.3 tampoco os *desalentéis* delante de ellos
Job 4.5 ahora que el mal .. sobre ti, te *desalientas*
Is. 57.10 en tu mano, por tanto, no te *desalentaste*
Col. 3.21 hijos, para que no se *desalienten*

DESAMPARADO, da *v.* Desvalido
Sal. 37.25 he envejecido, y no he visto justo *d*
Is. 54.1 más son los hijos de la *d* que los de la
　62.4 nunca más te llamarán *D*, ni tu tierra
　62.12 a ti te llamarán Ciudad Deseada, no *d*
Mt. 9.36 estaban *d* y dispersas como ovejas que
2 Co. 4.9 perseguidos, mas no *d*; derribados

DESAMPARAR *v.* Abandonar, Dejar
Dt. 12.19 ten cuidado de no *desamparar* al levita
　31.6 Jehová .. no te dejará, ni te *desamparará*
Jue. 6.13 ahora Jehová nos ha *desamparado*, y nos
1 S. 12.22 Jehová no *desamparará* a su pueblo
2 R. 21.14 *desampararé* el resto de mi heredad
Sal. 9.10 no *desampararás* a los que te buscaron
　22.1 Dios mío, ¿por qué me has *desamparado*?
　37.28 Jehová ama .. no *desampara* a sus santos
　71.11 diciendo: Dios lo ha *desamparado*
　94.14 a su pueblo, ni *desamparará* su heredad
　141.8 he confiado; no *desampares* mi alma
Jer. 12.7 *desamparé* mi heredad, he entregado lo
Mt. 27.46; Mr. 15.34 ¿por qué me has *desamparado*?
2 Ti. 4.10 Demas me ha *desamparado*, amando este
　4.16 todos me *desampararon*; no les sea tomado
He. 13.5 él dijo: No te *desampararé*, ni te dejaré

DESANIMAR
Nm. 21.4 se *desanimó* el pueblo por el camino
　32.7 ¿y por qué *desanimáis* a los hijos de Israel

DESAPARECER *v.* Desvanecer, Ir
1 R. 20.40 ocupado en .. el hombre *desapareció*
Jer. 10.11 los dioses .. *desaparezcan* de la tierra
Mt. 8.3 quiero .. al instante su lepra *desapareció*
Lc. 24.31 mas él se *desapareció* de su vista
Hch. 13.41 oh menospreciadores .. y *desapareced*

DESARRAIGAR *v.* Arrancar
Dt. 29.28 Jehová los *desarraigó* de su tierra con
Mt. 15.13 que no plantó mi .. será *desarraigada*
Lc. 17.6 podríais decir a este .. *Desarráigate*, y
Hch. 3.23 alma que no oiga .. será *desarraigada*

DESATAR *v.* Soltar
Job 12.21 él .. *desata* el cinto de los fuertes
　38.31 o *desatarás* las ligaduras de Orión?
Mt. 16.19; 18.18 lo que *desatares* .. será *desatado*
　21.2; Mr. 11.2; Lc. 19.30 una asna .. *desatadla*

Mr. 1.7; Lc. 3.16; Jn. 1.27 digno de *desatar* .. la correa de su calzado
Jn. 11.44 Jesús les dijo: *Desatadle*, y dejadle ir
Ap. 5.2 es digno de abrir el libro y *desatar* sus
  20.3 y después de esto debe ser *desatado* por

DESBARATAR *v.* **Deshacer, Destruir**
2 S. 22.30; Sal. 18.29 *desbarataré* ejércitos, y con
Job 30.13 mi senda *desbarataron*, se aprovecharon
Jer. 15.7 dejé sin hijos a mi pueblo .. lo *desbaraté*

DESCALZO
2 S. 15.30 llevando la cabeza cubierta y los pies *d*
Is. 20.3 anduvo .. Isaías desnudo y *d* tres años

DESCANSAR *v.* **Reposar**
Ex. 34.21 el séptimo día *descansarás*; aun en la
Dt. 28.65 ni aun entre estas naciones *descansarás*
Jos. 11.23 y la tierra *descansó* de la guerra
Rt. 3.18 hombre no *descansará* hasta que concluya
Job 17.16 juntamente *descansarán* en el polvo
Sal. 23.2 en lugares de .. pastos me hará *descansar*
  55.6 alas .. paloma! Volaría yo, y *descansaría*
  94.13 para hacerle *descansar* en los días de
Mt. 11.28 venid a mí .. y yo os haré *descansar*
Mr. 6.31 venid .. aparte .. y *descansad* un poco
  14.41 y les dijo: Dormid ya, y *descansad*
Lc. 23.56 *descansaron* el día de reposo, conforme
Ap. 6.11 se les dijo que *descansasen* .. un poco
  14.13 *descansarán* de sus trabajos, porque

DESCANSO *v.* **Paz, Reposo**
Ex. 33.14 mi presencia irá contigo, y te daré *d*
Nm. 10.33 arca .. fue .. buscándoles lugar de *d*
Jer. 6.16; Mt. 11.29 hallaréis *d* para vuestra alma

DESCARRIADO, da *v.* **Perdido**
Sal. 119.67 antes que .. yo humillado, *d* andaba
Jer. 50.17 rebaño *d* es Israel .. lo dispersaron leones
Ez. 34.16 la perdida, y haré volver al redil la *d*
Mi. 4.6 dice .. y recogeré la *d*, y a la que afligí
1 P. 2.25 porque vosotros erais como ovejas *d*

DESCARRIAR *v.* **Apartar, Desviar, Perder**
Sal. 58.3 se *descarriaron* hablando mentira desde
Is. 53.6 nos *descarriamos* como ovejas, cada cual
Mt. 18.12 tiene cien ovejas, y se *descarría* una

DESCENDENCIA *v.* **Casa, Familia, Hijo, Linaje, Posteridad, Simiente**
Gn. 12.7; 15.18; 24.7 dijo: A tu *d* daré esta tierra
  15.5 cuenta las estrellas, si .. Así será tu *d*
  21.12 oye .. porque en Isaac te será llamada *d*
  32.12 tu *d* será como la arena del mar, que no
  38.8 despósate con .. y levanta *d* a tu hermano
1 S. 24.21 no destruirás mi *d* después de mí, ni
Job 21.8 *d* se robustece a su vista, y sus renuevos
Sal. 25.13 gozará él de .. y su *d* heredará la tierra
  89.4 para siempre confirmaré tu *d*, y .. trono
  89.29 pondré su *d* para siempre, y su trono
  112.2 su *d* será poderosa en la tierra; la
Is. 45.25 en Jehová .. gloriará toda la *d* de Israel
  61.9 la *d* .. será conocida entre las naciones
Mal. 2.15 uno? Porque buscaba una *d* para Dios
Mt. 22.24; Mr. 12.19; Lc. 20.28 levante a su
Hch. 2.30 que Dios le había jurado que de su *d*
Ro. 4.18 lo que se le había dicho: Así será tu *d*
  9.7; He. 11.18 en Isaac te será llamada *d*
  9.29 si el Señor de .. no nos hubiera dejado *d*
He. 2.16 sino que socorrió a la *d* de Abraham
  7.16 a la ley del mandamiento acerca de la *d*

DESCENDER
Gn. 42.3 *descendieron* los diez hermanos de José
Ex. 19.18 porque Jehová había *descendido* sobre él
2 S. 11.9 Urías durmió .. no *descendió* a su casa
Job 7.9 así el que *desciende* al Seol no subirá
  17.16 a la profundidad del animal *descenderán*
Ec. 3.21 que el espíritu del animal *desciende* abajo
Mt. 27.40; Mr. 15.30, 32 *desciende* de la cruz
Mr. 1.10; Jn. 1.32 al Espíritu .. *descendía* sobre él
Lc. 3.22 *descendió* el Espíritu Santo sobre él
Jn. 1.51 y *descienden* sobre el Hijo del Hombre
  5.4 el que primero *descendía* .. quedaba sano
Hch. 10.11 *descendía* algo semejante a un gran
Ef. 4.10 que *descendió*, es el mismo que .. subió

1 Ts. 4.16 con trompeta de .. *descenderá* del cielo
Ap. 21.10 Jerusalén, que *descendía* del cielo

DESCONOCIDO, da
Sal. 69.8 extraño .. *d* para los hijos de mi madre
1 Co. 14.19 que diez mil palabras en lengua *d*
2 Co. 6.9 como *d*, pero bien conocidos; como
3 Jn. 5 algún servicio a .. especialmente a los *d*

DESCOYUNTAR
Gn. 32.25 y se *descoyuntó* el muslo de Jacob
Sal. 22.14 todos mis huesos se *descoyuntaron*
Jer. 6.24 y nuestras manos se *descoyuntaron*

DESCUBRIR
Jue. 14.18 nunca hubierais *descubierto* mi enigma
Rt. 3.4 *descubrirás* sus pies, y te acostarás allí
1 S. 22.8 me *descubra* .. cómo mi hijo ha hecho
2 S. 6.20 *descubriéndose* .. como se *descubre* sin
Job 11.7 ¿*descubrirás* tú los secretos de Dios?
  12.22 él *descubre* las profundidades de las
  20.27 los cielos *descubrirán* su iniquidad
Pr. 18.2 sino en que su corazón se *descubra*
Is. 3.17 y Jehová *descubrirá* sus vergüenzas
  47.2 *descubre* tus guedejas, descalza los pies
Jer. 13.26 yo .. *descubriré* también tus faldas
Os. 2.10 *descubriré* yo su locura delante de los
Mt. 12.16 encargaba .. que no le *descubriesen*
  26.73 aun tu manera de hablar te *descubre*
Mr. 2.4 *descubrieron* el techo de donde estaba
  3.12 reprendía .. para que no le *descubriesen*
Lc. 12.2 nada hay .. que no haya de *descubrirse*

DESCUIDAR
He. 2.3 si *descuidamos* una salvación tan grande?
1 Ti. 4.14 no *descuides* el don que hay en ti

DESDEÑAR *v.* **Despreciar, Menospreciar**
Lv. 26.15 si *desdeñareis* mis decretos, y vuestra
Job 30.1 a cuyos padres yo *desdeñara* poner con

DESEABLE
Sal. 106.24 pero aborrecieron la tierra *d*; no
Jer. 3.19 ¿cómo .. os daré la tierra *d*, la rica

DESEADO
Cnt. 2.3 bajo la sombra del *d* me senté, y su
Is. 62.12 te llamarán Ciudad *D*, no desamparada
Hag. 2.7 vendrá el *D* de todas las naciones

DESEAR *v.* **Anhelar, Querer**
2 Cr. 21.20 y murió sin que lo *desearan* más
Sal. 34.12 ¿quién es el hombre que *desea* vida
  45.11 *deseará* el rey tu hermosura .. él es tu
  119.174 he *deseado* tu salvación, oh Jehová
Pr. 10.24 a los justos les será dado lo que *desean*
  13.4 el alma del perezoso *desea*, y nada
  21.10 el alma del impío *desea* el mal; su
Is. 26.9 con mi alma te he *deseado* en la noche
  53.2 mas sin atractivo para que le *deseemos*
Jon. 4.8 y *deseaba* la muerte, diciendo: Mejor
Lc. 17.22 *desearéis* ver uno de los días del Hijo
Hch. 13.7 Sergio .. *deseaba* oír la palabra de Dios
Ro. 1.11 deseo veros, para comunicaros algún
  9.3 *deseara* yo mismo ser anatema, separado
1 Ti. 3.1 si .. anhela obispado, buena obra *desea*
1 P. 2.2 *desead*, como niños .. la leche espiritual

DESECHADA *v.* **Despreciado, Menospreciado**
Jer. 6.30 plata *d* los llamarán .. los desechó
  30.17 *d* te llamaron, diciendo: Esta es Sion

DESECHAR *v.* **Despreciar, Rechazar**
1 S. 8.7 no te han *desechado* .. a mí me han *d*
  10.19 habéis *desechado* hoy a vuestro Dios
  15.23 *desechaste* .. también te ha *desechado*
  16.7 no mires a su parecer .. yo lo *desecho*
2 R. 17.15 *desecharon* sus estatutos, y el pacto
Sal. 44.9 pero nos has *desechado*, y nos has hecho
  53.5 avergonzaste, porque Dios los *desechó*
  77.7 ¿*desechará* el Señor para siempre, y no
  88.14 ¿por qué, oh Jehová, *desechas* mi alma?
  118.22 piedra que *desecharon* los edificadores
Pr. 1.25 sino que *desechasteis* todo consejo mío
  10.17 quien *desecha* la reprensión, yerra
Is. 7.15 que sepa *desechar* lo malo y escoger lo
  30.12 porque *desechasteis* esta palabra, y

Jer. 2.37 *desechó* a .. en quienes tú confiabas
 14.21 por amor de tu nombre no nos *deseches*
 31.37 *desecharé* toda la descendencia de Israel
Lm. 5.22 nos has *desechado*, te has airado contra
Ez. 31.11 yo lo entregaré en .. yo lo he *desechado*
Os. 4.6 *desechaste* el conocimiento, yo te echaré
Mt. 21.42; Mr. 12.10; Lc. 20.17; 1 P. 2.7 la piedra
 que *desecharon* los edificadores
Mr. 8.31; Lc. 9.22 ser *desechado* por los ancianos
Lc. 7.30 *desecharon* los designios de Dios respecto
 10.16 el que a vosotros *desecha*, a mí me *d*
 17.25 y sea *desechado* por esta generación
Ro. 11.1 ¿ha *desechado* Dios a su pueblo? En
 13.12 *desechemos* .. las obras de las tinieblas
1 Co. 1.19 *desecharé* el entendimiento de los
Gá. 2.21 no *desecho* la gracia de Dios; pues si
1 Ts. 4.8 el que *desecha* esto, no *d* a hombre
1 Ti. 4.4 nada es de *desecharse*, si se toma con
 4.7 *desecha* las fábulas profanas y de viejas
2 Ti. 2.23 pero *desecha* las cuestiones necias y
Tit. 3.10 al .. que cause divisiones .. *deséchalo*
He. 12.17 deseando heredar la .. fue *desechado*
 12.25 mirad que no *desechéis* al que habla
Stg. 1.21 *desechando* toda inmundicia y .. malicia
1 P. 2.1 *desechando* .. toda malicia, todo engaño

DESENFRENAR
Pr. 29.18 sin profecía el pueblo se *desenfrena*

DESENFRENO
1 P. 4.4 no corráis con ellos en el mismo *d* de

DESEO *v.* Concupiscencia, Pasión
2 S. 23.5 florecer toda mi salvación y mi *d*
Sal. 10.17 el *d* de los humildes oíste, oh Jehová
 20.4 te dé conforme al *d* de tu corazón, y
 38.9 Señor, delante de ti están todos mis *d*
 59.10 Dios hará que vea en mis enemigos mi *d*
 112.10 lo verá .. el *d* de los impíos perecerá
 145.19 cumplirá el *d* de los que le temen
Pr. 11.23 el *d* de los justos es solamente el bien
 13.19 el *d* cumplido regocija el alma; pero
Ec. 6.9 más vale vista de ojos que *d* que pasa
Jn. 8.44 los *d* de vuestro padre queréis hacer
Ro. 13.14 no proveáis para los *d* de la carne
Fil. 1.23 teniendo *d* de partir y estar con Cristo
 2.26 porque él tenía gran *d* de veros a todos
1 P. 1.14 no os conforméis a los *d* que antes
 2.11 que os abstengáis de los *d* carnales que
1 Jn. 2.16 los *d* de la carne, los *d* de los ojos
 2.17 el mundo pasa, y sus *d*; pero el que hace
Jud. 18 habrá .. que andarán según sus malvados *d*

DESESPERADO
Job 6.26 los discursos de un *d*, que son como
2 Co. 4.8 que estamos .. en apuros, mas no *d*

DESFALLECER *v.* Desalentar, Desmayar
Dt. 28.32 tus ojos lo verán, y *desfallecerán* por
Jos. 14.8 hicieron *desfallecer* el corazón del
Sal. 69.3 han *desfallecido* mis ojos esperando a mi
 73.26 mi carne y mi corazón *desfallecen*; mas
 107.5 sedientos, su alma *desfallecía* en ellos
 119.81 *desfallece* mi alma por tu salvación
Is. 13.7 *desfallecerá* todo corazón de hombre
 31.3 caerá .. y todos ellos *desfallecerán* a una
 40.28 no *desfallece*, ni se fatiga con cansancio
Jer. 8.18 a causa .. dolor, mi corazón *desfallece*
Lm. 2.11 *desfallecía* el niño y el que mamaba
 4.17 aun han *desfallecido* nuestros ojos
Jon. 2.7 cuando mi alma *desfallecía* en mí, me

DESGAJAR
Sal. 29.9 voz de Jehová que *desgaja* las encinas
Is. 10.33 el Señor, Jehová .. *desgajará* el ramaje

DESHACER *v.* Desbaratar, Destruir
Ex. 17.13 Josué *deshizo* a Amalec y a su pueblo
Job 10.8 ¿y luego te vuelves y me *deshaces*?
Is. 44.22 *deshice* como una nube tus rebeliones
 44.25 que *deshago* las señales de los adivinos
 51.6 los cielos serán *deshechos* como humo
1 Co. 1.28 escogió .. para *deshacer* lo que es
2 Co. 5.1 que si nuestra morada .. se *deshiciere*

2 P. 3.10 elementos ardiendo serán *deshechos*
 3.11 todas estas cosas han de ser *deshechas*
1 Jn. 3.8 Dios, para *deshacer* las obras del diablo

DESHONESTO
Ef. 5.4 palabras *d*, ni necedades, ni truhanerías
Col. 3.8 dejad .. palabras *d* de vuestra boca
1 Ti. 3.3; Tit. 1.7 no codicioso de ganancia *d*
1 P. 5.2 no por ganancia *d*, sino con ánimo

DESHONRA
2 S. 13.13 porque, ¿adónde iría yo con mi *d*?
Pr. 11.2 viene la soberbia, viene también la *d*
Is. 47.3 vergüenza descubierta, y tu *d* será vista
 61.7 en lugar .. de vuestra *d*, os alabarán en
Ro. 9.21 hacer .. vaso para honra y otro para *d*?
1 Co. 15.43 se siembra en *d*, resucitará en gloria
2 Co. 6.8 por honra y por *d*, por mala fama y por

DESHONRAR
Gn. 34.2 tomó, y se acostó con ella, y la *deshonró*
Sal. 79.12 su infamia, con que te han *deshonrado*
Os. 2.5 la que los dio a luz se *deshonró*, porque
Mi. 7.6 porque el hijo *deshonra* al padre, la hija
Sof. 2.8 las afrentas .. con que *deshonraron* a mi
Mal. 1.7 ¿en qué te hemos *deshonrado*? En que
Ro. 1.24 *deshonraron* entre sí sus propios cuerpos
 2.23 ¿con infracción de .. *deshonras* a Dios?

DESHONROSO
1 Co. 11.14 que al varón le es *d* dejarse crecer el

DESIERTO, ta *v.* Desolado, Soledad
Gn. 16.7 junto a una fuente de agua en el *d*, junto
 21.20 el muchacho; y creció, y habitó en el *d*
Ex. 3.18 iremos .. camino de tres días por el *d*
Nm. 14.29 en este *d* caerán vuestros cuerpos; todo
 14.33 andarán pastoreando en el *d* 40 años
Dt. 1.19 anduvimos todo aquel grande y terrible *d*
 8.2 te acordarás de .. estos 40 años en el *d*
 29.5 yo os he traído cuarenta años en el *d*
 32.10 le halló en tierra de *d*, y en yermo de
1 S. 24.1 he aquí David está en el *d* de En-gadi
1 R. 19.4 él se fue por el *d* un día de camino
Neh. 2.17 que Jerusalén está *d*, y sus puertas
 9.19 con todo .. no los abandonaste en el *d*
Sal. 78.40 veces se rebelaron contra él en el *d*
 95.8 Meriba, como en el día de Masah en el *d*
 107.33 él convierte los ríos en *d* .. sequedales
Cnt. 3.6 ¿quién es ésta que sube del *d* como
Is. 32.14 palacios quedarán *d*, la multitud .. cesará
 35.1 se alegrarán el *d* y la soledad; el yermo
 35.6 porque aguas serán cavadas en el *d*, y
 40.3 voz que clama en el *d*: Preparad camino
 41.18 abriré en el *d* estanques de aguas, y
 43.19 otra vez abriré camino en el *d*, y ríos
 64.10 Sion es un *d*, Jerusalén una soledad
Jer. 2.31 ¿he sido yo un *d* para Israel, o tierra de
 6.8 para que no te convierta en *d*, en tierra
 9.2 ¡oh, quién me diese en el *d* un albergue
Ez. 12.20 las ciudades habitadas quedarán *d*, y la
 33.28 convertiré la tierra en *d* y en soledad
Jl. 2.3 y detrás de él como *d* asolado; ni tampoco
Hag. 1.9 mi casa está *d*, y cada uno de vosotros
Mt. 3.3; Mr. 1.3; Lc. 3.4; Jn. 1.23 voz del que
 clama en el *d*
 4.1; Mr. 1.12; Lc. 4.1 Jesús fue llevado .. al *d*
 11.7; Lc. 7.24 ¿qué salisteis a ver al *d*? ¿una
 14.13; Mr. 1.35; Lc. 5.16; 9.10 se apartó .. a
 un lugar *d*
 23.38; Lc. 13.35 vuestra casa os es dejada *d*
 24.26 mirad, está en el *d*, no salgáis; o mirad
Mr. 6.31 venid .. aparte a un lugar *d*, y descansad
 8.4 alguien saciar de pan a éstos aquí en el *d*?
Lc. 1.80 estuvo en lugares *d* hasta el día de su
Jn. 3.14 como Moisés levantó la serpiente en el *d*
Hch. 1.20 sea hecha *d* su habitación, y no haya
1 Co. 10.5 por lo cual quedaron postrados en el *d*
He. 3.8 como .. en el día de la tentación en el *d*
 11.38 errando por los *d*, por los montes, por

DESIGNAR *v.* Constituir, Elegir, Escoger, Establecer, Señalar
Lc. 10.1 *designó* el Señor también a otros setenta

2 Co. 8.19 fue *designado* .. como compañero de

DESIGNIO *v.* Consejo, Propósito
Est. 9.25 perverso *d* que aquél trazó contra los
Job 5.13 prende .. y frustra los *d* de los perversos
37.12 por sus *d* se revuelven las nubes en
Lm. 3.62 los dichos .. su *d* contra mí todo el día
Lc. 7.30 desecharon los *d* de Dios respecto de sí
Ro. 8.7 *d* de la carne son enemistad contra
Ef. 1.11 todas las cosas según el *d* de su voluntad

DESLEAL
Lm. 3.42 nos hemos rebelado, y fuimos *d*; tú no
Os. 9.15 no los amaré más .. sus príncipes son *d*
Mal. 2.16 guardaos, pues .. espíritu, y no seáis *d*

DESLEALMENTE
Jer. 12.1 tienen bien todos los que se portan *d*?
Mal. 2.10 ¿por qué, pues, nos portamos *d* el uno

DESLIGAR *v.* Apartar, Separar
Gá. 5.4 de Cristo os *desligasteis*, los que por la

DESLIZAR *v.* Resbalar
He. 2.1 atendamos .. no sea que nos *deslicemos*

DESMAYAR *v.* Desalentar, Desanimar
Dt. 1.21; Jos. 1.9; 8.1 no temas ni *desmayes*
7.21 no *desmayes* delante de ellos, porque
1 S. 17.32 no *desmaye* el corazón de ninguno a
Sal. 27.13 hubiera yo *desmayado*, si no creyese
61.2 clamaré .. cuando mi corazón *desmayare*
Is. 41.10 no *desmayes*, porque yo soy tu Dios
42.4 no se cansará ni *desmayará*, hasta que
Jer. 38.4 hace *desmayar* las manos de los hombres
Am. 8.13 doncellas .. jóvenes *desmayarán* de sed
Jon. 4.8 el sol hirió a Jonás .. y se *desmayaba*
Mt. 15.32; Mr. 8.3 sea que *desmayen* en el camino
Lc. 18.1 la necesidad de orar .. y no *desmayar*
2 Co. 4.1 teniendo .. ministerio .. no *desmayamos*
4.16 por tanto, no *desmayamos*; antes aunque
Gá. 6.9 a su tiempo segaremos, si no *desmayamos*
Ef. 3.13 pido que no *desmayéis* a causa de mis
He. 12.3 ánimo no se canse hasta *desmayar*

DESMENTIR
Job 24.25 ¿quién me *desmentirá* ahora, o reducirá
Os. 5.5 soberbia de Israel le *desmentirá* en su cara

DESMENUZAR *v.* Deshacer, Destruir
Job 16.12 próspero estaba, y me *desmenuzó*; me
Sal. 2.9 como vasija de .. los *desmenuzarás*
Is. 24.19 *desmenuzada* será la tierra, en gran
Lm. 3.34 *desmenuzar* .. encarcelados de la tierra
Dn. 2.40 como el hierro *desmenuza* .. las cosas
Mi. 4.13 trilla .. *desmenuzarás* a muchos pueblos
Mt. 21.44; Lc. 20.18 ella cayere, le *desmenuzará*

DESNUDAR
Nm. 20.26 *desnuda* a Aarón de sus vestiduras
Is. 52.10 Jehová *desnudó* su santo brazo ante los
Os. 2.3 no sea que yo la despoje y *desnude*, la
2 Co. 5.4 porque no quisiéramos ser *desnudados*

DESNUDEZ *v.* Vergüenza
Gn. 9.22 Cam .. vio la *d* de su padre, y lo dijo a
Lv. 18.6 se llega a parienta .. para descubrir su *d*
Ez. 16.8 extendí mi manto sobre ti, y cubrí tu *d*
16.36 por cuanto han sido descubiertas tus *d*
Ap. 3.18 no se descubra la vergüenza de tu *d*

DESNUDO, da
Gn. 2.25 estaban ambos *d*, Adán y su mujer, y no
3.7 entonces .. y conocieron que estaban *d*
Job 1.21 *d* salí del vientre de mi .. y *d* volveré
Ec. 5.15 como salió del vientre .. *d*, así vuelve
Is. 20.2 y lo hizo así, andando *d* y descalzo
Mt. 25.36 estuve *d*, y me cubristeis; enfermo, y
Mr. 14.52 mas él, dejando la sábana, huyó *d*
Hch. 19.16 huyeron de aquella casa *d* y heridos
2 Co. 5.3 así seremos hallados vestidos, y no *d*
He. 4.13 todas las cosas están *d* y abiertas a los
Stg. 2.15 hermana están *d*, y tienen necesidad del

DESOBEDECER
Lc. 15.29 no habiéndote *desobedecido* jamás
He. 3.18 juró .. sino a aquellos que *desobedecieron*?
1 P. 3.20 los que en otro tiempo *desobedecieron*

DESOBEDIENCIA *v.* Rebeldía
Ro. 5.19 como por la *d* de un hombre los muchos
11.30 alcanzado misericordia por la *d* de
11.32 Dios sujetó a todos en *d*, para tener
2 Co. 10.6 estando prontos para castigar toda *d*
Ef. 2.2 espíritu que ahora opera en los hijos de *d*
5.6; Col. 3.6 viene la ira .. sobre los .. de *d*
He. 4.6 aquellos .. no entraron por causa de *d*

DESOBEDIENTE *v.* Incrédulo, Rebelde
Ro. 1.30 soberbios, altivos .. *d* a los padres
11.30 pues como vosotros .. erais *d* a Dios
1 Ti. 1.9 sino para los transgresores y *d*, para los
2 Ti. 3.2 habrá .. *d* a los padres, ingratos, impíos

DESOCUPADO, da
Mt. 12.44 cuando llega, la halla *d*, barrida y
20.3 vio a otros que estaban en la plaza *d*

DESOLACIÓN *v.* Asolamiento, Destrucción
Is. 17.9 sus ciudades .. serán como .. y habrá *d*
Jer. 4.7 ha salido de .. para poner tu tierra en *d*
50.23 ¡cómo se convirtió Babilonia en *d*
Dn. 9.2 habían de cumplirse las *d* de Jerusalén

DESOLADO, da *v.* Desierto
Sal. 9.6 perecido; han quedado *d* para siempre
Is. 62.4 ni tu tierra se dirá más *D*; sino que
Lm. 1.13 me dejó *d*, y con dolor todo el día
Gá. 4.27 más son los hijos de la *d*, que de la

DESORDENADAMENTE
2 Ts. 3.6 os apartéis de todo hermano que ande *d*
3.11 porque oímos que algunos .. andan *d*, no

DESORDENADA
Gn. 1.2 la tierra estaba *d* y vacía, y las tinieblas
Col. 3.5 pasiones *d*, malos deseos y avaricia

DESPARRAMAR
Mt. 12.30; Lc. 11.23 que .. no recoge, *desparrama*

DESPEDAZAR
Gn. 44.28 y pienso de cierto que fue *despedazado*
Jue. 14.6 *despedazó* al león como .. *d* un cabrito
2 R. 2.24 dos osos .. *despedazaron* de ellos a 42
Job 16.9 su furor me *despedazó*, y me ha sido
18.4 oh tú, que te *despedazas* en tu furor
Sal. 50.22 no sea que os *despedace*, y no haya
Lm. 3.11 torció mis caminos, y me *despedazó*
Os. 13.8 león; fiera del campo los *despedazará*
Hch. 23.10 de que Pablo fuese *despedazado* por

DESPEDIR *v.* Enviar
Mt. 14.15 *despide* a la multitud, para que vayan
15.23 *despídela*, pues da voces tras nosotros
Lc. 2.29 ahora, Señor, *despides* a tu siervo en paz
9.61 que me *despida* .. de los que están en mi
Hch. 21.8 sino que se *despidió* de ellos, diciendo
19.41 dicho esto, *despidió* la asamblea

DESPEÑADERO
Mt. 8.32; Mr. 5.13; Lc. 8.33 se precipitó en el mar por un *d*

DESPEÑAR
Sal. 141.6 serán *despeñados* sus jueces, y oirán mis
Lc. 4.29 le llevaron hasta la .. para *despeñarle*

DESPERDICIAR
Lc. 15.13 fue lejos .. allí *desperdició* sus bienes

DESPERDICIO
Mr. 14.4 ¿para qué .. hecho este *d* de perfume?

DESPERTAR *v.* Levantar
Gn. 28.16 *despertó* Jacob de su sueño, y dijo
Jue. 5.12 *despierta, d*, Débora; *d, d*, entona
16.20 luego que *despertó* él de su sueño, se
2 Cr. 36.22; Esd. 1.1 *despertó* el espíritu de Ciro
Job 14.12 hasta que no haya cielo, no *despertarán*
41.10 nadie hay tan osado que lo *despierte*
Sal. 3.5 yo me acosté y dormí, y *desperté*, porque
17.15 estaré .. cuando *despierte* a tu semejanza
57.8 *despierta*, alma mía; *d*, salterio y arpa
59.5 *despierta* para castigar a .. las naciones
73.20 como sueño del que *despierta*, así, Señor
78.65 *despertó* el Señor como quien duerme
80.2 *despierta* tu poder delante de Efraín

Sal. 108.2 *despiértate* .. arpa; *despertaré* al alba
Cnt. 2.7; 3.5 no *despertéis* .. al amor, hasta que
Is. 45.13 yo lo *desperté* en justicia, y enderezaré
    50.4 *despertará* mañana tras mañana, *d* mi
    51.9; 52.1 *despiértate, d*, vístete de poder, oh
Dn. 12.2 que duermen en el .. serán *despertados*
Jl. 1.5 *despertad*, borrachos, y llorad; gemid, todos
Mt. 8.25; Mr. 4.38; Lc. 8.24 le *despertaron*, diciendo:
    ¡Señor, sálvanos
Jn. 11.11 Lázaro duerme .. voy para *despertarle*
Ef. 5.14 dice: *Despiértate*, tú que duermes, y
2 P. 1.13 tengo por justo .. el *despertaros* con

DESPOJAR *v.* Hurtar, Robar, Saquear
1 S. 31.8; 1 Cr. 10.8 a *despojar* a los muertos
1 R. 21.19 ¿no mataste, y también has *despojado*?
Job 19.9 ha *despojado* de mi gloria, y quitado la
Pr. 22.23 *despojará* el alma .. que los *despojaren*
Is. 10.2 para *despojar* a las viudas, y robar a los
Ez. 22.7 huérfano y a la viuda *despojaron* en ti
Os. 2.3 no sea que yo la *despoje* y desnude, la
Hab. 2.8 has *despojado* a muchas naciones, todos
Lc. 10.30 le *despojaron*; e hiriéndole, se fueron
2 Co. 11.8 he *despojado* a otras iglesias, recibiendo
Ef. 4.22 *despojaos* del viejo hombre, que está
Fil. 2.7 se *despojó* a sí mismo, tomando forma de
Col. 2.15 y *despojando* a los principados y a las
He. 12.1 *despojémonos* de todo peso y del pecado

DESPOJO *v.* Botín
Pr. 16.19 mejor .. que repartir *d* con los soberbios
Is. 53.12 grandes, y con los fuertes repartirá *d*
Jer. 21.9 saliere .. vivirá, y su vida le será por *d*
Am. 3.10 atesorando rapiña y *d* en sus palacios
Zac. 14.1 en medio de ti serán repartidos tus *d*
He. 10.34 el *d* de vuestros bienes sufristeis con

DESPOSADA
Ex. 22.16 que no fuere *d*, y durmiere con ella
Mt. 1.18 estando *d* María su madre con José
Lc. 1.27 una virgen *d* con un varón que .. José
    2.5 con María su mujer, *d* con él, la cual
Ap. 21.9 te mostraré la *d*, la esposa del Cordero

DESPOSAR
Gn. 38.8 Judá dijo a Onán .. *despósate* con ella
Dt. 20.7 ¿y quién se ha *desposado* con mujer, y no
2 S. 3.14 Mical, la cual *desposé* conmigo por cien
Is. 62.5 como el joven se *desposa* con la virgen
Os. 2.19 te *desposaré* conmigo para siempre; te *d*
2 Co. 11.2 os he *desposado* con un solo esposo

DESPOSEER
Dt. 9.1 vas .. para entrar a *desposeer* a naciones
Jue. 11.23 Jehová Dios .. *desposeyó* al amorreo

DESPRECIABLE
Sal. 35.15 se juntaron contra mí gentes *d*, y yo no
Dn. 11.21 le sucederá en su lugar un hombre *d*
Mal. 1.7 que pensáis que la mesa de Jehová es *d*
    1.12 y cuando decís que su alimento es *d*

DESPRECIADO, da *v.* Menospreciado
Job 12.5 como una lámpara *d* de aquel que está
Pr. 12.9 mas vale el *d* que tiene servidores, que el
Is. 53.3 *d* y desechado entre los hombres, varón

DESPRECIAR *v.* Desdeñar, Desechar, Menospreciar
Sal. 10.3 bendice al codicioso, y *desprecia* a
    10.5 a todos sus adversarios *desprecia*
Pr. 1.8 no *desprecies* la dirección de tu madre
Gá. 4.14 no me *despreciasteis* .. por la prueba
2 P. 2.10 a aquellos que .. *desprecian* el señorío

DESPRECIO *v.* Menosprecio
Cn. 16.4 concebido, miraba con *d* a su señora

DESTERRADO
Sal. 147.2 edifica .. a los *d* de Israel recogerá
Is. 11.12 juntará los *d* de Israel, y reunirá los

DESTETADO
Sal. 131.2 me he comportado .. como un niño *d*
Is. 11.8 el recién *d* extenderá su mano sobre la
    28.9 ¿los *d*? ¿a los arrancados de los pechos?

DESTILAR
Sal. 68.8 *destilaron* los cielos ante la presencia

Am. 9.13 y los montes *destilarán* mosto, y todos

DESTINAR *v.* Predestinar
Is. 65.12 yo también os *destinaré* a la espada
1 P. 1.20 *destinado* desde antes de la fundación

DESTITUIDO *v.* Privar
Ro. 3.23 todos .. están *d* de la gloria de Dios

DESTRUCCIÓN *v.* Asolamiento, Perdición
Est. 8.6 ¿cómo podré yo ver la *d* de mi nación?
Job 5.21 no temerás la *d* cuando viniere
Is. 10.22 volviera; la *d* acordada rebosará justicia
    28.22 *d* ya determinada sobre toda la tierra
    47.11 *d* que no sepas vendrá de repente sobre
Jer. 50.40 como en la *d* que Dios hizo de Sodoma
Ez. 7.25 *d* viene; y buscarán la paz, y no la habrá
Os. 13.14 seré tu muerte; y seré tu *d*, oh Seol
Lc. 21.20 sabed entonces que su *d* ha llegado
Ro. 9.22 los vasos de ira preparados para *d*
1 Co. 5.5 sea entregado a .. para *d* de la carne
2 Co. 10.4 sino poderosas en Dios para la *d* de
1 Ts. 5.3 vendrá sobre ellos *d* repentina, como
1 Ti. 6.9 hunden a los hombres en *d* y perdición
2 P. 2.1 atrayendo sobre sí mismos *d* repentina

DESTRUIDA
Is. 1.7 vuestra tierra está *d*; vuestras ciudades
Jer. 4.30 tú, *d*, ¿qué harás? Aunque te vistas

DESTRUIDOR
Is. 49.17 tus *d* y tus asoladores saldrán de ti
Jer. 22.7 prepararé contra ti *d*, cada uno con sus

DESTRUIR *v.* Asolar, Desbaratar
Gn. 7.23 fue *destruido* todo ser que vivía sobre la
    18.23 ¿*destruirás* también al justo con el
    19.25 *destruyó* las ciudades .. aquella llanura
Ex. 23.24 los *destruirás* del todo, y quebrarás
Nm. 14.12 yo los heriré .. y los *destruiré*, y a ti
    33.52 *destruiréis* todos sus ídolos de piedra
Dt. 7.5 sus altares *destruiréis*, y quebraréis sus
    9.14 déjame que los *destruya*, y borre su
    9.26 no *destruyas* a tu pueblo y a tu heredad
Jos. 7.12 si no *destruyereis* el anatema de en medio
1 S. 15.6 no os *destruya* juntamente con ellos
2 S. 22.38 perseguiré .. enemigos y los *destruiré*
1 Cr. 21.15 envió Jehová al ángel a .. *destruirla*
2 Cr. 21.7 Jehová no quiso *destruir* la casa de
Esd. 6.12 Dios .. *destruya* a todo rey y pueblo que
Est. 3.6 procuró Amán *destruir* a todos los judíos
Job 12.23 multiplica las naciones, y las *destruye*
    22.20 fueron *destruidos* nuestros adversarios
Sal. 9.5 *destruiste* al malo, borraste el nombre
    11.3 si fueren *destruidos* los fundamentos
    12.3 *destruirá* todos los labios lisonjeros
    18.40 que yo *destruya* a los que me aborrecen
    21.10 su fruto *destruirás* de la tierra, y su
    37.9 porque los malignos serán *destruidos*
    37.38 transgresores serán todos a una *destruidos*
    89.40 vallados; has *destruido* sus fortalezas
    94.23 los *destruirá* en su propia maldad; los *d*
    101.8 *destruiré* a todos los impíos de la tierra
    135.10 *destruyó* a muchas naciones, y mató
    143.12 *destruirás* a todos los adversarios de mi
    145.20 aman, mas *destruirá* a todos los impíos
Pr. 21.7 la rapiña de los impíos los *destruirá*
    29.4 mas el que exige presentes la *destruye*
Ec. 9.18 pero un pecador *destruye* mucho bien
Is. 19.3 *destruiré* su consejo; y preguntarán a sus
    24.4 se *destruyó*, cayó la tierra; enfermó, cayó
    36.10 me dijo: Sube a esta tierra y *destrúyela*
    64.11 cosas preciosas han sido *destruidas*
    65.8 así haré yo .. que no lo *destruiré* todo
Jer. 1.10 sobre reinos .. y para *destruir*, para
    4.27 asolada; pero no la *destruiré* del todo
    6.5 levantaos .. y *destruyamos* sus palacios
    12.10 muchos pastores han *destruido* mi viña
    12.17 nación, sacándola de raíz y *destruyéndola*
    48.42 Moab será *destruido* hasta dejar de ser
    50.11 os gozasteis *destruyendo* mi heredad
    51.47 que yo *destruiré* los ídolos de Babilonia
Lm. 2.2 *destruyó* el Señor, y no perdonó; *d* en
    2.8 Jehová determinó *destruir* el muro de la

Ez. 9.2 en su mano su instrumento para *destruir*
9.8 ¿*destruirás* a todo el remanente de Israel
Dn. 2.44 un reino que no será jamás *destruido*
Os. 4.6 mi pueblo fue *destruido*, porque le faltó
Am. 9.8 no *destruirá* del todo la casa de Jacob
Jon. 3.4 a cuarenta días Nínive será *destruida*
Nah. 1.4 Basán fue *destruido* .. del Líbano fue *d*
Hab. 1.13 callas cuando *destruye* el impío al más
Sof. 2.11 *destruirá* a todos los dioses de la tierra
3.6 hice *destruir* naciones .. están asoladas
Mal. 1.4 ellos edifcarán, y yo *destruiré*; y les
Mt. 10.28 a aquel que puede *destruir* el alma
12.14; Mr. 3.6 tuvieron consejo .. *destruirle*
21.41; Mr. 12.9; Lc. 20.16 a los malos *destrui-rá* sin misericordia
22.7 el rey .. *destruyó* a aquellos homicidas
Mr. 1.24; Lc. 4.34 ¿has venido para *destruirnos*?
Lc. 21.6 piedra sobre piedra, que no sea *destruida*
Jn. 2.19 *destruid* este templo, y en tres días lo
Hch. 5.39 si es de Dios, no la podéis *destruir*
19.27 Diana sea .. y comience a ser *destruida*
1 Co. 1.19 *destruiré* la sabiduría de los sabios
3.17 si alguno *destruyere* el templo de Dios
15.26 el postrer enemigo que será *destruido*
Gá. 2.18 si las cosas que *destruí*, las .. vuelvo a
He. 2.14 para *destruir* por medio de la muerte al
Jud. 5 después *destruyó* a los que no creyeron
Ap. 11.18 *destruir* a los que *destruyen* la tierra

DESVALIDO *v.* **Desamparado, Huérfano**
Sal. 10.14 a ti se acoge el *d*; tú eres el amparo
Pr. 31.8 abre tu boca .. en el juicio de todos los *d*

DESVANECER *v.* **Desaparecer**
Job 7.9 como la nube se *desvanece* y se va, así
Is. 19.3 el espíritu de Egipto se *desvanecerá* en
29.14 y se *desvanecerá* la inteligencia de sus
44.25 a los sabios, y *desvanezco* su sabiduría
Jer. 19.7 *desvaneceré* el consejo de Judá y de
Mt. 5.13 pero si la sal se *desvaneciere*, ¿con qué
Hch. 5.38 si .. es de los hombres, se *desvanecerá*
Stg. 4.14 es neblina que .. y luego se *desvanece*

DESVARÍO
Ec. 2.12 volví yo a mirar para ver la .. los *d* y la
7.25 para conocer la maldad .. el *d* del error
10.13 necedad; y el fin de su charla, nocivo *d*

DESVIAR *v.* **Apartar, Descarriar, Perder**
Sal. 14.3 se *desviaron*, a una se han corrompido
119.10 te he buscado; no me dejes *desviarme*
119.110 no me *desvié* de tus mandamientos
Pr. 4.27 no te *desvíes* a la derecha ni .. izquierda
18.1 su deseo busca el que se *desvía*, y se
Ro. 3.12 todos se *desviaron*, a una se .. inútiles
1 Ti. 6.21 la cual profesando .. *desviaron* de la fe
2 Ti. 2.18 que se *desviaron* de la verdad, diciendo

DETENER *v.* **Parar**
Gn. 19.16 *deteniéndose* él, los varones asieron
Jos. 10.13 el sol se *detuvo* y la luna se paró
Pr. 25.17 *detén* tu pie de la casa de tu vecino
Is. 29.9 *deteneos* y maravillaos; ofuscaos y cegaos
46.13 no se .. y mi salvación no se *detendrá*
59.15 la verdad fue *detenida*, y el que se
Jer. 4.6 huid, no os *detengáis*; porque yo hago
Am. 4.7 os *detuve* la lluvia tres meses antes de la
Hag. 1.10 se *detuvo* de los cielos .. la lluvia
Lc. 8.44 al instante se *detuvo* el flujo de su sangre
2 Ts. 2.6 ahora vosotros sabéis lo que lo *detiene*
2.7 hay quien al presente lo *detiene*, hasta

DETERMINAR *v.* **Acordar**
1 S. 20.7 sabe que la maldad está *determinada* de
2 Cr. 2.1 *determinó*, pues, Salomón edificar casa
Job 23.13 pero si él *determina* una cosa, ¿quién lo
Is. 14.27 Jehová de los .. lo ha *determinado*
Jer. 18.10 del bien que había *determinado* hacerle
Lm. 2.17 ha hecho lo que tenía *determinado*; ha
Lc. 22.22 va, según lo que está *determinado*; pero
Hch. 4.28 y tu consejo habían antes *determinado*
20.13 Pablo, ya que así lo había *determinado*
2 Co. 2.1 *determiné* para conmigo, no ir otra vez

DETRACTOR, ra *v.* **Calumniador**
Pr. 17.4 inicuo; y el mentiroso escucha la lengua *d*
Ro. 1.30 *d*, aborrecedores de Dios; injuriosos

DEUDA
Neh. 10.31 año séptimo .. remitiríamos toda *d*
Pr. 22.26 ni de los que salen por fiadores de *d*
Mt. 6.12 perdónanos nuestras *d*, como también
18.27 el señor .. le soltó y le perdonó la *d*
Ro. 4.4 no se le cuenta .. como gracia, sino como *d*

DEUDOR
Dt. 15.2 perdonará a su *d* .. que hizo empréstito
Mt. 6.12 como también .. perdonamos a nuestros *d*
23.16 alguno jura por el oro del templo, es *d*
23.18 jura por la ofrenda que .. sobre él, es *d*
Lc. 7.41 un acreedor tenía dos *d*: el uno le debía
16.5 llamando a cada uno de los *d* de su amo
Ro. 1.14 no griegos, a sabios y a no sabios soy *d*
8.12 *d* somos, no a la carne, para que vivamos
15.27 les pareció bueno, y son *d* a ellos

DEVOLVER *v.* **Pagar, Restaurar, Restituir, Volver**
Gn. 20.7 ahora .. *devuelve* la mujer a su marido
42.25 y *devolviesen* el dinero de cada uno
Lv. 25.28 no .. suficiente para que se la *devuelvan*
Dt. 22.2 recogerás en tu casa .. se lo *devolverás*
2 R. 8.6 *devolver* todas las cosas que eran suyas
2 Cr. 28.11 *devolved* a los cautivos que habéis
Job 20.10 sus manos *devolverán* lo que él robó
Sal. 54.5 él *devolverá* el mal a mis enemigos
109.5 me *devuelven* mal por bien, y odio por
Lc. 19.8 a alguno, se lo *devuelvo* cuadruplicado

DEVORADOR
Jue. 14.14 del *d* salió comida, y del fuerte salió

DEVORAR *v.* **Comer, Consumir**
Gn. 37.20 diremos: Alguna mala bestia lo *devoró*
41.7 siete espigas menudas devoraban a las
Ex. 7.12 vara de Aarón *devoró* las varas de ellos
Sal. 14.4; 53.4 que *devoran* a mi pueblo como si
35.25 yea .. no digan: ¡Le hemos *devorado*!
56.1 ten misericordia de mí .. me *devoraría*
78.63 el fuego *devoró* a sus jóvenes, y sus
80.13 montés, y la bestia del campo la *devora*
Is. 9.12 y a boca llena *devorarán* a Israel. Ni con
Os. 7.7 *devoraron* a sus jueces; cayeron todos sus
13.8 los *devoraré* como león; fiera del campo
Zac. 9.15 *devorarán*, y hollarán las piedras de la
Mt. 23.14; Mr. 12.40; Lc. 20.47 *devoráis* las casas de las viudas
2 Co. 11.20 pues toleráis .. si alguno os *devora*, si
Stg. 5.3 *devorará* del todo vuestras carnes como
1 P. 5.8 como león .. buscando a quien *devorar*

DÍA *v.* **Año, Hora, Juicio, Tiempo**
Gn. 1.5 llamó Dios a la luz *D*, y a las tinieblas
8.22 no cesarán .. invierno, y el *d* y la noche
24.55 espere la doncella .. a lo menos diez *d*
Dt. 33.25 cerrojos, y como tus *d* serán tus fuerzas
Neh. 8.10 porque *d* santo es a nuestro Señor; no os
Job 3.1 abrió Job su boca, y maldijo su *d*
3.4 sea aquel *d* sombrío, y no cuide de él
14.5 ciertamente sus *d* están determinados
Sal. 19.2 un *d* emite palabra a otro *d*, y una noche
39.5 diste a mis *d* término corto, y mi edad
74.16 tuyo es el *d*, tuya también es la noche
84.10 mejor es un *d* en tus atrios que mil
102.11 mis *d* son como sombra que se va, y me
118.24 este es el *d* que hizo Jehová; nos
145.2 cada *d* te bendeciré, y alabaré tu
Pr. 3.16 largura *d* está en su mano derecha
Cnt. 2.17 hasta que apunte el *d*, y huyan las
Is. 2.12 el *d* de Jehová de los .. vendrá sobre todo
13.6; Ez. 30.3; Jl. 1.15; Abd. 15; Sof. 1.7, 14 cerca está el *d* de Jehová
13.9 he aquí el *d* de Jehová viene, terrible, y
49.8 te oí, y en el *d* de salvación te ayudé
Jer. 30.7 ¡ah, cuán grande es aquel *d*! tanto, que no
Jl. 2.11 porque grande es el *d* de Jehová, y muy
2.31 antes que venga el *d* grande .. de Jehová
Am. 5.18 ¡ay de los que desean el *d* de Jehová!

Zac. 14.1 el *d* de Jehová viene, y en medio de
Mal. 4.5 Elías, antes que venga el *d* de Jehová
Mt. 24.36; Mr. 13.32 del *d* y la hora nadie sabe
  28.20 estoy con vosotros todos los *d*, hasta
Lc. 17.30 así será el *d* en que el Hijo del Hombre
Hch. 2.20 antes que venga el *d* del Señor, grande
  5.42 todos los *d*, en el templo y por las casas
Ro. 13.13 andemos como de *d*, honestamente; no
  14.5 uno hace diferencia entre *d* y *d*; otro
2 Co. 6.2 he aquí ahora el *d* de la salvación
Gá. 4.10 guardáis los *d*, los meses, los tiempos y
Fil. 1.6 la perfeccionará hasta el *d* de Jesucristo
1 Ts. 5.2 sabéis .. que el *d* del Señor vendrá así
  5.5 vosotros sois hijos de luz e hijos del *d*
He. 7.27 que no tiene necesidad cada *d*, como
  10.25 más, cuanto veis que aquel *d* se acerca
2 P. 1.19 que alumbra .. hasta que el *d* esclarezca
  3.8 con el Señor un *d* es como mil años, y mil
  3.10 el *d* del Señor vendrá como ladrón en
Ap. 6.17 porque el gran *d* de su ira ha llegado

DIABLO *v.* Adversario, Beelzebú, Satanás
Mt. 4.1; Lc. 4.2 fue .. para ser tentado por el *d*
  13.39 el enemigo que la sembró es el *d*
  25.41 al fuego eterno preparado para el *d* y
Lc. 8.12 luego viene el *d* y quita de su corazón la
Jn. 6.70 vosotros los doce, y uno de vosotros es *d*?
  8.44 vosotros sois de vuestro padre el *d*
  13.2 el *d* ya había puesto en el corazón de
Hch. 10.38 sanando a .. los oprimidos por el *d*
  13.10 hijo del *d*, enemigo de toda justicia
Ef. 4.27 ni deis lugar al *d*
  6.11 estar firmes contra las asechanzas del *d*
1 Ti. 3.6 no sea .. caiga en la condenación del *d*
2 Ti. 2.26 escapen del lazo del *d*, en que están
He. 2.14 que tenía el imperio de la muerte .. al *d*
Stg. 4.7 resistid al *d*, y huirá de vosotros
1 P. 5.8 el *d*, como .. anda alrededor buscando
1 Jn. 3.8 el que practica el pecado es del *d*
  3.10 en esto se manifiestan .. los hijos del *d*
Jud. 9 el arcángel Miguel contendía con el *d*
Ap. 2.10 el *d* echará a algunos de .. en la cárcel
  12.9; 20.2 serpiente .. se llama *d* y Satanás
  20.10 el *d* .. fue lanzado en el lago de fuego

DIÁCONO, nisa *v.* Ministro, Siervo
Ro. 16.1 Febe .. *d* de la iglesia en Cencrea
Fil. 1.1 están en Filipos, con los obispos y *d*
1 Ti. 3.8 los *d* .. deben ser honestos, sin doblez

DIADEMA *v.* Corona, Tiara
Job 29.14 cubría; como manto y *d* era mi rectitud
Is. 62.3 y *d* de reino en la mano del Dios tuyo
Zac. 9.16 como piedras de *d* serán enaltecidos

DIAMANTE
Jer. 17.1 escrito está con .. y con punta de *d*
Zac. 7.12 pusieron su corazón como *d*, para no

DIANA Hch. 19.24–35.

DICHA *v.* Alegría, Gozo
Gn. 30.13 dijo Lea: Para *d* mía .. y llamó su
    nombre Aser
Job 36.11 acabarán sus días .. y sus años en *d*

DICHO *v.* Mandamiento, Palabra, Proverbio,
    Refrán
Sal. 19.14 sean gratos los *d* de mi boca y la
  55.21 los *d* de su boca son mas blandos que
  119.11 en mi corazón he guardado tus *d*, para
Pr. 1.6 palabras de sabios, y sus *d* profundos

DICHOSO *v.* Alegre, Bienaventurado, Gozoso
Sal. 34.8; 84.12 *d* el hombre que confía en él
  37.37 hay un final *d* para el hombre de paz
  106.3 *d* los que guardan juicio, los que hacen
Jer. 23.5 el cual será *d*, y hará juicio y justicia en
Hch. 26.2 me tengo por *d*, oh rey Agripa, de que
1 Co. 7.40 mi juicio, más *d* será si se quedare así

DÍDIMO Jn. 11.16; 20.24; 21.2.

DIENTE
Ex. 21.24; Lv. 24.20; Dt. 19.21 por ojo, *d* por *d*
Job 41.14 rostro? Las hileras de sus *d* espantan

Sal. 35.16 truhanes, crujieron contra mí sus *d*
  58.6 oh Dios, quiebra sus *d* en sus bocas
Pr. 10.26 como el vinagre a los *d*, y como el humo
  25.19 como *d* roto y pie descoyuntado es la
  30.14 hay generación cuyos *d* son espadas, y
Cnt. 4.2 tus *d* como .. ovejas trasquiladas, que
Am. 4.6 os hice estar a *d* limpio en todas
Mt. 5.38 oisteis que fue dicho: ojo .. y *d* por *d*
  24.51 allí será el lloro y el crujir de *d*
Ap. 9.8 cabello como .. sus *d* eran como de leones

DIESTRO, tra *v.* Brazo, Derecho, Mano
Ex. 15.6 tu *d*, oh Jehová .. tu *d* .. ha quebrantado
Jos. 1.7 no te apartes de ella ni a *d* ni a siniestra
Job 40.14 te confesaré que podrá salvarte tu *d*
Sal. 109.31 él se pondrá a la *d* del pobre, para
  110.1 siéntate a mi *d*, hasta que ponga a tus
  118.15 justos; la *d* de Jehová hace proezas
Is. 41.10 siempre te sustentaré con la *d* de mi
Mt. 22.44; Lc. 20.42; Hch. 2.34; He. 1.13 siéntate
    a mi *d*, hasta que ponga a tus enemigos
  26.64; Mr. 14.62; Lc. 22.69 sentado a la *d* del
    poder de Dios
Mr. 16.19 en el cielo, y se sentó a la *d* de Dios
Hch. 2.25 porque está a mi *d*, no seré conmovido
  2.33 exaltado por la *d* de Dios, y habiendo
  7.56 al Hijo del Hombre .. a la *d* de Dios
Ro. 8.34 el que además está a la *d* de Dios, el
Ef. 1.20 sentándole a su *d* en los .. celestiales
Col. 3.1 donde está Cristo sentado a la *d* de Dios
He. 1.3 se sentó a la *d* de la Majestad en las
  10.12 Cristo .. se ha sentado a la *d* de Dios
1 P. 3.22 habiendo subido .. está a la *d* de Dios

DIEZMAR
Dt. 14.22 *diezmarás* todo el producto del grano
  26.12 cuando acabes de *diezmar* .. tus frutos
1 S. 8.15 *diezmará* vuestro grano y vuestras viñas
Mt. 23.23; Lc. 11.42 ¡ay de .. *diezmáis* la menta

DIEZMO *v.* Ofrenda
Gn. 14.20 y le dio Abram los *d* de todo
  28.22 de todo lo que me dieres, el *d* apartaré
Lv. 27.30 el *d* de la .. es cosa dedicada a Jehová
Nm. 18.21 dado a los hijos de Leví todos los *d*
Dt. 12.17 ni comerás .. el *d* de tu grano, de tu
2 Cr. 31.5 trajeron .. los *d* de todas las cosas
Neh. 10.37 el *d* de nuestra tierra para los levitas
  10.38 levitas llevarían el *d* del *d* a la casa de
Am. 4.4 traed de mañana .. *d* cada tres días
Mal. 3.8 qué te hemos robado? En vuestros *d*
  3.10 traed todos los *d* al alfolí y haya
Lc. 18.12 ayuno .. doy *d* de todo lo que gano
He. 7.2 a quien .. dio Abraham los *d* de todo
  7.5 mandamiento de tomar .. *d* según la ley
  7.9 pagó el *d* también Leví, que recibe los *d*

DIFAMAR *v.* Calumniar
1 Co. 4.13 nos *difaman*, y rogamos; hemos
Tit. 3.2 que a nadie *difamen*, que no sean

DIFERENCIA *v.* Acepción, Distinción
Ex. 11.7 Jehová hace *d* entre los egipcios y los
Lv. 20.25 haréis *d* entre animal limpio e inmundo
2 Cr. 14.11 para ti no hay *d* alguna en dar ayuda
Ez. 22.26 entre lo santo y lo .. no hicieron *d*
Hch. 15.9 ninguna *d* hizo entre nosotros y ellos
Ro. 3.22 los que creen en él. Porque no hay *d*
  10.12 no hay *d* entre judío y griego, pues
  14.5 uno hace *d* entre día y día; otro juzga

DIFERENTE *v.* Diversidad
Ro. 12.6 teniendo *d* dones según la gracia que
Gá. 1.6 alejado de .. para seguir un evangelio *d*

DIFÍCIL *v.* Duro
Gn. 18.14 ¿hay para Dios alguna cosa *d*?
Dt. 1.17 la causa que os fuere *d*, la traeréis a mí
  17.8 alguna cosa te fuere *d* en el juicio, entre
  30.11 no es demasiado *d* para ti, ni está lejos
1 S. 14.6 no es *d* para Jehová salvar con muchos
Jer. 32.17 Señor .. ni hay nada que sea *d* para ti
Dn. 2.11 el asunto que el rey demanda es *d*, y no
Mr. 10.24 ¡cuán *d* les es entrar en el reino de

He. 5.11 *d* de explicar, por cuanto os habéis
2 P. 3.16 hay algunas *d* de entender, las cuales

DIGNIDAD *v.* Honor
Gn. 49.3 principal en *d*, principal en poder
Jud. 6 y a los ángeles que no guardaron su *d*, sino

DIGNO *v.* Distinguido, Merecer, Noble
2 S. 22.4; Sal. 18.3 invocaré a Jehová, quien es *d*
Mt. 3.11 cuyo calzado yo no soy *d* de llevar
8.8; Lc. 7.6 no soy *d* de que entres bajo mi
10.10; Lc. 10.7 el obrero es *d* de su alimento
10.37 el que ama a padre o . . no es *d* de mí
22.8 los que fueron convidados no eran *d*
Mr. 14.64 todos . . declarándole ser *d* de muerte
Lc. 3.16; Jn. 1.27 no soy *d* de desatar la correa de
12.48 mas el que sin conocerla hizo cosas *d* de
23.22 ningún delito *d* de muerte he hallado
Hch. 5.41 gozosos de haber sido tenidos por *d* de
13.46 no os juzgáis *d* de la vida eterna, he
26.20 haciendo obras *d* de arrepentimiento
1 Co. 12.23 aquellos . . que nos parecen menos *d*
15.9 que no soy *d* de ser llamado apóstol
Ef. 4.1 andéis como es *d* de la vocación con que
Col. 1.10 para que andéis como es *d* del Señor
1 Ts. 2.12 que anduvieseis como es *d* de Dios
2 Ts. 1.5 que seáis tenidos por *d* del reino de Dios
1.11 Dios os tenga por *d* de su llamamiento
1 Ti. 5.17 sean tenidos por *d* de doble honor
He. 11.38 de los cuales el mundo no era *d*
Ap. 3.4 y andarán conmigo en . . porque son *d*
4.11 *d* eres de recibir la gloria y la honra
5.12 el Cordero que fue inmolado es *d* de

DILIGENCIA *v.* Afán
Dt. 4.9 guárdate, y guarda tu alma con *d*, para
Pr. 12.27 pero haber precioso del hombre es la *d*
Lc. 15.8 barre . . busca con *d* hasta encontrarla?
Ro. 12.11 en lo que requiere *d*, no perezosos
2 Co. 8.8 poner a prueba, por medio de la *d* de
8.22 hermano, cuya *d* hemos comprobado
Ef. 5.15 mirad . . con cómo andéis, no como
2 Ti. 2.15 procura con *d* presentarte a Dios
2 P. 1.5 poniendo toda *d* por esto mismo, añadid

DILIGENTE
Pr. 10.4 empobrece . . la mano de los *d* enriquece
12.24 la mano de los *d* señoreará; mas la
13.4 mas el alma de los *d* será prosperada
21.5 los pensamientos del *d* . . tienden a la
27.23 sé *d* en conocer el estado de tus ovejas

DILUVIO
Gn. 6.17 yo traigo un *d* de agua sobre la tierra
7.10 al séptimo día las aguas del *d* vinieron
9.15 no habrá más *d* de aguas para destruir
Sal. 29.10 Jehová preside en el *d*, y se sienta
Mt. 24.38 en los días antes del *d* estaban comiendo
24.39; Lc. 17.27 que vino el *d* y se los llevó
2 P. 2.5 trayendo el *d* sobre el . . de los impíos

DINA Gn. 30.21; 34.1–31.

DINERO *v.* Moneda, Oro, Plata, Riqueza
Gn. 42.25 devolviesen el *d* de cada uno de ellos
47.14 recogió José todo el *d* que había en la
Ex. 30.16 tomarás de . . el *d* de las expiaciones
2 R. 12.11 daban el *d* . . a los que . . reparaban
22.4 dile que recoja el *d* que han traído a la
2 Cr. 24.11 cuando veían que había mucho *d*
Ec. 5.10 el que ama el *d*, no se saciará de *d*; y el
7.12 escudo es el *d*; mas la sabiduría excede
10.19 alegra a los vivos; y el *d* sirve para todo
Is. 55.1 los que no tienen . . Venid, comprad sin *d*
Mt. 25.18 cavó en la . . y escondió el *d* de su señor
28.12 consejo, dieron mucho *d* a los soldados
Mr. 6.8 no . . ni alforja, ni pan, ni *d* en el cinto
14.11; Lc. 22.5 ellos . . prometieron darle *d*
Hch. 8.20 Pedro le dijo: Tu *d* perezca contigo
24.26 esperaba . . que Pablo le diera *d* para
1 Ti. 6.10 raíz de todos los males es el amor al *d*

DINTEL
Ex. 12.7 pondrán en los dos postes y en el *d*
12.22 untad el *d* y los dos postes . . la sangre

DIONISIO Hch. 17.34.

DIOS, sa *v.* Altísimo, Ídolo, Imagen, Jehová, Padre, Señor, Todopoderoso
Gn. 1.1 en el principio creó *D* los cielos y la
17.1 dijo: Yo soy el *D* Todopoderoso; anda
28.21 si volviere en paz . . Jehová será mi *D*
45.8 no me enviasteis acá vosotros, sino *D*
Ex. 3.6 yo soy el *D* de tu padre, *D* de Abraham
20.3; Dt. 5.7 no tendrás *d* ajenos delante de
20.23 no hagáis . . *d* de plata, ni *d* de oro
32.1 haznos *d* que vayan delante de nosotros
32.4 son tus *d*, que te sacaron de . . Egipto
Lv. 24.15 cualquiera que maldijere a su *D*
Nm. 16.22 *D*, *D* de los espíritus de toda carne
23.19 *D* no es hombre, para que mienta, ni
23.23 dicho de Jacob . . ¡Lo que ha hecho *D*!
Dt. 3.24 ¿qué *d* hay . . que haga obras . . tuyas?
4.31 *D* misericordioso es Jehová tu *D*; no te
7.9 conoce . . que Jehová tu *D* es *D*, *D* fiel
8.19 mas si . . anduvieres en pos de *d* ajenos
10.17 Jehová vuestro *D* es *D* de *d* . . *D* grande
11.16 y os apartéis, y sirváis a *d* ajenos
17.3 que hubiere ido y servido a *d* ajenos
18.20 que hablare en nombre de *d* ajenos, el
Jue. 5.8 cuando escogían nuevos *d*, la guerra
Rt. 1.16 tu pueblo será mi pueblo, y tu *D* mi *D*
1 S. 17.46 la tierra sabrá que hay *D* en Israel
28.13 a Saúl: He visto *d* que suben de la tierra
28.15 *D* se ha apartado de . . y no me responde
2 S. 7.22 ni hay *D* fuera de ti, conforme a todo lo
22.32; Sal. 18.31 ¿quién es *D*, sino sólo Jehová?
1 R. 8.23 *D* de Israel, no hay *D* como tú, ni
8.27; 2 Cr. 6.18 *D* morará sobre la tierra?
18.27 gritad en alta voz, porque *d* es; quizá
1 Cr. 16.26 todos los *d* de los pueblos son ídolos
17.20 no hay semejante a ti, ni hay *D* sino
2 Cr. 2.5 el *D* nuestro es grande sobre todos los
6.14 no hay *D* semejante a ti en el cielo
28.23 ofreció sacrificios a los *d* de Damasco
Neh. 9.17 pero tú eres *D* que perdonas, clemente
Job 9.2 ¿y cómo se justificará el hombre con *D*?
Sal. 14.1; 53.1 el necio en su corazón: No hay *D*
22.1 *D* mío, *D* mío, ¿por qué me has desamparado?
42.3, 10 me dicen . . ¿Dónde está tu *D*?
47.7 porque *D* es el rey de toda la tierra
48.14 este *D* es *D* nuestro eternamente y
60.6; 108.7 *D* ha dicho en su santuario: Yo
68.20 *D*, nuestro *D* ha de salvarnos, y de
73.28 el acercarme a *D* es el bien; he puesto
82.6 dije: Vosotros sois *d*, y todos vosotros
89.26 mi padre eres tú, mi *D*, y la roca de
Is. 44.8 no hay *D* sino yo. No hay Fuerte; no
44.17 hace del sobrante un *d*, un ídolo suyo
45.22 mirad a mí . . yo soy *D*, y no hay más
52.7 pies . . del que dice a Sion: Tu *D* reina!
Jer. 2.11 cambiado sus *d*, aunque ellos no son *d*?
16.20 ¿hará . . *d* para sí? Mas ellos no son *d*
23.23 ¿soy yo *D* . . y no *D* desde muy lejos?
31.33 y yo seré a ellos por *D*, y ellos me serán
Ez. 28.2 yo soy un *d*, en el trono de *D* estoy
Dn. 2.28 hay un *D* en los cielos, el cual revela
2.47 el *D* vuestro es *D* de *d*, y Señor de los
3.17 *D* a quien servimos puede librarnos del
3.18 que no servimos a tus *d*, ni tampoco
11.37 ni respetará a *d* alguno, porque sobre
Os. 11.9 *D* soy, y no hombre, el Santo en medio
Jon. 1.6 le dijo . . Levántate, y clama a tu *D*
3.10 vio *D* . . se arrepintió del mal que había
Mal. 2.10 ¿no nos ha creado un mismo *D*? ¿Por
3.8 ¿robará el hombre a *D*? . . habéis robado
Mt. 1.23 que traducido es: *D* con nosotros
3.9 *D* puede levantar hijos a Abraham aun de
5.8 los de limpio corazón . . ellos verán a *D*
6.24; Lc. 16.13 no podéis servir a *D* y a las
19.17; Mr. 10.18; Lc. 18.19 ninguno hay bueno sino uno: *D*
19.26; Mr. 10.27 mas para *D* todo es posible
22.21; Lc. 20.25 dad . . y a *D* lo que es de *D*

Mt. 22.32; Mr. 12.27; Lc. 20.38 D no es D de
    muertos, sino de vivos
    27.46; Mr. 15.34 D mio, D mío, ¿por qué me
Mr. 12.30 amarás al Señor D con todo tu
    12.32 verdad has dicho, que uno es D, y no
Lc. 8.39 cuán grandes cosas ha hecho D contigo
    16.15 sois .. mas D conoce vuestros corazones
    18.13 diciendo: D, sé propicio a mí, pecador
    18.27 imposible .. hombres, es posible para D
    20.37 D de Abraham, D de Isaac y D de Jacob
Jn. 1.1 y el Verbo era con D, y el Verbo era D
    1.13 ni de voluntad de varón, sino de D
    1.18 D nadie le vio jamás; el unigénito Hijo
    4.24 D es Espíritu; y los que le adoran, en
    5.18 D era su .. Padre, haciéndose igual a D
    8.42 porque yo de D he salido, y he venido
    10.34 ¿no está escrito en .. Yo dije, d sois?
    13.3 Jesús .. que había salido de D, y a D iba
    14.1 creéis en D, creed también en mí
    20.17 diles .. Subo .. a mi D y a vuestro D
    20.28 respondió .. ¡Señor mío, y D mío!
Hch. 5.29 obedecer a D antes que a los hombres
    7.40 haznos d que vayan delante de nosotros
    10.34; Ro. 2.11 que D no hace acepción de
    14.11 d bajo la semejanza de hombres han
    17.23 esta inscripción: Al D no conocido
    19.26 que no son d los que se hacen con las
    19.37 sin ser .. blasfemadores de vuestra d
    28.6 cambiaron de .. y dijeron que era un d
Ro. 3.29 ¿es D solamente D de los judíos? ¿No
    5.8 D muestra su amor para con nosotros, en
    8.31 si D es por nosotros, ¿quién contra
    13.1 no hay autoridad sino de parte de D
    15.5 el D de la paciencia y de la consolación
    15.13 y el D de esperanza os llene de todo
1 Co. 1.9 fiel es D, por el cual fuisteis llamados a
    1.24 Cristo poder de D, y sabiduría de D
    2.10 pero D nos las reveló a nosotros por el
    8.5 aunque haya algunos que se llamen d, sea
    8.6 para nosotros .. sólo hay un D, el Padre
    10.13 fiel es D, que no os dejará ser tentado
    11.3 Cristo la cabeza .. y D la .. de Cristo
    14.33 D no es D de confusión, sino de paz
    15.57 gracias .. a D, que nos da la victoria
2 Co. 1.3 Padre de .. y D de toda consolación
    3.5 que nuestra competencia proviene de D
    4.4 el d de este siglo cegó el entendimiento
    5.19 D estaba en Cristo reconciliando consigo
    6.16 y seré su D, y ellos serán mi pueblo
    7.10 la tristeza que es según D produce
    11.2 porque os celo con celo de D; pues os
    13.11 y el D de paz .. estará con vosotros
Gá. 4.8 a los que por naturaleza no son d
    6.7 D no puede ser burlado: pues todo lo que
Ef. 2.4 pero D, que es rico en misericordia, por
    2.12 sin esperanza y sin D en el mundo
    4.6 un D y Padre de todos, el cual es sobre
Fil. 2.6 el cual, siendo en forma de D, no estimó
    2.13 D es el que en vosotros produce así el
    3.19 cuyo d es el vientre, y cuya gloria es su
    4.7 y la paz de D, que sobrepasa todo
    4.19 mi D .. suplirá todo lo que os falta
Col. 1.25 para que anuncie .. la palabra de D
2 Ts. 2.4 que se sienta en el templo de D como D
1 Ti. 2.5 un solo D, y un solo mediador entre D y
    3.16 el misterio .. D fue manifestado en carne
Tit. 2.13 y la manifestación gloriosa de .. gran D
He. 6.10 porque D no es injusto para olvidar
    6.18 en las cuales es imposible que D mienta
    8.10 seré a ellos por D, y ellos me serán a mí
    10.31 cosa es el caer en manos del D vivo!
    12.29 porque nuestro D es fuego consumidor
Stg. 1.5 si .. tiene falta de sabiduría, pídala a D
    1.13 es tentado .. de D .. D no puede ser
      tentado
    4.4 amigo del .. se constituye enemigo de D
    4.8 acercaos a D, y él se acercará a vosotros
1 Jn. 4.8 no ama, no ha conocido a D .. D es amor
    4.12 D permanece en nosotros, y su amor se
    5.20 éste es el verdadero D, y la vida eterna

Jud. 25 al único y sabio D, nuestro Salvador
Ap. 4.8 santo es el Señor D Todopoderoso, el que
    21.3 D mismo estará con ellos como su D

DIÓTREFES   3 Jn. 9.

DIRIGIR v. Encaminar
Job 32.14 Job no dirigió contra mí sus palabras
    37.3 debajo de todos los cielos lo dirige
Sal. 107.7 los dirigió por camino derecho, para
Lc. 22.26 sea .. el que dirige, como el que sirve
1 Ts. 3.11 Dios .. dirija nuestro camino a vosotros

DISCERNIMIENTO v. Entendimiento, Inteligencia
Sal. 14.4 ¿no tienen d .. los que hacen iniquidad
1 Co. 12.10 otro, profecía; a otro, d de espíritus
He. 5.14 sentidos ejercitados en el d del bien

DISCERNIR v. Comprender, Entender
Lv. 10.10 para poder discernir entre lo santo y lo
1 R. 3.9 para discernir entre lo bueno y lo malo
Job 6.30 ¿acaso no puede mi paladar discernir las
Ec. 8.5 el corazón del sabio discierne el tiempo
Jon. 4.11 que no saben discernir entre su mano
Mal. 3.18 discerniréis la diferencia entre el justo
1 Co. 2.14 se han de discernir espiritualmente
    11.29 el que come .. sin discernir el cuerpo

DISCIPLINA v. Castigo, Corrección
Pr. 15.32 tiene en poco la d menosprecia su alma
Ef. 6.4 criadlos en d y amonestación del Señor
He. 12.5 hijo mío, no menosprecies la d del Señor
    12.8 pero si os deja sin d .. sois bastardos
    12.11 ninguna d al presente parece ser causa

DISCIPLINAR v. Castigar
He. 12.6 porque el Señor al que ama, disciplina
    12.9 padres terrenales que nos disciplinaban

DISCÍPULO v. Apóstol
Mt. 5.1 subió .. y sentándose, vinieron a él sus
    9.14; Mr. 2.18 ¿por qué .. tus d no ayunan?
    10.1; Lc. 9.1 llamando a sus doce d, les dio
    10.24; Lc. 6.40 el d no es más que su maestro
    10.42 agua fría .. por cuanto es d .. no perderá
    11.2 al oir Juan, en la .. le envió dos de sus d
    14.26 los d, viéndole andar sobre el mar, se
    16.13 preguntó a sus d: ¿Quién .. es el Hijo
    17.16; Mr. 9.18; Lc. 9.40 lo he traído a tus d
    19.25 sus d, oyendo esto, se asombraron en
    21.1; Mr. 11.1 vinieron .. Jesús envió dos d
    22.16 le enviaron los d de ellos con los
    24.3 los d se le acercaron aparte, diciendo
    26.8 los d se enojaron, diciendo: ¿Para qué
    26.56 todos los d, dejándole, huyeron
    27.57; Jn. 19.38 José .. había sido d de Jesús
    27.64 que vengan sus d de noche, y lo hurten
    28.7 id .. y decid a sus d que ha resucitado
    28.19 id, y haced d a todas las naciones
Mr. 2.23; Lc. 6.1 sus d .. comenzaron a arrancar
    4.34 aunque a sus d en .. les declaraba todo
    6.41; 8.6; Lc. 9.16; Jn. 6.11 partió los panes,
      y dio a sus d
    9.31 enseñaba a sus d, y les decía: El Hijo de
    10.13; Lc. 18.15 los d reprendían a los que
    10.24 los d se asombraron de sus palabras
    16.7 a sus d, y a Pedro, que él va delante de
Lc. 6.13 llamó a sus d, y escogió doce de
    7.18 los d de Juan le dieron las nuevas de
    11.1 uno de sus d le dijo: Señor, enséñanos a
    14.26 no aborrece .. vida, no puede ser mi d
    14.33 que no renuncia a .. no puede ser mi d
    19.37 multitud de los d .. comenzó a alabar
Jn. 1.37 oyeron .. los dos d, y siguieron a Jesús
    2.11 hizo Jesús en .. y sus d creyeron en él
    4.1 que Jesús hace y bautiza más d que Juan
    6.66 muchos de sus d volvieron atrás, y ya no
    8.31 permaneciereis en mi palabra .. mis d
    9.28 eres su d; pero nosotros, d de Moisés
    13.5 comenzó a lavar los pies de los d, y a
    13.23 uno de sus d, al cual Jesús amaba
    13.35 en esto conocerán todos que sois mis d
    15.8 llevéis mucho fruto, y seáis así mis d

Jn. 18.17 ¿no eres tú .. de los *d* de este hombre?
19.26 vio Jesús a .. y al *d* a quien él amaba
20.2 corrió, y fue a Simón Pedro y al otro *d*
20.18 para dar a los *d* las nuevas de que
21.4 playa; mas los *d* no sabían que era Jesús
21.7 *d* a quien Jesús amaba dijo a Pedro: ¡Es
21.23 este dicho .. que aquel *d* no moriría
Hch. 6.1 como creciera el número de los *d*, hubo
9.1 Saulo .. amenazas .. contra los *d* del Señor
9.26 trataba de juntarse con los *d*; pero todos
11.26 a los *d* se les llamó cristianos por
13.52 *d* estaban llenos de gozo y del Espíritu
18.23 de Frigia, confirmando a todos los *d*
21.4 hallados los *d*, nos quedamos allí siete
21.16 vinieron .. de los *d*, trayendo consigo a

DISCORDIA *v.* Contienda, Disensión
Pr. 6.14 anda pensando el mal .. siembra las *d*
6.19 y el que siembra *d* entre hermanos
17.14 el que comienza la *d* es como quien
Jer. 15.10 me engendraste hombre de .. *d* para

DISCURRIR
Is. 44.19 no *discurre* para consigo, no tiene
Jer. 2.36 ¿para qué *discurres* tanto, cambiando

DISCURSO
Job 6.26 los *d* de un desesperado, que son como
27.1; 29.1 reasumió Job su *d*, y dijo
Ec. 12.13 el fin de todo el *d* oído es este: Teme a
Hch. 20.7 Pablo .. alargó el *d* hasta la medianoche

DISCUSIÓN *v.* Altercado, Contención, Contienda, Disputa
Lc. 9.46 entraron en *d* sobre quién de ellos sería
Hch. 15.2 tuviesen una *d* .. no pequeña con ellos
15.7 después de mucha *d*, Pedro se levantó
28.29 los judíos se fueron, teniendo gran *d*
He. 7.7 sin *d* alguna, el menor es bendecido por

DISCUTIR *v.* Alegar, Altercar, Contender
Mt. 21.25; Lc. 20.5 entonces *discutían* entre sí
Mr. 8.17 ¿qué *discutís*, porque no tenéis pan?
9.10 *discutiendo* qué sería .. resucitar de los
Lc. 22.23 ellos comenzaron a *discutir* entre sí
24.15 mientras .. *discutían* entre sí, Jesús
Hch. 17.2 por tres días de reposo *discutió* con
17.17 *discutía* en la sinagoga con los judíos

DISENSIÓN *v.* Discordia
Mt. 10.35 he venido para poner en *d* al hombre
Lc. 12.51 para dar paz .. Os digo: No, sino *d*
Jn. 7.43; 9.16; 10.19 hubo .. *d* entre la gente
Hch. 23.7 cuando dijo esto, se produjo *d* entre
1 Co. 3.3 habiendo entre vosotros celos .. y *d*
11.19 es preciso que .. haya *d*, para que se

DISEÑO *v.* Modelo
Ex. 25.9 el *d* del tabernáculo, y el *d* de todos
Ez. 43.11 hazles entender el *d* de la casa, su

DISFRAZARSE
1 S. 28.8 *disfrazó* Saúl, y se puso otros vestidos
1 R. 14.2 *disfrázate* .. no te conozcan que eres
20.38 *disfrazó*, poniéndose una venda sobre
22.30; 2 Cr. 18.29 me *disfrazaré* .. la batalla
2 Cr. 35.22 Josías .. se *disfrazó* para darle batalla
2 Co. 11.14 Satanás se *disfraza* como ángel de luz

DISFRUTAR *v.* Gozar
Dt. 28.30 plantarás viña, y no la *disfrutarás*
Ec. 6.2 Dios no le da facultad de *disfrutar* de
1 Co. 7.31 los que *disfrutan* de este mundo, como
1 Ti. 6.17 que nos da .. para que las *disfrutemos*

DISGUSTAR *v.* Desagradar
Sal. 119.158 veía a .. y me *disgustaba*, porque
He. 3.10 *disgusté* contra esa generación, y dije

DISIMULAR *v.* Encubrir
Pr. 26.24 el que odia *disimula* con los labios
Is. 3.9 publican su pecado, no lo *disimulan*

DISIPAR
Pr. 20.8 el rey .. con su mirar *disipa* todo mal
21.20 mas el hombre insensato todo lo *disipa*

DISMINUIR *v.* Quitar
Gn. 8.1 un viento .. y *disminuyeron* las aguas

Ex. 5.8 misma tarea .. no les *disminuiréis* nada
Dt. 4.2 no añadiréis a .. ni *disminuiréis* de ella
1 R. 12.4 *disminuye* tú .. de la dura servidumbre
Pr. 13.11 las riquezas de vanidad *disminuirán*

DISOLUCIÓN
Ef. 5.18 no os embriaguéis con .. en lo cual hay *d*
Tit. 1.6 no estén acusados de *d* ni de rebeldía
1 P. 4.4 no corráis .. en el mismo desenfreno de *d*
2 P. 2.2 muchos seguirán sus *d*, por causa de los

DISPENSACIÓN *v.* Administración, Apostolado, Ministerio
Ef. 1.10 en la *d* del cumplimiento de los tiempos
3.9 aclarar a todos cual sea la *d* del misterio

DISPERSAR *v.* Esparcir
Jer. 18.21 *dispérsalos* por medio de la espada
23.1 y *dispersan* las ovejas de mi rebaño
Zac. 13.7; Mt. 26.31; Mr. 14.27 hiere al pastor, y
serán *dispersadas* las ovejas
Hch. 5.36, 37 que le obedecían fueron *dispersados*

DISPERSIÓN *v.* Cautividad
Dn. 12.7 cuando se acabe la *d* .. del pueblo santo
Stg. 1.1; 1 P. 1.1 doce tribus que están en la *d*

DISPERSO *v.* Desterrado
Is. 56.8 el Señor, que reúne a los *d* de Israel
Mt. 9.36 *d* como ovejas que no tienen pastor
Jn. 7.35 ¿se irá a los *d* entre los griegos, y

DISPONER *v.* Ordenar, Preparar
1 R. 20.12 y ellos se *dispusieron* contra la ciudad
Job 11.13 *dispusieres* tu corazón, y extendieres
31.15 nos *dispuso* uno mismo en la matriz?
Is. 9.7 *disponiéndolo* .. en juicio y en justicia
Jer. 18.11 que yo *dispongo* mal contra vosotros
Hch. 15.2 *dispuso* que subiesen Pablo y Bernabé

DISPOSICIÓN
Pr. 16.1 del hombre son las *d* del corazón; mas

DISPUESTO, ta *v.* Preparado
Sal. 108.1 mi corazón está *d*, oh Dios; cantaré
Is. 30.33 Tofet ya de tiempo está *d* y preparado
Mt. 22.4 decid .. todo está *d*; venid a las bodas
26.41; Mr. 14.38 el espíritu .. está *d*, pero
2 Co. 8.12 hay la voluntad *d*, será acepta según
2 Ti. 2.21 útil al Señor y *d* para toda buena obra
Tit. 3.1 que estén *d* a toda buena obra

DISPUTA *v.* Contención, Contienda, Discusión
Dt. 21.5 por la palabra de .. se decidirá toda *d*
Pr. 17.19 el que ama la *d*, ama la transgresión
Lc. 22.24 una *d* sobre quién de ellos sería el
1 Ti. 1.4 acarrean *d* más bien que edificación
6.5 necias de hombres corruptos de

DISPUTAR *v.* Altercar, Contender, Discutir
Job 15.3 ¿*disputará* con palabras inútiles, y con
16.21 pudiese *disputar* el hombre con Dios
Sal. 35.1 *disputa*, oh Jehová, con los que contra
Mr. 9.33 ¿qué *disputabais* entre vosotros en el
Hch. 6.9 unos .. de Asia, *disputando* con Esteban
9.29 *disputaba* con los griegos; pero éstos
11.2 *disputaban* con él los .. de la circuncisión
24.12 no me hallaron *disputando* con ninguno

DISTINCIÓN *v.* Acepción, Diferencia
Dt. 1.17 no hagáis *d* de persona en el juicio
Hch. 17.12 que creyeron .. y mujeres griegas de *d*
1 Co. 14.7 si no dieren *d* de voces, ¿cómo se
Stg. 2.4 ¿no hacéis *d* entre vosotros mismos

DISTINGUIDO *v.* Digno, Noble
Gn. 34.19 el más *d* de toda la casa de su padre
Lc. 14.8 por otro más *d* que tú esté convidado

DISTINGUIR
Esd. 3.13 no podía *distinguir* el pueblo el clamor
Mt. 16.3; Lc. 12.56 sabéis *distinguir* el aspecto
1 Co. 4.7 ¿quién te *distingue*? ¿o qué tienes que

DIVERSIDAD *v.* Diferencia, Diferente
1 Co. 12.4 hay *d* de dones, pero el Espíritu es el
12.5 hay *d* de ministerios, pero el Señor es

DIVIDIDO, da
Ex. 14.21 mar en seco, y las aguas quedaron *d*

Os. 10.2 está *d* su corazón. Ahora serán hallados
Lc. 11.17 todo reino *d* contra sí mismo, es
Hch. 14.4 la ciudad estaba *d*; unos estaban con

DIVIDIR *v.* Partir
Dt. 32.8 hizo *dividir* a los hijos de los hombres
Neh. 9.11 *dividiste* el mar delante de ellos
Sal. 74.13 tú *dividiste* el mar con tu poder
    78.13 *dividió* el mar y los hizo pasar; detuvo
    136.13 al que *dividió* el Mar Rojo en partes
Ez. 37.22 ni nunca más serán *divididos* en dos
Mt. 12.25; Mr. 3.24 todo reino *dividido* contra sí
Lc. 12.52 cinco en una familia estarán *divididos*
Hch. 23.7 disensión . . y la asamblea se *dividió*
1 Co. 1.13 ¿acaso está *dividido* Cristo? ¿Fue

DIVINIDAD *v.* Deidad
Hch. 17.29 que la *D* sea semejante a oro, o plata

DIVISIÓN
Is. 59.2 vuestras iniquidades han hecho *d* entre
Ro. 16.17 ruego . . os fijéis en los que causan *d*
1 Co. 1.10 ruego . . que no haya entre vosotros *d*
    11.18 oigo que hay entre vosotros *d*; y en
Tit. 3.10 al hombre que cause *d* . . deséchalo

DIVORCIO
Dt. 24.1 le escribirá carta de *d* . . y la despedirá
Mt. 5.31 que repudie a su mujer, dele carta de *d*
    19.7; Mr. 10.4 mandó Moisés dar carta de *d*

DIVULGAR *v.* Extender
Pr. 17.9 mas el que la *divulga*, aparta al amigo
Mt. 9.31 salidos ellos, *divulgaron* la fama de él
    28.15 se ha *divulgado* entre los judíos hasta
Hch. 4.17 para que no se *divulgue* más entre el
Ro. 1.8 vuestra fe se *divulga* por todo el mundo
1 Ts. 1.8 ha sido *divulgada* la palabra del Señor

DOBLAR *v.* Arrodillar, Rodilla
Is. 45.23; Ro. 14.11; Fil. 2.10 se *doblará* toda
    rodilla

DOBLE
Gn. 43.12 tomad en . . mano *d* cantidad de dinero
Ex. 22.4 fuere hallado con el hurto . . pagará el *d*
2 R. 2.9 una *d* porción de tu espíritu sea sobre mí
Job 11.6 que son de *d* valor que las riquezas
    42.10 y aumentó a *d* todas las cosas que
Is. 40.2 que *d* ha recibido de la mano de Jehová
Jer. 16.18 pagaré al *d* su iniquidad y su pecado

DOBLEZ
1 Ti. 3.8 los diáconos . . . . deben ser honestos, sin *d*

DOCE *v.* Apóstol, Discípulo
Mt. 26.20 la noche, se sentó a la mesa con los *d*
Mr. 3.14 estableció a *d*, para que estuviesen con
    6.7 llamó a los *d*, y comenzó a enviarlos de
    14.17 cuando llegó la noche, vino él con los *d*
Lc. 2.42 cuando tuvo *d* años, subieron a . . fiesta
    6.13 escogió a *d* de ellos . . llamó apóstoles
Jn. 6.70 he escogido yo a vosotros los *d*, y uno
1 Co. 15.5 apareció a Cefas, y después a los *d*
Ap. 21.12 tenía un muro . . con *d* puertas; y en

DOCTO *v.* Sabio
Pr. 24.5 fuerte, y de pujante vigor el hombre *d*
Mt. 13.52 todo escriba *d* en el reino de los cielos

DOCTOR *v.* Escriba, Fariseo, Maestro
Lc. 2.46 en medio de los *d* de la ley, oyéndoles
    5.17 estaban sentados los . . y *d* de la ley, los
Hch. 5.34 Gamaliel, *d* de la ley, venerado de todo
1 Ti. 1.7 queriendo ser *d* de la ley, sin entender

DOCTRINA *v.* Enseñanza, Instrucción
Job 11.4 tú dices: Mi *d* es pura, y yo soy limpio
Is. 29.24 y los murmuradores aprenderán *d*
Mt. 7.28; 22.33; Mr. 1.22; Lc. 4.32 la gente se
    admiraba de su *d*
    15.9; Mr. 7.7 enseñando como *d*, manda-
    mientos de hombres
    16.12 de la levadura . . de la *d* de los fariseos
Mr. 1.27 ¿qué nueva *d* es esta, que con autoridad
Jn. 7.16 *d* no es mía, sino de aquel que me envió
    18.19 preguntó a Jesús acerca de . . y de su *d*
Hch. 2.42 perseveraban en la *d* de los apóstoles

Hch. 5.28 habéis llenado a Jerusalén de vuestra *d*
Ro. 6.17 habéis obedecido . . aquella forma de *d*
1 Co. 14.6 con ciencia, o con profecía, o con *d*?
    14.26 cada uno . . tiene *d*, tiene lengua, tiene
Ef. 4.14 niños . . llevados . . de todo viento de *d*
2 Ts. 2.15 retened la *d* que habéis aprendido, sea
1 Ti. 1.3 a algunos que no enseñen diferente *d*
    1.10 y para cuanto se oponga a la sana *d*
    4.1 escuchando a espíritus . . a *d* de demonios
    4.6 de la fe y de la buena *d* que has seguido
    4.16 ten cuidado de ti mismo y de la *d*
    6.3 y a la *d* que es conforme a la piedad
2 Ti. 3.10 pero tú has seguido mi *d*, conducta . . fe
    4.3 cuando no sufrirán la sana *d*, sino que
Tit. 2.1 tú habla . . de acuerdo con la sana *d*
    2.10 para que en todo adornen la *d* de Dios
He. 6.1 dejando ya los rudimentos de la *d* de
    13.9 no os dejéis llevar de *d* diversas y
2 Jn. 9 no persevera en la *d* de Cristo, no tiene
Ap. 2.14 tienes ahí a los que retienen la *d* de

DOEG 1 S. 21.7—22.22.

DOLENCIA *v.* Enfermedad, Mal, Plaga
Mt. 4.24 le trajeron todos los que tenían *d*, los
    8.17 él mismo tomó . . y llevó nuestras *d*

DOLER
Gn. 6.6 se arrepintió . . y le *dolió* en su corazón
1 S. 22.8 ni alguno de vosotros que se *duela* de mí
Job 14.22 mas su carne sobre él se *dolerá*, y se
Jer. 4.19 me *duelen* las fibras de mi corazón
1 Co. 12.26 padece, todos sus miembros se *duelen*

DOLOR *v.* Adversidad, Aflicción, Angustia,
    Calamidad, Malo, Miseria, Padecimiento,
    Sufrimiento, Tribulación
Gn. 3.16 los *d* en tus preñeces; con *d* darás a
    42.38 descender mis canas con *d* al Seol
Ex. 15.14 se apoderará *d* de la . . de los filisteos
Job 6.10 si me asaltase con *d* sin dar más tregua
    15.20 sus días, el impío es atormentado de *d*
    15.35 concibieron *d*, dieron a luz iniquidad
    33.19 castigado con *d* . . en todos sus huesos
Sal. 16.4 se multiplicarán los *d* de aquellos que
    31.10 porque mi vida se va gastando de *d*, y
    32.10 muchos *d* habrá para el impío; mas el
    41.3 Jehová lo sustentará sobre el lecho del *d*
    127.2 por demás es . . y que comáis pan de *d*
Pr. 14.13 aun en la risa tendrá *d* el corazón
    19.13 *d* es para su padre el hijo necio
    23.29 para quién . . el ay? ¿para quién el *d*?
Ec. 1.18 molestia; y quien añade ciencia, añade *d*
    2.23 porque todos sus días no son sino *d*
    5.17 comerá . . con mucho afán y *d* y miseria
Is. 13.8 *d* se apoderarán de ellos; tendrán *d* como
    21.3 por tanto, mis lomos se han llenado de *d*
    26.18 concebimos, tuvimos *d* de parto, dimos
    50.11 os vendrá esto; en *d* seréis sepultados
    51.11 gozo y alegría, y el *d* y el gemido huirán
    53.3 varón de *d*, experimentado en quebranto
    53.4 sufrió nuestros *d*; y nosotros le tuvimos
    66.7 antes que le viniesen *d*, dio a luz hijo
Jer. 8.18 de mi fuerte *d*, mi corazón desfallece
    13.21 ¿no te darán *d* como de mujer que está
    20.18 ¿para ver trabajo y *d*, y que mis días
    30.15 incurable es tu *d* . . por la grandeza
Lm. 1.12 mirad, y ved si hay *d* como mi *d* que
Ez. 23.33 serás llena . . de *d* por el cáliz de soledad
Os. 13.13 *d* de mujer que da a luz le vendrán
Mt. 24.8 y todo esto será principio de *d*
Ro. 8.22 y a una está con *d* de parto hasta ahora
    9.2 que tengo . . y continuo *d* en mi corazón
Gá. 4.19 por quienes vuelvo a sufrir *d* de parto
Ap. 21.4 ni habrá más llanto ni clamor ni *d*

DOLOROSO, sa
Job 34.6 *d* es mi herida sin haber . . transgresión
Ec. 5.13 hay un mal *d* que he visto debajo del sol
    6.2 los extraños. Esto es vanidad, y mal *d*
Jer. 16.4 de *d* enfermedades morirán; no serán
Mi. 1.9 porque su llaga es *d*; y llegó hasta Judá

DOMINAR *v.* **Someter, Sujetar**
Jue. 9.22 Abimelec hubo *dominado* sobre Israel
1 Cr. 29.12 *dominas* sobre todo; en tu mano está
Sal. 72.8 *dominará* de mar a mar, y desde el río
103.19 trono, y su reino *domina* sobre todos
110.2 de tu poder; *domina* en medio de tus
Pr. 8.16 por mí *dominan* los príncipes, y todos
29.2 cuando *domina* el impío, el pueblo gime
Zac. 6.13 se sentará y *dominará* en su trono
Mr. 5.4 los grillos; y nadie le podía *dominar*
Hch. 19.16 el hon.bre . . *dominándolos*, pudo más
1 Co. 6.12 yo no me dejaré *dominar* de ninguna

DOMINIO *v.* **Autoridad, Imperio, Poder, Potestad, Reino**
Dt. 15.6 tendrás *d* . . pero sobre ti no tendrán *d*
Sal. 89.9 tú tienes *d* sobre la braveza del mar
Dn. 4.25 conozcas que el Altísimo tiene *d* en el
4.34 cuyo *d* es sempiterno, y su reino por
6.26 su reino . . y su *d* perdurará hasta el fin
7.14 le fue dado *d*, gloria y reino, para que
7.27 y que . . el *d* y la majestad de los reinos
1 Co. 15.24 fin . . cuando haya suprimido todo *d*
Col. 1.16 sean tronos, sean *d*, sean principados
1 Ti. 2.12 enseñar, ni ejercer *d* sobre el hombre
2 Ti. 1.7 sino de poder, de amor y de *d* propio
2 P. 1.6 al conocimiento, el propio; al *d* propio

DON *v.* **Dádiva, Presente**
Jos. 15.19 y ella respondió: Concédeme un *d*
Sal. 68.18 subiste . . tomaste *d* para los hombres
68.29 tu templo . . los reyes te ofrecerán *d*
72.10 reyes de Sabá y de Seba ofrecerán *d*
Ec. 3.13 es *d* de Dios que todo hombre coma y
5.19 goce de su trabajo, esto es *d* de Dios
Jn. 4.10 si conocieras el *d* de Dios, y quién es
Hch. 2.38 y recibiréis el *d* del Espíritu Santo
8.20 que el *d* de Dios se obtiene con dinero
10.45 se derramase el *d* del Espíritu Santo
11.17 si Dios, pues, les concedió . . el mismo *d*
Ro. 1.11 para comunicaros algún *d* espiritual
5.15 pero el *d* no fue como la transgresión
11.29 irrevocables son los *d* y el . . de Dios
12.6 teniendo diferentes *d*, según la gracia
1 Co. 1.7 manera que nada os falta en ningún *d*
7.7 pero cada uno tiene su propio *d* de Dios
12.4 hay diversidad de *d*, pero el Espíritu es
12.31 procurad, pues, los *d* mejores. Mas yo
14.1 procurad los *d* espirituales, pero sobre
2 Co. 9.15 ¡gracias a Dios por su *d* inefable!
Ef. 2.8 esto no de vosotros, pues es *d* de Dios
3.7 fui hecho ministro por el *d* de la gracia
4.8 la cautividad, y dio *d* a los hombres
1 Ti. 4.14 no descuides el *d* que hay en ti, que
2 Ti. 1.6 que avives el fuego del *d* de Dios que
He. 6.4 gustaron del *d* celestial, y fueron hechos
1 P. 4.10 cada uno según el *d* que ha recibido

DONCELLA *v.* **Joven, Mujer**
Gn. 24.16 y la *d* era de aspecto muy hermoso
Sal. 68.25 detrás; en medio las *d* con panderos

DÓNDE
Gn. 3.9 llamó al hombre, y le dijo: ¿*D* estás tú?
Sal. 42.3, 10; 79.10 me dicen . . ¿*D* está tu Dios?
Jer. 2.6 ¡*d* está Jehová, que nos hizo subir de la

DORCAS Hch. 9.36–41.

DORMIDO *v.* **Sueño**
1 R. 19.5 echándose debajo del enebro, se quedó *d*
Dn. 8.18 mientras él hablaba conmigo, caí *d* en
Mt. 28.13 y lo hurtaron, estando nosotros *d*

DORMILÓN
Jon. 1.6 le dijo: ¿Qué tienes, *d*? Levántate, y clama

DORMIR *v.* **Sueño**
1 S. 26.7 Saúl estaba tendido *durmiendo* en el
1 R. 18.27 tal vez *duerme*, y hay que despertarle
Job 7.21 porque ahora *dormiré* en el polvo, y si
Sal. 3.5; 4.8 me acosté y *dormí*, y desperté, porque
13.3 alumbra mis ojos . . no *duerma* de muerte
44.23 despierta; ¿por qué *duermes*, Señor?
121.3 no dará . . ni se *dormirá* el que te guarda

Pr. 4.16 no *duermen* ellos si no han hecho mal
10.5 el que *duerme* en el tiempo de la siega
Ec. 4.11 si dos *durmieren* juntos, se calentarán
Cnt. 5.2 yo *dormía*, pero mi corazón velaba; es la
Is. 5.27 ninguno se *dormirá*, ni le tomará sueño
Jer. 51.39, 57 *duerman* . . sueño y no despierten
Dn. 12.2 muchos de los que *duermen* en el polvo
Jon. 1.5 pero Jonás . . se había echado a *dormir*
Nah. 3.18 *durmieron* tus pastores . . rey de Asiria
Mt. 8.24; Mr. 4.38; Lc. 8.23 olas . . pero él *dormía*
9.24; Mr. 5.39; Lc. 8.52 la niña no está muerta, sino *duerme*
13.25 mientras *dormían* los hombres, vino su
26.40; Mr. 14.37; Lc. 22.45 vino . . y los halló *durmiendo*
26.45; Mr. 14.41 dijo: *Dormid* ya, y descansad
Mr. 13.36 cuando venga . . no os halle *durmiendo*
Jn. 11.11 nuestro amigo Lázaro *duerme*; mas voy
Hch. 7.60 clamó . . Y habiendo dicho esto, *durmió*
12.6 Pedro *durmiendo* entre dos soldados
1 Co. 11.30 muchos enfermos . . y muchos *duermen*
15.6 muchos viven aún, y otros ya *duermen*
15.20 primicias de los que *durmieron* es hecho
15.51 misterio: no todos *dormiremos*; pero
Ef. 5.14 dice: Despiértate, tú que *duermes*, y
1 Ts. 4.13 que ignoréis acerca de los que *duermen*
4.14 traerá Dios . . a los que *durmieron* en él
5.6 no *durmamos* como los demás, sino velemos
5.10 que ya sea que velemos, o que *durmamos*
2 P. 2.3 no se tarda, y su perdición no se *duerme*

DOS
Ec. 4.9 mejores son *d* que uno . . mejor paga de
Mt. 18.19 si *d* de vosotros se pusieren de acuerdo
18.20 donde están *d* o tres congregados en mi
Mr. 6.7 los doce, y comenzó a enviarlos de *d* en *d*
10.8 y los *d* serán una sola carne; así que

DOTÁN Gn. 37.17; 2 R. 6.13–19.

DOTE
Gn. 30.20 dijo Lea: Dios me ha dado una buena *d*
34.12 aumentad a cargo mío mucha *d* y dones
Ex. 22.17 le pesará plata conforme a la *d* de las
1 S. 18.25 decid así a David: El rey no desea la *d*
1 R. 9.16 la dio en *d* a su hija la mujer de Salomón

DRACMA
Mt. 17.24 ¿vuestro Maestro no paga las dos *d*?
Lc. 15.8 ¿o qué mujer que tiene diez *d*, si pierde

DRAGÓN *v.* **Chacal**
Neh. 2.13 salí de noche . . hacia la fuente del *D*
Sal. 91.13 hollarás al cachorro del león y al *d*
Is. 51.9 ¿no eres tú el que cortó . . hirió al *d*?
Ez. 29.3 el gran *d* que yace en medio de sus ríos
32.2 como el *d* en los mares; pues secabas
Ap. 12.3 un gran *d* . . que tenía siete cabezas
12.9 fue lanzado fuera el gran *d*, la serpiente
13.2 el *d* le dio su poder y su trono, y grande
16.13 vi salir de la boca del *d*, y de la boca
20.2 y prendió al *d* . . y lo ató por mil años

DRUSILA Hch. 24.24.

DUDAR
Mt. 14.31 ¡hombre de poca fe! ¿Por qué *dudaste*?
21.21 si tuviereis fe, y no *dudareis*, no sólo
28.17 le adoraron; pero algunos *dudaban*
Mr. 11.23 no *dudare* en su corazón . . será hecho
Hch. 5.24 *dudaban* en qué vendría a parar aquello
11.12 me dijo que fuese con ellos sin *dudar*
Ro. 4.20 tampoco *dudó* . . de la promesa de Dios
14.23 pero el que *duda* sobre lo que come, es
Stg. 1.6 pida con fe, no *dudando* nada; porque
Jud. 22 a algunos que *dudan*, convencedlos

DUELO *v.* **Endecha**
2 S. 14.2 yo te ruego que finjas estar de *d*
Jl. 1.9 los . . ministros de Jehová están de *d*
Am. 6.7 se acercará el *d* de los que . . placeres

DUEÑO *v.* **Amo, Señor**
Ex. 21.28 mas el *d* del buey será absuelto
Ec. 5.11 ¿qué bien . . tendrá su *d*, sino verlos con

Lc. 19.33 cuando desataban . . sus *d* les dijeron
1 Co. 7.37 sino que es *d* de su propia voluntad
DULCE
Jue. 14.18 ¿qué cosa más *d* que la miel? ¿y qué
2 S. 1.26 hermano mío Jonatán . . fuiste muy *d*
Sal. 19.10 *d* más que miel, y que la . . del panal
119.103 *d* son a mi paladar tus palabras!
Pr. 9.17 aguas hurtadas son *d*, y el pan comido
27.7 pero al hambriento todo lo amargo es *d*
Stg. 3.11 ¿acaso alguna fuente echa . . agua *d* y
DULZURA
Jue. 14.14 del . . salió comida, y del fuerte salió *d*
Pr. 16.21 sabio . . y la *d* de labios aumenta el saber
DUREZA
Ex. 1.13 hicieron servir a los . . de Israel con *d*
Lv. 25.43 no te enseñorearás de él con *d*, sino
Dt. 29.19 aunque ande en la *d* de mi corazón, a
Sal. 81.12 dejé, por tanto, a la *d* de su corazón
Ez. 34.4 enseñoreado de . . con *d* y con violencia
Mt. 19.8; Mr. 10.5 por la *d* de . . corazón Moisés
Mr. 3.5 entristecido por la *d* de sus corazones
16.14 les reprochó su . . *d* de corazón, porque
Ro. 2.5 por tu *d* y por tu corazón no arrepentido
DURO, ra *v.* Aspero, Difícil, Severo
1 S. 25.3 pero el hombre era *d* y de malas obras
Is. 19.4 entregaré a Egipto en manos de señor *d*
21.2 visión *d* me ha sido mostrada . . Sube, oh
46.12 oídme, *d* de corazón, que estáis lejos de
48.4 por cuanto conozco que eres *d*, y barra
Mt. 25.24 señor, te conocía que eres hombre *d*
Jn. 6.60 *d* es esta palabra; ¿quién la puede oír?
2 Co. 10.10 dicen, las cartas son *d* y fuertes; mas
Jud. 15 las cosas *d* que . . han hablado contra él
EBAL *v.* Gerizim Dt. 27.4; Jos. 8.30.
EBED-MELEC el etíope Jer. 38.7—39.18.
EBEN-EZER 1 S. 7.12.
EBRIO *v.* Bebedor, Borracho
1 S. 25.36 Nabal . . estaba completamente *e*, por
Sal. 107.27 tiemblan y titubean como *e*, y toda su
Is. 24.20 temblará la tierra como un *e*, y será
28.1 ¡ay de la corona . . de los *e* de Efraín, y
Jer. 23.9 estoy como un *e*, y como hombre a
Hch. 2.15 no están *e*, como vosotros suponéis
Ap. 17.6 la mujer *e* de la sangre de los santos
ECHAR *v.* Arrojar, Expulsar, Lanzar, Precipitar
Gn. 3.24 echó, pues, fuera al hombre, y puso al
Ex. 23.28 la avispa, que *eche* fuera al heveo, al
Nm. 33.53 *echaréis* a los moradores de la tierra
Dt. 4.38; 7.1, 22; 11.23 *echar* de delante de tu
Jos. 23.5 Jehová . . *echará* de delante de vosotros
Jue. 11.7 ¿no me aborrecisteis . . y me *echasteis* de
Job 11.14 la *echares* de ti, y no consintieres que
Sal. 44.2 con tu mano *echaste* las naciones, y los
55.22 *echa* sobre Jehová tu carga, y él te
66.20 que no *echó* de sí mi oración, ni de mí
80.8 vid . . *echaste* las naciones, y la plantaste
Is. 14.19 *echado* eres de tu sepulcro como vástago
Jer. 7.15 os *echaré* de . . como *eché* a . . hermanos
32.37 las tierras a las cuales los *eché* con mi
Ez. 18.31 *echad* de . . todas vuestras transgresiones
Dn. 4.33; 5.21 fue *echado* de entre los hombres
6.7 oh rey, sea *echado* en foso de los leones
Jon. 1.15 tomaron a Jonás, y lo *echaron* al mar
Mi. 7.19 *echará* en . . mar todos nuestros pecados
Mt. 4.6; Lc. 4.9 si eres Hijo de Dios, *échate* abajo
10.1 autoridad . . para que los *echasen* fuera
17.19; Mr. 9.28 qué no pudimos *echarlo* fuera?
21.12; Mr. 11.15; Lc. 19.45; Jn. 2.15 comenzó a
echar fuera a todos los que vendían
21.21; Mr. 11.23 quítate y *échate* en el mar
21.39 *echaron* fuera de la viña, y le mataron
Mr. 12.43; Lc. 21.3 viuda *echó* más que todos
Lc. 4.29 le *echaron* fuera de la ciudad, y le llevaron
5.5 pescado; mas en tu palabra *echaré* la red
Jn. 6.37 al que a mí viene, no le *echo* fuera
12.31 príncipe de . . mundo será *echado* fuera
1 P. 5.7 *echando* toda vuestra ansiedad sobre él

EDAD *v.* Año, Día, Siglo
Sal. 90.10 los días de nuestra *e* son setenta años
Jn. 9.21 *e* tiene, preguntadle a él; él hablará por
1 Co. 7.36 pase ya de *e*, y es necesario que así
Ef. 3.21 a él sea gloria en la . . por todas las *e*
EDÉN *v.* Paraíso
Gn. 2.8 Jehová Dios plantó un huerto en *E*, al
3.23 y lo sacó Jehová del huerto del *E*, para
Ez. 28.13 en *E*, en el huerto de Dios estuviste
36.35 ha venido a ser como huerto del *E*
Jl. 2.3 como el huerto del *E* será . . delante de él
EDICTO *v.* Decreto, Estatuto, Orden
Est. 3.15 el *e* fue dado en Susa capital del reino
Dn. 2.13 publicó el *e* . . fueran llevados a la muerte
6.7 han acordado . . que promulgues un *e* real
6.15 que ningún *e* . . puede ser abrogado
Lc. 2.1 se promulgó un *e* de parte de Augusto
EDIFICACIÓN
Ro. 14.19 sigamos lo que contribuye a la paz y . . *e*
15.2 agrade a su . . en lo que es bueno, para *e*
1 Co. 14.3 pero el que profetiza habla . . para *e*
14.12 procurad abundar en ellos para *e* de la
14.26 cuando os reunís . . Hágase todo para *e*
2 Co. 10.8 la cual el Señor nos dio para *e* y no
12.19 en Cristo hablamos . . para vuestra *e*
13.10 autoridad que . . me ha dado para *e*, y no
Ef. 4.12 a fin de . . para la *e* del cuerpo de Cristo
4.29 sino la que sea buena para la necesaria *e*
1 Ti. 1.4 que acarrean disputas más bien que *e*
EDIFICADORES
Mt. 21.42; Mr. 12.10; Lc. 20.17; 1 P. 2.7 la piedra
que desecharon los *e*
Hch. 4.11 la piedra reprobada por vosotros los *e*
EDIFICAR *v.* Sobreedificar
Dt. 6.10 ciudades grandes . . que tú no *edificaste*
2 S. 7.5 has de *edificar* casa en que yo more?
1 R. 5.5 he determinado ahora *edificar* casa al
8.17; 2 Cr. 6.7 tuvo en su corazón *edificar*
1 Cr. 17.4 tú no me *edificarás* casa en que habite
21.10 el *edificará* casa a mi nombre, y él me
2 Cr. 2.6 mas ¿quién será capaz de *edificarle* casa
36.23; Esd. 1.2 le *edifique* casa en Jerusalén
Esd. 4.1 los venidos de la cautividad *edificaban*
Neh. 2.17 y *edifiquemos* el muro de Jerusalén
4.6 *edificamos*, pues, el muro, y toda la
Sal. 51.18 a Sion; *edifica* los muros de Jerusalén
122.3 Jerusalén, que se ha *edificado* como una
127.1 si Jehová no *edificare* la casa, en vano
147.2 Jehová *edifica* a Jerusalén; a los
Pr. 14.1 la mujer sabia *edifica* su casa; mas la
24.3 con sabiduría se *edificará* la casa, y con
Ec. 2.4 *edifiqué* para mí casas, planté para mí
3.3 tiempo de destruir, y tiempo de *edificar*
Is. 9.10 cayeron, pero *edificaremos* de cantería
58.12 los tuyos *edificarán* las ruinas antiguas
61.4 está la casa que me habréis de *edificar*
Jer. 31.4 te *edificaré*, y serás *edificada*, oh virgen
42.10 tierra, os *edificaré*, y no os destruiré
Dn. 9.25 se volverá a *edificar* la plaza y el muro
Am. 9.11 lo *edificaré* como en el tiempo pasado
Mi. 3.10 que *edificáis* a Sion con sangre, y a
Hab. 2.12 ¡ay del que *edifica* la . . con sangre
Zac. 6.12 Renuevo . . *edificará* el templo de Jehová
Mal. 1.4 pero volveremos a *edificar* lo arruinado
Mt. 7.24 prudente . . *edificó* su casa sobre la roca
23.29; Lc. 11.47 *edificáis* los sepulcros de los
Mr. 14.58 y en tres días *edificaré* otro hecho sin
Lc. 14.30 comenzó a *edificar*, y no pudo acabar
Jn. 2.20 en 46 años fue *edificado* este templo, ¿y tú
Hch. 7.49 ¿qué casa me *edificaréis*? dice el Señor
9.31 eran *edificadas*, andando en el temor del
Ro. 15.20 para no *edificar* sobre fundamento ajeno
1 Co. 8.1 él . . envanece, pero el amor *edifica*
10.23 todo me es lícito, pero no todo *edifica*
14.4 habla en lengua . . a sí mismo se *edifica*
Gá. 2.18 las cosas que destruí . . vuelvo a *edificar*
Ef. 2.20 *edificados* sobre el fundamento de los
1 Ts. 5.11 *edificaos* unos a otros, así como lo

1 P. 2.5 sed *edificados* como casa espiritual y
Jud. 20 *edificándoos* sobre vuestra santísima fe

EDIFICIO *v.* Casa, Templo
Mr. 13.1 Maestro, mira qué piedras, y qué *e*
1 Co. 3.9 y vosotros sois labranza de Dios, *e* de
2 Co. 5.1 tenemos de Dios un *e*, una casa no
Ef. 2.21 en quien todo el *e* . . va creciendo para

EDOM
Gn. 25.30 por tanto fue llamado su nombre *E*
36.9 estos son los linajes de Esaú, padre de *E*
Nm. 20.18 *E* le respondió: No pasarás por mi
2 S. 8.14; 1 Cr. 18.13 puso guarnición en *E*; por
2 R. 8.20 se rebeló *E* contra el dominio de Judá
Is. 63.1 ¿quién es éste que viene de *E*, de Bosra
Jer. 49.7; Abd. 1 acerca de *E*. Así ha dicho
49.17 y se convertirá *E* en desolación; todo
Ez. 25.13 también extenderé mi mano sobre *E*
Am. 1.11 por tres pecados de *E*, y por el cuarto

EDOMITA
Dt. 23.7 no aborrecerás al *e* . . es tu hermano
2 S. 8.14 todos los *e* fueron siervos de David

EFA *v.* Medida
Dt. 25.14 ni tendrás en tu . . *e* grande y *e* pequeño
Zac. 5.6 y él dijo: Este es un *e* que sale

ÉFESO
Hch. 18.19 llegó a *E*, y los dejó allí; y entrando
19.1 Pablo . . vino a *E*, y hallando a ciertos
19.26 este Pablo, no solamente en *E*, sino en
20.17 enviando, pues, desde Mileto a *E*, hizo
1 Co. 15.32 si como . . batallé en *E* contra fieras
16.8 pero estaré en *E* hasta Pentecostés
1 Ti. 1.3 como te rogué que te quedases en *E*
2 Ti. 1.18 cuánto nos ayudó en *E*, tú lo sabes
Ap. 2.1 escribe al ángel de la iglesia en *E*: El

EFICAZ
He. 4.12 la palabra de Dios es viva y *e*, y más
Stg. 5.16 la oración *e* del justo puede mucho

EFOD
Ex. 28.6; 39.2 el *e* de oro, azul, púrpura, carmesí
Jue. 8.27 Gedeón hizo de ellos un *e*, el cual hizo
1 S. 2.18 Samuel ministraba . . vestido de un *e*
2 S. 6.14 estaba David vestido con un *e* de lino

EFRAÍN *v.* Israel, Judá
Gn. 41.52 llamó el nombre del segundo, *E*; porque
48.14 extendió su mano . . sobre la cabeza de *E*
Jue. 1.29 tampoco *E* arrojó al cananeo . . Gezer
8.1 pero los hombres de *E* . . le reconvinieron
12.4 Jefté . . peleó contra *E*; y . . derrotaron a *E*
Is. 7.2 diciendo: Siria se ha confederado con *E*
11.13 *E* no tendrá envidia de Judá, ni Judá
Jer. 31.20 ¿no es *E* hijo precioso para mí? ¿No es
Os. 4.17 *E* es dado a ídolos; déjalo
6.4 ¿qué haré a ti, *E*? ¿Qué haré a ti . . Judá?
7.1 a Israel, se descubrió la iniquidad de *E*
7.11 *E* fue como paloma . . sin entendimiento
8.11 porque multiplicó *E* altares para pecar
9.3 sino que volverá *E* a Egipto y a Asiria
10.6 llevado a Asiria . . *E* será avergonzado, e
12.1 *E* se apacienta de viento, y sigue al
13.12 atada está la maldad de *E*; su pecado
Jn. 11.54 que se alejó . . a una ciudad llamada *E*

EGIPCIO, cia
Gn. 47.20 los *e* vendieron cada uno sus tierras
Ex. 1.19 las mujeres hebreas no son como las *e*
2.11 un *e* que golpeaba a uno de los hebreos
3.21 yo daré a . . gracia en los ojos de los *e*
7.5 sabrán los *e* que yo soy Jehová, cuando
Dt. 23.7 no aborrecerás al *e* . . forastero fuiste en
1 S. 30.11 hallaron en el campo a un hombre, *e*, el
Is. 31.3 los *e* hombres son, y no Dios; y sus
Hch. 7.24 al ver . . hiriendo al *e*, vengó al oprimido
21.38 ¿no eres tú aquel *e* que levantó una
He. 11.29 seca; *e* intentando los *E* hacer lo mismo

EGIPTO
Gn. 37.28 los ismaelitas . . llevaron a José a *E*
42.3 descendieron los . . a comprar trigo en *E*

Gn. 46.6 tomaron sus ganados y . . y vinieron a *E*
50.26 José . . fue puesto en un ataúd en *E*
Ex. 1.8 se levantó sobre *E* un nuevo rey que no
13.14 Jehová nos sacó con mano fuerte de *E*
1 R. 10.28 y traían de *E* caballos y lienzos
2 R. 18.21; Is. 36.6 báculo de caña cascada, en *E*
Sal. 106.21 Dios . . que había hecho grandezas en *E*
Is. 19.1 profecía sobre *E*. He aquí que Jehová
19.20 y será por señal y . . en la tierra de *E*
19.25 bendito el pueblo mío *E*, y el asirio obra
30.3 cambiará . . amparo . . de *E* en confusión
31.1 ¡ay de los que descienden a *E* por ayuda
Jer. 37.5 cuando el ejército . . había salido de *E*
42.14 sino que entraremos en la tierra de *E*
43.7 y entraron en tierra de *E*, porque no
44.28 los que escapen de la . . volverán de . . *E*
46.2 con respecto a *E*: contra . . Faraón Necao
46.13 venida de . . para asolar la tierra de *E*
Ez. 29.2 pon tu rostro contra Faraón rey de *E*
30.4 y vendrá espada a *E*, y habrá miedo en
Dn. 11.8 aun a los dioses . . llevará cautivos a *E*
Os. 9.3 sino que volverá Efraín a *E* y a Asiria
11.1 Israel . . lo amé, y de *E* llamé a mi hijo
Mt. 2.15 que se cumpliese . . De *E* llamé a mi Hijo
He. 11.27 por la fe dejó a *E*, no temiendo la ira
Ap. 11.8 que en sentido espiritual se llama . . *E*

EGLÓN rey de Moab Jue. 3.12–30.

EJECUTAR *v.* Cumplir, Hacer
Sal. 148.8 el viento . . que *ejecuta* su palabra
Ec. 8.11 no se *ejecuta* luego sentencia sobre la
Os. 11.9 no *ejecutaré* el ardor de mi ira, ni
Ap. 17.17 Dios ha puesto . . el *ejecutar* lo que él

EJEMPLO *v.* Modelo
Jn. 13.15 *e* os he dado, para que como yo os he
1 Co. 4.6 presentado como *e* en mí y en Apolos
10.6 mas estas cosas sucedieron como *e* para
Fil. 3.17 se conducen según el *e* que tenéis en
1 Ts. 1.7 de tal manera que habéis sido *e* a todos
2 Ts. 3.9 sino por daros nosotros mismos un *e*
1 Ti. 1.16 para *e* de los que habrían de creer en él
4.12 *e* de los creyentes en palabra, conducta
Tit. 2.7 presentándote . . como *e* de buenas obras
Stg. 5.10 como *e* de aflicción y de paciencia a los
1 P. 2.21 dejándonos *e*, para que sigáis sus pisadas
5.3 no . . señorío . . sino siendo *e* de la grey
2 P. 2.6 poniéndolas de *e* a los que habían de
Jud. 7 fueron puestas por *e*, sufriendo el castigo

EJERCICIO
1 Ti. 4.8 el *e* corporal para poco es provechoso

EJÉRCITO *v.* Soldado, Tropa
Ex. 7.4 sacaré a mis *e*, mi pueblo, los hijos de
Nm. 33.1 que salieron . . de Egipto por sus *e*
Jos. 5.14 Príncipe del *e* de Jehová he venido
2 R. 21.3; 2 Cr. 33.3 adoró a todo el *e* de los
25.5 el *e* de los caldeos siguió al rey, y lo
1 Cr. 12.22 hacerse un gran *e*, como *e* de Dios
14.15 Dios . . herirá el *e* de los filisteos
19.10 Joab . . ordenó su *e* contra los sirios
2 Cr. 25.7 rey, no vaya contigo el *e* de Israel
Job 25.3 ¿tienen sus *e* número? ¿Sobre quién no
Sal. 44.9 avergonzar; y no sales con nuestros *e*
148.2 ángeles; alabadle, vosotros todos sus *e*
Is. 10.28 vino hasta . . en Micmas contará su *e*
40.26 él saca y cuenta su *e*; a todas llama
Jer. 37.5 cuando el *e* . . había salido de Egipto
39.5; 52.8 pero el *e* de los caldeos los siguió
Ez. 37.10 y vivieron . . un *e* grande en extremo
Jl. 2.11 Jehová dará su orden delante de su *e*
Zac. 4.6 no con *e*, ni con fuerza, sino con mi
Lc. 21.20 cuando viereis a Jerusalén rodeada de *e*
Hch. 7.42 entregó a que rindiesen culto al *e* del cielo
He. 11.34 fuertes . . pusieron en fuga *e* extranjeros
Ap. 19.14 y los *e* celestiales, vestidos . . le seguían

ELEAZAR Nm. 20.28; 26.1.

ELECCIÓN *v.* Llamamiento, Vocación
Ro. 9.11 que el propósito de Dios conforme a la *e*
11.28 pero en cuanto a la *e*, son amados por

1 Ts. 1.4 conocemos, hermanos amados .. vuestra *e*
2 P. 1.10 procurad .. firme vuestra vocación y *e*

ELEGIR *v.* Constituir, Escoger, Llamar
1 S. 10.24 ¿habéis visto al que ha *elegido* Jehová
1 R. 11.13 por amor a .. la cual yo he *elegido*
Jn. 13.18 yo sé a quienes he *elegido*; mas para que
    15.16 no me *elegisteis* .. yo os *elegí* a vosotros
    15.19 antes yo os *elegí* del mundo, por eso el
Hch. 15.22 pareció bien .. *elegir* de entre ellos
Stg. 2.5 ¿no ha *elegido* Dios a los pobres de este
1 P. 1.2 *elegidos* según la prescíencia de Dios

ELEMENTO
2 P. 3.10 y los *e* ardiendo serán deshechos, y las

ELEVAR *v.* Enaltecer, Subir
Dt. 28.43 extranjero .. se *elevará* sobre ti muy alto
Pr. 18.12 antes .. se *eleva* el corazón del hombre
Ez. 10.4, 18 la gloria de Jehová se *elevó* de encima

ELÍAS 1 R. 17.1—19.21; 2 R. 1.1—2.11.
Predice la sequía, 1 R. 17.1; alimentado por los
cuervos, 1 R. 17.2–7; alimentado por la viuda de
Sarepta, 1 R. 17.8–16; revive al hijo de la viuda,
1 R. 17.17–24; regresa adonde Acab, 1 R. 18.1–19;
Elías y los profetas de Baal, 1 R. 18.20–40; ora por
la lluvia, 1 R. 18.41–46; huye a Horeb, 1 R. 19.1–8;
oye la voz de Dios, 1 R. 19.9–18; llama a Eliseo,
1 R. 19.19–21; reprende a Acab, 1 R. 21.17–29;
pide que caiga fuego del cielo, 2 R. 1.3–16; arrebatado al cielo, 2 R. 2.1–11.
Mal. 4.5 yo os envío al profeta *E*, antes que venga
Mt. 11.14 y si .. él es aquel *E* que había de venir
    16.14; Mr. 8.28; Lc. 9.19 otros, *E* .. o alguno
    de los profetas
    17.3; Mr. 9.4; Lc. 9.30 aparecieron Moisés y
    E hablando con él
    17.12; Mr. 9.13 mas os digo que *E* ya vino
    27.47; Mr. 15.35 decían, al .. A *E* llama éste
Mr. 6.15; Lc. 9.8 otros decían: Es *E*. Y otros
Lc. 1.17 irá delante de él con el espíritu .. de *E*
    9.54 descienda fuego del cielo, como hizo *E*
Jn. 1.21 le preguntaron .. ¿Eres tú *E*? Dijo: No
Ro. 11.2 ¿o no sabéis qué dice de *E* la Escritura
Stg. 5.17 *E* era hombre sujeto a pasiones .. y oró

ELIFAZ Job 2.11; 15.1–35; 22.1–30; 42.7–9.

ELIMELEC Rt. 1.2; 4.3, 9.

ELIMINAR
1 Co. 9.27 no .. yo mismo venga a ser *eliminado*

ELISABET Lc. 1.5–25, 39–45, 56–61.

ELISEO Llamado, 1 R. 19.19–21; sucede a
Elías, 2 R. 2.1–15; sana las aguas, 2 R. 2.19–22;
maldice a los muchachos, 2 R. 2.23–25; multiplica
el aceite de la viuda, 2 R. 4.1–7; revive al hijo de la
sunamita, 2 R. 4.8–37; purifica la olla, 2 R. 4.38–
41; alimenta a los profetas, 2 R. 4.42–44; sana la
lepra de Naamán, 2 R. 5.1–27; Eliseo y los sirios,
2 R. 6.8–23; promete alimentos en tiempo de sitio,
2 R. 6.24—7.2; predice la victoria sobre Siria, 2 R.
13.14–19; muere y es enterrado, 2 R. 13.20; los
huesos de Eliseo, 2 R. 13.21.

ELIÚ Job 32.2—37.24.

ELOCUENTE
Ec. 9.11 ni de los *e* el favor; sino que tiempo y
Hch. 18.24 Apolos .. varón *e*, poderoso en las

EMANUEL Is. 7.14; 8.8; Mt. 1.23.

EMAÚS Lc. 24.13.

EMBAJADA
Lc. 14.32 envía una *e* y le pide condiciones de paz
    19.14 enviaron tras él una *e*, diciendo:

EMBAJADOR *v.* Apóstol, Discípulo, Mensajero,
    Ministro, Profeta
Jos. 9.4 se fingieron *e*, y tomaron sacos viejos
Is. 33.7 he aquí que sus *e* darán voces afuera; los
    57.9 enviaste tus *e* lejos, y te abatiste hasta
Ez. 17.15 pero se rebeló .. enviando *e* a Egipto
2 Co. 5.20 así que, somos *e* en nombre de Cristo
Ef. 6.20 por el cual soy *e* en cadenas; que con

EMBALSAMAR
Gn. 50.26 lo *embalsamaron*, y fue puesto en un

EMBLANQUECER
Dn. 11.35 caerán para ser .. y *emblanquecidos*
Ap. 7.14 las han *emblanquecido* en la sangre del

EMBOSCADA
Jos. 8.9 Josué los envió; y ellos se fueron a la *e*
Jue. 20.29 puso Israel *e* alrededor de Gabaa
2 Cr. 13.13 pero Jeroboam hizo tender una *e* para
    20.22 Jehová puso contra .. *e* de ellos mismos

EMBOTAR
Ec. 10.10 si se *embotare* el hierro, y su filo no
2 Co. 3.14 el entendimiento de ellos se *embotó*

EMBRIAGADO *v.* Borracho, Ebrio
1 R. 16.9 estando él en Tirsa, bebiendo y *e* en
Pr. 26.9 espinas hincadas en mano del *e*, tal es

EMBRIAGAR
Gn. 9.21 y bebió del vino, y se *embriagó*, y
2 S. 11.13 David lo convidó .. hasta *embriagarlo*
Is. 29.9 *embriagaos*, y no de vino; tambalead, y no
    34.5 en los cielos se *embriagará* mi espada
    63.6 y los *embriagué* en mi furor, y derramé
Hab. 2.15 le *embriagas* para mirar su desnudez!
Lc. 12.45 comenzare a .. y beber y *embriagarse*
1 Co. 11.21 uno tiene hambre, y otro se *embriaga*
Ef. 5.18 no os *embriaguéis* con vino, en lo cual
1 Ts. 5.7 los que se *embriagan*, de noche se *e*

EMBRIAGUEZ *v.* Borrachera
Is. 5.11 los que se levantan .. para seguir la *e*
Jer. 13.13 yo lleno de *e* a todos los moradores de
Ez. 23.33 serás llena de *e* y de dolor por el cáliz
Lc. 21.34 corazones no se carguen de .. *e* y de
1 P. 4.3 andando en .. *e*, orgías, disipación y

EMPADRONAR *v.* Censo
Lc. 2.1 que todo el mundo fuese *empadronado*
    2.5 para ser *empadronado* con María su mujer

EMPARENTAR
Gn. 34.9 y *emparentad* con nosotros; dadnos
Dt. 7.3 no *emparentarás* con ellas; no darás tu
Esd. 9.14 *emparentar* con pueblos que cometen

EMPEÑAR
Neh. 5.3 hemos *empeñado* nuestras tierras .. para
Pr. 6.1 si has *empeñado* tu palabra a un extraño

EMPOBRECER
Lv. 25.25, 35 cuando tu hermano *empobreciere*
Jue. 6.6 de este modo *empobrecía* Israel en gran
1 S. 2.7 Jehová *empobrece*, y él enriquece; abate
Pr. 10.4 la mano negligente *empobrece*; mas la
    14.23 mas las vanas palabras de .. *empobrecen*
    20.13 el sueño, para que no te *empobrezcas*
    22.16 que .. o que da al rico .. se *empobrecerá*

ENALTECER *v.* Elevar, Subir
Ez. 28.2 se *enalteció* tu corazón, y dijiste: Yo soy
Mt. 23.12; Lc. 14.11; 18.14 el que se *enaltece* será
    humillado

ENALTECIDO *v.* Elevar
Sal. 37.35 vi yo al impío sumamente, y que se
    148.13 porque sólo su nombre es *e*. Su gloria

ENAMORADO *v.* Amante
Jer. 30.14 todos tus *e* te olvidaron; no te buscan
Ez. 16.33 mas tú diste tus dones a todos tus *e*; y

ENARDECER *v.* Arder
Sal. 39.3 se *enardeció* mi corazón dentro de mí
Hch. 17.16 espíritu se *enardecía* viendo la ciudad

ENCALLAR
Hch. 27.41 hicieron *encallar* la nave; y la proa

ENCAMINAR *v.* Dirigir
Gn. 50.20 Dios lo *encaminó* a bien, para hacer lo
Sal. 25.5 *encamíname* en tu verdad, y enséñame
    25.9 *encaminará* a los humildes por el juicio
Pr. 4.11 por el camino de la .. te he *encaminado*
    11.3 integridad de los rectos los *encaminará*
Is. 48.17 te *encamina* por el camino que debes
Lc. 1.79 para *encaminar* nuestros pies por .. paz

Ro. 15.24 y ser *encaminado* allá por vosotros
1 Co. 16.11 en poco, sino *encaminadle* en paz
2 Ts. 3.5 el Señor *encamine* vuestros corazones al

ENCANTADOR *v.* Adivino, Agorero, Mago
Lv. 19.31 no os volváis a los *e* ni a los adivinos
    20.6 la persona que atendiere a *e* o a divinos
1 S. 28.3 Saúl había arrojado de la tierra a los *e*
2 R. 21.6 instituyó *e* y adivinos .. lo malo ante
2 Cr. 33.6 consultaba a adivinos y *e* .. excedió
Ec. 10.11 muerde la serpiente .. nada sirve el *e*
Is. 8.19 preguntad a los *e* y a los adivinos, que

ENCANTAMIENTO *v.* Hechicería
Ex. 7.11 mismo los hechiceros de Egipto con sus *e*
Is. 47.9 pesar de .. tus hechizos y tus muchos *e*

ENCARCELAR *v.* Cárcel, Prisión
Mr. 1.14 después que Juan fue *encarcelado*, Jesús
Jn. 3.24 Juan no había sido aún *encarcelado*
Hch. 22.19 saben que yo *encarcelaba* y azotaba

ENCARGAR *v.* Confiar, Mandar, Ordenar
Sal. 119.4 tú *encargaste* que sean muy guardados
Mt. 9.30 Jesús les *encargó* .. diciendo: Mirad que
Hch. 6.3 a quienes *encarguemos* de este trabajo
2 Co. 5.19 *encargó* a nosotros la palabra de la

ENCENDER *v.* Arder
Jue. 2.14 se *encendió* contra Israel el furor de
Sal. 74.1 ¿por qué se ha *encendido* tu furor contra
Is. 50.11 todos vosotros *encendéis* fuego, y os
Lm. 2.3 *encendió* en Jacob como llama de fuego
Ez. 20.48 verá toda carne que yo .. lo *encendí*
Lc. 12.49 ¿y qué quiero, si ya se ha *encendido*?
Stg. 3.5 ¡cuán grande bosque *enciende* .. fuego!
2 P. 3.12 cielos, *encendiéndose*, serán deshechos

ENCERRAR
Ex. 14.3 *encerrados* están .. el desierto los ha *e*
Job 3.23 de vida .. a quien Dios ha *encerrado*?
Lc. 3.20 añadió .. *encerró* a Juan en la cárcel
Gá. 3.23 estábamos .. *encerrados* para aquella fe
Ap. 20.3 lo *encerró* .. para que no engañase más

ENCIERRO
Mi. 7.17 lamerán el polvo .. temblarán en sus *e*

ENCINA
Jue. 6.11 el ángel de Jehová .. debajo de la *e* que
Is. 1.29 os avergonzarán las *e* que amasteis, y

ENCINTA
Mt. 24.19; Mr. 13.17; Lc. 21.23 ¡ay de las .. *e*
Lc. 2.5 mujer, desposada con él, la cual estaba *e*
Ap. 12.2 estando *e*, clamaba con dolores de parto

ENCOMENDAR *v.* Encargar, Recomendar
Sal. 37.5 *encomienda* a Jehová tu camino, y confía
Pr. 16.3 *encomienda* a Jehová tus obras, y tus
Lc. 23.46 en tus manos *encomiendo* mi espíritu
Hch. 14.23 los *encomendaron* al Señor en quien
    15.40 salió *encomendado* por los hermanos a la
    20.32 hermanos, os *encomiendo* a Dios, y a la
1 Co. 9.17 la comisión me ha sido *encomendada*
1 Ti. 1.11 que a mí me ha sido *encomendado*
    6.20 oh .. guarda lo que se te ha *encomendado*
Tit. 1.3 la predicación que me fue *encomendada*
1 P. 4.19 *encomienden* sus almas al fiel Creador

ENCONTRAR *v.* Hallar
1 R. 18.16 Abdías fue a *encontrarse* con Acab
Pr. 22.2; 29.13 el rico y el pobre se *encuentran*
Mt. 18.13 si .. la *encuentra*, de cierto os digo
Lc. 15.4 y va tras la que se .. hasta *encontrarla*?
Jn. 11.20 entonces Marta .. salió a *encontrarle*

ENCORVAR *v.* Inclinar
Ec. 12.3 se *encorvarán* los hombres fuertes
Is. 60.14 a las pisadas de tus pies se *encorvarán*

ENCUBIERTAMENTE
Hch. 16.37 ahora nos echan *e*? No, por cierto
Jud. 4 algunos hombres han entrado *e*, los que

ENCUBIERTO, ta *v.* Escondido
Ec. 12.14 toda cosa *e*, sea buena o sea mala
Mt. 10.26; Lc. 12.2 nada hay *e*, que no haya de
Lc. 18.34 esta palabra les era *e*, y no entendían

Lc. 19.42 ¡oh, si .. mas ahora está *e* de tus ojos
2 Co. 4.3 si nuestro evangelio está aún *e*, entre los

ENCUBRIR *v.* Disimular, Esconder
Gn. 18.17 ¿*encubriré* yo a Abraham lo que voy a
1 S. 3.17 te ruego que no me la *encubras*; así te
Job 14.13 me *encubrieses* hasta apaciguarse tu ira
    31.33 si *encubrí* como .. mis transgresiones
Sal. 32.5 te declaré, y no *encubrí* mi iniquidad
    40.10 no *encubrí* tu justicia dentro de mi
    119.19 no *encubras* de mí tus mandamientos
    139.12 aun las tinieblas no *encubren* de ti
    139.15 no fue *encubierto* de ti mi cuerpo
Pr. 12.23 el hombre cuerdo *encubre* su saber; mas
    19.28 la boca de los impíos *encubrirá* la
    25.2 gloria de Dios es *encubrir* un asunto
    28.13 que *encubre* sus pecados no prosperará
Is. 45.15 tú eres Dios que te *encubres*, Dios de

ENCUENTRO
Gn. 24.12 dame, te ruego, el tener hoy buen *e*
Nm. 23.3 quizá Jehová me vendrá al *e* .. Y se fue
Am. 4.12 prepárate para venir al *e* de tu Dios
Mt. 28.9 Jesús .. salió al *e*, diciendo: ¡Salve!

ENDECHA *v.* Duelo
Is. 22.12 Jehová .. llamó en este día a .. y a *e*
Jer. 9.19 fue de Sion oída voz de *e*: ¡Cómo hemos
Ez. 19.1 levanta *e* sobre los príncipes de Israel
    27.2 tú, hijo de hombre, levanta *e* sobre Tiro
    32.2 hijo de hombre, levanta *e* sobre Faraón

ENDECHAR *v.* Duelo, Lamentar, Llorar
Jue. 11.40 año .. a *endechar* a la hija de Jefté
Ec. 3.4 tiempo de *endechar*, y tiempo de bailar
Jer. 4.8 vestíos de cilicio, *endechad* y aullad
Ez. 8.14 mujeres .. sentadas *endechando* a Tamuz
    27.31 *endecharán* por ti endechas amargas
    32.18 *endecha* sobre la multitud de Egipto
Am. 5.16 a endecha a los que sepan *endechar*

ENDEMONIADO *v.* Demonio, Espíritu inmundo
Mt. 4.24 trajeron .. *e*, lunáticos y paralíticos
    9.32 mientras salían .. le trajeron un mudo, *e*
Lc. 8.27 vino a su encuentro un hombre .. *e* desde

ENDEREZAR
1 R. 13.4 se le secó, y no la pudo *enderezar*
Sal. 5.8 guíame .. *endereza* delante de mí tu camino
    40.2 pies sobre peña, y *enderezó* mis pasos
Pr. 3.6 reconócelo .. y él *enderezará* tus veredas
    11.5 la justicia del .. *enderezará* su camino
    16.9 camino; mas Jehová *endereza* sus pasos
    23.19 oye .. y *endereza* tu corazón al camino
Is. 40.3 *enderezad* calzada en la soledad a .. Dios
    45.2 yo .. *enderezaré* los lugares torcidos
Mr. 1.3; Lc. 3.4; Jn. 1.23 *enderezad* sus sendas
Lc. 3.5 los caminos torcidos serán *enderezados*
    13.13 se *enderezó* luego, y glorificaba a Dios

ENDOR 1 S. 28.7.

ENDULZAR
Ex. 15.25 lo echó .. y las aguas se *endulzaron*
Job 20.12 si el mal se *endulzó* en su boca, si lo

ENDURECER *v.* Cerviz, Corazón, Duro
Ex. 4.21; 7.3 yo *endureceré* el corazón de Faraón
    10.1 porque yo he *endurecido* su corazón, y
    10.27; 11.10; 14.8 Jehová *endureció* el corazón
    14.17 yo *endureceré* el corazón de los egipcios
Dt. 15.7 no *endurecerás* tu corazón, ni .. mano
Jue. 4.24 mano de .. Israel fue *endureciéndose*
1 S. 6.6 ¿por qué *endurecéis* vuestro corazón
2 R. 17.14 antes *endurecieron* su cerviz, como la
Job 9.4 ¿quién se *endureció* contra él, y le fue
    39.16 se *endurece* para con sus hijos, como si
Sal. 95.8 no *endurezcáis* vuestro corazón, como
Pr. 21.29 el hombre impío *endurece* su rostro
    28.14 el que *endurece* su corazón caerá en el
    29.1 el hombre que reprendido *endurece* la
Is. 63.17 *endurece* nuestro corazón a tu temor
Jer. 7.26; 17.23 sino que *endurecieron* su cerviz
Mr. 8.17 ¿aún tenéis *endurecido* vuestro corazón?
Jn. 12.40 cegó los ojos .. y *endureció* su corazón
Hch. 19.9 pero *endureciéndose* .. y no creyendo

Ro. 9.18 y al que quiere *endurecer, endurece*
    11.7 alcanzado, y los demás fueron *endurecidos*
He. 3.8; 4.7 no *endurezcáis* vuestros corazones
    3.13 que ninguno de vosotros se *endurezca*

ENDURECIMIENTO
Ro. 11.25 que ha acontecido a Israel *e* en parte

ENEAS Hch. 9.33–35.

ENEMIGO *v.* Adversario, Contrario, Diablo
Gn. 22.17 tu .. poseerá las puertas de sus *e*
Ex. 15.6 diestra, oh Jehová, ha quebrantado al *e*
    23.22 si .. oyeres su voz .. seré *e* de tus *e*, y
Lv. 26.8 mil, y vuestros *e* caerán a filo de espada
Nm. 10.35 sean dispersados tus *e*, y huyan de tu
    35.23 él no era su *e*, ni procuraba su mal
Dt. 28.48 servirás .. a tus *e* que enviare Jehová
    32.41 yo tomaré venganza de mis *e*, y daré
Jos. 7.12 Israel no podrán hacer frente a sus *e*
Jue. 5.31 así perezcan todos tus *e*, oh Jehová
1 S. 12.11 y os libró de mano de vuestros *e* en
    18.29 tuvo más temor de David; y fue Saúl *e*
    20.15 Jehová haya cortado .. los *e* de David
    24.19 ¿quién hallará a su *e* y lo dejará ir sano
2 S. 24.13 ¿o que huyas tres meses .. de tus *e*
1 R. 8.44 si tu pueblo saliere en .. contra sus *e*
Esd. 4.1 oyendo los *e* de Juda, y de Benjamín que
Est. 7.6 el *e* y adversario es este malvado Amán
    8.13 preparados .. para vengarse de sus *e*
    9.22 en que los judíos tuvieron paz de sus *e*
Job 13.24 escondes tu .. y me cuentas por tu *e*?
Sal. 6.10 se avergonzarán y turbarán .. mis *e*
    27.2 los malignos, mis angustiadores y mis *e*
    72.9 se prostrarán .. y sus *e* lamerán el polvo
    74.3 el mal que el *e* ha hecho en el santuario
    74.4 *e* vociferan en medio de tus asambleas
    89.42 has exaltado la diestra de sus *e*; has
    92.9 perecerán tus *e*; serán esparcidos todos
    97.3 fuego irá .. y abrasará a sus *e* alrededor
    110.1 ponga a tus *e* por estrado de tus pies
    127.5 cuando hablare con los *e* en la puerta
    136.24 y nos rescató de nuestros *e*, porque
    139.22 los aborrezco por .. los tengo por *e*
Pr. 16.7 aun a sus *e* hace estar en paz con él
    24.17 cuando cayere tu *e*, no te regocijes
Is. 9.11 Jehová levantará los *e* de Rezín contra él
    11.13 Efraín, y los *e* de Judá serán destruidos
    59.18 como para retribuir con ira a sus *e*
    59.19 vendrá el *e* como río, mas el Espíritu
    63.10 por lo cual se les volvió *e*; y él mismo
Lm. 2.5 el Señor llegó a ser como *e*, destruyó a
Am. 3.11 *e* vendrá por todos lados de la tierra
Mí. 7.6 los *e* del hombre son los de su casa
Zac. 8.10 ni hubo paz para el que .. a causa del *e*
Mt. 5.44; Lc. 6.27, 35 os digo: Amad a vuestros *e*
    10.36 y los *e* del hombre serán los de su casa
    13.25 mientras dormían .. vino su *e* y sembró
    13.28 él les dijo: Un *e* ha hecho esto. Y los
    22.44; Mr. 12.36; Lc. 20.43; Hch. 2.35; He.
    1.13 hasta que ponga a tus *e* por estrado
Lc. 19.27 aquellos mis *e* que no querían que yo
    19.43 tus *e* te rodearán con vallado, y te
Ro. 5.10 siendo *e*, fuimos reconciliados con Dios
    11.28 cuanto al evangelio, son *e* por causa de
    12.20 si tu *e* tuviere hambre, dale de comer
1 Co. 15.25 haya puesto a todos sus *e* debajo de
Gá. 4.16 ¿me he hecho .. *e*, por deciros la verdad?
Fil. 3.18 digo .. que son *e* de la cruz de Cristo
Col. 1.21 erais .. extraños y *e* en vuestra mente
2 Ts. 3.15 no lo tengáis por *e*, sino .. hermano
Stg. 4.4 quiera ser amigo del mundo .. *e* de Dios

ENEMISTAD
Gn. 3.15 pondré *e* entre ti y la mujer, y entre
Nm. 35.21 o por *e* lo hirió con su mano, y murió
Ez. 35.5 tuviste *e* perpetua, y entregaste a los
Ro. 8.7 designios de la carne son *e* contra Dios
Gá. 5.20 *e*, pleitos, celos, iras, contiendas
Ef. 2.15 aboliendo en su carne las *e*, la ley de
    2.16 en un solo cuerpo, matando en ella las *e*
Stg. 4.4 la amistad del mundo es *e* contra Dios?

ENFERMAR
2 S. 12.15 hirió al niño y *enfermó* gravemente
2 Cr. 16.12 Asa *enfermó* .. de los pies, y en su
    32.24; Is. 38.1 Ezequías *enfermó* de muerte
Is. 24.4 *enfermó*, cayó el mundo; *enfermaron* los
2 Co. 11.29 ¿quién *enferma*, y yo no *enfermo*?

ENFERMEDAD *v.* Dolencia, Malo, Plaga
Ex. 15.26 ninguna *e* de las que envié a los egipcios
Dt. 7.15 quitará Jehová de ti toda *e*; y todas las
2 R. 1.2; 8.8 consultad .. he de sanar de esta mi *e*
2 Cr. 21.18 lo hirió con una *e* incurable en los
Sal. 41.3 de dolor; mullirás toda su cama en su *e*
    77.10 dije: *E* mía es esta; traeré, pues, a la
Pr. 18.14 el ánimo del hombre soportará su *e*
Is. 53.4 ciertamente llevó él nuestras *e*, y sufrió
Jer. 10.19 dije .. *e* mía es esta, y debo sufrirla
    16.4 de dolorosas *e* morirán; no .. plañidos ni
Os. 5.13 verá Efraín su *e*, y Judá su llaga; irá
Mt. 4.24 los afligidos por diversas *e* .. los sanó
    8.17 dijo: El mismo tomó nuestras *e*, y llevó
    10.1; Mr. 3.15 dio .. para sanar toda *e* y toda
Mr. 1.32 le trajeron todos los que tenían *e*, y a
Lc. 4.40 enfermos de diversas *e* los traían a él
    5.15; 6.17 oírle, y para que les sanase de sus *e*
    7.21 misma hora sanó a muchos de *e* y plagas
    13.11 una mujer que .. tenía espíritu de *e*
Jn. 5.4 quedaba sano de cualquier *e* que tuviese
    11.4 *e* no es para muerte, sino par la gloria
Hch. 28.9 que .. tenían *e*, venían, y eran sanados
Gá. 4.13 a causa de una *e* del cuerpo os anunció
1 Ti. 5.23 vino por causa de .. tus frecuentes *e*

ENFERMO, ma
1 S. 19.14 Saúl envió .. ella respondió: Está *e*
1 R. 17.17 que cayó el hijo del ama de la casa
2 R. 20.1 en .. días Ezequías cayó *e* de muerte
Neh. 2.2 ¿por qué está triste .. pues no estás *e*
Sal. 6.2 ten misericordia de mí .. porque estoy *e*
    105.37 los sacó .. y no hubo en sus tribus *e*
Cnt. 2.5 con manzanas; porque estoy *e* de amor
    5.8 que le hagáis saber que estoy *e* de amor
Is. 1.5 cabeza está *e*, y todo corazón doliente
    33.24 no dirá el morador: Estoy *e*; al pueblo
Mt. 8.16 con la palabra .. sanó a todos los *e*
    9.12; Mr. 2.17; Lc. 5.31 no tienen necesidad
    de médico, sino los *e*
    10.8 sanad *e*, limpiad leprosos, resucitad
    14.35 enviaron .. y trajeron a él todos los *e*
Mr. 6.56 ponían en las calles a los que estaban *e*
    16.18 sobre .. *e* pondrán sus manos, y sanarán
Lc. 4.40 todos los que tenían *e* .. los traían a él
    7.2 el siervo de un centurión .. estaba *e* y a
    9.2 los envió a predicar .. y a sanar a los *e*
    10.9 y sanad a los *e* que en ella haya, y
Jn. 4.46 un oficial del rey, cuyo hijo estaba *e*
    5.3 en éstos yacía una multitud de *e*, ciegos
    5.5 hombre que hacía 38 años que estaba *e*
    11.3 Jesús: Señor, he aquí el que amas está *e*
Hch. 5.15 sacaban los *e* a las calles, y los ponían
    19.12 que aun se llevaban a los *e* los paños o
1 Co. 11.30 hay muchos *e* y debilitados entre
Fil. 2.27 en verdad estuvo *e*, a punto de morir
Stg. 5.14 ¿está alguno *e* entre vosotros? Llame a

ENFURECER *v.* Airar, Enojar
Sal. 102.8 los que contra mí se *enfurecen*, se han
Pr. 20.2 el que lo *enfurece* peca contra sí mismo
Hch. 5.33; 7.54 oyendo esto, se *enfurecían* y
    26.11 *enfurecido* .. contra ellos, los persiguí

ENGAÑADOR *v.* Mentiroso
Sal. 109.2 y boca de *e* se han abierto contra mí
Is. 9.16 los gobernadores de este pueblo son *e*
Jer. 9.6 por muy *e* no quisieron conocerme, dice
Mt. 27.63 aquel *e* dijo, viviendo aún: Después de
2 Co. 6.8 por buena fama; como *e*, pero veraces
1 Ti. 4.1 escuchando a espíritus *e* y a doctrinas
2 Ti. 3.13 los *e* irán de mal en peor, engañando
Tit. 1.10 muchos .. habladores de vanidades y *e*
2 Jn. 7 quien esto hace es el *e* y el anticristo

ENGAÑAR v. Defraudar, Mentir, Seducir

Gn. 3.13 dijo .. La serpiente me *engañó*, y comí
29.25 no .. ¿Por qué, pues, me has *engañado*?
31.7 vuestro padre me ha *engañado*, y me ha
31.20 Jacob *engañó* a Labán arameo, no
Ex. 22.16 si alguno *engañare* a alguna doncella
22.21 extranjero no *engañarás* ni angustiarás
Lv. 25.17 no *engañe* ninguno a su prójimo, sino
Nm. 25.18 han *engañado* en lo tocante a Baal-peor
Jos. 9.22 Josué .. ¿Por qué nos habéis *engañado*
Jue. 16.5 *engáñale* e infórmate en qué consiste su
16.10 Dalila dijo a Sansón .. me has *engañado*
Job 31.9 si fue mi corazón *engañado* acerca de
Sal. 73.15 la generación de tus hijos *engañaría*
Pr. 1.10 si los pecadores te quisieren *engañar*, no
26.19 tal es el hombre que *engaña* a su amigo
Is. 36.18 mirad que no os *engañe* Ezequías
37.10 no te *engañe* tu Dios en quien tú confías
Jer. 4.10 y dije .. has *engañado* a este pueblo y a
9.4 todo hermano *engaña* con falacia, y todo
9.5 y cada uno *engaña* a su compañero, y
20.10 porque oí .. quizá se *engañará*, decían
22.3 no *engañéis* ni robéis al extranjero, ni al
29.8 no os *engañen* vuestros profetas que
37.9 así .. No os *engañéis* a vosotros mismos
Lm. 1.19 di voces .. mas ellos me han *engañado*
Ez. 13.10 *engañaron* a mi pueblo, diciendo: Paz
14.9 fuere .. yo Jehová *engañé* al tal profeta
Abd. 3 soberbia de tu corazón te ha *engañado*
Mal. 1.14 maldito el que *engaña*, el que teniendo
Mt. 24.4; Mr. 13.5; Lc. 21.8 que nadie os *engañe*
24.5; Mr. 13.6 yo soy .. y a muchos *engañarán*
24.24; Mr. 13.22 *engañarán*, si fuere posible
Jn. 7.12 decían: No, sino que *engaña* al pueblo
7.47 ¿también .. habéis sido *engañados*?
Ro. 3.13 su lengua *engañan*. Veneno de áspides
7.11 pecado .. me *engañó*, y por él me mató
16.18 *engañan* los corazones de los ingenuos
1 Co. 3.18 nadie se *engañe* a sí mismo; si alguno
2 Co. 7.2 a nadie hemos agraviado .. *engañado*
12.17 ¿acaso os he *engañado* por alguno de
12.18 rogué a Tito .. ¿Os *engañó* acaso Tito?
Gá. 6.7 no os *engañéis*; Dios no puede ser burlado
Ef. 4.14 hombres que para *engañar* emplean con
5.6 nadie os *engañe* con palabras vanas
Col. 2.4 esto lo digo para que nadie os *engañe*
2.8 mirad que nadie os *engañe* por medio de
1 Ts. 4.6 ninguno .. *engañe* en nada a su hermano
2 Ts. 2.3 nadie os *engañe* en ninguna manera
1 Ti. 2.14 y Adán no fue *engañado*, sino que la
2 Ti. 3.13 en peor, *engañando* y siendo *engañados*
Stg. 1.22 oidores, *engañándoos* a vosotros mismos
1 Jn. 1.8 que no tenemos pecado, nos *engañamos*
2.26 he escrito esto sobre los que os *engañan*
3.7 nadie os *engañe*; el que hace justicia es
Ap. 12.9 Satanás, el cual *engaña* al mundo entero
13.14 *engaña* a .. la tierra con las señales
18.23 fueron *engañadas* todas las naciones
19.20 había *engañado* a los que recibieron la
20.3 para que no *engañase* más a las naciones

ENGAÑO v. Fraude, Mentira

Gn. 27.35 dijo: Vino tu hermano con *e*, y tomó
Job 15.35 iniquidad, y en sus entrañas traman *e*
27.4 mis labios .. ni mi lengua pronunciará *e*
31.5 si anduve .. y si mi pie se apresuró a *e*
Sal. 7.14 impío concibió maldad .. y dio a luz *e*
17.1 oye .. mi oración hecha de labios sin *e*
24.4 su alma a cosas vanas, ni juró con *e*
32.2 el hombre .. en cuyo espíritu no hay *e*
50.19 tu boca .. mal, y tu lengua componía *e*
72.14 de *e* y de violencia redimirá sus almas
Pr. 12.5 rectitud .. los consejos de los impíos, *e*
12.20 *e* hay en .. de los que piensan el mal
Is. 53.9 nunca hizo maldad, ni hubo *e* en su boca
Jer. 5.27 como jaula .. están sus casas llenas de *e*
8.10 desde el profeta hasta .. todos hacen *e*
9.6 su morada está en medio del *e*; por muy
14.14 vanidad y *e* de su corazón os profetizan
Dn. 8.25 hará prosperar el *e* en su mano; y en

Os. 7.1 porque hicieron *e*; y entra el ladrón, y el
Mt. 13.22 el *e* de las riquezas ahogan la palabra
26.4 tuvieron consejo para prender con *e* a
Mr. 7.22 las maldades, el *e*, la lascivia, la envidia
Jn. 1.47 verdadero israelita en quien no hay *e*
Hch. 13.10 ¡oh, lleno de toda *e* y de toda maldad
2 Co. 12.16 que como soy astuto, os prendí por *e*
1 Ts. 2.3 de error ni de impureza, ni fue por *e*
1 P. 2.1 desechando .. toda malicia, todo *e*
2.22 no hizo pecado, ni se halló *e* en su boca

ENGAÑOSO, sa v. Fraudulento

Gn. 34.13 respondieron .. a Siquem .. palabras *e*
Sal. 43.1 líbrame de .. y del hombre *e* e inicuo
52.4 has amado toda suerte de .. *e* lengua
78.57 rebelaron .. se volvieron como arco *e*
Pr. 14.25 testigo .. mas el *e* hablará mentiras
31.30 *e* es la gracia, y vana la hermosura
Jer. 17.9 *e* es el corazón más que todas las cosas
Sof. 3.13 ni en boca de ellos se hallará lengua *e*
Ef. 4.22 está viciado conforme a los deseos *e*
2 Ts. 2.11 por esto Dios les envía un poder *e*

ENGENDRAR v. Dar, Hijo

Sal. 2.7 dicho: Mi hijo eres tú; yo te *engendré* hoy
Pr. 17.21 el que *engendra* al insensato, para su
Is. 45.10 dice al padre: ¿Por qué *engendraste*?
49.21 y dirás .. ¿Quién me *engendró* éstos?
Mt. 1.20 porque lo que en ella es *engendrado*, del
Hch. 13.33; He. 1.5; 5.5 yo te he *engendrado* hoy
1 Co. 4.15 en Cristo Jesús yo os *engendré* por
1 Jn. 5.1 aquel que ama al que *engendró*, ama
5.18 Aquel que fue *engendrado* por Dios le

ENGORDAR v. Engrosar

Dt. 32.15 pero *engordó* Jesurún, y tiró coces
Jer. 5.28 se *engordaron* y se pusieron lustrosos
Stg. 5.5 habéis *engordado* vuestros corazones

ENGRANDECER v. Alabar, Exaltar, Magnificar

Gn. 9.27 *engrandezca* Dios a Jafet, y habite en
Ex. 15.21 porque en extremo se ha *engrandecido*
Dt. 32.3 el nombre .. *Engrandeced* a nuestro Dios
Jos. 3.7 desde este día comenzaré a *engrandecerte*
2 S. 7.22 tú te has *engrandecido*, Jehová Dios
7.26 sea *engrandecido* tu nombre para siempre
1 Cr. 17.24 *engrandecido* tu nombre .. diciendo
29.25 Jehová *engrandeció* .. Salomón a ojos de
Est. 3.1 el rey Asuero *engrandeció* a Amán hijo
Sal. 34.3 *engrandeced* a Jehová conmigo, y .. a una
70.4 digan siempre .. *Engrandecido* sea Dios
103.11 *engrandeció* su misericordia sobre los
138.2 porque has *engrandecido* tu nombre
Pr. 4.8 *engrandécela*, y ella te *engrandecerá*
11.11 rectos la ciudad será *engrandecida*
14.34 la justicia *engrandece* a la nación; mas
Ec. 2.9 y fui *engrandecido* y aumentado más que
Jer. 48.26 porque contra Jehová se *engrandeció*
Dn. 2.48 el rey *engrandeció* a Daniel, y le dio
3.30 el rey *engrandeció* a Sadrac, Mesac y
4.37 *engrandezco* y glorifico al Rey del cielo
11.36 y se *engrandecerá* sobre todo dios
Mal. 1.5 diréis: Sea Jehová *engrandecido* más y
Lc. 1.46 María dijo: *Engrandece* mi alma al Señor
2 Co. 10.15 seremos muy *engrandecidos* entre

ENGROSAR v. Engordar

Sal. 119.70 se *engrosó* el corazón de ellos como
Is. 6.10 *engruesa* el corazón de este pueblo
Mt. 13.15 corazón de este pueblo se ha *engrosado*

ENIGMA

Jue. 14.12 les dijo: Yo os propondré ahora un *e*
Dn. 5.12 sueños y descifrar *e* y resolver dudas

ENJUGAR v. Secar

Lc. 7.38 sus pies, los *enjugaba* con sus cabellos
Ap. 7.17; 21.4 Dios *enjugará* toda lágrima de los

ENLAZAR v. Atrapar, Enredar

Sal. 9.16 en la obra de sus .. fue *enlazado* el
Pr. 6.2 has *enlazado* con las palabras de tu boca

ENLOQUECER

Dt. 28.34 *enloquecerás* a causa de lo que verás con
Pr. 26.18 como el que *enloquece*, y echa llamas y

Ec. 2.2 a la risa dije: *Enloqueces*; y al placer: ¿De
Jer. 5.4 *enloquecido*, pues no conocen el camino
Ez. 23.11 *enloqueció* de lujuria más que ella; y sus
1 Co. 1.20 ¿no ha *enloquecido* Dios la sabiduría de

ENLUTADO
Job 5.11 pone a . . y a los *e* levanta a seguridad
Sal. 42.9 ¿por qué andaré yo *e* por la opresión del
Is. 57.18 sanaré . . y le daré consuelo a él y a sus *e*
     61.2 a proclamar . . a consolar a todos los *e*

ENLUTAR *v.* Duelo, Luto
Nm. 14.39 dijo . . y el pueblo se *enlutó* mucho
Is. 33.9 se *enlutó*, enfermó la tierra; el Líbano
     66.10 gozo, todos los que os *enlutáis* por ella
Jer. 4.28; Os. 4.3 por esto se *enlutará* la tierra, y

ENMUDECER *v.* Callar, Mudo, Silencio
Ex. 15.16 a la grandeza de tu brazo *enmudezcan*
Sal. 31.18 *enmudezcan* los labios mentirosos, que
     39.2 *enmudecí* con silencio, me callé aun
Is. 53.7 como . . *enmudeció*, y no abrió su boca
Mr. 4.39 dijo al mar: Calla, *enmudece*. Y cesó el

ENOC
Gn. 5.24 caminó . . *E* con Dios y . . le llevó Dios
He. 11.5 por la fe *E* fue traspuesto para no ver
Jud. 14 de éstos también profetizó *E*, séptimo

ENOJADO *v.* Airado
Ex. 11.8 salió muy *e* de la presencia de Faraón
2 R. 5.11 Naamán se fue *e*, diciendo: He aquí, yo
     al. 85.5 ¿estarás *e* contra . . para siempre?

ENOJAR *v.* Airar, Enfurecer
Gn. 18.30 no se *enoje* ahora mi Señor, si hablare
     30.2 Jacob se *enojó* contra Raquel, y dijo
Ex. 4.14 Jehová se *enojó* contra Moisés, y dijo
     16.20 hedió; y se *enojó* contra ellos Moisés
Lv. 10.16 Moisés . . *enojó* contra Eleazar e Itamar
Dt. 1.34 oyó Jehová la voz . . palabras, y se *enojó*
     3.26; 4.21 Jehová se había *enojado* contra mí
     31.20 me *enojarán*, e invalidarán mi pacto
1 R. 14.22 y le *enojaron* más que todo lo que sus
Sal. 2.12 honrad al Hijo, para que no se *enoje*, y
     78.40 ¡cuántas veces . . lo *enojaron* en el yermo!
     78.56 tentaron y *enojaron* al Dios Altísimo
Pr. 14.17 que fácilmente se *enoja* hará locuras
Ec. 7.9 no te apresures . . a *enojarte*; porque el
Is. 12.1 pues aunque te *enojaste* contra mí, tu
     47.6 me *enojé* contra mi pueblo, profané mi
     54.9 he jurado que no me *enojaré* contra ti
     57.16 contenderé . . ni para siempre me *enojaré*
     63.10 e hicieron *enojar* su santo espíritu; por
     64.9 no te *enojes* sobremanera, Jehová, ni
Jer. 44.8 haciéndome *enojar* con las obras . . manos
Ez. 16.26 y aumentaste tus . . para *enojarme*
Dn. 11.30 se *enojará* contra el pacto santo, y hará
Jon. 4.1 pero Jonás se apesadumbró . . y se *enojó*
     4.4 dijo: ¿Haces tú bien en *enojarte* tanto?
Zac. 1.2 *enojó* Jehová . . contra vuestros padres
Mt. 5.22 que se *enoje* contra su hermano, será
     18.34 señor, *enojado*, le entregó a los verdugos
     20.24; Mr. 10.41 los diez oyeron . . se *enojaron*
     22.7 al oírlo el rey, se *enojó*; y enviando sus
     26.8; Mr. 14.4 los discípulos se *enojaron*
Lc. 14.21 *enojado* el padre de familia, dijo a su
     15.28 se *enojó*, y no quería entrar. Salió por
Jn. 7.23 *enojáis* porque en el día de reposo sané
Hch. 12.20 Herodes estaba *enojado* contra los de

ENOJO *v.* Ardor, Furor, Indignación, Ira
Gn. 27.44 que el *e* de tu hermano se mitigue
     44.18 no se encienda tu *e* contra tu siervo
Sal. 6.1 Jehová, no me reprendas en tu *e*, ni me
     69.24 tu ira, y el furor de tu *e* los alcance
     102.10 mas a causa de tu *e* y de tu ira; pues me
Pr. 11.23 la esperanza de los impíos es el *e*
Ec. 7.9 porque el *e* reposa en el seno de los necios
     11.10 quita, pues, de tu corazón el *e*, y aparte
Is. 27.4 no hay *e* en mí. ¿Quién pondrá contra mí
Jer. 3.5 ¿guardará su *e* para siempre? He aquí
     32.31 para *e* mío y para . . ha sido esta ciudad
Lm. 4.11 cumplió Jehová su *e*, derramó el ardor

Os. 8.5 se encendió mi *e* contra ellos, hasta que
Nah. 1.2 Jehová . . guarda *e* para sus enemigos
Zac. 10.3 contra los pastores se ha encendido mi *e*
Ef. 4.26 no se ponga el sol sobre vuestro *e*
     4.31 toda . . *e*, ira, gritería y maledicencia

ENORGULLECER *v.* Ensoberbecer, Envanecer
Dt. 8.14 se *enorgullezca* tu corazón, y te olvides
Sal. 75.4 dije . . a los impíos: No os *enorgullezcáis*

ENRAMADA *v.* Cabaña, Tabernáculo
Is. 1.8 queda la hija de Sion como *e* en viña
Jon. 4.5 salió Jonás de la . . y se hizo allí una *e*
Mt. 17.4; Mr. 9.5; Lc. 9.33 hagamos aquí tres *e*

ENREDAR *v.* Atrapar, Enlazar
Pr. 12.13 impío es *enredado* en la prevaricación
     17.14 deja . . contienda, antes que se *enrede*
Is. 8.15 muchos . . y se *enredarán* y serán apresados
2 Ti. 2.4 milita se *enreda* en los negocios de este
2 P. 2.20 *enredándose* otra vez en . . son vencidos

ENRIQUECER *v.* Rico
1 S. 17.25 le *enriquecerá* con grandes riquezas
Sal. 49.16 no temas cuando se *enriquece* alguno
     65.9 en gran manera la *enriqueces*; con el río
Pr. 28.20 el que se apresura a *enriquecerse* no será
1 Co. 1.5 porque . . fuisteis *enriquecidos* en él, en
2 Co. 6.10 pobres, mas *enriqueciendo* a muchos
     9.11 que estéis *enriquecidos* en todo para
1 Ti. 6.9 los que quieren *enriquecerse* caen en
Ap. 18.3 se han *enriquecido* de la potencia de sus

ENROJECER
Sal. 68.23 tu pie se *enrojecerá* de sangre de tus
Nah. 2.3 el escudo de sus valientes . . *enrojecido*

ENROLLAR *v.* Envolver
Is. 34.4 se *enrollarán* los cielos como un libro
Jn. 20.7 el sudario . . *enrollado* en un lugar aparte

ENSANCHAR *v.* Aumentar
Ex. 34.24 *ensancharé* tu territorio; y ninguno
Dt. 12.20 cuando Jehová tu Dios *ensanchare* tu
2 S. 22.37; Sal. 18.36 *ensanchaste* mis pasos debajo
Sal. 4.1 en angustia, tú me hiciste *ensanchar*; ten
     119.32 correré, cuando *ensanches* mi corazón
Is. 54.2 *ensancha* el sitio de tu tienda, y las
     60.5 y *ensanchará* tu corazón, porque se haya
Hab. 2.5 *ensanchó* como el Seol su alma, y es como
Mt. 23.5 *ensanchan* sus filacterias, y extienden
2 Co. 6.11 nuestro corazón se ha *ensanchado*

ENSENADA
Hch. 27.39 pero veían una *e* que tenía playa, en la

ENSEÑANZA *v.* Doctrina, Instrucción
Dt. 32.2 goteará como la lluvia mi *e*; destilará
Pr. 4.1 oíd, hijos, la *e* de un padre, y estad atentos
     4.2 os doy buena *e*; no desamparéis mi ley
     6.20 guarda . . y no dejes la *e* de tu madre
     6.23 el mandamiento es lámpara, y la *e* es luz
     8.10 recibid mi *e*, y no plata; y ciencia antes
     23.12 aplica tu corazón a la *e*, y tus oídos a las
Hch. 17.19 qué es esta nueva *e* de que hablas?
Ro. 15.4 para nuestra *e* se escribieron, a fin de que
1 Ti. 4.13 ocúpate en la . . exhortación y la *e*
Tit. 1.9 para que . . pueda exhortar con sana *e*
     2.7 ejemplo de . . en la *e* mostrando integridad

ENSEÑAR *v.* Instruir
Ex. 4.12 vé . . y te *enseñaré* lo que hayas de hablar
     18.20 enseña a ellos las ordenanzas y las leyes
Lv. 10.11 *enseñar* a los hijos de . . los estatutos
Dt. 4.5 yo os he *enseñado* estatutos y decretos
     4.9 las *enseñarás* a tus hijos, y a los hijos de
     4.36 desde . . hizo oir su voz, para *enseñarte*
     11.19 *enseñaréis* a vuestros hijos, hablando
1 R. 8.36 *enseñándoles* el buen camino en que
2 R. 17.28 *enseñó* cómo habían de temer a Jehová
2 Cr. 6.27 les *enseñarás* el buen camino para que
     17.9 *enseñaron* en Judá . . el libro de la ley
Neh. 9.20 enviaste tu . . Espíritu para *enseñarles*
Job 4.3 tú *enseñabas* a muchos, y fortalecías las
     6.24 *enseñadme*, y yo callaré; hacedme entender
     21.22 ¿*enseñará* alguien a Dios sabiduría

Job 27.11 yo os *enseñaré* en cuanto a la mano de
34.32 *enséñame* tú lo que yo no veo; si hice
35.11 nos *enseña* más que a las bestias de la
Sal. 16.7 en las noches me *enseña* mi conciencia
25.4 Jehová, tus caminos; *enséñame* tus sendas
25.8 él *enseñará* a los pecadores el camino
27.11; 86.11 *enséñame*, oh Jehová, tu camino
51.13 entonces *enseñaré* a los transgresores
71.17 oh Dios, me *enseñaste* desde mi juventud
90.12 *enséñamos* .. modo a contar nuestros días
94.10 ¿no sabrá el que *enseña* al hombre la
119.12, 26, 64, 124, 135 *enséñame* tus estatutos
119.33 *enséñame* .. el camino de tus estatutos
119.66 *enséñame* buen sentido y sabiduría
143.10 *enséñame* a hacer tu voluntad, porque
Pr. 9.9 *enseña* al justo, y aumentará su saber
Is. 2.3 subamos al .. y nos *enseñará* sus caminos
28.9 ¿a quién se *enseñará* ciencia, o a quién
40.13 *enseñó* al .. o le aconsejó *enseñándole*?
40.21 ¿no habéis sido *enseñados* desde que la
48.17 yo soy Jehová Dios tuyo, que te *enseña*
54.13 tus hijos serán *enseñados* por Jehová
Jer. 31.34 no *enseñará* más ninguno a su prójimo
33.3 te *enseñaré* cosas grandes y ocultas que
Ez. 44.23 *enseñarán* .. a hacer diferencia entre lo
Dn. 12.3 los que *enseñan* la justicia a la multitud
Os. 7.15 aunque yo los *enseñé* y fortalecí sus brazos
11.3 yo .. *enseñaba* a andar al mismo Efraín
Mi. 3.11 sus sacerdotes *enseñan* por precio, y sus
4.2 subamos a .. y nos *enseñará* en sus caminos
Zac. 1.9 me dijo .. Yo te *enseñaré* lo que son éstos
Mt. 3.7 ¿quién os *enseñó* a huir de la ira venidera?
4.23; 9.35; 13.54; Lc. 4.15 *enseñando* en las
singagogas de ellos
5.2 abriendo su boca les *enseñaba*, diciendo
5.19 así *enseñe* a los hombres, muy pequeño
7.29; Mr. 1.22 *enseñaba* como quien tiene
autoridad
11.1 se fue de allí a *enseñar* y a predicar en
15.9; Mr. 7.7 *enseñando* .. mandamientos de
22.16; Mr. 12.14 *enseñas* con verdad el camino
de Dios
26.55; Mr. 14.49 cada día .. *enseñando* en el
28.20 *enseñándoles* que guarden todas las cosas
Mr. 6.2 comenzó a *enseñar* en la sinagoga; y
9.31 *enseñaba* a sus discípulos, y les decía: El
Lc. 11.1 *enséñanos* a orar, como .. Juan *enseñó* a
12.12 Espíritu .. *enseñará* .. lo que debáis decir
13.10 *enseñaba* Jesús en una sinagoga en el
13.26 bebido, y en nuestras plazas *enseñaste*
19.47 y *enseñaba* cada día en el templo; pero
20.21 sabemos que dices y *enseñas* rectamente
Jn. 6.45 y serán todos *enseñados* por Dios. Así que
7.14 fiesta subió Jesús al templo, y *enseñaba*
8.28 que según me *enseñó* el Padre, así hablo
14.26 Espíritu .. os *enseñará* todas las cosas
Hch. 1.1 que Jesús comenzó a hacer y a *enseñar*
4.18 ni *enseñasen* en el nombre de Jesús
5.28 ¿no os mandamos .. que no *enseñaseis* en
7.22 fue *enseñado* Moisés en toda la sabiduría
8.31 ¿y cómo podré, si alguno no me *enseñare*?
15.1 de Judea *enseñaban* a los hermanos: Si no
15.35 Pablo y .. *enseñando* la palabra del Señor
18.25 y *enseñaba* .. lo concerniente al Señor
20.35 os he *enseñado* que, trabajando así, se
21.28 este es el hombre que .. *enseña* a todos
Ro. 2.21 tú .. que *enseñas* a otro, ¿no te *enseñas* a
12.7 servir; o el que *enseña*, en la *enseñanza*
1 Co. 2.13 hablamos, no con palabras *enseñadas*
11.23 recibí del Señor lo que .. *enseñé*
14.19 cinco palabras .. para *enseñar* .. a otros
15.3 he *enseñado* lo que .. recibí: que Cristo
Gá. 6.6 el que es *enseñado* en la palabra, haga
Ef. 4.21 si .. oído, y habéis sido por él *enseñados*
Fil. 4.12 en todo y por todo estoy *enseñado*, así
Col. 1.28 y *enseñando* a todo hombre en toda
3.16 *enseñándoos* y exhortándoos unos a otros
1 Ti. 1.3 que mandases a algunos que no *enseñen*
2.12 porque no permito a la mujer *enseñar*
3.2 decoroso, hospedador, apto para *enseñar*

1 Ti. 4.6 si esto *enseñas* a los hermanos, serás buen
4.11 esto manda y *enseña*
5.17 los que trabajan en predicar y *enseñar*
6.2 su buen servicio. Esto *enseña* y exhorta
6.3 alguno *enseña* otra cosa, y no se conforma
2 Ti. 2.2 que sean idóneos para *enseñar* .. a otros
2.24 amable .. apto para *enseñar*, sufrido
3.16 útil para *enseñar*, para redargüir, para
Tit. 1.9 palabra fiel tal como ha sido *enseñada*
1.11 *enseñando* por ganancia deshonesta lo
2.4 *enseñen* a las mujeres jóvenes a amar a
He. 5.12 se os vuelva a *enseñar* cuáles son los
8.11 y ninguno *enseñará* a su prójimo, ni
1 Jn. 2.27 no tenéis necesidad de que .. os *enseñe*

ENSEÑOREAR *v.* Gobernar, Señorear
Gn. 3.16 para tu marido, y él se *enseñoreará* de ti
Lv. 25.46 no os *enseñorearéis* .. sobre su hermano
26.17 los que os aborrecen se *enseñorearán* de los
Est. 9.1 los judíos se *enseñorearon* de los que los
Sal. 49.14 rectos se *enseñorearán* de ellos por la
106.41 y se *enseñorearon* de ellos los que les
119.133 ninguna iniquidad se *enseñoree* de mí
Pr. 22.7 el rico se *enseñorea* de los pobres, y el
Ec. 8.9 que el hombre se *enseñorea* del hombre
Is. 14.6 el que se *enseñoreaba* de las naciones con
Lm. 5.8 siervos se *enseñorearon* de nosotros; no hubo
Ez. 34.4 que os habéis *enseñoreado* de ellas
Mt. 20.25; Mr. 10.42; Lc. 22.25 los gobernantes
de .. se *enseñorean* de ellas
Ro. 6.9 la muerte no se *enseñorea* más de él
6.14 el pecado no se *enseñoreará* de vosotros
7.1 ignoráis .. la ley se *enseñorea* del hombre
2 Co. 1.24 no que nos *enseñoreemos* de vuestra fe

ENSERES
1 R. 7.48; 2 Cr. 4.19 hizo Salomón todos los *e*
Ez. 12.3 prepárate *e* de marcha, y parte de día
Jon. 1.5 echaron al mar los *e* que había en la

ENSOBERBECER *v.* Enorgullecer, Envanecer
Ex. 18.11 en lo que se *ensoberbecieron* prevaleció
21.14 si alguno se *ensoberbeciere* contra su
Dt. 17.13 el pueblo oirá .. y no se *ensoberbecerá*
Est. 7.5 ¿quién .. ha *ensoberbecido* su corazón
Sal. 140.8 deseos .. para que no se *ensoberbezca*
Is. 3.16 las hijas de Sion se *ensoberbecen*, y andan
Jer. 50.29 porque contra Jehová se *ensoberbeció*
Sof. 3.11 nunca más te *ensoberbecerás* en mi santo
Ro. 11.20 en pie. Mas no te *ensoberbezcas*, sino teme

ENTENDER *v.* Comprender, Conocer, Saber
Gn. 11.7 para que ninguno *entienda* el habla de su
Dt. 29.4 no os ha dado corazón para *entender*, ni
Jos. 22.31 hoy hemos *entendido* que Jehová está
1 S. 3.8 *entendió* Elí que Jehová llamaba al joven
Neh. 6.12 *entendí* que Dios no le había enviado
8.7 hacían *entender* al pueblo la ley; y el
Job 6.24 hacedme *entender* en qué he errado
13.23 hazme *entender* mi transgresión y mi
18.2 ¿cuándo .. *Entended*, y después hablemos
23.5 sabría .. y *entendería* lo que me dijera
28.23 Dios *entiende* el camino de ella, y
32.8 y el soplo del .. le hace que *entienda*
33.14 habla Dios; pero el hombre no *entiende*
Sal. 19.12 ¿quién podrá *entender* sus .. errores?
32.8 te haré *entender*, y te *enseñaré* el camino
50.22 *entended* .. esto, los que os olvidáis de
73.22 tan torpe era yo, que no *entendía*; era
82.5 no saben, no *entienden*, andan en
94.7 no verá JAH, ni *entenderá* el Dios de Jacob
107.43 *entenderá* las misericordias de Jehová?
119.27 hazme *entender* el camino de tus
119.99 más que .. *enseñadores* he *entendido*
119.130 alumbra; hace *entender* a los simples
Pr. 2.5 entonces *entenderás* el temor de Jehová
8.5 *entended*, oh simples, discreción .. necios
14.8 la ciencia del .. en *entender* su camino
20.24 ¿cómo, pues, *entenderá* .. su camino
28.5 los hombres malos no *entienden* el juicio
29.19 porque *entiende*, mas no hace caso
Ec. 3.11 a *entender* la obra que ha hecho Dios

Ec. 3.14 he *entendido* que todo lo que Dios hace
Is. 1.3 Israel no *entiende*, mi pueblo no tiene
    6.9 y di .. oíd bien, y no *entendáis*; ved por
    32.4 el corazón de los necios *entenderá* para
    36.11 en arameo .. nosotros lo *entendemos*
    44.18 no saben ni *entienden* .. no *entender*
    52.15 *entenderán* lo que jamás habían oído
    56.11 los pastores mismos no saben *entender*
Jer. 9.12; Os. 14.9 ¿quién es .. que *entienda* esto?
Dn. 8.17 *entiende* .. es para el tiempo del fin
    9.22 y me hizo *entender*, y habló conmigo
    12.10 ninguno de los impíos *entenderá*, pero
Mt. 13.14 oído oiréis, y no *entenderéis*; y viendo
    13.19 oye la palabra .. y no la *entiende*, viene
    13.51 ¿habéis *entendido* todas estas cosas?
    21.45 *entendieron* que hablaba de ellos
    24.15; Mr. 13.14 el que lee, *entienda*
Mr. 4.12 y oyendo, oigan y no *entiendan*
    6.52 aún no habían *entendido* lo de los panes
    8.17 ¿no *entendéis* ni comprendéis? ¿Aún
Lc. 9.45 mas ellos no *entendían* estas palabras
Jn. 12.40 no vean .. ni *entiendan* con el corazón
    20.9 aún no habían *entendido* la Escritura
Hch. 8.30 Felipe .. Pero ¿*entiendes* lo que lees?
    28.26 oído oiréis, y no *entenderéis*; y viendo
Ro. 3.11 no hay quien *entienda*, no hay quien
    11.34 ¿quién *entendió* la mente del Señor?
    15.21 los que nunca han oído de él *entenderán*
1 Co. 2.14 son locura, y no las puede *entender*
Ef. 5.17 sino el cual podéis *entender* cuál sea
1 Ti. 1.7 sin *entender* ni lo que hablan ni lo que
He. 9.8 dando .. a *entender* con esto, que aún no
    11.3 la fe *entendemos* haber sido constituido
    11.14 dan a *entender* que buscan una patria
2 P. 2.12 hablando mal de cosas que no *entienden*
    3.16 algunas difíciles de *entender*, las cuales

ENTENDIDO *v.* **Prudente, Sabio**
1 R. 3.9 da, pues, a tu siervo corazón *e* .. juzgar
2 Cr. 26.5 días de Zacarías .. en visiones de Dios
Job 11.12 el hombre vano de hará *e*, cuando un
Sal. 14.2; 53.2 ver si había algún *e*, que buscara
Pr. 15.14 el corazón *e* busca la sabiduría; mas la
    15.21 mas el hombre *e* endereza sus pasos
    16.20 el *e* en la palabra hallará el bien, y el
    17.27 de espíritu *e* es el hombre *e*
    18.15 el corazón del *e* adquiere sabiduría
Mt. 11.25; Lc. 10.21 escondiste .. cosas de los *e*
1 Co. 1.19 desecharé el entendimiento de los *e*
Ef. 5.17 sino *e* de cuál sea la voluntad del Señor
Stg. 3.13 ¿quién es sabio y *e* entre vosotros?

ENTENDIMIENTO *v.* **Ciencia, Conocimiento, Inteligencia, Mente, Prudencia, Sabiduría**
Dt. 32.28 nación privada de .. y no hay en ellos *e*
Job 12.24 él quita el *e* a los jefes del pueblo de la
Sal. 111.10 buen *e* tienen todos los que practican
    119.34 dame *e*, y guardaré tu ley .. cumpliré
    119.125 tu siervo soy yo, dame *e* para conocer
    119.144 son tus testimonios; dame *e*, y viviré
    119.169 Jehová; dame *e* conforme a tu palabra
    136.5 al que hizo los cielos con *e*, porque
    147.5 grande es el Señor .. y su *e* es infinito
Pr. 11.12 el que carece de *e* menosprecia a su
    13.15 el buen *e* da gracia; mas el camino de
    16.22 manantial de vida es el *e* al que lo tiene
    19.8 que posee *e* ama su alma; el que guarda
    28.16 el príncipe falto de *e* multiplicará la
Is. 27.11 aquel no es pueblo de *e*; por tanto su
    40.28 Jehová .. su *e* no hay quien lo alcance
Dn. 1.17 y Daniel tuvo *e* en toda visión y sueños
Os. 4.14 rameras .. por tanto, el pueblo sin *e* caerá
Mr. 12.33 amarle .. con todo el *e* .. es más que
Lc. 24.45 les abrió el *e*, para que comprendiesen
Ro. 12.2 por medio de la renovación de vuestro *e*
1 Co. 1.19 y desecharé el *e* de los entendidos
    14.15 el espíritu, pero oraré también con el *e*
    14.15 cantaré con .. cantaré también con el *e*
    14.19 prefiero hablar cinco palabras con mi *e*
2 Co. 3.14 pero el *e* de ellos se embotó; porque
    4.4 el dios de .. cegó el *e* de los incrédulos

Ef. 1.18 alumbrando los ojos de vuestro *e*, para
    4.18 teniendo el *e* entenebrecido, ajenos de la
Fil. 4.7 y la paz de Dios, que sobrepasa todo *e*
Col. 2.2 alcanzar todas las riquezas de pleno *e*
2 Ti. 2.7 considera lo que digo, y el Señor te dé *e*
1 P. 1.13 ceñid los lomos de vuestro *e*, sed sobrios
2 P. 3.1 despierto con exhortación vuestro .. *e*
1 Jn. 5.20 nos ha dado *e* para conocer al que es

ENTENEBRECER *v.* **Oscurecer**
Ro. 1.21 su necio corazón fue *entenebrecido*

ENTERRAR *v.* **Sepultar**
Gn. 47.29 te ruego que no me *entierres* en Egipto
Ez. 39.11 *enterrarán* a Gog y a toda su multitud
Mt. 8.21; Lc. 9.59 que vaya .. *entierre* a mi padre
Hch. 8.2 piadosos llevaron a *enterrar* a Esteban

ENTONTECER
Ec. 7.7 la opresión hace *entontecer* al sabio, y las
Jer. 10.8 todos se infatuarán y *entontecerán*

ENTRADA *v.* **Puerta**
Sal. 121.8 guardará tu salida y tu *e* desde ahora
Pr. 8.3 en el lugar de las puertas, a la *e* de la
Mt. 27.60 de hacer rodar una gran piedra a la *e*
Ro. 5.2 tenemos *e* por la fe a esta gracia en la
Ef. 2.18 por medio de él los unos y .. tenemos *e*
2 P. 1.11 os será otorgada amplia .. *e* en el reino

ENTRAÑAS *v.* **Corazón**
Job 30.27 mis *e* se agitan y no reposan; días de
Jer. 4.19 ¡mis *e*, mis *e*! Me duelen las fibras de mi
Hch. 1.18 cayendo de .. todas sus *e* se derramaron

ENTRAR *v.* **Meter, Penetrar**
Gn. 7.1 *entra* tú y toda tu casa en el arca; porque
    7.9 de dos en dos *entraron* con Noé en el arca
    7.13 *entraron* Noé, y Sem, Cam .. en el arca
Ex. 14.22 los hijos de Israel *entraron* por en medio
    40.35 no podía .. *entrar* en el tabernáculo
Nm. 20.24 Aarón .. no *entrará* en la tierra que yo
Dt. 23.1 no *entrará* en la congregación de Jehová
Sal. 66.13 *entraré* en tu casa con holocaustos
    95.11 juré .. que no *entrarían* en mi reposo
    118.19 *entraré* por ellas, alabaré a Jah
Pr. 11.8 justo .. mas el impío *entra* en lugar suyo
Is. 26.2 abrid las puertas, y *entrará* la gente justa
    26.20 *entra* en tus aposentos, cierra tras ti
    36.6 le *entrará* por la mano, y la atravesará
Mt. 5.20; 18.3 no *entraréis* en el reino de los cielos
    7.13 *entrad* por la puerta estrecha; porque
    7.21 no todo el .. *entrará* en el reino de los
    15.17 lo que *entra* en la boca va al vientre, y
    19.17 si quieres *entrar* en la vida, guarda los
    19.24; Lc. 18.25 *entrar* un rico en el reino de
    23.13; Lc. 11.52 ni *entráis* .. ni dejáis *entrar*
Mr. 2.26; Lc. 6.4 David .. *entró* en la casa de Dios
    3.27 ninguno puede *entrar* en la casa de un
    7.18 todo lo de fuera que *entra* en el hombre
    10.24 ¡cuán difícil les es *entrar* en el reino de
Jn. 3.4 ¿puede acaso *entrar* .. en el vientre de
    3.5 no naciere .. no puede *entrar* en el reino
    10.1 el que no *entra* por la puerta en el redil
    20.5 los lienzos puestos allí, pero no *entró*
He. 3.11 juré en mi ira: No *entrarán* en mi reposo
    4.3 que hemos creído *entramos* en el reposo
    4.6 no *entraron* por causa de desobediencia
    4.11 procuremos, pues, *entrar* en aquel reposo
    9.12 *entró* una vez para siempre en el Lugar
    9.24 no *entró* Cristo en el santuario hecho de
Ap. 3.20 oye mi voz y abre la puerta, *entraré* a
    15.8 nadie podía *entrar* en el templo hasta que
    21.27 no *entrará* en ella ninguna cosa inmunda
    22.14 para *entrar* por las puertas en la ciudad

ENTREGAR *v.* **Confiar, Dar**
Dt. 1.27 para *entregarnos* en manos del amorreo
    2.30 su corazón .. para *entregarlo* en tu mano
Jos. 1.3 os he *entregado* .. todo lugar que pisare
    21.44 Jehová *entregó* en sus manos a todos
1 S. 17.46 Jehová te *entregará* hoy en mi mano
    23.12 ¿me *entregarán* los vecinos de Keila a mí
    28.19 Jehová *entregará* a Israel también contigo

Entremeterse—Envidiar

90

1 Cr. 12.17 si es para *entregarme* a mis enemigos
Job 16.11 me ha *entregado* Dios al mentiroso, y en
Sal. 27.12 no me *entregues* a la .. de mis enemigos
Is. 16.3 no *entregues* a los que andan errantes
Jer. 20.5 *entregaré* .. la riqueza de esta ciudad
Ez. 35.5 *entregaste* a los hijos de Israel al poder de
Mt. 5.25 que el adversario te *entregue* al juez, y
　10.17; Mr. 13.9 os *entregarán* a los concilios
　11.27; Lc. 10.22 cosas me fueron *entregadas*
　17.22; 20.18; 26.2 el Hijo del Hombre será
　entregado
　24.10 *entregarán* unos a otros, y unos a otros
　26.16; Mr. 14.11; Lc. 22.6 buscaba oportuni-
　dad para *entregarle*
　26.21; Mr. 14.18; Jn. 13.21 uno de vosotros me
　va a *entregar*
　26.24; Mr. 14.21 ¡ay de .. por .. es *entregado*!
　26.45; Mr. 14.41 Hijo del Hombre es *entregado*
　26.48; Mr. 14.44 el que le *entregaba* les había
　27.2; Mr. 15.1 le *entregaron* a Poncio Pilato
　27.4 yo he pecado *entregando* sangre inocente
　27.50 Jesús .. clamado .. *entregó* el espíritu
Mr. 10.33 a muerte, y le *entregarán* a los gentiles
Lc. 20.20 para *entregarle* al poder y autoridad del
　22.21 aquí, la mano del que me *entrega* está
　22.48 Judas, ¿con un beso *entregas* al Hijo del
Jn. 3.35 todas las cosas ha *entregado* en su mano
　6.64 Jesús sabía .. quién le había de *entregar*
　13.2 había puesto en .. Judas .. que le *entregase*
　18.2 Judas, el que le *entregaba*, conocía
Hch. 2.23 *entregado* por el determinado consejo y
Ro. 4.25 *entregado* por nuestras transgresiones
　8.32 su propio Hijo .. lo *entregó* por todos
1 Co. 5.5 *entregado* a Satanás para destrucción de
　11.23 la noche que fue *entregado*, tomó pan
　15.24 fin, cuando *entregue* el reino al Dios y
Gá. 2.20 me amó y se *entregó* a sí mismo por mí
Ef. 5.2 amó, y se *entregó* a sí mismo por nosotros
1 Ts. 2.8 *entregaros* no sólo el evangelio de Dios
1 Ti. 1.20 a quienes *entregué* a Satanás para que
　5.6 pero la que se *entrega* a los placeres
Ap. 17.13 *entregarán* su poder y su .. a la bestia

ENTREMETERSE
Pr. 14.10 extraño no se *entremeterá* en su alegría
　18.1 se desvía, y se *entremete* en todo negocio
　20.19 no se *entremetas* .. el suelto de lengua
　22.24 no te *entremetas* con el iracundo, ni
　24.19 no te *entremetas* con los malignos, ni
　24.21 no te *entremetas* con los veleidosos
Col. 2.18 *entremetiéndose* en lo que no ha visto
1 P. 4.15 padezca .. por *entremeterse* en lo ajeno

ENTRISTECER *v.* Contristar, Doler
Gn. 45.5 pues, no os *entristezcáis*, ni pese de
2 S. 6.8 *entristeció* David por .. herido a Uza
Neh. 8.9, 10 día santo es .. no os *entristezcáis*
Lm. 5.17 fue *entristecido* nuestro corazón, por
Ez. 13.22 *entristecisteis* .. el corazón del justo
Mt. 14.9; Mr. 6.26 el rey se *entristeció*, pero a
　17.23 ellos se *entristecieron* en gran manera
Mr. 14.19 ellos comenzaron a *entristecerse*, y a
　14.33 tomó .. y comenzó a *entristecerse* y a
Jn. 21.17 Pedro se *entristeció* de que le dijese la
1 Ts. 4.13 no os *entristezcáis* como los otros que

ENTRISTECIDO *v.* Contrito, Triste
Mt. 26.22 *e* en gran manera, comenzó cada uno
Mr. 3.5 *e* por la dureza de sus corazones
2 Co. 6.10 como *e*, mas siempre gozosos; como

ENVANECER *v.* Enorgullecer, Ensoberbecer
Dt. 32.27 sea que se *envanezcan* sus adversarios
Sal. 131.1 no se ha *envanecido* mi corazón, ni mis
Jer. 13.15 no os *envanezcáis* .. Jehová ha hablado
Ro. 1.21 no .. se *envanecieron* en sus razonamientos
1 Co. 4.6 os *envanezcáis* unos contra otros
　4.18 mas algunos están *envanecidos*, como si
　5.2 y vosotros estáis *envanecidos*. ¿No
　8.1 el conocimiento *envanece*, pero el amor
　13.4 el amor es sufrido .. no se *envanece*
1 Ti. 3.6 no sea que *envaneciéndose* caiga en la

1 Ti. 6.4 está *envanecido*, nada sabe, y delira acerca

ENVEJECER
Sal. 37.25 joven fui, y he *envejecido*, y no he
　102.26; He. 1.11 todos ellos se *envejecerán*
Is. 50.9 ellos se *envejecerán* como ropa de vestir

ENVIAR *v.* Despedir, Mandar
Gn. 45.5 vida me *envió* Dios delante de vosotros
Ex. 3.10 ven .. y te *enviaré* a Faraón, para que
　3.14 así dirás .. Yo soy me *envió* a vosotros
　4.13 *envía* .. por medio del que debes *enviar*
Nm. 13.2 *envía* tú hombres que reconozcan la
Jue. 6.14 salvarás a Israel de .. ¿No te *envío* yo?
Sal. 57.3 él *enviará* desde los cielos, y me salvará
　144.7 *envía* tu mano desde lo alto .. sácame
Is. 6.8 ¿a quién *enviaré*, y quién irá por nosotros?
　6.8 respondí yo: Heme aquí, *envíame* a mí
　48.16 ahora me *envió* Jehová el Señor, y su
Jer. 1.7 a todo lo que te *envíe* irás tú; y dirás
　14.14 no los *envié*, ni les mandé, ni les hablé
　23.21 no *envié* yo aquellos profetas, pero ellos
　26.12 Jehová me *envió* a profetizar contra esta
Mt. 9.38; Lc. 10.2 rogad al .. que *envíe* obreros
　10.16 yo os *envío* como a ovejas en medio de
　11.2; Lc. 7.19 Juan .. *envió* dos .. discípulos
　11.10; Mr. 1.2 *envío* mi mensajero delante de
　15.24 no soy *enviado* sino a las .. perdidas de
　21.1; Mr. 14.13; Lc. 19.29 Jesús *envió* dos
　discípulos
　21.34; Lc. 20.10 *envió* .. siervo a los labradores
Mr. 5.12 *envíanos* a los cerdos para que entremos
　6.7 comenzó a *enviarlos* de dos en dos; y les
Lc. 9.48; Jn. 13.20 recibe .. me *envió* a mí
　24.49 *enviaré* la promesa de mi Padre sobre
Jn. 5.30; 6.38 sino la voluntad del que me *envió*
　6.57 como me *envió* el Padre viviente, y yo
　16.7 si no .. mas si me fuere, os lo *enviaré*
　17.8 de ti, y han creído que tú me *enviaste*
　17.18 como tú me *enviaste* .. los he *enviado*
　20.21 como me *envió* el Padre .. yo os *envío*
Hch. 7.34 ahora, pues, ven, te *enviaré* a Egipto
　10.5; 11.13 *envía*, pues .. a Jope, y haz venir a
　13.4 ellos .. *enviados* por el Espíritu Santo
　15.30 los .. *enviados* descendieron a Antioquía
Ro. 8.3 *enviando* a su Hijo en semejanza de carne
　10.15 cómo predicarán si no fueren *enviados*?
1 Co. 1.17 no me *envió* Cristo a bautizar, sino a
Gá. 4.4 Dios *envió* a su Hijo, nacido de mujer y
2 Ts. 2.11 Dios les *envía* un poder engañoso, para
1 Jn. 4.9 que Dios *envió* a su Hijo .. al mundo
　4.14 Padre ha *enviado* al Hijo, el Salvador

ENVIDIA *v.* Celo, Codicia
Gn. 26.14 labranza; y los filisteos le tuvieron *e*
　30.1 tuvo *e* de su hermana, y decía a Jacob
　37.11 sus hermanos le tenían *e*, mas su padre
Job 5.2 la ira, y al codicioso lo consume la *e*
Sal. 37.1 ni tengas *e* de los que hacen iniquidad
　73.3 porque tuve *e* de los arrogantes, viendo
　106.16 tuvieron *e* de Moisés en el campamento
Pr. 14.30 mas la *e* es carcoma de los huesos
　23.17 no tenga tu corazón *e* de los pecadores
　24.1 no tengas *e* de los hombres malos, ni
　24.19 los malignos, ni tengas *e* de los impíos
　27.4 ¿quién podrá sostenerse delante de la *e*?
Ec. 4.4 toda excelencia de obras despierta la *e*
Is. 11.13 se disipará la *e* de Efraín, y los enemigos
Mt. 20.15 ¿o tienes tú *e*, porque yo soy bueno?
　27.18; Mr. 15.10 por *e* le habían entregado
Hch. 7.9 movidos por *e*, vendieron a José para
Ro. 1.29 llenos de *e*, homicidios, contiendas
1 Co. 13.4 el amor no tiene *e* .. no es jactancioso
2 Co. 12.20 que haya entre vosotros contiendas, *e*
Gá. 5.21 *e*, homicidios, borracheras, orgías
Fil. 1.15 algunos .. predican a Cristo por *e*
1 Ti. 6.4 palabras, de las cuales nacen *e*, pleitos
Tit. 3.3 viviendo en malicia y .. aborrecibles
Stg. 4.2 matáis y ardéis de *e*, y no podéis alcanzar

ENVIDIAR
Pr. 3.31 no *envidies* al hombre injusto, ni escojas

Is. 26.11 se avergonzarán los que *envidian* a tu
Gá. 5.26 no nos .. *envidiándonos* unos a otros

ENVOLVER *v.* **Enrollar**
Is. 28.20 la manta estrecha para poder *envolverse*
Ez. 16.4 ni salada .. ni fuiste *envuelta* con fajas
Mt. 27.59 José .. *envolvió* en una sábana limpia
Mr. 15.46 lo *envolvió* .. y lo puso en un sepulcro

EPAFRAS Col. 1.7; 4.12; Flm. 23.

EPAFRODITO Fil. 2.25; 4.18.

EPICÚREOS Hch. 17.18.

EQUIDAD *v.* **Juicio, Justicia, Rectitud, Verdad**
Sal. 67.4 juzgarás los pueblos con *e*, y pastorearás
Pr. 1.3 recibir el consejo de .. justicia, juicio y *e*
   2.9 entonces entenderás justicia, juicio y *e*
Is. 11.4 argüirá con *e* por los mansos de la tierra
   59.14 el derecho se .. y la *e* no pudo venir
Jer. 22.13 ¡ay del que edifica .. sus salas sin *e*
Hch. 24.4 ruego que nos oigas .. conforme a tu *e*
He. 1.8 tu trono .. cetro de *e* es el cetro de tu reino

ERA
Jue. 6.37 que yo pondré un vellón de lana en la *e*
1 S. 23.1 filisteos combaten a Keila, y roban las *e*
2 S. 24.18; 1 Cr. 21.18 un altar .. en la *e* de Arauna
Mt. 3.12; Lc. 3.17 limpiará su *e*; y recogerá su

ERASTO
Hch. 19.22 enviando a Macedonia .. Timoteo y *E*
Ro. 16.23 os saluda *E*, tesorero de la ciudad, y el

ERRANTE *v.* **Perdido**
Gn. 4.12 fuerza; e *y* extranjero serás en la tierra
   20.13 cuando Dios me hizo salir *e* de la casa
Nm. 32.13 los hizo andar *e* 40 años por el desierto
Sal. 119.176 yo anduve *e* como oveja extraviada
Is. 16.3 esconde .. no entregues a los que andan *e*
Os. 9.17 oyeron; y andarán *e* entre las naciones

ERRAR *v.* **Extraviar, Perder**
Lv. 4.13 hubiere *errado*, y el yerro estuviere oculto
Nm. 15.22 cuando *errareis*, y no hiciereis todos
1 S. 26.21 he hecho .. y he *errado* en gran manera
Job 12.16 suyo es el que *yerra*, y el que hace *errar*
   12.25 luz, y los hace *errar* como borrachos
Pr. 10.17 pero quien desecha la represión, *yerra*
   12.26 el camino de los impíos les hace *errar*
   14.22 ¿no *yerran* los que piensan el mal?
   20.1 el vino .. que por ellos *yerra* no es sabio
   28.10 el que hace *errar* a los rectos por el
Is. 19.14 hicieron *errar* a Egipto en toda su obra
   28.7 *erraron* en la visión, tropezaron en el
   63.17 ¿por qué .. nos has hecho *errar* de tus
Jer. 23.13 de Baal, e hicieron *errar* a mi pueblo
   23.32 los cuentan, y hacen *errar* a mi pueblo
Os. 4.12 espíritu de fornicaciones lo hizo *errar*
Am. 2.4 y les hicieron *errar* sus mentiras, en pos
Mi. 3.5 los profetas que hacen *errar* a mi pueblo
Mt. 22.29; Mr. 12.24 *erráis*, ignorando las
Mr. 12.27 de vivos; así que vosotros mucho *erráis*
1 Co. 6.9 no *erréis*; ni los fornicarios, ni los
   15.33 no *erréis*; las malas conversaciones
Stg. 1.16 amados hermanos míos, no *erréis*

ERROR *v.* **Yerro**
Job 19.4 yo haya errado, sobre mí recaería mi *e*
Sal. 19.12 ¿quién podrá entender sus propios *e*?
Ec. 10.5 un mal .. a manera de *e* .. del príncipe
Ez. 45.20 para los que pecaron por *e* y engaño
Mt. 27.64 será el postrer *e* peor que el primero
1 Ts. 2.3 nuestra exhortación no procedió de *e*
Stg. 5.20 haga volver al pecador del *e* de su camino
2 P. 3.17 no sea que arrastrados por el *e* de los
1 Jn. 4.6 en esto conocemos el .. y el espíritu de *e*

ESAR-HADÓN 2 R. 19.37; Esd. 4.2; Is. 37.38.

ESAÚ Gn. 25.25—33.16. Nace, Gn. 25.24—26;
vende su primogenitura, Gn. 25.29—34; se casa con
mujeres heteas, Gn. 26.34; pierde la bendición de
Isaac, Gn. 27.30—40; aborrece a Jacob, Gn. 27.41;
se casa con Mahalat, Gn. 28.9; se reconcilia con
Jacob, Gn. 33.1—15; emigra a Seir, Gn. 33.16.

Mal. 1.3; Ro. 9.13 amé a Jacob, y a *E* aborrecí
He. 12.16 como *E*, que por una sola comida vendió

ESCALERA
Gn. 28.12 una *e* que estaba apoyada en tierra, y

ESCAMA
Lv. 11.9; Dt. 14.9 que tienen aletas y *e* .. comeréis
Hch. 9.18 cayeron de los ojos como *e*, y recibió

ESCANDALIZAR *v.* **Ofender, Tropezar**
Mt. 13.57; Mr. 6.3 se *escandalizaban* de él. Pero
   26.31; Mr. 14.27 os *escandalizaréis* de mí esta

ESCAPAR *v.* **Huir**
Gn. 14.13 vino uno de los que *escaparon*, y lo
   19.17 *escapa* por tu vida; no mires tras ti
Dt. 2.36 no hubo ciudad que *escapase* de nosotros
Jue. 16.20 esta vez saldré como .. y me *escaparé*
1 S. 19.10 David huyó, y *escapó* aquella noche
1 R. 18.40 prended a los .. no *escape* ninguno
2 R. 19.30 lo que hubiere *escapado* .. volverá a
Est. 4.13 no pienses que *escaparás* en la casa del
Job 1.15, 16, 17, 19 solamente *escapé* yo para
   19.20 *escapado* con sólo la piel de mis dientes
Sal. 33.16 ni *escapa* el valiente por la .. fuerza
   55.8 me apresuraría a *escapar* del viento
   124.7 nuestra alma *escapó* cual ave del lazo
Pr. 6.5 *escápate* como gacela de la .. del cazador
Ec. 7.26 el que agrada a Dios *escapará* de ella
Is. 20.6 mirad .. ¿y cómo *escaparemos* nosotros?
Lm. 2.22 no hubo quien *escapase* ni quedase vivo
Am. 9.1 no habrá de ellos .. huya, ni quien *escape*
Zac. 2.7 oh Sion, la que moras con la .. *escápate*
Mt. 23.33 ¿cómo *escaparéis* de la condenación del
Lc. 21.36 dignos de *escapar* de todas estas cosas
Jn. 10.39 prenderle .. él se *escapó* de sus manos
Ro. 2.3 que tú *escaparás* del juicio de Dios?
2 Co. 11.33 descolgado .. y *escapé* de sus manos
1 Ts. 5.3 como los dolores a la .. y no *escaparán*
2 Ti. 2.26 y *escapado* del lazo del diablo, en que
He. 2.3 ¿cómo *escaparemos* .. si descuidamos una
   12.25 si no *escaparon* aquellos que desecharon
2 P. 2.20 si habiéndose ellos *escapado* de las

ESCARCHA
Job 38.29 y la *e* del cielo, ¿quién la engendró?
Sal. 78.47 con granizo, y sus higuerales con *e*
   147.16 la nieve .. y derrama la *e* como ceniza

ESCARLATA *v.* **Grana, Púrpura, Rojo**
Mt. 27.28 le echaron encima un manto de *e*
Ap. 17.3 a una mujer sentada sobre una bestia *e*

ESCARNECEDOR *v.* **Burlador**
Job 17.2 hay conmigo sino *e*, en cuya amargura
Sal. 1.1 el varón .. ni en silla de *e* se ha sentado
Pr. 3.34 él escarnecerá a los *e*, y a los humildes
   9.8 no reprendas al *e* .. que no te aborrezca
   14.6 busca el *e* la sabiduría y no la halla
   15.12 el *e* no ama al que le reprende, ni se
   19.25 hiere al *e*, y el simple se hará avisado
   20.1 el vino es *e*, la sidra alborotadora, y
   21.24 e es el nombre del soberbio .. que obra
   24.9 necio .. y abominación a los hombres el *e*
   29.8 hombres *e* ponen la ciudad en llamas
Is. 29.20 el violento será .. y el *e* será consumido

ESCARNECER *v.* **Burlar, Reir**
1 S. 31.4 no vengan estos .. y me *escarnezcan*
Sal. 79.4 somos .. *escarnecidos* y burlados de los
Pr. 17.5 el que *escarnece* al pobre afrenta a su
   30.17 ojo que *escarnece* a su padre y .. madre
Mt. 20.19; Mr. 10.34; Lc. 18.32 para que le
   escarnezcan, le azoten
   27.29 le *escarnecían*, diciendo: ¡Salve, Rey de
   27.41 *escarneciéndole* con los escribas y los
Mr. 15.20 después de haberle *escarnecido*, le
   15.31 *escarneciendo*, se decían unos a otros

ESCARNIO *v.* **Burla, Risa**
2 Cr. 36.16 hacían *e* de los mensajeros de Dios
Sal. 39.8 no me pongas por *e* del insensato
   69.20 e ha quebrantado mi corazón, y estoy
   80.6 nos pusiste por *e* a nuestros vecinos
Is. 66.4 escogeré para ellos *e*, y traeré sobre ellos

Jer. 24.9 los daré por *e* y por mal a .. los reinos
Lm. 3.14 fui *e* a todo mi pueblo, burla de ellos
Ez. 5.15 serás .. *e* y escarmiento y espanto a las

ESCASAMENTE
2 Co. 9.6 el que siembra *e*, también segará *e*

ESCASEAR *v.* Faltar
1 S. 3.1 palabra de Jehová *escaseaba* en aquellos
1 R. 17.14 la harina de la tinaja no *escaseará*

ESCATIMAR
Ro. 8.32 el que no *escatimó* ni a su propio Hijo

ESCLAVITUD *v.* Servidumbre
Ro. 8.15 no habéis recibido el espíritu de *e* para
8.21 será libertada de la *e* de corrupción, a la
Gá. 4.3 estábamos en *e* bajo los rudimentos del
4.24 monte Sinaí .. da hijos para *e* .. es Agar
5.1 no estéis otra vez sujetos al yugo de *e*
1 Ti. 6.1 todos los que están bajo el yugo de *e*

ESCLAVIZAR
Dt. 24.7 le hubiere *esclavizado*, o le .. vendido
Gá. 4.9 ¿cómo .. os queréis volver a *esclavizar*?

ESCLAVO, va *v.* Criado, Siervo
Dt. 21.14 ni la tratarás como *e*, por cuanto la
Jn. 8.33 jamás hemos sido *e* de nadie. ¿Cómo
8.34 aquel que hace pecado, *e* es del pecado
Ro. 6.16 si os sometéis a alguien como *e* .. sois *e*
1 Co. 7.21 ¿fuiste llamado siendo *e*? No .. cuidado
7.23 precio .. no os hagáis *e* de los hombres
12.13 sean *e* o libres; y a todos se nos dio a
Gá. 3.28 no hay *e* ni libre; no hay varón ni mujer
4.22 Abraham tuvo dos hijos; uno de la *e*, el
4.30 echa fuera de la *e* y a su hijo, porque no
Flm. 16 no ya como *e*, sino como más que *e*, como
2 P. 2.19 son ellos mismos *e* de corrupción. Porque
2.19 el que es vencido de alguno es hecho *e*
Ap. 18.13 ovejas, caballos y carros, y *e*, almas de

ESCOGER *v.* Elegir, Llamar
Gn. 13.11 Lot *escogió* para sí toda la llanura del
Nm. 16.7 el varón a quien Jehová *escogiere*, aquel
Dt. 4.37 *escogió* a su descendencia después de ellos
7.6 Dios te ha *escogido* para serle un pueblo
12.5 el lugar que Jehová .. Dios *escogiere* de
17.15 por rey .. al que Jehová .. *escogiere*
18.5 le ha *escogido* Jehová .. de entre todas tus
30.19 escoge, pues, la vida, para que vivas tú
Jos. 24.15 si mal os parece servir .. *escogeos* hoy
Jue. 5.8 cuando *escogían* nuevos dioses, la guerra
1 S. 2.28 le *escogí* por mi sacerdote entre .. tribus
17.8 escoged .. un hombre que venga contra mí
2 S. 24.12 *escogerás* una de ellas, para que yo la
1 Cr. 19.10 *escogió* de los más aventajados que
2 Cr. 29.11 Jehová os ha *escogido* a vosotros para
Neh. 9.7 tú eres .. el Dios que *escogiste* a Abram
Sal. 33.12 el pueblo que él *escogió* como heredad
65.4 bienaventurado el que tú *escogieres* y
78.68 que *escogió* la tribu de Judá, el monte
119.30 *escogí* el camino de la verdad; he puesto
135.4 porque JAH ha *escogido* a Jacob para sí
Is. 7.15 hasta que sepa .. malo y *escoger* lo bueno
14.1 porque Jehová .. todavía *escogerá* a Israel
49.7 fiel es el Santo de .. el cual te *escogió*
58.6 ¿no es .. el ayuno que yo *escogí*, desatar
66.3 porque *escogieron* sus propios caminos, y
Jer. 8.3 *escogerá* la muerte antes que la vida todo
33.24 dos familias que Jehová *escogiera* ha
Hag. 2.23 porque yo te *escogí*, dice Jehová de los
Zac. 1.17 a Sion, y *escogerá* todavía a Jerusalén
Mt. 12.18 he aquí mi siervo, a quien he *escogido*; mi
20.16 muchos son llamados .. pocos *escogidos*
Lc. 10.42 María ha *escogido* la buena parte, la cual
14.7 *escogían* los primeros asientos a la mesa
Jn. 6.70 ¿no os he *escogido* yo a vosotros los doce
Hch. 1.24 muestra cuál de estos dos has *escogido*
15.7 Dios que los gentiles oyesen por
15.40 y Pablo, *escogiendo* a Silas, salió
22.14 el Dios de .. te ha *escogido* para que
Ro. 11.5 ha quedado un remanente *escogido* por
1 Co. 1.27 lo necio del mundo *escogió* Dios, para
Ef. 1.4 nos *escogió* en él antes de la fundación

Fil. 1.22 de la obra, no sé entonces qué *escoger*
2 Ts. 2.13 de que Dios os haya *escogido* desde el
He. 11.25 *escogiendo* antes ser maltratado con el

ESCOGIDO, da *v.* Elegido
2 S. 10.9 entresacó de todos los *e* de Israel, y se
Job 9.14 menos .. y hablaré con él palabras *e*?
Sal. 89.3 hice pacto con mi *e*; juré a David mi
105.6 de Abraham su .. hijos de Jacob, sus *e*
105.43 sacó a su pueblo .. a sus *e* con alegría
Is. 42.1 he aquí .. mi *e*, en quien mi alma tiene
45.4 por amor .. de Israel mi *e*, te llamé por
65.9 mis *e* poseerán por heredad la tierra
65.22 mis *e* disfrutarán la obra de sus manos
Jer. 2.21 planté de vid *e*, simiente verdadera toda
Mt. 24.22; Mr. 13.20 causa de los *e* .. acortados
24.24; Mr. 13.22 engañarán, si .. aun a los *e*
24.31; Mr. 13.27 juntarán a sus *e*, de los
Lc. 18.7 no hará justicia a sus *e*, que claman a él
Hch. 9.15 instrumento *e* me es éste, para llevar
Ro. 8.33 ¿quién acusará a los *e* de Dios? Dios es
11.7 los *e* sí lo han alcanzado, y los demás
Col. 3.12 vestíos, pues, como *e* de Dios, santos
2 Ti. 2.10 todo lo soporto por amor de los *e*, para
Tit. 1.1 conforme a la fe de los *e* de Dios y el
1 P. 2.4 piedra .. mas para Dios *e* y preciosa
2.9 mas vosotros sois linaje *e*, real sacerdocio

ESCOMBRO *v.* Ruina
2 R. 19.25; Is. 37.26 reducir las ciudades .. a .. *e*

ESCONDEDERO
2 S. 22.12; Sal. 18.11 puso tinieblas por su *e*
Sal. 119.114 *e* y mi escudo eres tú; en tu palabra
Is. 4.6 para refugio y *e* contra el turbión y contra
16.4 oh Moab; sé para ellos *e* de la presencia
32.2 será aquel varón como *e* contra el viento

ESCONDER *v.* Encubrir, Ocultar
Gn. 3.8 se *escondieron* de la presencia de .. Dios
Ex. 2.2 que era hermoso, le tuvo *escondido* tres
Jos. 2.4 pero la mujer .. los había *escondido*
1 R. 17.3 y *escóndete* en el arroyo de Querit, que
18.4 tomó a cien profetas y los *escondió*
2 R. 11.3 y estuvo .. *escondido* en la casa de Jehová
2 Cr. 22.9 buscando a Ocozías .. había *escondido*
22.11 *escondiéndolo* .. le guardó a él y a su
Job 6.10 yo no he *escondido* las palabras del Santo
13.24 ¿por qué *escondes* tu rostro, y me cuentas
14.13 ¡oh, quién me diera que me *escondieses*
15.20 el número de sus años está *escondido*
24.15 no me verá nadie; y *esconde* su rostro
34.29 si *escondiere* el rostro, ¿quién lo mirará?
42.2 no hay pensamiento que se *esconda* de ti
Sal. 10.1 ¿por qué te *escondes* en el tiempo de
13.1 ¿hasta cuándo *esconderás* tu rostro de mí?
17.8 *escóndeme* bajo la sombra de tus alas
27.5 él me *esconderá* en su tabernáculo en el
27.9; 102.2 no *escondas* tu rostro de mí
30.7 Jehová .. *escondiste* tu rostro, fui turbado
31.20 en lo secreto de tu .. los *esconderás*
44.24 ¿por qué *escondes* tu rostro, y te olvidas
55.1 oración, y no te *escondas* de mi súplica
64.2 *escóndeme* del consejo .. de los malignos
74.11 ¿por qué *escondes* tu diestra en tu seno?
89.46 ¿te *esconderás* para siempre? Arderá
104.29 *escondes* tu rostro, se turban; les quitas
Pr. 22.3; 27.12 el avisado ve el mal y se *esconde*
28.28 los impíos son levantados se *esconde* el
Is. 1.15 *esconderé* de vosotros mis ojos; asimismo
2.10 *escóndete* en el polvo, de la .. de Jehová
16.3 *esconde* a los desterrados, no entregues
26.20 *escóndete* un poquito, por un momento
29.15 ¡ay de los que se *esconden* de Jehová, y de
40.27 mi camino está *escondido* de Jehová
Jer. 13.5 fui, pues, y lo *escondí* junto al Eufrates
Ez. 39.29 ni *esconderé* más de ellos mi rostro
Am. 9.3 si se *escondieren* en la cumbre del Carmelo
Mt. 5.14 sobre un monte no se puede *esconder*
11.25; Lc. 10.21 *escondiste* estas cosas de los
25.18 cavó .. y *escondió* el dinero de su señor
Mr. 7.24 nadie lo supiese; pero no pudo *esconderse*

Col. 3.3 vuestra vida está *escondida* con Cristo
He. 11.23 Moisés . . fue *escondido* por sus padres
Ap. 6.16 *escondednos* del rostro de aquel que está

ESCONDIDO, da *v.* Encubierto, Oculto
Sal. 78.2 hablaré cosas *e* desde tiempos antiguos
Mr. 4.22; Lc. 8.17 *e*, que no haya de salir a luz
Ef. 3.9 del misterio *e* desde los siglos en Dios

ESCONDRIJO
Job 37.8 las bestias entran en su *e*, y se están en
Sal. 10.8 sienta en acecho . . en *e* mata al inocente
Jer. 23.24 ¿se ocultará alguno . . en *e* que yo no

ESCORIA
Sal. 119.119 como *e* hiciste consumir a todos los
Pr. 25.4 quita las *e* de la plata, y saldrá alhaja al
  26.23 como *e* de plata echada sobre el tiesto
Is. 1.22 tu plata se ha convertido en *e*, tu vino
Ez. 22.18 casa de Israel se me ha convertido en *e*
1 Co. 4.13 hemos venido a ser . . la *e* del mundo

ESCORPIÓN
Dt. 8.15 lleno de serpientes ardientes, y de *e*
1 R. 12.11; 2 Cr. 10.11 mas yo os castigaré con *e*
Lc. 10.19 doy potestad de hollar serpientes y *e*
Ap. 9.3 como tienen poder los *e* de la tierra

ESCRIBA *v.* Doctor, Fariseo, Maestro
Esd. 7.6 era *e* diligente en la ley de Moisés, que
Mt. 5.20 fuere mayor que la de los *e* y fariseos
  7.29; Mr. 1.22 les enseñaba . . no como los *e*
  8.19 vino un *e* y le dijo: Maestro, te seguiré
  13.52 todo *e* docto en el reino de los cielos
  23.2 la cátedra de Moisés se sientan los *e*
  23.13; Lc. 11.44 ¡ay de vosotros, *e* y fariseos
Mr. 2.16 *e* . . viéndole comer con los publicanos
  9.14 vio una . . y *e* que disputaban con ellos
  12.38; Lc. 20.46 guardaos de los *e*, que gustan
Lc. 6.7 le acechaban los *e* . . para ver si en el día
  22.2 y los *e* buscaban cómo matarle; porque
1 Co. 1.20 ¿dónde está el sabio? ¿Dónde está el *e*

ESCRIBIR
Ex. 24.4 Moisés *escribió* todas las palabras de
  34.27 a Moisés: *Escribe* tú estas palabras
Dt. 4.13 y los *escribió* en dos tablas de piedra
  6.9; 11.20 las *escribirás* en los postes de tu
  9.10 tablas . . *escritas* con el dedo de Dios
  10.2 *escribiré* en aquellas tablas las palabras
  31.9 *escribió* Moisés esta ley, y la dio a los
  31.19 *escribíos* este cántico, y enséñalo a los
Job 13.26 ¿por qué *escribes* contra mí amarguras
  19.23 diese que mis palabras fuesen *escritas*!
Pr. 3.3; 7.3 *escríbelas* en la tabla de tu corazón
  22.20 ¿no te he *escrito* . . en consejos y en
Is. 44.5 otro *escribirá* con su mano: A Jehová
Jer. 30.2 *escríbete* en un libro todas las palabras
  36.2 y *escribe* en él todas las palabras que te
Dn. 5.5 de una mano de hombre, que *escribía*
Os. 8.12 *escribí* las grandezas de mi ley, y fueron
Hab. 2.2 *escribe* la visión, y declárala en tablas
Jn. 5.46 creeríais a mí, porque de mí *escribió* él
  8.6 Jesús . . *escribía* en tierra con el dedo
  19.19 *escribió* . . Pilato un título, que puso
  19.22 respondió Pilato: Lo que he *escrito*, he *e*
  20.31 pero éstas se han *escrito* para que creáis
  21.25 cosas . . si se *escribieran* una por una
Hch. 15.23 y *escribir* por conducto de ellos: Los
Ro. 15.15 he *escrito* . . en parte con atrevimiento
1 Ts. 5.1 no . . necesidad . . de que yo os *escriba*
He. 8.10 y sobre su corazón las *escribiré*; y seré
  10.16 pondré . . y en sus mentes las *escribiré*
  13.22 ruego . . pues os he *escrito* brevemente
1 Jn. 5.13 he *escrito* a vosotros que creéis en el
Ap. 1.19 *escribe* las cosas que has visto, y las que
  14.13 oí una voz que . . me decía: *Escribe*

ESCRITO
Sal. 40.7 vengo; en el rollo del libro está *e* de mí
Jer. 17.1 el pecado de Judá *e* está con cincel de
Ez. 2.10 estaba *e* . . *e* en él endechas . . y ayes
Dn. 10.21 te declararé lo que está *e* en el libro de
Lc. 10.20 vuestros nombres están *e* en los cielos

Lc. 18.31 las cosas *e* por los profetas acerca del
  24.46 así está, y así fue necesario que el
1 Co. 4.6 a no pensar más de lo que está *e*, no sea
He. 10.7 como en el rollo del libro está *e* de mí

ESCRITURA
Ex. 32.16 eran obra de Dios, y la *e* era *e* de Dios
Dn. 5.25 la *e* que trazó es: Mene, Mene, Tekel
Mt. 22.29; Mr. 12.24 ignorando las *E* y el poder de
Mr. 12.10 ¿ni aun esta *e* habéis leído: La piedra
Lc. 4.21 hoy se ha cumplido esta *E* delante de
  24.27 en todas las *E* lo que de él decían
  24.32 ¿no ardía . . cuando nos abría las *E*?
  24.45 abrió el . . para que comprendiesen las *E*
Jn. 2.22 creyeron la *E* y la palabra que Jesús había
  5.39 escudriñad las *E*; porque a vosotros os
  10.35 si . . (y la *E* no puede ser quebrantada)
  20.9 porque aún no habían entendido la *E*
Hch. 8.35 comenzando desde esta *e*, le anunció
  17.11 escudriñando cada día las *E* para ver si
  18.24 varón elocuente, poderoso en las *E*
  18.28 demostrando por las *E* que Jesús era
Ro. 15.4 por la . . de las *E*, tengamos esperanza
1 Co. 15.3 que Cristo murió . . conforme a las *E*
Gá. 3.8 la *E* . . dio de antemano la buena nueva
  3.22 la *E* lo encerró todo bajo pecado, para
2 Ti. 3.15 la niñez has sabido las Sagradas *E*
  3.16 toda la *E* es inspirada por Dios, y útil

ESCUCHAR *v.* Oír
Dt. 15.5 si *escuchares* . . la voz de Jehová tu Dios
Sal. 66.18 si . . el Señor no me habría *escuchado*
  85.8 *escucharé* lo que hablará Jehová Dios
  142.6 *escucha* mi clamor . . estoy muy afligido
Pr. 15.32 mas el que *escucha* la corrección tiene
Ec. 9.17 palabras del sabio *escuchadas* en quietud
Jer. 7.23 diciendo: *Escuchad* mi voz, y seré a
  8.6 *escuché* y oí; no hablan rectamente, no
Zac. 7.13 que así como él clamó, y no *escucharon*
Mr. 6.20 Herodes . . le *escuchaba* de buena gana

ESCUDO
Gn. 15.1 diciendo: No temas, Abram; yo soy tu *e*
Dt. 33.29 *e* de tu socorro, y espada de tu triunfo?
2 S. 1.21 allí fue desechado el *e* de los valientes
  22.3; Sal. 18.2 *e*, y el fuerte de mi salvación
  22.31; Sal. 18.30 *e* es a todos los que en él
  22.36; Sal. 18.35 me diste asimismo el *e* de tu
Job 41.15 la gloria de su vestido son *e* fuertes
Sal. 3.3 mas tú, Jehová, eres *e* alrededor de mí
  5.12 como con un *e* lo rodearás de tu favor
  7.10 mi *e* está en Dios, que salva a los rectos
  28.7 Jehová es mi fortaleza y mi *e*; en él
  33.20 Jehová: nuestra ayuda y nuestro *e* es él
  47.10 porque de Dios son los *e* de la tierra
  84.11 sol y *e* es Jehová Dios; gracia y gloria
  89.18 Jehová es nuestro *e*, y nuestro rey es
  91.4 estarás seguro; *e* y adarga es su verdad
  115.9, 10, 11 Jehová; él es tu ayuda y tu *e*
  119.114 mi *escondedero* y mi *e* eres tú; en tu
Pr. 2.7 él . . es *e* a los que caminan rectamente
  30.5 es limpia; *e* es a los que en él esperan
Ec. 7.12 *e* es la ciencia, y *e* es el dinero; mas la
Ef. 6.16 tomad el *e* de la fe, con que podáis

ESCUDRIÑAR *v.* Buscar, Examinar, Inquirir
Job 13.9 ¿sería bueno que os *escudriñase*?
Sal. 139.3 has *escudriñado* mi andar y mi reposo
Pr. 20.27 *escudriña* lo más profundo del corazón
  25.2 pero honra del rey es *escudriñarlo*
Jer. 11.20; 17.10 que *escudriñas* la mente y el *e*
Lm. 3.40 *escudriñemos* nuestros caminos, y
Sof. 1.12 *escudriñaré* a Jerusalén con linterna
Jn. 5.39 *escudriñad* las Escrituras; porque a
  7.52 *escudriña* y ve que de Galilea nunca se ha
Hch. 17.11 *escudriñando* cada día las Escrituras
Ro. 8.27 el que *escudriña* los corazones sabe cuál
1 Co. 2.10 el Espíritu todo lo *escudriña*, aun lo
Ap. 2.23 sabrán que yo soy el que *escudriña* la

ESCULPIR *v.* Grabar
Job 19.24 fuesen *esculpidas* en piedra para siempre
Jer. 17.1 *esculpido* está en la tabla de su corazón

ESCULTURA *v.* **Estatua, Figura, Imagen**
Dt. 5.8 no harás para ti *e*, ni imagen alguna
Mi. 5.13 haré destruir tus *e* y tus imágenes de *en*
Hab. 2.18 ¿de qué sirve la *e* que esculpió el que

ESCUPIR
Mt. 26.67; Mr. 14.65 *escupieron* en el rostro, y le
    27.30; Mr. 15.19 *escupiéndole*, tomaban la
Mr. 7.33 los dedos .. y *escupiendo*, tocó su lengua
    8.23 y *escupiendo* en sus ojos, le puso las
    10.34 *escupirán* en él, y le matarán; mas el
Lc. 18.32 escarnecido, y afrentado, y *escupido*
Jn. 9.6 *escupió* en tierra, e hizo lodo con la saliva

ESDRAS Esd. 7.1—10.16; Neh. 8.1–18; 12.1, 36.

ESFORZAR *v.* **Animar, Confortar, Fortalecer**
Jos. 1.9 te mando que te *esfuerces* y seas valiente
1 S. 4.9 *esforzaos*, oh filisteos, y sed hombres
2 S. 2.7 *esfuércense*, pues, ahora vuestras manos
    10.12; 1 Cr. 19.13 *esfuérzate*, y *esforcémonos*
1 R. 2.2 sigo el camino .. *esfuérzate*, y sé hombre
1 Cr. 28.20 y *esfuérzate*, y manos a la obra; no
Sal. 31.24 *esforzaos* .. los que esperáis en Jehová
Is. 35.4 *esforzaos*, no temáis; he aquí que vuestro
Dn. 11.32 mas el pueblo .. se *esforzará* y actuará
Hag. 2.4 *esfuérzate*, dice Jehová; *e* también
Lc. 13.24 *esforzaos* a entrar por la puerta angosta
    16.16 todos se *esfuerzan* por entrar en él
1 Co. 16.13 portaos varonilmente, y *esforzaos*
2 Ti. 2.1 *esfuérzate* en la gracia que es en Cristo

ESMERALDA
Ap. 4.3 un arco iris, semejante en aspecto a la *e*
    21.19 zafiro; el tercero, ágata; el cuarto, *e*

ESMIRNA Ap. 1.11; 2.8–17.

ESPACIOSO, sa
2 S. 22.20 me sacó a lugar *e*; me libró, porque
Job 36.16 apartará .. lugar *e*, libre de todo apuro
Sal. 31.8 del enemigo; pusiste mis pies en lugar *e*
Pr. 21.9; 25.24 que con mujer rencillosa en casa *e*
Jer. 22.14 dice: Edificaré para mí casa *e*, y salas

ESPADA *v.* **Arco, Arma, Lanza**
Gn. 3.24 puso .. querubines, y una *e* encendida
Nm. 22.29 ojalá tuviera *e* .. ahora te mataría!
Dt. 32.25 por fuera desolará la *e*, y dentro de las
    32.41 si afilare mi reluciente *e*, y echare mano
    33.29 escudo de tu socorro, y *e* de tu triunfo!
Jos. 5.13 un varón .. tenía una *e* desenvainada
    24.12 tábanos .. no con tu *e*, ni con tu arco
Jue. 7.20 ¡por la *e* de Jehová y de Gedeón!
1 S. 22.10 también le dio la *e* de Goliat el filisteo
2 S. 2.26 ¿consumirá la *e* perpetuamente?
    12.9 a Urías heteo heriste con *e*, y tomaste
Neh. 4.17 con una mano .. en la otra tenían la *e*
Sal. 44.3 no se apoderaron de la tierra por su *e*
    55.21 suaviza sus .. mas ellas son *e* desnudas
    57.4 son lanzas y saetas, y su lengua *e* aguda
    149.6 con sus .. y *e* de dos filos en sus manos
Pr. 12.18 hombres cuyas palabras son como .. *e*
Is. 2.4 y volverán sus *e* en rejas de arado, y sus
    34.5 porque en los cielos se embriagará mi *e*
    49.2 y puso mi boca como *e* aguda, me cubrió
    66.16 juzgará con .. con su *e* a todo hombre
Jer. 9.16 y enviaré en pos de ellos, hasta que
    12.12 porque la *e* de Jehová devorará desde
    15.2 así ha dicho Jehová .. el que a *e*, a *e*
    18.21 hambre, dispérsalos por medio de la *e*
    50.35 *e* contra los caldeos, dice Jehová, y
Ez. 7.15 fuera *e*, de dentro pestilencia y hambre
    21.9 dí: La *e*, la *e* está afilada, y también
Jl. 3.10 forjad de vuestros azadones, lanzas de
Mi. 4.3 y martillarán sus *e* para azadones, y sus
Zac. 13.7 levántate, oh *e*, contra el pastor, y
Mt. 10.34 no he venido para traer paz, sino *e*
    26.47; Mr. 14.43 y con él mucha gente con *e*
    26.51; Mr. 14.47 sacó su *e*, e hiriendo a un
    26.52 todos los que tomen *e*, a *e* perecerán
Lc. 2.35 y una *e* traspasará tu misma alma
    22.38 ellos dijeron: Señor, aquí hay dos *e*

Jn. 18.11 dijo a Pedro: Mete tu *e* en la vaina
Ef. 6.17 la *e* del Espíritu, que es la palabra de
He. 4.12 más cortante que toda *e* de dos filos
Ap. 1.16; 19.15 de su boca salía una *e* aguda de
    13.10 alguno mata a *e*, a *e* debe ser muerto
    19.21 los demás fueron muertos con la *e* que

ESPALDA
Ex. 33.23 apartaré mi mano, y verás mis *e*; mas
Jos. 7.8 Israel ha vuelto la *e* delante de sus
2 S. 22.41; Sal. 18.40 has hecho .. vuelvan las *e*
Job 31.22 mi *e* se caiga de mi hombro, y .. brazo
Pr. 10.13 vara es para las *e* del falto de cordura
Is. 38.17 echaste tras tus *e* todos mis pecados

ESPANTAR *v.* **Asombrar, Atemorizar, Aterrar**
Lv. 26.6 dormiréis, y no habrá quien os *espante*
Dt. 28.26 fiera .. no habrá quien las *espante*
Job 11.19 no habrá quien te *espante*; y muchos
    21.5 miradme, y *espantaos*, y poned la mano
    26.11 columnas .. se *espantan* a su reprensión
    41.14 las hileras de sus dientes *espantan*
Jer. 2.12 espantaos, cielos, sobre esto .. desolaos
Dn. 3.24 Nabucodonosor se *espantó*, y se levantó
    8.27 estaba *espantado* a causa de la visión
Mr. 16.5 vieron a un joven .. y se *espantaron*
Lc. 24.37 *espantados* .. pensaban que veían
Hch. 24.25 Félix se *espantó*, y dijo: Ahora vete
He. 12.21 dijo: Estoy *espantado* y temblando

ESPANTO *v.* **Asombro, Miedo, Temor, Terror**
Ex. 15.16 caiga sobre ellos temblor y *e*, a la
Dt. 32.25 espada, y dentro de las cámaras el *e*
Jue. 8.12 siguió .. y llenó de *e* a todo el ejército
Is. 28.19 ciertamente el entender lo oído
    33.14 en Sion, sobrecogió a los hipócritas
    33.18 tu corazón imaginará el *e*, y dirá
Jer. 17.17 no me seas tú por *e*, pues mi refugio
    51.41 ¡cómo vino a ser Babilonia objeto de *e*
Ez. 26.21 te convertiré en *e*, y dejarás de ser

ESPAÑA Ro. 15.24, 28.

ESPARCIR *v.* **Derramar, Dispersar**
Gn. 49.7 los apartaré .. los *esparciré* en Israel
Lv. 26.33 os *esparciré* entre las naciones, y
1 R. 22.17 yo vi a todo Israel *esparcido* por los
Job 20.28 serán *esparcidos* en el día de su furor
Sal. 68.1 Dios, sean *esparcidos* sus enemigos
    92.9 serán *esparcidos* todos los que hacen
Pr. 15.7 la boca de los sabios *esparce* sabiduría
Jer. 8.2 y los *esparcirán* al sol y a la luna
    9.16 los *esparciré* entre naciones que ni ellos
    10.21 por tanto .. todo su ganado se *esparció*
    13.24 yo los *esparciré* al viento del desierto
Ez. 11.16 aunque .. les he *esparcido* por las tierras
    12.15 sabrán que yo .. cuando los *esparciere*
    22.15 naciones, y te *esparciré* por las tierras
    34.6 fueron *esparcidas* mis ovejas, y no hubo
    36.19; Zac. 7.14 les *esparcí* por las naciones
    36.25 *esparciré* sobre vosotros agua limpia
Mt. 25.24 duro .. recoges donde no *esparciste*
Jn. 16.32 viene la hora .. en que seréis *esparcidos*
Hch. 8.4 pero los que fueron *esparcidos* iban por

ESPECIA
Cnt. 4.10 mejores .. que todas las *e* aromáticas
Mr. 16.1 compraron *e* aromáticas para ir a
Lc. 24.1 trayendo las *e* aromáticas que habían
Jn. 19.40 y lo envolvieron en lienzos con *e*

ESPECTÁCULO *v.* **Exhibir**
1 Co. 4.9 hemos venido a ser *e* al mundo, a los
He. 10.33 con vituperios y .. fuisteis hechos *e*

ESPEJO
1 Co. 13.12 ahora vemos por *e*, oscuramente
2 Co. 3.18 mirando .. como en un *e* la gloria del
Stg. 1.23 que considera en un *e* su rostro natural

ESPERANZA
2 R. 18.5 en Jehová Dios de Israel puso su *e*
Job 7.6 mis días fueron más .. y fenecieron sin *e*
    8.13 los caminos .. y la *e* del impío perecerá
    11.18 tendrás confianza, porque hay *e*

Job 14.7 árbol fuere cortado, aún queda de él *e*
14.19 de igual manera haces tú perecer la *e*
17.15 ¿dónde .. ahora mi *e*? Y mi *e*, ¿quién la
19.10 me .. y ha hecho pasar mi *e* como árbol
31.24 si puse en el oro mi *e*, y dije al oro
Sal. 9.18 porque .. ni la *e* de los pobres perecerá
14.6 del .. se han burlado, pero Jehová es su *e*
39.7 Señor, ¿qué esperaré? Mi *e* está en ti
62.5 alma mía .. reposa, porque de él es mi *e*
71.5 porque tú, oh Señor Jehová, eres mi *e*
91.2 diré yo a Jehová: *E* mía, y castillo mío
91.9 porque has puesto a Jehová, que es mi *e*
119.116 no quede yo avergonzado de mi *e*
142.5 dije: Tú eres mi *e*, y mi porción en la
Pr. 10.28 alegría; mas la *e* de los impíos perecerá
11.23 bien; mas la *e* de los impíos es el enojo
13.12 *e* que se demora es tormento del corazón
14.26 fuerte confianza; y *e* tendrán sus hijos
14.32 mas el justo en su muerte tiene *e*
23.18; 24.14 fin, y tu *e* no será cortada
26.12; 29.20 más *e* hay del necio que de él
Ec. 9.4 hay *e* para todo .. que está entre los vivos
Is. 20.5 turbarán .. de Etiopía su *e*, y de Egipto
30.2 y poner su *e* en la sombra de Egipto
Jer. 14.8 oh *e* de Israel, Guardador suyo en el
23.16 os alimentan con vanas; hablan visión
31.17 *e* hay también para tu porvenir, dice
Lm. 3.18 perecieron mis .. y mi *e* en Jehová
Ez. 37.11 pereció nuestra *e*, y somos del todo
Os. 2.15 daré .. el valle de Acor por puerta de *e*
Jl. 3.16 pero Jehová será la *e* de su pueblo, y la
Zac. 9.12 volveos a la .. oh prisioneros de *e*
Jn. 5.45 acusa, Moisés, en quien tenéis vuestra *e*
Hch. 2.26 lengua, y aun mi carne descansará en *e*
16.19 que había salido la *e* de su ganancia
23.6 acerca de la *e* y de la .. se me juzga
24.15 teniendo *e* en Dios, la cual ellos también
27.20 habíamos perdido toda *e* de salvarnos
28.20 por la *e* de Israel estoy sujeto con esta
Ro. 4.18 él creyó en *e* contra *e*, para llegar a ser
5.2 nos gloriamos en la *e* de la gloria de Dios
5.5 y la *e* no avergüenza; porque el amor de
8.24 en *e* .. salvos; pero la *e* que se ve, no es *e*
12.12 gozosos en la *e*; sufridos .. tribulación
15.13 el Dios de *e* os llene de todo gozo y paz
1 Co. 9.10 porque con *e* debe arar el que ara, y
13.13 ahora permanecen la fe, la *e* y el amor
2 Co. 1.7 y nuestra *e* respecto de vosotros es firme
1.8 aun perdimos la *e* de conservar la vida
3.12 teniendo tal *e*, usamos de .. franqueza
Gá. 5.5 aguardamos por fe la *e* de la justicia
Ef. 2.12 ajenos a .. sin *e* y sin Dios en el mundo
4.4 en una misma *e* de vuestra vocación
Col. 1.5 la *e* que os está guardada en los cielos
1.23 sin moveros de la *e* del evangelio que
1.27 es Cristo en vosotros, la *e* de gloria
1 Ts. 1.3 de vuestra constancia en la *e* en nuestro
2.19 ¿cuál es nuestra *e*, o gozo, o corona de
4.13 no os entristezcáis como .. no tienen *e*
5.3 amor, y por la *e* de salvación como yelmo
2 Ts. 2.16 nos dio consolación eterna y buena *e*
1 Ti. 1.1 Dios .. y del Señor Jesucristo nuestra *e*
6.17 ricos .. ni pongan la *e* en las riquezas
Tit. 1.2 en la *e* de la vida eterna, la cual Dios, que
2.13 aguardando la *e* bienaventurada, y la
3.7 herederos conforme a la *e* de la vida
He. 6.11 hasta el fin, para plena certeza de la *e*
6.18 para asirnos de la *e* puesta delante de
7.19 la introducción de una mejor *e*, por la
10.23 sin fluctuar, la profesión de nuestra *e*
1 P. 1.3 nos hizo renacer para una *e* viva, por la
1.21 para que vuestra fe y *e* sean en Dios
3.15 que os demande razón de la *e* que hay
1 Jn. 3.3 aquel que tiene esta *e* en él, se purifica

ESPERAR *v.* Aguardar
Gn. 49.18; Sal. 119.166 tu salvación *esperé*, oh
2 S. 22.31; Sal. 18.30 escudo es a .. en él *esperan*
Job 6.11 ¿cuál es mi fuerza para *esperar* aún?
13.15 aunque él me matare, en él *esperaré*

Job 29.23 me *esperaban* como a la lluvia y abrían
30.26 cuando *esperaba* yo el bien, entonces
Sal. 22.4 en ti *esperaron* .. *e*, y tú los libraste
25.3 ninguno de cuantos *esperan* en ti será
31.6 ilusorias, mas yo en Jehová he *esperado*
31.24 esforzaos .. los que *esperáis* en Jehová
32.10 al que *espera* en Jehová, le rodea la
33.18 sobre los que *esperan* en su misericordia
33.20 alma *espera* a Jehová; nuestra ayuda y
33.22 sea .. oh Jehová .. según *esperamos* en ti
37.7 guarda silencio ante Jehová, y *espera* en
37.9 los que *esperan* en Jehová .. heredarán
37.34 *espera* en Jehová, y guarda su camino
38.15 porque en ti, oh Jehová, he *esperado*
39.7 Señor, ¿qué *esperaré*? Mi esperanza
40.1 *esperé* a Jehová, y se inclinó a mí, y oyó
42.5, 11; 43.5 *espera* en Dios .. aún he de
52.9 *esperaré* en tu nombre, porque es bueno
62.8 *esperad* en él en todo tiempo, oh pueblos
71.14 mas yo *esperaré* siempre, y te alabaré
104.27 todos ellos *esperan* en ti, para que les
119.81 tu salvación, mas *espero* en tu palabra
130.5 *esperé* yo a Jehová, *esperó* mi alma; en
130.7 *espere* Israel a Jehová, porque en
131.3 *espera*, oh Israel, en Jehová, desde
145.15 los ojos de todos *esperan* en ti, y tú
Pr. 20.22 vengaré; *espera* a Jehová, y él te salvará
30.5 él es escudo a los que en él *esperan*
Is. 8.17 *esperaré*, pues, a Jehová .. en él confiaré
25.9 Dios, le hemos *esperado*, y nos salvará
26.8 Jehová, te hemos *esperado*; tu nombre
30.18 Jehová *esperará* para tener piedad de
33.2 oh Jehová, ten .. a ti hemos *esperado*
40.31 pero los que *esperan* en Jehová tendrán
42.4 justicia; y las costas *esperarán* su ley
49.23 no se avergonzarán .. que *esperan* en mí
64.4 ti, que hiciese por el que en él *espera*
Jer. 14.22 en ti, pues, *esperamos*, pues tú hiciste
Lm. 3.25 bueno es Jehová a los que en él *esperan*
3.26 bueno es *esperar* .. salvación de Jehová
Mi. 7.7 yo .. *esperaré* al Dios de mi salvación
Hab. 2.3 aunque tardare, *espéralo*, porque sin
Sof. 3.8 por tanto, *esperadme*, dice Jehová, hasta
Mt. 11.3; Lc. 7.19 ¿eres .. o *esperaremos* a otro?
12.21 en su nombre *esperarán* los gentiles
24.50; Lc. 12.46 en día que éste no *espera*
Mr. 15.43 José de .. *esperaba* el reino de Dios
Lc. 2.25 este hombre .. *esperaba* la consolación de
6.35 bien, y prestad, no *esperando* de ello nada
Hch. 1.4 *esperasen* la promesa del Padre, la cual
24.26 *esperaba* .. que Pablo le diera dinero
Ro. 8.23 gemimos dentro .. *esperando* la adopción
1 Co. 1.7 *esperando* la manifestación de nuestro
11.33 os reunís a comer, *esperaos* unos a
13.7 lo cree, todo lo *espera*, todo lo soporta
15.19 si en .. solamente *esperamos* en Cristo
Ef. 1.12 primeramente *esperábamos* en Cristo
Fil. 2.23 a éste *espero* enviaros, luego que yo vea
3.20 de donde también *esperamos* al Salvador
1 Ts. 1.10 y *esperar* de los cielos a su Hijo, al cual
1 Ti. 4.10 *esperamos* en el Dios viviente, que es el
He. 10.13 *esperando* que sus enemigos sean
11.1 es .. la fe la certeza de lo que se *espera*
Stg. 5.7 el labrador *espera* el precioso fruto de la
1 P. 1.13 *esperad* por completo en la gracia que os
2 P. 3.12 *esperando* .. la venida del día de Dios

ESPÍA
Jos. 2.1 Josué hijo de .. envió desde Sitim dos *e*
Lc. 20.20 enviaron *e* que se simulasen justos
He. 11.31 Rahab .. habiendo recibido a los *e* en paz

ESPIGA
Gn. 41.5 siete *e* llenas y hermosas crecían de una
Dt. 23.25 podrás arrancar *e* con tu mano; mas no
Mt. 12.1; Mr. 2.23; Lc. 6.1 discípulos .. a arrancar
e y a comer

ESPIGAR
Lv. 23.22 no segaréis hasta .. ni *espigarás* tu siega
Rt. 2.3 fue, pues, y llegando, *espigó* en el campo
2.19 dijo su suegra: ¿Dónde has *espigado* hoy?

ESPINA

Nm. 33.55 ellos serán . . e en vuestros costados
Pr. 26.9 e hincadas en mano del embriagado, tal es
Mt. 27.29; Mr. 15.17; Jn. 19.2 una corona . . de e

ESPINO v. Cardo

Gn. 3.18 e y cardos te producirá, y comerás
Jue. 8.7 yo trillaré vuestra carne con e y abrojos
Pr. 15.19 camino del perezoso es como seto de e
24.31 que por toda ella habían crecido los e
Ec. 7.6 es como el estrépito de los e debajo de
Jer. 4.3 arad campo para . . y no sembréis entre e
12.13 sembraron trigo, y segaron e; tuvieron
Os. 10.8 crecerá sobre sus altares y el cardo
Mi. 7.4 el mejor de ellos es como el e; el más
Nah. 1.10 aunque sean como e entretejidos
Mt. 7.16 ¿acaso se recogen uvas de los e, o higos
13.7; Mr. 4.7; Lc. 8.7 cayó entre e; y los e . . la
Lc. 6.44 no se cosechan higos de los e, ni de las
He. 6.8 la que produce e y abrojos es reprobada

ESPÍRITU v. Aliento, Alma, Demonio, Espíritu
de Dios, Espíritu de Jehová, Espíritu inmundo,
Espíritu Santo, Soplo

Gn. 6.3 no contenderá mi E con el hombre para
Nm. 11.17 tomaré del e que está en ti, y pondré
27.18 varón en el cual hay e, y pondrás tu
Jue. 9.23 un mal e entre Abimelec y . . Siquem
1 S. 16.15 un e malo de . . de Dios te atormenta
19.9 e malo de parte de Jehová vino . . Saúl
28.7 una mujer que tenga e de adivinación
1 R. 22.21; 2 Cr. 18.20 salió un e y se puso
2 R. 2.9 una doble porción de tu e sea sobre mí
19.7; Is. 37.7 pondré yo en él un e, y oirá
Neh. 9.20 enviaste tu buen E para enseñarles
Job 4.15 al pasar un e por delante de mí, hizo que
15.13 que contra Dios vuelvas tu e, y saques
32.8 ciertamente e hay en el hombre, y el soplo
38.36 puso . . ¿o quién dio al e inteligencia?
Sal. 31.5 en tu mano encomiendo mi e; tú me has
51.10 crea . . renueva un e recto dentro de mí
51.11 no me . . y no quites de mí tu santo e
51.12 vuélveme el gozo . . y e noble me sustente
51.17 sacrificios de Dios son el e quebrantado
78.8 su corazón, ni fue fiel para con Dios su e
104.30 envías tu E, son creados, y renuevas la
139.7 ¿a dónde me iré de tu E? ¿Y a dónde
143.10 tu buen e me guíe a tierra de rectitud
Pr. 1.23 he aquí yo derramaré mi e sobre vosotros
16.2 son limpios . . pero Jehová pesa los e
16.32 mejor . . el que se enseñorea de su e que
20.27 lámpara de Jehová es el e del hombre
25.28 es el hombre cuyo e no tiene rienda
Ec. 3.21 ¿quién sabe que el e de . . sube arriba?
8.8 tenga potestad sobre el e para retener el
12.7 el polvo . . y el e vuelva a Dios que lo dio
Is. 4.4 con e de juicio y con e de devastación
11.2 e de consejo y de . . e de conocimiento y
32.15 hasta . . sea derramado el E de lo alto
42.1 aquí mi siervo . . he puesto sobre él mi E
44.3 mi E derramaré sobre tu generación, y
63.10 hicieron enojar su santo e; por lo cual
Ez. 1.12 hacia donde el e les movía que anduviesen
1.20 el e de los seres . . estaba en las ruedas
8.3 y el E me alzó entre el cielo y la tierra
10.17 el e de los seres vivientes estaba en
11.19 daré un corazón, y un e nuevo pondré en
36.26 y pondré e nuevo dentro de vosotros
36.27 pondré dentro de vosotros mi E, y haré
37.10 profeticé . . entró e en ellos, y vivieron
37.14 pondré mi E en vosotros, y viviréis, y os
Dn. 4.9 he entendido que hay en ti e de los dioses
5.11 hombre en el cual mora el e de los dioses
Os. 9.7 insensato es el varón de e, a causa de la
Jl. 2.28 de esto derramaré mi E sobre toda carne
Hag. 2.5 así mi E estará en medio de vosotros
Zac. 4.6 ejército, ni con fuerza, sino con mi E
Mt. 4.1; Mr. 1.12; Lc. 4.1 fue llevado por el E al
5.3 bienaventurados los pobres en e, porque
10.1 les dio autoridad sobre los e inmundos
12.18 pondré mi E sobre él, y . . anunciará

Mt. 12.31 la blasfemia contra el E no les será
12.45; Lc. 11.26 toma consigo otros siete e
26.41; Mr. 14.38 el e . . está dispuesto, pero
27.50 Jesús, habiendo . . clamado . . entregó el e
Mr. 1.10 E como paloma que descendía sobre él
9.26 entonces el e, clamando . . salió; y él
Lc. 1.47 mi e se regocija en Dios mi Salvador
1.80 el niño crecía, y se fortalecía en e
4.18 el E del Señor está sobre mí, por cuanto
9.55 vosotros no sabéis de qué e sois
23.46 Padre, en tus manos encomiendo mi e
24.37 espantados y . . pensaban que veían e
Jn. 1.32 vi al E que descendía del cielo como
3.5 el que no naciere del agua y del E, no
3.6 carne es; y lo que es nacido del E, e es
3.34 habla; pues Dios no da el E por medida
4.23 adorarán al Padre en e y en verdad
4.24 Dios es E; y los que le adoran, en e y en
6.63 el e es el que da vida; la carne para nada
7.39 esto dijo del E que habían de recibir los
14.17 E de verdad, al cual el mundo no puede
15.26 E de verdad, el cual procede del Padre
19.30 . . inclinando la cabeza, entregó el e
Hch. 2.17 derramaré de mi E sobre toda carne
5.9 qué convinisteis en tentar al E del Señor
7.59 y decía: Señor Jesús, recibe mi e
8.29 el E dijo a Felipe: Acércate y júntate a
8.39 el E del Señor arrebató a Felipe; y él
10.19 le dijo el E . . tres hombres te buscan
16.7 ir a Bitinia, pero el E no se lo permitió
20.22 he aquí, ligado yo en e, voy a Jerusalén
23.8 dicen que no hay . . ni ángel, ni e; pero
Ro. 1.4 declarado Hijo . . según el E de santidad
2.29 en e, no en letra; la alabanza del cual
7.6 bajo el régimen nuevo del E, y no bajo
8.1 conforme a la carne, sino conforme al E
8.2 la ley del E . . me ha librado de la ley de
8.5 pero los que son del E, en las cosas del E
8.6 pero ocuparse del E es vida y paz
8.9 y si alguno no tiene el E de . . no es de él
8.10 mas el e vive a causa de la justicia
8.11 el E de aquel que levantó de los muertos
8.13 si por el E hacéis morir las obras de la
8.15 habéis recibido el e de adopción, por el
8.16 el E mismo da testimonio a nuestro e
8.26 el E nos ayuda en nuestra debilidad; pues
8.26 el E mismo intercede por nosotros con
8.27 el que . . sabe cuál es la intención del E
1 Co. 2.4 sino con demostración del E y de poder
2.10 Dios nos las reveló a nosotros por el E
2.10 porque el E todo lo escudriña, aun lo
2.12 no hemos recibido el e del mundo, sino
2.13 no con . . sino con las que enseña el E
5.5 de que el e sea salvo en el día del Señor
12.4 hay . . de dones, pero el E es el mismo
12.10 profecía; a otro, discernimiento de e
12.13 por un solo E fuimos todos bautizados
14.14 porque si yo oro en lengua . . mi e ora
15.45 fue hecho . . postrer Adán, e vivificante
2 Co. 1.22 nos ha dado las arras del E en nuestros
3.3 no con tinta, sino con el E del Dios vivo
3.6 sino del e . . la letra mata, mas el e vivifica
3.17 donde está el E del Señor . . hay libertad
4.13 teniendo el mismo e de fe, conforme a
11.4 o si recibís otro e que el que habéis
Gá. 3.2 ¿recibisteis el E por las obras de la ley
3.5 aquel, pues, que os suministra el E, y hace
3.14 por la fe recibiésemos la promesa del E
4.6 Dios envió a vuestros corazones el E de su
5.5 nosotros por el E aguardamos, por fe la
5.16 andad en el E, y no satisfagáis los deseos
5.17 la carne es contra el E, y el del E contra la
5.22 mas el fruto del E es amor, gozo, paz
5.25 si vivimos por el E, andemos . . por el E
6.8 mas el que siembra para el E, del E segará
Ef. 2.2 el e . . opera en los hijos de desobediencia
2.18 tenemos entrada por un mismo E al
3.16 ser fortalecidos con poder . . por su E
4.4 un cuerpo, y un E, como fuisteis también
4.23 y renovaos en el e de vuestra mente

Ef. 5.9 porque el fruto del *E* es en toda bondad
5.18 con vino .. antes bien sed llenos del *E*
6.17 espada del *E*, que es la palabra de Dios
Fil. 1.27 oiga .. que estáis firmes en un mismo *e*
2.1 si alguna comunión del *E*, si algún afecto
3.3 que en *e* servimos a Dios y nos gloriamos
1 Ts. 5.19 no apaguéis al *E*
5.23 todo vuestro ser, *e*, alma .. sea guardado
1 Ti. 4.1 el *E* dice .. que en los postreros tiempos
He. 1.7 hace a sus ángeles *e*, y a sus ministros
1.14 ¿no son todos *e* ministradores, enviados
10.29 el que .. hiciere afrenta al *E* de gracia?
12.23 a los *e* de los justos hechos perfectos
Stg. 2.26 como el cuerpo sin *e* está muerto, así
4.5 el *E* que él ha .. nos anhela celosamente?
1 P. 3.19 fue y predicó a los *e* encarcelados
4.6 en carne .. pero vivan en *e* según Dios
4.14 el .. *E* de Dios reposa sobre vosotros
1 Jn. 3.24 él permanece en nosotros, por el *E* que
4.1 no creáis a todo *e*, sino probad los *e* si
4.13 conocemos .. en que nos ha dado de su *E*
5.6 el *E* .. da testimonio .. el *E* es la verdad
Jud. 19 éstos son .. sensuales, que no tienen al *E*
Ap. 1.4 de los siete *e* que están delante de su trono
1.10 estaba en el *E* en el día del Señor, y oí
2.7 oído, oiga lo que el *E* dice a las iglesias
4.5; 5.6 las cuales son los siete *e* de Dios
22.17 y el *E* y la Esposa dicen: Ven. Y el que

ESPÍRITU DE DIOS *v.* Espíritu, Espíritu de Jehová, Espíritu Santo

Gn. 1.2 el *E* de *D* se movía sobre .. de las aguas
41.38 a otro hombre .. en quien esté el *e* de *D*?
Ex. 31.3 lo he llenado del *E* de *D*, en sabiduría
1 S. 10.10 el *E* de *D* vino sobre él .. y profetizó
11.6 el *E* de *D* vino sobre él con poder; y él
19.20 vino el *E* de *D* sobre los mensajeros de
Job 33.4 el *e* de *D* me hizo, y el soplo .. dio vida
Mt. 3.16 al *E* de *D* que descendía como paloma
12.28 por el *E* de *D* echo fuera los demonios
Ro. 8.14 todos los que son guiados por el *E* de *D*
15.19 en el poder del *E* de *D*; de manera que
1 Co. 2.11 nadie conoció las .. sino el *E* de *D*
3.16 ¿no sabéis .. el *E* de *D* mora en vosotros?
7.40 pienso que también yo tengo el *E* de *D*
12.3 que nadie que hable por el *E* de *D* llama
1 Jn. 4.2 conoced el *E* de *D*: Todo espíritu que
Ap. 3.1 el que tiene los siete *E* de *D* .. dice esto

ESPÍRITU DE JEHOVÁ *v.* Espíritu, Espíritu de Dios, Espíritu Santo

Jue. 13.25 el *E* de *J* comenzó a manifestarse en él
14.6 y el *E* de *J* vino sobre Sansón, quien
1 S. 16.13 ungió .. el *E* de *J* vino sobre David
2 S. 23.2 *E* de *J* ha hablado por mí, y su palabra
Is. 11.2 reposará sobre él el *E* de *J*, y
40.13 ¿quién enseñó al *E* de *J*, o le aconsejó
61.1 el *E* de *J* el Señor está sobre mí, porque
Ez. 11.5 y vino sobre mí el *E* de *J*, y me dijo: Di
Mi. 2.7 casa de Jacob, ¿se ha acortado el *E* de *J*?
3.8 mas yo estoy lleno del poder del *E* de *J*

ESPÍRITU INMUNDO *v.* Demonio, Espíritu

Mt. 10.1; Mr. 6.7 les dio autoridad sobre los *e i*
12.43; Lc. 11.24 cuando el *e i* sale del hombre
Mr. 1.23 había en la sinagoga .. un hombre con *e i*
3.11 *e i*, al verle, se postraban delante de él
3.30 porque ellos habían dicho: Tiene *e i*
5.2 de los sepulcros, un hombre con un *e i*
7.25 una mujer, cuya hija tenía un *e i* .. vino
9.25; Lc. 9.42 reprendió al *e i*, diciéndole
Lc. 4.36 con .. poder manda a los *e i*, y salen?
6.18 los .. atormentados de *e i* eran sanados
Hch. 5.16 venían .. trayendo .. atormentados de *e i*
8.7 de muchos que tenían *e i*, salían éstos
Ap. 16.13 vi salir de la boca del dragón .. tres *e i*
18.2 y se ha hecho .. y guarida de todo *e i*

ESPÍRITU SANTO *v.* Espíritu, Espíritu de Dios, Espíritu de Jehová

Mt. 1.18 se halló que había concebido del *E S*

Mt. 3.11; Mr. 1.8; Lc. 3.16 él os bautizará en *E S*
28.19 nombre del Padre, y del Hijo, y del *E S*
Mr. 12.36 porque el mismo David dijo por el *E S*
13.11 no sois vosotros .. habláis, sino el *E S*
Lc. 1.15 será lleno del *E S*, aun desde el vientre
1.35 el *E S* vendrá sobre ti, y el poder del
1.41 aconteció .. y Elisabet fue llena del *E S*
3.22 y descendió el *E S* sobre él en forma
4.1 Jesús, lleno del *E S*, volvió del Jordán
11.13 dará el *E S* a los que se lo pidan?
12.12 *E S* os enseñará .. lo que debáis decir
Jn. 1.33 me dijo .. ése es el que bautiza con el *E S*
7.39 aún no había venido el *E S*, porque Jesús
14.26 el *E S*, a quien el Padre enviará en mi
20.22 esto, sopló, y les dijo: Recibid el *E S*
Hch. 1.2 de haber dado mandamiento por el *E S*
1.5; 11.16 seréis bautizados con el *E S* dentro
2.4; 4.31 y fueron todos llenos del *E S*, y
2.33 recibido del Padre la promesa del *E S*
4.8 entonces Pedro, lleno del *E S*, les dijo
5.3 para que mintieses al *E S*, y sustrajeses
5.32 y también el *E S*, el cual ha dado Dios
6.3 buscad .. a siete varones .. llenos del *E S*
7.51 vosotros resistís siempre al *E S*; como
8.15 oraron por ellos .. que recibiesen el *E S*
9.31 acrecentaban fortalecidas por el *E S*
10.38 Dios ungió con el *E S* y .. a Jesús de
10.44 el *E S* cayó sobre todos los que oían
11.15 cayó el *E S* sobre ellos también, como
11.24 era varón bueno, y lleno del *E S* y de
13.2 dijo el *E S*: Apartadme a Bernabé y a
13.52 los .. estaban llenos de gozo y del *E S*
16.6 les fue prohibido por el *E S* hablar la
19.2 ¿recibisteis el *E S* cuando creísteis?
Ro. 5.5 ha sido derramado en .. por el *E S* que
14.17 sino justicia, paz y gozo en el *E S*
15.13 abundéis en .. por el poder del *E S*
1 Co. 6.19 que vuestro cuerpo es templo del *E S*
12.3 llamar a Jesús Señor, sino por el *E S*
2 Co. 13.14 la comunión del *E S* sean con todos
Ef. 1.13 fuisteis sellados con el *E S* de la promesa
4.30 no contristéis al *E S* de Dios, con el cual
1 Ts. 1.6 recibiendo la palabra .. gozo del *E S*
4.8 sino a Dios, que también nos dio su *E S*
Tit. 3.5 por el .. y por la renovación en el *E S*
He. 2.4 milagros y repartimientos del *E S* según
6.4 don .. y fueron hechos partícipes del *E S*
10.15 nos atestigua lo mismo el *E S*; porque
1 P. 1.12 los que os han predicado .. por el *E S*
2 P. 1.21 hablaron siendo inspirados por el *E S*
1 Jn. 5.7 porque tres .. el Padre, el Verbo y el *E S*
Jud. 20 vosotros, amados .. orando en el *E S*

ESPIRITUAL *v.* Carnal, Natural

Ro. 1.11 para comunicaros algún don *e*, a fin de
7.14 porque sabemos que la ley es *e*; mas yo
15.27 hechos participantes de sus bienes *e*
1 Co. 2.13 hablamos .. acomodando lo *e* a lo *e*
2.15 el *e* juzga todas las cosas; pero él no es
3.1 no pude hablaros como a *e*, sino como a
9.11 si .. sembramos entre vosotros lo *e*, ¿es
10.3 y todos comieron el mismo alimento *e*
12.1 no .. que ignoréis acerca de los dones *e*
14.12 que anheláis dones *e*, procurad abundar
14.37 alguno se cree profeta, o *e*, reconozca
15.44 se siembra cuerpo .. resucitará cuerpo *e*
15.46 mas lo *e* no es primero, sino lo animal
Gá. 6.1 que sois *e*, restauradle con .. mansedumbre
Ef. 1.3 nos bendijo con toda bendición *e* en los
Col. 1.9 llenos .. en toda sabiduría e inteligencia *e*
1 P. 2.5 sed edificados como casa *e* y sacerdocio

ESPLÉNDIDO, da *v.* Delicado, Magnífico

Stg. 2.2 entra un hombre con anillo .. con ropa *e*
2.3 y miráis con .. al que trae la ropa *e* y le
Ap. 18.14 todas las cosas .. *e* te han faltado

ESPONJA

Mt. 27.48; Mr. 15.36; Jn. 19.29 tomó una *e*, y

ESPOSO, sa *v.* Marido, Mujer, Varón
Ex. 4.25 a la verdad tú me eres un *e* de sangre
21.8 si no agradare a su .. no la tomó por *e*
Sal. 19.5 éste, como *e* que sale de su tálamo, se
Pr. 18.22 el que halla *e* halla el bien, y alcanza
Cnt. 4.8 ven conmigo desde el Líbano, oh *e* mía
Is. 62.5 como el gozo del *e* con la *e*, así se gozará
Jer. 3.14 convertíos .. porque yo soy vuestro *e*; y os
3.20 pero como la *e* infiel abandona a su
Mt. 9.15; Mr. 2.19; Lc. 5.34 entre tanto que el *e*
está con ellos?
25.1 diez vírgenes que .. salieron a recibir al *e*
Mr. 12.20; Lc. 20.29 el primero tomó *e*; y murió
Jn. 2.9 probó el agua hecha vino .. llamó al *e*
3.29 el que tiene la *e*, es el *e*; mas el amigo
1 Co. 7.29 que los que tienen *e* sean como si no
2 Co. 11.2 pues os he desposado con un solo *e*
1 Ts. 4.4 que cada uno .. sepa tener su propia *e*
Ap. 19.7 llegado las bodas del Cordero, y su *e* se
21.2 nueva Jerusalén .. dispuesta como una *e*
21.9 ven acá .. te mostraré .. la *e* del Cordero
22.17 el Espíritu y la *E* dicen: Ven. Y el que

ESPUMA
Os. 10.7 de Samaria fue cortado su rey como *e*
Lc. 9.39 le hace echar *e*, y estropeándole, a duras

ESQUIFE
Hch. 27.16 con dificultad pudimos recoger el *e*
27.30 echando el *e* al mar, aparentaban como

ESTABLECER *v.* Designar, Nombrar, Poner
Gn. 17.21 yo *estableceré* mi pacto con Isaac, el
Dt. 32.6 tu padre que .. él te hizo y te *estableció*
Ez. 16.60 *estableceré* contigo un pacto sempiterno
Mr. 3.14 *estableció* a doce .. que estuviesen con él
Hch. 17.31 *establecido* un día en el cual juzgará
Ro. 10.3 procurando *establecer* la suya propia, no
13.2 a lo *establecido* por Dios resiste
He. 9.27 está *establecido* para los hombres que
10.9 lo primero, para *establecer* esto último
1 P. 5.10 él mismo os perfeccione .. y *establezca*

ESTACA
Dt. 23.13 tendrás también entre tus armas una *e*
Jue. 4.21 Jael .. tomó una *e* .. y le metió la *e*
Is. 54.2 alarga tus cuerdas, y refuerza tus *e*

ESTADO
Ez. 16.55 tus hermanas .. volverán a su primer *e*
1 Co. 7.20 cada uno en el *e* en que fue llamado, en

ESTANQUE *v.* Cisterna
2 R. 3.16 así ha dicho Jehová: Haced .. muchos *e*
Is. 35.7 lugar seco se convertirá en *e*, y .. aguas
41.18 en el desierto *e* de aguas, y manantiales
42.15 los ríos tornaré en islas, y secaré los *e*
Jn. 5.2 hay .. un *e*, llamado en hebreo Betesda

ESTATERO
Mt. 17.27 y al abrirle la boca, hallarás un *e*

ESTATUA *v.* Escultura, Figura, Imagen
Lv. 26.1 ni os levantaréis *e*, ni pondréis en vuestra
1 S. 19.13 tomó luego Mical una *e*, y la puso
Dn. 3.1 el rey Nabucodonosor hizo una *e* de oro

ESTATURA
1 Cr. 20.6 de grande *e*, el cual tenía seis dedos
Is. 18.2, 7 a la nación de elevada *e* y tez brillante
Mt. 6.27; Lc. 12.25 afane, añadir a su *e* un codo?
Lc. 2.52 Jesús crecía en sabiduría y en *e*, y en

ESTATUTO *v.* Decreto, Edicto, Juicio, Mandamiento, Mandato, Orden, Ordenanza, Precepto
Ex. 12.14 fiesta .. por *e* perpetuo lo celebraréis
15.25 les dio *e* y ordenanzas, y allí los probó
Lv. 10.11 enseñar a los hijos de Israel todos los *e*
18.4 obra, y mis *e* guardaréis, andando en ellos
Dt. 4.8 ¿qué nación grande hay que tenga *e* y
2 S. 22.23; Sal. 18.22 no me he apartado de sus *e*
1 R. 3.14 si anduvieres .. guardando mis *e* y mis
6.12 si anduvieres en mis *e* e hicieres mis
Sal. 81.4 porque *e* es de Israel, ordenanza del Dios
99.7 guardaban sus .. el *e* que les había dado
119.5 ¡ojalá fuesen .. para guardar tus *e*!

Sal. 119.16 me regocijaré en tus *e*; no me olvidaré
119.48 alzaré .. mis manos .. meditaré en tus *e*
147.19 ha manifestado .. su *e* y sus juicios
Ez. 20.11 les di mis *e*, y les hice conocer mis
33.15 al impío .. caminare en los *e* de la vida
36.27 haré que andéis en mis *e*, y guardéis

ESTEBAN Hch. 6.5—8.2.
Hch. 11.19 persecución que hubo con motivo de *E*
22.20 se derramaba la sangre de *E* tu testigo

ESTÉRIL
Gn. 11.30 mas Sarai era *e*, y no tenía hijo
25.21 oró Isaac .. por su mujer, que era *e*
29.31 Lea .. le dio hijos; pero Raquel era *e*
Jue. 13.2 se llamaba Manoa; y su mujer era *e*
Job 24.21 a la mujer *e*, que no concebía, afligió
Sal. 107.34 tierra fructífera en *e*, por la maldad
113.9 él hace habitar en familia a la *e*, que se
Is. 54.1 regocíjate, oh *e*, la que no daba a luz
Lc. 1.7 pero no tenían hijo, porque Elisabet era *e*
23.29 en que dirán: Bienaventuradas las *e*, y

ESTIÉRCOL
Nah. 3.6 te afrentaré, y te pondré como *e*
Mal. 2.3 os echaré al rostro el *e*, el *e* de vuestro

ESTIMA
1 S. 18.23 siendo yo .. pobre y de ninguna *e*?
Est. 1.17 ellas tendrán en poca *e* a sus maridos
Job 36.19 ¿hará él el *e* de tus riquezas, del oro, o
Sal. 127.3 son .. cosa de *e* el fruto del vientre
Pr. 21.1 de más *e* es el buen nombre que las
Is. 43.4 porque a mis ojos fuiste de gran *e*
1 Co. 6.4 ¿ponéis a los que son de menor *e* en la
Fil. 2.29 gozo, y tened en *e* a los que son como él
1 Ts. 5.13 que los tengáis en mucha *e* y amor
1 P. 3.4 que es de grande *e* delante de Dios

ESTIMADO
Est. 10.3 *e* por la multitud de sus hermanos
Sal. 116.15 *e* es a los ojos de Jehová la muerte de
Is. 49.5 porque *e* seré en los ojos de Jehová
Ro. 16.7 a Junias .. muy *e* entre los apóstoles

ESTIMAR
Job 37.24 él no *estima* a .. que cree .. ser sabio
Sal. 144.3 hijo de hombre, para que lo *estimes*?
Is. 53.3 fue menospreciado, y no lo *estimamos*
Hch. 20.24 ni *estimo* preciosa mi vida para mí

ESTIMULAR *v.* Alentar, Animar
Ex. 35.21 todo varón a quien su corazón *estimuló*
1 Co. 8.10 ¿no será *estimulada* a comer de lo
He. 10.24 para *estimularnos* al amor y .. buenas

ESTOICOS Hch. 17.18.

ESTOPA
Is. 1.31 y el fuerte será como *e*, y lo que hizo
Mal. 4.1 todos los que hacen maldad serán *e*

ESTORBAR *v.* Impedir
1 S. 3.13 sus hijos han .. y él no los ha *estorbado*
2 R. 5.20 mi señor *estorbó* a este sirio Naamán
Job 31.16 si *estorbé* el contento de los pobres
Is. 43.13 lo que hago yo, ¿quién lo *estorbará*?
Hch. 11.17 ¿quién era yo que .. *estorbar* a Dios?
Gá. 5.7 ¿quién os *estorbó* para no obedecer a la
1 Ts. 2.18 quisimos ir a .. Satanás nos *estorbó*

ESTRADO
Sal. 110.1 ponga a tus enemigos por *e* de tus pies
139.8 si en el Seol hiciera mi *e*, he aquí, allí
Is. 66.1 es mi trono, y la tierra *e* de mis pies
Mt. 5.35 ni por la tierra .. es el *e* de sus pies
22.44; Mr. 12.36; Lc. 20.43; Hch. 2.35; He.
1.13 tus enemigos por *e* de tus pies
Hch. 7.49 es mi trono, y la tierra el *e* de mis pies
He. 10.13 enemigos sean puestos por *e* de sus pies
Stg. 2.3 decís al pobre .. siéntate aquí bajo mi *e*

ESTRECHAR *v.* Apremiar
Pr. 4.12 anduvieres, no se *estrecharán* tus pasos
Is. 63.15 tus piedades .. ¿se han *estrechado*?
Lc. 11.53 los escribas .. comenzaron a *estrecharle*

ESTRECHEZ v. Falta, Faltar, Necesidad
Job 20.22 el colmo de su abundancia padecerá e
2 Co. 8.13 para otros holgura, y para vosotros e

ESTRECHO, cha v. Angosto
Jos. 17.15 el monte de Efraín es e para vosotros
1 S. 13.6 los hombres de .. vieron que estaban en e
Is. 28.20 cana .. la manta e para poder envolverse
49.19 será e por la multitud de los moradores
49.20 e es para mi este lugar; apártate, para
Mt. 7.13 entrad por la puerta e; porque ancha
2 Co. 6.12 no estáis e en .. sois e en .. corazón

ESTRELLA v. Arena, Luna, Sol
Gn. 1.16 hizo Dios .. lumbreras .. también las e
15.5 mira ahora los cielos, y cuenta las e, si
22.17 multiplicaré tu .. como las e del cielo
37.9 sol y la luna y once e se inclinaban a mí
Nm. 24.17 saldrá e de Jacob, y se levantará cetro
Jue. 5.20 las e; desde sus órbitas pelearon contra
Job 25.5 ni las e son limpias delante de sus ojos
38.7 cuando alababan todas las e del alba
Is. 13.10 las e de los .. no darán su luz; y el sol
47.13 te defiendan .. los que observan las e
Dn. 8.10 parte del .. y de las e echó por tierra
Mt. 2.2 su e hemos visto en el oriente, y venimos
24.29; Mr. 13.25 las e caerán del cielo, y las
Hch. 7.43 Moloc, y la e de vuestro dios Renfán
1 Co. 15.41 otra la gloria de las e, pues una e es
He. 11.12 de uno .. salieron como las e del cielo
Jud. 13 e errantes, para las cuales está reservada
Ap. 1.16 tenía en su diestra siete e; de su boca
1.20 siete e son los ángeles de las iglesias
2.28 y le daré la e de la mañana
3.1 el que tiene los .. y las siete e, dice esto
6.13 las e del cielo cayeron sobre la tierra
8.10 cayó del cielo una gran e, ardiendo como
9.1 vi una e que cayó del cielo a la tierra; y se
12.4 cola arrastraba la tercera parte de las e
22.16 soy .. la e resplandeciente de la mañana

ESTRELLAR
Sal. 137.9 dichoso el que .. estrellare tus niños
Is. 13.16 sus niños serán estrellados delante de

ESTREMECER v. Temblar
Jue. 7.3 quien tema y se estremezca, madrugue y
Job 4.14 temblor, que estremeció todos mis huesos
37.1 por eso .. se estremece mi corazón, y
Sal. 119.120 mi carne se ha estremecido por temor
Is. 7.2 y se le estremeció el corazón, y el corazón
13.13 porque haré estremecer los cielos, y la
Am. 8.8 ¿no se estremecerá la tierra sobre esto?
Jn. 11.33 Jesús .. se estremeció en espíritu y se

ESTRUENDO v. Sonido
Ex. 20.18 pueblo observaba el e y los relámpagos
2 R. 7.6 en el campamento de los sirios se oyese e
Job 15.21 e espantosos hay en sus oídos; en la
Dn. 10.6 el sonido de sus palabras como el e de
Hch. 2.2 y de repente vino del cielo un e como de
2 P. 3.10 el cual los cielos pasarán con grande e
Ap. 14.2 oí una voz .. como e de muchas aguas

ESTUDIAR v. Aprender
Jn. 7.15 sabe éste letras, sin haber estudiado?

ETERNIDAD v. Edad, Siempre, Siglo
Sal. 103.17 es desde la e y hasta la e sobre los
Ec. 3.11 ha puesto e en el corazón de ellos, sin
Mi. 5.2 sus salidas son .. desde los días de la e

ETERNO, na v. Sempiterno, Siempre, Siglo, Vida eterna
Dt. 33.27 el e Dios es tu refugio, y .. los brazos e
1 Cr. 16.34 bueno, porque su misericordia es e
Sal. 24.7, 9 y alzaos vosotras, puertas, y entrará
45.6 tu trono, oh Dios, es e y para siempre
119.142 tu justicia es justicia e, y tu ley la
119.160 verdad, y e es todo juicio de tu justicia
135.13 Jehová, es tu nombre; tu memoria
Is. 33.14 ¿quién de .. habitará con las llamas e?
40.28 no has oído que el e es Jehová, el
54.8 con misericordia e tendré compasión de
Jer. 31.3 con amor e te he amado; por tanto, te

Jer. 50.5 pacto e que jamás se ponga en olvido
Dn. 7.27 cuyo reino es reino e, y .. le servirán
Hab. 3.6 y midió la tierra .. sus caminos son e
Mt. 18.8 dos manos .. ser echado en el fuego e
25.46 al castigo e, y los justos a la vida e
Mr. 3.29 jamás perdón, sino que es reo de juicio e
2 Co. 4.17 un cada vez más excelente y e peso de
4.18 se ven .. pero las que no se ven son e
He. 5.9 vino a ser autor de e salvación para todos
9.12 una vez .. habiendo obtenido e redención
9.15 reciban la promesa de la herencia e
2 P. 1.11 será otorgada .. entrada en el reino e
Ap. 14.6 otro ángel, que tenía el evangelio e para

ETÍOPE
Jer. 13.23 ¿mudará el e su piel, y el .. manchas?
Hch. 8.27 que un e .. había venido a Jerusalén

ETIOPÍA
Est. 1.1 Asuero que reinó desde la India hasta E
Sal. 68.31 E se apresurará a extender sus manos
Is. 18.1 ¡ay de la tierra que .. tras los ríos de E
Ez. 30.4 habrá miedo en E, cuando caigan heridos

EUFRATES
Gn. 15.18 a tu descendencia daré .. hasta el .. E
Jos. 1.4 desierto y el Líbano hasta el .. gran río E
Jer. 13.4 vete al E, y escóndelo allá en la .. peña
51.63 este libro .. lo echarás en medio del E
Ap. 9.14 ángeles .. atados junto al gran río E
16.12 ángel derramó su copa sobre el .. E

EUNICE 2 Ti. 1.5.

EUNUCO v. Oficial
Is. 56.3 ni diga el e: He aquí yo soy árbol seco
Dn. 1.3 dijo el rey a Aspenaz, jefe de sus .. e
Mt. 19.12 hay e que a sí mismos se hicieron e por
Hch. 8.27 etíope, e, funcionario de Candace reina

EUTICO Hch. 20.9–12.

EVA
Gn. 3.20 llamó Adán el nombre de su mujer, E
2 Co. 11.3 como la serpiente con su .. engañó a E
1 Ti. 2.13 Adán fue formado primero, después E

EVANGELIO v. Nueva, Palabra, Promesa
Mt. 4.23; Mr. 1.14 predicando e el reino
11.5; Lc. 7.22 a los pobres es anunciado el e
24.14 será predicado este e del reino en todo
26.13; Mr. 14.9 predique este e .. se contará
Mr. 1.1 principio del e de Jesucristo, Hijo de
8.35 pierda su vida por causa de mí y del e
10.29 haya dejado .. por causa de mí y del e
13.10 necesario que el e sea predicado antes
16.15 id por todo el mundo y predicad el e
Lc. 8.1 predicando y anunciando el e del reino
Hch. 8.25 en muchas poblaciones .. anunciaron el e
13.32 os anunciamos el e de aquella promesa
20.24 testimonio del e de la gracia de Dios
Ro. 1.1 a ser apóstol, apartado para el e de Dios
1.16 no me avergüenzo del e, porque es poder
2.16 en que Dios juzgará .. conforme a mi e
15.19 todo lo he llenado del e de Cristo
1 Co. 1.17 no .. a bautizar, sino a predicar el e
9.12 por no poner .. obstáculo al e de Cristo
9.14 los que anuncian el e, que vivan del e
9.18 predicando el e .. gratuitamente el e
15.1 os declaro .. el e que os he predicado
2 Co. 2.12 cuando llegué a Troas para predicar el e
4.3 si nuestro e está aún encubierto, entre los
11.4 otro e que el que habéis aceptado, bien
Gá. 1.6 alejado del .. para seguir un e diferente
1.11 que el e anunciado por mí, no es según
Ef. 1.13 la palabra .. el e de vuestra salvación
3.8 gracia de anunciar entre los gentiles el e
6.15 calzados los pies con el apresto del e de paz
6.19 para dar a conocer .. el misterio del e
Fil. 1.7 en la defensa y confirmación del e, todos
1.12 han redundado .. para el progreso del e
1.17 que estoy puesto para la defensa del e
1.27 que os comportéis como es digno del e
Col. 1.23 sin moveros de la esperanza del e que
1 Ts. 1.5 pues nuestro e no llegó a vosotros en

1 Ts. 2.4 por Dios para que se nos confiase el *e*
2 Ts. 2.14 a lo cual os llamó mediante nuestro *e*
1 Ti. 1.11 según el glorioso *e* del Dios bendito
2 Ti. 1.10 sacó a luz .. la inmortalidad por el *e*
1 P. 1.25 es la palabra que por el *e* os ha sido
Ap. 14.6 vi .. a otro ángel, que tenía el *e* eterno

EVANGELISTA
Hch. 21.8 entrando en casa de Felipe el *e*, que
Ef. 4.11 otros, *e*; a otros, pastores y maestros
2 Ti. 4.5 haz obra de *e*, cumple tu ministerio

EVITAR
1 Co. 7.28 de la carne, y yo os la quisiera *evitar*
2 Ti. 2.16 *evita* profanas y vanas palabrerías
3.5 apariencia de piedad, pero .. a éstos *evita*
Tit. 3.9 *evita* las cuestiones necias, y genealogías
He. 11.34 *evitaron* filo de espada, sacaron fuerzas

EXALTAR *v.* **Alabar, Engrandecer, Glorificar, Magnificar**
Dt. 26.19 de *exaltarte* sobre todas las naciones
Job 24.24 fueron *exaltados* .. mas desaparecen
Sal. 12.8 cuando la vileza es *exaltada* entre los
34.3 conmigo, y *exaltemos* a una su nombre
46.10 Dios; seré *exaltado* entre las naciones
57.5; 108.5 *exaltado* seas sobre los cielos
66.17 mi boca, y fue *exaltado* con mi lengua
68.4 *exaltad* al que cabalga sobre los cielos
75.10 pero el poder del justo será *exaltado*
99.5 *exaltad* a Jehová .. Dios, y postraos
107.32 *exáltenlo* en la congregación del
118.28 mi Dios eres tú, y te .. y te *exaltaré*
145.1 *exaltaré*, mi Dios, mi Rey, y bendeciré
147.6 Jehová *exalta* a los humildes, y humilla
149.6 *exalten* a Dios con sus gargantas, y
Ec. 10.4 si el .. príncipe se *exaltare* contra ti
Is. 2.11 Jehová solo será *exaltado* en aquel día
5.16 pero Jehová .. será *exaltado* en juicio
25.1 Jehová, tú eres mi Dios; te *exaltaré*
33.5 será *exaltado* Jehová, el cual mora en
Ez. 21.26 *exaltado* lo bajo, y humillado lo alto
Os. 13.1 cuando Efraín hablaba .. fue *exaltado*
Lc. 1.52 a los poderosos, y *exaltó* a los humildes
Hch. 5.31 a éste, Dios ha *exaltado* con su diestra
2 Co. 12.7 la grandeza de las .. no me *exaltase*
Fil. 2.9 Dios .. le *exaltó* hasta lo sumo, y le dio
Stg. 4.10 humillaos delante del .. y él os *exaltará*
1 P. 5.6 para que él os *exalte* cuando fuere tiempo

EXAMINAR *v.* **Escudriñar, Inquirir, Probar**
Job 28.3 y *examinan* todo a la perfección, las
Sal. 26.2 *examina* mis íntimos pensamientos y mi
139.1 Jehová, me has *examinado* y conocido
139.23 *examíname* .. Dios, y conoce mi corazón
Pr. 4.26 *examina* la senda de tus pies, y todos tus
Hch. 22.24 ordenó .. fuese *examinado* con azotes
1 Co. 11.31 nos *examinásemos* a nosotros mismos
2 Co. 13.5 *examinaos* .. mismos si estáis en la fe
1 Ts. 5.21 *examinadlo* todo; retened lo bueno

EXCELENCIA *v.* **Grandeza, Magnificencia**
Ec. 4.4 toda e de obras despierta la envidia del
1 Co. 2.1 no fui con *e* de palabras o de sabiduría
2 Co. 4.7 para que la *e* del poder sea de Dios, y

EXCELENTE *v.* **Glorioso, Grande**
1 Cr. 17.17 me has mirado como a un hombre *e*
Is. 56.12 será el día de mañana .. mucho más *e*
1 Co. 12.31 yo os muestro un camino aun más *e*
He. 1.4 cuanto heredó más *e* nombre que ellos

EXCELSO *v.* **Glorioso, Grande**
1 Cr. 29.11 es el reino, y tú eres *e* sobre todos
Job 36.22 he aquí que Dios es *e* en su poder
Sal. 89.27 le pondré por .. el más *e* de los reyes de
97.9 tú, Jehová, eres *e* sobre toda la tierra
113.4 *e* sobre todas las naciones es Jehová
138.6 Jehová es *e*, y atiende al humilde, mas
Jer. 17.12 trono de gloria, *e* desde .. es el lugar

EXCITAR
Sal. 37.8 no te *excites* en manera alguna a hacer
Hch. 14.2 *excitaron* .. los ánimos de los gentiles

EXCLUIR *v.* **Echar, Fuera**
Lc. 13.28 el reino .. y vosotros estéis *excluidos*
Ro. 3.27 queda *excluida*. ¿Por cuál ley? Por la
2 Ts. 1.9 *excluidos* de la presencia del Señor

EXCUSA *v.* **Pretexto**
Jn. 15.22 pero ahora no tienen *e* por su pecado
Ro. 1.20 entendidas .. de modo que no tienen *e*

EXCUSARSE
Lc. 14.18 todos a una comenzaron a *excusarse*

EXHIBIR *v.* **Espectáculo, Manifestar**
1 Co. 4.9 Dios nos ha *exhibido* a nosotros los
Col. 2.15 los *exhibió* .. triunfando sobre ellos

EXHORTACIÓN *v.* **Amonestación**
Lc. 3.18 con .. *e* anunciaba las buenas nuevas
Hch. 13.15 si tenéis alguna palabra de *e* para el
1 Co. 14.3 el que .. habla a los hombres para .. *e*
2 Co. 8.17 a la verdad recibió la *e*; pero estando
1 Ts. 2.3 nuestra *e* no procedió de error ni de
1 Ti. 4.13 voy, ocúpate en la .. *e* y la enseñanza
He. 12.5 habéis ya olvidado la *e* que como a hijos
13.22 ruego .. que soportéis la palabra de *e*
2 P. 3.1 despierto con *e* .. limpio entendimiento

EXHORTAR *v.* **Aconsejar, Amonestar, Animar**
Hch. 2.40 les *exhortaba*, diciendo: Sed salvos de
11.23 *exhortó* .. que permaneciesen fieles al
20.2 después .. *exhortarles* .. llegó a Grecia
27.22 ahora os *exhorto* a tener buen ánimo
27.33 Pablo *exhortaba* a todos que comiesen
Ro. 12.8 el que *exhorta*, en la exhortación; el
1 Co. 14.31 aprendan, y todos sean *exhortados*
2 Co. 6.1 *exhortamos* .. a que no recibáis en vano
9.5 *exhortar* a los hermanos que fuesen
Col. 3.16 *exhortándoos* unos .. en toda sabiduría
1 Ts. 2.11 *exhortábamos* .. cada uno de vosotros
1 Ti. 2.1 *exhorto* .. a que se hagan rogativas
5.1 al anciano, sino *exhórtale* como a padre
6.2 buen servicio. Esto enseña y *exhorta*
2 Ti. 4.2 reprende, *exhorta* con toda paciencia
Tit. 2.6 *exhorta* .. jóvenes a que sean prudentes
2.15 habla y *exhorta* .. con toda autoridad
He. 3.13 *exhortaos* los unos a los otros cada día
10.25 no dejando de .. sino *exhortándonos*

EXIGIR *v.* **Demandar**
Lc. 3.13 dijo: No *exijáis* más de lo que os está

EXORCISTA
Hch. 19.13 algunos .. *e* ambulantes, intentaron

EXPANSIÓN
Gn. 1.6 dijo Dios: Haya *e* en medio de las aguas

EXPIACIÓN *v.* **Propiciación, Redención**
Ex. 29.33 las cosas con las cuales se hizo *e*
30.10 sobre sus cuernos hará Aarón *e* una
Lv. 1.4 su mano .. y será aceptado para *e* suya
4.3 ofrecerá .. un becerro sin defecto para *e*
4.20 así hará el sacerdote *e* por ellos
5.6 para su *e* traerá a Jehová por su pecado
8.14 manos sobre la cabeza del becerro de la *e*
16.30 en este día se hará *e* por vosotros, y
23.27 diez días de este mes será el día de *e*
25.9 día de la *e* haréis tocar la trompeta
Nm. 8.12 por *e* .. para hacer *e* por los levitas
15.25 sacerdote hará *e* por .. la congregación
25.13 celo .. e hizo *e* por los hijos de Israel
31.50 hacer *e* por nuestras almas delante
Dt. 32.43 hará *e* por la tierra de su pueblo
Is. 53.10 haya puesto su vida en *e* por el pecado
Ez. 45.20 así harás el .. y harás *e* por la casa

EXPIAR *v.* **Propiciación, Reconciliar**
Lv. 16.20 acabado de *expiar* el santuario y el
Nm. 35.33 tierra no será *expiada* de la sangre
1 S. 3.14 la iniquidad de .. Elí no será *expiada*
Dn. 9.24 y *expiar* la iniquidad, para traer la
He. 2.17 para *expiar* los pecados del pueblo

EXPIRAR *v.* **Morir**
Job 10.18 hubiera yo *expirado*, y ningún ojo me
Mr. 15.37 Jesús, dando una gran voz, *expiró*
Hch. 5.5 al oír Ananías estas palabras .. *expiró*

EXPONER
Job 23.4 *expondría* mi causa delante de él, y
Hch. 15.26 hombres que han *expuesto* su vida por
  18.26 *expusieron* más exactamente el camino
Gá. 2.2 *expuse* en privado a los que tenían cierta
Fil. 2.30 *exponiendo* su vida para suplir lo que
He. 6.6 Hijo de Dios y *exponiéndole* a vituperio

EXPOSICIÓN
Sal. 119.130 la *e* de tus palabras alumbra; hace

EXPRESAR
Sal. 106.2 ¿quién *expresará* las poderosas obras
2 Co. 12.4 que no le es dado al hombre *expresar*

EXPULSAR *v.* Arrojar, Echar, Fuera
1 Ts. 2.15 a nosotros nos *expulsaron*; y no agradaron
3 Jn. 10 lo prohibe, y los *expulsa* de la iglesia

ÉXTASIS *v.* Sueño, Visión
Hch. 10.10 pero mientras le .. le sobrevino un *é*
  11.5 vi en *é* una visión; algo semejante a un
  22.17 orando en el templo me sobrevino un *é*

EXTENDER *v.* Divulgar
Job 9.8 él solo *extendió* los cielos, y anda sobre
  15.25 él *extendió* su mano contra Dios, y se
  37.18 ¿*extendiste* tú con él los cielos, firmes
Sal. 68.31 Etiopía se apresurará a *extender* sus
  88.9 he llamado .. he *extendido* a ti mis manos
Pr. 1.24 *extendí* mi mano, y no hubo .. atendiese
Is. 25.11 *extenderá* su mano por en medio de él
  37.14 cartas .. las *extendió* delante de Jehová
  54.2 y las cortinas de tus .. sean *extendidas*
  65.2 *extendí* mis manos todo el día a pueblo
Lm. 1.17 Sion *extendió* sus manos; no tiene quien
Mt. 12.13; Mr. 3.5; Lc. 6.10 dijo: *Extiende* tu
  mano. Y él la *extendió*
  23.5 y *extienden* los flecos de sus mantos
Ro. 10.21 *extendí* mis manos a un pueblo rebelde
1 Ts. 1.8 lugar vuestra fe en Dios se ha *extendido*

EXTERMINAR *v.* Destruir
Dt. 7.17 naciones .. ¿cómo las podré *exterminar*?
Jue. 21.17 no sea *exterminada* una tribu de Israel
2 R. 10.28 así *exterminó* Jehú a Baal de Israel

EXTRANJERO, ra *v.* Advenedizo, Extraño, Forastero
Gn. 4.12 su fuerza; errante y *e* serás en la tierra
  23.4 *e* y forastero soy entre vosotros; dadme
Ex. 22.21; 23.9 *e* no .. angustiarás .. *e* fuisteis
Lv. 19.10; 23.22 para el pobre y .. el *e* lo dejarás
  19.34 como a un natural de .. tendréis al *e*
  25.40 como criado, como .. estará contigo
Nm. 9.14 un mismo rito .. el *e* como el natural
Dt. 10.19 amaréis, pues, al *e*; porque *e* fuisteis
  15.3 del *e* demandarás el reintegro; pero lo
  24.17 no torcerás el derecho del *e* ni del
1 R. 8.41; 2 Cr. 6.32 el *e*, que no es de tu pueblo
1 Cr. 29.15 *e* y advenedizos somos delante de ti
Esd. 10.2 tomamos mujeres *e* de los pueblos de la
  10.11 apartaos de los .. y de las mujeres *e*
Neh. 13.30 los limpié, pues, de todo *e*, y puse a
Sal. 94.6 a la viuda y al *e* matan, y a los huérfanos
  146.9 Jehová guarda a los *e*; al huérfano y
Is. 60.10 *e* edificarán tus muros, y sus reyes te
  61.5 *e* apacentarán vuestras ovejas, y los
Jer. 22.3 no engañéis ni robéis al *e*, ni al huérfano
  51.51 vinieron *e* contra los santuarios de la
Ez. 28.7 he aquí yo traigo sobre ti *e*, los fuertes
Hch. 7.6 su descendencia sería *e* en tierra ajena
  10.28 para un varón judío .. acercarse a un *e*
1 Co. 14.11 seré como *e* para el que habla, y el
Ef. 2.19 así que ya no sois *e* ni advenedizos, sino
He. 11.13 confesando que eran *e* y peregrinos
1 P. 2.11 yo os ruego como a *e* y peregrinos, que

EXTRAÑO, ña *v.* Extranjero, Forastero
Ex. 12.43 de la pascua; ningún *e* comerá de ella
  30.9 no ofreceréis sobre él incienso *e*, ni
Dt. 23.20 del *e* podrás exigir interés, mas de tu
Job 19.13 mis conocidos como *e* se apartaron de
Sal. 54.3 porque *e* se han levantado contra mí

Sal. 69.8 *e* he sido para mis hermanos, y
Pr. 5.20 por qué .. abrazarás el seno de la *e*?
  7.5 guarden .. de la *e* que ablanda .. palabras
  11.15 el que sale por fiador de un *e*; mas el
  27.2 alábete el *e*, y no tu propia boca; el
Is. 61.5 los *e* serán vuestros labradores y vuestros
  62.8 ni beberán los *e* el vino que es fruto de
Jer. 2.21 te me has vuelto sarmiento de vid *e*?
  2.25 no hay remedio .. porque a *e* he amado
  5.19 manera .. así serviréis a *e* en tierra ajena
Lm. 5.2 nuestra heredad ha pasado a *e*, nuestras
Jl. 3.17 será santa, y no pasarán más por ella
Mt. 17.25 impuestos? ¿De sus hijos, o de los *e*?
Jn. 10.5 mas al *e* no seguirán, sino huirán de él
1 P. 4.4 les parece cosa *e* que .. no corráis con ellos
  4.12 como si alguna cosa *e* os aconteciese

EXTRAVIAR *v.* Errar, Perder
2 Cr. 33.9 Manasés .. hizo *extraviarse* a Judá y a
Is. 35.8 camino, por torpe que sea, no se *extraviará*
2 Co. 11.3 *extraviados* de la sincera fidelidad a
Stg. 5.19 si alguno .. se ha *extraviado* de la verdad
2 P. 2.15 se han *extraviado* siguiendo .. Balaam
2 Jn. 9 cualquiera que se *extravía*, y no persevera

EZEQUÍAS
2 R. 16.20—21.3; 2 Cr. 28.27—33.3; Is. 36.1—39.8.

EZEQUIEL
Su llamamiento, Ez. 2.1—3.11; con los cautivos en Tel-abib, Ez. 3.15; tenía casa allí, Ez. 3.24; 8.1; intercede por Israel, Ez. 9.8; 11.13; muere su esposa, Ez. 24.18; hecho mudo y sanado, Ez. 3.26; 24.27; 33.22.

FÁBULA
1 Ti. 1.4 presten atención a *f* y genealogías
  4.7 desecha las *f* profanas y de viejas
2 Ti. 4.4 y apartarán la .. y se volverán a las *f*
Tit. 1.14 no atendiendo a *f* judaicas .. de hombres
2 P. 1.16 no .. siguiendo *f* artificiosas, sino como

FÁCIL
Pr. 14.6 al hombre entendido la sabiduría le es *f*
Mt. 9.5; Mr. 2.9; Lc. 5.23 ¿qué es más *f*, decir: Los pecados te son perdonados
  11.30 porque mi yugo es *f*, y ligera mi carga
  19.24; Mr. 10.25; Lc. 18.25 más *f* pasar un camello por el ojo de una aguja

FALSAMENTE
Lv. 19.12 y no juraréis *f* .. nombre, profanando
Dt. 19.18 falso, y hubiere acusado *f* a su hermano
Jer. 14.14; 29.9 *f* profetizan los profetas en mi

FALSO, sa *v.* Fingido
Ex. 20.16; Dt. 5.20 no hablarás .. *f* testimonio
  23.1 no te .. con el impío para ser testigo *f*
Dt. 19.16 se levantare testigo *f* contra alguno
Sal. 27.12 se han levantado contra mí testigos *f*
Pr. 6.19 el testigo *f* que habla mentiras, y el que
  14.5 mas el testigo *f* hablará mentiras
  19.5 el testigo *f* no quedará sin castigo, y el
  20.10 peso *f* y medida *f* .. son abominación a
  25.18 es el hombre que habla .. *f* testimonio
Is. 9.17 todos son *f* y malignos, y toda boca habla
Mt. 7.15 guardaos de los *f* profetas, que vienen
  24.11 profetas se levantarán, y engañarán a
  24.24; Mr. 13.22 porque se levantarán *f* Cristos
Mr. 14.56 decían *f* testimonio contra él, mas sus
Hch. 6.13 y pusieron testigos *f* que decían: Este
1 Co. 15.15 y somos hallados *f* testigos de Dios
2 Co. 11.13 porque éstos son *f* apóstoles, obreros
  11.26 en el mar, peligros entre *f* hermanos
Gá. 2.4 a pesar de los *f* hermanos introducidos
2 P. 2.1 hubo .. *f* profetas .. habrá .. *f* maestros
1 Jn. 4.1 *f* profetas han salido por el mundo
Ap. 19.20 fue apresada, y con ella el *f* profeta

FALTA *v.* Culpa, Defecto, Delito, Error, Necesidad, Yerro
Lv. 5.15 persona cometiere *f*, y pecare por yerro
Dt. 17.1 no ofrecerás .. cordero en el cual haya *f*
Jue. 18.10 lugar donde no hay *f* de cosa alguna
1 S. 29.3 no he hallado *f* en él desde el día que
Dn. 6.4 no podían hallar .. *f*, porque él era fiel

1 Co. 6.7 es ya una *f* en vosotros que tengáis
Gá. 6.1 si alguno fuere sorprendido en alguna *f*
Stg. 1.5 si alguno de vosotros tiene *f* de sabiduría

FALTAR *v.* Escasear, Fallar
Gn. 21.23 no *faltarás* a mí, ni a mi hijo ni a mi
Ex. 16.18 ni *faltó* al que había recogido poco
Dt. 8.9 no comerás .. con escasez, ni te *faltará*
Jos. 21.45; 23.14 no *faltó* palabra de todas las
1 R. 2.4 jamás, dice, *faltará* a ti varón en el trono
Sal. 23.1 Jehová es mi pastor; nada me *faltará*
   34.9 pues nada *falta* a los que le temen
   44.17 de ti, y no hemos *faltado* a tu pacto
Ec. 6.2 hombre a quien Dios da .. y nada le *falta*
Ez. 4.17 al *faltarles* el pan .. se consuman en su
Mt. 19.20 lo he guardado .. ¿Qué más me *falta*?
Mr. 10.21; Lc. 18.22 una cosa te *falta*: anda
Lc. 15.14 gran hambre .. y comenzó a *faltarle*
   22.32 yo he rogado por ti, que tu fe no *falte*
   22.35 os envié sin bolsa .. ¿os *faltó* algo?
2 Co. 11.9 pues lo que me *faltaba*, lo suplieron los
Fil. 2.30 su vida para suplir lo que *faltaba* en
He. 11.32 porque el tiempo me *faltaría* contando

FALLAR *v.* Faltar
Sal. 40.12 rodeado males .. mi corazón me *falla*
Ro. 9.6 no que la palabra de Dios haya *fallado*

FAMA *v.* Alabanza, Gloria, Renombre
Nm. 14.15 gentes que hubieren oído tu *f* hablarán
Jos. 9.9 hemos oído su *f* .. lo que hizo en Egipto
1 S. 2.24 porque no es buena *f* la que yo oigo
1 R. 10.1; 2 Cr. 9.1 oyendo la reina de Sabá la *f*
   10.7 es mayor tu sabiduría y bien, que la *f* que
Job 28.22 su *f* hemos oído con nuestros oídos
Pr. 22.1 y la buena *f* más que la plata y el oro
Ec. 7.1 mejor es la buena *f* que el buen ungüento
Mt. 4.24; Mr. 1.28; Lc. 4.37 se difundió su
   f por toda Siria
   14.1 Herodes el tetrarca oyó la *f* de Jesús
Lc. 5.15 pero su *f* se extendía más y más; y se
2 Co. 6.8 por deshonra, por mala *f* y por buena *f*

FAMILIA *v.* Casa, Descendencia, Hijo, Linaje,
   Posteridad, Simiente
Gn. 12.3; 28.14 serán benditas en ti todas las *f* de
1 S. 9.21 mi *f* .. la más pequeña de todas las *f*
   18.18 ¿quién soy yo .. o la *f* de mi padre en
Sal. 68.6 hace habitar en *f* a los desamparados
Pr. 31.21 toda su *f* está vestida de ropas dobles
Jer. 31.1 yo seré por Dios a todas las *f* de Israel
Am. 3.2 a vosotros .. he conocido de todas las *f*
Mt. 13.52 es semejante a un padre de *f*, que saca
Gá. 6.10 hagamos bien .. a los de la *f* de la fe
Ef. 2.19 de los santos, y miembros de la *f* de Dios
   3.15 de quien toma nombre toda *f* en los cielos
1 Ti. 5.4 a ser piadosos para con su propia *f*, y a

FANTASMA
Job 4.16 paróse delante de mis ojos un *f*, cuyo
Mt. 14.26 discípulos .. turbaron, diciendo: ¡Un *f*!
Mr. 6.49 mar pensaron que era un *f*, y gritaron

FARAÓN *v.* Egipto, Rey
Gn. 12.15 de él; y fue llevada la mujer a casa de *F*
   41.1 que pasados dos años tuvo *F* un sueño
   47.2 tomó cinco .. los presentó delante de *F*
Ex. 3.10 te enviaré a *F*, para que saques de Egipto
   5.6 mandó *F* .. a los cuadrilleros del pueblo
   7.3 endureceré el corazón de *F*, y .. señales
1 R. 3.1 Salomón hizo parentesco con *F* rey de
Sal. 136.15 y arrojó a *F* y a su .. en el Mar Rojo

FARAÓN NECAO   2 R. 23.29; Jer. 46.2.

FARES   Gn. 38.29.

FARISEO *v.* Doctor, Escriba, Maestro, Saduceo
Mt. 3.7 al ver él que muchos de los *f* .. venían a
   9.11 cuando vieron esto los *f*, dijeron a los
   12.14; Mr. 3.6 salidos los *f*, tuvieron consejo
   15.12 ¿sabes que los *f* se ofendieron cuando
   16.1 vinieron los *f* y los saduceos .. tentarle
   23.13; Lc. 11.42 ¡ay de vosotros, escribas y *f*

Mr. 2.18 los discípulos .. de los *f* ayunaban, y
   8.11 vinieron .. los *f* .. pidiéndole señal del
Lc. 5.17 estaban sentados los *f* y doctores de la
   5.30 y los *f* murmuraban contra los discípulos
   5.33 asimismo los de los *f*, pero los tuyos, no
   7.30 los *f* .. desecharon los designios de Dios
   7.36 y habiendo entrado en casa del *f*, se sentó
   11.37 luego .. le rogó un *f* que comiese con él
   14.1 en casa de un gobernante, que era *f*
   15.2 los *f* .. murmuraban, diciendo: Este a los
   16.14 oían también .. los *f*, que eran avaros
   18.10 a orar: uno era *f*, y el otro publicano
Jn. 7.32 los *f* oyeron .. que murmuraba de él
   7.48 ¿acaso ha creído en él alguno .. los *f*?
   9.13 llevaron ante los *f* al que había sido ciego
   12.42 pero a causa de los *f* no lo confesaban
Hch. 15.5 algunos de la secta de los *f*, que habían
   23.6 varones hermanos, yo soy *f*, hijo de *f*
   26.5 conforme a .. nuestra religión, viví *f*
Fil. 3.5 hebreo de hebreos .. en cuanto a la ley, *f*

FASCINAR
Gá. 3.1 ¿quién os *fascinó* para no obedecer a la

FASTIDIO
Gn. 27.46 dijo Rebeca a Isaac: *F* tengo de mi
Nm. 21.5 nuestra alma tiene *f* de este pan tan
Mal. 1.13 habéis .. dicho: ¡Oh, qué *f* es esto!

FATIGA *v.* Afán, Trabajo
Ec. 12.12 y el mucho estudio es *f* de la carne
Mr. 6.48 viéndoles remar con gran *f*, porque el
2 Co. 11.27 en trabajo y *f*, en muchos desvelos, en
1 Ts. 2.9 acordáis .. de nuestro trabajo y *f*

FATIGADO, da *v.* Cansado
Is. 8.21 pasarán por la tierra *f* y hambrientos
   54.11 pobrecita, *f* con tempestad, sin consuelo
Jer. 45.3 *f* .. de gemir, y no he hallado descanso

FATIGAR *v.* Afanar, Cansar
Sal. 121.6 el sol no te *fatigará* de día, ni la luna
Ec. 10.15 trabajo de los necios los *fatiga*; porque
Is. 40.28 desfallece, ni se *fatiga* con cansancio
   40.30 los muchachos se *fatigan* y se cansan
   43.24 sino .. me *fatigaste* con tus maldades
   47.13 te has *fatigado* en tus muchos consejos
Lm. 5.5 nos *fatigamos*, y no hay .. reposo
Hab. 2.13 y las naciones se *fatigarán* en vano
1 Co. 4.12 nos *fatigamos* trabajando con nuestros

FATUO, tua *v.* Insensato, Necio
Job 2.10 como suele hablar .. las mujeres *f*, has
Pr. 17.12 una osa .. que con un *f* en su necedad
Mt. 5.22 le diga: *F*, quedará expuesto al infierno

FAVOR *v.* Gracia
Dt. 33.23 Neftalí, saciado de *f*, y lleno de la
Est. 2.15 ganaba Ester el *f* de todos los que la
Job 20.10 sus hijos solicitarán el *f* de los pobres
   29.4 el *f* de Dios velaba sobre mi tienda
Sal. 5.12 como con un escudo lo rodearás de tu *f*
   30.5 será su ira, pero su *f* dura toda la vida
   103.4 el que te corona de *f* y misericordias
   141.5 que el justo me castigue, será un *f*
Pr. 11.27 el que procura el bien buscará *f*; mas al
   12.2 el bueno alcanzará el *f* de Jehová; mas el
   19.6 muchos buscan el *f* del generoso, y cada
   21.10 el mal; su prójimo no halla *f* en sus ojos
   29.26 muchos buscan el *f* del príncipe; mas de
Hch. 2.47 alabando a Dios, y teniendo *f* con todo
Gá. 1.10 ¿busco ahora el *f* de los hombres, o el

FAVORECER
Lv. 19.15 ni *favoreciendo* al pobre ni .. al grande
Sal. 57.2 clamaré al .. al Dios que me *favorece*
   109.21 tú .. *favoréceme* por amor de tu nombre

FAZ *v.* Apariencia, Aspecto, Cara, Rostro
2 Co. 4.6 la gloria de Dios en la *f* de Jesucristo

FE *v.* Confianza, Creer, Fidelidad, Obediencia,
   Seguridad
Hab. 2.4 he aquí .. mas el justo por su *f* vivirá
Mt. 6.30; Lc. 12.28 ¿no hará mucho más .. hombres
   de poca *f*?

Mt. 8.10; Lc. 7.9 ni aun en Israel he hallado .. *f*
8.26 ¿por qué teméis, hombres de poca *f*?
9.2; Mr. 2.5; Lc. 5.20 al ver Jesús la *f* de ellos
9.22; Mr. 5.34; Lc. 8.48 tu *f* te ha salvado
14.31 ¡hombre de poca *f*! ¿Por qué dudaste?
15.28 oh mujer, grande es tu *f*; hágase contigo
17.20 si tuviereis *f* como un grano de mostaza
21.21 os digo, que si tuviereis *f*, y no dudareis
Mr. 4.40 así amedrentados? ¿Cómo no tenéis *f*?
10.52; Lc. 18.42 dijo: Vete, tu *f* te ha salvado
11.22 Jesús, les dijo: Tened *f* en Dios
Lc. 7.50 la mujer: Tu *f* te ha salvado, vé en paz
8.25 y les dijo: ¿Dónde está vuestra *f*?
17.5 dijeron los .. al Señor: Auméntanos la *f*
18.8 cuando venga .. ¿hallará *f* en la tierra?
22.32 yo he rogado por ti, que tu *f* no falte
Hch. 3.16 por la *f* en su nombre, a éste, que .. veis
6.5 Esteban, varón lleno de *f* y del Espíritu
11.24 porque era varón bueno, y lleno .. de *f*
14.9 Pablo .. viendo que tenía *f* para ser sanado
14.22 exhortándoles .. permaneciesen en la *f*
16.5 que las iglesias eran confirmadas en la *f*
17.31 dando *f* a todos con haberle levantado
24.24 viniendo Félix .. le oyó acerca de la *f*
Ro. 1.5 la obediencia de la *f* en todas las naciones
1.8 vuestra *f* se divulga por todo el mundo
1.17 justicia de Dios se revela por *f* y para *f*
1.17; Gá. 3.11; He. 10.38 mas el justo por la *f*
vivirá
3.22 la justicia de Dios por medio de la *f* en
3.25 como propiciación por medio de la *f* en
3.26 que justifica al que es de la *f* de Jesús
3.27 de las obras? No, sino la ley de la *f*
3.28 hombre es justificado por *f* sin las obras
4.5 no obra .. su *f* le es contada por justicia
4.14 vana resulta la *f*, y anulada la promesa
4.16 por *f*, para que sea por gracia, a fin de
4.16 a la que es de la *f* de Abraham, el
4.19 y no se debilitó en la *f* al considerar
5.1 justificados, pues, por la *f*, tenemos paz
5.2 tenemos entrada por la *f* a esta gracia
9.30 justicia, es decir, la justicia que es por *f*
9.32 porque iban tras ella no por *f*, sino como
10.6 pero la justicia que es por la *f* dice así
10.8 esta es la palabra de *f* que predicamos
10.17 así que la *f* es por el oir, y el oir por
12.3 conforme a la medida de *f* que Dios da
14.22 ¿tienes tú *f*? Tenla para contigo mismo
14.23 todo lo que no proviene de *f*, es pecado
1 Co. 2.5 para que vuestra *f* no esté fundada en la
12.9 a otro, *f* por el mismo Espíritu; y a otro
13.2 y si tuviese toda la *f*, de tal manera que
13.13 permanecen la *f*, la esperanza y el amor
15.14 si Cristo no .. vana es también vuestra *f*
16.13 velad, estad firmes en la *f*; portaos
2 Co. 1.24 no que os enseñoreemos de vuestra *f*
4.13 pero teniendo el mismo espíritu de *f*
5.7 porque por *f* andamos, no por vista
10.15 conforme crezca vuestra *f* seremos muy
13.5 examinaos a vosotros .. si estáis en la *f*
Gá. 2.16 no es justificado por .. sino por la *f* de
3.2 por las obras de la ley, o por el oir con *f*?
3.14 que por la *f* recibiésemos la promesa
3.26 pues todos sois hijos de Dios por la *f* en
5.6 vale .. sino la *f* que obra por el amor
6.10 y mayormente a los de la familia de la *f*
Ef. 1.15 habiendo oído de vuestra *f* en el Señor
2.8 por gracia sois salvos por medio de la *f*
3.12 con confianza por medio de la *f* en él
3.17 que habite Cristo por la *f* en vuestros
4.5 un Señor, una *f*, un bautismo
4.13 que todos lleguemos a la unidad de la *f*
6.16 el escudo de la *f*, con que podáis apagar
Fil. 1.27 combatiendo .. por la *f* del evangelio
3.9 sino .. la justicia que es de Dios por la *f*
Col. 1.4 habiendo oído de vuestra *f* en Cristo
1.23 en verdad permanecéis .. firmes en la *f*
2.5 mirando .. firmeza de vuestra *f* en Cristo
1 Ts. 1.3 acordándonos .. de la obra de vuestra *f*
1.8 lugar vuestra *f* en Dios se ha extendido

1 Ts. 5.8 vestido con la coraza de *f* y de amor, y
2 Ts. 1.3 por cuanto vuestra *f* va creciendo, y el
1.11 y cumpla .. toda obra de *f* con su poder
3.2 librados de .. porque no es de todos la *f*
1 Ti. 1.2 Timoteo, verdadero hijo en la *f*: Gracia
1.5 amor nacido de .. buena conciencia y de *f*
1.19 manteniendo la *f* y buena conciencia
2.15 pero se salvará .. si permaneciere en *f*
3.9 que guarden el misterio de la *f* con limpia
3.13 ganan .. mucha confianza en la *f* que es
4.1 dice .. que .. algunos apostatarán de la *f*
4.12 sé ejemplo de .. en palabra .. *f* y pureza
5.8 si alguno no provee para .. ha negado la *f*
6.10 el cual codiciando .. extraviaron de la *f*
6.12 pelea la buena batalla de la *f*, echa mano
6.21 la cual profesando .. desviaron de la *f*
2 Ti. 1.5 trayendo a la memoria la *f* no fingida
2.18 desviaron .. y trastornan la *f* de algunos
3.8 corruptos de .. réprobos en cuanto a la *f*
3.15 hacer sabio para la salvación por la *f*
4.7 he acabado la carrera, he guardado la *f*
Tit. 1.1 conforme a la *f* de los escogidos de Dios
1.4 a Tito, verdadero hijo en la común *f*
1.13 repréndelos .. que sean sanos en la *f*
2.2 sean sobrios .. sanos en la *f*, en el amor
Flm. 5 oigo del amor y de la *f* que tienes hacia
He. 4.2 por no ir acompañada de *f* en los que la
6.1 dejando .. rudimentos .. de la *f* en Dios
6.12 de aquellos que por la *f* .. heredan las
10.22 en plena certidumbre de *f*, purificados
10.39 que tienen *f* para preservación del alma
11.1 es, pues, la *f* la certeza de lo que se
11.6 pero sin *f* es imposible agradar a Dios
11.13 conforme a la *f* murieron todos éstos
11.33 que por *f* conquistaron reinos, hicieron
11.39 alcanzaron buen testimonio mediante la *f*
12.2 en Jesús, el autor y consumador de la *f*
13.7 resultado de su conducta, e imitad su *f*
Stg. 1.6 pida con *f*, no dudando nada; porque
2.1 vuestra *f* en nuestro glorioso Señor sea
2.5 para que sean ricos en *f* y herederos del
2.14 alguno dice que tiene *f*, y no tiene obras
2.18 tu *f* sin tus obras .. mi *f* por mis obras
2.20 saber .. la *f* sin las obras es muerta?
2.22 la *f* actuó .. con sus obras, y que la *f*
1 P. 1.5 que sois guardados por .. mediante la *f*
1.7 para que sometida a prueba vuestra *f*
1.9 obteniendo el fin de vuestra *f*, que es la
5.9 al cual resistid firmes en la *f*, sabiendo
2 P. 1.1 una *f* igualmente preciosa que la nuestra
1.5 por esto mismo, añadid a vuestra *f* virtud
1 Jn. 5.4 la victoria que ha vencido .. nuestra *f*
Jud. 3 contendáis ardientemente por la *f* que ha
20 edificándoos sobre vuestra santísima *f*
Ap. 2.19 conozco tus obras, y amor y *f*, y servicio
13.10 está la paciencia y la *f* de los santos
14.12 los que guardan los .. y la *f* de Jesús

FEBE Ro. 16.1.

FELIPE el apóstol Mt. 10.3; Mr. 3.18; Lc.
6.14; Hch. 1.13.

Jn. 1.43 Jesús .. halló a *F*, y le dijo: Sígueme
12.21 se acercaron a *F*, que era de Betsaida
14.8 *F* le dijo: Señor, muéstranos el Padre
14.9 tanto tiempo .. y no me has conocido, *F*?

FELIPE esposo de Herodías Mt. 14.3; Mr.
6.17; Lc. 3.19.

FELIPE el tetrarca Lc. 3.1.

FELIPE el evangelista Hch. 6.5; 8.5-40; 21.8.

FÉLIX Hch. 23.24—24.27.

FENECER *v.* Acabar, Terminar
Job 7.6 mis días fueron .. fenecieron sin esperanza
Sal. 7.9 fenezca ahora la maldad de los inicuos
Is. 16.4 el atormentador fenecerá, el .. tendrá fin

FÉRTIL *v.* Fructífero
Neh. 9.25 tomaron ciudades .. tierra *f* .. casas
Is. 5.1 tenía mi amado una viña en una ladera *f*
32.15 el desierto se convierta en campo *f*

FERVIENTE
Ro. 12.11 *f* en espíritu, sirviendo al Señor

FESTO Hch. 24.27—26.32.

FIADOR
Pr. 6.1 hijo mío, si salieres *f* por tu amigo, si
　　11.15 será afligido el que sale por *f* de un
He. 7.22 Jesús es hecho *f* de un mejor pacto

FIAR *v.* Confiar, Creer
Pr. 3.5 *fíate* de Jehová de todo tu corazón, y no
Jn. 2.24 pero Jesús mismo no se *fiaba* de ellos

FIDELIDAD *v.* Fe, Verdad
2 Cr. 34.12 hombres procedían con *f* en la obra
Sal. 33.4 recta .. y toda su obra es hecha con *f*
　　36.5 Jehová .. tu *f* alcanza hasta las nubes
　　40.10 he publicado tu *f* y tu salvación; no
　　89.1 de .. en .. haré notoria tu *f* con mi boca
　　89.8 poderoso eres, Jehová, y tu *f* te rodea
　　92.2 por la mañana tu misericordia, y tu *f*
　　117.2 y la *f* de Jehová es para siempre
　　119.75 y que conforme a tu *f* me afligiste
　　119.90 de generación en generación es tu *f*
Is. 11.5 de sus lomos, la *f* ceñidor de su cintura
Jer. 2.2 me he acordado de .. la *f* de tu juventud
Lm. 3.23 nuevas son cada mañana; grande es tu *f*
Os. 2.20 y te desposaré conmigo en *f*, y conocerás
Ro. 3.3 su .. habrá hecho nula la *f* de Dios?
2 Co. 11.3 extraviados de la sincera *f* a Cristo

FIEBRE
Dt. 28.22 te herirá de tisis, de *f*, de inflamación
　　32.24 devorados de *f* ardiente y de peste amarga
Mt. 8.14; Mr. 1.30; Lc. 4.38 la suegra de Pedro en
　　cama, con *f*
Jn. 4.52 le dijeron: Ayer a las siete le dejó la *f*
Hch. 28.8 que el padre de Publio .. enfermo de *f*

FIEL *v.* Creyente
Nm. 12.7 no así a mi siervo Moisés, que es *f* en
Dt. 7.9 que Jehová tu Dios es Dios, Dios *f*, que
1 S. 2.35 yo me suscitaré un sacerdote *f*, que haga
　　22.14 ¿quién .. es tan *f* como David, yerno
Neh. 13.13 eran tenidos por *f*, y ellos tenían que
Sal. 19.7 el testimonio de Jehová es *f*, que hace
　　31.23 amad a Jehová .. a los *f* guarda Jehová
　　78.8 ni fue *f* para con Dios su espíritu
　　101.6 mis ojos pondré en los *f* de la tierra
　　111.7 juicio; *f* son todos sus mandamientos
　　119.138 tus testimonios .. son rectos y muy *f*
Pr. 11.13 secreto; mas el de espíritu *f* lo guarda
　　13.17 mas el mensajero *f* acarrea salud
Is. 1.21 te has convertido en ramera, oh ciudad *f*?
Dn. 6.4 por *f*, y ningún vicio .. fue hallado en él
Os. 11.12 Judá .. con Dios, y es *f* con los santos
Mt. 24.45 ¿quién es, pues, el siervo *f* y prudente
　　25.21; Lc. 19.17 y *f*; sobre poco has sido *f*
Lc. 16.10 es *f* en lo muy poco .. en lo más es *f*
　　16.11 en las riquezas injustas no fuisteis *f*
Hch. 11.23 exhortó .. permaneciesen *f* al Señor
　　16.15 si habéis juzgado que yo sea *f* al Señor
1 Co. 1.9 *f* es Dios, por el cual fuisteis llamados
　　4.2 se requiere .. que cada uno sea hallado *f*
　　10.13 *f* es Dios, que no os dejará ser tentados
2 Co. 1.18 mas, como Dios es *f*, nuestra palabra
Ef. 6.21 Tíquico, hermano amado y *f* ministro en
Col. 1.7 de Epafras .. es un *f* ministro de Cristo
1 Ts. 5.24 *f* es el que os llama, el cual .. lo hará
2 Ts. 3.3 pero *f* es el Señor, que os afirmará y
1 Ti. 1.12 porque me tuvo por *f*, poniéndome en
　　3.11 las mujeres .. sino sobrias, *f* en todo
2 Ti. 2.2 lo que has oído .. encarga a hombres *f*
Tit. 2.10 sino mostrándose *f* en todo, para que
He. 3.2 el cual es *f* al que lo constituyó, como
　　10.23 firme .. porque *f* es el que prometió
　　11.11 creyó que era *f* quien lo había prometido
1 P. 4.19 encomienden sus almas al *f* Creador, y
1 Jn. 1.9 él es *f* y justo para perdonar .. pecados
Ap. 1.5 Jesucristo, el testigo *f*, el primogénito
　　2.10 sé *f* hasta la muerte, y yo te daré la
　　17.14 los que están con él son llamados .. *f*

Ap. 19.11 y el que lo montaba se llamaba *F* y
　　21.5 escribe; porque estas palabras son *f* y

FIELMENTE
2 R. 12.15 no se tomaba cuenta .. hacían ellos *f*
2 Cr. 31.12 en .. depositaron las primicias y los .. *f*
3 Jn. 5 amado, *f* te conduces cuando prestas algún

FIERA [sust.]; **FIERO, ra** [adj.] *v.* Bestia
Gn. 16.12 él será hombre *f*; su mano será contra
Dt. 28.50 gente *f* de rostro, que no tendrá respeto
Is. 35.9 león, ni *f* subirá por él, ni allí se hallará

FIESTA *v.* Convocación, Pascua, Solemnidad,
　　Tabernáculo
Ex. 12.14 celebraréis como *f* solemne para Jehová
　　12.17 guardaréis la *f* de los panes sin levadura
　　23.14 tres veces en el año me celebraréis *f*
　　32.5 Aarón .. dijo: Mañana será *f* para Jehová
Dt. 16.8 el séptimo día será *f* solemne a Jehová
　　16.10 la *f* solemne de las semanas a Jehová
2 Cr. 7.8 entonces hizo Salomón *f* siete días
Esd. 3.5 además de .. las *f* solemnes de Jehová
Neh. 12.27 para hacer la dedicación y la *f* con
Is. 1.13 sufrir, son iniquidad vuestras *f* solemnes
Ez. 44.24 decretos guardarán en todas mis *f*
Am. 8.10 y cambiaré vuestras *f* en lloro, y todos
Nah. 1.15 celebra, oh Judá, tus *f*, cumple tus
Mt. 27.15; Mr. 15.6 en el día de la *f* les soltaba un
Lc. 15.23 y matadlo, y comamos y hagamos *f*
　　22.1 cerca la *f* de los panes sin levadura
Jn. 7.2 estaba cerca la *f* de los judíos, la de los
　　7.37 en el último y gran día de la *f*, Jesús se
　　10.22 celebrábase .. la *f* de la dedicación
1 Co. 5.8 celebremos la *f*, no con la vieja levadura

FIGURA *v.* Imagen, Semejanza
Nm. 12.8 cara a cara hablaré con él .. y no por *f*
Dt. 4.12 excepción de oír la voz, ninguna *f* visteis
Ro. 5.14 Adán .. es *f* del que había de venir
He. 8.5 sirven a los que es *f* y sombra de las cosas
　　9.23 fue .. necesario que las *f* de las cosas
　　9.24 *f* del verdadero, sino en el cielo mismo

FILACTERIA
Mt. 23.5 ensanchan sus *f*, y extienden los flecos

FILADELFIA Ap. 1.11; 3.7.

FILIPOS Hch. 16.12; Fil. 1.1; 1 Ts. 2.2.

FILISTEO
Gn. 26.15 los pozos .. los *f* los habían cegado
Jue. 13.1 Jehová los entregó en mano de los *f*
　　14.3 que vayas tú a tomar mujer de los *f*
　　15.11 ¿no sabes tú que los *f* dominan sobre
　　16.9 ella le dijo: ¡Sansón, los *f* contra ti!
1 S. 4.1 Israel a encontrar .. a los *f* en batalla
　　6.1 el arca .. en la tierra de los *f* siete meses
　　7.10 Jehová tronó .. estruendo sobre los *f*
　　13.5 entonces los *f* se juntaron para pelear
　　14.4 Jonatán .. pasar a la guarnición de los *f*
　　17.8 ¿no soy yo el *f*, y vosotros .. de Saúl?
　　17.49 la tiró con la honda, e hirió al *f* en
　　27.7 David habitó en la tierra de los *f* un año
　　29.1 *f* juntaron todas sus fuerzas en Afec
　　31.1 los *f*, pues, pelearon contra Israel, y los
2 S. 5.17; 1 Cr. 14.8 oyendo los *f* que David había
Jer. 47.1 palabra de Jehová que .. acerca de los *f*
Ez. 25.16 aquí, yo extiendo mi mano contra los *f*
Sof. 2.5 es contra vosotros, oh .. tierra de los *f*

FILOSOFÍA
Col. 2.8 nadie os engañe por medio de *f* y huecas

FIN *v.* Término, Ultimo
Gn. 6.13 Dios a Noé: He decidido el *f* de todo ser
Job 6.11 ¿y cuál mi *f* .. que tenga aún paciencia?
　　16.3 ¿tendrán *f* las palabras vacías? ¿o qué
　　18.2 ¿cuándo pondréis *f* a las palabras?
Sal. 39.4 hazme saber, Jehová, mi *f*, y cuánta sea
Pr. 14.12; 16.25 pero su *f* es camino de muerte
　　23.18 ciertamente hay *f*, y tu esperanza no
Ec. 4.16 no tenía *f* la muchedumbre del pueblo
　　7.2 aquello es el *f* de todos los hombres, y el
　　7.8 mejor es el *f* del negocio que su principio

Ec. 12.13 el *f* de todo el discurso oído es este
Jer. 29.11 yo sé . . para daros el *f* que esperáis
Lm. 4.18 acercó nuestro *f*, se cumplieron . . días
Ez. 7.2 el *f*, el *f* viene sobre los cuatro extremos
Dn. 5.26 contó Dios tu reino, y le ha puesto *f*
     8.17 porque la visión es para el tiempo del *f*
     11.45 llegará a su *f*, y no tendrá quien le ayude
     12.4 y sella el libro hasta el tiempo del *f*
     12.8 Señor . . ¿cuál será el *f* de estas cosas?
     12.13 tú irás hasta el *f*, y reposarás, y te
Am. 8.2 ha venido el *f* sobre mi pueblo Israel
Mt. 24.3 qué señal habrá de . . y del *f* del siglo?
     24.6; Mr. 13.7 es necesario . . aún no es el *f*
     24.14 será predicado . . entonces vendrá el *f*
     26.58 entrando, se sentó con . . para ver el *f*
     28.20 yo estoy con vosotros . . hasta el *f* del
Mr. 13.13 persevere hasta el *f*, éste será salvo
Lc. 1.33 reinará sobre . . y su reino no tendrá *f*
Jn. 13.1 como había amado . . los amó hasta el *f*
Ro. 6.22 santificación . . y como *f*, la vida eterna
     10.4 el *f* de la ley es Cristo, para justicia
1 Co. 10.11 han alcanzado los *f* de los siglos
     15.24 luego el *f*, cuando entregue el reino al
He. 6.16 para ellos el *f* de toda controversia es
Stg. 5.11 y habéis visto el *f* del Señor, que el
1 P. 1.9 obteniendo el *f* de vuestra fe, que es la
     4.7 mas el *f* de todas las cosas se acerca; sed
     4.17 ¿cuál será el *f* de aquellos que no
Ap. 21.6 yo soy el Alfa y el . . el principio y el *f*

FINEES hijo de Eleazar   Nm. 25.7; Jue. 20.28.
FINEES hijo de Elí   1 S. 1.3—4.11.

FINGIDO, da *v.* **Falso**
1 Ti. 1.5 es el amor nacido de . . y de fe no *f*
2 Ti. 1.5 trayendo a la memoria la fe no *f* que
2 P. 2.3 harán mercadería de . . con palabras *f*

FINGIMIENTO
Ro. 12.9 el amor sea sin *f*. Aborreced lo malo

FINGIR
1 S. 21.13 de ellos, y se *fingió* loco entre ellos
1 R. 14.6 entra, mujer . . ¿Por qué te *finges* otra?

FIRMAMENTO *v.* **Cielo**
Sal. 19.1 y el *f* anuncia la obra de sus manos
     150.1 alabadle en la magnificencia de su *f*
Dn. 12.3 resplandecerán como el resplandor del *f*

FIRME
Ex. 14.13 estad *f*, y ved la salvación que Jehová
1 Cr. 17.23 la palabra que . . sea *f* para siempre
Sal. 112.7 su corazón está *f*, confiado en Jehová
Ez. 22.14 ¿estará *f* tu corazón? ¿Serán fuertes tus
Ro. 14.4 estará *f*, porque poderoso es el Señor
1 Co. 10.12 el que piensa estar *f*, mire que no
     15.58 así . . hermanos míos amados, estad *f*
     16.13 estad *f* en la fe; portaos varonilmente
2 Co. 1.24 vuestro gozo; porque por la fe estáis *f*
Gá. 5.1 estad . . *f* en la libertad con que Cristo
Ef. 6.13 malo, y habiendo acabado todo, estar *f*
Fil. 1.27 oiga de vosotros que estáis *f* en un
     4.1 hermanos míos . . estad así *f* en el Señor
Col. 4.12 siempre rogando . . para que estéis *f*
1 Ts. 3.8 vivimos, si vosotros estáis *f* en el Señor
2 Ts. 2.15 así . . estad *f*, y retened la doctrina que
2 Ti. 2.19 el fundamento de Dios está *f*, teniendo
He. 2.2 si la palabra dicha por . . ángeles fue *f*
     3.6, 14 retenemos *f* hasta el fin la confianza
     6.19 la cual tenemos como . . *f* ancla del alma
     10.23 mantengamos *f* . . profesión de nuestra
1 P. 5.9 al cual resistid *f* en la fe, sabiendo que
2 P. 1.10 más procurad hacer *f* vuestra vocación

FIRMEZA
Col. 2.5 mirando . . la *f* de vuestra fe en Cristo
2 P. 3.17 arrastrados por . . caigáis de vuestra *f*

FLAQUEZA *v.* **Debilidad**
Ro. 15.1 debemos soportar las *f* de los débiles, y

FLAUTA
Gn. 4.21 padre de todos los que tocan arpa y *f*

Job 30.31 en luto, y mi *f* en voz de lamentadores
Sal. 150.4 y danza; alabadle con cuerdas y *f*
Jer. 48.36 corazón resonará como *f* por causa
Mt. 9.23 viendo a los que tocaban *f*, y la gente
     11.17; Lc. 7.32 os tocamos *f*, y no bailasteis
1 Co. 14.7 que producen sonidos, como la *f* o la

FLOR
Job 14.2 sale como una *f* y es cortado, y huye
Sal. 103.15 hombre . . florece como la *f* del campo
Cnt. 1.14 racimo de *f* de alheña . . mi amado
     2.12 se han mostrado las *f* en la tierra, el
     5.13 sus mejillas, como . . como fragantes *f*
Is. 40.8; 1 P. 1.24 sécase la hierba, cáese la *f*
1 P. 1.24 toda la gloria del hombre como *f* de la

FLORECER
Nm. 17.5 *florecerá* la vara del . . que yo escoja
2 S. 23.5 todavía no haga él *florecer* toda mi
Sal. 72.7 *florecerá* en sus días justicia, y . . de paz
     103.15 días; *florece* como la flor del campo
     132.18 mas sobre él *florecerá* su corona
Pr. 14.11 por *florecerá* la tienda de los rectos
Is. 35.1 el yermo se gozará y *florecerá* como la
Ez. 7.10 ha *florecido* la vara, ha reverdecido la
Hab. 3.17 aunque la higuera no *florezca*, ni en

FLOTAR
2 R. 6.6 cortó él un palo . . e hizo *flotar* el hierro

FLUJO
Lv. 15.2 cuando tuviere *f* de semen, será inmundo
Mt. 9.20; Mr. 5.25; Lc. 8.43 una mujer enferma de
     f de sangre

FORASTERO *v.* **Extranjero, Extraño**
Ex. 18.3 porque dijo: *F* he sido en tierra ajena
Lv. 25.47 si el *f* . . se enriqueciere, y tu hermano
Job 19.15 me tuvieron por . . *f* fui yo a sus ojos
     31.32 el *f* no pasaba fuera la noche; mis
Sal. 39.12 porque *f* soy para ti, y advenedizo
     119.19 *f* soy yo en la tierra; no encubras de
Mt. 25.35 tuve hambre . . fui *f*, y me recogisteis
Lc. 24.18 ¿eres tú el único *f* en Jerusalén que no

FORJAR
Sal. 119.69 contra mí *forjaron* mentira los
Jl. 3.10 *forjad* espadas de vuestros azadones

FORMA *v.* **Figura**
Is. 44.13 lo hace en *f* de varón, a semejanza de
Mr. 16.12 después apareció en otra *f* a dos de
Ro. 2.20 que tienes en la ley la *f* de la ciencia

FORMADOR *v.* **Creador, Hacedor**
Is. 43.1 así dice Jehová, Creador tuyo . . y *F* tuyo
Jer. 51.19 él es el *F* de todo, e Israel es el cetro

FORMAR *v.* **Crear, Hacer**
Gn. 2.7 Jehová Dios *formó* al hombre del polvo
Job 33.6 de barro fui yo también *formado*
Sal. 33.15 él *formó* el corazón de todos ellos
     119.73 tus manos me hicieron y me *formaron*
     139.13 *formaste* mis entrañas; tú me hiciste
Is. 43.10 antes de mí no fue *formado* dios, ni lo
     44.2 dice . . el que te *formó* desde el vientre
     44.10 ¿quién *formó* un dios, o quién fundió
     44.21 yo te *formé*, siervo mío eres tú; Israel
     45.7 que *formo* la luz y creo las tinieblas, que
     49.5 el que me *formó* desde el vientre para
Jer. 1.5 antes que te *formase* en el vientre te
Am. 4.13 que *forma* los montes, y crea el viento
Ro. 9.20 ¿dirá el vaso de barro al que lo *formó*
Gá. 4.19 de parto, hasta que Cristo sea *formado*

FORMIDABLE *v.* **Temible**
Sal. 89.7 y *f* sobre . . cuanto están alrededor de él
     106.22 maravillas . . cosas *f* sobre el Mar Rojo
     139.14 porque *f*, maravillosas son tus obras

FORNICACIÓN *v.* **Adulterio**
Jer. 3.2 con tus *f* . . has contaminado la tierra
Ez. 16.29 multiplicaste asimismo tu *f* en la tierra
     23.5 Ahola cometió *f* aun estando en mi poder
Os. 4.11 *f*, vino y mosto quitan el juicio
Nah. 3.4 de la multitud de las *f* de la ramera de

Mt. 5.32; 19.9 a no ser por causa de ʃ, hace que
Hch. 15.20; 21.25 de ʃ, de ahogado y de sangre
Ro. 1.29 estando atestados de toda injusticia, ʃ
1 Co. 5.1 cierto se oye que hay entre vosotros ʃ
6.13 el cuerpo no es para la ʃ, sino para el
6.18 huid de la ʃ. Cualquier otro pecado que
7.2 pero a causa de las ʃ, cada uno tenga su
2 Co. 12.21 y no se han arrepentido de la . . ʃ
Gá. 5.19 son: adulterio, ʃ, inmundicia, lascivia
Ef. 5.3 ʃ . . o avaricia, ni aun se nombre entre
Col. 3.5 ʃ, impureza, pasiones desordenadas
1 Ts. 4.3 santificación; que os apartéis de ʃ
Ap. 2.14 que enseñaba a . . Israel, a cometer ʃ
18.3 naciones han bebido del vino . . de su ʃ

FORNICAR v. Adulterar, Prostituir

Jer. 3.1 tú . . has fornicado con muchos amigos
3.8 que por haber fornicado la rebelde Israel
Ez. 16.28 fornicaste también con los asirios, por
Os. 4.15 si fornicas tú, Israel . . no peque Judá
Jud. 7 habiendo fornicado e ido en pos de vicios
Ap. 17.2 con la cual han fornicado los reyes de la

FORNICARIO, ria v. Adúltero

Os. 1.2 tómate una mujer ʃ, e hijos de fornicación
1 Co. 5.9 por carta, que no os juntéis con los ʃ
6.9 no erréis; ni los ʃ, ni los idólatras, ni los
Ef. 5.5 que ningún ʃ . . tiene herencia en el reino
1 Ti. 1.10 para los ʃ, para los sodomitas, para
He. 13.4 pero a los ʃ y a los . . los juzgará Dios
Ap. 22.15 estarán fuera . . los ʃ, los homicidas, los

FORTALECER v. Confortar, Esforzar

Gn. 27.40 sucederá cuando te fortalezcas, que
Jue. 16.28 acuérdate ahora de mí, y fortaléceme
1 S. 23.16 Jonatán . . fortaleció su mano en Dios
30.6 David se fortaleció en Jehová su Dios
2 S. 3.1 David se iba fortaleciendo, y la casa de
Job 4.3 enseñabas . . fortalecías las manos débiles
Sal. 9.19 oh Jehová; no se fortaleza el hombre
89.21 mano . . mi brazo también lo fortalecerá
Ec. 7.19 la sabiduría fortalece al sabio más que
Is. 35.3 fortaleced las manos cansadas, afirmad
38.14 Jehová, violencia padezco; fortaléceme
Jer. 9.3 no se fortalecieron para la verdad en la
Ez. 13.22 fortalecisteis las manos del impío, para
Dn. 8.24 su poder se fortalecerá, mas no con
10.18 me tocó otra vez, y me fortaleció
Zac. 10.12 los fortaleceré en Jehová, y caminarán
Lc. 22.43 un ángel del cielo para fortalecerle
Hch. 9.31 fortalecidas por el Espíritu Santo
Ef. 3.16 os dé . . el ser fortalecidos con poder en
6.10 fortaleceos en el Señor, y en el poder de
Fil. 4.13 todo lo puedo en Cristo que me fortalece
Col. 1.11 fortalecidos con todo poder, conforme a
1 Ti. 1.12 gracias al que me fortaleció, a Cristo
1 P. 5.10 él mismo os . . fortalezca y establezca

FORTALEZA v. Castillo, Fuerza, Poder, Torre

Ex. 15.2 Jehová es mi ʃ y mi cántico, y ha sido
1 Cr. 11.5 mas David tomó la ʃ de Sion, que es
Sal. 8.2 de la boca de los niños . . fundaste la ʃ, a
18.1 te amo, oh Jehová, ʃ mía
22.19 alejes; ʃ mía, apresúrate a socorrerme
27.1 Jehová es la ʃ de mi vida; ¿de quién
28.7 Jehová es mi ʃ y mi escudo; en él confió
31.2 sé tú mi roca fuerte, y ʃ para salvarme
37.39 él es su ʃ en el tiempo de la angustia
46.1 Dios es nuestro amparo y ʃ, nuestro
52.7 el hombre que no puso a Dios por su ʃ
118.14 mi ʃ y mi cántico es JAH, y él me ha
144.2 ʃ mía y mi libertador, escudo mío, en
Pr. 10.29 el camino de Jehová es ʃ al perfecto
Is. 12.2 mi ʃ y mi canción es JAH Jehová, quien
25.4 fuiste ʃ al pobre, ʃ al menesteroso en su
26.4 en Jehová el Señor está la ʃ de los siglos
30.15 en quietud y en confianza será vuestra ʃ
Jer. 6.27 por ʃ te he puesto en mi pueblo, por torre
16.19 oh Jehová, ʃ mía y fuerza mía, y refugio
Dn. 11.38 honrará en su lugar al dios de las ʃ
Hab. 3.19 Jehová el Señor es mi ʃ, el cual hace
Zac. 9.12 a la ʃ, oh prisioneros de esperanza

Hch. 21.34; 22.24 le mandó llevar a la ʃ

FORTIFICADA

Dt. 3.5 estas eran ciudades ʃ con muros altos
Sal. 108.10 ¿quién me guiará a la ciudad ʃ?
Pr. 10.15 las riquezas del rico son su ciudad ʃ

FOSO v. Hoyo

2 S. 23.20 y mató a un león en medio de un ʃ
Pr. 26.27 el que cava ʃ caerá en él; y al que

FRÁGIL v. Débil

Sal. 39.4 hazme saber . . fin . . sepa yo cuán ʃ soy
Is. 36.6 confías en este báculo de caña ʃ . . Egipto
1 P. 3.7 dando honor a la mujer como . . más ʃ

FRANJA

Nm. 15.38 hagan ʃ en los bordes de sus vestidos

FRANQUEZA

2 Co. 3.12 teniendo tal esperanza, usamos de . . ʃ
7.4 mucha ʃ tengo con vosotros; mucho me

FRATERNAL

Ro. 12.10 amaos los unos a los otros con amor ʃ
1 P. 1.22 amor ʃ no fingido, amaos unos a otros
2 P. 1.7 a la piedad, afecto ʃ; y al afecto ʃ, amor

FRAUDE v. Engaño

Ex. 22.9 toda clase de ʃ, sobre buey, sobre asno
Sal. 36.3 palabras de su boca son iniquidad y ʃ
38.12 los que buscan . . meditan ʃ todo el día
55.11 el ʃ y el engaño no se apartan de sus
101.7 no habitará . . mi casa el que hace ʃ

FRAUDULENTO, ta v. Engañoso

Sal. 120.2 libra mi alma, oh . . de la lengua ʃ
2 Co. 11.13 son obreros ʃ, que se disfrazan como

FRENO

Is. 30.28 el ʃ estará en las quijadas de los pueblos
37.29 mi ʃ en tus labios, y te haré volver por
Stg. 3.3 ponemos ʃ en la boca de los caballos para

FRENTE

Ex. 28.38 estará sobre la ʃ de Aarón, y llevará
1 S. 17.49 con la honda, e hirió al filisteo en la ʃ
2 S. 11.15 poned a Urías al ʃ, en lo más recio de
Ez. 3.8 yo he hecho . . tu ʃ fuerte contra sus ʃ
9.4 señal en la ʃ a los hombres que gimen y
Ap. 7.3 hasta que hayamos sellado en sus ʃ a los
9.4 sino los que tuviesen el sello de Dios en sus ʃ
14.1 que tenían el nombre de él . . en la ʃ
14.9 recibe la marca en su ʃ o en su mano
17.5 en su ʃ un nombre escrito, un misterio
22.4 su rostro, y su nombre estará en sus ʃ

FRIGIA Hch. 16.6; 18.23.

FRÍO

Ap. 3.15 que ni eres ʃ ni caliente. ¡Ojalá fueses ʃ o

FRUCTÍFERO, ra v. Fértil

Sal. 107.34 la tierra ʃ en estéril, por la maldad de
Is. 29.17 ¿no se convertirá . . en campo ʃ, y el
Hch. 14.17 dándonos . . tiempos ʃ, llenando de

FRUCTIFICAR

Gn. 1.22; 9.1 fructificad y . . llenad la tierra
41.52 Dios me hizo fructificar en la tierra de
Sal. 92.14 aun en la vejez fructificarán; estarán

FRUSTRAR

2 S. 17.14 el acertado consejo de . . se frustrará
Job 5.12 frustra los pensamientos de los astutos
Sal. 33.10 frustra las maquinaciones de . . pueblos
Pr. 15.22 son frustrados donde no hay consejo

FRUTO, ta v. Cosecha, Mies, Primicia

Gn. 4.3 Caín trajo del ʃ . . una ofrenda a Jehová
Ex. 23.16 la siega, los primeros ʃ de tus labores
Lv. 19.23 como incircunciso lo primero de su ʃ
Dt. 1.25 tomaron en sus manos del ʃ del país
26.2 tomarás de las primicias de todos los ʃ
Sal. 1.3 da su ʃ en su tiempo, y su hoja no cae
107.37 plantan viñas, y rinden abundante ʃ
Pr. 1.31 comerán del ʃ de su camino . . hastiados
3.14 mejor que . . y sus ʃ más que el oro fino
8.19 mejor es mi ʃ que el oro, y que el oro

Pr. 10.16 vida; mas el *f* del impío es para pecado
12.12 codicia .. mas la raíz de los justos dará *f*
12.14 hombre será saciado`.. del *f* de su boca
14.23 en toda labor hay *f*; mas las vanas
Ec. 5.10 el que ama el mucho tener, no sacará *f*
Cnt. 2.3 me senté, y su *f* fue dulce a mi paladar
4.16 venga mi amado .. y coma de su dulce *f*
Is. 3.10 porque comerá de los *f* de sus manos
53.11 verá el *f* de la aflicción de su alma, y
57.19 produciré *f* de labios: Paz, paz al que
Jer. 12.13 se avergonzarán de sus *f*, a causa de la
17.8 sequía no se fatigará, ni dejará de dar *f*
21.14 os castigaré conforme al *f* de .. obras
Am. 8.1 he aquí un canastillo de *f* de verano
Hag. 1.10 detuvo .. lluvia, y la tierra detuvo sus *f*
Mt. 3.8; Lc. 3.8 *f* dignos de arrepentimiento
7.16 por sus *f* los conoceréis. ¿Acaso se
7.17 así, todo buen árbol da buenos *f*, pero el
12.33 o haced el árbol bueno y su *f* bueno
13.8 pero parte cayó en buena tierra, y dio *f*
21.19; Mr. 11.14 nunca jamás nazca de ti *f*
21.34; Mr. 12.2; Lc. 20.10 envió .. para que
recibiesen sus *f*
Mr. 4.8 dio *f*, pues brotó y creció, y produjo a
4.28 de suyo lleva *f* ia tierra, primero
Lc. 1.42 bendita .. y bendito el *f* de tu vientre
6.43 no es buen árbol el que da malos *f*, ni
6.44 cada árbol se conoce por su *f*; pues no
8.8 otra .. nació y llevó *f* a ciento por uno
13.6 vino a buscar *f* en ella, y no lo halló
Jn. 4.36 el que siega .. recoge *f* para vida eterna
12.24 solo; pero si muere, lleva mucho *f*
15.2 todo pámpano que en mí no lleva *f*, lo
15.5 el que permanece en mí .. lleva mucho *f*
15.8 en que llevéis mucho *f*, y seáis así mis
15.16 y os he puesto para que .. llevéis *f*
Ro. 1.13 tener también entre vosotros algún *f*
6.22 tenéis por vuestro *f* la santificación, y
7.4 así .. a fin de que llevemos *f* para Dios
1 Co. 14.14 pero mi entendimiento queda sin *f*
2 Co. 9.10 aumentará los *f* de vuestra justicia
Gá. 5.22 mas el *f* del Espíritu es amor, gozo, paz
Ef. 5.9 porque el *f* del Espíritu es en toda bondad
Fil. 1.11 llenos de *f* de justicia, que son por
4.17 busco *f* que abunde en vuestra cuenta
Col. 1.6 y lleva *f* y crece también en vosotros
1.10 andéis .. llevando *f* en toda buena obra
2 Ti. 2.6 el labrador, para participar de los *f*
Tit. 3.14 ocuparse en .. para que no sean sin *f*
He. 12.11 después da *f* apacible de justicia a los
Stg. 3.18 el *f* de justicia se siembra en paz para
5.7 el labrador espera el precioso *f* de la
2 P. 1.8 no os dejarán estar ociosos ni sin *f* en
Jud. 12 árboles .. sin *f*, dos veces muertos y
Ap. 22.2 produce doce *f*, dando cada mes su *f*

FUEGO *v.* Arder, Ardor, Llama, Quemar
Gn. 19.24 Jehová hizo llover sobre .. azufre y *f* de
22.7 habló Isaac .. Padre mío .. He aquí el *f* y
Ex. 9.23 tronar .. y el *f* se descargó sobre la tierra
13.21 en una columna de *f* para alumbrarles
22.6 el que encendió el *f* pagará lo quemado
32.24 lo eché en el *f*, y salió este becerro
35.3 no encenderéis *f* en .. vuestras moradas
40.38 nube .. y el *f* estaba de noche sobre él
Lv. 9.24; 10.2 salió *f* de delante de Jehová, y
18.21 no des hijo tuyo para .. por *f* a Moloc
Nm. 9.16 nube .. y de noche la apariencia del *f*
11.1 oyó .. y se encendió en ellos *f* de Jehová
Dt. 4.11 el monte ardía en *f* hasta en medio de los
4.24 Jehová tu Dios es *f* consumidor, Dios
9.3 Jehová tu .. pasa delante de ti como *f*
18.10 quien haga pasar a su hijo .. por el *f*
32.22 *f* se ha encendido en mi ira, y arderá
Jos. 8.19 tomaron .. y se apresuraron a prenderle *f*
Jue. 6.21 subió *f* de la peña .. consumió la carne
9.15 si no, salga *f* de la zarza y devore a los
9.49 prendieron *f* con ellas a la fortaleza, de
2 S. 14.30 prendedle *f*. Y .. prendieron *f* al campo
1 R. 18.24 el Dios que respondiere por .. *f*, ése es

1 R. 18.38 entonces cayó *f* de Jehová, y consumió
19.12 un *f*; pero Jehová no estaba en el *f*
2 R. 1.10 si yo soy varón de Dios, descienda *f* del
2.11 un carro de *f* con caballos de *f* apartó a
6.17 y de carros de *f* alrededor de Eliseo
17.17; 21.6; 2 Cr. 33.6 hicieron pasar a sus
hijos .. por *f*
2 Cr. 7.1 descendió *f* de los cielos, y consumió el
Job 1.16 *f* de Dios cayó del cielo, que quemó las
Sal. 18.8 humo subió .. de su boca *f* consumidor
66.12 pasamos por el *f* y por el agua, y nos
74.7 han puesto a *f* tu santuario .. profanado
83.14 como *f* que quema el monte, como llama
148.8 el *f* y el granizo, la nieve y el vapor
Pr. 6.27 ¿tomará el hombre *f* en su seno sin que
30.16 el Seol .. y el *f* que jamás dice: ¡Basta!
Is. 4.5 de noche resplandor *f* que eche llamas
5.24 como la lengua del *f* consume el rastrojo
9.18 porque la maldad se encendió como *f*
33.14 ¿quién .. morará con el *f* consumidor?
43.2 cuando pases por el *f*, no te quemarás
44.16 ¡oh! me he calentado, he visto el *f*
64.2 como *f* abrazador de .. *f* que hace hervir
66.15 que Jehová vendrá con *f*, y sus carros
66.24 su .. nunca morirá, ni su *f* se apagará
Jer. 5.14 yo pongo mis palabras en tu boca por *f*
20.9 había en mi corazón como un *f* ardiente
23.29 ¿no es mi palabra como *f*, dice Jehová
Lm. 1.13 desde .. envió *f* que consume mis huesos
Ez. 15.4 es puesta en el *f* para ser consumida; sus
21.32 serás pasto del *f*, se empapará la tierra
Dn. 3.25 varones .. que se pasean en medio del *f*
7.10 un río de *f* procedía .. de delante de él
Os. 8.14 mas yo meteré *f* en sus ciudades, el cual
Jl. 2.3 delante de él consumirá *f*, tras de él .. llama
2.30 daré .. sangre, y *f*, y columnas de humo
Am. 4.11 fuisteis como tizón escapado del *f*; mas
5.6 que acometa como *f* a la casa de José y
7.4 Jehová el Señor llamaba para juzgar con *f*
Hab. 2.13 los pueblos, pues, trabajarán para el *f*
Zac. 2.5 yo seré para el .. muro de *f* en derredor
Mal. 3.2 él es como *f* purificador, y como jabón
Mt. 3.10; Lc. 3.9 es cortado y echado en el *f*
3.11; Lc. 3.16 os bautizará en Espíritu .. y *f*
5.22 fatuo, quedará expuesto al infierno de *f*
13.40 arranca la cizaña, y se quema en el *f*
17.15; Mr. 9.22 muchas veces cae en el *f*, y
18.8 teniendo dos manos .. ser echado en el *f*
25.41 al eterno preparado para el diablo y
Mr. 9.44 gusano .. no muere, y el *f* nunca se apaga
14.54 estaba sentado .. calentándose al *f*
Lc. 3.17 quemará la .. en *f* que nunca se apagará
9.54 que mandemos que descienda *f* del cielo
12.49 *f* vine a echar en la tierra; ¿y qué quiero
17.29 llovió del cielo *f* y azufre, y los destruyó
22.56 verle sentado al *f*, se fijó en él, y dijo
Hch. 28.2 encendiendo un *f*, nos recibieron a
Ro. 12.20 ascuas de *f* amontonarás sobre su cabeza
1 Co. 3.13 por el *f* será revelada; y la obra de
2 Ts. 1.8 en llama de *f*, para dar retribución a los
He. 1.7 el que hace .. a sus ministros llama de *f*
10.27 de juicio y de hervor de *f* que ha de
11.34 apagaron *f* impetuoso, evitaron filo de
12.18 que ardía en *f*, a la oscuridad, a las
12.29 porque nuestro Dios es *f* consumidor
Stg. 3.5 ¡cuán grande .. enciende un pequeño *f*!
3.6 la lengua es un *f*, un mundo de maldad
1 P. 1.7 oro .. aunque perecedero se prueba con *f*
2 P. 3.7 guardados para el *f* en el día del juicio
Jud. 7 ejemplo, sufriendo el castigo del *f* eterno
23 a otros salvad, arrebatándolos del *f*; y de
Ap. 8.8 como una gran montaña ardiendo en *f*
20.9 y de Dios descendió *f* del cielo, y los
20.14 y el Hades fueron lanzados al lago de *f*
21.8 en el lago que arde con *f* y azufre, que es

FUENTE *v.* Cisterna, Estanque, Manantial, Pozo
Gn. 16.7 la halló el ángel de .. junto a una *f*
21.19 Dios le abrió los ojos, y vio una *f* de
Ex. 15.27; Nm. 33.9 Elim .. había doce *f* de agua

Jos. 15.19; Jue. 1.15 le dio las *f* de arriba, y las
2 Cr. 32.3 consejo .. para cegar las *f* de agua
Sal. 84.6 el valle de lágrimas, lo cambian en *f*
104.10 eres el que envía las *f* por los arroyos
114.8 cambió la .. y en *f* de aguas la roca
Pr. 5.16 ¿se derramarán tus *f* por las calles, y tus
25.26 como *f* turbia y manantial corrompido
Cnt. 4.12 huerto .. esposa mía; *f* cerrada, *f* sellada
Is. 12.3 sacaréis con gozo aguas de las *f* de la
Jer. 2.13 dejaron a mí, *f* de agua viva, y cavaron
Jl. 3.18 aguas; y saldrá una *f* de la casa de Jehová
Mr. 5.29 en seguida la *f* de su sangre se secó
Jn. 4.14 será en él una *f* de agua que salte
Stg. 3.11 ¿acaso alguna *f* echa .. agua dulce y
2 P. 2.17 estos son *f* sin agua, y nubes empujadas
Ap. 21.6 yo le daré .. de la *f* del agua de la vida

FUERA *v.* **Echar, Excluir**
Mt. 13.48 recogen lo bueno .. y lo malo echan *f*
Mr. 3.21 vinieron para prenderle .. Está *f* de sí
Lc. 14.35 ni para la tierra .. es útil; la arrojan *f*
Jn. 10.20 demonio tiene, y está *f* de sí; ¿por qué
Gá. 4.30 echa *f* a la esclava y a su hijo, porque

FUERTE *v.* **Grande, Poderoso**
Gn. 30.41 ovejas más *f*, Jacob ponía las varas
Nm. 13.31 aquel pueblo .. es más *f* que nosotros
Jue. 14.18 miel? ¿Y qué cosa más *f* que el león?
1 S. 2.9 porque nadie será *f* por su propia fuerza
1 Cr. 19.12 si los sirios fueren más *f* que yo, tú
Job 9.19 si habláremos de su .. por cierto es *f*
Sal. 71.7 prodigio he sido a .. y tú mi refugio *f*
89.13 *f* es tu mano, exaltada tu diestra
105.24 y lo hizo más *f* que sus enemigos
136.12 con mano *f*, y brazo extendido, porque
Pr. 16.32 mejor .. que tarda en airarse que el *f*
23.11 porque el defensor de ellos es el *f*, y
24.5 hombre sabio es *f*, y de pujante vigor
Ec. 9.11 no es .. la guerra de los *f*, ni aun de los
Is. 1.24 por tanto, dice .. el **F** de Israel: Ea
18.2, 7 gente *f* y conquistadora, cuya tierra
44.8 sino yo. No hay **F**; no conozco ninguno
Jer. 15.21 malos, y te redimiré de la mano de los *f*
20.7 más *f* fuiste que yo, y me venciste; cada
Ez. 34.16 mas a la engordada y a la *f* destruiré
Jl. 3.10 forjad espadas .. diga el débil: **F** soy
Mt. 12.29 alguno entrar en la casa del hombre *f*
Lc. 11.21 el hombre *f* armado guarda su palacio
Ro. 15.1 los que somos *f* debemos soportar las
1 Co. 1.25 débil De Dios es más *f* que los hombres
10.22 a celos al Señor? ¿Somos más *f* que él?
2 Co. 12.10 cuando soy débil, entonces soy *f*

FUERZA *v.* **Poder, Potestad**
Gn. 31.31 que quizá me quitarías por *f* tus hijas
Lv. 26.20 vuestra *f* se consumirá en vano, porque
Dt. 6.5 Dios .. de toda tu alma, y con todas tus *f*
8.17 poder y la *f* de mi mano me han traído
33.25 cerrojos, y como tus días serán tus *f*
Jue. 6.14 le dijo: Vé con esta tu *f*, y salvarás a
16.5 e infórmate en qué consiste su gran *f*
2 S. 22.33 Dios es el que me ciñe de *f*, y quien
Esd. 2.69 según sus *f* dieron al tesorero de la obra
Neh. 8.10 porque el gozo de Jehová es vuestra *f*
Job 6.12 ¿es mi *f* la de las piedras, o es mi carne
23.6 ¿contendería conmigo con grandeza de *f*?
Sal. 39.13 déjame, y tomaré *f*, antes que vaya a
84.5 el hombre que tiene en ti sus *f*, en cuyo
92.10 aumentarás mis *f* como las del búfalo
Pr. 20.29 la gloria de los jóvenes es su *f*, y la
Ec. 9.10 te viniere a la mano .. hazlo según tus *f*
9.16 mejor es la sabiduría que la *f*, aunque la
Is. 30.3 pero la *f* de Faraón se os cambiará en
40.26 tal es la grandeza de su *f*, y el poder de
40.29 él .. multiplica las *f* al que no tiene
40.31 los que esperan a .. tendrán nuevas *f*
45.24 en Jehová está la justicia y la *f*; a él
49.4 vano y sin provecho he consumido mis *f*
Mr. 12.30; Lc. 10.27 amarás al .. con todas tus *f*
2 Co. 8.3 conforme a sus *f*, y aun más allá de sus *f*
Ef. 6.10 fortaleceos en el .. y en el poder de su *f*

2 Ti. 4.17 el Señor estuvo a mi lado, y me dio *f*
He. 11.34 sacaron *f* de debilidad, se hicieron
1 P. 5.2 no por *f*, sino voluntariamente; no por
Ap. 3.8 aunque tienes poca *f*, has guardado mi

FUGITIVO
Jue. 12.4 vosotros sois *f* de Efraín .. galaaditas
Ez. 33.21 vino a mí un *f* de Jerusalén, diciendo

FUNDACIÓN *v.* **Creación, Principio**
Mt. 13.35 cosas escondidas desde la *f* del mundo
1 P. 1.20 destinado antes de la *f* del mundo

FUNDAMENTO *v.* **Cimiento**
Sal. 11.3 si fueren destruidos los *f*, ¿qué ha de
Lc. 6.48 cavó y ahondó y puso el *f* sobre la roca
Ro. 15.20 esforcé .. para no edificar sobre *f* ajeno
1 Co. 3.10 yo como perito arquitecto puse el *f*
3.11 nadie puede poner otro *f* que el que
Ef. 2.20 edificados sobre el *f* de los apóstoles
1 Ti. 6.19 atesorando así buen *f* para lo por
2 Ti. 2.19 el *f* de Dios está firme, teniendo este
He. 11.10 porque esperaba la ciudad que tiene *f*

FUNDAR *v.* **Crear, Establecer**
Job 38.4 ¿dónde estabas tú cuando yo *fundaba* la
Sal. 24.2 porque él la *fundó* sobre los mares, y la
104.5 él *fundó* la tierra sobre sus cimientos
Pr. 3.19 Jehová con sabiduría *fundó* la tierra
Is. 14.32 que Jehová *fundó* a Sion, y que a ella
54.11 cimentaré .. y sobre zafiros te *fundaré*
Mt. 7.25 no cayó .. estaba *fundada* sobre la roca
1 Co. 2.5 fe no esté *fundada* en la sabiduría de

FUNDIR
Ez. 22.22 como se *funde* la plata .. seréis *fundidos*
Zac. 13.9 los *fundiré* como se *funde* la plata, y los

FUROR *v.* **Ardor, Enojo, Indignación, Ira**
Gn. 49.7 maldito su *f*, que fue fiero; y su ira
Nm. 16.46 *f* ha salido de la presencia de Jehová
Dt. 31.17 encenderá mi *f* contra él en aquel día
2 S. 6.7; 1 Cr. 13.10 *f* .. se encendió contra Uza
2 R. 19.27; Is. 37.28 conocido .. tu *f* contra mí
Sal. 2.5 hablará a ellos en su *f*, y los turbará con
74.1 ¿por qué se ha encendido tu *f* contra las
78.31 cuando vino sobre ellos el *f* de Dios, e
90.7 con tu *f* somos consumidos, y con tu
95.11 juré en mi *f* que no entrarían en mi
Pr. 6.34 porque los celos son el *f* del hombre, y no
15.1 mas la palabra áspera hace subir el *f*
19.11 la cordura del hombre detiene su *f*
21.14 la dádiva en secreto calma el *f*, y el don
27.4 cruel es la ira, e impetuoso el *f*; mas
Is. 5.25 se encendió el *f* de .. contra su pueblo
10.5 oh Asiria, vara y báculo de mi *f*, en su
63.3 los hollé con mi *f*; y su sangre salpicó
Jer. 10.24 no con tu *f*, para que no me aniquiles
23.20 no se apartará el *f* de Jehová hasta que
25.15 toma de mí .. la copa del vino de este *f*
Lm. 1.12 angustiado en el día de su ardiente *f*
2.1 oscureció .. en su *f* a la hija de Sion!
Ez. 7.3 enviaré sobre ti mi *f*, y te juzgaré según
23.25 contra ti, y procederán contigo con *f*
Lc. 6.11 ellos se llenaron de *f*, y hablaban entre sí
Ap. 19.15 él pisa el lagar del vino del *f* y de la

GABAA Jue. 19.12—20.43; 1 S. 10.26; 13.16; 15.34.

GABAÓN Jos. 9.1—10.14.
Jos. 9.3 moradores de *G* .. oyeron lo que Josué
1 R. 3.5 se le apareció Jehová a Salomón en *G*

GABRIEL
Dn. 8.16 gritó y dijo: *G*, enseña a éste la visión
9.21 el varón *G* .. vino a mí como a la hora
Lc. 1.19 yo soy *G*, que estoy delante de Dios; y
1.26 al sexto mes el ángel *G* fue enviado por

GAD hijo de Jacob
Gn. 30.11 y dijo Lea .. y llamó su nombre *G*
49.19 *G*, ejército lo acometerá; mas él
Dt. 33.20 bendito el que hizo ensanchar a *G*

GAD el profeta
1 S. 22.5 el profeta *G* dijo a David: No te estés

2 S. 24.11 vino palabra de Jehová al profeta *G*
1 Cr. 21.9 habló Jehová a *G*, vidente de David

GADARENO Mt. 8.28–34; Mr. 5.1–17; Lc. 8.26–37.

GALAAD
Nm. 32.29 les daréis la tierra de *G* en posesión
Jos. 22.9 Rubén y .. Gad .. ir a la tierra de *G*
Jue. 10.17 los hijos de Amón, y acamparon en *G*
   11.5 los ancianos de *G* fueron a traer a Jefté
   12.4 peleó .. y los de *G* derrotaron a Efraín
Sal. 60.7; 108.8 mío es *G*, y mío es Manasés
Jer. 8.22 ¿no hay bálsamo en *G*? ¿No hay allí
Os. 6.8 *G*, ciudad de hacedores de iniquidad
   12.11 ¿es *G* iniquidad? Ciertamente vanidad

GALACIA
Hch. 16.6 y atravesando .. la provincia de *G*
   18.23 recorriendo por orden la región de *G*
1 Co. 16.1 manera que ordené en las iglesias de *G*
Gá. 1.2 todos los .. conmigo, a las iglesias de *G*

GALARDÓN *v.* **Paga, Premio**
Gn. 15.1 no temas, Abram .. soy tu escudo, y tu *g*
Job 31.2 ¿qué *g* me daría de arriba Dios, y qué
Sal. 19.11 con ellos; en guardarlos hay grande *g*
   58.11 dirá .. Ciertamente hay *g* para el justo
Mt. 5.12; Lc. 6.23 vuestro *g* es grande en los
Lc. 6.35 será vuestro *g* grande, y seréis hijos del
He. 10.35 vuestra confianza, que tiene grande *g*
   11.26 porque tenía puesta la mirada en el *g*
2 Jn. 8 no perdáis .. sino que recibáis *g* completo
Ap. 22.12 yo vengo pronto, y mi *g* conmigo, para

GALILEA
Is. 9.1 lado del Jordán en *G* de los gentiles
Mt. 2.22 pero avisado .. se fue a la región de *G*
   4.15 camino del mar, al .. *G* de los gentiles
   4.23 recorrió Jesús toda *G*, enseñando en las
   26.32; 28.7; Mr. 14.28; 16.7 iré delante de
      vosotros a *G*
   28.16 pero los once discípulos se fueron a *G*
Lc. 3.1 siendo .. Herodes tetrarca de *G*, y su
   4.14 Jesús volvió .. a *G*, y se difundió su
   24.6 que os habló, cuando aún estaba en *G*
Jn. 6.1 Jesús fue al otro lado del mar de *G*, el de
   7.52 que de *G* nunca se ha levantado profeta

GALILEO
Mr. 14.70 porque eres *g*, y tu manera de hablar es
Lc. 13.2 *g* .. eran más pecadores que todos los *g*?
   22.59 también éste estaba con él, porque es *g*
Jn. 4.45 los *g* le recibieron, habiendo visto todas
Hch. 1.11 varones *g*, ¿por qué estáis mirando al
   2.7 mirad, ¿no son *g* todos estos que hablan?

GALIÓN Hch. 18.12–17.

GALLINA
Mt. 23.37; Lc. 13.34 la *g* junta sus polluelos

GALLO
Mt. 26.34, 75; Mr. 14.30, 72; Lc. 22.34, 61; Jn.
   13.38 antes que el *g* cante, me negarás

GAMALIEL Hch. 5.34–40; 22.3.

GANA *v.* **Gusto, Voluntad**
Mr. 12.37 multitud del pueblo le oía de buena *g*
2 Co. 12.9 de buena *g* me gloriaré más bien en

GANADO *v.* **Animal, Bestia, Rebaño**
Gn. 1.25 hizo Dios animales .. *g* según su género
   13.2 Abram era riquísimo en *g*, en plata y en
   31.18 y puso en camino todo su *g*, y todo
   33.14 yo me iré poco a poco, al paso del *g*
Ex. 9.4 entre los *g* de Israel y los de Egipto
Lv. 19.19 no harás ayuntar tu *g* .. otra especie
Jer. 10.21 los pastores .. todo su *g* se esparció
Am. 7.15 y Jehová me tomó de detrás del *g*, y me

GANANCIA *v.* **Provecho**
Lv. 25.36 no tomarás de él usura ni *g*, sino tendrás
Pr. 3.14 porque su *g* es mejor que la *g* de la plata
   15.6 justo .. pero turbación en las *g* del impío
Is. 33.15 el que aborrece la *g* de violencias, el que
Hab. 2.9 ¡ay del que codicia injusta *g* para su

Hch. 16.16 daba gran *g* a sus amos, adivinando
Fil. 1.21 para mí el vivir es Cristo, y el morir es *g*
   3.7 pero cuantas cosas eran para mí *g*, las he
1 Ti. 3.3; Tit. 1.7 no codicioso de *g* deshonestas
   6.6 pero gran *g* es la piedad acompañada de
Tit. 1.11 enseñando por *g* .. lo que no conviene
1 P. 5.2 ganado de ella .. no por *g* deshonesta

GANAR *v.* **Adquirir**
Pr. 11.30 de vida; y el que *gana* almas es sabio
Mt. 16.26; Mr. 8.36; Lc. 9.25 si *ganare* todo el
   mundo, y perdiere su alma?
   18.15 si te oyere, has *ganado* a tu hermano
   25.17 recibido dos, *ganó* también otros dos
1 Co. 9.19 siervo .. para *ganar* a mayor número
Fil. 3.8 lo tengo por basura, para *ganar* a Cristo
Stg. 4.13 iremos a .. y traficaremos, y *ganaremos*
1 P. 3.1 *ganados* sin palabra por la conducta de

GANGRENA
2 Ti. 2.17 su palabra carcomerá como *g*; de los

GARFIO
2 R. 19.28; Is. 37.29 pondré mi *g* en tu nariz, y mi

GARGANTA *v.* **Boca, Labio, Lengua**
Sal. 5.9; Ro. 3.13 sepulcro abierto es su *g*; con su

GASTAR
Job 13.28 cuerpo se va *gastando* como de carcoma
Is. 55.2 ¿por qué *gastáis* el dinero en lo que no es
Mr. 5.26; Lc. 8.43 había *gastado* en médicos todo
2 Co. 12.15 *gastaré* lo mío, y aun yo mismo me *g*
Stg. 4.3 pedís mal, para *gastar* en .. deleites

GASTO
Esd. 6.4 el *g* sea pagado por el tesoro del rey
Lc. 14.28 calcula los *g*, a ver si tiene lo que

GAVILLA *v.* **Manojo**
Dt. 24.19 mies .. y olvides alguna *g* en el campo
Rt. 2.7 y juntar tras los segadores entre las *g*
Sal. 126.6 mas volverá a venir .. trayendo sus *g*
Mi. 4.12 por lo cual los juntó como *g* en la era

GAYO Hch. 19.29; Ro. 16.23; 3 Jn. 1.

GAZA
Jos. 10.41 hirió .. desde Cades-barnea hasta *G*
Jue. 16.1 fue Sansón a *G*, y vio allí a una mujer
Am. 1.6 por tres pecados de *G*, y por el cuarto
Hch. 8.26 vé .. por el camino .. de Jerusalén a *G*

GEDALÍAS 2 R. 25.22–25; Jer. 39.14—41.6.

GEDEÓN Jue. 6.11—8.35.
He. 11.32 contando de *G*, de Barac, de Sansón

GEMELOS
Gn. 25.24; 38.27 he aquí había *g* en su vientre

GEMIDO
Job 3.24 mi suspiro, y mis *g* corren como aguas
Sal. 12.5 los pobres, por el *g* de los menesterosos
   79.11 llegue delante de ti el *g* de los presos
   102.20 oír el *g* de los presos, para soltar a

GEMIR *v.* **Lamentar, Llorar**
Ex. 2.23 los hijos de Israel *gemían* a causa de la
Job 6.5 *gime* el asno montés junto a la hierba?
   24.12 desde la ciudad *gimen* los moribundos
Sal. 5.1 escucha, oh Jehová .. considera mi *gemir*
   6.6 me ha consumido a fuerza de *gemir*; todas
   32.3 envejecieron .. en mi *gemir* todo el día
   38.8 *gimo* a causa de la conmoción .. corazón
Pr. 5.11 y *gimas* al final, cuando se consuma tu
   29.2 cuando domina el impío, el pueblo *gime*
Is. 38.14 *gemía* como la paloma; alzaba en alto
   59.11 *gemimos* lastimeramente como palomas
Lm. 1.4 están asolados, sus sacerdotes *gimen*
Ez. 30.24 *gemirá* con gemidos de herido de muerte
Jl. 1.13 sacerdotes; *gemid*, ministros del altar
   1.18 ¡cómo *gimieron* las bestias .. no .. pastos!
Ro. 8.22 sabemos que toda la creación *gime* a una
   8.23 *gemimos* dentro de nosotros mismos
2 Co. 5.2 por esto también *gemimos*, deseando

GENEALOGÍA
Neh. 7.5 hallé el libro de la *g* de los que habían
1 Ti. 1.4 ni presten atención a fábulas y *g*

He. 7.3 sin padre, sin madre, sin *g*; que ni tiene
7.6 pero aquel cuya *g* no es contada de entre

GENERACIÓN *v.* Edad, Siglo
Sal. 22.30 será contado .. hasta la postrera *g*
24.6 tal es la *g* de los que le buscan, de los
78.8 *g* contumaz .. *g* que no dispuso su corazón
145.4 *g* a *g* celebrará tus obras, y .. hechos
Ec. 1.4 *g* va, y *g* viene; mas la tierra siempre
Is. 41.4 ¿quién llama las *g* desde el principio?
53.8 fue quitado; y su *g*, ¿quién la contará?
57.4 ¿no sois vosotros hijos .. *g* mentirosa
Mt. 11.16 ¿a qué compararé esta *g*? Es semejante
12.39 la *g* mala y adúltera demanda señal
24.34; Mr. 13.30 no pasará esta *g* hasta que
Lc. 3.7 ¡oh *g* de víboras! ¿Quién os enseñó a huir
Hch. 8.33 mas su *g*, ¿quién la contará? Porque
Ef. 3.5 misterio que en otras *g* no se dio a

GENEROSAMENTE
2 Co. 9.6 el que siembra *g*, *g* también segará

GENEROSIDAD *v.* Liberalidad
Is. 32.8 generoso pensará *g*, y por *g* será exaltado
2 Co. 8.2 pobreza abundaron en riquezas de su *g*
9.5 preparasen .. vuestra *g* antes prometida

GENEROSO, sa
Ex. 35.5 todo *g* de corazón la traerá a Jehová
2 Cr. 29.31 los *g* de corazón trajeron holocaustos
Pr. 11.25 el alma *g* será prosperada; y el que
Is. 32.5 el ruin nunca más será llamado *g* ni el
32.8 pero el *g* pensará generosidades, y por
1 Ti. 6.18 hagan bien, que sean .. dadivosos, *g*

GENTE *v.* Multitud, Nación, Pueblo
Lv. 25.44 tu esclavo .. serán de las *g* que están
Sal. 2.1 ¿por qué se amotinan las *g*, y los pueblos
Is. 1.4 ¡oh *g* pecadora, pueblo cargado de maldad
Mr. 8.2 tengo compasión de la *g* .. ya hace tres
Hch. 4.25 ¿por qué se amotinan las *g* .. pueblos

GENTIL *v.* Griego, Nación, Pueblo
Mt. 6.32 porque los *g* buscan todas estas cosas
10.5 por camino de *g* no vayáis, y en ciudad
12.21 y en su nombre esperarán los *g*
18.17 si no oyere .. tenle por *g* y publicano
20.19; Mr. 10.33; Lc. 18.32 entregarán a los *g*
Lc. 2.32 luz para revelación de los *g*, y gloria de
21.24 Jerusalén será hollada por los *g*, hasta
21.24 que los tiempos de los *g* se cumplan
Hch. 9.15 llevar mi nombre en presencia de los *g*
10.45 que también sobre los *g* se derramase
11.18 a los *g* ha dado Dios arrepentimiento
13.42 los *g* les rogaron que .. les hablasen
13.46; 18.6 he aquí, nos volvemos a los *g*
14.27 había abierto la puerta de la fe a los *g*
15.3 ellos .. contando la conversión de los *g*
15.7 escogió que los *g* oyesen por mi boca
15.14 visitó .. a los *g*, para tomar de ellos
22.21 vé, porque yo te enviaré lejos a los *g*
Ro. 1.13 algún fruto, como entre los demás *g*
2.14 cuando los *g* que no tienen ley, hacen
2.24 Dios es blasfemado entre los *g* por causa
3.9 pues ya hemos acusado a judíos y a *g* que
3.29 ¿no .. Dios de los *g*? .. también de los *g*
9.24 no sólo de los judíos, sino .. de los *g*
11.11 por su transgresión vino salvación a los *g*
11.13 por cuanto yo soy apóstol a los *g*, honro
11.25 que haya entrado la plenitud de los *g*
15.9 para que los *g* glorifiquen a Dios por su
1 Co. 12.2 que cuando erais *g*, se os extraviaba
Gá. 1.16 para que yo le predicase entre los *g*
2.9 que nosotros fuésemos a los *g*, y ellos a
3.8 Dios había de justificar por la fe a los *g*
3.14 la bendición de Abraham alcanzase a los *g*
Ef. 2.11 de que en otro tiempo vosotros, los *g*
3.6 que los *g* son coherederos y miembros del
4.17 no andéis como los otros *g*, que andan
Col. 1.27 dar a conocer .. este misterio entre los *g*
2 Ti. 1.11 yo fui constituido .. maestro de los *g*
1 P. 2.12 buena vuestra manera de vivir entre los *g*
Ap. 11.2 no lo midas .. ha sido entregado a los *g*

GERIZIM
Dt. 11.29 pondrás la bendición sobre el monte *G*
27.12 estarán sobre el monte *G* para bendecir
Jos. 8.33 la mitad de ellos .. hacia el monte *G*

GETSEMANÍ   Mt. 26.36; Mr. 14.32.

GIEZI   2 R. 4.12—8.5.

GIGANTE
Gn. 6.4 había *g* en la tierra en aquellos días
Nm. 13.33 vimos allí *g* .. de Anac, raza de los *g*
Dt. 2.20 por tierra de *g* .. habitaron en ella *g*
2 S. 21.22 eran descendientes de los *g* en Gat
Is. 42.13 Jehová saldrá como *g*, y como hombre de
Jer. 20.11 Jehová está conmigo como poderoso *g*

GILGAL
Jos. 4.19 acamparon en *G*, al lado oriental de
1 S. 11.15 invistieron allí a Saúl por rey .. en *G*

GLORIA *v.* Fama, Honor, Majestad
Ex. 16.10 la *g* de Jehová apareció en la nube
24.16 la *g* de Jehová reposó sobre el monte
33.18 dijo: Te ruego que me muestres tu *g*
40.34 la *g* de Jehová llenó el tabernáculo
Lv. 9.23 *g* de Jehová se apareció a todo el pueblo
Nm. 14.21 vivo yo, y mi *g* llena toda la tierra
1 S. 4.21 diciendo: ¡Traspasada es la *g* de Israel!
15.29 el que es la *G* de Israel no mentirá, ni
1 R. 3.13 te he dado .. no pediste, riquezas y *g*
8.11; 2 Cr. 5.14; Ez. 43.5 la *g* de Jehová había
llenado la casa
1 Cr. 16.24 cantad entre las gentes su *g*, y en
29.11 tuya es, oh Jehová .. el poder, la *g*
29.25 a Salomón .. le dio tal *g* en su reino
2 Cr. 1.11 no pediste riquezas, bienes o *g*, ni la
Esd. 10.11 *g* a Jehová Dios de vuestros padres
Job 19.9 me ha despojado de mi *g*, y quitado la
Sal. 8.5 le has .. lo coronaste de *g* y de honra
19.1 los cielos cuentan la *g* de Dios, y el
29.2 dad a Jehová la *g* debida a su nombre
49.16 cuando aumenta la *g* de su casa
62.7 en Dios está mi salvación y mi *g*; en
63.2 para ver tu poder y tu *g*, así como te he
66.2 cantad la *g* de su nombre; poned *g* en
72.19 toda la tierra sea llena de su *g*. Amén
85.9 para que habite la *g* en nuestra tierra
89.17 porque tú eres la *g* de su potencia, y por
90.16 aparezca en tus .. tu *g* sobre sus hijos
96.3 proclamad entre las naciones su *g*, en
97.6 justicia, y todos los pueblos vieron su *g*
104.1 Jehová Dios mío .. te has vestido de *g*
104.31 sea la *g* de Jehová para siempre
111.3 *g* y hermosura es su obra, y su justicia
115.1 no a nosotros, sino a tu nombre da *g*
145.11 la *g* de tu reino digan, y hablen de tu
Pr. 14.28 en la multitud del .. está la *g* del rey
25.2 *g* de Dios es encubrir un asunto; pero
25.27 es bueno, ni el buscar la propia *g* es
Is. 5.14 descenderá la *g* de ellos, y su multitud
24.16 oímos cánticos: *G* al justo. Y yo dije
35.2 *g* del Líbano le será dada, la .. de Sarón
40.5 se manifestará la *g* de Jehová, y toda
40.6 hierba, y toda su *g* como flor del campo
42.8 y a otro no daré mi *g*, ni mi alabanza
43.7 para *g* mía los he creado, los formé
58.8 y la *g* de Jehová será tu retaguardia
60.1 y la *g* de Jehová ha nacido sobre ti
60.15 haré que seas una *g* eterna, el gozo de
61.3 que a los afligidos de Sion se les dé el *g*
66.18 las naciones .. vendrán, y verán mi *g*
66.19 publicarán mi *g* entre las naciones
Jer. 2.11 trocado su *g* por lo que no aprovecha
13.16 dad *g* a Jehová Dios vuestro, antes que
33.9 me será a mí por nombre de gozo .. de *g*
Ez. 1.28 esta fue la visión de .. de la *g* de Jehová
10.4, 18 la *g* de Jehová se elevó de encima del
39.21 pondré mi *g* entre las naciones, y todas
Hab. 2.14 tierra será llena .. de la *g* de Jehová
3.3 su cubrió los cielos, y la tierra se llenó
Hag. 2.7 y llenaré de *g* esta casa, ha dicho Jehová
Mt. 16.27 vendrá en la *g* de su Padre

Mt. 24.30; Mr. 13.26 vendrá en las nubes con gran
    poder y *g*
Lc. 2.9 y la *g* del Señor los rodeó de resplandor
    2.14 ¡g a Dios en las alturas, y en la tierra
    2.32 a los gentiles, y *g* de tu pueblo Israel
    4.6 te daré toda esta potestad, y la *g* de ellos
    14.10 tendrás *g* delante de los que se sientan
    17.18 ¿no hubo quien volviese y diese *g* a Dios
    24.26 padeciera .. y que entrara en su *g*?
Jn. 1.14 vimos su *g*, *g* como del unigénito del
    2.11 Caná .. manifestó su *g*; y sus discípulos
    5.41 *g* de los hombres no recibo
    7.18 el que habla por su .. su propia *g* busca
    8.50 yo no busco mi *g*; hay quien la busca
    8.54 si yo me glorifico a mí .. mi *g* nada es
    12.43 amaban más la *g* de los hombres que
    17.5 glorifícame .. con aquella *g* que tuve
    17.22 la *g* que me diste, yo les he dado, para
    17.24 para que vean mi *g* que me has dado
Hch. 12.23 hirió, por cuanto no dio la *g* a Dios
Ro. 2.7 que .. buscan *g* y honra e inmortalidad
    3.23 todos .. están destituidos de la *g* de Dios
    8.18 no son comparables con la *g* venidera
    11.36 a él sea la *g* por los siglos. Amén
1 Co. 9.15 antes que nadie desvanezca esta mi *g*
    10.31 cosa, hacedlo todo para la *g* de Dios
    11.7 el varón .. él es imagen y *g* de Dios
    15.40 une es la *g* de los celestiales, y otra la
    15.43 se siembra en deshonra, resucitará en *g*
2 Co. 1.14 habéis entendido que somos vuestra *g*
    3.7 si el ministerio de muerte .. fue con *g*
    3.7 la *g* de su rostro, la cual había de perecer
    3.11 si lo que perece tuvo *g*, mucho más
    3.18 mirando .. en un espejo la *g* del Señor
    4.6 conocimiento de la *g* de Dios en la faz de
    4.17 cada vez más excelente y eterno peso de *g*
    11.10 no se me impedirá esta mi *g* en .. Acaya
Ef. 1.6 para alabanza de la *g* de su gracia, con la
    3.21 a él sea *g* en la iglesia en Cristo Jesús
Fil. 1.26 que abunde vuestra *g* de mí en Cristo
    3.19 cuyo dios es el .. cuya *g* es su vergüenza
    3.21 que sea semejante al cuerpo de la *g* suya
    4.20 al Dios y Padre nuestro sea *g* por los
Col. 1.27 dar a conocer las riquezas de la *g* de
    3.4 también seréis manifestados con él en *g*
1 Ts. 2.6 ni buscamos *g* de hombres .. ni de otros
    2.20 vosotros sois nuestra *g* y gozo
2 Ts. 2.14 para alcanzar la *g* de nuestro Señor
1 Ti. 3.16 creído en el mundo; recibido arriba en *g*
He. 1.3 siendo el resplandor de su *g*, y la imagen
    2.7 le coronaste de *g* y de honra, y le pusiste
    2.10 habiendo de llevar a muchos hijos a la *g*
    3.3 de tanto mayor *g* que Moisés es .. digno
1 P. 1.11 el cual anunciaba .. las *g* que vendrían
    1.24 y toda la *g* del hombre como flor de la
    2.20 ¿qué *g* es, si pecando sois abofeteados
    4.13 en la revelación de su *g* os gocéis con
    5.1 participante de la *g* que será revelada
    5.4 recibiréis la corona incorruptible de *g*
    5.10 mas el Dios de .. que nos llamó a su *g*
2 P. 1.3 que nos llamó por su *g* y excelencia
    1.17 le fue enviada desde la .. *g* una voz que
Jud. 24 presentaros sin mancha delante de su *g*
    25 al único y sabio Dios .. sea *g* y majestad
Ap. 4.11 digno eres de recibir la *g* y la honra
    7.12 la *g* .. sean a nuestro Dios por los siglos
    14.7 temed a Dios, y dadle *g*, porque la hora
    19.7 gocémonos y alegrémonos y démosle *g*
    21.23 la *g* de Dios la ilumina, y el Cordero

GLORIARSE *v.* Alabar

2 Cr. 25.19 tu corazón se enaltece para *gloriarte*
Sal. 34.2 en Jehová se *gloriará* mi alma; lo oirán
    44.8 en Dios nos *gloriaremos* todo el tiempo
Is. 10.15 ¿se *gloriará* el hacha contra el que con
    41.16 te *gloriarás* en el Santo de Israel
    49.3 eres, oh Israel, porque en ti me *gloriaré*
Ro. 2.17 te apoyas en la ley, y te *glorías* en Dios
    5.2 nos *gloriamos* en la esperanza de la gloria
    5.3 también nos *gloriamos* en las tribulaciones

Ro. 5.11 nos *gloriamos* en Dios por el Señor
    15.17 tengo, pues, de qué *gloriarme* en Cristo
1 Co. 1.31; 2 Co. 10.17 el que se *gloría*, *gloríese* en
    3.21 así que, ninguno se *gloríe* en los hombres
2 Co. 5.12 responder a los que se *glorían* en las
    7.4 mucho me *glorío* con respecto de vosotros
    7.14 nuestro *gloriarnos* con Tito .. verdad
    8.24 nuestro *gloriarnos* respecto de vosotros
    9.3 que nuestro *gloriarnos* .. no sea vano en
    10.8 aunque me *gloríe* .. no me avergonzaré
    11.16 que yo también me *gloríe* un poquito
    11.18 que muchos se *glorían* .. yo me *gloriaré*
    12.9 me *gloriaré* más bien en mis debilidades
    12.11 me he hecho un necio al *gloriarme*
Gá. 6.14 lejos esté de mí *gloriarme*, sino en la
Ef. 2.9 no por obras, para que nadie se *gloríe*
Fil. 2.16 *gloriarme* de que no he corrido en vano
2 Ts. 1.4 que nosotros mismos nos *gloriamos* de
Stg. 1.9 de humilde .. *gloríese* en su exaltación

GLORIFICAR *v.* Adorar, Alabar, Engrandecer, Exaltar, Gracias, Honrar, Magnificar

Ex. 14.17 me *glorificaré* en Faraón, y en todo su
Sal. 22.23 *glorificadle*, descendencia toda de
    30.1 te *glorificaré*, oh Jehová, porque me has
    86.9 las naciones .. *glorificarán* tu nombre
    86.12 y *glorificaré* tu nombre para siempre
    91.15 con él estaré .. libraré y le *glorificaré*
Is. 24.15 *glorificad* por esto a Jehová en los valles
    44.23 redimió a .. y en Israel será *glorificado*
    60.7 altar, y *glorificaré* la casa de mi gloria
    66.5 dijeron: Jehová sea *glorificado*. Pero el
Hag. 1.8 reedificad la casa .. y seré *glorificado*
Mt. 5.16 *glorifiquen* a vuestro Padre que está en
    9.8 la gente .. maravilló y *glorificó* a Dios
Lc. 2.20 volvieron .. *glorificando* y alabando a
    4.15 enseñaba .. y era *glorificado* por todos
    7.16 y *glorificaban* a Dios, diciendo: Un gran
    18.43 vio, y le seguía, *glorificando* a Dios
Jn. 7.39 porque Jesús no había sido aún *glorificado*
    8.54 si yo me *glorifico* a mí mismo, mi gloria
    11.4 el Hijo de Dios sea *glorificado* por ella
    12.23 que el Hijo del Hombre sea *glorificado*
    12.28 he *glorificado*, y lo *glorificaré* otra vez
    13.31 es *glorificado* el Hijo .. y Dios es *g* en él
    14.13 que el Padre sea *glorificado* en el Hijo
    15.8 en esto es *glorificado* mi Padre, en que
    16.14 me *glorificará*; porque tomará de lo mío
    17.1 *glorifica* a tu Hijo .. te *glorifique* a ti
    17.4 te he *glorificado* en la tierra; he acabado
    21.19 con qué muerte había de *glorificar* a
Hch. 3.13 Dios .. ha *glorificado* a su Hijo Jesús
    4.21 todos *glorificaban* a Dios por lo que se
    13.48 los gentiles, oyendo esto .. *glorificaban*
Ro. 1.21 no le *glorificaron* como a Dios, ni le
    8.17 juntamente con él seamos *glorificados*
    8.30 que justificó, a éstos también *glorificó*
    15.6 para que .. *glorifiquéis* al Dios y Padre
1 Co. 6.20 *glorificad*, pues, a Dios en .. cuerpo
2 Ts. 1.10 cuando venga .. para ser *glorificado* en
    1.12 nombre de .. Jesucristo sea *glorificado*
    3.1 que la palabra .. corra y sea *glorificada*
He. 5.5 tampoco Cristo se *glorificó* a sí mismo
1 P. 2.12 para que .. *glorifiquen* a Dios en el día de
    4.11 para que en todo sea Dios *glorificado*
    4.14 él es .. pero por vosotros es *glorificado*
    4.16 si alguno padece .. *glorifique* a Dios por
Ap. 15.4 ¿quién no te .. y *glorificará* tu nombre?

GLORIOSO, sa *v.* Excelente, Grande, Magnífico, Noble

Neh. 9.5 el nombre tuyo, *g* y alto sobre toda
Sal. 45.13 toda *g* es la hija del rey en su morada
    76.4 *g* eres tú, poderoso más que los montes
    87.3 cosas *g* se han dicho de ti, ciudad de
Is. 11.10 será buscada .. y su habitación será *g*
    58.13 lo llamares delicia, santo, *g* de Jehová
    63.14 a tu pueblo, para hacerte nombre *g*
Lc. 13.17 se regocijaba por todas las cosas *g* que
Ro. 8.21 a la libertad *g* de los hijos de Dios
2 Co. 3.11 mucho más *g* será lo que permanece

Tit. 2.13 manifestación *g* de nuestro gran Dios
1 P. 1.8 veáis, os alegráis con gozo inefable y *g*

GLOTÓN *v.* Comilón
Dt. 21.20 este nuestro hijo es .. es *g* y borracho
Pr. 28.7 el que es compañero de *g* avergüenza a su

GOBERNADOR *v.* Gobernante, Jefe, Principal, Príncipe, Rey
Gn. 41.34 ponga *g* sobre el país, y quinte la tierra
1 R. 22.47 no había .. rey en Edom; había *g* en
Neh. 5.18 nunca requerí el pan del *g*, porque la
Pr. 8.16 por mí .. todos los *g* juzgan la tierra
Dn. 6.2 sobre ellos tres *g*, de los cuales Daniel era
Mt. 10.18; Mr. 13.9; Lc. 21.12 aun ante *g* seréis llevados
   28.14 si esto lo oyere el *g* .. le persuadiremos
Hch. 7.10 Faraón .. lo puso por *g* sobre Egipto
   23.34 el *g* .. preguntó de qué provincia era
   24.1 comparecieron ante el *g* contra Pablo
Ef. 6.12 contra los *g* de las tinieblas de este siglo

GOBERNANTE *v.* Gobernador
Pr. 29.12 si un *g* atiende la palabra mentirosa
Mt. 20.25 los *g* de las naciones se enseñorean de
Mr. 10.42 los que son tenidos por *g* de las naciones
Jn. 7.48 ¿acaso ha creído en él alguno de los *g*, o
   12.42 aun de los *g*, muchos creyeron en él
Hch. 7.35 a éste lo envió Dios como *g* y libertador
Tit. 3.1 recuérdales que se sujeten a los *g* y

GOBERNAR *v.* Dirigir, Enseñorear, Reinar, Señorear
1 S. 8.20 y nuestro rey nos *gobernará*, y saldrá
   9.17 éste es el .. éste *gobernará* a mi pueblo
2 S. 23.3 habrá un justo que *gobierne* entre los
1 R. 3.9; 2 Cr. 1.10 ¿quién podrá *gobernar* a este
2 Cr. 7.18 no te faltará .. que *gobierne* en Israel
Job 34.17 ¿*gobernará* el que aborrece juicio?
Sal. 112.5 *gobierna* sus asuntos con juicio
Jer. 40.7 había puesto a Gedalías .. para *gobernar*
Col. 3.15 la paz de Dios *gobierne* en .. corazones
1 Ti. 3.4 que *gobierne* bien su casa, que tenga
   5.14 se casen, críen hijos, *gobiernen* su casa
   5.17 los ancianos que *gobiernan* bien, sean
Stg. 3.4 por donde el que las *gobierna* quiere

GOG
Ez. 38.2 tu rostro contra *G* en tierra de Magog
Ap. 20.8 a *G* y a Magog, a fin de reunirlos para

GÓLGOTA Mt. 27.33; Mr. 15.22; Jn. 19.17.

GOLIAT 1 S. 17.4–54; 21.9.

GOLPE *v.* Bofetada, Herir, Puñetazo
Gn. 4.23 un varón mataré .. y un joven por mi *g*
Sal. 39.10 consumido bajo los *g* de tu mano

GOLPEAR *v.* Abofetear, Puñetazo
Ex. 2.11 a un egipcio que *golpeaba* a uno de los
Nm. 20.11 *golpeó* la peña con su vara dos veces
1 R. 22.24; 2 Cr. 18.23 y *golpeó* a Micaías en la
2 R. 2.8 *golpeó* las aguas, las cuales se apartaron
   13.18 *golpea* la tierra. Y él la *golpeó* tres
Ez. 6.11 palmotea con tu mano, y *golpea* con
Mt. 21.35 tomando los siervos, a uno *golpearon*
   24.49 comenzare a *golpear* a sus consiervos
   26.68; Lc. 22.64 profetízanos .. quién .. te *golpeó*
   27.30; Mr. 15.19 le *golpearon* en la cabeza
Mr. 12.3; Lc. 20.10 le *golpearon*, y le enviaron
Lc. 23.48 toda la .. se volvían *golpeándose* el pecho
Jn. 18.23 el mal; y si bien, ¿por qué me *golpeas*?
Hch. 23.3 Pablo le dijo: ¡Dios te *golpeará* a ti

GOMORRA *v.* Sodoma Gn. 18.20; 19.24.

GOSÉN
Gn. 46.28 le viniese a ver en *G* .. a la tierra de *G*
   47.4 habiten tus siervos en la tierra de *G*
Ex. 9.26 en la tierra de *G* .. no hubo granizo

GOTERA
Pr. 19.13; 27.15 *g* continua las contiendas de la

GOZAR *v.* Alegrar, Disfrutar, Regocijar
Dt. 28.63 como Jehová se *gozaba* en haceros bien
   30.9 Jehová volverá a *gozarse* sobre ti para

Job 22.19 verán los justos y se *gozarán*; y el
Sal. 9.14 cuente yo .. y me *goce* en tu salvación
   31.7 me *gozaré* y alegraré en tu misericordia
   40.16; 70.4 *gócense* .. todos los que te buscan
   48.11 se *gozarán* las hijas de Judá por tus
   67.4 alégrense y *gócense* las naciones, porque
   92.4 en las obras de tus manos me *gozo*
   94.3 hasta cuándo .. se *gozarán* los impíos?
   96.11 alégrense los cielos, y *gócese* la tierra
   118.24 nos *gozaremos* y alegraremos en él
   119.14 me he *gozado* en .. de tus testimonios
Pr. 23.24 el que engendra sabio se *gozará* con él
Ec. 2.10 mi corazón *gozó* de todo mi trabajo
   5.18 lo bueno es .. *gozar* uno del bien de
   5.19 goce de su trabajo .. es don de Dios
   9.9 *goza* de la vida con la mujer que amas
Cnt. 1.4 nos *gozaremos* y alegraremos en ti
Is. 25.9 nos *gozaremos* y nos .. en su salvación
   29.19 los más pobres .. se *gozarán* en el Santo
   35.1 el yermo se *gozará* y florecerá como la
   61.10 en gran manera me *gozaré* en Jehová
   62.5 como .. así se *gozará* contigo el Dios tuyo
   65.18 os *gozaréis*, y os alegraréis para siempre
   65.19 me *gozaré* con mi pueblo; y nunca más
Lm. 4.21 *gózate* y alégrate, hija de Edom, la que
Jl. 2.23 alegraos y *gozaos* en Jehová vuestro Dios
Mt. 5.12; Lc. 6.23 *gozaos* .. galardón es grande
Lc. 19.37 *gozándose*, comenzó a alabar a Dios
Jn. 3.29 el amigo .. se *goza* grandemente de la voz
   8.56 Abraham .. se *gozó* de .. y lo vio, y se *g*
Ro. 12.15 *gozaos* con los que se *gozan*; llorad con
   16.19 así que me *gozo* de vosotros; pero quiero
2 Co. 7.9 ahora me *gozo*, no porque hayáis sido
   7.13 más nos *gozamos* por el gozo de Tito
   7.16 me *gozo* de que en todo tengo confianza
   12.10 por amor a Cristo me *gozo* en las
   13.9 *gozamos* de que seamos nosotros débiles
Fil. 1.18 y en esto me *gozo*, y me *gozaré* aún
   3.1 lo demás, hermanos, *gozaos* en el Señor
   4.10 me *gocé* .. que ya al fin habéis revivido
Col. 1.24 me *gozo* en lo que padezco por vosotros
He. 11.25 que *gozar* de los deleites .. del pecado
1 P. 4.13 *gozaos* por cuanto sois participantes de
   4.13 en la revelación de su gloria os *gocéis*
Ap. 19.7 *gocémonos* .. y démosle gloria; porque

GOZO *v.* Alegría, Deleite, Regocijo
Dt. 28.47 no serviste a Jehová .. con *g* de corazón
Neh. 8.10 porque el *g* de Jehová es vuestra fuerza
Job 20.5 breve, y el *g* del impío un momento
Sal. 48.2 *g* de toda la tierra es el monte de Sion
   119.111 testimonios .. son el *g* de mi corazón
Pr. 15.8 mas la oración de los rectos es su *g*
Ec. 9.7 y come tu pan con *g*, y bebe tu vino con
Is. 35.10 y *g* perpetuo será sobre sus cabezas
   51.3 se hallará en ella alegría y *g*, alabanza
   60.15 haré que seas .. *g* de todos los siglos
   61.3 óleo de *g* en lugar de luto .. manto de
   61.7 doble honra, y tendrán perpetuo *g*
   66.10 llenaos con ella de *g*, todos los que os
Jer. 25.10 desaparezca .. la voz de *g* y la voz de
   31.12 y vendrán con gritos de *g* en lo alto de
   31.13 cambiaré su lloro en *g*, y los consolaré
Lm. 2.15 ¿es esta la .. el *g* de toda la tierra?
Mt. 13.20; Mr. 4.16; Lc. 8.13 oye la palabra, y .. la recibe con *g*
   25.21 dijo: Bien .. entra en el *g* de tu señor
   28.8 con temor y gran *g* .. a dar las nuevas
Lc. 2.10 porque he aquí os doy nuevas de gran *g*
   8.40 volvió Jesús, le recibió la multitud con *g*
   10.17 volvieron los setenta con *g*, diciendo
   15.7 habrá más *g* en el cielo por un pecador
   24.41 como todavía ellos, de *g*, no lo creían
Jn. 3.29 esposo; así pues, este mi *g* está cumplido
   15.11; 16.24; 17.13 mi *g* esté en vosotros, y vuestro *g* sea cumplido
   16.20 vuestra tristeza se convertirá en *g*
   16.22 gozará .. y nadie os quitará vuestro *g*
Hch. 8.8 así que había gran *g* en aquella ciudad
   13.52 los discípulos estaban llenos de *g* y del

Ro. 14.17 justicia, paz y g en el Espíritu Santo
15.13 el Dios de .. os llene de todo g y paz
15.32 para que con g llegue a vosotros por la
2 Co. 1.24 sino que colaboramos para vuestro g
2.3 confiando .. mi g es el de todos vosotros
7.4 sobreabundo de g en todas .. tribulaciones
7.13 mucho más nos gozamos por el g de Tito
8.2 la abundancia de su g y su .. pobreza
13.11 por lo demás, hermanos, tened g .. paz
Gá. 5.22 mas el fruto del Espíritu es amor, g, paz
Fil. 1.4 siempre .. rogando con g por .. vosotros
2.2 completad mi g, sintiendo lo mismo
4.1 así que, hermanos míos .. g y corona mía
1 Ts. 1.6 recibiendo la palabra en medio .. con g
2.20 vosotros sois nuestra gloria y g
3.9 todo el g con que nos gozamos a causa
2 Ti. 1.4 deseando verte .. para llenarme de g
He. 10.34 el despojo de .. bienes sufristeis con g
12.2 por el g puesto delante de él sufrió la
12.11 disciplina .. parece ser causa de g, sino
Stg. 1.2 tened por sumo g cuando os halléis en
4.9 risa .. en lloro, y vuestro g en tristeza
1 P. 1.8 os alegráis con g inefable y glorioso
1 Jn. 1.4; 2 Jn. 12 que vuestro g sea cumplido
3 Jn. 4 no tengo yo mayor g que este, el oir que

GOZOSO v. Alegre
Mt. 13.44 g por ello va y vende todo lo que tiene
Hch. 5.41 g de haber sido tenidos por dignos de
8.39 el eunuco no le vio .. siguió g su camino
Ro. 12.12 g en la esperanza; sufridos .. tribulación
2 Co. 6.10 como entristecidos, mas siempre g
1 Ts. 5.16 estad siempre g

GRABAR v. Esculpir
Ex. 28.9 y grabarás en ellos los nombres de los
28.36 grabarás en .. como grabadura de sello

GRACIA v. Amor, Bondad, Compasión, Favor,
Gracias, Misericordia
Gn. 39.21 Jehová estaba con José .. y le dio g en
Ex. 3.21 daré a este pueblo .. en los ojos de los
Nm. 11.11 ¿y por qué no he hallado g en tus ojos
Dt. 33.16 la g del que habitó en la zarza venga
Rt. 2.10 ¿por qué he hallado g en tus ojos para
1 S. 16.22 David .. pues ha hallado g en mis ojos
Est. 5.2 cuando vio a la reina .. ella obtuvo g ante
Sal. 45.2 la g se derramó en tus labios; por tanto
84.11 sol y escudo .. g y gloria dará Jehová
Pr. 1.9 adorno de g serán a tu cabeza, y collares
3.4 hallarás g y buena opinión ante los ojos
3.22 y serán vida a tu alma, y g a tu cuello
13.15 el buen entendimiento da g; mas el
31.30 engañosa es la g, y vana la hermosura
Ec. 10.12 las palabras .. del sabio son llenas de g
Dn. 1.9 puso Dios a Daniel en g .. con el jefe de
Os. 14.4 los amaré de pura g; porque mi ira se
Zac. 4.7 sacará .. con aclamaciones de: G, a g a ella
11.7 dos cayados: al uno puse por nombre G
12.10 derramaré .. espíritu de g y de oración
Mt. 10.8 sanad .. de g recibisteis, dad de g
Lc. 1.30 porque has hallado g delante de Dios
2.40 el niño crecía .. la g de Dios era sobre él
2.52 Jesús crecía .. en g para con Dios y los
4.22 las palabras que .. salían de sus labios
Jn. 1.14 vimos su gloria .. lleno de g y de verdad
1.16 de su .. tomamos todos, y g sobre g
1.17 la g y la verdad vinieron por .. Jesucristo
Hch. 4.33 abundante g era sobre todos ellos
7.10 y le dio g y sabiduría delante de Faraón
7.46 halló g delante de Dios, y pidió proveer
13.43 a que perseverasen en la g de Dios
15.11 por la g del Señor Jesús seremos salvos
Ro. 1.5 por quien recibimos la g y el apostolado
3.24 siendo justificados gratuitamente por su g
4.4 no se le cuenta el salario como g, sino
4.16 es por fe, para que sea por g, a fin de que
5.2 tenemos entrada por la fe a esta g en la
5.15 abundaron .. g .. por la g de un hombre
5.17 reinarán en vida .. los que reciben la .. g
5.20 el pecado abundó, sobreabundó la g
5.21 así también la g reine por la justicia para

Ro. 6.1 ¿perseveraremos .. para que la g abunde?
6.14 pues no estáis bajo la ley, sino bajo la g
11.6 y si por g, ya no es por obras; de otra
12.6 diferentes dones según la g que nos es
16.24; 2 Co. 13.14 la g de nuestro Señor
1 Co. 15.10 pero por la g de Dios soy lo que soy
2 Co. 1.15 ir a .. para que tuvieseis una segunda g
4.15 que abundando la g por medio de muchos
6.1 a que no recibáis en vano la g de Dios
8.1 os hacemos saber la g de Dios que se ha
8.9 conocéis la g de nuestro Señor Jesucristo
9.8 hacer que abunde entre vosotros toda g
12.9 ha dicho: Bástate mi g; porque mi poder
Gá. 2.21 no desecho la g de Dios; pues si por la
5.4 los que por la ley .. de la g habéis caído
Ef. 1.7 perdón de .. según las riquezas de su g
2.7 abundantes riquezas de su g en su bondad
2.8 por g sois salvos por medio de la fe, y
3.8 me fue dada esta g de anunciar entre los
4.7 a cada uno .. fue dada la g conforme a
4.29 sea buena .. a fin de dar g a los oyentes
6.24 g sea con todos los que aman a nuestro
Fil. 1.7 todos .. sois participantes conmigo de la g
1 Ti. 1.14 g de nuestro Señor fue más abundante
2 Ti. 2.1 esfuérzate en la g que es en Cristo Jesús
Tit. 2.11 la g de .. manifestado para salvación
3.7 que justificados por su g, viniésemos a ser
He. 4.16 y hallar g para el oportuno socorro
12.15 alguno deje de alcanzar la g de Dios
13.9 buena cosa es afirmar el corazón con la g
Stg. 4.6 Dios resiste a los .. y da g a los humildes
1 P. 1.13 esperad por completo en la g que se os
3.7 como a coherederas de la g de la vida
4.10 como buenos administradores de la .. g
5.12 que esta es la verdadera g de Dios, en la
2 P. 3.18 creced en la g y el .. de nuestro Señor
Jud. 4 convierten en libertinaje la g de nuestro

GRACIAS v. Alabar, Gracia
Lv. 7.12 si se ofreciere en acción de g, ofrecerá
22.29 sacrificio de acción de g a Jehová
2 Cr. 30.22 dando g a Jehová el Dios de sus
Neh. 11.17 empezaba las alabanzas y acción de g
Sal. 26.7 para exclamar con voz de acción de g
75.1 te damos, oh Dios, g te damos, pues
100.4 entrad por sus puertas con acción de g
Jer. 30.19 saldrá de ellos acción de g, y voz de
Dn. 2.23 a ti, oh Dios de mis padres, te doy g y
Mt. 15.36; Mr. 8.6 dio g, los partió y dio a sus
26.27; Mr. 14.23; Lc. 22.17 habiendo dado g,
les dio, diciendo
Lc. 2.38 ésta .. daba g a Dios, y hablaba del niño
17.9 acaso da g al siervo porque hizo lo que
17.16 se postró .. a sus pies, dándole g
18.11 Dios, te doy g porque no soy como los
Jn. 11.41 dijo: Padre, g te doy por haberme oído
Hch. 27.35 dicho esto, tomó el pan y dio g a Dios
Ro. 1.8 doy g a mi Dios mediante Jesucristo con
1.21 no le glorificaron como .. ni le dieron g
6.17 g a Dios, que aunque erais esclavos del
7.25 g doy a Dios, por Jesucristo Señor
14.6 para el Señor come, porque da g a Dios
1 Co. 1.4 g doy a mi Dios siempre por vosotros
11.24 y habiendo dado g, lo partió, y dijo
15.57 g sean .. a Dios, que nos da la victoria
2 Co. 2.14 a Dios g, el cual nos lleva siempre en
9.11 la cual produce .. acción de g a Dios
9.12 abunda en muchas acciones de g a Dios
9.15 g a Dios por su don inefable!
Ef. 1.16 no ceso de dar g por vosotros, haciendo
5.4 palabras .. sino antes bien acciones de g
5.20 dando siempre g por todo al Dios y Padre
Fil. 1.3 doy g a mi Dios siempre que me acuerdo
4.6 en toda oración y ruego, con acción de g
Col. 3.17 dando g a Dios Padre por medio de él
4.2 oración, velando en ella con acción de g
1 Ts. 2.13 por lo cual .. sin cesar damos g a Dios
3.9 ¿qué acción de g podremos dar a Dios
5.18 dad g en todo, porque esta es la voluntad
2 Ts. 1.3 debemos .. dar g a Dios por vosotros

1 Ti. 1.12 doy *g* al que me fortaleció, a Cristo
2.1 y acciones de *g*, por todos los hombres
2 Ti. 1.3 doy *g* a Dios, al cual sirvo desde mis
Ap. 4.9 dan gloria y honra y acción de *g* al que
11.17 te damos *g*, Señor Dios Todopoderoso

GRADA
Neh. 9.4 se levantaron sobre la *g* de los levitas
Hch. 21.40 Pablo, estando en pie en las *g*, hizo

GRADO
2 R. 20.9 ¿avanzará la sombra 10 *g*, o .. 10 *g*?
Is. 38.8 los *g* que ha descendido con el .. 10 *g* atrás
1 Ti. 3.13 ganan para sí un *g* honroso, y mucha

GRANA *v.* Escarlata, Púrpura, Rojo
Gn. 38.28 tomó y ató a su mano un hilo de *g*
Jos. 2.18 atarás este cordón de *g* a la ventana por
Is. 1.18 si vuestros pecados fueren como la *g*, como

GRAN-DE *v.* Excelente, Excelso, Magnífico, Poderoso
Gn. 4.13 dijo Caín a Jehová: *G* es mi castigo para
46.3 porque allí yo haré de ti una *g* nación
Ex. 18.11 Jehová es más *g* que todos los dioses
34.6 tardo .. y *g* en misericordia y verdad
Dt. 1.17 juicio .. así al pequeño como al *g* oiréis
10.17 Dios *g*, poderoso y temible, que no hace
1 S. 26.25 David; sin duda emprenderás tú cosas *g*
1 Cr. 16.25; Sal. 48.1; 96.4 *g* es Jehová, y digno de suprema alabanza
Job 1.3 era aquel varón más *g* que todos los
36.5 Dios es *g*, pero no desestima a nadie
36.26 Dios es *g*, y nosotros no le conocemos
Sal. 8.9 cuán *g* es tu nombre en toda la tierra!
77.13 ¿qué Dios es *g* como nuestro Dios?
86.10 tú eres *g*, y hacedor de maravillas; sólo
95.3 Jehová es Dios *g*, y Rey *g* sobre todos
111.2 *g* son las obras de Jehová, buscadas de
126.3 *g* cosas ha hecho Jehová con nosotros
Is. 12.6 *g* es en medio de ti el Santo de Israel
Jer. 5.5 iré a los *g* y les hablaré; porque ellos
10.6 eres tú, y tu nombre en poderío
Jl. 2.21 no temas .. porque Jehová hará *g* cosas
Mal. 1.11 es *g* mi nombre entre las naciones; y en
Mt. 15.28 oh mujer, *g* es tu fe; hágase contigo
20.26; Mr. 10.43 el que quiera hacerse *g* entre
22.36 ¿cuál es el *g* mandamiento en la ley?
Lc. 1.15 será *g* delante de Dios. No beberá vino
Hch. 8.9 la magia .. haciéndose pasar por algún *g*
19.28 diciendo: ¡*G* es Diana de los efesios!
1 Co. 16.9 se me ha abierto puerta *g* y eficaz
Gá. 6.11 mirad con cuán *g* letras os escribo de mi
1 Ti. 3.16 *g* es el misterio de la piedad: Dios fue
He. 7.4 considerad, pues, cuán *g* era éste, a quien

GRANDEZA *v.* Excelencia, Gloria, Magnificencia, Majestad
Nm. 14.19 perdona .. según la *g* de tu misericordia
Dt. 3.24 has comenzado a mostrar a tu siervo tu *g*
5.24 Dios nos ha mostrado su gloria y su *g*
Sal. 71.21 aumentarás mi *g*, y volverás a
131.1 ni anduve en *g*, ni en cosas .. sublimes
145.3 grande es .. y su *g* es inescrutable
145.6 de tus .. hablarán .. y yo publicaré tu *g*
Is. 40.26 tal es la *g* de su fuerza, y el poder de su
Jer. 45.5 y tú buscas para ti *g*? No las busques
Ez. 31.2 Faraón .. ¿A quién te comparaste en tu *g*?
Os. 4.7 conforme a su *g*, así pecaron contra mí

GRANERO *v.* Alfolí
Gn. 41.56 entonces abrió José todo *g* .. y vendía
Sal. 144.13 nuestros *g* llenos, provistos de toda
Pr. 3.10 serán llenos tus *g* con abundancia, y tus
14.4 sin bueyes el *g* está vacío; mas por la
Jl. 1.17 el *g* asolado .. los *g* fueron asolados
Hag. 2.19 ¿no está aún la simiente en el *g*?
Mt. 3.12; Lc. 3.17 recogerá su trigo en el *g*
6.26 aves .. ni recogen en *g*; y vuestro Padre las
13.30 cizaña .. pero recoged el trigo en mi *g*
Lc. 12.18 derribaré mis *g*, y los edificaré mayores
12.24 que ni tienen despensa, ni *g*, y Dios los

GRANIZO *v.* Escarcha, Nieve
Ex. 9.18 haré llover *g* muy pesado, cual nunca

Job 38.22 de la nieve, o has visto los tesoros del *g*
Sal. 105.32 dio *g* por lluvia, y llamas de fuego
Is. 28.17 *g* barrerá el refugio de la mentira, y aguas
Ap. 8.7 hubo *g* y fuego mezclados con sangre, que
11.19 hubo relámpagos, voces .. y grande *g*

GRANO *v.* Cebada, Trigo
Dt. 33.28 habitará sola en tierra de *g* y de vino
Sal. 65.13 y los valles se cubren de *g*; dan voces
Jl. 1.17 se pudrió debajo de los terrones
1 Co. 15.37 el *g* desnudo .. de trigo o de otro *g*

GRASA *v.* Grosura
Dt. 32.15 Jesurún .. engordaste, te cubriste de *g*
Sal. 37.20 como la *g* de los .. serán consumidos

GRATO *v.* Agradable
Sal. 19.14 sean *g* los dichos de mi boca y la
Pr. 2.10 cuando .. la ciencia fuere *g* a tu alma
Mal. 3.4 será *g* a Jehová la ofrenda de Judá y de

GRATUITAMENTE *v.* Balde, Gracia
Ro. 3.24 siendo justificados *g* por su gracia de la
Ap. 21.6 al que tuviere sed, yo le daré *g*
22.17 que quiera, tome del agua de la vida *g*

GRAVE
Gn. 21.11 pareció *g* en gran manera a Abraham
Ex. 18.22 todo asunto *g* lo traerán a ti, y ellos

GRAVOSO *v.* Carga, Pesado
2 Co. 11.9 me guardé y me guardaré de seros *g*
1 Ts. 2.9; 2 Ts. 3.8 trabajando .. para no ser *g*
1 Jn. 5.3 guardemos .. sus mandamientos no son *g*

GRECIA
Dn. 8.21 el macho cabrío es el rey de *G*, y el
10.20 al terminar .. el príncipe de *G* vendrá
11.2 levantará a todos contra el reino de *G*
Zac. 9.13 despertaré a .. contra tus hijos, oh *G*
Hch. 20.2 después .. de exhortarles .. llegó a *G*

GRIEGO, ga *v.* Gentil
Mr. 7.26 la mujer era *g*, y sirofenicia de nación
Lc. 23.38; Jn. 19.20 escrito con letras *g*, latinas
Jn. 7.35 se irá a .. entre los *g*, y enseñará a los *g*?
12.20 ciertos *g* entre los que habían subido a
Hch. 6.1 murmuración de los *g* contra los hebreos
9.29 y hablaba .. y disputaba con los *g*; pero
11.20 los cuales .. hablaron también a los *g*
14.1 creyó una gran multitud .. asimismo de *g*
16.1 hijo de una mujer judía .. de padre *g*
17.4 los *g* piadosos gran número, y mujeres
18.17 todos los *g*, apoderándose de Sóstenes
21.37 dijo al tribuno .. y él dijo: ¿Sabes *g*?
Ro. 1.14 a *g* y a no *g*, a sabios y a no sabios soy
1.16; 2.10 judío primeramente, y también al *g*
1 Co. 1.22 piden señales, y los *g* buscan sabiduría
12.13 sean judíos o *g*, sean esclavos o libres
Gá. 2.3 mas ni aun Tito .. con todo y ser *g*, fue
3.28; Col. 3.11 no hay judío ni *g*; no hay

GRITAR *v.* Clamar, Voz
Jos. 6.10 no *gritaréis*, ni se oirá vuestra voz, ni
1 S. 4.5 Israel *gritó* con tan gran júbilo que la
1 R. 18.27 *gritad* en alta voz, porque dios es
Is. 42.2 no *gritará*, ni alzará su voz, ni la
Hch. 19.32 unos .. *gritaban* una cosa, y otros

GROSURA *v.* Grasa
Gn. 27.28 Dios, pues, te dé .. de las *g* de la tierra
Lv. 3.16 hará arder esto .. toda la *g* es de Jehová
7.23 ninguna *g* de buey ni de cordero ni de
Sal. 17.10 envueltos están con su *g*; con su boca
36.8 serán .. saciados de la *g* de tu casa, y tu

GRUESO
Jue. 3.17 rey de Moab; y era Eglón hombre muy *g*
1 R. 12.10; 2 Cr. 10.10 dedo más pequeño es más *g*

GRUPO
Gn. 33.8 ¿qué te propones con todos estos *g* que
1 Cr. 24.1 los hijos de Aarón fueron .. en *g*

GUARDA *v.* Guardia, Soldado
Gn. 4.9 no sé.. ¿Soy yo acaso *g* de mi hermano?
Neh. 4.9 pusimos *g* contra ellos de día y de

Neh. 7.3 señalé *g* de los moradores de Jerusalén
Job 7.20 ¿qué puedo hacerte a ti, oh *G* de los
Sal. 141.3 pon *g* a mi boca, oh Jehová; guarda la
Is. 21.11 *g*, ¿qué de la noche? *G*, ¿qué de la noche?
   62.6 sobre tus muros, oh Jerusalén, he puesto *g*
Ez. 38.7 prepárate y apercíbete .. y sé tú su *g*
Hab. 2.1 sobre mi *g* estaré .. y velaré para ver lo
Mt. 28.4 y de miedo de él los *g* temblaron y se
Hch. 5.23 y los *g* afuera de pie ante las puertas
   12.19 después de interrogar a los *g*, ordenó

GUARDADO, da *v*. Reservado
Job 10.13 estas cosas tienes *g* en tu corazón; yo sé
Jud. 1 a los .. en Dios Padre, y *g* en Jesucristo

GUARDADOR *v*. Amparo, Defensor
Sal. 121.5 Jehová es tu *g*; Jehová es tu sombra
Jer. 14.8 oh esperanza de Israel, *G* suyo en el

GUARDAR *v*. Conservar, Cuidar, Preservar, Retener
Gn. 18.19 *guarden* el camino de Jehová, haciendo
   27.36 ¿no has *guardado* bendición para mí?
   28.15 he aquí, yo estoy contigo, y te *guardaré*
Ex. 16.28 ¿hasta cuándo no querréis *guardar* mis
   23.20 para que te *guarde* en el camino, y te
   23.21 *guárdate* delante de él, y oye su voz
   31.13, 16 *guardaréis* mis días de reposo
Nm. 6.24 Jehová te bendiga, y te *guarde* .. haga
Dt. 2.4 pasando vosotros .. Esaú .. *guardaos* mucho
   4.6 *guardadlos*, pues, y ponedlos por obra
   6.17 *guardad* .. los mandamientos de Jehová
   11.22 si *guardareis* cuidadosamente todos estos
   17.19 *guardar* todas las palabras de esta ley
   23.9 salieres .. te *guardar* de toda cosa mala
   29.9 *guardaréis* .. las palabras de este pacto
   32.10 lo *guardó* como a la niña de su ojo
Jos. 1.8 que *guardes* y hagas conforme a todo lo
   24.17 nos ha *guardado* por todo el camino
1 S. 2.9 él *guarda* los pies de sus santos, mas los
   10.19 desechado hoy a .. Dios, que os *guarda*
2 S. 22.22; Sal. 18.21 he *guardado* los caminos de
1 R. 2.3 *guarda* los preceptos de Jehová tu Dios
Job 2.6 él está en tu mano; mas *guarda* su vida
   23.12 *guardé* las palabras de su boca más que
   29.2 en los días en que Dios me *guardaba*
Sal. 12.7 tú, Jehová, los *guardarás* .. siempre
   16.1 *guárdame*, oh Dios, porque en ti he
   17.8 *guárdame* como a la niña de tus ojos
   25.20 *guarda* mi alma, y líbrame; no sea yo
   25.21 integridad y rectitud me *guarden*, porque
   34.20 él *guarda* todos sus huesos; ni uno de
   37.34 espera en Jehová, y *guarda* su camino
   41.2 Jehová lo *guardará*, y le dará vida; será
   44.7 tú nos has *guardado* de nuestros enemigos
   64.1 *guarda* mi vida del temor del enemigo
   78.10 no *guardaron* el pacto de Dios, ni .. ley
   91.11 que te *guarden* en todos tus caminos
   97.10 él *guarda* las almas de sus santos
   103.9 no .. ni para siempre *guardará* el enojo
   105.45 para que *guardasen* sus estatutos
   107.43 ¿quién es sabio y *guardará* estas cosas
   116.6 Jehová *guarda* a los sencillos; estaba yo
   119.11 en mi corazón he *guardado* tus dichos
   119.146 sálvame, y *guardaré* tus testimonios
   121.7 te *guardará* de todo mal; él *g* tu alma
   127.1 si Jehová no *guardare* la ciudad, en vano
   141.3 Jehová; *guarda* la puerta de mis labios
   145.20 Jehová *guarda* a todos los que le aman
Pr. 2.1 mis mandamientos *guardares* dentro de ti
   2.8 es el que *guarda* las veredas del juicio, y
   2.11 la discreción te *guardará*; te preservará
   3.1 y tu corazón *guarde* mis mandamientos
   4.4 *guarda* mis mandamientos, y vivirás
   4.23 sobre toda cosa .. *guarda* tu corazón
   8.32 bienaventurados los que *guardan* mis
   13.3; 21.23 el que *guarda* su boca y su alma
   13.18 el que *guarda* la corrección recibirá honra
   16.17 su vida *guarda* el que *g* su camino
   20.28 misericordia y verdad *guardan* al rey
   29.18 el que *guarda* la ley es bienaventurado
Ec. 3.6 tiempo de *guardar*, y tiempo de desechar

Ec. 12.13 teme a Dios, y *guarda* sus mandamientos
Is. 26.3 *guardarás* en completa paz a aquel cuyo
   27.3 yo .. la *guardo* .. la *guardaré* de noche
   42.6 te *guardaré* y te pondré por pacto al
Jer. 3.5 ¿*guardará* su enojo para siempre? .. lo *g*?
Ez. 36.29 *guardaré* de todas vuestras inmundicias
Os. 13.10 ¿dónde está tu rey, para que te *guarde*
Mt. 7.15 *guardaos* de los falsos profetas, que
   10.17 *guardaos* de los hombres, porque os
   16.6; Mr. 8.15 *guardaos* de la levadura de los
   19.17 en la vida, *guarda* los mandamientos
   19.20; Mr. 10.20; Lc. 18.21 todo esto lo he
      guardado desde mi juventud
   23.3 lo que os digan que *guardéis*, *guardadlo*
   28.20 que *guarden* todas las cosas que os he
Mr. 6.20 temía a Juan .. y le *guardaba* a salvo
   7.9 de Dios para *guardar* vuestra tradición
   12.38 y les decía .. *Guardaos* de los escribas
Lc. 2.19, 51 María *guardaba* todas estas cosas en
   4.10 a sus ángeles mandará .. que te *guarden*
   11.21 el hombre .. armado *guarda* su palacio
   11.28 oyen la palabra de Dios, y la *guardan*
   12.15 mirad, y *guardaos* de toda avaricia
   12.17 no tengo donde *guardar* mis frutos?
   19.20 tu mina, la cual he tenido *guardada* en
Jn. 8.51 que *guarda* mi palabra, nunca verá muerte
   12.47 oye .. y no las *guarda*, yo no le juzgo
   14.15 si me amáis, *guardad* mis mandamientos
   14.21 tiene mis mandamientos, y los *guarda*
   15.10 como yo he *guardado* los mandamientos
   17.6 me los diste, y han *guardado* tu palabra
   17.11 me has dado, *guárdalos* en tu nombre
   17.15 del mundo, sino que los *guardes* del mal
Hch. 15.5 mandarles que *guarden* la ley de Moisés
Ro. 2.27 pero *guarda* perfectamente la ley, te
2 Co. 11.32 en Damasco, el .. *guardaba* la ciudad
Gá. 4.10 *guardáis* los días, los meses, los tiempos
Fil. 3.2 *guardaos* de los perros, *g* de los malos
   4.7 la paz de .. *guardará* vuestros corazones
1 Ts. 5.23 espíritu, alma y cuerpo, sea *guardado*
1 Ti. 3.9 *guarden* el misterio de la fe con limpia
   5.21 te encarezco .. que *guardes* estas cosas
   6.20 *guarda* lo que se te ha encomendado
2 Ti. 1.12 es poderoso para *guardar* mi depósito
   1.14 *guarda* el buen depósito por el Espíritu
   4.8 me está *guardada* la corona de justicia
   4.15 *guárdate* tú también de él, pues en gran
Stg. 1.27 y *guardarse* sin mancha del mundo
   2.10 cualquiera que *guardare* toda la ley, pero
1 P. 1.5 que sois *guardados* por el poder de Dios
2 P. 2.5 si no perdonó al .. sino que *guardó* a Noé
1 Jn. 2.3 en esto .. si *guardamos* sus mandamientos
   3.22 *guardamos* sus mandamientos, y hacemos
   5.2 amamos .. y *guardamos* sus mandamientos
   5.18 Dios le *guarda*, y el maligno no le toca
   5.21 hijitos, *guardaos* de los ídolos. Amén
Jud. 24 que es poderoso para *guardaros* sin caída
Ap. 1.3 oyen .. y *guardan* las cosas en ella escritas
   2.26 al que .. *guardare* mis obras hasta el fin
   3.3 *guárdalo*, y arrepiéntete. Pues si no velas
   3.10 has *guardado* la palabra de mi paciencia
   22.7 bienaventurado el que *guarda* las palabras

GUARDIA *v*. Guarda, Soldado
Gn. 40.4 el capitán de la *g* encargó de ellos a José
2 S. 23.23; 1 Cr. 11.25 lo puso como jefe de su *g*
2 R. 11.11 los de la *g* se pusieron en fila, teniendo
Mt. 27.65 tenéis una *g*; id, aseguradlo como sabéis
Mr. 6.27 enviando a uno de la *g*, mandó que fuese
Hch. 4.1 vinieron .. con el jefe de la *g* del templo

GUARNICIÓN
1 S. 13.3 Jonatán atacó a la *g* de los filisteos que
2 S. 8.6; 1 Cr. 18.6 puso luego David *g* en Siria

GUERRA *v*. Batalla, Lucha
Gn. 14.2 hicieron *g* contra Bera rey de Sodoma
Ex. 15.3 Jehová es varón de *g*; Jehová es su nombre
Nm. 32.20 si os disponéis para ir delante .. a la *g*
Dt. 20.1 cuando salgas a la *g* .. no tengas temor
   24.5 alguno fuere recién casado, no saldrá a la *g*

Jos. 11.23 sus tribus; y la tierra descansó de la g
Jue. 5.8 nuevos dioses, la g estaba a las puertas
1 S. 17.1 filisteos juntaron sus ejércitos para la g
    19.8 hubo de nuevo g; y salió David y peleó
2 S. 11.1; 1 Cr. 20.1 que salen los reyes a la g
1 R. 14.30; 15.6 hubo g entre Roboam y Jeroboam
2 R. 3.7 ¿irás tú conmigo a la g contra Moab?
2 Cr. 6.34 si tu pueblo saliere a la g contra sus
    13.2 reinó .. y hubo g entre Abías y Jeroboam
    16.9 aquí en adelante habrá más g contra ti
    20.1 Moab .. vinieron contra Josafat a la g
    20.15 porque no es vuestra la g, sino de Dios
Sal. 46.9 hace cesar las g hasta los fines de la
    55.18 él redimirá en paz mi alma de la g
    68.30 esparce a .. que se complacen en la g
    120.7 mas ellos, así que hablo, me hacen g
    144.1 adiestra mis .. y mis dedos para la g
Pr. 20.18; 24.6 con dirección sabía se hace la g
Ec. 3.8 de amar .. tiempo de g, y tiempo de paz
Is. 2.4; Mi. 4.3 ni se adiestrarán más para la g
    41.12 serán como nada .. que te hacen la g
Jer. 6.23 como hombres dispuestos para la g
    42.14 de Egipto, en la cual no veremos g, ni
    50.22 estruendo de g en la tierra .. grande
Dn. 7.21 y veía yo que este cuerno hacía g contra
Mi. 2.8 quitasteis .. como adversarios de g
Mt. 24.6; Mr. 13.7; Lc. 21.9 oiréis de g y rumores
    de g
Lc. 14.31 qué rey, al marchar a la g contra otro
Stg. 4.1 ¿de dónde vienen las g y los pleitos entre
Ap. 9.7 a caballos preparados para la g; en las
    11.7 la bestia .. hará g contra ellos, y los
    12.17 fue a hacer g contra .. descendencia de
    13.7 y se le permitió hacer g contra los santos

GUÍA
Pr. 12.26 el justo sirve de g a su prójimo; mas el
Mt. 23.16 ¡ay de vosotros, g ciegos! que decís
Ro. 2.19 confías en que eres g de los ciegos, luz

GUIADOR
Jer. 3.4 me llamarás .. Padre mío, g de mi juventud?
Mt. 2.6 porque de ti saldrá un g, que apacentará

GUIAR v. Conducir, Dirigir
Gn. 24.27 guiándome Jehová en el camino a casa
Dt. 32.12 Jehová solo le guio, y con él no hubo
Sal. 5.8 guíame, Jehová, en tu justicia, a causa
    27.11 guíame por senda de rectitud a causa
    31.3 por tu nombre me guiarás .. encaminarás
    43.3 tu luz y tu verdad; éstas me guiarán
    48.14 él nos guiará aun más allá de la muerte
    73.24 me has guiado según tu consejo, y
    78.14 guio de día con nube, y toda la noche
    139.10 aun allí me guiará tu mano, y me asirá
    139.24 ve si .. y guíame en el camino eterno
Pr. 8.20 por vereda de justicia guiaré, por
Is. 49.10 el que tiene .. misericordia los guiará
    63.12 que los guio por la diestra de Moisés
Lc. 6.39 ¿acaso puede un ciego guiar a otro ciego?
Jn. 16.13 de verdad, él os guiará a toda la verdad
Ro. 8.14 los que son guiados por el Espíritu de Dios
Gá. 5.18 si sois guiados por el Espíritu, no estáis

GUIÑAR
Pr. 6.13 que guiña los ojos, que habla con los pies
    10.10 el que guiña el ojo acarrea tristeza; y el

GUSANO
Job 7.5 mi carne está vestida de g, y de costras de
    17.14 dicho .. a los g: Mi madre y mi hermana
    25.6 es un g, y el hijo de hombre, también g?
Sal. 22.6 mas yo soy g, y no hombre; oprobio de
Is. 14.11 arpas; g serán tu cama, y g te cubrirán
    41.14 g de Jacob, oh vosotros los pocos
    66.24 porque su g nunca morirá, ni su fuego se
Jon. 4.7 Dios preparó un g, el cual hirió la calabacera
Mr. 9.44 el g de ellos no muere, y el fuego nunca
Hch. 12.23 ángel .. le hirió .. y expiró comido de g

GUSTAR v. Probar
Job 12.11 el oído .. el paladar gusta las viandas
Sal. 34.8 gustad, y ved que es bueno Jehová
Hch. 23.14 no gustar nada hasta .. muerte a Pablo

He. 2.9 por la gracia de Dios gustase la muerte por
1 P. 2.3 si es que habéis gustado la benignidad del

GUSTO v. Deseo, Gana
Job 6.6 sin sal? ¿Habrá g en la clara del huevo?
Is. 58.3 buscáis vuestro propio g, y oprimís a todos

HABER v. Mirar
Lc. 17.23 os dirán: Helo aquí, o h allí. No vayáis

HABITACIÓN v. Casa, Morada, Templo
Job 5.3 al necio .. en la misma hora maldije su h
Sal. 91.9 puesto a Jehová .. al Altísimo por tu h
Is. 11.10 será buscada .. y su h será gloriosa
    32.18 mi pueblo habitará .. en h seguras
Ez. 8.3 donde estaba la h de la imagen del celo
Hch. 1.20 hecha desierta su h, y no haya quien
2 Co. 5.2 revistidos de aquella nuestra h celestial

HABITAR v. Morar, Vivir
Gn. 19.9 vino este .. para habitar entre nosotros
    26.3 habita como forastero en esta tierra, y
Dt. 33.12 el amado de Jehová habitará confiado
Sal. 15.1 ¿quién habitará en tu tabernáculo?
    37.3 habitarás en la tierra, y te apacentarás
    65.4 atrajeres a ti, para que habite .. atrios
    68.6 habitar en familia a los desamparados
    84.4 bienaventurados los que habitan en tu
    85.9 para que habite la gloria en nuestra tierra
    91.1 el que habita al abrigo del Altísimo
    132.14 aquí habitaré, porque la he querido
Pr. 10.30 pero los impíos no habitarán la tierra
Is. 32.18 mi pueblo habitará en morada de paz
    57.15 así dijo .. el que habita la eternidad
Jer. 17.25 esta ciudad será habitada para siempre
Am. 9.14 y edificarán ellos las .. y las habitarán
Zac. 2.4 será habitada Jerusalén, a causa de la
    12.6 y Jerusalén será otra vez habitada en su
Jn. 1.14 fue hecho carne, y habitó entre nosotros
2 Co. 6.16 habitaré y andaré entre ellos, y seré su
Ef. 3.17 que habite Cristo por la fe en vuestros
Col. 1.19 agradó al Padre que en él habitase toda
1 Ti. 6.16 que habita en luz inaccesible; a quien
He. 11.9 habitó como extranjero en la tierra

HABLAR v. Decir
Gn. 46.2 habló Dios a Israel en visiones de noche
Ex. 4.14 tu hermano Aarón .. que él habla bien?
    4.16 él hablará por ti al pueblo, y él te será
    6.2 habló .. Dios .. y le dijo: Yo soy Jehová
    20.1 y habló Dios todas estas palabras
    20.19 habla tú con nosotros .. no hable Dios
    25.22 allí me declararé a ti, y hablaré contigo
    33.11 hablaba Jehová a Moisés cara a cara
Nm. 12.8 cara a cara hablaré con él .. y no por
    20.3 habló el pueblo contra Moisés, diciendo
    21.5 habló el pueblo contra Dios y contra
    22.35 la palabra que yo te diga, esa hablarás
Dt. 5.24 hemos visto que Jehová habla al hombre
    6.7 hablarás de ellas estando en tu casa, y
    18.18 pondré mis palabras .. y él les hablará
    18.20 la presunción de hablar .. en mi nombre
1 S. 3.9 dirás: Habla, Jehová, porque tu siervo oye
    19.3 hablaré de ti a mi padre, y te haré saber
1 R. 22.14; 2 Cr. 18.13 Jehová me hablare .. diré
Neh. 9.13 hablaste con ellos desde el cielo, y les
    13.24 porque no sabían hablar judaico, sino
Job 2.13 ninguno le hablaba palabra, porque
    4.2 si probáremos a hablarte, te será molesto
    9.35 entonces hablaré, y no le temeré; porque
    10.1 daré .. hablaré con amargura de mi alma
    13.3 mas yo hablaría con el Todopoderoso, y
    16.6 si hablo, mi dolor no cesa; y si dejo de
    33.14 en una o en dos maneras habla Dios
    42.3 por tanto, yo hablaba lo que no entendía
Sal. 50.1 el Dios de dioses, Jehová, ha hablado
    71.24 mi lengua hablará .. de tu justicia todo
    77.12 meditaré en .. y hablaré de tus hechos
    78.2 hablaré cosas escondidas desde tiempos
    115.5; 135.16 tienen boca, mas no hablan
    116.10 creí; por tanto hablé, estando afligido
    119.172 hablará mi lengua tus dichos, porque

Sal. 145.11 la gloria de tu reino digan, y *hablen* de
Pr. 12.17 el que *habla* verdad declara justicia
Ec. 3.7 tiempo de callar, y tiempo de *hablar*
Is. 40.2 *hablad* al corazón de Jerusalén; decidle
  45.19 no *hablé* en secreto, en un lugar oscuro
  46.11 yo *hablé*, y lo haré venir; lo he pensado
Jer. 1.6 yo dije .. no sé *hablar*, porque soy niño
  7.13 os *hablé* .. y no oísteis, y os llamé, y no
  20.9 y dije .. ni *hablaré* más en su nombre; no
  23.35 qué ha respondido .. y qué *habló* Jehová?
  35.14 os he *hablado* .. desde temprano y sin
Ez. 5.15 serás oprobio .. yo Jehová he *hablado*
  12.25 yo Jehová *hablaré*, y se cumplirá la
Os. 12.10 he *hablado* a los profetas, y aumenté la
Am. 3.8 si *habla* Jehová el Señor, ¿quién no
Zac. 1.14 me dijo el ángel que *hablaba* .. Clama
Mt. 5.37 pero sea vuestro *hablar*: Sí, sí; no, no
  9.33; Lc. 11.14 echado fuera .. el mudo *habló*
  10.19 os será dado lo que habéis de *hablar*
  12.34 abundancia del corazón *habla* la boca
  12.46 mientras él aún *hablaba* a la gente, y he
  21.45 entendieron que *hablaba* de ellos
  26.73; Mr. 14.70 aun tu manera de *hablar* te
Mr. 1.34; Lc. 4.41 no dejaba *hablar* .. demonios
  7.35 desató la ligadura de .. y *hablaba* bien
  12.26 Moisés cómo le *habló* Dios en la zarza
  13.11 no *hablad*; no sois .. los que *habláis*
Lc. 1.55 de la cual *habló* a nuestros padres, para
  1.70 *habló* por boca de sus santos profetas
  6.11 *hablaban* .. podrían hacer contra Jesús
  24.14 *hablando* entre sí de .. aquellas cosas
  24.32 mientras nos *hablaba* en el camino, y
Jn. 3.11 lo que sabemos *hablamos*, y lo que hemos
  3.31 es terrenal, y cosas terrenales *habla*
  3.34 Dios envió, las palabras de Dios *habla*
  4.26 le dijo: Yo soy, el que *habla* contigo
  4.27 se maravillaron de que *hablaba* con una
  7.17 o si yo *hablo* por mi propia cuenta
  7.46 jamás hombre alguno ha *hablado* como
  8.38 yo *hablo* lo que he visto cerca del Padre
  9.29 sabemos que Dios ha *hablado* a Moisés
  9.37 has visto, el que *habla* contigo, él es
  12.50 lo que yo *hablo*, lo *h* como el Padre me
  14.10 palabras que yo os *hablo*, no las *h* por
  14.30 no *hablaré* ya mucho con vosotros
  16.13 no *hablará* por su propia cuenta, sino
  16.33 he *hablado* para que en mí tengáis paz
  18.20 yo públicamente he *hablado* al mundo
Hch. 5.40 que no *hablasen* en el nombre de Jesús
  8.25 habiendo .. *hablado* la palabra de Dios
  11.15 y cuando comencé a *hablar*, cayó el
  13.42 rogaron que .. *hablasen* de estas cosas
  18.9 dijo .. No temas, sino *habla*, y no calles
  24.26 muchas veces lo hacía venir y *hablaba*
  28.22 que en todas partes se *habla* contra ella
1 Co. 1.10 ruego .. que *habléis* .. una misma cosa
  2.6 *hablamos* sabiduría entre los que han
  13.11 cuando yo era niño, *hablaba* como niño
  14.19 pero en la iglesia prefiero *hablar* cinco
  14.27 si *habla* alguno en lengua extraña, sea
Ef. 5.19 *hablando* entre vosotros con salmos, con
  6.20 que con .. *hable* de él, como debo *hablar*
Fil. 1.14 atreven .. a *hablar* la palabra sin temor
1 Ts. 2.4 según fuimos aprobados .. así *hablamos*
Tit. 2.15 *habla* .. y reprende con toda autoridad
He. 1.1 Dios, habiendo *hablado* muchas veces y
  11.4 la fe Abel .. muerto, aún *habla* por ella
  12.25 mirad que no desechéis al que *habla*
Stg. 1.19 sea pronto para oír, tardo para *hablar*
1 P. 4.11 si alguno *habla*, *hable* conforme a las
2 P. 1.21 *hablaron* siendo inspirados .. Espíritu

HACEDOR *v.* Creador, Formador
Job 32.22 de otra manera .. mi *H* me consumiría
  35.10 ninguno dice: ¿Dónde está Dios mi *H*
  36.3 tomaré mi .. y atribuiré justicia a mi *H*
Sal. 95.6 venid .. delante de Jehová nuestro *h*
  149.2 alégrese Israel en su *H*; los hijos de
Pr. 14.31 el que oprime al pobre afrenta a su *H*
Is. 17.7 en aquel día mirará el hombre a su *H*, y

Is. 29.16 ¿acaso la obra dirá de su *h*: No me
  44.2 dice Jehová, *H* tuyo, y el que te formó
  45.9 ¡ay del que pleitea con su *H*! ¡el tiesto
  51.13 y ya te has olvidado de Jehová tu *H*
  54.5 porque tu marido es tu *H*; Jehová de los
Jer. 10.16 él es el *H* de todo, e Israel es la vara
Os. 8.14 olvidó, pues, Israel a su *H*, y edificó
Ro. 2.13 sino los *h* de la ley serán justificados
Stg. 1.22 proed sed *h* de la palabra, y no tan

HACER *v.* Crear, Obrar, Practicar
Gn. 31.16 pues, *haz* todo lo que Dios te ha dicho
Ex. 20.11; 31.17 en seis días *hizo* Jehová los cielos
  25.40 mira y *hazlos* conforme al modelo que
  32.1 *haznos* dioses que vayan delante de
Nm. 23.19 él dijo, ¿y no *hará*? Habló, ¿y no lo
  23.23 será dicho de .. ¡Lo que ha *hecho* Dios!
Jos. 11.15 así Josué lo *hizo*, sin quitar palabra
1 R. 12.24 volveos .. porque esto lo he *hecho* yo
Job 4.17 el varón más limpio que el que lo *hizo*?
  10.8 tus manos me *hicieron* y me formaron
  12.9 no entiende .. la mano de Jehová la *hizo*?
  13.8 *haréis* acepción de personas a su favor?
  31.15 el que en el vientre me *hizo* a mí, ¿no
Sal. 100.3 él nos *hizo*, y no nosotros a nosotros
  139.13 me *hiciste* en el vientre de mi madre
  146.6 el cual *hizo* los cielos y la tierra, el mar
Pr. 16.4 todas las cosas ha *hecho* Jehová para sí
  22.2 rico y el pobre .. ambos los *hizo* Jehová
Ec. 7.14 Dios *hizo* tanto lo uno como lo otro
  7.29 Dios *hizo* al hombre recto, pero ellos
  9.10 lo que te viniere .. para *hacer*, *hazlo*
Is. 37.26 ¿no has oído decir que .. yo lo *hice*, que
  66.2 mi mano *hizo* todas estas cosas, y así
Os. 6.4 ¿qué *haré* a ti, Efraín? ¿Qué *h* a ti, oh
Sof. 1.12 dicen .. Jehová ni *hará* bien ni *h* mal
Mt. 6.10 *hágase* tu voluntad, como en el cielo
  7.12; Lc. 6.31 *hagan* .. así *haced* .. con ellos
  7.21 el que *hace* la voluntad de mi Padre
  7.24; Lc. 6.47 oye estas palabras, y las *hace*
  12.50 aquel que *hace* la voluntad de mi Padre
  19.16; Lc. 18.18 ¿qué bien *haré* para tener la
  21.31 ¿cuál de los dos *hizo* la voluntad de su
  21.40; Mr. 12.9 ¿qué *hará* a .. labradores?
  23.3 lo que os digan que guardéis .. *hacedlo*
  23.23 esto era necesario *hacer*, sin dejar de *h*
  24.46; Lc. 12.43 venga, le halle *haciendo* así
  25.40 en cuanto lo *hicisteis* a uno de los éstos
Mr. 11.28 con qué autoridad *haces* estas cosas?
Lc. 6.46 llamáis .. y no *hacéis* lo que yo digo?
  8.21 que oyen la palabra de Dios y la *hacen*
  10.28 le dijo: Bien has .. *haz* esto, y vivirás
  10.37 Jesús le dijo: Vé, y *haz* tú lo mismo
  12.17 ¿qué *haré* .. no tengo dónde guardar mis
  22.19; 1 Co. 11.25 *haced* esto en memoria de mí
  23.34 perdónalos .. no saben lo que *hacen*
Jn. 1.3 sin él nada de lo que ha sido *hecho*, fue *h*
  2.5 madre dijo .. *Haced* todo lo que os dijere
  4.29 que me ha dicho todo cuanto he *hecho*
  5.19 no puede el Hijo *hacer* nada por sí mismo
  6.28 ¿qué debemos *hacer* .. las obras de Dios?
  6.38 no para *hacer* mi voluntad, sino la
  8.29 porque yo *hago* siempre lo que le agrada
  8.53 ¿eres tú .. ¿quién te *haces* a ti mismo?
  10.37 si no *hago* las obras de mi Padre, no
  13.27 lo que vas a *hacer*, *hazlo* más pronto
  15.5 separados de mí nada podéis *hacer*
  15.7 todo lo que queréis, y os será *hecho*
  15.14 amigos, si *hacéis* lo que yo os mando
Hch. 1.1 que Jesús comenzó a *hacer* y a enseñar
  2.37 al oír .. Varones hermanos, ¿qué *haremos*?
  7.40 *haznos* dioses que vayan delante de
  16.28 no te *hagas* ningún mal, pues todos
  16.30 dijo .. ¿qué debo *hacer* para ser salvo?
Ro. 1.20 entendidas por medio de .. cosas *hechas*
  2.7 que perseverando en bien *hacer*, buscan
  4.21 para *hacer* todo lo que había prometido
  7.15 lo que *hago* .. no *h* lo que quiero, sino
  7.18 el querer .. está en mí, pero no el *hacerlo*
1 Co. 7.17 como Dios llamó a cada uno, así *haga*

1 Co. 10.31 *hacedlo* todo para la gloria de Dios
    12.6 Dios que *hace* todas las cosas en todo
2 Co. 5.5 que nos *hizo* para esto mismo es Dios
    8.11 llevad también a cabo el *hacerlo*, para
    11.12 lo que *hago*, lo *haré* aún, para quitar
Gá. 3.10 escritas en el libro de la ley .. *hacerlas*
Fil. 3.13 una cosa *hago*: olvidando .. lo que queda
Col. 3.23 todo lo que *hagáis*, *hacedlo* de corazón
He. 3.4 toda casa es *hecha* por alguno; pero el
    6.3 y esto *haremos*, si Dios en .. lo permite
    8.5 *haz* todas las cosas conforme al modelo
    13.6 no temeré lo que me pueda *hacer* el
    13.21 *haciendo* él en vosotros lo .. agradable
Stg. 4.17 que sabe *hacer* lo bueno, y no lo *hace*
Ap. 22.9 él me dijo: Mira, no lo *hagas*; porque

HACIENDA *v.* Heredad, Posesión, Riqueza
Lc. 14.18 he comprado una *h*, y necesito ir a

HACHA
1 S. 13.20 afilar cada uno su .. azadón, su *h* o su
1 R. 6.7 ni martillos ni *h* se oyeron en la casa
2 R. 6.5 un árbol, se le cayó el *h* en el agua
Sal. 74.5 que levantan el *h* en .. de tupido bosque
Is. 10.15 ¿se gloriará el *h* contra el que con ella
Mt. 3.10; Lc. 3.9 el *h* está puesta a la raíz de los

HADES *v.* Abadón, Infierno, Seol
Mt. 11.23 Capernaum .. hasta el *H* serás abatida
    16.18 puertas del *H* no prevalecerán contra
Lc. 16.23 en el *H* alzó sus ojos .. en tormentas
Hch. 2.27, 31 porque no dejarás mi alma en el *H*
Ap. 1.18 tengo las llaves de la muerte y del *H*
    6.8 por nombre Muerte, y el *H* le seguía
    20.14 el *H* fueron lanzados al lago de fuego

HAGEO   Esd. 5.1; 6.14; Hag. 1.1–2.23.

HAI
Jos. 7.2 Josué envió hombres desde Jericó a *H*
    8.1 toma .. la gente de guerra .. y sube a *H*
    8.28 Josué quemó a *H* y la redujo .. escombros

HÁLITO *v.* Aliento, Soplo
Job 12.10 alma .. y el *h* de todo el género humano
Sal. 104.29 quitas el *h*, dejan de ser, y vuelven

HALLAR *v.* Encontrar
Gn. 8.9 no *halló* la paloma donde sentar .. pie
    27.20 ¿cómo es que la *hallaste* tan pronto
    37.32 esto hemos *hallado*; reconoce ahora si
1 S. 9.20 pierde cuidado .. porque se han *hallado*
2 Cr. 34.15 yo he *hallado* el libro de la ley en la
Job 23.3 ¡quién me diera .. dónde *hallar* a Dios!
    23.8 he aquí yo iré al oriente, y no lo *hallaré*
    28.12 mas ¿dónde se *hallará* la sabiduría?
Sal. 32.6 orará a ti .. que puedes ser *hallado*
    89.20 *hallé* a David mi siervo; le ungí con
Pr. 3.4 *hallarás* gracia y buena opinión ante los
    8.17 me *hallan* los que temprano me buscan
    8.35 porque el que me *halle*, *hallará* la vida
Ec. 7.14 que el hombre nada *halle* después de él
    11.1 después de muchos días lo *hallarás*
Cnt. 3.4 *hallé* luego al que ama mi alma; lo así
Is. 55.6 a Jehová mientras puede ser *hallado*
    65.1 fui *hallado* por los que no me buscaban
Jer. 2.34 no los *hallaste* en ningún delito
    29.13 me buscaréis y me *hallaréis*, porque me
Mt. 7.7; Lc. 11.9 buscad, y *hallaréis*; llamad, y
    7.14 a la vida, y pocos son los que la *hallan*
    10.39; 16.25 el que *halla* su vida, la perderá
    21.19; Mr. 11.13 no *halló* nada en ella, sino
    22.10 juntaron a todos los que *hallaron*
    26.60 no lo *hallaron*, aunque muchos testigos
Mr. 14.37; Lc. 22.45 vino .. los *halló* durmiendo
Lc. 2.12 *hallaréis* al niño envuelto en pañales
    15.24 mi hijo .. se había perdido, y es *hallado*
    23.4; Jn. 18.38 ningún delito *hallo* en este
Jn. 1.41 y le dijo: Hemos *hallado* al Mesías (que
    1.45 hemos *hallado* a aquel de quien escribió
    14 me buscaréis, y no me *hallaréis*; y a
Hch. 17.27 para que .. palpando, puedan *hallarle*
    23.9 ningún mal *hallamos* en este hombre
Ro. 10.20 fui *hallado* de los que no me buscaban

Fil. 3.9 y ser *hallado* en él, no teniendo mí propia
He. 11.5 Enoc .. no fue *hallado* .. traspuso Dios
2 P. 3.14 procurad .. *hallados* por él sin mancha
Ap. 16.20 huyo, y los montes no fueron *hallados*

HAMBRE *v.* Sed
Gn. 12.10 hubo .. *h* en la tierra .. Abram a Egipto
    41.27 las siete vacas .. siete años serán de *h*
    41.54 años del *h* .. hubo *h* en todos los países
Ex. 16.3 para matar de *h* a toda esta multitud
Dt. 28.48 con *h* y con sed y con desnudez, y con
    32.24 consumidos serán de *h*, y devorados de
Rt. 1.1 aconteció en .. que hubo *h* en la tierra
2 S. 21.1 en los días de David por tres años
    24.13 ¿quieres .. siete años de *h* en tu tierra?
1 R. 8.37; 2 Cr. 6.28 si en la tierra hubiere *h*, o
    18.2 fue, pues, Elías .. *h* era grave en Samaria
2 R. 4.38 Eliseo volvió a Gilgal cuando había .. *h*
    6.25 hubo gran *h* en Samaria, a consecuencia
    8.1 Jehová ha llamado el *h* .. por siete años
Job 5.20 en el *h* te salvará de la muerte, y del
    38.39 león? ¿Saciarás el *h* de los leoncillos?
Sal. 34.10 los leoncillos necesitan, y tienen *h*
    50.12 si yo tuviese *h*, no te lo diría a ti
    105.16 trajo *h* sobre la tierra, y quebrantó
Pr. 6.30 para saciar su apetito cuando tiene *h*
    10.3 Jehová no dejará padecer *h* al justo
    25.21 si el que aborrece tuviere *h*, dale de
Is. 5.13 su gloria pereció de *h*, y su multitud se
    9.20 cada uno hurtará .. y tendrá *h*, y comerá
    29.8 sucederá como el que tiene *h* y sueña
    49.10 no tendrán *h* ni sed, ni el calor ni el sol
    51.19 *h* y espada. ¿Quién se dolerá de ti?
    65.13 siervos comerán, y vosotros tendréis *h*
Jer. 11.22 sus hijos y sus hijas morirán de *h*
    14.15 con *h* serán consumidos esos profetas
    24.10 y enviaré sobre ellos espada, *h* y
    38.9 morirá de *h*, pues no hay más pan en la
    52.6 en él mes cuarto .. prevaleció el *h* en la
Lm. 2.19 desfallecen de *h* en .. todas las calles
    5.10 nuestra piel .. a causa del ardor del *h*
Ez. 5.12 será consumida de *h* en medio de ti
    36.29 llamaré al trigo, y lo .. y no os daré *h*
Am. 8.11 enviaré *h* a la tierra, no *h* de pan
Mt. 5.6; Lc. 6.21 bienaventurados .. que tienen *h*
    12.1 discípulos tuvieron *h* .. arrancar espigas
    21.18; Mr. 11.12 volviendo a la ciudad, tuvo *h*
    25.35 porque tuve *h*, y me disteis de comer
Mr. 13.8 *h* y alborotos; principios de dolores son
Lc. 4.25 Elías .. hubo una gran *h* en toda la tierra
    6.25 ¡ay de vosotros, los .. porque tendréis *h*
    15.14 vino una gran *h* en aquella provincia
    15.17 tienen .. pan, y yo aquí perezco de *h*!
    21.11 en diferentes lugares *h* y pestilencia
Jn. 6.35 el que a mí viene, nunca tendrá *h*; y
Hch. 7.11 vino .. *h* en toda la tierra de Egipto
    10.10 y tuvo gran *h*, y quiso comer; pero
    11.28 vendría una gran *h* en toda la tierra
Ro. 12.20 si tu enemigo tuviere *h*, dale de comer
1 Co. 4.11 hasta .. padecemos *h*, tenemos sed
    11.21 y uno tiene *h*, y otro se embriaga
    11.34 si alguno tuviere *h*, coma en su casa
2 Co. 11.27 *h* y sed, en muchos ayunos, en frío
Fil. 4.12 para estar saciado como para tener *h*
Ap. 6.8 fue dada potestad .. para matar .. con *h*
    7.16 no tendrán *h* ni sed, y el sol no caerá

HAMBRIENTO
1 S. 2.5 pan, y los *h* dejaron de tener hambre
Job 5.5 su mies comerán los *h*, y la sacarán de
    22.7 no diste de .. y detuviste el pan al *h*
    24.10 vestido, y a los *h* quitan las gavillas
Sal. 107.5 *h* y sedientos, su alma desfallecía en
Pr. 27.7 miel; pero al *h* todo lo amargo es dulce
Is. 8.21 pasarán por la tierra fatigados y *h*
    32.6 dejando vacía el alma *h*, y quitando la
    58.7 ¿no es que partas tu pan con el *h*, y a
    58.10 si dieres tu pan al *h*, y saciares al alma
Lc. 1.53 a los *h* colmó de bienes, y a los ricos

HANANÍAS   Jer. 28.1–17.

HARÁN
Gn. 11.31 vinieron hasta *H*, y se quedaron allí
Hch. 7.4 salió de la tierra de .. y habitó en *H*

HARINA
Lv. 2.1 su ofrenda será flor de *h*, sobre la cual
1 R. 17.12 un puñado de *h* tengo en la tinaja, y
2 R. 4.41 traed *h*. Y la esparció en la olla, y dijo
    7.1 mañana .. valdrá el seah de flor de *h* un

HASTIADO
Job 10.1 está mi alma *h* de mi vida; daré libre
Is. 1.11 *h* estoy de holocaustos de carneros y de

HAZAEL   1 R. 19.15; 2 R. 8.8—13.25.

HEBREO, brea *v.* Israelita, Judío
Gn. 39.14 nos ha traído un *h* para que .. burla
    41.12 estaba allí con nosotros un joven *h*
Dt. 15.12 si se vendiere a ti tu hermano *h* o *h*
1 S. 4.6 ¿qué voz .. en el campamento de los *h*?
    29.3 dijeron .. ¿Qué hacen aquí estos *h*?
Lc. 23.38 escrito con letras griegas, latinas y *h*
Jn. 19.20 el título estaba escrito en *h*, en griego y
Hch. 21.40 hecho gran silencio, habló en lengua *h*
2 Co. 11.22 ¿son *h*? Yo también. ¿Son israelitas?
Fil. 3.5 de la tribu de Benjamín, *h* de *h*; en cuanto

HEBRÓN
Nm. 13.22 subieron al Neguev y vinieron hasta *H*
Jos. 14.13 a Caleb hijo de Jefone a *H* por heredad
Jue. 1.20 dieron *H* a Caleb, como Moisés había
2 S. 2.1 sube .. ¿A dónde subiré? Y él le dijo: A *H*
    15.10 oigáis el .. diréis: Absalón reina en *H*

HECHICERÍA *v.* Adivinación, Encantamiento
Mi. 5.12 asimismo destruiré de tu mano las *h*
Gá. 5.20 idolatría, *h*, enemistades, pleitos, celos
Ap. 9.21 ni de sus *h*, ni de su fornicación, ni de
    18.23 por tus *h* fueron engañadas todas las

HECHICERO, ra *v.* Adivino, Encantador, Mago
Ex. 7.11 sabios y *h*, e hicieron también lo mismo
    22.18 a la *h* no dejarás que viva
Is. 57.3 mas vosotros llegaos acá, hijos de la *h*
Mal. 3.5 pronto testigo contra los *h* y adúlteros

HECHIZO
Is. 47.9 a pesar de la multitud de tus *h* y de tus
Nah. 3.4 maestra en *h*, que seduce a las naciones

HECHO *v.* Obra
Sal. 64.9 anunciarán la obra .. y entenderán sus *h*
    71.16 vendré a los *h* poderosos de Jehová el
Pr. 31.31 manos, y alábenla en las puertas sus *h*
Jer. 25.14 les pagaré conforme a sus *h*, y conforme
Lc. 11.48 consentidores de los *h* de .. padres
    23.41 recibimos lo que merecieron nuestros *h*
Hch. 19.18 confesando y dando cuenta de sus *h*
Col. 3.17 lo que hacéis, sea de palabra o de *h*

HECHURA
Ef. 2.10 somos *h* suya, creados en Cristo Jesús

HEDER
Ex. 7.18 *h* hederá el río, y los egipcios tendrán asco
    16.24 lo guardaron .. no se agusanó, ni *hedió*
Sal. 38.5 *hieden* y supuran mis llagas, a causa de
Jn. 11.39 Señor, *hiede* ya .. es de cuatro días

HENDIDURA *v.* Caverna, Cueva
Ex. 33.22 cuando pase .. yo te pondré en una *h* de
Is. 2.21 se meterá en las *h* de las rocas y en las
Jer. 13.4 vete .. escóndelo allá en la *h* de una peña
Am. 6.11 Jehová .. herirá con *h* la casa mayor
Abd. 3 tú que moras en las *h* de las peñas, en

HERALDO
1 Co. 9.27 habiendo sido *h* para otros, yo mismo

HEREDAD *v.* Herencia, Parte, Porción
Gn. 17.8 te daré .. toda la tierra de Canaán en *h*
    31.14 ¿tenemos acaso parte o *h* en la casa de
    48.4 daré esta tierra a tu .. por *h* perpetua
Ex. 34.9 perdona nuestra .. y tómanos por tu *h*
Nm. 18.20 de la tierra de ellos no tendrás *h*, ni
    18.20 yo soy tu parte y tu *h* en medio de los
    26.53 a éstos se repartirá la tierra, en *h* por

Nm. 27.4 *h* entre los hermanos de nuestro padre
    32.22 esta tierra será vuestra en *h* delante
    36.9 no ande la *h* rodando de una tribu a otra
Dt. 3.18 Jehová .. os ha dado esta tierra por *h*
    9.29 ellos son tu pueblo y tu *h*, que sacaste de
Jos. 14.1 hijos de Israel tomaron por *h* en la tierra
Rt. 4.6 no puedo redimir .. no sea que dañe mi *h*
Job 20.29 la *h* que Dios le señala por su palabra
Sal. 16.6 y es hermosa la *h* que me ha tocado
    33.12 pueblo que él escogió como *h* para sí
    37.18 y la *h* de ellos será para siempre
    61.5 has dado la *h* de los que temen tu nombre
    79.1 oh Dios, vinieron las naciones a tu *h*
Pr. 8.21 hacer que los que me aman tengan su *h*
Is. 5.8 a casa, y añaden *h* a *h* hasta ocuparlo todo!
    34.17 cordel; para siempre la tendrán por *h*
    57.13 que en mí confía tendrá la tierra por *h*
    58.14 te daré a comer la *h* de Jacob tu padre
Jer. 3.19 os daré la .. la rica *h* de las naciones?
    12.7 he dejado mi casa, desamparé mi *h*
    32.7 cómprame mi *h* que está en Anatot
Lm. 5.2 nuestra *h* has pasado a extraños, nuestras
Ez. 47.13 que repartiréis la tierra por *h* entre las
Dn. 12.13 y te levantarás para recibir tu *h* al fin
Zac. 2.12 y Jehová poseerá a Judá su *h* en la tierra
Mt. 5.5 porque ellos recibirán la tierra por *h*
    21.38 matémosle, y apoderémonos de su *h*
Mr. 12.7; Lc. 20.14 matémosle, y la *h* será nuestra
Hch. 4.37 como tenía una *h*, la vendió y trajo el

HEREDAR *v.* Poseer, Recibir, Tener
Dt. 1.39 allá, y a ellos la daré, y ellos la *heredarán*
    21.16 en el día que hiciere *heredar* a sus hijos
Jue. 11.2 no *heredarás* en la casa de nuestro padre
Sal. 37.9 esperan en Jehová, ellos *heredarán* la tierra
    37.29 los justos *heredarán* la tierra, y vivirán
    82.8 porque tú *heredarás* todas las naciones
    105.44 las labores de los pueblos *heredaron*
Pr. 14.18 los simples *heredarán* necedad; mas los
Is. 49.8 para que *heredes* asoladas heredades
    54.3 y tu descendencia *heredará* naciones, y
    60.21 y tu .. para siempre *heredará* la tierra
Mt. 25.34 venid .. *heredad* el reino preparado para
Mr. 10.17; Lc. 10.25 ¿qué haré para *heredar* la vida
1 Co. 15.50 no pueden *heredar* el reino de Dios
Gá. 4.30 no *heredará* el hijo de la esclava con el
    5.21 los que practican tales cosas no *heredarán*
He. 6.12 que por la fe y la .. *heredan* las promesas
1 P. 3.9 llamados para que *heredaseis* bendición
Ap. 21.7 el que venciere *heredará* todas las cosas

HEREDERO *v.* Coheredero, Descendencia
Gn. 15.3 será mi *h* un esclavo nacido en mi casa
2 S. 14.7 entrega al que .. y matemos también al *h*
Pr. 13.22 el bueno dejará *h* a los hijos de sus hijos
Jer. 49.1 Israel .. ¿no tiene *h*? ¿Por qué Milcom
Mt. 21.38; Mr. 12.7; Lc. 20.14 dijeron entre sí:
    Este es el *h*
Ro. 4.13 la promesa de que sería *h* del mundo
    8.17; Gá. 4.7 y si hijos, también *h*; *h* de Dios
Gá. 3.29 linaje de Abraham sois, y *h* según la
    4.1 el *h* es niño, en nada difiere del esclavo
Tit. 3.7 para que .. viniésemos a ser *h* conforme a
He. 1.2 por el Hijo, a quien constituyó *h* de todo
    1.14 servicio a favor de los que serán *h* de la
    6.17 queriendo Dios mostrar .. a los *h* de la
    11.7 hecho *h* de la justicia que viene por la fe

HEREJÍA
Hch. 24.14 según el Camino que ellos llaman *h*
2 P. 2.1 que introducirán encubiertamente *h*

HERENCIA *v.* Heredad, Posesión
Nm. 27.8 sin hijos, traspasaréis su *h* a su hija
Job 27.13 la *h* que los violentos han de recibir
Sal. 2.8 pídeme, y te daré por *h* las naciones, y
    16.5 Jehová es la porción de mi *h* y de mi copa
    127.3 he aquí, *h* de Jehová son los hijos; cosa
Pr. 19.14 la casa y las riquezas son *h* de los padres
Ec. 7.11 buena es la ciencia con *h*; y provechosa
Is. 54.17 esta es la *h* de los siervos de Jehová
Lc. 12.13 di a mi hermano que parta conmigo la *h*

Hch. 20.32 y daros *h* con todos los santificados
26.18 que reciban .. *h* entre los santificados
Ef. 1.11 en él asimismo tuvimos *h*, habiendo sido
1.14 las arras de nuestra *h* hasta la redención
1.18 cuáles las riquezas de la gloria de su *h*
5.5 ningún .. avaro .. tiene en el reino de
Col. 1.12 participar de la *h* de los santos en luz
3.24 recibiréis la recompensa de la *h*, porque
He. 9.15 reciban la promesa de la *h* eterna
10.34 tenéis una .. perdurable en en los cielos
11.8 al lugar que había de recibir como *h*
1 P. 1.4 para una *h* incorruptible .. en los cielos

HERIDA *v.* Golpe
Gn. 4.23 un varón mataré por mi *h*, y un joven
Ex. 21.25 quemadura por quemadura, *h* por *h*
Job 34.6 dolorosa es mi *h* sin haber hecho yo
Sal. 147.3 sana a los quebrantados y venda sus *h*
Pr. 23.29 las quejas? ¿para quién las *h* en balde?
27.6 fieles son las *h* del que ama; pero
Is. 1.6 no hay en él cosa sana, sino *h*, hinchazón
30.26 que vendare Jehová la *h* de su pueblo
Jer. 15.18 ¿por qué .. mi *h* .. no admitió curación?
30.17 haré venir .. y sanaré tus *h*, dice Jehová
Lc. 10.34 vendó sus *h*, echándoles aceite y vino
1 P. 2.24 justicia; y por cuya *h* fuisteis sanados

HERIDO, da
1 R. 22.34; 2 Cr. 18.33 sácame del .. pues estoy *h*
Job 24.12 claman las almas de los *h* de muerte
Sal. 102.4 corazón está *h*, y seco como la hierba
Hch. 19.16 huyeron de aquella casa desnudos y *h*
Ap. 13.3 vi una de sus cabezas como *h* de muerte

HERIR *v.* Abofetear, Destruir, Golpear, Matar
Gn. 3.15 ésta te *herirá* en la cabeza, y tú le *h* en
Ex. 21.12 el que *hiriere* a alguno, haciéndole así
21.22 e *hirieren* a mujer embarazada, y ésta
32.35 Jehová *hirió* al pueblo, porque habían
1 S. 4.3 ¿por qué nos ha *herido* hoy Jehová delante
18.7; 21.11 Saúl *hirió* a sus miles, y David a
Job 5.18 la vendará; él *hiere*, y sus manos curan
16.10 *hirieron* mis mejillas con afrenta; contra
Sal. 3.7 *heriste* a todos mis enemigos en la mejilla
64.7 mas Dios los *herirá* con saeta; de repente
68.21 Dios *herirá* la cabeza de sus enemigos
78.20 ha *herido* la peña, y brotaron aguas
78.66 *hirió* a sus enemigos por detrás; les dio
Pr. 23.35 y dirás: Me *hirieron*, mas no me dolió
26.10 como arquero que a todos *hiere*, es el
Ec. 10.9 quien corta piedras, se *hiere* con ellas
Is. 5.25 extendió contra él su mano, y le *hirió*
27.7 acaso .. *herido* como quien lo *hirió*
51.9 ¿no eres tú el que .. *hirió* al dragón?
53.5 mas él *herido* fue por nuestras rebeliones
Jer. 21.6 *heriré* a los moradores de esta ciudad
Dn. 2.34 piedra .. *hirió* a la imagen en sus pies
Os. 9.16 Efraín fue *herido*, su raíz está seca, no
Hag. 2.17 os *herí* con viento solano, con tizoncillo
Mt. 5.39 a cualquiera que te *hiera* en la mejilla
26.51; Mr. 14.47; Lc. 22.50; Jn. 18.10 *hirió* a
un siervo del sumo sacerdote
Mr. 12.4 otro siervo .. le *hirieron* en la cabeza
14.27 escrito está: *Heriré* al pastor, y las
Lc. 10.30 e *hiriéndole*, se fueron, dejándole medio
Hch. 12.23 un ángel del Señor le *hirió*, por cuanto

HERMANO, na *v.* Amigo, Compañero
Gn. 4.9 Jehová dijo a .. ¿Dónde está Abel tu *h*?
12.13 ahora, pues, di que eres mi *h*, para que
20.2 dijo Abraham de Sara su mujer: Es mi *h*
26.7 respondió: Es mi *h*; porque tuvo miedo
27.29 sé señor de tus *h*, y se inclinen ante ti
42.8 José, pues, conoció a sus *h*; pero ellos no
45.1 con él, al darse a conocer José a sus *h*
Ex. 2.11 crecido ya Moisés, salió a sus *h*, y los vio
Nm. 32.6 ¿irán vuestros *h* a la guerra, y vosotros
Dt. 25.5 *h* habitaren juntos, y muriere alguno de
1 S. 17.17 llévalo pronto al campamento a tus *h*
2 S. 19.12 vosotros sois mis *h*; mis huesos y mi
1 R. 12.24 no vayáis, ni peleéis contra vuestros *h*
Sal. 22.22 anunciaré tu nombre a mis *h*; en medio

Sal. 122.8 por amor de mis *h* y mis compañeros
133.1 bueno .. habitar los *h* juntos en armonía!
Pr. 7.4 di a la sabiduría: Tú eres mi *h*, y a la
17.17 y es como un *h* en tiempo de angustia
18.19 el *h* ofendido es más tenaz que una
18.24 amigo; y amigo hay más unido que un *h*
Cnt. 4.9 prendiste mi corazón, *h*, esposa mía; has
8.8 tenemos una pequeña *h*, que no tiene
Jer. 9.4 en ningún *h* tenga confianza .. *h* engaña
Ez. 16.48 Sodoma tu *h* .. no han hecho como .. tú
Am. 1.11 porque persiguió a espada a su *h*, y
Mt. 5.47 si saludáis a vuestros *h* solamente, ¿qué
10.21; Mr. 13.12 el *h* entregará a la .. al *h*
12.46; Lc. 8.20 madre y sus *h* estaban afuera
12.50; Mr. 3.35 ése es mi *h*, y *h*, y madre
13.55 y sus *h*, Jacobo, José, Simón y Judas?
18.15 si tu *h* peca contra ti, vé y repréndele
18.21 ¿cuántas veces perdonaré a mi *h* que
22.24; Mr. 12.19; Lc. 20.28 su *h* .. levantará
descendencia a su *h*
22.25; Mr. 12.20 hubo .. entre nosotros siete *h*
23.8 uno es vuestro .. y todos vosotros sois *h*
25.40 cuanto lo hicisteis a uno de estos mis *h*
28.10 id, dad las nuevas a mis *h*, para que
Mr. 3.34 mirando a .. He aquí mi madre y mis *h*
Lc. 15.32 este tu *h* era muerto, y ha revivido
22.32 y tú, una vez vuelto, confirma a tus *h*
Jn. 7.5 porque ni aun sus *h* creían en él
11.21, 32 estado aquí, mi *h* no habría muerto
Hch. 11.29 determinaron enviar socorro a los *h*
21.17 Jerusalén, los *h* nos recibieron con gozo
28.14 donde habiendo hallado *h*, nos rogaron
Ro. 8.29 que él sea el primogénito entre muchos *h*
14.21 nada en que tu *h* tropiece, o se ofenda
1 Co. 6.6 sino que el *h* con el *h* pleitea en juicio
9.5 ¿no tenemos derecho de traer con .. una *h*
2 Co. 8.18 enviamos .. al *h* cuya alabanza en el
11.26 en el mar, peligros entre falsos *h*
Ef. 6.23 paz sea a los *h*, y amor con fe, de Dios
Fil. 1.14 la mayoría de los *h* .. se atreven mucho
2 Ts. 3.15 enemigo, sino amonestadle como a *h*
1 Ti. 5.1 a padre; a los más jóvenes, como a *h*
5.2 a las jovencitas, como a *h*, con toda pureza
6.2 no los tengan en menos por ser *h*, sino
Flm. 16 no ya como esclavo .. como *h* amado
He. 2.11 lo cual no se avergüenza de llamarlos *h*
2.17 debía ser en todo semejante a sus *h*, para
Stg. 2.15 si un *h* o una *h* están desnudos, y tienen
1 P. 2.17 amad a los *h*. Temed a Dios. Honrad
5.9 se van cumpliendo en vuestros *h* en todo
1 Jn. 2.10 el que ama a su *h*, permanece en la luz
3.10 aquel .. que no ama a su *h*, no es de Dios
3.14 amamos a los *h*. El que no ama a su *h*
3.16 debemos poner nuestras vidas por los *h*
3.17 el que tiene bienes .. y ve a su *h* tener
4.20 dice: Yo amo a Dios, y aborrece a su *h*
2 Jn. 13 los hijos de tu *h*, la elegida, te saludan

HERMOSEAR *v.* Adornar
Sal. 149.4 *hermoseará* a los humildes con la
Pr. 15.13 el corazón alegre *hermosea* el rostro

HERMOSO, sa
Gn. 6.2 viendo .. las hijas de los hombres eran *h*
12.11 conozco que eres mujer de *h* aspecto
29.17 Raquel era de lindo .. y de *h* parecer
39.6 José de *h* semblante y bella presencia
Ex. 2.2 viéndolo que era *h*, le tuvo escondido
Nm. 24.5 ¡cuán *h* son tus tiendas, oh Jacob
1 S. 9.2 un hijo que se llamaba Saúl, joven y *h*
16.12 era rubio, *h* de ojos, y de buen parecer
16.18 valiente .. y *h*, y Jehová está con él
2 S. 11.2 se estaba bañando, la cual era muy *h*
Est. 2.7 la joven era de *h* figura y de buen parecer
Sal. 16.6 es *h* la heredad que me ha tocado
45.2 eres el más *h* de los hijos de los hombres
Pr. 11.22 zarcillo .. nes la mujer *h* y apartada de razó
30.29 tres cosas hay de *h* andar, y la cuarta
Ec. 3.11 todo lo hizo *h* en su tiempo; y ha puesto
Cnt. 1.8 si tú no lo sabes, oh *h* entre las mujeres
1.16 que tú eres *h*, amado mío, y dulce

Cnt. 4.1; 6.4 he aquí que tú eres *h*, amiga mía
    6.10 *h* como la luna, esclarecida como el sol
Is. 52.7 ¡cuán *h* son sobre los montes los pies del
    63.1 ¿éste *h* en su vestido, que marcha en la
Ez. 32.19 porque eres tan *h*, desciende y yace con
Hch. 3.2 a la puerta del templo que se llama la *H*
Ro. 10.15 está escrito: ¡Cuán *h* son los pies de los
He. 11.23 escondido .. porque le vieron niño *h*

HERMOSURA
2 S. 14.25 tan alabado por su *h* como Absalón
1 Cr. 16.29; Sal. 96.9 adorad a Jehová en la *h*
Job 4.21 su *h* ¿no se pierde con ellos mismos?
    40.10 de alteza, y vístete de honra y de *h*
Sal. 27.4 para contemplar la *h* de Jehová, y para
    45.11 deseará el rey tu *h*; e inclínate a él
    47.4 heredades, la *h* de Jacob, al cual amó
    50.2 de Sion, perfección de *h*, Dios ha
    110.3 tu pueblo se te .. en la *h* de la santidad
    111.3 gloria y *h* es su obra, y su justicia
Pr. 6.25 no codicies su *h* en tu corazón, ni ella te
    31.30 engañosa es la gracia, y vana la *h*
Is. 4.2 el renuevo de Jehová será para *h* y gloria
    13.19 Babilonia, *h* de reinos y ornamento de
    28.1 de la flor caduca de la *h* de su gloria
    33.17 tus ojos verán al rey en su *h*; verán la
    35.2 verán la gloria .. la *h* del Dios nuestro
    53.2 no hay parecer en él, ni *h*; le veremos
Lm. 1.6 desapareció de la hija de Sion toda su *h*
    2.15 ¿es esta la ciudad que .. de perfecta *h*
Ez. 16.14 salió tu renombre .. a causa de tu *h*
    27.3 Tiro, tú has dicho: Yo soy de perfecta *h*
    28.17 se enalteció tu corazón a causa de tu *h*
Zac. 9.17 ¡cuánta es su bondad, y cuánta su *h*!

HERODES EL GRANDE Mt. 2.1–19; Lc. 1.5.

HERODES ANTIPAS, el Tetrarca Mt. 14.1–11; Mr. 6.14–28; Lc. 9.7–9.

Mr. 8.15 guardaos de .. y de la levadura de *H*

HERODES AGRIPA Hch. 12.1–23.

HERODIANOS
Mt. 22.16 le enviaron los discípulos .. con los *h*
Mr. 3.6 tomaron consejo con los *h* contra él para

HERODÍAS Mt. 14.6–11; Mr. 6.19–28.

HERRERO *v.* Carpintero, Obrero
1 S. 13.19 la tierra de Israel no se hallaba *h*
Is. 44.12 el *h* toma la tenaza, trabaja en las ascuas

HETEO
Jos. 1.4 toda la tierra de los *h* .. será vuestro
Jue. 1.26 y se fue el hombre a la tierra de los *h*

HIDEKEL Gn. 2.14; Dn. 10.4.

HIDRÓPICO
Lc. 14.2 aquí estaba delante de él un hombre *h*

HIEL *v.* Ajenjo
Dt. 29.18 haya en .. raíz que produzca *h* y ajenjo
Sal. 69.21 me pusieron además *h* por comida, y en
Jer. 8.14 nos ha dado a beber aguas de *h*, porque
    9.15 ajenjo, y les daré a beber aguas de *h*
Mt. 27.34 dieron a beber vinagre mezclado con *h*
Hch. 8.23 en *h* de amargura y en .. veo que estás

HIERBA *v.* Pasto
Gn. 1.11 dijo Dios: Produzca la tierra *h* verde
Dt. 32.2 goteará .. como las gotas sobre la *h*
Job 5.25 mucha, y tu prole como la *h* de la tierra
Sal. 37.2 porque como *h* serán pronto cortados
    90.5 sueño, como la *h* que crece en la mañana
    92.7 cuando brotan los impíos como la *h*, y
    103.15 el hombre, como la *h* son sus días
    104.14 la *h* para el .. hombre, sacando el pan
    105.35 y comieron toda la *h* de su país, y
    129.6 serán como la *h* de los tejados, que se
    147.8 el que hace a los montes producir *h*
Is. 40.6 toda carne es *h*, y .. como flor del campo
    40.8 sécase la *h*, marchítase la flor; mas la
Jer. 14.6 ojos se ofuscaron porque no había *h*
Dn. 4.25 con *h* del campo te apacentarán como a
Mt. 6.30; Lc. 12.28 si la *h* del campo .. Dios la viste
Mr. 6.39 recostar .. por grupos sobre la *h* verde

Jn. 6.10 mucha *h* en aquel lugar; y se recostaron
He. 6.7 produce *h* provechosa a aquellos por los
Stg. 1.10 porque él pasará como la flor de la *h*
1 P. 1.24 toda carne es como *h* .. la *h* se seca, y la
Ap. 8.7 ángel tocó .. y se quemó toda la *h* verde
    9.4 se les mandó que no dañasen a la *h* de la

HIERRO
Dt. 8.9 cuyas piedras son *h*, y de .. sacarás cobre
2 S. 23.7 se arma de *h* y de asta de lanza, y son
Job 19.24 con cincel de *h* y con plomo fuesen
    41.27 estima como paja el *h*, y el bronce
Ec. 10.10 si se embotare el *h*, y su filo no fuere
Is. 60.17 traeré oro, y por *h* plata, y por madera
Jer. 1.18 yo te he puesto .. como columna de *h*
    15.12 ¿puede alguno quebrar el *h*, el *h* del
    17.1 el pecado .. escrito está con cincel de *h*
    28.13 mas en vez de ellos harás yugos de *h*
Ez. 4.3 una plancha de *h* .. en lugar de muro de *h*
Dn. 2.33 sus piernas, de *h*; sus pies, en parte de *h*
Hch. 12.10 llegaron a la puerta de *h* que daba a la

HÍGADO
Ez. 21.21 saetas, consultó a sus ídolos, miró el *h*
Lm. 2.11 mi *h* se derramó por tierra a causa del

HIGO
2 R. 20.7; Is. 38.21 dijo Isaías: Tomad masa de *h*
Jer. 8.13 no quedarán uvas .. ni *h* en la higuera
    24.1 me mostró Jehová dos cestas de *h*
Am. 7.14 sino que soy boyero, y recojo *h* silvestres
Mt. 7.16 ¿acaso se recogen .. *h* de los abrojos?
Lc. 6.44 pues no se cosechan *h* de los espinos

HIGUERA *v.* Vid
1 R. 4.25 vivían .. cada uno .. debajo de su *h*
Pr. 27.18 quien cuida la *h* comerá su fruto, y el
Cnt. 2.13 la *h* ha echado sus higos, y las viñas
Is. 36.16 cada uno de su *h*, y beba cada cual
Os. 9.10 como la fruta temprana de la *h* en su
Jl. 1.7 asoló mi vid, y descortezó mi *h*; del todo
Mi. 4.4 se sentará cada uno debajo de su vid .. *h*
Nah. 3.12 tus fortalezas serán cual *h* con brevas
Hab. 3.17 aunque la *h* no florezca, ni en las vides
Mt. 21.19; Mr. 11.13 viendo una *h* cerca del
    24.32; Mr. 13.28 de la *h* aprended la parábola
Lc. 13.6 tenía un hombre una *h* plantada en su
    21.29 parábola: Mirad la *h* y todos los árboles
Jn. 1.48 cuando estabas debajo de la *h*, te vi
Stg. 3.12 ¿puede acaso la *h* producir aceitunas
Ap. 6.13 cayeron .. como la *h* deja caer sus higos

HIJITO
Jn. 13.33 *h*, aún estaré con vosotros un poco
1 Jn. 2.1 *h* míos, estas cosas os escribo para que

HIJO, ja *v.* Casa, Descendencia, Familia, Linaje, Primogénito, Simiente
Gn. 6.2 viendo los *h* de Dios que las *h* de los
    15.2 ¿qué me darás, siendo así que ando sin *h*
    18.10 he aquí que Sara tu mujer tendrá un *h*
    18.19 yo sé que mandará a sus *h* y a su casa
    19.30 habitó en una cueva él y sus dos *h*
    20.12 *h* de mi padre, mas no *h* de mi madre
    21.7 Sara .. pues le he dado un *h* en su vejez
    21.10 el *h* de esta sierva no .. con Isaac mi *h*
    22.2 dijo: Toma ahora tu *h*, tu único, Isaac
    24.23 dijo: ¿De quién eres *h*? Te ruego que
    27.46 si Jacob toma mujer de las *h* de Het
Ex. 1.16 es *h*, matadlo; y si es *h*, entonces viva
    2.5 la *h* de Faraón descendió a lavarse al río
    4.22 Jehová ha dicho así: Israel es mi *h*, mi
    20.5; Nm. 14.18; Dt. 5.9 la maldad de los padres sobre los *h*
    21.7 vendiere su *h* por sierva, no saldrá ella
Nm. 27.1 vinieron las *h* de Zelofehad *h* de Hefer
    27.8 alguno muriere sin *h* .. herencia a su *h*
    36.2 dé la posesión de Zelofehad .. a sus *h*
Dt. 4.9 las enseñarás a tus *h*, y a los *h* de tus *h*
    6.7 las repetirás a tus *h*, y hablarás de ellas
    14.1 *h* sois de Jehová vuestro Dios; no os
    21.18 alguno tuviere un *h* contumaz y rebelde
    24.16 los padres no morirán por los *h*, ni los *h*
    25.5 no tuviere *h*, la mujer del muerto no se

Jos. 4.22 declararéis a vuestros *h* .. Israel pasó en
Jue. 11.34 su *h* que salía a recibirle con panderos
   21.7 no les daremos nuestras *h* por mujeres
Rt. 1.12 volveos, *h* mías, e idos; porque yo ya soy
1 S. 1.5 Jehová no le había concedido tener *h*
   1.11 sino que dieres a tu sierva un *h* varón
   8.13 tomará .. vuestras *h* para .. perfumadoras
2 S. 12.3 sola corderita .. la tenía como a una *h*
1 R. 3.1 tomo la *h* de Faraón, y la trajo a la
   3.19 el *h* de .. murió .. ella se acostó sobre él
2 R. 4.16 por este tiempo, abrazarás un *h*
   6.28 da acá tu *h*, y comámoslo hoy, y mañana
Job 1.6; 2.1 delante de Jehová los *h* de Dios
Sal. 2.7 Jehová me ha dicho: Mi *h* eres tú; yo te
   2.12 honrad al *H*, para que no se enoje, y
   45.9 *h* de reyes están entre tus ilustres; está
   106.37 sacrificaron sus *h* y sus *h* a .. demonios
   127.3 he aquí, herencia de Jehová son los *h*
   128.3 tus *h* como plantas de olivo alrededor de
   144.12 nuestras *h* como esquinas labradas
Pr. 10.1; 15.20 el *h* sabio alegra al padre, pero el *h*
   13.1 el *h* sabio recibe el consejo del padre
   17.25 el *h* necio es pesadumbre de su padre
   19.18 castiga a tu *h* en tanto que hay esperanza
   29.17 corrige a tu *h*, y te dará descanso, y
Is. 3.16 por cuanto las *h* de Sion se ensoberbecen
   7.14 la virgen concebirá, y dará a luz un *h*
   8.18 yo y los *h* que me dio Jehová somos por
   9.6 *h* nos es dado, y el principado sobre su
   43.6 no detengas; trae de lejos mis *h*, y mis *h* de
   54.1 más son los *h* de la desamparada que los
   54.13 todos tus *h* serán enseñados por Jehová
   57.3 vosotros llegaos acá, *h* de la hechicera
   60.4 tus *h* vendrán de lejos, y tus *h* serán
   63.8 mi pueblo son, *h* que no mienten; y fue
   66.7 antes que le viniesen dolores, dio a luz *h*
   66.8 Sion estuvo de parto, dio a luz sus *h*
Jer. 3.14 convertíos, *h* rebeldes, dice Jehová
   8.21 quebrantado estoy por .. la *h* de mi pueblo
   16.2 mujer, ni tendrás *h* ni *h* en este lugar
   31.29; Ez. 18.2 los dientes de los *h* tienen la
Ez. 2.1 me dijo: *H* de hombre, ponte sobre tus pies
   3.17; 33.7 a ti *H* de hombre te he puesto por
   5.10 padres comerán a los *h* .. *h* comerán a sus
   18.20 el *h* no llevará el pecado del padre; ni
   23.39 habiendo sacrificado sus *h* a sus ídolos
Dn. 3.25 del cuarto es semejante a *h* de los dioses
   7.13 venía uno como un *h* de hombre, que
Os. 1.10 les será dicho: Sois *h* del Dios viviente
   11.1 yo lo amé, y de Egipto llamé a mi *h*
Jl. 1.3 a vuestros *h* .. *h* a sus *h*, y sus *h* a la otra
   2.28 y profetizarán vuestros *h* y vuestras *h*
Mi. 7.6 el *h* deshonra al padre, la *h* se levanta contra
Sof. 3.14 canta, oh *H* de Sion; da voces de júbilo
Mal. 4.6 volver el corazón de los .. hacia los *h*
Mt. 3.17; 17.5; Mr. 1.11; 9.7; Lc. 3.22; 9.35; 2 P.
   1.17 éste es mi *H* amado
   4.3; Lc. 4.3 si eres *H* de Dios, dí que estas
   5.9 porque ellos serán llamados *h* de Dios
   5.45 para que seáis *h* de vuestro Padre que
   7.9; Lc. 11.11 si *h* le pide pan, le dará una
   7.11; Lc. 11.13 buenas dádivas a vuestros *h*
   8.12 *h* del reino serán echados a las tinieblas
   8.20; Lc. 9.58 *H* del Hombre no tiene donde
   9.6; Mr. 2.10; Lc. 5.24 para que sepáis que
   el *H* del Hombre tiene potestad
   9.18; Mr. 5.23 mi *h* acaba de morir .. pon tu
   10.21; Mr. 13.12 los *h* se levantarán contra
   10.23 no acabaréis .. antes que venga el *H* del
   10.35 *h* contra la madre, y a la nuera contra
   10.37 el que ama a *h* o *h* más que a mí, no es
   11.19; Lc. 7.34 el *H* del Hombre, que come y
   11.19 pero la sabiduría es justificada por sus *h*
   11.27; Lc. 10.22 nadie conoce al *H*, sino el
   12.8; Mr. 2.28; Lc. 6.5 el *H* del Hombre es
   Señor del día de reposo
   12.23 y decía: ¿Será éste aquel *H* de David?
   12.27 los demonios .. por quién los echan .. *h*?
   13.37 el que siembra la buena semilla es el *H*
   13.38 la buena semilla son los *h* del reino, y la

Mt. 14.33 verdaderamente eres *H* de Dios
   15.22 mi *h* es gravemente atormentada por un
   15.26; Mr. 7.27 no .. tomar el pan de los *h*, y
   16.13 ¿quién dicen .. es el *H* del Hombre?
   16.16 eres el Cristo, el *H* del Dios viviente
   16.27 el *H* del Hombre vendrá en la gloria de
   17.26 Jesús le dijo: Luego los *h* están exentos
   19.28 cuando el *H* del Hombre se siente en el
   21.15 y diciendo: ¡Hosanna al *H* de David!
   21.37 envió su *h* .. Tendrán respeto a mi *h*
   22.24; Mr. 12.19; Lc. 20.28 si alguno muriere
   sin *h*, su hermano
   22.42 ¿de quién es *h*? Le dijeron: De David
   24.30; Mr. 13.26; Lc. 21.27 verán al *H* del
   Hombre viniendo
   25.31 cuando el *H* del Hombre venga en su
   26.24; Mr. 14.21; Lc. 22.22 el *H* del Hombre va
   26.63; Mr. 14.61 si eres tú .. el *H* de Dios
   27.40 si eres *H* de Dios, desciende de la cruz
   27.43 líbrele ahora .. ha dicho: Soy *H* de Dios
   27.54; Mr. 15.39 este hombre era *H* de Dios
   28.19 en el nombre del Padre, y del *H*, y del
Mr. 3.11; Lc. 4.41 diciendo: Tú eres el *H* de Dios
   5.7; Lc. 8.28 ¿qué tienes conmigo .. *H* del Dios
   7.26 le rogaba que echase fuera de su *h* al
   8.38; Lc. 9.26 el *H* .. se avergonzará .. de él
   12.6 teniendo aún un *h* suyo, amado, lo envió
Lc. 1.13 y tu mujer Elisabet te dará a luz un *h*
   1.17 volver los corazones de los padres a los *h*
   1.31 darás a luz un *h*, y llamarás su nombre
   1.32 será grande, y .. llamado *H* del Altísimo
   3.8 Dios puede levantar *h* a Abraham aun de
   4.3 si eres *H* de Dios, dí a esta piedra que se
   5.10 Jacobo y Juan, *h* de Zebedeo, que eran
   6.35 y seréis *h* del Altísimo; porque él es
   8.42 tenía una *h* única, como de doce años
   9.38 ruego que veas a mi *h*, pues es el único
   9.44 el *H* del Hombre será entregado en manos
   10.6 si hubiere allí algún *h* de paz, vuestra
   12.8 el *H* del Hombre le confesará delante
   12.53 el padre contra el *h*, y el *h* contra el
   15.19 ya no soy digno de ser llamado tu *h*
   16.8 los *h* de este siglo .. que los *h* de luz
   17.24 así .. será el *H* del Hombre en su día
   19.9 por cuanto él también es *h* de Abraham
   20.13 ¿qué haré? Enviaré a mi *h* amado
   20.36 *h* de Dios, al ser *h* de la resurrección
   20.44 llama Señor; ¿cómo entonces es su *h*?
   22.70 ¿luego eres tú el *H* de Dios? Y él les
Jn. 1.12 les dio potestad de ser hechos *h* de Dios
   1.18 el unigénito *H*, que está en el seno de
   1.34 testimonio de que éste es el *H* de Dios
   1.49 Rabí, tú eres el *H* de Dios; tú eres el Rey
   3.14 así es .. el *H* del Hombre sea levantado
   3.16 que ha dado a su *H* unigénito, para que
   3.35 el Padre ama al *H*, y todas las cosas ha
   4.49 Señor, desciende antes que mi *h* muera
   4.50 Jesús le dijo: Vé, tu *h* vive. Y él .. creyó
   5.20 el Padre ama al *H*, y le muestra todas las
   5.22 juzga, sino que todo el juicio dio al *H*
   6.40 que todo aquel que ve al *H* y cree en él
   6.69 tú eres el Cristo, el *H* del Dios viviente
   8.35 el esclavo no .. el *h* sí queda para siempre
   8.36 así .. si el *H* os libertare, seréis .. libres
   8.39 si fueseis *h* de Abraham, las obras de
   9.35 le dijo: ¿Crees tú en el *H* de Dios?
   10.36 decís .. porque dije: *H* de Dios soy?
   11.4 para que el *H* de Dios sea glorificado
   12.15 no temas, *h* de Sion; he aquí tu Rey
   12.36 creed en la luz, para que seáis *h* de luz
   19.7 porque se hizo a sí mismo *H* de Dios
   19.26 dijo a su madre: Mujer, he ahí tu *h*
Hch. 2.17 vuestros *h* .. vuestras *h* profetizarán
   2.39 para .. es la promesa, y para vuestros *h*
   3.13 el Dios de .. ha glorificado a su *H* Jesús
   3.26 Dios, habiendo levantado a su *H*, lo
   4.27 se unieron en .. contra tu santo *H* Jesús
   7.56 veo .. y al *H* del Hombre que está a la
   13.33 mi *h* eres tú, yo te he engendrado hoy
   21.9 éste tenía cuatro *h* .. que profetizaban

Ro. 5.10 reconciliados .. por la muerte de su *H*
8.3 enviando a su *H* en semejanza de carne
8.14 guiados por el Espíritu .. son *h* de Dios
8.16 da testimonio .. de que somos *h* de Dios
8.21 a la libertad gloriosa de los *h* de Dios
8.29 hechos conformes a la imagen de su *H*
8.32 el que no escatimó ni a su propio *H*
9.7 ni por ser descendientes .. son todos *h*
9.8 que los que son *h* según la promesa son
9.26 allí serán llamados *h* del Dios viviente
1 Co. 7.14 de otra manera .. *h* serían inmundos
15.28 entonces .. el *H* mismo se sujetará al
Gá. 3.7 los que son de fe .. son *h* de Abraham
3.26 todos sois *h* de Dios por la fe en Cristo
4.4 Dios envió a su *H*, nacido de mujer y
4.5 fin de que recibiésemos la adopción de *h*
4.6 por cuanto sois, *h*, Dios envió a vuestros
4.7 ya no eres .. sino *h*; y si *h* .. heredero de
4.27 más son los *h* de la desolada, que de la
4.28 como Isaac, somos *h* de la promesa
Ef. 1.5 para ser adoptados *h* suyos por medio de
2.3 éramos por naturaleza *h* de ira, lo mismo
4.13 a la fe y del conocimiento del *H* de Dios
5.1 sed, pues, imitadores de Dios como *h*
5.8 ahora sois luz .. andad como *h* de luz
6.1; Col. 3.20 *h*, obedeced a vuestros padres
6.4 padres, no provoquéis a ira a vuestros *h*
Fil. 2.15 *h* de Dios sin mancha en medio de una
1 Ts. 2.11 como el padre a sus *h*, exhortábamos
1 Ti. 1.2 a Timoteo, verdadero *h* en la fe: Gracia
2.15 salvará engendrando *h*, si permaneciere
3.4 que tenga a sus *h* en sujeción con toda
5.4 pero si alguna viuda tiene *h*, o nietos
2 Ti. 1.2 amado *h*: Gracia, misericordia y paz, de
Tit. 1.6 tenga *h* creyentes que no estén acusados
2.4 enseñen .. amar a sus maridos y a sus *h*
He. 1.2 ha hablado por el *H*, a quien constituyó
1.5; 5.5 mi *H* eres tú, yo te he engendrado
1.5 yo seré a él Padre, y él me será a mí *h*
2.13 he aquí, yo y los *h* que Dios me dio
3.6 Cristo como *h* sobre su casa, la cual casa
5.8 y aunque era *H* .. aprendió la obediencia
6.6 crucificando de nuevo .. al *H* de Dios y
7.28 la palabra del juramento .. al *H*, hecho
10.29 merecerá el que pisoteare al *H* de Dios, y
11.24 por la fe Moisés .. rehusó llamarse *h* de
12.5 *h* mío, no menosprecies la disciplina del
12.6 ama .. azota a todo el que recibe por *h*
12.7 Dios os trata como *h*; porque ¿qué es
1 P. 3.6 de la cual vosotras .. habéis venido a ser *h*
1 Jn. 1.3 comunión .. es con el Padre, y con su *H*
2.22 anticristo, el que niega al Padre y al *H*
3.1 que seamos llamados *h* de Dios; por esto
3.8 para esto apareció el *H* de Dios, para
3.10 en esto se manifiestan los *h* de Dios, y
3.23 que creamos en el nombre de su *H*, y
4.10 nos amó .. y envió a su *H* en propiciación
4.14 el Padre ha enviado al *H*, el Salvador
4.15 que confiese que Jesús es el *H* de Dios
5.2 en esto conocemos que amamos a los *h* de
5.5 sino el que cree que Jesús es el *H* de Dios?
5.11 ha dado vida .. y esta vida está en su *H*
5.12 el que tiene al *H*, tiene la vida; el que no
5.20 sabemos que el *H* de Dios ha venido
2 Jn. 9 de Cristo, ése sí tiene al Padre y al *H*
Ap. 1.13; 14.14 uno semejante al *H* del Hombre
21.7 venciere .. seré su Dios, y él será mi *H*

HILAR
Mt. 6.28; Lc. 12.27 lirios .. no trabajan ni *hilan*

HIMNO
Mt. 26.30; Mr. 14.26 hubieron cantado el *h*
Ef. 5.19 hablando entre vosotros con salmos, con *h*
Col. 3.16 cantando .. al Señor con salmos e *h* y

HINCHAR
Dt. 8.4 ni el pie se te ha *hinchado* en estos 40
Col. 2.18 *hinchado* por su propia mente carnal

HIPOCRESÍA *v.* Engaño, Fraude, Mentira
Mt. 23.28 pero por dentro estáis llenos de *h* e
Mr. 12.15 él, percibiendo la *h* de ellos, les dijo

Lc. 12.1 guardaos de la levadura de .. que es la *h*
Gá. 2.13 también arrastrado por la *h* de ellos
1 Ti. 4.2 por la *h* de mentirosos que, teniendo
Stg. 3.17 pura .. benigna .. sin incertidumbre ni *h*
1 P. 2.1 *h*, envidias, y todas las detracciones

HIPÓCRITA *v.* Inicuo
Sal. 26.4 no me he sentado con hombres *h*, ni
119.113 aborrezco a los hombres *h*; mas amo
Pr. 11.9 el *h* con la boca daña a su prójimo; mas
Is. 33.14 en Sion, espanto sobrecogió a los *h*
Mt. 6.2 como hacen los *h* en las sinagogas y en
6.5 cuando ores, no seas como los *h*; porque
6.16 ayunéis, no seáis austeros, como los *h*
7.5 ¡*h*! saca primero la viga de tu propio ojo
15.7; Mr. 7.6 *h*, bien profetizó de vosotros
16.3; Lc. 12.56 ¡*h*! que sabéis distinguir el
22.18 les dijo: ¿Por qué me tentáis, *h*?
23.13; Lc. 11.44 ¡ay de vosotros, escribas .. *h*!
24.51 pondrá su parte con los *h*; allí será el
Lc. 13.15 *h* .. ¿no desata en el día de reposo su

HIRAM rey de Tiro 2 S. 5.11; 1 R. 5.1–12; 9.11–28.

1 Cr. 14.1 *H* rey .. envió a David embajadores
2 Cr. 2.3 envió a decir Salomón a *H* rey de Tiro

HIRAM artífice del templo 1 R. 7.13–46; 2 Cr. 2.13–14; 4.11–16.

HISOPO
Ex. 12.22 tomad un manojo de *h*, y mojadlo en
Sal. 51.7 purifícame con *h*, y seré limpio; lávame
Jn. 19.29 una esponja, y poniéndola en un *h*, se

HOBAB *v.* Jetro Nm. 10.29–32; Jue. 4.11.

HOJA
Gn. 3.7 cosieron *h* de higuera, y se hicieron
Lv. 26.36 de una *h* que se mueva los perseguirá
Jue. 3.22 la empuñadura entró también tras la *h*
Job 13.25 ¿a la *h* arrebatada has de quebrantar
Sal. 1.3 da su fruto en su tiempo, y su *h* no cae
Is. 64.6 y caímos todos nosotros como la *h*
Jer. 17.8 su *h* estará verde; y en el año de sequía
Ez. 47.12 su fruto será .. y su *h* para medicina
Mt. 21.19; Mr. 11.13 y no halló nada .. sino *h*
24.32; Mr. 13.28 brotan las *h*, sabéis que el
Ap. 22.2 del árbol las *h* .. eran para la sanidad de

HOJARASCA *v.* Paja
Job 41.29 tiene toda arma por *h*, y del .. se burla
Sal. 83.13 ponlos .. como *h* delante del viento
Is. 33.11 concebisteis *h*, rastrojo daréis a luz
1 Co. 3.12 edificaré oro, plata .. madera, heno, *h*

HOLOCAUSTO *v.* Ofrenda, Sacrificio
Gn. 8.20 edificó Noé un altar .. y ofreció *h* en
22.7 mas ¿dónde está el cordero para el *h*?
Ex. 18.12 tomó Jetro .. *h* y sacrificios para Dios
29.42 esto será el *h* continuo por vuestras
Lv. 1.3 si su ofrenda fuere *h* vacuno, macho sin
1.13 *h* es, ofrenda encendida de olor grato
6.9 esta es la ley del *h*: el *h* estará sobre el
Nm. 23.3 Balaam dijo .. Ponte junto a tu *h*, y yo
28.3 dos corderos .. día, será el *h* continuo
Jue. 13.16 si quieres hacer *h*, ofrécelo a Jehová
1 S. 13.12 me esforcé, pues, y ofrecí *h*
15.22 ¿se complace Jehová tanto en los *h*
1 R. 3.15 cuando Salomón despertó .. sacrificó *h*
1 Cr. 29.21 ofrecieron a Jehová *h* al día siguiente
2 Cr. 29.27 mandó Ezequías sacrificar el *h* en el
Esd. 3.4 *h* cada día por orden conforme al rito
Sal. 40.6 oídos; *h* y expiación no has demandado
51.16 sacrificio, que yo lo daría; no quieres *h*
Is. 1.11 hastiado estoy de *h* de carneros y de sebo
56.7 sus *h* .. serán aceptos sobre mi altar
61.8 soy .. aborrecedor del latrocinio para *h*
Jer. 6.20 vuestros *h* no son aceptables, ni
7.21 añadid vuestros *h* sobre .. sacrificios
Ez. 45.17 al príncipe corresponderá el dar el *h*
Am. 5.22 y si me ofreciereis vuestros *h* y vuestras
Mi. 6.6 ¿me presentaré ante él con *h* .. becerros
Mr. 12.33 el amarle con .. es más que todos los *h*
He. 10.6 *h* .. por el pecado no te agradaron

HOLLAR v. Pisar, Pisotear

Sal. 7.5 *huelle* en tierra mi vida, y mi honra
44.5 en tu nombre *hollaremos* a nuestros
60.12; 108.13 él *hollará* a nuestros enemigos
91.13 *hollarás* al cachorro de león y al
119.118 *hollaste* a todos los que se desvían
Is. 25.10 Moab será *hollado* en su mismo sitio
Jer. 12.10 muchos pastores .. *hollaron* mi heredad
30.16 *hollados* serán los que te *hollaron*, y a
Lm. 1.15 Señor ha *hollado* a todos mis hombres
Mi. 1.3 Jehová .. *hollará* las alturas de la tierra
Hab. 3.12 con ira *hollaste* la tierra, con furor
Mal. 4.3 *hollaréis* a los malos, los cuales serán
Ap. 11.2 ellos *hollarán* la ciudad santa 42 meses

HOMBRE v. Adán, Varón

Gn. 1.26 dijo .. Hagamos al *h* a nuestra imagen
2.5 ni había *h* para que labrase la tierra
Jos. 10.14 atendido Jehová a la voz de un *h*
1 S. 4.9 esforzaos, oh filisteos, y sed *h*, para que
2 S. 12.7 dijo Natán a David: Tú eres aquel *h*
Job 4.17 ¿será el *h* más justo que Dios? ¿Será el
7.1 ¿no es acaso brega la vida del *h* sobre la
7.17; Sal. 8.4; 144.3 ¿qué es el *h*, para que lo
14.1 el *h* nacido de mujer, corto de días, y
14.10 el *h* morirá, y será cortado; perecerá
33.12 responderé que mayor es Dios que el *h*
Sal. 9.20 conozcan las naciones que no son sino *h*
56.4, 11 no temeré; ¿qué puede hacerme el *h*?
60.11; 108.12 porque vana es la ayuda de los *h*
90.3 vuelves al *h* hasta ser quebrantado, y
Pr. 30.19 del mar, y el rastro del *h* en la doncella
Ec. 3.18 es así, por causa de los hijos de los
3.19 ni tiene más el *h* que la bestia, porque
Is. 2.22 dejaos del *h*, cuyo aliento está en su
31.3 los egipcios *h* son, y no Dios; y sus
45.12 hice la tierra, y creé sobre ella al *h*
Jer. 10.23 ni del *h* que .. es el ordenar sus pasos
17.5 maldito el varón que confía en el *h*
Ez. 28.2 yo soy un dios .. siendo tú *h* y no Dios
Mt. 4.4; Lc. 4.4 no sólo de pan vivirá el *h*, sino
4.19 en pos de mí, y os haré pescadores de *h*
12.12 ¿cuánto más vale un *h* que una oveja?
16.13 ¿quién dicen los *h* que es el Hijo del *H*?
18.7 ¡ay de .. *h* por quien viene el tropiezo
21.25; Mr. 11.30 ¿era del cielo, o de los *h*?
Mr. 2.27 hecho por causa del *h*, y no el *h* por
Lc. 12.8 aquel que me confesare delante de los *h*
Jn. 2.25 testimonio del *h* .. lo que había en el *h*
7.46 jamás *h* alguno ha hablado como este *h*
10.33 porque tú, siendo *h*, te haces Dios
12.43 amaban más la gloria de los *h* que la
19.5 salió .. y Pilato les dijo: ¡He aquí el *h*!
Hch. 5.38 esta obra es de los *h*, se desvanecerá
10.26 levántate, pues yo mismo .. soy *h*
14.11 dioses bajo la semejanza de *h* han
Ro. 1.27 cometiendo hechos vergonzosos *h* con *h*
5.12 el pecado entró en el mundo por un *h*
1 Co. 2.11 ¿quién de los *h* sabe las cosas del *h*
3.3 ¿no sois carnales, y andáis como *h*?
3.21 así que, ninguno se gloríe en los *h*
15.21 por cuanto la muerte entró por un *h*
Fil. 2.7 que se despojó .. hecho semejante a los *h*
1 Ts. 2.4 no como para agradar a los *h*, sino
1 Ti. 2.5 mediador entre Dios y los *h*, Jesucristo *h*
6.11 tú, oh *h* de Dios, huye de estas cosas
2 Ti. 3.17 a fin de que el *h* de Dios sea perfecto
He. 2.6 ¿qué es el *h*, para que te acuerdes de él
9.27 está establecido para los *h* que mueran
13.6 no temeré lo que me pueda hacer el *h*

HOMBRO

Dt. 33.12 cubrirá siempre, y entre sus *h* morará
1 S. 9.2 de *h* arriba sobrepasaba a cualquiera del
1 Cr. 15.15 trajeron el arca de Dios .. sobre sus *h*
Job 31.22 mi espalda se caiga de mi *h*, y el hueso
Lc. 15.5 la encuentra, la pone sobre sus *h*

HOMICIDA

Nm. 35.11 donde huya el *h* que hiriere a alguno
35.16 lo hiriere y muriere, *h* es; el *h* morirá
Dt. 19.4 este es el caso del *h* que huirá allí

Is. 1.21 habitó ella la equidad; pero ahora, los *h*
Mt. 22.7 el rey .. destruyó a aquellos *h*, y quemó
Jn. 8.44 él ha sido *h* desde el principio, y no
Hch. 3.14 el Justo, y pedisteis que os diese un *h*
28.4 ciertamente este hombre es *h*, a quien
1 P. 4.15 ninguno de vosotros padezca como *h*
1 Jn. 3.15 aquel que aborrece a su hermano es *h*
Ap. 21.8 *h* .. tendrán su parte en el lago que

HOMICIDIO

Sal. 51.14 líbrame de *h*, oh Dios, Dios de mi
Mt. 15.19; Mr. 7.21 del corazón salen .. los *h*
Mr. 15.7; Lc. 23.19 habían cometido *h* en una
Ap. 9.21 y no se arrepintieron de sus *h*, ni de

HONDA

1 S. 17.40 tomó su *h* en su mano, y se fue hacia
17.50 venció David al filisteo con *h* y piedra
25.29 como de en medio de la palma de una *h*
Pr. 26.8 como quien liga la piedra en la *h*, así
Jer. 10.18 arrojaré con *h* los moradores de la

HONESTO

1 Co. 7.35 sino para lo *h* y decente, y para que
Fil. 4.8 todo lo *h*, todo lo justo, todo lo puro
1 Ti. 3.8 los diáconos .. deben ser *h*, sin doblez

HONOR v. Dignidad, Gloria, Honra

1 Cr. 29.11 tuya es .. la gloria, la victoria y el *h*
Job 14.21 hijos tendrán *h*, pero él no lo sabrá
Dn. 2.48 le dio muchos *h* y grandes dones, y le
1 Ts. 4.4 tener su propia esposa en santidad y *h*
1 Ti. 1.17 al Rey .. sea *h* y gloria por los siglos
5.17 sean tenidos por dignos de doble *h*
6.1 tengan a sus amos por dignos de todo *h*
Ap. 21.24 reyes .. traerán su gloria y *h* a ella

HONRA v. Alabanza, Gloria, Honor

Est. 1.20 todas las mujeres darán *h* a sus maridos
6.6 ¿qué se hará al hombre cuya *h* desea el
Job 29.20 mi *h* se renovaba en mí, y mi arco se
Sal. 21.5 gloria .. y *h* y majestad has puesto sobre él
49.12 mas el hombre no permanecerá en *h*; es
Pr. 3.16 derecha; en su izquierda, riquezas y *h*
3.35 los sabios heredarán *h*, mas los necios
13.18 el que guarda la corrección recibirá *h*
15.33 temor .. y a la *h* precede la humildad
16.31 corona de *h* es la vejez que se halla en
17.6 nietos, y la *h* de los hijos, sus padres
20.3 del hombre dejar la contienda; mas
22.4 riquezas, *h* y vida son la remuneración
26.1 la siega, así no conviene al necio la *h*
29.23 al humilde de espíritu sustenta la *h*
Ec. 6.2 hombre a quien Dios da riquezas y *h*
Os. 4.7 también yo cambiaré su *h* en afrenta
Mt. 13.57; Mr. 6.4; Jn. 4.44 no hay profeta sin *h*
Ro. 2.10 pero gloria y *h* y paz a todo el que hace
9.21 para hacer .. un vaso para *h* y otro para
12.10 en cuanto a *h*, prefiriéndoos los unos
13.7 pagad a .. lo que debéis .. al que *h*, el *h*
2 Co. 6.8 por *h* y por deshonra, por mala fama
1 Ti. 6.16 al cual sea la *h* y el imperio sempiterno
2 Ti. 2.21 instrumento para *h*, santificado, útil
He. 2.7 le coronaste de gloria y de *h*, y le pusiste
3.3 tiene mayor *h* que la casa el que la hizo
5.4 nadie toma para sí esta *h*, sino el que
1 P. 1.7 sea hallada en alabanza, gloria y *h*
Ap. 4.11 digno eres de recibir la gloria y la *h*

HONRADAMENTE

2 Co. 8.21 procurando hacer las cosas *h*, no sólo
1 Ts. 4.12 os conduzcáis *h* para con los de afuera

HONRADO

Gn. 42.11 somos hombres *h*; tus siervos nunca
2 S. 6.20 ¡cuán *h* ha quedado hoy el rey de Israel

HONRAR v. Alabar, Engrandecer, Exaltar, Magnificar

Ex. 20.12; Dt. 5.16 *honra* a tu padre y a tu madre
Lv. 19.32 *honrarás* el rostro del anciano, y de tu
Nm. 22.17 te *honraré* mucho, y haré todo lo que
1 S. 2.30 porque yo *honraré* a los que me *honran*
2 R. 17.33 temían a .. y *honraban* a sus dioses
Sal. 2.12 *honrad* al Hijo, para que no se enoje

Sal. 15.4 pero *honra* a los que temen a Jehová
   50.23 el que sacrifica alabanzas me *honrará*
Pr. 3.9 *honra* a Jehová con tus bienes, y con las
   4.8 te *honrará*, cuando tú la hayas abrazado
Is. 29.13 sus labios me *honran*, pero su corazón
   43.23 ni a mí me *honraste* con tus sacrificios
   60.13 y yo *honraré* el lugar de mis pies
Dn. 11.38 mas *honrará* .. al dios de las fortalezas
Mal. 1.6 el hijo *honra* al padre, y el siervo a su
Mt. 15.4; 19.19; Mr. 7.10; 10.19; Ef. 6.2 *honra* a
   tu padre y a tu madre
   15.8; Mr. 7.6 este pueblo de labios me *honra*
   15.9 pues en vano me *honran*, enseñando como
Jn. 5.23 *honren* al Hijo como *honran* al Padre
   8.49 yo no tengo demonio .. *honro* a mi Padre
   12.26 alguno me sirviere, mi Padre le *honrará*
Hch. 18.13 hombres a *honrar* a Dios contra la ley
   28.10 nos *honraron* con muchas atenciones
Ro. 1.25 *honrando* .. a las criaturas antes que al
   11.13 soy apóstol a los .. *honro* mi ministerio
1 P. 2.17 *honrad* a todos. Amad a los .. *h* al rey

HONROSO
1 Co. 11.15 a la mujer .. crecer el cabello le es *h*
1 Ti. 3.13 ganan para sí un grado *h*, y mucha
He. 13.4 *h* sea en todos el matrimonio, y el lecho

HOR Nm. 20.22–29; 33.37–39.

HORA *v.* Día, Tiempo
Est. 4.14 ¿y quién sabe si para esta *h* has llegado
Ec. 3.1 que se quiere debajo del cielo tiene su *h*
Mt. 20.12 postreros han trabajado una sola *h*
   24.36 del día y la *h* nadie sabe, ni aun los
   24.44; 25.13; Lc. 12.40 a la *h* que no pensáis
   24.50; Lc. 12.46 vendrá .. a la *h* que no sabe
   26.40; Mr. 14.37 no habéis podido velar .. *h*
   26.45; Jn. 12.23 ha llegado la *h*, y el Hijo del
Lc. 10.21 en aquella misma *h* Jesús se regocijó en
   22.53 esta es vuestra *h*, y la potestad de las
Jn. 2.4 ¿qué tienes .. Aún no ha venido mi *h*
   4.21 la *h* viene cuando ni en este monte ni
   4.52 a qué *h* había comenzado a estar mejor
   7.30; 8.20 porque aún no había llegado su *h*
   12.27 qué diré? ¿Padre, sálvame de esta *h*?
Ap. 3.3 si no .. y no sabrás a qué *h* vendré sobre ti
   8.1 se hizo silencio en .. como por media *h*

HORADAR
Jue. 5.26 y le *horadó*, y atravesó sus sienes
Sal. 22.16 han .. *horadaron* mis manos y mis pies

HORCA
Est. 5.14 hagan una *h* de 50 codos de altura, y
   7.10 colgaron a Amán en la *h* que él había

HOREB *v.* Sinaí
Ex. 3.1 Moisés .. llevó las ovejas a .. llegó hasta *H*
   17.6 delante de ti allí sobre la peña en *H*
Dt. 1.6 nuestro Dios nos habló en *H*, diciendo
   4.10 estuviste delante de Jehová tu Dios en *H*
   18.16 lo que pediste a Jehová tu Dios en *H*
1 R. 19.8 caminó .. hasta *H*, el monte de Dios
Mal. 4.4 Moisés .. encargué en *H* ordenanzas y

HORMIGA
Pr. 6.6 vé a la *h*, oh perezoso, mira sus caminos
   30.25 las *h*, pueblo no fuerte, y en el verano

HORNO *v.* Fuego
Dt. 4.20 os tomó, y os ha sacado del *h* de hierro
Sal. 21.9 pondrás como *h* de fuego en el tiempo
Is. 48.10 a plata; te he escogido en *h* de aflicción
Ez. 22.18 son hierro y plomo en medio del *h*
Dn. 3.6 echado dentro de un *h* de fuego ardiendo
Os. 7.6 aplicaron su corazón, semejante a un *h*
Mal. 4.1 he aquí, viene el día ardiente como un *h*
Mt. 6.30; Lc. 12.28 y mañana se echa en el *h*
   13.42 los echarán en el *h* de fuego; allí será

HORRENDA
He. 10.31 ¡*h* cosa es el caer en las manos del Dios

HORROR *v.* Espanto, Terror
Dt. 28.37 serás motivo de *h*, y servirás de refrán
Sal. 119.53 *h* se apoderó de mí a causa de los

HORTALIZA
Mt. 13.32; Mr. 4.32 crecido, es la mayor de las *h*

HOSANNA
Mt. 21.9, 15; Mr. 11.9; Jn. 12.13 ¡*h* al Hijo de
   David! .. ¡*h* en las alturas!

HOSPEDADOR
Ro. 16.23 os saluda Gayo, *h* mío y de toda la
Tit. 1.8 sino *h*, amante de lo bueno, sobrio, justo

HOSPEDAR
Gn. 19.2 os ruego que vengáis a .. y os *hospedéis*
Hch. 28.7 Publio, quien nos recibió y *hospedó*
He. 13.2 algunos, sin saberlo, *hospedaron* ángeles
1 P. 4.9 *hospedaos* los unos .. sin murmuraciones

HOSPITALIDAD
Ro. 12.13 compartiendo para .. practicando la *h*
1 Ti. 5.10 si ha practicado la *h*; si ha lavado los
He. 13.2 no os olvidéis de la *h*, porque por ella

HOY
Sal. 95.7; He. 3.7; 4.7 si oyeres *h* su voz, no
Lc. 23.43 digo que *h* estarás conmigo en el paraíso
He. 3.13 exhortaos .. entre tanto se dice: *H*; para

HOYO *v.* Foso, Lazo
Job 9.31 aún me hundirás en el *h*, y mis propios
Sal. 35.7 su red en un *h*; sin causa cavaron *h* para
   88.6 me has puesto en el *h* profundo, en
Ec. 10.8 el que hiciere *h* caerá en él; y al que
Jer. 18.20 para que hayan cavado *h* a mi alma?
   48.43 miedo y *h* .. contra ti, oh morador de
Mt. 12.11 si ésta cayere en un *h* en día de reposo
   15.14; Lc. 6.39 ciego guiare .. caerán en el *h*

HOZ
Dt. 23.25 no aplicarás *h* a la mies de tu prójimo
Jl. 3.13 echad la *h*, porque la mies está ya madura
Ap. 14.15 mete tu *h*, y siega, porque la hora de

HUÉRFANO, na *v.* Desvalido, Viuda
Ex. 22.22 a ninguna viuda ni *h* afligiréis
Dt. 10.18 que hace justicia al *h* y a la viuda; que
   24.17 no torcerás el derecho del .. ni del *h*
Est. 2.7 había criado a .. Ester .. porque era *h*
Job 22.9 los brazos de los *h* fueron quebrados
   24.9 quitan el pecho a los *h*, y de sobre
   29.12 libraba .. al *h* que carecía de ayudador
   31.17 si comí mi .. y no comió de él el *h*
Sal. 10.14 el desvalido; tú eres el amparo del *h*
   68.5 padre de *h* y defensor de viudas es Dios
   82.3 defended al débil y al *h*; haced justicia
   109.9 sean sus hijos *h*, y su mujer viuda
   146.9 Jehová .. al *h* y a la viuda sostiene, y
Pr. 23.10 lindero .. ni entres en la heredad de los *h*
Is. 1.17 haced justicia al *h*, amparad a la viuda
Jer. 5.28 no juzgaron la causa, la causa del *h*
   22.3 no engañéis ni robéis al .. ni al *h* ni a la
   49.11 deja tus *h*, yo los criaré .. tus viudas
Lm. 5.3 *h* somos sin padre; nuestras madres son
Os. 14.3 porque en ti el *h* alcanzará misericordia
Jn. 14.18 no os dejaré *h*; vendré a vosotros
Stg. 1.27 visitar a los *h* y a las viudas en sus

HUERTO
Gn. 2.8 y Jehová Dios plantó un *h* en Edén, al
   3.23 lo sacó Jehová del *h* del Edén, para que
Dt. 11.10 regabas con tu pie, como *h* de hortaliza
Cnt. 4.12 *h* cerrado eres, hermana mía, esposa mía
   5.1 yo vine a mi *h*, oh hermana, esposa mía
   8.13 tú que habitas en los *h*, los compañeros
Is. 1.29 entonces .. afrentarán los *h* que escogisteis
   51.3 cambiará .. su soledad en *h* de Jehová
   58.11 como *h* de riego, y como manantial de
   61.11 como el *h* hace brotar su semilla, así
Jer. 29.5 plantad *h*, y comed del fruto de ellos
   31.12 su alma será como *h* de riego, y nunca
Ez. 28.13 en Edén, en el *h* de Dios estuviste
   31.8 cedros no lo cubrieron en el *h* de Dios
   36.35 esta .. ha venido a ser como *h* del Edén
Jn. 18.1 donde había un *h*, en el cual entró con
   18.26 le dijo: ¿No te vi yo en el *h* con él?
   19.41 un *h*, y en el *h* un sepulcro nuevo

HUESO

Gn. 2.23 dijo .. Adán: Esto es ahora *h* de mis *h*
50.25 visitarás, y haréis llevar de aquí mis *h*
Ex. 13.19 tomó .. consigo Moisés los *h* de José
1 R. 13.2 ¡altar! .. sobre ti quemarán *h* de hombres
2 R. 13.21 tocar el muerto los *h* de Eliseo
23.18 él dijo: Dejadlo; ninguno mueva sus *h*
Job 19.20 mi piel y mi carne se pegaron a mis *h*
20.11 sus *h* están llenos de su juventud, mas
33.21 sus *h*, que antes no se veían, aparecen
Sal. 22.17 contar puedo todos mis *h* .. me miran
31.10 se agotan .. y mis *h* se han consumido
34.20 él guarda todos sus *h*; ni uno de ellos
51.8 y se recrearán los *h* que has abatido
53.5 porque Dios ha esparcido los *h* del que
141.7 esparcidos nuestros *h* a la boca del Seol
Pr. 12.4 mas la mala, como carcoma en sus *h*
25.15 y la lengua blanda quebranta los *h*
Ec. 11.5 cómo crecen los *h* en el vientre de la
Jer. 8.1 sacarán los *h* de los reyes de Judá, y los
Ez. 37.1 medio de un valle que estaba lleno de *h*
37.7 y los *h* se juntaron cada *h* con su *h*
Mt. 23.27 dentro están llenos de *h* de muertos
Lc. 24.39 espíritu no tiene carne ni *h*, como veis
Jn. 19.36 cumpliese .. No será quebrado *h* suyo
He. 11.22 José .. dio mandamiento acerca de sus *h*

HUEVO

Job 6.6 sin sal? ¿Habrá gusto en la clara del *h*?
39.14 el cual desampara en la tierra sus *h*
Is. 59.5 incuban *h* de áspides, y tejen telas de

HUIDA

Sal. 56.8 mis *h* tú has contado; pon mis lágrimas
Mt. 24.20; Mr. 13.18 que vuestra *h* no sea en

HUIR *v.* **Escapar**

Gn. 16.6 como Sarai la afligía, ella *huyó* de su
19.20 esta ciudad está cerca para *huir* allá
27.43 hijo .. levántate y *huye* a casa de Labán
39.12 dejó su ropa en las manos .. y *huyó*
Ex. 2.15 pero Moisés *huyó* de delante de Faraón
14.27 los egipcios al *huir* se encontraban con
Lv. 26.17 *huiréis* sin que haya quien os persiga
26.36 *huirán* como ante la espada, y caerán
Dt. 19.3 será para que todo homicida *huya* allí
23.15 no entregarás .. el siervo que se *huyere*
Jue. 7.21 todo el ejército echó a correr .. *huyendo*
1 S. 17.51 vieron a su paladín muerto, *huyeron*
2 S. 15.14 David dijo .. Levantaos y *huyamos*
2 R. 7.7 *huyeron* al anochecer, abandonando sus
25.4 abierta ya .. ciudad, *huyeron* de noche
1 Cr. 19.18 pueblo sirio *huyó* delante de Israel
Neh. 6.11 dije: ¿Un hombre como yo ha de *huir*?
Job 14.2 *huye* como la sombra y no permanece
27.22 Dios .. hará él por *huir* de su mano
Sal. 55.7 ciertamente *huiría* lejos; moraría en el
68.1 *huyan* de su presencia .. le aborrecen
114.3 mar lo vio, y *huyó*; el Jordán se volvió
Pr. 28.1 *huye* el impío sin que nadie lo persiga
28.17 *huirá* hasta el sepulcro, y nadie le
Cnt. 2.17; 4.6 hasta que .. y *huyan* las sombras
Is. 21.15 porque ante la espada, *huye*, ante la
22.3 tus príncipes juntos *huyeron* del arco
30.16 antes *huiremos* en .. por tanto .. *huiréis*
35.10 alegría, y *huirán* la tristeza y el gemido
51.11 tendrán .. y el dolor y el gemido *huirán*
52.12 ni iréis *huyendo*; porque Jehová irá
Jer. 6.1 *huid*, hijos de Benjamín, en medio de
51.6 *huid* de en medio de Babilonia, y librad
Am. 2.14 el ligero no podrá *huir*, ni el fuerte no le
5.19 como el que *huye* de delante del león
9.1 no habrá de ellos quien *huya*, ni quien
Jon. 1.3 y Jonás se levantó para *huir* .. de Jehová
1.10 ellos sabían que *huía* de la .. de Jehová
se apresuró a *huir* a Tarsis; porque sabía
Zac. 14.5 *huiréis* al valle .. *huisteis* .. del terremoto
Mt. 2.13 toma al niño y su madre, y *huye*
3.7; Lc. 3.7 ¿quién os enseñó a *huir* de la ira
8.33; Mr. 5.14; Lc. 8.34 los que apacentaban los cerdos *huyeron*
10.23 de cuanos persigan en .. *huid* a la otra

Mt. 24.16; Mr. 13.14; Lc. 21.21 los que estén en Judea, *huyan* a los montes
26.56; Mr. 14.50 los discípulos .. *huyeron*
Mr. 16.8 ellas se fueron *huyendo* del sepulcro
Jn. 10.5 *huirán* de él, porque no conocen la voz
10.13 el asalariado *huye* .. no le importan las
Hch. 7.29 al oir esta palabra, Moisés *huyó*, y vivió
14.6 habiéndolo sabido, *huyeron* a Listra y
27.30 marineros procuraron *huir* de la nave
1 Co. 6.18 *huid* de la fornicación. Cualquier otro
10.14 amados míos, *huid* de la idolatría
1 Ti. 6.11 oh hombre de Dios, *huye* de estas cosas
2 Ti. 2.22 *huye* también de las pasiones juveniles
Stg. 4.7 resistid al diablo, y *huirá* de vosotros
2 P. 1.4 habiendo *huido* de la corrupción que hay
Ap. 9.6 ansiarán morir, pero la muerte *huirá* de
12.6 la mujer *huyó* al desierto, donde tiene

HUMANAMENTE

2 Cr. 10.7 si te condujeres *h* con este pueblo, y es
Hch. 27.3 Julio, tratando *h* a Pablo, le permitió

HUMANO, na

Job 12.10 alma .. y el hálito de todo el género *h*
Sal. 143.2 no se justificará delante de ti .. ser *h*
1 Co. 10.13 ninguna tentación que no sea *h*; pero
1 P. 2.13 someteos a toda institución *h*, ya sea al

HUMEAR

Sal. 104.32; 144.5 toca los montes, y *humean*

HUMILDAD *v.* **Mansedumbre**

Pr. 15.33 el temor .. y a la honra precede la *h*
22.4 y vida son la remuneración de la *h* y del
Hch. 20.19 sirviendo al Señor con toda *h*, y con
Ef. 4.2 con toda *h* .. soportándoos con paciencia
Fil. 2.3 antes bien con *h*, estimando cada uno
Col. 2.18 nadie .. afectando *h* y culto a los ángeles
2.23 en *h* y en duro trato del cuerpo; pero no
3.12 de *h*, de mansedumbre, de paciencia
1 P. 5.5 revestíos de *h*; porque: Dios resiste a los

HUMILDE *v.* **Manso, Pobre, Sumiso**

Job 5.11 pone a los *h* en altura, y a los enlutados
22.29 habrá; y Dios salvará al *h* de ojos
Sal. 22.26 comerán los *h*, y serán saciados
25.9 encaminará a los *h* por el juicio, y
138.6 Jehová es excelso, y atiende al *h*, mas
147.6 Jehová exalta a los *h*, y humilla a los
149.4 hermoseará a los *h* con la salvación
Pr. 3.34 escarnecerá a los .. y a los *h* dará gracia
11.2 deshonra; mas con los *h* está la sabiduría
16.19 mejor es humillar el espíritu con los *h*
29.23 pero al *h* de espíritu sustenta la honra
Is. 29.19 los *h* crecerán en alegría en Jehová, y aun
57.15 yo habito en .. con el quebrantado y *h*
66.2 pero miraré a aquel que es pobre y *h* de
Sof. 3.12 dejaré en medio de ti un pueblo *h*
Mt. 11.29 de mí, que soy manso y *h* de corazón
Ro. 12.16 no altivos, sino asociándoos con los *h*
2 Co. 7.6 Dios, que consuela a los *h*, nos consoló
10.1 yo Pablo .. que estando presente .. soy *h*
Stg. 1.9 el hermano que es de *h* condición
4.6 Dios resiste a los .. y da gracia a los *h*

HUMILDEMENTE

Fil. 4.12 sé vivir *h*, y sé tener abundancia; en todo

HUMILLACIÓN

Hch. 8.33 en su *h* no se le hizo justicia; mas su
Fil. 3.21 el cual transformará el cuerpo de la *h*
Stg. 1.10 pero el que es rico, en su *h*; porque él

HUMILLAR

Ex. 10.3 no querrás *humillarte* delante de mí?
Dt. 33.29 así que tus enemigos serán *humillados*
1 R. 21.29 has visto cómo Acab se ha *humillado*
2 R. 22.19; 2 Cr. 34.27 te *humillaste* delante de
2 Cr. 7.14 si se *humillare* mi pueblo, sobre el cual
30.11 hombres de .. se *humillaron* y vinieron
32.26 pero Ezequías, después de .. se *humilló*
Sal. 113.6 que se *humilla* a mirar en el cielo y en
119.71 bueno me es haber sido *humillado*
Pr. 16.19 mejor es *humillar* el espíritu con los *h*
Is. 5.15 el hombre será *humillado*, y el varón será

Is. 10.33 cortados, y los altos serán *humillados*
   26.5 *humilló* a la ciudad .. *h* hasta la tierra
Lm. 2.2 echó .. *humilló* al reino y a sus príncipes
Dn. 4.37 él puede *humillar* a los que andan con
Mi. 6.8 misericordia, y *humillarte* ante tu Dios
Mt. 18.4 cualquiera que se *humille* como este niño
   23.12; Lc. 14.11; 18.14 será *humillado*, y el que
   se *humilla* será enaltecido
2 Co. 11.7 ¿pequé yo *humillándome* a mí mismo
   12.21 que .. me *humille* Dios entre vosotros
Fil. 2.8 se *humilló* a sí .. haciéndose obediente
Stg. 4.10 *humillaos* delante del Señor, y él os
1 P. 5.6 *humillaos*, pues, bajo la poderosa mano

HUMO *v.* Columna, Fuego
Gn. 19.28; Ex. 19.18 *h* subía .. como el *h* de un
2 S. 22.9; Sal. 18.8 *h* subió de su nariz, y de su
Sal. 37.20 los enemigos .. disiparán como el *h*
   68.2 como es lanzado el *h*, los lanzarás
   102.3 mis días se han consumido como *h*, y
   119.83 porque estoy como el odre al *h*; pero
Pr. 10.26 como el vinagre .. como el *h* a los ojos
Cnt. 3.6 ésta que sube del .. como columna de *h*
Is. 6.4 del que clamaba, y la casa se llenó de *h*
   34.10 ni de día, perpetuamente subirá su *h*
   65.5 éstos son *h* en mi furor, fuego que arde
Os. 13.3 era, y como el *h* que sube de la chimenea
Ap. 8.4 subió a .. Dios el *h* del incienso con las
   9.2 subió el del pozo como *h* de un gran
   14.11 el *h* de su tormento sube por los siglos
   15.8 el templo se llenó de *h* por la gloria de
   18.9 los reyes .. llorarán .. cuando vean el *h*
   19.3 el *h* de ella sube por los siglos de los

HUNDIR *v.* Ahogar, Anegar
Ex. 15.4 capitanes .. fueron *hundidos* en el Mar
Sal. 9.15 se *hundieron* las naciones en el hoyo
Jer. 51.64 y dirás: Así se *hundirá* Babilonia, y no
Mt. 14.30 y comenzando a *hundirse*, dio voces
   18.6 se le *hundiese* en lo profundo del mar
Lc. 5.7 llenaron .. de tal manera que se *hundían*
1 Ti. 6.9 dañosas, que *hunden* a los hombres en

HURTAR *v.* Defraudar
Gn. 44.8 ¿cómo .. habíamos de *hurtar* .. plata ni
Ex. 20.15; Dt. 5.19 no *hurtarás*
   22.7 y fuere *hurtado* de la casa de aquel
Dt. 24.7 hubiere *hurtado* a uno de sus hermanos
Pr. 30.9 que siendo pobre, *hurte*, y blasfeme el
Jer. 7.9 *hurtando*, matando, adulterando, jurando
   23.30 que *hurtan* mis palabras cada uno de
Abd. 5 ¿no *hurtarían* lo que les bastase?
Zac. 5.3 todo aquel que *hurta* .. será destruido
Mt. 6.20 y donde ladrones no minan ni *hurtan*
   19.18; Mr. 10.19 no *hurtarás*. No dirás falso
   27.64 vengan sus discípulos .. y lo *hurten*
   28.13 decid .. sus discípulos .. lo *hurtaron*
Ro. 2.21 tú .. que no se ha de *hurtar*, ¿hurtas?
Ef. 4.28 el que *hurtaba*, no *hurte* más .. trabaje

HURTO *v.* Robo
Gn. 30.33 toda .. se me ha de tener como de *h*
Ex. 22.3 si no tuviere .. será vendido por su *h*
Mt. 15.19; Mr. 7.22 del corazón salen .. los *h*

ICONIO Hch. 13.51; 14.6; 16.2; 2 Ti. 3.11.

IDÓLATRA
1 Co. 5.9 no erréis .. ni los *i*, ni los adúlteros
Ap. 21.8 los *i* .. tendrán su parte en el lago que

IDOLATRÍA *v.* Abominación, Fornicación
Ez. 11.18 y quitarán de ella todas sus *i* y todas
Hch. 17.16 viendo la ciudad entregada a la *i*
1 Co. 10.14 por tanto, amados míos, huid de la *i*
Gá. 5.20 *i*, hechicerías, enemistades, pleitos
1 P. 4.3 andando en .. orgías .. y abominables *i*

ÍDOLO *v.* Dios, Estatua, Figura, Imagen
Gn. 31.19 y Raquel hurtó los *i* de su padre
Lv. 19.4 no os volveréis a los *i*, ni haréis para
   26.1 no haréis para vosotros *i*, ni escultura
2 R. 21.11 ha hecho pecar a Judá con sus *i*
2 Cr. 15.8 quitó los *i* .. de toda la tierra de Judá
   34.7 destruido .. los *i* .. volvió a Jerusalén

Sal. 96.5 todos los dioses de los pueblos son *i*
   115.4; 135.15 los *i* de ellos son plata y oro
Is. 2.8 además su tierra está llena de *i*, y se han
   2.18 y quitará totalmente los *i*
   31.7 arrojará el hombre sus *i* de plata y sus *i*
   42.17 confundidos los que confían en *i*, y dicen
   48.5 que no dijeras: Mi *i* lo hizo, mis imágenes
   57.5 os enfervorizáis con los *i* debajo de todo
   66.3 quema incienso, como si bendijese a un *i*
Jer. 16.18 con los cadáveres de su *i*, y de sus
   51.17 porque mentira es su *i*, no tiene espíritu
Ez. 14.4 hombre .. que hubiere puesto sus *i* en su
   20.18 no andéis .. ni os contaminéis con sus *i*
Os. 4.17 Efraín es dado a *i*; déjalo
   8.4 de su plata y de su oro hicieron *i* para sí
   14.8 ¿qué más tendré ya con los *i*? Yo lo oiré
Mi. 1.7 asolaré todos sus *i*; porque de dones de
Hch. 15.20; 21.25 se aparten de .. *i* .. de sangre
Ro. 2.22 abominas de los *i*, ¿cometes sacrilegio?
1 Co. 8.4 sacrifican a los *i* .. *i* nada es en el mundo
   8.10 te ve .. sentado a la mesa en un lugar de *i*
   10.28 dijere: Esto fue sacrificado a los *i*; no lo
   12.2 llevándoos, como se os llevaba, a los *i*
2 Co. 6.16 entre el templo de Dios y los *i*? Porque
1 Ts. 1.9 y cómo os convertisteis de los *i* a Dios
1 Jn. 5.21 hijitos, guardaos de los *i*. Amén
Ap. 2.14 a comer de cosas sacrificadas a los *i*, y a

IDÓNEO *v.* Apto
Gn. 2.18 dijo Jehová Dios .. haré ayuda *i* para él
2 Ti. 2.2 esto encarga a hombres fieles que sean *i*

IGLESIA *v.* Asamblea, Congregación, Reunión, Santuario, Tabernáculo, Templo
Mt. 16.18 y sobre esta roca edificaré mi *i*; y las
   18.17 dilo a la *i*; y si no oyere a la *i*, tenle
Hch. 2.47 el Señor añadía cada día a la *i* los que
   5.11 vino gran temor sobre toda la *i*, y sobre
   8.3 Saulo asolaba la *i*, y entrando casa por
   9.31 las *i* tenían paz por toda Judea, Galilea
   11.22 llegó .. a oídos de la *i* que estaba en
   11.26 congregaron allí todo un año con la *i*
   12.1 Herodes echó mano a algunos de la *i*
   12.5 la *i* hacía sin cesar oración a Dios por él
   14.23 y constituyeron ancianos en cada *i*
   14.27 reunido a la *i*, refirieron cuán grandes
   15.4 y llegados a .. fueron recibidos por la *i*
   16.5 así que las *i* eran confirmadas en la fe
   20.28 para apacentar la *i* del Señor, la cual él
Ro. 16.5 saludad también a la *i* de su casa
1 Co. 10.32 no seáis tropiezo .. ni a la *i* de Dios
   11.18 cuando os reunís como *i*, oigo que hay
   11.22 ¿o menospreciáis la *i* de Dios, y
   12.28 a unos puso Dios en la *i* .. apóstoles
   14.4 pero el que profetiza, edifica a la *i*
2 Co. 8.1 gracia de Dios que se ha dado a las *i*
   8.23 mensajeros de las *i*, y gloria de Cristo
   11.8 he despojado a otras *i* .. para serviros
Gá. 1.13 perseguía .. a la *i* de Dios, y la asolaba
Ef. 1.22 por cabeza sobre todas las cosas a la *i*
   3.21 a él sea gloria en la *i* en Cristo Jesús por
   5.23 como Cristo es cabeza de la *i*, la cual es
   5.27 una *i* gloriosa, que no tuviese mancha ni
Fil. 3.6 en cuanto a celo, perseguidor de la *i*
Col. 1.18 y él es la cabeza del cuerpo que es la *i*
   4.15 saludad .. a Ninfas y a la *i* .. en su casa
1 Ti. 3.5 casa, ¿cómo cuidará de la *i* de Dios?
   3.15 la casa de Dios, que es la *i* del Dios
   5.16 no sea gravada la *i*, a fin de que haya lo
3 Jn. 10 se lo prohibe, y los expulsa de la *i*
Ap. 1.4 Juan, a las siete *i* que están en Asia

IGNOMINIA *v.* Vergüenza
Sal. 109.29 sean vestidos de *i* los que me calumnian
Jer. 13.26 descubriré .. se manifestará tu *i*

IGNORANCIA
Lv. 5.18 por el yerro que cometió por *i*, y será
Ec. 5.6 ni digas delante del ángel, que fue *i*
Hch. 3.17 sé que por *i* lo habéis hecho, como
   17.30 pasado por alto tiempos de esta *i*
Ef. 4.18 ajenos de la .. por la *i* que en ellos hay

1 Ti. 1.13 porque lo hice por *i*, en incredulidad
1 P. 1.14 deseos que antes teníais .. en vuestra *i*
    2.15 callar la *i* de los hombres insensatos

IGNORANTE v. Indocto, Necio

Dt. 32.6 ¿así pagáis a Jehová, pueblo loco e *i*?
Pr. 1.32 porque el desvío de los *i* los matará, y la
    12.1 mas el que aborrece la represión es *i*
1 Co. 3.18 si alguno .. se cree sabio .. hágase *i*
He. 5.2 para que se muestre paciente con los *i*

IGNORAR

Is. 63.16 si bien Abraham nos *ignora*, e Israel no
Mt. 22.29; Mr. 12.24 dijo: Erráis, *ignorando* las
Hch. 26.26 no pienso que *ignora* nada de esto
Ro. 10.3 porque *ignorando* la justicia de Dios
    11.25 no quiero .. que *ignoréis* este misterio
1 Co. 6.19 ¿o *ignoráis* que .. cuerpo es templo del
    10.1 que *ignoréis* que nuestros padres todos
    12.1 no quiero .. que *ignoréis* acerca de los
    14.38 mas el que *ignora, ignore*
2 Co. 2.11 pues no *ignoramos* sus maquinaciones
1 Ts. 4.13 tampoco .. que *ignoréis* acerca de los
2 P. 3.8 no *ignoréis* esto: que para con el Señor

IGUAL v. Semejante

Mt. 20.12 y los has hecho *i* a nosotros, que hemos
Jn. 5.18 Dios era su propio Padre, haciéndose *i* a
Fil. 2.6 no estimó el ser *i* a Dios como cosa a que

IGUALAR

Sal. 89.6 ¿quién en los .. se *igualará* a Jehová?
Is. 46.5 ¿a quién me asemejáis, y me *igualáis* y

ILUMINAR v. Alumbrar

Job 33.30 *iluminarlo* con la luz de los vivientes
Ec. 8.1 la sabiduría del hombre *ilumina* su rostro
He. 6.4 una vez fueron *iluminados* y gustaron del
    10.32 después de haber sido *iluminados*
Ap. 21.23 gloria de Dios la *ilumina*, y el Cordero
    22.5 sol, porque Dios el Señor los *iluminará*

ILUSTRE

1 Cr. 4.9 y Jabes fue más *i* que sus hermanos
Sal. 45.9 hijas de reyes están entre tus *i*; está la

IMAGEN v. Dios, Estatua, Figura, Idolo, Semejanza

Gn. 1.26 dijo .. Hagamos al hombre a nuestra
Ex. 20.4; Dt. 5.8 no te harás *i*, ni .. semejanza
Dt. 4.16 *i* de figura alguna, efigie de varón o
Jue. 17.3 hacer una *i* de talla y una de fundición
Sal. 78.58 le provocaron a celo con sus *i* de talla
    97.7 todos los que sirven a las *i* de talla, los
Is. 40.18 ¿a qué, pues .. o que *i* le compondréis?
    41.29 viento y vanidad son sus *i* fundidas
    44.9 los formadores de *i* .. ellos son vanidad
Jer. 8.19 ¿por qué me hicieron airar con sus *i* de
    50.38 es tierra de ídolos, y se entontecen con *i*
Dn. 2.31 veías .. una gran *i*. Esta *i*, que era muy
Zac. 13.2 quitaré de la .. los nombres de las *i*
Mt. 22.20; Lc. 20.24 dijo: ¿De quién es esta *i*, y
Hch. 19.35 es guardiana .. de la *i* venida de
Ro. 1.23 en semejanza de *i* de hombre corruptible
    8.29 hechos conformes a la *i* de su Hijo, para
1 Co. 11.7 el varón .. es *i* y gloria de Dios; pero
    15.49 así como hemos traído la *i* del terrenal
2 Co. 3.18 somos transformados .. en la misma *i*
Col. 1.15 es la *i* del Dios invisible, el primogénito
He. 1.3 siendo .. la *i* misma de su sustancia
Ap. 14.11 no tienen reposo .. que adoran .. su *i*

IMAGINAR v. Pensar

Is. 10.7 no lo pensará .. ni su corazón lo *imaginará*
1 Co. 8.2 si alguno se *imagina* que sabe algo, aún

IMITADOR

1 Co. 11.1 sed *i* de mí, así como yo de Cristo
Ef. 5.1 sed, pues, *i* de Dios como hijos amados
Fil. 3.17 hermanos, sed *i* de mí, y mirad a los que
1 Ts. 1.6 vinisteis a ser *i* de nosotros y del Señor
    2.14 vinisteis a ser *i* de las iglesias de Dios en
He. 6.12 sino *i* de aquellos que por la fe y la

IMITAR v. Seguir

1 Co. 4.16 por tanto, os ruego que me *imitéis*

2 Ts. 3.7 sabéis de qué manera debéis *imitarnos*
He. 13.7 resultado de su conducta, e *imitad* su fe
3 Jn. 11 amado, no *imites* lo malo, sino lo bueno

IMPEDIMENTO

Hch. 28.31 enseñando acerca del Señor .. sin *i*
1 Co. 7.35 para que sin *i* os acerquéis al Señor

IMPEDIR v. Estorbar

Ex. 36.6 se le *impidió* al pueblo ofrecer más
Nm. 11.28 dijo: Señor mío Moisés, *impídelos*
Is. 14.27 lo ha determinado, y ¿quién lo *impedirá*?
Mt. 19.14; Mr. 10.14; Lc. 18.16 no se lo *impidáis*, porque de los tales
Lc. 11.52 y a los que entraban se lo *impedisteis*
Hch. 10.47 ¿puede acaso alguno *impedir* el agua
    14.18 *impedir* que la multitud les ofreciese
    24.23 que no *impidiese* .. servirle o venir a él
Ro. 15.22 me he visto *impedido* muchas veces de *i*
1 Co. 14.39 así .. y no *impidáis* el hablar lenguas
2 Co. 11.10 no se me *impedirá* esta mi gloria en
1 Ts. 2.16 *impidiéndonos* hablar a los gentiles para

IMPERIO v. Autoridad, Dominio, Poder, Potestad, Reino

1 Ti. 6.16 al cual sea la honra y el *i* sempiterno
He. 2.14 destruir .. al que tenía el *i* de la muerte
1 P. 4.11; 5.11 a quien pertenecen la gloria y el *i*
Jud. 25 sea gloria y majestad, *i* y potencia, ahora

IMPIEDAD v. Maldad, Pecado, Perversidad, Prevaricación

Dt. 9.4 la *i* de estas naciones Jehová las arroja
1 S. 24.13 de los impíos saldrá la *i*; así que mi
Job 34.10 oídme: Lejos esté de Dios la *i*, y del
    35.8 al hombre como tú dañará tu *i*, y al
Sal. 125.3 no reposará la vara de la *i* sobre la
Pr. 8.7 verdad, y la *i* abominan mis labios
    12.3 el hombre no se afirmará por .. de la *i*
    13.6 camino; mas la *i* trastornará al pecador
Ec. 3.16 en lugar del juicio, allí *i*; en lugar de
    8.8 tal guerra, ni la *i* librará al que la posee
Jer. 14.20 reconocemos, oh Jehová, nuestra *i*
Ez. 3.19 él no se convirtiere de su *i* y de su mal
    18.27 apartándose el impío de su *i* que hizo
Mal. 3.15 que hacen *i* no sólo son prosperados
Ro. 1.18 se revela .. contra toda *i* e injusticia
    11.26 vendrá .. que apartará de Jacob la *i*
2 Ti. 2.16 porque conducirán más y más a la *i*
Tit. 2.12 que renunciando a la *i* y a los deseos

IMPÍO, pía v. Malo, Pecador, Perverso, Prevaricador, Transgresor

Ex. 23.7 no matarás al .. yo no justificaré al *i*
Dt. 13.13 han salido de en medio de ti hombres *i*
1 S. 1.16 no tengas a tu sierva por una mujer *i*
    2.9 mas los *i* perecen en tinieblas; porque
    2.12 los hijos de Elí eran hombres *i*, y no
2 Cr. 19.2 ¿al *i* das ayuda, y amas a los que
Job 3.17 los *i* dejan de perturbar, y allí descansan
    8.22 los .. y la habitación de los *i* perecerá
    9.22 diga: Al perfecto y al *i* él los consume
    9.29 yo soy *i*; ¿para qué trabajaré en vano?
    15.20 todos sus días, el *i* es atormentado
    15.34 la congregación de los *i* será asolada
    18.21 ciertamente tales son las moradas del *i*
    21.7 ¿por qué viven los *i*, y se envejecen, y
    27.8 ¿cuál es la esperanza del *i*, por mucho
    27.13 para con Dios la porción del hombre *i*
    31.3 ¿no hay quebrantamiento para el *i*, y
    34.18 al rey: Perverso; y a los príncipes: *i*?
    34.30 haciendo que no reine el hombre *i*
    40.12 mira .. y quebranta a los *i* en su sitio
Sal. 7.11 Dios está airado contra el *i* todos los
    26.5 aborrecí .. y con los *i* nunca me senté
    32.10 muchos dolores habrá para el *i*; mas
    37.28 la descendencia de los *i* será destruida
    37.35 vi yo al *i* sumamente enaltecido, y que
    43.1 líbrame de gente *i*, y del .. engañoso
    73.3 tuve .. viendo la prosperidad de los *i*
    73.12 estos *i*, sin ser turbados del mundo
    92.7 cuando brotan los *i* como la hierba, y
    94.3 ¿hasta cuándo los *i* .. se gozarán los *i*?

Sal. 112.10 lo verá el *i* . . deseo de los *i* perecerá
119.119 hiciste consumir a todos los *i* de la
140.4 guárdame, oh Jehová, de manos del *i*
146.9 Jehová . . el camino de los *i* trastorna

Pr. 4.14 no entres por la vereda de los *i*, ni vayas
4.19 el camino de los *i* es como la oscuridad
10.30 jamás; pero los *i* no habitarán la tierra
11.5 camino; mas el *i* por su impiedad caerá
12.7 Dios trastornará a los *i*, y no serán más
15.29 Jehová está lejos de los *i*, que son las
17.15 el que justifica al *i*, y el que condena al
28.28 cuando los *i* son levantados se esconde
29.2 mas cuando domina el *i*, el pueblo gime
29.16 cuando los *i* son muchos, mucha es la

Ec. 7.15 hay *i* que por su maldad alarga sus días

Is. 3.11 ¡ay del *i*! Mal le irá, porque según las
53.9 se dispuso con los *i* su sepultura, mas
55.7 deje el *i* su camino, y el hombre inicuo
57.21 no hay paz, dijo mi Dios, para los *i*

Jer. 12.1 que es prosperado el camino de los *i*, y
23.11 tanto el profeta como el sacerdote son *i*

Ez. 3.18 cuando yo dijere al *i*: De cierto morirás
18.21 el *i*, si se apartare de todos sus pecados
18.23 ¿quiero yo la muerte del *i*? dice Jehová
33.8 no hablares para que se guarde el *i* de
33.19 cuando el *i* se apartare de su impiedad

Dn. 12.10 *i* procederán impíamente, y ninguno

Ro. 4.5 sino cree en aquel que justifica al *i*, su fe
5.6 Cristo . . a su tiempo murió por los *i*

2 Ti. 3.2 desobedientes a los padres, ingratos, *i*

1 P. 4.18 ¿en dónde aparecerá el *i* y el pecador?

2 P. 3.7 el día del juicio . . de los hombres *i*

Jud. 4.1 que convierten en libertinaje la gracia de
15 convictos a todos los *i* de . . sus obras *i*

IMPLANTADA *v.* Injertar

Stg. 1.21 recibid con mansedumbre la palabra *i*

IMPLORAR *v.* Pedir, Rogar

1 S. 13.12 y yo no he *implorado* el favor de Jehová
2 R. 8.5 para *implorar* al rey por su casa y por
Sal. 45.12 *implorarán* tu favor los ricos del pueblo
Zac. 7.2 enviado . . a *implorar* el favor de Jehová
8.22 vendrán . . a *implorar* el favor de Jehová

IMPONER

Esd. 7.24 ninguno podrá *imponerles* tributo
Neh. 10.32 nos *impusimos* . . cargo de contribuir

IMPORTAR

2 S. 19.6 que nada te *importan* tus príncipes y
Mt. 27.4 ¿qué nos *importa* a nosotros? ¡Allá tú!
Jn. 10.13 asalariado, y no le *importan* las ovejas

IMPORTUNAR *v.* Pedir, Rogar

Jue. 16.16 presionándole ella . . e *importunándole*
2 R. 2.17 *importunaron*, hasta que . . dijo: Enviad

IMPOSIBLE

Mt. 17.20 pásate . . y se pasará, y nada os será *i*
19.26; Mr. 10.27; Lc. 18.27 para los hombres
esto es *i*
Lc. 1.37 porque nada hay *i* para Dios
17.1 *i* es que no vengan tropiezos; mas ¡ay
He. 6.4 es *i* que los que una vez fueron iluminados

IMPUESTO

Ro. 13.7 pagad a todos . . al que *i*, *i*; al que respeto

IMPUREZA *v.* Inmundicia

Lv. 15.31 de sus *i* . . que no mueran por sus *i*
Ef. 4.19 para cometer con avidez toda clase de *i*
Col. 3.5 *i*, pasiones desordenadas, malos deseos

INCENSARIO

Lv. 10.1 Nadab y Abiú . . tomaron cada uno su *i*
16.12 tomará un *i* lleno de brasas de fuego
He. 9.4 el cual tenía un *i* de oro y el arca del
Ap. 8.3 otro ángel vino . . con un *i* de oro, y se

INCIENSO *v.* Perfume

Ex. 30.9 no ofreceréis sobre él *i* extraño . . ofrenda
30.34 toma especias aromáticas . . e *i* puro
Lv. 2.1 la cual echará aceite, y pondrá sobre ella *i*
24.7 pondrás también sobre cada hilera *i* puro

2 Cr. 26.18 no te corresponde a ti el quemar *i*
Sal. 141.2 suba mi oración delante de ti como el *i*
Cnt. 3.6 sube . . sahumada de mirra y de *i* y de
4.6 me iré al monte de . . y al collado del *i*
Is. 1.13 el *i* me es abominación; luna nueva y día
60.6 de Sabá; traerán oro e *i*, y publicarán
Jer. 6.20 ¿para qué a mí este *i* de Sabá, y la buena
Mal. 1.11 en todo lugar se ofrece a mi nombre *i*
Lc. 1.9 le tocó en suerte ofrecer el *i*, entrando
Ap. 5.8 copas de oro llenas de *i*, que son las
8.3 se le dio . . *i* para añadirlo a las oraciones
18.13 canela, especias . . *i*, mirra, olíbano

INCIRCUNCISIÓN

Ro. 2.25 si eres . . tu circuncisión viene a ser *i*
3.30 la fe . . y por medio de la fe a los de la *i*
4.9 solamente . . o también para los de la *i*?
1 Co. 7.19 y la *i* nada es, sino el guardar los
Gá. 2.7 encomendado el evangelio de la *i*, como
5.6 ni la *i*, sino la fe que obra por el amor
6.15 nada, ni la *i*, sino una nueva creación
Ef. 2.11 llamados *i* por la llamada circuncisión
Col. 2.13 muertos . . en la *i* de vuestra carne, os

INCIRCUNCISO

Ex. 12.48 pascua . . pero ningún *i* comerá de ella
Lv. 19.23 consideraréis como *i* lo primero de su
1 S. 31.4 que no vengan estos *i* y me traspasen
Is. 52.1 nunca más vendrá a ti *i* ni inmundo
Ez. 44.7 extranjeros, *i* de corazón e *i* de carne
Hch. 7.51 ¡duros de . . e *i* de corazón y de oídos!
11.3 ¿por qué has entrado en casa de . . *i*
Ro. 2.26 si, pues, el *i* guardare las ordenanzas de
4.11 sello . . de la fe que tuvo estando aún *i*
1 Co. 7.18 ¿fue llamado alguno siendo *i*? No se

INCITAR *v.* Persuadir

Dt. 13.6 si te *incitare* tu hermano, hijo de tu
1 S. 26.19 si *incita* contra mí, acepte él
Jer. 17.16 yo no he ido . . *incitarte* a su castigo
Mr. 15.11 mas los . . sacerdotes *incitaron* a la

INCLINAR *v.* Adorar, Arrodillar, Encorvar

Gn. 37.7 vuestros manojos . . se *inclinaban* al mío
47.31 Israel se *inclinó* sobre la . . de la cama
Ex. 20.5; Dt. 5.9 no te *inclinarás* a ellas, ni las
23.24; 34.14; Sal. 81.9 no te *inclinarás* a sus
24.1 sube ante . . y os *inclinaréis* desde lejos
Dt. 17.3 se hubiere *inclinado* a ellos, ya sea al sol
Jue. 16.30 se *inclinó* con toda su fuerza, y cayó
2 S. 15.5 alguno se acercaba para *inclinarse* a él
22.10; Sal. 18.9 *inclinó* los cielos, y descendió
Sal. 40.1 y se *inclinó* a mí, y oyó mi clamor
116.2 ha *inclinado* a mí su oído; por tanto, le
119.36 *inclina* mi corazón a tus testimonios
141.4 no dejes que se *incline* mi corazón a
144.5 *inclina* tus cielos y desciende; toca los
Pr. 14.19 los malos se *inclinarán* delante de los
Mi. 5.13 nunca más te *inclinarás* a la obra de tus
Sof. 2.11 se *inclinarán* a él todas las tierras de las

INCONMOVIBLE

He. 12.27 la remoción de . . para que queden las *i*
12.28 así que, recibiendo nosotros un reino *i*

INCONSTANTE

Ez. 16.30 ¡cuán *i* es tu corazón, dice Jehová el
Stg. 1.8 hombre de doble ánimo es *i* en todos sus
2 P. 2.14 seducen a las almas *i*, tienen el corazón

INCONTINENCIA

1 Co. 7.5 os tiente Satanás a causa de vuestra *i*

INCORRUPCIÓN

1 Co. 15.42 siembra . . corrupción, resucitará en *i*
15.50 no pueden . . ni la corrupción hereda la *i*
15.53 esto corruptible se vista de *i*, y esto

INCORRUPTIBLE

Ro. 1.23 cambiaron la gloria del Dios *i* en
1 Co. 9.25 una corona . . pero nosotros, una *i*
15.52 muertos serán resucitados, *i*, y nosotros
1 P. 1.4 para una herencia *i*, incontaminada e
3.4 *i* ornato de un espíritu afable y apacible
5.4 vosotros recibiréis la corona *i* de gloria

INCREDULIDAD v. Dudar

Mt. 13.58 no hizo .. milagros, a causa de la *i* de
Mr. 6.6 estaba asombrado de la *i* de ellos
9.24 padre .. clamó y dijo: Creo; ayuda mi *i*
16.14 les reprochó su *i* y dureza de corazón
Ro. 3.3 su *i* habrá hecho nula la fidelidad de Dios?
4.20 tampoco dudó, por *i*, de la promesa de
11.20 por su *i* fueron desgajadas, pero tú por
1 Ti. 1.13 porque lo hice por ignorancia, en *i*
He. 3.12 no haya en ninguno .. corazón malo de *i*

INCRÉDULO, la v. Creer, Desobediente, Infiel

Mt. 17.17; Mr. 9.19; Lc. 9.41 dijo: ¡Oh generación *i* y perversa!
Ro. 3.3 ¿pues qué, si algunos de ellos han sido *i*?
1 Co. 6.6 pleitea en juicio, y esto ante los *i*
7.14 el marido *i* es santificado en la mujer
10.27 si algún *i* os invita, y queréis ir, de todo
14.23 toda la iglesia se reúne .. y entran .. *i*
2 Co. 6.14 no os unáis en yugo .. con los *i*
6.15 ¿o qué parte el creyente con el *i*?
1 Ti. 5.8 casa, ha negado la fe, y es peor que un *i*
Tit. 1.15 para los .. *i* nada les es puro; pues
Ap. 21.8 cobardes e *i* .. tendrán su parte en el

INCULPAR v. Culpar

Ro. 4.8 a quien el Señor no *inculpa* de pecado
5.13 no hay ley, no se *inculpa* de pecado

INCURABLE

Jer. 30.12 *i* es tu quebrantamiento, y .. tu llaga
Nah. 3.19 no hay medicina para .. tu herida es *i*

INCURSIÓN

1 S. 27.8 subía David con sus hombres, y hacían *i*
30.14 hicimos una *i* a la parte del Neguev que

INDAGAR v. Inquirir, Preguntar

Mt. 2.7 Herodes .. *indagó* de ellos .. el tiempo de
Hch. 23.15 *indagar* alguna cosa más cierta acerca
1 P. 1.10 los profetas .. *indagaron* acerca de esta

INDECOROSO v. Convenir

1 Co. 14.35 es *i* que una mujer hable en la

INDIA   Est. 1.1; 8.9.

INDICAR v. Enseñar, Mostrar

Nm. 24.14 *indicaré* lo que este pueblo ha de hacer
1 P. 1.11 qué tiempo *indicaba* el Espíritu de Cristo

INDIGNACIÓN v. Ardor, Enojo, Furor, Ira

Sal. 30.4 ¿hasta cuándo mostrarás tu *i* contra la
90.11 y tu *i* según que debes ser temido?
Is. 26.20 escóndete un .. en tanto que pasa la *i*
51.20 llenos de la .. *i* de Jehová, de la ira del
Jer. 15.17 me senté solo, porque me llenaste de *i*
Ez. 3.14 fui en amargura, en la *i* de mi espíritu, pero
2 Co. 7.11 qué *i*, qué temor, qué ardiente afecto

INDIGNAMENTE

1 Co. 11.27 bebiere esta copa del Señor *i*, será

INDIGNAR v. Airar, Enfurecer, Enojar

2 S. 22.8; Sal. 18.7 se estremecieron .. se *indignó* él
Sal. 78.21 por tanto, oyó Jehová, y se *indignó*
Mt. 21.15 los escribas, viendo .. se *indignaron*
Mr. 10.14 viéndolo Jesús, se *indignó*, y les dijo
2 Co. 11.29 le hace tropezar, y yo no me *indigno*?

INDOCTO v. Ignorante

Ro. 2.20 instructor de los *i*, maestro de niños
1 Co. 14.23 toda la iglesia se reúne .. y entran *i*
2 P. 3.16 difíciles .. las cuales los *i* .. tuercen

INDOLENTEMENTE

Jer. 48.10 maldito el que hiciere *i* la obra de

INDUCIR v. Convencer, Persuadir

Jue. 14.15 *induce* a tu marido a que nos declare
1 R. 22.20; 2 Cr. 18.19 ¿quién *inducirá* a Acab
2 R. 21.9 Manasés los *indujo* a que hiciesen más

INEFABLE

2 Co. 9.15 ¡gracias a Dios por su don *i*!
12.4 palabras que oyó .. que no le es dado al hombre
1 P. 1.8 no veáis, os alegráis con gozo *i* y glorioso

INESCRUTABLE

Job 5.9 hace cosas grandes e *i*, y maravillas

Ro. 11.33 ¡cuán insondables .. e *i* sus caminos
Ef. 3.8 el evangelio de las *i* riquezas de Cristo

INEXCUSABLE

Ro. 2.1 eres *i*, oh hombre, quienquiera que seas

INFAMAR

Sal. 101.5 al que .. *infama* a su prójimo, yo lo
Mt. 1.19 José su marido .. no quería *infamarla*

INFAMIA

Sal. 4.2 ¿hasta cuándo volveréis mi honra en *i*
50.20 contra el hijo de tu madre ponías *i*
57.3 me salvará de la *i* del que me acosa
79.12 devuelve a .. de su *i*, con que te han
Pr. 25.10 no sea que .. tu *i* no pueda repararse

INFATUAR

Dt. 11.16 que vuestro corazón no se *infatúe*, y os
Jer. 10.8 todos se *infatuarán* y entontecerán

INFIEL v. Incrédulo

Dt. 32.20 son una generación perversa, hijos *i*
Lc. 12.46 le castigará .. y le pondrá con los *i*
2 Ti. 2.13 si fuéremos *i*, él permanece fiel; él no

INFIERNO v. Abadón, Hades, Seol

Mt. 5.22 fatuo, quedará expuesto al *i* de fuego
5.29 no que todo tu cuerpo sea echado al *i*
10.28 destruir el alma y el cuerpo en el *i*
18.9 teniendo dos ojos ser echado en el *i* de
23.15 le hacéis dos veces más hijo del *i* que
23.33 ¿cómo escaparéis .. condenación del *i*?
Lc. 12.5 temed .. tiene poder de echar en el *i*
Stg. 3.6 y ella misma es inflamada por el *i*
2 P. 2.4 arrojándolos al *i* los entregó a prisiones

INFLADA

2 P. 2.18 hablando palabras *i* y vanas, seducen
Jud. 16 cuya boca habla cosas *i*, adulando a las

INFORMAR v. Contar, Decir

Gn. 37.2 *informaba* José a su padre la mala fama
Job 29.16 y de la causa que no .. me *informaba*
Mt. 10.11 *informaos* quién en ella sea digno, y
Hch. 24.22 estando .. *informado* de este Camino

INFORTUNIO v. Adversidad, Aflicción, Angustia, Calamidad, Dolor, Malo, Miseria, Padecimiento, Sufrimiento, Tribulación

Sal. 10.6 movido jamás; nunca me alcanzará el *i*
Abd. 12 estado mirando en .. en el día de su *i*

INFRINGIR v. Quebrantar, Traspasar

Esd. 9.14 de volver a *infringir* tus mandamientos
1 Jn. 3.4 comete pecado, *infringe* también la ley

INFRUCTUOSA

Ef. 5.11 no participéis en las obras *i* .. tinieblas

INGENUO v. Sencillo, Sincero

Ro. 16.18 con .. engañan los corazones de los *i*
16.19 sabios para el bien, e *i* para el mal

INICUO, cua v. Malo, Pecador, Prevaricador, Transgresor

Job 6.30 no puede mi paladar discernir las cosas *i*?
Pr. 6.18 el corazón que maquina pensamientos *i*
17.4 el malo está atento al labio *i*; y el
Mr. 15.28; Lc. 22.37 y fue contado con los *i*
Hch. 2.23 prendisteis y matasteis por manos de *i*
2 Ts. 2.8 entonces se manifestará aquel *i*, a quien
2 P. 3.17 arrastrados por el error de los *i*, caigáis

INIQUIDAD v. Maldad, Pecado, Prevaricación, Transgresión

Gn. 49.5 Simeón y Leví .. armas de *i* sus armas
Ex. 34.7 perdona la *i* .. visita la *i* de los padres
Lv. 16.22 aquel macho cabrío llevará .. las *i* de
Nm. 23.21 no ha notado *i* en Jacob, ni ha visto
Dt. 32.4 Dios de verdad, y sin ninguna *i* en él
1 S. 3.14 la *i* de la casa de Elí no será expiada
1 Cr. 12.17 para estar en mis manos, véalo el Dios
Esd. 9.13 no nos has castigado de acuerdo con .. *i*
Job 6.30 ¿hay *i* en mi lengua? ¿Acaso no puede
15.16 abominable .. que bebe la *i* como agua?

Job 20.27 los cielos descubrirán su *i*, y la tierra
Sal. 6.8 apartaos de mí, todos los hacedores de *i*
    7.3 si yo he hecho esto, si hay en mis manos *i*
    7.16 su *i* volverá sobre su cabeza, y su
    38.4 mis *i* se han agravado sobre mi cabeza
    58.2 antes en el corazón maquináis *i*; hacéis
    65.3 las *i* prevalecen contra mí .. perdonarás
    79.8 no recuerdes contra nosotros las *i* de
    94.20 ¿se juntará contigo el trono de *i*, que
    103.3 él es quien perdona todas tus *i*, el que
    103.10 no ha hecho .. conforme a nuestras *i*
    119.3 pues no hacen *i* los que andan en sus
    119.133 y ninguna *i* se enseñoree de mí
Pr. 4.24 la boca, y aleja de ti la *i* de los labios
    el que sembrare *i*, *i* segará, y la vara de
Is. 1.16 quitad la *i* de vuestras obras de delante
    5.18 ¡ay de los que traen la *i* con cuerdas de
    53.11 mi siervo justo .. llevará las *i* de ellos
    59.2 vuestras *i* han hecho división entre
    64.9 ni tengas perpetua memoria de la *i*
    65.7 por vuestras *i* .. y por las *i* de vuestros
Lm. 4.6 se aumentó la *i* de la hija de mi pueblo
Ez. 18.30 apartaos .. no os será la *i* causa de ruina
    28.16 fuiste lleno de *i*, y pecaste; por lo que
    36.33 el día que os limpie de todas vuestras *i*
Os. 7.1 descubrió la *i* de Efraín, y las maldades
    14.2 decidle: Quita toda *i*, y acepta el bien
Mi. 2.1 ¡ay de los que en sus camas piensan *i* y
    7.19 él .. sepultará nuestra *i*, y echará en lo
Hab. 1.3 ¿por qué me haces ver *i* y .. molestia?
Mal. 2.6 su boca, e *i* no fue hallada en sus labios
    2.16 repudio, y al que cubra de *i* su vestido
Hch. 1.18 con el salario de su *i* adquirió un campo
Ro. 4.7 bienaventurados aquellos cuyas *i* son
    6.13 miembros .. como instrumentos de *i*, sino
    6.19 para servir a la inmundicia y a la *i*, así
2 Ts. 2.7 ya está en acción el misterio de la *i*
2 Ti. 2.19 apártase de *i* todo aquel que invoca el
Tit. 2.14 se dio a sí .. para redimirnos de toda *i*
He. 8.12 nunca más me acordaré de .. y de sus *i*
2 P. 2.16 fue reprendido por su *i*; pues una muda

INJERTAR *v.* Implantada
Ro. 11.17 tú .. has sido *injertado* en lugar de ellas

INJURIA *v.* Afrenta, Agravio, Ofensa
Is. 50.6 no escondí mi rostro de *i* y de esputos
Abd. 10 por la *i* a tu hermano .. serás cortado

INJURIAR *v.* Afrentar, Maldecir, Vituperar
Ex. 22.28 no *injuriarás* a los jueces, ni .. príncipe
Sal. 74.22 de cómo el insensato te *injuria* cada día
Mt. 27.39; Mr. 15.29 los que pasaban le *injuriaban*
Mr. 15.32 estaban crucificados con él le *injuriaban*
Lc. 23.39 uno de los malhechores .. le *injuriaba*
Jn. 9.28 y le *injuriaron*, y dijeron: Tu eres su
Hch. 23.4 ¿al sumo sacerdote de Dios *injurias*?

INJUSTICIA *v.* Iniquidad, Maldad
Lv. 19.15, 35 no harás *i* en el juicio, ni .. al pobre
Job 34.12 Dios no hará *i*, y el Omnipotente no
Jer. 6.7 *i* y robo se oyen en ella continuamente en
Mt. 23.25 dentro estáis llenos de robo y de *i*
Ro. 1.18 contra toda impiedad e *i* de los hombres
    1.29 estando atestados de toda *i*, fornicación
    2.8 ira e enojo a los .. que obedecen a la *i*
    3.5 si nuestra *i* hace resaltar la justicia de
    9.14 ¿qué .. diremos? ¿Que hay *i* en Dios?
1 Co. 13.6 no se goza de la *i*, mas se goza de la
Col. 3.25 el que hace *i*, recibirá la *i* que hiciere
2 P. 2.13 recibiendo el galardón de su *i*, ya que
1 Jn. 5.17 toda *i* es pecado; pero hay pecado no

INJUSTO, ta *v.* Inicuo, Malo, Pecador
Pr. 3.31 no envidies al hombre *i*, ni escojas
Is. 10.1 de los que dictan leyes *i*, y prescriben
Lc. 16.9 amigos por medio de las riquezas *i*
    16.10 en lo muy poco es *i* .. en lo más es *i*
    16.11 si en las riquezas *i* no fuisteis fieles
    18.6 dijo el Señor: Oíd lo que dijo el juez *i*
1 Co. 6.1 a juicio delante de los *i*, y no delante
    6.9 que los *i* no heredarán el reino de Dios?
1 P. 3.18 el justo por los *i*, para llevarnos a Dios

2 P. 2.9 reservar a los *i* para ser castigados en el
Ap. 22.11 el que es *i*, sea *i* todavía; y el que es

INMORTALIDAD *v.* Vida, Vida Eterna
Ro. 2.7 a los que .. buscan gloria y honra e *i*
1 Co. 15.53 necesario que .. mortal se vista de *i*
1 Ti. 6.16 el único que tiene *i*, que habita en luz

INMUNDICIA *v.* Impureza
Lv. 5.3 si tocare *i* de hombre, cualquiera *i* suya
Is. 4.4 el Señor lave las *i* de las hijas de Sion
    64.6 todas nuestras justicias como trapo de *i*
Ez. 36.29 y os guardaré de todas vuestras *i*
Os. 6.10 la casa de Israel he visto *i*; allí fornicó
Nah. 3.6 echaré sobre ti *i*, y te afrentaré, y te
Mt. 23.27 mas por dentro están llenos .. de toda *i*
Ro. 1.24 lo cual también Dios los entregó a la *i*
    6.19 vuestros miembros para servir a la *i* y a
2 Co. 12.21 y no se han arrepentido de la *i*
Ef. 5.3 toda *i*, o avaricia, ni aun se nombre entre
1 Ts. 4.7 pues no nos ha llamado Dios a *i*, sino a
Stg. 1.21 desechando toda *i* y abundancia de
1 P. 3.21 no quitando las *i* de la carne, sino como
2 P. 2.10 que, siguiendo la carne, andan en .. *i*
Ap. 17.4 un cáliz de oro lleno de .. la *i* de su

INMUNDO, da
Lv. 5.2 hubiere tocado cualquiera cosa *i* .. será
    10.10 poder discernir .. entre lo *i* y lo limpio
    11.8 de ellos no comeréis, y los tendréis por *i*
    13.3 sacerdote le reconocerá, y le declarará *i*
    13.45 el leproso; y embozado pregonará: ¡*i*! ¡*i*!
    15.2 cuando tuviere flujo de semen, será *i*
Nm. 19.11 el que tocare cadáver .. será *i* siete días
Dt. 14.7 mas no tienen pezuña hendida, serán *i*
Jue. 13.4 no bebas vino ni sidra, ni comas cosa *i*
Esd. 9.11 tierra *i* es a causa de la inmundicia de
Job 14.4 ¿quién hará limpio a lo *i*? Nadie
Is. 6.5 ¡ay de .. porque siendo hombre *i* de labios
    35.8 no pasará *i* por él, sino que él mismo
    52.11 salid de ahí, no toquéis cosa *i*; salid de
    65.4 cerdo, y en sus ollas hay caldo de cosas *i*
Hag. 2.14 obra .. y todo lo que aquí ofrecen es *i*
Mal. 1.7 en que ofrecéis sobre mi altar pan *i*
Mr. 7.2 comer pan con manos *i*, esto es, no lavadas
Lc. 4.33 que tenía un espíritu de demonio *i*, el cual
Hch. 10.14; 11.8 ninguna cosa .. o *i* he comido
Ro. 14.14 yo sé .. que nada es en sí mismo; mas
1 Co. 7.14 de otra manera vuestros hijos serían *i*
2 Co. 6.17 salid .. no toquéis lo *i*, y yo os recibiré
Ef. 5.5 *i*, o avaro .. tiene herencia en el reino de
He. 10.29 tuviere por *i* la sangre del pacto en la
Ap. 21.27 no entrará en ella ninguna cosa *i*, o que
    22.11 y el que es *i*, sea *i* todavía; y el que es

INMUTABLE
He. 6.18 por dos cosas *i*, en las cuales es imposible
    7.24 éste, por cuanto .. tiene un sacerdocio *i*

INNUMERABLE
Job 21.33 tras de él será .. y antes de él han ido *i*
Sal. 104.24 ¡cuán *i* son tus obras, oh Jehová!

INOCENTE
Gn. 20.4 Abimelec .. Señor, ¿matarás también al *i*?
Ex. 20.7; Dt. 5.11 no dará por *i* Jehová al que
    23.7 no matarás al *i* y justo; porque yo no
Dt. 19.10 para que no sea derramada sangre *i* en
1 S. 26.9 su mano contra el ungido de .. y será *i*?
2 S. 3.28 *i* soy yo y mi reino, delante de Jehová
Job 4.7 recapacita ahora; ¿qué *i* se ha perdido?
    9.23 si azote .. se ríe del sufrimiento de los *i*
    9.28 mis dolores; sé que no me tendrás por *i*
    17.8 esto, y el *i* se levantará contra el impío
    22.19 verán los justos .. y el *i* los escarnecerá
    33.9 soy limpio .. soy *i*, y no hay maldad en mí
Sal. 10.8 en acecho .. en escondrijos mata al *i*
Jer. 2.35 soy *i*, de cierto su ira se apartó de mí
    19.4 y llenaron este lugar de sangre de *i*
Dn. 6.22 mi Dios .. porque ante él fui hallado *i*
Mi. 6.11 ¿daré por *i* al que tiene balanza falsa
Nah. 1.3 Jehová es .. no tendrá por *i* al culpable
Mt. 12.7 si supieseis qué .. no condenaríais a los *i*
    27.4 yo he pecado entregando sangre *i*

Mt. 27.24 *i* soy yo de la sangre de este justo; allá
He. 7.26 *i*, sin mancha, apartado de los pecadores

INQUIETAR *v.* Molestar, Perturbar, Turbar
1 S. 10.2 tu padre ha dejado ya de *inquietarse* por
28.15 ¿por qué me has *inquietado* .. venir?
Job 34.29 si él diere reposo, ¿quién *inquietará*?
Hch. 15.19 que no se *inquiete* a los gentiles que se
1 Ts. 3.3 nadie se *inquiete* por estas tribulaciones

INQUIRIR *v.* Examinar, Indagar, Interrogar, Preguntar
Dt. 19.18 los jueces *inquirirán* bien; y si aquel
Esd. 10.16 se sentaron .. para *inquirir* sobre el
Job 8.8 disponte para *inquirir* a los padres de ellos
10.6 que *inquieras* mi iniquidad, y busques mi
35.15 en su ira no castiga, ni *inquiere* con rigor
Sal. 10.13 en su .. ha dicho: Tú no lo *inquirirás*
27.4 contemplar .. y para *inquirir* en su templo
64.6 *inquieren* iniquidades, hacen una .. exacta
77.6 meditaba en mi .. y mi espíritu *inquiría*
Ec. 1.13 di mi corazón a *inquirir* y a buscar con
Is. 34.16 *inquirid* en el libro de Jehová, y leed
1 P. 1.10 los profetas .. *inquirieron* .. acerca de

INSCRIPCIÓN
Mt. 22.20; Mr. 12.16; Lc. 20.24 ¿de quién es esta imagen, y la *i*?
Hch. 17.23 un altar en el cual estaba esta *i*: Al Dios

INSECTO
Lv. 11.20 todo *i* alado .. tendréis en abominación

INSENSATEZ *v.* Necedad
1 S. 25.25 él se llama Nabal, y la *i* está con él
Sal. 69.5 Dios, tú conoces mi *i*, y mis pecados no
Pr. 19.3 *i* del hombre tuerce su camino, y luego
Ec. 7.25 conocer la maldad de la *i* y el desvarío
9.3 el corazón .. está lleno de mal y de *i* en
1 Co. 3.19 la sabiduría de .. es *i* para con Dios
2 Ti. 3.9 porque su *i* será manifiesta a todos, como

INSENSATO, ta *v.* Fatuo, Loco, Necio
Dt. 32.21 los provocaré a ira con una nación *i*
Sal. 5.5 los *i* no estarán delante de tus ojos
75.4 a los *i*: No os infatuéis; y a los impíos
92.6 necio no sabe, y el *i* no entiende esto
107.17 fueron afligidos los *i*, a causa del
Pr. 1.7 los *i* desprecian la sabiduría y la enseñanza
9.13 la mujer *i* es alborotadora; es simple e
10.23 hacer maldad es como una diversión al *i*
14.16 mas el *i* se muestra insolente y confiado
17.21 el que engendra al *i*, para su tristeza lo
24.7 alta está para el *i* la sabiduría; en la
Ec. 7.4 el corazón de los *i*, en .. que hay alegría
7.17 no hagas mucho mal, ni seas *i*; ¿por qué
Jer. 17.11 las dejará, y en su postrimería será *i*
Ez. 13.3 ¡ay de los profetas *i*, que andan en pos
Zac. 11.15 toma aún los aperos de un pastor *i*
Mt. 7.26 no las hace, le comparará a un hombre *i*
23.17 ¡*i* y ciegos! porque ¿cuál es mayor, el
25.2 cinco de ellas eran prudentes y cinco *i*
Lc. 24.25 ¡oh *i*, y tardos de corazón para creer
Ro. 10.19 dice .. con pueblo *i* os provocaré a ira
1 Co. 1.25 *i* de Dios es más sabio que los hombres
4.10 nosotros somos *i* por amor de Cristo, mas
2 Co. 12.6 si quisiera gloriarme, no sería *i*, porque
Gá. 3.1 ¡oh gálatas *i*! ¿quién os fascinó para no
Ef. 5.17 no seáis *i*, sino entendidos de cuál sea la
Tit. 3.3 nosotros también éramos en otro tiempo *i*
1 P. 2.15 callar la ignorancia de los hombres *i*

INSIGNIFICANTE
Dt. 7.7 pues .. erais el más *i* de todos los pueblos
Hch. 21.39 soy .. ciudadano de una ciudad no *i* de

INSÍPIDA *v.* Desvanecer
Mr. 9.50; Lc. 14.34 si la sal se hace *i*, ¿con qué la

INSISTIR
Gn. 33.11 acepta .. *insistió* con él, y Esaú lo tomó
Tit. 3.8 en estas cosas quiero que *insistas* con

INSPIRADO
2 Ti. 3.16 toda la Escritura es *i* por Dios, y
2 P. 1.21 hablaron .. *i* por el Espíritu Santo

INSTAR
2 Ti. 4.2 que *instes* a tiempo y fuera de tiempo

INSTRUCCIÓN *v.* Doctrina, Enseñanza
Pr. 1.8 oye, hijo mío, la *i* de tu padre, y no
10.17 camino a la vida es guardar la *i*; pero
12.1 el que ama la *i* ama la sabiduría; mas
Mt. 10.5 estos doce envió Jesús, y les dio *i*
Hch. 10.22 Cornelio el centurión ha recibido *i* de
1 Co. 11.2 retenéis las *i* tal como las entregué

INSTRUCTOR *v.* Maestro
Ro. 2.20 *i* de los indoctos, maestro de niños

INSTRUIDO *v.* Docto, Enseñado
Mt. 14.8 ella, *i* .. por su madre, dijo: Dame
Hch. 22.3 soy judío .. *i* a los pies de Gamaliel
Ro. 2.18 e *i* por la ley apruebas lo mejor

INSTRUIR *v.* Enseñar
Dt. 32.10 trajo alrededor, lo *instruyó*, lo guardó
1 S. 12.23 os *instruiré* en el camino bueno y recto
Sal. 94.12 tú .. corriges, y en tu ley lo *instruyes*
Is. 28.26 su Dios le *instruye*, y le enseña lo recto
Lc. 1.4 las cosas en las cuales has sido *instruido*
Hch. 18.25 había sido *instruido* en el camino del
1 Co. 2.16 ¿quién le *instruirá*? Mas nosotros
Gá. 6.6 haga partícipe de .. al que lo *instruye*
2 Ti. 3.16 y útil para .. para *instruir* en justicia

INSTRUMENTO *v.* Utensilio, Vasija, Vaso
Ec. 2.8 me hice de .. toda clase de *i* de música
Is. 13.5 vienen .. Jehová y los *i* de su ira, para
Ez. 9.1 y cada uno trae en su mano su *i* para
Am. 6.5 e inventan *i* musicales, como David
Hch. 9.15 vé, porque *i* escogido me es éste, para
Ro. 6.13 miembros .. como *i* de iniquidad, sino

INTEGRIDAD *v.* Rectitud
Jos. 24.14 temed a Jehová, y servidle con *i* y en
Jue. 9.16 si con verdad y con *i* habéis procedido
1 R. 9.4 si tú anduvieres .. en *i* de corazón y en
Job 2.3 todavía retiene su *i*, aun cuando tú me
4.6 ¿no es tu esperanza la *i* de tus caminos?
27.5 hasta que muera, no quitaré de mí mi *i*
31.6 péseme Dios en balanzas .. conocerá mi *i*
Sal. 15.2 el que anda en *i* y hace justicia, y habla
25.21 *i* y rectitud me guarden, porque en ti
26.1 júzgame .. porque yo en mi *i* he andado
26.11 mas yo andaré en mi *i*; redímeme, y ten
41.12 cuanto a mí, en mi *i* me has sustentado
101.2 en la *i* de mi corazón andaré en medio
Pr. 10.9 el que camina en *i* anda confiado; mas
11.3 la *i* de los rectos los encaminará; pero
19.1; 28.6 mejor es el pobre que camina en *i*
20.7 camina en su *i* el justo; sus hijos son
28.18 el que en *i* camina será salvo; mas el
Tit. 2.7 ejemplo .. en la enseñanza mostrando *i*

ÍNTEGRO *v.* Justo, Recto
2 S. 22.26; Sal. 18.25 recto para con el hombre *í*
Job 36.4 contigo está el que *í* en sus conceptos
Sal. 19.13 entonces seré *í*, y estaré limpio de gran
33.1 justos .. en los *í* es hermosa la alabanza
37.37 considera al *í*, y mira al justo; porque
119.80 sea mi corazón *í* en tus estatutos

INTELIGENCIA *v.* Ciencia, Entendimiento
1 R. 3.11 demandaste para ti *i* para oír juicio
7.14 Hiram era lleno de sabiduría, *i* y ciencia
Job 12.12 está la ciencia, y en la larga edad la *i*
17.4 a éstos has escondido de su corazón la *i*
28.28 el temor .. y el apartarse del mal, la *i*
Sal. 49.3 boca .. y el pensamiento de mi corazón *i*
119.104 de tus mandamientos he adquirido *i*
Pr. 2.3 si clamares a la *i*, y a la prudencia dieres
3.13 bienaventurado el .. que obtiene la *i*
4.7 sobre todas tus posesiones adquiere *i*
8.1 ¿no clama la sabiduría, y da su voz la *i*?
16.16 y adquirir *i* vale más que la plata
19.8 su alma; el que guarda la *i* hallará el bien
Is. 29.14 se desvanecerá la *i* de sus entendidos
Dn. 1.17 Dios les dio .. *i* en todas las letras y

Lc. 2.47 todos .. se maravillaban de su *i* y de sus
Ef. 1.8 hizo sobreabundar en toda sabiduría e *i*

INTENCIÓN *v.* Deseo, Propósito, Voluntad
Nm. 35.11 que hiriere a alguno de muerte sin *i*
Ro. 8.27 el que .. sabe cual es la *i* del Espíritu

INTERCEDER *v.* Orar, Pedir, Rogar, Suplicar
Ro. 8.26 *intercede* por .. con gemidos indecibles
8.34 el que también *intercede* por nosotros
He. 7.25 viviendo siempre para *interceder* por

INTERÉS *v.* Usura
Dt. 23.19 no exigirás de tu hermano *i* de dinero
Neh. 5.7 ¿exigís *i* cada uno a vuestros hermanos?
Pr. 27.18 el que mira por los *i* de .. tendrá honra
Mt. 25.27; Lc. 19.23 lo que es mío con los *i*

INTERIOR
Ro. 2.29 sino que es judío el que lo es en lo *i*
7.22 según el hombre *i*, me deleito en la ley
2 Co. 4.16 hombre *i* no obstante se renueva de día

INTERPONER
Sal. 106.23 de no haberse *interpuesto* Moisés su
Is. 59.16 que no hubiera quien se *interpusiese*

INTERPRETACIÓN *v.* Lengua, Sueño
Gn. 40.8 les dijo José: ¿No son de Dios las *i*?
Dn. 2.4 dí el sueño a tus .. y te mostraremos la *i*
2.45 y el sueño es verdadero, y fiel su *i*
4.18 este sueño .. Beltsasar, dirás la *i* de él
5.12 llámese .. a Daniel, y él te dará la *i*
5.26 esta es la *i* del asunto: Mene: Contó
2 P. 1.20 que ninguna profecía .. es de *i* privada

INTERPRETAR *v.* Lengua, Sueño
Gn. 41.8 no había quien los pudiese *interpretar*
41.24 magos .. no hay quien me lo *interprete*
Dn. 5.12 *interpretar* sueños y descifrar enigmas
1 Co. 12.30 todos lenguas? ¿*Interpretan* todos?
14.13 pida en oración poder *interpretarla*

INTÉRPRETE *v.* Doctor, Escriba, Maestro
Mt. 22.35; Lc. 10.25 uno de ellos, *i* de la ley
Lc. 7.30 los *i* de la ley desecharon los .. de Dios
11.46, 52 ¡ay de vosotros .. *i* de la ley!

INTERROGAR *v.* Examinar, Indagar, Inquirir, Preguntar
Lc. 23.14 pero habiéndole *interrogado* yo delante
Hch. 4.9 nos *interroga* acerca del beneficio hecho
12.19 después de *interrogar* a los guardas

INTIMIDAR *v.* Atemorizar
Dt. 31.8 va .. contigo .. no temas, ni te *intimides*
Job 39.20 ¿le *intimidarás* tú como a langosta?
Fil. 1.28 nada *intimidados* por los que se oponen

ÍNTIMO, ma
Sal. 25.14 la comunión *í* de Jehová es con los que
51.6 tú amas la verdad en lo *í*, y en lo secreto
55.13 tú, hombre, al parecer *í* mío, mi guía

INÚTIL *v.* Vano
Job 15.3 disputará con palabras *i* .. sin provecho
Sal. 107.27 como ebrios, y toda su ciencia es *i*
Pr. 26.7 las piernas del cojo penden; así es el
Zac. 11.17 ¡ay del pastor *i* que abandona el
Mt. 25.30 al siervo *i* echadle en las tinieblas de
Lc. 17.10 siervos *i* somos, pues lo que debíamos
Ro. 3.12 todos se desviaron; a una se hicieron *i*
Flm. 11 el cual en otro tiempo te fue *i*, pero

INVALIDAR *v.* Abrogar, Anular, Quitar
Job 40.8 ¿*invalidarás* tú también mi juicio? ¿Me
Sal. 119.126 tiempo es de .. han *invalidado* tu ley
Jer. 11.10 casa de Israel .. *invalidaron* mi pacto
14.21 no *invalides* tu pacto con nosotros
33.21 podrá también *invalidarse* mi pacto con
Mt. 15.6; Mr. 7.9, 13 *invalidado* el mandamiento de
Ro. 3.31 ¿luego por la fe *invalidamos* la ley?
Gá. 3.15 un pacto .. ratificado, nadie lo *invalida*
3.17 la ley .. no lo abroga, para *invalidar* la

INVESTIGACIÓN
Est. 2.23 se hizo *i* del asunto, y fue hallado cierto

Sal. 64.6 inquieren iniquidades, hacen una *i*
Pr. 25.3 para el corazón de los reyes, no hay *i*

INVIERNO *v.* Verano
Cnt. 2.11 porque he aquí ha pasado el *i*, se ha
Mt. 24.20; Mr. 13.18 vuestra huida no sea en *i*
1 Co. 16.6 podrá ser que me quede .. pase el *i*
2 Ti. 4.21 procura venir antes del *i*. Eubulo te
Tit. 3.12 porque allí he determinado pasar el *i*

INVISIBLE
Ro. 1.20 las cosas *i* de él .. se hacen .. visibles
Col. 1.15 es la imagen del Dios *i*, el primogénito
1.16 visibles e *i*; sean tronos, sean dominios
1 Ti. 1.17 al Rey de los .. *i*, al único y sabio Dios
He. 11.27 porque se sostuvo como viendo al *I*

INVITAR *v.* Convidar
2 R. 4.8 una mujer .. le *invitaba* .. a que comiese
Jn. 2.2 fueron .. *invitados* a las bodas Jesús y sus
1 Co. 10.27 si algún incrédulo os *invita*, y queréis

INVOCAR *v.* Clamar, Llamar
Gn. 4.26 comenzaron a *invocar* el .. de Jehová
2 S. 22.4; Sal. 18.3 *invocaré* a Jehová, quien es
1 Cr. 16.8 *invocad* su nombre, dad a conocer en
2 Cr. 7.14 sobre el cual mi nombre es *invocado*
Sal. 17.6 yo te he *invocado* .. me oirás, oh Dios
31.17 no .. oh Jehová, ya que te he *invocado*
50.15 e *invócame* en el día de la angustia
53.4 devoran a mí .. y a Dios no *invocan*?
80.18 nos darás, e *invocaremos* tu nombre
99.6 *invocaban* a Jehová, y él les respondía
105.1 alabad a Jehová, *invocad* su nombre
116.2 por tanto, le *invocaré* en todos mis días
118.5 desde la angustia *invoqué* a JAH, y me
145.18 cercano está .. a los que le *invocan* de
Is. 41.25 nacimiento del sol *invocará* mi nombre
64.7 nadie hay que *invoque* tu nombre, que
65.1 dije a gente que no *invocaba* mi nombre
Jer. 44.26 no será *invocado* más en .. Egipto por
Jl. 2.32; Hch. 2.21; Ro. 10.13 todo aquel que *invocare* el nombre
Zac. 13.9 él *invocará* mi nombre, y yo le oiré
Ro. 10.14 ¿cómo .. *invocarán* a aquel en el cual no
11.2 Elías .. cómo *invoca* a Dios contra Israel
2 Ti. 2.19 apártese de iniquidad .. que *invoca* el

IR *v.* Andar, Caminar, Partir, Salir
Gn. 12.1 Jehová había dicho .. *Vete* de tu tierra
33.14 me *iré* poco a poco al paso del ganado
Ex. 4.23 dejes *ir* .. mas no has querido dejarlo *ir*
5.1; 7.16; 8.1, 20; 9.1, 13; 10.3 deja *ir* a mi pueblo
23.23 mi Ángel *irá* delante de ti y te llevará
Rt. 1.16 a dondequiera que tú *fueres*, iré yo
1 R. 12.16 entonces Israel se *fue* a sus tiendas
Neh. 6.3 yo hago una gran obra, y no puedo *ir*
Sal. 139.7 ¿a dónde me *iré* de tu Espíritu? ¿Y a
Ec. 3.20 todo *va* a un mismo lugar; todo es hecho
Cnt. 6.1 ¿a dónde se ha *ido* tu amado, oh la más
Is. 6.8 ¿a quién enviaré, y quién *irá* por nosotros?
52.12 porque Jehová *irá* delante de vosotros, y
Jer. 40.4 *vé* a donde .. más cómodo te parezca *ir*
42.3 nos enseñe el camino por donde *vayamos*
Mt. 5.41 llevar carga por una milla, *vé* con él dos
8.9; Lc. 7.8 a éste: *Vé*, y *va*; y al otro: Ven, y
8.34; Mr. 5.17 que se *fuera* de sus contornos
9.6; Lc. 5.24 toma tu cama, y *vete* a tu casa
21.30 otro .. dijo: Sí, señor, *voy*. Y no *fue*
25.14 es como un hombre que *yéndose* lejos
26.24; Mr. 14.21 el Hijo del Hombre *va*, según
26.46 levantaos, *vamos*; ved, se acerca el que
28.19 id, y haced discípulos a .. las naciones
Lc. 15.18 me levantaré, e *iré* a mi padre, y le diré
21.21 los que en medio de ella, *váyanse*; y los
Jn. 6.68 le respondió .. Señor, ¿a quién *iremos*?
7.33 poco de tiempo .. e *iré* al que me envió
8.21 me *voy* .. a donde yo *voy* .. no podéis *ir*
13.36 le dijo Simón .. Señor, ¿a dónde *vas*?
14.12 mayores hará, porque yo *voy* al Padre
18.8 si me buscáis a mí, dejad *ir* a éstos
Ro. 15.23 deseando desde hace muchos años *ir* a

1 Co. 4.19 pero *iré* pronto a vosotros, si el Señor
2 Co. 13.1 es la tercera vez que *voy* a vosotros
Stg. 2.16 alguno de vosotros les dice: *Id* en paz

IRA *v.* Ardor, Enojo, Furor, Indignación
Gn. 27.45 aplaque la *i* de tu hermano contra ti
49.7 maldito su furor .. y su *i*, que fue dura
Nm. 11.1 ardió su *i*, y se encendió en ellos fuego
12.9 la *i* de Jehová se encendió contra ellos
22.22 la *i* de Dios se encendió porque él iba
24.10 encendió la *i* de Balac contra Balaam
Dt. 13.17 que Jehová se aparte del ardor de su *i*
29.20 humeará la *i* de Jehová .. sobre el tal
Jue. 2.12 adoraron; y provocaron a *i* a Jehová
1 S. 20.30 se encendió la *i* de Saúl contra Jonatán
2 R. 22.13; 2 Cr. 34.21 grande es la *i* .. que se ha
2 Cr. 30.8 ardor de su *i* se apartará de vosotros
Esd. 10.14 apartemos .. ardor de la *i* de nuestro
Neh. 9.17; Sal. 145.8; Nah. 1.3 tardo para la *i*, y
Est. 3.5 y vio Amán .. Mardoqueo .. y se llenó de *i*
Job 5.2 es cierto que al necio lo mata la *i*, y al
9.13 Dios no volverá atrás su *i*, y debajo de
32.2 encendió en *i* contra Job .. por cuanto
36.18 no sea que en su *i* te quite con golpe
Sal. 2.12 se enoje .. pues se inflama de pronto su *i*
34.16 la *i* de Jehová contra los que hacen mal
37.8 deja la *i*, y desecha el enojo; no te
69.24 derrama sobre ellos tu *i*, y el furor
76.7 estar en pie .. cuando se encienda tu *i*?
76.10 la *i* del hombre te alabará .. de las *i*
85.4 Dios .. haz cesar tu *i* de sobre nosotros
90.7 con tu furor .. con tu *i* somos turbados
90.11 ¿quién conoce el poder de tu *i*, y tu
110.5 quebrantará a los reyes en el día de su *i*
Pr. 12.16 el necio al punto da a conocer su *i*; mas
15.1 la blanda respuesta quita la *i*, mas la
16.14 la *i* del rey es mensajero de muerte
19.12 como rugido de .. león es la *i* del rey
19.19 el de grande *i* llevará la pena; y si usa
27.3 la *i* del necio es más pesada que ambas
27.4 cruel es la *i*, e impetuoso el furor; mas
29.8 en llamas; mas los sabios apartan la *i*
Is. 9.19 por la *i* de Jehová .. se oscureció la tierra
48.9 por amor de mi nombre diferiré mi *i*
54.8 con un poco de *i* escondí mi rostro de
63.5 me salvó mi brazo, y me sostuvo mi *i*
Jer. 2.35 soy inocente .. su *i* se apartó de mí
4.8 la *i* de Jehová no se ha apartado de
6.11 por tanto, estoy lleno de la *i* de Jehová
7.19 ¿me provocarán ellos a *i*? dice Jehová
10.10 a su *i* tiembla la tierra, y las naciones
25.6 ni me provoquéis a *i* con la obra de
25.38 asolada fue la .. por la *i* del opresor
44.6 se derramó, por tanto, mi *i* y mi furor
Ez. 20.8 dije que derramaría mi *i* sobre ellos, para
21.17 batiré mi mano .. y haré reposar mi *i*
Dn. 9.16 apártese ahora tu *i* .. de sobre tu pueblo
Os. 5.10 derramaré sobre ellos como agua mi *i*
Mi. 5.15 con *i* .. haré venganza en las naciones
7.9 la *i* de Jehová soportaré, porque pequé
Nah. 1.6 ¿quién permanecerá delante de su *i*?
Hab. 3.2 en la *i* acuérdate de la misericordia
Sof. 1.15 día de aquel día, día de angustia y de
2.2 antes que el día de la *i* de Jehová venga
3.8 derramar sobre ellos .. el ardor de mi *i*
Mt. 3.7; Lc. 3.7 ¿quién os enseñó a huir de la *i*
Lc. 4.28 todos en la sinagoga se llenaron de *i*
Jn. 3.36 vida, sino que la *i* de Dios está sobre él
Hch. 19.28 se llenaron de *i*, y gritaron
Ro. 1.18 la *i* de Dios se revela desde el cielo
2.5 atesoras .. *i* para el día de la *i* y de la
2.8 pero *i* y enojo a los que son contenciosos
4.15 la ley produce *i*; pero donde no hay ley
5.9 mucho más .. por él seremos salvos de la *i*
9.22 queriendo mostrar su *i* .. los vasos de *i*
12.19 no os .. sino dejad lugar a la *i* de Dios
Gá. 5.20 celos, *i*, contiendas, disensiones
Ef. 2.3 y éramos por naturaleza hijos de *i*, lo
5.6 por estas cosas viene la *i* de Dios sobre los
6.4 no provoquéis a *i* a vuestros hijos, sino

Col. 3.6 por las cuales la *i* de Dios viene sobre los
3.8 ahora dejad .. todas estas cosas: *i*, enojo
1 Ts. 1.10 esperar .. Jesús, quien nos libra de la *i*
2.16 pues vino sobre ellos la *i* hasta el extremo
5.9 no nos ha puesto Dios para *i*, sino para
1 Ti. 2.8 oren .. levantando manos santas, sin *i* ni
He. 11.27 dejó a Egipto, no temiendo la *i* del rey
Stg. 1.20 la *i* del hombre no obra la justicia de
Ap. 11.18 y tu *i* ha venido, y el tiempo de juzgar
14.10 beberá del vino de la *i* de Dios, que ha
15.1 porque en ellas se consumaba la *i* de Dios
16.1 y derramad .. las siete copas de la *i* de
16.19 darle el cáliz del vino del ardor de su *i*

IRACUNDO, da *v.* Rencilloso, Violento
Pr. 15.18; 29.22 el hombre *i* promueve contiendas
21.19 mejor .. que con la mujer rencillosa y
22.24 no te entremetas con el *i*, ni te acompañes
Tit. 1.7 no *i*, no dado al vino, no pendenciero

IRRACIONAL
2 P. 2.12 como animales *i*, nacidos para presa
Jud. 10 éstos .. se corrompen como animales *i*

IRREPRENSIBLE
Lc. 1.6 andaban *i* en todos los mandamientos y
1 Co. 1.8 que seáis *i* en el día de nuestro Señor
Fil. 1.10 fin de que seáis .. *i* para el día de Cristo
2.15 para que seáis *i* y sencillos, hijos de Dios
3.6 en cuanto a la justicia que es en la ley, *i*
Col. 1.22 para presentaros .. *i* delante de él
1 Ts. 3.13 *i* en santidad delante de Dios .. Padre
5.23 sea guardado *i* para la venida de nuestro
1 Ti. 3.2 pero es necesario que el obispo sea *i*
3.10 y entonces ejerzan el diaconado, si son *i*
5.7 también estas cosas, para que sean *i*
Tit. 1.6 el que fuere *i*, marido de una sola mujer
2 P. 3.14 hallados por él sin mancha e *i*, en paz

IRREVERENTE
1 Ti. 1.9 los *i* y profanos, para los parricidas

IRREVOCABLE
Ro. 11.29 porque *i* son los dones y el .. de Dios

IRRITAR *v.* Airar, Enojar
Nm. 14.11 ¿hasta cuándo me ha de *irritar* este
1 S. 1.6 y su rival la *irritaba*, enojándola y
Sal. 106.32 le *irritaron* en las aguas de Meriba
Pr. 19.3 luego contra Jehová se *irrita* su corazón
1 Co. 13.5 no se *irrita*, no guarda rencor
Gá. 5.26 no nos .. *irritándonos* unos a otros

ISAAC Gn. 21.1—35.29. Promesa de su nacimiento, Gn. 18.1–15; nace, Gn. 21.1–7; ofrecido en holocausto, Gn. 22.1–19; se casa con Rebeca, Gn. 24.1–67; padre de gemelos, Gn. 25.19–26; habita en Gerar, Gn. 26.1–6; Isaac y Abimelec, Gn. 26.7–33; bendice a Jacob, Gn. 27.1–40; muere y es sepultado, Gn. 35.29.
Gá. 4.28 nosotros, como *I*, somos hijos de
He. 11.18 dicho: En *I* te será llamada descendencia
11.20 por la fe bendijo *I* a Jacob y a Esaú

ISACAR Gn. 30.18; 49.14; Dt. 33.18; Jos. 19.17.

ISAÍ
1 S. 16.1 ven, te enviaré a *I* de Belén, porque
Is. 11.1 saldrá una vara del tronco de *I*, y un vástago
11.10 la raíz de *I* .. buscada por las gentes

ISAÍAS Su llamamiento, Is. 6; su matrimonio, Is. 8.3; padre de dos hijos, Is. 7.3; 8.3; profetiza durante los reinados de Uzías, Jotam, Acaz y Ezequías, Is. 1.1; consejero de Acaz, Is. 7; consejero de Ezequías, 2 R. 19—20; Is. 37—39.
Mt. 3.3 es aquel de quien habló el profeta *I*
15.7; Mr. 7.6 bien profetizó de vosotros *I*
Mr. 1.2; Lc. 3.4 escrito en el .. del profeta *I*
Lc. 4.17 y se le dio el libro del profeta *I*
Hch. 8.28 volvía sentado .. leyendo al profeta *I*
Ro. 9.27 también *I* clama tocante a Israel: Si fuere

IS-BOSET 2 S. 2.8—4.12.

ISLA
Is. 40.15 que hace desaparecer las *i* como polvo

Hch. 27.16 corrido a sotavento de una pequeña *I*
    27.26 es necesario que demos en alguna *i*

ISMAEL hijo de Abraham
Gn. 16.11 darás a luz un .. llamarás su nombre *I*
    25.12 los descendientes de *I* hijo de Abraham

ISMAEL hijo de Netanías Jer. 41.1–15.

ISMAELITA Gn. 37.28; Jue. 8.24.

ISRAEL *v.* Efraín, Jacob, Judá
Gn. 32.28 no se dirá más tu nombre Jacob, sino *I*
    35.10 *I* será tu nombre; y llamó su nombre *I*
Dt. 6.4 oye, *I*: Jehová nuestro Dios .. uno es
1 R. 12.19 se apartó *I* de la casa de David hasta
Am. 2.6 por tres pecados de *I*, y por el cuarto, no
Mt. 8.10 digo, que ni aun en *I* he hallado tanta fe
    10.6 sino id antes a las ovejas perdidas .. de *I*
Mr. 12.29 oye, *I*; el Señor nuestro Dios, el Señor
Ro. 9.6 no todos los que descienden de *I* son
    11.26 todo *I* será salvo, como está escrito
Gá. 6.16 paz y misericordia sea .. al *I* de Dios
Fil. 3.5 del linaje de *I*, de la tribu de Benjamín

ISRAELITA *v.* Hebreo, Judío
Jn. 1.47 he aquí un verdadero *i*, en quien no hay
Ro. 9.4 que son *i*, de los cuales son la adopción
    9.6 no todos los que descienden de Israel son *i*
    11.1 yo soy *i*, de la descendencia de Abraham

ITALIA
Hch. 18.2 un judío .. Aquila .. recién venido de *I*
    27.1 decidió que habíamos de navegar para *I*
He. 13.24 saludad a todos .. Los de *I* os saludan

IZQUIERDO, da *v.* Zurdo
Mt. 6.3 no sepa tu *i* lo que hace tu derecha
    20.21 el uno a tu derecha, y el otro a tu *i*

JABES 1 Cr. 4.9–10.

JABES DE GALAAD
Jue. 21.8 hallaron que ninguno de *J* había venido
1 S. 11.1 subió Nahas .. y acampó contra *J*
2 S. 2.4 los de *J* son los que sepultaron a Saúl

JABÍN Jos. 11.1; Jue. 4.2, 17, 24; Sal. 83.9.

JABOC Gn. 32.22; Nm. 21.24.

JABÓN
Pr. 25.20 como .. o el que sobre el *j* echa vinagre
Jer. 2.22 aunque te laves .. y amontones *j* sobre ti
Mal. 3.2 él es como fuego .. como *j* de lavadores

JACOB *v.* Israel Gn. 25.26—49.33. Nace,
Gn. 25.19–26; compra la primogenitura de Esaú,
Gn. 25.27–34; recibe la bendición de Isaac, Gn.
27.1–29; huye de Esaú, Gn. 27.41—28.5; su sueño
y su voto en Bet-el, Gn. 28.10–22; sirve a Labán por
Raquel y Lea, Gn. 29.1–30; tretas de Jacob y
Labán, Gn. 30.25–43; huye de Labán, Gn. 31.17–
55; lucha con el ángel, Gn. 32.22–32; se reconcilia
con Esaú, Gn. 33.1–20; bendecido por Dios en
Bet-el, Gn. 35.1–15; emigra a Egipto, Gn. 46.1—
47.31; bendice a Efraín y a Manasés, Gn. 48.1–22;
bendice a sus hijos, Gn. 49.1–27; su muerte y
sepelio, Gn. 49.28—50.14.

Mt. 8.11 se sentarán con .. *J* en el reino de los
Jn. 4.6 y estaba allí el pozo de *J*. Entonces Jesús
    4.12 ¿acaso eres tú mayor que nuestro padre *J*
Ro. 9.13 como está escrito: A *J* amé, mas a Esaú
He. 11.21 por la fe *J*, al morir, bendijo a cada uno

JACOBO hijo de Zebedeo   Su llamamiento,
Mt. 4.21; Mr. 1.19; Lc. 5.10; en la casa de Jairo,
Mr. 5.37; Lc. 8.51; en la transfiguración, Mt. 17.1;
Mr. 9.2; Lc. 9.28; en Getsemaní, Mt. 26.37; Mr.
14.33; su martirio, Hch. 12.2.

JACOBO hijo de Alfeo Mt. 10.3; Mr. 3.18;
Lc. 6.15; Hch. 1.13.

JACOBO hermano de Jesús Hermano de Jesús,
Mt. 13.55; Mr. 6.3; critica la obra de Jesús,
Jn. 7.3–5; ve a Cristo resucitado, 1 Co. 15.7; en
el aposento alto, Hch. 1.14; recibe visita de Pablo,

Gá. 1.19; 2.9; en el Concilio de Jerusalén, Hch.
15.13–21; oye el informe de Pablo, Hch. 21.18.

JACTANCIA *v.* Altivez, Arrogancia
Ro. 3.27 ¿dónde, pues, está la *j*? Queda excluida
1 Co. 5.6 no es buena vuestra *j*. ¿No sabéis que
Stg. 4.16 os jactáis .. Toda *j* semejante es mala

JACTARSE
Sal. 10.3 el malo se *jacta* del deseo de su alma
    52.1 ¿por qué te *jactas* de maldad .. poderoso?
Pr. 12.9 más .. que el que se *jacta*, y carece de pan
    25.14 así es el hombre que se *jacta* de falsa
    27.1 no te *jactes* del día de mañana; porque
Abd. 12 ni debiste haberte *jactado* en el día de
Ro. 2.23 tú que te *jactas* de la ley, ¿con infracción
    11.18 no te *jactes* .. y si te *jactas*, sabe que no
1 Co. 1.29 que nadie se *jacte* en su presencia
Stg. 3.5 lengua es .. y se *jacta* de grandes cosas
    4.16 ahora os *jactáis* en vuestras soberbias

JAEL Jue. 4.17–22; 5.24.

JAFET Gn. 5.32; 9.18—10.5.

JAIRO Mr. 5.22; Lc. 8.41.

JARRO *v.* Vasija, Vaso
Mr. 7.4, 8 los lavamientos de los vasos .. y de los *j*

JASÓN Hch. 17.5–9.

JASPE
Ap. 4.3 el aspecto .. era semejante a piedra de *j* y
    21.18 el material de su muro era de *j*; pero la

JEBUSEO Jos. 15.63; Jue. 1.21; 2 S. 5.6–8;
1 Cr. 11.4–6.

JEFE *v.* Capitán, Caudillo, Principal, Príncipe
Ex. 18.25 los puso por *j* sobre el pueblo, sobre mil
Lv. 4.22 cuando pecare un *j*, e hiciere por yerro
Jue. 5.9 mi corazón es para vosotros, *j* de Israel
    11.6 dijeron a Jefté: Ven, y serás nuestro *j*
2 Cr. 13.12 he aquí Dios está con nosotros por *j*

JEFTÉ Jue. 11.1—12.7; He. 11.32.

JEHOVÁ *v.* Dios, Jehová de los ejércitos, Señor
Gn. 4.26 comenzaron a invocar el nombre de *J*
    12.7 y apareció *J* a Abram, y le dijo: A tu
    28.16 *J* está en este lugar, y yo no lo sabía
Ex. 5.2 Faraón respondió: ¿Quién es *J*, para que
    6.3 mas en mi nombre *J* no me di a conocer a
    6.7; 20.2; Sal. 81.10; Ez. 20.19 yo soy *J* .. Dios
    14.4 y sabrán los egipcios que yo soy *J*
    14.14 *J* peleará por vosotros, y vosotros
    15.11 ¿quién como tú, oh *J*, entre los dioses?
    15.26 enfermedad .. porque yo soy *J* tu sanador
    17.15 un altar, y llamó su nombre *J*-nisi
    18.11 ahora conozco que *J* es más grande que
    23.25 mas a *J* vuestro Dios serviréis, y él
    34.6 ¡*J*! ¡*J*! fuerte, misericordioso y piadoso
Dt. 4.35 que *J* es Dios, y no hay otro fuera de él
    6.4 oye, Israel: *J* nuestro Dios *J* uno es
    10.17 porque *J* vuestro Dios es Dios de dioses
Jos. 13.33 *J* Dios de Israel es la heredad de ellos
    22.24 ¿qué tenéis vosotros con *J* Dios de
    24.24 el pueblo respondió .. a *J* serviremos
Jue. 11.27 *J*, que es el juez, juzgue hoy entre los
1 S. 3.4 *J* llamó a Samuel; y él respondió: Heme
    3.18 dijo: *J* es; haga lo que bien le pareciere
2 S. 1.14 tu mano para matar al ungido de *J*?
1 R. 8.12; 2 Cr. 6.1 *J* ha dicho que él habitaría
    18.21 si *J* es Dios, seguidle; y si Baal, id en
    19.11 sal .. y ponte en el monte delante de
2 R. 5.17 tu siervo no sacrificará .. sino a *J*
2 Cr. 13.10 *J* es nuestro Dios, y no le hemos
    30.8 someteos a *J*, y venid a su santuario
Sal. 8.1, 9 ¡oh *J*, Señor nuestro, cuán glorioso es
    18.2 *J* roca mía y castillo mío, y mi libertador
    18.31 ¿quién es Dios sino sólo *J*? ¿Y qué roca
    20.7 del nombre de *J* .. tendremos memoria
    24.8 *J* el fuerte y .. *J* el poderoso en batalla
    29.10 *J* preside en el diluvio, y se sienta *J*
    34.11 venid, hijos .. el temor de *J* os enseñaré
    89.8 oh *J* .. ¿quién como tú? Poderoso eres, *J*

Sal. 93.4 *J* en las alturas es más poderoso que el
105.7 él es *J* nuestro Dios; en toda la tierra
118.8 mejor es confiar en *J* que confiar en
118.23 de parte de *J* es esto, y es cosa
118.27 *J* es Dios, y nos ha dado luz; atad
121.2 mi socorro viene de *J*, que hizo los
124.1, 2 a no haber estado *J* por nosotros
126.3 grandes cosas ha hecho *J* con nosotros
Is. 42.8 yo *J*; este es mi nombre; y a otro no daré
43.3 porque yo *J*, Dios tuyo .. soy tu Salvador
43.11 yo *J*, y fuera de mí no hay quien salve
Jer. 3.23 en *J* .. Dios está la salvación de Israel
10.10 mas *J* es el Dios verdadero .. Dios vivo
23.6 será su nombre .. *J*, justicia nuestra
31.34 no enseñará .. diciendo: Conoce a *J*
Ez. 48.35 el nombre de la ciudad .. será *J*-sama
Jl. 3.16 *J* será la esperanza de su pueblo, y la
Mi. 1.3 he aquí, *J* sale de su lugar, y descenderá
2.13 su rey pasará .. y a la cabeza de ellos *J*
Hab. 3.19 *J* el Señor es mi fortaleza, el cual hace
Sof. 3.5 *J* en medio de ella es justo, no hará
3.17 *J* está en medio de ti, poderoso, él

JEHOVÁ DE LOS EJÉRCITOS *v.* Dios, Jehová

1 S. 17.45 vengo a ti en el nombre de *J* de los *e*
1 Cr. 11.9 David iba .. *J* de los *e* estaba con él
17.24 *J* de los *e* .. es Dios para Israel, es
Sal. 46.7 *J* de los *e* está con nosotros; nuestro
Is. 6.3 santo, santo, santo, *J* de los *e*; toda la
8.13 a *J* de los *e*, a él santificad; sea él
14.27 *J* de los *e* lo ha determinado, ¿y quién
47.4 *J* de los *e* es su nombre, el Santo de

JEHÚ 2 R. 9.2—10.36; 2 Cr. 22.7—9.

1 R. 19.16 *J* hijo de Nimsi ungirás por rey sobre
Os. 1.4 castigaré a la casa de *J* por causa de la

JEREMÍAS Su llamamiento, Jer. 1.4—10; profetiza durante los reinados de Josías, Joacim y Sedequías, Jer. 1.2—3; amenazado de muerte, Jer. 11.21; 26.8; 38.4; maldice de su nacimiento, Jer. 20.7—18; aconseja a Sedequías, Jer. 21.3—7; 34.1—7; 38.14—28; apresado, Jer. 32.2; 37.16—21; sacado de la mazmorra, Jer. 38.6—13; capturado por los caldeos, Jer. 39.8—10; protejido por Nabucodonosor, Jer. 39.11—14; libertado en Ramá, Jer. 40.1—6; llevado a Egipto, Jer. 43.1—7.

Mt. 16.14 y otros, *J*, o alguno de los profetas

JERICÓ

Jos. 2.1 andad, reconoced la tierra, y a *J*
6.2 he entregado en tu mano a *J* y a su rey
1 R. 16.34 en su tiempo Hiel de Bet-el reedificó a *J*
2 R. 2.5 hijos de los profetas que estaban en *J*
Mt. 20.29; Mr. 10.46 al salir ellos de *J*, le seguía
Lc. 18.35 acercándose Jesús a *J*, un ciego estaba
19.1 habiendo entrado Jesús en *J*, iba pasando
He. 11.30 por la fe cayeron los muros de *J* después

JEROBOAM I, rey de Israel 1 R. 11.26—14.20; 2 Cr. 10.2—13.20.

JEROBOAM II, rey de Israel 2 R. 14.23—29.

JERUSALÉN *v.* Sion

Jos. 15.63 ha quedado el jebuseo en *J* con los hijos
Jue. 1.8 combatieron los hijos de Judá a *J* y la
1.21 el jebuseo habitó con .. Benjamín en *J*
2 S. 5.6 marchó el rey con sus hombres a *J* contra
24.16 el ángel extendió su mano sobre *J* para
1 R. 14.25; 2 Cr. 12.2 subió Sisac rey .. contra *J*
2 R. 24.10 en aquel tiempo subieron contra *J* los
25.10; Jer. 52.14 derribó los muros .. de *J*
1 Cr. 21.15 envió Jehová el ángel a *J* .. destruirla
2 Cr. 36.23; Esd. 1.2 que le edifique casa en *J*
Neh. 2.17 veis .. que *J* está desierta, y sus puertas
Sal. 51.18 haz bien con .. edifica los muros de *J*
79.1 las naciones .. redujeron a *J* a escombros
122.6 pedid por la paz de *J* .. los que le aman
Is. 7.1 subieron contra *J* para combatirla; pero no
52.1 vístete tu ropa hermosa, oh *J*, ciudad
62.7 ni le deis tregua, hasta que restablezca a *J*
Jer. 26.18; Mi. 3.12 *J* vendrá a ser .. de ruinas

Lm. 1.8 pecado cometió *J* .. ha sido removida
Ez. 5.5 así ha dicho Jehová el Señor: Esta es *J*
16.2 hijo de .. notifica a *J* sus abominaciones
Dn. 9.16 apártese .. ira y tu furor de sobre .. *J*
Jl. 3.17 *J* será santa, y extraños no pasarán más
Mi. 4.2 de Sion .. y de *J* la palabra de Jehová
Zac. 2.2 ¿a dónde vas? .. A medir a *J*, para ver
12.6 *J* será otra vez habitada en su .. en *J*
14.2 reuniré .. naciones para combatir contra *J*
Mt. 5.35 ni por *J*, porque es la ciudad del gran
20.18; Mr. 10.33; Lc. 18.31 subimos a *J*, y el
21.1; Mr. 11.1 se acercaron a *J*, y vinieron a
23.37; Lc. 13.34 ¡*J*, *J* .. matas a los profetas
Lc. 2.22 le trajeron a *J* para presentarle al Señor
2.42 subieron a *J* conforme a la costumbre de
9.51 se cumplió .. afirmó su rostro para ir a *J*
10.30 hombre descendía de *J* a Jericó, y cayó
21.24 *J* será hollada por los gentiles hasta que
24.47 que se predicase .. comenzando desde *J*
24.49 quedaos .. *J* hasta que seáis investidos
Hch. 1.8 me seréis testigos en *J*, en toda Judea
2.5 moraban .. en *J* judíos, varones piadosos
8.1 hubo .. contra la iglesia que estaba en *J*
15.2 se dispuso que subiesen Pablo y .. a *J*
21.13 yo estoy dispuesto .. aun a morir en *J*
Gá. 1.18 después .. subí a *J* para ver a Pedro
2.1 subí otra vez a *J* con Bernabé, llevando
4.26 la *J* de arriba, la cual es madre de todos
He. 12.22 la ciudad del Dios vivo, la *J* celestial
Ap. 21.2 yo San Juan .. la nueva *J*, descender del
21.10 y me mostró la gran ciudad santa de *J*

JESUCRISTO *v.* Cristo, Cristo Jesús, Mesías, Salvador, Señor, Señor Jesucristo, Señor Jesús, Ungido, Verbo

Mt. 1.1 libro de la genealogía de *J*, hijo de David
Jn. 1.17 la gracia y la .. vinieron por medio de *J*
17.3 te conozcan a ti .. y a *J*, a quien has
Hch. 3.6 en el nombre de *J* .. levántate y anda
3.20 él envíe a *J*, que os fue antes anunciado
5.42 no cesaban de enseñar y predicar a *J*
Ro. 1.3 acerca de su Hijo, nuestro Señor *J*, que
5.15 el don .. por la gracia de un hombre, *J*
1 Co. 2.2 no saber .. sino a *J*, y a éste crucificado
3.11 que sobre el que está puesto, el cual es *J*
2 Co. 4.5 predicamos .. sino a Cristo Jesús el Señor
13.5 ¿o no os conocéis .. *J* está en vosotros
Gá. 3.1 ante cuyos ojos *J* fue ya presentado
Ef. 2.20 la principal piedra del ángulo *J* mismo
Fil. 1.6 obra, la perfeccionará hasta el día de *J*
2.11 toda lengua confiese que *J* es el Señor
1 Ti. 2.5 Dios, y un solo mediador .. *J* hombre
2 Ti. 2.8 acuérdate de *J*, del linaje de David
He. 13.8 es el mismo ayer, y hoy, y por los
1 P. 1.7 gloria y honra cuando sea manifestado *J*
5.10 que nos llamó a su gloria eterna en *J*
2 P. 3.18 el conocimiento de nuestro Señor .. *J*
1 Jn. 1.3 comunión .. con el Padre, y con su Hijo *J*
1.7 la sangre de *J* .. limpia de todo pecado
2.1 abogado tenemos con el .. a *J* el justo
4.2 espíritu que confiesa que *J* ha venido en
Ap. 1.1 la revelación de *J*, que Dios le dio, para

JESÚA *v.* Josué Esd. 3.2; 5.2.

JESÚS *v.* Cristo, Cristo Jesús, Hijo, Jesucristo, Jesús, Mesías, Salvador, Señor, Señor Jesucristo, Señor Jesús, Ungido, Verbo Predicción de su nacimiento, Lc. 1.26—38; nace, Mt. 1.18—25; Lc. 2.1—7; circuncidado, Lc. 2.21; presentado en el templo, Lc. 2.22—38; visitado por los magos, Mt. 2.1—12; llevado a Egipto, Mt. 2.13—18; traído a Nazaret, Mt. 2.19—23; Lc. 2.39; visita a Jerusalén, Lc. 2.41—50; bautizado, Mt. 3.13—17; Mr. 1.9—11; Lc. 3.21—22; tentado por el diablo, Mt. 4.1—11; Mr. 1.12—13; Lc. 4.1—13; llama a sus discípulos, Mt. 8.22; 9.9; Mr. 1.16—20; 2.13—14; Lc. 5.27—28; 6.12—16; Jn. 1.35—51; comisiona a los doce, Mt. 10.1—4; Mr. 3.13—19; Lc. 6.12—16; el sermón del monte, Mt. 5—7; envía a los discípulos de dos en dos, Mt. 9.35—11.1; Mr. 6.6—13; Lc. 9.1—6; predice su muerte y resurrección, Mt. 16.21—26; 17.22—23;

20.17–28; Mr. 8.31–37; 9.30–32; 10.32–45; Lc. 9.22–25, 43–45; 18.31–34; la transfiguración, Mt. 17.1–8; Mr. 9.2–8; Lc. 9.28–36; envía a los setenta, Lc. 10.1–24; su entrada triunfal a Jerusalén, Mt. 21.1–11; Mr. 11.1–11; Lc. 19.29–44; Jn. 12.12–19; instituye la Cena del Señor, Mt. 26.17–29; Mr. 14.12–25; Lc. 22.7–23; Jn. 13.21–30; 1 Co. 11.23–26; traicionado, arrestado y abandonado, Mt. 26.47–56; Mr. 14.43–52; Lc. 22.47–53; Jn. 18.2–11; crucificado, Mt. 27.31–56; Mr. 15.20–41; Lc. 23.26–49; Jn. 19.16–30; aparece después de la resurrección, Mt. 28.9–20; Mr. 16.9–18; Lc. 24.13–50; Jn. 20.11–29; Hch. 1.3–8; 1 Co. 15.5–8; asciende al cielo, Mr. 16.19–20; Lc. 24.50–53; Hch. 1.9–11.

Hch. 1.11 este mismo *J*, que ha sido tomado de
2.22 *J* .. aprobado por Dios entre vosotros
2.32 a este *J* resucitó Dios, de lo cual todos
2.36 este *J* a quien vosotros crucificasteis
4.13 les reconocían que habían estado con *J*
7.55 la gloria .. y a *J* .. a la diestra de Dios
8.35 Felipe .. le anunció el evangelio de *J*
9.5; 22.8; 26.15 soy *J*, a quien tú persigues
10.38 ungió .. con poder a *J* de Nazaret
17.3 y que *J*, a quien yo os anuncio .. es el
17.18 les predicaba el evangelio de *J*, y de la
18.5, 28 testificando .. que *J* era el Cristo
19.15 a *J* conozco, y sé quien es Pablo; pero
Ro. 3.26 y el que justifica al que es de la fe de *J*
1 Co. 12.3 nadie puede llamar a *J* Señor, sino por
Fil. 2.10 en el nombre de *J* se doble toda rodilla
1 Ts. 4.14 si creemos que *J* murió y resucitó, así
He. 2.9 vemos .. a *J*, coronado de gloria y de honra
4.14 un gran sumo sacerdote .. *J* el Hijo de
6.20 *J* entró por nosotros como precursor
12.2 puestos los ojos en *J*, el autor .. de la fe
1 Jn. 5.1 todo aquel que cree que *J* es el Cristo
Ap. 22.16 yo *J* he enviado mi ángel para daros

JESÚS, llamado Justo Col. 4.11.

JETRO *v.* Hobab Ex. 3.1; 4.18; 18.1–12.

JEZABEL 1 R. 16.31—2 R. 9.37; Ap. 2.20.

JEZREEL
1 R. 21.1 Nabot de *J* tenía allí una viña junto al
Os. 1.4 castigaré a .. por causa de la sangre de *J*

JINETE *v.* Caballo
Ex. 15.1 ha echado en el mar al caballo y al *j*
Hch. 23.23 mandó que preparasen .. setenta *j* y
Ap. 9.16 el número de los .. *j* era 200 millones

JOAB Mata a Abner, 2 S. 3.22–30; pone a Urías al frente, 2 S. 11.6–21; reconcilia a David y Absalón, 2 S. 14.28–33; mata a Absalón, 2 S. 18.9–17; persigue a Seba y mata a Amasa, 2 S. 20.3–23; Salomón ordena matarlo, 1 R. 2.28–34.

JOACIM 2 R. 23.34—24.6; 2 Cr. 36.4–8.
Jer. 22.18 así ha dicho Jehová acerca de *J* hijo de

JOÁS rey de Judá 2 R. 11.2—12.21; 2 Cr. 22.11—24.27.

JOÁS rey de Israel 2 R. 13.10–13.

JOB Job 1.1—42.17.
Ez. 14.14, 16, 18, 20 estuviesen .. Noé, Daniel y *J*
Stg. 5.11 habéis oído de la paciencia de *J*, y habéis

JOIADA 2 R. 11.4—12.16; 2 Cr. 22.11—24.16.

JONADAB
2 R. 10.15 se encontró con *J* hijo de Recab

JONÁS Jon. 1.1—4.11.
Mt. 12.40 como estuvo *J* en el vientre del gran pez

JONATÁN hijo de Saúl Ataca la guarnición de los filisteos, 1 S. 13.2–3; 14.1–15; quebranta el juramento de Saúl, 1 S. 14.24–30; librado por el pueblo, 1 S. 14.36–46; hace pacto con David, 1 S. 18.1–5; su amistad con David, 1 S. 20.1–42; muerto por los filisteos, 1 S. 31.2; David le endecha, 2 S. 1.17–27.

JOPE
Jon. 1.3 Jonás .. descendió a *J*, y halló una nave
Hch. 9.36 había .. en *J* una discípula .. Dorcas
10.5; 11.13 envía .. hombres a *J*, y haz venir
11.5 estaba yo en la ciudad de *J* orando, y vi

JORDÁN
Gn. 13.11 Lot escogió .. toda la llanura del *J*
32.10 pues con mi cayado pasé este *J*, y ahora
Dt. 4.22 voy a morir en esta .. y no pasaré el *J*
Jos. 1.2 levántate y pasa este *J*, tú y todo
3.17 los sacerdotes .. firmes en medio del *J*
2 S. 19.15 Judá vino a .. para hacerle pasar el *J*
2 R. 2.7 lejos; y ellos dos se pararon junto al *J*
5.10 vé y lávate siete veces en el *J*, y tu carne
6.4 cuando llegaron al *J*, cortaron la madera
Sal. 114.3 mar lo vio, y huyó; el *J* se volvió atrás
Jer. 49.19 como león subirá de la espesura del *J*
Zac. 11.3 porque la gloria del *J* es destruida
Mt. 3.6; Mr. 1.5 y eran bautizados por él en el *J*

JORNADA
Gn. 13.3 volvió por sus *j* desde el Neguev hacia
Nm. 33.1 estas son las *j* de los hijos de Israel, que

JORNAL *v.* Paga, Salario
Dt. 24.15 en su día le darás su *j* pues es pobre
Hag. 1.6 el que trabaja a *j* recibe su *j* en saco roto
Stg. 5.4 he aquí, clama el *j* de los obreros que

JORNALERO *v.* Obrero
Dt. 15.18 por la mitad del costo de un *j* te sirvió
24.14 no oprimirás al *j* pobre y menesteroso
Job 7.1 ¿no es .. y sus días como los días del *j*?
Lc. 15.19 ya no soy .. hazme como a uno de tus *j*

JOSAFAT 1 R. 22.2–50; 2 Cr. 17.1—21.1.

JOSÉ hijo de Jacob Gn. 37.2—50.26. Nace, Gn. 30.22–24; sus hermanos lo envidian a causa de sus sueños, Gn. 37.5–11; vendido para Egipto, Gn. 37.12–28; rechaza a la esposa de Potifar, Gn. 39.1–18; encarcelado, Gn. 39.19–23; interpreta sueños de los presos, Gn. 40.1–23; interpreta el sueño de Faraón, Gn. 41.1–36; hecho gobernador de Egipto, Gn. 41.37–57; se encuentra con sus hermanos, Gn. 42.1—43.34; se da a conocer, Gn. 45.1–28; ve de nuevo a su padre, Gn. 46.28–34; muerto y embalsamado, Gn. 50.22–26; sepultado en Siquem, Jos. 24.32.

Ex. 1.8; Hch. 7.18 nuevo rey que no conocía a *J*
Dt. 33.13 a *J*dijo: Bendita de Jehová sea tu tierra
Jos. 17.14 y los hijos de *J* hablaron a Josué
Sal. 105.17 delante de ellos; a *J*, que fue vendido
Am. 6.6 no se aflijen por el quebrantamiento de *J*
Hch. 7.9 vendieron a *J* para Egipto; pero Dios
He. 11.22 por la fe *J*, al morir, mencionó la salida

JOSÉ esposo de María madre de Jesús Desposado con María, Mt. 1.18; Lc. 1.27; se le aparece un ángel, Mt. 1.20–21; va a Belén, Lc. 2.4; huye a Egipto, Mt. 2.13–19; regresa a Nazaret, Mt. 2.19–23.

Jn. 6.42 ¿no es éste Jesús, el hijo de *J*, cuyo padre

JOSÉ de Arimatea Mr. 15.43; Lc. 23.50; Jn. 19.38.

JOSÍAS 2 R. 21.24—23.30; 2 Cr. 33.25—35.27.

JOSUÉ Derrota a los amalecitas, Ex. 17.8–13; permanece en el tabernáculo, Ex. 33.11; enviado con los espías, Nm. 14.6–9; escogido como sucesor de Moisés, Nm. 27.18–23; Dt. 3.28; investido por Moisés, Dt. 31.23; 34.9; animado por el Señor, Jos. 1.1–9; manda espías a Jericó, Jos. 2.1–23; pasa el Jordán, Jos. 3; toma a Jericó, Jos. 6; socorre a Gabaón, Jos. 10.6–27; reyes derrotados por él, Jos. 12.7–24; reparte la tierra, Jos. 13—22; exhorta al pueblo, Jos. 23.1—24.13; renueva el pacto, Jos. 24.14–27; muere, Jos. 24.29.

Hch. 7.45 el cual .. introdujeron con *J* al tomar
He. 4.8 si *J* les hubiera dado el reposo, no hablaría

JOSUÉ el sacerdote *v.* Jesúa Zac. 3.1–10.

JOTA
Mt. 5.18 ni una *j* ni una tilde pasará de la ley

JOTAM hijo de Gedeón   Jue. 9.5–21.

JOTAM rey de Judá   2 R. 15.32–38; 2 Cr. 27.1–9.

JOVEN v. Doncella, Muchacho
Dt. 22.15 el padre de la *j* y su madre tomarán y
Rt. 2.5 Booz dijo a su . . ¿De quién es esta *j*?
2 S. 17.18 vistos por un *j* . . hizo saber a Absalón
1 R. 12.8; 2 Cr. 10.8 pidió consejo de los *j* que se
1 Cr. 29.1 es *j* y tierno de edad, y la obra grande
Job 30.1 pero ahora se ríen de mí los más *j* que yo
Sal. 37.25 *j* fui, y he envejecido, y no he visto
    119.9 ¿con qué limpiará el *j* su camino? Con
Is. 40.30 fatigan y se cansan, los *j* flaquean y caen
Am. 2.7 el hijo y su padre se llegan a la misma *j*
Mr. 14.51 cierto *j* le seguía, cubierto el cuerpo con
Jn. 21.18 cuando eras más *j*, te ceñías, e ibas a
1 Ti. 5.11 pero viudas más *j* no admitas; porque
1 P. 5.5 *j*, estad sujetos a los ancianos; y todos

JOYA v. Alhaja
Pr. 20.15 mas los labios prudentes son *j* preciosa
Ez. 16.12 puse *j* en tu nariz, y zarcillos en tus

JUAN el apóstol   Su llamamiento, Mt. 4.21;
Mr. 1.19–20; Lc. 5.10; enviado con los doce, Mt.
10.2; Mr. 3.17; reprendido por su espíritu vengativo, Lc. 9.51–56; Jesús rechaza su petición egoísta,
Mt. 20.20–24; Mr. 10.35–41; sana y predica en el
templo, Hch. 3.1—4.22.

JUAN el Bautista   Su nacimiento predicho,
Lc. 1.5–25; nace, Lc. 1.57–66; predica y bautiza,
Mt. 3.1–12; Mr. 1.4–11; Lc. 3.1–18; encarcelado,
Mt. 14.3–4; Mr. 6.17–18; Lc. 3.19–20; envía
mensajeros a Jesús, Mt. 11.1–6; Lc. 7.18–23;
encomiado por Jesús, Mt. 11.7–15; Lc. 7.24–35;
decapitado y enterrado, Mt. 14.6–12; Mr. 6.19–29.
Hch. 1.5; 11.16 *J* ciertamente bautizó con agua, mas
18.25 solamente conocía el bautismo de *J*

JUAN MARCOS v. Marcos

JUBILEO
Lv. 25.11 año cincuenta os será *j*; no sembraréis
    25.50 hará la cuenta con . . hasta el año del *j*
Ez. 46.17 será de él hasta el año del *j*, y volverá

JÚBILO v. Alegría, Regocijo
Esd. 3.11 todo el pueblo aclamaba con gran *j*
Job 8.21 llenará tu boca de risa, y tus labios de *j*
Sal. 63.5 alma, y con labios de *j* te alabará mi boca
    107.22 alabanza, y publiquen sus obras con *j*
    118.15 voz de *j* y de salvación hay en las
Is. 52.8 juntamente darán voces de *j*; porque aun

JUDÁ v. Israel, Judea   Nace, Gn. 29.35; salva
la vida a José, Gn. 37.26–28; Judá y Tamar,
Gn. 38; intercede por Benjamín, Gn. 44.14–34;
bendecido por Jacob, Gn. 49.8–12.

Dt. 33.7 esta bendición profirió para *J*. Dijo así
Jue. 1.2 Jehová respondió: *J* subirá; he aquí que
2 S. 19.15 *J* vino a Gilgal para recibir al rey y para
1 R. 14.22 *J* hizo lo malo ante los ojos de Jehová
2 R. 25.21 fue llevado cautivo *J* de sobre su tierra
Jer. 52.27 así *J* fue transportada de su tierra
Am. 2.4 por tres pecados de *J*, y por el cuarto, no
He. 7.14 nuestro Señor vino de la tribu de *J*, de la
Ap. 5.5 el León de la tribu de *J* . . ha vencido para

JUDAÍSMO
Gá. 1.13 de mi conducta en otro tiempo en el *j*, que
    1.14 en el *j* aventajaba a muchos de mis

JUDAS Iscariote
Mt. 10.4; Mr. 3.19; Lc. 6.16 *J* . . el que le entregó
    26.14; Mr. 14.10 uno de los doce . . llamaba *J*
    26.47; Mr. 14.43; Lc. 22.47 vino *J* . . y con él
Jn. 6.71 hablaba de *J* Iscariote, hijo de Simón
    13.26 y mojando el pan, lo dio a *J* Iscariote
    18.2 *J*, el que le entregaba, conocía aquel lugar
Hch. 1.16 habló . . por boca de David acerca de *J*

JUDAS hermano de Jesús   Mt. 13.55; Mr. 6.3;
Jud. 1.

JUDAS hermano de Jacobo v. Tadeo   Lc. 6.16;
Jn. 14.22.

JUDAS el galileo   Hch. 5.37.

JUDAS de Damasco   Hch. 9.11.

JUDAS Barsabás   Hch. 15.22.

JUDEA v. Israel, Judá
Esd. 5.8 fuimos a la provincia de *J*, a la casa del
Jn. 3.22 Jesús con sus discípulos a la tierra de *J*
    11.7 dijo a los discípulos: Vamos a *J* otra vez
Hch. 1.8 seréis testigos en Jerusalén, en toda *J*
Gá. 1.22 no era conocido de . . a las iglesias de *J*

JUDÍO, día v. Hebreo, Israelita
Est. 3.6 procuró Amán destruir a todos los *j* que
Zac. 8.23 tomarán del manto a un *j*, diciendo
Mt. 28.15 se ha divulgado entre los *j* hasta el día
Jn. 1.19 los *j* enviaron de Jerusalén sacerdotes
    3.25 entre los discípulos de Juan y los *j* acerca
    4.9 ¿cómo tú, siendo *j*, me pides a mí de beber
    4.9 *j* y samaritanos no se tratan entre sí
    4.22 porque la salvación viene de los *j*
    5.16 por esta causa los *j* perseguían a Jesús
    18.35 Pilato le respondió: ¿Soy yo acaso *j*?
Hch. 2.5 moraban . . en Jerusalén *j* . . piadosos, de
    10.28 sabéis cuán abominable es para un . . *j*
    11.19 no hablando a nadie . . sino sólo a los
    14.2 los *j* que no creían excitaron . . ánimos
    14.19 unos *j* . . persuadieron a la multitud
    16.1 Timoteo, hijo de una mujer *j* creyente
    16.20 estos hombres, siendo *j*, alborotan
    18.2 Claudio había mandado que todos los *j*
    21.20 ya ves cuántos . . *j* hay que han creído
Ro. 1.16; 2.9 al *j* primeramente, y también al
    2.17 he aquí, tú tienes el sobrenombre de *j*, y te
    2.28 no es *j* el que lo es exteriormente, ni es
    3.1 ¿qué ventaja tiene, pues, el *j*? ¿o de qué
    10.12 no hay diferencia entre *j* y griego, pues
1 Co. 1.22 los *j* piden señales, y los griegos buscan
    9.20 a los *j* como *j*, para ganar a los *j*; a los
Gá. 3.28 ya no hay *j* ni griego; no hay esclavo ni
Ap. 2.9 la blasfemia de los que se dicen *j*, y no lo

JUEZ v. Magistrado
Gn. 18.25 el *J* de toda la tierra, ¿no ha de hacer
Ex. 2.14 ¿quién te ha puesto a ti por . . *j* sobre
    ⁺22.28 no injuriarás a tus *j*, ni maldecirás al
Dt. 1.16 mandé a vuestros *j*, diciendo: Oíd entre
    19.18 los *j* inquirirán bien; y si aquel testigo
Jue. 2.16 Jehová levantó *j* que los librasen de
1 S. 2.25 si pecare el hombre . . los *j* le juzgarán
2 S. 15.4 decía Absalón: ¡Quién me pusiera por *j*
Job 12.17 él hace andar . . y entontece a los *j*
Sal. 7.11 Dios es *j* justo, y Dios está airado contra
    75.7 Dios es el *j*; a éste humilla, y a aquél
    94.2 engrandécete, oh *J* de la tierra; da el pago
Is. 33.22 porque Jehová es nuestro *j*, Jehová es
Jer. 25.31 él es el *J* de toda carne; entregará los
Dn. 7.10 el *J* se sentó, y los libros fueron abiertos
Mt. 5.25; Lc. 12.58 te entregue al *j*, y el *j* al
Lc. 11.19 hijos . . Por tanto, ellos serán vuestros *j*
    12.14 ¿quién me ha puesto sobre . . como *j* o
    18.2 había en . . un *j*, que ni temía a Dios ni
Hch. 7.27 ¿quién te ha puesto por gobernante y *j*?
    10.42 es el que Dios ha puesto por *J* de vivos
    13.20 años, les dio *j* hasta el profeta Samuel
2 Ti. 4.8 me dará el Señor, *j* justo, en aquel día
He. 12.23 a Dios el *J* de todos, a los espíritus
Stg. 2.4 venís a ser *j* con malos pensamientos?
    5.9 he aquí, el *j* está delante de la puerta

JUGAR
Is. 11.8 el niño de pecho *jugará* sobre la cueva del
Zac. 8.5 llenas de muchachos . . *jugarán* en ellas

JUICIO v. Condenación, Edicto, Estatuto,
    Mandamiento, Mandato, Orden, Ordenanza,
    Precepto
Ex. 12.12 y ejecutaré mis *j* en todos los dioses de

Lv. 19.15 no harás injusticia en el *j*, ni .. al pobre
Lt. 1.17 no hagáis distinción de persona en el *j*
1 Cr. 16.14 Jehová .. sus *j* están en toda la tierra
Job 22.4 ¿acaso te castiga, o viene a *j* contigo, a
34.4 escojamos para nosotros el *j*, conozcamos
34.17 ¿gobernará el que aborrece *j*?
Sal. 1.5 no se levantarán los malos en el *j*, ni los
7.6 despierta en favor mío el *j* que mandaste
9.16 Jehová se ha hecho conocer en el *j* que
10.5 tus *j* los tiene muy lejos de su vista
19.9 los *j* de Jehová son verdad, todos justos
33.5 él ama justicia y *j*; de la misericordia de
36.6 tu justicia es .. tus *j*, abismo grande
97.2 justicia y *j* son el cimiento de su trono
106.3 dichosos los que guardan *j*, los que
111.7 las obras de sus manos son verdad y *j*
112.5 y presta; gobierna sus asuntos con *j*
119.39 quita de mí .. porque buenos son tus *j*
119.43 no quites de .. porque en tus *j* espero
119.75 conozco .. Jehová, que tus *j* son justos
119.84 harás *j* contra los que me persiguen?
119.108 ruego, oh Jehová .. me enseñes tus *j*
119.120 temor de ti, y de tus *j* tengo miedo
119.149 Jehová, vivifícame conforme a tu *j*
119.175 viva mi alma y te .. y tus *j* me ayuden
143.2 no entres en *j* con tu siervo, porque no
Pr. 21.3 hacer .. *j* es a Jehová más agradable que
21.15 alegría es para el justo el hacer *j*
28.5 los hombres malos no entienden el *j*
29.26 mas de Jehová viene el *j* de cada uno
Ec. 3.16 en lugar del *j*, allí impiedad; en lugar
8.6 para todo lo que quisieres hay tiempo y
12.14 Dios traerá toda obra a *j*, juntamente
Is. 1.27 Sion será rescatada con *j* .. con justicia
5.7 esperaba *j*, y he aquí vileza; justicia, y he
9.7 confirmándolo en *j* y en justicia desde
28.6 por espíritu de *j* al que se sienta en *j*
53.8 por cárcel y por *j* fue quitado; y su
Jer. 1.16 proferiré mis *j* contra los que me dejaron
4.12 y ahora yo pronunciaré *j* contra ellos
8.7 pero mi pueblo no conoce el *j* de Jehová
10.24 castígame, oh Jehová, mas con *j*; no con
21.12; 22.3 haced *j* y justicia, y librad al
25.31 Jehová tiene *j* contra las naciones; él es
Ez. 5.15 yo haga en ti *j* con furor e indignación
14.21 ¿cuánto más .. yo enviare .. mis cuatro *j*
30.19 haré, pues, en Egipto, y sabrán que
Dn. 7.22 se dio el *j* a los santos del Altísimo
Os. 4.1 fornicación, vino y mosto quitan el *j*
6.5 por esta .. tus *j* serán como luz que sale
Jl. 3.2 entraré en *j* con ellos a causa de mi pueblo
Am. 5.24 corra el *j* como las aguas, y la justicia
Hab. 1.4 la ley .. y el *j* no sale según la verdad
1.12 oh Jehová, para *j* lo pusiste; y tú, oh
Mt. 5.21 cualquiera que matare será culpable de *j*
10.15; 11.22, 24 el día del *j* será más tolerable
12.18 Espíritu .. y a los gentiles anunciará *j*
12.20 apagará, hasta que saque a victoria el *j*
12.36 de ella darán cuenta en el día del *j*
12.41; Lc. 11.32 Nínive se levantarán en el *j*
Mr. 3.29 jamás perdón, sino que es reo de *j* eterno
5.15; Lc. 8.35 sentado, vestido y en su *j* cabal
Jn. 5.22 a nadie .. sino que todo el *j* dio al Hijo
5.30 mi *j* es justo, porque no busco mi
8.16 y si yo juzgo, mi *j* es verdadero; porque
9.39 para *j* he venido yo a este mundo; para
12.31 ahora es el *j* de este mundo; ahora el
16.8 convencerá al mundo de pecado .. y de *j*
Hch. 24.25 acerca .. del *j* venidero, Félix se espantó
26.6 por la esperanza de la .. soy llamado a *j*
Ro. 1.32 habiendo entendido el *j* de Dios, que los
2.2 sabemos que el *j* de Dios contra los que
3.19 todo el mundo quede bajo el *j* de Dios
5.16 el *j* vino a causa de un solo pecado para
1 Co. 6.1 ¿osa alguno de .. ir a *j* delante de los
6.4 si, pues, tenéis *j* sobre cosas de esta vida
11.29 que come y bebe .. *j* come y bebe para sí
11.34 en su casa, para que no os reunáis para *j*
2 Ts. 1.5 esto es demonstración del justo *j* de Dios
He. 6.2 resurrección de los muertos y del *j* eterno

He. 9.27 una sola vez, y después de esto el *j*
10.27 sino una horrenda expectación de *j*, y de
Stg. 2.13 *j* sin misericordia se hará con aquel que
2.13 y la misericordia triunfa sobre el *j*
1 P. 4.17 tiempo de que el *j* comience por la casa
2 P. 2.4 los entregó .. para ser reservados al *j*
3.7 guardados para el fuego en el día del *j*
1 Jn. 4.17 que tengamos confianza en el día del *j*
Jud. 15 hacer *j* contra todos, y dejar convicto
Ap. 14.7 gloria, porque la hora de su *j* ha llegado

JUNTAR *v.* Amontonar, Congregar, Reunir
Gn. 34.30 se *juntarán* contra mí y me atacarán
Ex. 15.8 se *juntaron* las corrientes como en un
Sal. 50.5 *juntadme* mis santos, los que hicieron
Is. 11.12 y *juntará* los desterrados de Israel
Dn. 6.6 se *juntaron* delante del rey, y le dijeron
Mi. 2.12 de cierto te *juntaré* todo, oh Jacob
4.6 en aquel día, dice .. *juntaré* la que cojea
Mt. 19.6; Mr. 10.9 que Dios *juntó*, no lo separe
23.37; Lc. 13.34 *juntar* .. como la gallina *junta*
24.31; Mr. 13.27 y *juntarán* a sus escogidos
Hch. 9.26 trataba de *juntarse* con los discípulos
1 Co. 5.11 escribí que no os *juntéis* con ninguno
2 Ts. 3.14 señaladlo, y no os *juntéis* con él, para

JÚPITER Hch. 14.12; 19.35.

JURAMENTAR *v.* Conjurar, Juramento, Jurar
Gn. 24.3 te *juramentaré* por Jehová, Dios de los
1 S. 14.24 Saúl había *juramentado* al pueblo
2 R. 11.4 hizo con ellos alianza, *juramentándolos*
Hch. 23.12 y se *juramentaron* bajo maldición

JURAMENTO *v.* Alianza, Pacto, Promesa, Voto
Gn. 26.3 confirmaré el *j* que hice a Abraham tu
Ex. 22.11 *j* de Jehová habrá entre ambos, de que
Dt. 7.8 Jehová .. quiso guardar el *j* que juró a
29.12 entres en .. su *j*, que Jehová tu Dios
Jos. 2.17 nosotros quedaremos libres de este *j* con
6.26 en aquel tiempo hizo Josué un *j* .. Maldito
9.20 les dejaremos vivir .. por causa del *j* que
1 R. 2.43 ¿por qué, pues, no guardaste el *j* de
1 Cr. 16.16; Sal. 105.9 del pacto .. de su *j* a Isaac
Ec. 8.2 que guardes .. la palabra del *j* de Dios
Jer. 11.5 que confirme el *j* que hice a vuestros
Ez. 16.59 menospreciaste el *j* para invalidar el
17.18 menospreció el *j* y quebrantó el pacto
Zac. 8.17 ni améis el *j* falso; porque todas estas
Mt. 5.33 no perjurarás .. cumplirás al Señor tus *j*
14.9; Mr. 6.26 a causa del *j*, y de los que
26.72 él negó otra vez con *j*: No conozco al
Lc. 1.73 *j* que hizo a Abraham nuestro padre
He. 6.17 mostrar la inmutabilidad .. interpuso *j*
7.20 y esto no fue hecho sin *j*

JURAR *v.* Conjurar
Gn. 21.23 *júrame* .. que no faltarás a mí, ni a mi
21.31 Beerseba; porque allí *juraron* ambos
22.16 por mí mismo he *jurado*, dice Jehová
Lv. 5.4 si alguno *jurare* .. hacer mal o hacer bien
19.12 no *juraréis* falsamente por mi nombre
Dt. 6.13 a Jehová tu .. y por su nombre *jurarás*
Jos. 14.9 Moisés *juró* .. la tierra .. será para ti
Jue. 21.7 *jurado* por Jehová que no les daremos
1 S. 19.6 *juró* Saúl: Vive Jehová, que no morirá
24.21 *júrame* .. por Jehová, que no destruirás
1 R. 1.17 *juraste* a tu sierva por Jehová tu Dios
2 Cr. 15.14 *juraron* a Jehová con gran voz y
Neh. 10.29 *jurar* que andarían en la ley de Dios
Sal. 15.4 el que aun *jurando* en daño suyo, no por
95.11 *juré* en mi .. no entrarían en mi reposo
110.4 *juró* Jehová, y no se arrepentirá: Tú
119.106 *juré* .. que guardaré tus justos juicios
132.2 de cierto *juró* a Jehová, y prometió al
132.11 en verdad *juró* Jehová a David, y no
Is. 19.18 cinco ciudades .. que *juren* por Jehová
48.1 oíd esto .. los que *juran* en el nombre
65.16 el que *jurare* .. por el Dios de .. *jurará*
Jer. 4.2 *jurares*: Vive Jehová, en verdad, en juicio
5.7 dejaron, y *juraron* por lo que no es Dios
22.5 he *jurado* .. que esta casa será desierta
44.26 he aquí he *jurado* por mi grande nombre

Dn. 12.7 *juró* por el que vive por los siglos, que
Os. 10.4 *jurando* en vano al hacer pacto; por
Am. 4.2 Jehová el Señor *juró* por su santidad: He
Sof. 1.5 *jurando* por Jehová y *j* por Milcom
Zac. 5.3 todo aquel que *jura* .. será destruido
Mt. 5.34; Stg. 5.12 no *juréis*, ni por el cielo
   23.16 si alguno *jura* por el templo, no es nada
   23.22 el que *jura* por el cielo, *j* por el trono de
   26.74; Mr. 14.71 él comenzó a .. y a *jurar*
Mr. 6.23 le *juró*: Todo lo que me pidas te daré
Hch. 2.30 con juramento Dios le había *jurado* que
He. 3.11 por tanto, *juré* en mi ira: No entrarán
   6.13 no pudiendo *jurar* por otro .. *juró* por sí
   7.21 *juró* el Señor, y no se arrepentirá: Tú
Ap. 10.6 *juró* por el que vive por los siglos de los

JUSTAMENTE *v.* Rectamente
Dt. 1.16 juzgad *j* entre el hombre y su hermano
Lc. 23.41 *j* padecemos, porque recibiremos lo que
1 P. 2.23 encomendaba la causa al que juzga *j*

JUSTICIA *v.* Equidad, Integridad, Juicio, Rectitud, Santidad, Santificación, Verdad
Gn. 15.6 creyó a Jehová, y le fue contado por *j*
   18.19 que guarden el camino de .. haciendo *j*
Lv. 19.15 no harás .. con *j* juzgarás a tu prójimo
Dt. 6.25 tendremos *j* cuando cuidemos de poner
   9.5 no por tu *j* .. entras a poseer la tierra
   10.18 que hace *j* al huérfano y a la viuda
1 S. 26.23 Jehová pague a cada uno su *j* y su
2 S. 22.21; Sal. 18.20 ha premiado conforme a mi *j*
Job 27.6 mi *j* tengo asida, y no la cederé; no me
   29.14 me vestía de *j*, y ella me cubría; como
   36.3 tomaré mi .. y atribuiré *j* a mi Hacedor
   37.23 en juicio y en multitud de *j* no afligirá
Sal. 9.4 te has sentado en el trono juzgando con *j*
   9.8 juzgará al mundo con *j*, y a los pueblos
   11.7 Jehová es justo, y ama la *j*; el hombre
   15.2 el que anda en integridad y hace *j*, y
   22.31 vendrán, y anunciarán su *j*; a pueblo
   23.3 me guiará por sendas de *j* por amor de
   24.5 el recibirá .. *j* del Dios de salvación
   33.5 él ama *j* y juicio; de la misericordia de
   35.28 y mi lengua hablará de tu *j* y de tu
   36.6 tu *j* es como los montes de Dios, tus
   37.6 exhibirá tu *j* como la luz, y tu derecho
   40.9 he anunciado *j* en grande congregación
   45.7 has amado la *j* y aborrecido la maldad
   48.10 oh Dios .. de *j* está llena tu diestra
   50.6 los cielos declararán su *j*, porque Dios
   58.1 ¿pronunciáis en verdad *j*? ¿juzgáis
   71.15 mi boca publicará tu *j* y tus hechos de
   72.1 oh Dios, da tu .. y tu *j* al hijo del rey
   82.3 haced *j* al afligido y al menesteroso
   85.10 se encontraron; la *j* y la paz se besaron
   85.13 la *j* irá delante de él, y sus pasos nos
   89.14; 97.2 *j* y juicio son el cimiento de tu
   89.16 en tu nombre .. y en tu *j* será enaltecido
   94.15 el juicio será vuelto a la *j*, en pos de
   96.13; 98.9 juzgará al mundo con *j*, y a los
   97.6 los cielos anunciaron su *j*, y todos los
   98.2 vista de las naciones ha descubierto su *j*
   103.6 Jehová es el que hace *j* y derecho a
   103.17 y su *j* sobre los hijos de los hijos
   106.31 y le fue contado por *j* .. para siempre
   111.3; 112.9 su *j* permanece para siempre
   119.142 tu *j* es *j* eterna, y tu ley la verdad
   132.9 tus sacerdotes se vistan de *j*, y se
   146.7 que hace *j* a los agraviados, que da pan
Pr. 1.3 para recibir el consejo de prudencia, *j*
   2.9 entonces entenderás *j*, juicio y equidad
   8.15 por mí .. los príncipes determinan *j*
   10.2; 11.4 mas la *j* librará de muerte
   11.18 mas el que siembra *j* tendrá galardón firme
   11.19 como la *j* conduce a la vida, así el que
   12.28 en el camino de la *j* está la vida; y en
   14.34 la *j* engrandece a la nación; mas el
   15.9 del impío; mas él ama al que sigue *j*
   16.8 mejor es lo poco con *j* que .. sin derecho
   21.3 hacer *j* .. es a Jehová más agradable que
   21.21 el que sigue la *j* .. hallará .. la *j* y la

Is. 1.17 haced *j* al huérfano, amparad a la viuda
   1.21 llena estuvo de *j*, en ella habitó la
   1.26 te llamarán Ciudad de *j*, Ciudad fiel
   5.7 esperaba juicio, y .. *j*, y he aquí clamor
   9.7 confirmándolo en juicio y en *j* desde
   11.4 juzgará con *j* a los pobres, y argüirá con
   11.5 la *j* cinto de sus lomos, y la fidelidad
   26.9 los moradores del mundo aprenden *j*
   28.17 ajustaré el juicio a cordel, y a nivel la *j*
   32.1 que para *j* reinará un rey, y príncipes
   32.17 el efecto de la *j* será paz; y la labor de
   33.15 el que camina en *j* y habla lo recto
   42.1 mi siervo .. él traerá *j* a las naciones
   42.3 humeare; por medio de la verdad traerá *j*
   45.19 soy Jehová que hablo *j*, que anuncio
   45.24 en Jehová está la *j* y la fuerza; a él
   46.13 haré que se acerque mi *j*; no se alejará
   51.5 cercana está mi *j*, ha salido mi salvación
   51.8 pero mi *j* permanecerá perpetuamente
   54.14 con *j* serás adornada: estarás lejos de
   56.1 dijo Jehová: Guardad derecho, y haced *j*
   58.8 e irá tu *j* delante de ti, y la gloria de
   59.4 no hay quien clame por la *j*, ni quien
   59.11 esperamos *j*, y no la hay; salvación, y
   59.14 y el derecho se retiró, y la *j* se puso
   59.17 de *j* se vistió como de una coraza, con
   61.11 así Jehová el Señor hará brotar *j* y
   63.1 yo, el que hablo en *j*, grande para salvar
   64.6 todas nuestras *j* .. trapo de inmundicia
Jer. 5.1 a ver .. si hay alguno que haga *j*, que
   11.20 oh Jehová de los .. que juzgas con *j*, que
   22.3 haced juicio y *j*, y librad al oprimido
   22.13 ¡ay del que edifica su casa sin *j*, y sus
   23.5 dichoso, y hará juicio y *j* en la tierra
   31.23 Jehová te bendiga, oh morada de *j*, oh
   33.15 haré brotar, a David un Renuevo de *j*, y
   33.16 y se llamará: Jehová, *j* nuestra
Ez. 3.20 si el justo se apartare de su *j* e hiciere
   18.22 no .. recordadas; en su *j* que hizo vivirá
   33.12 la *j* del justo no lo librará el día que
   34.16 fuente destruiré; las apacentaré con *j*
   45.9 haced juicio y *j*; quitad .. imposiciones
Dn. 4.27 oh rey .. tus pecados redime con *j*, y
   12.3 y los que enseñan la *j* a la multitud
Os. 10.12 sembrad para vosotros en *j*, segad para
   10.12 a Jehová, hasta que venga y os enseñe *j*
Mi. 6.5 Gilgal, para que conozcas las *j* de Jehová
   6.8 pide Jehová .. solamente hacer *j*, y amar
   7.9 haga mi *j*; él me sacará a luz; veré su *j*
Sof. 2.3 buscad *j*, buscad mansedumbre; quizás
Mal. 2.6 en paz y en *j* anduvo conmigo, y a
Mt. 3.15 así conviene que cumplamos toda *j*
   5.6 los que tienen hambre y sed de *j*, porque
   5.20 si vuestra *j* no fuere mayor que la de
   6.1 guardaos de hacer vuestra *j* delante de
   6.33 mas buscad .. el reino de Dios y su *j*
   21.32 vino a vosotros Juan en camino de *j*
   23.23 dejáis .. la *j*, la misericordia y la fe
Lc. 11.42 y pasáis por alto la *j* y el amor de Dios
   18.3 diciendo: Hazme *j* de mi adversario
   18.7 ¿y acaso Dios no hará *j* a sus escogidos
Hch. 8.33 en su humillación no se le hizo *j*; mas
   10.35 se agrada del que le teme y hace *j*
   24.25 pero al disertar Pablo acerca de la *j*
   28.4 escapado del mar, la *j* no deja vivir
Ro. 1.17 en el evangelio la *j* de Dios se revela por
   3.5 si nuestra injusticia hace resaltar la *j* de Dios
   3.21 ahora .. se ha manifestado la *j* de Dios
   3.25 para manifestar su *j*, a causa de haber
   4.3, 22; Gá. 3.6; Stg. 2.23 le fue cor.ado por *j*
   4.6 hombre a quien Dios atribuye *j* sin obras
   4.11 sello de la *j* de la fe que tuvo estando
   5.18 por la *j* de uno vino .. la justificación
   5.21 la gracia reine por la *j* para vida eterna
   6.13 miembros a Dios como instrumentos de *j*
   6.19 presentad .. miembros para servir a la *j*
   8.4 para que la *j* de la ley se cumpliese en
   9.30 no iban tras la *j*, han alcanzado la *j*, es
   10.3 ignorando la *j* .. no se han sujetado a la *j*
   14.17 sino *j*, paz y gozo en el Espíritu Santo

2 Co. 5.21 nosotros fuésemos hechos *j* de Dios en
    6.14 ¿qué compañerismo tiene la *j* con la
    9.9 dio a los .. su *j* permanece para siempre
Gá. 2.21 por la ley fuese la *j* .. por demás murió
    3.21 si .. la *j* fuera verdaderamente por la ley
Ef. 4.24 creado según Dios en la *j* y santidad de
    5.9 el fruto del Espíritu es en toda bondad, *j*
    6.14 la verdad, y vestidos con la coraza de *j*
Fil. 1.11 llenos de frutos de *j* que son por medio
    3.6 cuanto a la *j* que es en la ley, irreprensible
    3.9 no teniendo mi propia *j* .. sino la .. *j* que
1 Ti. 6.11; 2 Ti. 2.22 sigue la *j*, la fe, el amor y la
Tit. 3.5 nos salvó, no por obras de *j* que nosotros
Hc. 1.9 has amado la *j*, y aborrecido la maldad
    11.7 fue hecho heredero de la *j* que viene por
    11.33 reinos, hicieron *j*, alcanzaron promesas
    12.11 después de. fruto apacible de *j* a los que
Stg. 1.20 la ira del hombre no obra la *j* de Dios
    3.18 el fruto de *j* se siembra en paz para
1 P. 2.24 muertos a los pecados, vivamos a la *j*
    3.14 si alguna cosa padecéis por causa de la *j*
2 P. 3.13 y tierra nueva, en los cuales mora la *j*
1 Jn. 2.29 que todo el que hace *j* es nacido de él
    3.10 aquel que no hace *j*, y que no ama a su
Ap. 18.20 porque Dios os ha hecho *j* en ella
    19.11 se llamaba Fiel .. y con *j* juzga y pelea

JUSTIFICACIÓN

Ro. 4.25 el cual fue .. resucitado para nuestra *j*
    5.16 el don vino a causa de muchas para *j*
    5.18 por la justicia de uno vino .. la *j* de vida
1 Co. 1.30 el cual nos ha sido hecho por Dios .. *j*
2 Co. 3.9 abundará en gloria el ministerio de *j*

JUSTIFICAR

Gn. 44.16 ¿qué .. o con qué nos *justificaremos*?
1 R. 8.32; 2 Cr. 6.23 *justificando* al justo para
Job 9.2; 25.4 y cómo se *justificará* el hombre con
    9.20 si yo me *justificare*, me condenaría mi
    13.18 si yo expusiere .. sé que seré *justificado*
    15.14 que se *justifique* al nacido de mujer?
    22.3 Omnipotente en que tú seas *justificado*
    32.2 por cuanto se *justificaba* a sí mismo más
    33.32 habla, porque yo te quiero *justificar*
    40.8 ¿me condenarás a mí, para *justificarte* tú?
Sal. 143.2 no se *justificará* delante de ti ningún
Pr. 17.15 que *justifica* al impío, y el que condena
Is. 5.23 que *justifican* al impío mediante cohecho
    53.11 *justificará* mi siervo justo a muchos, y
Mt. 12.37 por tus palabras serás *justificado*, y por
Lc. 7.29 *justificaron* a Dios, bautizándose con el
    7.35 la sabiduría es *justificada* por .. sus hijos
    10.29 queriendo *justificarse* a sí mismo, dijo
    18.14 descendió a su casa *justificado* antes que
Hch. 13.39 en él es *justificado* todo aquel que cree
Ro. 3.13 los hacedores de la ley serán *justificados*
    3.4 para que seas *justificado* en tus palabras
    3.20 ningún ser .. será *justificado* delante de
    3.24 *justificados* .. por su gracia, mediante
    3.26 y el que *justifica* al que es de la fe de
    3.28 el hombre es *justificado* por fe sin las
    3.30 Dios es uno, y él *justificará* por la fe a
    4.2 si Abraham fue *justificado* por las obras
    4.5 sino cree en aquel que *justifica* al impío
    5.1 *justificados*, pues, por la fe, tenemos paz
    5.9 más, estando ya *justificados* en su sangre
    6.7 el que ha muerto, ha sido *justificado* del
    8.30 a éstos también *justificó*, y a los que *j*
    8.33 ¿quién acusará .. Dios es el que *justifica*
1 Co. 4.4 no por eso soy *justificado*; pero el que
Gá. 2.16 el hombre no es *justificado* por las obras
    3.8 Dios había de *justificar* por la fe a los
    3.11 por la ley ninguno se *justifica* para con
    5.4 que por la ley os *justificáis*; de la gracia
1 Ti. 3.16 *justificado* en el Espíritu, visto de los
Tit. 3.7 *justificados* por su gracia, viniésemos a
Stg. 2.21 ¿no fue *justificado* por las obras Abraham
    2.24 que el hombre es *justificado* por las obras

JUSTO *v*. Integro, Perfecto, Recto

Gn. 6.9 Noé, varón *j*, era perfecto en .. con Dios

Gn. 7.1 porque a ti he visto *j* delante de mí en
    18.23 ¿destruirás también al *j* con el impío?
    18.25 el Juez .. ¿no ha de hacer lo que es *j*?
    38.26 Judá .. dijo: Más *j* es ella que yo, por
Ex. 9.27 Jehová es *j*, y yo y mi pueblo impíos
Lv. 19.36; Dt. 25.15; Ez. 45.10 balanzas *j*, pesas *j*
Dt. 4.8 juicios *j* como es toda esta ley que yo
2 S. 23.3 un *j* que gobierne entre los hombres
Neh. 9.33 eres *j* en todo lo que ha venido sobre
Job 4.17 ¿será el hombre más *j* que Dios? ¿Será
    9.15 aunque fuese yo *j*, no respondería; antes
    10.15 y si fuere *j*, no levantaré mi cabeza
    17.9 no obstante, proseguirá el *j* su camino
    22.19 verán los *j* y se gozarán; y el inocente
    32.1 por cuanto él era *j* a sus propios ojos
    34.5 Job ha dicho: Yo soy *j*, y Dios me ha
    34.23 no carga, pues, al hombre más de lo *j*
    35.2 que has dicho: Más *j* soy yo que Dios?
    35.7 si fueres *j*, ¿qué le darás a él? ¿o qué
    36.7 no apartará de los *j* sus ojos, antes bien
Sal. 1.5 los pecadores en la congregación de los *j*
    1.6 porque Jehová conoce el camino de los *j*
    5.12 porque tú, oh Jehová, bendecirás al *j*
    11.5 Jehová prueba al *j*; pero al malo y al
    14.5 Dios está con la generación de los *j*
    17.1 oye, oh Jehová, una causa *j*; está atento
    19.9 los juicios de Jehová son verdad, todos *j*
    32.11; 33.1 alegraos, oh *j*, en Jehová, y gozaos
    34.15 los ojos de Jehová están sobre los *j*
    34.17 claman los *j*, y Jehová oye, y los libra
    34.21 los que aborrecen al *j* serán condenados
    37.16 mejor es lo poco del *j*, que las riquezas
    37.29 los *j* heredarán la tierra, y vivirán para
    51.4 que seas reconocido *j* en tu palabra
    52.6 verán los *j*, y temerán; se reirán de él
    58.11 ciertamente hay galardón para el *j*
    64.10 se alegrará el *j* en Jehová, y confiará en
    92.12 el *j* florecerá como la palmera; crecerá
    97.11 luz está sembrada para el *j*, y alegría
    118.20 es puerta de .. por ella entrarán los *j*
    119.137 *j* eres tú, oh Jehová, y rectos tus
    125.3 sobre la heredad de los *j*; no sea que
    141.5 que el *j* me castigue, será un favor, y
    145.17 *j* es Jehová en todos sus caminos, y
    146.8 levanta a .. caídos; Jehová ama a los *j*
Pr. 3.33 impío, pero bendecirá la morada de los *j*
    4.18 la senda de los *j* es como la luz de la
    9.9 sabio; enseña al *j*, y aumentará su saber
    10.3 no dejará padecer hambre al *j*; mas la
    10.6 hay bendiciones sobre la cabeza del *j*
    10.16 la obra del *j* es para vida; mas el fruto
    10.21 los labios del *j* apacientan a muchos
    10.25 malo .. mas el *j* permanece para siempre
    11.8 el *j* es librado de la tribulación; mas el
    11.28 mas los *j* reverdecerán como ramas
    12.21 ninguna adversidad acontecerá al *j*; mas
    13.21 mas los *j* serán premiados con el bien
    14.32 mas el *j* en su muerte tiene esperanza
    20.7 camina en su integridad el *j*; sus hijos
    21.18 rescate del *j* es el impío, y por los
    28.1 mas el *j* está confiado como un león
    29.2 cuando los *j* dominan, el pueblo se alegra
    29.7 conoce el *j* la causa de los pobres; mas
Ec. 3.17 dije yo .. Al *j* y al impío juzgará Dios
    7.15 *j* hay que perece por su justicia, y hay
    7.16 no seas demasiado *j*, ni seas sabio con
    7.20 no hay hombre *j* en la tierra, que haga
    8.14 hay *j* a quienes sucede como si .. impíos
    9.1 los *j* y .. obras están en la mano de Dios
    9.2 un mismo suceso ocurre al *j* y al impío
Is. 3.10 decid al *j* que le irá bien, porque comerá
    24.16 oímos cánticos: Gloria al *j*. Y yo dije
    26.2 abrid las puertas, y entrará la gente *j*
    26.7 el camino del *j* es rectitud; tú, que eres
    41.2 ¿quién despertó del oriente al *j*, lo llamó
    45.21 y no hay más Dios que yo; Dios *j* y
    57.1 perece el *j*, y no hay quien piense en ello
    57.1 de delante de la aflicción es quitado el *j*
    60.21 y tu pueblo, todos ellos serán *j*, para
Jer. 12.1 *j* eres tú, oh Jehová, para que yo dispute

Lm. 1.18 Jehová es *j*; yo contra su palabra me
Ez. 3.21 si al *j* amonestares para que no peque
    18.5 el hombre que fuere *j*, e hiciere según
    18.24; 33.18 si él *j* se apartare de su justicia
    18.26 apartándose el *j* de su justicia . . morirá
Dn. 4.37 todas sus obras son . . y sus caminos *j*
    9.14 *j* es Jehová nuestro Dios en todas sus
Mi. 3.1 ¿no concierne a vosotros . . lo que es *j*?
Hab. 1.13 cuando destruye el impío al más *j* que
    2.4 se enorgullece; mas el *j* por su fe vivirá
Sof. 3.5 Jehová en medio de ella es *j*, no hará
Zac. 9.9 he aquí tu rey vendrá a ti, *j* y salvador
Mal. 3.18 la diferencia entre el *j* y el malo, entre
Mt. 1.19 José su marido, como era *j*, y no quería
    5.45 y que hace llover sobre *j* e injustos
    9.13; Mr. 2.17; Lc. 5.32 a llamar a *j*, sino a
    10.41 el que recibe a un *j* por cuanto es *j*
    13.43 los *j* resplandecerán como el sol en el
    13.49 apartarán a los malos de entre los *j*
    23.28 os mostráis *j* a los hombres, pero por
    23.35 venga sobre vosotros toda la sangre *j*
    25.37 los *j* le responderán diciendo: Señor
    27.19 decir: No tengas nada que ver con ese *j*
    27.24 inocente soy yo de la sangre de este *j*
Lc. 1.6 ambos eran *j* delante de Dios, y andaban
    15.7 más gozo . . que por noventa y nueve *j*
    18.9 unos que confiaban en sí mismos como *j*
    23.47 verdaderamente este hombre era *j*
    23.50 José, de Arimatea . . varón bueno y *j*
Jn. 5.30 mi juicio es *j*, porque no busco mi
    7.24 no juzguéis . . sino juzgad con *j* juicio
Hch. 3.14 mas vosotros negasteis al Santo y al *J*
    4.19 juzgad si es *j* delante de Dios obedecer
    7.52 los que anunciaron . . la venida del *J*
    22.14 te ha escogido . . para que veas al *J*
Ro. 1.17; Gá. 3.11; He. 10.38 el *j* por la fe vivirá
    2.13 no son los oidores de . . los *j* ante Dios
    3.10 como está escrito: No hay *j*, ni aun uno
    3.26 que él sea el *j*, y el que justifica al
    5.7 apenas morirá alguno por un *j*; con todo
    5.19 de uno, los muchos serán constituidos *j*
    7.12 ley . . y el mandamiento santo, *j* y bueno
Ef. 6.1 obedeced a vuestros padres . . esto es *j*
Col. 4.1 amos, haced lo que es *j* y recto con
1 Ts. 2.10 sois testigos . . de cuán santa, *j* e
1 Ti. 1.9 la ley no fue dada para el *j*, sino para
Tit. 1.8 sobrio, *j*, santo, dueño de sí mismo
He. 12.23 los espíritus de los *j* hechos perfectos
Stg. 5.6 habéis condenado y dado muerte al *j*
    5.16 la oración eficaz del *j* puede mucho
1 P. 3.12 los ojos del Señor están sobre los *j*, y
    3.18 el *j* por los injustos, para llevarnos a Dios
    4.18 y si el *j* con dificultad se salva, ¿en dónde
2 P. 1.13 pues tengo por *j* . . el despertaros con
    2.8 porque este *j* . . afligía . . su alma *j* viendo
1 Jn. 1.9 fiel y *j* para perdonar nuestros pecados
    2.1 abogado tenemos para . . a Jesucristo el *j*
    2.29 si sabéis que él es *j*, sabed también que
    3.7 el que hace justicia es *j*, como él es *j*
Ap. 3.7 y verdaderos son tus caminos, Rey de
    16.5 *j* eres tú, oh Señor, el que eres y que
    16.7 Señor . . tus juicios son verdaderos y *j*
    19.8 el lino fino es las acciones *j* de los santos
    22.11 el que es *j*, practique la justicia todavía

JUVENIL
2 Ti. 2.22 huye también de las pasiones *j*, y sigue

JUVENTUD
Gn. 8.21 intento del . . hombre es malo desde su *j*
Job 36.14 fallecerá el alma de ellos en su *j*, y su
Sal. 25.7 de los pecados de mi *j*, y . . rebeliones
Ec. 11.10 la adolescencia y la *j* son vanidad
    12.1 acuérdate de tu Creador en . . de tu *j*
Is. 54.4 que te olvidarás de la vergüenza de tu *j*
Jer. 22.21 fue tu camino desde tu *j*, que nunca
Lm. 3.27 bueno le es . . llevar el yugo desde su *j*
Mt. 19.20; Mr. 10.20; Lc. 18.21 todo esto lo he
    guardado desde mi *j*
1 Ti. 4.12 ninguno tenga en poco tu *j*, sino sé

JUZGAR *v.* Acusar, Condenar
Gn. 15.14 a la nación a la cual servirán, *juzgaré*
Ex. 18.13 se sentó Moisés a *juzgar* al pueblo; y el
    18.22 ellos *juzgarán* al pueblo en todo tiempo
Nm. 35.24 la congregación *juzgará* entre el que
Dt. 1.16 *juzgad* justamente entre el hombre y su
    32.36 Jehová *juzgará* a su pueblo, y por amor
Jue. 11.27 Jehová . . *juzgue* hoy entre . . y . . Amón
1 S. 7.16 *juzgaba* a Israel en todos estos lugares
1 R. 8.32 oirás desde el cielo . . y *juzgarás* a tus
1 Cr. 16.33 Jehová, porque viene a *juzgar* la tierra
2 Cr. 6.23 *juzgarás* a tus siervos, dando la paga
    19.6 porque no *juzgáis* en lugar de hombre
Job 22.13 ¿cómo *juzgará* a través de la oscuridad?
Sal. 7.8 Jehová *juzgará* a los pueblos; *júzgame*
    9.8 él *juzgará* el mundo con justicia, y a los
    10.18 para *juzgar* al huérfano y al oprimido
    26.1 *júzgame*, oh Jehová, porque yo en mi
    35.24 *júzgame* conforme a tu justicia, Jehová
    37.33 ni lo condenará cuando le *juzgaren*
    43.1 *júzgame*, oh Dios, y defiende mi causa
    58.11 ciertamente hay Dios que *juzga* en la
    67.4 porque *juzgarás* los pueblos con equidad
    72.2 él *juzgará* a tu pueblo con justicia, y a
    76.9 cuando te levantaste . . para *juzgar*, para
    82.1 Dios . . en medio de los dioses *juzga*
    96.13; 98.9 vino a *juzgar* . . *juzgará* al mundo
    110.6 *juzgará* entre las naciones, las llenará
    135.14 porque Jehová *juzgará* a su pueblo, y
Ec. 3.17 al justo y al impío *juzgará* Dios; porque
    11.9 sobre todas estas cosas te *juzgará* Dios
Is. 2.4 *juzgará* entre las naciones, y reprenderá
    11.3 no *juzgará* según la vista de sus ojos
    66.16 Jehová *juzgará* con fuego y con su espada
Jer. 5.28 la causa de los pobres no *juzgaron*
    11.20 oh Jehová de . . que *juzgas* con justicia
Ez. 7.3, 8 te *juzgaré* según tus caminos; y pondré
    18.30 *juzgaré* a cada uno según sus caminos
    33.20 *juzgaré*, oh casa de Israel, a cada uno
    36.19 y conforme a sus obras los *juzgué*
    44.24 para *juzgar*; conforme a mis . . *juzgarán*
Jl. 3.12 me sentaré para *juzgar* a . . las naciones
Mi. 4.3 y él *juzgará* entre muchos pueblos, y
    7.3 el juez *juzga* por recompensa; y el grande
Zac. 7.9 *juzgad* conforme a la verdad, y haced
    8.16 *juzgad* según la verdad y lo . . a la paz
Mt. 7.1; Lc. 6.37 no *juzguéis* . . no seáis *juzgados*
    19.28; Lc. 22.30 para *juzgar* a las doce tribus
Lc. 7.43 más. Y él le dijo: Rectamente has *juzgado*
    19.22 mal siervo, por tu propia boca te *juzgo*
Jn. 5.22 el Padre a nadie *juzga*, sino que todo el
    7.24 no *juzguéis* . . *juzgad* con justo juicio
    7.51 ¿*juzga* acaso nuestra ley a un hombre si
    8.15 *juzgáis* según la carne; yo no *juzgo* a
    8.26 muchas cosas tengo que decir y *juzgar* de
    12.47 yo no le *juzgo* . . no he venido a *juzgar*
    16.11 el príncipe de . . ha sido ya *juzgado*
Hch. 7.7 yo *juzgaré*, dijo Dios, a la nación de la
    15.19 *juzgo* que no se inquiete a los gentiles
    17.31 un día . . *juzgará* al mundo con justicia
    24.8 al *juzgarle*, podrás informarte de todas
Ro. 2.1 tú que *juzgas*; pues en lo que *juzgas* a otro
    2.12 han pecado, por la ley serán *juzgados*
    2.16 día en que Dios *juzgará* . . los secretos de
    3.4 para que . . venzas cuando fueres *juzgado*
    3.6 otro modo, ¿cómo *juzgaría* Dios al mundo?
    14.3 el que no come, no *juzgue* al que come
    14.10 pero tú ¿porqué *juzgas* a tu hermano?
    14.13 no nos *juzguemos* más los unos a los
1 Co. 2.15 el espiritual *juzga* . . él no es *juzgado*
    4.3 yo en muy poco tengo el ser *juzgado* por
    4.4 pero el que me *juzga* es el Señor
    5.3 como presente he *juzgado* al que tal cosa
    5.12 ¿qué razón tendría yo para *juzgar* a los
    6.2 que los santos han de *juzgar* al mundo?
    6.3 ¿o no sabéis que hemos de *juzgar* a los
    11.31 examinásemos . . no seríamos *juzgados*
    14.29 profetas hablen . . y los demás *juzguen*
Col. 2.16 nadie os *juzgue* en comida o en bebida
2 Ti. 4.1 que *juzgará* a los vivos y a los muertos

He. 10.30 y otra vez: El Señor *juzgará* a su pueblo
13.4 a los fornicarios y a .. los *juzgará* Dios
Stg. 2.12 como los que habéis de ser *juzgados* por
4.11 el que .. *juzga* a su hermano .. *j* a la ley
4.12 tú, ¿quién eres para que *juzgues* a otro?
1 P. 4.5 al que está preparado para *juzgar* a los
4.6 para que sean *juzgados* en carne según los
Ap. 6.10 no *juzgas* y vengas nuestra sangre en los
11.18 el tiempo de *juzgar* a los muertos, y de
20.4 los que recibieron facultad de *juzgar*
20.12 *juzgados* los muertos por las cosas que

LABÁN   Gn. 24.29–60; 29.1–30; 30.25—31.55.

LABIO *v.* **Boca, Garganta, Lengua**
1 S. 1.13 se movían sus *l*, y su voz no se oía; y Elí
Job 27.4 *l* no hablarán iniquidad, ni mi lengua
Sal. 12.4 nuestros *l* son nuestros; ¿quién es señor
34.13 guarda tu lengua .. *l* de hablar engaño
45.2 eres el .. la gracia se derramó en tus *l*
51.15 Señor, abre mis *l*, y publicará mi boca
63.3 mejor es .. que la vida; mis *l* te alabarán
141.3 oh Jehová; guarda la puerta de mis *l*
Pr. 5.3 los *l* de la mujer extraña destilan miel
10.8 el sabio de corazón .. el necio de *l* caerá
10.32 *l* del justo saben hablar lo que agrada
14.3 mas los *l* de los sabios los guardarán
16.10 oráculo hay en los *l* del rey; en juicio
16.13 los *l* justos son el contentamiento de los
18.7 la boca .. y sus *l* son lazos para su alma
20.15 mas los *l* prudentes son joya preciosa
Ec. 10.12 los *l* del necio causan su propia ruina
Cnt. 4.3 como hilo de grana, y tu habla hermosa
Is. 6.5 hombre inmundo de *l* .. tiene *l* inmundos
29.13 y con sus *l* me honra, pero su corazón
Os. 14.2 ofreceremos la ofrenda de nuestros *l*
Sof. 3.9 devolveré yo a los pueblos pureza de *l*
Mal. 2.7 los *l* del sacerdote han de guardar la
Mt. 15.8; Mr. 7.6 este pueblo de *l* me honra, mas
Ro. 3.13 veneno de áspides hay debajo de sus *l*
1 Co. 14.21 con otros *l* hablaré a este pueblo; y ni
He. 13.15 fruto de *l* que confiesan su nombre

LABOR *v.* **Labranza, Obra, Trabajo**
Sal. 104.23 sale el hombre a su *l*, y a su labranza
Pr. 14.23 toda *l* hay fruto; mas las vanas palabras
Ec. 3.13 todo hombre .. goce el bien de toda su *l*
Jn. 4.38 otros .. vosotros habéis entrado en sus *l*

LABRADOR *v.* **Obrero, Trabajador**
Gn. 4.2 Abel fue pastor .. Caín fue *l* de la tierra
Jer. 14.4 confusos los *l*, cubrieron sus cabezas
Zac. 13.5 no soy profeta; *l* soy de la tierra, pues
Mt. 21.33; Mr. 12.1; Lc. 20.9 la arrendó a unos *l*
Jn. 15.1 la vid verdadera, y mi Padre es el *l*
2 Ti. 2.6 el *l*, para participar de los frutos, debe
Stg. 5.7 el *l* espera el precioso fruto de la tierra

LABRANZA *v.* **Labor, Obra, Trabajo**
Mt. 22.5 fueron, uno a su *l*, y otro a sus negocios
1 Co. 3.9 vosotros sois *l* de Dios, edificio de Dios

LABRAR *v.* **Hacer, Trabajar**
Gn. 2.5 ni había hombre para que *labrase* la tierra
2.15 y lo puso en el huerto .. que lo *labrara*
3.23 y lo sacó .. para que *labrase* la tierra de
4.12 cuando *labres* la tierra, no te volverá a
Dt. 28.39 plantarás viñas y *labrarás* .. no beberás
Pr. 9.1 la sabiduría .. *labró* sus siete columnas
12.11; 28.19 el que *labra* su tierra se saciará de
Jn. 4.38 segar lo que vosotros no *labrasteis*; otros

LADRILLO
Gn. 11.3 dijeron unos a otros: Vamos, hagamos *l*
Ex. 1.14 en hacer barro y *l* .. y en toda labor del
Is. 9.10 *l* cayeron, pero edificaremos de cantería

LADRÓN
Ex. 22.2 si el *l* fuere hallado forzando una casa
22.3 *l* hará completa restitución; si no tuviere
Dt. 24.7 morirá el tal *l*, y quitarás el mal de en
Job 12.6 prosperan las tiendas de los *l*, y los que
Sal. 50.18 si veías al *l*, tú corrías con él, y con los
Pr. 6.30 no tienen en poco al *l* si hurta para saciar
29.24 cómplice del *l* aborrece su propia alma

Jer. 2.26 se avergüenza el *l* cuando es descubierto
7.11 ¿es cueva de *l* delante de vuestros ojos
Ez. 18.10 mas si engendrare hijo *l*, derramador de
Mt. 6.20 corrompen, y donde *l* no minan ni hurtan
21.13; Mr. 11.17; Lc. 19.46 hecho cueva de *l*
24.43; Lc. 12.39 qué hora el *l* habría de venir
26.55; Mr. 14.48; Lc. 22.52 ¿como contra un *l*
27.38; Mr. 15.27 crucificaron con él a dos *l*
Lc. 10.30 Jericó, y cayó en manos de *l*, los cuales
12.33 donde *l* no llega, ni polilla destruye
18.40 no .. sino a Barrabás. Y Barrabás era *l*
Jn. 10.1 sube por otra parte, ése es *l* y salteador
12.6 dijo esto .. porque era *l*, y teniendo la
18.40 no .. sino a Barrabás. Y Barrabás era *l*
2 Co. 11.26 peligros de *l*, peligros de los de mi
1 Ts. 5.2; 2 P. 3.10 el día del Señor vendrá como *l*
1 P. 4.15 padezca como homicida, o *l*, o malhechor
Ap. 3.3 pues si no velas, vendré sobre ti como *l*
16.15 yo vengo como *l*. Bienaventurado el

LAGAR
Is. 63.3 he pisado yo solo el *l*, y de los pueblos
Jl. 3.13 el *l* está lleno, rebosan las cubas; porque
Mt. 21.33 cavó en ella un *l*, edificó una torre
Ap. 14.19 echó las uvas en el gran *l* de la ira de
19.15 él pisa el *l* del vino del furor y de la ira

LAGO *v.* **Mar**
Lc. 5.1 estando Jesús junto al *l* de Genesaret, el
8.23 una tempestad de viento en el *l*; y se
8.33 el hato se precipitó por .. al *l*, y se ahogó
Ap. 19.20 lanzados vivos dentro de un *l* de fuego
20.10 fue lanzado en el *l* de fuego y azufre
21.8 tendrán su parte en el *l* que arde con

LÁGRIMA *v.* **Llorar, Lloro**
Job 16.20 amigos; mas ante Dios derramaré mis *l*
Sal. 42.3 fueron mis *l* mi pan de día y de noche
56.8 pon mis *l* en tu redoma; ¿no están ellas
80.5 les diste a comer pan de *l*, y a beber *l* en
84.6 atravesando el valle de *l* lo cambian en
102.9 como ceniza .. y mi bebida mezclo con *l*
116.8 tú has librado .. mis ojos de *l*, y mis
126.5 los que sembraron con *l*, con .. segarán
Ec. 4.1 y he aquí las *l* de los oprimidos, sin tener
Is. 25.8 y enjugará .. el Señor toda *l* de todos los
38.5 he oído tu oración, y visto tus *l*; he aquí
Jer. 9.1 mis ojos fuentes de *l*, para que llore día y
Lm. 2.11 mis ojos desfallecieron .. mis entrañas
2.18 oh hija de Sion, echa *l* cual arroyo día y
Mal. 2.13 haréis cubrir el altar de Jehová de *l*, de
Lc. 7.38 comenzó a regar con *l* sus pies, y los
Hch. 20.19 sirviendo al Señor con .. con muchas *l*
20.31 no he cesado de amonestar con *l* a cada
2 Co. 2.4 os escribí con muchas *l*, no para que
2 Ti. 1.4 deseando verte, al acordarme de tus *l*
He. 5.7 ruegos y súplicas con gran clamor y *l*
Ap. 7.17; 21.4 enjugará toda *l* de los ojos de ellos

LAMEC   Gn. 4.19–24; 5.25–31.

LAMENTACIÓN *v.* **Endecha, Llorar, Lloro**
Gn. 50.10 endecharon .. con grande y muy triste *l*
Jer. 9.10 por los montes levantaré lloro y *l*, y
Am. 5.1 oíd esta palabra .. para *l* sobre vosotros
Mt. 2.18 grande *l*, lloro y gemido; Raquel que
Lc. 23.27 mujeres que lloraban y hacían *l* por él
Ap. 1.7 los linajes de la tierra harán *l* por él
18.9 los reyes .. llorarán y harán *l* sobre ella
18.11 los mercaderes de .. hacen *l* sobre ella

LAMENTAR *v.* **Endechar, Gemir, Llorar**
Lv. 10.6 *lamentarán* por el incendio que Jehová ha
1 S. 7.2 casa de Israel *lamentaba* en pos de Jehová
2 S. 1.12 *lamentaron* y ayunaron hasta la noche
Is. 16.9 *lamentaré* con lloro de Jazer por la viña de
32.12 golpeándose el pecho *lamentarán* por los
Jer. 31.15 Raquel que *lamenta* por sus hijos, y no
31.18 he oído a Efraín que se *lamentaba*: Me
Lm. 3.39 ¿por qué se *lamenta* el hombre viviente?
Jl. 1.13 ceñíos y *lamentad*, sacerdotes; gemid
Mi. 1.8 por esto *lamentaré* y aullaré, y andaré
Mt. 11.17 os endechamos, y no *lamentasteis*
24.30 *lamentarán* todas las tribus de la tierra

Lc. 6.25 ¡ay de .. porque *lamentaréis* y lloraréis
Stg. 4.9 afligíos, y *lamentad*, y llorad. Vuestra

LAMER
Jue. 7.5 *lamiere* las aguas .. como *lame* el perro
1 R. 21.19 donde *lamieron* los perros la sangre de
Mi. 7.17 *lamerán* el polvo como la culebra; como
Lc. 16.21 los perros venían y le *lamían* las llagas

LÁMINA
Ex. 28.36 una *l* de oro fino, y grabarás en ella
39.30 hicieron .. la *l* de la diadema santa

LÁMPARA *v.* Antorcha, Luz
1 S. 3.3 antes que la *l* de Dios fuese apagada
2 S. 22.29 eres mi *l*, oh Jehová; mi Dios alumbrará
1 R. 11.36 mi siervo David tenga *l* .. delante de mí
15.4 por amor a David, Jehová .. le dio *l* en
Job 21.17 veces la *l* de los impíos es apagada
Sal. 18.28 tú encenderás mi *l*; Jehová mi Dios
119.105 *l* es a mis pies tu palabra, y lumbrera
132.17 de David; he dispuesto *l* a mi ungido
Pr. 6.23 el mandamiento es *l*, y la enseñanza
13.9; 24.20 mas se apagará la *l* de los impíos
20.27 *l* de Jehová es el espíritu del hombre
31.18 sus negocios; su *l* no se apaga de noche
Zac. 4.2 siete *l* encima del candelabro, y siete
Mt. 6.22; Lc. 11.34 la *l* del cuerpo es el ojo
25.1 que tomando sus *l*, salieron a recibir al
Lc. 12.35 estén ceñidos y vuestras *l* encendidas
Hch. 20.8 había muchas *l* en el aposento alto
Ap. 4.5 delante del trono ardían siete *l* de fuego
18.23 luz de *l* no alumbrará más en ti, ni voz
22.5 no tienen necesidad de luz de *l*, ni de luz

LANA
Sal. 147.16 la nieve como *l*, y derrama la escarcha
Pr. 31.13 busca *l* y lino, y con voluntad trabaja
Is. 1.18 carmesí, vendrán a ser como blanca *l*

LANGOSTA
Ex. 10.4 mañana yo traeré sobre tu territorio la *l*
Lv. 11.22 *l* según su especie, el langostín según
Nm. 13.33 éramos .. como *l*; y así les parecíamos
Dt. 28.38 recogerás poco .. la *l* lo consumirá
Jue. 6.5 venían con .. en grande multitud como *l*
Sal. 105.34 y vinieron *l*, y pulgón sin número
Pr. 30.27 las *l*, que no tiene rey, y salen todas por
Is. 40.22 la tierra, cuyos moradores son como *l*
Jl. 1.4 *l* comió lo que del revoltón había quedado
Am. 7.1 él criaba *l* cuando comenzaba a crecer
Mt. 3.4; Mr. 1.6 y su comida era *l* y miel silvestre
Ap. 9.3 y del humo salieron *l* sobre la tierra

LANZA *v.* Arco, Arma, Espada
1 S. 13.22 no se halló espada ni *l* en mano de
17.7 asta de su *l* era como un rodillo de telar
17.45 tú vienes a mí con espada y *l* y jabalina
18.11 arrojó Saúl la *l*, diciendo: Enclavaré a
19.10 hirió con la *l* en la pared; y David huyó
26.11 toma ahora la *l* que está a su cabecera
2 S. 1.6 hallé a Saúl que se apoyaba sobre su *l*
Sal. 46.9 que quiebra el arco, corta la *l*, y quema
57.4 sus dientes son *l* y saetas, y su lengua
Is. 2.4; Mi. 4.3 volverán sus .. y sus *l* en hoces
Jl. 3.10 forjad espadas de .. *l* de vuestras hoces
Hab. 3.11 a la luz .. al resplandor de tu fulgente *l*
Jn. 19.34 uno de .. le abrió el costado con una *l*

LANZAR *v.* Arrojar, Echar, Precipitar
Sal. 68.2 como es *lanzado* el humo, los *lanzarás*
Pr. 14.32 por su maldad será *lanzado* el impío
Ap. 12.9 y fue *lanzado* fuera el gran dragón, la
19.20 estos .. fueron *lanzados* vivos dentro
20.10 el diablo .. *lanzado* en el lago de fuego

LAODICEA Col. 2.1; 4.13-16; Ap. 1.11; 3.14.

LASCIVIA *v.* Concupiscencia, Pasión
Ro. 1.27 se encendieron en su *l* unos con otros
Gá. 5.19 adulterio, fornicación, inmundicia, *l*
Ef. 4.19 se entregaron a la *l* para cometer con
1 P. 4.3 andando en *l*, concupiscencias .. orgías

LATÍN
Lc. 23.38; Jn. 19.20 escrito .. en griego y en *l*

LAVAMIENTO
Ef. 5.26 purificado en el *l* del agua por la palabra
Tit. 3.5 por el *l* de la regeneración y .. renovación

LAVAR *v.* Limpiar, Purificar
Ex. 2.5 la hija de Faraón descendió a *lavarse* al
29.4 a Aarón y a sus hijos .. *lavarás* con agua
Dt. 21.6 *lavarán* sus manos sobre la becerra cuya
2 R. 5.10 vé y *lávate* siete veces en el Jordán, y tu
Job 9.30 aunque me *lave* con aguas de nieve, y
29.6 cuando *lavaba* yo mis pasos con leche
Sal. 26.6 *lavaré* en inocencia mis manos, y así
51.2 *lávame* más y más de mi maldad, y
51.7 *lávame*, y seré más blanco que la nieve
58.10 sus pies *lavará* en la sangre del impío
73.13 en vano .. *lavado* mis manos en inocencia
Is. 1.16 *lavaos* y limpiaos; quitad la iniquidad de
4.4 cuando el Señor *lave* las inmundicias de
Jer. 4.14 *lava* tu corazón de maldad, oh Jerusalén
Ez. 16.4 ni fuiste *lavada* con aguas para limpiarte
Mt. 6.17 ayunes, unge tu cabeza y *lava* tu rostro
15.2 no se *lavan* las manos cuando comen pan
15.20 el comer con las manos sin *lavar* no
27.24 Pilato .. tomó agua y se *lavó* las manos
Mr. 7.3 si .. no se *lavan* las manos, no comen
Lc. 11.38 se extrañó de que no se hubiese *lavado*
Jn. 9.7 dijo: Vé a *lavarte* en el estanque de Siloé
13.5 comenzó a *lavar* los pies de los discípulos
13.14 debéis *lavaros* los pies los unos a los
Hch. 22.16 ahora .. bautízate, y *lava* tus pecados
1 Co. 6.11 mas ya habéis sido *lavados*, ya habéis
1 Ti. 5.10 si ha *lavado* los pies de los santos; si ha
He. 10.22 *lavados* los cuerpos con agua pura
Ap. 1.5 que de nuestros pecados nos ha *lavado*
7.14 éstos .. han *lavado* sus ropas, y las han
22.14 bienaventurados los que *lavan* sus ropas

LÁZARO el mendigo Lc. 16.20-25.

LÁZARO de Betania Jn. 11.1—12.11.

LAZO *v.* Cuerda, Hoyo, Red, Trampa
Ex. 10.7 ¿hasta cuándo será este hombre un *l* para
Jos. 23.13 sino que os serán por *l*, por tropiezo
1 S. 18.21 se la daré, para que le sea por *l*, y para
2 S. 22.6; Sal. 18.5 tendieron sobre mí *l* de muerte
Job 18.9 *l* prenderá su calcañar; se afirmará la
22.10 tanto, hay *l* alrededor de ti, y te turba
38.31 ¿podrás tú atar los *l* de las Pléyades, o
Sal. 38.12 los que buscan mi vida arman *l*, y los
64.5 tratan de esconder los *l*, y dicen: ¿Quién
69.22 sea su convite delante de ellos por *l*
91.3 él te librará del *l* del cazador, y de la
140.5 han escondido *l* y cuerdas .. tendido red
141.9 guárdame de los *l* que me han tendido
142.3 en el camino en que .. me escondieron *l*
Pr. 13.14; 14.27 apartarse de los *l* de la muerte
18.7 la boca .. y sus labios son *l* para su alma
22.5 espinos y *l* hay en el camino del perverso
29.25 el temor del hombre pondrá *l*; mas el
Ec. 7.26 la mujer cuyo corazón es *l* y redes, y sus
Jer. 5.26 acechaban como quien pone *l*, pusieron
50.24 te puse *l*, y fuiste tomada, oh Babilonia
Lm. 3.47 y *l* fueron para nosotros, asolamiento
Ez. 17.20 extenderé .. red, y será preso en mi *l*
Os. 9.8 el profeta es *l* de cazador en .. caminos
Lc. 21.35 como un *l* vendrá sobre todos los que
1 Co. 7.35 esto lo digo .. no para tenderos *l*, sino
1 Ti. 3.7 no caiga en descrédito y en *l* del diablo
6.9 los que quieren enriquecerse caen en .. *l*

LEA Gn. 29.16—30.20.

LECTURA
Hch. 13.15 después de la *l* de la ley y .. profetas
1 Ti. 4.13 que voy, ocúpate en la *l*, la exhortación

LECHE
Gn. 18.8 tomó .. mantequilla y *l*, y el becerro que
Ex. 3.8; Dt. 26.9 tierra que fluye *l* y miel
34.26; Dt. 14.21 no cocerás el cabrito en la *l*
Jue. 4.19 ella abrió un odre de *l* y le dio de beber
Job 10.10 ¿no me vaciaste como *l*, y como queso
29.6 cuando lavaba yo mis pasos con *l*, y la

Pr. 27.27 *l* de las cabras para tu mantenimiento
　　30.33 el que bate la *l* sacará mantequilla
Is. 60.16 mamarás la *l* de las naciones, el pecho
Jl. 3.18 destilarán mosto, y los collados fluirán *l*
1 Co. 3.2 os di a beber *l*, y no vianda; porque aun
　　9.7 ¿o quién apacienta .. y no toma de la *l*
He. 5.12 tenéis necesidad de *l*, y no de alimento
1 P. 2.2 desead, como niños .. la *l* espiritual no

LECHO *v.* Cama
Job 7.13 cuando digo: Me consolará mi *l*, mi
Sal. 6.6 todas las noches inundo de llanto mi *l*
Is. 57.2 entrará en la paz; descansarán en sus *l*
Lc. 5.19 casa, y por el tejado le bajaron con el *l*
Jn. 5.8 Jesús le dijo: Levántate, toma tu *l*, y anda
He. 13.4 honroso sea .. el *l* sin mancilla; pero a

LEER
Ex. 24.7 tomó el libro del pacto y lo *leyó* a oídos
Dt. 17.19 *leerá* en él todos los días de su vida
　　31.11 *leerás* esta ley delante de todo Israel
Jos. 8.34 *leyó* todas las palabras de la ley, las
2 R. 23.2; 2 Cr. 34.30 *leyó* .. palabras del libro
Neh. 8.8 *leían* en el libro de la ley de Dios
Is. 29.12 *lee* ahora esto; el dirá: No sé *leer*
　　34.16 *leed* si faltó alguno de ellos; ninguno
Jer. 36.6 entra tú, pues, y *lee* de este rollo que
Hab. 2.2 visión .. que corra el que *leyere* en ella
Mr. 2.25; Lc. 6.3 ¿nunca *leísteis* lo que hizo David
　　13.14 la abominación .. (el que *lee*, entienda)
Lc. 4.16 entró en la sinagoga .. y se levantó a *leer*
Hch. 8.28 volvía .. *leyendo* al profeta Isaías
　　23.34 el gobernador .. *leída* la carta, preguntó de
2 Co. 3.2 conocidas y *leídas* por todos los hombres
Col. 4.16 cuando esta carta haya sido *leída* entre
1 Ts. 5.27 que esta carta se *lea* a todos los santos
Ap. 1.3 bienaventurado el que *lee*, y los que oyen
　　5.4 ninguno digno de abrir el libro, ni de *leerlo*

LEGIÓN
Mt. 26.53 él no me daría más de doce *l* de ángeles
Mr. 5.9; Lc. 8.30 ¿cómo te llamas? .. *L* me llamo

LEGISLADOR
Gn. 49.10 ni el *l* de entre sus pies, hasta que venga
Nm. 21.18 lo cavaron .. y el *l*, con sus báculos
Dt. 33.21 allí le fue reservada la porción del *l*
Sal. 60.7; 108.8 Efraín es .. cabeza; Judá es mi *l*
Is. 33.22 Jehová es nuestro *l*, Jehová es nuestro

LEGÍTIMAMENTE
1 Ti. 1.8 que la ley es buena, si uno la usa *l*
2 Ti. 2.5 que lucha .. no es coronado si no lucha *l*

LEGUMBRE
Pr. 15.17 mejor es la comida de *l* donde hay
Dn. 1.12 y nos den *l* a comer, y agua a beber
Ro. 14.2 comer de todo; otro, que es débil, come *l*

LEHI Jue. 15.9-19; 2 S. 23.11.

LEJOS *v.* Apartado
Dt. 30.11 no es demasiado difícil para ti, ni está *l*
2 R. 2.7 varones de los .. se pararon delante, a lo *l*
Sal. 119.155 *l* está de los impíos la salvación
Pr. 15.29 Jehová está *l* de los impíos, pero él
Is. 43.6 trae de *l* mis hijos, y mis hijas de los
　　46.12 duros de .. que estáis *l* de la justicia
Mt. 21.33; Mr. 12.1 la arrendó a .. y se fue *l*
　　25.14; Mr. 13.34 como un hombre .. yéndose *l*
　　26.58; Mr. 14.54; Lc. 22.54 le seguía de *l*
Mr. 7.6 me honran, mas su corazón está *l* de mí
　　12.34 le dijo: No estás *l* del reino de Dios
Lc. 15.13 el hijo menor, se fue *l* a una provincia
Hch. 17.27 no está *l* de cada uno de nosotros
Gá. 6.14 *l* esté de mí gloriarme, sino en la cruz
Ef. 2.13 vosotros que en .. estabais *l*, habéis sido
　　2.17 anunció .. paz a vosotros que estabais *l*
He. 11.13 sino mirándolo de *l*, y creyéndolo

LEMUEL Pr. 31.1.

LENGUA *v.* Boca, Garganta, Labio
Gn. 11.1 tenía .. toda la tierra una sola *l* y unas

Neh. 13.24 la mitad de sus hijos hablaban la *l* de
Job 5.21 del azote de la *l* serás encubierto
Sal. 10.7 debajo de su *l* hay vejación y maldad
　　34.13 guarda tu *l* del mal, y tus labios de
　　35.28 y mi *l* hablará de tu justicia y de tu
　　39.1 dije: Atenderé .. para no pecar con mi *l*
　　55.9 oh Señor, confunde la *l* de ellos; porque
　　73.9 ponen su boca .. y su *l* pasea la tierra
　　120.3 ¿qué te dará, o qué te .. oh *l* engañosa?
　　140.3 aguzaron su *l* como la serpiente .. áspid
Pr. 10.20 plata escogida es la *l* del justo; mas el
　　10.31 la boca .. mas la *l* perversa será cortada
　　12.18 mas la *l* de los sabios es medicina
　　15.4 la *l* apacible es árbol de vida; mas la
　　18.21 muerte y la vida están en poder de la *l*
　　25.15 y la *l* blanda quebranta los huesos
　　31.26 y la ley de clemencia está en su *l*
Is. 19.18 cinco ciudades .. hablen la *l* de Canaán
　　28.11 *l* de tartamudos, y en extraña *l* hablará
　　33.19 de *l* difícil de entender, de *l* tartamuda
　　35.6 el cojo saltará .. cantará la *l* del mudo
　　45.23 que a mí se doblará .. y jurará toda *l*
　　50.4 Jehová el Señor me dio *l* de sabios, para
　　54.17 condenarás toda *l* que se levante contra
Jer. 9.8 saeta afilada es la *l* de ellos; engaño habla
　　18.18 venid e hirámoslo de *l*, y no atendamos
Ez. 3.5 no eres enviado a pueblo .. de *l* difícil
Mr. 7.35 se desató la ligadura de su *l*, y hablaba
　　16.17 a los que creen .. hablarán nuevas *l*
Lc. 1.64 al momento fue .. suelta su *l*, y habló
Hch. 2.4 y comenzaron a hablar en otras *l*, según
　　2.6 cada uno les oía hablar en su propia *l*
1 Co. 12.10 géneros de *l* .. interpretación de *l*
　　13.1 si yo hablase *l* humanas y angélicas, y no
　　13.8 y cesarán las *l*, y la ciencia acabará
　　14.2 el que habla en *l* no habla a los hombres
　　14.13 que habla en *l* extraña, pida en oración
　　14.18 doy gracias a Dios que hablo en *l* más
　　14.21 en otras *l* y con .. hablaré a este pueblo
　　14.22 las *l* son por señal, no a los creyentes
Stg. 1.26 y no refrena su *l*, sino que engaña su
　　3.5 la *l* es un miembro pequeño, pero se jacta
　　3.8 ningún hombre puede domar la *l*, que es
1 P. 3.10 refrene su *l* de mal, y sus labios no
Ap. 7.9 todas las naciones y tribus y pueblos y *l*
　　16.10 derramó su .. y mordían de dolor sus *l*

LENGUAJE
Sal. 19.3 no hay *l*, ni palabras, ni es oída su voz
　　81.5 cuando salió por .. oí *l* que no entendía

LENTEJA
Gn. 25.34 Jacob dio a Esaú .. del guisado de las *l*
2 S. 23.11 había un pequeño terreno lleno de *l*

LEÑA
Gn. 22.7 y él dijo: He aquí el fuego y la *l*; mas
Nm. 15.32 hombre que recogía *l* en día de reposo
Pr. 26.20 sin *l* se apaga el fuego, y donde no hay
Lm. 5.4 por dinero; compramos nuestra *l* por precio

LEÑO
Job 41.27 estima como .. y el bronce como *l* podrido
Jer. 2.27 que dicen a un *l*: Mi padre eres tú; y a

LEÓN *v.* Leoncillo
Gn. 49.9 cachorro de *l*, Judá; de la presa subiste
　　49.9 encorvó, se echó como *l*, así como *l* viejo
Nm. 24.9 se encorvará para echarse como *l*, y .. *l*
Jue. 14.5 un *l* joven que venía rugiendo hacia él
1 S. 17.34 cuando venía un *l*, o un oso, y tomaba
2 S. 23.20; 1 Cr. 11.22 él mismo .. mató a un *l* en
1 R. 13.24 yéndose, le topó un *l* en el camino, y le
2 R. 17.25 envió Jehová contra ellos *l* que los
Job 10.16 si mi cabeza se alzare, cual *l* tú me
　　38.39 ¿cazarás tú la presa para el *l*?
Sal. 17.12 como *l* que desea hacer presa, y como
　　22.21 sálvame de la boca del *l*, y líbrame de
　　57.4 mi vida está entre *l*; estoy echado entre
　　91.13 sobre el *l* y el áspid pisarás; hollarás al
Pr. 22.13; 26.13 dice el perezoso: El *l* está fuera
　　30.30 el *l*, fuerte entre todos los animales, que
Ec. 9.4 porque mejor es perro vivo que *l* muerto

Is. 11.7; 65.25 y el *l* como el buey comerá paja
  35.9 no habrá allí *l*, ni fiera subirá por él, ni
Jer. 12.8 heredad fue para mí como *l* en la selva
Lm. 3.10 fue para mí como . . *l* en escondrijos
Dn. 6.20 Dios . . te ha podido librar de los *l*?
  7.4 la primera era como *l*, y tenía alas de
Os. 5.14 yo seré como *l* a Efraín . . cachorro de *l*
Am. 3.8 si el *l* ruge, ¿quién no temerá? Si habla
Mi. 5.8 como el *l* entre las bestias de la selva
Sof. 3.3 sus príncipes en medio . . son *l* rugientes
2 Ti. 4.17 oyesen. Así fui librado de la boca del *l*
He. 11.33 que por fe . . taparon bocas de *l*
1 P. 5.8 adversario el diablo, como *l* rugiente
Ap. 4.7 ser viviente era semejante a un *l*
  5.5 el *L* de la tribu de Judá . . ha vencido

LEONCILLO
Job 4.10 los dientes de los *l* son quebrantados
Sal. 34.10 los *l* necesitan, y tienen hambre; pero
Ez. 19.3 vino a ser *l*, y aprendió a arrebatar la

LEOPARDO
Jer. 13.23 ¿mudará el etíope . . y el *l* sus manchas?
Dn. 7.6 otra, semejante a un *l*, con cuatro alas de
Os. 13.7 como un *l* en el camino los acecharé
Ap. 13.2 la bestia que vi era semejante a un *l*

LEPRA
Lv. 13.2 en la piel de su cuerpo como llaga de *l*
  14.34 pusiere yo plaga de *l* en alguna casa
Dt. 24.8 en cuanto a la plaga de la *l*, ten cuidado
2 R. 5.3 si rogase mi señor . . lo sanaría de su *l*
  5.27 la *l* de Naamán se te pegará a ti y a tu
2 Cr. 26.20 he aquí la *l* estaba en su frente; y le
Mt. 8.3; Mr. 1.42 al instante su *l* desapareció
Lc. 5.12 se presentó un hombre lleno de *l*, el cual

LEPROSO, sa
Ex. 4.6 cuando la sacó . . su mano estaba *l* como
Lv. 14.2 será la ley para el *l* cuando se limpiare
Nm. 5.2 que echen del campamento a todo *l*, y a
  12.10 María estaba *l* como la nieve . . estaba *l*
2 R. 5.1 este hombre valeroso en extremo, pero *l*
  7.3 había a la entrada de . . cuatro hombres *l*
2 Cr. 26.21 Uzías fue *l* . . y habitó *l* en una casa
Mt. 8.2; Mr. 1.40 vino un *l* y se postró ante él
  10.8 enfermos, limpiad *l*, resucitad muertos
  11.5; Lc. 7.22 los *l* son limpiados, los sordos
  26.6; Mr. 14.3 en casa de Simón el *l*
Lc. 4.27 muchos *l* había en Israel en tiempo del
  17.12 le salieron al encuentro diez hombres *l*

LETRA
Jn. 7.15 ¿cómo sabe éste *l*, sin haber estudiado?
Hch. 4.13 sabiendo que eran hombres sin *l* y del
  26.24 Pablo; las muchas *l* te vuelven loco
Ro. 2.29 la circuncisión es . . en espíritu, no en *l*
  7.6 Espíritu y no bajo el régimen viejo de la *l*
2 Co. 3.6 no de la *l* . . porque la *l* mata, mas el
Gá. 6.11 cuán grandes *l* os escribo de mi propia

LETRINA
Mt. 15.17; Mr. 7.19 entra en . . y es echado en la *l*

LEUDADO
Ex. 12.15 que comiere *l* . . será cortado de Israel
Am. 4.5 ofreced sacrificio de alabanzas con pan *l*

LEVA
1 R. 5.13 el rey Salomón decretó *l* en todo Israel
  9.15 esta es la razón de la *l* que el rey Salomón

LEVADURA
Ex. 12.17; 23.15; 34.18 la fiesta de los panes sin *l*
  12.19; Dt. 16.4 por siete días no se hallará *l*
  12.39 cocieron tortas sin *l* de la masa que
Dt. 16.8 seis días comerás pan sin *l*, y el séptimo
Mt. 13.33; Lc. 13.21 el reino . . es semejante a la *l*
  16.6; Mr. 8.15; Lc. 12.1 de la *l* de los fariseos
  26.17; Mr. 14.1; Lc. 22.7 fiesta . . panes sin *l*
1 Co. 5.6; Gá. 5.9 un poco de *l* leuda toda la masa?
  5.7 para que seáis nueva masa, sin *l* como sois
  5.8 no con la vieja *l*, ni con la *l* de malicia

LEVANTAR v. Alzar, Despertar, Resucitar
Nm. 10.35 decía: *Levántate*, oh Jehová, y sean
Dt. 2.24 *levantaos* . . y pasad el arroyo de Arnón
  18.15 profeta . . como yo, te *levantará* Jehová
Jos. 1.2 *levántate* y pasa este Jordán, tú y todo
Jue. 5.7 me *levanté*, me *l* como madre en Israel
1 S. 2.8 *levanta* del polvo al pobre, y del muladar
2 S. 12.20 David se *levantó* de la tierra, y se lavó
Esd. 4.19 se *levanta* contra los reyes y se rebela
Job 7.4 acostado, digo: ¿Cuándo me *levantaré*?
  14.12 hombre yace y no vuelve a *levantarse*
  19.25 vive, y al fin se *levantará* sobre el polvo
  31.14 ¿qué haría yo cuando Dios se *levantase*?
Sal. 1.5 no se *levantarán* los malos en el juicio, ni
  2.2 se *levantarán* los reyes de la tierra . . unidos
  25.1 a ti, oh Jehová, *levantaré* mi alma
  35.2 echa mano al . . y *levántate* en mi ayuda
  41.10 mas tú, Jehová, ten . . y hazme *levantar*
  44.26 *levántate* para ayudarnos, y redímenos
  68.1 *levántese* Dios, sean esparcidos sus
  94.16 ¿quién se *levantará* por mí contra los
  102.13 te *levantarás* y tendrás misericordia
  107.41 *levanta* de la miseria al pobre, y hace
  113.7 él *levanta* del polvo al pobre, y al
  124.2 cuando se *levantaron* contra nosotros
  127.2 por demás es que os *levantéis* de
Pr. 24.16 veces cae el justo, y vuelve a *levantarse*
Ec. 4.10 el uno *levantará* a su compañero; pero
Is. 2.19 cuando él se *levante* para castigar la tierra
  3.5 el joven se *levantará* contra el anciano
  5.11 ¡ay de los que se *levantan* de mañana!
  32.9 mujeres indolentes, *levantaos*, oíd mi voz
  33.10 me *levantaré*, dice Jehová, ahora seré
  59.19 de Jehová *levantará* bandera contra él
Jer. 2.27 calamidad dicen: *Levántate*, y líbranos
Lm. 3.41 *levantemos* nuestros corazones y manos
Dn. 12.13 te *levantarás* para recibir tu heredad
Am. 7.2 ¿quién *levantará* a Jacob? . . es pequeño
  7.10 Amós se ha *levantado* contra ti en medio
Zac. 13.7 *levántate*, oh espada, contra el pastor
Mt. 9.6; Mr. 2.11; Lc. 5.24 *levántate*, toma tu
  9.25 tomó de la . . a la niña, y ella se *levantó*
  27.52 muchos cuerpos de santos . . *levantaron*
Mr. 5.41; Lc. 7.14; 8.54 a ti te digo, *levántate*
Lc. 1.69 nos *levantó* un poderoso Salvador en la
  10.15 hasta los cielos eres *levantada*, hasta
  11.32 de Nínive se *levantarán* en el juicio con
Jn. 2.19 destruid este . . y en tres días lo *levantaré*
  5.21 como el Padre *levanta* a los muertos, y
  8.28 cuando hayáis *levantado* al Hijo del
  11.29 ella . . se *levantó* de prisa y vino a él
  12.32 si fuere *levantado* de la tierra, a todos
Hch. 2.24 al cual Dios *levantó*, sueltos los dolores
  3.6 en el nombre de Jesucristo . . *levántate* y
  3.22; 7.37 el Señor . . os *levantará* profeta de
  3.26 habiendo *levantado* a su Hijo, lo envió
  5.30 Dios . . *levantó* a Jesús, a quien vosotros
  9.6 *levántate* y entra en la ciudad, y se te dirá
  9.40 dijo: Tabita, *levántate*. Y ella abrió los
  10.40 a éste *levantó* Dios al tercer día, y hizo
  13.30 mas Dios le *levantó* de los muertos
  17.31 con haberle *levantado* de los muertos
  18.12 judíos se *levantaron* de común acuerdo
  22.10 me dijo: *Levántate*, y vé a Damasco, y
  26.16 pero *levántate*, y ponte sobre tus pies
Ro. 9.17 para esto mismo te he *levantado*, para
  13.11 es ya hora de *levantarnos* del sueño
1 Co. 6.14 que *levantó* al Señor . . nos *levantará*
Ef. 5.14 y *levántate* de los muertos, y te alumbrará
2 Ts. 2.4 se opone y se *levanta* contra todo lo que
He. 11.19 es poderoso para *levantar* aun de entre
  12.12 *levantad* las manos caídas y las rodillas
Stg. 5.15 salvará al enfermo . . Señor lo *levantará*
Ap. 10.5 ángel que vi . . *levantó* su mano al cielo

LEVÍ hijo de Israel
Gn. 29.34 dio a luz un hijo . . llamó su nombre *L*
  34.25 Simeón y *L* . . tomaron cada uno su
  49.5 Simeón y *L* son hermanos; armas de

Ex. 32.26 se juntaron con él todos los hijos de *L*
Dt. 10.8 la tribu de *L* .. para que llevase el arca

LEVÍ *v.* Mateo   Mr. 2.14; Lc. 5.27.

LEVIATÁN
Job 41.1 ¿sacarás tú al *l* con anzuelo, o con
Sal. 74.14 magullaste las cabezas del *l*, y lo
    104.26 *l* que hiciste para que jugase en él
Is. 27.1 castigará .. al *l* .. veloz y al *l* serpiente

LEVITA *v.* Sacerdote
Nm. 3.9 darás los *l* a Aarón y a sus hijos; le son
    8.14 así apartarás a los *l* .. y serán míos los *l*
    35.2 den a los *l*, de la posesión de su heredad
Dt. 12.19 ten cuidado de no desamparar al *l* en
    18.1 los sacerdotes *l* .. no tendrán parte ni
Jue. 17.13 me prosperará .. tengo un *l* por sacerdote
    19.1 hubo un *l* que moraba como forastero en
2 Cr. 29.34 los *l* fueron más rectos de corazón
Lc. 10.32 un *l*, llegando cerca de aquel lugar

LEY *v.* Edicto, Estatuto, Juicio, Mandamiento,
    Mandato, Orden, Ordenanza, Precepto
Gn. 47.26 entonces José lo puso por *l* hasta hoy
Ex. 13.9 para que la *l* de Jehová esté en tu boca
Nm. 6.13 esta es, pues, la *l* del nazareo el día que
    15.16 misma *l* y un mismo decreto tendréis
Dt. 1.5 de Moab, resolvió Moisés declarar esta *l*
    4.8 juicios justos como es toda esta *l* que yo
    27.3 y escribirás .. todas las palabras de esta *l*
    31.9 escribió Moisés esta *l*, y la dio a los
    33.2 con la *l* de fuego a su mano derecha
Jos. 1.8 nunca se apartará de .. este libro de la *l*
2 R. 10.31 Jehú no cuidó de andar en la *l* de
    22.8; 2 Cr. 34.15 he hallado el libro de la *l*
2 Cr. 12.1 Roboam .. dejó la *l* de Jehová, y todo
Esd. 7.10 su corazón para inquirir la *l* de Jehová
Neh. 8.8 en el libro de la *l* de Dios claramente
    9.13 les diste .. *l* verdaderas, y estatutos y
Est. 1.19 y se escriba entre las *l* de Persia y de
Job 22.22 toma ahora la *l* de su boca, y pon sus
    28.26 cuando él dio *l* a la lluvia, y camino al
Sal. 1.2 en la *l* de .. está su delicia .. su *l* medita
    19.7 la *l* de Jehová es perfecta, que .. el alma
    37.31 la *l* de su Dios está en su corazón; por
    40.8 y tu *l* está en medio de mi corazón
    119.18 ojos, y miraré las maravillas de tu *l*
    119.70 sebo, mas yo en tu *l* me he regocijado
    119.72 mejor me es la *l* de tu boca que .. oro
    119.77, 174 viva, porque tu *l* es mi delicia
    148.6 les puso *l* que no será quebrantada
Pr. 13.14 la *l* del sabio es manantial de vida para
    28.7 el que guarda la *l* es hijo prudente; mas
Is. 2.3; Mi. 4.2 de Sion saldrá la *l*, y de Jerusalén
    5.24 porque desecharon la *l* de Jehová de los
    8.16 ata el .. sella la *l* entre mis discípulos
    10.1 ¡ay de los que dictan *l* injustas, y
    42.4 justicia; y las costas esperarán su *l*
    42.21 en magnificar la *l* y engrandecerla
    51.7 pueblo en cuyo corazón está mi *l*
    52.2 que no hubiese dejado la *l* de su Dios
Jer. 31.33 daré mi *l* en su mente, y .. su corazón
    31.35 que da .. las *l* de la luna y las estrellas
Ez. 43.12 esta es la *l* de la casa: Sobre la cumbre
Dn. 3.10 rey, has dado una *l* que todo hombre
    6.8 conforme a la *l* de Media y de Persia
Os. 8.12 le escribí las grandezas de mi *l*, y fueron
Mi. 4.2 de Sion saldrá la *l*, y de Jerusalén
Mal. 2.6 la *l* de verdad estuvo en su boca, e
    3.7 os habéis apartado de mis *l*, y no las
    3.14 ¿qué aprovecha que guardemos su *l*
Mt. 5.17 no .. he venido para abrogar la *l* o los
    7.12 ellos; porque esto es la *l* y los profetas
    11.13; Lc. 16.16 la *l* profetizaron hasta Juan
    22.40 de estos dos .. depende toda la *l* y los
Lc. 10.26 ¿qué está escrito en la *l*? ¿Cómo lees?
    16.17 fácil .. que se frustre una tilde de la *l*
    24.44 todo lo que está escrito de mí en la *l*
Jn. 7.19 os dio .. la *l*, y ninguno .. cumple la *l*?
    7.51 ¿juzga acaso nuestra *l* a un hombre si
    12.34 hemos oído de la *l*, que el Cristo

Jn. 19.7 tenemos una *l*, y según .. *l* debe morir
Hch. 7.53 que recibisteis la *l* por .. ángeles, y no
    13.39 que por la *l* de Moisés no pudisteis ser
    15.5 y mandarles que guarden la *l* de Moisés
    18.15 pero si son cuestiones .. de vuestra *l*
    21.20 han creído; y todos son celosos por la *l*
Ro. 2.12 que bajo la *l* han pecado, por la *l* serán
    2.14 éstos, aunque no tengan *l*, son *l* para sí
    3.20 por medio de la *l* es el conocimiento del
    3.27 ¿por cual *l*? .. No, sino por la *l* de la fe
    3.28 justificado por fe sin las obras de la *l*
    3.31 ¿luego por la fe invalidamos la *l*?
    4.15 la *l* produce ira; pero donde no hay *l*
    5.13 antes de la *l*, había pecado en el mundo
    5.13 donde no hay *l*, no se inculpa de pecado
    6.14 no estáis bajo la *l*, sino bajo la gracia
    7.4 habéis muerto a la *l* mediante el cuerpo
    7.7 ¿qué diremos, pues? ¿La *l* es pecado?
    7.7 pero yo no conocí el pecado sino por la *l*
    7.12 de manera que la *l* es santa, y el
    7.14 sabemos que la *l* es espiritual
    7.16 esto hago, apruebo que la *l* es buena
    7.21 bien, hallo esta *l*: que el mal está en mí
    7.22 según el .. me deleito en la *l* de Dios
    8.2 *l* del Espíritu .. me ha librado de la *l*
    10.4 porque el fin de la *l* es Cristo, para
    13.10 que el cumplimiento de la *l* es el amor
1 Co. 9.21 a los que están sin *l*, como si .. sin *l*
    15.56 el pecado, y el poder del pecado, la *l*
Gá. 2.19 porque yo por la *l* soy muerto para la *l*
    3.10 los que dependen .. de la *l* están bajo
    3.10 en el libro de la *l*, para hacerlas
    3.13 nos redimió de la maldición de la *l*
    3.19 ¿para qué sirve la *l*? Fue añadida a
    3.21 porque si la *l* dada pudiera vivificar, la
    3.24 la *l* ha sido nuestro ayo, para llevarnos
    4.4 Hijo, nacido de mujer y nacido bajo la *l*
    5.14 toda la *l* en esta sola palabra se cumple
    5.23 templanza; contra tales cosas no hay *l*
    6.2 las cargas .. y cumplid así la *l* de Cristo
Fil. 3.6 en cuanto a la justicia que es en la *l*
1 Ti. 1.8 pero sabemos que la *l* es buena, si uno
    1.9 la *l* no fue dada para el justo, sino para
He. 7.19 (pues nada perfeccionó la *l*) de la
    8.10; 10.16 pondré mis *l* en sus corazones
    10.1 la *l*, teniendo la sombra de los bienes
    10.28 el que viola la *l* de Moisés, por el
Stg. 1.25 el que mira .. en la perfecta *l*, la de la
    2.8 si en verdad cumplís la *l* real, conforme
    2.10 cualquiera que guardare toda la *l*, pero
    4.11 murmura de la *l*, y juzga a la *l*; pero si
1 Jn. 3.4 comete pecado, infringe también la *l*

LIBERACIÓN
Est. 4.14 respiro y *l* vendrá de alguna otra parte
Sal. 32.7 tú .. con cánticos de *l* me rodearás
Fil. 1.19 por vuestra oración .. resultará en mi *l*

LIBERALIDAD *v.* Generosidad
2 Cr. 35.8 sus príncipes dieron con *l* al pueblo
Pr. 25.14 así es el hombre que se jacta de falsa *l*
Ro. 12.8 que reparte, con *l*; el que preside, con
2 Co. 9.11 enriquecidos en todo para toda *l*, la
    9.13 de vuestra contribución para ellos

LIBERTAD
Lv. 25.10 pregonaréis *l* en la tierra a todos sus
Sal. 119.45 andaré en *l*, porque busqué tus
Is. 61.1 a publicar *l* a los cautivos, y a los presos
Jer. 34.8 hizo pacto con .. para promulgarles *l*
    34.17 yo promulgo *l*, dice Jehová, a la espada
Lc. 4.18 *l* a los cautivos .. en *l* a los oprimidos
Hch. 7.25 que Dios les daría *l* por mano suya
    24.23 que se le concediese alguna *l*, y que no
    26.32 podía este hombre ser puesto en *l*, si no
Ro. 8.21 a la *l* gloriosa de los hijos de Dios
1 Co. 8.9 *l* vuestra no venga a ser tropezadero
    10.29 ¿por qué se ha de juzgar mi *l* por la
2 Co. 3.17 y donde está el Espíritu del .. hay *l*
Gá. 2.4 espiar nuestra *l* que tenemos en Cristo
    5.1 firmes en la *l* con que Cristo nos hizo
Flm. 8 tengo mucha *l* en Cristo para mandarte

He. 10.19 *l* para entrar en el Lugar Santísimo
13.23 que está en *l* nuestro hermano Timoteo
Stg. 1.25 que mira en la perfecta ley, la de la *l*, y
2.12 habéis de ser juzgados por la ley de la *l*
1 P. 2.16 los que tienen la *l* como pretexto para
2 P. 2.19 prometen, *l*, y son ellos mismos esclavos

LIBERTADOR *v.* Salvador
Jue. 3.9 Jehová levantó un *l* a los hijos de Israel
2 S. 22.2; Sal. 18.2 Jehová es mi roca .. y mi *l*
Neh. 9.27 les enviaste *l* para que los salvasen
Sal. 70.5 ayuda mía y mi *l* eres tú; oh Jehová, no
144.2 fortaleza mía y mi *l*, escudo mío, en
Hch. 7.35 lo envió Dios como gobernante y *l*
Ro. 11.26 vendrá de Sion el *L*, que apartará de

LIBERTAR *v.* Librar, Redimir, Salvar
Gn. 48.16 el Angel que me *liberta* de todo mal
1 S. 30.18 *libertó* David a sus hermanos
Sal. 146.7 Jehová *liberta* a los cautivos
Is. 51.14 el preso agobiado será *libertado* pronto
Dn. 11.1 será *libertado* tu pueblo, todos los que
Jn. 8.36 el Hijo os *libertare*, seréis verdaderamente
Ro. 6.18 *libertados* del pecado, vinisteis a ser
8.21 la creación .. *libertada* de la esclavitud

LIBERTO
Hch. 6.9 unos de la sinagoga llamada de los *l*
1 Co. 7.22 llamado siendo esclavo, *l* es del Señor

LIBRAR *v.* Libertar, Salvar
Gn. 32.11 *líbrame* .. de la mano de mi hermano
Ex. 3.8 he descendido para *librarlos* de .. egipcios
6.6 yo .. os *libraré* de su servidumbre, y os
Nm. 35.25 la congregación *librará* al homicida de
Dt. 32.39 no hay quien pueda *librar* de mi mano
Jos. 2.13 que *libraréis* nuestras vidas de la muerte
Jue. 10.14 os *libren* ellos en el tiempo de vuestra
1 S. 4.8 ¿quién nos *librará* de la mano de estos
17.37 me *librará* de la mano de este filisteo
2 S. 22.20; Sal. 18.19 me *libró* .. se agradó de mí
22.49; Sal. 18.48 *libraste* del varón violento
2 R. 20.6 te *libraré* a ti y a esta ciudad de mano
2 Cr. 32.13; Is. 37.12 ¿pudieron los .. *librar* su
Neh. 9.28 los oías .. muchas veces los *libraste*
Job 5.15 *libra* de la espada al pobre, de la boca
5.19 en seis tribulaciones te *librará*, y en la
10.7 que no hay quien de tu mano me *libre*?
29.12 yo *libraba* al pobre que clamaba, y al
36.15 al pobre *librará* de su pobreza, y en la
Sal. 6.4 vuélvete, oh Jehová, *libra* mi alma
17.13 sal .. *libra* mi alma de los malos con tu
18.17 me *libró* de mi poderoso enemigo, y de
19.12 *líbrame* de los que me son ocultos
22.4 en ti .. esperaron, y tú los *libraste*
22.20 *libra* de la espada mi alma, del poder
31.2 inclina a mí tu oído, *líbrame* pronto
33.19 para *librar* sus almas de la muerte
34.4 me oyó, y me *libró* de todos mis temores
34.6 clamó .. lo *libró* de todas sus angustias
35.10 *libras* al afligido del más fuerte que él
37.40 Jehová los ayudará y los *librará*; los
39.8 *líbrame* de todas mis transgresiones; no
41.1 pobre; en el día malo lo *librará* Jehová
54.7 él me ha *librado* de toda angustia, y mis
56.13 has *librado* mi alma de la muerte, y mis
59.1; 143.9 *líbrame* de mis enemigos, oh Dios
59.2 *líbrame* de los que cometen iniquidad, y
68.20 y de Jehová .. es el *librar* de la muerte
69.18 acércate .. *líbrame* a causa de .. enemigos
71.2 socórreme y *líbrame* en tu justicia
72.12 él *librará* al menesteroso que clamare
81.7 en la calamidad clamaste, y yo te *libré*
82.4 *librad* al afligido y al necesitado; *libradlo*
91.3 él te *librará* del lazo del cazador, de la
106.43 muchas veces los *libró*; mas ellos se
107.6, 13 Jehová los *libró* de sus aflicciones
109.31 *librar* su alma de los que la juzgan
116.4 invoqué .. Jehová, *libra* ahora mi alma
116.8 tú has *librado* mi alma de la muerte
119.134 *líbrame* de la violencia de los hombres
119.170 de ti; *líbrame* conforme a tu dicho

Sal. 140.1 *líbrame*, oh Jehová, del hombre malo
Pr. 2.12 *librarte* del mal camino, de los hombres
23.14 con vara, y *librarás* su alma de Seol
24.11 *libra* a los que son llevados a la muerte
28.26 el que camina en sabiduría será *librado*
Is. 36.18 engañe .. diciendo: Jehová nos *librará*
38.6 te *libraré* a ti y a esta .. del rey de Asiria
38.17 mas a ti agradó *librar* mi vida del hoyo
43.13 yo era; y no hay quien de mi mano *libre*
44.17 ruega .. *Líbrame*, porque mi dios eres tú
50.2 ¿no hay en mí poder para *librar*?
Jer. 1.8 porque contigo estoy para *librarte*, dice
2.28 a ver si te podrán *librar* en el tiempo de
14.9 ¿por qué eres como .. que no puede *librar*?
30.7 angustia para Jacob; pero .. será *librado*
39.17 yo te *libraré* .. de aquellos .. tú temes
Ez. 3.19 impío .. pero tú habrás *librado* tu alma
33.12 al que se vuelve .. le *librará* de la
33.12 la justicia del justo no lo *librará* el día
34.10 yo *libraré* mis ovejas de sus bocas, y no
Dn. 3.17 Dios .. puede *librarnos* del horno de
6.14 le pesó en .. y resolvió *librar* a Daniel
6.20 ¿te ha podido *librar* de los leones?
Os. 14.3 no nos *librará* el asirio; no montaremos
Mt. 6.13; Lc. 11.4 *líbranos* del mal, porque tuyo
27.43 *líbrele* ahora si le quiere; porque ha
Hch. 7.34 oído .. y he descendido para *librarlos*
12.11 el Señor .. me ha *librado* de la mano de
Ro. 7.24 ¿quién me *librará* de este cuerpo de
8.2 la ley del Espíritu .. me ha *librado* de la
Gá. 1.4 para *librarnos* del presente siglo malo
Col. 1.13 nos ha *librado* de la potestad de las
2 Ts. 3.2 seamos *librados* de hombres perversos
2 Ti. 3.11 y de todas me ha *librado* el Señor
4.18 el Señor me *librará* de toda obra mala
He. 2.15 *librar* a todos los que por el temor de la
5.7 al que le podía *librar* de la muerte, fue
2 P. 2.7 y *libró* al justo Lot, abrumado por la
2.9 sabe el Señor *librar* de tentación a los

LIBRE *v.* Salvo, Siervo
Gn. 24.8 si .. no .. serás *l* de este mi juramento
Ex. 21.2 seis .. mas al séptimo saldrá *l*, de balde
Dt. 24.5 l estará en su casa por un año, para
Job 3.19 allí están el .. y el siervo *l* de su señor
Is. 58.6 soltar .. y dejar ir *l* a los quebrantados
Jer. 2.31 somos *l*; nunca más vendremos a ti?
34.9 que cada uno dejase *l* a su siervo .. hebreo
Lc. 13.12 le dijo: Mujer, eres *l* de tu enfermedad
Jn. 8.32 conoceréis la .. y la verdad os hará *l*
8.36 así que si el Hijo os libertare, seréis .. *l*
Ro. 7.2 si el marido muere, ella queda *l* de la ley
7.6 estamos *l* de la ley, por haber muerto
1 Co. 7.39 *l* es para casarse con quien quiera, con
9.1 ¿no soy *l*? ¿No he visto a Jesús el Señor
9.19 siendo *l* .. me he hecho siervo de todos
Gá. 4.22 dos .. uno de la esclava, el otro de la *l*
4.26 cual es madre de todos nosotros, es *l*
5.1 en la libertad con que Cristo nos hizo *l*
1 P. 2.16 como *l*, pero no como los que tienen

LIBRITO
Ap. 10.2 tenía en su mano un *l* abierto; y puso

LIBRO *v.* Rollo
Ex. 24.7 tomó el *l* del pacto y lo leyó a oídos del
Nm. 21.14 dice en el *l* de las batallas de Jehová
Dt. 31.26 tomad este *l* de la ley, y ponedlo al
Jos. 1.8 nunca se apartará de .. este *l* de la ley
8.31 está escrito en el *l* de la ley de Moisés
1 S. 10.25 leyes del reino, y las escribió en un *l*
2 R. 22.8; 2 Cr. 34.15 he hallado el *l* de la ley en
23.2; 2 Cr. 34.30 las palabras del *l* del pacto
2 Cr. 17.9 enseñaron .. teniendo consigo el *l* de la ley
Neh. 8.1 dijeron a Esdras .. trajese el *l* de la ley
Job 19.23 ¡quién diese que se escribiesen en un *l*!
Sal. 40.7 en el rollo del *l* está escrito de mí
139.16 en tu *l* estaban escritas todas .. cosas
Ec. 12.12 no hay fin de hacer muchos *l*; y el mucho
Is. 29.11 os será .. como palabras de *l* sellado
30.8 y regístrala en un *l*, para que quede

Is. 34.4 y se enrollarán los cielos como un *l*
Jer. 25.13 con todo lo que está escrito en este *l*
36.2 toma un rollo de *l*, y escribe en él todas
51.60 escribió .. Jeremías en un *l* todo el mal
Ez. 2.9 un mano .. y en ella había un rollo de *l*
Dn. 7.10 el Juez se sentó, y los *l* fueron abiertos
9.2 miré .. en los *l* el número de los años
10.21 te declararé lo que está escrito en el *l*
12.1 todos los que se hallen escritos en el *l*
Mal. 3.16 fue escrito *l* de memoria delante de él
Jn. 21.25 ni aun en el mundo cabrían los *l* que
Hch. 19.19 trajeron los *l* y los quemaron delante
Fil. 4.3 cuyos nombres están en el *l* de la vida
2 Ti. 4.13 y los *l*, mayormente los pergaminos
He. 9.19 roció el mismo *l* y también a todo el
10.7 en el rollo del *l* está escrito de mí
Ap. 1.11 escribe en un *l* lo que ves, y envíalo
3.5 y no borraré su nombre del *l* de la vida
5.1 vi .. un *l* escrito por dentro y por fuera
5.2 ¿quién es digno de abrir el *l* y desatar
13.8 nombres no estaban .. en el *l* de la vida
20.12 *l* fueron abiertos .. otro *l* .. *l* de la vida
20.15; 21.27 no .. inscrito en el *l* de la vida
22.7 el que guarda las palabras de .. de este *l*
22.19 Dios quitará su parte del *l* de la vida

LÍCITO, ta *v.* **Permitir, Recto**
Mt. 12.2; Mr. 2.24; Lc. 6.2 hacen lo que no es *l*
14.4; Mr. 6.18 le decía: No te es *l* tenerla
19.3; Mr. 10.2 ¿es *l* al hombre repudiar a su
20.15 ¿no me es *l* hacer lo que quiero con lo
22.17; Mr. 12.14; Lc. 20.22 ¿es *l* dar tributo
Lc. 6.9 ¿es *l* en día de reposo hacer bien, o hacer
Jn. 5.10 día de reposo; no te es *l* llevar tu lecho
Hch. 16.21 costumbres que no nos es *l* recibir
22.25 ¿os es *l* azotar a un .. romano sin haber
1 Co. 6.12; 10.23 todas las cosas me son *l*, mas yo

LIDIA Hch. 16.14, 15, 40.

LIENZO *v.* **Lino**
Lc. 24.12; Jn. 20.6 cuando miró dentro, vio los *l*
Jn. 19.40 el cuerpo de Jesús, y lo envolvieron en *l*
Hch. 10.11; 11.5 algo semejante a un gran *l*

LIGADO, da
Gn. 44.30 como su vida está *l* a la vida de él
Nm. 36.7 estará *l* a la heredad de la tribu de sus
Jue. 20.11 se juntaron .. *l* como un solo hombre
1 S. 18.1 alma de Jonatán quedó *l* con la de David
Hch. 20.22 aquí, *l* yo en espíritu, voy a Jerusalén

LIGADURA
Sal. 2.3 rompamos su *l*, y echemos de nosotros sus
¡8.4 me rodearon *l* de muerte, y torrentes de
Is. 58.6 desatar las *l* de impiedad, soltar las cargas

LIGAR *v.* **Atar**
1 S. 25.29 la vida de mi señor será *ligada* en el haz
Pr. 7.3 *lígalos* a tus dedos; escríbelos en la tabla
26.8 como quien *liga* la piedra en la honda

LIGERO, ra
2 S. 2.18 Asael era *l* de pies como una gacela del
Job 9.25 mis días han sido más *l* que un correo
Pr. 29.20 ¿has visto hombre *l* en sus palabras?
Am. 2.14 y el *l* no podrá huir, y al fuerte no le
Mt. 11.30 porque mi yugo es fácil, y mi carga *l*

LÍMITE *v.* **Contorno, Término**
Ex. 23.31 fijaré tus *l* desde el Mar Rojo hasta el
Nm. 34.4 este *l* os irá rodeando desde el sur hasta
Dt. 19.14 no reducirás los *l* de la propiedad de tu
32.8 estableció los *l* de los pueblos según el
Jos. 22.10 los *l* del Jordán .. edificaron .. altar
Job 13.27 trazando un *l* para las plantas de mis
14.5 le pusiste *l* de los cuales no pasará
Is. 9.7 lo dilatado de su imperio .. no tendrán *l*
Ez. 47.13 son las *l* en que repartiréis la tierra
Hch. 17.26 ha prefijado .. los *l* de su habitación

LIMOSNA
Mt. 6.2 cuando .. des *l*, no hagas tocar trompeta
Lc. 11.41 pero dad *l* de que tenéis, y entonces todo
12.33 vended lo que poseéis, y dad *l*; haceos

Hch. 3.2 para que pidiese *l* de los que entraban
10.2 y que hacía muchas *l* al pueblo, y oraba
24.17 vine a hacer *l* a mi nación y presentar

LIMPIAR *v.* **Lavar, Purificar**
Lv. 14.2 la ley para el leproso cuando se *limpiare*
16.19 lo *limpiará*, y lo santificará de las
2 R. 21.13 *limpiaré* a Jerusalén como se *limpia* un
2 Cr. 29.15 entraron .. *limpiar* la casa de Jehová
34.8 de haber *limpiado* la tierra y la casa
Sal. 51.2 lávame más y .. *límpiame* de mi pecado
119.9 ¿con qué *limpiará* el joven su camino?
Pr. 20.9 podrá decir: Yo he *limpiado* mi corazón
30.20 come, y *limpia* su boca y dice: No he
Is. 1.25 *limpiaré* hasta lo más puro tus escorias
Jer. 33.8 los *limpiaré* de toda su maldad con que
43.12 *limpiará* .. como el pastor *limpia* su
Ez. 36.25 y de todos vuestros ídolos os *limpiaré*
37.23 los salvaré de todas .. y los *limpiaré*
Dn. 11.35 los sabios caerán para ser .. *limpiados*
Mt. 8.2; Mr. 1.40; Lc. 5.12 si .. puedes *limpiarme*
23.25; Lc. 11.39 *limpiáis* lo de fuera del vaso
Lc. 4.27 pero ninguno de ellos fue *limpiado*, sino
17.17 ¿no son diez los que fueron *limpiados*?
Hch. 10.15; 11.9 lo que Dios *limpió*, no lo llames
1 Co. 5.7 *limpiaos*, pues, de la vieja levadura, para
2 Co. 7.1 *limpiémonos* de toda contaminación de
He. 9.14 *limpiará* vuestras conciencias de obras
1 Jn. 1.7 la sangre .. nos *limpia* de todo pecado

LIMPIO, pia *v.* **Puro, Santo**
Lv. 13.6 el sacerdote lo declarará *l*: era erupción
16.30 seréis *l* de todos vuestros pecados
22.4 no comerá .. sagradas hasta que esté *l*
2 S. 22.27; Sal. 18.26 *l* te mostrarás para con el *l*
Job 4.17 ¿será el varón más *l* que el que lo hizo?
8.6 si fueres *l* y recto, ciertamente luego se
10.14 y no me tendrás por *l* de mi iniquidad
11.15 levantarás tu rostro *l* de mancha, y
14.4 ¿quién hará *l* a lo inmundo? Nadie
15.14 ¿qué cosa es el hombre para que sea *l*
15.15; 25.5 ni aun los cielos son *l* delante de
17.9 y el *l* de manos aumentará la fuerza
25.4 ¿y cómo será *l* el que nace de mujer?
33.9 yo soy *l* y sin defecto; soy inocente, y no
Sal. 12.6 las palabras de Jehová son palabras *l*
19.13 entonces seré íntegro, y estaré *l* de gran
24.4 el *l* de manos y puro de corazón; el que
51.10 crea en mí, oh Dios, un corazón *l*, y
73.1 bueno Dios .. para con los *l* de corazón
Pr. 15.26 malo; mas las expresiones de los *l* son
16.2 los caminos .. son *l* en su propia opinión
20.9 podrá decir .. *l* estoy de mi pecado?
21.8 extraño; mas los hechos del *l* son rectos
30.12 hay generación *l* en su propia opinión
Ec. 9.2 al impío; al bueno, al *l* y al no *l*; al que
Jer. 13.27 de ti, Jerusalén! ¿No serás al fin *l*?
Ez. 22.24 tú no eres tierra *l*, ni rociada con lluvia
Dn. 12.10 muchos serán *l*, y emblanquecidos y
Am. 4.6 hice estar a diente *l* en todas vuestras
Hab. 1.13 muy *l* eres de ojos para ver el mal, ni
Mt. 5.8 bienaventurados los de *l* corazón, porque
Lc. 11.41 dad limosna .. entonces todo os será *l*
Jn. 13.10 está lavado *l*; y vosotros *l* estáis, aunque
15.3 ya vosotros estáis *l* por la palabra que os
Hch. 18.6 yo, *l*; desde ahora me iré a los gentiles
20.26 hoy, que estoy *l* de la sangre de todos
Ro. 14.20 todas las cosas a la verdad son *l*; pero
2 Co. 7.11 en todo os habéis mostrado *l* en el

LINAJE *v.* **Casa, Descendencia, Familia, Hijo, Posteridad, Simiente**
Is. 53.10 el pecado, verá *l*, vivirá por largos días, y
Zac. 12.12 la tierra lamentará, cada *l* aparte; los
Hch. 17.26 de una sangre ha hecho todo el *l* de
17.28 poetas han dicho: Porque *l* suyo somos
1 P. 2.9 vosotros sois *l* escogido, real sacerdocio
Ap. 22.16 soy la raíz y el *l* de David, la estrella

LINDERO *v.* **Contorno, Límite, Término**
Job 24.2 traspasan los *l*, roban los ganados, y los
Pr. 22.28; 23.10 no traspases los *l* antiguos que

LÍNEA
Is. 28.10 *l* sobre *l*, un poquito allí, otro poquito

LINO
Jos. 2.6 había escondido entre los manojos de *l*
Pr. 31.22 tapices; de *l* fino y púrpura es su vestido
Jer. 13.1 vé y cómprate un cinto de *l*, y cíñelo
Lc. 16.19 que se vestía de púrpura y de *l* fino
Ap. 19.8 el *l* fino es las acciones justas de los

LIRIO
Cnt. 2.1 soy la rosa de Sarón, y el *l* de los valles
2.2 el *l* entre los espinos, así es mi amiga
Os. 14.5 él florecerá como un *l*, y extenderá sus
Mt. 6.28; Lc. 12.27 considerad los *l* del campo

LISIADO
2 S. 4.4; 9.3 Jonatán . . tenía un hijo *l* de los pies

LISONJEAR
Sal. 78.36 pero le *lisonjeaban* con su boca, y con
Pr. 16.29 el hombre malo *lisonjea* a su prójimo
24.28 no seas . . y no *lisonjees* con tus labios
28.23 mayor gracia que el que *lisonjea* con la
29.5 el hombre que *lisonjea* a su prójimo, red

LISONJERO, ra
Job 32.21 acepción . . ni usaré con nadie de títulos *l*
Sal. 12.2 hablan con labios *l*, y con doblez de
35.16 como *l*, escarnecedores y truhanes
Pr. 26.23 como . . son los labios *l* y el corazón malo
26.28 la lengua . . y la boca *l* hace resbalar
1 Ts. 2.5 porque nunca usamos de palabras *l*

LISTRA Hch. 14.6, 21; 16.1; 2 Ti. 3.11.

LITIGAR *v.* Alegar, Discutir
Is. 3.13 Jehová está en pie para *litigar*, y . . juzgar
Ez. 20.36 como *litigué* con vuestros padres en el

LOBO
Gn. 49.27 Benjamín es *l* arrebatador . . comerá la
Is. 11.6 morará el *l* con el cordero, y el leopardo
65.25 el *l* y el cordero serán apacentados
Sof. 3.3 sus jueces, *l* nocturnos que no dejan hueso
Mt. 7.15 de ovejas, pero por dentro son *l* rapaces
10.16; Lc. 10.3 como a ovejas en medio de *l*
Jn. 10.12 asalariado . . ve venir al *l* y deja las ovejas
Hch. 20.29 yo sé que . . entrarán . . *l* rapaces, que

LOCAMENTE
1 S. 13.13 Samuel dijo a Saúl: *L* has hecho; no
1 Cr. 21.8 dijo David a Dios . . he hecho muy *l*
2 Cr. 16.9 *l* has hecho en esto; porque de aquí

LOCO, ca *v.* Fatuo, Insensato, Necio
Dt. 32.6 ¿así pagáis a Jehová, pueblo *l* e ignorante
1 S. 21.13 cambió su . . y se fingió *l* entre ellos
Hch. 12.15 y ellos le dijeron: Estás *l*. Pero ella
26.24 estás *l*, Pablo; las . . letras te vuelven *l*
1 Co. 14.23 indoctos . . ¿no dirán que estáis *l*?
2 Co. 5.13 si estamos *l*, es para Dios; y si somos
11.16 nadie me tenga por *l*; o de otra manera
11.23 (como si estuviera *l* hablo.) Yo más

LOCURA *v.* Desvarío, Necedad
Dt. 28.28 te herirá con *l*, ceguera y turbación de
Sal. 49.13 este su camino es *l*; con todo, sus
85.8 sus santos, para que no se vuelvan a la *l*
Ec. 1.17 y también a entender las *l* y los desvaríos
10.1 así una pequeña *l*, al que es estimado
Lm. 2.14 tus profetas vieron para ti vanidad y *l*
Zac. 12.4 heriré . . a todo caballo, y con *l* al jinete
Lc. 24.11 ellas les parecían *l* las palabras de ellas
1 Co. 1.18 la cruz es *l* a los que se pierden; pero
1.21 a Dios salvar a los creyentes por la *l* de
2.14 para él son *l*, y no las puede entender
2 Co. 11.1 ¡ojalá me toleraseis un poco de *l*! Sí
2 P. 2.16 muda bestia de . . refrenó la *l* del profeta

LODO *v.* Barro
Job 13.12 vuestros baluartes son baluartes de *l*
30.19 me derribó en el *l*, y soy semejante al
Sal. 18.42 los eché fuera como *l* de las calles
40.2 me hizo sacar del pozo . . del *l* cenagoso

Sal. 69.14 sácame del *l*, y no sea yo sumergido
Jn. 9.6 e hizo *l* con la saliva, y untó con el *l*

LOIDA 2 Ti. 1.5.

LOMO
Is. 11.5 la justicia cinto de sus *l*, y la fidelidad
Lc. 12.35 ceñidos vuestros *l*, y vuestras lámparas
Ef. 6.14 firmes, ceñidos vuestros *l* con la verdad

LONGANIMIDAD *v.* Paciencia
2 Co. 6.6 en *l*, en bondad, en el Espíritu Santo

LONGITUD
Ef. 3.18 de comprender . . cuál sea la anchura, la *l*
Ap. 21.16 y su *l* es igual a su anchura; y él midió

LOT Gn. 11.27—19.38. Acompaña a Abram
a Canaán, Gn. 12.4–5; se separa de Abram, Gn.
13.1–18; rescatado por Abram, Gn. 14.1–16; recibe
a los ángeles, Gn. 19.1–11; huye a Zoar, Gn.
19.15–23; Lot y sus hijas, Gn. 19.30–38.

Lc. 17.28 como . . en los días de *L*; comían, bebían
17.32 acordaos de la mujer de *L*
2 P. 2.7 libró al justo *L*, abrumado por la nefanda

LUCAS Col. 4.14; 2 Ti. 4.11.

LUCERO *v.* Estrella
Is. 14.12 ¡cómo caíste del cielo, oh *L*, hijo de la
2 P. 1.19 y el *l* de la mañana salga en vuestros

LUCRO *v.* Ganancia
Jud. 11 se lanzaron por *l* en el error de Balaam

LUCHA *v.* Batalla, Conflicto
Ef. 6.12 no tenemos *l* contra sangre y carne, sino
Col. 2.1 quiero que sepáis cuán gran *l* sostengo

LUCHAR *v.* Batallar, Combatir, Militar, Pelear
Gn. 25.22 los hijos *luchaban* dentro de ella; y dijo
32.24 se quedó Jacob solo; y *luchó* con él un
32.28 has *luchado* con Dios y con los hombres
Hch. 5.39 seáis . . hallados *luchando* contra Dios
1 Co. 9.25 aquel que *lucha*, de todo se abstiene
Col. 1.29 *luchando* según la potencia de él, la cual
2 Ti. 2.5 el que *lucha* como atleta, no es coronado

LUGAR *v.* Alto, Asiento, Lugar Santísimo, Silla
Ex. 16.29 estese, pues, cada uno en su *l*, y nadie
Job 16.4 si vuestra alma estuviera en *l* de la mía
33.6 heme aquí a mí en *l* de Dios, conforme a
Ec. 3.20 todo va a un mismo *l*; todo es hecho del
Ez. 12.3 te pasarás de tu *l* a otro *l* a vista de ellos
Mt. 24.15 veáis en el *l* santo la abominación
Lc. 2.7 porque no había *l* para ellos en el mesón
14.22 se ha hecho como mandaste, y aún hay *l*
Hch. 7.33 porque el *l* en que estás es tierra santa
Ef. 4.27 ni deis *l* al diablo
3 Jn. 9 Diótrefes, al cual le gusta tener el primer *l*

LUGAR SANTÍSIMO He. 9.3, 8; 10.19.

LUMBRERA *v.* Lámpara, Luz
Gn. 1.15 por *l* . . para alumbrar sobre la tierra
Sal. 119.105 lámpara es a mis . . y *l* a mi camino
Ap. 21.23 de Dios la ilumina, y el Cordero es su *l*

LUNA *v.* Estrella, Luz
Gn. 37.9 la *l* y once estrellas se inclinaban a mí
1 S. 20.5 mañana será nueva *l*, y yo acostumbro
Job 31.26 si he mirado . . la *l* cuando iba hermosa
Sal. 74.16 tuyo es el día . . estableciste la *l* y el sol
89.37 como la *l* será firme para siempre; y
104.19 hizo la *l* para los tiempos; el sol conoce
121.6 no te fatigará de día, ni la *l* de noche
136.9 la *l* y las estrellas para . . en la noche
Is. 1.14 vuestras *l* nuevas . . aborrecida mi alma
13.10 el sol se . . y la *l* no dará su resplandor
24.23 la *l* se avergonzará, y el sol se confundirá
30.26 la luz de la *l* será como la luz del sol
60.19 ni el resplandor de la *l* te alumbrará
Jl. 2.31; Hch. 2.20 el sol . . y la *l* en sangre, antes
Mt. 24.29 la *l* no dará su resplandor . . estrellas
1 Co. 15.41 otra la gloria de la *l* y otra la gloria
Col. 2.16 en cuanto a . . *l* nueva o días de reposo
Ap. 6.12 sol . . y la *l* se volvió toda como sangre

Ap. 12.1 una mujer .. con la *l* debajo de sus pies
21.23 no tiene necesidad de sol ni de *l* que
LUNÁTICO
Mt. 17.15 ten misericordia de mi hijo, que es *l*

LUTO *v.* **Duelo, Enlutar**
Dt. 34.8 los días del lloro y del *l* de Moisés
2 S. 11.27 pasado el *l*, envió David y la trajo a
19.2 y se volvió aquel día la victoria en *l*
Est. 4.3 tenían los judíos gran *l*, ayuno, lloro y
Ec. 7.2 mejor es ir a la casa del *l* que a la casa del
Is. 60.20 perpetua, y los días de tu *l* serán acabados
61.3 óleo de gozo en lugar de *l*, manto de
Jer. 6.26 ponte *l* como por hijo único, llanto
Lm. 5.15 el gozo .. nuestra danza se cambió en *l*
Ez. 24.17 reprime el .. no hagas *l* de mortuorios
Mt. 9.15 tener *l* entre tanto que el esposo está

LUZ *v.* **Dar, Lámpara, Lumbrera**
Gn. 1.3 y dijo Dios: Sea la *l*; y fue la *l*
Ex. 10.23 de Israel tenían *l* en sus habitaciones
Est. 8.16 los judíos tuvieron *l* y alegría, y gozo y
Job 18.5 la *l* de los impíos será apagada, y no
29.3 a cuya *l* yo caminaba en las oscuridad
30.26 cuando esperaba *l*, vino la oscuridad
37.3 dirige, y su *l* hasta los fines de la tierra
Sal. 4.6 alza sobre nosotros .. la *l* de tu rostro
27.1 Jehová es mi *l* y mi salvación; ¿de quién
36.9 contigo está el .. en tu *l* veremos la *l*
37.6 tu justicia como la *l*, y tu derecho como el
43.3 envía tu *l* y tu verdad; éstas me guiarán
49.19 entrará en la .. y nunca más verá la *l*
89.15 andará, oh Jehová, a la *l* de tu rostro
90.17 sea la *l* de Jehová nuestro Dios sobre
97.11 *l* está sembrada para el justo, y alegría
104.2 el que se cubre de *l* como de vestidura
112.4 resplandeció en las tinieblas *l* a los rectos
118.27 Jehová es Dios, y nos ha dado *l*; atad
Ec. 2.13 a la necedad, como la *l* a las tinieblas
11.7 suave .. es la *l*, y agradable a los ojos
Is. 2.5 venid .. y caminaremos a la *l* de Jehová
5.20 hacen de la *l* tinieblas, y de las tinieblas *l*
9.2 pueblo que anda en tinieblas vio gran *l*
30.26 y la *l* de la luna será como la *l* del sol
42.6; 49.6 te pondré .. por *l* de las naciones
45.7 que formo la *l* y creo las tinieblas, que
50.10 el que anda en tinieblas y carece de *l*
58.8 entonces nacerá tu *l* como el alba, y tu
58.10 si dieres .. en las tinieblas nacerá tu *l*
59.9 rectitud; esperamos *l*, y he aquí tinieblas
60.1 resplandece; porque ha venido tu *l*, y la
60.19 Jehová te será por *l* perpetua, y el Dios
Os. 6.5 los maté; y tus juicios serán como *l* que sale
Am. 5.18 el día de .. será de tinieblas, y no de *l*
Mi. 7.8 aunque more en tinieblas, Jehová será mi *l*
Zac. 14.7 pero .. que al caer la noche habrá *l*
Mt. 4.16 pueblo asentado en tinieblas vio gran *l*
5.14 vosotros sois la *l* del mundo; una ciudad
5.15; Mr. 4.21; Lc. 8.16; 11.33 ni se enciende
una *l* y se pone debajo de un almud
6.22 si tu .. todo tu cuerpo estará lleno de *l*
6.23 así que, si la *l* que en ti hay es tinieblas
10.27 os digo en tinieblas, decidlo en la *l*
Lc. 1.79 para dar *l* a los que habitan en tinieblas
2.32 *l* para revelación a los gentiles, y gloria
11.35 no suceda que la *l* que en ti hay, sea
12.3 habéis dicho en tinieblas, a la *l* se oirá
16.8 son más sagaces en .. que los hijos de *l*
Jn. 1.5 la *l* en las tinieblas resplandece, y las
1.8 no era él la *l*, sino .. testimonio de la *l*
3.19 *l* vino al mundo, y los hombres amaron
5.35 quisisteis regocijaros por un .. en su *l*
8.12 habló, diciendo: Yo soy la *l* del mundo
9.5 que estoy en el mundo, *l* soy del mundo
12.35 por un poco está la *l* entre vosotros
12.46 yo, la *l*, he venido al mundo, para que
Hch. 13.47 te he puesto para *l* de los gentiles, a
22.6; 26.13 de repente me rodeó .. *l* del cielo
Ro. 2.19 que eres .. *l* de los que están en tinieblas
13.12 tinieblas, y vistámonos las armas de la *l*
2 Co. 4.4 para que no les resplandezca la *l* del

2 Co. 4.6 Dios, que mandó .. resplandeciese la *l*
6.14 ¿y qué comunión la *l* con las tinieblas?
Ef. 5.8 ahora sois *l* en .. andad como hijos de *l*
5.13 porque la *l* es lo que manifiesta todo
1 Ts. 5.5 vosotros sois hijos de *l* e hijos del día
1 Ti. 6.16 que habita en *l* inaccesible; a quien
2 Ti. 1.10 sacó a *l* la vida y la inmortalidad por
Stg. 1.17 desciende de lo alto, del Padre de las *l*
1 P. 2.9 llamó de las tinieblas a su *l* admirable
1 Jn. 1.5 Dios es *l*, y no hay .. tinieblas en él
1.7 pero si andamos en *l*, como él está en *l*
2.8 van pasando, y la *l* verdadera ya alumbra
2.10 el que ama a su .. permanece en la *l*
Ap. 8.12 no hubiese *l* en la tercera parte del día

LLAGA *v.* **Herida**
2 R. 20.7 higos .. la pusieron sobre la *ll*, y sanó
Sal. 38.5 hieden y supuran mis *ll*, a causa de mi
Is. 1.6 sana, sino herida, hinchazón y podrida *ll*
38.21 masa de .. pónganla en la *ll*, y sanará
Mi. 1.9 su *ll* es dolorosa, y llegó hasta Judá

LLAMA *v.* **Fuego**
Jue. 13.20 el ángel de Jehová subió en la *ll* del
Is. 5.24 como .. la *ll* devora la paja, así será su
29.6 visitada con .. de fuego consumidor
43.2 no te quemarás, ni la *ll* arderá en ti
Ez. 20.47 no se apagará la *ll* del fuego; y serán
Dn. 3.22 la *ll* .. mató .. habían alzado a Sadrac
Lc. 16.24 porque estoy atormentado en esta *ll*
Hch. 7.30 ángel se le apareció .. en la *ll* de fuego
Ap. 1.14 como nieve; sus ojos como *ll* de fuego

LLAMAMIENTO *v.* **Elección, Vocación**
Ro. 11.29 irrevocables son los dones y el *ll* de Dios
Fil. 3.14 premio del supremo *ll* de Dios
2 Ts. 1.11 Dios os tenga por dignos de su *ll* en Cristo
2 Ti. 1.9 salvó y llamó con *ll* santo, no conforme
He. 3.1 participantes del *ll* celestial, considerad

LLAMAR *v.* **Clamar, Gritar, Invocar, Nombre**
Gn. 2.19 todo lo que Adán *llamó* a los animales
Ex. 2.7 ¿iré a *llamarte* una nodriza de las hebreas
3.4 lo *llamó* Dios de en medio de la zarza
19.20 *llamó* Jehová a Moisés a la cumbre del
Dt. 30.19 cielos y a la tierra *llamo* por testigos
1 S. 3.4 Jehová *llamó* a Samuel; y él respondió
3.6 heme aquí; ¿para qué me has *llamado*?
Job 13.22 *llama* luego, y yo responderé; o yo
Pr. 1.24 cuanto *llamé*, y no quisisteis oír, extendí
1.28 entonces me *llamarán*, y no responderé
9.15 *llamar* a los que pasan por el camino
Cnt. 5.2 la voz de mi amado que *llama*: Abreme
Is. 41.9 y de tierras lejanas te *llamé*, y te dije: Mi
42.6 yo Jehová te he *llamado* en justicia, y te
45.4 por amor de .. te *llamé* por tu nombre
49.1 Jehová me *llamó* desde el vientre, desde
51.2 cuando no era más que uno solo lo *llamé*
55.5 aquí, *llamarás* a gente que no conociste
55.6 *llamadle* en tanto que está cercano
65.12; 66.4 cuanto *llamé*, y no respondisteis
Jer. 3.4, 19 ¿no me *llamarás* a mí, Padre mío
Os. 11.1 yo lo amé, y de Egipto *llamé* a mi hijo
Zac. 10.8 yo los *llamaré* con un silbido, y los
Mt. 2.15 cuando dijo: De Egipto *llamé* a mi hijo
4.21 que remendaban sus redes; y los *llamó*
5.9 porque ellos serán *llamados* hijos de Dios
7.7; Lc. 11.9 buscad, y hallaréis; *llamad*, y se
10.1 *llamando* a sus doce discípulos, les dio
19.17 él le dijo: ¿Por qué me *llamas* bueno?
20.16; 22.14 muchos son *llamados*, mas pocos
22.3 a *llamar* a los convidados a las bodas
22.9 *llamad* a las bodas a cuantos halléis
Lc. 13.25 fuera empecéis a *llamar* a la puerta
Jn. 10.3 a sus ovejas *llama* por nombre, y las saca
15.15 no os *llamaré* siervos, porque el siervo
Hch. 2.39 cuantos el Señor nuestro Dios *llamare*
10.15 que Dios limpió, no lo *llames* tú común
12.16 mas Pedro persistía en *llamar*; y cuando
16.10 dando por cierto que Dios nos *llamaba*
Ro. 1.6 vosotros, *llamados* a ser de Jesucristo
8.28 conforme a su propósito son *llamados*

Ro. 8.30 *llamó*; y a los que *ll*, a éstos . . justificó
   9.26 serán *llamados* hijos del Dios viviente
1 Co. 7.17 como Dios *llamó* a cada uno, así haga
Gá. 1.15 me apartó . . y me *llamó* por su gracia
   5.13 hermanos, a libertad fuisteis *llamados*
Ef. 1.18 es la esperanza a que él os ha *llamado*
   4.1 de la vocación con que fuisteis *llamados*
1 Ts. 2.12 Dios, que os *llamó* a su reino y gloria
   4.7 no nos ha *llamado* Dios a inmundicia
2 Ts. 2.14 os *llamó* mediante nuestro evangelio
He. 5.4 el que es *llamado* por Dios, como lo fue
1 P. 5.10 el Dios . . que nos *llamó* a su gloria
1 Jn. 3.1 para que seamos *llamados* hijos de Dios
Ap. 3.20 he aquí, yo estoy a la puerta y *llamo*
   14.18 y *llamó* a . . al que tenía la hoz aguda
   19.9 que son *llamados* a la cena de las bodas

LLANTO *v.* **Endecha, Lloro**
Gn. 50.11 viendo . . el *ll* . . dijeron: *Ll* grande es
Is. 22.12 llamó en este día a *ll* y a endechas
Jer. 31.15 fue oída en Ramá, *ll* y lloro amargo
   48.32 con *ll* de Jazer lloraré por ti, oh vid
Am. 5.16 en todas las plazas habrá *ll*, y en todas
   8.10 la volveré como en *ll* de unigénito, y su
2 Co. 7.7 vuestro *ll*, vuestra solicitud por mí, de
Ap. 21.4 ni habrá más *ll*, ni clamor, ni dolor

LLANURA *v.* **Valle**
Gn. 13.11 escogió para sí toda la *ll* del Jordán
1 R. 20.23 mas si peleáramos con ellos en la *ll*
Zac. 4.7 delante de Zorobabel serás reducido a *ll*

LLAVE
Jue. 3.25 él no abría . . tomaron la *ll* y abrieron
Is. 22.22 pondré la *ll* de la casa de David sobre
Mt. 16.19 a ti te daré las *ll* del reino de los cielos
Lc. 11.52 porque habéis quitado la *ll* de la ciencia
Ap. 1.18 y tengo las *ll* de la muerte y del Hades
   3.7 el que tiene la *ll* de David, el que abre
   9.1 vi . . y se le dio la *ll* del pozo del abismo
   20.1 vi a un ángel . . con la *ll* del abismo

LLEGAR *v.* **Acercar, Venir**
Est. 4.14 si para esta hora has *llegado* al reino?
Jn. 12.27 mas para esto he *llegado* a esta hora
Fil. 3.11 *llegase* a la resurrección de entre los

LLENAR *v.* **Colmar**
Gn. 1.28 le dijo . . multiplicaos, y *llenad* la tierra
Nm. 14.21 yo, y mi gloria *llena* toda la tierra
1 R. 8.11; 2 Cr. 5.14 la gloria . . había *llenado* la
Sal. 81.10 yo soy . . abre tu boca, y yo la *llenaré*
Ec. 1.7 los ríos van al mar, y el mar no se *llena*
Jer. 23.24 ¿no *lleno* yo . . el cielo y la tierra?
Mt. 23.32 *llenad* la medida de vuestros padres
Lc. 14.23 fuérzalos a entrar, para que se *llene* mi
Jn. 2.7 les dijo . . *Llenad* estas tinajas de agua
Hch. 5.28 habéis *llenado* a Jerusalén de vuestra
Ro. 15.19 lo he *llenado* del evangelio de Cristo
Ef. 1.23 la plenitud de Aquel que todo lo *llena*
   4.10 subió por encima de . . para *llenarlo* todo

LLENO, na
Rt. 1.21 me fui *ll*, pero Jehová me ha vuelto con
2 R. 4.6 cuando las vasijas estuvieron *ll*, dijo
Ec. 4.6 puño *ll* con descanso, que ambos puños *ll*
Hab. 2.14 la tierra será *ll* . . de la gloria de
Mt. 22.10 y las bodas fueron *ll* de convidados
Ef. 3.19 que seáis *ll* de toda la plenitud de Dios
Col. 1.9 seáis *ll* del conocimiento de su voluntad

LLEVAR *v.* **Conducir, Guiar, Sobrellevar**
Gn. 50.25 y haréis *llevar* de aquí mis huesos
Ex. 28.12 Aarón *llevará* los nombres de ellos
Dt. 1.9 hablé diciendo: Yo solo no puedo *llevaros*
1 S. 17.18 estos diez quesos de leche los *llevarás*
2 S. 19.41 ¿por qué los . . Judá . . te han *llevado*
2 R. 20.17 será *llevado* a Babilonia, sin quedar
Job 21.33 tras de él será *llevado* todo hombre, y
Sal. 49.17 porque cuando muera no *llevará* nada
   61.2 *llévame* a la roca que es más alta que yo
Ec. 5.15 nada tiene de su . . para *llevar* en su mano
Is. 39.6 será *llevado* a Babilonia todo lo que hay en
   53.4 *llevó* él nuestras enfermedades, y sufrió

Is. 53.11 y *llevará* las iniquidades de ellos
   53.12 habiendo él *llevado* el pecado de muchos
Lm. 5.7 pecaron . . y nosotros *llevamos* su castigo
Mt. 8.17 él mismo tomo . . y *llevó* nuestras dolencias
   27.32; Mr. 15.21 obligaron . . *llevase* la cruz
Mr. 11.16 atraviese el templo *llevando* utensilio
Lc. 4.29 y le *llevaron* hasta la cumbre del monte
   14.27 el que no *lleva* su cruz y viene en pos de
Jn. 21.18 otro, y te *llevará* adonde no quieras
Hch. 9.8 *llevándole* por la mano, le metieron en
   15.37 quería que *llevasen* consigo a Juan, el
   21.34 como no . . le mandó *llevar* a la fortaleza
   22.11 *llevado* de la mano . . llegué a Damasco
2 Co. 4.10 *llevando* en el cuerpo . . la muerte de
Gá. 3.24 nuestro ayo, para *llevarnos* a Cristo, a fin
He. 13.9 no os dejéis *llevar* de doctrinas diversas
1 P. 2.24 *llevó* él mismo nuestros pecados en su

LLORAR *v.* **Endechar, Gemir, Lamentar**
Gn. 21.16 sentó . . el muchacho alzó su voz y *lloró*
   27.38 bendíceme . . y alzó Esaú su voz, y *lloró*
   33.4 se echó sobre su cuello . . y *lloraron*
   37.35 no quiso recibir consuelo . . y lo *lloró*
   43.30 José . . entró en su cámara, y *lloró* allí
   45.2 se dio a *llorar* a gritos; y oyeron los
   45.14 y *lloró*; y también Benjamín *ll* sobre
   46.29 José . . *lloró* sobre su cuello largamente
   50.17 ruego . . Y José *lloró* mientras hablaban
Ex. 2.6 la abrió . . y he aquí que el niño *lloraba*
Nm. 11.4 los hijos de Israel . . volvieron a *llorar*
   25.6 *lloraban* . . a la puerta del tabernáculo
Dt. 21.13 *llorará* a su padre y a su madre un mes
Jue. 2.4 de Israel, el pueblo alzó su voz y *lloró*
   20.23 y *lloraron* delante de Jehová hasta la
1 S. 1.8 dijo: Ana; ¿por qué *lloras*? ¿por qué no
   11.5 Saul: ¿Qué tiene el pueblo, que *llora*?
   16.1 Jehová . . ¿Hasta cuándo *llorarás* a Saúl
   24.16 ¿no es . . Y alzó Saúl su voz y *lloró*
   30.4 David y la . . alzaron su voz y *lloraron*
   30.4 que les faltaron las fuerzas para *llorar*
2 S. 1.24 hijas de Israel, *llorad* por Saúl, quien
   12.21 por el niño, viviendo aún . . *llorabas*
   15.30 David subió la . . y la subió *llorando*
   19.1 el rey *llora*, y hace duelo por Absalón
2 R. 8.11 le miró . . luego *lloró* el varón de Dios
   20.3; Is. 38.3 *lloró* Ezequías con gran lloro
Esd. 3.12 viendo echar los cimientos . . *lloraban*
Neh. 1.4 cuando oí estas palabras me . . y *lloré*
   8.9 ni *lloréis*; porque todo el pueblo *lloraba*
Job 30.25 ¿no *lloré* yo al afligido? Y mi alma, ¿no
Sal. 69.10 *lloré* afligiendo con ayuno mi alma
   126.6 irá andando y *llorando* el que lleva la
   137.1 allí nos sentábamos, y aun *llorábamos*
Is. 15.2 subió a Bayit . . lugares altos, a *llorar*
   22.4 dejadme, *lloraré* amargamente; no os
   33.7 mensajeros de paz *llorarán* amargamente
Jer. 13.17 en secreto *llorará* mi alma a causa de
   22.10 no *lloréis* al muerto . . *llorad* . . por el
Lm. 1.2 amargamente *llora* en la noche, y sus
   1.16 por esta causa *lloró*; mis ojos, mis ojos
Jl. 1.5 despertad, borrachos, y *llorad*; gemid
   1.8 *llora* tú como joven vestida de cilicio por
   2.17 entre la . . y el altar *lloren* los sacerdotes
Zac. 12.10 *llorarán* como se *llora* por hijo unigénito
Mt 2.18 Raquel que *llora* a sus hijos, y no quiso
   5.4; Lc. 6.21 bienaventurados los que *lloran*
   26.75; Mr. 14.72; Lc. 22.62 saliendo . . *lloró*
Mr. 5.38 vio . . a los que *lloraban* y lamentaban
Lc. 7.13 compadeció de ella, y le dijo: No *llores*
   7.32 dicen . . os endechamos, y no *llorasteis*
   7.38 y estando detrás de él a sus pies, *llorando*
   8.52 no *lloréis*; no está muerta . . que duerme
   19.41 de la ciudad, al verla, *lloró* sobre ella
   23.28 no *lloréis* por mí, sino *llorad* por
Jn. 11.31 diciendo: Va al sepulcro a *llorar* allá
   11.35 Jesús *lloró*
   16.20 que vosotros *lloraréis* y lamentaréis
   20.11 María estaba fuera *llorando* junto al
   20.15 Jesús le dijo: Mujer, ¿por qué *lloras*?
Hch. 9.39 le rodearon todas las viudas, *llorando*

Hch. 21.13 ¿ qué hacéis *llorando* y quebrantándome
Ro. 12.15 gozaos con . . *llorad* con los que *lloran*
1 Co. 7.30 los que *lloran*, como si no *llorasen*
2 Co. 12.21 quizá tenga que *llorar* por muchos
Stg. 5.1 *llorad* y aullad por las miserias que os
Ap. 5.4 *lloraba* yo . . porque no se había hallado
    18.9 *llorarán* y harán lamentación sobre ella

LLORO v. Endecha, Lágrima, Llanto
Esd. 3.13 no podía distinguir . . de la voz del *ll*
Job 16.16 mi rostro está inflamado con el *ll*, y mis
Sal. 30.5 por la noche durará el *ll*, y a la mañana
Is. 65.19 nunca más se oirán en ella voz de *ll*
Jer. 31.9 irán con *ll*, mas con misericordia los
    31.13 cambiaré su *ll* en gozo, y los consolaré
Jl. 2.12 convertíos a mí con . . con ayuno y *ll* y
Am. 8.10 cambiaré vuestras fiestas en *ll*, y todos
Mt. 8.12; 13.42; 22.13; 24.51 allí será el *ll* y el
Stg. 4.9 vuestra risa se convierta en *ll*, y vuestro

LLOVER
Gn. 2.5 Jehová Dios aún no había hecho *llover*
Ex. 16.4 he aquí yo os haré *llover* pan del cielo
1 R. 8.35 si el cielo se cerrare y no *lloviere*, por
Sal. 78.24 hizo *llover* sobre ellos maná para que
Ec. 10.18 por la flojedad de . . se *llueve* la casa
Jer. 14.4 se resquebrajó . . por no haber *llovido*
Am. 4.7 hice *llover* sobre una ciudad, y . . no *ll*
Mt. 5.45 que hace *llover* sobre justos e injustos
Stg. 5.17 Elías . . oró . . para que no *lloviese*
Ap. 11.6 a fin de que no *llueva* en los días de

LLUVIA
Gn. 7.12 *ll* sobre la tierra 40 días y 40 noches
    8.2 cielos; y la *ll* de los cielos fue detenida
Lv. 26.4; Dt. 11.14; 28.12 yo daré vuestra *ll*
2 S. 23.4 como la *ll* que hace brotar la hierba
1 R. 17.1 que no habrá *ll* ni rocío en estos años
    18.41 como y bebe . . una *ll* grande se oye
2 Cr. 6.26 los cielos se cerraren y no hubiere *ll*
Job 5.10 da la *ll* sobre la faz de la tierra, y envía
    38.28 ¿tiene la *ll* padre? ¿O quién engendró
Sal. 65.10 ablandas con *ll*, bendices sus renuevos
    72.6 descenderá como la *ll* sobre la hierba
    84.6 fuente, cuando la *ll* llena los estanques
    147.8 el que prepara la *ll* para la tierra
Pr. 25.14 como nubes y vientos sin *ll*, así es el
    25.23 el viento del norte ahuyenta la *ll*, y el
    26.1 como no conviene . . la *ll* en la siega, así
    28.3 es como *ll* torrencial que deja sin pan
Cnt. 2.11 el invierno, se ha mudado, la *ll* se fue
Is. 55.10 como desciende de los cielos la *ll* y la
Jer. 3.3 han sido detenidas, y faltó la *ll* tardía
    5.24 da la *ll* temprana y tardía en su tiempo
    14.22 ¿hay . . ídolos . . ¿y darán los cielos *ll*?
Ez. 34.26 descender la *ll* . . *ll* de bendición serán
Os. 6.3 vendrá . . como la *ll*, como la *ll* tardía y
Jl. 2.23 os ha dado la primera *ll* a su tiempo, y
Am. 4.7 os detuve la *ll* tres meses antes de la
Mi. 5.7 Jacob será . . como las *ll* sobre la hierba
Hag. 1.10 se detuvo de . . sobre vosotros la *ll*, y
Zac. 10.1 pedid a Jehová *ll* en la estación tardía
    14.17 no subieren . . no vendrá sobre ellos *ll*
Mt. 7.25 descendió *ll*, y vinieron ríos, y no cayó
Hch. 14.17 *ll* del cielo y tiempos fructíferos
    28.2 nos recibieron a todos, a causa de la *ll*
He. 6.7 la tierra que bebe la *ll* que . . cae sobre

MACEDONIA
Hch. 16.9 varón . . diciendo: Pasa a *M* y ayúdanos
Ro. 15.26 *M* . . tuvieron a bien hacer una ofrenda
2 Co. 8.1 gracia . . se ha dado a las iglesias de *M*

MACPELA Gn. 23.7–20; 50.13.

MADERA
1 S. 6.14 cortaron la *m* del carro, y ofrecieron
1 R. 5.18 hombres de Gebal . . prepararon la *m*
2 Cr. 2.9 para que me preparen mucha *m*, porque
Jer. 28.13 yugos de *m* quebraste, mas en vez de
2 Ti. 2.20 plata, sino también de *m* y de barro

MADERO v. Cruz
Dt. 21.23 que su cuerpo pase la noche sobre el *m*

Dt. 21.23; Gá. 3.13 maldito . . el . . colgado en un *m*
1 P. 2.24 llevó . . nuestros pecados . . sobre el *m*

MADIÁN Ex. 2.15; Jue. 7.1—8.22.

MADIANITA
Gn. 37.28 cuando pasaban los *m* mercaderes
Nm. 25.17 hostigad a los *m*, y heridlos
    31.2 la venganza de . . Israel contra los *m*
Jue. 7.14 Dios ha entregado en sus manos a los *m*

MADRE v. Padre
Gn. 3.20 cuanto ella era *m* de todos los vivientes
    17.16 y vendrá a ser *m* de naciones; reyes
Ex. 20.12; Dt. 5.16 honra a tu padre y a tu *m*
Jue. 5.7 yo Débora me levanté . . como *m* en
1 S. 2.19 y le hacía su *m* una túnica pequeña
2 S. 20.19 destruir una ciudad que es *m* en Israel
Sal. 113.9 estéril, que se goza en ser *m* de hijos
Pr. 23.22 tu *m* envejeciere, no la menosprecies
Is. 66.13 como aquel a quien consuela su *m*, así
Ez. 16.44 refrán que dice: Cual la *m*, tal la hija
Mt. 10.35 hija contra su *m*, y a la nuera contra
    12.48; Mr. 3.33 ¿quién es mi *m*, y quiénes
    15.4 diciendo: Honra a tu padre y a tu *m*
    19.5; Ef. 5.31 dejará padre y *m*, y se unirá a
Lc. 8.21 mi *m* y mis hermanos son los que oyen
Jn. 19.25 estaban junto a la cruz de Jesús su *m*
    19.27 después dijo al discípulo: He ahí tu *m*
Gá. 4.26 la cual es *m* de todos nosotros, es libre
1 Ti. 5.2 ancianas, como a *m*; a las jovencitas
2 Ti. 1.5 la fe . . la cual habitó . . en tu *m* Eunice

MADUREZ
1 Co. 2.6 hablamos . . los que han alcanzado *m*
He. 5.14 alimento sólido . . que han alcanzado *m*

MADURO, ra
1 Co. 14.20 sed . . pero *m* en el modo de pensar
Ap. 14.15 siega . . pues la mies de la tierra está *m*

MAESTRO v. Doctor, Señor
Is. 30.20 tus *m* nunca más te serán quitados, sino
    55.4 lo di . . por jefe y por *m* a las naciones
Mt. 10.24; Lc. 6.40 no es más que su *m*, ni el
    19.16; Mr. 10.17 *M* bueno, ¿qué bien haré
    23.8, 10 porque uno es vuestro *M*, el Cristo
Jn. 3.2 sabemos que has venido de Dios como *m*
    3.10 ¿eres tú el *M* de Israel, y no sabes esto?
    11.28 llamó a . . El *M* está aquí y te llama
    13.13 vosotros me llamáis *M*, y Señor; y decís
    20.16 dijo: ¡Raboni! (que quiere decir, *M*)
Ro. 2.20 de niños, que tienes en la ley la forma
1 Co. 12.29 ¿todos *m*? ¿hacen todos milagros?
Ef. 4.11 constituyó a . . a otros, pastores y *m*
1 Ti. 2.7 y *m* de los gentiles en fe y verdad
2 Ti. 1.11 yo fui constituido . . *m* de los gentiles
    4.3 amontonarán *m* conforme a sus propias
He. 5.12 debiendo ser ya *m*, después de tanto
Stg. 3.1 míos, no os hagáis *m* muchos de vosotros
2 P. 2.1 como habrá entre vosotros falsos *m*, que

MAGIA v. Encantamiento, Hechicería
Hch. 8.9 pero . . Simón, que antes ejercía la *m* en
    19.19 muchos de los que habían practicado la *m*

MAGISTRADO v. Juez
Lc. 12.11 cuando os trajeren a . . ante los *m* y las
    12.58 cuando vayas al *m* con tu adversario
Hch. 16.22 los *m* . . ordenaron azotarlos con varas
Ro. 13.3 los *m* no están para infundir temor al

MAGNIFICAR v. Adorar, Alabar, Engrandecer, Exaltar, Glorificar, Gracias, Honrar
Ex. 15.1 cantaré yo a . . porque se ha *magnificado*
Nm. 14.17 que sea *magnificado* el poder del Señor
Is. 42.21 se complació . . en *magnificar* la ley y
Hch. 10.46 los oían . . que *magnificaban* a Dios
    19.17 era *magnificado* el nombre del Señor
Fil. 1.20 será *magnificado* Cristo en mi cuerpo

MAGNIFICENCIA v. Gloria, Honra
1 Cr. 16.27; Sal. 96.6 alabanza y *m* delante de él
    29.11 tuya es, oh Jehová, la *m* y el poder
Sal. 68.34 sobre Israel es su *m*, y su poder está

Sal. 104.1 Dios .. te has vestido de gloria y de *m*
  145.12 hechos, y la gloria de la *m* de su reino

MAGNÍFICO, ca *v.* **Glorioso**
Ex. 15.11 ¿quién como tú, *m* en santidad
1 Cr. 22.5 la casa .. ha de ser *m* por excelencia
Jer. 32.19 grande en consejo, y *m* en hechos

MAGO *v.* **Adivino, Agorero, Encantador, Hechicero**
Gn. 41.8 e hizo llamar a todos los *m* de Egipto
Dn. 2.2 hizo llamar el rey a *m* .. le explicasen
Hch. 13.8 pero les resistía Elimas, el *m* (pues así

MAGOG **Ez.** 38.2; **Ap.** 20.8.

MAHER-SALAL-HASBAZ **Is.** 8.1.

MAJESTAD *v.* **Gloria, Grandeza, Magnificencia**
Job 37.22 claridad. En Dios hay una *m* terrible
  40.10 adórnate ahora de *m* y de alteza, y
Dn. 4.36 la *m* de mi reino, mi dignidad y mi
He. 1.3; 8.1 se sentó a la diestra de la *M* en las
2 P. 1.16 sino como habiendo visto .. ojos su *m*
Jud. 25 al único y sabio Dios .. sea gloria y *m*

MAL *v.* **Malo**

MALCO **Jn.** 18.10.

MALDAD *v.* **Iniquidad, Malicia, Malo, Pecado, Perversidad, Prevaricación**
Gn. 6.5 vio .. que la *m* de los hombres era mucha
  19.7 os ruego, hermanos .. no hagáis tal *m*
Ex. 20.5; **Nm.** 14.18; **Dt.** 5.9 visito la *m* de los
Dt. 28.20 perezcas pronto a causa de la *m* de tus
Jos. 7.15 por cuanto .. ha cometido *m* en Israel
Jue. 19.23 no, hermanos míos .. no hagáis esta *m*
  20.3 dijeron los hijos .. Decid cómo fue esta *m*
2 S. 24.17 yo pequé, yo hice la *m*; ¿qué hicieron
Job 22.5 tu malicia es grande, y tus *m* no tienen
Sal. 5.4 no eres un Dios que se complace en la *m*
  7.9 fenezca ahora la *m* de los inicuos, mas
  7.14 impío concibió *m*, se preñó de iniquidad
  34.21 matará al malo la *m* .. condenados
  36.4 medita en *m* sobre su cama; está en camino
  51.2 lávame más y más de mi *m*, y límpiame de
  51.5 en *m* he sido formado, y en pecado me
  55.11 m hay en medio de ella, y el fraude y el
  69.27 pon *m* sobre su *m*, y no entren en tu
  90.8 pusiste nuestras *m* delante de ti .. yerros
  92.9 serán esparcidos todos los que hacen *m*
  94.23 los destruirá en su propia *m* .. Jehová
  141.5 mi oración .. contra las *m* de aquéllos
Pr. 4.17 porque comen pan de *m*, y beben vino de
  10.2 los tesoros de *m* no serán de provecho
  14.32 por su *m* será lanzado el impío; mas el
  26.26 odio se cubra .. su *m* será descubierta
  30.20 limpia su boca, y dice: No he hecho *m*
Ec. 7.25 fijé mi corazón para .. conocer la *m* de
Is. 9.18 la *m* se encendió como fuego, cardos y
  47.10 confiaste en tu *m*, diciendo: Nadie me
  53.9 nunca hizo *m*, ni hubo engaño en su boca
  59.3 labios .. mentira, habla *m* vuestra lengua
Jer. 2.5 ¿qué *m* hallaron en mí vuestros padres
  2.19 tu *m* te castigará, y tus rebeldías te
  3.13 reconoce, pues, tu *m*, porque contra
  18.8 si esos pueblos se convirtieren de su *m*
  31.30 que cada cual morirá por su propia *m*
  31.34 porque perdonaré la *m* de ellos, y no me
  33.5 escondí mi rostro de .. a causa de .. su *m*
  33.8 los limpiaré de toda su *m* con que pecaron
Ez. 3.18 el impío morirá por su *m*, pero su sangre
  4.5 así llevarás tú la *m* de la casa de Israel
  8.17 después que han llenado de *m* la tierra
  14.10 como la *m* del .. será la *m* del profeta
  16.49 que esta fue la *m* de Sodoma .. soberbia
  18.17 éste no morirá por la *m* de su padre
  31.11 yo lo entregaré .. le tratará según su *m*
Os. 7.2 que tengo en memoria toda su *m*; ahora
Mi. 7.18 como mi *m*, que perdona la *m*, y olvida el
Mt. 7.23; **Lc.** 13.27 apartaos .. hacedores de *m*
  24.12 por haberse multiplicado la *m*, el amor
Lc. 11.39 estáis llenos de rapacidad y de *m*

Hch. 3.26 de que cada uno se convierta de su *m*
  8.22 arrepiéntete, pues, de esta tu *m*, y ruega
Ef. 6.12 contra huestes espirituales de *m* en las
He. 1.9 y aborrecido la *m*; por lo cual te ungió
Stg. 3.6 la lengua es un fuego, un mundo de *m*
1 Jn. 1.9 fiel y justo para .. limpiarnos de toda *m*
Ap. 18.5 unido y Dios se ha acordado de sus *m*

MALDECIR *v.* **Blasfemar**
Gn. 8.21 no volveré más a *maldecir* la tierra por
  12.3 y a los que te *maldijeren maldeciré*; y
Ex. 21.17; **Lv.** 20.9; **Pr.** 20.20 el que *maldijere* a su padre o a su madre
  22.28 ni *maldecirás* al príncipe de tu pueblo
Lv. 24.15 cualquiera que *maldijere* a su Dios
Nm. 22.6 *maldíceme* este pueblo, porque es más
Jue. 5.23 *maldecid* a Meroz .. *m* severamente a
2 S. 16.5 se llamaba Simei .. y salía *maldiciendo*
2 R. 2.24 los *maldijo* en el nombre de Jehová
Job 2.9 le dijo su mujer .. *Maldice* a Dios, y
  3.1 esto abrió Job su boca, y *maldijo* su día
Sal. 62.4 bendicen, pero *maldicen* en su corazón
  109.28 *maldigan* ellos, pero bendice tú
Pr. 30.11 hay generación que *maldice* a su padre
Jer. 15.10 ni tomado en préstamo, y .. *maldicen*
Mt. 5.44 amad .. bendecid a los que os *maldicen*
  15.4; **Mr.** 7.10 el que *maldiga* al padre o a
  26.74; **Mr.** 14.71 él comenzó a *maldecir*, y a
Mr. 11.21 la higuera que *maldijiste* se ha secado
Hch. 23.5 no *maldecirás* a un príncipe de tu pueblo
Ro. 12.14 os persiguen; bendecid, y no *maldigáis*
1 Co. 4.12 manos; nos *maldicen*, y bendecimos
He. 6.8 está próxima a ser *maldecida*, y su fin es
1 P. 2.23 cuando le *maldecían*, no respondía con

MALDICIÓN *v.* **Anatema**
Gn. 27.13 su madre .. Hijo mío, sea sobre mí tu *m*
Dt. 11.26; 30.19 pongo hoy .. la bendición y la *m*
  27.13 estos estarán .. para pronunciar la *m*
  28.15 vendrán sobre ti todas estas *m*, y te
Job 31.30 mi lengua, pidiendo *m* para su alma
Sal. 10.7 llena está su boca de *m*, y de engaño
  109.17 amó la *m*, y ésta le sobrevino; y no
Pr. 3.33 la *m* de Jehová está en la casa del impío
  26.2 como el .. así la *m* nunca vendrá sin causa
Jer. 23.10 a causa de la *m* la tierra está desierta
  25.18 para ponerlos en ruinas .. burla y en *m*
  29.22 todos .. harán de ellos una *m*, diciendo
Zac. 8.13 que como fuisteis *m* entre las naciones
  14.11 morarán en ella, y no habrá más *m*
Mal. 4.6 que yo venga y hiera la tierra con *m*
Hch. 23.21 juramentado bajo *m*, a no comer ni
Ro. 3.14 su boca está llena de *m* y de amargura
Gá. 3.10 bajo *m*, pues escrito está: Maldito todo
  3.13 nos redimió de la *m* de la ley, hecho .. *m*
1 P. 2.23 cuando le maldecían, no respondía con *m*
  3.9 no devolviendo mal por mal, ni *m* por *m*
2 P. 2.11 ángeles .. no pronuncian juicio de *m*
  2.14 no se sacian de pecar .. son hijos de *m*
Jud. 9 no se atrevió a proferir juicio de *m* contra
Ap. 22.3 no habrá más *m*; y el trono de Dios

MALDITO, ta *v.* **Anatema**
Gn. 3.14 por cuanto esto hiciste, *m* serás entre
  3.17 m será la tierra por tu causa; con dolor
  4.11 ahora, pues, *m* seas tú de la tierra, que
  9.25 y dijo: *M* sea Canaán; siervo de siervos
  27.29 los que te *maldijeren*, y benditos los *m*
Dt. 21.23 porque *m* por Dios es el colgado; y no
  27.15 m el hombre que hiciere escultura o
Jos. 6.26 *m* .. hombre que .. reedificare .. Jericó
1 S. 14.24 coma pan antes de .. la noche .. sea *m*
Is. 65.20 y el pecador de cien años será *m*
Jer. 11.3 *m* el varón que no obedeciere .. pacto
  17.5 m el varón que confía en el hombre, y
  20.14 m el día en que nací; el día en que me
  48.10 m el que hiciere indolentemente la obra
Mal. 3.9 m sois con maldición .. habéis robado
Mt. 25.41 apartaos de mí, *m*, al fuego eterno
Jn. 7.49 mas esta gente que no sabe la ley, *m* es
Gá. 3.10 m todo aquel que no permaneciere en
  3.13 m todo el que es colgado en un madero

MALHECHOR
Lc. 23.32 también con él a otros dos, que eran *m*
Jn. 18.30 si éste no fuera *m*, no te lo habríamos
1 P. 3.16 que en lo que murmuran .. como de *m*
    4.15 ninguno de vosotros padezca como .. *m*, o

MALICIA *v.* **Maldad, Perversidad**
Job 22.5 cierto tu *m* es grande, y tus maldades
Mt. 22.18 pero Jesús, conociendo la *m* de ellos
1 Co. 5.8 ni con la levadura de *m* y de maldad
    14.20 sed niños en la *m*, pero maduros en el
Ef. 4.31 ira, gritería y maledicencia, y toda *m*
Col. 3.8 *m*, blasfemia, palabras deshonestas de
Tit. 3.3 viviendo en *m* y envidia, aborrecibles
Stg. 1.21 desechando toda .. abundancia de *m*
1 P. 2.1 desechando, pues, toda *m*, todo engaño

MALIGNO, na *v.* **Malvado, Perverso, Satanás**
Sal. 27.2 cuando se juntaron contra mí los *m*, mis
    37.1 no te impacientes a causa de los *m*, ni
    94.16 se levantará por mí contra los *m*?
    119.115 apartaos de mí, *m*, pues yo guardaré
Is. 1.4 ¡oh .. generación de *m*, hijos depravados!
    9.17 porque todos son falsos y *m*, y toda boca
    14.20 no será nombrada .. descendencia .. *m*
    31.2 se levantará .. contra la casa de los *m*
Jer. 20.13 ha librado el alma .. de mano de los *m*
Mt. 6.23; Lc. 11.34 pero si tu ojo es *m*, todo tu
Ef. 6.16 apagar todo los dardos del fuego del *m*
Fil. 2.15 medio de una generación *m* y perversa
1 Jn. 2.13 os escribo a vosotros .. vencido al *m*
    3.12 no como Caín, que era del *m* y mató a
    5.18 Aquel que .. le guarda, y el *m* no le toca
3 Jn. 10 que hace parloteando con palabras *m*

MAL-O, la *v.* **Adversidad, Aflicción, Angustia, Calamidad, Diablo, Dolor, Maldad, Malvado, Miseria, Padecimiento, Satanás, Sufrimiento, Tribulación**
Gn. 3.5 seréis como Dios, sabiendo el bien y el *m*
    6.5 todo designio de .. era .. solamente el *m*
    8.21 el intento del corazón del hombre es *m*
    13.13 hombres de Sodoma eran *m* y pecadores
    19.9 ahora te haremos más *m* que a ellos
    31.52 ni tú pasarás .. señal contra mí, para *m*
Ex. 23.2 no seguirás a los muchos para hacer *m*
    32.14 Jehová se arrepintió del *m* que dijo que
Nm. 11.11 ¿por qué has hecho *m* a tu siervo?
    13.32 y hablaron *m* entre los hijos de Israel
Dt. 23.9 saliere .. te guardarás de toda cosa *m*
    28.60 traerá sobre ti todos los *m* de Egipto
    31.17 y vendrán sobre ellos .. *m* y angustias
Jos. 24.20 os hará *m*, y os consumirá, después que
1 S. 16.14 le atormentaba un espíritu *m* de parte
    23.9 entendiendo David que Saúl ideaba el *m*
    26.21 dijo Saúl .. que ningún *m* te haré más
1 R. 1.52 mas si se hallare en él, morirá
1 Cr. 21.17 yo .. pequé, y ciertamente he hecho *m*
Neh. 2.17 vosotros veis el *m* en que estamos, que
    6.2 mas ellos habían pensado hacerme *m*
Job 11.20 pero los ojos de los *m* se consumirán
    20.12 si el *m* se endulzó en su boca, si lo
    21.30 que el *m* es preservado en el día de la
    34.32 enséñame .. si hice *m*, no lo haré más
Sal. 1.4 no así los *m*, que son como el tamo que
    1.6 sobre los *m* hará llover calamidades
    28.3 no me arrebates juntamente con los *m*
    34.14; 37.27 apártate del *m*, y haz el bien
    34.16 ira de Jehová contra los que hacen *m*
    35.12 me devuelven *m* por bien, para afligir
    40.12 me han rodeado *m* sin número; me han
Pr. 3.7 opinión; teme a Jehová, y apártate del *m*
    4.16 no duermen ellos si no han hecho *m*
    8.13 el temor de Jehová es aborrecer el *m*
    11.21 tarde o temprano, el *m* será castigado
    11.27 mas al que busca el *m*, éste le vendrá
    13.21 el *m* perseguirá a los pecadores, mas los
    14.19 *m* se inclinarán delante de los buenos
    15.3 los ojos .. mirando a los *m* y a los buenos
    17.13 que da *m* por bien, no se apartará el *m*
    20.14 el que compra dice: *M* es, *m* es; mas

Pr. 24.8 al que piensa hacer el *m*, le llamarán
Ec. 6.1 hay un *m* que he visto debajo del cielo, y
    8.9 el hombre se enseñorea del hombre para *m*
    8.11 está en ellos dispuesto para hacer el *m*
Is. 5.20 ¡ay de los que a lo *m* dicen bueno, y a lo
    48.22 no hay paz para los *m*, dijo Jehová
Jer. 2.19 ve cuán *m* y amargo es el haber dejado
    11.17 Jehová de .. ha pronunciado *m* contra ti
    18.20 ¿se da *m* por bien, para que .. a mi alma?
    24.2 la otra .. higo muy *m*, que de *m* no se
Ez. 7.5 ha dicho .. Un *m*, he aquí que viene un *m*
Am. 3.6 ¿habrá algún *m* en ciudad, el cual
Jon. 3.10 su *m* camino; y se arrepintió del *m* que
Sof. 3.15 Jehová es Rey .. nunca más verás el *m*
Zac. 8.14 como pensé haceros *m* .. me provocaron
Mal. 3.18 diferencia entre el justo y el *m*, entre
Mt. 5.39 pero yo os digo: No resistáis al que es *m*
    6.13; Lc. 11.4 líbranos del *m*, porque tuyo es
    6.34 su afán. Basta a cada día su propio *m*
    7.11; Lc. 11.13 siendo *m*, sabéis dar buenas
    7.17; Lc. 6.43 pero el árbol *m* da frutos *m*
    9.4 ¿por qué pensáis *m* en vuestros corazones?
    12.35; Lc. 6.45 el hombre *m*, del *m* tesoro .. *m*
    12.39; 16.4 la generación *m* .. demanda señal
    13.49 ángeles, y apartarán a los *m* de entre
    25.26 le dijo: Siervo *m* y negligente, sabías que
    27.23; Mr. 15.14; Lc. 23.22 ¿qué *m* ha hecho?
Mr. 3.4 hacer bien, o hacer *m*; salvar la vida, o
    9.39 ninguno hay que .. pueda decir *m* de mí
Lc. 6.35 él es benigno para con los ingratos y *m*
Jn. 18.23 si he hablado *m*, testifica en qué .. el *m*
Hch. 9.13 cuántos *m* ha hecho a tus santos en
    16.28 no te hagas ningún *m* .. todos estamos
    18.10 pondrá sobre ti la mano para hacerte *m*
Ro. 2.9 angustia sobre todo ser .. que hace lo *m*
    3.8 hagamos *m* para que vengan bienes?
    7.19 no .. sino el *m* que no quiero, eso hago
    12.17; 1 Ts. 5.15; 1 P. 3.9 a nadie *m* por *m*
    12.21 no seas vencido de lo *m*, sino vence con
    16.19 ser *m* en que el hombre haga tropezar
Gá. 1.4 para librarnos del presente siglo *m*
Ef. 5.16 aprovechando .. porque los días son *m*
    6.13 para que podáis resistir en el día *m*
1 Ts. 5.22 absteneos de toda especie de *m*
1 Ti. 6.10 raíz de todos los *m* es el amor al dinero
2 Ti. 3.13 los *m* hombres .. irán de mal en peor
    4.14 Alejandro el .. me ha causado muchos *m*
He. 5.14 en el discernimiento del bien y del *m*
Stg. 1.13 Dios no puede ser tentado por el *m*
1 P. 2.16 libertad como pretexto para hacer lo *m*
    3.11 apártese del *m*, y haga el bien; busque
    3.12 está contra aquellos que hacen el *m*
1 Jn. 3.12 porque sus obras eran *m*, y las de
2 Jn. 11 que le dice .. participa en sus *m* obras
3 Jn. 11 el que hace lo *m*, no ha visto a Dios
Ap. 2.2 y que no puedes soportar a los *m*, y has

MALTA Hch. 28.1-10.

MALTRATAR
Hch. 7.24 a uno que era *maltratado*, lo defendió
    12.1 echó mano a algunos .. para *maltratarles*
He. 11.25 escogiendo antes ser *maltratado* con el

MALVADO, da *v.* **Maligno, Malo; Perverso**
Ex. 34.7 de ningún modo tendrá por inocente al *m*
Sal. 101.4 se apartará de mí; no conoceré al *m*
Is. 26.10 se mostrará piedad al *m*, y no aprenderá
Jer. 2.33 aun a las *m* enseñaste tus caminos
Mt. 18.32 siervo *m* .. aquella deuda te perdoné
2 P. 2.7 abrumado por la .. conducta de los *m*

MAMAR
Is. 60.16 *mamarás* la leche de las naciones, el
    66.11 para que *maméis* .. de los pechos de sus
Lc. 11.27 bienaventurado .. senos que *mamaste*

MANÁ *v.* **Pan**
Ex. 16.35 comieron los .. de Israel *m* 40 años
Nm. 11.7 y era el *m* como semilla de culantro
Dt. 8.3 hizo tener hambre, y te sustentó con *m*
Jos. 5.12 el *m* cesó el día siguiente, desde que
Neh. 9.20 no retiraste tu *m* de su boca, y agua

Sal. 78.24 hizo llover sobre ellos *m* para que
Jn. 6.31 nuestros padres comieron el *m* en el
He. 9.4 estaba una urna de oro que contenía el *m*
Ap. 2.17 al que venciere, daré a comer del *m*
  MANADA *v.* Rebaño
Gn. 32.16 pasad .. y poned espacio entre *m* y *m*
Job 21.11 salen sus pequeñuelos como *m*, y sus
Sal. 65.13 se visten de *m* los llanos, y los valles
Lc. 12.32 no temáis, *m* pequeña, porque .. reino
  MANANTIAL *v.* Fuente
Sal. 36.9 contigo está el *m* de la vida; en tu luz
Pr. 10.11 *m* de vida es la boca del justo; pero
  13.14 la ley del sabio es *m* de vida para
  14.27 el temor de Jehová es *m* de vida para
  16.22 *m* de vida es el entendimiento al que es
  25.26 como fuente turbia y *m* corrompido, es
Jer. 17.13 dejaron a Jehová, *m* de aguas vivas
Os. 13.15 se secará su *m*, y se agotará su fuente
Zac. 13.1 un *m* abierto para la casa de David
  MANASÉS hijo de José
Gn. 41.51 llamó .. el nombre del primogénito, *M*
  48.20 como a *M*. Y puso a Efraín antes de *M*
Sal. 60.7; 108.8 mío es Galaad, y mío es *M*, y
Is. 9.21 *M* a Efraín, y Efraín a *M*, y ambos contra
  MANASÉS rey de Judá 2 R. 21.1–18; 2 Cr.
33.1–20.
  MANCO *v.* Cojo
Mt. 15.31 a los *m* sanados, a los cojos andar, y a
  18.8; Mr. 9.43 mejor te es entrar en la vida *m*
  MANCHA *v.* Defecto, Falta
Lv. 13.38 que tuviere en la piel .. *m*, *m* blancas
Dt. 32.5 la corrupción no .. de sus hijos es la *m*
Pr. 9.7 el que reprende al impío, se atrae *m*
Cnt. 4.7 toda tú eres hermosa .. y en ti no hay *m*
Ef. 1.4 para que fuésemos .. sin *m* delante de él
  5.27 iglesia .. no tuviese *m* .. santa y sin *m*
Fil. 2.15 hijos de Dios sin *m* en medio de una
Col. 1.22 para presentaros santos y sin *m*
He. 7.26 sin *m*, apartado de los pecadores, y hecho
  9.14 se ofreció a sí mismo sin *m* a Dios
Stg. 1.27 visitar a .. y guardarse sin *m* del mundo
1 P. 1.19 un cordero sin *m* y sin contaminación
2 P. 2.13 estos son inmundicias y *m*, quienes aun
  3.14 hallados por él sin *m* e irreprensibles
Jud. 12 son en vuestros ágapes, que comiendo
  24 y presentaros sin *m* delante de su gloria
Ap. 14.5 no fue hallada mentira .. son sin *m*, pues
  MANDAMIENTO *v.* Edicto, Estatuto, Juicio,
  Ley, Mandato, Orden, Ordenanza, Precepto
Ex. 20.6; Dt. 5.10 que me aman y guardan mis *m*
  34.28 escribió en tablas .. pacto, los diez *m*
Lv. 26.14 si no .. ni hiciereis todos estos mis *m*
Dt. 4.13 os anunció su pacto .. los diez *m*, y los
  6.17; 10.13 guardad .. los *m* de Jehová y sus
  11.22 si guardareis cuidadosamente .. estos *m*
  11.27 la bendición, si oyereis los *m* de Jehová
  30.11 porque este *m* que yo te ordeno hoy no
1 R. 18.18 dejando los *m* de Jehová, y .. baales
2 R. 17.16 dejaron todos los *m* de Jehová su Dios
Neh. 9.14 les prescribiste *m*, estatutos y la ley
Est. 9.32 *m* de Ester confirmó estas celebraciones
Sal. 19.8 los *m* de Jehová son rectos, que alegran
  71.3 tú has dado *m* para salvarme, porque tú
  89.31 si profanaren .. y no guardaren mis *m*
  119.4 encargaste que sean .. guardados tus *m*
  119.15 en tus *m* meditaré; consideraré tus
  119.35 guíame por la senda de tus *m*, porque
  119.45 en libertad, porque busqué tus *m*
  119.47 me regocijaré en tus *m*, los cuales he
  119.69 mas yo guardaré de todo corazón tus *m*
  119.86 todos tus *m* son verdad; sin causa me
  119.93 nunca jamás me olvidaré de tus *m*
  119.104 de tus *m* he adquirido inteligencia
  119.127 por eso he amado tus *m* más que el oro
  119.128 por eso estimé rectos todos tus *m*
  119.151 oh Jehová, y todos tus *m* son verdad
  119.159 mira, oh Jehová, que amo tus *m*

Sal. 119.172 porque todos tus *m* son justicia
Pr. 6.20 guarda, hijo mío, el *m* de tu padre, y no
  7.2 guarda mis *m* y vivirás, y mi ley como las
  10.8 el sabio de corazón recibirá los *m*; mas
  19.16 el que guarda el *m* guarda su alma; mas
Is. 28.10 *m* tras *m*, mandato sobre mandato
Mi. 6.16 los *m* de Omri se han guardado, y toda
Mt. 5.19 quebrante uno de estos *m* muy pequeños
  15.6 así habéis invalidado el *m* de Dios por
  15.9; Mr. 7.7 como doctrinas, *m* de hombres
  19.17 quieres entrar en la vida, guarda los *m*
  22.38; Mr. 12.30 es el primero y grande *m*
Mr. 10.19; Lc. 18.20 los *m* sabes: No adulteres
Jn. 12.49 él me dio *m* de lo que he de decir, y de
  13.34 un *m* nuevo os doy: Que os améis unos
  14.15 si me amáis, guardad mis *m*
  14.21 el que tiene mis *m*, y los guarda, ése es
  15.10 si guardareis mis *m* permaneceréis en
Hch. 1.2 después de haber dado *m* .. apóstoles
Ro. 7.12 la ley .. y el *m* santo, justo y bueno
  13.9 cualquier otro *m* .. se resume: Amarás a
1 Co. 7.6 digo por vía de concesión, no por *m*
  7.25 en cuanto a las vírgenes no tengo *m* del
  14.37 que lo que os escribo son *m* del Señor
Ef. 6.2 honra .. que es el primer *m* con promesa
Col. 2.22 en conformidad a *m* y doctrinas de
1 Ti. 1.5 pues el propósito de este *m* es el amor
  6.14 guardes el *m* sin mácula ni reprensión
He. 7.5 tienen *m* de tomar .. diezmos según la ley
  9.19 anunciado Moisés todos los *m* de la ley
2 P. 2.21 volverse atrás del santo *m* que les fue
1 Jn. 2.3 que .. le conocemos, si guardamos sus *m*
  2.7 no os escribo *m* nuevo, sino el *m* antiguo
  3.22 guardamos sus *m*, y hacemos las cosas
  4.21 tenemos este *m* de él: El que ama a Dios
  5.3 guardemos sus *m*; y sus *m* no son gravosos
2 Jn. 4 conforme al *m* que recibimos del Padre
  6 que andemos según sus *m*. Este es el *m*
Ap. 14.12 los que guardan los *m* de Dios y la fe
  MANDAR *v.* Disponer, Enviar, Ordenar
Gn. 6.22 Noé; hizo .. todo lo que Dios le *mandó*
  18.19 sé que *mandará* a sus hijos y a su casa
Ex. 7.2 tú dirás todas las cosas que yo te *mande*
Dt. 5.32 hagáis como Jehová .. os ha *mandado*
  30.16 yo te *mando* hoy que ames a Jehová tu
  32.46 las *mandéis* a vuestros hijos, a fin de
Jos. 1.16 haremos .. cosas que nos has *mandado*
  11.9 hizo .. como Jehová le había *mandado*
  11.15 Moisés lo *mandó* a Josué, y así Josué
2 Cr. 36.23; Esd. 1.2 ha *mandado* que le edifique
Sal. 33.9 y fue hecho; él *mandó*, y existió
  148.5 porque .. él *mandó*, y fueron creados
Is. 34.16 su boca *mandó*, y los reunió su mismo
  45.12 los cielos, y a todo su ejército *mandé*
Jer. 1.7 irás mil, y dirás todo lo que te *mande*
Lm. 3.37 sucedió algo que el Señor no *mandó*?
Mt. 14.28 si eres tú, *manda* que yo vaya a ti sobre
  19.7 *mandó* Moisés dar carta de divorcio, y
Mr. 1.27 *manda* aun a los espíritus inmundos, y
  5.43 les *mandó* mucho que nadie lo supiese
Jn. 14.31 y como el Padre me *mandó*, así hago
  15.14 sois mis .. si hacéis lo que yo os *mando*
  15.17 os *mando*: Que os améis unos a otros
Hch. 1.4 les *mandó* que no se fueran de Jerusalén
  13.47 porque así nos ha *mandado* el Señor
  16.18 te *mando* en el nombre de Jesucristo
  17.30 ahora *manda* a todos los hombres en
1 Ti. 4.3 *mandarán* abstenerse de alimentos que
  4.11 esto *manda* y enseña
  5.7 *manda* también estas cosas, para que sean
  6.13 te *mando* delante de Dios, que da vida por
Flm. 8 libertad .. para *mandarte* lo que conviene
  MANDATO *v.* Edicto, Estatuto, Juicio, Ley,
  Mandamiento, Orden, Ordenanza, Precepto
Nm. 9.18 al *m* de Jehová los hijos de .. partían
Hag. 1.13 Hageo .. habló por *m* de Jehová al
  MANDRÁGORAS
Gn. 30.14 halló *m* en el campo, y las trajo a Lea
Cnt. 7.13 *m* han dado olor, y a nuestras puertas

MANEJAR
Col. 2.21 tales como: No *manejes*, ni gustes, ni

MANERA
Ro. 9.14 hay injusticia en Dios? En ninguna *m*
He. 1.1 Dios, habiendo hablado .. de muchas *m* a
1 P. 2.12 manteniendo buena vuestra *m* de vivir

MANIFESTACIÓN v. Advenimiento, Aparición,
Revelación, Venida
Ro. 8.19 anhelo .. el aguardar la *m* de los hijos
1 Co. 1.7 don, esperando la *m* de nuestro Señor
12.7 a cada uno le es dada la *m* del Espíritu
2 Ti. 4.1 juzgará a los vivos y a los .. en su *m* y
Tit. 2.13 la *m* gloriosa de nuestro gran Dios y

MANIFESTAR v. Mostrar, Revelar
Jue. 13.25 el Espíritu .. comenzó a *manifestarse* en
1 S. 3.21 Jehová se *manifestó* a Samuel en Silo
Is. 40.5 se *manifestará* la gloria de Jehová, y toda
Jer. 31.3 Jehová se *manifestó* a mí hace ya mucho
Mt. 10.26; Mr. 4.22; Lc. 8.17 oculto, que no haya
de ser *manifestado*
Lc. 17.30 el día en que el Hijo del .. se *manifieste*
19.11 que el reino de Dios se *manifestaría*
Jn. 1.31 para que fuese *manifestado* a Israel, por
7.4 si estas cosas haces, *manifiéstate* al mundo
9.3 que las obras de Dios se *manifiesten* en él
14.21 y yo le amaré, y me *manifestaré* a él
17.6 he *manifestado* tu nombre a los hombres
21.1 se *manifestó* otra vez a sus discípulos
Ro. 3.25 para *manifestar* su justicia, a causa de
8.18 gloria .. en nosotros ha de *manifestarse*
16.26 pero que ha sido *manifestado* ahora, y
1 Co. 4.5 *manifestará* las intenciones .. corazones
2 Co. 2.14 *manifiesta* en todo lugar el olor de su
4.10 vida de Jesús se *manifieste* en .. cuerpos
Ef. 5.13 porque la luz es lo que *manifiesta* todo
Col. 1.26 ahora ha sido *manifestado* a sus santos
3.4 cuando Cristo, vuestra vida, se *manifieste*
4.4 para que lo *manifieste* como debo hablar
2 Ts. 1.7 cuando se *manifieste* el Señor Jesús desde
2.8 entonces se *manifestará* aquel inicuo, a
1 Ti. 3.16 piedad: Dios fue *manifestado* en carne
2 Ti. 1.10 pero ahora ha sido *manifestada*
Tit. 1.3 a su debido tiempo *manifestó* su palabra
2.11 la gracia de Dios se ha *manifestado* para
1 P. 1.5 para ser *manifestada* en el tiempo postrero
1.7, 13 cuando Jesucristo sea *manifestado*
1.20 *manifestado* en los postreros tiempos
1 Jn. 1.2 vida fue *manifestada* .. se nos *manifestó*
2.28 para que cuando se *manifieste*, tengamos
3.2 no se ha *manifestado* lo que hemos de ser
3.2 pero sabemos que cuando él se *manifieste*

MANIFIESTO, ta v. Visible
Jn. 3.21 que sea *m* que sus obras son hechas en
Hch. 4.16 señal *m* ha sido hecha por ellos
Ro. 1.19 lo que de Dios se conoce les es *m*, pues
1 Co. 3.13 la obra de cada uno se hará *m*, porque
14.25 lo oculto de su corazón se hace *m*
2 Co. 5.11 pero a Dios le es *m* lo que somos
1 Ti. 4.15 que tu aprovechamiento sea *m* a todos
5.25 se hacen *m* las buenas obras; y las que
He. 4.13 no hay cosa creada que no sea *m* en su

MANO v. Diestra, Poder, Potestad
Ex. 4.2 dijo: ¿Qué es eso que tienes en tu *m*?
17.11 alzaba Moisés su *m*, Israel prevalecía
29.10 Aarón y sus hijos pondrán sus *m* sobre
33.22 y te cubriré con mi *m* hasta que haya
Nm. 11.23; Is. 59.1 ha acortado la *m* de Jehová?
Jue. 7.2 se alabe .. diciendo: Mi *m* me ha salvado
1 S. 17.46 Jehová te entregará hoy en mi *m*, y yo
18.17 no será mi *m* .. la *m* de los filisteos
23.16 Jonatán .. vino .. fortaleció su *m* en Dios
2 S. 6.6; 1 Cr. 13.10 Uza extendió su *m* al arca de
1 R. 13.4 la *m* que había extendido .. se le secó
1 Cr. 29.12 en tu *m* está la fuerza y el poder, y en
Esd. 8.22 la *m* de nuestro Dios es para bien sobre
Job 1.12 he aquí, todo lo que tiene está en tu *m*
12.9 no entiende que la *m* de Jehová la hizo?
19.21 compasión .. la *m* de Dios me ha tocado

Job 33.7 mi terror .. ni mi *m* se agravará sobre ti
Sal. 26.6 lavaré en inocencia mis *m*, y así andaré
28.2 cuando alzo mis *m* hacia tu santo templo
31.5 en tu *m* encomiendo mi espíritu; tú me
31.15 en tu *m* están mis tiempos; líbrame de
91.12 en las *m* te llevarán, para que tu pie no
104.28 les das .. abres tu *m*, se sacian de bien
115.7 *m* tienen, mas no palpan; tienen pies
119.73 tus *m* me hicieron y me formaron
139.10 aun allí me guiará tu *m*, y me asirá tu
Pr. 6.10 cruzar por un poco las *m* para reposo
6.17 las *m* derramadoras de sangre inocente
26.15 mete el perezoso su *m* en el plato; se
31.20 pobre, y extiende sus *m* al menesteroso
Ec. 9.1 que los justos y .. están en la *m* de Dios
Is. 1.15 no oiré; llenas están de sangre vuestras *m*
5.25; 9.12, 21 todavía su *m* está extendida
40.12 midió las aguas con el hueco de su *m*
43.13 yo era; y no hay quien de mi *m* libre
64.8 que obra de tus *m* somos todos nosotros
66.2 mi *m* hizo todas estas cosas, y así todas
66.14 y la *m* de Jehová para .. será conocida
Jer. 1.9 extendió Jehová su *m* y tocó mi boca
16.21 les haré conocer mi *m* y mi poder, y
Ez. 3.14 pero la *m* de Jehová era fuerte sobre mí
13.9 estará mi *m* contra los profetas que ven
20.33 que con *m* fuerte .. he de reinar sobre
Mt. 4.6 en sus *m* te sostendrán, para que no
5.30; 18.8; Mr. 9.43 si tu *m* derecha te es
12.10; Mr. 3.1; Lc. 6.6 que tenía seca una *m*
15.20 pero el comer con las *m* sin lavar no
19.13 para que pusiese las *m* sobre ellos, y
Mr. 16.18 sobre los enfermos pondrán sus *m*, y
Lc. 24.39 mirad mis *m* y mis pies, que yo mismo soy
24.50 los sacó .. y alzando sus *m*, los bendijo
Jn. 10.28 jamás, ni nadie las arrebatará de mi *m*
20.20 dicho esto, les mostró las *m* y el costado
20.25 si no viere en sus *m* .. y metiere mi *m*
Hch. 6.6; 13.3 orando les impusieron las *m*
7.50 ¿no hizo mi *m* todas estas cosas?
8.18 la imposición de las *m* de los apóstoles
9.12 que entra y le pone las *m* encima para
20.34 lo .. necesario .. estas *m* me han servido
1 Co. 12.15 porque no soy *m*, no soy del cuerpo
16.21 yo, Pablo, os escribo .. de mi propia *m*
Col. 4.18; 2 Ts. 3.17 la salutación de mi propia *m*
1 Ti. 2.8 oren .. levantando *m* santas, sin ira ni
4.14 te fue dado .. con la imposición de las *m*
He. 9.11 no hecho de *m*, es decir, no de esta
10.31 cosa es el caer en *m* del Dios vivo!
Stg. 4.8 pecadores, limpiad las *m* .. purificad
1 P. 5.6 humillaos .. bajo la poderosa *m* de Dios

MANOA Jue. 13.2–24.

MANOJO v. Gavilla
Gn. 37.7 que atábamos *m* .. y .. mi *m* se levantaba
Rt. 2.16 dejaréis .. caer para ella algo de los *m*
Mt. 13.30 recoged .. la cizaña, y atadla en *m* para

MANSEDUMBRE v. Bondad, Humildad
Ec. 10.4 porque la *m* hará cesar grandes ofensas
Sof. 2.3 buscad justicia, buscad *m*; quizás seréis
1 Co. 4.21 con vara, o con amor y espíritu de *m*?
2 Co. 10.1 yo Pablo os ruego por la *m* .. Cristo
Gá. 5.23 *m*, templanza; contra tales cosas no hay
6.1 si alguno .. restauradle con espíritu de *m*
Ef. 4.2 toda .. *m*, soportándoos con paciencia
Col. 3.12 vestíos .. humildad, de *m*, de paciencia
1 Ti. 6.11 sigue .. el amor, la paciencia, la *m*
Tit. 3.2 mostrando toda *m* para con .. hombres
Stg. 1.21 recibid con *m* la palabra implantada
3.13 muestre por la .. sus obras en sabia *m*
1 P. 3.15 presentar defensa con *m* y reverencia

MANSO v. Humilde
Nm. 12.3 aquel varón Moisés era muy *m*, más
Sal. 25.9 juicio, y enseñará a los *m* su carrera
34.2 mi alma; lo oirán los *m*, y se alegrarán
37.11 pero los *m* heredarán la tierra, y se
76.9 para salvar a todos los *m* de la tierra
Is. 11.4 y argüirá con .. por los *m* de la tierra

Mt. 5.5 bienaventurados los *m*, porque ellos
21.5 *m*, y sentado sobre una asna, sobre un

MANTENER *v.* Sostener, Sustentar
Gn. 48.15 el Dios que me *mantiene* desde que yo
Dt. 19.15 de dos o tres testigos se *mantendrá* la
Pr. 30.8 no me des .. *manténme* del pan necesario
1 Ti. 5.16 que las *mantenga*, y no sea gravada la

MANTENIMIENTO *v.* Alimento, Sustento
Gn. 9.3 lo que se mueve y vive, os será para *m*
Sal. 147.9 da a la bestia su *m*, y a los hijos de

MANTEQUILLA
Gn. 18.8 tomó también *m* y leche, y el becerro
Sal. 55.21 los dichos de .. son más blandos que *m*
Pr. 30.33 el que bate la leche sacará *m*, y el que
Is. 7.15 comerá *m* y miel, hasta que sepa desechar

MANTO *v.* Capa, Ropa, Túnica, Vestido, Vestidura
Jos. 7.21 vi entre los despojos un *m* babilónico
Rt. 3.15 dijo: Quítate el *m* que traes sobre ti
1 S. 15.27 se asió de la punta de su *m*, y .. rasgó
24.4 David .. cortó la orilla del *m* de Saúl
28.14 un hombre anciano .. cubierto de un *m*
1 R. 19.19 halló a Eliseo .. echó sobre él su *m*
2 R. 2.13 alzó .. el *m* de Elías que .. había caído
Is. 59.17 tomó .. y se cubrió de celo como de *m*
61.10 me vistió con .. me rodeó de *m* de justicia
Ez. 16.8 y extendí mi *m* sobre ti, y cubrí tu
Zac. 8.23 que diez .. tomarán del *m* a un judío
Mt. 9.20; **Mr.** 5.27; **Lc.** 8.44 tocó .. de su *m*
14.36; **Mr.** 6.56 tocar .. el borde de su *m*
21.8; **Mr.** 11.8; **Lc.** 19.36 tendían sus *m* en el
23.5 pues .. extienden los flecos de sus *m*
27.28 desnudándole, le echaron encima un *m*
Jn. 13.4 se quitó su *m*, y tomando una toalla, se
19.2 y le vistieron con un *m* de púrpura

MANZANA
Pr. 25.11 *m* de oro con figuras de plata es la
Cnt. 2.5 sustentadme con .. confortadme con *m*

MAÑANA *v.* Día, Tarde
Dt. 28.67 dirás: ¡Quién diera que fuese la *m*!
2 S. 23.4 como la luz de la *m*, como el resplandor
Job 11.17 aunque oscureciere, será como la *m*
38.12 ¿has mandado tú a la *m* en tus días?
Sal. 5.3 de *m* oirás mi voz; de *m* me presentaré
30.5 el lloro, y a la *m* vendrá la alegría
55.17 tarde y *m* y a mediodía oraré y clamaré
90.6 en la *m* florece y crece; a la tarde es
Pr. 27.1 no te jactes del día de *m*, porque no
Mt. 6.34 no os afanéis por el .. *m* .. *m* traerá su
Mr. 13.35 vendrá .. o al canto del gallo, o a la *m*
16.2; **Lc.** 24.1 muy de *m*, el primer día de la
Stg. 4.14 cuando no sabéis lo que será *m*. Porque

MAQUINAR
Sal. 37.12 *maquina* el impío contra el justo, y
58.2 en el corazón *maquináis* iniquidades
62.3 ¿hasta cuándo *maquinaréis* contra un
Jer. 11.19 no entendía que *maquinaban* designios
18.18 venid y *maquinemos* contra Jeremías
Ez. 11.2 los hombres que *maquinan* perversidad

MAR *v.* Lago, Tierra
Gn. 1.10 llamó Dios a .. las aguas llamó *M*
Ex. 13.18 rodease por el camino .. del *M* Rojo
14.21 el *m* se retirase .. volvió el *m* en seco
Dt. 30.13 ¿quién pasará por nosotros el *m*, para
Job 7.12 ¿soy yo el *m*, o un monstruo marino?
28.14 el abismo dice .. el *m* dijo: Ni conmigo
38.8 ¿quién encerró con puertas el *m*, cuando
Sal. 24.2 la fundó sobre los *m*, y la afirmó sobre
66.6 volvió el *m* en seco; por .. pasaron a pie
72.8 dominará de *m* a *m*, y desde el río hasta
77.19 en el *m* fue tu camino y tus sendas en
96.11; 98.7 brame el *m* y su plenitud
104.25 he allí el grande y anchuroso *m*, en
106.9 reprendió al *M* Rojo y lo secó, y les
107.23 los que descienden al *m* en naves, y
114.3 el *m* lo vio, y huyó; el Jordán se volvió
136.13 al que dividió el *M* Rojo en partes

Ec. 1.7 los ríos todos van al *m*, y el *m* no se llena
Is. 11.9; **Hab.** 2.14 como las aguas cubren el *m*
57.20 los impíos son como el *m* en tempestad
Mi. 7.19 echará en lo profundo del *m* .. pecados
Zac. 9.10 y su señorío será de *m* a *m*, y desde el
Mt. 8.27; **Mr.** 4.41 vientos y el *m* le obedecen?
13.47 una red, que echada en el *m*, recoge
23.15 porque recorréis *m* y tierra para hacer
Mr. 6.49; **Jn.** 6.19 viéndole .. andar sobre el *m*
He. 11.29 por la fe pasaron el *M* Rojo como por
Ap. 4.6; 15.2 había como un *m* de vidrio .. cristal
16.3 segundo .. derramó su copa sobre el *m*
21.1 tierra pasaron, y el *m* ya no existía

MARA Ex. 15.23.

MARAVILLA *v.* Milagro, Prodigio, Señal
Ex. 3.20 heriré a Egipto con todas mis *m* que
34.10 haré *m* que no han sido hechas en toda
Jue. 6.13 dónde están todas sus *m* que .. padres
1 Cr. 16.9 cantad a él .. hablad de todas sus *m*
16.12 haced memoria de las *m* que ha hecho
Job 5.9 hace cosas grandes .. y *m* sin número
37.14 Job; detente, y considera las *m* de Dios
Sal. 26.7 exclamar .. y para contar todas tus *m*
40.5 has aumentado, oh Jehová Dios .. tus *m*
72.18 bendito Jehová Dios .. único que hace *m*
77.14 tú eres el Dios que hace *m*; hiciste
78.12 delante de sus padres hizo *m* en .. Egipto
86.10 porque tú eres grande, y hacedor de *m*
88.10 ¿manifestarás tus *m* a los muertos?
98.1 cantad a Jehová .. porque ha hecho *m*
105.2 cantadle salmos; hablad de todas sus *m*
105.5 acordaos de las *m* que él ha hecho, de
106.22 en la tierra de Cam .. formidables
111.4 ha hecho memorables sus *m*; clemente y
119.18 abre mis ojos, y miraré las *m* de tu ley
119.27 hazme entender .. que medite en tus *m*
136.4 al único que hace grandes *m*, porque
Is. 25.1 alabaré tu nombre, porque has hecho *m*
Dn. 12.6 dijo .. ¿Cuándo será el fin de estas *m*?
Jl. 2.26 alabaréis a .. Jehová .. el cual hizo *m*
Mt. 21.15 los escribas, viendo las *m* que hacía
Lc. 5.26 y todos .. decían: Hoy hemos visto *m*
Gá. 3.5 aquel, pues, que .. hace *m* entre vosotros

MARAVILLADO *v.* Atónito
Lc. 4.22 estaban *m* de las palabras de gracia que
4.36 estaban todos *m*, y hablaban unos a otros
24.41 de gozo, no lo creían, y estaban *m*
Hch. 2.7 *m*, diciendo .. ¿No son galileos todos
13.12 creyó, *m* de la doctrina del Señor
Gá. 1.6 estoy *m* de que .. pronto os hayáis alejado

MARAVILLARSE *v.* Admirar, Asombrar, Sorprender
Job 17.8 los rectos se *maravillarán* de esto, y el
Ec. 5.8 si opresión de .. vieres .. no te *maravilles*
Is. 29.9 deteneos y *maravillaos*; ofuscaos y cegaos
63.5 *maravillé* que no hubiera quien ayudara
Jer. 4.9 en aquel día .. se *maravillarán* los profetas
Mt. 8.10; **Lc.** 7.9 al oírlo Jesús, se *maravilló*
22.22; **Mr.** 12.17 oyendo esto, se *maravillaron*
27.14; **Mr.** 15.5 el gobernador se *maravillaba*
Mr. 5.20 a publicar en .. y todos se *maravillaban*
Lc. 2.18 todos los que oyeron, se *maravillaron* de
2.47 se *maravillaban* de su inteligencia y de
Jn. 3.7 no te *maravilles* de que te dije: Os es
Hch. 3.12 ¿por qué os *maravilláis* de esto? ¿o por
4.13 viendo el denuedo de .. se *maravillaban*
7.31 Moisés, mirando, se *maravilló* de la visión

MARAVILLOSO, sa *v.* Admirable
2 S. 1.26 más *m* me fue tu amor que el amor de
Job 9.10 él hace cosas grandes .. *m*, sin número
42.3 cosas demasiado *m* para mí, que yo no
Sal. 118.23 es esto y es cosa *m* a nuestros ojos
119.129 *m* son tus testimonios; por tanto, los
139.6 tal conocimiento es .. *m* para mí, alto es
139.14 porque formidables, *m* son tus obras
145.5 en .. gloria .. y en tus hechos *m* meditaré
Zac. 8.6 si esto parecerá *m* a los .. del remanente
Mt. 21.42; **Mr.** 12.11 es cosa *m* a nuestros ojos?

Jn. 9.30 esto es lo m, que . . no sepáis de dónde
Ap. 15.3 grandes y m son tus obras, Señor Dios

MARCA v. Señal
Gá. 6.17 yo traigo en mi cuerpo las m del Señor
Ap. 14.9 y recibe la m en su frente o en su mano

MARCOS, Juan Sobrino de Bernabé, Col. 4.10;
vivía en Jerusalén, Hch. 12.12; acompaña a Pablo
y Bernabé a Antioquía, Hch. 12.25; 13.1; comienza
su trabajo misionero, Hch. 13.5; se separa del
grupo en Perge, Hch. 13.13; es objeto de discordia,
y va con Bernabé a Chipre, Hch. 15.38–39; ayuda
a Pablo en Roma, Col. 4.10; Flm. 24; 2 Ti. 4.11;
compañero de Pedro, 1 P. 5.13.

MARCHAR v. Andar, Caminar, Ir
Ex. 14.15 di a los hijos de Israel que marchen
Jue. 5.13 entonces marchó el resto de los nobles
     5.21 marcha, oh alma mía, con poder
2 R. 9.20 marchar del que viene es como el m de
Is. 63.1 que marcha en la grandeza de su poder?
Lc. 8.37 la multitud . . le rogó que se marchase de

MARCHITAR
Is. 40.7 la hierba se seca, y la flor se marchita
Stg. 1.11 así también se marchitará el rico en

MARDOQUEO Aconseja a Ester, Est. 2.5–20;
informa a Ester de una conspiración, Est. 2.21–23;
se niega a reverenciar a Amán, Est. 3.3–6; ataviado
con ropas reales, Est. 6.1–11; hecho segundo del
rey, Est. 8.1–15; 10.3; invalida el decreto de Amán,
Est. 8.3—9.4; decreta la fiesta de Purim, Est.
9.20–32.

MARFIL
1 R. 10.18; 2 Cr. 9.17 hizo . . un gran trono de m
     22.39 y la casa de m que construyó, y todas
Sal. 45.8 mirra . . desde palacios de m te recrean
Cnt. 5.14 su cuerpo, como claro m cubierto de
     7.4 tu cuello, como torre de m; tus ojos
Am. 3.15 heriré las . . y las casas de m perecerán
     6.4 duermen en camas de m, y reposan sobre

MARÍA la hermana de Moisés Su cántico, Ex.
15.20–21; hecha leprosa por criticar a Moisés, y sanada, Nm. 12.1–15; muere en Cades, Nm. 20.1.

MARÍA la madre de Jesús Desposada con
José, Mt. 1.18; Lc. 1.27; se le anuncia el nacimiento
de Jesús, Lc. 1.26–38; visita a Elisabet, Lc. 1.39–45;
su canto de alabanza, Lc. 1.46–55; va a Belén, Lc.
2.4–5; da a luz a su primogénito, Mt. 1.25; Lc. 2.6–7;
otros hijos, Mt. 13.55–56; Mr. 6.3; encuentra a Jesús en el templo, Lc. 2.41–51; asiste a las bodas de
Caná, Jn. 2.1–5; "¿Quién es mi madre y mis hermanos?", Mt. 12.46–50; Mr. 3.31–35; Lc. 8.19–21;
junto a la cruz, Jn. 19.25–27; en el aposento alto,
Hch. 1.14.

MARÍA la madre de Jacobo Mt. 27.56; Jn.
19.25.

MARÍA Magdalena Sanada por Jesús, Lc. 8.2;
sirve a Jesús, Lc. 8.3; junto a la cruz, Mt. 27.55–56;
Mr. 15.40; Jn. 19.25; presencia el sepelio de Jesús,
Mt. 27.61; Mr. 15.47; viene de mañana al sepulcro,
Mt. 28.1; Mr. 16.1; Lc. 24.10; Jn. 20.1; ve al Señor
resucitado, Mt. 28.9; Mr. 16.9; Jn. 20.11–18.

MARÍA de Betania Escucha las enseñanzas de
Jesús, Lc. 10.38–42; en la resurrección de Lázaro,
Jn. 11.1–44; unge los pies de Jesús, Jn. 12.1–8.

MARÍA la madre de Marcos Hch. 12.12.

MARIDO v. Esposo, Mujer, Varón
Gn. 3.16 tu deseo será para tu m, y él . . de ti
2 S. 3.16 su m fue con ella, siguiéndola y llevando
Est. 1.17 ellas tendrán en poca estima a sus m
Pr. 31.11 corazón de su m está en ella confiado
Is. 54.5 porque tu m es tu Hacedor; Jehová a
Jer. 31.32 fuy yo un m para ellos, dice Jehová
Mt. 1.16 Jacob engendró a José, m de María, de
Jn. 4.18 cinco m has tenido, y el . . no es tu m
Ro. 7.2 está sujeta . . al m . . pero si el m muere

1 Co. 7.2 mujer, y cada una tenga su propio m
     7.14 porque el m incrédulo es santificado en
     7.16 ¿qué sabes . . si quizá harás salvo a tu m?
     7.34 tiene cuidado . . de cómo agradar a su m
     14.35 quieren aprender algo, pregunten . . sus m
Col. 3.18; 1 P. 3.1 estad sujetas a vuestros m
1 Ti. 3.2; Tit. 1.6 el obispo sea . . m de una sola
Tit. 2.4 enseñen . . a amar a sus m y a sus hijos
1 P. 3.7 vosotros, m . . vivid con ellas sabiamente
Ap. 21.2 como una esposa ataviada para su m

MÁRMOL
1 Cr. 29.2 y piedras de m en abundancia
Cnt. 5.15 sus piernas, como columnas de m

MARTA
Lc. 10.38 una mujer llamada M le recibió en su
     10.41 M, M, afanada . . estás con muchas cosas
Jn. 11.20 M, cuando oyó que Jesús venía, salió a
     12.2 M servía, y Lázaro era uno de los que

MARTILLO
1 R. 6.7 ni m ni hachas se oyeron en la casa, ni
Jer. 23.29 y como m que quebranta la piedra?
     50.23 ¡cómo fue . . quebrado el m de toda la
     51.20 m me sois, y armas de guerra; y por

MÁRTIR
Ap. 17.6 ebria . . de la sangre de los m de Jesús

MASA
1 Co. 5.6; Gá. 5.9 poco de . . leuda toda la m?

MASAH Ex. 17.7; Dt. 6.16; 33.8.

MATANZA
Jer. 7.32; 19.6 no se diga . . sino Valle de la M
Os. 9.13 pero Efraín sacará sus hijos a la m

MATAR v. Herir, Muerto
Gn. 4.8 Caín se levantó contra . . Abel, y lo mató
     4.14 cualquiera que me hallare, me matará
     4.23 un varón mataré por mi herida, y un
     20.4 Señor, ¿matarás también al inocente?
     20.11 me matarán por causa de mi mujer
     27.41 dijo . . yo mataré a mi hermano Jacob
     37.21 Rubén oyó . . y él dijo : No lo matemos
Ex. 2.12 mató al egipcio y lo escondió en la arena
     2.14 matarme como mataste al egipcio?
     2.15 oyendo Faraón . . procuró matar a Moisés
     4.23 voy a matar a tu hijo, tu primogénito
     20.13; Dt. 5.17 no matarás
     21.14 y lo matare . . de mi altar lo quitarás
Nm. 25.5 matad . . se han juntado con Baal-peor
     31.17 matad . . m también a toda mujer que
     35.27 y el vengador de la sangre matare al
Jue. 16.30 los que mató al morir fueron muchos
1 S. 2.6 Jehová mata, y él da . . y hace subir
     17.36 fuese león . . oso, tu siervo lo mataba
     17.50 hirió al filisteo y lo mató, sin tener
     19.1 habló Saúl a . . para que matasen a David
     20.33 padre estaba resuelto a matar a David
2 S. 1.16 diciendo: Yo maté al ungido de Jehová
1 R. 20.20 mató cada uno al que venía contra él
     21.19 ¿no mataste, y también has despojado?
2 R. 6.21 dijo a Eliseo: ¿Los mataré, padre mío?
     19.35 mató en el campamento de los asirios a
1 Cr. 11.22 descendió y mató a un león en medio
Neh. 9.26 mataron a tus profetas que protestaban
Est. 3.13 orden de destruir, matar y exterminar a
Job 13.15 aunque él me matare, en él esperaré
Sal. 34.21 matará al malo la maldad, y los que
     44.22 pero por causa de ti nos matan cada día
Ec. 3.3 tiempo de matar, y tiempo de curar
Is. 37.36 mató a 185.000 en el campamento de los
     66.3 el que sacrifica buey es como si matase a
Jer. 7.9 matando, adulterando, jurando en falso
     26.15 sabed . . si me matáis, sangre inocente
     41.3 asimismo mató Ismael a todos los judíos
Ez. 9.8 cuando ellos iban matando y quedé yo solo
Dn. 2.12 mandó que matasen a todos los sabios
Os. 5.2 con las palabras de mi boca los maté
     6.9 una compañía de . . mata en el camino de
Mt. 2.13 Herodes buscará al niño para matarlo
     2.16 mandó matar a todos los niños menores

Mt. 5.21 no *matarás*; y cualquiera que *matare*
10.28; Lc. 12.4 no temáis a los que *matan* el
14.5 Herodes quería *matarle*; pero temía al
19.18; Mr. 10.19; Lc. 18.20; Ro. 13.9 no
matarás; no adulterarás; no hurtarás
21.35; Mr. 12.5 golpearon, a otro *mataron*
21.38; Lc. 20.15 heredero; venid, *matémosle*
23.31 sois hijos de aquellos que *mataron* a
23.34 yo os envío profetas . . a unos *mataréis*
23.35 Zacarías . . a quien *matasteis* entre el
23.37; Lc. 13.34 que *matas* a los profetas, y
Mt. 11.18; Lc. 19.47 buscaban cómo *matarle*
12.8 le *mataron*, y le echaron fuera de la viña
13.12 hijos contra los padres, y los *matarán*
14.1 cómo prenderle por engaño y *matarle*
Lc. 15.27 tu padre ha hecho *matar* el becerro
Jn. 5.16 perseguían a . . y procuraban *matarle*
5.18 los judíos aun más procuraban *matarle*
8.22 ¿acaso se *matará* a sí mismo, que dice
16.2 la hora cuando cualquiera que os *mate*
Hch. 3.15 *matasteis* al Autor de la vida, a quien
5.30 a Jesús, a quien vosotros *matasteis*
5.33 esto, se enfurecían y querían *matarlos*
7.28 ¿quieres tú *matarme*, como *mataste* al
10.13; 11.7 levántate, Pedro, *mata* y come
16.27 sacó la espada y se iba a *matar*
Ro. 7.11 pecado . . me engañó, y por él me *mató*
2 Co. 3.6 la letra *mata*, mas el Espíritu vivifica
Ef. 2.16 cruz . . *matando* en ella las enemistades
1 Ts. 2.15 los cuales *mataron* al Señor Jesús y a
2 Ts. 2.8 aquel inicuo, a quien el Señor *matará*
Stg. 2.11 dijo . . también ha dicho: No *matarás*
4.2 *matáis* y ardéis de envidia, y no podéis
1 Jn. 3.12 no como Caín, que era . . y *mató* a su
Ap. 9.15 a fin de *matar* a la tercera parte de los

MATEO *v.* Leví
Mt. 9.9 Jesús . . vio a un hombre llamado *M*
10.3; Mr. 3.18; Lc. 6.15 *M* . . Jacobo hijo

MATÍAS Hch. 1.23, 26.

MATRIMONIO
He. 13.4 honroso sea en todos el *m*, y el lecho

MATUSALÉN Gn. 5.21-27.

MAYOR *v.* Grande, Menor, Superior
Gn. 19.31 la *m* dijo a la . . Nuestro padre es viejo
25.23 más fuerte . . y el *m* servirá al menor
41.40 solamente en el trono seré yo *m* que tú
Job 33.12 responderé que en mí . . Dios que mí
Hag. 2.9 gloria postrera . . será *m* que la primera
Mt. 5.20 si vuestra justicia no fuere *m* que la de
11.11; Lc. 7.28 no se ha levantado otro *m*
12.6 digo que uno *m* que el templo está aquí
18.1; Mr. 9.34; Lc. 9.46; 22.24 quién de ellos
sería el *m*
23.11; Lc. 22.26 el que es *m* . . sea . . siervo
23.17 ¿cuál es *m*, el oro, o el templo que
Lc. 12.18 los edificaré, y allí guardaré todos
15.25 su hijo *m* estaba en el campo; y cuando
Jn. 4.12; 8.53 acaso eres tú *m* que nuestro padre
5.20 *m* obras que estas le mostrará, de modo
10.29 Padre que me las dio, es *m* que todos
14.12 y aun *m* hará, porque yo voy al Padre
14.28 al Padre; porque el Padre es *m* que yo
Ro. 9.12 se le dijo: El *m* servirá al menor
1 Co. 13.13 tres; pero el *m* de ellos es el amor
Stg. 3.1 sabiendo que recibiremos *m* condenación
1 Jn. 3.20 *m* que nuestro corazón es Dios, y él
4.4 *m* es el que está en vosotros, que el que

MAYORDOMO *v.* Administrador, Ministro,
Siervo
Neh. 13.13 puse por *m* . . al sacerdote Selemías
Mt. 20.8 el señor de la viña dijo a su *m*: Llame
Lc. 16.1 había un hombre rico que tenía un *m*

MECER
Ex. 29.24 todo . . lo *mecerás* como ofrenda *mecida*
Lv. 7.30 para que sea *mecido* como sacrificio *m*
8.27 e hizo *mecerlo* como ofrenda *mecida*
23.11 el sacerdote *mecerá* la gavilla delante

MEDIA *v.* Persia   Dn. 6.8; 8.20.
MEDIADOR
Job 33.23 algún elocuente *m* muy escogido, que
Gá. 3.20 el *m* no lo es de uno solo, pero Dios es
1 Ti. 2.5 y un solo *m* entre Dios y los hombres
He. 8.6 el suyo, cuanto es *m* de un mejor pacto
9.15 así que, por eso es *m* de un nuevo pacto
12.24 a Jesús el *M* del nuevo pacto, y a la

MEDIANOCHE
Ex. 11.4 a la *m* yo saldré por en medio de Egipto
Jue. 16.3 Sansón durmió hasta la *m*; y a la *m* se
Sal. 119.62 a *m* me levanto para alabarte por
Mt. 25.6 a la *m* se oyó un clamor . . el esposo
Mr. 13.35 si al anochecer, o a la *m*, al canto del
Lc. 11.5 tenga un amigo, va a él a *m* y le dice
Hch. 16.25 a *m*, orando Pablo y Silas . . himnos
20.7 Pablo . . alargó el discurso hasta la *m*

MEDICINA
Pr. 3.8 porque será *m* a tu cuerpo, y refrigerio a
4.22 porque son vida . . y *m* a todo su cuerpo
12.18 hay . . mas la lengua de los sabios es *m*
16.24 suavidad al alma y *m* para los huesos
20.30 azotes que hieren son *m* para el malo
Jer. 46.11 por demás multiplicarás las *m*; no hay
Ez. 47.12 fruto será para comer, y su hoja para *m*
Nah. 3.19 no hay *m* para tu quebradura; tu

MÉDICO
Gn. 50.2 mandó José . . los *m* que embalsamasen
2 Cr. 16.12 no buscó a Jehová, sino a los *m*
Job 13.4 porque . . sois todos vosotros *m* nulos
Jer. 8.22 ¿no hay allí *m*? ¿Por qué, pues, no hubo
Mt. 9.12; Mr. 2.17; Lc. 5.31 los sanos no tienen
necesidad de *m*
Mr. 5.26 y había sufrido mucho de muchos *m*
Lc. 4.23 diréis este refrán: *M*, cúrate a ti mismo
8.43 había gastado en *m* todo cuanto tenía
Col. 4.14 os saluda Lucas el *m* amado, y Demas

MEDIDA *v.* Almud, Efa, Peso
Sal. 39.4 mi fin, y cuánta sea la *m* de mis días
Mt. 7.2; Mr. 4.24; Lc. 6.38 la *m* con que medís
23.32 también llenad la *m* de vuestros padres
Lc. 6.38 os dará; *m* buena, apretada, remecida
Jn. 3.34 habla; pues Dios no da el Espíritu por *m*
Ef. 4.7 gracia conforme a la *m* del don de Cristo

MEDIO
Sof. 3.15 Jehová es Rey de Israel en *m* de ti
Lc. 24.36 se puso en *m* de ellos, y les dijo: Paz

MEDIR *v.* Caña, Cordel
Is. 40.12 ¿quién *midió* las aguas con . . su mano
48.13 mi mano derecha *midió* los cielos con
Jer. 31.37 si los cielos arriba se pueden *medir*
Zac. 2.2 respondió: A *medir* a Jerusalén para ver
Mt. 7.2; Mr. 4.24; Lc. 6.38 *medís*, os será *medido*
2 Co. 10.12 *midiéndose* a sí mismos por sí mismos
Ap. 21.15 que hablaba . . tenía una caña de *medir*

MEDITACIÓN
Sal. 19.14 y la *m* de mi corazón delante de ti
39.3 en mí *m* se encendió fuego, y así proferí
104.34 dulce será mi *m* en él; yo me regocijaré
119.97 yo tu ley! Todo el día es ella mi *m*

MEDITAR *v.* Considerar, Pensar
Gn. 24.63 había salido Isaac a *meditar* al campo
Jos. 1.8 que de día y de noche *meditarás* en él
1 R. 18.27 quizá está *meditando*, o tiene algún
Sal. 1.2 y en su ley *medita* de día y de noche
4.4 *meditad* en vuestro corazón estando en
36.4 *medita* maldad sobre su cama; está en
63.6 cuando *medite* en ti en las vigilias de la
77.12 *meditaré* en todas tus obras, y hablaré
119.15, 78 en tus mandamientos *meditaré*
119.23 mas tu siervo *meditaba* en tus estatutos
119.27 para que *medite* en tus maravillas
119.48 que amé, y *meditaré* en tus estatutos
119.148 noche, para *meditar* en tus mandatos
143.5 me acordé . . *meditaba* en todas tus obras
145.5 y en tus hechos maravillosos *meditaré*

Hag. 1.5 *meditad* bien sobre vuestros caminos
Lc. 2.19 guardaba .. *meditándolas* en su corazón

MEDO *v.* Persa
Is. 13.17 despierto contra ellos a los *m*, que no
Dn. 5.28 sido roto, y dado a los *m* y a los persas

MEFI-BOSET Lisiado por una caída, 2 S. 4.4;
come en la mesa real, 2 S. 9.1–13; traicionado por su
siervo Siba, 2 S. 16.1–4; se defiende ante David,
2 S. 19.24–30.

MEGUIDO Jue 5.19; 2 R. 9.27; 23.29.

MEJILLA *v.* Cara, Rostro
2 Cr. 18.23 se le acercó y golpeó a Micaías en la *m*
Sal. 3.7 tú heriste a todos mis enemigos en la *m*
Cnt. 1.10 ¡hermosas son tus *m* entre los pendientes
    4.3; 6.7 tus *m*, como cachos de granada detrás
    5.13 *m*, como una era de especias aromáticas
Is. 50.6 mis *m* a los que me mesaban la barba
Lm. 3.30 dé la *m* al que le hiere, y sea colmado
Mt. 5.39; Lc. 6.29 que te hiera en la *m* derecha

MEJOR *v.* Bueno
Nm. 11.18 ¡ciertamente *m* nos iba en Egipto!
Dt. 33.13 con lo *m* de los cielos, con el rocío
1 S. 1.8 dijo: ¿No te soy yo *m* que diez hijos?
    15.9 perdonaron a Agag, y a lo *m* de las
Sal. 84.10 *m* es un día en tus atrios que mil fuera
    118.8 *m* es confiar en Jehová que confiar en
    119.72 *m* me es la ley de tu boca que millares
Pr. 8.19 *m* es mi fruto que el oro, y que el oro
Ec. 2.24 no hay cosa *m* .. sino que coma y beba
    4.9 *m* son dos que uno; porque tienen *m* paga
    5.5 *m* es que no prometas, y no que prometas
    7.1 *m* es la buena fama que el buen ungüento
    7.2 *m* es ir a la casa del luto que a la casa del
    7.3 *m* es el pesar que la risa; porque con la
    7.10 los tiempos pasados fueron *m* que estos
    11.6 porque no sabes cual es lo *m*, si esto o
Dn. 1.20 los halló diez veces *m* que todos los magos
Mt. 5.29 pues *m* te es que se pierda uno de tus
Lc. 5.39 el nuevo; porque dice: El añejo es *m*
Ro. 3.9 ¿qué, pues? ¿Somos nosotros *m* que ellos?
Fil. 1.10 para que aprobéis lo *m*, a fin de que
    1.23 estar con Cristo, lo cual es muchísimo *m*
He. 7.22 Jesús es hecho fiador de un *m* pacto
    8.6 tanto *m* ministerio es el suyo .. *m* pacto
    9.23 celestiales .. con *m* sacrificios que estos
    11.16 pero anhelaban una *m*, esto es, celestial
    11.40 proveyendo Dios alguna cosa *m* para
2 P. 2.21 *m* .. no haber conocido el camino de la

MEJORAR
Is. 47.12 podrás *mejorarte*, quizás te fortalecerás
Jer. 7.3, 5; 26.13 *mejorad* vuestros caminos y

MELQUISEDEC Gn. 14.17–20.
Sal. 110.4; He. 5.10; 6.20; 7.17, 21 sacerdote .. se-
    gún el orden de *M*
He. 7.1 este *M*, rey de Salem, sacerdote del Dios

MEMORIA
Ex. 12.14 este día os será en *m*, y lo celebraréis
    13.3 Moisés dijo al pueblo: Tened *m* de este
    17.14 escribe esto par *m* en un libro, y dí a
Lv. 26.42 me acordaré, y haré *m* de la tierra
Dt. 32.26 haría cesar de entre los .. la *m* de ellos
1 Cr. 16.12 haced *m* de las maravillas que ha
    16.15 él hace *m* de su pacto perpetuamente
Job 18.17 su *m* perecerá de la tierra, y no tendrá
Sal. 6.5 en la muerte no hay *m* de ti; en el Seol
    8.4 ¿qué es el hombre, para que tengas de él *m*
    20.7 del nombre de Jehová .. Dios tendremos *m*
    71.16 haré *m* de tu justicia, de la tuya sola
    102.12; 135.13 tu *m* de generación en
    112.6 no resbalará .. en *m* eterna será el justo
Pr. 10.7 *m* del justo será bendita; mas el nombre
Ec. 1.11 no hay *m* de lo que precedió, ni tampoco
    2.16 ni del sabio ni del necio habrá *m* para
    9.5 los muertos .. su *m* es puesta en olvido
Is. 26.8 y tu *m* son el deseo de nuestra alma
    63.7 de las misericordias de Jehová haré *m*
Os. 7.2 no consideran .. que tengo en *m* toda su

Mal. 3.16 fue escrito libro de *m* delante de él
Mt. 26.13; Mr. 14.9 se contará .. para *m* de ella
Lc. 22.19; 1 Co. 11.24 haced esto en *m* de mí
Hch. 10.4 han subido para *m* delante de Dios
He. 10.3 pero .. cada año se hace *m* de los pecados
2 P. 3.2; Jud. 17 tengáis *m* de las palabras que

MEMORIAL
Ex. 3.15 nombre .. este es mi *m* por todos los siglos
    13.9 te será .. como un *m* delante de tus ojos
    28.12 para piedras *m* .. dos hombros por *m*
Lv. 2.2 y lo hará arder sobre el altar para *m*

MENCIONAR *v.* Nombrar
Am. 6.10 no podemos *mencionar* el .. de Jehová
He. 11.22 por la fe José .. *mencionó* la salida de

MENDIGAR *v.* Pedir
Sal. 37.25 ni su descendencia que *mendigue* pan
Mr. 10.46; Lc. 18.35 junto al camino *mendigando*
Lc. 16.3 no puedo; *mendigar*, me da vergüenza
Jn. 9.8 ¿no es éste el que se sentaba y *mendigaba*?

MENDIGO *v.* Menesteroso, Pobre
Ex. 23.6 no pervertirás el derecho de tu *m* en su
Dt. 15.4 para que así no haya en medio de ti *m*
Lc. 16.20 había también un *m* llamado Lázaro

MENE
Dn. 5.25 la escritura que trazó es: *M, M,* Tekel
    5.26 *M*: Contó Dios tu reino, y le ha

MENEAR *v.* Mover
Sal. 22.7 todos .. estiran la boca, *menean* la cabeza
    109.25 y burlándose *menéaban* su cabeza
Mr. 15.29 le injuriaban, *meneando* la cabeza y

MENESTEROSO *v.* Necesitado, Pobre
Dt. 15.7 cuando haya en medio de ti *m* de alguno
    15.11 no faltarán *m* .. abrirás tu mano .. *m*
1 S. 2.8 él levanta .. y del muladar exalta al *m*
Job 24.4 hacen apartar del camino a los *m*, y
    29.16 a los *m* era padre, y de la causa que
    30.25 mi alma, ¿no se entristeció sobre el *m*?
Sal. 9.18 no para siempre será olvidado el *m*
    69.33 Jehová oye a los *m*, y no menosprecia
    86.1 y escúchame, porque estoy afligido y *m*
    107.9 porque sacia al alma *m*, y llena de bien
Is. 14.30 los *m* se acostarán confiados; mas yo
    25.4 fortaleza al *m* en su aflicción, refugio
Ez. 16.49 y no fortaleció la mano del .. y del *m*
Am. 8.4 oíd esto, los que explotáis a los *m*

MENOR *v.* Joven, Mayor, Pequeño
Gn. 29.26 no .. que se dé la *m* antes de la mayor
    32.10 *m* soy que toda las misericordias y que
    42.13 el *m* está hoy con nuestro padre, y otro
    48.19 su hermano *m* será más grande que él
Jue. 6.15 mi familia es pobre .. y yo el *m* en la
1 S. 17.14 David era el *m*. Siguieron .. los tres
Sal. 8.5; He. 2.7, 9 hecho poco *m* que los ángeles
Is. 60.22 vendrá a ser mil, el *m*, un pueblo fuerte
Lc. 15.12 el *m* de ellos dijo a su padre: Padre
He. 7.7 alguna, el *m* es bendecido por el mayor

MENOS
Job 11.6 Dios te ha castigado *m* de lo que tu
    25.6 ¿cuánto *m* el hombre que es un gusano
2 Co. 12.13 ¿en qué habéis sido *m* que las otras

MENOSPRECIADO *v.* Despreciado
Is. 49.7 así ha dicho Jehová .. al *m* de alma
Jer. 49.15 que te haré .. *m* entre los hombres
1 Co. 1.28 y lo vil del mundo y lo *m* escogió Dios

MENOSPRECIAR *v.* Desechar, Despreciar
Gn. 25.34 así *menospreció* Esaú la primogenitura
    29.31 vio Jehová que Lea era *menospreciada*
Nm. 11.20 por cuanto *menospreciasteis* a Jehová
    15.31 en poco .. *menospreció* su mandamiento
Dt. 32.15 *menospreció* la Roca de su salvación
2 S. 6.16; 1 Cr. 15.29 vio al rey .. y lo *menospreció*
Job 5.17 no *menosprecies* la corrección del
    19.18 aun los muchachos me *menospreciaron*
Sal. 15.4 a cuyos ojos el vil es *menospreciado*
    89.38 mas tú .. *menospreciaste* a tu ungido

Pr. 1.30 y *menospreciaron* toda reprensión mía
3.11 no *menosprecies*, hijo mío, el castigo de
11.12 el que carece . . *menosprecia* a su prójimo
13.13 el que *menosprecia* el precepto perecerá
13.18 tendrá el que *menosprecia* el consejo
14.21 peca el que *menosprecia* a su prójimo
15.20 el hombre necio *menosprecia* a su madre
15.32 que tiene en poco . . *menosprecia* su alma
19.16 el que *menosprecia* sus caminos morirá
23.22 madre envejeciere, no la *menosprecies*
30.17 y *menosprecia* la enseñanza de la madre
Cnt. 8.7 este amor, de cierto lo *menospreciarían*
Is. 37.22 la virgen hija de Sion te *menosprecia*
Jer. 4.30 te *menospreciarán* . . buscarán tu vida
Ez. 22.8 mis santuarios *menospreciaste*, y mis
Am. 2.4 porque *menospreciaron* la ley de Jehová
Zac. 4.10 los que *menospreciaron* el día de las
Mal. 1.6 sacerdotes, que *menospreciáis* mi nombre
Mt. 18.10 que no *menospreciéis* a uno de estos
Lc. 18.9 como justos, y *menospreciaban* a los otros
Ro. 2.4 ¿o *menosprecias* las . . de su benignidad
14.3 el que come, no *menosprecie* al que no
1 Co. 11.22 ¿o *menospreciáis* la iglesia de Dios, y
1 Ts. 5.20 no *menospreciéis* las profecías
Tit. 2.15 esto habla, y . . Nadie te *menosprecie*
He. 12.2 *menospreciando* el oprobio, y se sentó a
12.5 no *menosprecies* la disciplina del Señor
Ap. 12.11 *menospreciaron* sus vidas hasta la

MENOSPRECIO *v.* **Desprecio**
Sal. 119.22 aparta de mí el oprobio y el *m*, porque
Pr. 18.3 cuando viene el impío, viene también el *m*

MENSAJE *v.* **Nueva, Palabra**
Gn. 24.33 no comeré hasta que haya dicho mi *m*
Hch. 10.36 Dios envió *m* a los hijos de Israel
1 Jn. 1.5; 3.11 este es el *m* que hemos oído de él

MENSAJERO, ra *v.* **Apóstol, Embajador**
Gn. 32.3 envió Jacob *m* delante de sí a Esaú su
Jue. 11.12 envió Jefté *m* al rey de los amonitas
1 S. 11.3 que enviemos *m* por todo el . . de Israel
19.20 vino al Espíritu de Dios sobre los *m* de
2 Cr. 32.31 en lo referente a los *m* . . de Babilonia
35.21 Necao le envió *m*, diciendo: ¿Qué tengo
36.16 ellos hacían escarnio de los *m* de Dios
Sal. 104.4 el que hace a los vientos sus *m*, y a
Pr. 13.17 el mal *m* acarrea desgracia; mas el *m*
16.14 la ira del rey es *m* de muerte; mas el
25.13 como . . así es el *m* fiel a los que lo envían
Is. 18.2 que envía *m* por el mar, y en naves de
42.19 ¿quién es . . sordo, como mi *m* que envíe?
44.26 el que . . cumple el consejo de sus *m*
Jer. 49.14 de Jehová había sido enviado *m* a las
Ez. 30.9 saldrán de *m* . . en naves, para espantar a
Abd. 1 y *m* ha sido enviado a las naciones
Mal. 2.7 porque *m* es de Jehová de los ejércitos
3.1; Mt. 11.10; Mr. 1.2; Lc. 7.27 yo envío mi
m, el cual preparará el camino
Lc. 9.52 envió *m* delante de él, los cuales fueron
2 Co. 8.23 *m* de las iglesias, y gloria de Cristo
12.7 un *m* de Satanás que me abofetee, para
Fil. 2.25 *m*, y ministrador de mis necesidades
Stg. 2.25 cuando recibió a los *m* y los envió por

MENTA
Mt. 23.23; Lc. 11.42 diezmáis la *m* y el eneldo

MENTE *v.* **Corazón, Pensamiento**
Jer. 17.10 yo Jehová, que escudriño la *m*, que
31.33 daré mi ley en su *m*, y . . en su corazón
Mt. 22.37; Lc. 10.27 amarás al Señor . . toda tu *m*
Ro. 1.28 Dios los entregó a una *m* reprobada
7.23 que se rebela contra la ley de mi *m*, y
11.34; 1 Co. 2.16 ¿quién entendió la *m* del
14.5 cada uno . . convencido en su propia *m*
1 Co. 2.16 mas nosotros tenemos la *m* de Cristo
Ef. 4.17 gentiles . . andan en la vanidad de su *m*
4.23 renovaos en el espíritu de vuestra *m*
Tit. 1.15 pues hasta su *m* y su conciencia están
He. 10.16 mis leyes en . . y en sus *m* las escribiré
Ap. 2.23 que yo soy el que escudriña la *m* y el

MENTIR *v.* **Engañar**
Lv. 19.11 no engañaréis ni *mentiréis* el uno al otro
Nm. 23.19 Dios no es hombre, para que *mienta*
Jos. 24.27 para que no *mintáis* contra vuestro Dios
1 R. 13.18 le dijo, *mintiéndole*: Yo . . soy profeta
Sal. 89.35 he jurado por . . y no *mentiré* a David
Is. 59.13 prevaricar y *mentir* contra Jehová, y el
63.8 mi pueblo son, hijos que no *mienten*
Zac. 13.4 nunca más vestirán el manto . . *mentir*
Mt. 5.11 digan toda clase de mal . . *mintiendo*
Hch. 5.3 para que *mintieses* al Espíritu Santo
Col. 3.9 no *mintáis* los unos a los otros
Tit. 1.2 la cual Dios, que no *miente*, prometió
He. 6.18 las cuales es imposible que Dios *mienta*
Stg. 3.14 no os jactéis, ni *mintáis* contra la verdad
1 Jn. 1.6 y andamos en tinieblas, *mentimos*, y no

MENTIRA *v.* **Engaño, Falso**
Ex. 23.7 palabra de *m* te alejarás, y no matarás
1 R. 22.22; 2 Cr. 18.21 seré espíritu de *m* en boca
Job 6.28 y ved si digo *m* delante de vosotros
13.4 porque . . vosotros sois fraguadores de *m*
Sal. 5.6 destruirás a los que hablan *m*; al hombre
12.2 habla *m* cada uno con su prójimo; hablan
52.3 amaste el mal . . la *m* más que la verdad
58.3 se descarriaron hablando *m* desde que
62.4 aman la *m*; con su boca bendicen, pero
62.9 vanidad son los . . *m* los hijos de varón
101.7 el que habla *m* no se afirmará delante
119.29 aparta de mí el camino de la *m*, y en
119.104 tanto, aborrecí todo camino de *m*
144.8 cuya boca . . cuya diestra es diestra de *m*
Pr. 13.5 el justo aborrece la palabra de *m*; mas
14.5 testigo . . mas el testigo falso hablará *m*
19.5 sin castigo, y el que habla *m* no escapará
Is. 28.15 hemos puesto nuestro refugio en la *m*
Jer. 5.31 los profetas profetizaron *m*, y los
7.4 no fiéis en palabras de *m*, diciendo: Templo
9.3 hicieron que su lengua lanzara *m* como
27.10 os profetizan *m*, para haceros alejar de
28.15 has hecho confiar en *m* a este pueblo
29.31 yo no lo envié, y os hizo confiar en *m*
43.2 *m* dices; no te ha enviado Jehová . . Dios
Ez. 13.9 profetas que ven vanidad y adivinan *m*
Os. 10.13 comeréis fruto de *m*, porque confiaste
11.12 me rodeó Efraín de *m*, y la casa de
Zac. 10.2 adivinos han visto *m* . . sueños vanos
Ro. 1.25 cambiaron la verdad de Dios por la *m*
Ef. 4.25 desechando la *m*, hablad verdad cada uno
2 Ts. 2.11 Dios les envía . . para que crean la *m*
1 Jn. 2.21 porque ninguna *m* procede de la verdad
Ap. 14.5 en sus bocas no fue hallada *m*, pues son
22.15 mas los . . y todo aquel que ama y hace *m*

MENTIROSO, sa *v.* **Engañador**
Ex. 5.9 agrávase . . y no atiendan a palabras *m*
Job 16.11 me ha entregado Dios al *m*, y en las
Sal. 31.18 enmudezcan los labios *m*, que hablan
116.11 mi apresuramiento: Todo hombre es *m*
Pr. 6.17 los ojos altivos, la lengua *m*, las manos
12.17 justicia; más el testigo *m*, engaño
12.19 mas la lengua *m* sólo por un momento
12.22 los labios *m* son abominación a Jehová
19.22 pero mejor es el pobre que el *m*
21.6 amontonar tesoros con lengua *m* es
21.28 el testigo *m* perecerá; mas el hombre
29.12 si un gobernante atiende la palabra *m*
Is. 30.9 hijos *m*, hijos que no quisieron oír la ley
57.4 ¿no sois vosotros hijos . . generación *m*
Jer. 10.14 *m* es su obra de fundición, y no hay
14.14 visión *m*, adivinación . . os profetizan
Jn. 8.44 habla; porque es *m*, y padre de mentira
8.55 dijere que no le conozco, sería *m* como
Ro. 3.4 bien sea Dios veraz, y todo hombre *m*
Tit. 1.12 los cretenses, siempre *m*, malas bestias
1 Jn. 1.10 le hacemos a él *m*, y su palabra no está
2.4 el tal es *m*, y la verdad no está en él
2.22 ¿quién es el *m*, sino el que niega que
4.20 si . . dice . . y aborrece a su hermano, es *m*
5.10 el que no cree, a Dios le ha hecho *m*

Ap. 2.2 has probado a los .. y los has hallado *m*
   21.8 todos los *m* tendrán su parte en el lago

MERCADER
Is. 23.8 cuyos *m* eran los nobles de la tierra?
Os. 12.7 *m* que tiene en su mano peso falso
Nah. 3.16 multiplicaste tus *m* más que las estrellas
Mt. 13.45 el reino de los .. es semejante a un *m*
Ap. 18.3 los *m* de la tierra se han enriquecido de

MERCADERÍA
Neh. 10.31 trajesen a vender *m* y comestibles en
Ez. 27.15 muchas costas tomaban *m* de tu mano
2 P. 2.3 por avaricia harán *m* de vosotros con
Ap. 18.11 porque ninguno compra más sus *m*

MERCADO
Jn. 2.16 hagáis de la casa de mi Padre casa de *m*

MERCURIO Hch. 14.12.

MERECER *v.* Digno
Job 11.6 menos de lo que tu iniquidad *merece*
Lc. 23.41 recibimos lo que *merecieron* nuestros

MÉRITO
Lc. 6.32 ¿qué *m* tenéis? .. los pecadores aman a
Fil. 2.22 ya conocéis los *m* de él, que como hijo

MESA
Ex. 25.23; 37.10 una *m* de madera de acacia
Lv. 24.6 sobre la *m* limpia delante de Jehová
Sal. 23.5 aderezas *m* delante de mí en presencia de
   78.19 Dios .. ¿Podrá poner *m* en el desierto?
Pr. 9.2 sus víctimas, mezcló su vino, y puso su *m*
Is. 28.8 toda *m* está llena de vómito y suciedad
Ez. 41.22 esta es la *m* que está delante de Jehová
Mal. 1.7 en que pensáis que la *m* de Jehová es
   1.12 cuando decís: Inmunda es la *m* de Jehová
Mt. 9.10 sentaron juntamente a la *m* con Jesús y
   21.12; Mr. 11.15; Jn. 2.15 y volcó las *m* de los
Mr. 2.15 que estando Jesús a la *m* en casa de él
   7.28 aun los perrillos, debajo de la *m*, comen
Lc. 22.21 mano del que .. está conmigo en la *m*
   22.30 comáis y bebáis a mi *m* en mi reino
Hch. 6.2 dejemos la palabra .. para servir a las *m*
1 Co. 10.21 de la *m* del Señor, y de la *m* de los

MESAC Dn. 1.7; 3.30.

MESÍAS *v.* Cristo, Ungido
Dn. 9.26 después de las .. se quitará la vida al *M*
Jn. 1.41 dijo: Hemos hallado al *M* (que traducido
   4.25 sé que ha de venir el *M*, llamado el Cristo

MESÓN
Gn. 42.27 abriendo uno .. en el *m*, vio su dinero
Lc. 2.7 porque no había lugar para ellos en el *m*
   10.34 vendó sus .. lo llevó al *m*, y cuidó de él

MESOPOTAMIA Gn. 24.10; Hch. 7.2.

METAL *v.* Bronce
1 Co. 13.1 a ser como *m* que resuena, o címbalo

METER *v.* Entrar, Penetrar
2 R. 14.10 ¿para qué te *metes* en un mal, para que
Mt. 6.13; Lc. 11.4 no nos *metas* en tentación, mas
   26.23 que *mete* la mano conmigo en el plato
Jn. 5.7 no tengo quien me *meta* en el estanque
   20.25 si no .. *metiere* mi dedo .. y mi mi
Ap. 14.15 *mete* tu hoz, y siega; porque la hora

MICAÍAS 1 R. 22.8–28; 2 Cr. 18.7–27.

MICAL Casada con David, 1 S. 18.20–27;
  ayuda a David a huir, 1 S. 19.12–17; restituida a
  David, 2 S. 3.13–16; desprecia a David, y es
  reprendida, 2 S. 6.16–23.

MIEDO *v.* Espanto, Temor, Terror
Gn. 3.10 oí tu voz en el huerto, y tuve *m*, porque
   9.2 *m* de vosotros estarán sobre todo animal
   31.31 Jacob y dijo a Labán: Porque tuve *m*
Ex. 3.6 Moisés cubrió .. tuvo *m* de mirar a Dios
1 S. 17.11 Saúl y .. se turbaron y tuvieron gran *m*
Jer. 48.44 el que huyere del *m* caerá en el hoyo
Ez. 2.6 no les temas, ni tengas *m* de sus palabras
Mt. 14.26 ¡un fantasma! Y dieron voces de *m*
Mr. 11.18 le tenían *m* .. pueblo estaba admirado

Lc. 7.16 todos tuvieron *m*, y glorificaban a Dios
   19.21 tuve *m* de ti .. que eres hombre severo
Jn. 7.13 ninguno hablaba .. por *m* a los judíos
   14.27 no se turbe vuestro corazón, ni tenga *m*
   19.8 cuando Pilato oyó decir esto, tuvo .. *m*
   19.38 pero secretamente por *m* de los judíos
   20.19 puertas cerradas .. por *m* de los judíos
Hch. 9.26 pero todos le tenían *m*, no creyendo que

MIEL
Ex. 3.8; Dt. 26.15 tierra que fluye leche y *m*
   16.31 maná .. su sabor como de hojuelas con *m*
Dt. 8.8 tierra de trigo .. olivos, de aceite y de *m*
   32.13 hizo que chupase *m* de la peña, y aceite
Jue. 14.8 en el cuerpo del león .. un panal de *m*
1 S. 14.25 había *m* en la superficie del campo
Sal. 19.10 y dulces más que *m*, y que .. del panal
   81.16 trigo, y con *m* de la peña les saciaría
   119.103 dulces son .. más que la *m* a mi boca
Pr. 5.3 los labios de la mujer extraña destilan *m*
   16.24 panal de *m* son los dichos suaves
   24.13 come, hijo mío, de la *m*, porque es buena
   25.16 ¿hallaste *m*? Come lo que te basta, no
Cnt. 4.11 *m* y leche hay debajo de tu lengua
Is. 7.15 comerá .. *m*, hasta que sepa desechar lo
Ez. 3.3 y lo comí, y fue en mi boca dulce como *m*
Mt. 3.4; Mr. 1.6 su comida era langostas y *m*
Ap. 10.9 pero en tu boca será dulce como la *m*

MIEMBRO
Mt. 5.29 mejor te es que se pierda uno de tus *m*
Ro. 6.13 tampoco presentéis .. *m* al pecado como
   6.19 vuestros *m* para servir a la inmundicia
   7.23 otra ley en mis *m*, que se rebela contra
   12.4 un cuerpo .. muchos *m* .. no todos los *m*
1 Co. 6.15 que vuestros cuerpos son *m* de Cristo
   12.12 muchos *m*, pero todos los *m* del cuerpo
   12.27 de Cristo, y *m* cada uno en particular
Ef. 4.16 según la actividad propia de cada *m*
   4.25 porque somos *m* los unos de los otros
   5.30 somos *m* de su cuerpo, de su carne y de

MIES *v.* Cosecha, Siega
Lv. 23.10 seguéis su *m*, traeréis al sacerdote una
Job 5.5 su *m* comerán los hambrientos .. sacarán
Jer. 5.17 y comerá tu *m* y tu pan, comerá a tus
Jl. 3.13 echad la hoz, porque la *m* está ya madura
Mt. 9.37; Lc. 10.2 a la verdad la *m* es mucha, mas
Ap. 14.15 tu hoz .. la *m* de la tierra está madura

MIGAJA
Jue. 1.7 recogían las *m* debajo de mi mesa; como
Mt. 15.27; Mr. 7.28 comen de las *m* que caen de
Lc. 16.21 ansiaba saciarse de las *m* que caían de

MIGUEL
Dn. 10.13 *M*, uno de los .. príncipes, vino para
   12.1 en aquel tiempo se levantará *M*, el gran
Jud. 9 cuando el arcángel *M* contendía con el
Ap. 12.7 *M* y sus ángeles luchaban contra el

MIL *v.* Millar
1 S. 18.7; 21.11 Saúl .. a sus *m*, y David .. diez *m*
Sal. 91.7 caerán a tu lado *m*, y diez *m* a tu diestra
Ec. 7.28 hombre entre *m* he hallado, pero mujer
Is. 60.22 el pequeño vendrá a ser *m*, el menor
2 P. 3.8 un día es como *m* años, y *m* años como
Ap. 20.2 prendió al dragón .. lo ató por *m* años
   20.4 vivieron y reinaron con Cristo *m* años

MILAGRO *v.* Maravilla, Prodigio, Señal
Ex. 7.9 mostrad *m*; dirás a Aarón: Toma tu vara
Jue. 13.19 el ángel hizo *m* ante los ojos de Manoa
Mt. 7.22 dirán .. en tu nombre hicimos muchos *m*?
   11.20 ciudades en las cuales había hecho .. *m*
   13.54; Mr. 6.2 ¿de dónde tiene éste .. estos *m*?
   13.58; Mr. 6.5 no hizo allí muchos *m*, a causa
Mr. 9.39 ninguno hay que haga *m* en mi nombre
Hch. 19.11 hacía Dios *m* extraordinarios por mano
1 Co. 12.10 otro, el hacer *m*; a otro .. profecía
   12.29 ¿son .. todos maestros? ¿hacen todos *m*?
He. 2.4 diversos *m* y repartimientos del Espíritu

MILETO Hch. 20.17; 2 Ti. 4.20.

MILICIA
2 Co. 10.4 las armas de nuestra *m* no son carnales
1 Ti. 1.18 para que .. milites por ellas la buena *m*

MILITAR *v.* Batallar, Combatir, Luchar, Pelear
2 Co. 10.3 la carne, no *militamos* según la carne
1 Ti. 1.18 que .. *milites* por ellas la buena milicia
2 Ti. 2.4 ninguno que *milita* se enreda .. negocios

MILLA
Mt. 5.41 que te obligue a llevar carga por una *m*

MILLAR *v.* Mil
Dn. 7.10 de él; *m* de *m* le servían, y millones de
Jud. 14 vino el Señor con sus santas decenas de *m*

MINA *v.* Talento
Lc. 19.13 llamando a diez siervos .. dio diez *m*

MINISTERIO *v.* Administración, Apostolado,
  Dispensación, Sacerdocio, Servicio
Hch. 6.4 en la oración y en el *m* de la palabra
  20.24 que acabe .. el *m* que recibí del Señor
  21.19 cosas que Dios había hecho .. por su *m*
Ro. 11.13 cuanto yo soy apóstol .. honro mi *m*
1 Co. 12.5 hay diversidad de *m*, pero el Señor es
2 Co. 3.7 si el *m* de muerte grabado con letras
  3.8 ¿cómo no será .. gloria el *m* del espíritu?
  4.1 por lo cual, teniendo nosotros este *m*
  5.18 y nos dio el *m* de la reconciliación
  6.3 para que nuestro *m* no sea vituperado
Ef. 4.12 perfeccionar a los .. para la obra del *m*
Col. 4.17 que cumplas el *m* que recibiste en el
1 Ti. 1.12 me tuvo por fiel, poniéndome en el *m*
2 Ti. 4.5 haz obra de evangelista, cumple tu *m*
  4.11 Marcos .. tráele .. me es útil para el *m*
He. 8.6 ahora tanto mejor *m* es el suyo, cuanto

MINISTRACIÓN *v.* Servicio
2 Co. 9.1 cuanto a la *m* para los santos, es por
  9.12 la *m* de este servicio .. suple lo que a

MINISTRAR *v.* Servir
1 S. 2.11 el niño *ministraba* a Jehová delante del
  3.1 el joven Samuel *ministraba* a Jehová en
Hch. 13.2 *ministrando* éstos al Señor, y ayunando
Ro. 15.16 *ministrando* el evangelio de Dios, para
  15.25 a Jerusalén para *ministrar* a los santos
  15.27 deben .. *ministrarles* de los materiales
1 P. 4.10 *ministrelo* a los otros, como buenos
  4.11 si alguno *ministra*, *ministre* conforme al

MINISTRO *v.* Apóstol, Siervo
Sal. 103.21 *m* suyos, que hacéis su voluntad
  104.4 que hace .. a las flamas de fuego sus *m*
Is. 61.6 *m* de nuestro Dios seréis llamados
Jl. 1.13 venid, dormid en cilicio, *m* de mi Dios
Lc. 1.2 lo vieron con .. y fueron *m* de la palabra
  4.20 enrollando el libro, lo dio al *m*, y se
Ro. 15.16 para ser *m* de Jesucristo a los gentiles
2 Co. 3.6 nos hizo *m* competentes de un nuevo
  6.4 nos recomendamos en todo como *m* de
  11.15 sus *m* se disfrazan como *m* de justicia
  11.23 ¿son *m* de Cristo? .. Yo más; en trabajos
Gá. 2.17 y si .. ¿es por eso Cristo *m* de pecado?
Ef. 3.7; Col. 1.23 del cual yo Pablo fui hecho *m*
  6.21; Col. 4.7 Tíquico .. amado y fiel *m* en el
1 Ti. 4.6 serás buen *m* de Jesucristo, nutrido con
He. 1.7 el que hace .. y a sus *m* llama de fuego
  8.2 *m* del santuario, y de aquel verdadero

MIQUEAS
Jer. 26.18 *M* .. profetizó en tiempo de Ezequías

MIRA
Mt. 16.23; Mr. 8.33 no pones la *m* en las cosas de
Col. 3.2 poned la *m* en las cosas de arriba, no en

MIRAR *v.* Observar, Ver
Gn. 13.14 a Abram .. Alza ahora tus ojos, y *mira*
  19.17 escapa por tu vida; no *mires* tras ti, ni
  38.25 *mira* ahora de quién son estas cosas, el
Ex. 14.24 Jehová *miró* el campamento .. egipcios
  33.13 y *mira* que esta gente es pueblo tuyo
Nm. 21.8 que fuere mordido y *mirare* a ella, vivirá
Dt. 3.27 *mira* con tus propios ojos .. no pasarás
  5.32 *mirad* .. que hagáis como Jehová vuestro

Dt. 26.15 *mira* desde tu morada santa .. el cielo
1 S. 6.19 habían *mirado* dentro del arca de Jehová
  16.7 Jehová no *mira* lo que *m* el hombre
  17.18 mira si tus hermanos están buenos, y
1 Cr. 17.17 me has *mirado* como a un hombre
2 Cr. 6.19 tú *mirarás* a la oración de tu siervo
Sal. 9.13 *mira* mi aflicción que padezco a causa
  14.2; 33.13; 53.2 Jehová *miró* desde los cielos
  34.5 los que *miraron* a él fueron alumbrados
  74.20 *mira* al pacto, porque los lugares
  84.9 *mira*, oh Dios, escudo nuestro, y pon
  91.8 con tus ojos *mirarás* y verás .. impíos
  92.11 y *mirarán* mis ojos sobre mis enemigos
  102.19 *miró* desde lo alto de su santuario
  113.6 se humilla a *mirar* en el cielo y en la
  119.18 abre mis ojos, y *miraré* las .. de tu ley
  130.3 JAH, si *mirares* a los pecados, ¿quién
Pr. 4.25 tus ojos *miren* lo recto, y dirijanse tus
Ec. 7.13 *mira* la obra de Dios .. ¿quién podrá
Is. 5.12 y vino, y no *miran* la obra de Jehová, ni
  8.22 y *mirarán* a la tierra, y he .. tribulación
  17.7 *mirará* el hombre a su Hacedor y sus
  42.18 oíd .. vosotros, ciegos, *mirad* para ver
  45.22 *mirad* a mí, y sed salvos, todos los
  51.1 *mirad* a la piedra de donde fuisteis
Jer. 18.19 oh Jehová, *mira* por mí, y oye la voz
Am. 5.22 no .. ni *miraré* a las ofrendas de paz de
Mi. 7.7 yo a Jehová *miraré*, esperaré al Dios de
Zac. 12.10 *mirarán* a mí, a quien traspasaron
Mt. 5.28 cualquiera que *mira* a una mujer para
Mr. 13.33 *mirad*, velad y orad; porque no sabéis
  16.6 *mirad* el lugar donde le pusieron
Lc. 1.48 porque ha *mirado* la bajeza de su sierva
  6.10 *mirándolos* a todos .. dijo al hombre
  22.61 vuelto el Señor, *miró* a Pedro; y Pedro
Jn. 19.37 dice: *Mirarán* al que traspasaron
Hch. 1.11 ¿por qué estáis *mirando* al cielo?
  3.4 fijando en él los ojos, le dijo: *Míranos*
  23.1 Pablo, *mirando* fijamente al concilio
2 Co. 3.18 *mirando* a cara descubierta como en
  4.18 no *mirando* .. las cosas que se ven, sino
  10.7 *miráis* las cosas según la apariencia
Fil. 2.4 no *mirando* cada uno por lo suyo propio
1 P. 1.12 cosas en las cuales anhelan *mirar* los
Ap. 5.6 *miré*, y ví que en medio del trono y de

MIRRA
Ex. 30.23 tomarás especias finas; de *m* excelente
Sal. 45.8 *m*, áloe y .. exhalan todos sus vestidos
Cnt. 1.13 mi amado es para mí un manojito de *m*
Mt. 2.11 le ofrecieron .. oro, incienso y *m*
Mr. 15.23 lo dieron a beber vino mezclado con *m*
Jn. 19.39 vino trayendo un compuesto de *m* y de

MISERABLE
Sal. 69.29 a mí, afligido y *m*, tu salvación, oh
Ro. 7.24 ¡m de mí! ¿Quién me librará de este
Ap. 3.17 no sabes que tú eres .. *m*, pobre, ciego

MISERIA *v.* Adversidad, Aflicción, Angustia,
  Calamidad, Dolor, Malo, Padecimiento, Su-
  frimiento, Tribulación
Job 11.16 olvidarás tu *m*, o te acordarás de ella
Pr. 31.7 beban .. y de su *m* no se acuerden más
Stg. 5.1 ricos! aullad por las *m* que os vendrán

MISERICORDIA *v.* Benevolencia, Benignidad,
  Bondad, Compasión, Gracia
Gn. 19.16 según la *m* de Jehová para con él; y la
  24.12 Jehová .. haz *m* con mi señor Abraham
  24.49 si vosotros hacéis *m* y verdad con mi
  32.10 menor soy que todas las *m* y .. la verdad
  43.14 Dios Omnipotente os dé *m* delante de
Ex. 15.13 condujiste en tu *m* a este pueblo que
  20.6; Dt. 5.10; 7.9 hago *m* a millares, a los
  33.19 y tendré de aquel de quien tendré *m*, y
  34.6; Nm. 14.18; Sal. 103.8; Jl. 2.13 tardo
  para la ira, y grande en *m*
Nm. 6.25 haga resplandecer su .. y tenga de ti *m*
Dt. 30.3 tendrá de ti, y volverá a recogerte
Jos. 2.12 como he hecho *m* con vosotros, así la
Jue. 2.18 Jehová era movido a *m* por sus gemidos

Rt. 1.8 Jehová haga con vosotras *m*, como la
1 S. 15.6 mostrasteis *m* a .. los hijos de Israel
　　20.14 harás conmigo *m* de Jehová, para que no
2 S. 2.6 Jehová haga con vosotros *m* y verdad
　　7.15 mi *m* no se apartará de él como .. de Saúl
　　9.1 a quien haga yo *m* por amor de Jonatán?
　　24.14 sus *m* son muchas, mas no caiga yo en
2 R. 13.23 mas Jehová tuvo *m* de ellos, y se
1 Cr. 17.13 no quitaré de él mi *m*, como la quité
Esd. 3.11 porque para siempre es su *m* sobre
Neh. 9.17 y grande en *m* .. no los abandonaste
　　9.31 mas por tus muchas *m* no los consumiste
　　13.14 no borres mis *m* que hice en la casa de
　　13.22 perdóname según la grandeza de tu *m*
Job 10.12 vida y *m* me concediste, y tu cuidado
Sal. 13.5 yo en tu *m* he confiado; mi corazón
　　17.7 muestra tus maravillosas *m*, tú que
　　18.50 y hace *m* a su ungido, a David y a su
　　23.6 bien y la *m* me seguirán todos los días
　　25.16 mírame, y ten *m* de mí, porque estoy
　　26.3 porque tu *m* está delante de mis ojos, y
　　31.21 hecho maravillosa su *m* para conmigo
　　32.10 al que espera en Jehová, le rodea la *m*
　　33.5; 119.64 de la *m* de Jehová está llena la
　　36.5 Jehová, hasta los cielos llega tu *m*, y tu
　　36.7 ¡cuán preciosa, oh Dios, es tu *m*! Por eso
　　36.10 extiende tu *m* a los que te conocen, y
　　37.21 y no paga; mas el justo tiene *m*, y da
　　40.10 no oculté tu *m* y tu verdad en grande
　　41.4; 86.3 ten *m* de mí, oh Jehová
　　42.8 de día mandará Jehová su *m*, y de noche
　　52.1 oh poderoso? La *m* de Dios es continua
　　57.10 porque grande es hasta los cielos tu *m*
　　63.3 mejor es tu *m* que la vida; mis labios te
　　67.1 Dios tenga *m* de nosotros, y nos bendiga
　　72.13 tendrá *m* del pobre y del menesteroso
　　77.9 ¿ha olvidado Dios el tener *m* .. piedades?
　　85.7 muéstranos, oh Jehová, tu *m*, y danos tu
　　85.10 la *m* y la verdad se encontraron; la
　　86.5 grande en *m* para con todos los que te
　　89.1 las *m* de Jehová cantaré perpetuamente
　　89.14 *m* y verdad van delante de tu rostro
　　89.33 mas no quitaré de él mi *m*, ni falsearé
　　90.14 mañana sácianos de tu *m*, y cantaremos
　　92.2 anunciar por la mañana tu *m*, y .. noche
　　94.18 decía .. tu *m*, oh Jehová, me sustentaba
　　100.5; 106.1; 107.1; 118.1; 136.1, 2, etc.,
　　porque para siempre es su *m*
　　101.1 *m* y juicio cantaré; a ti cantaré yo, oh
　　102.13 porque es tiempo de tener *m* de ella
　　103.4 el que te corona de favores y *m*, el que
　　103.17 la *m* de Jehová es desde la eternidad
　　106.7 padres en .. no se acordaron .. de tus *m*
　　107.8 alaben la *m* de Jehová, y sus maravillas
　　108.4 más grande que los cielos es tu *m*, y
　　112.5 el hombre de bien tiene *m*, y presta
　　117.2 ha engrandecido sobre nosotros su *m*
　　119.41 venga a mí tu *m*, oh Jehová .. tu dicho
　　119.76 sea ahora tu *m* para consolarme
　　119.88 vivifícame conforme a tu *m*, y guardaré
　　123.3 ten *m* de .. oh Jehová, ten *m* de nosotros
　　143.8 hazme oir por la mañana tu *m*, porque
　　144.2 *m* mía y mi castillo, fortaleza mía y mi
　　145.9 bueno .. y sus *m* sobre todas sus obras
Pr. 3.3 nunca se aparten de ti la *m* y la verdad
　　14.21 mas el que tiene *m* de los pobres es
　　16.6 con *m* y verdad se corrige el pecado, y
　　19.22 contentamiento es en los hombres hacer *m*
　　21.21 el que sigue la justicia y la *m* .. vida
Is. 16.5 se dispondrá el trono en *m*; y sobre él se
　　33.2 Jehová, ten *m* de nosotros, a ti hemos
　　49.13 a su pueblo, y de sus pobres tendrá *m*
　　54.7 por un .. pero te recogeré con grandes *m*
　　54.8 con *m* eterna tendré compasión de ti
　　54.10 no se apartará de ti mi *m*, ni el pacto
　　60.10 mas en mi buena voluntad tendré de ti *m*
　　63.7 de las *m* de Jehová haré memoria, de las
Jer. 12.15 volveré y tendré *m* de ellos, y los haré
　　31.3 he amado; por tanto, te prolongué mi *m*
　　31.20 Efraín .. tendré de él *m*, dice Jehová

Jer. 32.18 haces *m* a millares, y castigas la maldad
　　42.12 y tendré .. *m*, y él tendrá *m* de vosotros
Lm. 3.22 por la *m* de .. nunca decayeron sus *m*
Ez. 5.11 no perdonará, ni tampoco tendré yo *m*
　　7.4 mi ojo no te perdonará, ni tendré *m*
Dn. 9.9 de Jehová nuestro Dios es el tener *m* y el
　　9.18 no .. confiados en .. sino en tus muchas *m*
Os. 6.6 m quiero, y no sacrificio; y conocimiento
　　12.6 guarda *m* y juicio, y en tu Dios confía
　　14.3 porque en ti el huérfano alcanzará *m*
Mi. 6.8 y amar *m*, y humillarte ante tu Dios
　　7.18 no retuvo para .. porque se deleita en *m*
Hab. 3.2 oh Jehová .. en la ira acuérdate de la *m*
Zac. 1.16 yo me he vuelto a Jerusalén con *m*
　　7.9 haced *m* y piedad cada .. con su hermano
Mt. 5.7 los misericordiosos .. ellos alcanzarán *m*
　　9.13; 12.7 significa: *M* quiero, y no sacrificio
　　9.27; 15.22; 20.30; Mr. 10.47; Lc. 18.38 ¡ten
　　m de nosotros, Hijo de David!
　　18.27 movido a *m*, le soltó, y le perdonó la
　　23.23 importante de la ley: la justicia, la *m* y la
Mr. 1.41 Jesús, teniendo *m* de él, extendió la mano
Lc. 1.50 su *m* es de generación en generación a los
　　1.72 para hacer *m* con nuestros padres, y
　　10.33 samaritano .. viéndole, fue movido a *m*
　　10.37 le dijo: El que usó de *m* con él .. Vé, y
　　15.20 lejos, lo vio su padre, y fue movido a *m*
　　16.24 padre Abraham, ten *m* de mí, y envía a
Ro. 9.15 dice: Tendré *m* del que yo tenga *m*, y me
　　11.30 pero ahora habéis alcanzado *m* por la
　　12.8 el que reparte .. que hace *m*, con alegría
2 Co. 1.3 Padre de *m* y Dios de toda consolación
　　4.1 ministerio según la *m* que hemos recibido
Ef. 2.4 Dios, que es rico en *m*, por su gran amor
Col. 3.12 de entrañable *m*, de benignidad, de
1 Ti. 1.13 mas fui recibido a *m*, porque lo hice
2 Ti. 1.18 concédale el Señor que halle *m* cerca
Tit. 3.5 nos salvó, no por obras .. sino por su *m*
He. 4.16 acerquémonos, pues .. para alcanzar *m*
Stg. 2.13 juicio sin *m* se hará con aquel que no
　　3.17 benigna, llena de *m* y de buenos frutos
1 P. 1.3 según su grande *m* nos hizo renacer
　　2.10 en otro tiempo no habíais alcanzado *m*
Jud. 21 esperando la *m* de nuestro Señor
　　23 del fuego, y de otros tened *m* con temor

MISERICORDIOSO v. Benigno, Bueno, Compasivo
Ex. 22.27 clamare a mí, yo le oiré, porque soy *m*
Dt. 4.31 Dios *m* es Jehová tu Dios; no te dejará
2 S. 22.26; Sal. 18.25 con el *m* te mostrarás *m*
2 Cr. 30.9 Jehová vuestro Dios es clemente y *m*
Sal. 103.8; 111.4 *m* y clemente es Jehová, lento
　　145.17 justo es .. y *m* en todas sus obras
Pr. 11.17 a su alma hace bien el hombre *m*; mas
　　22.9 el ojo *m* será bendito, porque dio de su
Jer. 3.12 *m* soy yo, dice Jehová, no guardaré para
Mi. 7.2 faltó el *m* de la tierra, y ninguno hay
Mt. 5.7 bienaventurados los *m*, porque ellos
Lc. 6.36 sed, pues, *m*, como .. vuestro Padre es *m*
Ef. 4.32 *m*, perdonándoos unos a otros, como
He. 2.17 para venir a ser *m* y fiel sumo sacerdote
Stg. 5.11 que el Señor es muy *m* y compasivo

MISMO
He. 13.8 Jesucristo es el *m* ayer, y hoy, y por los

MISTERIO
Dn. 2.18 pidiesen misericordias del .. sobre este *m*
　　2.28 pero hay un Dios .. el cual revela los *m*
Mt. 13.11; Mr. 4.11; Lc. 8.10 os es dado saber los
　　m del reino
Ro. 11.25 porque no quiero .. que ignoréis este *m*
　　16.25 del *m* que se ha mantenido oculto desde
1 Co. 2.7 mas hablamos sabiduría de Dios en *m*
　　4.1 por .. y administradores de los *m* de Dios
　　13.2 y entendiese todos los *m* y toda ciencia
　　14.2 habla .. a Dios .. por el Espíritu habla *m*
　　15.51 os digo un *m*: No todos dormiremos
Ef. 1.9 dándonos a conocer el *m* de su voluntad
　　3.3 me fue declarado el *m*, como antes lo he
　　3.9 cuál sea la dispensación del *m* escondido

Mitad—Monte

Ef. 5.32 grande es este *m*; mas yo digo esto
6.19 para dar a conocer .. el *m* del evangelio
Col. 1.26 el *m* que había estado oculto desde los
2.2 a fin de conocer el *m* de Dios el Padre
4.3 a fin de dar a conocer el *m* de Cristo
2 Ts. 2.7 ya está en acción el *m* de la iniquidad
1 Ti. 3.9 que guarden el *m* de la fe con limpia
3.16 grande es el *m* de la piedad: Dios fue
Ap. 1.20 el *m* de las siete estrellas que has visto
10.7 el *m* de Dios se consumará, como él lo
17.5 y en su frente un nombre escrito, un *m*
17.7 te diré el *m* de la mujer, y de la bestia

MITAD
1 R. 3.25 dad la *m* a la una, y la otra *m* a la otra
Lc. 19.8 la *m* de mis bienes doy a los pobres; y si

MIZPA en Galaad Gn. 31.49.

MIZPA en Judá Jue. 20.1; 1 S. 7.5.

MOAB
Gn. 19.37 dio a luz la mayor un hijo .. nombre *M*
Nm. 22.3 *M* tuvo gran temor .. se angustió *M* a
Dt. 2.9 Jehová me dijo: No molestes a *M*, ni te
Rt. 1.1 varón .. fue a morar en los campos de *M*
2 R. 1.1 después de la muerte de .. se rebeló *M*
Sal. 60.8; 108.9 *M*, vasija para lavarme; sobre
Is. 15.1 profecía sobre *M* .. destruida Ar de *M*
Jer. 48.1 acerca de *M*. Así ha dicho Jehová de
Ez. 25.11 en *M* haré juicios, y sabrán que yo soy
Am. 2.1 por tres pecados de *M*, y por el cuarto
Sof. 2.9 dice Jehová .. que *M* será como Sodoma

MOABITA
Dt. 23.3 no entrará .. ni *m* en la congregación de
Jue. 3.28 porque Jehová ha entregado a .. los *m*
2 S. 8.2; 1 Cr. 18.2 fueron los *m* siervos de David
2 R. 3.18 entregará .. a los *m* en vuestras manos

MODELO *v.* Diseño
Ex. 25.40; He. 8.5 hazlos conforme al *m* que te

MODESTIA *v.* Decoroso
1 Ti. 2.9 las mujeres se atavíen .. con pudor y *m*
2.15 si permaneciere en fe, amor y .. con *m*

MOFARSE *v.* Burlar, Escarnecer
Job 12.4 yo soy uno de quien su amigo se *mofa*
Sal. 73.8 se *mofan* y hablan con maldad de hacer
Pr. 14.9 los necios se *mofan* del pecado; mas
Ez. 23.32 de ti se *mofarán* las naciones, y te
33.30 los hijos de tu pueblo se *mofan* de ti

MOISÉS Ex. 2.1—Dt. 34.12; Hch. 7.20–44.
Nace, Ex. 2.1–4; adoptado por la hija de Faraón,
Ex. 2.3–10; educado en la corte egipcia, Hch. 7.22;
mata a un egipcio, Ex. 2.11–12; huye a Madián,
Ex. 2.15–20; se casa con Séfora, Ex. 2.21–22;
llamado por Dios, Ex. 3.1–4.17; vuelve a Egipto,
Ex. 4.18–31; Moisés y Faraón, Ex. 5—11; cruza
el Mar Rojo, Ex. 14.1–31; su cántico de triunfo,
Ex. 15.1–18; nombra jefes, Ex. 18.13–26; habla con
Dios en Sinaí, Ex. 19.3–13; 24.9–18; construye el
tabernáculo, Ex. 25—31; 36—40; airado por la
idolatría del pueblo, Ex. 32; habla con Jehová,
Ex. 33—34; hace un censo del pueblo, Nm. 1;
criticado por Aarón y María, Nm. 12.1–8; manda
espías a Canaán, Nm. 13.1–20; consagra a Josué
como su sucesor, Nm. 27.18–23; Dt. 31.23; relata
la historia de Israel, Dt. 1—3; exhorta a Israel a
la obediencia, Dt. 4.1–40; cántico de Moisés, Dt.
32.1–43; ve la tierra de Canaán, Dt. 3.25–27;
32.48–52; 34.1–4; bendice a cada tribu, Dt. 33.1–29;
muere y es enterrado en Moab, Dt. 34.5–7.
Jos. 1.5 como estuve con *M*, estaré contigo; no te
Sal. 77.20 condujiste a tu pueblo .. mano de *M*
103.7 sus caminos notificó a *M*, y .. sus obras
105.26 envió a su siervo *M*, y a Aarón, al cual
106.23 no haberse interpuesto *M* su escogido
Jer. 15.1 *M* y Samuel se pusieran delante de mí
Mi. 6.4 envié delante de ti a *M*, a Aarón y a
Mt. 17.3; Mr. 9.4; Lc. 9.30 *M* y Elías, hablando
19.8; Mr. 10.4 *M* os permitió repudiar a
Lc. 16.29 Abraham le dijo: A *M* y a los .. tienen
16.31 dijo: Si no oyen a *M* y a los profetas

Lc. 24.27 comenzando desde *M*, y siguiendo por
Jn. 1.17 la ley por medio de *M* fue dada, pero la
3.14 como *M* levantó la serpiente en el desierto
5.46 si creyeseis a *M*, me creeríais a mí
6.32 no os dio *M* el pan del cielo, mas mi
9.29 sabemos que Dios ha hablado a *M*; pero
Hch. 3.22 porque *M* dijo a los padres: El Señor
7.22 fue enseñado *M* en .. la sabiduría de los
21.21 enseñas a .. judíos .. a apostatar de *M*
Ro. 5.14 reinó la muerte desde Adán hasta *M*
10.5 justicia por la ley *M* escribe así
1 Co. 10.2 y todos en *M* fueron bautizados en la
2 Co. 3.7 no pudieron fijar la vista en .. de *M*
3.15 cuando se lee a *M*, el velo está puesto
2 Ti. 3.8 que Janes y Jambres resistieron a *M*, así
He. 3.3 de tanto mayor gloria que *M* es estimado
7.14 Judá, de la cual nada habló *M* tocante
9.19 anunciando *M* .. mandamientos de la ley
11.23 por la fe *M*, cuando nació .. escondido
Jud. 9 disputando con él por el cuerpo de *M*
Ap. 15.3 y cantan el cántico de *M*, siervo de Dios

MOJAR
Job 24.8 con las lluvias de los montes se *mojan*
Mr. 14.20 doce, el que *moja* conmigo en el plato
Lc. 16.24 a Lázaro para que *moje* la punta de su
Jn. 13.26 diere .. y *mojando* el pan, lo dio a Judas

MOLER
Jue. 16.21 le ataron .. que *moliese* en la cárcel
2 S. 22.43 como polvo de la tierra los *molí*
Job 19.2 ¿hasta cuándo .. *moleréis* con palabras?
Is. 3.15 y *moléis* las caras de los pobres? dice
Lm. 5.13 llevaron a los jóvenes a *moler*, y los
Mt. 24.41; Lc. 17.35 mujeres estarán *moliendo*

MOLESTAR *v.* Inquietar, Turbar
Dt. 2.9 Jehová me dijo: No molestes a Moab, ni
Mi. 2.10 pueblo mío .. en qué te he *molestado*?
Mt. 26.10; Mr. 14.6 ¿por qué *molestáis* a esta
Mr. 5.35; Lc. 8.49 ¿para qué *molestas* más al
Lc. 7.6 no te *molestes*, pues no soy digno de que
11.7 no me *molestes*; la puerta ya .. cerrada

MOLESTIA
Ec. 1.18 porque en la mucha sabiduría hay mucha *m*
Gá. 6.17 de aquí en adelante nadie me cause *m*
1 P. 2.19 si .. sufre *m* padeciendo injustamente

MOLESTO, ta
Job 16.2 consoladores *m* sois todos vosotros
Is. 7.13 ¿os poco el ser *m* a los hombres, sino
Lc. 18.5 esta viuda me es *m*, le haré justicia
Fil. 3.1 a mí no me es *m* el escribiros las mismas

MOLINO
Dt. 24.6 no tomarás en prenda la muela del *m*
Jue. 9.53 una mujer dejó caer .. una rueda de *m*
Mt. 18.6; Mr. 9.42 se le colgase .. piedra de *m*
Ap. 18.22 en ti, ni ruido de *m* se oirá más en ti

MOLOC
Lv. 18.21 no des hijo tuyo para .. por fuego a *M*
Am. 5.26; Hch. 7.43 llevabais el tabernáculo .. *M*

MOMENTO
Sal. 30.5 porque un *m* será su ira, pero su favor
1 Co. 15.52 en un *m*, en un abrir y cerrar de ojos

MONEDA *v.* Dinero
Mt. 22.19; Mr. 12.15; Lc. 20.24 mostradme la *m*

MONSTRUO
Gn. 1.21 y creó Dios los grandes *m* marinos
Job 7.12 ¿soy yo el mar, o un *m* marino, para
Sal. 74.13 quebrantaste cabezas de *m* en las
148.7 los *m* marinos y todos abismos

MONTAR
Mr. 11.2; Lc. 19.30 ningún hombre ha *montado*
Jn. 12.14 halló Jesús un asnillo, y *montó* sobre él

MONTE *v.* Collado, Valle
Gn. 7.20 después que fueron cubiertos los *m*
19.17 escapa al *m*, no sea que perezcas
Ex. 3.12 señal .. serviréis a Dios sobre este *m*

Ex. 18.5 estaba acampado junto al *m* de Dios
19.2 Sinaí .. acampó allí Israel delante del *m*
19.18 todo el *m* se estremeció en gran manera
24.12 sube a mí al *m*, y espera allá, y te daré
32.15 descendió del *m*, trayendo las .. tablas
Dt. 1.6; 2.3 habéis estado bastante .. en este *m*
11.11 la tierra .. es tierra de *m* y de vegas
Jos. 2.16 marchaos al *m*, para que los .. no os
14.12 dame .. ahora este *m*, del cual habló
2 S. 1.21 *m* de Gilboa, ni rocío ni lluvia caiga
1 R. 19.11 sal fuera, y ponte en el *m* delante de
20.23 sus dioses son dioses de los *m*, por eso
2 R. 6.17 el *m* estaba lleno de gente de a caballo
2 Cr. 18.16 a todo Israel derramado por los *m*
Job 9.5 él arranca los *m* con su furor, y no saben
28.9 puso su mano, y trastornó de raíz los *m*
Sal. 24.3 ¿quién subirá al *m* de Jehová? ¿Y quién
30.7 Jehová .. me afirmaste como *m* fuerte
43.3 me conducirán a tu santo *m*, y a tus
68.15 *m* de Dios es el *m* de Basán; *m* alto el
68.16 ¿por qué observáis, oh *m* altos, al *m*
90.2 antes que naciesen los *m* y formases la
95.4 tierra, y las alturas de los *m* son suyas
97.5 los *m* se derritieron como cera delante de
104.18 los *m* altos para las cabras monteses
114.4 los *m* saltaron como carneros, los
121.1 alzaré mis ojos a los *m*; ¿de dónde
125.2 como Jerusalén tiene *m* alrededor de
Is. 2.2; **Mi.** 4.1 el *m* de la casa de .. cabeza de los *m*
11.9; 65.25 no harán mal en todo mi santo *m*
25.6 Jehová .. hará en este *m* .. banquete
27.13 y adorarán a Jehová en el *m* santo, en
40.4 bájese todo *m* y collado; y lo torcido se
40.9 súbete sobre un *m* alto, anunciadora de
52.7 ¡cuán hermosos son sobre los *m* los pies
54.10 porque los *m* se moverán, y los collados
55.12 *m* y los collados levantarán canción
Ez. 6.3 *m* de Israel, oíd palabra de Jehová el
36.1 profetiza a los *m* de Israel, y di: *M* de
40.2 me puso sobre un *m* muy alto, sobre el
Dn. 2.35 piedra .. fue hecha un gran *m* que llenó
Os. 10.8 dirán a los *m*: Cubridnos; y a los .. Caed
Jl. 3.18 sucederá .. que los *m* destilarán mosto
Am. 4.13 el que forma los *m*, y crea el viento
Mi. 1.4 y se derretirán los *m* debajo de él, y los
4.2 dirán: Venid, y subamos al *m* de Jehová
Zac. 4.7 ¿quién eres tú, oh gran *m*? Delante de
8.3 llamará .. *m* de Jehová .. *M* de Santidad
Mt. 4.8; **Lc.** 4.5 le llevó el diablo a un alto *m*
5.1 viendo la multitud, subió al *m* .. vinieron
5.14 una ciudad asentada sobre un *m* no se
14.23; **Mr.** 6.46 subió al *m* a orar aparte; y
15.29 Jesús .. subiendo al *m*, se sentó allí
17.1; **Mr.** 9.2; **Lc.** 9.28 llevó aparte a un *m*
17.20; 21.21; **Mr.** 11.23 fe .. diréis a este *m*
24.16; **Mr.** 13.14 estén en Judea, huyan a los *m*
28.16 al *m* donde Jesús les había ordenado
Lc. 3.5 se bajará todo *m* y collado; los caminos
4.29 le llevaron hasta la cumbre del *m* sobre
6.12 aquellos días él fue al *m* a orar, y pasó
23.30 comenzarán a decir a los *m*: Caed sobre
Jn. 4.20 nuestros padres adoraron en este *m*
6.15 hacerle rey, volvió a retirarse al *m* él solo
1 Co. 13.2 de tal manera que trasladase los *m*
He. 12.18 no os habéis acercado al *m* que se podía
2 P. 1.18 oímos esta voz .. con él en el *m* santo
Ap. 6.14 *m* y toda isla se removió de su lugar
6.16 y decían a los *m* .. Caed sobre nosotros
16.20 isla huyó, y los *m* no fueron hallados
17.9 las siete cabezas son siete *m*, sobre los
21.10 y me llevó en el Espíritu a un *m* grande

MONTÓN
Gn. 41.47 siete años de .. la tierra produjo a *m*
Ex. 15.8 se juntaron las corrientes como en un *m*
Jos. 3.16; **Sal.** 78.13 se detuvieron como en un *m*
Neh. 4.2 ¿resucitarán de los *m* del polvo las
Is. 25.2 convertiste la ciudad en *m* .. en ruina; el
Jer. 9.11; **Mi.** 3.12 reduciré a Jerusalén a un *m* de
51.37 y será Babilonia *m* de ruinas, morada de

MONUMENTO
Jos. 4.7 piedras servirán de *m* conmemorativo a
2 R. 23.17: ¿qué *m* es este que veo? Y los de la

MORADA *v.* Casa, Habitación, Templo
Lv. 26.11 y pondré mi *m* en medio de vosotros
Dt. 26.15 mira desde tu *m* santa, desde el cielo
Esd. 7.15 al Dios de .. cuya *m* está en Jerusalén
Sal. 43.3 me conducirán a tu .. monte, y a tus *m*
84.1 ¡cuán amables son tus *m*, oh Jehová de
84.10 antes .. que habitar en las *m* de maldad
91.10 sobrevendrá mal, ni plaga tocará tu *m*
132.5 que halle .. *m* para el Fuerte de Jacob
Ec. 12.5 porque el hombre va a su *m* eterna, y los
Is. 38.12 mi *m* ha sido movida y traspasada de
63.15 contempla desde tu santa y gloriosa *m*
Jer. 23.3 mis ovejas .. las haré volver a sus *m*
Jn. 14.2 en la casa de mi Padre muchas *m* hay
14.23 vendremos a él, y haremos *m* con él
2 Co. 5.1 si nuestra *m* terrestre .. se deshiciere
Jud. 6 ángeles .. que abandonaron su propia *m*

MORADOR
Ex. 15.15 se acobardarán todos los *m* de Canaán
Is. 6.11 que las ciudades estén asoladas y sin *m*, y
12.6 regocíjate y canta, oh *m* de Sion; porque
26.9 los *m* del mundo aprenden justicia
33.24 no dirá el *m*: Estoy enfermo; al pueblo
40.22 la tierra, cuyos *m* son como langostas

MORAR *v.* Habitar, Vivir
Gn. 15.13 tu descendencia *morará* en tierra ajena
47.4 para *morar* en esta tierra hemos venido
Ex. 2.21 Moisés convino en *morar* con aquel
Neh. 11.1 uno de cada diez para su *morase* en
Job 11.14 no consintieres que *more* en tu casa la
Sal. 15.1 ¿quién *morará* en tu monte santo?
23.6 en la casa de Jehová *moraré* por largos
105.23 y Jacob *moró* en la tierra de Cam
120.5 ¡ay de mí, que *moro* en Mesec .. Cedar
Is. 33.14 ¿quién de nosotros *morará* con el fuego
52.4 pueblo descendió a Egipto .. para *morar*
Jer. 7.3 mejorad .. y os haré *morar* en este lugar
42.15 en Egipto, y entrareis para *morar* allá
Os. 12.9 aún te haré *morar* en tiendas, como en
Am. 3.12 que *moran* en Samaria en el rincón de
Mi. 5.4 y *morarán* seguros, porque ahora será
Mt. 12.45; **Lc.** 11.26 otros siete .. *moran* allí
Mr. 4.32 las aves del cielo pueden *morar* bajo su
Jn. 1.38 ellos le dijeron: Rabí .. ¿dónde *moras*?
Ro. 7.17 no soy yo .. sino el pecado que *mora* en
7.18 sé que .. en mi carne, no *mora* el bien
8.9 si .. el Espíritu de Dios *mora* en vosotros
1 Co. 3.16 el Espíritu de Dios *mora* en vosotros?
Col. 3.16 la palabra de Cristo *more* en abundancia
1 Jn. 3.17 ¿cómo *mora* el amor de Dios en él?
Ap. 21.3 él *morará* con ellos; y ellos serán su

MORDER
Gn. 49.17 que *muerde* los talones del caballo, y
Nm. 21.6 serpientes .. que *mordían* al pueblo
Jer. 8.17 yo envío .. serpientes .. y os *morderán*
Am. 5.19 en la pared, y le *muerde* una culebra
Gá. 5.15 pero si os *mordéis* y os .. unos a otros
Ap. 16.10 copa .. y *mordían* de dolor sus lenguas

MORIAH **Gen.** 22.2; **2 Cr.** 3.1.

MORIR *v.* Perecer
Gn. 2.17 el día que del comieres .. *morirás*
33.13 en un día *morirán* todas las ovejas
Ex. 2.23 después de .. días *murió* el rey de Egipto
11.5 *morirá* todo primogénito en .. tierra de Egipto
13.15 hizo *morir* .. todo primogénito, desde
14.11; **Nm.** 21.5 que *muramos* en el desierto?
21.12 el que .. haciéndole así *morir*, él *morirá*
22.20 a dioses excepto .. a Jehová, será *muerto*
Nm. 16.29 si como *mueren* .. *murieren* éstos
17.13 que viniere al tabernáculo de .. *morirá*
23.10 *muera* yo la muerte de los rectos, y mi
26.65 Jehová había dicho de ellos: *Morirán* en
35.12 no *morirá* el homicida hasta .. en juicio
Dt. 13.5 soñador de sueños ha de ser *muerto*
17.6 dicho de dos o de tres testigos *morirá*

Mortal—Mostaza

Dt. 18.20 en nombre de dioses ajenos .. *morirá*
19.11 si .. y lo hiriere de muerte, y *muriere*
24.16; 2 Cr. 25.4 los padres no *morirán* por
32.39 yo hago *morir*, y yo hago vivir; yo hiero
34.5 *murió* allí Moisés .. en la tierra de Moab
Rt. 1.17 donde tú *murieres*, *moriré* yo, y allí seré
1 S. 2.33 todos los nacidos en tu casa *morirán* en la
14.45 ¿ha de *morir* Jonatán, el que ha hecho
25.38 después, Jehová hirió a Nabal, y *murió*
28.3 Samuel había *muerto*, y todo Israel lo
2 S. 3.33 ¿había de *morir* Abner como *muere* un
12.13 ha remitido tu pecado; no *morirás*
12.14 mas .. el hijo que te ha nacido .. *morirá*
12.18 al séptimo día *murió* el niño; y temían
14.14 de cierto *morimos*, y somos como aguas
18.33 ¡quién me diera que *muriera* yo en lugar
1 R. 3.19 una noche el hijo de esta mujer *murió*
19.4 deseando *morirse*, dijo: Basta ya, oh
2 R. 14.6 cada uno *morirá* por su propio pecado
20.1; Is. 38.1 ordena tu casa .. *morirás*, y no
1 Cr. 10.13 así *murió* Saúl por su rebelión con que
13.10 contra Uza .. *murió* allí delante de Dios
2 Cr. 15.13 que no buscase a Jehová .. *muriese*
Job 1.19 cual cayó sobre los jóvenes, y *murieron*
2.9 dijo su mujer .. Maldice a Dios, y *muérete*
3.11 ¿por qué no *morí* yo en la matriz, o
4.21 y *mueren* sin haber adquirido sabiduría
12.2 y con vosotros *morirá* la sabiduría
14.10 mas el hombre *morirá*, y será cortado
14.14 si el hombre *muriere*, ¿volverá a vivir?
21.23 *morirá* en el vigor de su hermosura
29.18 decía yo: En mi nido *moriré*, y como
Sal. 49.10 pues verá que aun los sabios *mueren*
49.17 porque cuando *muera* no llevará nada
78.31 hizo *morir* a los más robustos de ellos
82.7 pero como hombres *moriréis*, y como
118.17 no *moriré*, sino que viviré, y contaré
139.19 de cierto .. Dios, harás *morir* al impío
Pr. 11.7 cuando *muere* el hombre impío, perece su
Ec. 2.16 también *morirá* el sabio como el necio
3.2 tiempo de nacer, y tiempo de *morir*
3.19 como *mueren* los unos, así *m* los otros
7.17 ¿por qué habrás de *morir* antes de tu
9.5 los que viven saben que han de *morir*
Is. 22.13 y bebamos, porque mañana *moriremos*
65.20 porque el niño *morirá* de cien años, y
66.24 porque su gusano nunca *morirá* ni su
Jer. 16.6 *morirán* en esta tierra grandes y pequeños
21.9 el que quedare en .. *morirá* a espada
28.16 *morirás* en este año, porque hablaste
31.30 cada cual *morirá* por su propia maldad
38.9 *morirá* de hambre, pues no hay más pan
44.12 a espada y de hambre *morirán* desde el
Ez. 3.18; 33.8 dijere al impío: De cierto *morirás*
18.4, 20 el alma que pecare, esa *morirá*
18.17 no *morirá* por la maldad de su padre
18.31 ¿por qué *moriréis*, casa de Israel?
24.18 hablé al .. y a la tarde *murió* mi mujer
Am. 6.9 si diez hombres quedaren en .. *morirán*
9.10 a espada *morirán* todos los pecadores de
Mt. 2.19 después de *muerto* Herodes .. un ángel
10.21 hijos se levantarán .. y los harán *morir*
15.4; Mr. 7.10 que maldiga al padre .. *muera*
16.21; Mr. 8.31; 9.31; Lc. 9.22 ser *muerto*, y
resucitar al tercer día
22.24; Mr. 12.19; Lc. 20.28 si alguno *muriere*
sin hijos
22.25 hermanos; el primero se casó, y *murió*
26.35; Mr. 14.31 sea necesario *morir* contigo
27.20 pidiese a Barrabás .. Jesús fuese *muerto*
Mr. 5.35; Lc. 8.49 tu hija ha *muerto*; ¿para qué
9.44 donde el gusano de ellos no *muere*, y el
15.44 se sorprendió de que ya hubiese *muerto*
Lc. 16.22 *murió* también .. el rico, y fue sepultado
20.36 porque no pueden ya más *morir*, pues
Jn. 4.49 Señor, desciende antes que mi hijo *muera*
6.50 para que el que de él come, no *muera*
8.21, 24 pero en vuestros pecados *moriréis*
8.52 Abraham *murió*, y los profetas; y tú
11.14 les dijo claramente: Lázaro ha *muerto*

Jn. 11.16 vamos también .. que *muramos* con él
11.21, 32 mi hermano no habría *muerto*
11.26 y cree en mí, no *morirá* eternamente
11.50; 18.14 un hombre *muera* por el pueblo
12.24 no .. *muere*, queda solo; pero si *m*, lleva
12.33 a entender de qué muerte iba a *morir*
21.23 dicho .. que aquel discípulo no *moriría*
Hch. 9.37 y aconteció que en .. enfermó y *murió*
21.13 yo estoy dispuesto .. mas aun a *morir*
Ro. 5.6 Cristo .. a su tiempo *murió* por los impíos
5.7 apenas *morirá* alguno por un justo; con
5.8 aún pecadores, Cristo *murió* por nosotros
5.15 si por .. aquel uno *murieron* los muchos
6.2 los que hemos *muerto* al pecado, ¿cómo
6.8 y si *morimos* con Cristo, creemos que
6.9 habiendo resucitado de los .. ya no *muere*
6.10 en cuanto *murió*, al pecado *m* una vez
7.2 si el marido *muere*, ella queda libre de la
7.4 habéis *muerto* a la ley mediante el cuerpo
7.9 venido el .. el pecado revivió y yo *morí*
8.13 si vivís conforme a la carne, *moriréis*
8.13 por el Espíritu hacéis *morir* las obras del
8.36 por causa de ti somos *muertos* todo el
14.7 ninguno .. vive para sí .. *muere* para sí
14.8 vivimos, y si *morimos*, para el Señor *m*
14.9 porque Cristo para esto *murió* y resucitó
14.15; 1 Co. 8.11 se pierda aquel por quien
Cristo *murió*
1 Co. 9.15 prefiero *morir* .. desvanezca esta mi
15.3 que Cristo *murió* por nuestros pecados
15.22 porque así como en Adán todos *mueren*
15.31 os aseguro, hermanos .. cada día *muero*
15.32 bebamos, porque mañana *moriremos*
15.36 no se vivifica si no *muere* antes
2 Co. 5.14 si uno *murió* .. luego todos *murieron*
Gá. 2.19 por la ley soy *muerto* para la ley, a fin
2.21 si .. entonces por demás *murió* Cristo
Fil. 1.21 el vivir es Cristo, y el *morir* es ganancia
Col. 2.20 si habéis *muerto* con Cristo en cuanto
3.3 porque habéis *muerto*, y vuestra vida está
3.5 haced *morir*, pues, lo terrenal en vosotros
1 Ts. 4.14 porque si creemos que Jesús *murió* y
5.10 *murió* por nosotros para que ya sea que
2 Ti. 2.11 si somos *muertos* con él .. viviremos
He. 9.27 establecido .. que *mueran* una sola vez
10.28 testimonio de .. *muere* irremisiblemente
11.13 murieron todos éstos sin haber recibido
11.37 *muertos* a filo de espada; anduvieron
Ap. 3.2 afirma las .. cosas que están para *morir*
8.9 *murió* la tercera parte de los .. en el mar
8.11 muchos .. *murieron* a causa de esas aguas
9.6 ansiarán *morir*, pero la muerte huirá de
11.5 daño, debe *morir* él de la misma manera
13.10 alguno mata a espada .. debe ser *muerto*
16.3 y *murió* todo ser vivo que había en el

MORTAL

Sal. 73.5 no pasan trabajos como los otros *m*
Ro. 8.11 vivificará también vuestros cuerpos *m*
1 Co. 15.53 y esto *m* se vista de inmortalidad
2 Co. 5.4 que lo *m* sea absorbido por la vida
He. 7.8 aquí .. reciben los diezmos hombres *m*

MORTANDAD v. Peste, Pestilencia

Nm. 14.12 los heriré de *m* y los destruiré, y a ti
16.46 el furor ha salido .. la *m* ha comenzado
Dt. 28.21 Jehová traerá sobre ti *m*, hasta que te
2 S. 24.21; 1 Cr. 21.22 que cese la *m* del pueblo
Sal. 91.6 ni *m* que en medio del día destruya
Am. 4.10 envié contra vosotros *m* tal como en

MOSCA

Ex. 8.21 yo enviaré sobre ti .. toda clase de *m*
Sal. 78.45; 105.31 envió .. enjambres de *m* que
Ec. 10.1 las *m* muertas hacen heder y dar mal olor
Is. 7.18 silbará Jehová a la *m* que está en el

MOSQUITO

Mt. 23.24 que coláis el *m*, y tragáis el camello

MOSTAZA

Mt. 13.31; Mr. 4.31; Lc. 13.19 es semejante al
grano de *m*

Mt. 17.20; Lc. 17.6 tuvieres fe como un grano de *m*

MOSTO
Jl. 3.18 que los montes destilarán *m*, y los collados
Hch. 2.13 burlándose, decían: Están llenos de *m*

MOSTRAR *v.* Enseñar, Manifestar, Revelar
Ex. 33.18 dijo: Te ruego que me *muestres* tu gloria
Dt. 34.1 le *mostró* Jehová toda la tierra de Galaad
2 R. 20.13; Is. 39.2 les *mostró* toda la casa de sus
Sal. 25.4 *muéstrame*, oh Jehová, tus caminos
Mt. 4.8; Lc. 4.5 *mostró* todos los reinos del mundo
8.4; Mr. 1.44; Lc. 5.14 *muéstrate* al sacerdote
22.19; Lc. 20.24 *mostradme* la moneda
Lc. 17.14 les dijo: Id, *mostraos* a los sacerdotes
Jn. 5.20 mayores obras que estas le *mostrará*, de
14.8 Señor, *muéstranos* al Padre, y nos basta
Ro. 5.8 Dios *muestra* su amor para con nosotros
7.13 para *mostrarse* pecado, produjo en mí la
Stg. 2.18 *muéstrame* tu fe sin tus obras, y yo te
1 Jn. 4.9 en esto se *mostró* el amor de Dios para
Ap. 4.1 yo te *mostraré* las cosas que sucederán

MOVER *v.* Conmover, Quitar, Remover
Gn. 1.2 el Espíritu . . se *movía* sobre . . las aguas
Dt. 32.21 me *movieron* a celos . . yo los *moveré* a
Sal. 10.6 en su corazón: No seré *movido* jamás
35.23 *muévete* . . para hacerme justicia, Dios
Mt. 23.4 ellos ni con un dedo quieren *moverlas*
Lc. 6.48 no la pudo *mover* . . fundada sobre roca
Hch. 17.28 en él vivimos, y nos *movemos*, y somos
2 Ts. 2.2 que no os dejéis *mover* fácilmente de

MUCHACHO, cha *v.* Joven, Niño, Pequeño
Gn. 21.12 no te parezca grave a causa del *m* y de
1 S. 17.33 tú eres *m*, y él un hombre de guerra
17.42 era *m*, y rubio, y de hermoso parecer
2 R. 5.2 y habían llevado cautiva de . . a una *m*
1 Cr. 22.5 Salomón mi hijo es *m* y de tierna edad
2 Cr. 34.3 aún *m*, comenzó a buscar al Dios
Pr. 23.13 no rehúses corregir al *m*; porque si lo
29.15 el *m* consentido avergonzará a su madre
Is. 3.12 opresores de mi pueblo son *m*, y mujeres
Dn. 1.4 *m* en quienes no hubiese tacha alguna, de
Mt. 11.16; Lc. 7.32 es semejante a los *m* que se
17.18 el cual salió del *m*, y éste quedó sano
Jn. 6.9 aquí está un *m*, que tiene cinco panes de
Hch. 12.13 salió a escuchar una *m* llamada Rode
16.16 nos salió al encuentro una *m* que tenía

MUCHO
Mt. 25.21 sobre *m* te pondré; entra en el gozo
Lc. 12.48 se haya dado *m*, *m* se le demandará
2 Co. 2.6 le basta . . esta represión hecha por *m*
8.15 el que recogió *m*, no tuvo más, y el que

MUDAR *v.* Anular, Cambiar, Invalidar
Sal. 102.26; He. 1.12 como un vestido los *mudarás*,
y serán *mudados*
Jer. 13.23 ¿mudará el etíope su piel, y el leopardo

MUDO *v.* Callar, Hablar, Sordo
Ex. 4.11 hizo al *m* y al sordo, al que ve y al ciego
Sal. 38.13 y soy como *m* que no abre la boca
Pr. 31.8 abre tu boca por el *m* en el juicio de
Is. 35.6 como un ciervo, y cantará la lengua del *m*
Ez. 3.26 estarás *m*, y no serás . . que reprende
Mt. 9.32; Lc. 11.14 trajeron un *m*, endemoniado
12.22 manera que el ciego y *m* veía y hablaba
Mr. 7.37 hace a los sordos oir, y a los *m* hablar
9.17 traje a ti mi hijo, que tiene un espíritu *m*
9.25 espíritu *m* y sordo, yo te mando, sal de
Lc. 1.20 ahora quedarás *m* y no podrás hablar
1.22 él les hablaba por señas, y permaneció *m*

MUELA *v.* Diente, Molino
Sal. 58.6 quiebra, oh Jehová, las *m* de los leoncillos
Ec. 12.3 cesarán las *m*, porque han disminuido
12.4 cerrarán, por lo bajo del ruido de la *m*

MUERTE *v.* Hades, Infierno, Partida, Seol,
Sepultura
Nm. 11.15 y si así lo . . te ruego que me des *m*
16.41 habéis dado *m* al pueblo de Jehová
Dt. 30.15 puesto . . la vida y el bien, la *m* y el mal

Rt. 1.17 sólo la *m* hará separación entre nosotras
1 S. 5.11 consternación de *m* en toda la ciudad
20.3 que apenas hay un paso entre mí y la *m*
22.21 Saúl había dado *m* a los sacerdotes de
26.16 vive Jehová, que sois dignos de *m*
2 S. 22.5 me rodearon ondas de *m*, y torrentes de
2 R. 4.40 ¡varón de Dios, hay *m* en esa olla!
Job 3.21 que esperan la *m*, y ella no llega, aunque
7.15 mi alma . . quiso la *m* más que mis huesos
30.23 porque yo sé que me conduces a la *m*
33.22 alma . . y su vida a los que causan la *m*
38.17 sido descubiertas las puertas de la *m*
Sal. 13.3 alumbra mis ojos . . que no duerma de *m*
18.4 me rodearon ligaduras de *m*, y torrentes
23.4 aunque ande en valle de sombra de *m*
33.19 para librar sus almas de la *m*, y para
116.15 estimada es a los . . la *m* de sus santos
118.18 me castigó . . mas no me entregó a la *m*
Pr. 2.18 por la cual su casa está inclinada a la *m*
5.5 sus pies descienden a la *m*, sus pasos
18.21 la *m* y la . . están en poder de la lengua
24.11 libra a los que son llevados a la *m*
Ec. 7.1 mejor el día de la *m* que . . del nacimiento
8.8 que tenga . . potestad sobre el día de la *m*
Cnt. 8.6 fuerte es como la *m* el amor; duros como
Is. 9.2 los que moraban en tierra de sombra de *m*
25.8 destruirá a la *m* para siempre . . Jehová
53.12 por cuanto derramó su vida hasta la *m*
Jer. 8.3 y escogerá la *m* antes que la vida todo
26.11 en pena de *m* ha incurrido este hombre
Ez. 18.23; 33.11 que no quiero la *m* del impío
Os. 13.14 oh *m*, yo seré tu *m*; y seré tu destrucción
Jon. 4.3 porque mejor me es la *m* que la vida
Hab. 2.5 y es como la *m*, que no se saciará; antes
Mt. 16.28; Mr. 9.1; Lc. 9.27 que no gustarán la *m*
20.18; Mr. 10.33 entregado . . condenarán a *m*
26.38; Mr. 14.34 mi alma . . triste, hasta la *m*
26.59; Mr. 14.55 buscaban falso testimonio . .
para entregarle a la *m*
26.66; Mr. 14.64 dijeron: ¡Es reo de *m*!
Mr. 13.12 el hermano entregará a la *m* al hermano
Lc. 1.79 luz a los que habitan en . . sombra de *m*
2.26 no vería la *m* antes que viese al Ungido
Jn. 5.24 no vendrá . . mas ha pasado de *m* a vida
8.51 el que guarda mi palabra, nunca verá *m*
11.4 esta enfermedad no es para *m*, sino para
12.10 los . . acordaron dar *m* también a Lázaro
12.33; 21.19 dando a entender de qué *m* iba a
18.31 no nos está permitido dar *m* a nadie
Hch. 8.32 como oveja a la *m* fue llevado; y como
9.1 Saulo, respirando aún amenazas y *m* contra
22.20 consentía en su *m*, y guardaba las ropas
23.12 no . . hasta que hubiesen dado *m* a Pablo
23.29 que ningún delito tenía digno de *m* o de
Ro. 1.32 practican tales cosas son dignos de *m*
5.10 reconciliados con Dios por la *m* de su
5.12 por el pecado la *m*, así la *m* pasó a
5.14 reinó la *m* desde Adán hasta Moisés, aun
6.3 sabéis . . hemos sido bautizados en su *m*?
6.5 fuimos plantados . . en la semejanza de su *m*
6.9 no muere; la *m* no se enseñorea más de él
6.16 esclavos . . sea del pecado para *m*, o sea
6.23 la paga del pecado es *m*, mas la dádiva
7.13 el pecado . . produjo en mí la *m* por medio
7.24 ¿quién me librará de este cuerpo de *m*?
8.2 librado de la ley del pecado y de la *m*
8.6 porque el ocuparse de la carne es *m*, pero
8.38 que ni la *m*, ni la vida, ni ángeles, ni
11.3 Señor, a tus profetas han dado *m*, y tus
1 Co. 3.22 sea la vida, sea la *m*, sea lo presente
11.26 la *m* del Señor anunciáis hasta que él
15.21 por cuanto la *m* entró por un hombre
15.26 el postrer enemigo . . destruido es la *m*
15.54 está escrita: Sorbida es la *m* en victoria
15.55 ¿dónde está, oh *m*, tu aguijón? ¿Dónde
2 Co. 1.9 tuvimos en nosotros . . sentencia de *m*
2.16 a éstos . . olor de *m* para *m*; y a aquéllos
4.11 entregados a *m* por causa de Jesús, para
7.10 pero la tristeza del mundo produce *m*
Fil. 1.20 será magnificado . . o por vida o por *m*

Fil. 2.8 obediente hasta la *m*, y *m* de cruz
   3.10 llegando a ser semejante a él en su *m*
2 Ti. 1.10 el cual quitó la *m* y sacó a luz la vida
He. 2.9 del padecimiento de la *m* .. gustase la *m*
   2.14 para destruir por medio de la *m* al que
   9.15 para que interviniendo *m* para la remisión
   11.5 la fe Enoc fue traspuesto para no ver *m*
Stg. 1.15 el pecado; y el pecado .. da a luz la *m*
   5.6 habéis condenado y dado *m* al justo, y el
   5.20 salvará de *m* un alma, y cubrirá .. pecados
1 Jn. 3.14 no ama a su hermano, permanece en *m*
   5.16 viere a .. cometer pecado que no sea de *m*
Ap. 1.18 y tengo las llaves de la *m* y del Hades
   2.11 venciere no sufrirá daño de la segunda *m*
   6.8 y el que lo montaba tenía por nombre *M*
   9.6 buscarán la *m* .. pero la *m* huirá de ellos
   12.11 menospreciaron sus vidas hasta la *m*
   13.3 vi una de sus cabezas como herida de *m*
   20.6 segunda *m* no tiene potestad sobre éstos
   20.14 la *m* .. lanzados .. Este es la *m* segunda
   21.4 ya no habrá *m*, ni habrá más llanto, ni
   21.8 el lago que arde .. que es la *m* segunda

MUERTO, ta *v.* **Matar, Morir**
Ex. 12.30 no había casa donde no hubiese un *m*
   14.30 Israel vio a los egipcios *m* a la orilla
Nm. 16.48 se puso entre los *m* y los vivos; y cesó
1 S. 17.51 filisteos vieron a su paladín *m*, huyeron
2 R. 19.35 por la mañana .. todo era cuerpos de *m*
Sal. 58.8 como el que nace *m*, no vean el sol
   88.10 se levantarán los *m* para alabarte?
Pr. 2̇.16 vendrá a parar en la compañía de los *m*
   9.3 su vida; y después de esto se van a los *m*
   9.5 los *m* nada saben, ni tienen más paga
Is. 6.5 dije: ¡Ay de mí! que soy *m*; porque siendo
   22.2 tus *m* no son *m* a espada, ni *m* en guerra
   26.14 *m* son, no vivirán; han fallecido, no
   66.16 los *m* de Jehová serán multiplicados
Jer. 9.1 para que llore día y noche los *m* de mi
   22.10 no lloréis al *m*, ni de él os condoláis
Lm. 4.9 los *m* a espada que los *m* por el hambre
Mt. 8.22; Lc. 9.60 que los *m* entierren a sus *m*
   9.24; Mr. 5.39 la niña no está *m*, sino duerme
   10.8 resucitad *m*, echad fuera demonios; de
   11.5; Lc. 7.22 los *m* son resucitados, y a los
   17.9; Mr. 9.9 hasta que .. resucite de los *m*
   22.32; Lc. 20.38 Dios no es Dios de *m*, sino
   23.27 están llenos de huesos de *m* y de toda
Lc. 9.7 decían .. Juan ha resucitado de los *m*
   10.30 ladrones .. se fueron, dejándole medio *m*
   15.24 este mi hijo *m* era, y ha revivido; se
   16.30 si alguno fuere a ellos de entre los *m*
   24.5 ¿por qué buscáis entre los *m* al que vive?
Jn. 5.21 como el Padre levanta a los *m*, y les da
   5.25 los *m* oirán la voz del Hijo de Dios; y
Hch. 5.10 entraron los jóvenes, la hallaron *m*
   14.19 le arrastraron .. pensando que estaba *m*
   17.3 el Cristo padeciese, y resucitase de los *m*
   24.15 que ha de haber resurrección de los *m*
   26.8 cosa increíble que Dios resucite a los *m*?
Ro. 6.11 consideraos *m* al pecado, pero vivos
   8.10 el cuerpo .. está *m* a causa del pecado
   10.7 para hacer subir a Cristo de entre los *m*
   14.9 para ser Señor así de los *m* como de los
1 Co. 15.29 ¿por qué .. se bautizan por los *m*?
   15.52 los *m* serán resucitados incorruptibles
Ef. 2.1 y él os dio vida .. cuando estabais en *m*
   5.14 y levántate de los *m*, y te alumbrará
Col. 2.13 a vosotros, estando *m* en pecados y en
1 Ts. 4.16 y los *m* en Cristo resucitarán primero
1 Ti. 5.6 la que se entrega a .. viviendo está *m*
2 Ti. 2.8 resucitado de los *m* conforme a mi
   4.1 que juzgará a los vivos y a los *m* en su
He. 11.4 por la fe Abel .. *m*, aún habla por ella
   11.12 de uno, y ése ya casi *m*, salieron como
   13.20 el Dios de paz, que resucitó de los *m* a
Stg. 2.17, 20 la fe, si no tiene obras, es *m* en sí
   2.26 como el cuerpo sin espíritu está *m*, así
1 P. 4.5 preparado .. juzgar a los vivos y a los *m*
   4.6 ha sido predicado el evangelio a los *m*

Jud. 12 árboles .. dos veces *m* y desarraigados
Ap. 1.18 soy .. el que vivo, y estuve *m*; mas he aquí
   3.1 que tienes nombre de que vives, y estás *m*
   14.13 de aquí en adelante los *m* que mueren
   20.5 los otros *m* no volvieron a vivir hasta que

MUJER *v.* **Esposo, Hombre, Varón**
Gn. 2.22 de la costilla .. del hombre, hizo una *m*
   3.12 la *m* que me diste por compañera me dio
   24.4 irás a .. y tomarás *m* para mi hijo Isaac
   26.9 he aquí ella es de cierto tu *m*. ¿Cómo
   39.7 la *m* de su amo puso sus ojos en José
Nm. 5.12 si la *m* de alguno se descarriare, y le
Jue. 14.3 ¿no hay *m* .. a tomar *m* de las filisteos
Rt. 3.8 volvió .. una *m* estaba acostada a sus pies
1 S. 25.39 envió David .. Abigail .. tomarla por *m*
2 S. 12.9 a Urías heteo tomaste por *m* a su *m*
1 R. 11.1 Salomón amó .. a muchas *m* extranjeras
Esd. 10.2 tomamos *m* extranjeras de los pueblos
Neh. 13.23 judíos que habían tomado *m* de Asdod
Est. 1.20 todas las *m* darán honra a sus maridos
Job 14.1 el hombre nacido de *m*, corto de días
Sal. 128.3 tu *m* será como vid que lleva fruto a
Pr. 2.16 serás librado de la *m* extraña, de la ajena
   5.18 y alégrate con la *m* de tu juventud
   6.29 es el que se llega a la *m* de su prójimo
   9.13 *m* insensata es alborotadora; es simple
   19.13 gotera continua las contiendas de la *m*
   19.14 la casa .. mas de Jehová la *m* prudente
   31.3 no des a las *m* tu fuerza, ni tus caminos a
   31.30 *m* que teme a Jehová ésa será alabada
Ec. 7.26 amarga .. la *m* cuyo corazón es lazos y
   9.9 goza de la vida con la *m* que amas, todos
Is. 3.12 mi pueblo .. *m* se enseñorearon de él
   4.1 echarán mano de un hombre siete *m* en
   19.16 aquel día los egipcios serán como *m*
Jer. 18.21 queden sus *m* sin hijos, y viudas; y sus
   31.22 una cosa nueva .. la *m* rodeará al varón
Lm. 4.10 las manos de *m* .. cocieron a sus hijos
Ez. 23.4 y a la tarde murió mi *m*; y a la mañana
Zac. 5.7 una *m* estaba sentada en medio de .. efa
Mal. 2.15 no seáis desleales para con la *m* de
Mt. 5.28 que mira a una *m* para codiciarla, ya
   9.20 he aquí una *m* enferma de flujo de sangre
   24.41; Lc. 17.35 dos *m* estarán moliendo en
   27.55; Mr. 15.40; Lc. 23.49 estaban allí muchas
   m mirando de lejos
Mr. 10.7; Ef. 5.31 dejará .. y se unirá a su *m*
Lc. 7.28 entre los nacidos de *m*, no hay mayor que
   16.18 que repudia a su *m*, y se casa con otra
Jn. 2.4 Jesús le dijo: ¿Qué tienes conmigo, *m*?
   19.26 dijo a su madre: *M*, he ahí tu hijo
Hch. 13.50 los judíos instigaron a *m* piadosas y
   17.4 de .. gran número, y *m* nobles no pocas
Ro. 1.27 hombres, dejando el uso natural de la *m*
1 Co. 7.1 bueno le sería al hombre no tocar *m*
   7.2 cada uno tenga su propia *m*, y cada una
   7.4 la *m* no tiene potestad sobre su .. cuerpo
   7.27 ¿estás ligado a *m*? .. ¿estás libre de *m*?
   9.5 traer con nosotros una hermana por *m*
   11.7 de Dios; pero la *m* es gloria del varón
   11.15 a la *m* .. crecer el cabello le es honroso
   14.34 vuestras *m* callen en las congregaciones
Ef. 5.28 los maridos deben amar a sus *m* como
   5.33 a sí mismo; y la *m* respete a su marido
1 Ti. 2.11 la *m* aprenda en silencio, con toda
   3.11 las *m* .. sean honestas, no calumniadoras
He. 11.35 las *m* recibieron sus muertos mediante
1 P. 3.1 *m*, estad sujetas a vuestros maridos; para
   3.7 honor a la *m* .. como a vaso más frágil
Ap. 12.1 una *m* vestida del sol, con la luna debajo
   17.3 vi a una *m* sentada sobre una bestia

MULO *v.* **Asno, Bestia, Caballo**
2 S. 18.9 iba Absalón sobre un *m*, y el *m* entró
Sal. 32.9 no seáis como el caballo, o como el *m*

MULTIPLICAR *v.* **Aumentar, Crecer**
Gn. 1.22 los bendijo, diciendo: .. *multiplicaos*
   17.2, 6; 22.17 te *multiplicaré* en gran manera

Gn. 35.11 le dijo Dios .. crece y *multiplícate*
Ex. 1.10 seamos sabios .. que no se *multiplique*
Dt. 1.10 vuestro Dios os ha *multiplicado* como
  8.13 y la plata y el oro se te *multipliquen*
Job 12.23 él *multiplica* las naciones, y .. destruye
Sal. 16.4 se *multiplicarán* los dolores de aquellos
  107.38 los bendice, y se *multiplican* en gran
Is. 9.3 *multiplicaste* la gente, y aumentaste la
  40.29 *multiplica* las fuerzas al que no tiene
  59.12 rebeliones se han *multiplicado* delante
Jer. 3.16 cuando os *multipliquéis* y crezcáis en
  33.22 *multiplicaré* la descendencia de David
Ez. 5.7 ¿por haberos *multiplicado* más que las
  16.7 te hice *multiplicar* como la hierba del
  36.37 *multiplicaré* los hombres como se
  37.26 los *multiplicaré*, y pondré mi santuario
Hab. 2.6 ay del que *multiplicó* lo que no era suyo
Mt. 24.12 por haberse *multiplicado* la maldad, el
Hch. 12.24 la palabra del Señor .. se *multiplicaba*
2 Co. 9.10 y *multiplicará* vuestra sementera
He. 6.14 de cierto te bendeciré .. y te *multiplicaré*

MULTITUD
Dt. 1.10; 10.22 como las estrellas del cielo en *m*
Sal. 42.4 cómo yo fui con la *m*, y la conduje hasta
  68.11 grande *m* de las que llevaban .. nuevas
Pr. 11.14 en la *m* de consejeros hay seguridad
Mt. 5.1 viendo la *m*, subió al monte .. discípulos
  14.14 saliendo Jesús, vio una gran *m*; y tuvo
  15.33 panes .. para saciar a una *m* tan grande?
Mr. 3.7 le siguió gran *m* de Galilea. Y de Judea
Lc. 2.13 apareció con el ángel una *m* de las
  8.19; 19.3 no podían .. por causa de la *m*
Jn. 6.5 vio que había venido el *m* grande, dijo
Hch. 11.24 una gran *m* fue agregada al Señor
Stg. 5.20 salvará .. alma, y cubrirá *m* de pecados
Ap. 7.9 miré, y he aquí una gran *m*, la cual nadie

MUNDO *v.* Tierra
1 Cr. 16.30 el *m* será aún establecido, para que
Sal. 19.4 hasta el extremo del *m* sus palabras
  50.12 a ti; porque mío es el *m* y su plenitud
  93.1; 96.10 afirmó .. el *m*, y no se moverá
Mt. 5.14 vosotros sois la luz del *m*; una ciudad
  13.38 el campo es el *m*; la buena semilla son
  16.26; Mr. 8.36; Lc. 9.25 si ganare todo el *m*
  24.14 será predicado este .. en todo el *m*
Mr. 16.15 por todo el *m*, y predicad el evangelio
Jn. 1.10 en el *m* estaba, y el *m* por él fue hecho
  3.16 de tal manera amó Dios al *m*, que ha
  7.7 no puede el *m* aborreceros a vosotros
  8.12 yo soy la luz del *m*; el que me sigue, no
  8.23 sois de este *m*, yo no soy de este *m*
  9.5 tanto que estoy en el *m*, luz soy del *m*
  9.39 para juicio he venido yo a este *m*; para
  12.19 ya veis que .. Mirad, el *m* se va tras él
  12.25 el que aborrece su vida en este *m*, para
  12.31 ahora es el juicio de este *m*; ahora el
  13.1 amado a los suyos que estaban en el *m*
  14.17 al cual el *m* no puede recibir, porque
  14.27 paz .. yo no os la doy como el *m* la da
  14.31 para que el *m* conozca que amo al Padre
  15.18 si el *m* os aborrece, sabed que a mí me
  15.19 no sois del *m*, antes yo os elegí del *m*
  17.14 no son del *m* .. tampoco yo soy del *m*
  17.21 para que el *m* crea que tú me enviaste
  18.36 no es de este *m*; si .. fuera de este *m*
Hch. 17.6 éstos que trastornan el *m* .. han
  17.24 Dios que hizo el *m* y todas las cosas
  17.31 en el cual juzgará al *m* con justicia
Ro. 5.12 el pecado entró en el *m* por un hombre
1 Co. 1.21 el *m* no conoció a Dios mediante la
  4.9 hemos llegado a ser espectáculo al *m*, a
2 Co. 5.19 en Cristo reconciliando consigo al *m*
Gá. 6.14 el *m* me es crucificado a mí, y yo al *m*
Ef. 2.2 siguiendo la corriente de este *m*, conforme
2 Ti. 4.10 me ha desamparado, amando este *m*
He. 11.38 de los cuales el *m* no era digno
Stg. 1.27 viudas .. y guardarse sin mancha del *m*
  4.4 que la amistad del *m* es enemistad contra
2 P. 2.5 y si no perdonó al *m* antiguo, sino que

1 Jn. 2.2 no .. sino también por los de todo el *m*
  2.15 no améis al *m*, ni las cosas .. en el *m*
  2.17 y el *m* pasa, y sus deseos; pero el que
  3.1 por esto el *m* no nos conoce, porque no
  3.13 míos, no os extrañéis si el *m* os aborrece
  4.1 falsos profetas han salido por el *m*
  4.5 son del *m* .. hablan del *m*, y el *m* les oye
  5.19 Dios, y el *m* entero está bajo el maligno
Ap. 11.15 los reinos del *m* han venido a ser de

MURMURACIÓN
Jer. 20.10 la *m* de muchos, temor de todas partes
Hch. 6.1 *m* de los griegos contra los hebreos
Fil. 2.14 haced todo sin *m* y contiendas
1 P. 4.9 hospedaos los unos a los otros sin *m*

MURMURADOR
Is. 29.24 los .. y los *m* aprenderán doctrina
Ro. 1.30 *m*, detractores, aborrecedores de Dios
Jud. 16 son *m*, querellosos, que andan según sus

MURMURAR *v.* Quejarse
Ex. 15.24; 16.2; Nm. 16.41 el pueblo *murmuró*
Nm. 14.27 multitud que *murmura* contra mí, las
  16.11 Aarón, ¿qué es .. contra él *murmuréis*?
Dt. 1.27 y *murmurasteis* en vuestras tiendas
Sal. 41.7 *murmuran* contra mí todos los que me
  106.25 antes *murmuraron* en sus tiendas, y no
Mt. 20.11 *murmuraban* contra el padre de familia
Mr. 14.5 a los pobres. Y *murmuraban* contra ella
Lc. 5.30 los .. *murmuraban* contra los discípulos
  15.2 escribas *murmuraban*, diciendo: Este
  19.7 al ver esto, todos *murmuraban*, diciendo
Jn. 6.41 *murmuraban* entonces de él los judíos
  6.61 sabiendo .. sus discípulos *murmuraban*
1 Co. 10.10 ni *murmuréis*, como .. *murmuraron*
Stg. 4.11 no *murmuréis* los unos de los otros
1 P. 2.12; 3.16 en que *murmuran* de vosotros

MURO *v.* Pared, Vallado
Ex. 14.22 las aguas como *m* a su derecha y a su
Dt. 3.5 eran ciudades fortificadas con *m* altos
Jos. 2.15 su casa estaba en el *m* de la ciudad
  6.20 el pueblo gritó .. el *m* se derrumbó
1 S. 25.16 *m* fueron para nosotros de día y de
2 S. 22.30 ejércitos, con mi Dios asaltaré el *m*
1 R. 21.23 los perros comerán a Jezabel en el *m*
Esd. 5.3 edificar esta casa y levantar estos *m*?
Neh. 2.13 salí .. y observé los *m* de Jerusalén
  2.17 edifiquemos el *m* de Jerusalén, y no
  3.8 reparada a Jerusalén hasta el *m* ancho
  4.6 edificamos, pues, el *m*, y toda la muralla
  6.15 fue terminado, pues, el *m*, el 25 del mes
  12.27 para la dedicación del *m* de Jerusalén
Sal. 122.7 la paz dentro de tus *m*, y el descanso
Pr. 18.11 y como un *m* alto en su imaginación
Cnt. 8.9 si ella es *m*, edificaremos sobre él un
Is. 26.1 salvación puso Dios por *m* y antemuro
  49.16 delante de mí están siempre tus *m*
  60.18 a tus *m* llamarás Salvación, y a tus
  62.6 sobre tus *m* .. he puesto guardas; todo el
Am. 7.7 Señor estaba sobre un *m* hecho a plomo
Zac. 2.5 yo seré para ella, dice .. *m* de fuego en
Hch. 9.25 le bajaron por el *m*, descolgándole en
He. 11.30 por la fe cayeron los *m* de Jericó
Ap. 21.14 el *m* de la ciudad tenía doce cimientos

MÚSICA *v.* Instrumento
1 Cr. 15.16 cantores con instrumentos de *m*. con
Lc. 15.25 su hijo mayor .. oyó la *m* y las danzas

MÚSICO
Sal. 68.25 cantores iban delante, los *m* detrás
Ap. 18.22 voz de arpistas, de *m* .. no se oirá más

MUSLO
Gn. 32.25 tocó en .. su *m*, y se descoyuntó el *m*
Nm. 5.21 tu *m* caiga y que tu vientre se hinche
Ap. 19.16 y en su *m* tiene escrito este nombre

NAAMÁN 2 R. 5.1–27; Lc. 4.27.

NABAL 1 S. 25.2–38.

NABOT 1 R. 21.1–14.

NABUCODONOSOR Triunfa en Carquemis,
2 R. 24.7; Jer. 46.2; conquista a Judá, 2 R. 24.10–13;
25.1–10; 2 Cr. 36.6–21; Jer. 39.1–8; 52.1–27; lleva
cautivo al pueblo, 2 R. 24.14–16; 25.11–21; Jer.
39.9–10; 52.28–30; proteje a Jeremías, Jer. 39.11–
14; busca revelación de sus sueños, Dn. 2.1–13;
4.4–18; erige una estatua de oro, Dn. 3.1–7; es
castigado por su orgullo, Dn. 4.31–33; recobra la
razón, Dn. 4.34.

NABUZARADÁN 2 R. 25.8; Jer. 39.10; 52.12.

NACER
Job 5.7 aire, así el hombre *nace* para la aflicción
Sal. 87.5 se dirá: Este y aquél han *nacido* en ella
Ec. 3.2 tiempo de *nacer*, y tiempo de morir
Is. 60.1 y la gloria de Jehová ha *nacido* sobre ti
    66.8 ¿*nacerá* una nación de una vez? Pues en
Mt. 1.16 María, de la cual *nació* Jesús .. el Cristo
    2.1 cuando Jesús *nació* en Belén de Judea
    11.11 entre los que *nacen* de mujer no se ha
    26.24; Mr. 14.21 bueno .. no haber *nacido*
Lc. 2.11 os ha *nacido* hoy en la ciudad de David
Jn. 3.3 el que no *naciere* de nuevo, no puede ver
    16.21 el gozo de que haya *nacido* un hombre
Gá. 4.4 a su Hijo, *nacido* de mujer y bajo la ley
    4.29 había *nacido* según la carne perseguía
Stg. 1.18 nos hizo *nacer* por la palabra de verdad
1 Jn. 3.9; 5.18 todo aquel que es *nacido* de Dios
    4.7 todo aquel que ama, es *nacido* de Dios
    5.1 todo aquel que cree .. es *nacido* de Dios
    5.4 lo que es *nacido* de Dios vence al mundo

NACIMIENTO
Ec. 7.1 mejor el día de la muerte que el día del *n*
Is. 60.3 andarán .. reyes al resplandor de tu *n*
Mt. 1.18 el *n* de Jesucristo fue así .. desposada
Lc. 1.14 gozo .. y muchos se regocijarán de su *n*
Hch. 22.28 Pablo dijo: Pero yo lo soy de *n*

NACIÓN v. Gente, Gentil, Pueblo, Tierra
Gn. 12.2; 46.3 y haré de ti una *n* grande, y te
    18.18 habiendo de ser Abraham una *n* grande
    18.18; 22.18 serán benditas .. *n* de la tierra
    35.11 *n* y conjunto de *n* procederán de ti
Dt. 4.7 ¿qué *n* grande hay que tenga dioses tan
    9.14 y yo te pondré sobre una *n* fuerte y
1 S. 8.5 un rey que .. como tienen todas las *n*
Sal. 33.12 bienaventurada la *n* cuyo Dios es
    47.8 reinó Dios sobre las *n*; se sentó Dios
    72.11 todos los reyes .. todas las *n* le servirán
    79.1 oh Dios, vinieron las *n* a tu heredad
    96.10 decid entre las *n*: Jehová reina
    102.15 las *n* temerán el nombre de Jehová
    110.6 juzgará entre las *n*, las llenará de
    147.20 no ha hecho así con .. otra de las *n*
Is. 2.2 será exaltado .. correrán a él todas las *n*
    2.4 hoces; no alzará espada *n* contra *n*, ni se
    40.15 las *n* le son como la gota de agua
    54.3 tu descendencia heredará *n*, y habitará
    60.3 andarán las *n* a tu luz, y los reyes al
Jer. 7.28 esta es la *n* que no escuchó la voz de
    10.2 no aprendáis el camino de las *n*, ni de
    16.19 a ti vendrán *n* desde los extremos de la
Ez. 36.23 sabrán las *n* que yo soy Jehová, dice
    37.22 haré una *n* en la tierra, en los montes
    39.21 mi gloria entre las *n* .. las *n* verán mi
Dn. 7.14 para que .. las *n* y lenguas le sirvieran
Jl. 3.2 reuniré a todas las *n*, y las haré descender
Hag. 2.7 haré temblar a todas las *n*, y vendrá el
Zac. 2.11 se unirán .. *n* a Jehová en aquel día
    14.2 y reuniré a todas las *n* para combatir
Mal. 1.11 es grande mi nombre entre las *n*; y en
    3.9 vosotros, la *n* toda, me habéis robado
    3.12 y todas las *n* os dirán bienaventurados
Mt. 20.25 sabéis que los gobernantes de las *n* se
    24.7; Mr. 13.8; Lc. 21.10 se levantará *n* contra
        n, y reino contra reino
    24.14 mundo, para testimonio a todas las *n*
    25.32 reunidas delante de él todas las *n*
    28.19 id, y haced discípulos a todas las *n*
Mr. 11.17 casa de oración para todas las *n*? Mas

Mr. 13.10 sea predicado antes a todas las *n*
Lc. 7.5 porque ama a nuestra *n*, y nos edificó una
    24.47 el perdón de pecados en todas las *n*
Jn. 18.35 tu *n*, y los .. te han entregado a mí
Hch. 2.5 varones .. de todas las *n* bajo el cielo
    10.35 en toda *n* se agrada del que le teme y
Ro. 1.5 para la obediencia a la fe en todas las *n*
2 Co. 11.26 peligros de los de mi *n*, peligros de
Gá. 3.8 diciendo: En ti serán benditas todas las *n*
Ap. 2.26 yo le daré autoridad sobre las *n*
    5.9 el fin, de todo linaje y lengua y pueblo y *n*
    7.9 gran multitud .. de todas *n* y tribus y
    15.4 las *n* vendrán y te adorarán, porque tus
    21.24 las *n* que hubieren sido salvas andarán a
    22.2 las hojas .. eran para la sanidad de las *n*

NACOR Gn. 11.27; 24.10.

NADA
Job 8.9 nosotros somos de ayer, y *n* sabemos
Pr. 10.20 mas el corazón de los impíos es como *n*
Is. 40.17 como *n* son .. las naciones delante de él
    40.23 convierte en *n* a los poderosos, y a los
    41.24 sois *n*, y vuestras obras vanidad
Mt. 27.19 no tengas *n* que ver con ese justo
Lc. 6.35 bien, y prestad, no esperando de ello *n*
Fil. 4.6 por *n* estéis afanosos, sino sean conocidas
3 Jn. 7 salieron por amor .. sin aceptar *n* de los

NADAB hijo de Aarón Lv. 10.1–2.

NADAB rey de Israel 1 R. 15.25–27.

NARDO
Cnt. 1.12 mientras el rey .. mi *n* dio su olor
Mr. 14.3; Jn. 12.3 perfume de *n* puro de mucho

NARIZ
2 S. 22.9; Sal. 18.8 humo subió de su *n*, y de su boca
Job 39.20 el resoplido de su *n* es formidable
Pr. 30.33 el que recio se suena las *n* sacará sangre

NATÁN Aconseja a David sobre la construc-
ción del templo, 2 S. 7.2–17; 1 Cr. 17.1–15; reprende a David, 2 S. 12.1–15; unge rey a Salomón,
1 R. 1.8–45.

NATANAEL v. Bartolomé Jn. 1.45–51.

NATURAL v. Carnal, Espiritual
Hch. 28.2 los *n* no trataron con .. humanidad
    28.4 cuando los *n* vieron la víbora colgando
Ro. 1.26 cambiaron el uso *n* por el que es contra
    11.21 si Dios no perdonó a las ramas *n*, a ti
1 Co. 2.14 el hombre *n* no percibe las cosas que

NATURALEZA
Ro. 1.26 cambiaron el .. por el que es contra *n*
    2.14 los gentiles .. hacen por *n* lo que es de
    11.24 y contra *n* fuiste injertado en el buen

NAUFRAGAR
1 Ti. 1.19 *naufragaron* en cuanto a la fe algunos

NAUFRAGIO
2 Co. 11.25 tres veces he padecido *n*; una noche

NAVAJA v. Cuchillo
Nm. 6.5; Jue. 13.5; 1 S. 1.11 no pasará *n* sobre
Sal. 52.2 lengua; como *n* afilada hace engaño
Is. 7.20 el Señor raerá con *n* alquilada, con los
Ez. 5.1 toma una *n* de barbero, y hazla pasar

NAVE v. Barca
1 R. 9.26 hizo también el rey Salomón *n* en
    10.22 el rey tenía .. una flota de *n* de Tarsis
    22.48 Josafat había hecho *n* de Tarsis, las
Sal. 104.26 allí andan las *n*; allí este leviatán que
    107.23 que descienden al mar en *n*, y hacen
Pr. 30.19 el rastro de la *n* en medio del mar; y
    31.14 es como *n* de mercader; trae su pan de
Jon. 1.3 descendió a Jope, halló una *n* que partía
Hch. 27.6 hallando allí el centurión una *n*
    27.15 siendo arrebatada la *n*, y no pudiendo
Stg. 3.4 mirad también las *n*: aunque tan grandes
Ap. 18.17 todo piloto, y todos los que viajan en *n*

NAVEGACIÓN
Hch. 27.10 veo que la *n* va a ser con perjuicio y

NAZAREATO
Nm. 6.4 tiempo de su *n* .. de la vid .. no comerá

NAZARENO
Mt. 2.23 profetas, que habría de ser llamado *n*
Hch. 24.5 plaga .. y cabecilla de la secta de los *n*

NAZAREO
Nm. 6.2 voto de *n*, para dedicarse a Jehová
Jue. 13.5 porque el niño será *n* a Dios desde su
Am. 2.12 vosotros disteis de beber vino a los *n*

NAZARET
Mt. 2.23 vino y habitó en la ciudad que se llama *N*
Lc. 1.26 fue enviado .. a una ciudad .. llamada *N*
     4.16 vino a *N*, donde se había criado; y en el
Jn. 1.46 dijo: ¿De *N* puede salir algo de bueno?

NEBO Dt. 34.1.

NECEDAD *v.* Insensatez
Job 4.18 en .. no confía, y notó *n* en sus ángeles
Pr. 12.23 el corazón de los necios publica la *n*
     14.18 simples heredarán *n*; mas los prudentes
     14.29 el que es impaciente de .. enaltece la *n*
     15.21 la *n* es alegría al falto de entendimiento
     17.12 con una osa .. que con un fatuo en su *n*
     22.15 la *n* está .. en el corazón del muchacho
     27.22 al necio .. no se apartará de él su *n*
Ec. 2.13 que la sabiduría sobrepasa a la *n*, como
     10.6 la *n* está colocada en grandes alturas
Ef. 5.4 ni *n*, ni truhanerías, que no convienen

NECESARIO *v.* Convenir
Mt. 23.23; Lc. 11.42 esto era *n* hacer, sin dejar
Lc. 10.42 pero solo una cosa es *n*; y María ha
     15.32 mas era *n* hacer fiesta y regocijarnos
     24.46 *n* que el Cristo padeciese, y resucitase
Hch. 13.46 era *n* que se os hablase primero la
     15.28 ninguna carga más que estas cosas *n*
     20.34 para lo que me ha sido *n* .. estas manos
     28.10 zarpamos, nos cargaron de las cosas *n*
1 Co. 12.22 parecen más débiles, son los más *n*
2 Co. 9.5 tuve por *n* exhortar a los hermanos que
Fil. 1.24 quedar en la carne es más *n* por causa
He. 8.3 es *n* que .. éste tenga algo que ofrecer
     9.16 donde hay testamento, es *n* .. muerte del

NECESIDAD *v.* Estrechez, Falta, Faltar
Pr. 6.11; 24.34 vendrá tu *n* como caminante, y tu
     13.25 mas el vientre de los impíos tendrá *n*
Mt. 6.8, 32; Lc. 12.30 vuestro Padre sabe de qué
     cosas tenéis *n*
Lc. 23.17 tenía *n* de soltarles uno en cada fiesta
Jn. 2.25 no .. *n* de que nadie le diese testimonio
Hch. 2.45; 4.35 repartían .. según la *n* de cada
1 Co. 7.26 tengo .. por bueno a causa de la *n*
2 Co. 9.7 no con tristeza, ni por *n*, porque Dios
     11.9 tuve *n*, a ninguno fui carga, pues lo que
Ef. 4.28 tenga qué compartir con el que padece *n*
Fil. 4.12 tener abundancia como para padecer *n*
     4.16 pues aun a .. me enviasteis .. para mis *n*
1 Ts. 1.8 nosotros no tenemos *n* de hablar nada
     3.7 en medio de toda .. *n* .. fuimos consolados
     4.12 a fin de que os .. y no tengáis *n* de nada
Flm. 1.14 que tu favor no fuese como de *n*, sino
He. 7.11 ¿qué *n* habría aún de que se levantase
Stg. 2.15 tienen *n* del mantenimiento de cada día
1 Jn. 3.17 que tiene .. y ve a su hermano tener *n*
Ap. 3.17 y de ninguna cosa tengo *n*; y no sabes

NECESITADO *v.* Menesteroso, Pobre
Job 34.28 haciendo .. que oiga el clamor de los *n*
Pr. 21.17 hombre *n* será el que ama el deleite, y
Hch. 4.34 así que no había entre ellos ningún *n*
     20.35 trabajando así, se debe ayudar a los *n*

NECESITAR
Ex. 36.5 trae mucho más de lo que se *necesita*
Dt. 15.8 y en efecto le prestarás lo que *necesite*
Mt. 21.3; Mr. 11.3; Lc. 19.31 decid: El Señor los
     necesita
1 Co. 12.21 decir .. No te *necesito*, ni tampoco la

NECIAMENTE
1 S. 26.21 yo he hecho *n*, y he errado en gran
2 S. 24.10 dijo David a Jehová .. yo he hecho muy *n*

NECIO, cia *v.* Fatuo, Insensato
Job 5.2 que al *n* no mata la ira, y al codicioso lo
     5.3 yo he visto al *n* que echaba raíces, y en
Sal. 14.1; 53.1 el *n* en su corazón: No hay Dios
     92.6 el hombre *n* no sabe, y el insensato no
     94.8 entended, *n* del pueblo; y vosotros
Pr. 3.35 honra, mas los *n* llevarán ignominia
     10.1 pero el hijo *n* es tristeza de su madre
     10.8 el sabio de .. mas el *n* de labios caerá
     10.14 mas la boca del *n* es calamidad cercana
     10.21 los *n* mueren por falta de entendimiento
     11.29 el *n* será siervo del sabio de corazón
     12.15 camino del *n* es derecho en su opinión
     13.16 procede .. mas el *n* manifestará necedad
     13.20 el que se junta con *n* será quebrantado
     14.1 casa, mas la *n* con sus manos la derriba
     14.7 vete de delante del hombre *n*, porque en
     14.8 mas la indiscreción de los *n* es engaño
     14.14 de sus caminos será hastiado el *n* de
     15.2 mas la boca de los *n* hablará sandeces
     15.5 de *n* menosprecia el consejo de su padre
     16.22 mas la erudición de los *n* es necedad
     17.25 el hijo *n* es pesadumbre de su padre
     17.28 aun el *n* .. calla, es contado por sabio
     18.2 no toma placer el *n* en la inteligencia
     18.6 los labios del *n* traen contienda; y su
     19.10 no conviene al *n* el deleite; ¡cuánto
     19.13 dolor es para su padre el hijo *n*, y
     24.9 el pensamiento del *n* es pecado, y
     26.1 la siega, así no conviene al *n* la honra
     26.4 nunca respondas al *n* de acuerdo con su
     27.3 la ira del *n* es más pesada que ambas
     27.22 aunque majes al *n* en un mortero entre
     28.26 que confía en su propio corazón es *n*
     29.11 el *n* da rienda suelta a toda su ira, mas
Ec. 2.14 el sabio .. mas el *n* anda en tinieblas
     4.5 el *n* cruza sus manos y come su misma
     4.13 el rey viejo y *n* que no admite consejos
     5.1 que para ofrecer el sacrificio de los *n*
     5.3 la multitud de las palabras la voz del *n*
     7.9 porque el enojo reposa en el seno de los *n*
     10.2 el corazón del *n* a su mano izquierda
     10.14 el *n* multiplica palabras, aunque no
     10.15 el trabajo de los *n* los fatiga; porque
Is. 32.4 el corazón de los *n* entenderá para saber
Jer. 4.22 mi pueblo es *n*, no me conocieron; son
     5.21 oíd ahora esto, pueblo *n* y sin corazón
Os. 9.7 *n* es el profeta, insensato es el varón de
Mt. 5.22 cualquiera que diga: *N*, a su hermano
Lc. 11.40 *n*, ¿el que hizo lo de fuera, no hizo
     12.20 *n*, esta noche vienen a pedirte tu alma
Ro. 1.21 sino .. y su *n* corazón fue entenebrecido
     1.22 profesando ser sabios, se hicieron *n*
     1.31 *n*, desleales, sin afecto natural
1 Co. 15.36 *n*, lo que tú siembras no se vivifica
2 Co. 12.11 me he hecho un *n* al gloriarme
Ef. 5.15 cómo andéis, no como *n* sino como sabios
1 Ti. 6.5 disputas de hombres corruptos de
     6.9 caen en .. y en muchas codicias *n* y dañosas
2 Ti. 2.23; Tit. 3.9 pero desecha las cuestiones *n*

NEFTALÍ
Gn. 30.8 y dijo Raquel .. y llamó su nombre *N*
     49.21 *N*, cierva suelta, que pronunciará
Dt. 33.23 a *N* dijo: *N*, saciado de favores, y lleno

NEGAR
Gn. 18.15 Sara *negó*, diciendo: No me reí; porque
Lv. 6.2 y *negare* a su prójimo lo encomendado o
Job 31.28 porque habría *negado* al Dios soberano
Pr. 3.27 no te *niegues* a hacer el bien a quien es
     30.9 no sea que me sacie, y te *niegue*, y diga
Mt. 10.33; Lc. 12.9 el que me *niegue* .. le *negaré*
     16.24; Mr. 8.34; Lc. 9.23 *niéguese* a sí mismo
     26.34, 75; Mr. 14.30, 72; Lc. 22.34, 61; Jn.
     13.38 esta noche .. me *negarás* tres veces
     26.70; Mr. 14.68; Lc. 22.57; Jn. 18.27 el *negó*
     delante de todos
Lc. 6.29 la capa, ni aun la túnica le *niegues*
     20.27 los cuales *niegan* haber resurrección
Hch. 3.13 Jesús, a quien vosotros .. *negasteis*

1 Co. 7.5 no os *neguéis* el uno al otro, a no ser
1 Ti. 5.8 si alguno no provee .. ha *negado* la fe
2 Ti. 2.12 si le *negáremos*, él también nos *negará*
   2.13 fiel; él no puede *negarse* a sí mismo
   3.5 piedad, pero *negarán* la eficacia de ella
Tit. 1.16 a Dios, pero con los hechos lo *niegan*
2 P. 2.1 y aun *negarán* al Señor que los rescató
1 Jn. 2.22 este es anticristo, el que *niega* al Padre
Jud. 4 *niegan* a Dios al único soberano, y a
Ap. 2.13 retienes mi .. y no has *negado* mi fe
   3.8 has guardado .. no has *negado* mi nombre

NEGLIGENTE
Jos. 18.3 Josué dijo .. ¿Hasta cuándo seréis *n*
Pr. 10.4 la mano *n* empobrece; mas la mano de
   18.9 el que es *n* en su trabajo es hermano del
   19.15 la pereza .. y el alma *n* padecerá hambre
Mt. 25.26 dijo: Siervo malo y *n*, sabías que siego

NEGOCIAR v. Traficar
Gn. 42.34 os daré a .. y *negociaréis* en la tierra
Ez. 27.17 trigos .. *negociaban* en tus mercados
Mt. 25.16 fue y *negoció* con ellos, y ganó otros
Lc. 19.13 dijo: *Negociad* entre tanto que vengo

NEGOCIO
Pr. 31.18 ve que van bien sus *n*; su lámpara no
Mt. 22.5 uno a su labranza, y otro a sus *n*
Lc. 2.49 ¿no sabíais que en los *n* de mi Padre me
1 Ts. 4.11 procuréis .. ocuparos en vuestros *n*
2 Ti. 2.4 ninguno que milita se enreda en los *n* de

NEGRO
Cnt. 5.11 sus cabellos crespos, *n* como el cuervo
Ap. 6.5 miré, y he aquí un caballo *n*; y el que

NEÓFITO
1 Ti. 3.6 no un *n*, no sea que envaneciéndose

NICODEMO
Jn. 3.1 había un hombre .. que se llamaba *N*, un
   7.50 les dijo *N*, el que vino a él de noche
   19.39 *N*, el que antes había visitado a Jesús

NICOLAÍTA Ap. 2.6, 15.

NICÓPOLIS Tit. 3.12.

NIDO
Nm. 24.21 fuerte es tu .. pon en la peña tu *n*
Dt. 22.6 encuentres por el camino algún *n* de ave
Job 29.18 decía yo: En mi *n* moriré, y como
Sal. 84.3 el gorrión halla casa, y la golondrina *n*
Pr. 27.8 ave que se va de su *n*, tal es el hombre
Jer. 49.16 aunque alces como águila tu *n*, de allí
Abd. 4 aunque entre las estrellas pusieres tu *n*
Mt. 8.20 aves del cielo *n*; mas el Hijo del Hombre
   13.32 vienen las aves .. hacen *n* en sus ramas

NIEVE
Job 24.19 y el calor arrebatan las aguas de la *n*
   37.6 porque a la *n* dice: Desciende a la tierra
   38.22 ¿has entrado tú en los tesoros de la *n*
Sal. 51.7 lávame, y seré más blanco que la *n*
   147.16 da la *n* como lana, y derrama la escarcha
   148.8 el fuego y el granizo, la *n* y el vapor
Pr. 25.13 como frío de *n* en tiempo de la siega
   26.1 como no conviene la *n* en el verano, ni
   31.21 no tiene temor de la *n* por su familia
Is. 1.18 grana, como la *n* serán emblanquecidos
Jer. 18.14 ¿faltará la *n* del Líbano de la piedra
Mt. 28.3 aspecto .. y su vestido blanco como la *n*

NIMROD Gn. 10.8–12.

NÍNIVE
Jon. 1.2; 3.2 levántate y vé a *N*, aquella gran
   3.4 de aquí a cuarenta días *N* será destruida
Nah. 1.1 profecía sobre *N*. Libro de la visión de
   3.7 *N* es asolada; ¿quién se compadecerá de
Sof. 2.13 y convertirá a *N* en asolamiento y en
Mt. 12.41; Lc. 11.32 hombres de *N* se levantarán

NIÑEZ
2 Ti. 3.15 que desde la *n* has sabido las Sagradas

NIÑO, ña v. Joven, Muchacho
Ex. 1.17 sino que preservaron la vida a los *n*
   2.6 cuando la abrió, vio al *n* .. el *n* lloraba

1 S. 1.27 por este *n* oraba, y Jehová me dio lo
1 R. 17.21 se tendió sobre el *n* tres veces, y clamó
2 R. 4.18 el *n* creció. Pero aconteció un día, que
Sal. 8.2 de la boca de los *n* y de los que maman
Pr. 7.2 guarda .. mi ley como las *n* de tus ojos
   22.6 instruye al *n* en su camino, y aun cuando
Is. 9.6 porque un *n* nos es nacido, hijo nos es
   11.6 león y la bestia .. un *n* los pastoreará
   13.16 sus *n* serán estrellados delante de ellos
   65.20 no habrá .. *n* que muera de pocos días
   65.20 el *n* morirá de cien años, y el pecador
Jer. 1.6 he aquí, no sé hablar, porque soy *n*
Jl. 3.3 vendieron las *n* por vino para beber
Mt. 2.8 dijo: Id allá y averiguad .. acerca del *n*
   11.25; Lc. 10.21 y las revelaste a los *n*
   18.2; Mr. 9.36; Lc. 9.47 llamando .. a un *n*
   18.3 si no os volvéis .. como *n*, no entraréis
   19.13; Mr. 10.13; Lc. 18.15 le fueron presentados unos *n*
   21.16 la boca de los *n* y de los que maman
Mr. 9.37 el que recibe en mi nombre a un *n* como
   10.14; Lc. 18.16 dejad a los *n* venir a mí, y
   10.15; Lc. 18.17 recibe el reino .. como un *n*
Lc. 1.66 ¿quién, pues, será este *n*? Y la mano del
   1.76 *n*, profeta del Altísimo serás llamado
   1.80 y el *n* crecía y se fortalecía en espíritu
   2.12 señal: Hallaréis al *n* envuelto en pañales
1 Co. 3.1 como a carnales, como a *n* en Cristo
   13.11 cuando yo era *n*, hablaba como *n* .. dejé
   14.20 no seáis *n* en el .. sed *n* en la malicia
Gá. 4.1 entre tanto que el heredero es *n*, en nada
Ef. 4.14 para que ya no seamos *n* fluctuantes
He. 5.13 que es inexperto en la palabra .. es *n*
1 P. 2.2 desead, como *n* .. la leche espiritual no

NOB 1 S. 21.1–9; 22.9–19.

NOBLE v. Digno, Excelente, Magnífico
Mr. 15.43 José de Arimatea, miembro *n* del
Lc. 19.12 un hombre *n* se fue a un país lejano
Hch. 17.4 gran número, y mujeres *n* no pocas
   17.11 éstos eran más *n* que los que estaban en
1 Co. 1.26 ni muchos poderosos, ni muchos *n*

NOCHE v. Día, Tarde
Gn. 1.5 a la luz Día, y a las tinieblas llamó *N*
Ex. 40.38 y el fuego estaba de *n* sobre él, a vista
Jue. 6.27 temiendo hacerlo de día .. lo hizo de *n*
   19.15 para entrar a pasar allí la *n* en Gabaa
Job 17.12 pusieron la *n* por día, y la luz se
   24.15 ojo del adúltero está aguardando la *n*
   35.10 ¿dónde está .. que da cánticos en la *n*
   36.20 no anheles la *n*, en que los pueblos
Sal. 19.2 día, y una *n* a otra *n* declara sabiduría
   30.5 por la *n* durará el lloro, y a la mañana
   42.8 de *n* su cántico estará conmigo, y mi
   74.16 tuyo es el día, tuya también es la *n*; tú
   77.2 alzaba a él .. mis manos de *n*, sin descanso
   77.6 acordaba de mis cánticos de *n*; meditaba
   104.20 pones las tinieblas, y es la *n*; en ella
   139.11 aun la *n* resplandecerá alrededor de mí
Pr. 7.9 la tarde .. la oscuridad y tinieblas de la *n*
Is. 21.11 guarda, ¿qué de la *n*? .. ¿qué de la *n*?
Jon. 4.10 de una *n* nació, y en .. *n* pereció
Mi. 3.6 de la profecía se os hará *n*, y oscuridad
Mt. 26.31; Mr. 14.27 escandalizaréis de mí esta *n*
   27.64 no sea que vengan sus discípulos de *n*
Lc. 5.5 toda la *n* hemos estado trabajando, y nada
   6.12 fue al monte .. y pasó la *n* orando a Dios
   12.20 necio, esta *n* vienen a pedirte tu alma
Jn. 3.2 vino a Jesús de *n*, y le dijo: Rabí, sabemos
   9.4 la *n* viene, cuando nadie puede trabajar
   13.30 tomado el bocado .. salió, y era ya de *n*
   20.19 cuando llegó la *n* de aquel mismo día
   21.3 fueron .. y aquella *n* no pescaron nada
Hch. 27.23 esta *n* ha estado conmigo un ángel
Ro. 13.12 la *n* está avanzada, y se acerca el día
1 Ts. 5.2; 2 P. 3.10 así como ladrón en la *n*
   5.5 día; no somos de la *n* ni de las tinieblas
Ap. 21.25 cerradas de día, pues allí no habrá *n*
   22.5 no habrá allí más *n*; y no tienen .. sol

NODRIZA v. Ayo
Ex. 2.7 ¿iré a llamarte una *n* de las hebreas, para
2 S. 4.4 su *n* le tomó y huyó; y mientras iba
1 Ts. 2.7 antes fuimos tiernos .. como la *n* que

NOÉ Su nacimiento, Gn. 5.28–29; camina con
Dios, Gn. 6.9; construye el arca, Gn. 6.11–22;
levanta un altar, Gn. 8.20–22; su pacto con Dios,
Gn. 9.8–17; su embriaguez, Gn. 9.20–27; muere,
Gn. 9.28–29.

Is. 54.9 me será como en los días de *N*, cuando juré
Ez. 14.14, 20 si estuviesen .. *N*, Daniel y Job
Mt. 24.37; Lc. 17.26 como en los días de *N*, así
He. 11.7 por la fe *N*, cuando fue advertido por
1 P. 3.20 la paciencia de Dios en los días de *N*
2 P. 2.5 si no perdonó al .. sino que guardó a *N*

NOEMÍ Rt. 1.2—4.17.

NOMBRAR v. Invocar, Mencionar
Is. 14.20 no será *nombrada* .. la descendencia de
Ro. 15.20 no donde Cristo ya .. sido *nombrado*
Ef. 5.3 toda inmundicia .. ni aun se *nombre* entre

NOMBRE v. Invocar, Nombre de Jehová
Gn. 2.20 puso Adán *n* a toda bestia y ave de los
11.4 un *n*, por si fuéremos esparcidos sobre la
17.5 no .. más tu *n* Abram .. será tu *n* Abraham
32.28; 35.10 tu *n* es Jacob .. Israel será tu *n*
32.29 ¿por qué me preguntas por mi *n*? Y lo
Ex. 3.13 si ellos me preguntan: ¿Cuál es su *n*?
9.16 que mi *n* sea anunciado en toda la tierra
20.24 lugar donde .. esté la memoria de mi *n*
23.21 oye su voz .. porque mi *n* está en él
33.12 tú dices: Yo te he conocido por tu *n*
33.19 proclamaré el *n* de Jehová delante de ti
Dt. 12.5 para poner allí su *n* para su habitación
28.58 temiendo este *n* glorioso y temible
Jos. 6.27 Jehová con Josué, y su *n* se divulgó por
7.9 entonces, ¿qué harás tú a tu grande *n*?
Jue. 13.17 ¿cuál es tu *n*, para que .. te honremos?
2 S. 7.13; 1 R. 8.19; 2 Cr. 6.9 él edificará casa a mi *n*
1 R. 8.43; 2 Cr. 6.33 los pueblos .. conozcan tu *n*
1 Cr. 16.29; Sal. 96.8 dad la honra debida a su *n*
2 Cr. 7.14 pueblo, sobre el cual mi *n* es invocado
Sal. 8.1, 9 cuán glorioso es tu *n* en toda la tierra
9.10 en ti confiarán los que conocen tu *n*, por
20.1 oiga .. el *n* del Dios de Jacob te defienda
20.5 y alzaremos pendón en el *n* de .. Dios
23.3 me guiará por sendas .. por amor de su *n*
33.21 porque en su santo *n* hemos confiado
34.3 a Jehová conmigo, y exaltemos a una su *n*
61.8 así cantaré tu *n* para siempre, pagando
72.17 será su *n* para siempre .. dure el sol
83.18 conozcan que tu *n* es Jehová; tú solo
103.1 Jehová, y bendiga todo mi ser su santo *n*
111.9 su pacto; santo y temible es su *n*
115.1 no a nosotros, sino a tu *n* da gloria, por
Pr. 10.7 bendita; mas el *n* de los impíos se pudrirá
22.1 de más estima es el buen *n* .. riquezas
Is. 42.8 yo Jehová; éste es mi *n*, y a otro no daré
43.1 te redimí; te puse *n*, mío eres tú
43.7 todos los llamados de mi *n*; para gloria
48.9 por amor de mi *n* diferiré mi ira, y para
52.6 mi pueblo sabrá mi *n* por esta causa en
55.13 será a Jehová por *n*, por señal eterna
56.5 *n* mejor que el de .. *n* perpetuo les daré
62.2 te será puesto un *n* nuevo, que la boca de
Jer. 10.6 grande eres tú, y grande tu *n* en poderío
15.16 tu *n* se invocó sobre mí, oh Jehová Dios
23.27 hacen que mi pueblo se olvide de mi *n* con
44.26 mi *n* no será invocado más en .. Egipto
Ez. 20.9 con todo, a causa de mi *n*, para que no
36.21 al ver mi santo *n* profanado por la casa
39.25 y me mostraré celoso por mi santo *n*
Os. 12.5 Jehová es Dios de los .. Jehová es su *n*
Am. 6.10 no podemos mencionar el *n* de Jehová
Zac. 14.9 aquel día Jehová será uno, y uno su *n*
Mal. 1.11 es grande mi *n* entre las naciones; y en
4.2 a vosotros los que teméis mi *n*, nacerá
Mt. 1.23 a luz un hijo, y llamarás su *n* Emanuel

Mt. 6.9 Padre nuestro que .. santificado sea tu *n*
7.22 dirán .. ¿no profetizamos en tu *n*, y en
10.22; 24.9; Mr. 13.13; Lc. 21.17 seréis aborre-
cidos .. por causa de mi *n*
18.5; Mr. 9.37 el que reciba en mi *n* a un niño
18.20 tres congregados en mi *n*, allí estoy yo
19.29 haya dejado casas .. por mi *n*, recibirá
21.9; 23.39; Mr. 11.9; Lc. 13.35; 19.38; Jn.
12.13 bendito el que viene en el *n* del Señor
28.19 bautizándolos en el *n* del Padre, y del
Mr. 6.14 oyó el rey .. su *n* se había hecho notorio
9.38; Lc. 9.49 uno que en tu *n* echaba fuera
Lc. 1.61 no hay nadie en .. que se llame con ese *n*
Jn. 1.12 a los que creen en su *n*, les dio potestad
12.28 Padre, glorifica tu *n*. Entonces vino una
14.13; 15.16; 16.23 lo que pidiereis .. en mi *n*
17.11 guárdalos en tu *n*, para que sean uno
Hch. 3.16 la fe en su *n*, a éste, que vosotros veis
4.12 no hay otro *n* bajo el cielo, dado a los
8.16 habían sido bautizados en el *n* de Jesús
9.15 llevar mi *n* en presencia de los gentiles
10.43 recibirán perdón de pecados por su *n*
15.17 sobre los cuales es invocado mi *n*
26.9 hacer muchas cosas contra el *n* de Jesús
Ro. 2.24 el *n* de Dios es blasfemado entre los
9.17 para que mi *n* sea anunciado por toda la
10.13 que invocare el *n* del Señor, será salvo
2 Co. 5.20 como si .. os rogamos en *n* de Cristo
Ef. 1.21 y sobre todo *n* que se nombra, no sólo en
Fil. 2.9 lo sumo, y le dio un *n* que es sobre todo *n*
Col. 3.17 hacedlo todo en el *n* del Señor Jesús
He. 2.12 anunciaré a mis hermanos tu *n*; en medio
Stg. 2.7 ¿no blasfeman ellos el buen *n* que fue
1 P. 4.14 si sois vituperados por el *n* de Cristo
1 Jn. 5.13 a vosotros que creéis en el *n* del Hijo
Ap. 2.3 has trabajado .. por amor de mi *n*, y no
2.13 retienes mi *n*, y no has negado mi fe
2.17 y en la piedrecita escrito un *n* nuevo, el
3.5 no borraré su *n* del libro .. confesaré su *n*
3.12 escribiré .. *n* de mi Dios .. y mi *n* nuevo
14.1 *n* de él y el de su Padre .. en la frente
19.13 vestido de .. y su *n* es: El Verbo de Dios
22.4 su rostro, y su *n* estará en sus frentes

NOMBRE DE JEHOVÁ
Gn. 16.13 llamó el *n* de *J* que con ella hablaba
26.25 edificó allí un altar, e invocó el *n* de *J*
Ex. 20.7; Dt. 5.11 no tomarás el *n* de *J* .. en vano
Lv. 24.16 blasfemare el *n* de *J*, ha de ser muerto
Dt. 28.10 que el *n* de *J* es invocado sobre ti, y te
32.3 el *n* de *J* proclamaré; engrandeced a
Jos. 9.9 han venido .. por causa del *n* de *J* tu Dios
Job 1.21 y Jehová quitó; sea el *n* de *J* bendito
Sal. 124.8 nuestro socorro está en el *n* de *J*, que
Pr. 18.10 torre fuerte es el *n* de *J*; a él correrá el
Is. 56.6 que amen el *n* de *J* para ser sus siervos
Jl. 2.32 aquel que invocare el *n* de *J* será salvo
Mi. 4.5 andaremos en el *n* de *J* nuestro Dios

NORTE v. Sur
Job 26.7 él extiende el *n* sobre vacío, cuelga la
Is. 43.6 diré al *n*: Da acá; y al sur: No detengas
Jer. 6.22 aquí que viene pueblo de la tierra del *n*
Dn. 11.6 hija del rey del sur vendrá al rey del *n*

NOTICIA v. Nueva, Rumor
Dn. 11.44 *n* del oriente y del .. lo atemorizarán
Hch. 11.22 llegó la *n* de .. a oídos de la iglesia
1 Ts. 3.6 nos dio buenas *n* de vuestra fe y amor

NOVILLO, lla v. Becerro, Buey, Toro, Vaca
Jue. 14.18 les respondió: Si no araseis con mi *n*
Jer. 31.18 Efraín .. fui castigado como *n* indómito
50.11 os llenasteis como *n* sobre la hierba
Os. 4.16 porque como *n* indómita se apartó Israel
10.11 Efraín es *n* domada, que le gusta trillar

NUBE v. Cielo, Columna
Gn. 9.13 mi arco he puesto en las *n* .. por señal
Ex. 13.21 Jehová iba .. en una columna de *n* para
14.19 la columna de *n* que iba delante de ellos
16.10 la gloria de Jehová apareció en la *n*
24.18 entró Moisés en medio de la *n*, y subió

Ex. 40.34; Nm. 9.15 una *n* cubrió el tabernáculo
Nm. 12.5 Jehová descendió en la columna de la *n*
Dt. 31.15 la columna de *n* se puso sobre la puerta
1 R. 18.44 veo una pequeña *n* como la palma de
Neh. 9.12 con columna de *n* los guiaste de día
Job 26.8 ata las aguas en sus *n*, y las *n* no
37.11 regando .. llega a disipar la densa *n*, y
Sal. 57.10 grande es .. y hasta las *n* tu verdad
65.11 con tus bienes, y tus *n* destilan grosura
78.14 los guio de día con *n*, y toda la noche
99.7 en columna de *n* hablaba con ellos
105.39 extendió una *n* por cubierta, y fuego
135.7 hace subir las *n* de los extremos de la
Pr. 25.14 como *n* y vientos sin lluvia, así es el
Ec. 11.4 sembrará; y el que mira a las *n*, no segará
Is. 4.5 creará Jehová sobre .. *n* y oscuridad de día
45.8 rociad, cielos .. y las *n* destilen la justicia
Dn. 7.13 con las *n* .. venía uno como un hijo de
Os. 6.4 la piedad vuestra es como *n* de la mañana
Mt. 17.5; Mr. 9.7; Lc. 9.34 *n* de luz los cubrió
24.30; 26.64; Mr. 13.26; 14.62; Lc. 21.27
viniendo sobre las *n* del cielo
Lc. 12.54 cuando veis la *n* que sale del poniente
Hch. 1.9 alzado, y le recibió una *n* que le ocultó
1 Co. 10.2 fueron bautizados en la *n* y en el mar
2 P. 2.17 éstos son .. *n* empujadas por la tormenta
Ap. 1.7 he aquí que viene con las *n*, y todo ojo le
11.12 y subieron al cielo en una *n*; y sus
14.14 una *n* blanca; y sobre la *n* uno sentado

NUEVA *v.* Evangelio, Noticia
2 S. 1.20 ni deis las *n* en las plazas de Ascalón
18.19 al rey las *n* .. de que Jehová ha defendido
2 R. 7.9 hoy es día de buena *n*, y nosotros callamos
Pr. 15.30 corazón, y la buena *n* conforta los huesos
25.25 así son las buenas *n* de lejanas tierras
Is. 52.7; Nah. 1.15 pies del que trae alegres *n*
61.1 me ha enviado a predicar buenas *n* a los
Jer. 20.15 maldito el .. que dio *n* a mi padre
Lc. 1.19 he sido enviado a .. darte estas buenas *n*
2.10 he aquí os doy *n* de gran gozo, que será
4.18 ungido para dar buenas *n* a los pobres
Ro. 10.15 pies .. de los que anuncian buenas *n*!
Ef. 2.17 vino y anunció las buenas *n* de paz a
He. 4.2 se nos ha anunciado la buena *n* como a

NUEVE
Lc. 17.17 ¿no son diez .. y los *n*, ¿dónde están?

NUEVO, va
Sal. 149.1 cantad a Jehová cántico *n*, su alabanza
Ec. 1.9 lo mismo .. y nada hay *n* debajo del sol
Is. 42.9 yo anuncio cosas *n*; antes que salgan a luz
43.19 aquí que yo hago cosa *n*; pronto saldrá
48.6 te he hecho oír cosas *n* y ocultas que tú
Jer. 31.31 días .. en los cuales haré *n* pacto con
Lm. 3.23 *n* son cada mañana; grande .. fidelidad
Ez. 36.26 os daré corazón *n*, y pondré espíritu *n*
Mt. 13.52 que saca de su tesoro cosas *n* y cosas
26.29 hasta .. que lo beba *n* con vosotros en
Mr. 2.21 remiendo de paño *n* en vestido viejo
Lc. 5.36 nadie corta un pedazo de un vestido *n* y
5.39 que beba del añejo, quiere luego el *n*
Jn. 3.3 que no naciere de *n*, no puede ver el reino
13.34 un mandamiento *n* os doy: Que os améis
Hch. 17.21 interesaban .. en decir o en oír algo *n*
Ro. 6.4 así también nosotros andemos en vida *n*
2 Co. 5.17 *n* criatura es .. todas son hechas *n*
Ef. 2.15 para crear en sí .. un solo y *n* hombre
4.24 vestíos del *n* hombre, creado según Dios
Col. 3.10 revestido del *n*, el cual conforme a la
He. 8.13 al decir: *N* pacto, ha dado por viejo
2 P. 3.13 esperamos .. cielos *n* y tierra *n*, en los
1 Jn. 2.8 os escribo un mandamiento *n*, que es
Ap. 2.17 en la piedrecita escrito un nombre *n*
21.1 vi un cielo *n* y una tierra *n*; porque el
21.2 yo Juan vi la santa ciudad, la *n* Jerusalén
21.5 he aquí, yo hago todas las cosas *n*

NULO
2 S. 15.34 tú harás *n* el consejo de Ahitofel
Sal. 33.10 hace *n* el consejo de las naciones

NÚMERO
Sal. 147.4 él cuenta el *n* de las estrellas; a todas
Os. 1.10 el *n* de los hijos de Israel como la arena
Jn. 6.10 se recostaron .. en *n* de cinco mil varones
Hch. 11.21 gran *n* creyó y se convirtió al Señor
Ro. 9.27 si fuere el *n* de los hijos de Israel como
Ap. 7.4 oí el *n* de los sellados: 144,000 sellados
13.18 cuente el *n* de la bestia .. *n* de hombre

NUTRIDO
1 Ti. 4.6 *n* con las palabras de la fe y de la buena

OBEDECER
Ex. 24.7 haremos todas las cosas .. y obedeceremos
Nm. 27.20 toda la congregación de .. le *obedezca*
Dt. 17.12 no obedeciendo al sacerdote que está
28.62 no *obedecisteis* a la voz de Jehová tu
30.10 cuando *obedecieres* a la voz de Jehová
Jos. 1.17 de la manera que *obedecimos* a Moisés
5.6 cuanto no *obedecieron* a la voz de Jehová
24.24 serviremos, y a su voz *obedeceremos*
1 S. 15.22 *obedecer* es mejor que los sacrificios
2 S. 22.45; Sal. 18.44 al oír de mí, me *obedecerán*
Jer. 11.3 no *obedeciere* las palabras de este pacto
17.24 si .. me *obedeciereis*, dice Jehová, no
35.8 hemos *obedecido* a la voz de .. Jonadab
42.6 a la voz de Jehová .. *obedeceremos*
43.4 no *obedeció*, pues, Johanán .. a la voz de
Dn. 7.27 y todos los dominios le .. *obedecerán*
9.6 no hemos *obedecido* a tus siervos los
Mt. 8.27; Mr. 4.41; Lc. 8.25 aun los vientos y el
mar le *obedecen*?
Mr. 1.27 manda aun a los espíritus .. le *obedecen*?
Lc. 17.6 decir .. Desarráigate .. y os *obedecería*
Hch. 4.19 *obedecer* a vosotros antes que a Dios
5.29 es necesario *obedecer* a Dios antes que a
5.32 cual ha dado Dios a los que le *obedecen*
6.7 muchos de los sacerdotes *obedecían* a la fe
7.39 nuestros padres no quisieron *obedecer*
Ro. 2.8 no *obedecen* a la verdad, sino que *o* a la
6.16 si os sometéis a .. para *obedecerle*, sois
10.16 mas no todos *obedecieron* al evangelio
16.26 a conocer .. para que *obedezcan* a la fe
Gá. 3.1; 5.7 os .. para no *obedecer* a la verdad?
Ef. 6.1; Col. 3.20 *obedeced* a vuestros padres
6.5; Col. 3.22 siervos, *obedeced* a vuestros
2 Ts. 1.8 ni *obedecen* al evangelio de .. Señor
3.14 si alguno no *obedece* a lo que decimos
Tit. 3.1 que *obedezcan*, que estén dispuestos a
He. 5.9 salvación para todos los que le *obedecen*
11.8 Abraham .. *obedeció* para salir al lugar
12.9 ¿por qué no *obedeceremos* mucho mejor
13.17 *obedeced* a vuestros pastores, y sujetaos
Stg. 3.3 freno en la boca .. para que nos *obedezcan*
1 P. 1.2 elegidos .. para *obedecer* y ser rociados
3.6 como Sara *obedecía* a Abraham llamándole
4.17 el fin de aquellos que no *obedecen* al

OBED-EDOM 2 S. 6.10–12.

OBEDIENCIA
Ro. 1.5 para la *o* a la fe en todas las naciones
5.19 así .. por la *o* de uno, los muchos serán
6.16 sea del .. *o* sea de la *o* para justicia?
15.18 ha hecho .. para la *o* de los gentiles
16.19 vuestra *o* ha venido a ser notoria a
2 Co. 7.15 cuando se acuerda de la *o* de todos
9.13 glorifican a Dios por la *o* que profesáis
10.5 cautivo todo pensamiento a la *o* a Cristo
Flm. 21 te he escrito confiando en tu *o*, sabiendo
He. 5.8 Hijo, por lo que padeció aprendió la *o*
1 P. 1.22 purificado vuestras almas por la *o* a a

OBEDIENTE *v.* Fiel
Zac. 6.15 sucederá si oyeres a la voz de Jehová
2 Co. 2.9 la prueba de si vosotros sois *o* en todo
Fil. 2.8 haciéndose *o* hasta la muerte, y muerte de
1 P. 1.14 como hijos *o*, no os conforméis a los

OBISPO *v.* Anciano, Diácono
Hch. 20.28 el Espíritu Santo os ha puesto por *o*
Fil. 1.1 están en Filipos, con los *o* y diáconos
Tit. 1.7 es necesario que el *o* sea irreprensible
1 P. 2.25 vuelto al Pastor y *O* de vuestras almas

OBLIGAR *v.* Constreñir
2 Cr. 34.32 e hizo que se *obligaran* a ello todos
Mt. 5.41 cualquiera que te *obligue* a llevar carga
　27.32; Mr. 15.21 *obligaron* .. llevase la cruz
Lc. 24.29 ellos le *obligaron* a quedarse, diciendo
2 Co. 12.11 vosotros me *obligasteis* a ello, pues
Gá. 5.3 que está *obligado* a guardar toda la ley

OBRA *v.* Acción, Hecho, Labor, Operación,
　Trabajo
Dt. 11.7 todas las grandes *o* que Jehová ha hecho
1 Cr. 16.8; Sal. 9.11; 105.1 dad a conocer sus *o* en
　29.1 él es joven y tierno de ·. y la *o* grande
2 Cr. 34.12 estos .. procedían con fidelidad en la *o*
Esd. 6.7 dejad que se haga la *o* de esa casa de
　9.13 a causa de nuestras malas *o*, y a causa
Neh. 4.19 la *o* es grande y extensa, y nosotros
　6.3 hago una gran *o*, y no puedo ir; porque
　6.16 por nuestro Dios .. sido hecha esta *o*
Job 34.11 él pagará al hombre según su *o*, y fe
Sal. 28.4 dales conforme a su *o*, y conforme a la
　44.1 la *o* que hiciste en sus días, en los
　62.12 tú pagas a cada uno conforme a su *o*
　77.11 me acordaré de las *o* de JAH; sí, haré
　78.11 sino que se olvidaron de sus *o*, y de sus
　90.17 sí, la *o* de nuestras manos confirma
　106.2 ¿quién expresará las poderosas *o* de
　111.2 grandes son las *o* de Jehová, buscadas
　143.5 meditaba en todas tus *o* .. las *o* de tus
　145.10 te alaben, oh Jehová, todas tus *o*, y
Pr. 10.16 la *o* del justo es para vida; mas el fruto
　24.12 conocerá, y dará al hombre según sus *o*
Ec. 2.11 miré .. *o* que habían hecho mis manos
　7.13 mira la *o* de Dios, porque ¿quién podrá
　8.17 he visto todas las *o* de Dios, que el
　9.10 en el sepulcro, adonde vas, no hay *o*, ni
　12.14 porque Dios traerá toda *o* a juicio
Is. 5.19 venga ya, apresúrese su *o*, y veamos
　26.12 hiciste en nosotros todas nuestras *o*
　28.21 para hacer su *o*, su extraña *o*, y para
　29.16 ¿acaso la *o* dirá de su hacedor: No me
　62.11 viene tu Salvador .. delante de él su *o*
　64.8 así que *o* de tus manos somos todos
　65.7 yo les mediré su *o* antigua en su seno
　65.22 mis escogidos disfrutarán la *o* de sus
　66.18 yo conozco sus *o* y sus pensamientos
Jer. 4.18 tu camino y tus *o* te hicieron esto; esta
Ez. 33.31 y oirán tus .. y no las pondrán por *o*
Mi. 2.7 se ha acortado el .. ¿son estas sus *o*?
Hab. 1.5 porque haré una *o* en vuestros días, que
　3.2 aviva tu *o* en medio de los tiempos,
Sof. 2.3 los que pusisteis por *o* su juicio; buscad
Mt. 5.16 vean vuestras buenas *o*, y glorifiquen a
　16.27 pagará a cada uno conforme a sus *o*
　23.5 hacen todas sus *o* para ser vistos por los
Mr. 14.6 dijo: Dejadla .. Buena *o* me ha hecho
Lc. 24.19 poderoso en *o* y en palabra delante de
Jn. 3.19 amaron más .. porque sus *o* eran malas
　5.36 las *o* que el Padre me .. mismas *o* que
　　yo hago, dan
　6.28 para poner en práctica las *o* de Dios?
　9.3 para que las *o* de Dios se manifiesten en él
　9.4 es necesario hacer las *o* del que me envió
　10.25 *o* que yo hago en nombre de mi Padre
　10.38 no me creáis a mí, creed a las *o*, para
　14.12 las *o* que yo hago, él las hará también
　17.4 he acabado la *o* que me diste que hiciese
Hch. 7.22 Moisés .. poderoso en sus palabras y *o*
　9.36 ésta abundaba en buenas *o* y en limosnas
　13.41 yo hago una *o* .. *o* que no creeréis, si
Ro. 2.6 cual pagará a cada uno conforme a sus *o*
　3.20 por las *o* de la ley ningún ser humano
　3.27 ¿por cual ley? ¿Por la de las *o*? No, sino
　4.6 hombre a quien Dios atribuye justicia sin *o*
　9.11 no por las *o* sino por *o*; de otra
　11.6 y si por gracia, ya no es por *o*; de otra
　14.20 no destruyas la *o* de Dios por causa de
1 Co. 3.13 la *o* de cada uno se hará manifiesta
2 Co. 9.8 suficiente, abundéis para toda buena *o*
　10.16 más allá de .. sin entrar en la *o* de otro

Gá. 2.16 el hombre no es justificado por las *o* de
　5.19 manifiestas son las *o* de la carne, que
　6.4 cada uno someta a prueba su propia *o*
Ef. 2.9 no por *o*, para que nadie se glorie
　2.10 creados en Cristo Jesús para buenas *o*
Fil. 1.6 el que comenzó en vosotros la buena *o*
　1.22 vivir .. resulta .. en beneficio de la *o*
2 Ts. 2.17 confirme en toda buena palabra y *o*
1 Ti. 6.18 hagan bien, que sean ricos en buenas *o*
2 Ti. 1.9 no conforme a nuestras *o*, sino según
Tit. 3.8, 14 que .. procuren ocuparse en buenas *o*
He. 1.10 Señor .. los cielos son *o* de tus manos
　4.4 reposó Dios de todas sus *o* en el séptimo
　13.21 os haga aptos en toda *o* buena para que
Stg. 2.14 si alguno dice que tiene fe, y no tiene *o*?
　2.17 la fe, si no tiene *o*, es muerta en sí misma
　2.22 la fe actuó .. la fe se perfeccionó por las *o*?
1 P. 1.17 que sin .. juzga según la *o* de cada uno
　2.12 a Dios .. al considerar vuestras buenas *o*
Jud. 15 todos los impíos de todas sus *o* impías
Ap. 2.2, 9; 3.1 conozco tus *o*, y tu arduo trabajo
　2.23 y os daré a cada uno según vuestras *o*
　2.26 venciere y guardare mis *o* hasta el fin
　14.13 sí .. porque sus *o* con ellos siguen
　22.12 recompensar a cada uno según sea su *o*

OBRAR *v.* Actuar, Hacer, Trabajar
Ro. 4.4 al que *obra*, no se le cuenta el salario como

OBRERO *v.* Jornalero
Mt. 9.37; Lc. 10.2 la mies es mucha, mas los *o*
　10.10; Lc. 10.7; 1 Ti. 5.18 el *o* es digno de su
　20.1 salió por .. a contratar *o* para su viña
Hch. 19.25 reunidos con los *o* del mismo oficio
2 Ti. 2.15 *o* que no tiene de qué avergonzarse
Stg. 5.4 he aquí, clama el jornal de los *o* que han

OBSERVAR *v.* Mirar, Ver
Neh. 2.13 *observé* los muros de Jerusalén que
Job 13.27 el cepo, y *observas* todos mis caminos
Sal. 68.16 ¿por qué *observáis*, oh montes altos, al

OBSTINACIÓN
1 S. 15.23 rebelión, y como ídolos e idolatría la *o*
Jer. 23.17 que anda tras la *o* de su corazón, dicen

OBSTINADO, da *v.* Contumaz, Rebelde
Sal. 64.5 *o* en su inicuo designio, tratan .. lazos
Jue. 2.19 no se apartaban de .. ni de su *o* camino
Ez. 3.7 toda la casa de Israel es .. *o* de corazón

OBSTINARSE
Nm. 14.44 se *obstinaron* en subir a la cima del
Dt. 2.30 tu Dios había .. *obstinado* su corazón

OCASIÓN *v.* Oportunidad
Ec. 9.11 sino que tiempo *o* y acontecen a todos
Ro. 14.13 de no poner .. *o* de caer al hermano
2 Co. 11.12 hago, lo haré aún, para quitar la *o* a
1 Ts. 5.1 acerca de los tiempos y de las *o*, no
1 Ti. 5.14 no den al .. ninguna *o* de maledicencia

OCIOSO, sa *v.* Perezoso, Vagabundo
Ex. 5.8 porque están *o*, por eso levantan la voz
Pr. 28.19 el que sigue a los *o* se llenará de pobreza
Mt. 12.36 toda palabra *o* que hablen los hombres
Hch. 17.5 tomaron .. algunos *o*, hombres malos
1 Ts. 5.14 os rogamos .. que amonestéis a los *o*
1 Ti. 5.13 aprenden a ser *o*, andando de casa en
2 P. 1.8 no os dejarán estar *o* ni sin fruto en

OCULTAR *v.* Cubrir, Esconder
1 S. 23.23 informáos de todos .. donde se *oculta*
Sal. 27.5 me *ocultará* en lo reservado de su
Jn. 12.36 habló Jesús, y se fue y se *ocultó* de ellos

OCULTO *v.* Escondido
Job 24.1 no son *o* los tiempos al Todopoderoso
Sal. 69.5 mi insensatez, y mis pecados no te son *o*
Pr. 30.18 tres cosas me son *o*; aun tampoco sé la
Mr. 4.22; Lc. 8.17; 12.2 no hay nada *o* que no
Jn. 18.20 al mundo .. y nada he hablado en *o*
Ro. 16.25 misterio que se ha mantenido *o* desde
1 Co. 2.7 hablamos sabiduría .. la sabiduría *o*
　14.25 lo *o* de su corazón se hace manifiesto
Col. 1.26 estado *o* desde los siglos y edades, pero

OCUPAR
1 S. 27.1 para que Saúl no se *ocupe* de mí, y no
1 Ti. 4.15 *ocúpate* en estas cosas; permanece en
Tit. 3.8 que .. procuren *ocuparse* en buenas obras

ODIO
Nm. 35.20 si por *o* lo empujó, o echó sobre él
Sal. 25.19 mira .. con *o* violento me aborrecen
Ez. 23.29 los cuales procederán contigo con *o*, y

ODIOSO
1 Cr. 19.6 Amón que se habían hecho *o* a David
Pr. 13.5 justo .. mas el impío se hace *o* e infame
14.20 el pobre es *o* aun a su amigo; pero

ODRE v. Cántaro, Tinaja, Vasija
Gn. 21.14 pan, y un *o* de agua, y lo dio a Agar
Sal. 119.83 porque estoy como el *o* al humo; pero
Mt. 9.17; Mr. 2.22; Lc. 5.37 vino .. en *o* viejos

OFENDER v. Escandalizar, Tropezar, Tropiezo
Hab. 1.11 y *ofenderá* atribuyendo su fuerza a su
Mt. 17.27 para no *ofenderles*, vé al mar, y echa el
Jn. 6.61 sabiendo Jesús .. dijo: ¿Esto os *ofende*?
Stg. 2.10 toda la ley, pero *ofendiere* en un punto
3.2 todos *ofendemos* muchas veces. Si alguno
no *ofende* en palabra

OFENSA v. Delito, Falta, Pecado, Transgresión
Pr. 19.11 furor, y su honra es pasar por alto la *o*
Ec. 10.4 la mansedumbre hará cesar grandes *o*
Mt. 6.14; 18.35 no perdonáis a los hombres sus *o*
Hch. 24.16 una conciencia sin *o* ante Dios y ante
Stg. 5.16 confesaos vuestras *o* unos a otros, y

OFICIAL v. Capitán, Centurión
Neh. 2.16 no sabían los *o* a dónde yo había ido
Jn. 4.46 había en Capernaum un *o* del rey, cuyo

OFICIO
Gn. 46.33 Faraón .. dijere: ¿Cuál es vuestro *o*?
Nm. 4.4 el *o* de los hijos de Coat .. será este
Sal. 109.8; Hch. 1.20 tome otro su *o*
Jon. 1.8 mal? ¿Qué *o* tienes, y de dónde vienes?
Hch. 18.3 pues el *o* de ellos era hacer tiendas
19.25 reunidos con los obreros del mismo *o*

OFIR 1 R. 9.28; 2 Cr. 8.18.

OFRECER v. Dar, Ofrenda, Presentar, Sacrificio
Gn. 22.2 vete a .. y *ofrécelo* allí en holocausto
Ex. 29.36 día *ofrecerás* el becerro del sacrificio
34.15 *ofrecerán* .. a sus dioses .. te invitarán
Lv. 19.5 *ofrecedlo* de tal manera que seáis aceptos
Nm. 29.39 cosas *ofreceréis* a Jehová en .. fiestas
Jue. 5.2 por haberse *ofrecido* .. el pueblo, load
2 S. 24.22 *ofrezca* mi señor el rey lo que bien le
1 R. 9.25 *ofrecía* Salomón tres veces cada año
1 Cr. 29.9 de todo corazón *ofrecieron* a Jehová
2 Cr. 8.12 *ofreció* Salomón holocaustos a Jehová
Esd. 6.17 *ofrecieron* en la dedicación de esta casa
Job 42.8 *ofreced* holocausto por vosotros, y mi
Sal. 4.5 *ofreced* sacrificios de justicia, y confiad
116.17 te *ofreceré* sacrificio de alabanza, e
Dn. 2.46 rey .. mandó que le *ofreciesen* presentes
Os. 14.2 te *ofreceremos* la ofrenda de .. labios
Am. 4.5 y *ofreced* sacrificio .. con pan leudado
Mal. 1.7 que *ofrecéis* sobre mi altar pan inmundo
Mr. 1.44; Lc. 5.14 *ofrece* por tu purificación lo
Lc. 2.24 y para *ofrecer* conforme a lo que se dice
Hch. 7.42 ¿acaso me *ofrecisteis* víctimas y
He. 7.27 hizo una vez .. *ofreciéndose* a sí mismo
9.14 se *ofreció* a sí mismo sin mancha a Dios
9.25 y no para *ofrecerse* muchas veces, como
9.28 Cristo fue *ofrecido* una sola vez para
11.4 *ofreció* a Dios más excelente sacrificio
11.17 por la fe Abraham .. *ofreció* a Isaac
13.15 *ofrezcamos* .. a Dios, por medio de él
Stg. 2.21 cuando *ofreció* a su hijo Isaac sobre el

OFRENDA v. Holocausto, Sacrificio
Gn. 4.4 miró Jehová con agrado a Abel y a su *o*
Ex. 25.2 di la *o* .. Israel que tomen para mi *o*
30.15 la *o* a Jehová para hacer expiación por
35.29 todos .. trajeron *o* voluntaria a Jehová

Ex. 36.3 ellos seguían trayéndole *o* voluntaria
Lv. 1.2 ofrece *o* a Jehová, de ganado vacuno u
6.14 esta es la ley de la *o*: La ofrecerán los
7.38 mandó .. que ofreciesen sus *o* a Jehová
Nm. 7.3 trajeron sus *o* .. seis carros cubiertos
31.50 hemos ofrecido a Jehová *o*, cada uno
Dt. 16.17 cada uno con la *o* de su mano, conforme
1 Cr. 16.29 dad *o*, .. traed *o*, y venid delante de él
29.5 ¿quién quiere hacer hoy *o* voluntaria a
2 Cr. 24.6 la *o* que Moisés siervo .. impuso a la
Esd. 3.5 además de .. toda *o* voluntaria a Jehová
Sal. 20.3 haga memoria de todas tus *o*, y acepte
96.8 dad a .. traed *o*, y venid a sus atrios
Is. 1.13 no me traigáis más vana *o*; el incienso me
18.7 será traída *o* a Jehová de .. delante del
66.20 traerán a .. hermanos .. por *o* a Jehová
Ez. 20.40 demandaré vuestras *o*, y las primicias
44.30 toda *o* de todo .. será de los sacerdotes
Am. 4.5 publicad *o* voluntarias, pues que así lo
Mal. 1.10 yo no .. ni de vuestra mano aceptaré *o*
3.3 afinará .. traerán a Jehová *o* en justicia
Mt. 5.23 si traes tu *o* al altar, y allí te acuerdas
8.4 y presenta la *o* que ordenó Moisés, para
15.5; Mr. 7.11 es mi *o* a Dios todo aquello
23.18 si alguno jura por la *o* que está sobre
Mr. 12.41 Jesús sentado delante del arca de la *o*
Lc. 21.1 que echaban sus *o* en el arca de las *o*
21.4 echaron para las *o* .. lo que les sobra
Jn. 8.20 cosas habló Jesús en el lugar de las *o*
Hch. 21.26 cuando había de presentarse la *o* por
24.17 vine a hacer limosnas .. presentar *o*
Ro. 15.26 Acaya tuvieron a bien hacer una *o*
1 Co. 16.1 en cuanto a la *o* para los santos, haced
Ef. 5.2 y sacrificio a Dios en olor fragante
He. 5.1 para que presente *o* .. por los pecados
8.3 todo .. está constituido para presentar *o*
10.10 mediante la *o* del cuerpo de Jesucristo
10.18 donde hay .. no hay más *o* por el pecado

OG Nm. 21.33.

OÍDO v. Oir
Ex. 19.5 si diereis *o* a mi voz, y guardareis mi
1 S. 3.11 a quien la oyere, le retiñirá ambos *o*
Job 12.11 ciertamente el *o* distingue las palabras
29.11 *o* que me oían me llamaban bienaventurado
Sal. 34.15 ojos .. atentos sus *o* al clamor de ellos
40.6 agrada; has abierto mis *o*; holocausto y
94.9 el que hizo el *o*, ¿no oirá? .. ¿no verá?
116.2 ha inclinado a mí su *o*; por tanto, le
Pr. 15.31 el *o* que escucha las amonestaciones
20.12 el *o* que oye, y el ojo que ve, ambas
21.13 el que cierra su *o* al clamor del pobre
Ec. 1.8 nunca se sacia el ojo de ver, ni el *o* de
Is. 6.10 agrava sus *o*, y ciega sus ojos, para que
42.20 no advierte, que abre los *o* y no oye?
59.1 salvar, ni se ha agravado su *o* para oir
Jer. 5.21; Ez. 12.2 y no ve, que tiene *o* y no oye
Mt. 10.27; Lc. 12.3 lo que oís al *o*, proclamadlo
11.15; 13.9, 43; Mr. 4.23; Lc. 8.8; 14.35 el que
tiene *o* para oir, oiga
Mr. 8.18 teniendo *o* no oís? ¿Y no recordáis?
Ro. 11.8 *o* con que no oigan, hasta el día de hoy
1 Co. 2.9 cosas que ojo no vio, ni *o* oyó, ni han
12.17 ¿dónde estaría el *o*? Si todo fuese
Stg. 5.4 han entrado en los *o* del Señor de los

OIDORES
Ro. 2.13 no son los *o* de la ley los justos ante
Stg. 1.22 sed hacedores .. y no tan solamente *o*

OIR v. Escuchar, Oído
Gn. 16.11 porque Jehová ha *oído* tu aflicción
21.17 oyó Dios la voz del muchacho; y el
Ex. 2.24 *oyó* Dios el gemido de ellos, y se acordó
3.7 he *oído* su clamor a causa de sus exactores
6.30 ¿cómo, pues, me ha de *oir* Faraón?
Nm. 14.27 ¿hasta cuándo *oiré* esta depravada
Dt. 4.1 Israel, *oye* los estatutos y decretos que yo
4.12 *oísteis* la voz de sus palabras, mas a
4.33 ¿ha *oído* pueblo alguno la voz de Dios

Dt. 6.4 *oye*, Israel; Jehová nuestro Dios .. uno es
  11.27 bendición, si *oyereis*l os mandamientos
  18.15 profeta .. levantará Jehová .. a él *oiréis*
  30.17 si .. no *oyeres*, y te dejares extraviar
Jos. 6.5 así que *oigáis* el sonido de la bocina, todo
1 S. 7.9 clamó Samuel a Jehová .. Jehová le *oyó*
2 S. 5.24; 1 Cr. 14.15 *oigas* ruido como de marcha
  15.3 no tienes quien te *oiga* de parte del rey
1 R. 8.30 *oye*, pues, la oración de tu siervo, y de
  8.42 *oirán* de tu gran nombre, de tu mano
2 R. 19.25 ¿nunca has *oído* que desde tiempos
  20.5; Is. 38.5 he *oído* tu oración, y he visto
2 Cr. 6.21 que *oigas* el ruego de tu siervo, y de
  7.12 he *oído* tu oración, y he elegido para mí
Neh. 6.16 y cuando lo *oyeron* .. nuestros enemigos
  9.17 no quisieron *oir*, ni se acordaron de tus
  12.43 el alborozo de Jerusalén fue *oído* de
Job 15.8 ¿*oíste* tú el secreto de Dios, y está
  26.14 ¡cuán leve es el susurro que hemos *oído*!
  31.35 ¡quién me diera quien me *oyese*!
  35.12 clamarán, y él no *oirá*, por la soberbia
  36.11 si *oyeren*, y le sirvieren, acabarán sus
  42.5 de oídas te había *oído*; mas ahora mis
Sal. 4.3 sí; Jehová *oirá* cuando yo a él clamare
  6.9 Jehová ha *oído* mi ruego; ha recibido mi
  10.17 deseo de los humildes *oíste*, oh Jehová
  17.1 *oye*, oh Jehová, una causa justa; está
  17.6 yo te he invocado, por cuanto tú me *oirás*
  20.1 Jehová te *oiga* en el día de conflicto
  27.7 *oye* .. Jehová, mi voz con que a ti clamo
  34.4 busqué a Jehová, y él me *oyó*, y me libró
  34.17 claman los justos, y Jehová *oye*, y los
  49.1 *oíd* esto, pueblos todos; escuchad
  51.8 hazme *oir* gozo y alegría, y se recrearán
  61.1 *oye*, oh Dios, mi clamor .. a mi oración
  65.2 *oyes* la oración; a ti vendrá toda carne
  81.8 *oye*, pueblo mío .. Israel, si me *oyeras*
  94.9 el que hizo el oído, ¿no *oirá*? .. no verá?
  102.20 para *oir* el gemido de los presos, para
  115.6; 135.17 orejas tienen, mas no *oyen*
  116.1 pues ha *oído* mi voz y mis súplicas
Pr. 1.8 *oye*, hijo mío, la instrucción de tu padre
  1.33 el que me *oyere*, habitará confiadamente
  18.13 al que responde palabra antes de *oir*
  22.17 inclina tu oído y *oye* las palabras de
  23.22 *oye* a tu padre, a aquel que te engendró
Ec. 5.1 acércate más para *oir* que para ofrecer el
  7.5 mejor es *oir* la represión del sabio que
Is. 1.2 *oíd*, cielos, y escucha tú, tierra; porque
  1.19 si .. *oyereis*, comeréis el bien de la
  6.9 y di .. *oíd* bien, y no entendáis; ved por
  6.10 ni *oiga* con sus oídos, ni su corazón
  33.13 *oíd*, los que estáis lejos, lo que he hecho
  34.1 acercaos, naciones, juntaos para *oir*
  37.26 ¿no has *oído* decir que .. yo lo hice
  40.21 ¿no habéis *oído*? ¿Nunca os lo han dicho
  50.10 que teme .. y *oye* la voz de su siervo?
  51.1 *oídme*, los que seguís la justicia, los que
  55.2 *oídme* atentamente; y comed del bien
  55.3 inclinad .. *oíd*, y vivirá vuestra alma
  64.4 nunca *oyeron*, ni oídos percibieron, ni
  65.24 mientras aún hablan, yo habré *oído*
  66.8 ¿quién *oyó* cosa semejante? ¿quién vio
Jer. 6.10 ¿a quién .. amonestaré, para que *oigan*?
  7.24; 11.8 no *oyeron* ni inclinaron su oído
  12.17 mas si no *oyeren*, arrancaré esa nación
  13.10 pueblo malo, que no quiere *oir* mis
  18.2 vete a .. y allí te haré *oir* mis palabras
  18.10 no *oyendo* mi voz, me arrepentiré del
  26.13 *oíd* la voz de Jehová vuestro Dios
Ez. 3.17 *oirás*, pues, tú la palabra de mi boca, y
  3.27 que *oye*, *oiga* .. no quiera *oir*, no *oiga*
  33.7 *oirás* la palabra de mi boca, y los
  33.31 *oirán* tus .. y no los pondrán por obra
Dn. 12.8 yo *oí*, más no entendí. Y dije: Señor
Am. 8.11 hambre .. de *oir* la palabra de Jehová
Jon. 2.2 desde el .. Seol clamé, y mi voz *oíste*
Mi. 1.2 *oíd*, pueblos todos; está atenta, tierra, y
  7.7 esperaré al Dios .. el Dios mío me *oirá*
Zac. 8.23 hemos *oído* que Dios está con vosotros

Mt. 11.4 haced saber a Juan las cosas que *oís* y
  13.9; 13.43; Mr. 4.9; Lc. 8.8 el que tiene oídos
    para *oir*, *oiga*
  13.15 con los oídos *oyen* pesadamente, y han
  13.17; Lc. 10.24 *oir* lo que *oís*, y no lo *oyeron*
  13.19 cuando alguno *oye* la palabra del reino
  17.5; Lc. 9.35 es mi Hijo amado .. a él *oíd*
  18.16 si no te *oyere*, toma aún contigo a uno
  26.65; Mr. 14.64 habéis *oído* su blasfemia
Mr. 4.12; Lc. 8.10 y *oyendo*, *oigan* y no entiendan
  6.14; Lc. 9.7 *oyó* .. Herodes la fama de Jesús
  12.37 gran multitud .. le *oía* de buena gana
Lc. 1.13 tu oración ha sido *oída*, y tu mujer
  2.18 todos los que *oyeron*, se maravillaron de
  2.46 en medio de .. *oyéndoles* y preguntándoles
  5.1 se agolpaba .. para *oir* la palabra de Dios
  10.16 el que a vosotros *oye*, a mí me *o*; y el
Jn. 4.42 hemos *oído*, y sabemos que .. éste es el
  6.60 dura es esta palabra; ¿quién la puede *oir*?
  7.51 ¿juzga acaso .. si primero no le *oye*
  8.47 las palabras de Dios *oye* .. no las *oís*
  9.31 sabemos que Dios no *oye* a los pecadores
  11.41 Padre, gracias te doy por haberme *oído*
  12.47 que *oye* mis palabras, y no las guarda
Hch. 2.8 ¿cómo .. les *oímos* .. hablar cada uno en
  4.4 muchos de los que habían *oído* la palabra
  7.2 varones hermanos .. *oíd*: El Dios de la
  7.34 he *oído* su gemido, y he descendido para
  7.37 profeta os levantará el Señor .. a él *oiréis*
  9.7 *oyendo* a .. la voz, mas sin ver a nadie
  10.44 el Espíritu .. cayó sobre los que *oían*
  13.16 varones .. y los que teméis a Dios, *oíd*
  14.14 cuando los *oyeron* los .. Bernabé y Pablo
  15.12 calló, y *oyeron* a Bernabé y a Pablo
  16.25 cantaban himnos .. los presos los *oían*
  17.21 sino en decir o en *oir* algo nuevo
  17.32 cuando *oyeron* lo de la resurrección de
  19.2 ni siquiera hemos *oído* si hay Espíritu
  28.26 diles: De oído *oiréis*, y no entenderéis
  28.27 con los oídos *oyeron* pesadamente, y sus
Ro. 10.14 la fe es por el *oir*, y el *o*, por la palabra
  10.18 pero digo: ¿No han *oído*? Antes bien
  15.21 los que nunca han *oído* .. entenderán
2 Co. 12.4 donde *oyó* palabras inefables que no
Ef. 1.13 vosotros, habiendo *oído* la palabra de
  4.21 si en verdad le habéis *oído*, y habéis
Fil. 4.9 lo que .. *oísteis* y visteis en mí, esto haced
1 Ti. 4.16 te salvarás a ti .. y a los que te *oyeren*
2 Ti. 2.2 lo que has *oído* de mí .. esto encarga a
  4.3 teniendo comezón de *oir*, se amontonarán
Flm. 5 *oigo* del amor y de la fe que tienes hacia
He. 2.1 atendamos a las cosas que hemos *oído*
  4.2 pero no les aprovechó el *oir* la palabra
Stg. 1.19 todo hombre sea pronto para *oir*, tardo
2 P. 1.18 *oímos* esta voz enviada del cielo, cuando
1 Jn. 1.1 lo que hemos *oído*, lo que hemos visto
  4.6 el que conoce a Dios, nos *oye*; el que no
  5.14 que si pedimos alguna cosa .. él nos *oye*
Ap. 1.3 los que *oyen* las palabras de esta profecía
  2.7 oído, *oiga* lo que el Espíritu dice a las
  22.8 yo Juan soy el que *oyó* y vio estas cosas

OJO v. Mirar, Ver
Gn. 3.5 serán abiertos vuestros *o*, y seréis como
  29.17 *o* de Lea eran delicados, pero Raquel
Ex. 21.24; Lv. 24.20; Dt. 19.21 *o* por *o*, diente por
Nm. 10.31 conoces .. nos serás en lugar de *o*
Dt. 11.12 están sobre ella los *o* de Jehová tu Dios
  28.54 mirará con malos *o* a su hermano, y a
  32.10 trajo .. guardó como a la niña de su *o*
Jue. 16.21 mas los filisteos .. le sacaron los *o*
1 S. 11.2 a cada uno de .. saque el derecho *o*
  18.9 Saúl no miró con buenos *o* a David
1 R. 8.29; 2 Cr. 6.20 estén tus *o* abiertos de noche
2 R. 25.7; Jer. 39.7 a Sedequías le sacaron los *o*
2 Cr. 16.9 los *o* de Jehová contemplan toda la
Esd. 9.8 a fin de alumbrar .. Dios nuestros *o*
Job 7 fijarás en mí su *o*, y dejaré de ser
  19.27 mis *o* lo verán, y no otro, aunque mi
  28.10 ríos, y sus *o* vieron todo lo preciado

Job 29.11 los *o* que me veían me daban testimonio
29.15 yo era *o* al ciego, y pies al cojo
34.21 porque sus *o* están sobre los caminos
Sal. 6.7 mis *o* están gastados de sufrir; se han
17.8 guárdame como a la niña de tus *o*
33.18 el *o* de Jehová sobre los que le temen
34.15 los *o* de Jehová están sobre los justos
94.9 ¿no oirá? El que formó el *o*, ¿no verá?
119.18 abre mis *o*, y miraré las .. de tu ley
121.1 alzaré mis *o* a los montes; ¿de dónde
123.1 a ti alcé mis *o*, a ti que habitas en los
141.8 a ti, oh Jehová, Señor, miran mis *o*
Pr. 15.3 los *o* de Jehová están en todo lugar
20.12 el oído que oye, y el *o* que ve, ambas
22.9 el *o* misericordioso será bendito, porque
27.20 así los *o* del .. nunca están satisfechos
Ec. 1.8 nunca se sacia el *o* de ver, ni el oído de
2.14 el sabio tiene sus *o* en su cabeza, mas
6.9 más vale vista de *o* que deseo que pasa
Cnt. 4.1 *o* entre tus guedejas como de paloma
Is. 6.10 agrava sus oídos, y ciega sus *o*, para que
29.10 cerró los *o* de vuestros profetas, y puso
32.3 no se ofuscarán .. los *o* de los que ven
52.8 *o* a *o* verán que Jehová vuelve a traer
Jer. 5.21; Ez. 12.2 que tiene *o* y no ve, que tiene
9.1 y mis *o* fuentes de lágrimas, para que
16.17 mis *o* están sobre todos sus caminos
24.6 pondré mis *o* sobre ellos para bien, y
Am. 9.4 y pondré sobre ellos mis *o* para mal
9.8 los *o* de Jehová .. están contra el reino
Zac. 2.8 el que os toca, toca a la niña de su *o*
4.10 siete son los *o* de Jehová, que recorren
8.6 será maravilloso delante de mis *o*? dice
Mt. 5.29; 18.9 si tu *o* derecho te es ocasión de caer
5.38 oísteis que fue dicho: *O* por *o*, y diente
6.22; Lc. 11.34 lámpara .. es el *o* .. si tu *o* es
7.3; Lc. 6.41 la paja que está en el *o* de tu
13.15 y han cerrado sus *o*, para que no vean
20.33 Señor, que sean abiertos nuestros *o*
Mr. 8.18 ¿teniendo *o* no veis, y teniendo oídos
10.25 pasar un camello por el *o* de una aguja
Lc. 4.20 los *o* de todos en .. estaban fijos en él
18.13 no quería ni aun alzar los *o* al cielo
Hch. 7.55 Esteban .. puestos los *o* en el cielo, vio
28.27 sus *o* han cerrado, para que no vean
Ro. 11.8 Dios les dio .. *o* con que no vean y
1 Co. 2.9 cosas que *o* no vio, ni oído oyó, son
12.16 porque no soy *o*, no soy del cuerpo
15.52 en un abrir y cerrar de *o*, a la final
Gá. 4.15 os hubierais sacado vuestros .. *o* para
Ef. 6.6; Col. 3.22 no sirviendo al *o*, como los que
1 P. 3.12 los *o* del Señor están sobre los justos
2 P. 2.14 tienen los *o* llenos de adulterio, no se
Ap. 4.6 cuatro seres .. llenos de *o* delante y detrás

OLA *v.* Onda
Sal. 42.7 tus ondas y tus *o* han pasado sobre mí
Mt. 8.24; 14.24; Mr. 4.37 las *o* cubrían la barca

ÓLEO
Sal. 45.7; He. 1.9 te ungió Dios .. *ó* de alegría
133.2 es como el buen *ó* sobre la cabeza, el

OLER
Gn. 27.27 *olió* Isaac el olor de sus vestidos, y le
Job 39.25 desde lejos *huele* la batalla, el grito
Sal. 115.6 tienen narices, mas no *huelen*

OLIVO *v.* Aceite, Silvestre
Gn. 8.11 volvió .. traía una hoja de *o* en el pico
Jue. 9.8 y dijeron al *o*: Reina sobre nosotros
2 S. 15.30 y David subió la cuesta de los *O*; y la
Sal. 52.8 estoy como *o* verde en la casa de Dios
128.3 tus hijos como plantas de *o* alrededor
Jer. 11.16 *o* verde, hermoso en su fruto y en su
Os. 14.6 sus ramas, y será su gloria como la del *o*
Hab. 3.17 aunque falte el producto del *o*, y los
Zac. 4.3 junto a el *o*, el uno a la derecha del
Mt. 21.1; Mr. 11.1; Lc. 19.29 vinieron a Betfagé, al
monte de los *O*
24.3; Mr. 13.3 se sentó en el monte de los *O*
26.30; Mr. 14.26 salieron al monte de los *O*

Lc. 21.37 y de noche .. en el monte .. de los *O*
22.39 se fue, como solía, al monte de los *O*
Ro. 11.17 siendo *o* silvestre, has sido injertado
Ap. 11.4 estos testigos son los dos *o*, y los dos

OLOR *v.* Perfume
Gn. 8.21 percibió Jehová *o* grato; y dijo Jehová
Cnt. 1.3 a más del *o* de tus suaves ungüentos, tu
4.10 el *o* de tus ungüentos que las especias
7.13 las mandrágoras han dado *o*, y .. frutas
Os. 14.7 vid; su *o* será como de vino del Líbano
Jn. 12.3 nardo .. la casa se llenó del *o* del perfume
2 Co. 2.15 para Dios somos grato *o* de Cristo en
Ef. 5.2 ofrenda y sacrificio a Dios en *o* fragante
Fil. 4.18 *o* fragante, sacrificio acepto .. a Dios

OLVIDAR
Gn. 27.45 tu hermano .. *olvide* lo que le has hecho
40.23 no se acordó de José, sino que le *olvidó*
41.51 Dios me hizo *olvidar* todo mi trabajo
Dt. 4.9 no te *olvides* de las cosas que tus ojos
4.23 no os *olvidéis* del pacto de Jehová
4.31 ni se *olvidará* del pacto que les juró a
6.12 cuídate de no *olvidarte* de Jehová, que
8.14 y te *olvides* de Jehová tu Dios, que te
24.19 siegues .. y *olvides* alguna gavilla en el
32.18 de la roca que te creó te *olvidaste*; te
Jue. 3.7 *olvidaron* a Jehová su .. y sirvieron a los
Job 8.13 caminos de todos los que *olvidan* a Dios
9.27 yo dijere: *Olvidaré* mi queja, dejaré mi
19.14 y mis conocidos se *olvidaron* de mí
Sal. 9.17 todas las gentes que se *olvidan* de Dios
9.18 no para .. será *olvidado* el menesteroso
10.11 dice en su corazón: Dios ha *olvidado*
13.1 Jehová? ¿Me *olvidarás* para siempre?
31.12 he sido *olvidado* de su corazón como
42.9 a Dios .. ¿Por qué te has *olvidado* de mí?
44.17 no nos hemos *olvidado* de ti, y no hemos
44.24 te *olvidas* de nuestra aflicción, y de la
45.10 *olvida* tu pueblo, y la casa de tu padre
50.22 los que os *olvidáis* de Dios, no sea que
74.19 no *olvides* .. la congregación de tus
77.9 ¿ha *olvidado* Dios el tener misericordia?
78.7 no se *olviden* de las obras de Dios
103.2 no *olvides* ninguno de sus beneficios
106.13 bien pronto *olvidaron* sus obras; no
106.21 *olvidaron* al Dios de su salvación, que
119.61 mas no me he *olvidado* de tu ley
119.93 jamás me *olvidaré* de tus mandamientos
119.141 no .. he *olvidado* de tus mandamientos
137.5 me *olvidare* de ti, oh Jerusalén, pierda
Pr. 3.1 hijo mío, no te *olvides* de mi ley, y tu
31.5 no sea que bebiendo *olviden* la ley, y
31.7 beban, y *olvídense* de su necesidad, y de
Is. 17.10 te *olvidaste* del Dios de tu salvación
49.15 ¿se *olvidará* la mujer de .. dio a luz a
49.15 aunque *olvide* .. yo nunca me *olvidaré*
51.13 te has *olvidado* de Jehová tu Hacedor
65.11 que *olvidáis* mi santo monte, que ponéis
65.16 las angustias primeras serán *olvidadas*
Jer. 2.32; 18.15 mi pueblo se ha *olvidado* de mí
3.21 Israel .. Jehová su Dios se han *olvidado*
13.25 te *olvidaste* de mí y confiaste en la
23.27 hacen que .. se *olvide* de mi nombre con
30.14 todos tus enamorados te *olvidaron*; no
44.9 ¿os habéis *olvidado* de las maldades de
50.6 collado, y se *olvidaron* de sus rediles
Lm. 3.17 mi alma se alejó .. me *olvidé* del bien
5.20 ¿por qué te *olvidas* .. de nosotros, y nos
Ez. 22.12 te *olvidaste* de mí, dice Jehová el Señor
23.35 por cuanto te has *olvidado* de mí, y me
Os. 2.13 iba tras sus amantes y .. se *olvidaba* de mí
4.6 y porque *olvidaste* la ley de tu Dios
8.14 *olvidó*, pues, Israel a su Hacedor, y
13.6 por esta causa se *olvidaron* de mí
Am. 8.7 no me *olvidaré* .. de todas sus obras
Mi. 7.18 *olvida* el pecado del remanente de su
Mt. 16.5; Mr. 8.14 habían *olvidado* de traer pan
Lc. 12.6 ni uno .. está *olvidado* delante de Dios
Fil. 3.13 *olvidando* ciertamente lo que queda atrás
He. 6.10 no es injusto para *olvidar* vuestra obra y

He. 12.5 habéis ya *olvidado* la exhortación que
Stg. 1.24 mismo, y se va, y luego *olvida* cómo era
2 P. 1.9 habiendo *olvidado* la purificación de sus

OLVIDO
Sal. 88.12 serán . . y tu justicia en la tierra del *o*?
Ec. 8.10 fueron luego puestos en *o* en la ciudad

OLLA
2 R. 4.38 pon una *o* grande, y haz potaje para los
Sal. 58.9 antes que vuestras *o* sientan la llama de
Jer. 1.13 y dije: Veo una *o* que hierve, y su faz
Ez. 24.3 pon una *o*, ponla, y echa . . en ella agua

OMEGA
Ap. 1.8; 21.6; 22.13 yo soy el Alfa y la *O*

OMNIPOTENTE
Ex. 6.3 aparecí a Abraham . . Isaac . . como Dios *O*
Job 29.5 cuando aún estaba conmigo el *O*, y mis
32.8 y el soplo del *O* le hace que entienda
40.2 ¿es sabiduría contender con el *O*? El que
Sal. 91.1 habita . . morará bajo la sombra del *O*

ONÁN Gn. 38.4-10.

ONCE
Mr. 16.14 finalmente se apareció a los *o* mismos
Lc. 24.9 dieron nuevas de . . a los *o*, y a todos

ONDA *v.* Ola
Sal. 42.7; Jon. 2.3 tus *o* y tus olas pasaron sobre mí
107.29 en sosiego, y se apaciguan sus *o*
Stg. 1.6 el que duda es semejante a la *o* del mar
Jud. 13 fieras *o* del mar, que espuman su propia

ONESÍFORO 2 Ti. 1.16; 4.19.

ONÉSIMO Col. 4.9; Flm. 10-19.

OPERACIÓN *v.* Obra
Is. 28.21 obra, y para hacer su *o*, su extraña *o*
1 Co. 12.6 diversidad de *o*, pero Dios que hace

OPINIÓN *v.* Consejo, Parecer
Job 32.6 por tanto . . he temido declararos mi *o*
Pr. 3.7 no seas sabio en tu *o*; teme a
16.2 los caminos . . son limpios en su propia *o*
21.2 todo camino . . es recto en su propia *o*
26.5 que no se estime sabio en su propia *o*
26.16 en su . . *o* el perezoso es más sabio que
28.11 el hombre rico es sabio en su propia *o*
30.12 hay generación limpia en su propia *o*
Ro. 12.16 no seáis sabios en vuestra propia *o*
14.1 recibid . . pero no para contender sobre *o*

OPONER *v.* Resistir
Dn. 10.13 el príncipe de . . Persia se me *opuso*
Mt. 3.14 mas Juan se le *oponía*, diciendo: Yo
Lc. 21.15 no podrán resistir . . los que se *opongan*
Hch. 18.6 pero *oponiéndose* y blasfemando éstos
Ro. 13.2 de modo que quien se *opone* a la autoridad
Gá. 5.17 se *oponen* entre sí, para que no hagáis
2 Ts. 2.4 se *opone* y se levanta contra todo lo
1 Ti. 1.10 cuanto se *oponga* a la sana doctrina
2 Ti. 2.25 corrija a los que se *oponen*, por si
4.15 en gran manera se ha *opuesto* a nuestras

OPORTUNIDAD *v.* Ocasión
Mt. 26.16; Lc. 22.6 buscaba *o* para entregarle
Hch. 24.25 vete; pero cuando tenga *o* te llamaré
1 Co. 16.12 ir por ahora; pero irá cuando tenga *o*
Gá. 6.10 según tengamos *o*, hagamos bien a todos
Fil. 4.10 estabais solícitos, pero os faltaba la *o*

OPRESIÓN *v.* Aflicción, Persecución
Dt. 26.7 aflicción, nuestro trabajo y nuestra *o*
Sal. 12.5 por la *o* de los pobres, por el gemido de
42.9; 43.2 enlutado por la *o* del enemigo?
55.3 la voz del enemigo, por la *o* del impío
Ec. 5.8 si *o* de pobres . . vieres en la provincia
7.7 la *o* hace entontecer al sabio, y las dádivas
Is. 54.14 estarás lejos de *o*, porque no temerás
58.6 soltar las cargas de *o*, y dejar ir libres
Os. 12.7 en su mano peso falso, amador de *o*
Am. 3.9 ved las muchas *o* en medio de ella, y las

OPRESOR, ra
Sal. 119.121 he hecho; no me abandones a mis *o*

Ec. 4.1 y la fuerza estaba en la mano de sus *o*
Is. 14.4 dirás: ¡Cómo paró el *o*, cómo acabó la
60.17 pondré paz por . . y justicia por tus *o*
Jer. 25.38 asolada fue la tierra . . por la ira del *o*
Sof. 3.1 ¡ay de la ciudad . . contaminada y *o*!
3.19 yo apremiaré a todos tus *o*; y salvaré a

OPRIMIDO
Dt. 28.29 sino *o* y robado todos los días
Sal. 10.18 para juzgar al huérfano y al *o*, a fin de
69.32 lo verán los *o*, y se gozarán. Buscad a

OPRIMIR *v.* Afligir
Gn. 15.13 esclava allí, y será *oprimida* 400 años
Lv. 19.13 no *oprimirás* a tu prójimo, ni le robarás
19.33 el extranjero morare . . no le *oprimiréis*
Dt. 24.14 no *oprimirás* al jornalero pobre y
1 Cr. 16.21 no permitió que nadie los *oprimiese*
Job 10.3 ¿te parece bien que *oprimas*, que
Sal. 17.9 de la vista de los malos que me *oprimen*
119.122 no permitas . . soberbios me *opriman*
Pr. 14.31 el que *oprime* al pobre afrenta a su
22.16 el que *oprime* al pobre para aumentar
Jer. 7.6 no *oprimiereis* al extranjero, ni al huérfano
Ez. 18.12 al pobre y menesteroso *oprimiere*
Am. 4.1 vacas de Basán . . *oprimís* a los pobres
Mi. 2.2 *oprimen* al hombre y a su casa, al hombre
Zac. 7.10 no *oprimáis* a la viuda, al huérfano
Mr. 3.9 la barca . . para que no le *oprimiesen*
Lc. 8.42 mientras iba, la multitud le *oprimía*
Stg. 2.6 ¿no os *oprimen* los ricos, y no son ellos

OPROBIO
Jos. 5.9 hoy he quitado de vosotros el *o* de Egipto
Neh. 5.9 para no ser *o* de las naciones enemigas
Sal. 22.6 yo soy . . *o* de los hombres, y despreciado
31.11 de mis enemigos soy objeto de *o*
69.19 sabes mi afrenta, mi confusión y mi *o*
89.50 acuérdate del . . *o* de muchos pueblos
109.25 yo he sido para ellos objeto de *o*
119.22 aparta de mí el *o* y el menosprecio
Lm. 3.45 nos volviste en *o* y abominación en medio
Ez. 5.15 serás *o* y escarnio y escarmiento y
22.4 por tanto, te he dado en *o* a las naciones
Dn. 9.16 Jerusalén y tu pueblo son el *o* de todos
Jl. 2.19 nunca más os pondré en *o* entre las
Mi. 6.16 llevaréis, por tanto, el *o* de mi pueblo
1 Ti. 4.10 por esto mismo trabajamos y sufrimos *o*
He. 12.2 sufrió la cruz, menospreciando el *o*

ORACIÓN *v.* Petición, Ruego, Súplica
1 R. 8.28; 2 Cr. 6.19; Neh. 1.6 atenderás a la *o* de tu
8.54 cuando acabó Salomón . . esta *o* y súplica
9.3 dijo Jehová: Yo he oído tu *o* y tu ruego
2 R. 19.4; Is. 37.4 eleva *o* por el remanente que aún
2 Cr. 6.40 atentos tus oídos a la *o* en este lugar
Job 15.4 y menoscabas la *o* delante de Dios
16.17 a pesar de . . y de haber sido mi *o* pura
Sal. 39.12 oye mi *o*, oh . . y escucha mi clamor
65.2 tú oyes la *o*, a ti vendrá toda carne
72.20 terminan las *o* de David, hijo de Isaí
88.13 y de mañana mi *o* se presentará delante
102.17 habrá considerado la *o* de los desvalidos
109.7 salga culpable; y su *o* sea para pecado
119.170 llegue mi *o* delante de ti; líbrame
141.2 suba mi *o* delante de ti como el incienso
143.1 Jehová, oye mi *o*, escucha mis ruegos
Pr. 15.8 Jehová; mas la *o* de los rectos es su gozo
15.29 impíos; pero él oye la *o* de los justos
28.9 que aparta . . su *o* también es abominable
Is. 1.15 cuando multipliquéis la *o*, yo no oiré
26.16 derramaron *o* cuando los castigaste
38.2 volvió Ezequías su rostro a la . . e hizo *o*
56.7 mi casa será llamada casa de *o* para
Lm. 3.44 de nube para que no pase la *o* nuestra
Dn. 9.3 volví mi rostro . . buscándole en *o* y ruego
Jon. 2.7 y mi *o* llegó hasta ti en tu santo templo
Hab. 3.1 *o* del profeta Habacuc, sobre Sigionot
Mt. 17.21; Mr. 9.29 este género no sale sino con *o*
21.13; Mr. 11.17; Lc. 19.46 casa de *o* será llamada
21.22 todo lo que pidiereis en *o*, creyendo, lo

Mt. 23.14; Mr. 12.40; Lc. 20.47 y como pretexto
　hacéis largas o
Lc. 1.13 tu o ha sido oída, y tu mujer Elisabet te
　2.37 sirviendo de noche y de día con ayunos y o
　5.33 de Juan ayunan muchas veces y hacen o
Hch. 1.14 perseveraban unánimes en o y ruego
　2.42 perseveraban en .. comunión .. y en las o
　6.4 persistiremos en la o y en el ministerio
　10.4 tus o y tus .. han subido para memoria
　12.5 pero la iglesia hacía sin cesar o a Dios
Ro. 1.9; Ef 1.16; Fil. 1.4; 1 Ts. 1.2; 2 Ti. 1.3; Flm.
　4 hago mención de .. en mis o
　10.1 mi o a Dios por Israel, para salvación
　12.12 en la tribulación; constantes en la o
1 Co. 7.5 para ocuparos sosegadamente en la o
2 Co. 1.11 cooperando .. a favor nuestro con la o
Fil. 1.19 sé que por vuestra o .. resultará en mi
　4.6 sino sean conocidas .. en toda o y ruego
Col. 4.2 perseverad en la o, velando en ella con
　4.12 rogando .. por vosotros en sus o, para
1 Ti. 2.1 que se hagan rogativas, o, peticiones y
Flm. 22 que por vuestras o os seré concedido
Stg. 5.13 ¿está alguno entre .. afligido? Haga o
　5.15 la o de fe salvará al enfermo, y el Señor
　5.16 la o eficaz del justo puede mucho
1 P. 3.7 para que vuestras o no tengan estorbo
　3.12 los justos, y sus oídos atentos a sus o
　4.7 se acerca; sed, pues, sobrios, y velad en o
Ap. 5.8 llenas de incienso, que son las o de los
　8.3 mucho incienso para añadirlo a las o de

ORADOR

Is. 3.3 el consejero, el artífice excelente y el hábil o
Hch. 24.1 ancianos y un cierto o llamado Tértulo

ORAR v. Pedir, Rogar, Suplicar

Ex. 8.8 orad a Jehová para que quite las ranas de
　32.11 Moisés oró en presencia de Jehová su
Dt. 3.23 oré a Jehová en aquel tiempo, diciendo
　9.26 oré a Jehová, diciendo: Oh Señor Jehová
1 S. 1.10 ella con amargura de alma oró a Jehová
　1.27 por este niño oraba, y Jehová me dio lo
　7.5 reunid a todo Israel .. oraré por vosotros
　8.6 pero no agradó a .. y Samuel oró a Jehová
1 R. 8.33 oraren y te rogaren y te .. en esta casa
　13.6 te pido .. ores por mí para que mi mano
2 R. 6.17 oró Eliseo, y dijo .. que abras sus ojos
　13.4 mas Joacaz oró en presencia de Jehová
　19.15; Is. 37.15 oró Ezequías delante de Jehová
　20.2 él volvió su rostro a la .. y oró a Jehová
1 Cr. 17.25 ha hallado tu siervo motivo para orar
2 Cr. 33.12 luego que fue puesto en angustias, oró
Esd. 10.1 mientras oraba Esdras y hacía confesión
Neh. 24.1 ayuné y oré delante del Dios de los cielos
　4.9 oramos a nuestro Dios, y por causa de
Job 21.15 qué nos aprovechará que oremos a él?
　22.27 orarás a él, y él te oirá; y .. tus votos
　33.26 orará a Dios, y éste le amará, y verá su
　42.10 cuando él hubo orado por sus amigos
Sal. 5.2 está atento a la voz .. porque a ti oraré
　32.6 orará a ti todo santo en el tiempo en
　69.13 yo a ti oraba, oh Jehová, en el tiempo de
　72.15 y se orará por él continuamente; todo
　109.4 me han sido adversarios; mas yo oraba
Is. 16.12 Moab .. venga a su santuario a orar
　53.12 llevado .. y orando por los transgresores
Jer. 7.16; 11.14 tú, pues, no ores por este pueblo
　29.12 vendréis y oraréis a mí, y yo os oiré
Dn. 6.10 oraba y daba gracias delante de su Dios
　9.4 oré a Jehová mi Dios e hice confesión
Jon. 2.1 oró Jonás a Jehová su Dios desde el
Mal. 1.9 pues, orad por el favor de Dios, para que
Mt. 5.44 orad por los que os ultrajan .. persiguen
　6.5 cuando ores, no seas como los hipócritas
　6.9; Lc. 11.2 oraréis así: Padre nuestro que
　14.23; Mr. 6.46 subió al monte a orar aparte
　19.13 pusiese las manos sobre ellos, y orase
　24.20; Mr. 13.18 orad .. que vuestra huida no
　26.36; Mr. 14.32 entre tanto que voy .. y oro
　26.39; Mr. 14.35; Lc. 22.41 se postró sobre su
　rostro, orando

Mt. 26.41; Mr. 14.38; Lc. 22.40 velad y orad, para
　26.53 ¿acaso piensas que no puedo .. orar a
Mr. 1.35 se fue a un lugar desierto, y allí oraba
　11.24 pidiereis orando, creed .. y os vendrá
　11.25 estéis orando, perdonad, si tenéis algo
　13.33 orad, porque no sabéis cuándo será el
Lc. 3.21 fue bautizado; y orando, el cielo se abrió
　6.12 fue .. a orar, y pasó la noche orando a
　6.28 bendecid .. orad por los que os calumnian
　9.29 entre tanto que oraba, la apariencia de
　18.1 una parábola sobre la necesidad de orar
　18.11 fariseo, puesto en pie, oraba consigo
　22.44 en agonía, oraba más intensamente
Hch. 1.24 orando, dijeron: Tú, Señor, que conoces
　4.31 cuando hubieron orado, el lugar .. tembló
　8.15 oraron .. para que recibiesen el Espíritu
　9.11 a uno llamado Saulo .. he aquí, él ora
　9.40 todos, Pedro se puso de rodillas y oró
　10.2 muchas limosnas .. y oraba a Dios siempre
　10.9 Pedro subió a la azotea para orar, cerca
　12.12 donde muchos estaban reunidos orando
　13.3 habiendo ayunado y orado, les impusieron
　14.23 y habiendo orado con ayunos, los
　20.36 se puso de rodillas, y oró con todos
　21.5 puestos de rodillas en la playa, oramos
　28.8 después de haber orado, le impuso las
Ro. 15.30 ruego .. que me ayudéis orando por mí
1 Co. 11.5 toda mujer que ora o profetiza con la
　11.13 que la mujer ora a Dios sin cubrirse la
　14.15 oraré con el espíritu, pero o .. con el
2 Co. 13.7 oramos .. que ninguna cosa mala hagáis
Ef. 6.18 orando en todo tiempo con toda oración
Col. 1.3 orando por vosotros, damos gracias a
　1.9 no cesamos de orar por vosotros, y de
　4.3; 1 Ts. 5.25; 2 Ts. 3.1; He. 13.18 orando
　también .. por nosotros
1 Ts. 3.10 orando .. que veamos vuestro rostro
　5.17 orad sin cesar
2 Ts. 1.11 oramos siempre por vosotros, para que
1 Ti. 2.8 pues, que los hombres oren en todo lugar
Stg. 5.14 llame a los ancianos de .. y oren por él
　5.16 orad unos por otros, para que seáis
　5.17 Elías .. oró .. para que no lloviese, y no
Jud. 20 vosotros .. orando en el Espíritu Santo

ORDEN v. Edicto, Estatuto, Juicio, Ley, Mandamiento, Mandato, Ordenanza

1 S. 21.8 por cuanto la o del rey era apremiante
1 Co. 11.34 demás cosas las pondré en o cuando
　14.40 pero hágase todo decentemente y con o
Col. 2.5 gozándome y mirando vuestro buen o
He. 5.6; 7.11, 21 según el o de Melquisedec

ORDENANZA v. Edicto, Estatuto, Juicio, Ley, Mandamiento, Mandato, Orden, Precepto

Ex. 18.16 otro, y declaro las o de Dios y sus leyes
Lv. 18.4 mis o pondréis por obra, y .. guardaréis
Nm. 35.29 estas cosas os serán por o de derecho
Job 38.33 ¿supiste tú las o de los cielos?
Sal. 81.4 estatuto es de .. o del Dios de Jacob
Ez. 11.20 para que anden en mis o, y guarden mis
Hch. 16.4 entregaban las o que habían acordado
Ef. 2.15 ley de los mandamientos expresados en o
He. 9.1 aun el primer pacto tenía o de culto y un
　9.10 consiste sólo de comidas y .. o acerca de

ORDENAR v. Disponer, Mandar

2 S. 17.14 Jehová había ordenado que .. frustrara
1 R. 2.1 ordenó a Salomón su hijo, diciendo
2 R. 20.1 ordena tu casa, porque morirás, y no
Sal. 37.23 por Jehová son ordenados los pasos del
　50.23 al que ordenare su camino, le mostraré
　68.28 tu Dios ha ordenado tu fuerza; confirma
　111.9 para siempre ha ordenado su pacto
　119.133 ordena mis pasos con tu palabra
Pr. 20.18 pensamientos con el consejo se ordenan
Is. 61.3 a ordenar que a los afligidos de Sion sea
Mt. 20.21 ordena que en tu reino se sienten estos
　28.16 al monte donde Jesús les había ordenado
Hch. 10.41 a los testigos que Dios había ordenado
1 Co. 7.17 haga; esto ordeno en todas las iglesias

1 Co. 9.14 *ordenó* el Señor a los que anuncian el
    12.24 pero Dios *ordenó* el cuerpo, dando más

OREJA
Ex. 21.6; Dt. 15.17 le horadará la *o* con lesna, y
Mt. 26.51; Mr. 14.47; Lc. 22.50; Jn. 18.10 hiriendo
    a un siervo .. le quitó la *o*
Mr. 7.33 aparte .. metió los dedos en las *o* de él
1 Co. 12.16 si dijera la *o*: Porque no soy ojo, no

ORIENTE
Sal. 103.12 cuanto está lejos el *o* del occidente
Mt. 8.11; Lc. 13.29 vendrán del *o* y del occidente

ORIÓN
Job 38.31 atar .. *o* desatarás las ligaduras del *O*?
Am. 5.8 buscad al que hace las Pléyades y el *O*

ORO *v.* **Dinero, Moneda, Plata**
Ex. 25.17 harás un propiciatorio de *o* fino, cuya
    32.24 respondí: ¿Quién tiene *o*? Apartadlo
1 R. 7.48 un altar de *o*, y una mesa también de *o*
    9.28 fueron a Ofir y tomaron de allí *o*, 420
    20.3 tu plata y tu *o* son míos, y tus mujeres
2 R. 18.16 Ezequías quitó el *o* de las puertas del
2 Cr. 1.15 acumuló el rey plata y *o* en Jerusalén
    8.18 tomaron de allá 450 talentos de *o*, y los
Job 22.24 tendrás más *o* que tierra .. *o* de Ofir
    23.10 mas él .. me probará, y saldré como *o*
    28.1 la plata .. y el *o* lugar donde se refina
    28.15 no se dará por *o*, ni su precio será a
    31.24 si puse en el *o* mi esperanza, y dije al
Sal. 19.10 deseables son más que el *o* .. *o* afinado
    72.15 vivirá, y se le dará del *o* de Sabá, y se
Pr. 16.16 mejor es adquirir sabiduría que *o*
    25.11 manzana de *o* con .. es la palabra dicha
Is. 13.12 haré más precioso que el *o* .. al varón
    60.6 *o* e incienso, y publicarán alabanzas
    60.17 en vez de bronce traeré *o*, y por hierro
Lm. 4.1 ¡cómo se ha en:egrecido el *o*! .. el buen *o*
Dn. 2.38 sobre todo; tú eres aquella cabeza de *o*
Sof. 1.18 ni su *o* podrá librarlos en el día de la
Hag. 2.8 es la plata, y mío es el *o*, dice Jehová
Zac. 13.9 y los probaré como se prueba el *o*
Mt. 2.11 le ofrecieron presentes; *o*, incienso y
    10.9 no os proveáis de *o*, ni plata, ni cobre
    23.16 pero si alguno jura por el *o* del templo
Hch. 17.29 que la Divinidad sea semejante a *o*
    20.33 ni plata ni *o* .. de nadie he codiciado
1 Co. 3.12 si sobre este fundamento .. edificare *o*
1 Ti. 2.9 no con peinado ostentoso, ni *o*, ni perlas, ni
2 Ti. 2.20 no solamente hay utensilios de *o* y de
Stg. 5.3 vuestro *o* y plata están enmohecidos
1 P. 1.7 vuestra fe, mucho más preciosa que el *o*
    1.18 no con cosas corruptibles, como *o* o
    3.3 no .. de adornos de *o* o de vestidos lujosos
Ap. 3.18 yo te aconsejo que de mí compres *o*
    17.4 adornada de *o*, de piedras preciosas
    21.18 la ciudad era de *o* puro, semejante al
    21.21 la calle de la ciudad era de *o* puro

ORUGA
Sal. 78.46 dio también a la *o* sus frutos, y sus
Jl. 1.4 lo que quedó de la *o* comió el saltón, y lo
    2.25 os restituiré los años que comió la *o*, el

OSADÍA
2 Co. 11.21 en lo que otro tenga *o* .. yo tengo *o*

OSADO
2 Co. 10.1 mas ausente soy *o* para con vosotros

OSAR *v.* **Atreverse**
Ro. 5.7 ser que alguno *osara* morir por el bueno
    15.18 porque no *osaría* hablar sino de lo que
1 Co. 6.1 ¿*osa* alguno de .. ir a juicio delante de

ÓSCULO *v.* **Beso**
Ro. 16.16; 1 Ts. 5.26 saludaos .. con *o* santo

OSCURECER
Ex. 10.15 cubrió .. el país, y *oscureció* la tierra
1 S. 3.2 ojos comenzaban a *oscurecerse* de modo
Job 3.9 *oscurézcanse* las estrellas de su alba
    17.7 mis ojos se *oscurecieron* por el dolor

Job 18.6 la luz se *oscurecerá* en su tienda, y se
    38.2 ¿quién es ése que *oscurece* el consejo con
Sal. 69.23 sean *oscurecidos* sus ojos para que no
Pr. 7.9 a la tarde del día, cuando ya *oscurecía*
Ec. 12.2 antes que *oscurezca* el sol, y la luz, y la
Is. 9.19 por la ira de .. se *oscureció* la tierra
    13.10 el sol se *oscurecerá* al nacer, y la luna
Jl. 2.10; 3.15 el sol y la luna se *oscurecerán*, y las
Mr. 13.24 después de .. el sol se *oscurecerá*, y la
Ro. 11.10 *oscurecidos* sus ojos para que no vean
Ap. 8.12 se *oscureciese* la tercera parte de ellos
    9.2 se *oscureció* el sol y el aire por el humo

OSCURIDAD *v.* **Sombra, Tinieblas**
Gn. 15.12 el temor de una grande *o* cayó sobre él
Ex. 20.21 se acercó a la *o* en la cual estaba Dios
Dt. 4.11 monte ardía .. con tinieblas, nube y *o*
Jos. 24.7 él puso *o* entre vosotros y los egipcios
1 R. 8.12; 2 Cr. 6.1 Jehová .. él habitaría en la *o*
Job 10.22 tierra de *o*, lóbrega, como sombra de
    29.3 lámpara, a cuya luz yo caminaba en la *o*
Sal. 97.2 nubes y *o* alrededor de él; justicia y
Pr. 4.19 el camino de los impíos es como la *o*; no
Is. 8.22 tribulación y tinieblas, *o* y angustia
    9.1 mas no habrá siempre *o* para la que está
    60.2 tinieblas cubrirán la .. y *o* las naciones
Lm. 3.6 me dejó en *o*, como los ya muertos de
Jl. 2.2; Sof. 1.15 día de tinieblas y de *o*, día de
Mi. 3.6 por tanto .. se os hará .. *o* del adivinar
2 P. 2.4 los entregó a prisiones de *o*, para ser
    2.17 los cuales la más densa *o* está reservada
Jud. 6 ha guardado bajo *o*, en prisiones eternas
    13 está reservada .. la *o* de las tinieblas

OSCURO
Is. 59.10 estamos en lugares *o* como muertos
Jn. 20.1 fue .. siendo aún *o*, al sepulcro; y vio
2 P. 1.19 una antorcha que alumbra en lugar *o*

OSO, sa
1 S. 17.34 venía un león, o un *o*, y tomaba algún
2 S. 17.8 como la *o* en el campo cuando le han
2 R. 2.24 y salieron dos *o* del .. y despedazaron
Job 38.32 o guiarás a la *O* Mayor con sus hijos?
Pr. 17.12 mejor es encontrarse con una *o* a la cual
    28.15 león rugiente y *o* hambriento es el
Dn. 7.5 otra segunda bestia, semejante a un *o*, la
Os. 13.8 como *o* que ha perdido los hijos los
Am. 5.19 huye .. del león, y se encuentra con el *o*
Ap. 13.2 pies como de *o*, y su boca como boca de

OSTENTOSO
1 Ti. 2.9; 1 P. 3.3 no con peinado *o*, ni oro, ni

OTONIEL Jos. 15.16–17; Jue. 3.9–11.

OTORGAR *v.* **Conceder, Dar**
1 S. 1.17 Dios .. te *otorgue* la petición que le has
Job 6.8 diera .. me *otorgase* Dios lo que anhelo

OTRO
2 Co. 11.4 viene alguno predicando a *o* Jesús
Gá. 1.8 si .. un ángel .. anunciare *o* evangelio

OVEJA *v.* **Cabra, Cabrío, Carnero, Cordero**
Gn. 4.4 Abel trajo .. de los primogénitos de sus *o*
Ex. 3.1 apacentando Moisés las *o* de Jetro su
    12.5 lo tomaréis de las *o* o de las cabras
Nm. 27.17 la congregación .. no sea como *o* sin
Dt. 8.13 tus vacas y tus *o* se aumenten, y la plata
1 S. 15.14 ¿qué balido de *o* es este que oyo oigo
    15.15 el pueblo perdonó a lo mejor de las *o*
    25.2 que estaba esquilando sus *o* en Carmel
2 S. 7.8; 1 Cr. 17.7 te tomé .. de detrás de las *o*
    24.17; 1 Cr. 21.17 ¿qué hicieron estas *o*?
1 R. 22.17; 2 Cr. 18.16 vi a todo Israel .. como *o*
Sal. 44.11 nos entregas como *o* al matadero, y nos
    44.22 somos contados como *o* para el matadero
    78.52 hizo salir a su pueblo como *o*, y los
    79.13; 95.7; 100.3 somos pueblo tuyo, y *o* de
    119.176 yo anduve errante como *o* extraviada
Is. 53.6 todos nosotros nos descarriamos como *o*
    53.7 como *o* delante de sus .. enmudeció, y no
    65.10 Sarón para habitación de *o*, y el valle de

Jer. 23.2 dispersasteis mis *o*, y las espantasteis
50.6 *o* perdidas fueron mi pueblo .. pastores
Ez. 34.3 coméis .. mas no apacentáis a las *o*
34.17 yo juzgo entre *o* y *o*, entre carneros y
34.31 vosotros, *o* mías, *o* de mi pasto .. sois
Zac. 10.2 por lo cual el pueblo vaga como *o*
Mt. 7.15 que vienen a vosotros con vestidos de *o*
10.6 sino id antes a las *o* perdidas de .. Israel
10.16 os envío como a *o* en medio de lobos
12.12 ¿cuánto más vale un hombre que una *o*?
15.24 no soy enviado sino a las *o* .. de Israel
18.12; **Lc.** 15.4 si un hombre tiene cien *o*, y
25.32 aparta el pastor las *o* de los cabritos
26.31; **Mr.** 14.27 y las *o* serán dispersadas
Mr. 6.34 eran como *o* que no tenían pastor
Jn. 5.2 cerca de la puerta de las *o*, un estanque
10.3 y las *o* oyen su voz; y a sus *o* llama por
10.16 tengo otras *o* que no son de este redil
10.26 no creéis, porque no sois de mis *o*
21.16 que te amo. Le dijo: Pastorea mis *o*
Hch. 8.32 como *o* a la muerte fue llevado; y como
Ro. 8.36 somos contados como *o* de matadero
He. 13.20 a Jesucristo, el gran pastor de las *o*
1 **P.** 2.25 erais como *o* descarriadas, pero ahora

OYENTE
1 **Co.** 14.16 el que ocupa lugar de simple *o*, ¿cómo

PÁBILO
Is. 42.3; **Mt.** 12.20 ni apagará el *p* que humeare

PABLO   **Hch.** 7.58—28.31. Nacido en Tarso,
Hch. 22.3; educado con Gamaliel, **Hch.** 22.3;
consiente en la muerte de Esteban, **Hch.** 7.58; 8.1;
22.20; persigue a la iglesia, **Hch.** 8.3; 9.1–2; 22.4–5;
26.9–11; 1 **Co.** 15.9; **Gá.** 1.13; **Fil.** 3.6; convertido
cerca de Damasco, **Hch.** 9.1–19; 22.6–16; 26.12–20;
en Arabia, **Gá.** 1.17; predica en Damasco, **Hch.**
9.20–22; **Gá.** 1.17; visita Jerusalén, **Hch.** 9.26–28;
Gá. 1.18–19; vive en Cilicia, **Gá.** 1.21–23; obra
misionera, **Hch.** 13—14; 15.36—21.17; en el concilio de Jerusalén, **Hch.** 15.1–29; **Gá.** 2.1–10;
arrestado en Jerusalén, **Hch.** 21.27–40; encarcelado
en Cesarea, **Hch.** 23.23–35; su defensa ante Félix,
Hch. 24; apela a César, **Hch.** 25.10–12; su defensa
ante Agripa, **Hch.** 26.1–32; viaja a Roma, **Hch.**
27.1—28.16; predica durante su prisión, **Hch.**
28.17–31.

1 **Co.** 1.13 ¿fue crucificado *P* por vosotros?
3.4 diciendo el uno: Yo .. soy de *P*; y el otro
2 **P.** 3.15 nuestro amado hermano *P* .. ha escrito

PACER
Is. 11.7 la vaca y la osa *pacerán*, sus crías se
Jer. 50.19 *pacerá* en el Carmelo y en Basán; y en

PACIENCIA
Mt. 18.26 señor, ten *p* conmigo, y yo te lo pagaré
Lc. 18.5 no sea que viniendo .. me agote la *p*
21.19 con vuestra *p* ganaréis vuestras almas
Ro. 5.3 sabiendo que la tribulación produce *p*
8.25 si esperamos lo .. con *p* lo aguardamos
9.22 soportó con mucha *p* los vasos de ira
15.4 que por la *p* y la .. tengamos esperanza
15.5 el Dios de la *p* .. os dé entre vosotros
2 **Co.** 6.4 en mucha *p*, en tribulaciones, en
12.12 las señales de apóstol han .. en toda *p*
Gá. 5.22 amor, gozo, paz, *p*, benignidad, bondad
Ef. 4.2 soportándoos con *p* los unos a los otros
Col. 1.11 su gloria, para toda *p* y longanimidad
2 **Ts.** 1.4 por vuestra *p* y fe en .. persecuciones
3.5 y el Señor encamine .. a la *p* de Cristo
2 **Ti.** 4.2 reprende, exhorta con toda *p* y doctrina
Tit. 2.2 sean .. sanos en la fe, en el amor, en la *p*
He. 6.12 por la fe y la *p* heredan las promesas
10.36 porque os es necesario la *p*, para que
12.1 corramos con *p* la carrera que tenemos
Stg. 1.3 sabiendo que la prueba de .. produce *p*
5.8 tened también vosotros *p*, y afirmad
5.11 habéis oído de la *p* de Job, y habéis
1 **P.** 3.20 cuando una vez esperaba la *p* de Dios
2 **P.** 1.6 al dominio propio, *p*; a la *p*, piedad

2 **P.** 3.15 la *p* de nuestro Señor es para salvación
Ap. 2.2 conozco .. tu arduo trabajo y *p*; y que
2.3 sufrido, y has tenido *p*, y has trabajado
2.19 tu *p*, y que tus obras postreras son más
3.10 cuanto has guardado la palabra de mi *p*
13.10; 14.12 está la *p* y la fe de los santos

PACIENTE *v.* Sufrido
1 **Ts.** 5.14 los débiles, que seáis *p* para con todos
He. 5.2 para que se muestre *p* con los ignorantes
2 **P.** 3.9 es *p* para con nosotros, no queriendo que

PACIFICADOR
Mt. 5.9 bienaventurados los *p*, porque ellos serán

PACÍFICO, ca
Gn. 34.21 varones son *p* con nosotros, y habitarán
1 **S.** 16.4 salieron .. y dijeron: ¿Es *p* tu venida?
2 **S.** 20.19 yo soy de las *p* y fieles de Israel; pero
Sal. 120.7 yo soy *p*; mas ellos, así que hablo, me
Stg. 3.17 sabiduría que es de lo alto es .. *p*

PACTO *v.* Alianza, Arca, Convenio
Gn. 9.9 yo establezco mi *p* con vosotros, y con
15.18 aquel día hizo Jehová un *p* con Abram
17.2 mi *p* entre mí y ti, y te multiplicaré
21.27 Abraham .. Abimelec .. hicieron .. *p*
26.28 haya .. juramento .. haremos *p* contigo
31.44 ven, pues, ahora, y hagamos *p* tú y yo
Ex. 2.24 se acordó de su *p* con Abraham, Isaac y
6.4 también establecí mi *p* con ellos, de darles
19.5 si .. guardareis mi *p*, vosotros seréis
24.8 la sangre del *p* que Jehová ha hecho
31.16 por sus generaciones por *p* perpetuo
34.10 yo hago *p* delante de todo tu pueblo
Lv. 26.9 os haré .. y afirmaré mi *p* con vosotros
Nm. 18.19 *p* de sal .. delante de Jehová para ti
25.12 aquí yo establezco mi *p* de paz con él
Dt. 4.23 no os olvidéis del *p* de Jehová .. Dios
5.2 Jehová .. Dios hizo *p* con nosotros en
9.15 con las tablas del *p* en mis dos manos
29.1 las palabras del *p* que Jehová mandó a
Jos. 24.25 entonces Josué hizo *p* con el pueblo
Jue. 2.1 no invalidaré jamás mi *p* con vosotros
2.2 no hagáis *p* con los moradores de esta
1 **S.** 18.3 hicieron *p* Jonatán y David .. le amaba
20.16 hizo Jonatán *p* con la casa de David
23.18 ambos hicieron *p* delante de Jehová
2 **S.** 3.12 envió Abner .. a David .. haz *p* conmigo
5.3 el rey David hizo *p* con ellos en Hebrón
23.5 embargo, él ha hecho conmigo *p* perpetuo
1 **R.** 8.23 que guardas el *p* y la misericordia a tus
15.19 rompe tu *p* con Baasa rey de Israel
19.10, 14 los hijos de Israel han dejado tu *p*
2 **R.** 11.17 Joiada hizo *p* entre Jehová y el rey
23.3 hizo *p* delante de Jehová, de que irían
1 **Cr.** 16.15 hace memoria de su *p* perpetuamente
16.17 confirmó .. a Israel por *p* sempiterno
2 **Cr.** 34.31 hizo .. *p* de caminar en pos de Jehová
Esd. 10.3 ahora .. hagamos *p* con nuestro Dios
Neh. 9.8 hiciste *p* con él para darle la tierra del
Job 5.23 con las piedras del campo tendrás tu *p*
31.1 hice *p* con mis ojos; ¿cómo, pues, había
Sal. 50.5 los que hicieron conmigo *p* con sacrificios
89.3 hice *p* con mi escogido; juré a David
89.34 no olvidaré mi *p*, ni mudaré lo que ha
105.8; 111.5 se acordó para siempre de su *p*
106.45 y se acordaba de su *p* con ellos, y se
Is. 28.18 será anulado vuestro *p* con la muerte
33.8 ha anulado el *p*, aborreció las ciudades
42.6 te pondré por *p* al pueblo, por luz de
49.8 y te daré por *p* al pueblo, para que restaures
54.10 no .. ni el *p* de mi paz se quebrantará
55.3 venid a mí .. haré con vosotros *p* eterno
59.21 este será mi *p* con ellos, dijo Jehová
61.8; **Jer.** 32.40 y haré con ellos *p* perpetuo
Jer. 11.10 y la casa de Judá invalidaron mi *p*, el
31.31 días .. en los cuales haré nuevo *p* con
33.20 mi *p* con el día y mi *p* con la noche
50.5 juntémonos a Jehová con *p* eterno que
Ez. 16.8 y te di juramento y entré en *p* contigo
16.60 tendré memoria de mi *p* que concerté

Ez. 17.14 que guardando el *p.* permaneciese en pie
     34.25 y estableceré con ellos *p* de paz, y
     37.26 haré con ellos *p* de paz, *p* perpetuo será
Dn. 9.27 otra semana confirmará el *p* con muchos
     11.28 y su corazón será contra el *p* santo
     11.32 con .. seducirá a los violadores del *p*
Os. 6.7 mas ellos, cual Adán, traspasaron el *p*
Am. 1.9 y no se acordaron del *p* de hermanos
Mal. 2.5 mi *p* con él fue de vida y de paz, las
Mt. 26.28; Mr. 14.24; Lc. 22.20; 1 Co. 11.25 esto es
     mi sangre del nuevo *p*
Lc. 1.72 misericordia .. y acordarse de su santo *p*
Hch. 3.25 del *p* que Dios hizo con nuestros padres
Ro. 11.27 y este será mi *p* con ellos, cuando yo
2 Co. 3.6 nos hizo ministros .. de un nuevo *p*
Gá. 3.15 un *p* .. ratificado, nadie lo invalida
     3.17 que el *p* previamente ratificado por Dios
     4.24 pues estas mujeres son los dos *p*; el uno
Ef. 2.12 ajenos a los *p* de la promesa .. sin Dios
He. 7.22 Jesús es hecho fiador de un mejor *p*
     8.6 el suyo, cuanto es mediador de un mejor *p*
     8.8 estableceré con la casa de .. un nuevo *p*
     9.15 por eso es mediador de un nuevo *p*, para
     9.20 esta es la sangre del *p* que Dios os ha
     10.16 este es el *p* que haré con ellos después
     12.24 a Jesús el Mediador del nuevo *p*, y a
     13.20 pastor de .. por la sangre del *p* eterno

PADAN-ARAM   Gn. 28.5.

PADECER *v.* **Soportar, Sufrir**
Mt. 16.21; Mr. 8.31; Lc. 9.22 le era necesario ..
     padecer mucho
     17.12; Mr. 9.12; Lc. 17.25 así también el Hijo
     del Hombre *padecerá*
     17.15 que es lunático, y *padece* muchísimo
     27.19 he *padecido* .. en sueños por causa de
Lc. 24.26, 46; Hch. 17.3 que el Cristo *padeciera*
Hch. 3.18; 26.23 que su Cristo había de *padecer*
Ro. 8.17 si es que *padecemos* juntamente con él
1 Co. 12.26 que si un miembro *padece*, todos los
Gá. 3.4 ¿tantas cosas habéis *padecido* en vano?
Fil. 1.29 en él, sino también que *padezcáis* por él
Col. 1.24 gozo en lo que *padezco* por vosotros
1 Ts. 2.2 habiendo antes *padecido* y .. ultrajado
2 Ts. 1.5 del reino de Dios, por el cual .. *padecéis*
2 Ti. 1.12 por lo cual .. *padezco* esto; pero no me
     3.12 quieren vivir .. *padecerán* persecución
He. 2.18 cuanto él mismo *padeció* siendo tentado
     5.8 y aunque era Hijo, por lo que *padeció*
     13.12 Jesús, para .. *padeció* fuera de la puerta
1 P. 2.21 también Cristo *padeció* por nosotros
     3.14 si .. cosa *padecéis* por causa de la justicia
     3.17 mejor es que *padezcáis* haciendo el bien
     3.18 también Cristo *padeció* una sola vez por
     4.1 que Cristo ha *padecido* por nosotros en la
     4.15 ninguno de .. *padezca* como homicida, o
     5.10 después que hayáis *padecido* un poco de
Ap. 2.10 no temas en nada lo que vas a *padecer*

PADECIMIENTO *v.* **Adversidad, Aflicción,**
Angustia, Calamidad, Dolor, Malo, Miseria,
Sufrimiento, Tribulación
Is. 53.10 quiso quebrantarlo, sujetándolo a *p*
Fil. 3.10 el poder de .. y la participación de sus *p*
He. 10.32 días .. sostuvisteis gran combate de *p*
1 P. 4.13 sois participantes de los *p* de Cristo
     5.1 yo .. testigo de los *p* de Cristo, que soy
     5.9 que sus mismos *p* se van cumpliendo en

PADRE *v.* **Dios, Madre**
Gn. 2.24 dejará el hombre a su *p* y a su madre
     17.5 te he puesto por *p* de muchedumbre de
     43.27 ¿vuestro, *p*, el anciano .. lo pasa bien?
Ex. 20.5; 34.7; Nm. 14.18; Dt. 5.9 la maldad de
     los *p* sobre los hijos
     20.12; Dt. 5.16 honra a tu *p* y a tu madre
Lv. 20.9 hombre que maldijere a su *p* o .. morirá
Dt. 24.16; 2 R. 14.6; 2 Cr. 25.4 los *p* no morirán
     por los hijos, ni los hijos por los *p*
Jue. 17.10 le dijo .. serás para mí *p* y sacerdote

2 S. 7.14; 1 Cr. 17.13 le seré a él *p*, y él me será
2 R. 2.12 Eliseo, clamaba: *P* mío, *p* mío, carro
Job 29.16 a los menesterosos era *p*; y de la causa
Sal. 27.10 aunque mi *p* y mi madre me dejaran
     68.5 *p* de huérfanos y defensor de viudas es
     95.9 donde me tentaron vuestros *p* .. probaron
     103.13 como el *p* se compadece de los hijos
Pr. 4.1 oíd, hijos, la enseñanza de un *p*, y estad
     6.20 guarda .. el mandamiento de tu *p*, y no
     10.1; 15.20 el hijo sabio alegra al *p*, pero el
     13.1 el hijo sabio recibe el consejo del *p*; mas
     17.21 el que .. y el *p* del necio no se alegrará
     23.24 mucho se alegrará el *p* del justo, y el
Is. 63.16; 64.8 tú, oh Jehová, eres nuestro *p*
Jer. 3.4 ¿no me llamarás a mí, *P* mío, guiador de
     31.9 porque soy a Israel por *p*, y Efraín es mi
     31.29; Ez. 18.2 los *p* comieron las uvas agrias
Ez. 18.20 el hijo no llevará el pecado del *p*
Mal. 1.6 si, pues, soy yo *p*, ¿dónde está mi honra?
     2.10 ¿no tenemos todos un mismo *p*? ¿No nos
     4.6 volver el corazón de los *p* hacia los hijos
Mt. 5.48 sed, pues .. perfectos, como vuestro *P*
     6.6 cerrada la puerta, ora a tu *P* que está en
     6.9; Lc. 11.2 *P* nuestro que estás en los cielos
     6.15; Mr. 11.26 tampoco vuestro *P* os per-
     donará
     7.11 ¿cuanto más vuestro *P* que está en los
     7.21 sino el que hace la voluntad de mi *P*
     8.21; Lc. 9.59 que vaya .. y entierre a mi *p*
     10.21 entregará a la muerte .. y el *p* al hijo
     10.32 también le confesaré delante de mi *P*
     10.37 el que ama a *p* o madre más que a mí
     11.27 las cosas me fueron entregadas por mi *P*
     11.27; Lc. 10.22 nadie conoce al .. sino el *P*
     12.50 aquel que hace la voluntad de mi *P* que
     15.4; Mr. 7.10 honra a tu *p* .. maldiga al *p*
     16.27 vendrá en la gloria de su *P* con sus
     18.10 ven .. el rostro de mi *P* que está en los
     18.14 no es la voluntad de vuestro *P* que se
     18.35 así .. mi *P* celestial hará con vosotros
     19.5; Mr. 10.7; Ef. 5.31 dejará *p* y madre, y
     19.19; Mr. 10.19; Lc. 18.20; Ef. 6.2 honra a
     tu *p* y a tu madre
     21.33 hubo un hombre, *p* de familia, el cual
     23.9 no llaméis *p* vuestro a nadie en la tierra
     24.36; Mr. 13.32 nadie sabe .. sino sólo mi *P*
     28.19 bautizándolos en el nombre del *P*, y del
Mr. 13.12; Lc. 12.53 y el *p* al hijo .. contra los *p*
     14.36 Abba, *P*, todas las cosas son posibles
Lc. 1.17 volver los corazones de los *p* a los hijos
     2.27 cuando los *p* del niño Jesús lo trajeron
     2.49 ¿no sabías que en los negocios de mi *P*
     6.36 sed .. como .. vuestro *P* es misericordioso
     11.11 ¿qué *p* de vosotros, si su hijo le pide
     11.13 ¿cuánto más vuestro *P* celestial dará el
     12.32 a vuestro *P* le ha placido daros el reino
     13.25 que el *p* de familia se haya levantado
     15.12 menor .. dijo a su *p*: *P*, dame la parte
     22.42 *P*, si quieres, pasa de mí esta copa
     23.34 Jesús decía: *P*, perdónalos, porque no
     23.46 *P*, en tus manos encomiendo mi espíritu
     24.49 la promesa de mi *P* sobre vosotros
Jn. 2.16 no hagáis de la casa de mi *P* casa de
     3.35 el *P* ama al Hijo, y todas las cosas ha
     4.23 adorarán al *P* en espíritu y en verdad
     5.17 mi *P* hasta ahora trabaja, y yo trabajo
     5.20 el *P* ama al Hijo, y le muestra todas
     5.37 el *P* que me envió ha dado testimonio
     5.43 yo he venido en nombre de mi *P*, y no
     6.37 todo lo que el *P* me da, vendrá a mí
     6.46 no que alguno haya visto al *P*, sino
     6.65 venir a mí, si no le fuere dado del *P*
     8.16 sólo, sino yo y el que me envió, el *P*
     8.39 y le dijeron: Nuestro *p* es Abraham
     8.49 yo no tengo demonio, antes honro a mi *P*
     8.54 mi *P* es el que me glorifica, el que
     10.30 yo y el *P* uno somos
     12.26 si alguno me sirviere, mi *P* le honrará
     12.49 el *P* .. me dio mandamiento de lo que
     14.10 ¿no .. que yo soy en el *P*, y el *P* en mí?

Jn. 14.20 vosotros conoceréis que yo estoy en mi *P*
14.28 voy al *P*; porque el *P* mayor es que yo
15.1 yo soy la vid .. y mi *P* es el labrador
15.10 he guardado los mandamientos de mi *P*
15.23 el que me aborrece .. a mi *P* aborrece
16.3 harán esto porque no conocen al *P* ni a
16.15 todo lo que tiene el *P* es mío; por eso
16.16 y no me veréis .. porque yo voy al *P*
16.23 cuanto pidiereis al *P* en mi nombre, os
20.21 como me envió el *P*, así también yo os
Ro. 4.17 te he puesto por *p* de muchas gentes
8.15; Gá. 4.6 el cual clamamos: ¡Abba, *P*!
1 Co. 8.6 el *P*, del cual proceden todas las cosas
2 Co. 1.3 *P* de misericordias y Dios de toda
6.18 y seré para vosotros por *P*, y vosotros me
12.14 no deben atesorar los hijos para los *p*,
sino los *p* para los hijos
Ef. 2.18 entrada por un mismo Espíritu al *P*
4.6 un Dios y *P* de todos, el cual es sobre
6.1; Col. 3.20 hijos, obedeced .. a vuestros *p*
6.4; Col. 3.21 *p*, no provoquéis a ira .. hijos
1 Ts. 2.11 como el *p* a sus hijos, exhortábamos
1 Ti. 5.4 y a recompensar a sus *p*; porque esto
He. 1.5 yo seré a él *P*, y él me será a mí hijo
3.9 me tentaron vuestros *p*; me probaron
7.3 sin *p*, sin madre, sin genealogía; que ni
12.9 tuvimos a nuestros *p* terrenales que nos
Stg. 1.17 desciende de lo alto, del *P* de las luces
1 P. 1.17 invocáis por *P* a aquel que sin acepción
1 Jn. 1.2 estaba con el *P*, y se nos manifestó
1.3 nuestra comunión .. es con el *P*, y con
2.1 abogado tenemos .. con el *P*, a Jesucristo
2.13 escribo a vosotros, *p*, porque conocéis
2.15 ama al mundo, el amor del *P* no está en
5.7 *P*, el Verbo y el Espíritu Santo; y estos
2 Jn. 9 persevera .. ése si tiene y al Hijo
Ap. 3.5 confesaré su nombre delante de mi *P*

PAGA *v.* **Galardón, Jornal, Premio**
Ec. 4.9 mejores .. dos que uno .. tienen mejor *p*
Ez. 16.34 tú das la *p*, en lugar de recibirla; por
Zac. 8.10 no ha habido *p* de hombre ni *p* de
Ro. 6.23 porque la *p* del pecado es muerte, mas

PAGAR *v.* **Dar, Entregar**
Dt. 23.21 voto a Jehová .. no tardes en *pagarlo*
32.6 ¿así *pagáis* a Jehová, pueblo loco y
1 S. 24.17 has *pagado* con bien .. yo *p* con mal
26.23 y Jehová *pague* a cada uno su justicia
2 R. 4.7 vende el aceite, y *paga* a tus acreedores
Job 34.11; Sal. 62.12; Pr. 12.14 él *pagará* al hombre
según su obra
Sal. 37.21 el impío toma prestado, y no *paga*; mas el
66.13 entraré en tu .. te *pagaré* mis votos
76.11 prometed, y *pagad* a Jehová vuestro Dios
103.10 ni nos ha *pagado* conforme a nuestros
116.12 ¿qué *pagaré* a Jehová por todas sus
Pr. 19.17 y el bien .. hecho, se lo volverá a *pagar*
22.27 si no tuvieres para *pagar*, ¿por qué han
Jer. 16.18 primero *pagaré* al doble su iniquidad y
50.29 *pagadle* según su obra; conforme a todo
Ez. 23.49 *pagaréis* los pecados de .. idolatría
Os. 4.9 le .. y le *pagaré* conforme a sus obras
Jon. 2.9 *pagaré* lo que prometí. La salvación
Mt. 17.24 ¿vuestro Maestro no *paga* las dos
18.25 como no pudo *pagar*, ordenó .. venderle
18.26 ten paciencia .. y yo te lo *pagaré* todo
Lc. 7.42 no teniendo ellos con qué *pagar*, perdonó
10.35 de más, yo te lo *pagaré* cuando regrese
Hch. 21.24 *paga* .. para que se rasuren la cabeza
Ro. 12.17 no *paguéis* a nadie mal por mal
12.19 mía es la venganza, yo *pagaré*, dice el
13.7 *pagad* a todos lo que debéis: al que
1 Ts. 5.15 que ninguno *pague* a otro mal por mal
2 Ts. 1.6 es justo .. Dios *pagar* con tribulación
2 Ti. 4.14 Señor le *pague* conforme a sus hechos
He. 7.9 en Abraham *pagó* el diezmo .. Leví, que
Ap. 18.6 y *pagadle* doble según sus obras

PAGO *v.* **Paga, Recompensa**
Dt. 7.10 da el *p* en persona al que le aborrece
Job 21.19 Dios .. le dará su *p*, para que conozca

Sal. 41.10 Jehová .. hazme levantar, y les daré el *p*
137.8 bienaventurado el que te diere el *p* de
Is. 59.18 dar el *p* a .. el *p* dará a los de la costa
66.6 voz de Jehová que da el *p* a sus enemigos
Lm. 3.64 dales el *p* .. según la obra de sus manos
He. 10.30 mía es la venganza, yo daré el *p*, dice

PAJA *v.* **Hojarasca, Tamo**
Ex. 5.7 de aquí en adelante no daréis *p* al pueblo
Job 21.18 serán como la *p* delante del viento
41.27 estima como *p* el hierro, y el bronce
Is. 11.7 juntas; y el león como el buey comerá *p*
Jer. 23.28 qué tiene que ver la *p* con el trigo?
Mt. 3.12; Lc. 3.17 quemará la *p* en fuego que
7.3; Lc. 6.41 ¿por qué miras la *p* que está en

PAJARILLO
Mt. 10.29 ¿no se venden dos *p* por un cuarto?
Lc. 12.6 ¿no se venden cinco *p* por dos cuartos?

PÁJARO *v.* **Ave**
Gn. 7.14 toda ave .. y todo *p* de toda especie
Sal. 102.7 soy como el *p* solitario sobre el tejado

PALABRA *v.* **Palabra de Dios, Palabra de Jehová**
Ex. 4.10 Señor! nunca he sido hombre de fácil *p*
Nm. 22.35 pero la *p* que yo te diga, esa hablarás
Dt. 11.18 pondréis .. mis *p* en vuestro corazón
18.18 mis *p* en su boca, y él les hablará
30.14 porque muy cerca de ti está la *p*, en tu
Jos. 21.45; 23.14 no faltó *p* de todas las buenas
Job 6.10 que yo no he escondido las *p* del Santo
6.25 ¡cuán eficaces son las *p* rectas! Pero
15.11 y las *p* que con dulzura se te dicen?
35.16 por eso .. multiplica *p* sin sabiduría
Sal. 68.11 el Señor daba *p*; había grande multitud
105.42 acordó de su santa *p* dada a Abraham
107.20 envió su *p*, y los sanó, y los libró de
119.57 es Jehová; he dicho que guardaré tus *p*
119.82 desfallecieron mis ojos por tu *p*
119.89 para siempre .. permanece tu *p* en los
119.130 la exposición de tus *p* alumbra; hace
119.140 sumamente pura es tu *p*, y la ama tu
119.160 la suma de tu *p* es verdad, y eterno
Pr. 6.1 si has empeñado tu *p* a un extraño
10.19 en las muchas *p* no falta pecado; mas
17.27 el que ahorra sus *p* tiene sabiduría
30.5 toda *p* de Dios es limpia; él es escudo a
Is. 5.24 abominaron la *p* del Santo de Israel
40.8 la *p* del Dios nuestro permanece para
55.11 así será mi *p* que sale de mi boca; no
Jer. 7.27 tú, pues, les dirás todas estas *p*, pero
15.16 fueron halladas tus *p*, y yo las comí
18.18 la ley no faltará al .. ni la *p* al profeta
23.28 aquel a quien fuere mi *p*, cuente mi *p*
44.28 la *p* de quién ha de permanecer; si la
Hab. 3.2 Jehová, he oído tu *p*, y temí
Mt. 4.4; Lc. 4.4 de toda *p* que sale de la boca de
8.8; Lc. 7.7 dí la *p*, y mi criado sanará
22.15 fariseos .. cómo sorprenderle en alguna *p*
24.35; Mr. 13.31 tierra pasarán, pero mis *p*
Mr. 4.14 el sembrador es el que siembra la *p*
8.38 el que se avergonzare de mí y de mis *p*
16.20 confirmando la *p* con las señales que
Lc. 12.10 que dijere alguna *p* contra el Hijo del
24.19 poderoso en obra y en *p* delante de Dios
Jn. 5.24 el que oye mi *p*, y cree al que me envió
5.38 ni tenéis su *p* morando en vosotros
6.68 Señor, ¿a .. Tú tienes *p* de vida eterna
8.31 si vosotros permaneciereis en mi *p*
8.37 porque mi *p* no halla cabida en vosotros
8.51 el que guarda mi *p*, nunca verá muerte
12.48 no recibe mis *p* .. la *p* .. ella le juzgará
14.24 la *p* que habéis oído no es mía, sino del
15.3 ya vosotros estáis limpios por la *p* que
17.6 eran, y me los diste, y han guardado tu *p*
Hch. 5.20 anunciad al pueblo todas las *p* de esta
6.7 crecía la *p* del Señor, y el número de los
7.38 Moisés .. recibió *p* de vida que darnos
12.24 la *p* del Señor crecía y se multiplicaba
19.10 todos .. Asia .. oyeron la *p* del Señor

Ro. 3.2 que les ha sido confiada la *p* de Dios
10.8 cerca de ti está la *p*, en tu boca y en tu
1 Co. 2.1 no fui con excelencia de *p* o de
4.20 porque el reino de Dios no consiste en *p*
14.19 en la iglesia prefiero hablar cinco *p* con
2 Co. 11.6 aunque sea tosco en la *p*, no lo soy en
Fil. 2.16 asidos de la *p* de vida, para que en el día
3.16 la *p* de Cristo more en abundancia en
3.17 todo lo que hacéis, sea de *p* o de hecho
4.6 sea vuestra *p* siempre con gracia .. con sal
1 Ts. 1.5 evangelio no llegó a .. en *p* solamente
1.8 ha sido divulgada la *p* del Señor, no sólo
2 Ts. 3.1 la *p* del Señor corra y sea glorificada
2 Ti. 2.15 obrero .. que usa bien la *p* de verdad
Tit. 1.9 retenedor de la *p* fiel tal como ha sido
2.8 *p* sana e irreprochable, de modo que el
Stg. 1.21 recibid con mansedumbre la *p* implantada
1 P. 1.25 la *p* del Señor permanece para siempre
2 P. 1.19 tenemos .. la *p* profética más segura
1 Jn. 1.10 si decimos .. su *p* no está en nosotros
2.5 el que guarda su *p* .. el amor de Dios se
3.18 no amemos de *p* ni de lengua, sino de
Ap. 3.8 has guardado mi *p*, y no has negado mi
22.19 si alguno quitare de las *p* del libro de

PALABRA DE DIOS *v.* Palabra, Palabra de Jehová
1 S. 9.27 espera tú .. que te declare la *p* de *D*
Mr. 7.13 invalidando la *p* de *D* con vuestra
Lc. 3.2 vino *p* de *D* a Juan, hijo de Zacarías, en el
5.1 se agolpaba sobre él para oir la *p* de *D*
8.11 es .. la parábola: La semilla es la *p* de *D*
8.21 son los que oyen la *p* de *D*, y la hacen
11.28 bienaventurados los que oyen la *p* de *D*
Hch. 4.31 y hablaban con denuedo la *p* de *D*
6.2 no es justo que .. dejemos la *p* de *D*, para
8.14 que Samaria había recibido la *p* de *D*
11.1 los gentiles habían recibido la *p* de *D*
13.7 éste, llamando a .. deseaba oir la *p* de *D*
13.44 se juntó .. la ciudad para oir la *p* de *D*
13.46 que se os hablase primero la *p* de *D*
Ro. 9.6 no que la *p* de *D* haya fallado; porque no
10.17 es por el oir, y el oir, por la *p* de *D*
1 Co. 14.36 ha salido de vosotros la *p* de *D*
2 Co. 2.17 que medran falsificando la *p* de *D*
Ef. 6.17 y la espada del Espíritu, que es la *p* de *D*
Col. 1.25 que anuncie cumplidamente la *p* de *D*
1 Ts. 2.13 que cuando recibisteis la *p* de *D* que
2 Ti. 2.9 prisiones .. mas la *p* de *D* no está presa
Tit. 2.5 para que la *p* de *D* no sea blasfemada
He. 4.12 porque la *p* de *D* es viva y eficaz, y más
6.5 asimismo gustaron de la buena *p* de *D*
11.3 sido constituido el universo por la *p* de *D*
13.7 pastores, que os hablaron la *p* de *D*
1 P. 1.23 siendo renacidos .. por la *p* de *D* que
4.11 si .. habla, hable conforme a las *p* de *D*
2 P. 3.5 fueron hechos por la *p* de Dios los cielos
1 Jn. 2.14 y la *p* de *D* permanece en vosotros
Ap. 1.9 ha dado testimonio de la *p* de *D*, y del
1.9 estaba en .. Patmos, por causa de la *p* de *D*
20.4 almas de los decapitados por .. la *p* de *D*

PALABRA DE JEHOVÁ *v.* Palabra, Palabra de Dios
Nm. 15.31 por cuanto tuvo en poco la *p* de *J*
1 S. 3.1 la *p* de *J* escaseaba en aquellos días; no
1 R. 12.22 vino *p* de *J* a Semaías varón de Dios
2 R. 20.19; Is. 39.8 la *p* de *J* has hablado es
Sal. 33.4 recta es la *p* de *J*, y toda su obra es
Is. 1.10 príncipes de Sodoma, oíd la *p* de *J*
2.3 Sion saldrá la ley, y de Jerusalén la *p* de *J*
38.4 entonces vino *p* de *J* a Isaías, diciendo
66.5 oíd *p* de *J*, vosotros los que tembláis a su
Jer. 1.2 *p* de *J* que le vino en los días de Josías
8.9 he aquí que aborrecieron la *p* de *J*; ¿y qué
17.15 ellos me dicen: ¿Dónde está la *p* de *J*?
20.8 porque la *p* de *J* me ha sido para afrenta
42.7 al .. de diez días vino *p* de *J* a Jeremías
Ez. 1.3 vino *p* de *J* al sacerdote Ezequiel hijo de
Os. 1.1 *p* de *J* que vino a Oseas hijo de Beeri, en
Jl. 1.1 *p* de *J* que vino a Joel, hijo de Petuel

Am. 8.12 irán errantes .. buscando *p* de *J*, y no
Jon. 1.1 vino *p* de *J* a Jonás hijo de Amitai
Mi. 1.1 *p* de *J* que vino a Miqueas .. en días de
Sof. 1.1 *p* de *J* que vino a Sofonías hijo de Cusi
2.5 la *p* de *J* es contra vosotros, oh Canaán
Hag. 2.1 vino *p* de *J* por medio del profeta Hageo
Zac. 1.1 vino *p* de *J* al profeta Zacarías hijo de
Mal. 1.1 profecía de la *p* de *J* contra Israel, por

PALABRERÍA
Mt. 6.7 que piensan que por su *p* serán oídos
1 Ti. 1.6 de la .. algunos, se apartaron a vana *p*
2 Ti. 2.16 mas evita profanas y vanas *p*, porque

PALACIO *v.* Casa, Habitación, Morada
Sal. 45.8 tus vestidos; desde *p* de marfil te recrean
45.15 serán traídas .. entrarán en el *p* del rey
48.3 en sus *p* Dios es conocido por refugio
48.13 considerad .. su antemuro, mirad sus *p*
69.25 sea su *p* asolado; en sus tiendas no haya
122.7 muros, y el descanso dentro de tus *p*
Cnt. 8.9 muro, edificaremos sobre él un *p* de plata
Am. 6.8 abomino .. de Jacob, y aborrezco sus *p*
Lc. 11.21 el hombre fuerte armado guarda su *p*

PALMA *v.* Palmera
Is. 49.16 en las *p* de las manos te tengo esculpida
Ap. 7.9 de ropas blancas, y con *p* en las manos

PALMERA *v.* Palma
Dt. 34.3 la vega de Jericó, ciudad de las *p*, hasta
Jue. 4.5 bajo la *p* de Débora, entre Ramá y Bet-el
Sal. 92.12 el justo florecerá como la *p*; crecerá
Cnt. 7.7 tu estatura es semejante a la *p*, y tus
Jn. 12.13 ramas de *p* y salieron a recibirle

PALO *v.* Vara
1 S. 17.43 ¿soy yo perro .. que vengas a mí con *p*?
Ez. 37.16 toma ahora un *p*, y escribe en él: Para
Mt. 26.55; Mr. 14.48; Lc. 22.52 con espadas y con *p* para prenderme?

PALOMA
Gn. 8.8 envió .. una *p*, para ver si las aguas se
Sal. 55.6 y dije: ¡Quién me diese alas como de *p*!
Cnt. 1.15 que eres bella; tus ojos son como *p*
2.14 *p* mía, que estás en los agujeros de la
4.1 tus ojos entre tus guedejas como de *p*
5.12 sus ojos, como *p* junto a los arroyos de
Is. 60.8 vuelan como .. y como *p* a sus ventanas?
Jer. 48.28 sed como la *p* que hace nido en la boca
Os. 7.11 Efraín fue como *p* .. sin entendimiento
Mt. 3.16; Mr. 1.10; Lc. 3.22; Jn. 1.32 al Espíritu .. que descendía como *p*
10.16 prudentes como .. y sencillos como *p*
21.12; Mr. 11.15 sillas de los que vendían *p*
Jn. 2.14 a los que vendían bueyes, ovejas y *p*, y a

PALOMINO *v.* Tórtola
Lc. 2.24 para ofrecer .. un par de tórtolas, o dos *p*

PALPAR *v.* Tocar
Gn. 27.12 me *palpará* mi padre, y me tendrá por
Ex. 10.21 tinieblas .. que cualquiera las *palpe*
Dt. 28.29 *palparás* a mediodía como *palpa* el ciego
Jue. 16.26 y hazme *palpar* las columnas sobre las
Lc. 24.39 *palpad*, y ved; porque un espíritu no tiene
He. 12.18 acercado al monte que se podía *palpar*
1 Jn. 1.1 *palparon* nuestras manos tocante al Verbo

PÁMPANO *v.* Vástago
Jn. 15.2 *p* que en mí no lleva fruto, lo quitará
15.5 yo soy la vid, vosotros los *p*; el que

PAN *v.* Comida, Proposición
Gn. 3.19 con el sudor de tu rostro comerás el *p*
18.6 toma .. harina, y amasa y haz *p* cocidos
47.19 cómpranos .. por *p*, y seremos .. siervos
Ex. 16.4 he aquí yo os haré llover *p* del cielo; y la
Dt. 8.3 saber que no sólo de *p* vivirá el hombre, mas
29.6 no habéis comido *p*, ni bebisteis vino ni
Jue. 6.19 entrando Gedeón, preparó un cabrito, y *p*
Rt. 1.6 había visitado a su pueblo para darles *p*
1 S. 21.4 no tengo *p* común a .. tengo *p* sagrado
1 R. 22.27; 2 Cr. 18.26 mantenedle con *p* .. y agua

2 R. 4.42 trajo al varón de Dios *p* de primicias
Neh. 9.15 les diste *p* del cielo en su hambre, y en
Job 22.7 no diste .. detuviste el *p* al hambriento
    27.14 y sus pequeños no se saciarán de *p*
Sal. 41.9 hombre de mi paz .. que de mi *p* comía
    42.3 fueron mis lágrimas mi *p* de día y de
    78.25 *p* de nobles comió el hombre; les envió
    104.14 la hierba .. sacando el *p* de la tierra
    105.40 codornices .. y los sació de *p* del cielo
    146.7 hace justicia .. da *p* a los hambrientos
Pr. 4.17 porque comen *p* de maldad, y beben vino
    9.17 y en oculto es sabroso
    20.17 sabroso es al hombre el *p* de mentira
    22.9 será bendito .. dio de su *p* al indigente
Ec. 9.7 anda, y come tu *p* con gozo, y bebe tu
    11.1 echa tu *p* sobre las aguas .. lo hallarás
Is. 4.1 nosotras comeremos de nuestro *p*, y nos
    33.16 se le dará su *p*, y sus aguas serán
    55.2 ¿por qué gastáis el dinero .. que no es *p*
    55.10 da semilla al que .. y *p* al que come
    58.7 ¿no es que partas tu *p* con el hambriento
Lm. 4.4 pequeñuelos pidieron *p*, y no hubo quien
Jl. 2.19 he aquí yo os envío *p*, mosto y aceite, y
Am. 4.6 hubo falta de *p* en todos vuestros pueblos
Mt. 4.3; Lc. 4.3 estas piedras se conviertan en *p*
    6.11; Lc. 11.3 *p* nuestro de cada día, dánoslo
    7.9; Lc. 11.11 si su hijo le pide *p*, le dará una
    12.4 comió los *p* de la proposición, que no les
    14.17; Lc. 9.13 no tenemos aquí sino cinco *p*
    15.26; Mr. 7.27 no está bien tomar el *p* de los
    15.33 ¿de dónde tenemos nosotros tantos *p* en
    16.5; Mr. 8.14 se habían olvidado de traer *p*
    26.26; Mr. 14.22; Lc. 22.19; 24.30 tomó Jesús
    el *p* y bendijo
Mr. 6.36 que vayan a los campos .. y compren *p*
    6.38; 8.5 dijo: ¿Cuántos *p* tenéis? Id y vedlo
    6.52 aún no habían entendido lo de los *p*, por
Lc. 4.4 no sólo de *p* vivirá el hombre, sino de
    11.5 va .. y le dice: Amigo, préstame tres *p*
    14.15 bienaventurado el que coma *p* en el
    15.17 en casa de mi padre tienen .. de *p*, y yo
Jn. 6.5 ¿de dónde compraremos *p* para que coman
    6.9 aquí está un muchacho, que tiene cinco *p*
    6.26 me buscáis .. porque comisteis el *p* y os
    6.31 el maná .. *p* del cielo les dio a comer
    6.32 mi Padre os da el verdadero *p* del cielo
    6.35 Jesús les dijo: Yo soy el *p* de vida; el
    6.51 yo soy el *p* vivo que descendió del cielo
    13.18 el que come *p* conmigo, levantó contra
    13.26 a quien yo diere el *p* mojado, aquél es
    21.13 vino, pues, Jesús, y tomó el *p* y les dio
Hch. 2.42 el partimiento del *p* y en las oraciones
    20.7 reunidos los discípulos para partir el *p*
1 Co. 5.8 con *p* sin levadura, de sinceridad y de
    10.16 el *p* que partimos, ¿no es la comunión
    11.26 todas las veces que comiereis este *p* y
2 Co. 9.10 el que da .. *p* al que come, proveerá
2 Ts. 3.8 ni comimos de balde el *p* de nadie, sino

PANADERO
Gn. 40.1 el copero del rey .. el *p* delinquieron

PANDERO
Jue. 11.34 he aquí a su hija .. con *p* y danzas
Sal. 150.4 alabadle con *p* y danza .. con cuerdas

PAÑAL
Lc. 2.7 lo envolvió en *p*, y lo acostó en un pesebre

PAÑO
2 R. 8.15 tomó un *p* y lo metió en agua, y lo puso
Mt. 9.16 pone remiendo de *p* nuevo en vestido
Hch. 19.12 llevaban .. los *p* o delantales de su

PAÑUELO
Lc. 19.20 la cual he tenido guardada en un *p*

PARÁBOLA *v.* Proverbio
Nm. 23.7 él tomó su *p*, y dijo: De Aram me trajo
Ez. 17.2 hijo .. compón una *p* a la casa de Israel
    20.49 ellos dicen de mí: ¿No profiere éste *p*?
    24.3 y habla por *p* a la casa rebelde, y diles
Os. 12.10 y por medio de los profetas usé *p*
Mt. 13.3; Mr. 4.2 les habló muchas cosas por *p*

Mt. 13.13 por eso les hablo por *p*: porque viendo
    13.35 abriré en *p* mi boca; declararé cosas
    24.32; Mr. 13.28; Lc. 21.29 de la higuera apren-
    ded la *p*
Mr. 4.11; Lc. 8.10 a los que están fuera, por *p*
    4.13 sabéis esta *p*? ¿cómo .. entenderéis .. *p*?
    4.34 y sin *p* no les hablaba; aunque a sus

PARAÍSO *v.* Cielo, Edén
Is. 51.3 y cambiará su desierto en *p*, y su soledad
Lc. 23.43 te digo que hoy estarás conmigo en el *p*
2 Co. 12.4 que fue arrebatado al *p*, donde oyó
Ap. 2.7 árbol de la vida .. en medio del *p* de Dios

PARALÍTICO
Mt. 8.6 postrado .. *p*, gravemente atormentado
    9.2; Mr. 2.3; Lc. 5.18 le trajeron un *p*
Hch. 9.33 años que estaba en cama, pues era *p*

PARAR *v.* Detener
Gn. 19.17 no mires .. ni *pares* en toda esta llanura
Jos. 10.13 sol se detuvo y la luna se *paró* hasta
Jer. 6.16 dijo .. Paraos en los caminos, y mirad, y
Hch. 5.24 dudaban en que vendría a *parar* aquello

PARCIALIDAD
1 Ti. 5.21 sin prejuicios, no haciendo nada con *p*

PARECER *v.* Consejo, Opinión
Gn. 29.20 y le *parecieron* como pocos días, porque
Dt. 12.8 no haréis .. cada uno .. bien le *parece*
Jue. 17.6 cada uno hacía lo que bien le *parecía*
1 S. 3.18 Jehová es; haga lo que bien le *pareciere*
    16.7 no mires a su *parecer*, ni a lo grande de
    17.42 muchacho, y rubio, y de hermoso *parecer*
2 S. 18.4 les dijo: Yo haré lo que bien os *parezca*
Mt. 17.25 ¿qué te *parece*, Simón? Los reyes de la
Jn. 4.19 Señor, me *parece* que tú eres profeta
1 Co. 7.25 mas doy mi *parecer*, como quien ha
He. 12.10 nos disciplinaban como .. les *parecía*
1 P. 4.4 les *parece* cosa extraña que vosotros no

PARED *v.* Muro
Nm. 22.24 viñas que tenía *p* a un lado y *p* al otro
Is. 59.10 palpamos la *p* como ciegos, y andamos
Ez. 8.7 atrio, y miré, y he aquí en la *p* un agujero
    12.5 te abrirás paso por entre la *p*, y saldrás
Dn. 5.5 escribía .. sobre lo encalado de la *p* del
Am. 5.19 apoyare su mano en la *p*, y le muerde
Hch. 23.3 ¡Dios te golpeará a ti, *p* blanqueada!
Ef. 2.14 derribando la *p* intermedia de separación

PARENTELA *v.* Casa, Familia
Gn. 12.1; Hch. 7.3 vete de tu tierra y de tu *p*, y de

PARIENTE, ta *v.* Casa, Familia
Lv. 18.6 ningún varón se llegue a *p* próxima
Rt. 2.1 tenía Noemí un *p* de su marido .. Booz
    3.2 ¿no es Booz nuestro *p*, con cuyas criadas
    3.12 soy *p* cercano .. hay *p* más cercano que yo
Job 19.14 mis *p* se detuvieron, y mis conocidos se
Lc. 1.36 tu *p* Elisabet .. ha concebido hijo en su
    2.44 le buscaban entre los *p* y los conocidos

PÁRPADO
Job 3.9 luz, y no venga, ni vea los *p* de la mañana
Pr. 4.25 diríjanse tus *p* hacia lo que .. delante

PARTE *v.* Heredad, Porción, Suerte
Gn. 31.14 ¿tenemos acaso *p* o heredad en la casa
Nm. 18.20 ni entre .. tendrás *p*. Yo soy tu *p* y tu
1 S. 30.24 así ha de ser la *p* del que queda con el
2 S. 19.43 nosotros tenemos en el rey diez *p*, y en
    20.1; 1 R. 12.16 no tenemos nosotros *p* en
Neh. 2.20 porque vosotros no tenéis *p* ni derecho
Is. 53.12 yo le daré *p* con los grandes; y con los
Lc. 10.42 y María ha escogido la buena *p*, la cual
Jn. 13.8 si no te lavare, no tendrás *p* conmigo
Hch. 5.2 trayendo sólo una *p*, la puso a los pies
    8.21 no tienes tú *p* ni suerte en este asunto
1 Co. 13.9 en *p* conocemos, y en *p* profetizemos
Ap. 20.6 bienaventurado y santo el que tiene *p* en

PARTERA
Gn. 35.17 le dijo la *p* .. También tendrás este hijo
Ex. 1.15 habló el rey de .. a las *p* de las hebreas

PARTICIPANTE *v.* **Copartícipe, Partícipe**
Ro. 15.27 si los gentiles han sido hechos *p* de
Fil. 1.7 vosotros sois *p* conmigo de la gracia
He. 3.1 tanto, hermanos santos, *p* del llamamiento
    3.14 somos hechos *p* de Cristo, con tal que
1 P. 4.13 sino gozaos por cuanto sois *p* de los
    5.1 soy . . *p* de la gloria que será revelada
2 P. 1.4 llegaseis a ser *p* de la naturaleza divina

PARTICIPAR
1 Co. 9.13 que sirven al . . del altar *participan*?
    10.17 todos *participamos* de aquel mismo pan
    10.21 no podéis *participar* de la mesa del
Ef. 5.11 no *participéis* en las obras infructuosas
Fil. 4.15 ninguna iglesia *participó* conmigo en
1 Ti. 5.22 ni *participes* en pecados ajenos
2 Ti. 1.8 sino *participa* de las aflicciones por el
He. 2.14 por cuanto los hijos *participaron* de
    12.10 para que *participemos* de su santidad
2 Jn. 11 el que le dice: ¡Bienvenido! *participa* en

PARTÍCIPE *v.* **Copartícipe, Participante**
1 Co. 10.20 no quiero que . . os hagáis *p* con los
Gá. 6.6 *p* de toda cosa buena al que lo instruye
Ef. 5.7 no seáis, pues, *p* con ellos
He. 6.4 y fueron hechos *p* del Espíritu Santo
Ap. 18.4 salid . . que no seáis *p* de sus pecados

PARTIDA *v.* **Muerte**
Lc. 9.31 hablaban de su *p*, que iba Jesús a
Hch. 20.29 que después de mi *p* entrarán . . lobos
2 Ti. 4.6 porque . . el tiempo de mi *p* está cercano
2 P. 1.15 después de mi *p* vosotros podáis en

PARTIR *v.* **Dividir, Ir, Salir**
Nm. 31.27 *partirás* por mitades el botín entre los
Jue. 19.29 echó mano de su . . y la *partió* por sus
1 R. 3.25 el rey dijo: *Partid* por medio al niño vivo
Mt. 14.19 *partió* y dio los panes a los discípulos
    27.35 *partieron* entre sí mis vestidos, y sobre
Lc. 12.13 dí a . . que *parta* conmigo la herencia
Jn. 19.24 no la *partamos*, sino echemos suertes
Hch. 2.46 *partiendo* el pan en las casas, comían
    16.10 procuramos *partir* para Macedonia
1 Co. 11.24 habiendo dado gracias, lo *partió*, y
Fil. 1.23 deseo de *partir* y estar con Cristo, lo cual

PARTO
Gn. 35.16 dio a luz Raquel, y hubo trabajo en su *p*
Ex. 1.16 cuando asistáis a las hebreas en sus *p*
Ro. 8.22 a una está con dolores de *p* hasta ahora
Gá. 4.19 vuelvo a sufrir dolores de *p*, hasta que
Ap. 12.2 clamaba con dolores de *p*, en la angustia

PASADO, da
Job 29.2 ¡quién me volviese como en los meses *p*
Ec. 7.10 los tiempos *p* fueron mejores que estos?
Hch. 14.16 en las edades *p* él ha dejado a todos
Ef. 4.22 en cuanto a la *p* manera de vivir

PASAR *v.* **Sobrepasar**
Gn. 31.52 ni yo *pasaré* de este majano contra ti
Ex. 12.13 y veré la sangre y *pasaré* de vosotros
    12.23 Jehová *pasará* hiriendo a los egipcios
Nm. 20.17 te rogamos que *pasemos* por tu tierra
Jos. 3.4 no habéis *pasado* antes de ahora por este
2 S. 15.23 *pasó* el rey, y todo el pueblo *p* al
Neh. 9.11 divídiste el mar delante de . . y *pasaron*
Job 17.11 *pasaron* mis días, fueron arrancados mis
Pr. 26.17 el que *pasando* se deja llevar de la ira
Ec. 3.15 ser, fue ya; y Dios restaura lo que *pasó*
Cnt. 2.11 porque he aquí ha *pasado* el invierno
Is. 26.20 entra . . en tanto que *pasa* la indignación
Jer. 37.14 dijo: Falso; no me *paso* a los caldeos
Mt. 5.18 ni una jota ni una tilde *pasará* de la ley
    8.18 mucha gente, mandó *pasar* al otro lado
    17.20 *pásate* de aquí allá, y se *pasará*; y nada
    20.30 dos ciegos . . oyeron que Jesús *pasaba*
    24.35; Mr. 13.31; Lc. 21.33 el cielo y la tierra
      pasarán, pero mis palabras no *p*
    26.39; Lc. 22.42 *pase* de mí esta copa
Lc. 4.30 él *pasó* por en medio de ellos, y se fue
    10.31 un sacerdote . . viéndole, *pasó* de largo
    16.17 más fácil es que *pasen* el cielo y la

Lc. 16.26 que quisieren *pasar* de aquí a vosotros
    18.37 le dijeron que *pasaba* Jesús nazareno
1 Co. 7.31 la apariencia de este mundo se *pasa*
Stg. 1.10 él *pasará* como la flor de la hierba

PASCUA *v.* **Fiesta**
Ex. 12.11 y lo comeréis así . . es la *P* de Jehová
Nm. 9.5 celebraron la *p* en el mes primero, a los
    28.16 a los 14 días del mes . . la *p* de Jehová
Dt. 16.1 el mes de Abib, y harás *p* a Jehová tu
Jos. 5.10 los hijos de Israel . . celebraron la *p*
2 R. 23.21 haced la *p* a Jehová vuestro Dios
2 Cr. 30.1 para celebrar la *p* a Jehová Dios de
    35.1 Josías celebró la *p* a Jehová en Jerusalén
Esd. 6.19 hijos de la cautividad celebraron la *p*
Mt. 26.2 que dentro de dos días se celebra la *p*
    26.19; Mr. 14.16; Lc. 22.13 prepararon la *p*
Lc. 22.1 la fiesta de los panes . . que se llama la *p*
    22.15 comer con . . esta *p* antes que padezca!
Jn. 2.23 en la fiesta de la *p*, muchos creyeron en
    13.1 antes de la fiesta de la *p*, sabiendo
    18.39 costumbre de que os suelte uno en la *p*
Hch. 12.4 sacarle al pueblo después de la *p*
1 Co. 5.7 *p*, que es Cristo, ya fue sacrificada
He. 11.28 por la fe celebró la *p* y la aspersión de

PASEAR
Gn. 3.8 Dios que se *paseaba* en el huerto, al aire
Job 22.14 no ve; y por el circuito del cielo se *pasea*
Dn. 3.25 cuatro varones sueltos, que se *pasean*

PASIÓN *v.* **Concupiscencia, Deseo, Placer**
Ro. 1.26 Dios los entregó a *p* vergonzosas; pues
2 Ti. 2.22 huye también de las *p* juveniles, y sigue
Stg. 4.1 ¿no es de vuestras *p*, las cuales combaten
    5.17 Elías era hombre sujeto a *p* . . y oró

PASO *v.* **Pisada**
1 S. 20.3 apenas hay un *p* entre mí y la muerte
Job 18.7 sus *p* vigorosos serán acortados, y su
Sal. 17.5 sustenta mis *p* en tus caminos, para que
    17.11 han cercado ahora nuestros *p*; tienen
    56.6 miran atentamente mis *p*, como quienes
    85.13 justicia . . y sus *p* nos pondrá por camino
    119.133 ordena mis *p* con tu palabra, y ninguna
Pr. 4.12 anduvieres, no se estrecharán tus *p*, y si
    20.24 de Jehová son los *p* del hombre; ¿cómo
Jer. 10.23 ni del hombre . . es el ordenar sus *p*
Lm. 4.18 nuestros *p*, para que no anduviésemos

PASTO *v.* **Hierba**
Sal. 23.2 en lugares de delicados *p* me hará
Is. 49.9 y en todas las alturas tendrán sus *p*
Jer. 25.37 los *p* delicados serán destruidos por
Ez. 34.14 en buenos *p* las apacentaré, y en los
    34.31 ovejas de mi *p*, hombres sois, y yo
Jl. 1.18 ¡cuán turbados . . porque no tuvieron *p*!

PASTOR *v.* **Oveja**
Gn. 4.2 y Abel fue *p* . . y Caín fue labrador de la
    13.7 contienda entre los *p* del . . y los *p* del
Nm. 27.17 congregación . . no sea como . . sin *p*
1 R. 22.17; 2 Cr. 18.16 ovejas que no tienen *p*
Sal. 23.1 Jehová es mi *p*; nada me faltará
    80.1 *P* de Israel, escucha; tú que pastoreas
Is. 40.11 como *p* apacentará su rebaño; en su
    44.28 es mi *p*, y cumplirá todo lo que yo
    56.11 los *p* mismos no saben entender: todos
Jer. 2.8 *p* se rebelaron contra mí, y los profetas
    3.15 y os daré *p* según mi corazón, que os
    10.21 los *p* se infatuaron, y no buscaron a
    23.1 ¡ay de los *p* que destruyen y dispersan
    23.4 y pondré sobre ellas *p* que las apacienten
    25.34 aullad, *p*, y clamad; revolcaos en el
    31.10 lo reunirá y guardará, como el *p* a su
Ez. 34.2 profetiza contra los *p* . . y di a los *p*
    34.5 y andan errantes por falta de *p*, y son
    34.23 levantaré sobre ellas a un *p*, y él las
    37.24 ellos, y todos ellos tendrán un solo *p*
Am. 1.1 palabras de Amós, que fue uno de los *p*
    3.12 de la manera que el *p* libra de la boca
Zac. 10.2 pueblo vaya . . sufre porque no tiene *p*
    11.16 yo levanto . . a un *p* que no visitará las
    13.7 hiere al *p*, y serán dispersadas las ovejas

Mt. 9.36; Mr. 6.34 como ovejas que no tienen *p*
26.31; Mr. 14.27 heriré al *p*, y las ovejas del
Lc. 2.8 había *p* en la misma región, que velaban
Jn. 10.2 el que entra por la .. el *p* de las ovejas es
10.11 yo soy el buen *p*; el buen *p* su vida da
10.12 el asalariado, y que no es el *p* .. huye
10.16 y oirán .. y habrá un rebaño, y un *p*
Ef. 4.11 constituyó a .. a otros, *p* y maestros
He. 13.7 acordaos de vuestros *p*, que os hablaron
13.17 obedeced a vuestros *p*, y sujetaos a
13.20 el gran *p* de las ovejas, por la sangre
1 P. 2.25 habéis vuelto al *P* y Obispo de vuestras
5.4 cuando aparezca el Príncipe de los *p*

PASTOREAR

Nm. 14.33 vuestros hijos andarán *pastoreando* en
Sal. 23.2 junto a aguas de reposo me *pastoreará*
28.9 *pastoréales* y susténtalos para siempre
67.4 *pastorearás* las naciones en la tierra
80.1 tú que *pastoreas* como a ovejas a José
136.16 *pastoreó* a su pueblo por el desierto
Is. 11.6 el león y la .. y un niño los *pastoreará*
40.11 *pastoreará* suavemente a las .. paridas
58.11 Jehová te *pastoreará* siempre, y en las
63.14 *pastoreaste* a tu pueblo, para hacerte
Ap. 7.17 porque el Cordero .. los *pastoreará*

PASUR Jer. 20.2.

PATENTE *v.* Visible

Fil. 1.13 mis prisiones se han hecho *p* en Cristo
1 Ti. 5.24 los pecados de algunos .. se hacen *p*

PATIO

Mt. 26.58; Mr. 14.54 le seguía de lejos hasta el *p*
Lc. 22.55 encendido fuego en medio del *p*, se
Jn. 18.15 con Jesús al *p* del sumo sacerdote
Ap. 11.2 el *p* que está fuera del templo déjalo

PATMOS Ap. 1.9.

PAZ *v.* Descanso, Reposo, Sacrificio

Lv. 3.1 si su ofrenda fuere sacrificio de *p*, si
7.11 esta es la ley del sacrificio de *p* que se
26.6 yo daré *p* en la tierra, y dormiréis, y no
Nm. 6.26 Jehová alce .. su rostro, y ponga en ti *p*
Dt. 20.10 cuando te acerques .. le intimarás la *p*
29.19 tendré *p*, aunque ande en la dureza de
Jue. 6.23 Jehová le dijo: *P* a ti; no tengas temor
1 R. 2.13 le dijo: ¿Es tu venida de *p*? .. Sí, de *p*
2 R. 18.31; Is. 36.16 haced conmigo *p*, y salid a
20.19; Is. 39.8 habrá .. *p* y seguridad en mis
1 Cr. 12.17 si habéis venido a mí para *p* y para
22.9 daré *p* y reposo sobre Israel en sus días
22.18 Dios .. os ha dado *p* por todas partes?
2 Cr. 14.6 había *p* en .. Jehová le había dado *p*
Neh. 9.28 una vez que tenían *p*, volvían a hacer
Job 3.26 no he tenido *p*, no me aseguré, ni estuve
22.21 vuelve ahora en amistad .. y tendrás *p*
25.2 están con él; él hace *p* en sus alturas
Sal. 4.8 en *p* me acostaré, y asimismo dormiré
28.3 los cuales hablan *p* con sus prójimos
29.11 Jehová bendecirá a su pueblo con *p*
34.14 mal, y haz el bien; busca la *p*, y síguela
35.20 no hablan *p*; y contra los mansos de la
35.27 Jehová, que ama la *p* de su siervo
41.9 el hombre de mi *p*, en quien yo confiaba
72.3 los montes llevarán *p* al pueblo, y los
72.7 justicia, y .. *p*, hasta que no haya luna
85.8 hablará *p* a su pueblo y a sus santos
119.165 mucha *p* tienen los que aman tu ley
122.6 pedid por la *p* de Jerusalén; sean
125.5 mas a los que .. *p* sea sobre Israel
Pr. 3.2 largura de días .. vida y *p* te aumentarán
3.17 son .. deleitosos, y todas sus veredas *p*
Cnt. 8.10 desde que fui .. como la que halla *p* en
Is. 9.6 su nombre; y se llamará .. Príncipe de *p*
9.7 dilatado de su imperio y la *p* no tendrán
26.3 guardarás en completa *p* a aquel cuyo
26.12 Jehová, tú nos darás *p*, porque también
27.5 haga conmigo *p*; sí, haga conmigo
32.17 el efecto de la justicia será *p*; y la
38.17 amargura grande me sobrevino en la *p*

Is. 39.8 lo menos, haya *p* y seguridad en mis días
45.7 que hago la *p* y creo la adversidad
48.18 fuera entonces tu *p* como un río, y tu
48.22; 57.21 no hay *p* para los malos, dijo
52.7 que anuncia la *p*, del que trae nuevas
53.5 el castigo de nuestra *p* fue sobre él, y
54.13 y se multiplicará la *p* de tus hijos
55.12 alegría saldréis, y con *p* seréis vueltos
57.2 entrará en la *p*; descansarán en sus
57.19 *p*, *p* al que está lejos y al cercano
59.8 no conocieron camino de *p*, ni hay
60.17 y pondré *p* por tu tributo, y justicia
66.12 yo extiendo sobre ella *p* como un río
Jer. 6.14; 8.11 curan .. diciendo: *P*, *p*; y no hay
8.15; 14.19 esperamos *p*, y no hubo bien
14.13 y en este lugar os daré *p* verdadera
16.5 yo he quitado mi *p* de este pueblo, dice
28.9 el profeta que profetiza de *p*, cuando
29.7 y procurad la *p* de la ciudad a la cual
29.11 pensamientos de *p*, y no de mal, para
33.6 revelaré abundancia de *p* y de verdad
38.4 no busca la *p* de este pueblo, sino el
Ez. 7.25 viene; y buscarán la *p*, y no la habrá
13.10 engañaron .. diciendo: *P*, no habiendo
34.25; 37.26 haré con ellos pacto de *p*
Mi. 3.5 claman: *P*, cuando tienen algo que comer
5.5 y éste será nuestra *p*. Cuando el asirio
Nah. 1.15 los pies del que .. del que anuncia la *p*
Hag. 2.9 daré *p* en este lugar, dice Jehová de los
Zac. 8.12 porque habrá simiente de *p*; la vid dará
9.10 hablará *p* a las naciones, y su señorío
Mt. 10.13 si la casa fuere digna, vuestra *p* vendrá
10.34; Lc. 12.51 no he venido para traer *p*
Mr. 9.50 mismos; y tened *p* los unos con los otros
Lc. 1.79 encaminar nuestros pies por camino de *p*
2.14 en la tierra *p*, buena voluntad para con
10.6 hijo de *p*, vuestra *p* reposará sobre él
14.32 le envía .. y le pide condiciones de *p*
19.38 *p* en el cielo, y gloria en las alturas
19.42 si .. conocieses .. lo que es para tu *p*
24.36; Jn. 20.19 Jesús .. dijo: *P* a vosotros
Jn. 14.27 la *p* os dejo, mi *p* os doy; yo no os la doy
16.33 os he hablado para que en mí tengáis *p*
Hch. 9.31 las iglesias tenían *p* por toda Judea
10.36 anunciando el evangelio de la *p* por
Ro. 3.17 no conocieron camino de *p*
5.1 justificados, pues, por la fe, tenemos *p*
8.6 pero el ocuparse del Espíritu es vida y *p*
10.15 son los pies de los que anuncian la *p*
12.18 si es .. estad en *p* con todos los hombres
14.17 sino justicia, y *p* y gozo en el Espíritu
14.19 sigamos lo que contribuye a la *p* y a la
15.13 Dios .. os llene de todo gozo y *p* en el
1 Co. 1.3; 2 Co. 1.2; Ef. 1.2; Fil. 1.2; Col. 1.2;
1 Ts. 1.1; 2 Ts. 1.2; 2 Ti. 1.2; Tit. 1.4; Flm. 3
gracia y *p* a vosotros
7.15 no está .. sino que a *p* nos llamó Dios
14.33 Dios no es Dios de confusión, sino de *p*
2 Co. 13.11 vivid en *p*; y el Dios de *p* y de amor
Gá. 5.22 gozo, *p*, paciencia, benignidad, bondad
6.16 *p* y misericordia sea a ellos, y al Israel
Ef. 2.14 él es nuestra *p*, que de ambos .. hizo uno
2.17 vino y anunció las buenas nuevas de *p*
4.3 la unidad del .. en el vínculo de la *p*
6.23 *p* sea a los hermanos, y amor con fe
Fil. 4.7 y la *p* de Dios, que sobrepasa todo
4.9 haced; y el Dios de *p* estará con vosotros
Col. 1.20 haciendo la *p* mediante la sangre de su
3.15 y la *p* de Dios gobierne en vuestros
1 Ts. 5.3 cuando digan: *P* y seguridad, entonces
5.13 de su obra. Tened *p* entre vosotros
2 Ts. 3.16 el mismo Señor de *p* os dé siempre *p*
2 Ti. 2.22 y sigue la justicia, la fe, el amor y la *p*
He. 12.14 seguid la *p* con todos, y la santidad
Stg. 3.18 se siembra en *p* para .. que hacen la *p*
1 P. 1.2 gracia y *p* os sean multiplicadas
3.11 y haga el bien; busque la *p*, y síguela
5.14 *p* sea con todos vosotros los que estáis
2 P. 3.14 ser hallados por él .. irreprensibles, en *p*
Ap. 6.4 dado poder de quitar de la tierra la *p*

PECADO *v.* **Culpa, Iniquidad, Maldad, Malo, Ofensa, Ofrenda, Prevaricación, Transgresión**
Ex. 29.14 quemarás a fuego .. es ofrenda por el *p*
  32.30 vosotros habéis cometido un gran *p*
Lv. 4.3 ofrecerá a Jehová, por su *p* .. un becerro
Nm. 5.6 cometiere alguno de todos los *p* con que
  32.23 sabed que vuestro *p* os alcanzará
Dt. 9.27 no mires a .. ni a su impiedad ni a su *p*
  24.16; 2 R. 14.6; 2 Cr. 25.4 cada uno morirá
    por su propio *p*
2 Cr. 7.14 y perdonaré sus *p*, y sanaré su tierra
  28.13 tratáis de añadir sobre nuestros *p* y
  28.22 Acaz .. añadió mayor *p* contra Jehová
Esd. 10.6 se entristeció a causa del *p* de los del
Neh. 9.2 confesaron sus *p*, y las iniquidades de
Job 14.16 cuentas los .. y no das tregua a mi *p*
Sal. 25.7 *p* de mi juventud, y de mis rebeliones
  32.1 ha sido perdonada, y cubierto su *p*
  51.5 formado, y en *p* me concibió mi madre
  51.9 esconde tu rostro de mis *p*, y borra todas
  130.3 si mirares a los *p*, ¿quién, oh Señor
Pr. 5.22 retenido será con las cuerdas de su *p*
  14.9 los necios se mofan del *p*; mas entre los
  14.34 mas el *p* es afrenta de las naciones
  20.9 podrá decir: Yo .. limpio estoy de mi *p*?
  24.9 el pensamiento del necio es *p*, y
Is. 1.18 si vuestros *p* fueren como la grana, como
  3.9 como Sodoma publican su *p*, no lo
  5.18 y el *p* como con coyundas de carreta
  6.7 tocó .. y es quitada tu culpa, y limpio tu *p*
  30.1 hijos que se apartan .. añadiendo *p* a *p*!
  38.17 echaste tras tus espaldas todos mis *p*
  40.2 es perdonado, que doble ha recibido
  53.5 él herido fue .. molido por nuestros *p*
  53.6 mas Jehová cargó en él el *p* de todos
  53.10 puesto su vida en expiación por el *p*
  59.2 y vuestros *p* han hecho ocultar .. rostro
Jer. 5.25 vuestros *p* apartaron de vosotros el bien
  17.1 el *p* de Judá escrito está con cincel de
  51.5 su tierra fue llena de *p* contra el Santo
Lm. 1.8 cometió Jerusalén, por lo cual ella ha
Ez. 33.14 si él se convirtiere de su *p*, e hiciere
  39.23 de Israel fue llevada cautiva por su *p*
Dn. 4.27 mi consejo: tus *p* redime con justicia, y
Os. 13.2 ahora añadieron a su *p*, y de su plata se
Am. 1.3 por tres *p* de Damasco, y por el cuarto
Mi. 7.18 olvida el *p* del remanente de su heredad?
Zac. 13.1 la purificación del *p* y de la inmundicia
Mt. 9.2; Mr. 2.5; Lc. 5.20 tus *p* te son perdonados
  26.28 es derramada para remisión de los *p*
Mr. 1.4 predicaba el bautismo .. perdón de *p*
  3.28 todos los *p* serán perdonados a .. hombres
  4.12 conviertan, y les sean perdonados los *p*
Lc. 11.4 perdónanos nuestros *p*, porque también
Jn. 1.29 el Cordero de .. que quita el *p* del mundo
  8.7 de vosotros esté sin *p* sea el primero en
  8.24 por eso os dije que moriréis en .. *p*
  8.34 todo aquel que hace *p*, esclavo es del *p*
  8.46 ¿quién de vosotros me redarguye de *p*?
  9.41 si fuerais ciegos, no tendríais *p*; mas ahora
  15.22 ni les hubiera hablado, no tendrían *p*
  16.8 al venir, convencerá al mundo de *p*, de
  20.23 a quienes remitiereis los *p*, les son
Hch. 2.38 bautícese cada .. para perdón de *p*
  3.19 para que sean borrados vuestros *p*; para
  22.16 y lava tus *p*, invocando su nombre
Ro. 3.9 hemos acusado .. que todos están bajo *p*
  3.20 medio de la ley es el conocimiento del *p*
  4.7 bienaventurados .. cuyos *p* son cubiertos
  4.8 el varón a quien el Señor no inculpa de *p*
  5.12 el *p* entró en el mundo por un hombre
  5.13 pues antes de la ley, había *p* en el mundo
  5.13 donde no hay ley, no se inculpa de *p*
  5.20 mas cuando el *p* abundó, sobreabundó la
  5.21 que así como el *p* reinó para muerte, así
  6.1 ¿perseveraremos en el *p* para que la gracia
  6.2 que hemos muerto al *p*, ¿cómo viviremos
  6.6 destruido .. que no sirvamos más al *p*
  6.10 en cuanto murió, al *p* murió una vez
  6.11 consideraos muertos al *p*, pero vivos

Ro. 6.14 el *p* no se enseñoreará de vosotros; pues
  6.23 porque la paga del *p* es muerte, mas la
  7.7 ¿qué diremos, pues? ¿La ley es *p*? En
  7.7 pero yo no conocí el *p* sino por la ley
  7.13 el *p*, para mostrarse *p*, produjo en mí
  7.13 p llegase a ser sobremanera pecaminoso
  7.14 la ley .. mas yo soy carnal, vendido al *p*
  7.23 me lleva cautivo a la ley del *p* que está
  8.2 ha librado de la ley del *p* y de la muerte
  8.3 semejanza de carne de *p* y a causa del *p*
  8.10 el cuerpo .. está muerto a causa del *p*
  11.27 pacto con ellos, cuando yo quite sus *p*
  14.23 todo lo que no proviene de fe, es *p*
1 Co. 15.17 fe es vana; aún estáis en vuestros *p*
  15.56 el aguijón .. es el *p*, y el poder del *p*
2 Co. 5.19 no tomándoles en cuenta a los .. sus *p*
  5.21 que no conoció *p*, por nosotros lo hizo *p*
Gá. 1.4 el cual se dio a sí mismo por nuestros *p*
  2.17 ¿es por eso Cristo ministro de *p*? En
  3.22 mas la Escritura lo encerró todo bajo *p*
Ef. 2.5 aún estando .. muertos en *p*, nos dio vida
Col. 2.13 a vosotros, estando muertos en *p* y en
  2.13 vida .. con él, perdonándoos todos los *p*
2 Ts. 2.3 se manifieste el hombre de *p*, el hijo de
1 Ti. 5.22 a ninguno, ni participes en *p* ajenos
  5.24 los *p* de algunos .. se hacen patentes
2 Ti. 3.6 cautivas a las mujercillas cargadas de *p*
He. 1.3 efectuado la purificación de nuestros *p*
  4.15 fue tentado en todo según .. pero sin *p*
  5.1 para que presente ofrendas .. por los *p*
  7.27 de ofrecer .. sacrificios por sus propios *p*
  8.12; 10.17 nunca más me acordaré de sus *p*
  9.7 la cual ofrece por sí mismo y por los *p* de
  9.26 de sí mismo para quitar de en medio el *p*
  10.3 en .. cada año se hace memoria de los *p*
  10.18 donde hay .. no hay más ofrenda por el *p*
  11.25 gozar de los deleites temporales del *p*
  12.1 despojémonos de .. y del *p* que nos asedia
  12.4 aún no habéis resistido .. contra el *p*
Stg. 1.15 da a luz el *p*; y el *p* .. da a luz la muerte
  4.17 hacer lo bueno, y no lo hace, le es *p*
  5.20 salvará .. alma, y cubrirá multitud de *p*
1 P. 2.22 el cual no hizo *p*, ni se halló engaño en
  2.24 llevó él mismo nuestros *p* en su cuerpo
  2.24 estando muertos a los *p*, vivamos a la
  3.18 Cristo padeció una sola vez por los *p*
  4.1 quien ha padecido en .. terminó con el *p*
  4.8 porque el amor cubrirá multitud de *p*
1 Jn. 1.8 si decimos que no tenemos *p*, nos
  2.2 él es la propiciación por nuestros *p*; y no
  2.12 vuestros *p* os han sido perdonados por
  3.4 la ley; pues el *p* es infracción de la ley
  3.5 que él apareció para quitar nuestros *p*
  3.8 el que practica el *p* es del diablo; porque
  3.9; 5.18 es nacido de Dios, no practica el *p*
  5.16 viere a su hermano cometer *p* que no sea
  5.17 injusticia es *p*; pero hay *p* no de muerte
Ap. 1.5 y nos lavó de nuestros *p* con su sangre
  18.4 para que no seáis partícipes de sus *p*

PECADOR, ra *v.* **Inicuo, Malo, Malvado, Prevaricador, Transgresor**
Gn. 13.13 los hombres de Sodoma eran malos y *p*
Nm. 32.14 prole de hombres *p*, para añadir aún a
Job 24.19 de la nieve; así también el Seol a los *p*
Sal. 26.9 no arrebates con los *p* mi alma, ni mi
  104.35 sean consumidos de la tierra los *p*, y
Pr. 1.10 hijo mío, si los *p* te quisieren engañar, no
  13.22 la riqueza del *p* está guardada para el
  23.17 no tenga tu corazón envidia de los *p*
Ec. 2.26 al *p* da el trabajo de recoger y amontonar
  8.12 el *p* haga mal cien veces, y prolongue
Is. 1.4 ¡oh gente *p*, pueblo cargado de maldad
  33.14 los *p* se asombraron en Sion, espanto
  53.12 hasta la muerte, y fue contado con los *p*
Am. 9.10 a espada morirán .. los *p* de mi pueblo
Mt. 9.10; Mr. 2.15 muchos .. *p* .. a la mesa con él
  9.13; Mr. 2.17; Lc. 5.32 no .. justos, sino a *p*
  26.45; Mr. 14.41; Lc. 24.7 en manos de *p*
Mr. 8.38 en esta generación adúltera y *p*, el Hijo

Lc. 5.8 apártate de mí, Señor .. soy hombre *p*
6.32 también los *p* aman a los que los aman
7.37 una mujer de la ciudad, que era *p*, al
13.2 eran más *p* que todos los galileos?
15.2 éste a los *p* recibe, y con ellos come
15.7 más gozo .. por un *p* que se arrepiente
18:13 diciendo: Dios, sé propicio a mí, *p*
19.7 había entrado a posar con un hombre *p*
Jn. 9.16 ¿cómo puede un .. *p* hacer estas señales?
9.25 si es *p*, no lo sé; una cosa sé .. ahora veo
Ro. 3.7 si .. ¿por qué aún soy juzgado como *p*?
5.8 siendo aún *p*, Cristo murió por nosotros
5.19 los muchos fueron constituidos *p*, así
1 Ti. 1.9 la ley .. para los impíos y *p*, para los
1.15 Cristo Jesús vino .. para salvar a los *p*
He. 7.26 apartado de los *p*, y hecho más sublime
12.3 tal contradicción de *p* contra sí mismo
Stg. 4.8 *p*, limpiad las manos; y vosotros los
5.20 el que haga volver al *p* del error de su
1 P. 4.18 ¿en dónde apareceré el impío y el *p*?
Jud. 15 cosas duras que los *p* impíos han hablado

PECAR *v.* Ofender, Prevaricar, Quebrantar
Gn. 39.9 ¿cómo .. haría yo .. *pecaría* contra Dios?
42.21 hemos *pecado* contra nuestro hermano
Ex. 9.27; 10.16 dijo: He *pecado* esta vez; Jehová
23.33 no sea que te hagan *pecar* contra mí
Lv. 4.2 cuando alguna persona *pecare* por yerro
5.5 *pecare* .. confesará aquello en que *pecó*
Nm. 22.34 he *pecado*, porque no sabía que tú te
32.23 habréis *pecado* ante Jehová; y sabed
Dt. 32.51 cuanto *pecasteis* contra mi en medio de
Jos. 7.20 Acán respondió .. yo he *pecado* contra
1 S. 2.24 pues hacéis *pecar* al pueblo de Jehová
2.25 si alguno *pecare* contra Jehová, ¿quién
12.23 lejos sea de mí que *peque* yo contra
15.24 dijo a Samuel: Yo he *pecado*; pues he
2 S. 12.13 David a Natán: Pequé contra Jehová
24.10; 1 Cr. 21.8 he *pecado* .. por haber hecho
1 R. 8.31 si alguno *pecare* contra su prójimo, y le
8.46; 2 Cr. 6.36 si *pecaren* contra ti (pues no
hay hombre que no *peque*)
14.16 el cual *pecó*, y ha hecho *pecar* a Israel
Esd. 10.2 hemos *pecado* contra nuestro Dios, pues
Job 1.22; 2.10 en todo esto no *pecó* Job, ni
7.20 si he *pecado*, ¿qué puedo hacerte a ti
33.27 al que dijere: *Pequé*, y pervertí lo recto
35.6 si *pecares*, ¿qué habrás logrado contra
Sal. 4.4 temblad, y no *pequéis*; meditad en vuestro
41.4 sana mi alma, porque contra ti he *pecado*
51.4 contra ti solo he *pecado*, y he hecho lo
78.32 con todo esto, *pecaron* aún, y no dieron
106.6 *pecamos* nosotros, como nuestros padres
Pr. 8.36 que *peca* contra mí, defrauda su alma
Ec. 7.20 justo .. que haga el bien y nunca *peque*
Is. 43.27 tu primer padre *pecó*, y .. contra mí
64.5 he aquí, tú te enojaste porque *pecamos*
Lm. 5.7 nuestros padres *pecaron*, y han muerto
Ez. 3.21 al justo .. para que no *peque*, y no *pecare*
18.4 es mía; el alma que *pecare*, esa morirá
Dn. 9.5 hemos *pecado*, hemos cometido iniquidad
Os. 4.7 conforme a su .. así *pecaron* contra mí
4.15 si .. tú, Israel, a lo menos no *peque* Judá
10.9 desde los días de Gabaa has *pecado*, oh
Mt. 18.15; Lc. 17.3 si tu hermano *peca* contra ti
18.21 a mi hermano que *peque* contra mí?
Lc. 15.18 he *pecado* contra el cielo y contra ti
Jn. 5.14 mira, has sido sanado; no *peques* más
8.11 ni yo te condeno, vete y no *peques* más
9.2 ¿quién *pecó*, éste o sus padres, para que
Hch. 25.8 ni .. ni contra César he *pecado* en nada
Ro. 2.12 todos los que sin ley han *pecado*, sin
3.23 todos *pecaron*, y están destituidos de la
1 Co. 8.12 *pecando* contra los hermanos .. contra
Cristo *pecáis*
15.34 velad debidamente, y no *pequéis*; porque
Ef. 4.26 airaos, pero no *pequéis*; no se ponga el
1 Ti. 5.20 los que persisten en *pecar* repréndelos
He. 10.26 si *pecáremos* voluntariamente después
1 P. 2.20 gloria es, si *pecando* sois abofeteados

2 P. 2.4 no perdonó a los ángeles que *pecaron*
2.14 no se sacian de *pecar*, seducen a las
1 Jn. 2.1 no *pequéis*; y si alguno hubiere *pecado*
3.6 todo aquel que permanece en él, no *peca*
3.8 porque el diablo *peca* desde el principio
3.9 no puede *pecar*, porque es nacido de Dios

PECECILLO
Mt. 15.34; Mr. 8.7 dijeron: Siete, y unos pocos *p*
Jn. 6.9 que tiene cinco panes de cebada y dos *p*

PECTORAL
Ex. 28.15; 39.8 *p* del juicio de obra primorosa

PECHO *v.* Seno
Gn. 3.14 sobre tu *p* andarás, y polvo comerás
Is. 60.16 el *p* de los reyes mamarás; y conocerás
Lc. 18.13 se golpeaba el *p*, diciendo: Dios, sé
23.48 multitud .. se volvían golpeándose el *p*
Jn. 13.25 recostado cerca del *p* de Jesús, le dijo

PEDAZOS
1 S. 15.33 Samuel cortó en *p* a Agag delante de
1 R. 11.30 tomando .. la capa .. rompió en doce *p*
Mt. 14.20; Mr. 6.43; Lc. 9.17; Jn. 6.12 recogieron
lo que sobró de los *p*

PEDERNAL
Dt. 8.15 agua, y él te sacó agua de la roca del *p*
Is. 50.7 puse mi rostro como un *p*, y sé que no

PEDIR *v.* Demandar, Orar, Requerir, Rogar,
Suplicar
Ex. 3.22; 11.2 *pedirá* cada mujer a su vecina y a
12.35 *pidiendo* de los egipcios alhajas de plata
Dt. 10.12 ¿qué *pide* Jehová tu Dios de ti, sino
1 S. 1.20 Samuel .. por cuanto lo *pedí* a Jehová
1.27 oraba, y Jehová me dio lo que le *pedí*
12.13 aquí el rey .. elegido, el cual *pedisteis*
1 R. 3.5; 2 Cr. 1.7 *pide* lo que quieras que yo te
Esd. 8.23 ayunamos .. y *pedimos* a nuestro Dios
Sal. 2.8 *pídeme*, y te daré por herencia las
137.3 los que .. nos *pedían* que cantásemos
Pr. 20.4 *pedirá*, pues, en la siega, y no hallará
Is. 7.11 *pide* para ti señal de Jehová tu Dios
Dn. 1.8 Daniel .. *pidió* .. que no se le obligase a
Mi. 6.8 qué *pide* Jehová de ti: solamente hacer
Zac. 10.1 *pedid* a Jehová lluvia en la estación
Mt. 5.42; Lc. 6.30 al que te *pida*, dale; y al que
6.8 Padre sabe .. antes que vosotros le *pidáis*
7.7; Lc. 11.9 *pedid*, y se os dará; buscad, y
21.22; Mr. 11.24 lo que *pidiereis* en oración
27.58; Lc. 23.52 y *pidió* el cuerpo de Jesús
Mr. 6.22 *pídeme* lo que quieras, y yo te lo daré
10.38 no sabéis lo que *pedís*. ¿Podéis beber
Lc. 11.13 Espíritu Santo a los que se lo *pidan*?
Jn. 4.9 tú, siendo judío, me *pides* a mí de beber
14.13; 15.16 lo que *pidiereis* al Padre en mi
15.7 *pedid* todo lo que queréis, y os será
16.24 nada habéis *pedido* en mi nombre; *pedid*
Ro. 8.26 qué hemos de *pedir* .. no lo sabemos
2 Co. 8.4 *pidiéndonos* .. que les concediésemos el
Ef. 3.20 más abundantemente de lo que *pedimos*
Fil. 1.9 esto *pido* en oración, que vuestro amor
Stg. 1.5 tiene falta de sabiduría, *pídala* a Dios
4.2 no tenéis lo que deseáis, porque no *pedís*
4.3 *pedís*, y no recibís, porque *p* mal, para
1 Jn. 3.22 cosa que *pidiéremos* la recibiremos de
5.14 si *pedimos* alguna cosa conforme a su
5.16 hay .. por el cual yo no digo que se *pida*

PEDREGAL
Mt. 13.5; Mr. 4.5 parte cayó en *p*, donde no

PEDRO *v.* Cefas   Tenía esposa y suegra, Mt.
8.14; Mr. 1.30; Lc. 4.38; 1 Co. 9.5; es llamado,
Mt. 4.18–20; Mr. 1.16–18; Jn. 1.41–42; pescador
de hombres, Lc. 5.1–11; enviado con los doce, Mt.
10.2; Mr. 3.16; camina sobre el mar, Mt. 14.28–32;
confiesa que Jesús es el Cristo, Mt. 16.13–20; Mr.
8.27–33; Lc. 9.18–20; Jesús ruega por él, Lc. 22.31–
32; corta la oreja de Malco, Jn. 18.10–11; niega a
Jesús tres veces, Mt. 26.69–75; Mr. 14.66–72; Lc.
22.54–62; Jn. 18.15–18, 25–27: "apacienta mi

ovejas", Jn. 21.15-19; se dirige a los discípulos, Hch.
1.15-26; predica el día de Pentecostés, Hch.
2.14-42; sana a un cojo, Hch. 3.1-10; su discurso
en el pórtico de Salomón, Hch. 3.11-26; habla ante
el concilio, Hch. 4.1-22; es perseguido con Juan,
Hch. 5.17-42; reprende a Simón el mago, Hch.
8.14-24; visita a Cornelio después de tener una
visión, Hch. 10.1-48; informa a la iglesia de
Jerusalén, Hch. 11.1-18; es encarcelado y libertado,
Hch. 12.1-19; en el concilio de Jerusalén, Hch.
15.6-14; visitado por Pablo, Gá. 1.18; reprendido
por Pablo, Gá. 2.11-14.

PEGAR
Job 31.7 mis ojos, y si algo se *pegó* a mis manos
Sal. 77.4 no me dejabas *pegar* los ojos; estaba yo
102.5 mis huesos se han *pegado* a mi carne

PEINADO
1 Ti. 2.9; 1 P. 3.3 no con *p* ostentoso, ni oro, ni

PEKA
2 R. 15.25—16.5; 2 Cr. 28.6; Is. 7.1-9.

PELEAR *v*. Batallar, Combatir, Luchar, Militar
Ex. 14.14; Dt. 1.30 Jehová *peleará* por vosotros
17.8 vino Amalec y *peleó* contra Israel en
Dt. 1.41 subiremos y *pelearemos*, conforme a todo
1 S. 17.10 dadme un hombre que *pelee* conmigo
1 R. 12.24; 2 Cr. 11.4 no vayáis, ni *peleéis* contra
22.4 ¿quieres venir . . a *pelear* contra Ramot
Neh. 4.14 *pelead* por vuestros hermanos, por
Sal. 109.3 rodeado, y *pelearon* contra mí sin causa
Jer. 1.19 *pelearán* contra ti, pero no te vencerán
21.5 *pelearé* . . con mano alzada y con brazo
1 Co. 9.26 *peleo*, no como quien golpea el aire
1 Ti. 6.12 *pelea* la buena batalla de la fe, echa
2 Ti. 4.7 he *peleado* la buena batalla, he acabado
Ap. 2.16 vendré . . y *pelearé* contra ellos con la
17.14 *pelearán* contra el Cordero . . los vencerá

PELIGRO
Lm. 5.9 *p* de nuestras vidas traíamos nuestro pan
Hch. 19.27 hay *p* de que este . . negocio venga a
2 Co. 11.26 en *p* de ríos, *p* de ladrones, *p* de los

PELIGROSO
2 Ti. 3.1 en los postreros días vendrán tiempos *p*

PELO *v*. Cabello, Peinado
Lv. 13.3 si el *p* en la llaga se ha vuelto blanco, y
13.10 mudado el color del *p*, y se descubre
2 R. 1.8 un varón que tenía vestido de *p*, y ceñía
Dn. 4.33 que su *p* creció como plumas de águila

PENA *v*. Castigo
Pr. 19.19 el de grande ira llevará la *p*; y si usa de
Zac. 14.19 esta será la *p* del pecado de Egipto, y
2 Ts. 1.9 cuales sufrirán *p* de eterna perdición

PENDENCIERO
1 Ti. 3.3; Tit. 1.7 no *p*, no codicioso de ganancias
Tit. 3.2 a nadie difamen, que no sean *p*, sino

PENDÓN *v*. Bandera
Sal. 20.5 alzaremos *p* en el nombre de . . Dios
Is. 5.26 alzará *p* a naciones lejanas, y silbará al
11.10 la raíz de Isaí . . estará puesta por *p* a
11.12 y levantará *p* a las naciones, y juntará
62.10 quitad las piedras, alzad *p* a los pueblos

PENETRAR *v*. Entrar, Meter
Sal. 45.5 tus saetas . . *penetrarán* en el corazón de
He. 4.12 *penetra* hasta partir el alma y el espíritu
6.19 alma, y que *penetra* hasta dentro del velo

PENIEL
Gn. 32.30; Jue. 8.8.

PENSAMIENTO *v*. Mente
Dt. 15.9 de tener en tu corazón *p* perverso, diciendo
1 R. 18.21 ¿hasta cuándo claudicaréis . . dos *p*?
Job 5.12 que frustra los *p* de los astutos, para que
42.2 conozco . . no hay *p* que se esconda de ti
Sal. 10.4 a Dios; no hay Dios en ninguno de sus *p*
40.5 tus *p* para con nosotros, no es posible
56.5 contra mí son todos sus *p* para mal
90.9 tu ira; acabamos nuestros años como un *p*
92.5 oh Jehová! Muy profundos son tus *p*
94.11 Jehová conoce los *p* de los hombres, que

Sal. 139.2 tú . . has entendido desde lejos mis *p*
139.17 ¡cuán preciosos me son . . Dios, tus *p*!
139.23 oh Dios . . pruébame y conoce mis *p*
Pr. 12.5 los *p* de los justos son rectitud; mas los
15.22 *p* son frustrado donde no hay consejo
15.26 abominación . . a Jehová los *p* del malo
16.3 encomienda a . . y tus *p* serán afirmados
19.21 muchos *p* hay en el corazón del hombre
23.7 cual es su *p* en su corazón, tal es él
Is. 26.3 completa paz a aquel cuyo *p* en ti persevera
55.7 deje el impío . . y el hombre inicuo sus *p*
55.8 mis *p* no son vuestros *p*, ni vuestros
59.7 sus *p*, *p* de iniquidad; destrucción y
66.18 porque yo conozco sus obras y sus *p*
Jer. 6.19 mal sobre este pueblo, el fruto de sus *p*
29.11 sé los *p* que tengo acerca de . . *p* de paz
51.29 contra Babilonia todo *p* de Jehová
Am. 4.13 y anuncia al hombre su *p*; el que hace
Mi. 4.12 mas ellos no conocieron los *p* de Jehová
Mt. 9.4; 12.25; Lc. 5.22; 11.17 conociendo Jesús
los *p* de ellos
15.19; Mr. 7.21 del corazón salen los malos *p*
Lc. 2.35 para que sean revelados los *p* de muchos
1 Co. 3.20 el Señor conoce los *p* de los sabios
He. 4.12 discierne los *p* y las intenciones del
1 P. 4.1 vosotros también armaos del mismo *p*

PENSAR *v*. Considerar, Imaginar, Meditar
Gn. 50.20 vosotros *pensasteis* mal contra mí, mas
Sal. 40.17 necesitado, Jehová *pensará* en mí
73.16 cuando *pensé* para saber esto, fue duro
Pr. 15.28 corazón del justo *piensa* para responder
16.9 el corazón del hombre *piensa* su camino
24.2 su corazón *piensa* en robar, e iniquidad
Is. 3.15 ¿qué *pensáis* . . que majáis mi pueblo
14.24 se hará de la manera que lo he *pensado*
Nah. 1.9 ¿qué *pensáis* contra Jehová? El hará
Zac. 8.17 ninguno de . . *piense* mal en su corazón
Mt. 5.17 no *penséis* que he venido para abrogar
6.7 que *piensan* que por su palabrería serán
9.4 ¿por qué *pensáis* mal en . . corazones?
10.34 *penséis* que he venido para traer paz
16.8 ¿qué *pensáis* dentro de vosotros
22.42 ¿qué *pensáis* del Cristo? ¿De quién es
24.44; Lc. 12.40 vendrá . . hora que no *pensáis*
Mr. 6.49 ellos . . *pensaron* que era un fantasma
13.11 lo que habéis de decir, ni lo *penséis*, sino
Lc. 2.44 *pensando* que estaba entre la compañía
19.11 ellos *pensaban* que el reino de Dios se
21.14 proponed en . . no *pensar* antes cómo
Hch. 4.25 y los pueblos *piensan* cosas vanas?
16.27 *pensando* que los presos habían huido
Ro. 8.5 *piensan* en las cosas de la carne; pero los
14.14 para el que *piensa* que algo es inmundo
1 Co. 4.6 a no *pensar* más de lo que está escrito
7.40 *pienso* que también yo tengo el Espíritu
13.11 *pensaba* como niño, juzgaba como niño
14.20 no seáis niños en el modo de *pensar*
2 Co. 12.6 nadie *piense* de mí más de lo que en mí
Fil. 3.4 si alguno *piensa* que tiene de qué confiar
4.8 si algo digno de alabanza, en esto *pensad*
He. 11.19 *pensando* que Dios es poderoso para
Stg. 1.7 no *piense* . . quien tal haga, que recibirá

PENTECOSTÉS
Hch. 2.1 cuando llegó el día de *P*, estaban todos
20.16 se apresuraba por estar el día de *P*, si
1 Co. 16.8 pero estaré en Efeso hasta *P*

PEÑA *v*. Peñasco, Roca
Ex. 17.6 sobre la *p* en Horeb, y golpearás la *p*, y
33.21 junto a mí, y tú estarás sobre la *p*
Nm. 20.11 golpeó la *p* con su vara dos veces
Job 18.4 serán removidas de su lugar las *p*?
Sal. 40.2 puso mis pies sobre *p*, y enderezó mis
78.16 pues sacó de la *p* corrientes, e hizo
105.41 abrió la *p*, y fluyeron aguas . . un río
114.8 cual cambió la *p* en estanque de aguas
Jer. 49.16 tú que habitas en cavernas de *p*, que
Am. 6.12 ¿correrán los caballos por las *p*?
Abd. 3 tú que moras en las hendiduras de las *p*
Lc. 23.53 lo puso en un sepulcro abierto en una *p*

PEÑASCO *v.* **Peña, Roca**
1 S. 14.4 había un *p* agudo de un lado, y otro
Is. 32.2 será .. como sombra de gran *p* en tierra

PEOR *v.* **Malo**
Jer. 7.26 su cerviz, e hicieron *p* que sus padres
16.12 vosotros habéis hechos *p* que vuestros
Mt. 12.45; Lc. 11.26 otros siete espíritus *p* que él
12.45; Lc. 11.26; 2 P. 2.20 postrer estado viene
a ser *p* que el primero
Mr. 5.26 y nada había aprovechado, antes le iba *p*
Jn. 5.14 no .. para que no te venga alguna cosa *p*
1 Co. 11.17 no os congreguéis .. sino para lo *p*

PEQUEÑECES
Zac. 4.10 los que menospreciaron el día de las *p*

PEQUEÑITO *v.* **Niño**
Job 3.16 como los *p* que nunca vieron la luz?
Mt. 10.42 dé a uno de estos *p* un vaso de agua
Lc. 17.2 mar, que hacer tropezar a uno de estos *p*

PEQUEÑO, ña *v.* **Menor**
1 S. 15.17 aunque eras *p* en tus propios ojos
Job 27.14 espada; y sus *p* no se saciarán de pan
Sal. 119.141 *p* soy yo, y desechado, mas no me he
Pr. 30.24 cuatro cosas son de las más *p* de la
Is. 60.22 *p* vendrá a ser mil, el menor, un pueblo
Jer. 49.15 he aquí que te haré *p* entre las naciones
Mt. 2.6 no eres la más *p* entre los príncipes de
5.19 mandamientos muy *p* .. muy *p* será
11.11; Lc. 7.28 más *p* en el reino .. mayor es
18.6 que haga tropezar a alguno de estos *p*
25.40 uno de estos mis hermanos más *p*, a mí
Lc. 9.48 el más *p* entre todos vosotros
19.3 pero no podía .. pues era *p* de estatura
1 Co. 6.2 ¿sois indignos de juzgar cosas muy *p*?
15.9 porque yo soy el más *p* de los apóstoles
Ef. 3.8 a mí, que soy menos que el más *p* de todos

PERCIBIR *v.* **Ver**
Job 23.8 hallaré; y al occidente, y no lo *percibiré*
Is. 64.4 ni oídos *percibieron*, ni ojo ha visto a
1 Co. 2.14 no *percibe* las cosas .. del Espíritu de

PERDER *v.* **Errar, Extraviar**
Job 4.7 ¿qué inocente se ha *perdido*? ¿Y en dónde
Sal. 137.5 si me .. *pierda* mi diestra su destreza
Pr. 13.23 pan, mas se *pierde* por falta de juicio
29.3 que frecuenta rameras *perderá* los bienes
Ec. 5.14 cuales se *pierden* en malas ocupaciones
Is. 9.16 gobernadores .. gobernados se *pierden*
Jer. 18.4 la vasija .. se echó a *perder* en su mano
Os. 13.9 te *perdiste* .. mas en mí está tu ayuda
Mt. 10.39; 16.25; Mr. 8.35; Lc. 9.24; 17.33 la
perderá; y el que *pierde* su vida
16.26; Mr. 8.36; Lc. 9.25 si ganare todo el
mundo y *perdiere* su alma?
18.11; Lc. 19.10 salvar lo que se había *perdido*
18.14 que se *pierda* uno de estos pequeños
Lc. 5.37 se derramará, y los odres se *perderán*
9.56 el Hijo del .. no ha venido para *perder*
15.4 teniendo cien ovejas, si *pierde* una de
15.24 hijo .. se había *perdido*, y es hallado
Jn. 3.15, 16 no se *pierda*, mas tenga vida eterna
6.39 no *pierda* yo nada, sino que lo resucite
17.12; 18.9 ninguno de ellos se *perdió*, sino
1 Co. 1.18 la cruz es locura a los que se *pierden*
8.11 se *perderá* el hermano débil por quien
2 Co. 2.15 grato olor de .. en los que se *pierden*
4.3 entre los que se *pierden* está encubierto
Fil. 3.8 por amor del cual lo he *perdido* todo, y
2 Ts. 2.10 que engaño .. para los que se *pierden*
He. 10.35 no *perdáis*, pues, vuestra confianza, que
Stg. 4.12 de la ley, que puede salvar y *perder*
2 Jn. 8 no *perdáis* el fruto de vuestro trabajo

PERDICIÓN *v.* **Destrucción**
Sal. 55.23 Dios, harás descender .. al pozo de *p*
Mt. 7.13 y espacioso el camino que lleva a la *p*
Jn. 17.12 ninguno .. se perdió, sino el hijo de *p*
Fil. 1.28 para ellos ciertamente es indicio de *p*
2 Ts. 1.9 los cuales sufrirán pena de eterna *p*
2 Ti. 2.14 sino que es para *p* de los oyentes

He. 10.39 no somos de los que retroceden para *p*
2 P. 2.3 la condenación no se tarda, y su *p* no se
2.12 pero éstos .. perecerán en su propia *p*
3.16 los indoctos .. tuercen .. para su propia *p*
Ap. 17.8 está para subir del abismo e ir a *p*; y los

PÉRDIDA *v.* **Daño**
Hch. 27.10 navegación va a ser con .. mucha *p*
1 Co. 3.15 si la obra .. se quemare, él sufrirá *p*
Fil. 3.7 he estimado como *p* por amor de Cristo
3.8 aun estimo todas las cosas como *p* por la

PERDIDO, da
Ex. 22.9 toda clase de fraude .. sobre toda cosa *p*
Nm. 17.12 *p* somos, todos nosotros somos *p*
Sal. 107.4 anduvieron *p* por el desierto, por la
Jer. 50.6 ovejas *p* fueron mi pueblo; sus pastores
Ez. 34.6 anduvieron *p* mis ovejas por todos los
34.16 buscaré la *p*, y haré volver al redil la
Mt. 15.24 no soy enviado sino a las ovejas *p* de

PERDIZ
1 S. 26.20 quien persigue una *p* por los montes
Jer. 17.11 como la *p* que cubre lo que no puso

PERDÓN *v.* **Remisión**
Lv. 4.20 hará .. expiación por ellos, y obtendrán *p*
Sal. 130.4 pero en ti hay *p*, para que seas
Mr. 3.29 blasfeme contra el .. no tiene jamás *p*
Lc. 1.77 salvación a su .. para *p* de sus pecados
3.3 del arrepentimiento para *p* de pecados
24.47 que se predicase en .. el *p* de pecados
Hch. 5.31 para dar a Israel arrepentimiento y *p*
10.43 recibirán *p* de pecados por su nombre
13.38 que por medio de él se os anuncia *p* de
26.18 que reciban, por la fe .. *p* de pecados
Ef. 1.7 el *p* de pecados según las riquezas de su
Col. 1.14 en quien tenemos .. *p* de pecados

PERDONAR *v.* **Remitir**
Gn. 18.24 no *perdonarás* al lugar por amor a los
50.17 te ruego que *perdones* ahora la maldad
Ex. 23.21 porque él no *perdonará* vuestra rebelión
32.32 que *perdones* ahora su pecado, y si no
34.7, 9 *perdona* la iniquidad, la rebelión y el
Lv. 19.22 le *perdonará* su pecado que ha cometido
Nm. 14.19 *perdona* .. la iniquidad de este pueblo
15.25 y les será *perdonado*, porque yerro es
30.5 la *perdonará*, por cuanto su padre se lo
Dt. 21.8 *perdona* a tu pueblo .. al cual redimiste
29.20 no querrá Jehová *perdonarlo*, sino que
1 S. 25.28 yo te ruego que *perdones* a tu sierva
1 R. 8.30 oren en este lugar .. escucha y *perdona*
8.39; 2 Cr. 6.21, 30 tú oirás .. y *perdonarás*
2 R. 5.18 en esto perdone Jehová a tu siervo: que
24 Jehová, por tanto, no quiso *perdonar*
2 Cr. 7.14 y *perdonaré* sus pecados, y sanaré su
Neh. 9.17 tú eres Dios que *perdonas*, clemente
13.22 acuérdate de mí, Dios mío, y *perdóname*
Job 7.21 por qué no .. *perdonas* mi iniquidad?
Sal. 25.11 *perdonarás* .. mi pecado, que es grande
25.18 mira mi .. y *perdona* todos mis pecados
32.1 cuya transgresión ha sido *perdonada*
32.5 y tú *perdonaste* la maldad de mi pecado
78.38 *perdonaba* la maldad, y no la destruía
79.9 *perdona* nuestros pecados por amor de tu
85.2 *perdonaste* la iniquidad de tu pueblo
103.3 él es quien *perdona* todas tus iniquidades
Pr. 6.34 no *perdonará* en el día de la venganza
6.35 no aceptará .. rescate, ni querrá *perdonar*
Jer. 5.1 que busque verdad; y yo la *perdonaré*
5.7 ¿cómo te he de *perdonar* por esto?
31.34 *perdonaré* la maldad de ellos, y no me
33.8 *perdonaré* todos sus pecados con que
50.20 *perdonaré* a los que yo hubiere dejado
Lm. 3.42 y fuimos desleales; tú no *perdonaste*
Ez. 8.18; 9.10 no *perdonará* mi ojo, ni tendré
16.63 cuando yo *perdone* todo lo que hiciste
Dn. 9.9 de Jehová nuestro Dios es .. el *perdonar*
9.19 oye, Señor; oh Señor, *perdona*; presta
Jl. 2.17 y digan: *Perdona*, oh Jehová, a tu pueblo
2.18 Jehová, solícito .. *perdonará* a su pueblo

Am. 7.2 yo dije: Señor Jehová, *perdona* ahora
Mi. 7.18 Dios como tú, que *perdona* la maldad, y
Mal. 3.17 los *perdonaré* como .. *perdona* a su hijo
Mt. 6.12; Lc. 11.4 *perdónanos* .. como *perdonamos*
    6.14 si *perdonáis* a .. os *perdonará* también a
    9.2; Mr. 2.5; Lc. 5.20 tus pecados te son
    perdonados
    9.6; Mr. 2.10; Lc. 5.24 tiene potestad .. para
    perdonar pecados
    12.31; Mr. 3.28 todo pecado .. será *perdonado*
    12.31; Lc. 12.10 la .. no les será *perdonada*
    18.21 ¿cuántas veces *perdonaré* a mi hermano
    18.32 toda aquella deuda te *perdoné*, porque
    18.35 si no *perdonáis* de todo corazón cada
Mr. 11.25 *perdonad*, si tenéis algo contra alguno
Lc. 6.37 juzgados; *perdonad*, y seréis *perdonados*
    7.42 y no teniendo ellos .. *perdonó* a ambos
    7.47 a quien se le *perdona* poco, poco ama
    12.10 contra el Hijo del .. le será *perdonado*
    17.3 pecare .. y si se arrepintiere, *perdónale*
    23.34 *perdónalos* .. no saben lo que hacen
Hch. 8.22 quizás te sea *perdonado* el pensamiento
Ro. 4.7 cuyas iniquidades son *perdonadas*, y cuyos
    11.21 porque si Dios no *perdonó* a las ramas
2 Co. 2.10 lo que he *perdonado*, si algo he *p*, por
Ef. 4.32 *perdonándoos* .. como Dios también os
    perdonó
Col. 2.13 vida .. *perdonándoos* todos los pecados
    3.13 de la manera que Cristo os *perdonó*, así
Stg. 5.15 cometido pecados, le serán *perdonados*
1 Jn. 1.9 él es fiel y justo para *perdonar* nuestros
    2.12 vuestros pecados os han sido *perdonados*

PERECER *v.* Destruir, Morir
Gn. 41.36 Egipto; y el país no *perecerá* de hambre
Lv. 26.38 *pereceréis* entre las naciones, y la tierra
Nm. 24.20 Amalec .. al fin *perecerá* para siempre
Dt. 4.26; 11.17; Jos. 23.16 que pronto *pereceréis*
    8.19; 30.18 os protesto .. de cierto *pereceréis*
    26.5 arameo a punto de *perecer* fue mi padre
Jue. 5.31 *perezcan* todos tus enemigos, oh Jehová
Est. 4.16 entraré a .. y si *perezco*, que *perezca*
Job 4.9 *perecen* por el aliento de Dios, y por el
    8.13; Pr. 10.28 esperanza del impío *perecerá*
    14.19 haces tú *perecer* la esperanza del hombre
    20.7 como su estiércol, *perecerá* para siempre
    34.15 toda carne *perecería* juntamente, y el
    36.12 no oyeren .. *perecerán* sin sabiduría
Sal. 1.6 justos; mas la senda de los malos *perecerá*
    9.3 atrás; cayeron y *perecieron* delante de ti
    9.18 ni la esperanza de los pobres *perecerá*
    37.20 los impíos *perecerán*, y los enemigos
    49.12 es semejante a las bestias que *perecen*
    68.2 *perecerán* los impíos delante de Dios
    73.27 aquí, los que se alejan de ti *perecerán*
    92.9 he aquí, *perecerán* tus enemigos; serán
    102.26 ellos *perecerán*, mas tú permanecerás
Pr. 11.7 muere el .. impío, *perece* su esperanza
    13.13 que menosprecia el precepto *perecerá*
    19.9 falso .. y el que habla mentiras *perecerá*
    21.28 el testigo mentiroso *perecerá*; mas el
Is. 41.11 *perecerán* los que contienden contigo
    51.6 para siempre, mi justicia no *perecerá*
    57.1 *perece* el justo, y no hay quien piense en
    60.12 o el reino que no te sirviere *perecerá*
Jer. 8.14 Jehová .. nos ha destinado a *perecer*
    48.36 *perecieron* las riquezas que habían
Lm. 3.18 *perecieron* mis fuerzas, y mi esperanza
Ez. 26.17 ¿cómo *pereciste* tú, poblada por gente
Jon. 3.9 se apartará .. su ira, y no *pereceremos*?
Mt. 8.25; Mr. 4.38; Lc. 8.24 ¡Señor, sálvanos, que
    perecemos!
    26.52 que tomen espada, a espada *perecerán*
Lc. 13.3 si no os arrepentís, todos *pereceréis*
    15.17 de pan, y yo aquí *perezco* de hambre!
    21.18 ni un cabello de .. cabeza *perecerá*
Jn. 6.27 trabajad, no por la comida que *perece*
    10.28 doy vida eterna; y no *perecerán* jamás
    11.50 un .. y no que toda la nación *perezca*
Hch. 8.20 tu dinero *perezca* contigo, porque has

Ro. 2.12 sin ley también *perecerán*; y todos los
1 Co. 15.18 que durmieron en Cristo *perecieron*
2 Co. 3.7 la gloria de .. la cual había de *perecer*
He. 1.11 ellos *perecerán*, mas tú permaneces
    11.31 por la fe Rahab la ramera no *pereció*
2 P. 2.12 éstos .. *perecerán* en su propia perdición
    3.9 no queriendo que ninguno *perezca*, sino
Jud. 11 *perecieron* en la contradicción de Coré

PEREGRINO *v.* Forastero
He. 11.13 confesando que eran extraneros y *p*
1 P. 2.11 yo os ruego como a extranjeros y *p*, que

PEREZA
Pr. 19.15 la *p* hace caer en profundo sueño, y el
Ec. 10.18 por la *p* se cae la techumbre, y por la

PEREZOSO *v.* Ocioso
Jue. 18.9 no seáis *p* en poneros en marcha para
Pr. 6.6 vé a la hormiga, oh *p*, mira sus caminos
    10.26 como .. así es el *p* a los que lo envían
    13.4 el alma del *p* desea, y nada alcanza; mas
    19.24; 26.15 el *p* mete su mano en el plato, y
    20.4 el *p* no ara a causa del invierno; pedirá
    21.25 deseo del *p* le mata, porque sus manos
    24.30 pasé junto al campo del hombre *p*, y
    26.14 como la .. así el *p* se vuelve en su cama
    26.16 en su propia opinión el *p* es más sabio
Ro. 12.11 en lo que requiere diligencia, no *p*
He. 6.12 que no os hagáis *p*, sino imitadores de

PERFECCIÓN
Sal. 101.2 entenderé el camino de la *p* cuando
    119.96 a toda *p* he visto fin; amplio .. es tu
2 Co. 13.9 gozamos .. y aun oramos por vuestra *p*
He. 6.1 vamos adelante a la *p*; no echando otra
    7.11 si, pues, la *p* fuera por el sacerdocio

PERFECCIONAR
Mt. 21.16 los niños .. *perfeccionaste* la alabanza?
2 Co. 7.1 *perfeccionando* la santidad en el temor
    12.9 mi poder se *perfecciona* en la debilidad
    13.11 *perfeccionaos* .. sed de un mismo sentir
Fil. 1.6 el que comenzó .. obra, la *perfeccionará*
He. 2.10 *perfeccionase* por aflicciones al autor
    5.9 habiendo sido *perfeccionado*, vino a ser
    7.19 (pues nada *perfeccionó* la ley), y de la
    11.40 para que no fuesen ellos *perfeccionados*
1 P. 5.10 Dios .. él mismo os *perfeccione*, afirme
1 Jn. 2.5; 4.12 el amor .. se ha *perfeccionado*

PERFECTO, ta *v.* Completo, Madurez, Maduro,
    Recto
Gn. 6.9 Noé .. justo, era *p* en sus generaciones
Dt. 18.13 *p* serás delante de Jehová tu Dios
    32.4 él es la Roca, cuya obra es *p*, porque
2 S. 22.31; Sal. 18.30 en cuanto a Dios, *p* es su
1 R. 11.4 su corazón no era *p* con Jehová su Dios
    15.14; 2 Cr. 15.17 Asa fue *p* para con Jehová
1 Cr. 28.9 sírvele con corazón *p* y con ánimo
    29.19 da a mi hijo Salomón corazón *p*, para
Job 1.1 era este hombre *p* y recto, temeroso de
    8.20 he aquí, Dios no aborrece al *p*, ni apoya
    9.20 si me dijere *p*, esto me haría inicuo
    9.22 yo diga: Al *p* y al impío él los consume
Sal. 18.32 Dios es el .. y quien hace *p* mi camino
    19.7 la ley de Jehová es *p*, que convierte el
    37.18 conoce Jehová los días de los *p*, y la
    119.1 bienaventurados los *p* de camino, los que
Pr. 2.21 la tierra, y los *p* permanecerán en ella
    10.29 el camino de Jehová es refugio al *p*
    11.5 la justicia del *p* enderezará su camino
    11.20 mas los *p* de camino le son agradables
    13.6 la justicia guarda al de *p* camino; mas
    28.10 caerá en .. mas los *p* heredarán el bien
Cnt. 6.9 mas una es la paloma mía, la *p* mía
Ez. 28.15 *p* eras en todos tus caminos desde el
Mt. 5.48 sed, pues, *p* como vuestro Padre .. es *p*
    19.21 si quieres ser *p*, anda, vende lo que
Jn. 17.23 para que sean *p* en unidad, para que
Ro. 12.2 buena voluntad de Dios, agradable y *p*
1 Co. 13.10 cuando venga lo *p* .. lo que es en
Ef. 4.13 lleguemos .. a un varón *p*, a la medida
Fil. 3.12 ni que ya sea *p*; sino que prosigo

Col. 1.28 fin de presentar *p* en Cristo Jesús a todo
4.12 para que estéis firmes, *p* y completos en
2 Ti. 3.17 a fin de que el hombre de Dios sea *p*
He. 9.9 y sacrificios que no pueden hacer *p*, en
9.11 el más amplio y más *p* tabernáculo, no
10.1 nunca puede . . hacer *p* a los que se acercan
10.14 sola ofrenda hizo *p* . . a los santificados
12.23 a los espíritus de los justos hechos *p*
Stg. 1.4 que seáis *p* y cabales, sin que os falte
1.17 toda . . y todo don *p* desciende de lo alto
1.25 mas el que mira atentamente en la *p* ley
3.2 si . . no ofende en palabra, éste es varón *p*
Ap. 3.2 no he hallado tus obras *p* delante de Dios

PERFUME *v.* Incienso, Olor, Ungüento
Ex. 30.35 un *p* según el arte del perfumador
Lv. 16.13 pondrá el *p* sobre el fuego delante de
Pr. 27.9 el ungüento y el *p* alegran el corazón
Ec. 10.1 heder y dar mal olor al *p* del perfumista
Mt. 26.7; Mr. 14.3 un vaso . . de *p* de gran precio
Lc. 7.37 trajo un frasco de alabastro con *p*
7.38 besaba sus pies, y los ungía con el *p*
Jn. 11.2 María . . fue la que ungió al Señor con *p*
12.3 María tomó una libra de *p* de nardo puro

PERGAMINO *v.* Libro, Rollo
2 Ti. 4.13 trae . . los libros, mayormente los *p*
Ap. 6.14 el cielo se desvaneció como un *p* que

PÉRGAMO Ap. 1.11; 2.12.

PERGE Hch. 13.13; 14.25.

PERJURAR
Os. 4.2 *perjurar*, mentir, matar . . prevalecen, y
Mt. 5.33 no *perjurarás*, sino cumplirás al Señor

PERLA
Job 28.18 no se hará mención de coral ni de *p*
Mt. 7.6 ni echéis . . *p* delante de los cerdos, no
13.46 habiendo hallado una *p* preciosa, fue y
1 Ti. 2.9 no con . . oro, ni *p*, ni vestidos costosos
Ap. 21.21 las doce puertas eran doce *p*; cada una

PERMANECER *v.* Quedar, Subsistir
Gn. 8.22 mientras la tierra *permanezca*, no cesarán
Job 8.15 su casa, mas no *permanecerá* ella en pie
Sal. 9.7 pero Jehová *permanecerá* para siempre
19.9 el temor de Jehová . . *permanece*
33.11 el consejo de Jehová *permanecerá* para
55.19 el que *permanece* desde la antigüedad
102.26 ellos perecerán, mas tú *permanecerás*
Pr. 10.25 mas el justo *permanece* para siempre
12.7 la casa de los justos *permanecerá* firme
12.19 labio veraz *permanecerá* para siempre
Ec. 1.4 viene; mas la tierra siempre *permanece*
Is. 7.9 no creyereis, de cierto no *permaneceréis*
40.8 la palabra del Dios nuestro *permanece*
46.10 mi consejo *permanecerá*, y haré todo lo
Jer. 44.28 la palabra de quién ha de *permanecer*
Lm. 5.19 tú, Jehová, *permanecerás* para siempre
Ez. 3.15 *permanecí* siete días atónito entre ellos
Dn. 6.26 él es el Dios viviente y *permanece* por
Mt. 12.25 toda . . casa dividida . . no *permanecerá*
Mr. 3.24 dividido . . reino no puede *permanecer*
Jn. 6.27 la comida que a vida eterna *permanece*
6.56 el que come mi carne . . en mí *permanece*
8.31 vosotros *permaneciereis* en mi palabra
15.4 *permaneced* en mí, y yo en vosotros
15.7 *permanecéis* . . y mis palabras *permanecen*
15.9 yo os he amado; *permaneced* en mi amor
Hch. 14.22 a que *permaneciesen* en la fe, y
27.31 si éstos no *permanecen* en la nave . . no
Ro. 11.22 bondad . . si *permaneces* en esa bondad
1 Co. 3.14 si *permaneciere* la obra de alguno que
13.13 ahora *permanecen* la fe, la . . y el amor
Fil. 1.25 que quedaré, que aún *permaneceré*
Col. 1.23 si en verdad *permanecéis* fundados
1 Ti. 4.15 ocúpate en estas cosas; *permanece* en
He. 1.11 ellos perecerán, más tú *permaneces*; y
7.24 éste, por cuanto *permanece* para siempre
13.1 *permanezca* el amor fraternal
1 P. 1.25 mas la palabra del Señor *permanece* para
2 P. 3.4 *permanecen* así como desde . . la creación
1 Jn. 2.6 el que dice que *permanece* en él, debe

1 Jn. 2.14 la palabra de Dios *permanece* en vosotros
2.17 el que hace la voluntad de . . *permanece*
2.19 si hubiesen sido de . . habrían *permanecido*
2.24 *permaneceréis* en el Hijo y en el Padre
2.28 y ahora, hijitos, *permaneced* en él, para
3.6 todo aquel que *permanece* en él, no peca
3.24 en esto sabemos que él *permanece* en
4.12 Dios *permanece* en nosotros, y su amor
4.16 el que *permanece* en amor, *p* en Dios
2 Jn. 2 a causa de la verdad que *permanece* en

PERMITIR *v.* Dejar, Lícito
Jn. 18.31 no nos está *permitido* dar muerte a
Hch. 26.1 se te *permite* hablar por ti mismo
1 Co. 14.34 no les es *permitido* hablar, sino que
16.7 espero estar con . . si el Señor lo *permite*
He. 6.3 haremos, si Dios en verdad lo *permite*

PERPETUO, tua *v.* Continuo, Eterno, Siempre
Gn. 9.16 estará el arco . . acordaré del pacto *p*
17.7 por pacto *p*, para ser tu Dios, y el de
48.4 daré esta tierra a tu . . por heredad *p*
Lv. 25.34 no se venderá . . es *p* posesión de ellos
Sal. 45.17 haré *p* la memoria de tu nombre en
Ec. 3.14 que todo lo que Dios hace será *p*; sobre
Is. 51.11 gozo *p* habrá sobre sus cabezas . . gozo
56.5 nombre *p* les daré, que nunca perecerá
Jer. 15.18 ¿por qué fue *p* mi dolor, y mi herida
23.40 y pondré sobre vosotros afrenta *p*

PERPLEJO, ja *v.* Confuso, Turbado
Dn. 5.9 Belsasar se turbó . . príncipes estaban *p*
Lc. 9.7 estaba *p*, porque decían algunos: Juan ha
24.4 que estando ellas *p* por esto, he aquí se
Hch. 2.12 y estaban todos atónitos y *p* . . ¿Qué
10.17 Pedro estaba *p* dentro de sí sobre lo
Gá. 4.20 tono, pues estoy *p* en cuanto a vosotros

PERRILLO
Mt. 15.26; Mr. 7.27 el pan de . . echarlo a los *p*

PERRO
Ex. 11.7 contra todos . . ni un *p* moverá su lengua
22.31 a los *p* echaréis la carne, comerá . .
1 S. 17.43 ¿soy yo *p*, para que vengas a mí con
24.14 ¿a quién persigues? ¿A un *p* muerto?
2 S. 16.9 ¿por qué maldice este *p* muerto a mi
1 R. 21.19 lugar donde lamieron los *p* la sangre de
2 R. 9.36 comerán los *p* las carnes de Jezabel
Job 30.1 desdeñara poner con los *p* de mi ganado
Sal. 22.16 *p* me han rodeado; me ha cercado
59.6 14 volverán a la tarde, ladrarán como *p*
Pr. 26.11 como *p* que vuelve a su vómito, así es
26.17 como el que toma al *p* por las orejas
Ec. 9.4 porque mejor es *p* vivo que león muerto
Is. 56.10 todos ellos *p* mudos, no pueden ladrar
Mt. 7.6 no deis lo santo a los *p*, ni echéis vuestras
Lc. 16.21 aun los *p* venían y le lamían las llagas
Fil. 3.2 guardaos de los *p*, guardaos de los malos
2 P. 2.22 el *p* vuelve a su vómito, y la puerca
Ap. 22.15 los *p* estarán fuera, y los hechiceros

PERSA *v.* Medo
2 Cr. 36.20 hijos, hasta que vino el reino de los *p*
Dn. 5.28 tu reino . . dado a los medos y a los *p*
6.28 Darío y durante el reinado de Ciro el *p*

PERSECUCIÓN *v.* Aflicción, Opresión, Tribula-
Lm. 5.5 padecemos *p* sobre nosotros . . fatigamos
Mt. 5.10 bienaventurados los que padecen *p* por
13.21 al venir la . . *p* por causa de la palabra
Mr. 10.30 reciba . . madres, hijos, y tierras, con *p*
Hch. 8.1 hubo una gran *p* contra la iglesia que
11.19 esparcidos a causa de la *p* que hubo con
13.50 levantaron *p* contra Pablo y Bernabé
Ro. 8.35 *p*, o hambre, o desnudez, o peligro, o
1 Co. 4.12 nos . . padecemos *p*, y la soportamos
2 Co. 12.10 me gozo en las . . en *p*, en angustias
Gá. 5.11 si aún . . ¿por qué padezco *p* todavía?
6.12 para no padecer *p* a causa de la cruz de
2 Ts. 1.4 vuestra paciencia y fe en . . vuestras *p*
2 Ti. 3.11 *p*, padecimientos, como los que me
3.12 quieran vivir piadosamente . . padecerán *p*

PERSEGUIDOR
Neh. 9.11 a sus *p* echaste en las profundidades
Sal. 35.3 saca la lanza, cierra contra mis *p*; dí a
Fil. 3.6 cuanto a celo, *p* de la iglesia; en cuanto
1 Ti. 1.13 yo sido antes blasfemo, *p* e injuriador

PERSEGUIR *v.* Afligir, Oprimir, Seguir
Lv. 26.8 ciento de vosotros *perseguirán* a diez mil
Dt. 1.44 os *persiguieron* como hacen las avispas
Jos. 23.10 un varón de vosotros *perseguirá* a mil
Jue. 8.4 cansados, mas todavía *persiguiendo*
2 S. 22.38 *perseguiré* a mis enemigos, y . . destruiré
Job 19.22 ¿por qué me *perseguís* como Dios, y ni
19.28 decir: ¿Por qué le *perseguimos*? ya que
30.21 con el poder de tu mano me *persigues*
Sal. 7.1 sálvame de todos los que me *persiguen*
10.2 con arrogancia el malo *persigue* al pobre
10.15 *persigue* la maldad del malo hasta que
18.37 *persegu*í a mis enemigos, y los alcancé
55.3 porque sobre mí . . con furor me *persiguen*
69.26 *persiguieron* al que tú heriste, y cuenten
71.11 *perseguidle* y tomadle, porque no hay
83.15 *persíguelos* así con tu tempestad, y
109.16 y *persiguió* al . . afligido y menesteroso
119.84 juicio contra los que me *persiguen*?
119.161 príncipes me han *perseguido* sin causa
142.6 líbrame de los que me *persiguen*, porque
143.3 ha *perseguido* el enemigo mi alma; ha
Is. 14.6 el que hería . . las *perseguía* con crueldad
Jer. 29.18 los *perseguiré* con espada, con hambre
Lm. 3.66 *persíguelos* en tu furor, y quebrántalos
Mt. 5.11 por mi causa os vituperen y os *persigan*
5.44 y orad por los que os . . y os *persiguen*
10.23 cuando os *persigan* en esta ciudad, huid
23.34 unos . . *perseguiréis* de ciudad en ciudad
Lc. 11.49 de ellos, a unos matarán . . *perseguirán*
21.12 os echarán mano, y os *perseguirán*, y os
Jn. 5.16 judíos *perseguían* a Jesús, y procuraban
15.20 si . . me han *perseguido* . . os *perseguirán*
Hch. 7.52 ¿a cual de . . no *persiguieron* vuestros
9.4; 22.7; 26.14 Saulo, ¿por qué me *persigues*?
22.4 *perseguía* yo este Camino hasta la muerte
26.11 y enfurecido . . los *perseguí* hasta en las
Ro. 12.14 bendecid a los que os *persiguen*
1 Co. 15.9; Gá. 1.13 *persegu*í a la iglesia de Dios
Gá. 1.23 aquel que . . nos *perseguía*, ahora predica
4.29 *perseguía* al que había nacido según el
Ap. 12.13 dragón . . *persiguió* a la mujer que había

PERSEVERAR *v.* Persistir, Seguir
Mt. 10.22; 24.13; Mr. 13.13 el que *persevere* hasta
el fin, éste será salvo
Hch. 1.14 éstos *perseveraban* unánimes en oración
2.42 *perseveraban* en la doctrina . . apóstoles
13.43 a que *perseverasen* en la gracia de Dios
26.22 *persevero* hasta el día de hoy, dando
Ro. 2.7 a los que, *perseverando* en bien hacer
6.1 ¿*perseveraremos* en el pecado para que la
Col. 4.2 *perseverad* en la oración, velando en ella
Stg. 1.25 ley . . *persevera* en ella, no siendo oidor

PERSIA *v.* Media
Est. 1.3 de él a los más poderosos de *P* y de Media
1.19 se escriba entre las leyes de *P* y de Media
Dn. 6.8 conforme a la ley de Media y de *P*, la cual
10.13 el príncipe del reino de *P* se me opuso
11.2 aún habrá tres reyes en *P*, y el cuarto

PERSISTIR *v.* Perseverar, Seguir
Ec. 8.3 te apresures . . ni en cosa mala *persistas*
2 Ti. 3.14 pero *persiste* tú en lo que has aprendido

PERSONA *v.* Acepción, Alma, Hombre
Dt. 16.19 no hagas acepción de *p*, ni . . soborno
Pr. 24.23 hacer acepción de *p* en el juicio no es
Lc. 20.21 y que no haces acepción de *p*, sino que
Hch. 10.34; Ro. 2.11; Gá. 2.6; Ef. 6.9; Col. 3.25
Dios no hace acepción de *p*
Stg. 2.1 que vuestra fe en . . sea sin acepción de *p*
1 P. 1.17 aquel que sin acepción de *p* juzga según

PERSUADIR *v.* Convencer, Incitar, Inducir
Mt. 27.20 los ancianos *persuadieron* a la multitud
28.14 si . . lo oyere . . nosotros le *persuadiremos*

Lc. 16.31 tampoco se *persuadirán* aunque alguno
Hch. 18.13 éste *persuade* . . a honrar a Dios contra
26.28 por poco me *persuades* a ser cristiano
2 Co. 5.11 conociendo . . *persuadimos* a los hombres
2 Ti. 3.14 te *persuadiste*, sabiendo de quién has
He. 6.9 estamos *persuadidos* de cosas mejores, y

PERSUASIVAS
1 Co. 2.4 ni mi predicación fue con palabras *p*
Col. 2.4 para que nadie os engañe con palabras *p*

PERTURBAR *v.* Inquietar, Molestar, Turbar
Job 3.17 allí los impíos dejan de *perturbar*, y allí
Hch. 15.24 algunos . . *perturbando* vuestras almas
Gá. 1.7 sino que hay algunos que os *perturban*
5.10 el que os *perturba* llevará la sentencia

PERVERSIDAD *v.* Iniquidad, Maldad, Pecado
Nm. 23.21 no . . en Jacob, ni ha visto *p* en Israel
Sal. 18.4 muerte, y torrentes de *p* me atemorizaron
125.5 a los que se apartan tras sus *p*, Jehová
139.24 ve si hay en mí camino de *p*, y guíame
Pr. 2.12 librarte . . de los hombres que hablan *p*
4.24 aparta de ti la *p* de la boca, y aleja de ti
6.12 depravado, es el que anda en *p* de boca
6.14 *p* hay en su corazón; anda pensando el
15.4 mas la *p* de ella es quebrantamiento de
23.33 cosas extrañas, y tu corazón hablará *p*
Ez. 9.9 llena de sangre, y la ciudad está llena de *p*

PERVERSIÓN
Ec. 5.8 si . . *p* de derecho y de justicia vieres en la
7.29 Dios hizo . . pero ellos buscaron muchas *p*

PERVERSO, sa *v.* Depravado, Inicuo
Nm. 22.32 porque tu camino es *p* delante de mí
Dt. 15.9 de tener en tu corazón pensamiento *p*
32.20 son una generación *p*, hijos infieles
Jue. 19.22 hombres *p*, rodearon la casa . . puerta
1 S. 10.27 *p* dijeron: ¿Cómo nos ha de salvar éste
25.17 es un hombre tan *p*, que no hay quien
30.22 todos los malos y *p* de entre los que
2 S. 20.1 un hombre *p* que se llamaba Seba hijo de
1 R. 21.10 poned a dos hombres *p* delante de él
Job 5.13 de ellos, y frustra los designios de los *p*
34.18 ¿se dirá al rey: *P*; y a los príncipes
Sal. 3.7 heriste . . los dientes de los *p* quebrantaste
71.4 líbrame . . de la mano del *p* y violento
101.4 corazón *p* se apartará de mí . . malvado
Pr. 3.32 Jehová abomina al *p*; mas su comunión
8.8 boca; no hay en ellas cosa *p* ni torcida
10.31 del justo; mas la lengua *p* será cortada
11.20 abominación son a Jehová los *p* de
12.8 mas el *p* de corazón será menospreciado
14.17 locuras; y el hombre *p* será aborrecido
16.27 el hombre *p* cava en busca del mal, y en
16.28 el hombre *p* levanta contienda, y el
17.20 el *p* de corazón nunca hallará el bien
21.8 el camino del hombre *p* es torcido y
22.5 espinos y lazos hay en el camino del *p*
28.18 mas el de caminos *p* caerá en alguno
Jer. 17.9 engañoso es el corazón más que . . y *p*
Nah. 1.11 salió el que imaginó . . un consejero *p*
Hch. 20.30 hablen cosas *p* para arrestrar tras sí
1 Co. 5.13 quitad, pues, a ese *p* de entre vosotros
Fil. 2.15 en medio de una generación maligna y *p*
2 Ts. 3.2 que seamos librados de hombres *p* y malos

PERVERTIR *v.* Contaminar, Corromper
Ex. 23.8 el presente . . *pervierte* las palabras de los
1 S. 8.3 dejándose sobornar y *pervirtiendo* el
Job 8.3 o *pervertirá* el Todopoderoso la justicia?
Sal. 56.5 todos los días ellos *pervierten* mi causa
Pr. 10.9 *pervierte* sus caminos será quebrantado
18.5 *pervertir* el derecho del justo, no es bueno
Jer. 23.36 pues *pervertisteis* las palabras del Dios
Mi. 3.9 que abomináis el juicio, y *pervertís* todo
Lc. 23.2 hemos hallado que *pervierte* a la nación
Gá. 1.7 quieren *pervertir* el evangelio de Cristo
Tit. 3.11 sabiendo que el tal se ha *pervertido*

PESA *v.* Balanza, Peso
Dt. 25.13 no tendrás en tu bolsa *p* grande y *p*

Pr. 20.10 *p* falsa y medida falsa .. son abominación
20.23 abominación son a Jehová las *p* falsas

PESADAMENTE
Mt. 13.15 con los oídos oyen *p*, y han cerrado

PESADO, da *v.* Carga, Gravoso
Ex. 18.18 porque el trabajo es demasiado *p* para ti
Nm. 11.14 este pueblo, que me es *p* en demasía
Sal. 38.4 como carga *p* se han agravado sobre mí
Pr. 27.3 *p* es la piedra, y la arena pesa; mas la ira
Zac. 12.3 por piedra *p* a todos los pueblos; todos
Mt. 23.4 porque atan cargas *p* y difíciles de llevar

PESAR [sust.]
1 Cr. 13.11 David tuvo *p*, porque Jehová había
Ec. 7.3 mejor es el *p* que la risa; porque con

PESAR [verbo] *v.* Doler
1 S. 15.11 me *pesa* haber puesto por rey a Saúl
Job 6.2 ¡oh, que *pesasen* justamente mi queja y mi
31.6 *péseme* Dios en balanzas de justicia, y
Sal. 56.7 *pésalos* según su iniquidad, oh Dios, y
Pr. 24.12 lo entenderá el que *pesa* los corazones?
Is. 26.7 tú, que eres recto, *pesas* el camino del justo
40.12 *pesó* los montes con balanza y con pesas
Dn. 5.27 Tekel: *Pesado* has sido en balanza, y
6.14 rey .. le *pesó* en gran manera, y resolvió
Zac. 11.12 *pesaron* por mi salario treinta piezas
2 Co. 7.8 os contristé con la carta, no me *pesa*

PESCADO *v.* Pececillo, Pez
Nm. 11.5 nos acordamos del *p* que comíamos en
Mt. 7.10 ¿o si le pide un *p*, le dará una serpiente?
Lc. 9.13 no tenemos más que cinco panes y dos *p*
11.11 *p*, en lugar de *p* le dará una serpiente?

PESCADOR
Jer. 16.16 yo envío muchos *p* .. y los pescarán
Mt. 4.19; Mr. 1.17; Lc. 5.10 venid .. y os haré *p* de hombres

PESCAR
Lc. 5.4 boga .. y echad vuestras redes para *pescar*
Jn. 21.3 Simón Pedro les dijo: Voy a *pescar*
21.3 y aquella noche no *pescaron* nada

PESEBRE
Job 39.9 el búfalo servirte a ti, o quedar en tu *p*?
Lc. 2.7 lo acostó en un *p*, porque no había lugar

PESO *v.* Balanza, Pesa
Job 28.25 dar *p* al viento, y poner las aguas por
Pr. 11.1 el *p* falso es abominación a Jehová
16.11 *p* y balanzas justas son de Jehová; obra
Hch. 21.35 llevado en *p* por los soldados a causa
He. 12.1 despojémonos de todo *p* y del pecado que

PESTE *v.* Mortandad, Pestilencia
Dt. 32.24 devorados de fiebre .. y de *p* amarga
2 S. 24.15; 1 Cr. 21.14 y Jehová envió la *p* sobre
Mt. 24.7 y habrá *p*, y hambres, y terremotos en

PESTILENCIA *v.* Mortandad, Peste
Lv. 26.25 enviaré *p* entre vosotros, y .. enemigo
Sal. 91.6 *p* que ande en oscuridad, ni mortandad
Jer. 14.12 que los consumiré con espada y con *p*
29.17 envío .. contra ellos espada, hambre y *p*
Ez. 5.12 una tercera parte de ti morirá de *p* y será
7.15 de fuera espada, de dentro *p* y hambre
Lc. 21.11 diferentes lugares hambres y *p*; y habrá

PETICIÓN *v.* Oración, Ruego, Súplica
1 R. 2.20 una pequeña *p* pretendo de ti; no me la
Est. 5.3, 6; 7.2 ¿qué .. reina Ester, y cuál es tu *p*?
Job 6.8 ¡quién me diera que viniese mi *p*, y que
Sal. 21.2 deseo .. no le negaste la *p* de sus labios
37.4 y él te concederá las *p* de tu corazón
Dn. 6.7 demande *p* de cualquiera dios u hombre
Fil. 4.6 sino sean conocidas vuestras *p* delante de
1 Ti. 2.1 *p* y acciones de gracias, por todos los
1 Jn. 5.15 que tenemos las *p* que le hayamos hecho

PEZ *v.* Pececillo, Pescado
Gn. 1.26 señoree en los *p* del mar, en las aves
Ex. 7.21 los *p* que había en el río murieron; y el
Sal. 105.29 sus aguas en sangre, y mató sus *p*
Ec. 9.12 como los *p* que son presos en la mala red

Jon. 1.17 pero Jehová tenía preparado un gran *p*
Hab. 1.14 haces que sean los hombres como los *p*
Mt. 12.40 estuvo Jonás en el vientre del gran *p*
13.47 a una red .. recoge de toda clase de *p*
14.17; Mr. 6.38 sino cinco panes y dos *p*
17.27 el primer *p* que saques, tómalo, y al
Lc. 5.6 encerraron gran cantidad de *p*, y su red
24.42 le dieron parte de un *p* asado, y un
Jn. 21.6 podían sacar, por la gran cantidad de *p*

PEZUÑA
Lv. 11.3 todo el que tiene *p* hendida y que rumia
Dt. 14.7 no comeréis .. los que tienen *p* hendida

PIADOSAMENTE
2 Ti. 3.12 todos los que quieren vivir *p* en Cristo
Tit. 2.12 vivamos en este siglo sobria, justa y *p*

PIADOSO, sa *v.* Religioso
Sal. 4.3 pues, que Jehová ha escogido al *p* para sí
12.1 salva, oh Jehová .. se acabaron los *p*
86.2 guarda mi alma, porque soy *p*; salva tú
Is. 57.1 los *p* mueren, y no hay quien entienda
Lc. 2.25 este hombre, justo y *p*, esperaba la
Hch. 8.2 hombres *p* llevaron a enterrar a Esteban
13.50 los judíos instigaron a mujeres *p* y
1 Ti. 5.4 aprendan éstos primero a ser *p* para con
2 P. 2.9 sabe el Señor librar de tentación a los *p*

PIE
Dt. 8.4 ni el *p* se te ha hinchado en estos 40 años
11.24; Jos. 1.3 lugar que pisare .. vuestro *p*
Jos. 3.15 los *p* de los sacerdotes .. fueron mojados
10.24 poned vuestros *p* sobre los cuellos de
Rt. 3.4 descubrirás sus *p*, y te acostarás allí
1 S. 2.9 él guarda los *p* de sus santos, mas los
2 S. 4.4 Jonatán .. tenía un hijo lisiado de los *p*
22.34; Sal. 18.33; Hab. 3.19 hace mis *p* como de
2 Cr. 16.12 Asa enfermó gravemente de los *p*, y
Neh. 9.21 sus vestidos no .. ni se hincharon sus *p*
Job 18.8 porque red será echada a sus *p*, y sobre
29.15 yo era ojos al ciego, y *p* al cojo
Sal. 26.12 mi *p* ha estado en rectitud; en las
66.9 no permitió que nuestros *p* resbalasen
91.12 para que tu *p* no tropiece en piedra
119.59 mis .. y volví mis *p* a tus testimonios
119.105 lámpara es a mis *p* tu palabra, y
121.3 no dará tu *p* al resbaladero, ni se
122.2 nuestros *p* estuvieron dentro de tus
Pr. 1.16; 6.18; Is. 59.7 sus *p* corren hacia el mal
5.5 sus *p* descienden a la muerte; sus pasos
6.13 que guiña los ojos, que habla con los *p*
Ec. 5.1 fueres a la casa de Dios, guarda tu *p*
Cnt. 5.3 ¡cuán hermosos son tus *p* en las sandalias
Is. 52.7 ¡cuán hermosos son .. los *p* del que trae
Ez. 2.1 ponte sobre tus *p*, y hablaré contigo
Dn. 2.33 sus *p*, en parte de hierro y en parte de
Nah. 1.15 los *p* del que trae buenas nuevas, del
Mt. 4.6 para que no tropieces con tu *p* en piedra
18.8; Mr. 9.45 o tu *p* te es ocasión de caer
28.9 ellas .. abrazaron sus *p*, y le adoraron
Lc. 7.38 a sus *p* .. a regar con lágrimas sus *p*
21.36 estar en *p* delante del Hijo del Hombre
Jn. 11.2 la que .. le enjugó los *p* con sus cabellos
12.3 ungió los *p* de Jesús, y los enjugó con
13.5 comenzó a lavar los *p* de los discípulos
Hch. 5.9 he aquí a la puerta los *p* de los que han
Ro. 3.15 sus *p* se apresuran para derramar sangre
10.15 hermosos son los *p* de los que anuncian
14.4 para su propio señor está en *p*, o cae
1 Co. 12.15 si dijere el *p*: Porque no soy mano
12.21 ni tampoco la cabeza a los *p*: No tengo
15.25 puesto a .. sus enemigos debajo de sus *p*
Ef. 6.15 calzados los *p* con el apresto del evangelio
Stg. 2.3 al pobre: Estate tú allí en *p*, o siéntate
Ap. 1.15 y sus *p* semejantes al bronce bruñido
6.17 su ira .. ¿quién podrá sostenerse en *p*?
20.12 vi a los muertos .. de *p* ante Dios; y los

PIEDAD *v.* Benevolencia, Benignidad, Bondad,
Compasión, Misericordia
Sal. 25.6 acuérdate, oh Jehová, de tus *p* y de tus
51.1 ten *p* de mí, oh Dios, conforme a tu

Is. 14.1 tendrá *p* de Jacob, y todavía escogerá a
26.10 mostrará *p* al malvado, y no aprenderá
30.18 Jehová esperará para tener *p* de vosotros
Os. 6.4 la *p* vuestra es como nube de la mañana
Am. 5.15 quizá Jehová . . tendrá *p* del remanente
Jon. 4.11 ¿y no tendré yo *p* de Nínive, aquella
Zac. 7.9 haced . . y *p* cada cual con su hermano
Hch. 3.12 como si por nuestro . . *p* hubiésemos
1 Ti. 2.2 que vivamos . . en toda *p* y honestidad
2.10 corresponde a mujeres que profesan *p*
3.16 grande es el misterio de la *p*: Dios fue
4.7 desecha las fábulas . . Ejercítate para la *p*
6.3 y a la doctrina que es conforme a la *p*
6.6 pero gran ganancia es la *p* acompañada de
6.11 sigue la justicia, la *p*, la fe, el amor, la
2 Ti. 3.5 tendrán apariencia de *p*, pero negarán
2 P. 1.3 cosas que pertenecen a la vida y a la *p*

PIEDRA v. Peña, Roca
Gn. 11.3 les sirvió el ladrillo en lugar de *p*, y el
28.18 levantó Jacob de mañana, y tomó la *p*
Dt. 8.9 cuyas *p* son hierro, y de . . sacarás cobre
10.1 lábrate dos tablas de *p* como las primeras
Jos. 4.6, 21 diciendo: ¿Qué significan estas *p*?
24.27 he aquí esta *p* nos servirá de testigo
1 S. 17.40 escogió cinco *p* lisas del arroyo, y las
17.50 venció David al filisteo con honda y *p*
1 R. 7.10 el cimiento era de *p* costosas, *p* grandes
2 Cr. 1.15 acumuló el rey plata y oro . . como *p*
Job 14.19 las *p* se desgastan con el agua impetuosa
22.24 tendrás . . como *p* de arroyos oro de Ofir
28.3 *p* que hay en la oscuridad y en sombra
Sal. 91.12 para que tu pie no tropiece en *p*
118.22 la *p* que desecharon los edificadores
Pr. 3.15 más preciosa es que las *p* preciosas
8.11 mejor es la sabiduría que las *p* preciosas
27.3 pesada es la *p*, y la arena pesa; mas la
31.10 su estima sobrepasa . . las *p* preciosas
Is. 8.14 entonces él será . . por *p* para tropezar, y
28.16 yo he puesto en Sion . . una *p*, *p* probada
51.1 mirad a la *p* de donde fuisteis cortados
54.11 yo cimentaré tus *p* sobre carbunclo, y
62.10 quitad las *p*, alzad pendón a los pueblos
Jer. 51.63 le atarás una *p*, y lo echarás en medio
Ez. 11.19; 36.26 y quitaré el corazón de *p* de
Dn. 2.34 estabas mirando, hasta que una *p* fue
Hab. 2.11 porque la *p* clamará desde el muro, y la
Zac. 9.15 hollarán las *p* de la honda, y beberán
Mt. 3.9; Lc. 3.8 hijos a Abraham aun de estas *p*
4.3; Lc. 4.3 que estas *p* se conviertan en pan
4.6; Lc. 4.11 que no tropieces con tu pie en *p*
7.9; Lc. 11.11 le pide pan, le dará una *p*?
18.6; Mr. 9.42; Lc. 17.2 se le colgase una *p*
21.42; Mr. 12.10; Lc. 20.17; 1 P. 2.7 la *p* que
desecharon los edificadores
21.44 cayere sobre esta *p* será quebrantado
24.2; Mr. 13.2; Lc. 21.6 no quedará aquí *p*
sobre *p*
27.60 hacer rodar una gran *p* a la entrada de
27.66 sellando la *p* y poniendo la guardia
28.2 ángel . . removió la *p*, y se sentó sobre
Mr. 13.1 Maestro, mira qué *p*, y qué edificios
16.4; Lc. 24.2 vieron removida la *p*, que era
Lc. 8.6 otra parte cayó sobre la *p*; y nacida, se
19.40 que si éstos callaran, las *p* clamarían
19.44 no dejarán en ti *p* sobre *p*, por cuanto
Jn. 8.7 sea el primero en arrojar la *p* contra ella
8.59 tomaron entonces *p* para arrojárselas
10.31 entonces los judíos volvieron a tomar *p*
11.39 Jesús: Quitad la *p*. Marta, la hermana
Hch. 4.11 Jesús es la *p* reprobada por vosotros
2 Co. 3.3 no en tablas de *p*, sino en tablas de
Ef. 2.20 la principal *p* del ángulo Jesucristo
1 P. 2.5 como *p* vivas, sed edificados como casa
2.6 pongo en Sion una principal *p* del ángulo
2.8 *p* de tropiezo, y roca que hace caer
Ap. 18.21 tomó una *p*, como una gran *p* de molino

PIEDRECITA
Ap. 2.17 le daré una *p* blanca, y en la *p* escrito

PIEL
Gn. 27.16 cubrió sus manos . . con las *p* de los
Ex. 34.29 Moisés . . la *p* de su rostro resplandecía
Job 2.4 *p* por *p*, todo lo que el hombre tiene dará
19.20 *p* y mi carne se pegaron a mis huesos
19.26 después de deshecha esta mi *p*, en mi
30.30 mi *p* se ennegrecido y se me cae, y
Lm. 5.10 nuestra *p* se ennegreció como un horno
He. 11.37 anduvieron . . cubiertos de *p* de ovejas

PI-HAHIROT Ex. 14.2.

PILATO, PONCIO Gobernador de Judea,
Lc. 3.1; mata a algunos galileos, Lc. 13.1; sentencia
a Jesús a ser crucificado, Mt. 27.1–26; Mr. 15.1–15;
Lc. 23.1–25; Jn. 18.28—19.22; Jesús "padeció bajo
Poncio Pilato", Hch. 3.13; 4.27; 13.28; 1 Ti. 6.13.

PINTAR
2 R. 9.30 cuando Jezabel lo oyó, se *pintó* los ojos
Ez. 23.40 *pintaste* tus ojos, y te ataviaste con

PISADA v. Paso
Job 23.11 mis pies han seguido sus *p*; guardé su
Sal. 77.19 sendas . . y tus *p* no fueron conocidas
Ro. 4.12 siguen las *p* de la fe que tuvo . . padre
2 Co. 12.18 no hemos procedido por . . mismas *p*?
1 P. 2.21 dejándonos ejemplo, para que sigáis sus *p*

PISAR v. Hollar, Pisotear
Dt. 11.24 todo lugar que *pisare* la planta de . . pie
Job 22.15 senda . . *pisaron* los hombres perversos
Is. 63.3 *pisadó* yo solo el lagar, y de los pueblos

PISGA Dt. 3.27; 34.1.

PISOTEAR v. Hollar, Pisar
Is. 41.25 *pistoeará* príncipes como lodo, y como
Dn. 8.7 lo derribó . . en tierra, y lo *pisoteó*, y no
Mt. 7.6 no sea que las *pisoteen*, y se vuelvan y os
He. 10.29 merecerá el que *pisoteare* al Hijo de

PLACER v. Alegría, Deleite, Gozo
Pr. 18.2 no toma *p* el necio en la inteligencia, sino
Ec. 2.10 no . . ni aparté mi corazón de *p* alguno
Ez. 16.37 yo reuniré a . . con los cuales tomaste *p*
Lc. 8.14 ahogados por . . los *p* de la vida, y no
1 Ti. 5.6 la que se entrega a los *p* . . está muerta

PLAGA v. Dolencia, Enfermedad, Malo
Gn. 12.17 Jehová hirió a Faraón con grandes *p*
Ex. 9.3 la mano de Jehová . . con *p* gravísima
11.1 una *p* traeré aún sobre Faraón y sobre
Nm. 11.33 hirió Jehová al pueblo con una *p* muy
14.37 aquellos varones que . . murieron de *p*
Dt. 7.15 todas las . . *p* de Egipto, que tú conoces
28.59 Jehová aumentará . . tus *p* y las *p* de tu
29.22 cuando vieren las *p* de aquella tierra
2 S. 24.25 Jehová oyó las . . y cesó la *p* en Israel
1 R. 8.38 cuando cualquiera sintiere la *p* en su
2 Cr. 6.28 cualquiera *p* o enfermedad que sea
Sal. 74.7 Dios los herirá . . de repente serán sus *p*
91.10 no te . . mal, ni *p* tocará tu morada
106.30 Finees . . hizo juicio, y se detuvo la *p*
Zac. 14.12 esta será la *p* con que herirá Jehová a
Mr. 3.10 tocarle, cuantos tenían *p* caían sobre él
Hch. 24.5 hallado que este hombre es una *p*
Ap. 11.6 sangre, y para herir la tierra con toda *p*
15.1 ángeles que tenían las siete *p* postreras
18.4 salid de ella ni recibáis parte de sus *p*
22.18 traerá sobre él las *p* que están escritas

PLANO
1 Cr. 28.11 David dio a Salomón su hijo el *p*

PLANTA
Gn. 1.30 toda *p* verde les será para comer
8.9 no halló . . donde sentar la *p* de su pie
Sal. 144.12 sean nuestros hijos como *p* crecidas
Is. 5.7 y los hombres de Judá *p* deliciosa suya
Mt. 15.13 toda *p* que no plantó mi Padre celestial

PLANTAR v. Sembrar
Ex. 15.17 *plantarás* en el monte de tu heredad
Sal. 44.2 echaste las naciones, y los *plantaste* a
80.15 la planta que *plantó* tu diestra, y el
Ec. 3.2 tiempo de *plantar*, y tiempo de arrancar
Is. 44.14 *planta* pino, que se críe con la lluvia

Jer. 2.21 te *planté* de vid escogida . . verdadera
11.17 Jehová . . que te *plantó* ha pronunciado
24.6 los volveré . . *plantaré* y no los arrancaré
32.41 los *plantaré* en esta tierra en verdad
Am. 9.15 los *plantaré* sobre su tierra, y nunca más
Mt. 15.13 toda planta que no *plantó* mi Padre
Lc. 20.9 un hombre *plantó* una viña, y la arrendó
Ro. 6.5 si fuimos *plantados* juntamente con él en
1 Co. 3.6 yo *planté*, Apolos regó . . el crecimiento
9.7 ¿quién *planta* viña y no come de su fruto?

PLATA *v.* **Dinero, Oro, Riqueza**
Gn. 44.2 la copa de *p*, en la boca del costal del
2 R. 5.26 ¿es tiempo de tomar *p* . . y siervas?
Job 22.25 tu defensa, y tendrás *p* en abundancia
27.16 amontone *p* como polvo, y prepare ropa
Sal. 12.6 como *p* refinada en horno de tierra
66.10 Dios, nos ensayaste como se afina la *p*
Pr. 3.14 es mejor que la ganancia de la *p*, y sus
8.10 recibid mi enseñanza, y no *p*; y ciencia
10.20 *p* escogida es la lengua del justo; mas
17.3 el crisol para la *p*, y la hornaza para el
Ec. 12.6 antes que la cadena de *p* se quiebre, y se
Is. 1.22 tu *p* se ha convertido en escorias, tu vino
Jer. 6.30 *p* desechada los llamarán . . los desechó
Hag. 2.8 mía es la *p*, y mío es el oro, dice Jehová
Zac. 11.12 pesaron por mi salario 30 piezas de *p*
Mal. 3.3 se sentará para afinar y limpiar la *p*
Mt. 26.15 ellos le asignaron treinta piezas de *p*
27.6, 9 tomaron las treinta piezas de *p*
Hch. 3.6 Pedro dijo: No tengo ni oro, pero lo

PLATO
2 R. 21.13 limpiaré a Jerusalén como se . . un *p*
Pr. 19.24 el perezoso mete su mano en el *p*, y ni
Mt. 23.25; Lc. 11.39 limpiáis lo de fuera del . . *p*
26.23 mete la mano conmigo en el *p*, ése me
Mr. 6.25 en un *p* la cabeza de Juan el Bautista
14.20 es uno . . el que moja conmigo en el *p*

PLAZA *v.* **Calle**
Mt. 11.16; Lc. 7.32 que se sientan en las *p*, y dan
20.3 a otros que estaban en la *p* desocupados
23.7; Lc. 11.43; 20.46 salutaciones en las *p*, y
Hch. 11.7 la *p* cada día con los que concurrían

PLEITEAR *v.* **Contender, Pelear**
Is. 45.9 ¡ay del que *pleitea* con su Hacedor!
Jer. 2.9 los hijos de vuestros hijos *pleitearé*
1 Co. 6.6 el hermano con el hermano *pleitea* en

PLEITO
Dt. 1.12 ¿cómo llevaré yo solo . . vuestros *p*?
25.1 si hubiere *p* entre algunos, y acudieren
2 S. 15.2 cualquiera que tenía *p* y venía al rey a
Pr. 3.30 no tengas *p* con nadie sin razón, si el
25.8 no entres apresuradamente en *p*, no sea
Is. 49.25 tu *p* yo lo defenderé, y yo salvaré a tus
Ez. 44.24 en los casos de *p* . . estarán para juzgar
Os. 12.2 *p* tiene Jehová con Judá para castigar a
Mi. 6.2 Jehová tiene *p* con su pueblo
Hab. 1.3 violencia . . y *p* y contienda se levantan
Mt. 5.40 al que quiera ponerte a *p* y quitarte
Gá. 5.20 *p*, celos, iras, contiendas, disensiones
Stg. 4.1 ¿de dónde vienen las guerras y los *p*

PLENITUD *v.* **Abundancia**
Sal. 24.1 de Jehová es la tierra y su *p*; el mundo
Jn. 1.16 de su *p* tomamos todos, y gracia sobre
1 Co. 10.26 porque del Señor es la tierra y su *p*
Ef. 1.23 la *p* de Aquel que todo lo llena en todo
3.19 que seáis llenos de toda la *p* de Dios
4.13 medida de la estatura de la *p* de Cristo
Col. 1.19 agradó al . . que en él habitase toda *p*
2.9 porque en él habita . . la *p* de la Deidad

PLÉYADES Job 38.31; Am. 5.8.

PLOMADA
Am. 7.8 ¿qué ves, Amós? . . Una *p* de albañil
Zac. 4.10 verán la *p* en la mano de Zorobabel

PLUMA
Job 39.13 ¿diste tú . . o alas y *p* al avestruz?

Sal. 45.1 mi lengua es *p* de escribiente muy ligero
Jer. 8.8 ha cambiado en mentira la *p* mentirosa
Dn. 4.33 su pelo creció como *p* de águila, y sus

POBRE *v.* **Menesteroso, Necesitado**
Ex. 23.3 ni al *p* distinguirás en su causa
23.11 para que coman los *p* de tu pueblo
30.15 ni el *p* disminuirá del medio siclo
Lv. 19.10; 23.22 para el *p* y para el . . lo dejarás
19.15 ni favoreciendo al *p* ni complaciendo
Dt. 24.12 si el hombre fuere *p*, no te acostarás
Jue. 6.15 que mi familia es *p* en Manasés, y yo el
2 S. 12.1 dos hombres en . . uno rico, y el otro *p*
2 R. 25.12 de los *p* de la tierra dejó Nabuzaradán
Job 5.15 libra de la espada al *p*, de la boca de los
20.19 cuanto quebrantó y desamparó a los *p*
24.4 y todos los *p* de la tierra se esconden
29.12 porque yo libraba al *p* que clamaba
31.16 si estorbé el contento de los *p*, e hice
Sal. 10.2 con arrogancia el malo persigue al *p*
10.12 alza tu mano; no te olvides de los *p*
34.6 este *p* clamó, y le oyó Jehová, y lo libró
41.1 bienaventurado el que piensa en el *p*
72.13 misericordia del *p* . . y salvará . . los *p*
107.41 levanta de la miseria al *p*, y hace
112.9 da a los *p*; su justicia permanece para
113.7 él levanta del polvo al *p*, y al . . alza
132.15 su provisión; a sus *p* saciaré de pan
Pr. 13.7 quienes pretenden ser *p*, y tienen muchas
13.8 sus riquezas; pero el *p* no oye censuras
14.20 el *p* es odioso aun a su amigo; pero
14.21 el que tiene misericordia de los *p* es
17.5 que escarnece al *p* afrenta a su Hacedor
19.1; 28.6 mejor . . *p* que camina en integridad
19.7 todos los hermanos del *p* le aborrecen
19.17 a Jehová presta el que da al *p*, y el
19.22 pero mejor es el *p* que el mentiroso
22.16 el que oprime al *p* para aumentar sus
22.22 no robes al *p*, porque es *p* . . afligido
28.3 el hombre *p* y robador de los *p* es como
29.14 del rey que juzga con verdad a los *p*
30.9 siendo *p*, hurte, y blasfeme el nombre
31.20 alarga su mano al *p*, y extiende sus
Ec. 4.13 mejor es el muchacho *p* y sabio, que el
Is. 25.4 porque fuiste fortaleza al *p*, fortaleza al
29.19 el *p* . . se gozarán en el Santo de Israel
40.20 el *p* escoge . . madera que no se apolille
58.7 a los *p* errantes albergues en casa; que
66.2 pero miraré a aquel que es *p* y humilde
Jer. 5.4 pero yo dije: Ciertamente éstos son *p*
52.16 de los *p* del país dejó Nabuzaradán
Am. 2.6 vendieron . . al *p* por un par de zapatos
4.1 que oprimís a los *p* y quebrantáis a los
8.6 para comprar los *p* por dinero, y los
Zac. 11.7 apacenté pues . . a los *p* del rebaño
Mt. 5.3 bienaventurados los *p* en espíritu, porque
11.5; Lc. 7.22 *p* es anunciado el evangelio
19.21; Mr. 10.21; Lc. 18.22 y dalo a los *p*, y
26.9; Mr. 14.5; Jn. 12.5 haberse dado a los *p*
26.11; Mr. 14.7; Jn. 12.8 siempre tendréis *p*
Mr. 12.43; Lc. 21.3 esta viuda *p* echó más que
Lc. 4.18 ungido para dar buenas nuevas a los *p*
6.20 bienaventurados vosotros los *p*, porque
14.13 cuando hagas banquete, llama a los *p*
19.8 la mitad de mis bienes doy a los *p*; y si
Ro. 15.26 hacer una ofrenda para los *p* que hay
1 Co. 13.3 mis bienes para dar de comer a los *p*
2 Co. 6.10 como *p*, mas enriqueciendo a muchos
8.9 por amor a vosotros se hizo *p*, siendo
9.9 dio a los *p*; su justicia permanece para
Gá. 2.10 que nos acordásemos de los *p*; lo cual
Stg. 2.2 si . . y también entra un *p* con vestido
2.5 ha elegido Dios a los *p* de este mundo
Ap. 3.17 y no sabes que tú eres un . . *p*, ciego y

POBREZA
Pr. 10.15 el desmayo de los pobres es su *p*
13.18 *p* y . . tendrá el que menosprecia el
24.34 así vendrá . . tu *p* como hombre armado
28.19 sigue a los ociosos se llenará de *p*
28.27 el que da al pobre no tendrá *p*; mas

Pr. 30.8 no me des *p* ni riquezas; manténme del
Lc. 21.4 mas ésta, de su *p* echó todo el sustento
2 Co. 8.2 su profunda *p* abundaron en riquezas
Ap. 2.9 conozco tus . . y tu *p* (pero tú eres rico)

POCO
Gn. 30.30 porque *p* tenías antes de mi venida
Ex. 23.30 *p* a *p* los echaré de delante de ti, hasta
Nm. 16.9 ¿os es *p* que el Dios de Israel os haya
1 S. 18.23 ¿os parece . . *p* ser yerno del rey
2 S. 7.19 aun te ha parecido *p* esto, Señor Jehová
1 Cr. 16.19 eran *p* en número, *p* y forasteros en
Sal. 37.16 mejor es lo *p* del justo, que . . riquezas
     105.12 ellos eran *p* en número, y forasteros
Pr. 15.16 mejor es lo *p* con el temor de Jehová
     16.8 mejor es lo *p* con justicia que . . frutos
Ec. 5.2 Dios está . . por tanto, sean *p* tus palabras
Is. 16.14 los sobrevivientes serán *p*, pequeños
Mt. 7.14 a la vida, y *p* son los que la hallan
Lc. 7.47 aquel a quien se le perdona *p*, *p* ama
     13.23 dijo: Señor, ¿son *p* los que se salvan?
     16.10 el que es fiel en lo muy *p*, también en
Jn. 12.35 aún por un *p* está la luz entre vosotros
1 Co. 16.11 nadie le tenga en *p*, sino encaminadle
Ap. 3.4 tienes unas *p* personas en Sardis que no

PODER [sust.] *v.* Autoridad, Dominio, Imperio,
     Potestad, Reino
Ex. 9.16 yo te he puesto para mostrar en ti mi *p*
Nm. 14.17 que sea magnificado el *p* del Señor
Dt. 4.37 te sacó de Egipto con . . y con su gran *p*
     8.18 él te da el *p* para hacer las riquezas
1 Cr. 16.27 alabanza . . *p* y alegría en su morada
     29.12 en tu mano está la fuerza y el *p*, y en
Job 12.13 con Dios está la sabiduría y el *p*; suyo
Sal. 29.11 dará *p* a su pueblo; Jehová bendecirá
     59.16 yo cantaré de tu *p*, y alabaré de mañana
     62.11 he oído esto: Que de Dios es el *p*
     63.2 para ver tu *p* y tu gloria, así como le
     66.3 por la grandeza de tu *p* se someterán a
     68.34 atribuid *p* a Dios; sobre Israel es su
     75.10 pero el *p* del justo será exaltado
     84.7 irán de *p* en *p*; verán a Dios en Sion
     106.8 él los salvó . . para hacer notorio su *p*
     145.6 del *p* de tus hechos . . hablarán los
     147.5 grande es el Señor nuestro, y de mucho *p*
Is. 10.13 dijo: Con el *p* de mi mano lo he hecho
     11.1 éste . . que marcha en la grandeza de su *p*?
Jer. 48.25 cortado es el *p* de Moab, y su brazo
Ez. 29.21 haré retoñar el *p* de la casa de Israel
     30.18 cuando quebrante yo allí el *p* de Egipto
Mi. 3.8 yo estoy lleno de *p* del Espíritu de Jehová
     5.4 le estará, y apacentará con el *p* de Jehová
Mt. 6.13 tuyo es el reino, y el *p*, y la gloria, por
     14.2; Mr. 6.14 por eso actúan en él estos *p*
     22.29; Mr. 12.24 ignorando las . . y el *p* de Dios
     24.30; Mr. 13.26; Lc. 21.27 viniendo . . con *p*
Mr. 5.30 conociendo . . el *p* que había salido de él
Lc. 1.35 *p* del Altísimo te cubrirá con su sombra
     4.14 volvió en el *p* del Espíritu a Galilea, y se
     5.17 el *p* del Señor estaba con él para sanar
     6.19 porque *p* salía de él y sanaba a todos
     8.46 yo he conocido que ha salido *p* de mí
     12.5 temed a . . tiene *p* de echar en el infierno
     22.69 se sentará a la diestra del *p* de Dios
     24.49 hasta que seáis investidos de *p* desde lo
Jn. 10.18 tengo *p* para ponerla . . *p* para volverla
Hch. 1.8 recibiréis *p*, cuando haya venido sobre
     3.12 como si por nuestro *p* . . hubiésemos hecho
     4.33 con . . *p* los apóstoles daban testimonio
     6.8 y Esteban, lleno de gracia y de *p*, hacía
     8.10 a éste oían . . Este es el gran *p* de Dios
     8.19 dadme también a mí este *p*, para que
     10.38 Dios ungió con . . *p* a Jesús de Nazaret
Ro. 1.4 fue declarado Hijo de Dios con *p*, según
     1.16 no me avergüenzo del . . es *p* de Dios para
     1.20 invisibles de él, su eterno *p* y deidad, se
     9.17 para mostrar en ti mi *p*, y para que en
     15.13 que abundéis en esperanza por el *p* del
     15.19 señales . . en el *p* del Espíritu de Dios
1 Co. 1.18 pero a los que se salvan . . es *p* de Dios

1 Co. 1.24 Cristo *p* de Dios, y sabiduría de Dios
     2.4 sino con demostración del Espíritu y de *p*
     4.20 reino . . no consiste en palabras, sino en *p*
     6.14 Dios . . a nosotros nos levantará con su *p*
     15.56 el aguijón de . . y el *p* del pecado, la ley
2 Co. 4.7 para que la excelencia del *p* sea de Dios
     6.7 de Dios, con armas de justicia a diestra
     12.9 mi *p* se perfecciona en la debilidad
     12.9 para que repose sobre mí el *p* de Cristo
     13.4 en debilidad, vive por el *p* de Dios
Ef. 1.19 la grandeza de su *p* para con nosotros
     3.20 hacer . . según el *p* que actúa en nosotros
     6.10 fortaleceos en . . y en el *p* de su fuerza
Col. 1.11 fortalecidos con todo *p*, conforme a la
     2.12 mediante la fe en el *p* de Dios que le
1 Ts. 1.5 también en el . . y en el Espíritu Santo y en
2 Ts. 2.9 *p* y señales y prodigios mentirosos
2 Ti. 1.7 sino de *p*, de amor y de dominio propio
He. 6.5 gustaron de . . y los *p* del siglo venidero
     7.16 según el *p* de una vida indestructible
1 P. 1.5 que sois guardados por el *p* de Dios
     4.11 ministre conforme al *p* que Dios da
2 P. 1.3 nos han sido dadas por su divino *p*
Ap. 5.12 el Cordero . . es digno de tomar el *p*
     7.12 la honra y el *p* . . sean a nuestro Dios

PODER [verbo] *v.* Posible
Nm. 13.30 más *podremos* nosotros que ellos
Mt. 20.22 ¿*podéis* beber . . le dijeron: *Podemos*
Fil. 4.13 todo lo *puedo* en Cristo que me fortalece

PODEROSO, sa *v.* Fuerte, Grande, Rico
Gn. 10.8 Cus engendró a Nimrod . . el primer *p*
     26.16 mucho más *p* que nosotros te has hecho
Job 9.4 sabio de corazón y *p* en fuerzas; ¿quién
     34.20 pasarán, a la . . y sin mano será quitado el *p*
Sal. 89.8 ¿quién como tú? *P* eres, Jehová, y tu
     89.19 he puesto el socorro sobre uno que es *p*
     112.2 su descendencia será *p* en la tierra; la
Ec. 6.10 contender con Aquel que es más *p* que el
     7.19 fortalece al sabio más que diez *p* que
Is. 40.23 él convierte en nada a los *p*, y a los
Dn. 11.5 se hará *p*; su dominio será grande
Sof. 3.17 Jehová está en medio de ti, *p*, él salvará
Mt. 3.11; Mr. 1.7; Lc. 3.16 es más *p* que yo; él os
Lc. 1.52 quitó de los tronos a los *p*, y exaltó a los
Hch. 7.22 Moisés . . era *p* en sus palabras y obras
Ro. 4.21 *p* para hacer . . lo que había prometido
1 Co. 1.26 no sois . . muchos *p*, ni muchos nobles
2 Co. 9.8 *p* es Dios para hacer que abunde en
     10.4 no son carnales, sino *p* en Dios para
     13.3 no es débil . . sino que es *p* en vosotros
Ef. 3.20 a Aquel que es *p* para hacer todas las
2 Ti. 1.12 estoy seguro que es *p* para guardar mi
He. 2.18 es *p* para socorrer a los que son tentados
Jud. 24 a aquel que es *p* para guardaros sin caída
Ap. 18.8 porque *p* es Dios el Señor, que la juzga

PODRIR
Jer. 13.7 he aquí que el cinto se había *podrido*
Jl. 1.17 el grano se *pudrió* debajo de los terrones

POLILLA
Os. 5.12 seré como *p* a Efraín, y como carcoma a
Mt. 6.20 cielo, donde ni la *p* ni el orín corrompen
Lc. 12.33 donde ladrón no llega, ni *p* destruye
Stg. 5.2 vuestras ropas están comidas de *p*

POLVO *v.* Ceniza
Gn. 2.7 Dios, formó al hombre del *p* de la tierra
     3.19 la tierra . . pues *p* eres, y al *p* volverás
     13.16 tu descendencia como el *p* de la tierra
     18.27 he comenzado a hablar . . aunque soy *p*
Ex. 8.16 extiende tu vara y golpea el *p* de la
Nm. 23.10 ¿quién contará el *p* de Jacob, o el
Dt. 9.21 reducido a *p*; y eché su *p* en el arroyo
     28.24 dará Jehová por lluvia a . . *p* y ceniza
Jos. 7.6 él y los ancianos . . echaron *p* sobre sus
Job 2.12 esparcieron *p* sobre sus cabezas hacia el
     5.6 la aflicción no sale del *p*, ni la molestia
     7.5 mi carne está vestida . . de costras de *p*
     10.9 diste forma, ¿y en *p* me has de volver?
     20.11 su juventud, mas con él en el *p* yacerán

Job 21.26 yacerán ellos en el *p*, y gusanos los
27.16 amontone plata como *p*, y prepare ropa
30.19 lodo, y soy semejante al *p* y a la ceniza
34.15 perecería .. y el hombre volvería al *p*
38.38 cuando el *p* se ha convertido en dureza
39.14 sus huevos, y sobre el *p* los calienta
Sal. 30.9 ¿te alabará el *p*? ¿Anunciará tu verdad?
104.29 el hálito, dejan de ser, y vuelven al *p*
119.25 abatida hasta el *p* está mi alma
Ec. 3.20 hecho del *p*, y todo volverá al mismo *p*
12.7 el *p* vuelva a la tierra, como era, y el
Is. 40.15 como menudo *p* en las balanzas le son
47.1 desciende y siéntate en el *p*, virgen hija
65.25 el *p* será el alimento de la serpiente
Lm. 2.10 echaron *p* sobre sus cabezas, se ciñeron
Mi. 1.10 mucho; revuélcate en el *p* de Bet-le-afra
Mt. 10.14; Mr. 6.11; Lc. 9.5 sacudid el *p* .. pies
Lc. 10.11 el *p* .. que se ha pegado a nuestros pies
Hch. 13.51 sacudiendo contra ellos el *p* de sus
22.23 ellos gritaban .. y lanzaban *p* al aire

POLLINO *v.* Asno
Mt. 21.2; Mr. 11.2; Lc. 19.30 una asna atada, y un
p con ella
Jn. 12.15 tu Rey viene, montado sobre un *p* de

POLLO
Dt. 22.6 la madre echada sobre los *p* o sobre los
32.11 revolotea sobre sus *p*, extiende sus alas

PONER
Nm. 14.12 a ti te *pondré* sobre gente más grande
Jer. 17.11 la perdiz que cubre lo que no *puso*
Mr. 16.6 mirad el lugar en donde le *pusieron*
Jn. 11.34 ¿dónde le *pusisteis*? .. Señor, ven y ve
15.16 y os he *puesto* para que .. llevéis fruto
1 Co. 3.11 *poner* otro .. que el que está *puesto*
1 Jn. 3.16 en que él *puso* su vida por nosotros

PORCIÓN *v.* Heredad, Parte, Suerte
Gn. 43.34 la *p* de Benjamín era cinco veces mayor
Dt. 32.9 porque la *p* de Jehová es su pueblo
1 Cr. 16.18 a ti daré la tierra .. *p* de tu heredad
Neh. 12.10 enviad a .. la *p* de los que no tienen nada
Job 20.29 esta es la *p* que Dios prepara al .. impío
Sal. 105.11 daré .. como *p* de vuestra heredad
119.57 mi *p* es Jehová; he dicho que guardaré
142.5 tú eres .. mi *p* en la tierra de los
Jer. 10.16 no es así la *p* de Jacob, porque él es
Lm. 3.24 mi *p* es Jehová, dijo mi alma; por tanto
Ez. 45.1 apartaréis una *p* para Jehová, que le

PORTERO
1 Cr. 15.23 Berequías y Elcana eran *p* del arca
Mr. 13.34 yéndose lejos .. al *p* mandó que velase
Jn. 10.3 a éste abre el *p*, y las ovejas oyen su voz

PÓRTICO
Jn. 5.2 estanque .. Betesda, el cual tiene cinco *p*
10.23 Jesús andaba .. por el *p* de Salomón
Hch. 3.11 concurrió a ellos al *p* que se llama de

POSAR
Gn. 24.23 ¿hay en casa .. lugar donde *posemos*?
Mt. 10.11; Mr. 6.10; Lc. 10.7 *posad* allí hasta que
Lc. 19.5 hoy es necesario que *pose* yo en tu casa
Hch. 16.15 sea fiel .. entrad en mi casa, y *posad*

POSEER *v.* Recibir, Tener
Dt. 1.8 *poseed* la tierra que Jehová juró a vuestros
4.22 pasaréis, y *poseeréis* aquella buena tierra
11.8 y *poseáis* la tierra a la cual pasáis para
Jos. 1.11 *poseer* la tierra que Jehová .. Dios os da
18.3 negligentes para venir a *poseer* la tierra
Jue. 11.24 lo que te hiciere *poseer* Quemos tu dios
Neh. 9.15 dijiste que entrasen a *poseer* la tierra
Pr. 8.22 Jehová me *poseía* en el principio, ya de
Is. 14.2 la casa de Israel los *poseerá* por siervos
63.18 poco tiempo lo *poseyó* tu santo pueblo
65.9 escogidos *poseerán* por heredad la tierra
Ez. 33.24 Abraham era uno, y *poseyó* la tierra
Zac. 2.12 y Jehová *poseerá* a Judá su heredad en
8.12 haré que el remanente .. *posea* todo esto
Lc. 12.15 la abundancia de los bienes que *posee*
Hch. 4.32 decía ser suyo .. nada de lo que *poseía*

1 Co. 7.30 que compran, como si no *poseyesen*
2 Co. 6.10 teniendo nada, mas *poseyéndolo* todo

POSESIÓN *v.* Bien [sust.], Hacienda, Riqueza
Gn. 13.6 sus *p* eran muchas, y no podían morar
Lv. 25.34 no se venderá .. es perpetua *p* de ellos
Nm. 13.30 subamos luego, y tomemos *p* de ella
14.24 Caleb .. su descendencia la tendrá en *p*
Sal. 135.4 JAH ha escogido .. a Israel por *p* suya
Ec. 2.7 tuve *p* grande de vacas y de ovejas, más
Ez. 44.28 no les daréis en Israel .. yo soy su *p*
Abd. 17 santo, y la casa de Jacob recuperará sus *p*
Mt. 19.22; Mr. 10.22 triste, porque tenía muchas *p*
Hch. 7.5 pero le prometió que se la daría en *p*; y a
7.45 con Josué al tomar *p* de la tierra de los
Ef. 1.14 hasta la redención de la *p* adquirida

POSIBILIDAD
Lv. 27.8 conforme a la *p* del que hizo el voto
Neh. 5.8 según nuestras *p* rescatamos a nuestros

POSIBLE *v.* Poder [verbo]
Mt. 19.26; Mr. 10.27 mas para Dios todo es *p*
Mr. 9.23 si puedes creer, al que cree todo le es *p*
13.22 engañar, si fuese *p*, aun a los escogidos
14.35 oró que si fuese *p*, pasase de él .. hora
Lc. 18.27 lo que es imposible .. es *p* para Dios

POSTE *v.* Dintel
Ex. 12.7 de la sangre, y la pondrán en los dos *p*
Dt. 6.9 las escribirás en los *p* de tu casa, y en

POSTERIDAD *v.* Descendencia, Hijo, Linaje, Simiente
Gn. 45.7 para preservaros *p* sobre la tierra, y para
Sal. 22.30 *p* le servirá; esto será contado de Jehová
109.13 su *p* sea destruida .. borrado su nombre

POSTRADO
1 S. 5.3 estaba Dagón *p* en tierra delante del arca
Sal. 44.25 nuestro cuerpo está *p* hasta la tierra
Mt. 8.6 Señor, mi criado está *p* en casa, paralítico

POSTRAR *v.* Adorar, Arrodillar
Gn. 37.10 vendremos yo y tu madre .. *postrarnos*
1 S. 2.36 vendrá a *postrarse* delante de él por
1 Cr. 16.29 *postraos* delante de Jehová en la
Sal. 17.13 sal a su encuentro, *póstrales*; libra mi
95.6 venid, adoremos y *postrémonos* .. Jehová
99.5 *postraos* ante el estrado de sus pies
106.19 se *postraron* ante una imagen de
132.7 nos *postraremos* ante el .. de sus pies
138.2 me *postraré* hacia tu santo templo, y
143.3 mi alma .. ha *postrado* en tierra mi vida
Ap. 3.9 yo haré que vengan y se *postren* a tus pies
19.10 me *postré* a sus pies para adorarle

POSTRER, ro, ra *v.* Fin, Ultimo
Job 8.7 pequeño, tu *p* estado será muy grande
42.12 bendijo Jehová el *p* estado de Job más
Is. 2.2 acontecerá en lo *p* de los tiempos, que será
41.4 yo .. el primero, y yo mismo con los *p*
44.6 yo soy el primero, y yo soy el *p*, y fuera
49.6 que seas mi salvación hasta lo *p* de la
Hag. 2.9 la gloria .. *p* será mayor que la primera
Mt. 12.45; Lc. 11.26 *p* estado de aquel hombre
19.30; 20.16; Mr. 10.31; Lc. 13.30 los primeros
serán *p*, y los *p*, primeros
27.64 será el *p* error peor que el primero
Mr. 9.35 si alguno quiere ser el primero, será el *p*
Jn. 6.39 pierda .. sino que lo resucite en el día *p*
11.24 yo sé que resucitará en .. en el día *p*
1 Co. 4.9 Dios nos ha exhibido .. como *p*, como
15.26 y el enemigo que será .. es la muerte
1 Ti. 4.1 en los *p* tiempos algunos apostatarán
2 Ti. 3.1 los *p* días vendrán tiempos peligrosos
He. 1.2 en estos *p* días nos ha hablado por el
1 P. 1.5 para ser manifestada en el tiempo *p*
1.20 manifestado en los *p* tiempos por amor
2 P. 2.20 su *p* estado viene a ser peor que el
3.3 que en los *p* días vendrán burladores

POTAJE
Gn. 25.29 guisó Jacob un *p*; y volviendo Esaú
2 R. 4.38 pon una olla grande, y haz *p* para los

POTENCIA *v.* Fuerza, Poder [sust.]
Job 9.19 si habláremos de su *p*, por cierto es
Sal. 89.17 tú eres la gloria de su *p*, y por tus
1 Co. 15.24 haya suprimido . . toda autoridad y *p*
Col. 1.29 luchando según la *p* de él, la cual actúa

POTESTAD *v.* Autoridad, Dominio, Poder [sust.]
Job 38.33 ¿dispondrás tú de su *p* en la tierra?
Is. 22.21 y entregaré en sus manos tu *p*; y será
Mt. 9.6; Mr. 2.10; Lc. 5.24 el Hijo del Hombre
     tiene *p* en la tierra
     20.25; Mr. 10.42 los . . ejercen sobre ellas *p*
     28.18 toda *p* me es dada en el cielo y en la
Lc. 4.6 te daré toda esta *p*, y la gloria de ellos
     10.19 he aquí os doy *p* de hollar serpientes
Jn. 1.12 les dio *p* de ser hechos hijos de Dios
     17.2 como le has dado *p* sobre toda carne
Hch. 4.7 ¿con qué *p* . . habéis hecho vosotros
     26.18 conviertan . . de la *p* de Satanás a Dios
Ro. 8.38 ni principados, ni *p*, ni lo presente, ni lo
     9.21 ¿o no tiene *p* el alfarero sobre el barro
Col. 2.15 despojando a los . . y las *p*, las exhibió
2 P. 2.10 no temen decir mal de las *p* superiores

POTIFAR Gn. 37.36; 39.1.

POZO *v.* Cisterna, Fuente, Hoyo
Gn. 21.25 reconvino a Abimelec a causa de un *p*
     24.11 fuera de la ciudad, junto a un *p* de agua
     26.15 los *p* que habían abierto . . Abraham su
     29.2 miró, y vio un *p* en el campo, y he aquí
Ex. 21.33 alguno abriere un *p*, o cavare cisterna
Nm. 21.17 este cántico: Sube, oh *p*; a él cantad
2 S. 17.18 patio un *p*, dentro del cual se metieron
     23.15; 1 Cr. 11.17 me diera . . del agua del *p*
Sal. 7.15 *p* ha cavado, y lo ha ahondado; y en el
Pr. 5.15 bebe el . . y los raudales de tu propio *p*
Cnt. 4.15 fuente de huertos, *p* de aguas vivas, que
Lc. 14.5 o su buey cae en algún *p*, no lo sacará
Jn. 4.6 el *p* de Jacob . . se sentó así junto al *p*
Ap. 9.2 abrió el *p* del abismo, y subió humo del

PRACTICAR *v.* Hacer
Ro. 1.32 que los que *practican* tales cosas son
He. 9.9 hacer perfecto . . al que *practica* este culto
1 Jn. 3.8 el que *practica* el pecado es del diablo

PRADO
Sal. 95.7; 100.3 nosotros el pueblo de su *p*, y

PRECEPTO *v.* Edicto, Estatuto, Juicio, Ley,
     Mandamiento, Mandato, Orden, Ordenanza
Sal. 19.8 el *p* de Jehová es puro, que alumbra los
Col. 2.20 como si vivieseis en . . os sometéis a *p*

PRECIO *v.* Redención, Rescate, Valor
2 S. 24.24; 1 Cr. 21.24 sino por *p* te lo compraré
Sal. 44.12 has vendido a tu . . no exigiste ningún *p*
     49.8 la redención de su vida es de gran *p*
Mt. 27.9 *p* del apreciado, según *p* puesto por los
Hch. 4.37 trajo el *p* y lo puso a los pies de los
     5.2 sustrajo del *p*, sabiéndolo también su
1 Co. 6.20 porque habéis sido comprados por *p*
     7.23 por *p* fuisteis comprados; no os hagáis

PRECIOSO, sa
1 S. 26.21 que mi vida ha sido . . *p* a tus ojos
1 Cr. 29.2 ónice, piedras *p*, piedras negras, *p* de
Job 28.18 sabiduría es mejor que las piedras *p*
Sal. 36.7 ¡cuán *p*, oh Dios, es tu misericordia!
     72.14 y la sangre de ellos será *p* ante sus ojos
     139.17 ¡cuán *p* me son . . tus pensamientos!
Pr. 3.15 más *p* es que las piedras *p*; y todo lo que
     12.27 pero haber *p* del hombre es la diligencia
Is. 13.12 haré más *p* que el oro fino al varón
     64.11 nuestras cosas *p* han sido destruidas
Jer. 15.19 y si entresacares lo *p* de lo vil, serás
     31.20 ¿no es Efraín hijo *p* para mí? ¿no es
Hch. 20.24 ni estimo *p* mi vida para mí mismo
1 P. 1.19 sino con la sangre *p* de Cristo, como
     2.4 piedra viva . . mas para Dios escogida y *p*
2 P. 1.1 una fe igualmente *p* que la nuestra

PRECIPITAR *v.* Arrojar, Echar, Lanzar
Dt. 11.4 *precipitó* las aguas del Mar Rojo sobre
Mt. 8.32; Mr. 5.13; Lc. 8.33 se *precipitó* en

PREDESTINAR *v.* Destinar, Escoger, Llamar
Ro. 8.29 los *predestinó* para que fuesen hechos
1 Co. 2.7 la cual Dios *predestinó* antes de los
Ef. 1.5 en amor habiéndonos *predestinado* para
     1.11 *predestinados* conforme al propósito del

PREDICACIÓN
Mt. 12.41; Lc. 11.32 arrepintieron a la *p* de Jonás
1 Co. 1.21 salvar a los . . por la locura de la *p*
     2.4 ni mi *p* fue con palabras persuasivas de
     15.14 si Cristo no resucitó, vana . . nuestra *p*
2 Ti. 4.17 para que por mí fuese cumplida la *p*
Tit. 1.3 manifestó su palabra por . . la *p* que me

PREDICADOR
Ec. 1.1 palabras del *P*, hijo de David, rey en
     1.12 yo el *P* fui rey sobre Israel en Jerusalén
     12.9 y cuanto más sabio fue el *P*, tanto más
1 Ti. 2.7; 2 Ti. 1.11 fui constituido *p* y apóstol

PREDICAR *v.* Anunciar, Declarar, Pregonar,
     Proclamar, Profetizar, Publicar
Is. 61.1 me ha enviado a *predicar* buenas nuevas
Mt. 3.1 vino Juan . . *predicando* en el desierto de
     4.17 comenzó Jesús a *predicar*, y a decir
     4.23 y *predicando* el evangelio del reino
     9.35 enseñando . . y *predicando* el evangelio
     10.7 yendo, *predicad*, diciendo: El reino de
     11.1 se fue . . a *predicar* en las ciudades de
     26.13 que dondequiera que se *predique* este
Mr. 1.4 bautizaba Juan . . *predicaba* el bautismo
     1.38 vamos . . para que *predique* también allí
     2.2 ya no cabían . . y les *predicaba* la palabra
     6.12 *predicaban* . . hombres se arrepintiesen
     16.15 id por todo el . . *predicad* el evangelio
     16.20 saliendo, *predicaron* en todas partes
Lc. 3.3 fue por toda la . . *predicando* el bautismo
     8.1 Jesús iba . . *predicando* . . el evangelio del
     9.2 los envió a *predicar* el reino de Dios, y a
     24.47 que se *predicase* en su nombre . . perdón
Hch. 5.42 de enseñar y *predicar* a Jesucristo
     8.5 Felipe . . Samaria les *predicaba* a Cristo
     9.20 *predicaba* a Cristo en las sinagogas
     10.42 nos mandó que *predicásemos* al pueblo
     17.18 porque les *predicaba* el evangelio de
     28.31 *predicando* el reino de . . y enseñando
Ro. 2.21 tú que *predicas* que no se ha de hurtar
     10.14 cómo oirán sin . . quien les *predique*?
     10.15 cómo *predicarán* si no fueren enviados?
     15.20 me esforcé a *predicar* el evangelio, no
1 Co. 1.17 sino a *predicar* el evangelio; no con
     1.23 nosotros *predicamos* a Cristo crucificado
2 Co. 4.5 no nos *predicamos* a nosotros mismos
     11.4 viene . . *predicando* a otro Jesús que el
Gá. 1.23 nos perseguía, ahora *predica* la fe que en
     5.11 aún *predico* la circuncisión, ¿por qué
Fil. 1.15 algunos . . *predican* a Cristo por envidia
1 Ts. 2.9 os *predicamos* el evangelio de Dios
1 Ti. 3.16 Dios fue . . *predicado* a los gentiles
     5.17 los que trabajan en *predicar* y enseñar
2 Ti. 4.2 *prediques* la palabra, que instes a tiempo
1 P. 1.12 los que os han *predicado* el evangelio
     3.19 en el cual . . fue y *predicó* a los espíritus
     4.6 también ha sido *predicado* el evangelio a

PREGÓN
2 Cr. 30.5 hacer pasar *p* por todo Israel, desde
Jer. 4.19 de trompeta has oído, oh . . *p* de guerra
Abd. 1 hemos oído el *p* de Jehová, y mensajero

PREGONAR *v.* Anunciar, Proclamar
Gn. 41.43 *pregonaron* delante de él: ¡Doblad la
Lv. 13.45 y embozado *pregonará*: ¡Inmundo!
2 Cr. 36.22; Esd. 1.1 hizo *pregonar* de palabra
Jon. 1.2 vé a Nínive . . y *pregona* contra ella
Ap. 5.2 ángel fuerte que *pregonaba* a gran voz

PREGUNTA
1 R. 10.1; 2 Cr. 9.1 vino a probarle con *p* difíciles

PREGUNTAR *v.* Consultar, Indagar, Inquirir,
     Interrogar
Gn. 24.57 llamemos a la doncella y *preguntémosle*
     32.29 ¿por qué me *preguntas* por mi nombre?

Dt. 4.32 *pregunta* ahora si en los tiempos pasados
  12.30 no *preguntes* acerca de sus dioses
  32.7 *pregunta* a tu padre, y él te declarará
2 R. 22.13 id y *preguntad* a Jehová por mí, y por
Neh. 1.2 les *pregunté* por los judíos que habían
Job 8.8 *pregunta* ahora a las generaciones pasadas
  38.3 yo te *preguntaré*, y tú me contestarás
Sal. 35.11 malvados; de lo que no sé me *preguntan*
Is. 21.12 *preguntad* si queréis, *p*; volved, venid
  45.11 *preguntadme* de las cosas que han venir
Jer. 6.16 *preguntad* por las sendas antiguas, cuál
Dn. 2.10 ningún rey . . *preguntó* cosa semejante a
Mt. 2.4 *preguntó* dónde había de nacer el Cristo
Mr. 8.27 en el camino *preguntó* a sus discípulos
  12.34; Lc. 20.40; Jn. 21.12 ninguno osaba *pre-*
    guntarle
Lc. 3.15 *preguntándose* . . acaso Juan sería el Cristo
  9.18 *preguntó*, diciendo: ¿Quién dice la gente
  17.20 *preguntado* . . cuándo había de venir el
Jn. 4.52 les *preguntó* a qué hora había . . estar mejor
Hch. 10.17 *preguntando* por la casa de Simón
1 Co. 10.25 de todo . . comed, sin *preguntar* nada
  14.35 algo, *pregunten* en casa a sus maridos

PREMIAR *v.* Recompensar
2 S. 22.21; Sal. 18.20 me ha *premiado* conforme
Pr. 13.21 los justos serán *premiados* con el bien

PREMIO *v.* Galardón, Paga
1 Co. 9.24 corren, pero uno solo se lleva el *p*?
Fil. 3.14 al *p* del supremo llamamiento de Dios
Col. 2.18 nadie os prive de vuestro *p*, afectando
2 P. 2.15 Balaam . . el cual amó el *p* de la maldad

PRENDA
Gn. 38.17 dijo: Dame una *p* hasta que lo envíes
Ex. 22.26 si tomares en *p* el vestido de tu prójimo
Dt. 24.6 no tomarás en *p* la muela del molino
  24.10 no entrarás en su casa para tomarle *p*
Job 22.6 sacaste *p* a tus hermanos sin causa
  24.3 llevan . . toman en *p* el buey de la viuda
Pr. 20.16 toma *p* del que sale fiador por los
  27.13 y al que fía a la extraña, tómale *p*
Hab. 2.6 había de acumular sobre sí *p* tras *p*?

PRENDER
1 R. 18.40 *prended* a los profetas de Baal, para que
2 R. 6.13 donde está . . que yo envíe a *prenderle*
Cnt. 4.9 *prendiste* mi corazón, hermana, esposa
Mt. 26.48 al que yo besare, ése es; *prendedle*
  26.55 enseñando en el . . y no me *prendisteis*
Mr. 3.21 lo oyeron los . . vinieron para *prenderle*
  14.1 buscaban . . los escribas cómo *prenderle*
Jn. 18.12 judíos *prendieron* a Jesús y le ataron
Hch. 9.14 tiene autoridad . . para *prender* a todos
  16.19 *prendieron* a Pablo y a Silas . . al foro
  28.3 una víbora . . se le *prendió* en la mano

PREOCUPAR *v.* Afanar
Mt. 10.19; Mr. 13.11; Lc. 12.11 no os *preocupéis* . .
    qué hablaréis
Lc. 10.40 Marta se *preocupaba* con . . quehaceres
1 Co. 12.25 que los miembros todos se *preocupen*

PREPARACIÓN
Mt. 27.62 al día . . después de la *p*, se reunieron
Mr. 15.42 era la *p*, es decir, la víspera del día de
Jn. 19.42 por causa de la *p* . . pusieron a Jesús

PREPARADO, da *v.* Dispuesto
Est. 8.13 que los judíos estuviesen *p* para aquel
Mt. 20.23 sino a aquellos para quienes está *p* por
  24.44 estad *p*; porque el Hijo del Hombre
  25.10 las que estaban *p* entraron con él a las
Lc. 12.40 estad *p*, porque a la hora que no penséis
  14.17 a decir . . Venid, que ya todo está *p*
2 Co. 9.2 que Acaya está *p* desde el año pasado
2 Ti. 3.17 enteramente *p* para toda buena obra
1 P. 3.15 siempre *p* para presentar defensa con

PREPARAR *v.* Disponer, Ordenar
Gn. 24.31 he *preparado* la casa, y el lugar para
Dt. 1.41 y os *preparasteis* para subir al monte
1 Cr. 22.5 la casa . . yo le *prepararé* lo necesario

2 Cr. 30.18 ha *preparado* su corazón para buscar
Job 38.41 ¿quién *prepara* al cuervo su alimento
Pr. 24.27 *prepara* tus labores fuera, y dispónlas
Am. 4.12 *prepárate* . . al encuentro de tu Dios
Jon. 4.6 *preparó* Jehová Dios una calabacera, la
Mt. 3.3; Lc. 3.4 clama . . *Preparad* el camino del
  26.17; Mr. 14.12; Lc. 22.9 ¿dónde quieres que
    preparemos . . la pascua?
Mr. 1.2 el cual *preparará* tu camino delante de ti
  14.16 fueron sus . . y *prepararon* la pascua
Lc. 1.17 para *preparar* al Señor un pueblo bien
  1.76 irás delante . . para *preparar* sus caminos
  2.31 la cual has *preparado* en presencia de
  12.47 no se *preparó*, ni hizo . . su voluntad
Jn. 14.2 voy, pues, a *preparar* lugar para vosotros
Ro. 9.23 para con los vasos . . que él *preparó* de
1 Co. 2.9 son las que Dios ha *preparado* para los
Ef. 2.10 las cuales Dios *preparó* de antemano
He. 10.5 no quisiste; mas me *preparaste* cuerpo
  11.7 Noé . . con temor *preparó* el arca en que
Ap. 18.6 ella *preparó* bebida, *preparadle* a ella
  19.7 las bodas . . y su esposa se ha *preparado*

PRESA *v.* Botín
Gn. 49.9 león, Judá; de la *p* subiste, hijo mío
Job 29.17 y de sus dientes hacía soltar la *p*
Sal. 17.12 como león que desea hacer *p*, y como
  104.21 los leoncillos rugen tras la *p*, y para
  124.6 no nos dio por *p* a los dientes de ellos
Jer. 2.14 ¿es esclavo? ¿por qué ha venido a ser *p*
  30.16 a todos los que hicieron de ti daré en *p*

PRESENCIA *v.* Delante
Ex. 33.14 mi *p* irá contigo, y te daré descanso
Sal. 16.11 la vida; en tu *p* hay plenitud de gozo
  139.7 tu Espíritu? ¿Y a dónde huiré de tu *p*?
Jer. 23.39 arrancaré de mi *p* a vosotros y a la
Jon. 1.3 para irse . . lejos de la *p* de Jehová
Sof. 1.7 calla en la *p* de Jehová el Señor, porque
Lc. 1.76 porque irás delante de la *p* del Señor
Hch. 10.33 estamos aquí en la *p* de Dios, para oír
2 Co. 10.10 mas en *p* corporal débil, y la palabra
Fil. 1.26 gloria . . por mi *p* otra vez entre vosotros

PRESENTAR *v.* Comparecer, Ofrecer, Sacrificar
Sal. 5.3 de mañana me *presentaré* delante de ti
  42.2 ¿cuándo . . *presentaré* delante de Dios?
Mi. 6.6 ¿con qué me *presentaré* ante Jehová, y
Mt. 5.24 y entonces ven y *presenta* tu ofrenda
Lc. 2.22 le trajeron . . para *presentarle* al Señor
  6.29 una mejilla, *preséntale* también la otra
Hch. 19.31 recado . . no se *presentase* en el teatro
Ro. 6.13 *presentaos* vosotros mismos a Dios como
  12.1 *presentéis* vuestros cuerpos en sacrificio
Ef. 5.27 a fin de *presentársela* a sí mismo, una
Col. 1.28 fin de *presentar* perfecto en Cristo Jesús
2 Ti. 2.15 procura . . *presentarte* a Dios aprobado
He. 9.24 *presentarse* ahora por nosotros ante Dios
Jud. 24 y *presentaros* sin mancha delante de su

PRESENTE *v.* Dádiva, Don, Soborno
Gn. 32.13 tomó de . . un *p* para su hermano Esaú
  33.11 acepta, te ruego, mi *p* que te he traído
  43.11 tomad . . y llevad a aquel varón un *p*
Ex. 23.8 no recibirás *p*; porque el *p* ciega a los
1 S. 10.27 poco, y no le trajeron *p*; mas él disimuló
1 R. 10.25 llevaban cada año sus *p*: alhajas de oro
1 Cr. 18.2 fueron siervos de David, trayéndole *p*
2 Cr. 9.24 cada uno de éstos traía su *p* . . de oro
Sal. 45.12 las hijas de Tiro vendrán con *p* . . favor
  72.10 los reyes de Tarsis y de las . . traerán *p*
Pr. 29.4 afirma . . mas el que exige *p* la destruye
Mt. 2.11 le ofrecieron *p*: oro, incienso y mirra
Ro. 8.18 que las aflicciones del tiempo *p* no son
1 Co. 3.22 lo *p*, sea lo por venir, todo es vuestro
  5.3 *p* en espíritu, ya como he juzgado al que
2 Co. 5.8 estar ausentes del cuerpo, y *p* al Señor
  10.1 estando *p* . . soy humilde entre vosotros
Gá. 4.18 y no solamente cuando estoy *p* con

PRESERVAR *v.* Conservar, Guardar
Ex. 1.17 sino que *preservaron* la vida a los niños
Job 21.30 el malo es *preservado* en el día de la

Sal. 19.13 *preserva* a tu siervo de las soberbias
   66.9 es quien *preservó* la vida a nuestra alma
   79.11 *preserva* a los sentenciados a muerte
Pr. 2.8 juicio, y *preserva* el camino de sus santos
2 Ti. 4.18 el Señor . . me *preservará* para su reino

PRESO, sa v. Cautivo, Prisionero
Sal. 79.11 llegue delante de ti el gemido de los *p*
Is. 42.7 para que saques de la cárcel a los *p*, y de
   49.9 para que digas a los *p*: Salid; y a los que
   51.14 el *p* agobiado será libertado pronto
   61.1 publicar . . a los *p* apertura de la cárcel
Mt. 4.12 cuando Jesús oyó que Juan estaba *p*
   27.16 tenían . . *p* famoso llamado Barrabás
Hch. 25.27 enviar un *p*, y no informar de los
   27.42 los soldados acordaron matar a los *p*
Ef. 4.1 pues, *p* en el Señor, os ruego que andéis
Col. 4.3 misterio de Cristo, por el cual . . estoy *p*
2 Ti. 2.9 sufro . . mas la palabra de Dios no está *p*
He. 10.34 de los *p* también os compadecisteis
   13.3 acordaos de los *p*, como . . *p* . . con ellos

PRESTADO, da
Ex. 22.14 si alguno hubiere tomado *p* bestia de su
Dt. 24.10 entregares a tu prójimo alguna cosa *p*
2 R. 4.3 y pide para ti vasijas *p* de . . no pocas
   6.5 y gritó diciendo: ¡Ah, señor mío, era *p*!
Neh. 5.4 hemos tomado *p* dinero para el tributo
Sal. 37.21 el impío toma *p*, y no paga; mas el
Pr. 22.7 el que toma *p* es siervo del que presta
Mt. 5.42 quiera tomar de ti *p*, no se lo rehúses

PRESTAR
Ex. 22.25 *prestares* dinero a uno de mi pueblo
Dt. 15.6 *prestarás* . . a muchas naciones, mas tú
   15.8 abrirás a él tu mano . . le *prestarás* lo
   28.44 él te *prestará* a ti, y tú no le *prestarás*
Sal. 37.26; 112.5 tiene misericordia, y *presta*
Pr. 19.17 a Jehová *presta* el que da al pobre; y al
Lc. 6.34 si *prestáis* a aquellos de quienes esperáis
   11.5 y le dice: Amigo, *préstame* tres panes

PRESUNCIÓN
Dt. 18.20 el profeta que tuviere la *p* de hablar
   18.22 con *p* la habló el tal profeta; no tengas

PRETEXTO v. Excusa
Mt. 23.14; Lc. 20.47 *p* hacéis largas oraciones
Fil. 1.18 *p* o por verdad, Cristo es anunciado
1 P. 2.16 la libertad como *p* para hacer lo malo

PRETORIO
Mt. 27.27; Mr. 15.16 llevaron a Jesús al *p*
Jn. 18.28 llevaron a Jesús de casa de Caifás al *p*
Hch. 23.35 mandó que le custodiasen en el *p* de

PREVALECER
1 S. 26.25 sin duda emprenderás . . y *prevalecerás*
2 Cr. 14.11 no *prevalezca* contra ti el hombre
Sal. 12.4 dicho: Por nuestra lengua *prevaleceremos*
Ec. 4.12 si alguno *prevaleciere* contra uno, dos le
Jer. 20.10 quizá . . *prevaleceremos* contra él, y
Mt. 16.18 puertas del Hades no *prevalecerán* contra
Jn. 1.5 las tinieblas no *prevalecieron* contra ella
Hch. 19.20 y *prevalecía* . . la palabra del Señor

PREVARICACIÓN v. Impiedad, Iniquidad,
      Pecado, Trangresión
Job 14.17 tienes sellada en saco mi *p*, y tienes
Dn. 8.13 ¿hasta cuándo durará . . la *p* asoladora
   9.24 para terminar la *p*, y poner fin al pecado

PREVARICADOR v. Impío, Inicuo, Malo,
      Pecador, Transgresor
Pr. 2.22 tierra, y los *p* serán de ella desarraigados
   21.18 rescate del justo . . por los rectos, el *p*
Is. 1.23 tus príncipes, *p* y compañeros de ladrones
   21.2 el *p* prevarica, y el destructor destruye
   24.16 *p* han prevaricado . . con prevaricación de
Jer. 9.2 ellos son adúlteros, congregación de *p*

PREVARICAR v. Ofender, Pecar
Lv. 26.40 sin prevaricación con que *prevaricaron*
1 S. 14.33 él dijo: Vosotros habéis *prevaricado*
Pr. 28.21 por un bocado . . *prevaricará* el hombre

Is. 24.16 prevaricadores han *prevaricado*; y han *p*
   43.27 tus enseñadores *prevaricaron* contra mí
   59.13 *prevaricar* y mentir contra Jehová, y el
Jer. 2.29; 3.20 así *prevaricasteis* contra mí, oh
Os. 5.7 contra Jehová *prevaricaron*, porque han
   6.7 ellos, cual Adán . . *prevaricaron* contra mí
Am. 4.4 id a Bet-el, y *prevaricad*; aumentad en
Mal. 2.11 *prevaricó* Judá, y en Israel y en

PRIMER, ro, ra v. Creación, Principio
Is. 41.4; 44.6 yo Jehová, el *p*, y yo mismo con
Hag. 2.3 que haya visto esta casa en su gloria *p*
Mt. 12.45; Lc. 11.26 viene a ser peor que el *p*
   19.30; 20.16; Mr. 10.31; Lc. 13.30 *p* serán pos-
      treros, y postreros, *p*
   22.38 es el *p* y grande mandamiento
   23.6; Mr. 12.39; Lc. 11.43; 20.46 aman los *p*
      asientos . . y las *p* sillas
   23.26 limpia *p* lo de dentro del vaso, y del
Mr. 9.11 que es necesario que Elías venga *p*?
   9.35 si alguno quiere ser el *p*, será el postrero
   10.44 quiera ser el *p*, será siervo de todos
   16.2; Lc. 24.1; Jn. 20.1 el *p* día de la semana
Lc. 14.8 no te sientes en el *p* lugar, no sea que
Jn. 1.15 mí, es antes de mí; porque era *p* que yo
   8.7 sea el *p* en arrojar la piedra contra ella
1 Co. 15.45 fue hecho el *p* hombre Adán alma
   16.2 cada *p* día de la semana cada uno de
1 Ti. 1.15 los pecadores, de los cuales yo soy el *p*
He. 8.7 porque si aquel *p* hubiera sido sin defecto
1 Jn. 4.19 le amamos a él, porque él nos amó *p*
Ap. 1.11, 17 yo soy el Alfa y . . el *p* y el último
   2.4 contra ti, que has dejado tu *p* amor
   20.5 mil años. Esta es la *p* resurrección
   21.1 el *p* cielo y la *p* tierra pasaron, y el mar
   21.4 ni dolor; porque las *p* cosas pasaron

PRIMERAMENTE
Mt. 6.33 buscad *p* el reino de Dios y su justicia
2 Co. 8.5 que a sí mismos se dieron *p* al Señor, y

PRIMICIA v. Diezmo, Fruto, Primero
Ex. 22.29 no demorarás la *p* de tu cosecha ni de
   34.26 las *p* de . . llevarás a la casa de Jehová
Lv. 2.14 si ofrecieres a Jehová ofrenda de *p*
   23.10 una gavilla por *p* de los primeros frutos
Nm. 28.26 el día de las *p*, cuando presentéis
Dt. 18.4 las *p* de tu grano, de tu vino . . le darás
   26.2 tomarás de las *p* de todos los frutos que
   26.10 he traído las *p* del fruto de la tierra que
2 Cr. 31.5 dieron muchas *p* de grano, vino, aceite
   31.12 en ellas depositaron las *p* y los diezmos
Pr. 3.9 honra a . . con las *p* de todos tus frutos
Jer. 2.3 santo era Israel . . *p* de sus nuevos frutos
Ro. 8.23 nosotros . . tenemos las *p* del Espíritu
   11.16 si las *p* son santas, también lo es la
1 Co. 15.20 de los que durmieron es hecho la
Stg. 1.18 para que seamos *p* de sus criaturas
Ap. 14.4 fueron redimidos . . como *p* para Dios

PRIMOGÉNITO v. Hijo
Gn. 27.19 y Jacob dijo a su . . Yo soy Esaú tu *p*
Ex. 4.22 Jehová ha dicho así: Israel es . . mi *p*
   11.5 y morirá todo *p* en tierra de Egipto
   12.29; Sal. 78.51; 105.36 hirió a todo *p* en la
   13.2 conságrame todo *p* . . abre matriz entre
   22.29 de tu lagar. Me darás el *p* de tus hijos
   34.20 redimirás . . *p* del asno . . *p* de tus hijos
Nm. 3.13; 8.17 mío es todo *p* . . los *p* en Israel
Dt. 15.19 consagrarás a Jehová . . todo *p* macho
   21.15 hijos, y el hijo *p* fuere de la aborrecida
Jos. 6.26 sobre su *p* eche los cimientos de ella
1 R. 16.34 a precio de . . su *p* echó el cimiento
Sal. 89.27 le pondré por *p*, el más excelso de
Is. 14.30 los *p* de los pobres serán apacentados
Jer. 31.9 soy a Israel por padre, y Efraín es mi *p*
Mi. 6.7 ¿daré mi *p* por mi rebelión, el fruto
Mt. 1.25; Lc. 2.7 dio a luz a su hijo *p*
Ro. 8.29 que él sea el *p* entre muchos hermanos
Col. 1.15 la imagen del . . el *p* de toda creación
   1.18; Ap. 1.5 el *p* de entre los muertos
He. 12.23 a la congregación de los *p* que están

PRIMOGENITURA
Gn. 25.31 respondió: Véndeme en este día tu *p*
27.36 se apoderó de mi *p*, y . . mi bendición
Lv. 27.26 el primogénito . . por la *p* es de Jehová
1 Cr. 5.1 derechos de *p* dados fueron a . . José
He. 12.16 que por una sola comida vendió su *p*

PRINCIPADO *v.* Autoridad, Dominio, Potestad
Pr. 8.23 eternamente tuve el *p*, desde el principio
Is. 9.6 el *p* sobre su hombro; y se llamará su
Ef. 1.21 todo *p* y autoridad y poder y señorío, y
3.10 sea ahora dada a conocer por . . a los *p*
6.12 sino contra *p*, contra potestades, contra
Col. 2.10 que es la cabeza de todo *p* y potestad
2.15 despojando a los *p* y a las potestades

PRINCIPAL *v.* Jefe, Principal Sacerdote, Príncipe
Gn. 49.3 Rubén, tú . . *p* en dignidad, *p* en poder
49.4 impetuoso como las aguas, no serás el *p*
Job 29.10 la voz de los *p* se apagaba, y su lengua
Mi. 5.5 levantaremos contra él . . ocho hombres *p*
Mt. 9.18; Mr. 5.22 vino un hombre *p* y se postró
Mr. 12.30 amarás al . . Este es el *p* mandamiento
Lc. 8.41 llamado Jairo, que era *p* de la sinagoga
19.47 y los *p* del pueblo procuraban matarle

PRINCIPAL SACERDOTE *v.* Sacerdote, Sumo Sacerdote
Mt. 27.1 venida la mañana, todos los *p s* y los
27.41; Mr. 15.31 los *p s*, escarneciéndole con
Mr. 15.1 habiendo tenido consejo los *p s* con los
Lc. 9.22 y sea desechado por . . los *p s* y por los
Jn. 7.32 los *p s* . . enviaron alguaciles para que
Hch. 9.14 aquí tiene autoridad de los *p s* para

PRÍNCIPE *v.* Jefe, Principal
Nm. 7.2 los *p* de Israel . . los *p* de . . ofrecieron
16.2 se levantaron contra Moisés con . . *p* de
25.4 toma a . . los *p* del pueblo, y ahórcalos
Jos. 5.14 como *p* del ejército de Jehová he venido
1 S. 25.30 de ti, y te establezca por *p* sobre Israel
Pr. 8.15 por mí reinan . . *p* determinan justicia
28.15 es el *p* impío sobre el pueblo pobre
Is. 1.23 tus *p*, prevaricadores y compañeros de
3.4 les pondré jóvenes por *p*, y muchachos
9.6 un niño . . se llamará su nombre . . *P* de paz
22.3 tus *p* juntos huyeron del arco, fueron
Jer. 26.10 los *p* de Judá oyeron estas cosas
Ez. 28.2 hijo de hombre, dí al *p* de Tiro: Así ha
45.9 así ha dicho . . ¡Basta ya, oh *p* de Israel!
Mi. 7.3 el *p* . . y el juez juzga por recompensa
Mt. 9.34; 12.24; Mr. 3.22; Lc. 11.15 por el *p* de los demonios echa fuera
Jn. 12.31 el *p* de este mundo será echado fuera
14.30 porque viene el *p* de este mundo, y él
16.11 el *p* de este mundo ha sido ya juzgado
Hch. 5.31 Dios ha exaltado . . por *P* y Salvador
23.5 está: No maldecirás a un *p* de tu pueblo
1 Co. 2.8 ninguno de los *p* de este siglo conoció
Ef. 2.2 conforme al *p* de la potestad del aire

PRINCIPIO *v.* Creación, Fundación
Gn. 1.1 en el *p* creó Dios los cielos y la tierra
Job 8.7 tu *p* haya sido pequeño, tu postrer estado
Pr. 8.23 eternamente tuve el principado, desde el *p*
Hab. 1.12 ¿no eres tú desde el *p*, oh Jehová, Dios
Mt. 19.8 os permitió repudiar . . al *p* no fue así
24.8; Mr. 13.8 todo esto será *p* de dolores
Mr. 1.1 *p* del evangelio de Jesucristo, Hijo de
Jn. 1.1 en el *p* era el Verbo, y el Verbo era con
15.27 porque habéis estado conmigo desde el *p*
Col. 1.18 él que es el *p*, el primogénito de entre
He. 7.3 que ni tiene *p* de días, ni fin de vida, sino
Ap. 1.8; 21.6; 22.13 yo soy el Alfa y . . el *p* y el fin
3.14 el *p* de la creación de Dios, dice esto

PRISA *v.* Apresuradamente
Gn. 19.15 rayar el alba, los ángeles daban *p* a Lot
19.22 date *p*, escápate allá; porque nada podré
1 S. 17.48 David se dio *p*, y corrió a la línea de
Pr. 20.21 los bienes que se adquieren de *p* al
Ec. 5.2 no te des *p* con tu boca, ni tu corazón

PRISCILA Hch. 18.2; 18.18; Ro. 16.3.

PRISIÓN *v.* Cadena, Cárcel
Sal. 107.14 los sacó de las . . y rompió sus *p*
116.16 hijo de tu sierva; tú has roto mis *p*
Hch. 8.23 en hiel . . en *p* de maldad veo que estás
20.23 que me esperan *p* y tribulaciones
23.29 que ningún delito tenía digno de . . *p*
Fil. 1.13 mis *p* se han hecho patentes en Cristo
Col. 4.18 acordaos de mis *p*. La gracia sea con
2 Ti. 2.9 sufro . . hasta *p* a modo de malhechor
Flm. 13 que en lugar tuyo me sirviese en mis *p*
2 P. 2.4 arrojándolos al infierno . . entregó a *p*
Jud. 6 guardado bajo oscuridad, en *p* eternas
Ap. 20.7 mil años . . Satanás será suelto de su *p*

PRISIONERO *v.* Cautivo, Preso
Gn. 14.14 oyó Abram que su pariente estaba *p*
Nm. 21.1 peleó contra Israel, y tomó de él *p*
Sal. 69.33 Jehová oye . . y no menosprecia a sus *p*
Zac. 9.12 volveos a la . . oh *p* de esperanza; hoy
Ef. 3.1; Flm. 1 yo Pablo, *p* de Cristo Jesús

PRIVADA *v.* Aparte.
2 P. 1.20 ninguna profecía . . es de interpretación *p*

PRIVAR *v.* Quitar, Tomar
Gn. 27.45 ¿por qué seré *privada* de . . en un día?
43.14 si he de ser *privado* de mis hijos, séalo
Is. 38.10 Seol; *privado* soy del resto de mis años
Col. 2.18 nadie os *prive* de vuestro premio

PROBAR *v.* Examinar, Gustar
Gn. 22.1 que *probó* Dios a Abraham, y le dijo
42.15 en esto seréis *probados*; Vive Faraón
Ex. 15.25 allí les dio estatutos . . y allí los *probó*
16.4 para que yo lo *pruebe* si anda en mi ley
20.20 porque para *probaros* vino Dios, y para
Dt. 8.2 para *probarte*, para saber lo que había en
13.3 Jehová vuestro Dios os está *probando*
Jue. 2.22 *probar* con ellas a Israel, si procurarían
1 R. 10.1; 2 Cr. 9.1 vino a *probarle* con preguntas
2 Cr. 32.31 Dios lo dejó para *probarle*, para hacer
Job 23.10 él . . me *probará*, y saldré como oro
34.36 deseo . . Job sea *probado* ampliamente
Sal. 7.9 Dios justo *prueba* la mente y el corazón
11.5 Jehová *prueba* al justo; pero al malo y
17.3 tú has *probado* mi corazón . . visitado
26.2 escudríñame, oh Jehová, y *pruébame*
66.10 tú nos *probaste*, oh Dios; nos ensayaste
81.7 te *probé* junto a las aguas de Meriba
139.23 *pruébame* y conoce mis pensamientos
Ec. 2.1 te *probaré* con alegría, y gozarás de bienes
3.18 para que Dios los *pruebe*, y para que
Jer. 9.7 he aquí que yo los refinaré y los *probaré*
12.3 tú . . *probaste* mi corazón para contigo
20.12 que *pruebas* a los justos, que ves los
Mal. 3.10 *probadme* ahora en esto, dice Jehová
Mt. 27.34 después de haberlo *probado*, no quiso
Jn. 2.9 *probó* el agua hecha vino, sin saber él de
6.6 esto decía para *probarle*; porque él sabía
Hch. 24.13 ni te pueden *probar* las cosas de que
1 Co. 3.13 la obra . . cual sea, el fuego la *probará*
11.28 *pruébese* cada uno a sí mismo, y coma
1 Ts. 2.4 a Dios, que *prueba* nuestros corazones
He. 3.9 me tentaron vuestros padres; me *probaron*
1 Jn. 4.1 sino *probad* los espíritus si son de Dios

PROCLAMAR *v.* Anunciar, Declarar, Predicar, Pregonar, Profetizar, Publicar
Ex. 33.19 y *proclamaré* el nombre de Jehová
Sal. 96.3 *proclamad* entre las naciones su gloria
Pr. 20.6 *proclaman* cada una su propia bondad
Is. 61.2 *proclamar* el año de la buena voluntad de
Jer. 7.2 y *proclama* allí esta palabra, y di: Oíd
Jl. 3.9 *proclamad* . . entre las naciones, *p* guerra
Jon. 3.2 *proclama* en ella el mensaje que yo te
Mt. 10.27; Lc. 12.3 al oído, *proclamadlo* desde

PROCÓNSUL
Hch. 13.8 procurando apartar de la fe al *p*
18.12 siendo Galión *p* de Acaya, los judíos
19.38 y *p* hay; acúsense los unos a los otros

PROCURAR *v.* Proponer
Nm. 16.10 ¿*procuráis* también el sacerdocio?
Pr. 11.27 el que *procura* el bien buscará favor; mas
Ec. 12.10 *procuró* . . hallar palabras agradables
Lc. 12.58 *procura* en el camino arreglarte con él
    13.24 muchos *procurarán* entrar, y no podrán
Jn. 19.12 desde entonces *procuraba* Pilato soltarle
Hch. 16.10 *procuramos* partir para Macedonia
Ro. 11.3 yo he quedado, y *procuran* matarme?
1 Co. 10.33 no *procurando* mi propio beneficio
    12.31 *procurad*, pues, los dones mejores
    14.1 el amor, y *procurad* los dones espirituales
    14.12 *procurad* abundar en . . para edificación
2 Co. 5.9 por tanto *procuramos* . . serle agradables
1 Ts. 2.17 más *procuramos* . . ver vuestro rostro
2 Ti. 2.15 *procura* . . presentarte a Dios aprobado
    4.21 *procura* venir antes del invierno
He. 4.11 *procuremos*, pues, entrar en aquel reposo
2 P. 1.10 *procurad* hacer firme vuestra vocación
    3.14 *procurad* . . ser hallados por él sin mancha

PRODIGIO *v.* Maravilla, Milagro, Señal
Ex. 15.11 ¿quién como tú, oh . . hacedor de *p*?
Sal. 71.7 *p* he sido a muchos, y tú mi refugio
Jl. 2.30; Hch. 2.19 *p* en el cielo y en la tierra
Hch. 7.36 los sacó, habiendo hecho *p* y señales
2 Co. 12.12 las señales de apóstol . . *p* y milagros

PRODUCIR *v.* Dar
Lc. 12.16 la heredad de . . había *producido* mucho
Fil. 2.13 Dios es el que en vosotros *produce* así

PROEZA
Dt. 3.24 ¿qué dios . . que haga obras y *p* como
Sal. 60.12; 108.13 en Dios haremos *p*, y él hollará
    118.15 júbilo . . la diestra de Jehová hace *p*
    150.2 alabadle por sus *p*; alabadle conforme
Lc. 1.51 hizo *p* con su brazo; esparció a los

PROFANAR *v.* Contaminar, Corromper
Lv. 19.12 *profanando* así el nombre de tu Dios
    21.6 y no *profanarán* el nombre de su Dios
Dt. 22.30 ninguno . . *profanará* el lecho de su padre
2 R. 23.8 *profanó* los lugares altos donde los
Neh. 13.17 ¿qué . . hacéis, *profanando* así el día de
Sal. 74.7 *profanado* el tabernáculo de tu nombre
    79.1 oh Dios . . han *profanado* tu santo templo
    89.31 si *profanaren* mis estatutos, y no
Is. 30.22 *profanarás* la cubierta de tus esculturas
    43.28 yo *profané* los príncipes del santuario
    47.6 me enojé contra . . *profané* mi heredad
    56.2 que guarda el día . . para no *profanarlo*
Ez. 5.11 haber *profanado* mi santuario con todas
    7.22 entrarán en él invasores y lo *profanarán*
    20.39 no *profanéis* más mi santo nombre con
    22.8 y mis días de reposo has *profanado*
    22.26 yo he sido *profanado* en medio de ellos
    23.38 día, y *profanaron* mis días de reposo
    36.20 *profanaron* mi santo nombre, diciéndose
    39.7 nunca más dejaré *profanar* mi . . nombre
Dn. 11.31 tropas que *profanarán* el santuario y la
Mal. 1.12 y vosotros lo habéis *profanado* cuando
    2.10 *profanando* el pacto de nuestros padres?
    2.11 Judá ha *profanado* el santuario de Jehová
Mt. 12.5 en el templo *profanan* el día de reposo
Hch. 21.28 templo, y ha *profanado* este santo lugar
    24.6 intentó también *profanar* el templo

PROFANO, na
Ez. 44.23 a hacer diferencia entre lo santo y lo *p*
1 Ti. 4.7 desecha las fábulas *p* y de viejas
    6.20 evitanda las pláticas sobre coas vanas
2 Ti. 2.16 mas evita *p* y vanas palabrerías, porque
He. 12.16 no sea que haya algún . . *p*, como Esaú

PROFECÍA *v.* Palabra, Visión
Neh. 6.12 sino que hablaba aquella *p* . . sobornado
Pr. 29.18 sin *p* el pueblo se desenfrena; mas el que
Is. 15.1 *p* sobre Moab. Cierto, de noche fue
    17.1 *p* sobre Damasco. He aquí que Damasco
    19.1 *p* sobre Egipto. He aquí que Jehová
    21.1 *p* sobre el desierto del mar. Como
    22.1 *p* sobre el valle de la visión. ¿Qué tienes

Is. 23.1 *p* sobre Tiro. Aullad, naves de Tarsis
Jer. 23.34 dijere: *P* de Jehová, yo enviaré castigo
Os. 12.10 y aumenté la *p*, y por medio de los
Nah. 1.1 *p* sobre Nínive. Libro de la visión de
Hab. 1.1 la *p* que vio el profeta Habacuc
Ro. 12.6 si el de *p*, úsese conforme a la medida de
1 Co. 12.10 a otro, el hacer milagros; a otros, *p*
    13.2 si tuviese *p*, y entendiese todos los
    13.8 las *p* se acabarán, y cesarán las lenguas
    14.22 la *p*, no a los incrédulos, sino a los
1 Ts. 5.20 no menospreciéis las *p*
1 Ti. 1.18 que conforme a las *p* que se hicieron
    4.14 el don . . que te fue dado mediante *p* con
2 P. 1.20 esto, que ninguna *p* de la Escritura es de
Ap. 19.10 testimonio de Jesús es el espíritu de la *p*
    22.7 que guarda las palabras de la *p* de este
    22.18 oye las palabras de la *p* de este libro

PROFESAR *v.* Afirmar, Confesar, Decir
1 Ti. 6.21 la cual *profesando* algunos, se desviaron
Tit. 1.16 *profesan* conocer a Dios, pero con los

PROFESIÓN
1 Ti. 6.12 habiendo hecho la buena *p* delante de
    6.13 dio testimonio de la buena *p* delante de
He. 3.1 al apóstol . . de nuestra *p*, Cristo Jesús
    4.14 teniendo un gran . . retengamos nuestra *p*
    10.23 mantengamos firme . . la *p* de . . esperanza

PROFETA *v.* Apóstol, Sacerdote, Vidente
Gn. 20.7 porque es *p*, y orará por ti, y vivirás
Ex. 7.1 te he constituido dios . . Aarón será tu *p*
Nm. 11.29 ojalá todo el pueblo de Jehová fuese *p*
    12.6 cuando haya entre vosotros *p* de Jehová
Dt. 13.1 cuando se levantare en medio de ti *p*, o
    18.15 *p* de en medio de ti . . levantará Jehová
    18.20 el *p* que tuviere la presunción de hablar
    34.10 nunca más se levantó *p* . . como Moisés
1 S. 3.20 conoció que Samuel era fiel *p* de Jehová
    9.9 que hoy se llama *p* . . se llamaba vidente
    10.11; 19.24 dijo: ¿También entre los *p*?
1 R. 13.11 moraba . . en Bet-el un viejo *p*, al cual
    18.4 cuando Jezabel destruía a los *p* de Jehová
    18.19 los 450 *p* de Baal, y los 400 *p* de Asera
    18.22 mas de los *p* de Baal hay 450 hombres
    19.10, 14 matado a espada a tus *p*; y sólo
    22.7; 2 Cr. 18.6 ¿hay aún aquí algún *p* de
2 Cr. 20.20 creed a sus *p*, y seréis prosperados
Neh. 9.26 mataron a tus *p* que protestaban contra
Sal. 74.9 no vemos ya . . señales; no hay más *p*
Is. 9.15 el *p* que enseña mentira, es la cola
    28.7 el sacerdote y el *p* erraron con sidra
Jer. 1.5 te conocí, y . . te di por *p* a las naciones
    2.8 los *p* profetizaron en nombre de Baal
    4.9 en aquel día, dice . . maravillarán los *p*
    5.13 los *p* serán como viento, porque no hay
    5.31 *p* profetizaron mentira, y los sacerdotes
    6.13 y desde el *p* hasta el sacerdote, todos son
    7.25 os envié todos los *p* mis siervos
    23.11 el *p* como el sacerdote son impíos; aun
    23.13 en los *p* de Samaria he visto desatinos
    23.21 no envié yo aquellos *p*, pero . . corrían
    23.30 que yo estoy contra los *p*, dice Jehová
    27.9 vosotros no prestéis oído a vuestros *p*
Lm. 2.14 tus *p* vieron para ti vanidad y locura
    4.13 es por causa de los pecados de sus *p* y
Ez. 2.5; 33.33 conocerán que hubo *p* entre ellos
    13.2 hijo de hombre, profetiza contra los *p*
    14.9 cuando el *p* . . yo Jehová engañé al tal *p*
    22.25 hay conjuración de sus *p* en medio de
Os. 4.5 caerá también contigo el *p*; y a
    9.7 necio es el *p*, insensato es el varón de
    12.10 hablado a los *p*, y aumenté la profecía
    12.13 por un *p* . . hizo subir a . . por un *p* fue
Am. 2.11 levanté de vuestros hijos para *p*, y de
    2.12 *p* mandasteis, diciendo: No profeticéis
    7.14 no soy *p*, ni soy hijo de *p*, sino que
Mi. 2.11 de sidra, tal será el *p* de este pueblo
    3.5 ha dicho Jehová acerca de los *p* que hacen
    3.11 por precio, y sus *p* adivinan por dinero
Hab. 1.1 la profecía que vio el *p* Habacuc

Sof. 3.4 *p* son livianos, hombres prevaricadores
Zac. 13.5 no soy *p*; labrador soy de la tierra, pues
Mt. 5.12 así persiguieron a los *p* que fueron antes
7.15 guardaos de los falsos *p*, que vienen a
10.41 el que recibe a un *p* por cuanto es *p*
11.9; Lc. 7.26 ¿a un *p*? Sí, os . . y más que *p*
11.13 los *p* y la ley profetizaron hasta Juan
13.17; Lc. 10.24 muchos *p* . . desearon ver lo
13.57; Mr. 6.4; Lc. 4.24; Jn. 4.44 no hay *p* sin
honra sino en su propia tierra
14.5; 21.26; Lc. 20.6 tenían a Juan por *p*
16.14; Mr. 8.28; Lc. 9.19 o alguno de los *p*
21.11 éste es Jesús el *p*, de Nazaret de Galilea
22.40 de estos . . depende toda la ley y los *p*
23.31 hijos de aquellos que mataron a los *p*
23.37; Lc. 13.34 Jerusalén, que matas a los *p*
24.11, 24; Mr. 13.22 se levantarán . . falsos *p*
Lc. 1.76 tú, niño, *p* del Altísimo serás llamado
7.16 un gran *p* se ha levantado entre nosotros
13.33 no . . que un *p* muera fuera de Jerusalén
24.19 de Jesús nazareno, que fue varón *p*
24.25 para creer todo lo que los *p* han dicho!
24.27 Moisés, y siguiendo por todos los *p* y
24.44 lo que está escrito de mí . . en los *p* y
Jn. 1.21 no soy. ¿Eres tú el *p*? Y respondió: No
4.19 la mujer: Señor, me parece que tú eres *p*
6.14; 7.40 verdaderamente es el *p* que había
9.17 ¿qué dices tú del . . Y él dijo: Que es *p*
Hch. 3.22; 7.37 Dios os levantará *p* de entre
7.52 ¿a cuál de los *p* no persiguieron vuestros
10.43 de éste dan testimonio todos los *p*, que
13.1 había entonces en la iglesia que . . *p* y
13.6 hallaron a cierto mago, falso *p*, judío
24.14 que en la ley y en los *p* están escritas
26.27 ¿crees, oh rey Agripa, a los *p*? Yo sé
Ro. 11.3 Señor, a tus *p* han dado muerte, y tus
1 Co. 12.28 puso . . luego *p*, lo tercero maestros
14.32 espíritus de los *p* están sujetos a los *p*
14.37 si alguno se cree *p*, o espiritual
Ef. 4.11 a otros, *p*; a otros, evangelistas; a otros
Tit. 1.12 uno de ellos, su propio *p*, dijo: Los
He. 11.32 David, así como de Samuel y de los *p*
Stg. 5.10 tomad como ejemplo de . . a los *p* que
1 P. 1.10 los *p* que profetizaron de la gracia
2 P. 2.1 hubo también falsos *p* entre el pueblo
3.2 las palabras . . dichas por los santos *p*
1 Jn. 4.1 muchos falsos *p* han salido por el mundo
Ap. 11.10 estos dos *p* habían atormentado a los
19.20 fue apresada, y con ella el falso *p* que

PROFETIZAR *v.* **Anunciar, Declarar, Pregonar, Proclamar, Publicar**
Nm. 11.25 sobre ellos el espíritu, y *profetizaron*
1 S. 10.10 el Espíritu de Dios vino . . y *profetizó*
19.20 los mensajeros . . también *profetizaron*
1 R. 22.8; 2 Cr. 18.7 nunca me *profetiza* bien
Is. 30.10 no nos *profeticéis* lo recto, decidnos
Jer. 11.21 no *profetices* en nombre de Jehová
14.14; 29.9 falsamente *profetizan* los profetas
25.30 *profetizarás* contra ellos todas estas
26.9 ¿por qué has *profetizado* en nombre de
26.11 porque *profetizó* contra esta ciudad
27.10 porque ellos os *profetizan* mentira, para
28.9 el profeta que *profetiza* de paz, cuando
29.31 os *profetizó* Semaías, y yo no lo envié
Ez. 6.2 hijo de hombre . . *profetiza* contra los
11.4 *profetiza* contra ellos; *p*, hijo de hombre
21.2 hijo . . *profetiza* contra la tierra de Israel
34.2 *profetiza* contra los pastores . . *p*, y di a
36.1 *profetiza* a los montes de Israel, y di
37.4 *profetiza* sobre estos huesos, y diles
38.14 por tanto, *profetiza* . . y di a Gog: Así
Jl. 2.28 *profetizarán* vuestros hijos y . . hijas
Am. 3.8 habla Jehová . . ¿quién no *profetizará*?
7.15 dijo: Vé y *profetiza* a mi pueblo Israel
Mi. 2.6 no *profeticéis*, dicen a los que *profetizan*
Mt. 7.22 ¿no *profetizamos* en tu nombre, y en tu
11.13 los profetas . . *profetizaron* hasta Juan
26.68; Mr. 14.65; Lc. 22.64 *profetízanos*, Cristo, quién es el que te golpeó

Lc. 1.67 Zacarías su padre . . *profetizó*, diciendo
Jn. 11.51 *profetizó* que Jesús había de morir por
Hch. 2.17 hijos y vuestras hijas *profetizarán*
21.9 tenía cuatro hijas . . que *profetizaban*
1 Co. 11.4 ora o *profetiza* con la cabeza cubierta
13.9 porque en parte . . en parte *profetizamos*
14.1 procurad . . sobre todo que *profeticéis*
14.24 *profetizan*, y entra algún incrédulo o
14.39 así que, hermanos, procurad *profetizar*
Jud. 14 de éstos también *profetizó* Enoc, séptimo
Ap. 10.11 *profetices* otra vez sobre . . pueblos
11.3 daré a mis dos testigos que *profeticen*

PROFUNDIDAD *v.* **Abismo, Profundo**
Sal. 95.4 en su mano están las *p* de la tierra
Pr. 25.3 cielos, y para la *p* de la tierra, y para
Is. 51.10 el que transformó en camino las *p* del
Ro. 11.3 ¡oh *p* de las riquezas de la . . de Dios!
Ef. 3.18 comprender . . longitud, la *p* y la altura
Ap. 2.24 no han conocido lo . . las *p* de Satanás

PROFUNDO, da *v.* **Bajo**
Job 11.8 es más alta que . . es más *p* que el Seol
Sal. 92.5 obras . . muy *p* son tus pensamientos
130.1 de lo *p*, oh Jehová, a ti clamo
1 Co. 2.10 todo lo escudriña, aun lo *p* de Dios

PROHIBIR
Dt. 2.37 a lugar . . que Jehová . . había *prohibido*
Jer. 36.5 se me ha *prohibido* entrar en la casa
Mr. 9.38; Lc. 9.49 se lo *prohibimos*, porque no
Hch. 16.6 les fue *prohibido* por el Espíritu Santo
1 Ti. 4.3 que *prohibirán* casarse, y mandarán

PRÓJIMO *v.* **Hermano, Vecino**
Lv. 19.18 sino amarás a tu *p* como a ti mismo
Dt. 19.11 que aborreciere a su *p* y lo acechare
Pr. 3.29 no intentes mal contra tu *p* que habita
11.9 el hipócrita con la boca daña a su *p*
11.12 el que carece de entendimiento menosprecia a su *p*
16.29 el hombre malo lisonjea a su *p*, y le
Zac. 8.16 hablad verdad cada cual con su *p*
Mt. 5.43; 19.19; 22.39; Mr. 12.31; Lc. 10.27; Ro. 13.9; Gá. 5.14; Stg. 2.8 amarás a tu *p*
Lc. 10.29 mismo, dijo a Jesús: ¿Y quién es mi *p*?
Ro. 15.2 cada uno . . agrade a su *p* en lo que es
He. 8.11 ninguno enseñará a su *p*, ni ninguno

PROLONGAR *v.* **Alargar**
Dt. 5.16 para que sean *prolongados* tus días, y
30.18 no *prolongaréis* vuestros días sobre la
Pr. 28.16 que aborrece . . *prolongará* sus días
Ec. 8.12 haga mal cien veces, y *prolongue* sus días
Ez. 12.22 que dice: Se van *prolongando* los días, y

PROMESA *v.* **Juramento, Pacto, Voto**
Neh. 9.38 hacemos fiel *p*, y la escribimos
Ec. 5.4 a Dios haces *p*, no tardes en cumplirla
Lc. 24.49 aquí, yo enviaré la *p* de mi Padre sobre
Hch. 1.4 que esperasen la *p* del Padre, la cual
2.33 habiendo recibido del Padre la *p* del
2.39 porque para vosotros es la *p*, y para
7.17 se acercaba el tiempo de la *p*, que Dios
13.23 conforme a la *p*, Dios levantó a Jesús
13.32 anunciamos el evangelio de aquella *p*
26.6 por la esperanza de la *p* que hizo Dios a
Ro. 4.13 no por la ley fue dada a Abraham . . la *p*
4.14 si . . vana resulta la fe, y anulada la *p*
4.16 a fin de que la *p* sea firme para toda su
9.8 los que son hijos según la *p* son contados
15.8 para confirmar las *p* hechas a los padres
2 Co. 1.20 las *p* de Dios son en él Sí, y en él Amén
7.1 así . . amados, puesto que tenemos tales *p*
Gá. 3.14 por la fe recibiésemos la *p* del Espíritu
3.16 a Abraham fueron hechas las *p*, y a su
3.17 ley . . no lo abroga, para invalidar la *p*
3.21 ¿luego la ley es contraria a las *p* de Dios?
3.22 que la *p* . . fuese dada a los creyentes
3.29 linaje de . . sois, y herederos según la *p*
4.23 la carne, mas el de la libre, por la *p*
4.28 así que . . como Isaac, somos hijos de la *p*
Ef. 1.13 sellados con el Espíritu Santo de la *p*
2.12 ajenos a los pactos de la *p*, sin esperanza
3.6 y copartícipes de la *p* en Cristo Jesús

Ef. 6.2 que es el primer mandamiento con *p*
1 Ti. 4.8 tiene *p* de esta vida presente, y de la
He. 4.1 que permaneciere aún la *p* de entrar en
   6.12 aquellos que por la fe y . . heredan las *p*
   6.13 cuando Dios hizo la *p* a Abraham, no
   8.6 mejor pacto, establecido sobre mejores *p*
   9.15 los llamados reciban la *p* de la herencia
   10.36 hecho la voluntad de . . obtengáis la *p*
   11.33 alcanzaron *p*, taparon bocas de leones
2 P. 1.4 nos ha dado preciosas y grandísimas *p*
   3.4 ¿dónde está la *p* de su advenimiento?
   3.9 el Señor no retarda su *p*, según algunos
   3.13 esperamos, según sus *p*, cielos nuevos
1 Jn. 2.25 es la *p* que él nos hizo, la vida eterna

PROMETER *v*. **Jurar, Ofrecer**
2 Cr. 15.12 *prometieron* . . que buscarían a Jehová
Sal. 76.11 *prometed*, y pagad a Jehová vuestro
Mt. 14.7 le *prometió* . . darle todo lo que pidiese
Hch. 7.5 le *prometió* que se la daría en posesión
Ro. 1.2 había *prometido* antes por sus profetas
   4.21 para hacer todo lo que había *prometido*
Tit. 1.2 la cual Dios . . *prometió* desde antes del
He. 10.23; 11.11 porque fiel es el que *prometió*
   12.26 ha *prometido*, diciendo: Aun una vez
Stg. 1.12; 2.5 ha *prometido* a los que le aman

PROMETIDO *v*. **Canaán, Tierra**
He. 11.9 habitó como extranjero en la tierra *p*
   11.13 murieron . . sin haber recibido lo *p*
   11.39 aunque alcanzaron . . no recibieron lo *p*

PROPICIACIÓN *v*. **Expiación, Reconciliación, Sacrificio**
Ro. 3.25 a quien Dios puso como *p* por medio de
1 Jn. 2.2 y él es la *p* por nuestros pecados; y no
   4.10 él . . envió a su Hijo en *p* por nuestros

PROPICIATORIO *v*. **Arca, Querubín**
Ex. 25.17 un *p* de oro fino, cuya longitud será de
Lv. 16.2 delante del *p* que está sobre el arca, para
He. 9.5 sobre ella, los querubines . . cubrían el *p*

PROPICIO
2 Cr. 30.18 Jehová, que es bueno, sea *p* a todo
Sal. 77.7 siempre, y no volverá más a sernos *p*?
   85.1 fuiste *p* a tu tierra, oh Jehová; volviste
   142.7 me rodearán los justos . . tú me serás *p*
Lc. 18.13 diciendo: Dios, sé *p* a mí, pecador
He. 8.12 seré *p* a sus injusticias, y nunca más

PROPIEDAD *v*. **Bien [sust.], Hacienda, Heredad, Riqueza**
Nm. 33.53 yo os la he dado para que sea vuestra *p*
Hch. 2.45 vendían sus *p* y sus bienes . . repartían

PROPONER *v*. **Procurar**
Gn. 33.8 ¿qué te *propones* con todos estos grupos
1 Co. 2.2 *propuse* no saber entre vosotros cosa

PROPOSICIÓN *v*. **Pan**
1 S. 21.6 no había otro pan sino los . . de la *p*
Mt. 12.4; Mr. 2.26; Lc. 6.4 comió los panes de la *p*

PROPÓSITO *v*. **Deseo, Intención, Voluntad**
Ef. 3.11 conforme al *p* eterno que hizo en Cristo
1 Ti. 1.5 el *p* de este mandamiento es el amor
2 Ti. 3.10 doctrina, conducta, *p*, fe, longanimidad
Ap. 11.3 éstos tienen un mismo *p*, y entregarán

PROSEGUIR *v*. **Seguir**
Fil. 3.12 *prosigo*, por ver si logro asir aquello
   3.14 *prosigo* a la meta, al premio del supremo

PROSÉLITO
Mt. 23.15 recorréis mar y tierra para hacer un *p*
Hch. 13.43 los *p* piadosos siguieron a Pablo y a

PROSPERAR
Gn. 24.21 Jehová había *prosperado* su viaje, o no
   26.22 porque ahora Jehová nos ha *prosperado*
Dt. 28.29 y no serás *prosperado* en tus caminos
Jos. 1.7 seas *prosperado* en todas las cosas que
Jue. 18.5 sepamos si ha de *prosperar* este viaje
1 R. 2.3 para que *prosperes* en todo lo que hagas
1 Cr. 22.11 Jehová esté contigo, y seas *prosperado*
   29.23 se sentó Salomón . . y *fue prosperado*
2 Cr. 20.20 creed a sus . . y seréis *prosperados*

2 Cr. 26.5 en que buscó a Jehová, él le *prosperó*
Esd. 5.8 obra se hace . . y *prospera* en sus manos
Neh. 2.20 el Dios de los cielos, el nos *prosperará*
Job 12.6 *prosperan* las tiendas de los ladrones
   15.29 no *prosperará*, ni durarán sus riquezas
Sal. 1.3 no cae; y todo lo que hace, *prosperará*
   118.25 te ruego . . nos hagas *prosperar* ahora
   122.6 paz . . sean *prosperados* los que te aman
Pr. 11.25 el alma generosa será *prosperada*; y el
   13.4 alma de los diligentes será *prosperada*
   28.13 que encubre sus pecados no *prosperará*
Is. 48.15 por tanto, será *prosperado* su camino
   52.13 he aquí que mi siervo será *prosperado*
   53.10 voluntad de Jehová será . . *prosperada*
   54.17 ninguna arma . . contra ti *prosperará*
Jer. 12.1 ¿por qué es *prosperado* el camino de los
   46.27 Jacob, y descansará y será *prosperado*
Ez. 16.13 así . . *prosperaste* hasta llegar a reinar
   17.15 ¿será *prosperado*, escapará . . el que estas
Dn. 6.28 este Daniel *prosperó* durante el reinado
   8.24 causará grandes ruinas, y *prosperará*
Mal. 3.15 no sólo son *prosperados*, sino que
1 Co. 16.2 aparte algo, según haya *prosperado*
3 Jn. 2 deseo que tú seas *prosperado* en todas las

PROSPERIDAD
Job 15.21 en la *p* el asolador vendrá sobre él
   21.13 pasan sus días en *p*, y en paz . . descienden
   30.15 como viento mi . . y mi *p* pasó como nube
Sal. 30.6 en mi *p* dije yo: No seré . . conmovido
   73.3 tuve envidia . . viendo la *p* de los impíos
Pr. 1.32 la *p* de los necios los echará a perder
   17.8 adondequiera que se vuelve, halla *p*
Jer. 22.21 te he hablado en tus *p*; mas dijiste

PRÓSPERO, ra *v*. **Rico**
Gn. 39.2 Jehová estaba con José, y fue varón *p*
Job 8.6 por ti, y hará *p* la morada de tu justicia
Jer. 22.30 hombre a quien nada *p* sucederá en
Ro. 1.10 tenga . . un *p* viaje para ir a vosotros

PROSTITUIR *v*. **Adulterar, Fornicar**
Ez. 16.15 te *prostituiste* a causa de tu renombre
Os. 2.5 porque su madre se *prostituyó*; la que los
   5.3 ahora, oh Efraín, te has *prostituido*, y se

PROTESTAR
Gn. 43.3 varón nos *protestó* con ánimo resuelto
1 S. 8.9 mas *protesta* . . contra ellos, y muéstrales
Jer. 11.7 *protesté* a vuestros padres el día que les
Hch. 20.26 yo os *protesto* en el día de hoy, que

PROVECHO *v*. **Aprovechar, Bien, Ganancia**
Gn. 37.26 ¿qué *p* hay en que matemos a nuestro
Job 22.2 ¿traerá el hombre a Dios?
   35.3 ¿o qué *p* tendré de no haber pecado?
Sal. 30.9 ¿qué *p* hay en mi muerte cuando
Pr. 10.2 los tesoros de maldad no serán de *p*
Ec. 1.3 ¿qué *p* tiene el hombre de todo su trabajo
   3.9 ¿qué *p* tiene el que trabaja, de aquello en
   5.9 el *p* de la tierra es para todos; el rey
Jer. 23.32 ningún *p* hicieron a este pueblo, dice
1 Co. 7.35 esto lo digo para vuestro *p*; no para
   12.7 dada la manifestación del Espíritu para *p*
Fil. 1.25 permaneceré . . para vuestro *p* y gozo
Tit. 3.9 evita las cuestiones . . son vanas y sin *p*

PROVECHOSO, sa *v*. **Bueno, Util**
Job 22.2 para sí mismo es *p* el hombre sabio
Ec. 7.11 buena es . . y *p* para los que ven el sol
1 Ti. 4.8 el ejercicio corporal para poco es *p*, pero
He. 12.10 nos disciplina para lo que nos es *p*, para que
   13.17 no quejándose, porque esto no os es *p*

PROVEER *v*. **Dar, Suplir**
Gn. 22.8 Dios se *proveerá* de cordero para el
   22.14 llamó . . aquel lugar, Jehová *proveerá*
2 S. 14.14 *provee* medios para no alejar de sí al
Sal. 68.10 por tu . . oh Dios, has *provisto* al pobre
Mt. 10.9 no os *proveáis* de oro, ni plata, ni cobre
1 Ti. 5.8 si alguno no *provee* para los suyos
He. 11.40 *proveyendo* Dios alguna cosa mejor

PROVERBIO *v*. **Dicho, Parábola, Refrán**
1 S. 10.12 se hizo *p*: ¿También Saúl entre los

1 S. 24.13 como dice el *p* de los antiguos: De los
1 R. 4.32 compuso tres mil *p*, y sus cantares
Sal. 44.14 nos pusiste por *p* entre las naciones
    49.4 inclinaré al *p* mi oído; declararé con
    69.11 puse . . cilicio . . y vine a serles por *p*
    78.2 abriré mi boca en *p*; hablaré cosas
Pr. 1.6 para entender *p* y declaración, palabras de
    25.1 también estos son el *p* de Salomón, los
    26.7 cojo . . así es el *p* en la boca del necio
Ec. 12.9 enseñó sabiduría . . compuso muchos *p*
2 P. 2.22 les ha acontecido lo del verdadero *p*

PROVINCIA *v.* **Tierra**
Sal. 48.2 hermosa *p*, el gozo de toda la tierra
Hch. 13.49 Señor se difundía por toda aquella *p*

PROVISIÓN *v.* **Alimento, Comida, Sustento**
Gn. 41.35 junten toda la *p* de estos buenos años
Sal. 132.15 bendeciré abundantemente su *p*; a sus
Pr. 15.6 en la casa del justo hay gran *p*; pero
Is. 23.3 *p* procedía de las sementeras que crecen

PROVOCAR *v.* **Airar, Enojar, Irritar**
Dt. 32.21 me *provocaron* a ira con sus ídolos; yo
Esd. 5.12 nuestros padres *provocaron* a ira al
Neh. 9.26 te *provocaron* a ira, y se rebelaron
Job 12.6 los que *provocan* a Dios viven seguros
Sal. 78.41; Is. 1.4 *provocaban* al Santo de Israel
    106.29 *provocaron* la ira de Dios con sus
Is. 65.3 pueblo que en mi rostro me *provoca* de
Jer. 7.19 ¿me *provocarán* ellos a ira? dice Jehová
    25.6 ni me *provoquéis* a ira con la obra de
    50.24 aun presa, porque *provocaste* a Jehová
Ez. 16.43 me *provocaste* a ira en todo esto, por
1 Co. 10.22 ¿o *provocaremos* a celos al Señor?
Ef. 6.4 padres, no *provoquéis* a ira a vuestros hijos
He. 3.16 ¿quiénes fueron los que . . le *provocaron*?

PRUDENCIA *v.* **Ciencia, Cordura, Sabiduría**
1 R. 4.29 Dios dio a Salomón sabiduría y *p* muy
Pr. 2.2 si inclinares tu corazón a la *p*, si clamares
    3.5 fíate de . . y no te apoyes en tu propia *p*
Is. 40.14 ¿quién . . le mostró la senda de la *p*?
Lc. 1.17 de los rebeldes a la *p* de los justos, para

PRUDENTE *v.* **Sabio**
Gn. 41.33 provéase ahora Faraón de un varón *p*
1 S. 16.18 un hijo de Isaí . . *p* en sus palabras
Sal. 2.10 ahora, pues, oh reyes, sed *p*; admitid
Pr. 10.19 mas el que refrena sus labios es *p*
    11.12 menosprecia a . . mas el hombre *p* calla
    12.16 el que no hace caso de la injuria es *p*
    13.16 todo hombre *p* procede con sabiduría
    16.21 el sabio de corazón es llamado *p*, y la
    16.23 el corazón del sabio hace *p* su boca
    17.27 de espíritu *p* es el hombre entendido
Is. 5.21 ¡ay de los que . . *p* delante de sí mismos!
Am. 5.13 por tanto, el *p* en tal tiempo calla
Mt. 7.24 le compararé a un hombre *p*, que edificó
    10.16 *p* como serpientes, y sencillos como
    25.2 cinco de ellas eran *p* y cinco insensatas
Hch. 13.7 estaba en el procónsul . . varón *p*
1 Co. 4.10 mas vosotros *p* en Cristo; nosotros
1 Ti. 3.2 el obispo sea . . *p*, decoroso, hospedador
Tit. 2.2 serios, *p*, sanos en la fe, en el amor, en
    2.5 a ser *p*, castas, cuidadosas de su casa
    2.6 exhorta . . a los jóvenes a que sean *p*

PRUDENTEMENTE *v.* **Sabiamente**
1 S. 18.5 y salía David a . . y se portaba *p*
Dn. 2.14 Daniel habló sabia y *p* a Arioc, capitán

PRUEBA *v.* **Tentación**
Dt. 7.19 de las grandes *p* que vieron tus ojos, y de
Dn. 1.12 te ruego que hagas la *p* con tus siervos
Lc. 8.13 éstos . . en el tiempo de la *p* se apartan
    22.28 habéis permanecido conmigo en mis *p*
Hch. 1.3 padecido, se presentó vivo con muchas *p*
Ro. 5.4 y la paciencia, *p*; y la *p*, esperanza
2 Co. 2.9 para tener la *p* de si . . sois obedientes
    8.2 en grande *p* de tribulación, la abundancia
    8.8 no hablo como quien . . sino para poner a *p*
    8.24 mostrad, pues . . la *p* de vuestro amor
    13.3 buscáis una *p* de que habla Cristo en mí

Gá. 4.14 ni desechasteis por la *p* que tenía en mi
    6.4 así . . cada uno someta a *p* su propia obra
1 Ti. 3.10 éstos también sean sometidos a *p*
Stg. 1.2 por sumo gozo cuando os halléis en . . *p*
    1.3 que la *p* de vuestra fe produce paciencia
1 P. 1.6 tengáis que ser afligidos en diversas *p*
    1.7 para que sometida a *p* vuestra fe, mucho
    4.12 no os sorprendáis del fuego de *p* que os
Ap. 3.10 te guardaré de la hora de la *p* que ha de

PÚBLICAMENTE *v.* **Abiertamente**
Jn. 7.26 pues mirad, habla *p*, y no le dicen nada
Hch. 18.28 vehemencia refutaba *p* a los judíos

PUBLICANO *v.* **Pecador**
Mt. 5.46 ¿no hacen también lo mismo los *p*?
    9.11; Mr. 2.16; Lc. 5.30 come . . con los *p* y
    11.19; Lc. 7.34 amigo de *p* y de pecadores
    18.17 si no oyere a la . . tenle por gentil y *p*
    21.31 los *p* . . van delante . . al reino de Dios
Lc. 3.12 vinieron . . unos *p* para ser bautizados
    7.29 el pueblo y los *p* . . justificaron a Dios
    15.1 se acercaban a Jesús todos los *p* y los
    18.10 a orar: uno era fariseo, y el otro *p*
    19.2 Zaqueo, que era jefe de los *p*, y rico

PUBLICAR *v.* **Anunciar, Declarar, Predicar,**
Pregonar, Proclamar, Profetizar
Sal. 145.6 hombres, y yo *publicaré* tu grandeza
Pr. 12.23 corazón de los necios *publica* la necedad
Is. 66.19 *publicarán* mi gloria entre las naciones
Mr. 1.45 pero ido él, comenzó a *publicarlo* mucho
    5.20 fue, y comenzó a *publicar* en Decápolis
Lc. 8.39 él se fue, *publicando* por toda la ciudad

PÚBLICO
Mt. 6.4 tu Padre que ve . . te recompensará en *p*
Lc. 5.27 Leví, sentado al banco de los tributos *p*

PUBLIO Hch. 28.7.

PUEBLO *v.* **Aldea, Ciudad, Gente, Nación**
Ex. 5.1 deja ir a mi *p* a celebrarme fiesta en el
    6.7 os tomaré por mi *p* y seré vuestro Dios
    7.16; 8.1, 20; 9.1, 13; 10.3 deja ir a mi *p*
    15.13 condujiste en tu misericordia a este *p*
    32.9 he visto a este . . es *p* de dura cerviz
    33.13 ruego . . y mira que esta gente es *p* tuyo
    33.16 yo y tu *p* seamos apartados de . . los *p*
Lv. 26.12 seré vuestro Dios, y vosotros . . mi *p*
Nm. 11.33 ira . . se encendió en el *p*, e hirió . . al *p*
Dt. 4.20 para que seáis el *p* de su heredad como
    9.26 no destruyas a tu *p* y a tu heredad que
    14.2 *p* único de entre todos los *p* que están
    27.9 hoy has venido a ser *p* de Jehová tu Dios
    29.13 para confirmarte hoy como su *p*, y para
    32.9 la porción de Jehová es su *p*; Jacob la
    32.36 Jehová juzgará a su *p*, y por amor de
Rt. 1.16 tu *p* será mi *p*, y tu Dios mi Dios
1 S. 9.16 sobre mi *p* Israel, y salvará a mi *p*
2 S. 3.18 por la mano de . . David libraré a mi *p*
    7.23 ¿y quién como tu *p*, como Israel, nación
    7.23 fue Dios para rescatarlo por *p* suyo
    22.44; Sal. 18.43 *p* que yo no conocía me
1 R. 3.8 está en medio de tu *p* . . un *p* grande
    8.51 son tu *p* y tu heredad, el cual tú sacaste
    22.4; 2 R. 3.7; 2 Cr. 18.3 y mi *p* como tu *p*
1 Cr. 17.21 ¿qué *p* hay en la . . como tu *p* Israel
2 Cr. 1.10 ¿quién podrá gobernar a este tu *p* tan
    7.14 si se humillare mi *p*, sobre el cual mi
    23.16 hizo pacto . . que serían *p* de Jehová
Neh. 1.10 ellos, pues, son tus siervos y tu *p*, los
Job 12.2 ciertamente vosotros sois el *p*, y con
Sal. 3.8 la salvación es de Jehová; sobre tu *p* sea
    33.12 *p* que él escogió como heredad para sí
    67.3, 5 alaben los *p* . . todos los *p* te alaben
    77.15 con tu brazo redimiste a tu *p*; a los
    79.13 nosotros, *p* tuyo, y ovejas de tu prado
    85.6 vida, para que tu *p* se regocije en ti?
    105.43 sacó a su *p* con gozo; con júbilo a sus
    106.40 encendió . . el furor de Jehová sobre su *p*
    135.14 porque Jehová juzgará a su *p*, y se
    144.15 bienaventurado el *p* . . *p* cuyo Dios es
Is. 1.3 Israel no . . mi *p* no tiene conocimiento

Is. 5.13 mi *p* fue llevado cautivo, porque no tuvo
9.2 el *p* que andaba en tinieblas vio gran luz
24.2 sucederá así como al *p* . . al sacerdote
30.9 este *p* es rebelde, hijos mentirosos, hijos
32.18 mi *p* habitará en morada de paz, en
40.1 consolaos, *p* mío, dice vuestro Dios
43.21 este *p* he creado para mí; mis alabanzas
51.16 tierra, y diciendo a Sion: *P* mío eres tú
52.6 mi *p* sabrá mi nombre por esta causa en
60.21 y tu *p*, todos ellos serán justos, para
62.12 y les llamarán *P* Santo, Redimidos de
Jer. 5.23 este *p* tiene corazón falso y rebelde; se
7.16 tú . . no ores por este *p* . . ni me ruegues
7.23; 11.4; 24.7; 30.22; 31.33; 32.38; Ez. 14.11;
36.28 seré . . Dios, y . . me seréis por *p*
18.15 porque mi *p* me ha olvidado, incensando
31.7 oh Jehová, salva a tu *p*, el remanente de
Ez. 36.20 éstos son *p* de Jehová, y de la tierra de
Dn. 7.14 todos los *p*, naciones y . . le sirvieran
12.1 pero en aquel tiempo será libertado tu *p*
12.7 acabe la dispersión del poder del *p* santo
Os. 1.9 no sois mi *p*, ni yo seré vuestro Dios
1.10 les fue dicho: Vosotros no sois *p* mío, les
4.6 mi *p* fue destruido . . le faltó conocimiento
11.7 mi *p* está adherido a la rebelión contra
Mi. 3.5 de los profetas que hacen errar a mi *p*
Zac. 2.11 se unirán muchas . . y me serán por *p*
8.22 vendrán muchos *p* y fuertes naciones a
13.9 diré: *P* mío; y él dirá: Jehová es mi
Mt. 14.5 Herodes quería matarle, pero temía al *p*
Mr. 12.37 gran multitud del *p* le oía de buena gana
Lc. 1.17 preparar al Señor un *p* bien dispuesto
1.68 Dios . . que ha visitado y redimido a su *p*
2.10 nuevas de . . gozo, que será para todo el *p*
2.32 luz para ser . . y gloria de tu *p* Israel
7.16 glorificaban . . Dios ha visitado a su *p*
Hch. 4.25 ¿por qué . . los *p* piensan cosas vanas?
7.34 he visto la aflicción de mi *p* que está en
15.14 para tomar de ellos *p* para su nombre
18.10 porque yo tengo mucho *p* en esta ciudad
Ro. 9.25 llamaré *p* mío al que no era mi *p*, y a la
9.26 donde se les dijo: Vosotros no sois *p* mío
11.1 digo, pues: ¿Ha desechado Dios a su *p*?
Tit. 2.14 y purificar para sí un *p* propio, celoso
He. 4.9 tanto, queda un reposo para el *p* de Dios
9.19 roció él . . libro y también a todo el *p*
10.30 y otra vez: El Señor juzgará a su *p*
1 P. 2.9 sois . . *p* adquirido por Dios, para que
2.10 no eráis *p* . . que ahora sois *p* de Dios
Jud. 5 habiendo salvado al *p* sacándolo de Egipto
Ap. 5.9 Dios, de todo linaje y lengua y *p* y nación
18.4 salid de ella, *p* mío, para que no seáis
21.3 él morará con ellos; y ellos serán su *p*

PUERCO, ca *v.* **Cerdo**
Sal. 80.13 la destroza el *p* montés, y la bestia del
2 P. 2.22 y la *p* lavada a revolcarse en el cieno

PUERTA *v.* **Camino, Dintel, Entrada**
Gn. 19.1 Lot estaba sentado a la *p* de Sodoma
22.17 tu descendencia poseerá las *p* de sus
28.17 lugar . . es casa de Dios, y *p* del cielo
Ex. 12.23 pasará Jehová aquella *p*, y no dejará
Dt. 11.20 las escribirás en los postes . . y en tus *p*
Jue. 16.3 tomando las *p* de la ciudad con sus dos
Neh. 13.19 dije que se cerrasen las *p*, y ordené
Job 31.9 si estuve acechando a la *p* de mi prójimo
31.32 el forastero . . mis *p* abría al caminante
38.17 ¿te han sido descubiertas las *p* de la
Sal. 24.7, 9 alzad, oh *p*, vuestras cabezas, y alzaos
84.10 escogería antes estar a la *p* de la casa
118.20 esta es *p* de Jehová; por ella entrarán
122.2 nuestros pies estuvieron dentro de tus *p*
Pr. 5.8 aleja . . y no te acerques a la *p* de su casa
8.3 de las *p*, a la entrada de las *p* da voces
17.19 el que abre demasiado la *p* busca su ruina
26.14 como la *p* gira sobre sus quicios, así el
31.23 su marido es conocido en las *p*, cuando
Is. 26.2 abrid las *p*, y entrará la gente justa
26.20 anda, pueblo mío . . cierra tras ti tus *p*
45.2 quebrantaré *p* de bronce, y cerrojos de

Is. 60.11 tus *p* estarán de continuo abiertas; no se
60.18 tus muros llamarás . . a tus *p* Alabanza
62.10 pasad por las *p*; barred el camino al
Jer. 7.2 a la *p* de la casa de Jehová, y proclama
Ez. 8.8 cava . . y cavé en la pared, y he aquí una *p*
Mal. 1.10 ¿quién . . hay de . . que cierre las *p* o
Mt. 6.6 y cerrada la *p*, ora a tu Padre que está en
7.13 entrad por la *p* estrecha . . ancha es la *p*
16.18 las *p* del Hades no prevalecerán contra
24.33; Mr. 13.29 que está cerca, a las *p*
25.10 entraron . . a las bodas; y se cerró la *p*
26.71 saliendo él a la *p*, le vio otra, y dijo
Lc. 13.24 esforzaos a entrar por la *p* angosta
Jn. 10.1 el que no entra por la *p* en el redil de las
10.9 yo soy la *p*; el que por mí entrare, será
18.16 mas Pedro estaba fuera, a la *p*. Salió
20.19 estando las *p* cerradas en el lugar donde
Hch. 3.2 a quien ponían . . a la *p* del templo que
5.9 a la *p* los pies de los que han sepultado
5.19 abriendo de noche las *p* de la cárcel y
12.10 llegaron a la *p* . . que daba a la ciudad
12.14 la cual . . de gozo no abrió la *p*, sino
14.27 había abierto la *p* de la fe a los gentiles
16.13 salimos fuera de la *p*, junto al río, donde
16.26 al instante se abrieron todas las *p*
1 Co. 16.9 se me ha abierto *p* grande y eficaz, y las
2 Co. 2.12 aunque se me abrió *p* en el Señor
Col. 4.3 para que el Señor nos abra *p* para la
He. 13.12 también Jesús . . padeció fuera de la *p*
Stg. 5.9 he aquí, el juez está delante de la *p*
Ap. 3.8 he puesto delante de ti una *p* abierta, la
3.20 yo estoy a la *p* y llamo; si alguno oye
4.1 miré, y he aquí una *p* abierta en el cielo
21.12 con doce *p*, y en las *p*, doce ángeles
21.21 las doce *p* eran doce perlas; cada una
21.25 sus *p* nunca serán cerradas de día, pues
22.14 y para entrar por las *p* en la ciudad

PUERTO
Gn. 49.13 Zabulón en *p* de mar . . para *p* de naves
Sal. 107.30 luego . . así los guía al *p* que deseaban

PUL *v.* **Tiglat-pileser**   2 R. 15.19.

PUÑAL
Jue. 3.16 Aod se había hecho un *p* de dos filos

PUÑETAZO *v.* **Abofetear, Bofetada, Golpe**
Mt. 26.67; Mr. 14.65 y le dieron de *p*, y otros le

PUR
Est. 3.7 fue echada *P*, esto es, la suerte, delante
9.26 llamaron a . . Purim, por el nombre *P*

PURIFICACIÓN
Nm. 19.9 las guardará . . Israel para el agua de *p*
Os. 8.5 enojo . . hasta que no pudieron alcanzar *p*
He. 1.3 habiendo efectuado la *p* de . . pecados por
9.13 sangre . . santifican para la *p* de la carne

PURIFICAR *v.* **Consagrar, Lavar, Limpiar, Santificar**
Neh. 12.30 y se *purificaron* los sacerdotes y los
Sal. 51.7 *purifícame* con hisopo, y seré limpio
Is. 48.10 te he *purificado*, y no como a plata; te
52.11 salid . . *purificaos* los que lleváis los
Dn. 8.14 luego el santuario será *purificado*
Hch. 21.26 habiéndose *purificado* con ellos, entró
24.18 me hallaron *purificado* en el templo
Ef. 5.26 habiéndola *purificado* . . por la palabra
He. 10.22 *purificados* los corazones de mala
1 Jn. 3.3 se *purifica* a sí mismo, así como él es

PURIM
Est. 9.26 por esto llamaron a estos días *P*, por el

PURO, ra *v.* **Casto, Limpio, Santo**
Job 11.4 tú dices: Mi doctrina es *p*, y yo soy
16.17 a pesar . . de haber sido mi oración *p*
Sal. 24.4 el limpio de manos y *p* de corazón; el
51.4 tu palabra, y tenido por *p* en tu juicio
119.140 sumamente *p* es tu palabra, y la ama
Lm. 4.7 sus nobles fueron más *p* que la nieve
Fil. 4.8 todo lo *p*, todo lo amable, todo lo que es
1 Ti. 5.22 ni participes en pecados . . Consérvate *p*

Tit. 1.15 todas las cosas son *p* para los *p*, mas
Stg. 1.27 la religión *p* . . delante de Dios el Padre
3.17 la sabiduría que es de lo alto es . . *p*

PÚRPURA *v.* **Escarlata, Grana, Rojo**
Dn. 5.29 mandó Belsasar vestir a Daniel de *p*, y
Hch. 16.14 mujer llamada Lidia, vendedora de *p*

QUEBRANTADO, da *v.* **Abatido, Afligido**
Sal. 34.18 cercano está Jehová a los *q* de corazón
51.17 los sacrificios de Dios son el espíritu *q*
119.20 *q* está mi alma de desear tus juicios
147.3 él sana a los *q* de corazón, y venda sus
Is. 24.10 *q* está la ciudad por la vanidad; toda
57.15 habito . . con el *q* y humilde de espíritu
Lc. 4.18 me ha enviado a sanar a los *q* de corazón

QUEBRANTAMIENTO *v.* **Destrucción, Quebranto**
Job 18.12 fuerzas, y a su lado estará preparado *q*
31.3 ¿no hay *q* para el impío, y extrañamiento
31.29 si me alegré en el *q* del que me aborrecía
Sal. 35.8 véngale el *q* sin que lo sepa, y la red que
Pr. 15.4 mas la perversidad de ella es *q* de espíritu
16.18; 18.12 antes del *q* es la soberbia, y antes
24.22 su *q* vendrá de repente; y el *q* de ambos
Is. 59.7 destrucción y *q* hay en sus caminos
Jer. 4.20 *q* sobre *q* es anunciado; porque toda la
10.19 ¡ay de mí, por mi *q*! mi llaga es muy
14.17 de gran *q* es quebrantada la virgen hija
30.12 incurable es tu *q*, y dolorosa tu llaga
30.15 ¿por qué gritas a causa de tu *q*? Incurable
46.21 porque vino sobre ellos el día de su *q*
48.16 cercano está el *q* de Moab para venir
50.22 estruendo de guerra en la . . y *q* grande
Lm. 2.11 mi hígado se derramó . . a causa del *q* de
2.13 grande como el mar es tu *q*; ¿quién te
3.48 ríos de aguas . . por el *q* de la hija de mi
Ez. 7.26 *q* vendrá sobre *q*, y habrá rumor sobre
Abd. 13 haber entrado por la . . en el día de su *q*

QUEBRANTAR *v.* **Infringir, Quebrar, Romper**
Ex. 15.6 tu diestra . . ha *quebrantado* al enemigo
Nm. 30.2 no *quebrantará* su palabra; hará . . todo
Jue. 4.15 Jehová *quebrantó* a Sísara, a todos sus
2 R. 18.12 sino que habían *quebrantado* su pacto
Job 6.9 que agradara a Dios *quebrantarme*; que
20.19 *quebrantó* y desamparó a los pobres
34.24 *quebrantará* a los fuertes sin indagación
40.12 y *quebranta* a los impíos en su sitio
Sal. 2.9 los *quebrantarás* con vara de hierro; como
10.15 *quebranta* tú el brazo del inicuo, y
34.20 sus huesos; ni uno . . será *quebrantado*
44.19 que nos *quebrantases* en el lugar de
55.19 Dios oirá, y los *quebrantará* luego
60.1 tú nos has desechado, nos *quebrantaste*
89.23 sino que *quebrantaré* delante de él a sus
107.12 por eso *quebrantó* con el trabajo sus
110.5 *quebrantará* a los reyes en el día de su
110.6 *quebrantará* las cabezas en . . tierras
Pr. 13.20 que se junta con necios será *quebrantado*
Is. 1.28 los rebeldes y . . a una serán *quebrantados*
14.5 *quebrantó* Jehová el báculo de los impíos
53.10 con todo eso, Jehová quiso *quebrantarlo*
Jer. 8.21 *quebrantado* estoy por . . la hija de mi
13.14 los *quebrantaré* el uno contra el otro
17.18 *quebrántalos* con doble quebrantamiento
19.11 así *quebrantaré* a este pueblo y a esta
23.9 mi corazón está *quebrantado* dentro de
51.20 por medio de ti *quebrantaré* naciones
Mt. 15.2 ¿por que . . *quebrantan* la tradición de los
21.44; Lc. 20.18 cayere . . será *quebrantado*
Jn. 10.35 la Escritura no puede ser *quebrantada*
Hch. 21.13 hacéis . . *quebrantándome* el corazón?
1 Ti. 5.12 por haber *quebrantado* su primera fe

QUEBRANTO *v.* **Destrucción, Quebrantamiento**
Dt. 28.20 Jehová enviará contra ti la maldición, *q*
2 S. 22.19; Sal. 18.18 me asaltaron el día de mi *q*
Neh. 2.2 dijo el rey . . No es esto sino *q* de corazón
Sal. 57.1 alas me ampararé hasta que pasen los *q*
Is. 53.3 varón de dolores, experimentado en *q*; y
Ro. 3.16 *q* y desventura hay en sus caminos

QUEBRAR *v.* **Partir, Quebrantar, Romper**
Ex. 32.19 arrojó las tablas de sus . . y las *quebró*
34.13 sus altares, y *quebraréis* sus estatuas
Jue. 7.19 *quebraron* los cántaros que llevaban en
Sal. 58.6 *quiebra* . . las muelas de los leoncillos
Is. 9.4 tú *quebraste* su pesado yugo, y la vara de
30.14 se *quebrará* como se *quiebra* un vaso
42.3 no *quebrará* la caña cascada, ni apagará
Jer. 19.11 como quien *quiebra* una vasija de barro
28.10 quitó el yugo del cuello . . y lo *quebró*
Zac. 11.10 tomé . . mi cayado Gracia, y lo *quebré*
Mt. 12.20 caña cascada no *quebrará*, y el pábilo
Mr. 14.3 y *quebrando* el vaso de . . se lo derramó
Jn. 19.31 les *quebrasen* las piernas, y fuesen
19.36 cumpliese . . No será *quebrado* hueso

QUEDAR *v.* **Permanecer, Sobrar**
Gn. 44.33 *quede* ahora tu siervo en lugar del joven
Jos. 1.14 *quedarán* en la tierra que Moisés os ha
7.7 ¡ojalá nos hubiéramos *quedado* al otro lado
13.1 y *queda* aún mucha tierra por poseer
Rt. 1.14 Orfa besó a su . . mas Rut se *quedó* con
1 R. 18.22 sólo yo he *quedado* profeta de Jehová
19.10, 14 y sólo yo he *quedado*, y me buscan
2 R. 2.2 *quédate* ahora aquí, porque Jehová me
Is. 37.31 lo que hubiere *quedado* de la casa de
Mr. 14.34 mi alma está . . *quedaos* aquí y velad
Lc. 1.56 se *quedó* María con ella como tres meses
2.43 se *quedó* el niño Jesús en Jerusalén, sin
9.4 en cualquier casa . . *quedad* allí, y de allí
24.29 obligaron a *quedarse*, diciendo: *Quédate*
24.49 pero *quedaos* vosotros en . . Jerusalén
Jn. 1.39 se *quedaron* con él aquel día; porque era
21.22 que él *quede* hasta que yo venga, ¿qué
Hch. 18.3 se *quedó* con ellos, y trabajaban juntos
1 Co. 7.11 y si se separa, *quédese* sin casar, o
Fil. 1.24 *quedar* en la carne es más necesario por
1 Ts. 4.15 que habremos *quedado* hasta la venida
1 Ti. 1.3 como te rogué que te *quedases* en Efeso

QUEDORLAOMER Gn. 14.1-15.

QUEJA
Nm. 17.5 haré cesar delante de mí las *q* de los
Job 6.2 ¡oh, que pesasen justamente mi *q* y mi
10.1 libre curso a mi *q*, hablaré con amargura
Sal. 142.2 delante de él expondré mi *q*; delante de

QUEJARSE *v.* **Lamentar, Murmurar**
Nm. 11.1 el pueblo se *quejó* a oídos de Jehová
14.2 se *quejaron* contra Moisés y contra Aarón
Job 7.11 me *quejaré* con la amargura de mi alma
21.4 ¿acaso me *quejo* yo de algún hombre?
Sal. 77.3 me *quejaba*, y desmayaba mi espíritu
He. 13.17 no *quejándose*, porque esto no os es
Stg. 5.9 hermanos, no os *quejéis* unos contra otros

QUEMAR *v.* **Fuego, Llama**
Ex. 32.20 tomó el becerro . . lo *quemó* en el fuego
2 R. 23.4 los *quemó* fuera de Jerusalén en el campo
25.9; Jer. 52.13 *quemó* la casa de Jehová, y la
Sal. 83.14 como fuego que *quema* el monte, como
Pr. 6.28 sobre brasas sin que sus pies se *quemen*
Mt. 13.6 pero salido el sol, se *quemó*; y porque no
13.30 atadla en manojos para *quemarla*; pero
Lc. 3.17 *quemará* la paja en fuego que nunca se
Hch. 19.19 trajeron los libros y los *quemaron*
1 Co. 3.15 si la obra de alguno se *quemare*, él
7.9 mejor es casarse que estarse *quemando*
13.3 mi cuerpo para ser *quemado*, y no tengo
He. 6.8 próxima a . . y su fin es el ser *quemada*
2 P. 3.10 y la tierra y las obras . . serán *quemadas*
Ap. 8.7 la tercera parte de los árboles se *quemó*
16.8 fue dado *quemar* a los hombres con fuego
17.16 y devorarán sus carnes, y la *quemarán*
18.8 día vendrán sus plagas . . y será *quemada*

QUERER *v.* **Anhelar, Desear, Voluntad**
Gn. 39.8 él no *quiso*, y dijo a la mujer de su amo
Dt. 7.7 no por ser . . os ha *querido* Jehová y os
Est. 1.12 la reina Vasti no *quiso* comparecer a la
Sal. 78.10 pacto . . ni *quisieron* en su ley
115.3 Dios está . . todo lo que *quiso* ha hecho
135.6 todo lo que Jehová *quiere*, lo hace, en

Is. 1.19 si *quisiereis* y oyereis, comeréis el bien
Ez. 18.32; 33.11 no *quiero* la muerte del impío
Dn. 4.17 el reino de los . . a quien él *quiere* lo da
Zac. 7.11 no *quisieron* escuchar, antes volvieron
Mt. 7.12; **Lc.** 6.31 cosas que *querdis* que . . hagan
    26.39; **Mr.** 14.36 no sea como yo *quiero*, sino
Mr. 1.41; **Lc.** 5.13 tocó . . dijo: *Quiero*, sé limpio
Jn. 15.7 todo lo que *queréis*, y os será hecho
Ro. 7.18 el *querer* el bien está en mí, pero no el
    9.16 así que no depende del que *quiere*, ni del
2 Co. 5.8 *quisiéramos* estar ausentes del cuerpo
    8.11 que como estuvisteis prontos a *querer*, así
Gá. 4.21 decidme, los que *queréis* estar bajo la ley
    6.12 todos los que *quieren* agradar en la carne
Fil. 2.13 produce así el *querer* como el hacer, por
Stg. 4.15 si el Señor *quiere*, viviremos y haremos

    QUERIT   1 R. 17.3.

    QUERUBÍN *v.* Angel, Serafín
Gn. 3.24 puso al oriente del huerto de Edén *q*
Ex. 25.18; 37.7 dos *q* de oro, labrados a martillo
1 S. 4.4 trajeron . . el arca . . moraba entre los *q*
2 S. 22.11; **Sal.** 18.10 cabalgó sobre un *q*, y voló
1 R. 6.23; **2 Cr.** 3.10 en el lugar santísimo dos *q*
    8.7 los *q* . . las alas . . cubrían los *q* el arca
Ez. 10.3 los *q* estaban a la mano derecha de la
    28.16 te eché . . y te arrojé . . oh *q* protector
He. 9.5 y sobre ella los *q* de gloria que cubrían

    QUIETO
Job 21.23 éste morirá en el . . todo *q* y pacífico
Sal. 46.10 estad *q*, y conoced que yo soy Dios
Is. 64.12 estarás *q*, oh Jehová, sobre estas cosas?

    QUIETUD
Ec. 9.17 las palabras del sabio escuchadas en *q*
Is. 30.15 en *q* y en confianza será vuestra fortaleza

    QUIJADA
Jue. 15.16 Sansón dijo: Con la *q* de un asno un

    QUIRIAT-JEARIM   1 S. 7.1; 1 Cr. 13.5; 2 Cr.
    1.4.

    QUITAR *v.* Disminuir, Recibir, Tomar
Dt. 12.32 no añadirás a ello, ni de ello *quitarás*
Jos. 11.15 así Josué lo hizo, sin *quitar* palabra de
2 R. 2.3, 5 ¿sabes que Jehová te *quitará* hoy a tu
Job 1.21 dio, y Jehová *quitó*; sea el nombre de
    24.9 *quitan* el pecho a los huérfanos, y de
Sal. 39.10 *quita* de sobre mí tu plaga . . consumido
    51.11 y no *quites* de mí tu santo Espíritu
    119.43 no *quites* de mi boca . . la palabra de
Is. 2.18 y *quitará* totalmente los ídolos
    16.10 *quitado* es el gozo . . del campo fértil
Ez. 11.19; 36.26 *quitaré* el corazón de piedra de en
Mi. 2.8 *quitasteis* las capas atrevidamente a los
Zac. 3.4 mira que he *quitado* de ti tu pecado, y te
Mt. 13.12; 25.29; **Mr.** 4.25; **Lc.** 8.18; 19.26 aun lo
    que tiene le será *quitado*
    16.23; **Mr.** 8.33 ¡*quítate* de delante de mí
    21.21; **Mr.** 11.23 *quítate*, y échate en el mar
    25.28; **Lc.** 19.24 *quitadle* . . el talento, y dadlo
Mr. 3.4 ¿es lícito en . . salvar la vida, o *quitarla*?
Jn. 1.29 el Cordero . . *quita* el pecado del mundo
    16.22 gozará . . nadie os *quitará* vuestro gozo
    17.15 no ruego que los *quites* del mundo
Hch. 22.22 *quita* de la tierra a tal hombre, porque
1 Co. 5.13 *quitad* . . perverso de entre vosotros
2 Co. 12.8 rogado al Señor, que lo *quite* de mí
Col. 2.14 *quitándola* de . . y clavándola en la cruz
He. 9.26 mismo para *quitar* de en medio el pecado
    10.4 sangre de . . no puede *quitar* los pecados
    10.9 *quita* lo primero, para establecer esto
1 Jn. 3.5 él apareció para *quitar* nuestros pecados
Ap. 2.5 y *quitaré* tu candelero de su lugar, si no
    22.19 si alguno *quitare* de las palabras del

    RABÍ *v.* Maestro
Mt. 23.7 y que los hombres los llamen: *R*, *R*
Jn. 1.38 ¿qué buscáis? . . *R* . . ¿dónde moras?

    RACIMO *v.* Uva
Nm. 13.23 cortaron un sarmiento con un *r* de uvas

Cnt. 7.7 es semejante a la . . y tus pechos a los *r*
Ap. 14.18 hoz aguda y vendimia los *r* de la tierra

    RACIÓN
Gn. 47.22 los sacerdotes tenían *r* de Faraón
Jer. 52.34 se le daba una *r* de parte del rey de
Dn. 1.5 les señaló el rey *r* para cada día, de la

    RAER *v.* Borrar, Rapar, Rasurar
Gn. 6.7 *raeré* de sobre la faz de la tierra a los
Ex. 17.14 *raeré* del todo la memoria de Amalec
    32.32 si no, *ráeme* ahora de tu libro que has
Nm. 6.9 el día de su purificación *raerá* su cabeza
    6.18 el nazareo *raerá* . . su cabeza consagrada
Sal. 69.28 sean *raídos* del libro de los vivientes
Is. 14.22 y *raeré* de Babilonia el nombre y el
Ez. 27.31 se *raerán* por ti los cabellos, se ceñirán

    RAHAB
Jos. 2.1 entraron en la casa de una ramera . . *R*
    6.17 solamente *R* la ramera vivirá, con todos
He. 11.31 por la fe *R* la ramera no pereció
Stg. 2.25 *R* la ramera, ¿no fue justificada por

    RAÍZ *v.* Arbol, Rama
Dt. 29.18 haya en . . *r* que produzca hiel y ajenjo
2 R. 19.30; **Is.** 37.31 volverá a echar *r* abajo, y
Job 5.3 yo he visto al necio que echaba *r*, y en la
    18.16 abajo se secarán sus *r*, y arriba serán
    19.28 ya que la *r* del asunto se halla en mí
    29.19 mi *r* estaba abierta junto a las aguas
Pr. 12.3 mas la *r* de los justos no será removida
    12.12 mas la *r* de los justos dará fruto
Is. 5.24 así será su *r* como podredumbre, y su flor
    11.10 en aquel tiempo que la *r* de Isaí, la cual
    27.6 días vendrán cuando Jacob echará *r*
    53.2 cual renuevo y como *r* de tierra seca
Dn. 4.15 mas la cepa de sus *r* dejaréis en la tierra
Mr. 4.6 se quemó; y porque no tenía *r*, se secó
Lc. 3.9 el hacha está puesta a la *r* de los árboles
    8.13 no tienen *r*; creen por algún tiempo
Ro. 11.16 si la *r* es santa . . lo son las ramas
    11.18 que no sustentas tú a la *r*, sino la *r* a ti
1 Ti. 6.10 *r* de todos los males es el amor al
Ap. 5.5 el León de . . la *r* de David, ha vencido
    22.16 la *r* y el linaje de David, la estrella

    RAMA *v.* Arbol, Raíz
Gn. 49.22 *r* fructífera es José, *r* . . junto a una
Dt. 24.20 sacudas tus olivos, no recorrerás las *r*
2 S. 18.9 mulo entró por debajo de las *r* espesas
Os. 14.6 se extenderán sus *r*, y será su gloria como
Mt. 21.8; **Mr.** 11.8 cortaban *r* de los árboles, y
Jn. 12.13 tomaron *r* de . . y salieron a recibirle
Hch. 28.3 habiendo recogido Pablo . . *r* secas
Ro. 11.21 si Dios no perdonó a las *r* naturales

    RAMÁ
1 S. 8.4 todos . . vinieron a *R* para ver a Samuel
Jer. 31.15; **Mt.** 2.18 voz fue oída en *R* . . Raquel

    RAMERA *v.* Adúltero, Fornicario
Gn. 34.31 de tratar a . . hermana como a una *r*?
    38.15 la vio Judá, la tuvo por *r*, porque
Dt. 23.17 no haya *r* de entre las hijas de Israel
1 R. 3.16 tiempo vinieron al rey dos mujeres *r*, y
Pr. 7.10 con atavío de *r* y astuta de corazón
    23.27 porque abismo profundo es la *r*, y pozo
Is. 1.21 ¿cómo te has convertido en *r*, oh ciudad
Jer. 2.20 debajo de todo árbol . . echabas como *r*
Ez. 16.41 haré que dejes de ser *r*, y que ceses de
Mt. 21.31 la *r* van delante de . . al reino de Dios
Lc. 15.30 que ha consumido tus bienes con *r*
1 Co. 6.15 Cristo y los haré miembros de una *r*?
Ap. 17.1 te mostraré la sentencia contra la gran *r*
    17.5 Babilonia . . la madre de las *r* y de las
    19.2 juzgado a la gran *r* que ha corrompido

    RAMESÉS   Gn. 47.11; Ex. 1.11; 12.37.
    RAMOT DE GALAAD   1 R. 22.4; 2 R. 9.1;
    2 Cr. 18.3.

    RANA
Ex. 8.2 yo castigaré con *r* todos tus territorios
Sal. 105.30 tierra produjo *r* hasta en las cámaras
Ap. 16.13 tres espíritus inmundos a manera de *r*

RAPAR v. Cortar, Raer, Rasurar
Dt. 14.1 no os . . ni os *raparéis* a causa de muerto
Jue. 16.17 fuere *rapado*, mi fuerza se apartará
1 Cr. 19.4 Hanún tomó los siervos . . y los *rapó*
Jer. 48.37 porque toda cabeza será *rapada*, y toda
Ez. 44.20 no se *raparán* su cabeza, ni dejarán
Am. 8.10 cilicio . . y que se *rape* toda cabeza
Hch. 18.18 *rapado* la cabeza en Cencrea, porque
1 Co. 11.6 si le es vergonzoso . . *raparse*, que se

RAPIÑA
Ez. 34.22 mis ovejas, y nunca más serán para *r*
Am. 3.10 atesorando *r* y despojo en sus palacios
Jon. 3.8 conviértase . . la *r* que hay en sus manos
Mi. 6.12 sus ricos se colmaron de *r* . . mentira
Hab. 2.17 la *r* del Líbano caerá sobre ti, y la

RAQUEL   Gn. 29.6—31.35; 33.1–7; 35.16–20.
Jer. 31.15; Mt. 2.18 *R* que lamenta por sus hijos

RASGAR v. Romper
1 S. 15.28 Jehová ha *rasgado* hoy de ti el reino de
2 S. 13.31 David, *rasgó* sus vestidos, y se echó
Jer. 36.23 Jehudí había leído . . lo *rasgó* el rey con
Mt. 27.51; Mr. 15.38; Lc. 23.45 el velo del templo se *rasgó*

RASTROJO
Ex. 5.12 el pueblo se esparció . . para recoger *r*
Is. 5.24 como la lengua del fuego consume el *r*

RASURAR v. Raer, Rapar
Lv. 13.33 que se *rasure*, pero no *rasurará* el lugar
Job 1.20 *rasuró* su cabeza, y se postró en tierra
Hch. 21.24 paga . . para que se *rasuren* la cabeza

RATIFICAR v. Confirmar
Sal. 119.106 juré y *ratifiqué* que guardaré tus
Gá. 3.15 un pacto . . una vez *ratificado*, nadie lo

RATÓN
1 S. 6.5 de vuestros *r* que destruyen la tierra

RAZÓN
Job 36.2 todavía tengo *r* en defensa de Dios
Dn. 4.36 el mismo tiempo mi *r* me fue devuelta
Hch. 25.27 parece fuera de *r* enviar un preso, y no
1 P. 3.15 os demande *r* de la esperanza que hay en

RAZONAMIENTO
Dt. 32.2 destilará como el rocío mi *r*; como la
1 S. 25.33 bendito sea tu *r*, y bendita tú, que me
Job 13.6 oíd ahora mi *r*, y estad atentos a los
Ro. 2.15 y acusándoles o defendiéndoles sus *r*

RAZONAR
Job 13.3 hablaría . . y querría *razonar* con Dios
23.7 el justo *razonaría* con él; y yo escaparía

REAL
Hch. 12.21 Herodes, vestido de ropas *r*, se sentó
Stg. 2.8 si en verdad cumplís la ley *r*, conforme
1 P. 2.9 mas vosotros sois . . *r* sacerdocio, nación

REBAÑO v. Ganado, Manada, Oveja
Sal. 49.14 como a *r* que son conducidos al Seol
Jer. 13.17 porque el *r* de Jehová fue hecho cautivo
23.1 ¡ay de . . dispersan las ovejas de mi *r*
31.10 y guardará, como el pastor a su *r*
Mi. 2.12 reuniré . . como *r* en medio de su aprisco
Lc. 2.8 guardaban las vigilias de . . sobre su *r*
Hch. 20.28 mirad por vosotros, y por todo el *r*

REBECA   Gn. 24.15—27.46.

REBELARSE
1 R. 1.5 entonces Adonías hijo de Haguit se *rebeló*
2 R. 1.1; 3.5 la muerte de Acab, se *rebeló* Moab
8.20; 2 Cr. 21.8 en su tiempo se *rebeló* Edom
18.7; 2 Cr. 36.13 él se *rebeló* contra el rey de
18.20; Is. 36.5 en qué confías . . has *rebelado*
24.20; Jer. 52.3 Sedequías se *rebeló* contra
Neh. 2.19 ¿qué es . . ¿Os *rebeláis* contra el rey?
6.6 dice, que tú y los judíos pensáis *rebelaros*
9.26 y provocaron . . se *rebelaron* contra ti
Sal. 5.10 fuera, porque se *rebelaron* contra ti
25.3 serán avergonzados los que se *rebelan*
78.17 *rebelándose* contra el Altísimo en el
78.40 ¡cuántas veces se *rebelaron* contra él en

Sal. 106.7 se *rebelaron* junto al mar, el Mar Rojo
Is. 1.2 crie hijos . . y ellos se *rebelaron* contra mí
1.5 ¿todavía os *rebelaréis*? Toda cabeza está
31.6 volved a . . contra quien se *rebelaron*
66.24 cadáveres de los . . que se *rebelaron*
Jer. 2.8 los pastores se *rebelaron* contra mí, y los
4.17 porque se *rebeló* contra mí, dice Jehová
5.11 resueltamente se *rebelaron* contra mí
Lm. 1.18 es justo . . porque su palabra me *rebelé*
3.42 nos hemos *rebelado*, y fuimos desleales
Ez. 2.3 a gentes . . que se *rebelaron* contra mí
20.13 se *rebeló* contra mí la casa de Israel
Os. 7.13 ¡ay de . . porque contra mí se *rebelaron*
13.16 *rebeló* contra su Dios; caerán a espada
Sof. 3.11 obras con que te *rebelaste* contra mí
Ro. 7.23 ley . . que se *rebela* contra la ley de mí
1 Ti. 5.11 sus deseos, se *rebelan* contra Cristo

REBELDE v. Contumaz, Desobediente
Ex. 23.21 no le seas *r*; porque él no perdonará
Nm. 14.9 no seáis *r* contra Jehová, ni temáis
17.10 que se guarde por señal a los hijos *r*
20.24; 27.14; Dt. 1.26, 43 fuisteis *r* a mi
mandamiento
Dt. 9.7, 24 desde el día . . habéis sido *r* a Jehová
21.18 si alguno tuviere un hijo contumaz y *r*
Jos. 1.18 cualquiera que . . *r* a tu mandamiento
22.16 edificándoos altar para ser *r* contra
1 S. 12.14 no fuereis *r* a la palabra de Jehová
1 R. 13.21 has sido *r* al mandato de Jehová, y no
13.26 varón de Dios es, que fue *r* al mandado
Esd. 4.12 edifican la ciudad *r* y mala; y . . muros
Job 24.13 son los que, *r* a la luz, nunca conocieron
Sal. 66.7 las naciones; los *r* no serán enaltecidos
68.6 saca . . mas los *r* habitan en tierra seca
78.8 generación contumaz y *r*; generación
105.28 tinieblas . . no fueron *r* a su palabra
107.11 por cuanto fueron *r* a las palabras de
Is. 1.20 no quisiereis y fuereis *r*, seréis . . a espada
1.28 los *r* . . serán quebrantados, y los que
30.9 porque este pueblo es *r* . . hijos que no
48.8 por tanto te llamé *r* desde el vientre
50.5 el oído, y yo no fui *r*, ni me volví atrás
57.17 siguió *r* por el camino de su corazón
63.10 mas ellos fueron *r*, e hicieron enojar su
65.2 extendí mis manos todo el día a pueblo
Jer. 3.6 ¿has visto lo que ha hecho la *r* Israel?
5.23 este pueblo tiene corazón falso y *r*; se
6.28 son *r*, porfiados, andan chismeando
Ez. 2.3 te envío a . . a gentes *r* que se rebelaron
3.9 no los temas, ni . . porque son casa *r*
3.26 varón que reprende; porque son casa *r*
12.2 habitas en medio de casa *r*, los cuales
17.12 a la casa *r*: ¿No habéis entendido qué
20.38 apartaré de entre vosotros a los *r*, y a
24.3 habla por parábola a la casa *r*, y diles
Dn. 9.5 hemos sido *r*, y nos hemos apartado de
Os. 14.9 son rectos . . mas los *r* caerán en ellos
Sof. 3.1 ¡ay de la ciudad *r* y contaminada y
Lc. 1.17 y de los *r* a la prudencia de los justos
Hch. 26.19 Agripa, no fui *r* a la visión celestial
Ro. 10.21 extendí mis manos a un pueblo *r* y
Tit. 1.16 siendo abominables y *r*, reprobados en
3 éramos . . *r*, extraviados, esclavos de

REBELDÍA
Job 34.37 porque a su pecado añadió *r*; bate palmas
Jer. 2.19 te castigará, y tus *r* te condenarán; sabe
8.5 ¿por qué es . . rebelde con *r* perpetua?
Tit. 1.6 no estén acusados de disolución ni de *r*

REBELIÓN v. Pecado, Prevaricación
Lv. 16.16 así purificará el santuario . . de sus *r*
Dt. 31.27 yo conozco tu *r*, y tu dura cerviz; he
Jos. 22.22 si fue por *r* . . contra Jehová, no nos
24.19 Dios . . no sufrirá vuestras *r* . . pecados
1 S. 15.23 como pecado de adivinación es la *r*
Esd. 4.15 forman en medio de ella *r*, por lo que
Neh. 9.17 en su *r* pensaron poner caudillo para
Job 7.21 ¿y por qué no quitas mi *r*, y perdonas
Sal. 51.1 ten piedad de mi, oh . . borra mis *r*
51.3 porque yo reconozco mis *r*, y mi pecado

Sal. 65.3 mí; mas nuestras *r* tú las perdonarás
    89.32 castigaré con vara su *r*, y con azotes sus
Pr. 28.2 por la *r* de . . sus príncipes son muchos
Is. 43.25 yo soy el que borro tus *r* por amor de
    44.22 deshice como una nube tus *r*, y como
    53.5 él herido fue por nuestras *r*, molido por
    53.8 y por la *r* de mi pueblo fue herido
    58.1 y anuncia a mi pueblo su *r*, y a la casa de
    59.12; Jer. 5.6; 14.7 nuestras *r* se han mul-
    tiplicado
Jer. 3.22 convertíos, hijos . . y sanaré vuestras *r*
    28.16 morirás en este año, porque hablaste *r*
    29.32 Semaías . . contra Jehová ha hablado *r*
Lm. 1.5 la afligió por la multitud de sus *r*
Ez. 18.24 por su *r* con que prevaricó, y por el
    33.10 nuestras *r* . . están sobre nosotros, y a
Os. 11.7 mi pueblo está adherido a la *r* contra mí
    14.4 yo sanaré su *r*, los amaré de pura gracia
Am. 5.12 porque yo sé de vuestras muchas *r*, y de
Mi. 1.5 la *r* de Jacob . . ¿Cuál es la *r* de Jacob?

REBOSAR *v*. Derramar
Sal. 23.5 con aceite; mi copa está *rebosando*
    45.1 *rebosa* mi corazón palabra buena; dirijo

REBUSCAR
Lv. 19.10; Dt. 24.21 no *rebuscarás* tu viña, ni
Jer. 6.9 *rebuscarán* como a vid el resto de Israel

RECABITA Jer. 35.1–19.

RECAER
Ez. 9.10 haré *recaer* el camino de ellos sobre sus
He. 6.6 *recayeron*, sean otra vez imposible para

RECIBIR *v*. Aceptar, Admitir, Tomar
Gn. 14.17 salió el rey de Sodoma a *recibirlo* al
    19.1 viéndolos Lot, se levantó a *recibirlos*
    32.6 también viene a *recibirte*, y 400 hombres
    46.29 Gosén a *recibir* a Israel su padre en
Ex. 4.27 vé a *recibir* a Moisés al desierto. Y él
Dt. 33.11 *recibe* con agrado la obra de sus manos
1 S. 30.21 salieron a *recibir* a David y el pueblo
Job 2.10 ¿*recibiremos* de Dios el bien, y el mal
Sal. 73.24 has . . y después me *recibirás* en gloria
Pr. 2.1 hijo mío, si *recibieres* mis palabras, y mis
Am. 5.22 si me ofreciereis . . no los *recibiré*
Mt. 7.8; Lc. 11.10 todo aquel que pide, *recibe*
    10.40; Mr. 9.37; Lc. 9.48; Jn. 13.20 a vosotros
    recibe, a mí me *r* . . a mí, *r* al que me envió
    10.41 recompensa de profeta *recibirá*; y el que
    13.20; Mr. 4.16; Lc. 8.13 oye la palabra, y . .
    la *recibe* con gozo
    18.5; Mr. 9.37 *reciba* . . a un niño . . me *recibe*
    19.12 sea capaz de *recibir* esto, que lo *reciba*
    19.29; Mr. 10.30 *recibirá* cien veces más, y
    20.10 pensaron que habían de *recibir* más
    21.22 que pidiereis . . creyendo, lo *recibiréis*
    21.34; Mr. 12.2 para que *recibiesen* sus frutos
Mr. 6.11; Lc. 9.5; 10.10 si en algún lugar no os
    recibieren
    11.24 creed que lo *recibiréis*, y os vendrá
Lc. 8.40 le *recibió* la multitud con gozo; porque
    9.53 no le *recibieron*, porque su aspecto era
    10.38 llamada Marta le *recibió* en su casa
    16.4 haré para que . . me *reciban* en sus casas
    18.30 que no haya de *recibir* mucho más en
Jn. 1.11 a lo suyo vino, y los suyos no le *recibieron*
    3.11 te digo . . y no *recibís* nuestro testimonio
    3.27 hombre *recibir* nada, si no le fuere dado
    4.45 cuando vino a Galilea . . le *recibieron*
    5.43 no me *recibís*; si otro . . a ése *recibiréis*
    14.17 Espíritu . . el mundo no puede *recibir*
    16.24 pedid, y *recibiréis*, para que vuestro
    20.22 y les dijo: *Recibid* el Espíritu Santo
Hch. 3.5 atento, esperando *recibir* de ellos algo
    3.21 es necesario que el cielo *reciba* hasta los
    10.25 Pedro entró, salió Cornelio a *recibirle*
    17.11 *recibieron* la palabra con toda solicitud
    22.18 no *recibirán* tu testimonio acerca de mí
    28.15 salieron a *recibirnos* hasta el Foro de
Ro. 5.17 reinarán . . los que *reciben* la abundancia
    14.1 *recibid* al débil en la fe, pero no para

Ro. 15.7 *recibíos* los . . como . . Cristo nos *recibió*
    16.2 la *recibáis* en el Señor, como es digno
1 Co. 4.7 ¿qué tienes que no hayas *recibido*? Y si
    9.10 y el que trilla, con esperanza de *recibir*
    11.23; 15.3 *recibí* . . lo que . . os he enseñado
2 Co. 5.10 para que cada uno *reciba* según lo que
    6.1 que no *recibáis* en vano la gracia de Dios
Gá. 1.12 yo ni lo *recibí* ni lo ap endí de hombre
    3.2 ¿*recibisteis* el Espíritu por las obras de
    4.5 que *recibiésemos* la adopción de hijos
Ef. 6.8 ése *recibirá* del Señor, sea siervo o sea
Fil. 2.29 *recibidle* . . con todo gozo, y tened en
Col. 2.6 la manera que habéis *recibido* al Señor
    3.25 el que . . *recibirá* la injusticia que hiciere
1 Ts. 2.13 cuando *recibisteis* la palabra de Dios
    4.17 las nubes para *recibir* al Señor en el aire
Flm. 12, 17 tú, pues, *recíbele* como a mí mismo
He. 7.1 salió a *recibir* a Abraham que volvía de
    7.5 los que de . . Leví *reciben* el sacerdocio
    11.39 aunque . . fe, no *recibieron* lo prometido
Stg. 1.7 no piense . . que *recibirá* cosa alguna del
    4.3 pedís, y no *recibís*, porque pedís mal
1 P. 1.18 la cual *recibisteis* de vuestros padres
1 Jn. 3.22 cosa que pidiéremos la *recibiremos* de
2 Jn. 10 no trae esta doctrina, no lo *recibáis* en
3 Jn. 9 escrito . . pero Diótrefes . . no nos *recibe*

RECOGER *v*. Juntar
Gn. 41.49 *recogió* José trigo como arena del mar
Ex. 5.7 vayan . . y *recojan* por sí mismos la paja
    16.18 no sobró al que había *recogido* mucho
Lv. 19.10 ni *recogerás* el fruto caído de tu viña
Dt. 28.38 sacarás mucha . . y *recogerás* poco
    30.3 volverá a *recogerte* de entre todos los
Rt. 2.15 *recoja* también espigas entre las gavillas
1 Cr. 16.35; Sal. 106.47 *recógenos*, y líbranos de las
Sal. 27.10 aunque mi padre . . Jehová me *recogerá*
    39.6 amontona . . no sabe quién las *recogerá*
    104.28 les das, *recogen*; abres tu mano, se
    147.2 a los desterrados de Israel *recogerá*
Pr. 10.5 el que *recoge* en el verano . . entendido
Is. 54.7 te *recogeré* con grandes misericordias
Jer. 23.3 *recogeré* el remanente de mis ovejas de
Ez. 11.17 el Señor: Yo os *recogeré* de los pueblos
    36.24 os *recogeré* de todas las tierras, y os
Mi. 2.12 *recogeré* el resto de Israel; lo reuniré
Hag. 1.6 sembráis mucho, y *recogéis* poco; coméis
Mt. 12.30; Lc. 11.23 que no *recoge*, desparrama
    13.41 *recogerán* . . los que sirven de tropiezo
    14.20 *recogieron* lo que sobró . . doce cestas
    25.24 duro, que . . *recoges* donde no esparciste
Hch. 7.21 la hija de Faraón le *recogió* y le crio
2 Co. 8.15 el que *recogió* mucho, no tuvo más, y

RECOMENDAR *v*. Encomendar
2 Co. 3.1 vez a *recomendarnos* a vosotros mismos?
    4.2 *recomendándonos* a toda conciencia humana
    5.12 no nos *recomendamos*, pues . . a vosotros
    6.4 nos *recomendamos* . . como ministros de

RECOMPENSA *v*. Galardón, Paga, Premio, Re-
    tribución
Gn. 30.18 y dijo Lea: Dios me ha dado mi *r*, por
2 Cr. 15.7 esforzaos . . hay *r* para vuestra obra
Sal. 91.8 ojos mirarás y verás la *r* de los impíos
Pr. 24.14 la sabiduría; si la hallares tendrás *r*
Is. 40.10; 62.11 he aquí que su *r* viene con él
    49.4 mi causa está delante . . y mi *r* con mí
Abd. 15 contigo; tu *r* volverá sobre tu cabeza
Mi. 7.3 y el juez juzga por *r*; y el grande había
Mt. 5.46 amáis a los que os aman, ¿qué *r* tendréis?
    10.41 *r* de profeta recibirá; y el que recibe a
    10.42; Mr. 9.41 os digo que no perderá su *r*
    16.26 ¿o qué *r* dará el hombre por su alma?
1 Co. 3.8 cada uno recibirá su *r* conforme a su
    3.14 si permaneciere la obra de . . recibirá *r*
    9.17 si lo hago de buena voluntad, *r* tendré
Col. 3.24 sabiendo que del Señor recibiréis la *r*

RECOMPENSAR *v*. Pagar, Retribuir
Rt. 2.12 Jehová *recompense* tu obra, y . . cumplida

2 S. 22.25; Sal. 18.24 me ha *recompensado* Jehová
Pr. 11.31 el justo será *recompensado* en la tierra
    13.13 el que teme el . . será *recompensado*
Is. 65.6 *recompensaré*, y daré el pago en su seno
Lc. 14.12 te vuelvan a . . y seas *recompensado*
1 Ti. 5.4 a *recompensar* a sus padres; porque esto
Ap. 22.12 para *recompensar* a . . según sea su obra

RECONCILIACIÓN *v.* **Expiación, Perdón, Propiciación**
Lv. 9.7 haz la *r* por ti y por . . y haz la *r* por ellos
    16.6 Aarón . . hará la *r* por sí y por su casa
Ro. 5.11 por quien hemos recibido ahora la *r*
    11.15 si su exclusión es la *r* del mundo, ¿qué

RECONCILIAR *v.* **Perdonar**
Lv. 8.15 y lo santificó para *reconciliar* sobre él
Mt. 5.24 *reconcíliate* primero con tu hermano
Ro. 5.10 *reconciliados* con Dios por la muerte
    5.10 estando *reconciliados*, seremos salvos por
1 Co. 7.11 *reconcíliese* con su marido; y que el
2 Co. 5.18 Dios, quien nos *reconcilió* consigo
    5.19 en Cristo *reconciliando* consigo al mundo
    5.20 os rogamos en . . *Reconciliaos* con Dios
Ef. 2.16 *reconciliar* con Dios a ambos en un solo
Col. 1.20 por medio de él *reconciliar* consigo todas
    1.21 y a vosotros . . ahora os ha *reconciliado*

RECONOCER *v.* **Admitir, Confesar, Conocer**
Ex. 2.25 miró Dios a . . de Israel, y los *reconoció* Dios
Lv. 26.41 se humillará . . y *reconocerán* su pecado
Nm. 13.16 que Moisés envió a *reconocer* la tierra
Jos. 7.2 *reconoced* la tierra . . *reconocieron* a Hai
Jue. 18.2 que *reconociesen* y explorasen bien la
2 S. 10.3; 1 Cr. 19.3 ¿no ha enviado . . para *reconocer* la tierra?
1 Cr. 28.9 hijo mío, *reconoce* al Dios de tu padre
2 Cr. 33.13 *reconoció* Manasés que Jehová era
Sal. 51.3 *reconozco* mis rebeliones, y mi pecado
    100.3 *reconoced* que Jehová es Dios; él nos
Pr. 3.6 *reconócelo* en todos tus caminos, y él
Jer. 3.13 *reconoce*, pues, tu maldad, porque contra
    14.20 *reconocemos*, oh . . nuestra impiedad, la
Os. 5.15 que *reconozcan* su pecado y busquen mi
Lc. 24.31 abiertos los ojos, y le *reconocieron*; mas
    24.35 le habían *reconocido* al partir el pan
Hch. 27.39 día, no *reconocían* la tierra, pero veían
1 Co. 14.37 *reconozca* que lo que os escribo son
Gá. 2.9 *reconociendo* la gracia que me había sido

RECONVENIR *v.* **Amonestar, Redargüir, Reprender**
Jue. 8.1 los hombres de Efraín . . le *reconvinieron*
Mt. 16.22; Mr. 8.32 Pedro . . comenzó a *reconvenirle*

RECORDAR *v.* **Acordar**
Nm. 10.9 seréis *recordados* por Jehová . . Dios
Est. 9.28 y que estos días serían *recordados* y
Sal. 9.12 y que no *recuerdes* contra . . las iniquidades
Jn. 14.26 os *recordará* todo lo que yo os he dicho
Hch. 20.35 *recordar* las palabras del Señor Jesús
1 Ts. 3.6 y que siempre nos *recordáis* con cariño
2 P. 1.12 yo no dejaré de *recordaros* siempre estas
Jud. 5 mas quiero *recordaros* . . que una vez lo
Ap. 2.5 *recuerda*, por tanto, de dónde has caído

RECORRER *v.* **Andar**
Jer. 5.1 *recorred* las calles de Jerusalén, y mirad
Zac. 1.10 los que Jehová ha enviado a *recorrer* la
Mt. 9.35 *recorría* Jesús todas las ciudades y aldeas

RECOSTADO *v.* **Andar**
Cnt. 8.5 ésta que sube del . . *r* sobre su amado?
Jn. 13.23 Jesús amaba, estaba *r* al lado de Jesús

RECOSTAR
Mt. 8.20; Lc. 9.58 no tiene . . *recostar* su cabeza
    14.19; Mr. 6.39; Jn. 6.10 mandó a la gente *recostarse* sobre la hierba

RECREAR
Sal. 37.11 se *recrearán* con abundancia de paz
Is. 56.7 y yo . . los *recrearé* en mi casa de oración
Ro. 15.32 sea *recreado* juntamente con vosotros
2 P. 2.13 comen con vosotros, se *recrean* en sus

RECTAMENTE *v.* **Bien, Justamente**
Neh. 9.33 *r* has hecho, mas nosotros . . lo malo
Sal. 58.1 oh . . ¿juzgáis *r*, hijos de los hombres?
Pr. 2.7 provee . . es escudo a los que caminan *r*
Ec. 12.10 hallar . . y escribir *r* palabras de verdad
Jer. 8.6 escuché y oí; no hablan *r*, no hay hombre
Lc. 7.43 respondiendo . . le dijo: *R* has juzgado
Gá. 2.14 cuando vi que no andaban *r* . . dije a

RECTITUD *v.* **Integridad, Justicia**
Dt. 32.4 todos sus caminos son *r*; Dios de verdad
1 Cr. 29.17 yo sé, Dios mío . . que la *r* te agrada
Job 29.14 vestía . . como manto y diadema era mi
Sal. 17.2 de tu presencia . . vean tus ojos la *r*
    27.11 guíame por senda de *r* a causa de mis
    37.28 Jehová ama la *r*, y no desampara a sus
    99.4 tú confirmas la *r*; tú has hecho en Jacob
Is. 26.7 el camino del justo es *r*; tú, que eres
    45.19 soy Jehová que hablo . . que anuncio *r*
    59.9 alejó . . justicia, y no nos alcanzó la *r*

RECTO, ta *v.* **Derecho, Íntegro, Justo, Perfecto**
Nm. 23.10 muera yo la muerte de los *r*, y mi
Dt. 6.18 haz lo *r* y bueno ante los ojos de Jehová
    12.25; 21.9 cuando hicieres lo *r* ante los ojos
1 S. 29.6 vive Jehová, que tú has sido *r*, y que
2 S. 22.24 fui *r* para con él, y me he guardado
1 R. 15.11; 2 R. 12.2; 14.3; 15.3; 18.3; 22.2;
    2 Cr. 14.2; 20.32; 24.2; 25.2; 29.2; 34.2 hizo lo *r* ante los ojos de Jehová
2 R. 10.30 cuanto has hecho bien ejecutando lo
Job 4.7 ¿en dónde han sido destruidos los *r*?
    6.25 ¡cuán eficaces son las palabras *r*! Pero
    8.6 si fueres limpio y *r*, ciertamente luego
    17.8 se maravillarán de esto, y el inocente
    42.7 no habéis hablado de mí lo *r*, como mi
Sal. 18.23 fui *r* para con él, y me he guardado
    19.8 las mandamientos de Jehová son *r*, que
    25.8 bueno y *r* es Jehová . . él enseñará a los
    32.11 cantad con júbilo . . los *r* de corazón
    33.4 porque *r* es la palabra de Jehová, y toda
    49.14 los *r* se enseñorearán de ellos por la
    51.10 y renueva un espíritu *r* dentro de mí
    78.37 pues sus corazones no eran *r* con él, ni
    92.15 para anunciar que Jehová . . es *r*, y que
    94.15 pos de ella irán todos los *r* de corazón
    107.42 véanlo los *r*, y alégrense, y todos los
    112.2 la generación de los *r* será bendita
    119.128 estimé *r* todos tus mandamientos
    119.137 justo eres . . Jehová, y *r* tus juicios
    125.4 bien . . a los que son *r* en su corazón
    140.13 nombre; los *r* morarán en tu presencia
Pr. 2.21 porque los *r* habitarán la tierra, y los
    8.9 ellas son *r* al que entiende, y razonables
    16.17 el camino de los *r* se aparta del mal
    17.26 ni herir a los nobles que hacen lo *r*
    20.11 aun . . si su conducta fuere limpia y *r*
    21.2 camino del hombre es *r* en su . . opinión
    21.8 mas los hechos del limpio son *r*
    21.29 rostro; mas el *r* ordena sus caminos
    28.10 el que hace errar a los *r* por el mal
Ez. 18.29; 33.17 no es *r* el camino de . . ¿no son *r*
Os. 14.9 porque los caminos de Jehová son *r*
Mi. 7.2 ninguno hay *r* entre los hombres; todos
Hab. 2.4 aquel cuya alma no es *r* se enorgullece
Lc. 8.15 que con corazón bueno y *r* retienen
Hch. 8.21 tu corazón no es *r* delante de Dios
Col. 4.1 amos, haced lo que es justo y *r* con
2 P. 2.15 han dejado el camino *r*, y se han

RECHAZAR *v.* **Negar, Rehusar**
Jn. 12.48 el que me *rechaza*, y no recibe mis palabras
Hch. 7.35 este Moisés, a quien habían *rechazado*
Jud. 8 *rechazan* la autoridad y blasfeman de las

RED *v.* **Cuerda, Hoyo, Lazo, Trampa**
Sal. 25.15 Jehová . . él sacará mis pies de la *r*
    35.7 escondieron para mí su *r* en un hoyo
    35.8 lo sepa, y la *r* que él escondió lo prenda
    57.6 *r* han armado a mis pasos; se ha abatido
    66.11 nos metiste en la *r*; pusiste sobre . . carga

Sal. 140.5 han tendido r junto a la senda; me han
141.10 caigan los impíos a una en sus r
Pr. 1.17 en vano se tenderá la r ante los ojos de
7.23 como el ave que se apresura a la r, y no
29.5 lisonjea . . r tiende delante de sus pasos
Ec. 9.12 los peces que son presos en la mala r
Is. 24.17 foso y r sobre ti, oh morador de la tierra
Lm. 1.13 ha extendido r a mis pies, me volvió
Ez. 12.13; 17.20 extenderé mi r sobre él, y caerá
Hab. 1.16 hará sacrificios a su r, y ofrecerá
Mt. 4.18; Mr. 1.16 que echaban la r en el mar
13.47 el reino de los . . es semejante a una r
Lc. 5.4 boga . . y echad vuestras r para pescar
Jn. 21.6 dijo: Echad la r a la derecha de la barca
    REDARGÜIR v. Amonestar, Convencer, Reconvenir, Reprender
Job 32.12 que no hay de . . quien redarguya a Job
Jn. 8.46 ¿quién de . . me redarguye de pecado?
2 Ti. 4.2 redarguye, reprende, exhorta con toda
    REDENCIÓN v. Rescate, Salvación
Ex. 8.23 yo pondré r entre mi pueblo y el tuyo
Job 33.24 que lo libró de descender . . que halló r
Sal. 49.8 porque la r de su vida es de gran precio
111.9 r ha enviado a su pueblo . . su pacto
130.7 hay misericordia, y abundante r con él
Lc. 21.28 cabeza, porque vuestra r está cerca
Ro. 3.24 mediante la r que es en Cristo Jesús
1 Co. 1.30 justificación, santificación y r
Ef. 1.7; Col. 1.14 en quien tenemos r por su
1.14 hasta la r de la posesión adquirida, para
4.30 cual fuisteis sellados para el día de la r
He. 9.12 una vez . . habiendo obtenido eterna r
    REDENTOR v. Cristo, Jesucristo, Salvador
Job 19.25 yo sé que mi R vive, y al fin se levantará
Sal. 19.14 de ti, oh Jehová, roca mía, y r mío
Is. 41.14; 54.5 Jehová . . el Santo de Israel es tu R
44.6 así dice Jehová Rey de Israel, y su R
44.24 así dice Jehová, tu R, que te formó
47.4 nuestro R, Jehová de los . . es su nombre
49.7 así ha dicho Jehová, R de Israel, el
59.20 y vendrá el R a Sion, y a los que se
Jer. 50.34 el r de ellos es el Fuerte; Jehová de los
    REDIL v. Oveja, Rebaño
Jer. 50.6 anduvieron de . . y se olvidaron de sus r
Jn. 10.16 tengo otras ovejas que no son de este r
    REDIMIDO
Sal. 107.2 díganlo los r de Jehová, los que ha
Is. 35.9 no habrá allí . . león . . caminen los r
51.10 en camino . . para que pasaran los r
51.11 volverán los r de Jehová; volverán a
62.12 llamarán Pueblo Santo, R de Jehová
    REDIMIR v. Libertar, Rescatar, Salvar
Ex. 6.6 os redimiré con brazo extendido, y con
13.13; 34.20 redimirás al primogénito de tus
13.15 y redimo al primogénito de mis hijos
15.13 condujiste . . este pueblo que redimiste
Rt. 2.20 es . . uno de los que pueden redimirnos
3.13 si él te redimiere, bien, redímate; mas
2 S. 4.9; 1 R. 1.29 vive Jehová, que ha redimido
1 Cr. 17.21 Dios fuese y se redimiese un pueblo
Neh. 1.10 los cuales redimiste con tu gran poder
Job 6.23 redimidme del poder de los violentos?
33.28 redimirá su alma para que no pase al
Sal. 25.22 redime, oh Dios, a Israel de todas sus
34.22 Jehová redime el alma de sus siervos
44.26 redímenos por causa de tu misericordia
49.7 ninguno de . . podrá . . redimir al hermano
49.15 Dios redimirá mi vida del poder del Seol
55.18 él redimirá en paz mi alma de la guerra
69.18 acércate a mi alma, redímela; líbrame
77.15 con tu brazo redimiste a tu pueblo, a
130.8 redimirá a Israel de todas sus pecados
144.7 redímeme . . de las muchas aguas, de la
Is. 43.1 no temas, porque yo te redimí; te puse
44.22 vuélvete a mí, porque yo te redimí
48.20 decid: Redimió Jehová a Jacob su siervo
50.2 ha acortado mi mano para no redimir?
Jer. 15.21 te redimiré de la mano de los fuertes

Jer. 31.11 Jehová redimió a Jacob, lo r de mano
Os. 7.13 los redimí, y ellos . . mentiras contra mí
13.14 de la mano del Seol los redimiré, los
Mi. 6.4 de la casa de servidumbre te redimí; y
Zac. 10.8 los reuniré, porque los he redimido
Lc. 24.21 que era el que había de redimir a Israel
Gá. 3.13 Cristo nos redimió de la maldición de la
Col. 4.5 andad sabiamente . . redimiendo el tiempo
Tit. 2.14 quien se dio . . para redimirnos de toda
Ap. 5.9 con tu sangre nos has redimido para Dios
    REEDIFICAR v. Levantar
Esd. 6.8 es dada orden . . para reedificar esa casa
Is. 44.26 las ciudades . . sus ruinas reedificaré
44.26 reedificarán las ruinas antiguas, y
Hag. 1.2 de que la casa de Jehová sea reedificada
Mt. 26.61 derribar . . y en tres días reedificarlo
    REFERIR v. Contar, Decir
Hch. 14.27 refirieron cuán grandes cosas había
15.4 refirieron todas las cosas que Dios había
    REFRÁN v. Proverbio
Dt. 28.37 servirás de r y de burla a todos los
Job 17.6 él me ha puesto por r de pueblos, y
30.9 soy objeto de su burla, y les sirvo de r
Ez. 12.22 ¿qué r es este que tenéis vosotros en
16.44 todo el que usa de r te aplicará a ti el
18.2 los que usáis este r sobre la tierra de
Mi. 2.4 levantarán sobre vosotros r, y se hará
Lc. 4.23 dijo: Sin duda me diréis este r: Médico
    REFRENAR
Job 7.11 no refrenaré mi boca; hablaré en la
Pr. 10.19 el que refrena sus labios es prudente
Stg. 1.26 cree religioso . . y no refrena su lengua
3.2 capaz también de refrenar todo el cuerpo
3.8 que es un mal que no puede ser refrenado
1 P. 3.10 refrene su lengua de mal, y sus labios
2 P. 2.16 bestia . . refrenó la locura del profeta
    REFRIGERIO
Ex. 23.12 tu asno, y tome r el hijo de tu sierva
Pr. 3.8 será medicina a tu . . y r para tus huesos
Hch. 3.19 para que vengan de la . . tiempos de r
    REFUGIAR
Dt. 32.37 ¿dónde . . la roca en que se refugiaban
Rt. 2.12 bajo cuyas alas has venido a refugiarte
Sal. 71.1 en ti, oh Jehová, me he refugiado; no sea
143.9 líbrame . . oh Jehová; en ti me refugio
    REFUGIO v. Amparo
Nm. 35.11 ciudades de r tendréis, donde huya la
Dt. 33.27 el eterno Dios es tu r, y acá abajo los
Jos. 20.2 diles: Señalaos las ciudades de r, de las
1 S. 2.2 fuera de ti, y no hay r como el Dios nuestro
2 S. 22.3 el fuerte de mi salvación, mi alto r
Sal. 9.9 Jehová será r de pobre, r para el tiempo
32.7 eres mi r, me guardarás de la angustia
46.7 Jehová . . nuestro r es el Dios de Jacob
48.3 en sus palacios Dios es conocido por r
61.3 tú has sido mi r, y torre fuerte contra
62.2 salvación; es mi r, no resbalaré mucho
62.7 en Dios está mi roca fuerte, y mi r
62.8 esperad en él en . . Dios es nuestro r
71.3 para mí una roca r, adonde recurra
90.1 Señor, tú nos has sido r de generación
94.22 Jehová me ha sido por r, y mi Dios por
Is. 4.6; 25.4 para r . . contra el turbión y contra el
28.15 hemos puesto nuestro r en la mentira
28.17 granizo barrerá el r de la mentira
Jer. 16.19 r mío en el tiempo de la aflicción, a ti
17.17 no me . . pues mi r eres tú en el día malo
    REGAR v. Derramar, Rebosar
Sal. 65.9 visitas la tierra, y la riegas; en gran
104.13 riega los montes desde sus aposentos
Is. 16.9 te regaré con mis lágrimas, oh Hesbón
Ez. 32.6 regaré con tu sangre la tierra donde nadas
1 Co. 3.6 Apolos regó; pero el crecimiento lo ha
    REGENERACIÓN
Mt. 19.28 de cierto os digo que en la r, cuando
Tit. 3.5 el lavamiento de la r y por la renovación

REGIR
Ap. 2.27; 12.5; 19.15 *regirá* con vara de hierro

REGLA
2 Co. 10.13 conforme a la *r* que Dios nos ha dado
Gá. 6.16 todos los que anden conforme a esta *r*
Fil. 3.16 sigamos una misma *r*, sintamos una

REGOCIJAR *v.* Alegrar, Gozar
Lv. 23.40 *regocijaréis* delante de Jehová vuestra
1 S. 2.1 Ana oró y dijo: Mi corazón se *regocija*
2 Cr. 6.41 y tus santos se *regocijen* en tu bondad
Neh. 12.43 sacrificaron aquel día . . *regocijaron*
Job 21.12 saltan, y se *regocijan* al son de la flauta
Sal. 60.8; 108.9 me *regocijaré* sobre Filistea
63.7 en la sombra de tus alas me *regocijaré*
85.6 para que tu pueblo se *regocije* en ti?
97.1 Jehová reina; *regocíjese* la tierra
104.34 dulce será . . me *regocijaré* en Jehová
119.16 me *regocijaré* en tus estatutos; no me
119.47 y me *regocijaré* en tus mandamientos
119.162 me *regocijo* en tu palabra como un
149.5 *regocíjense* los santos por su gloria, y
Pr. 8.31 me *regocijo* en la parte . . de su tierra
13.19 el deseo cumplido *regocija* el alma
Is. 12.6 *regocíjate* y canta, oh moradora de Sion
41.16 pero tú te *regocijarás* en Jehová, te
54.1 *regocíjate*, oh estéril, la que no daba a
Mt. 2.10 se *regocijaron* con muy grande gozo
18.13 se *regocija* más por aquélla, que por
Lc. 1.14 muchos se *regocijarán* de su nacimiento
1.47 espíritu se *regocija* en Dios mi Salvador
10.20 *regocijaos* de que vuestros nombres están
10.21 Jesús se *regocijó* en el Espíritu, y dijo
13.17 pero todo el pueblo se *regocijaba* por
15.32 necesario hacer fiesta y *regocijarnos*
Jn. 5.35 quisisteis *regocijaros* por un . . en su luz
14.28 si me amarais, os habríais *regocijado*
20.20 y los . . se *regocijaron* viendo al Señor
Hch. 11.23 se *regocijó*, y exhortó a todos a que
16.34 se *regocijó* . . de haber creído a Dios
Gá. 4.27 *regocíjate*, oh . . tú que no das a luz
Fil. 2.17 me gozo y *regocijo* con todos vosotros
4.4 *regocijaos* en el Señor siempre . . digo: R
2 Jn. 4 mucho me *regocijé* porque he hallado a

REGOCIJO *v.* Alegría, Gozo
Sal. 98.8 los ríos batan . . montes todos hagan *r*
100.2 servid . . venid ante su presencia con *r*

REGRESAR *v.* Volver
Jer. 32.44 porque yo haré *regresar* sus cautivos
Lc. 2.43 al *regresar* ellos, acabada la fiesta, se

REHÉN
2 R. 18.23; Is. 36.8 ruego que des *r* a mi señor

REHUIR
Hch. 20.20 cómo nada que fuese útil he *rehuido*

REHUSAR *v.* Negar, Rechazar
Gn. 22.12 por cuanto no me *rehusaste* tu hijo
Ex. 10.4 si aún *rehúsas* dejarlo ir, he aquí que
Job 34.33 ora *rehúses*, ora aceptes, y no yo; dí
Mt. 5.42 tomar de ti prestado, no se lo *rehúses*
He. 11.24 por la fe . . *rehusó* llamarse hijo de la

REINA
1 R. 10.1; 2 Cr. 9.1 oyendo la *r* de Sabá la fama
Est. 1.11 trajesen a la *r* Vasti a la presencia del
2.17 el rey amó . . y la hizo *r* en lugar de Vasti
Sal. 45.9 está la *r* a tu derecha con oro de Ofir
Lc. 11.31 la *r* del sur se levantará en el juicio con

REINAR *v.* Gobernar
Gn. 37.8 ¿*reinarás* . . señorearás sobre nosotros?
Ex. 15.18 Jehová *reinará* eternamente y para
1 S. 8.7 desechado, para que no *reine* sobre ellos
11.12 ¿ha de *reinar* Saúl sobre nosotros?
24.20 como yo entiendo que tú has de *reinar*
2 S. 15.10 la trompeta . . Absalón *reina* en Hebrón
1 R. 1.13 Salomón tu hijo *reinará* después de mí
1 Cr. 16.31; Sal. 96.10 y digan en . . Jehová reina
Job 34.30 haciendo que no *reine* el hombre impío
Sal. 47.8 *reinó* Dios sobre las naciones; se sentó

Sal. 93.1 Jehová *reina*; se vistió de magnificencia
97.1 Jehová *reina*; regocíjese la tierra
146.10 *reinará* Jehová para siempre; tu Dios
Pr. 8.15 por mí *reinan* los reyes, y los príncipes
30.22 por el siervo cuando *reina*; por el
Ec. 4.14 porque de la cárcel salió para *reinar*
Is. 24.23 Jehová . . *reine* en el monte de Sion y
33.6 y *reinarán* . . la sabiduría y la ciencia
52.7 del que dice a Sion: ¡Tu Dios *reina*!
Jer. 22.15 ¿*reinarás*, porque te rodeas de cedro?
Ez. 20.33 que con . . he de *reinar* sobre vosotros
Mi. 4.7 Jehová *reinará* sobre ellos en el monte de
Lc. 1.33 *reinará* sobre la casa de Jacob . . siempre
19.14 diciendo: No queremos que éste *reine*
Ro. 5.17 si por la transgresión de uno solo *reinó*
5.21 como el pecado *reinó* . . la gracia *reine*
6.12 no *reine* . . el pecado en vuestro cuerpo
1 Co. 4.8 ya estáis ricos, sin nosotros *reináis*
15.25 preciso es que él *reine* hasta que haya
Ap. 5.10 reyes . . y *reinaremos* sobre la tierra
11.15 él *reinará* por los siglos de los siglos
19.6 porque el Señor nuestro Dios . . *reina*!
20.4 vivieron y *reinaron* con Cristo mil años
22.5 *reinarán* por los siglos de los siglos

REINO *v.* Dominio, Imperio, Nación
Ex. 19.6 vosotros me seréis un *r* de sacerdotes
1 S. 10.25 Samuel recitó luego . . las leyes del *r*
18.8 a David . . no le falta más que el *r*
28.17 Jehová ha quitado de ti el *r* de tu mano, y lo
2 R. 19.19 sepan todos los *r* . . que sólo tú, Jehová
1 Cr. 17.11 uno de entre tus hijos, y afirmaré su *r*
29.11 tuyo, oh Jehová, es el *r*, y tú eres
Sal. 22.28 porque de Jehová es el *r*, y él regirá
45.6 cetro de justicia es el cetro de tu *r*
103.19 su trono, y su *r* domina sobre todos
145.13 tu *r* es *r* de todos los siglos, y tu
Dn. 2.37 el Dios del cielo te ha dado *r*, poder
4.3 su *r*, sempiterno, y su señorío de
4.17 Altísimo gobierna el *r* de los hombres
4.31 se te dice . . El *r* ha sido quitado de ti
7.18 recibirán el *r* los santos del Altísimo
8.22 cuatro *r* se levantarán de esa nación
11.4 su *r* será quebrantado y repartido hacia
11.21 pero vendrá sin aviso y tomará el *r*
Abd. 21 subirán salvadores . . *r* será de Jehová
Hag. 2.22 trastornaré el trono de los *r*, y destruiré
Mt. 3.2; 4.17; 10.7 *r* de los cielos se ha acercado
4.8 le mostró todos los *r* del mundo y la
5.3 los pobres . . de ellos es el *r* de los cielos
5.19 muy pequeño será llamado en el *r* de los
6.10; Lc. 11.2 venga tu *r*. Hágase tu voluntad
6.13 tuyo es el *r*, y el poder, y la gloria, por
6.33 buscad primeramente el *r* de Dios y su
7.21 no todo el . . entrará en el *r* de los cielos
8.11 se sentarán con . . en el *r* de los cielos
11.12 el *r* de los cielos sufre violencia, y los
12.28 ha llegado a vosotros el *r* de Dios
13.11; Mr. 4.11; Lc. 8.10 os es dado saber los misterios del *r*
13.19 cuando alguno oye la palabra del *r* y no
13.38 la buena semilla son los hijos del *r*, y
16.19 a ti te daré las llaves del *r* de los cielos
18.3 niños, no entraréis en el *r* de los cielos
19.14; Mr. 10.14; Lc. 18.16 de los tales es el *r*
19.23; Mr. 10.23; Lc. 18.24 ¡cuán difícilmente entrará un rico en el *r*
21.43 el *r* de Dios será quitado de vosotros
24.7; Mr. 13.8; Lc. 21.10 se levantará nación contra nación y *r* contra *r*
25.34 venid . . heredad el *r* preparado para
26.29; Mr. 14.25 lo beba nuevo en el *r* de mi
Mr. 11.10 ¡bendito el *r* de nuestro padre David
12.34 le dijo: No estás lejos del *r* de Dios
Lc. 1.33 reinará sobre la . . y su *r* no tendrá fin
6.20 pobres, porque vuestro es el *r* de Dios
9.62 hacia atrás, es apto para el *r* de Dios
10.9; 11.20 se ha acercado . . el *r* de Dios
11.17 todo *r* dividido contra sí mismo, es
12.31 mas buscad el *r* de Dios, y todas estas

Lc. 12.32 vuestro Padre le ha placido daros el *r*
13.29 se sentarán a la mesa en el *r* de Dios
16.16 desde entonces el *r* de . . es anunciado
17.20 el *r* de Dios no vendrá con advertencia
17.21 aquí el *r* de Dios está entre vosotros
19.12 se fue a . . para recibir un *r* y volver
21.31 cosas, sabed que está cerca el *r* de Dios
22.29 os asigno un *r*, como mi Padre me lo
23.42 acuérdate de mí cuando vengas en tu *r*
Jn. 3.3 no naciere de . . no puede ver el *r* de Dios
18.36 mi *r* no es de este mundo; si mi *r* fuera
Hch. 1.3 días y hablándoles acerca del *r* de Dios
1.6 ¿restaurarás el *r* a Israel en este tiempo?
14.22 muchas tribulaciones entremos en el *r*
19.8 y persuadiendo acerca del *r* de Dios
28.23 y les testificaba el *r* de Dios, desde la
Ro. 14.17 el *r* de Dios no es comida ni bebida
1 Co. 4.20 el *r* de Dios no consiste en palabras
6.9 los injustos no heredarán el *r* de Dios?
15.24 cuando entregue el *r* al Dios y Padre
Gá. 5.21 tales cosas no heredarán el *r* de Dios
Ef. 5.5 idólatra, tiene herencia en el *r* de Cristo
Col. 1.13 y trasladado al *r* de su amado Hijo
1 Ts. 2.12 de Dios, que os llamó a su *r* y gloria
2 Ts. 1.5 que seáis tenidos por dignos del *r* de
He. 1.8 siglo; cetro de equidad es el cetro de tu *r*
11.33 que por fe conquistaron *r*, hicieron
12.28 recibiendo nosotros un *r* inconmovible
Stg. 2.5 y herederos del *r* que ha prometido a los
2 P. 1.11 será otorgada amplia . . entrada en el *r*
Ap. 11.15 los *r* del mundo han venido a ser de
12.10 ahora ha venido . . el *r* de nuestro Dios
16.10 su *r* se cubrió de tinieblas y mordían
.17.17 y dar su *r* a la bestia, hasta que se

REIR v. Burlar, Escarnecer
Gn. 17.17 Abraham se postró . . y se *rio*, y dijo
18.12 se *rio*, pues, Sara entre sí, diciendo
21.6 Dios me ha hecho *reir* . . *reirá* conmigo
Job 9.23 se *ríe* del sufrimiento de los inocentes
30.1 ahora se *ríen* de mí los más jóvenes, que
Sal. 2.4 el que mora en los cielos se *reirá*; el
37.13 el Señor se *reirá* de él; porque ve que
59.8 mas tú, Jehová, te *reirás* de ellos; te
Pr. 1.26 yo me *reiré* de vuestra calamidad, y me
Ec. 3.4 tiempo de llorar, y tiempo de *reir*; tiempo
Lc. 6.21 los que ahora lloráis, porque *reiréis*
6.25 ¡ay de vosotros, los que ahora *reís!*

REJUVENECER
Sal. 103.5 de modo que te *rejuvenezcas* como el
RELÁMPAGO v. Trueno
Ex. 19.16 al tercer día . . vinieron truenos y *r*
20.18 todo el pueblo observaba el . . y los *r*
2 S. 22.15; Sal. 18.14 lanzó *r*, y los destruyó
Job 28.26 cuando él dio ley a la . . y camino al *r*
Sal. 77.18 *r* alumbraron el mundo; se estremeció
135.7 hace los *r* para la lluvia; saca de sus
144.6 despide *r* y disípalos, envía tus saetas
Ez. 1.14 seres . . corrían y volvían a semejanza de *r*
Dn. 10.6 su rostro parecía un *r*, y sus ojos como
Zac. 9.14 y su dardo saldrá como *r*; y Jehová el
Mt. 24.27 como el *r* que sale del oriente y se
28.3 su aspecto era como un *r*, y su vestido
Lc. 17.24 el *r* que al fulgurar resplandece desde
Ap. 4.5 del trono salían *r* y truenos y voces; y
8.5; 11.19; 16.18 y hubo *r*, voces, truenos y

RELIGIÓN
Hch. 25.19 ciertas cuestiones acerca de su *r*, y de
26.5 a la más rigurosa secta de nuestra *r*
Stg. 1.27 la *r* pura y sin mácula delante de Dios

RELIGIOSO v. Piadoso
Hch. 17.22 dijo . . en todo observo que sois muy *r*
Stg. 1.26 si alguno se cree *r* entre vosotros, y no

RELOJ
2 R. 20.11; Is. 38.8 el *r* de Acaz, diez grados atrás

REMANENTE v. Resto
Esd. 9.8 para hacer que nos quedase un *r* libre, y
9.13 ya que tú . . nos diste un *r* como este

Is. 10.21 el *r* volverá, el *r* de Jacob volverá al
11.11 alzará . . su mano para recobrar el *r*
28.5 será por corona . . al *r* de su pueblo
37.4 eleva, pues, oración tú por el *r* que aún
Jer. 23.3 yo mismo recogeré el *r* de mis ovejas de
Sof. 3.13 el *r* de Israel no hará injusticia ni dirá
Zac. 8.11 no lo haré con el *r* de este pueblo
8.12 y haré que el *r* de . . posea todo esto
Ro. 9.27 si fuere el número . . sólo el *r* será salvo
11.5 ha quedado un *r* escogido por gracia

REMAR
Mr. 6.48 viéndoles *remar* con gran fatiga, porque
Jn. 6.19 cuando habían *remado* . . 30 estadios

REMEDIO
Pr. 6.15 de repente . . quebrantado, y no habrá *r*
17.22 el corazón alegre constituye buen *r*
Jer. 2.25 no hay *r* . . a extraños he amado, y tras
14.19 ¿por qué nos . . herir sin que haya *r*?

REMENDAR
Mt. 4.21; Mr. 1.19 que *remendaban* sus redes

REMIENDO
Mt. 9.16; Mr. 2.21 nadie pone *r* de paño nuevo

REMISIÓN v. Perdón
Dt. 15.1 cada siete años harás *r*
15.9 cerca está el año séptimo, el de la *r*
Mt. 26.28 es derramada para *r* de los pecados
He. 9.15 para la *r* de las transgresiones que había
9.22 y sin derramamiento de . . no se hace *r*
10.18 pues donde hay *r* de éstos, no hay más

REMITIR v. Perdonar
Neh. 10.31 que el año . . *remitiríamos* toda deuda
Jn. 20.23 *remitiereis* los pecados, les son *remitidos*

REMOVER v. Mover, Quitar
Gn. 29.8 *remueven* la piedra de la boca del pozo
Pr. 10.30 el justo no será *removido* jamás; pero los
12.3 la raíz de los justos no será *removida*
Mt. 28.2 *removió* la piedra, y se sentó sobre ella
Mr. 16.3 ¿quién nos *removerá* la piedra de la
Ap. 6.14 monte y toda isla se *removió* de su lugar

RENACER v. Nacer
1 P. 1.3 nos hizo *renacer* para una esperanza viva
1.23 *renacidos*, no de simiente corruptible

RENCILLOSO, sa v. Iracundo
Pr. 21.19; 25.24 que con la mujer *r* e iracunda
26.21 el hombre *r* para encender contienda
27.15 gotera . . y la mujer *r*, son semejantes

RENCOR
Lv. 19.18 ni guardarás *r* a los hijos de tu pueblo
1 Co. 13.5 no busca . . no se irrita, no guarda *r*

RENGLÓN
Is. 28.10 *r* tras *r*, línea sobre línea, un poquito

RENOMBRE v. Fama, Gloria, Reputación
Gn. 6.4 desde la antigüedad fueron varones de *r*
Nm. 16.2 príncipe . . del consejo, varones de *r*
Ez. 16.14 y salió tu *r* entre las naciones a causa de

RENOVACIÓN
Ro. 12.2 sino transformaos por medio de la *r* de
Tit. 3.5 nos salvó . . por la *r* en el Espíritu Santo

RENOVAR
Job 29.20 mi honra se *renovaba* en mí, y mi arco
Sal. 51.10 y *renueva* un espíritu recto dentro de mí
2 Co. 4.16 el interior . . se *renueva* de día en día
Ef. 4.23 y *renovaos* en el espíritu de . . mente
Col. 3.10 se va *renovando* hasta el conocimiento

RENUEVO
Sal. 65.10 ablandas con lluvias, bendices sus *r*
Is. 4.2 el *r* de Jehová será para hermosura y
44.3 derramaré . . mi bendición sobre tus *r*
53.2 subirá cual *r* delante de él, y como raíz
60.21 *r* de mi plantío, obra de mis manos
Jer. 23.5 que levantaré a David *r* justo, y reinará
33.15 haré brotar a David un *R* de justicia
Dn. 11.7 un *r* de sus raíces se levantará sobre su

Zac. 3.8 he aquí, yo traigo a mi siervo el *R*
6.12 el varón cuyo nombre es el *R*, el cual

RENUNCIAR *v.* Dejar
Lc. 14.33 cualquiera . . que no *renuncia* a todo lo
Tit. 2.12 que, *renunciando* a la impiedad y a los

REÑIR *v.* Altercar, Contender
Gn. 26.20 los pastores de Gerar *riñeron* con los
31.36 Jacob se enojó, y *riñó* con Labán; y
Ex. 2.13 salió y vio a dos hebreos que *reñían*
21.18 si algunos *riñeren*, y uno hiriere a su
Dt. 25.11 si algunos *riñeren* uno con otro, y se

REO *v.* Culpable
Mt. 26.66 ellos, dijeron: ¡Es *r* de muerte!

REPARAR
2 R. 12.5 *reparen* los portillos del templo . . grietas
12.11 en pagar a los . . que *reparaban* la casa
22.5 para *reparar* las grietas de la casa
1 Cr. 26.27; 2 Cr. 34.8 *reparar* la casa de Jehová

REPARTIR *v.* Dar
Nm. 34.13 esta es la tierra que se os *repartirá*
Jos. 13.32 es lo que Moisés *repartió* en heredad
19.49 que acabaron de *repartir* la tierra en
23.4 os he *repartido* por suerte, en herencia
Neh. 13.13 tenían que *repartir* a sus hermanos
Sal. 22.18 *repartieron* entre sí mis vestidos, y
112.9 *reparte*, da a los pobres; su justicia
Pr. 11.24 hay quienes *reparten*, y les es añadido
Ec. 11.2 *reparte* a siete, y aun a ocho; porque no
Mt. 27.35; Mr. 15.24; Lc. 23.34; Jn. 19.24 *repartieron* entre sí sus vestidos
Lc. 15.12 dame la parte . . y les *repartió* los bienes
Jn. 6.11 habiendo dado gracias, los *repartió* entre
Hch. 2.45 vendían sus . . y lo *repartían* a todos
4.35 *repartía* a cada uno según su necesidad
Ro. 12.3 medida de fe que Dios *repartió* a cada
1 Co. 7.17 cada uno como el Señor le *repartió*
13.3 si *repartiese* todos mis bienes para dar
2 Co. 9.9 escrito: *Repartió*, dio a los pobres; su

REPENTE
Mr. 13.36 para que cuando venga de *r*, no os
Lc. 21.34 venga de *r* sobre vosotros aquel día

REPETICIÓN
Mt. 6.7 y orando, no uséis vanas *r*, como los

REPETIR
Dt. 6.7 *repetirás* a tus hijos, y hablarás de ellas
Pr. 26.11 así es el necio que *repite* su necedad

REPOSAR *v.* Descansar
Gn. 2.2; Ex. 20.11; 31.17 Dios . . *reposó* el día
séptimo
Jue. 3.11; 5.31 y *reposó* la tierra cuarenta años
3.30 Moab . . y *reposó* la tierra ochenta años
2 R. 2.15 el espíritu de Elías *reposó* sobre Eliseo
Job 3.18 allí . . *reposan* los cautivos; no oyen la
Sal. 62.5 alma mía, en Dios solamente *reposa*
125.3 no *reposará* la vara de la impiedad
Cnt. 1.13 de mirra, que *reposa* entre mis pechos
Is. 25.10 mano de Jehová *reposará* en este monte
Am. 6.4 duermen . . y *reposan* sobre sus lechos
Zac. 1.15 contra las naciones que están *reposadas*
Lc. 12.19 años; *repósate*, come, bebe, regocíjate
He. 4.4 *reposó* Dios de todas . . en el séptimo día
4.10 ha *reposado* de sus obras, como Dios de

REPOSO *v.* Descanso, Paz
Ex. 16.26; 20.10; 35.2; Lv. 23.3; Dt. 5.14 el
séptimo día es día de *r*
20.8 acuérdate del día de *r* para santificarlo
31.13; Lv. 19.30 guardaréis mis días de *r*
35.2 el día séptimo os será santo, día de *r*
Lv. 23.24 al primero del mes tendréis día de *r*
25.4 la tierra tendrá descanso, *r* para Jehová
26.2 guardad mis días de *r*, y . . mi santuario
Dt. 3.20 que Jehová dé *r* a vuestros hermanos
5.12 guardarás el día de *r* para santificarlo
12.10 os dará *r* de todos vuestros enemigos
Jos. 1.13 Jehová vuestro Dios os ha dado *r*, y os
21.44 Jehová les dio *r* alrededor, conforme a

Neh. 10.31 trajesen a vender . . en el día de *r*
13.17 hacéis, profanando así el día de *r*?
Sal. 95.11 juré en mi . . que no entrarían en mi *r*
116.7 vuelve, oh alma mía, a tu *r*, porque
132.8 levántate, oh Jehová, al lugar de tu *r*
Is. 28.12 este es el *r*; dad *r* al cansado; y este
32.17 será paz, y la labor de la justicia, *r* y
56.2 guarda el día de *r* para no profanarlo
58.13 si retrajeres del día de *r* tu pie, de
Jer. 17.21 de llevar carga en el día de *r*, y de
Ez. 20.12 les dí también mis días de *r*, para que
44.24 fiestas . . y santificarán mis días de *r*
Mt. 12.2; Lc. 6.2 es lícito hacer en el día de *r*
12.10 ¿es lícito sanar en el día de *r*?
12.43; Lc. 11.24 lugares secos, buscando *r*
24.20 vuestra huida no sea . . ni en día de *r*
28.1 pasado el día de *r*, al amanecer del
Mr. 2.27 día de *r* . . hecho por causa del hombre
3.4 ¿es lícito en los días de *r* hacer bien, o
16.1 cuando pasó el día de *r* . . para ungirle
Lc. 4.16 en el día de *r* entró en la sinagoga
6.5 el Hijo del . . es Señor aun del día de *r*
6.7 para ver si en el día de *r* lo sanaría, a fin
13.16 ¿no se le debía desatar . . en el día de *r*?
14.1 un día de *r* . . habiendo entrado para
23.56 descansaron el día de *r*, conforme al
Jn. 5.18 porque no sólo quebrantaba el día de *r*
7.23 recibe . . la circuncisión en el día de *r*
2 Co. 7.5 ningún *r* tuvo nuestro cuerpo, sino que
Col. 2.16 días de fiesta, luna nueva o días de *r*
2 Ts. 1.7 a vosotros que . . daros *r* con nosotros
He. 3.11 juré en mi ira: No entrarán en mi *r*
4.3 los que hemos creído entramos en el *r*
4.9 queda un *r* para el pueblo de Dios
4.11 procuremos, pues, entrar en aquel *r*
Ap. 14.11 no tienen *r* de día ni de noche los que

REPRENDER *v.* Amonestar, Exhortar, Reconvenir, Redargüir
Neh. 5.7 *reprendí* a los nobles y a los oficiales
13.11 entonces *reprendí* a los oficiales, y dije
Job 6.25 pero ¿qué *reprende* la censura vuestra?
Sal. 6.1; 38.1 Jehová, no me *reprendas* en tu
9.5 *reprendiste* a las naciones, destruiste al
50.8 no te *reprenderé* por tus sacrificios, ni
106.9 *reprendió* el Mar Rojo y lo secó, y les
119.21 *reprendiste* a los soberbios . . malditos
141.5 que me *reprenda* será un . . bálsamo
Pr. 9.8 no *reprendas* al escarnecedor, para que no
25.12 es el que *reprende* al sabio que tiene
28.23 el que *reprende* al hombre, hallará
30.6 no añadas a . . para que no te *reprenda*
Is. 2.4 juzgará . . y *reprenderá* a muchos pueblos
17.13 pero Dios los *reprenderá*, y huirán lejos
Jer. 29.27 no has *reprendido* ahora a Jeremías de
Ez. 3.26 no serás a ellos varón que *reprende*
Os. 4.4 no contienda ni *reprende* a hombre
Zac. 3.2 dijo . . Jehová te *reprenda*, oh Satanás
Mal. 3.11 *reprenderé* por vosotros al devorador
Mt. 8.26; Mr. 4.39; Lc. 8.24 *reprendió* a los vientos
17.18; Mr. 9.25; Lc. 9.42 *reprendió* Jesús al
demonio
18.15 vé y *reprréndele* estando tú y él solos
19.13; Mr. 10.13; Lc. 18.15 los discípulos les
reprendieron
Mr. 1.25; Lc. 4.35 le *reprendió*, diciendo: ¡Cállate
10.48 muchos le *reprendían* para que callase
Lc. 4.39 inclinándose . . *reprendió* a la fiebre; y la
9.55 *reprendió*, diciendo: Vosotros no sabéis
17.3 tu hermano pecare contra ti, *reprréndele*
19.39 Maestro, *reprende* a tus discípulos
23.40 le *reprendió*, diciendo: ¿Ni aun temes
Jn. 3.20 para que sus obras no sean *reprendidas*
1 Ti. 5.1 no *reprendas* al anciano, sino exhórtale
5.20 *reprréndelos* delante de todos, para que
2 Ti. 4.2 *reprende*, exhorta con toda paciencia y
Tit. 1.13 por tanto, *reprréndelos* duramente, para
2.15 exhorta y *reprende* con toda autoridad
He. 8.8 *reprendiéndolos* dice: He aquí vienen días
1 Jn. 3.20 si nuestro corazón nos *reprende*, mayor

Jud. 9 juicio . . sino que dijo: El Señor te *reprenda*
Ap. 3.19 *reprendo* y castigo a todos los que amo

REPRENSIÓN *v.* Amonestación
2 R. 19.3 este día es día de angustia, de *r* y de
Sal. 104.7 a tu *r* huyeron; al sonido de tu trueno
Pr. 1.23 volveos a mi *r*; he aquí yo derramaré mi
    5.12 aborrecí . . mi corazón menospreció la *r*
    6.23 y camino de vida las *r* que te instruyen
    13.1 padre; mas el burlador no escucha las *r*
    17.10 la *r* aprovecha al entendido, más que
    27.5 mejor es *r* manifiesta que amor oculto
Ec. 7.5 mejor es oir la *r* del sabio que la canción
2 Co. 2.6 le basta a tal . . esta *r* hecha por muchos
1 Ti. 6.14 que guardes el mandamiento sin . . ni *r*

REPROBADO, da
Hch. 4.11 Jesús es la piedra *r* por vosotros los
Ro. 1.28 Dios los entregó a una mente *r*, para
2 Co. 13.5 en vosotros, a menos que estéis *r*?
Tit. 1.16 rebeldes, *r* en cuanto a toda buena obra

REPROCHAR *v.* Reconvenir, Reprender
Job 13.10 él os *reprochará* de seguro, si . . hacéis
    27.6 no me *reprochará* mi corazón en todos
Mr. 16.14 les *reprochó* su incredulidad y dureza

REPUDIAR
Mt. 5.31 cualquiera que *repudie* a su mujer, dele
    19.3; Mr. 10.2 ¿es lícito . . *repudiar* a su mujer

REPUDIO *v.* Divorcio
Is. 50.1 ¿qué es de la carta de *r* de vuestra madre
Jer. 3.8 yo la había despedido y dado carta de *r*
Mal. 2.16 Jehová Dios de Israel . . aborrece el *r*

REPUTACIÓN *v.* Fama, Renombre
Gá. 2.2 expuse en privado a los que tenían cierta *r*
    2.6 los que tenían *r* . . los de *r* nada nuevo me
Col. 2.23 tienen . . cierta *r* de sabiduría en culto

REQUERIR *v.* Demandar, Pedir
Esd. 7.20 lo que se *requiere* para la casa de tu Dios
1 Co. 4.2 se *requiere* . . cada uno sea hallado fiel
Ef. 4.17 esto, pues, digo y *requiero* en el Señor

RESBALADERO
Sal. 121.3 no dará tu pie al *r* . . el que te guarda
Jer. 23.12 su camino será como a *r* en oscuridad

RESBALAR
2 S. 22.37; Sal. 18.36 y mis pies no han *resbalado*
Job 12.5 aquel cuyos pies van a *resbalar* es como
Sal. 15.5 al que hace estas cosas, no *resbalará*
    17.5 sustenta . . para que mis pies no *resbalen*
    37.31 ley . . por tanto, sus pies no *resbalarán*
    38.16 cuando mi pie *resbale*, no . . sobre mí
    73.2 a mí . . por poco *resbalaron* mis pasos
    94.18 cuando yo decía: Mi pie *resbala*, tu
    112.6 no *resbalará* jamás; en memoria eterna

RESCATAR *v.* Libertar, Redimir, Salvar
Ex. 15.16 haya pasado este pueblo que tú *rescataste*
    21.8 que se *rescate*, y no la podrá vender a
Lv. 25.25 vendrá y *rescatará* lo que su hermano
    25.48 podrá ser *rescatado*; uno . . lo *rescatará*
    27.13 y si lo quisiere *rescatar*, añadirá sobre
Dt. 7.8 os ha *rescatado* de servidumbre, de la mano
    24.18 que de allí te *rescató* Jehová tu Dios
    28.31 ovejas . . no tendrás quien te las *rescate*
2 S. 7.23 fue Dios para *rescatarlo* por pueblo suyo
Neh. 5.8 según nuestras posibilidades *rescatamos*
Sal. 35.17 *rescata* mi alma de sus destrucciones
    103.4 el que *rescata* del hoyo tu vida, el que
    136.24 y nos *rescató* de nuestros enemigos
Is. 52.3 por tanto, sin dinero seréis *rescatados*
1 P. 1.18 *rescatados* de vuestra vana manera de

RESCATE *v.* Precio, Redención
Ex. 21.30 dará por el *r* de su persona cuanto le
    30.12 cada . . dará a Jehová el *r* de su persona
Lv. 25.24 toda la tierra otorgaréis *r* a la tierra
    25.52 y devolverá su *r* conforme a sus años
Nm. 3.49 tomó, pues, Moisés el dinero del *r* de los
Sal. 49.7 redimir al hermano, ni dar a Dios su *r*
Pr. 6.35 no aceptará ningún *r*, ni querrá perdonar
    13.8 el *r* de la vida del . . está en sus riquezas

Pr. 21.18 *r* del justo es el impío, y por los rectos
Is. 43.3 a Egipto he dado por tu *r*, a Etiopía y a
Mt. 20.28; Mr. 10.45 dar su vida en *r* por muchos
1 Ti. 2.6 el cual se dio a sí mismo en *r* por todos
He. 11.35 no aceptando el *r*, a fin de . . mejor

RESERVADO, da *v.* Guardado
1 P. 1.4 herencia . . *r* en los cielos para vosotros
2 P. 3.7 están *r* . . para el fuego en el día del juicio

RESISTIR *v.* Oponer
Lv. 26.37 no podréis *resistir* delante de vuestros
Nm. 22.32 he salido para *resistirte*, porque tu
Jos. 23.9 hoy nadie ha podido *resistir* delante de
2 R. 10.4 he aquí, dos reyes no pudieron *resistirle*
    18.24 cómo, pues, podrás *resistir* a un capitán
Ec. 4.12 si prevaleciere contra . . dos le *resistirán*
Mt. 5.39 yo os digo: No *resistáis* al que es malo
Lc. 21.15 no podrán *resistir* ni contradecir todos
Hch. 6.10 pero no podían *resistir* a la sabiduría
    13.8 les *resistía* Elimas, el mago (pues así se
    23.9 si . . le ha hablado . . no *resistamos* a Dios
Ro. 13.2 a lo establecido por Dios *resiste*; y los
1 Co. 10.13 tentados más de lo que podéis *resistir*
Gá. 2.11 cuando Pedro vino . . le *resistí* cara a cara
Ef. 6.13 para que podáis *resistir* en el día malo
2 Ti. 3.8 Janes y Jambres *resistieron* a Moisés
He. 12.4 aún no habéis *resistido* hasta la sangre
Stg. 1.12 porque cuando haya *resistido* la prueba
    4.6; 1 P. 5.5 Dios *resiste* a los soberbios, y da
    4.7 *resistid* al diablo, y huirá de vosotros
1 P. 5.9 al cual *resistid* firmes en la fe, sabiendo

RESONAR
1 Cr. 16.32 *resuene* el mar, y su plenitud . . campo
Lm. 2.7 hicieron *resonar* su voz en la casa de
1 Co. 13.1 vengo a ser como metal que *resuena*

RESPETAR *v.* Venerar
Job 34.19 ni *respeta* más al rico que al pobre
Dn. 11.37 ni *respetará* a dios alguno, porque sobre
Ef. 5.33 ame a . . y la mujer *respete* a su marido

RESPETO *v.* Reverencia
1 S. 25.35 que he oído tu voz, y te he tenido *r*
Pr. 18.5 *r* a la persona del impío, para pervertir
Mt. 21.37; Mr. 12.6 diciendo: Tendrán *r* a mi hijo
Lc. 18.4 ni temo a Dios, ni tengo *r* a hombre
    20.13 quizás cuando le vean a él, le tendrán *r*

RESPIRAR
Job 32.20 hablaré, pues, y *respiraré*; abriré mis
Sal. 150.6 todo lo que *respira* alabe a JAH. Aleluya

RESPLANDECER *v.* Alumbrar
Ex. 34.29 que la piel de su rostro *resplandecía*
Job 22.28 y sobre tus caminos *resplandecerá* luz
    29.3 cuando hacía *resplandecer* sobre mi cabeza
Sal. 50.2 de Sion . . Dios ha *resplandecido*
    67.1 haga *resplandecer* su rostro sobre nosotros
    80.3, 7, 19; 119.135; Dn. 9.17 haz *resplandecer* tu rostro
    139.11 la noche *resplandecerá* alrededor de mí
Is. 9.2 de muerte, luz *resplandeció* sobre ellos
    60.1 *resplandece*; porque ha venido tu luz, y la
    60.5 verás, y *resplandecerás*; se maravillará
Dn. 12.3 *resplandecerán* como el . . del firmamento
Mt. 13.43 los justos *resplandecerán* como el sol en
    17.2 *resplandeció* su rostro como el sol, y sus
Jn. 1.5 la luz en las tinieblas *resplandece*, y las
2 Co. 4.4 no les *resplandezca* la luz del evangelio
Fil. 2.15 en medio de la cual *resplandecéis* como

RESPLANDECIENTE
Mr. 9.3; Lc. 9.29 sus vestidos se volvieron *r*, muy
Lc. 24.4 he aquí . . dos varones con vestiduras *r*
Ap. 22.1 me mostró un río limpio . . *r* como cristal

RESPLANDOR *v.* Gloria, Luz
2 S. 22.13; Sal. 18.12 por mi *r* de su presencia se
    23.4 el del sol en una mañana sin nubes
Is. 60.19 ni el *r* de la luna te alumbrará, sino que
    62.1 salga como *r* su justicia, y su salvación
    66.11 bebáis, y os deleitéis con el *r* de su gloria
Lc. 2.9 Señor, y la gloria del Señor los rodeó de *r*
Hch. 9.3 yendo . . le rodeó un *r* de luz del cielo

H

Hch. 26.13 una luz . . que sobrepasaba el *r* del sol
2 Ts. 2.8 su boca, y destruirá con el *r* de su venida
He. 1.3 siendo el *r* de su gloria, y la imagen

RESPONDER
Gn. 43.9 yo te *respondo* por él; a mí me pedirás
1 R. 18.24 el Dios que *respondiere* por . . del fuego
    18.37 *respóndeme*, Jehová, *r*, para que conozca
Job 19.16 llamé a mi siervo, y no *respondió*; de mi
    32.3 no hallaban qué *responder*, aunque habían
    38.1 entonces *respondió* Jehová a Job . . y dijo
    40.7 yo te preguntaré, y tú me *responderás*
Sal. 4.1 *respóndeme* cuando clamo, oh Dios de mi
    13.3 mira, *respóndeme*, oh Jehová Dios mío
    27.7 ten misericordia de mí, y *respóndeme*
    65.5 nos *responderás* tú en justicia, oh Dios
    86.7 día . . te llamaré, porque tú me *respondes*
    99.8 Jehová Dios nuestro, tú les *respondías*
    102.2 apresúrate a *responderme* el día que te
    138.3 el día que clamé, me *respondiste*; me
    143.7 *respóndeme* pronto, oh Jehová, porque
Pr. 1.28 llamarán, y no *responderé*; me buscarán
    18.13 al que responde palabra antes de oir, le
    26.4 nunca *respondas* al necio de acuerdo con
Cnt. 5.6 lo busqué . . lo llamé, y no me *respondió*
Is. 65.12 llamé, y no *respondisteis*; hablé, y no
    65.24 y antes que clamen, *responderé* yo
Jer. 23.35 ¿qué ha *respondido* Jehová, y qué habló
    33.3 clama a mí, y te *responderé*, y te
Ez. 20.3 vivo yo, que yo no os *responderé*, dice
    20.31 ¿y he de *responderos* . . no os *responderé*
Os. 2.21 yo *responderé* a . . ellos *responderán* a la
Mi. 6.3 ¿o en qué te he molestado? *Responde* contra
Mt. 15.23; Lc. 23.9 Jesús no le *respondió* palabra
    22.46 y nadie le podía *responder* palabra; ni
Lc. 12.11; 21.14 qué habréis de *responder*, o qué
2 Co. 5.12 tengáis con qué *responder* a los que se
Col. 4.6 para que sepáis cómo debéis *responder* a

RESPUESTA
Gn. 41.16 Dios será el que dé *r* propicia a Faraón
Job 11.2 ¿las muchas palabras no han de tener *r*?
    34.36 a causa de sus *r* semejantes a las de los
Pr. 15.1 la blanda *r* quita la ira; mas la palabra
    16.1 mas de Jehová es la *r* de la lengua
Ez. 7.26 y buscarán *r* del profeta, mas la ley se
Lc. 2.47 y todos . . se maravillaban de . . y de sus *r*
Jn. 1.22 para que demos *r* a los que no enviaron
    19.9 ¿de dónde eres tú? . . Jesús no le dio *r*

RESTABLECER *v.* Restaurar, Restituir
Jer. 33.7 volver . . los *restableceré* como al principio
Mr. 8.25 *restablecido*, y vio . . claramente a todos

RESTAURACIÓN
Hch. 3.21 que el cielo reciba hasta . . la *r* de todas
Ro. 11.12 de los gentiles, ¿cuánto más su plena *r*?

RESTAURADOR
Rt. 4.15 el cual será *r* de tu alma, y sustentará tu
Is. 58.12 serás llamado . . *r* de calzadas para habitar

RESTAURAR *v.* Devolver, Restablecer
1 R. 13.6 mí, para que mi mano me sea *restaurada*
2 Cr. 24.4 Joás decidió *restaurar* la casa de Jehová
Esd. 9.9 *restaurar* sus ruinas, y darnos protección
Neh. 3.32 la puerta . . *restauraron* los plateros y
Sal. 80.3, 7, 19; 85.4 oh Dios, *restáuranos*; haz
Ec. 3.15 ser, fue ya; y Dios *restaura* lo que pasó
Is. 1.26 y *restauraré* tus jueces como al principio
    49.8 por pacto . . para que *restaures* la tierra
    61.4 *restaurarán* las ciudades arruinadas, los
Dn. 9.25 de la orden para *restaurar* . . a Jerusalén
Mt. 12.13; Mr. 3.5; Lc. 6.10 la mano le fue
    restaurada
Hch. 1.6 ¿*restaurarás* el reino a Israel en este
Gá. 6.1 *restauradle* con espíritu de mansedumbre

RESTITUIR *v.* Devolver, Restaurar
Gn. 40.13 te *restituirá* a tu puesto, y darás la copa
Lv. 6.4 habiendo pecado . . *restituirá* aquello que
Job 9.12 ¿quién le hará *restituir*? ¿Quién le dirá
    20.18 *restituirá* el trabajo conforme a los bienes
Is. 1.17 *restituid* al agraviado, haced justicia al

Ez. 33.15 el impío *restituyere* la prenda . . vivirá
Jl. 2.25 os *restituiré* los años que comió la oruga

RESTO *v.* Remanente
Is. 1.9 si . . no nos hubiese dejado un *r* pequeño
Jer. 44.12 tomaré el *r* de Judá que volvieron sus
Mi. 5.3 el *r* . . se volverá con los hijos de Israel
Hch. 15.17 para que el *r* de los hombres busque al

RESUCITAR *v.* Levantar
Neh. 4.2 ¿resucitarán de los montones del polvo
Is. 26.19 muertos vivirán . . cadáveres *resucitarán*
Os. 6.2 el tercer día nos *resucitará*, y viviremos
Mt. 10.8 *resucitad* muertos, echad . . demonios fuera
    11.5; Lc. 7.22 los muertos son *resucitados*, y
    14.2; Mr. 6.14; Lc. 9.7 Juan el Bautista ha
    resucitado de los muertos
    16.21; 17.23; 20.19; 27.63; Mr. 8.31; 9.31;
    10.34; Lc. 9.22; 18.33; 24.7 ser muerto, y
    resucitar al tercer día
    17.9; Mr. 9.9 que . . *resucite* de los muertos
    26.32; Mr. 14.28 después que haya *resucitado*
    27.64 digan . . *Resucitó* de entre los muertos
    28.6; Mr. 16.6; Lc. 24.6 no está aquí, pues ha
    resucitado
Mr. 9.10 sería aquello de *resucitar* de los muertos
Lc. 24.34 que decían: Ha *resucitado* el Señor
    24.46 *resucitase* de los muertos al tercer día
Jn. 6.40 vida . . y yo le *resucitaré* en el día postrero
    11.23 Jesús le dijo: Tu hermano *resucitará*
    20.9 que era necesario que él *resucitase* de
Hch. 2.32 a este Jesús *resucitó* Dios, de lo cual
    3.15; 4.10 a quien Dios ha *resucitado* de los
    17.3 *resucitase* de los muertos; y que Jesús
    26.8 increíble . . Dios *resucite* a los muertos?
Ro. 4.25 fue . . *resucitado* para nuestra justificación
    14.9 Cristo para esto murió y *resucitó*, y
1 Co. 15.4 y que *resucitó* al tercer día, conforme a
    15.13 si no hay . . tampoco Cristo *resucitó*
    15.15 hemos testificado de Dios que él *resucitó*
    15.16 si los muertos no *resucitan*, tampoco
    15.20 Cristo ha *resucitado* de los muertos
    15.35 ¿cómo *resucitarán* los muertos? ¿Con
    15.42 siembra en . . *resucitará* en incorrupción
Ef. 1.20 en Cristo, *resucitándole* de los muertos, y
    2.6 con él nos *resucitó*, y . . nos hizo sentar
Col. 2.12 en el cual fuisteis también *resucitados*
    3.1 si, pues, habéis *resucitado* con Cristo
1 Ts. 4.16 muertos en Cristo *resucitarán* primero
2 Ti. 2.8 *resucitado* de los muertos conforme
He. 13.20 el Dios de paz que *resucitó* de los

RESURRECCIÓN
Mt. 22.23; Mr. 12.18; Lc. 20.27 los saduceos, que
    dicen que no hay *r*
    22.30 porque en la *r* ni se casarán ni se darán
    27.53 después de la *r* de él, vinieron a la
Lc. 14.14 pero te será recompensado en la *r* de
Jn. 5.29 saldrán a *r* de vida . . a *r* de condenación
    11.25 dijo Jesús: Yo soy la *r* y la vida; el que
Hch. 1.22 sea hecho testigo con nosotros, de su *r*
    2.31 habló de la *r* de Cristo, que su alma no
    4.2 anunciasen en Jesús la *r* de entre los
    4.33 daban testimonio de la *r* del Señor Jesús
    17.32 cuando oyeron lo de la *r* de los muertos
    23.6; 24.21 de la *r* de los muertos se me juzga
    24.15 que ha de haber *r* de los muertos, así de
    24.21 sea el primero de la *r* de los muertos
Ro. 1.4 con poder . . por la *r* de entre los muertos
    6.5 así también lo seremos en la de su *r*
1 Co. 15.12 ¿cómo dicen . . no hay *r* de muertos?
    15.21 por un hombre la *r* de los muertos
    15.42 así también es la *r* de los muertos
Fil. 3.10 fin de conocerle, y el poder de su *r* y la
    3.11 si . . llegase a la *r* de entre los muertos
2 Ti. 2.18 verdad, diciendo que la *r* ya se efectuó
He. 6.2 de la *r* de los muertos y del juicio eterno
    11.35 recibieron sus muertos mediante *r*
1 P. 1.3 por la *r* de Jesucristo de los muertos
    3.21 ahora nos salva . . por la *r* de Jesucristo
Ap. 20.5 cumplieron mil años. Esta es la primera *r*

RETENER *v.* Contener, Guardar
Job 2.3 todavía *retiene* su integridad, aun cuando
　2.9 ¿aún *retienes* tu integridad? Maldice a
Sal. 40.11 no *retengas* de mí tus misericordias
Pr. 4.13 *retén* el consejo, no lo dejes; guárdalo
　11.24 hay quienes *retienen* más de lo que es
Ec. 8.8 tenga potestad . . para *retener* el espíritu
Jer. 26.2 mandé hablarles; no *retengas* palabra
Jn. 20.23 se los *retuviereis*, les son *retenidos*
1 Ts. 5.21 examinadlo todo; *retened* lo bueno
2 Ti. 1.13 *retén* la forma de las sanas palabras
Flm. 13 yo quisiera *retenerle* conmigo, para que
He. 3.14 *retengamos* firme hasta el fin nuestra
　4.14 teniendo . . *retengamos* nuestra profesión
Ap. 2.25 pero lo que tenéis, *retenedlo* hasta que
　3.11 vengo pronto; *retén* lo que tienes, para

RETIÑIR
1 S. 3.11; Jer. 19.3 oyere, le *retiñirán* ambos oídos
1 Co. 13.1 vengo a ser como . . címbalo que *retiñe*

RETIRARSE
Gn. 8.3 y se *retiraron* las aguas al cabo de 150 días
Mr. 3.7 Jesús se *retiró* al mar con sus discípulos

RETOÑAR *v.* Brotar, Reverdecer
Job 14.7 *retoñará* . . y sus renuevos no faltarán
Sal. 132.17 allí haré *retoñar* el poder de David
Ez. 29.21 *retoñar* el poder de la casa de Israel

RETRAER
Sal. 74.11 ¿por qué *retraes* tu mano? ¿Por qué
Is. 58.13 si *retrajeres* del día de reposo tu pie
Gá. 2.12 pero después . . se *retraía* y se apartaba

RETRIBUCIÓN *v.* Paga, Recompensa, Venganza
Dt. 32.35 mía es la venganza y la *r*; a su tiempo
Is. 34.8 es día de . . año de *r* en el pleito de Sion
　35.4 que vuestro Dios viene con *r*, con pago
　47.3 haré *r*, y no se librará hombre alguno
Jer. 51.56 porque Jehová, Dios de *r*, dará la paga
Os. 9.7 vinieron los días de la *r*; e Israel lo
Lc. 21.22 porque estos son días de *r*, para que se
Ro. 1.27 recibiendo en sí mismos la *r* debida a su
　11.9 sea vuelto su . . en tropezadero y en *r*
2 Ts. 1.8 dar *r* a los que no conocieron a Dios
He. 2.2 toda transgresión y . . recibió justa *r*

RETRIBUIR *v.* Pagar, Recompensar, Vengar
Job 34.33 te *retribuirá*, ora rehúses, ora aceptes
Is. 59.18 para *retribuir* con ira a sus enemigos

RETROCEDER
Jue. 20.39 de Israel *retrocedieron* en la batalla
He. 10.38 si *retrocediere*, no agradará a mi alma

REUNIÓN *v.* Asamblea, Congregación
Cnt. 6.13 algo como la *r* de dos campamentos
2 Ts. 2.1 respecto a la venida . . y nuestra *r* con él

REUNIR *v.* Congregar, Juntar
Nm. 1.18 *reunieron* a toda la congregación en el
Jos. 2.18 *reunirás* en . . a tu padre y a tu madre
　24.1 *reunió* Josué a todas las tribus de Israel
1 R. 8.1; 2 Cr. 5.2 Salomón *reunió* . . ancianos
Neh. 4.20 donde oyereis . . trompeta, *reuníos* allí
　6.2 *reunámonos* en alguna de las aldeas en el
　9.1 el día 24 . . se *reunieron* los hijos de Israel
Is. 8.9 *reuníos*, pueblos, y seréis quebrantados
　45.20 *reuníos* y venid; juntaos todos los
　56.8 el que *reúne* a los dispersos de Israel
Jer. 4 5 *reuníos* . . en las ciudades fortificadas
　21.4 yo los *reuniré* en medio de esta ciudad
　29.14 y os *reuniré* de todas las naciones y de
　31.8 los *reuniré* de los fines de la tierra
　31.10 el que esparció a Israel lo *reunirá* y
　32.37 yo los *reuniré* de todas las tierras a las
Am. 3.9 *reuníos* sobre los montes de Samaria
Mt. 26.3 y los ancianos . . *reunieron* en el patio
Lc. 9.1 habiendo *reunido* a sus doce discípulos
　15.6 *reúne* a sus amigos . . Gozaos conmigo
Jn. 20.19 donde los discípulos estaban *reunidos*
Hch. 4.26 se *reunieron* los reyes de la tierra
Ef. 1.10 de *reunir* todas las cosas en Cristo, en

REVELACIÓN *v.* Manifestación, Venida
1 R. 14.6 he aquí yo soy enviado a ti con *r* dura
Lc. 2.32 luz para *r* a las gentiles, y gloria de tu
Ro. 16.25 según la *r* del misterio que . . oculto
1 Co. 14.6 no os hablare con *r*, o con ciencia
2 Co. 12.1 vendré a las . . y a las *r* del Señor
　12.7 y para que la grandeza de las *r* no me
Gá. 1.12 ni lo recibí . . sino por *r* de Jesucristo
　2.2 pero subí según una *r*, y para no correr
Ef. 1.17 Padre de gloria, os dé espíritu . . de *r*
　3.3 que por *r* me fue declarado el misterio
1 P. 4.13 en la *r* de su gloria os gocéis con gran
Ap. 1.1 la *r* de Jesucristo, que Dios le dio, para

REVELAR *v.* Manifestar, Mostrar
1 S. 9.15 Jehová había *revelado* al oído de Samuel
Is. 22.14 esto fue *revelado* a mis oídos de parte
Dn. 2.28, 47 Dios . . el cual *revela* los misterios
Am. 3.7 sin que *revele* su secreto a sus siervos
Mt. 11.27; Lc. 10.22 a quien . . lo quiera *revelar*
Lc. 2.35 que sean *revelados* los pensamientos de
　10.21 las has *revelado* a los niños. Sí, Padre
Jn. 12.38 ¿y a quién se ha *revelado* el brazo del
Ro. 1.17 justicia de Dios se *revela* por fe y para
1 Co. 2.10 Dios nos las *revelo* . . por el Espíritu
Gá. 1.16 *revelar* a su Hijo en mí, para que yo le
　3.23 para aquella fe que iba a ser *revelada*
Ef. 3.5 ahora es *revelado* a sus santos apóstoles
1 P. 1.12 se les *revelo* que no para sí mismos
　5.1 participante de la gloria que . . *revelada*

REVERDECER *v.* Brotar, Retoñar
Nm. 17.8 la vara de Aarón . . había *reverdecido*
Pr. 11.28 los justos *reverdecerán* como ramas
Jl. 2.22 los pastos del desierto *reverdecerán*

REVERENCIA *v.* Respeto
Lv. 19.30 mi santuario tendréis en *r*. Yo Jehová
1 S. 24.8 David inclinó su rostro a . . e hizo *r*
Mr. 15.19 le escupían . . de rodillas le hacían *r*
He. 12.28 a Dios agradándole con temor y *r*
1 P. 3.15 presentar defensa con . . *r* ante todo el

REVESTIR *v.* Vestir
2 Co. 5.2 *revestidos* de aquella nuestra habitación
Gá. 3.27 en Cristo, de Cristo estáis *revestidos*
Col. 3.10 *revestido* del nuevo, el cual conforme a

REVIVIR
Gn. 45.27 viendo Jacob los . . su espíritu *revivió*
1 R. 17.22 el alma del niño volvió a él, y *revivió*
Ro. 7.9 venido el . . el pecado *revivió* y yo morí

REVOCAR *v.* Anular, Invalidar
Nm. 23.20 él bendición, y no podré *revocarla*
Est. 8.5 orden escrita para *revocar* las cartas que

REVOLCAR
2 S. 20.12 y Amasa yacía *revolcándose* en su
Jer. 6.26 de cilicio, y *revuélcate* en ceniza; ponte
Ez. 27.30 echarán polvo . . *revolcarán* en ceniza
Mr. 9.20 cayendo en tierra se *revolcaba*, echando
2 P. 2.22 puerca lavada a *revolcarse* en el cieno

REY *v.* Autoridad, Gobernador, Príncipe, Señor
Gn. 17.6 haré naciones de ti, y *r* saldrán de ti
Ex. 1.8 se levantó sobre Egipto un nuevo *r* que
Nm. 23.21 Dios está con él, y júbilo de *r* en él
Dt. 17.15 por *r* . . al que Jehová . . escogiere
　33.5 y fue *r* en Jesurún . . con las tribus de
Jos. 10.16 los cinco *r* huyeron, y se escondieron
Jue. 9.8 fueron una vez los árboles a elegir *r*
　17.6; 21.25 en aquellos días no había *r* en
1 S. 2.10 dará poder a su *R*, y exaltará el poderío
　8.5 constitúyenos ahora un *r* que nos juzgue
　8.11 así hará el *r* que reinará sobre vosotros
　10.24 el pueblo clamó . . diciendo: ¡Viva el *r*!
　12.12 sino ha de reinar sobre nosotros un *r*
　12.12 Jehová vuestro Dios era vuestro *r*
　21.8 por cuanto la orden del *r* era apremiante
2 S. 5.3; 1 Cr. 11.3 ungieron a David por *r*
2 R. 9.13 tocaron corneta, y dijeron: Jehú es *r*
　11.12 y batiendo las . . dijeron: ¡Viva el *r*!
2 Cr. 23.11 al hijo del *r* . . y lo proclamaron *r*
Job 41.34 cosa alta; es *r* sobre todos los soberbios
Sal. 2.2 se levantarán los *r* de la tierra . . unidos

Sal. 2.6 he puesto mi *r* sobre Sion, mi santo monte
5.2 está atento a la voz . . *R* mío y Dios mío
10.16 Jehová es *R* eternamente y para siempre
20.9 el *R* nos oiga en el día que lo invoquemos
24.7, 9 oh puertas . . y entrará el *R* de gloria
29.10 se sienta Jehová como *r* para siempre
33.16 el *r* no se salva por la multitud de
44.4 oh Dios, eres mi *R*; manda salvación a
45.1 rebosa mi corazón . . dirijo al *r* mi canto
47.7 porque Dios es el *R* de toda la tierra
72.1 oh Dios, da tus juicios al *r*, y tu justicia
74.12 pero Dios es mi *r* desde tiempo antiguo
89.18 Jehová es nuestro escudo, y nuestro *r*
102.15 temerán . . los *r* de la tierra tu gloria
138.4 te alabarán . . todos los *r* de la tierra
144.10 tú, el que da victoria a los *r*, el que
Pr. 20.26 el *r* sabio avienta a los impíos, y sobre
24.21 teme a Jehová, hijo mío, y al *r*; no te
29.14 *r* que juzga con verdad a los pobres
30.31 cabrío; y el *r*, a quien nadie resiste
31.4 no es de los *r* . . no es de los *r* beber vino
Ec. 8.4 pues la palabra del *r* es con potestad
10.16 ¡ay de ti . . cuando tu *r* es muchacho, y
10.20 ni aun en tu . . digas mal del *r*, ni en lo
Cnt. 1.4 el *r* me ha metido en sus cámaras; nos
Is. 6.5 porque han visto mis ojos al *R*, Jehová de
32.1 he aquí que para justicia reinará un *r*
33.17 tus ojos verán al *R* en su hermosura
33.22 Jehová es nuestro *R*; él . . nos salvará
43.15 Jehová . . Creador de Israel, vuestro *R*
49.23 *r* serán tus ayos, y sus reinas tus
62.2 entonces verán . . todos los *r* tu gloria
Jer. 10.7 no te temerá, oh *R* de las naciones?
10.10 él es Dios vivo y *R* eterno; a su ira
23.5 David renuevo justo, y reinará como *R*
30.9 servirán a Jehová su . . y a David su *r*
Dn. 2.37 tú, oh *r*, eres *r* de *r*; porque el Dios del
7.17 estas cuatro . . bestias son cuatro *r* que
7.24 los diez cuernos significan que . . diez *r*
11.2 aún habrá tres *r* en Persia, y el cuarto
Os. 3.4 muchos días estarán los hijos de . . sin *r*
13.10 ¿dónde está tu *r*, para que te guarde
Mi. 2.13 su *r* pasará delante de ellos, y a la cabeza
Zac. 9.9 he aquí tu *r* vendrá a ti, justo y salvador
14.9 Jehová será *r* sobre toda la tierra. En
14.16 subirán de año en año para adorar al *R*
Mal. 1.14 porque yo soy Gran *R*, dice Jehová
Mt. 2.2 ¿dónde está el *r* de los judíos . . nacido?
5.35 ni por Jerusalén . . la ciudad del gran *R*
10.18; Mr. 13.9; Lc. 21.12 aun ante . . y seréis
llevados
17.25 los *r* de la tierra, ¿de quiénes cobran
18.23; 22.2 el reino de . . es semejante a un *r*
21.5 he aquí, tu *R* viene a ti, manso, y sentado
25.34 el *R* dirá a los de su derecha: Venid
27.11; Mr. 15.2; Lc. 23.3; Jn. 18.33 ¿eres tú el
R de los judíos?
27.29; Jn. 19.3 ¡salve, *R* de los judíos!
27.37; Mr. 15.26; Lc. 23.38; Jn. 19.19 éste es
Jesús, el *r* de los judíos
Lc. 14.31 ¿o qué *r*, al marchar a . . contra otro
19.38 ¡bendito el *r* que viene en el nombre
Jn. 1.49 el Hijo de Dios; tú eres el *R* de Israel
6.15 venir para apoderarse de él y hacerle *r*
12.13 ¡bendito el que viene . . el *R* de Israel!
12.15 he aquí tu *R* viene, montado sobre un
19.14 entonces dijo a . . ¡He aquí vuestro *R*!
Hch. 4.26 se reunieron los *r* de la tierra, y los
7.18 que se levantó en Egipto otro *r*, que no
17.7 de César, diciendo que hay otro *r*, Jesús
1 Ti. 1.17 al *R* de los siglos, inmortal, invisible
6.15; Ap. 17.14; 19.16 *R* de *r*, y Señor de
Ap. 1.6 y nos hizo *r* y sacerdotes para Dios, su
15.3 justos . . tus caminos, *R* de los santos
16.12 preparado el camino a los *r* del oriente
17.12 diez cuernos que has visto son diez *r*

REZÍN   2 R. 16.5-9; Is. 7.1-8.

RICO *v.* Enriquecer, Poderoso
Ex. 30.15 ni el *r* aumentará, ni el pobre disminuirá

Job 27.19 *r* se acuesta, pero por última vez
34.19 no . . ni respeta más al *r* que al pobre
Pr. 14.20 pero muchos son los que aman al *r*
22.2 el *r* y el pobre se encuentran; a ambos
23.4 no te afanes por hacerte *r*; sé prudente
28.11 el hombre *r* es sabio en su propia
Ec. 5.12 al *r* no le deja dormir la abundancia
10.20 ni en lo secreto de . . digas mal del *r*
Mi. 6.12 sus *r* se colmaron de rapiña, y sus
Mt. 19.23 difícilmente entrará un *r* en el reino
Mr. 12.41; Lc. 21.1 miraba . . muchos *r* echaban
Lc. 1.53 colmó de bienes, y a los *r* envió vacíos
6.24 ¡ay de vosotros, *r*! porque ya tenéis
12.16 la heredad de un hombre *r* había
12.21 para sí tesoro, y no es *r* para con Dios
16.19 había un hombre *r*, que se vestía de
18.23 se puso muy triste, porque era muy *r*
Ro. 10.12 es *r* para con todos los que le invocan
1 Co. 4.8 ya estáis saciados, ya estáis *r*, sin
2 Co. 8.9 por amor a . . se hizo pobre, siendo *r*
Ef. 2.4 pero Dios, que es *r* en misericordia
1 Ti. 6.17 a los *r* de . . manda que no sean altivos
6.18 hagan bien, que sean *r* en buenas obras
Stg. 1.10 el que es *r*, en su humillación; porque
1.11 también se marchitará el *r* en todas sus
2.5 a los pobres de . . para que sean *r* en fe
5.1 ¡vamos ahora, *r*! Llorad y aullad por
Ap. 2.9 conozco . . tu pobreza (pero tú eres *r*)
3.17 dices: Yo soy *r*, y me he enriquecido

RIENDA
Pr. 25.28 es el hombre cuyo espíritu no tiene *r*
29.11 el necio da *r* suelta a toda su ira, mas

RINCÓN
Pr. 25.24 mejor es estar en un *r* del terrado, que
Am. 3.12 escaparán los . . que moran . . en el *r* de
Hch. 26.26 pues no se ha hecho esto en algún *r*

RÍO *v.* Arroyo, Torrente
Gn. 2.10 salía de Edén un *r* para regar el huerto
Ex. 7.18 hederá el *r*, y los egipcios tendrán asco
Jos. 24.2 padres habitaron al otro lado del *r*
Job 28.11 detuvo los *r* en su nacimiento, e hizo
40.23 he aquí, sale de madre el *r*, pero él no
Sal. 46.4 del *r* sus corrientes alegran la ciudad de
65.9 el *r* de Dios, lleno de aguas, preparas
66.6 por el *r* pasaron a pie; allí en él nos
93.3 los *r* alzaron su sonido; alzaron los *r*
107.33 él convierte los *r* en desierto, y los
119.136 *r* de agua descendieron de mis ojos
Is. 19.5 del mar faltarán, y el *r* se agotará y secará
41.18 en las alturas abriré *r*, y fuentes en
43.2 cuando pases . . por los *r*, no te anegarán
44.3 yo derramaré . . *r* sobre la tierra árida
48.18 fuera entonces tu paz como un *r*, y tu
66.12 yo extiendo sobre ella paz como un *r*
Dn. 7.10 un *r* de fuego . . salía de delante de él
10.4 estaba yo a la orilla del gran *r* Hidekel
Mt. 7.25 y vinieron *r*, y soplaron vientos . . casa
Lc. 6.48 el *r* dio con ímpetu contra aquella casa
Hch. 16.13 fuera de la puerta, junto al *r*
Ap. 12.15 la serpiente arrojó . . agua como un *r*
16.4 tercer ángel derramó su copa sobre los *r*
22.1 después me mostró un *r* limpio de agua

RIQUEZA *v.* Bien, Dinero, Hacienda, Heredad,
Posesión
Dt. 8.17 mi poder y la . . me han traído esta *r*
1 R. 3.11; 2 Cr. 1.11 ni pediste para ti *r*, ni
10.23 excedía el rey . . en *r* y en sabiduría
1 Cr. 29.12 las *r* y la gloria proceden de ti, y tú
2 Cr. 32.27 tuvo Ezequías *r* y gloria, muchas en
Job 20.15 devoró *r*, pero las vomitará; de su
31.25 si me alegré . . mis *r* se multiplicasen
36.19 ¿hará él estima de tus *r*, del oro, o de
Sal. 39.6 se afana; amontona *r*, y no sabe quién
49.6 de la muchedumbre de sus *r* se jactan
52.7 sino que confió en la multitud de sus *r*
62.10 si se aumentan las *r*, no pongáis el
73.12 he aquí, estos impíos . . alcanzaron *r*
Pr. 8.18 *r* y la honra están conmigo; *r* duraderas

Pr. 10.15; 18.11 *r* del rico son su ciudad fuerte
11.4 no aprovecharán las *r* en el día de la ira
11.16 tendrá honra, y los fuertes tendrán *r*
11.28 el que confía en sus *r* caerá; mas los
13.7 pretenden ser pobres, y tienen mucha*s r*
13.11 las *r* de vanidad disminuirán; pero el
13.22 la *r* del pecador está guardada para el
14.24 las *r* de los sabios son su corona; pero
19.4 las *r* traen muchos amigos; mas el pobre
22.1 de más estima es el . . *que* las muchas *r*
23.5 ¿has de poner tus ojos en las *r*, siendo
27.24 porque las *r* no duran para siempre
30.8 no me des pobreza ni *r*; manténme del
Ec. 5.13 *r* guardadas por sus dueños para su mal
5.19 todo hombre a quien Dios da *r* y bienes
9.11 ni de los prudentes las *r*, ni de los
Is. 60.5 las *r* de las naciones hayan venido a ti
Jer. 15.13 tus *r* y tus tesoros entregaré a la rapiña
17.11 es el que injustamente amontona *r*; en
Ez. 28.5 a causa de tus *r* se ha enaltecido tu
Mt. 6.24 no podéis servir a Dios y a las *r*
13.22; Mr. 4.19 el engaño de las *r* ahogan la
Mr. 10.23; Lc. 18.24 difícilmente entrarán en el
reino . . los que tienen *r*
Lc. 16.9 ganad amigos por medio de las *r* injustas
Hch. 19.25 que de este oficio obtenemos nuestra *r*
Ro. 2.4 ¿o menosprecias las *r* de su benignidad
9.23 para hacer notorias las *r* de su gloria
11.12 si su transgresión es la *r* del mundo
11.33 ¡oh profundidad de las *r* de . . de Dios!
Ef. 1.18 y cuáles las *r* de la gloria de su herencia
2.7 mostrar . . las abundantes *r* de su gracia
3.8 anunciar . . evangelio de . . *r* de Cristo
3.16 que os dé, conforme a las *r* de su gloria
Fil. 4.19 suplirá todo lo que . . conforme a sus *r*
Col. 1.27 Dios quiso dar a conocer las *r* de la gloria
2.2 alcanzar todas las *r* de . . entendimiento
1 Ti. 6.17 ni pongan la esperanza en las *r*, las
He. 11.26 teniendo por mayores *r* el vituperio de
Stg. 5.2 vuestras *r* están podridas, y . . ropas
Ap. 5.12 Cordero . . digno de tomar el poder, las *r*
18.17 en una hora han sido consumidas tantas *r*

RISA *v.* Alegría, Regocijo
Job 8.21 aún llenará tu boca de *r*, y tus labios de
Sal. 126.2 entonces nuestra boca se llenará de *r*
Pr. 14.13 aun en la *r* tendrá dolor el corazón
Ec. 2.2 a la *r* dije: Enloqueces; y al placer: ¿De
7.3 mejor es el pesar que la *r*; porque con la
7.6 la *r* del necio es como el estrépito de los
Stg. 4.9 vuestra *r* se convierta en lloro, y vuestro

RITO *v.* Ordenanza
Ex. 12.26 dijeren vuestros hijos: ¿Qué es este *r*
Nm. 9.3 conforme a todos sus *r* . . la celebraréis
9.14 mismo *r* tendréis, tanto el extranjero como

ROBAR *v.* Hurtar
Gn. 44.4 ¿por qué habéis *robado* mi copa de
Ex. 21.16 que *robare* una persona y la vendiere
Lv. 19.13 no oprimirás a tu prójimo . . *robarás*
2 S. 15.6 así *robaba* Absalón el corazón de los de
Job 27.8 impío, por más que hubiere *robado*?
Pr. 19.26; 28.24 que *roba* a su padre y ahuyenta
22.2 no *robes* al pobre, porque es pobre, ni
24.2 su corazón piensa en *robar*, y iniquidad
Mal. 3.8 ¿*robará* . . a Dios? . . me habéis *robado*

ROBO *v.* Hurto
Pr. 4.17 comen pan de maldad, y beben vino de *r*
Mt. 23.25 pero por dentro estáis llenos de *r* y de

ROBOAM 1 R. 11.43—12.24; 14.21—31; 2 Cr.
9.31—12.16.

ROBUSTO, ta *v.* Fuerte
Ex. 1.19 son *r*, y dan a luz antes que la partera
Is. 10.16 Jehová . . enviará debilidad sobre sus *r*
Ez. 17.8 fue plantada . . para que fuese vid *r*
Dn. 1.15 pareció el rostro de ellos . . más *r* que

ROCA *v.* Peña
Dt. 32.4 él es la *R*, cuya obra es perfecta, porque
32.15 y menospreció la *R* de su salvación

Dt. 32.18 de la *R* que te creó te olvidaste; te has
32.31 la *r* de ellos no es como nuestra *R*
2 S. 22.2 Jehová es mi *r* y mi fortaleza, y mi
22.32; Sal. 18.31 ¿y qué *r* . . fuera de . . Dios?
22.47 viva Jehová, y bendita sea mi *r*, y
Sal. 18.2 *r* mía y castillo mío, y mi libertador
19.14 de ti, oh Jehová, *r* mía, y redentor mío
27.5 morada; sobre una *r* me pondrá en alto
28.1 Jehová, *R* mía, no te desentiendas de mí
31.2 mi *r* fuerte, y fortaleza para salvarme
61.2 llévame a la *r* que es más alta que yo
62.2, 6 él solamente es mi *r* y mi salvación
71.3 sé para mí una *r* de refugio, adonde
73.26 mas la *r* de mi corazón y mi . . es Dios
89.26 eres tú, mi Dios, y la *r* de mi salvación
Is. 33.16 fortaleza de *r* será su lugar de refugio
Mt. 7.24; Lc. 6.48 edificó su casa sobre la *r*
16.18 sobre esta *r* edificaré mi iglesia; y las
27.51 y la tierra tembló, y las *r* se partieron
1 Co. 10.4 bebían de la *r* . . y la *r* era Cristo
1 P. 2.8 piedra de tropiezo y *r* que hace caer

ROCIAR
Is. 45.8 *rociad*, cielos, de arriba, y las nubes
He. 9.19 y *roció* el mismo libro y también a todo
1 P. 1.2 obedecer y ser *rociados* con la sangre de

ROCÍO
Gn. 27.28 Dios, pues, te dé del *r* del cielo, y de
Ex. 16.13 la mañana descendió *r* en derredor
Nm. 11.9 descendía el *r* . . el maná descendía
Dt. 32.2 destilará como el *r* mi razonamiento
33.28 vino; también sus cielos destilarán *r*
Jue. 6.37 si el *r* estuviere en el vellón solamente
2 S. 17.12 como cuando el *r* cae sobre la tierra
Job 38.28 ¿o quién engendró las gotas del *r*?
Sal. 110.3 desde el . . tienes tú el *r* de tu juventud
133.3 como el *r* de Hermón, que desciende
Pr. 3.20 con su ciencia . . destilan *r* los cielos
Os. 14.5 yo seré a Israel como *r*; él florecerá
Mi. 5.7 remanente . . será . . como el *r* de Jehová

RODAR
Jue. 7.13 veía un pan de cebada que *rodaba* hasta
Is. 22.18 te echará a *rodar* con ímpetu, como a
Mt. 27.60; Mr. 15.46 *rodar* una piedra a la entrada

RODE Hch. 12.13.

RODEAR
Ex. 13.18 que el pueblo *rodease* por el camino del
Dt. 2.3 bastante habéis *rodeado* este monte
2 Cr. 23.7 los levitas *rodearán* al rey por todas
Sal. 18.5 ligaduras del Seol me *rodearon*, me
22.16 porque perros me han *rodeado*; me ha
55.10 día y noche la *rodean* sobre sus muros
116.3 me *rodearon* ligaduras de muerte, me
118.11 me *rodearon* y me asediaron; mas en
119.61 compañías de impíos me han *rodeado*
139.5 detrás y delante me *rodeaste*, y sobre
Jer. 31.22 cosa nueva . . la mujer *rodeará* al varón
Hch. 9.3 le *rodeó* un resplandor de luz del cielo

RODILLA *v.* Arrodillar, Doblar
Jue. 7.5 a cualquiera que se doblare sobre sus *r*
1 R. 19.18 mil cuyas *r* no se doblaron ante Baal
Esd. 9.5 me postré de *r*, y extendí mis manos a
Job 4.4 al que . . y esforzabas las *r* que decaían
Is. 45.23 a mí se doblará toda *r*, y jurará toda
Ez. 7.17 mano . . y toda *r* será débil como el agua
Mt. 27.29 hincando la *r* delante de él . . ¡Salve
Lc. 5.8 se apartó de ellos . . y puesto de *r* con
Hch. 7.60 puesto de *r*, clamó a gran voz: Señor
9.40 sacando a todos . . se puso de *r*, y oró
21.5 y puestos de *r* en la playa, oramos
Ro. 11.4 que no han doblado la *r* delante de Baal
14.11 que ante mí se doblará toda *r*, y toda
Ef. 3.14 por esta causa doblo mis *r* ante el Padre
Fil. 2.10 se doble toda *r* de los que están en los
He. 12.12 levantad las manos . . las *r* paralizadas

ROGAR *v.* Interceder, Orar, Pedir, Suplicar
Gn. 42.21 vimos tu angustia . . cuando nos *rogaba*
1 S. 2.25 mas si . . pecare . . ¿quién *rogará* por él?

1 S. 12.19 *ruega* por tus siervos a Jehová tu Dios
12.23 peque . . cesando de *rogar* por vosotros
2 Cr. 6.24 si . . *rogare* delante de ti en esta casa
Job 8.5 buscares a . . y rogares al Todopoderoso
9.15 no . . antes habría de *rogar* a mi juez
Sal. 118.25 sálvanos ahora, te *ruego*; te *r*, oh
Is. 45.20 los que *ruegan* a un dios que no salva
Jer. 14.11 me dijo . . No *ruegues* por este pueblo
15.11 si no te he *rogado* por su bien, si no
29.7 rogad por ella a Jehová; porque en su
37.3; 42.2 *ruega* ahora por nosotros a Jehová
Mt. 8.31 demonios le *rogaron* diciendo: Si nos
9.38; Lc. 10.2 *rogad* . . al Señor de la mies
Mr. 1.40 vino a él un leproso, *rogándole* . . dijo
5.10 le *rogaba* . . que no los enviase fu-ra de
5.23 le *rogaba* mucho, diciendo: Mi hija está
7.26 le *rogaba* que echase fuera de su hija al
7.32 y le *rogaron* que le pusiera la mano
Lc. 7.3 *rogándole* que viniese y sanase a su
8.32 rogaron que los dejase entrar en ellos
8.38 hombre . . le *rogaba* que le dejase estar
9.38 te *ruego* que veas a mi hijo, pues es el
15.28 salió . . padre, y le *rogaba* que entrase
22.32 yo he *rogado* por ti, que tu fe no falte
Jn. 4.40 vinieron . . le *rogaron* que se quedase
14.16 yo *rogaré* al Padre, y os dará otro
16.26 no os digo que yo *rogaré* al Padre
17.9 *ruego* por ellos; no *r* por el mundo, sino
17.20 mas no *ruego* solamente por éstos, sino
19.31 *rogaron* . . se les quebrasen las piernas
19.38 José . . *rogó* a Pilato que le permitiese
Hch. 8.24 *rogad* vosotros por mí al Señor, para
16.9 macedonio estaba en pie, *rogándole* y
Ro. 12.1 os *ruego* por las misericordias de Dios
2 Co. 5.20 como si Dios *rogase* . . os *rogamos* en
10.1 yo Pablo os *ruego* por la mansedumbre
12.8 tres veces le *rogado* al Señor, que lo
Gá. 4.12 *ruego*, hermanos, que os hagáis como yo
Ef. 4.1 os *ruego* que andéis como es digno de la
Fil. 4.2 *ruego* a Evodia . . que sean de un mismo
Col. 4.12 os saluda Epafras . . siempre *rogando*
Flm. 9 más bien te *ruego* por amor, siendo como
He. 12.19 *rogaron* que no se les hablase más
13.19 os *ruego* que lo hagáis así, para que
1 P. 2.11 amados, yo os *ruego* como a extranjeros
5.1 *ruego* a los ancianos que están entre

ROJO *v.* Escarlata, Grana, Púrpura
2 R. 3.22 vieron los de Moab . . las aguas *r* como
Is. 1.18 fueren *r* como el carmesí, vendrán a ser
63.1 ¿quién es éste que viene . . con vestidos *r*?
63.2 ¿por qué es *r* tu vestido, y tus ropas

ROLLO *v.* Libro, Pergamino
Jer. 36.32 y tomó . . otro *r* y lo dio a Baruc
Ez. 2.9 una mano . . y en ella había un *r* de libro
Zac. 5.1 ojos y miré, y he aquí un *r* que volaba

ROMA
Hch. 19.21 me será necesario ver también a *R*
23.11 necesario que testifiques también en *R*
28.16 llegamos a *R*, el centurión entregó los
Ro. 1.15 también a vosotros que estáis en *R*

ROMANO
Jn. 11.48 vendrán los *r*, y destruirán nuestro lugar
Hch. 16.21 no nos es lícito . . hacer, pues somos *r*
16.37 siendo ciudadanos *r*, nos echaron en la
22.25 azotar a un ciudadano *r* sin haber sido
23.27 habiendo sabido que era ciudadano *r*
25.16 no es costumbre de los *r* entregar alguno

ROMPER *v.* Partir, Quebrantar, Quebrar
1 R. 11.11 *romperé* de ti el reino, y lo entregaré a
Job 26.8 y las nubes no se *rompen* debajo de ellas
32.19 corazón . . se *rompe* como odres nuevos
Sal. 2.3 *rompamos* sus ligaduras, y echemos de
89.39 *rompiste* el pacto de tu siervo; has
107.14 los sacó de . . y *rompió* sus prisiones
116.16 tuyo soy . . tú has *roto* mis prisiones
Ec. 12.6 se *rompa* el cuenco de oro, y el cántaro
Is. 28.24 ¿*romperá* . . los terrones de la tierra?
64.1 si *rompieses* los cielos, y descendieras

Ez. 17.16 rey . . cuyo pacto hecho con él *rompió*
Dn. 5.28 Peres: Tu reino ha sido *roto*, y dado a
Zac. 11.10 para *romper* mi pacto . . con . . pueblos
Mt. 9.17 odres se *rompen*, y el vino se derrama
Lc. 5.6 cantidad de peces, y su red se *rompía*
5.36 no solamente *rompe* el nuevo, sino que

ROPA *v.* Capa, Túnica, Vestido, Vestidura
Gn. 39.12 dejó su *r* en las manos de ella, y huyó
Dt. 22.5 hombre, ni el hombre vestirá *r* de mujer
24.17 ni tomarás en prenda la *r* de la viuda
Job 27.16 amontone plata . . prepare *r* como lodo
Pr. 20.16; 27.13 quítale su *r* al que . . por fiador
25.20 el que quita la *r* en tiempo de frío
Cnt. 5.3 me he desnudado de mi *r*; ¿cómo me he
Is. 50.9 ellos se envejecerán como *r* de vestir
52.1 vístete tu *r* hermosa, oh Jerusalén
59.17 tomó *r* de venganza por vestidura
Jer. 38.11 tomó . . *r* raídas . . los echó a Jeremías
Mt. 27.35; Jn. 19.24 sobre mi *r* echaron suertes
Mr. 12.38 gustan de andar con largas *r*, y aman
16.5 joven . . cubierto de una larga *r* blanca
Lc. 8.27 y no vestía *r*, ni moraba en casa, sino
23.11 vistiéndole de una *r* espléndida; y
Jn. 21.7 cuando oyó que era el Señor, se ciñó la *r*
Hch. 7.58 pusieron sus *r* a los pies de . . Saulo
22.23 como ellos gritaban y arrojaban sus *r*
Stg. 2.2 y entra un hombre . . con *r* espléndida
5.2 vuestras *r* están comidas de polilla
Jud. 23 aborreciendo aun la *r* contaminada por
Ap. 16.15 bienaventurado el que . . guarda sus *r*
19.13 vestido de una *r* teñida en sangre; y su
22.14 bienaventurados los que lavan sus *r*

ROSTRO *v.* Apariencia, Aspecto, Cara, Faz
Ex. 33.20 no podrás ver mi *r*, porque no me verá
34.33 acabó Moisés . . puso un velo sobre su *r*
Nm. 6.25 Jehová haga resplandecer su *r* sobre ti
Dt. 31.17 y esconderé de ellos mi *r*, y serán
2 S. 14.24 dijo: Váyase a su casa, y no vea mi *r*
Rt. 4.29 pondrás mi báculo sobre el *r* del niño
8.15 un paño . . lo puso sobre el *r* de Ben-adad
1 Cr. 16.11 buscad a Jehová y su . . buscad su *r*
Neh. 2.2 dijo el rey: ¿Por qué está triste tu *r*?
Job 4.16 cuyo *r* yo no conocí, y quedo, oí que
13.24 ¿por qué escondes tu *r*, y me cuentas
Sal. 17.15 en cuanto a mí, veré tu *r* en justicia
27.8 buscad mi *r*. Tu *r* buscaré, oh Jehová
31.16 haz resplandecer tu *r* sobre tu siervo
69.17 no escondas tu *r* de tu siervo, porque
80.3, 7, 19 haz resplandecer tu *r*, y seremos
88.14 Jehová . . ¿por qué escondes de mí tu *r*?
143.7 no escondas de mí tu *r*, no venga yo a
Pr. 25.23 y el *r* airado la lengua detractora
27.17 así el hombre aguza el *r* de su amigo
27.19 como en el agua el *r* corresponde al *r*
Is. 6.2 con dos cubrían sus *r*, y con dos cubrían
Jer. 5.3 endurecieron sus *r* más que la piedra
Dn. 1.13 compara luego nuestros *r* con los *r* de
Mt. 6.16 ellos demudan sus *r* para mostrar a los
17.2 y resplandeció su *r* como el sol, y sus
18.10 ven siempre el *r* de mi Padre que está
Lc. 22.64 le golpeaban el *r*, y le preguntaban
Hch. 6.15 vieron su *r* como el de un ángel
20.25 yo sé que ninguno de . . verá más mi *r*
2 Co. 3.13 Moisés, que ponía un velo sobre su *r*
Stg. 1.23 considera en un espejo su *r* natural
1 P. 3.12 el *r* del Señor está contra . . hacen el mal
Ap. 1.16 su *r* era como el sol cuando resplandece
22.4 verán su *r*, y su nombre estará en sus

ROTO, ta
Pr. 23.21 el sueño hará vestir vestidos *r*
Jer. 2.13 cavaron . . cisternas *r* que no retienen agua
Hag. 1.6 que trabaja . . recibe su jornal en saco *r*

RUBÉN Nace, Gn. 29.32; trae mandrágoras a
Lea, Gn. 30.14; libra a José, Gn. 37.21–22; bendecido por Jacob, Gn. 49.3–4.

RUBIO
1 S. 16.12 era *r*, hermoso de . . y de buen parecer
Cnt. 5.10 mi amado es blanco y *r*, señalado entre

RUDIMENTO
Gá. 4.3 así en esclavitud bajo los *r* del mundo
    4.9 volvéis de nuevo a los débiles y pobres *r*
Col. 2.8 conforme a los *r* del mundo, y no según
    2.20 habéis muerto . . cuanto a los *r* del mundo
He. 5.12 enseñar cuáles son los primeros *r* de las
    6.1 por tanto, dejando ya los *r* de la doctrina

RUEDA
Ex. 14.25 quitó las *r* de sus carros, y . . trastornó
Ez. 1.16 su apariencia . . como *r* en medio de *r*
    10.2 entra en medio de las *r* debajo de los

RUEGO *v.* Oración, Petición, Súplica
Sal. 6.9 Jehová ha oído mi *r*; ha recibido Jehová
    28.2 oye la voz de mis *r* cuando clamo a ti
    28.6 bendito . . Jehová, que oyó la voz de mis *r*
    31.22 pero tú oíste la voz de mis *r* cuando a ti
    140.6 escucha, oh Jehová, la voz de mis *r*
Hch. 1.14 perseveraban unánimes en oración y *r*
He. 5.7 ofreciendo *r* y súplicas con gran clamor

RUFO   Mr. 15.21; Ro. 16.13.

RUGIR *v.* Bramar
Sal. 83.2 he aquí que *rugen* tus enemigos, y los
    104.21 los leoncillos *rugen* tras la presa, y
Jer. 25.30 Jehová *rugirá* desde lo alto, y desde
Os. 11.10 *rugirá* como león; *r*, y los hijos vendrán
Jl. 3.16; Am. 1.2 Jehová *rugirá* desde Sion, y dará
Am. 3.4 ¿*rugirá* el león en la . . sin haber presa?

RUINA *v.* Destrucción, Escombro
2 Cr. 28.23 fueron . . su *r*, y la de todo Israel
Esd. 9.9 restaurar sus *r*, y darnos protección en
Sal. 54.7 mis ojos han visto *r* de mis enemigos
    106.36 a sus ídolos . . fueron causa de su *r*
Pr. 3.25 ni de la *r* de los impíos cuando viniere
    29.16 impíos . . los justos verán la *r* de ellos
Is. 25.2 convertiste . . la ciudad fortificada en *r*
    61.4 reedificarán las *r* antiguas, y levantarán
Jer. 25.11 toda esta tierra será puesta en *r* y en
Ez. 18.30 no os será la iniquidad causa de *r*
    21.27 a *r*, a *r*, a *r* la reduciré, y esto no será
Mi. 1.6 haré, pues, de Samaria montones de *r*, y
Lc. 6.49 cayó, y fue grande la *r* de aquella casa
Hch. 15.16 y repararé sus *r*, y lo volveré a

RUMOR *v.* Noticia
Ex. 23.1 no admitirás falso *r*. No te concertarás
2 S. 13.30 llegó a David el *r* que decía: Absalón ha
2 R. 19.7; Is. 37.7 y oirá *r*, y volverá a su tierra
Jer. 51.46 vendrá el *r*, y después en otro año *r*
Ez. 7.26 habrá *r* sobre *r*; y buscarán respuesta
Mt. 24.6; Mr. 13.7 oiréis de guerras y *r* de

SABÁ, la reina de   1 R. 10.1–13; 2 Cr. 9.1–12.

SÁBANA *v.* Lienzo
Mt. 27.59; Mr. 15.46; Lc. 23.53 lo envolvió en una
    s limpia

SABER *v.* Comprender, Conocer, Entender
Gn. 3.5 sino *sabe* Dios que . . seréis como Dios
Ex. 6.7 *sabréis* que yo soy Jehová vuestro Dios
    9.29 que *sepas* que de Jehová es la tierra
    16.15 ¿qué es esto? porque no *sabían* qué era
Rt. 4.4 yo decidí hacértelo *saber*, y decirte que la
1 S. 2.3 porque el Dios de todo *saber* es Jehová
    6.9 *sabremos* que . . esto ocurrió por accidente
    17.46 la tierra *sabrá* que hay Dios en Israel
Est. 4.14 ¿y quién *sabe* si para esta hora has
Job 19.25 yo *sé* que mi Redentor vive, y al fin
    22.13 ¿y dirás tú: ¿Qué *sabe* Dios? ¿Cómo
    38.4 házmelo *saber*, si tienes inteligencia
Sal. 73.11 y dicen: ¿Cómo *sabe* Dios? ¿Y hay
Pr. 1.5 oirá el sabio, y aumentará el *saber*, y el
    9.9 enseña al justo, y aumentará su *saber*
    16.21 la dulzura de labios aumenta el *saber*
    27.1 porque no *sabes* que dará de sí el día
Ec. 9.5 los que viven *saben* . . los muertos nada *s*
    10.14 aunque no *sabe* nadie lo que ha de ser
Cnt. 6.12 antes que lo *supiera*, mi alma me puso
Is. 40.28 ¿no has *sabido* . . que el Dios eterno es
Ez. 6.10; 39.7 *sabrán* que yo soy Jehová; no en

Jon. 4.2 *sabía* yo que tú eres Dios clemente
Mt. 6.3 mas cuando tú des limosna, no *sepa* tu
    6.8 Padre *sabe* de qué cosas tenéis necesidad
    10.26 nada . . oculto, que no haya de *saberse*
    12.25 *sabiendo* Jesús los pensamientos de
    21.27 respondiendo a . . dijeron: No *sabemos*
    24.36; Mr. 13.32 del día y la hora nadie *sabe*
    24.42 velad . . no *sabéis* a qué hora ha de venir
    26.70; Lc. 22.60 diciendo: No *sé* la hora
Mr. 1.24 ¡ah! . . *Sé* quien eres, el Santo de Dios
    5.43 pero él les mandó . . que nadie lo *supiese*
    9.6 porque no *sabía* lo que hablaba, pues
    12.14 Maestro, *sabemos* que eres . . veraz, y
    12.28 *sabía* que les había respondido bien
    16.13 ellos fueron y lo hicieron *saber* a los
Lc. 4.41 demonios . . *sabían* que él era el Cristo
    12.46 vendrá . . a la hora que no *sabe*, y le
    13.27 dirá: Os digo que no *sé* de dónde sois
    20.7 respondieron que no *sabían* de dónde
Jn. 2.25 pues él *sabía* lo que había en el hombre
    3.10 ¿eres tú maestro de . . y no *sabes* esto?
    4.22 adoráis lo que no *sabéis* . . *sabemos*
    4.42 *sabemos* . . éste es el Salvador del mundo
    5.13 el que había sido sanado no *sabía* quién
    6.64 Jesús *sabía* . . quiénes eran los que no
    7.27 venga el Cristo, nadie *sabrá* de dónde
    9.25 no lo *sé*; una cosa *sé*, que habiendo yo
    9.29 respecto a ése, no *sabemos* de dónde
    13.1 *sabiendo* Jesús que su hora . . llegado
    14.4 y *sabéis* a dónde voy, y *s* el camino
    16.13 os hará *saber* las cosas que habrán de
    16.15 tomará de lo mío, y os lo hará *saber*
    16.30 entendemos que *sabes* todas las cosas
    21.4 los discípulos no *sabían* que era Jesús
Hch. 1.7 no os toca a vosotros *saber* los tiempos
    17.20 queremos, pues, *saber* qué quiere decir
    22.30 queriendo *saber* de cierto la causa por
Ro. 2.2 *sabemos* que el juicio de Dios contra los
    8.22 *sabemos* que toda la creación gime a una
    8.26 pues qué hemos de pedir . . no lo *sabemos*
    8.28 y *sabemos* que a los que aman a Dios
1 Co. 2.2 propuse no *saber* . . cosa alguna sino
    3.16 ¿no *sabéis* que sois templo de Dios, y
    8.2 aún no *sabe* nada como debe *saberlo*
Gá. 1.11 mas os hago *saber* . . que el evangelio
Ef. 1.18 *sepáis* cuál es la esperanza a que él os
2 Ti. 1.12 *sé* a quien he creído, y estoy seguro
He. 13.2 algunos, sin *saberlo*, hospedaron ángeles
Stg. 4.14 cuando no *sabéis* lo que será mañana
1 Jn. 3.2 *sabemos* que cuando él se manifieste
    3.14 *sabemos* que hemos pasado de muerte a
    3.24 y en esto *sabemos* que él permanece en
    5.13 para que *sepáis* que tenéis vida eterna
    5.15 *sabemos* que él nos oye . . *s* que tenemos
    5.19 *sabemos* que somos de Dios, y el mundo
3 Jn. 12 *sabéis* que . . testimonio es verdadero

SABIAMENTE *v.* Prudentemente
Mr. 12.34 viendo que había respondido *s*, le
Col. 4.5 andad *s* . . con los de afuera, redimiendo
1 P. 3.7 vosotros, maridos . . vivid con ellas *s*

SABIDURÍA *v.* Ciencia, Conocimiento, Entendimiento, Prudencia
Gn. 3.6 era . . árbol codiciable para alcanzar la *s*
Dt. 4.6 es vuestra *s* y vuestra inteligencia en los
    34.9 Josué . . fue lleno del espíritu de *s*
1 R. 3.28 vieron que había en él *s* de Dios para
    4.29 Dios dio a Salomón *s* y prudencia muy
    10.4; 2 Cr. 9.3 reina de Sabá vio toda la *s*
    10.7 es mayor tu *s* y bien, que la fama que yo
    10.23; 2 Cr. 9.22 excedía . . en riquezas y en *s*
2 Cr. 1.10 dame ahora *s* y ciencia . . gobernar a
Job 12.2 el pueblo, y con vosotros morirá la *s*
    12.13 con Dios está la *s* y el poder; suyo es
    13.5 ojalá callarais . . porque esto os fuera *s*
    15.8 ¿oíste tú el . . y está reducida a ti la *s*?
    21.22 ¿enseñará alguien a Dios *s*, juzgando él
    28.12 ¿dónde se hallará la *s*? ¿Dónde está
    28.28; Sal. 111.10; Pr. 1.7; 9.10 el temor del
    Señor es la *s*

Job 32.7 y la muchedumbre de años declarará s
 35.16 por eso Job . . multiplica palabras sin s
 38.36 ¿quién puso la s en el corazón? ¿O
Sal. 19.2 día, y una noche a otra noche declara s
 37.30 la boca del justo habla s, y su lengua
 49.3 mi boca hablará s, y el pensamiento de
 51.6 en lo secreto me has hecho comprender s
 90.12 enséñanos . . que traigamos al corazón s
 119.66 enséñame buen sentido y s, porque tus
Pr. 1.2 para entender s y doctrina, para conocer
 1.20 la s clama en las calles, alza su voz en
 2.6 Jehová da la s, y de su boca viene el
 3.13 bienaventurado el hombre que halla la s
 4.5 adquiere s, adquiere inteligencia; no te
 4.7 s ante todo; adquiere s; y sobre todas
 5.1 está atento a mí s, y a mi inteligencia
 7.4 di a la s: Tú eres mi hermana, y a la
 8.1 ¿no clama la s . . su voz la inteligencia?
 8.11 mejor es la s que las piedras preciosas
 8.12 yo, la s, habito con la cordura, y hallo
 9.1 la s edificó su casa, labró sus . . columnas
 10.23 mas la s recrea al . . de entendimiento
 10.31 la boca del justo producirá s; mas la
 11.2 viene . . mas con los humildes está la s
 14.6 busca el escarnecedor la s y no la halla
 15.2 la lengua de los sabios adornará la s
 16.16 mejor es adquirir s que oro preciado
 18.15 el corazón del entendido adquiere s
 21.30 no hay s . . ni consejo, contra Jehová
 24.7 alta está para el insensato la s; en la
 29.3 hombre que ama la s alegra a su padre
 29.15 la vara y la corrección dan s; mas el
Ec. 1.16 y he crecido en s sobre todos los que
 1.18 en la mucha s hay mucha molestia
 8.1 la s del hombre ilumina su rostro, y la
 9.10 no hay obra, ni trabajo, ni ciencia, ni s
 9.16 mejor es la s que la fuerza, aunque la
 10.10 pero la es provechosa para dirigir
Is. 11.2 espíritu de s y de inteligencia, espíritu de
 29.14 porque perecerá la s de sus sabios, y se
 33.6 reinarán en tus tiempos la s y la ciencia
 47.10 tu s y tu misma ciencia te engañaron
Jer. 9.23 no se alabe el sabio en su s, ni en su
 49.7 ¿no hay más s en Temán? ¿Se ha acabado
Dn. 1.20 todo asunto de s . . el rey les consultó
 5.11 se halló en él . . s, como s de los dioses
 9.22 Daniel, ahora he salido para darte s y
Mt. 11.19; Lc. 7.35 la s es justificada por sus hijos
 12.42; Lc. 11.31 para oir la s de Salomón
 13.54; Mr. 6.2 ¿de dónde tiene éste esta s
Lc. 2.40 el niño crecía . . y se llenaba de s
 2.52 Jesús crecía en s y en estatura, y en
 21.15 os daré palabra y s, la cual no podrán
Hch. 6.10 no podían resistir a la s y al Espíritu
Ro. 11.33 de las riquezas de la s y de la ciencia
1 Co. 1.17 a predicar el evangelio; no con s
 1.19 está escrito: Destruiré la s de los sabios
 1.20 ¿no ha enloquecido Dios la s . . mundo?
 1.22 piden señales, y los griegos buscan s
 1.24 mas . . Cristo poder de Dios, y s de Dios
 1.30 el cual nos ha sido hecho por Dios s
 2.6 hablamos s entre . . y s, no de este siglo
 2.7 hablamos s de Dios en . . la s oculta, la
 3.19 la s de este mundo es insensatez para
 12.8 porque a éste es dada . . palabra de s
2 Co. 1.12 no con s humana, sino con la gracia
Ef. 1.8 sobreabundar . . en toda s e inteligencia
 1.17 Padre de gloria, os dé espíritu de s
 3.10 la multiforme s de Dios sea ahora dada
Col. 1.9 conocimiento de su voluntad en toda s
 2.3 escondidos todos los tesoros de la s y del
 3.16 exhortándoos unos a otros en toda s
Stg. 1.5 si alguno . . tiene falta de s, pídala a
 3.17 pero la s que es de lo alto es . . pura
Ap. 13.18 aquí hay s . . el número de la bestia
 17.9 esto, para la mente que tenga s: Las

SABIO, bia v. Prudente
Gn. 41.33 provéase . . de un varón prudente y s
Ex. 1.10 ahora, pues, seamos s para con él, para

Dt. 4.6 pueblo s y entendido, nación grande es
 16.19 el soborno ciega los ojos de los s
 32.29 ¡ojalá fueran s, que comprendieran
1 R. 3.12 que te he dado corazón s y entendido
Job 5.13 que prende a los s en la astucia de ellos
 9.4 él es s de corazón, y poderoso en fuerzas
 17.10 venid . . y no hallaré entre vosotros s
 32.9 no son los s los de mucha edad, ni los
 35.11 nos hace s más que a las aves del cielo
 37.24 que cree en su propio corazón ser s
Sal. 19.7 testimonio . . fiel, que hace s al sencillo
 119.98 me has hecho más s que mis enemigos
Pr. 1.5 oirá el s, y aumentará el saber, y el
 3.7; 26.5 no seas s en tu propia opinión
 3.35 los s heredarán honra, mas los necios
 6.6 a la hormiga . . mira sus caminos, y sé s
 9.9 da al s, y será más s; enseña al justo
 9.12 si fueres s, para ti lo serás; y si fueres
 10.14 los s guardan la sabiduría; mas la boca
 12.15 mas el que obedece al consejo es s
 13.20 el que anda con s, s será; mas el que
 14.1 la mujer s edifica su casa; mas la necia
 15.20 el hijo s alegra al padre; mas el hombre
 19.20 escucha el . . para que seas s en tu vejez
 20.26 rey s avienta a los impíos, y sobre ellos
 21.11 es castigado, el simple se hace s
 26.12 ¿has visto . . s en su propia opinión?
 30.24 cuatro . . las mismas son más s que los s
Ec. 2.15 he trabajado . . para hacerme más s?
 4.13 mejor es el muchacho pobre y s, que el
 6.8 ¿qué más tiene s que el necio? ¿Qué
 7.4 el corazón de los s está en la . . del luto
 9.15 se halla en ella un hombre pobre, s, el
 12.9 cuanto más s fue el Predicador, tanto
 12.11 palabras de los s son como aguijones
Is. 5.21 ¡ay de los s en sus propios ojos, y de los
 19.12 ¿dónde están aquellos tus s?
 50.4 Jehová el Señor me dio lengua de s
Jer. 4.22 s para hacer el mal, pero hacer el bien
 8.8 ¿cómo decís: Nosotros somos s, y la ley
Ez. 28.3 he aquí que tú eres más s que Daniel
Dn. 2.12 mandó que matasen a todos los s de
 11.35 también algunos de los s caerán para
Os. 14.9 ¿quién es s para que entienda esto, y
Mt. 11.25; Lc. 10.21 escondiste . . cosas de los s
Ro. 1.14 a griegos y a . . a s y a no s soy deudor
 1.22 profesando ser s, se hicieron necios
 12.16 no seáis s en vuestra propia opinión
 16.19 pero quiero que seáis s para el bien
 16.27; 1 Ti. 1.17 al único y s Dios sea gloria
1 Co. 1.20 ¿dónde está el s? ¿Dónde está el
 1.25 lo insensato de Dios es más s que los
 1.26 que no sois muchos s según la carne, ni
 1.27 lo necio del . . para avergonzar a los s
 3.18 si alguno . . se cree s . . hágase ignorante
 3.19 él prende a los s en la astucia de ellos
 3.20 conoce los pensamientos de los s, que
2 Ti. 3.15 las cuales te pueden hacer s para la
Stg. 3.13 ¿quién es s y entendido entre vosotros?

SABROSO
Pr. 9.17 dulces, y el pan comido en oculto es
 20.17 s al hombre el pan de mentira; pero

SACAR
Ex. 2.10 Moisés . . porque de las aguas lo saqué
 3.12 cuando hayas sacado de Egipto al pueblo
 33.15 si tu presencia . . no nos saques de aquí
Dt. 26.8 Jehová nos sacó de Egipto con mano fuerte
 28.38 sacarás mucha semilla al campo, y
Jue. 19.22 saca al hombre que ha entrado en tu
Job 41.1 ¿sacarás tú al leviatán con anzuelo, y
Sal. 18.19 me sacó a lugar espacioso; me libró
 25.15 porque él sacará mis pies de la red
 31.4 sácame de la red que han escondido
 66.12 el agua, y nos sacaste a abundancia
 105.43 sacó a su pueblo con gozo . . júbilo
Is. 12.3 sacaréis con gozo aguas de las fuentes
Jer. 38.13 de este modo sacaron a Jeremías con
Ez. 20.10 los saqué . . de Egipto, y los traje al
Mt. 5.29; 18.9 sácalo, y échalo de ti; pues mejor

Mt. 7.4 déjame *sacar* la paja de tu ojo, y he aquí
Lc. 14.5 ¿no lo *sacará* inmediatamente, aunque
   24.50 y los *sacó* fuera hasta Betania, y
Jn. 2.8 *sacad* ahora, y llevadlo al maestresala
   4.11 Señor, no tienes con qué *sacarla*, y el
   10.3 sus ovejas llama por nombre, y las *saca*
   21.6 la echaron, y ya no la podían *sacar*, por
Hch. 5.6 los jóvenes . . *sacándolo*, le sepultaron
   16.37 sino vengan ellos mismos a *sacarnos*
1 Ti. 6.7 mundo y sin duda nada podremos *sacar*

SACERDOCIO *v.* Ministerio
Nm. 18.7 tú y tus hijos . . guardaréis vuestro *s*
   25.13 y tendrá él . . el pacto del *s* perpetuo
Os. 4.6 te echaré del *s*; y porque olvidaste la ley
Lc. 1.8 ejerciendo Zacarías el *s* delante de Dios
He. 7.11 si, pues, la perfección fuera por el *s*
   7.24 éste . . para siempre, tiene un *s* inmutable
1 P. 2.9 mas vosotros sois linaje . . real *s*, nación

SACERDOTE *v.* Levita, Ministro, Principal,
   Profeta, Sumo Sacerdote, Vidente
Gn. 14.18 Melquisedec . . *s* del Dios Altísimo
   47.22 tierra de los *s* no compró, por cuanto
Ex. 19.6 me seréis un reino de *s*, y gente santa
   28.1 a Aarón . . y a sus hijos . . que sean mis *s*
Lv. 4.3 si el *s* ungido pecare según el pecado del
Dt. 17.12 no obedeciendo al *s* . . el tal morirá
Jos. 3.8 mandarás a los *s* que llevan el arca del
Jue. 18.19 vente . . que seas nuestro padre y *s*
1 S. 22.17 volveos y matad a los *s* de Jehová
1 R. 12.31 hizo *s* de entre el pueblo, que no eran
Esd. 2.63; Neh. 7.65 hubiese *s* para consultar con
Sal. 110.4 eres *s* para siempre según el orden de
   132.9 *s* se vistan de justicia, y se regocijen
   132.16 vestiré de salvación a sus *s*, y sus
Is. 61.6 seréis llamados *s* de Jehová, ministros
Ez. 44.15 *s* levitas hijos de Sadoc, que guardaron
Os. 4.9 será el pueblo como el *s*; le castigaré por
   6.9 así una compañía de *s* mata en el camino
Mt. 8.4; Mr. 1.44; Lc. 5.14 muéstrate al *s*, y
   presenta la ofrenda
Lc. 10.31 que descendió un *s* por aquel camino
He. 5.6; 7.17, 21 tú eres *s* para siempre, según el
   7.1 este Melquisedec . . *s* del Dios Altísimo
   10.21 y teniendo un gran *s* sobre la casa de
Ap. 1.6 y nos hizo reyes y *s* para Dios, su Padre
   5.10 nos has hecho para nuestro Dios . . *s*

SACIAR *v.* Satisfacer
Dt. 8.12 no suceda que comas y te *sacies*, y
Sal. 36.8 serán . . *saciados* de la grosura de tu casa
   63.5 como de meollo y . . será *saciada* mi alma
   65.4 seremos *saciados* del bien de tu casa
   78.29 comieron, y se *saciaron*; les cumplió
   90.14 de mañana *sácianos* de tu misericordia
   91.16 lo *saciaré* de larga vida, y le mostraré
   104.13 fruto de sus obras se *sacia* la tierra
   107.9 *sacia* al alma menesterosa, y llena de
Pr. 11.25 el que *saciare*, él también será *saciado*
   12.11; 28.19 el que labra . . se *saciará* de pan
   13.25 el justo come hasta *saciar* su alma
   30.15 tres cosas hay que nunca se *sacian*
   30.22 por el necio cuando se *sacia* de pan
Ec. 1.8 nunca se *sacia* el ojo de ver, ni el oído de
   4.8 ni sus ojos se *sacian* de sus riquezas, ni
Is. 58.11 en las sequías *saciará* tu alma, y dará
Jer. 31.14 mi pueblo será *saciado* de mi bien, dice
   50.19 en el . . y en Galaad se *saciará* su alma
Hag. 1.6 coméis, y no os *saciáis*; bebéis, y no
Mt. 5.6 tienen hambre y sed . . serán *saciados*
Mr. 7.27 deja primero que se *sacien* los hijos
Lc. 6.21 tenéis hambre, porque seréis *saciados*
   6.25 ¡ay de . . los que ahora estáis *saciados*!
1 Co. 4.8 ya estáis *saciados*, ya estáis ricos, sin
Fil. 4.12 así para estar *saciado* como para tener
Stg. 2.16 les dice . . *saciaos*, pero no les dais las
2 P. 2.14 no se *sacian* de pecar, seducen a las

SACO *v.* Bolsa
Gn. 42.25 mandó José que llenaran sus *s* de

Job 14.17 tienes sellada en *s* mi prevaricación, y
Hag. 1.6 que trabaja . . recibe su jornal en *s* roto

SACRIFICAR *v.* Ofrecer, Presentar
Ex. 13.15 esta causa yo *sacrifico* para Jehová
   20.24 *sacrificarás* sobre él tus holocaustos
Dt. 16.2 *sacrificarás* la pascua a Jehová tu Dios
1 R. 3.4 mil holocaustos *sacrificaba* Salomón
   13.2 *sacrificará* sobre ti a los sacerdotes de
1 Cr. 29.21 *sacrificaron* víctimas a Jehová . . mil
Neh. 12.43 y *sacrificaron* . . numerosas víctimas
Sal. 27.6 y yo *sacrificaré* en su tabernáculo
   50.14 *sacrifica* a Dios alabanza, y paga tus
   54.6 voluntariamente *sacrificaré* a ti . . Jehová
   106.37 *sacrificaron* sus hijos y sus hijas a los
Ec. 9.2 al que *sacrifica*, y al que no *s*; como al
Is. 66.3 el que *sacrifica* oveja, como si degollase
Os. 11.2 a los baales *sacrificaban*, y a los ídolos
Mal. 1.14 el que . . *sacrifica* a Jehová lo dañado
1 Co. 5.7 nuestra pascua . . ya fue *sacrificada* por
   8.4 las viandas que se *sacrifican* a los ídolos
   10.20 los gentiles *sacrifican*, a los demonios
2 Ti. 4.6 porque yo ya estoy para ser *sacrificado*

SACRIFICIO *v.* Expiación, Holocausto, Ofrenda,
   Paz, Propiciación, Reconciliación
Gn. 46.1 ofreció *s* al Dios de su padre Isaac
Ex. 3.18 que ofrezcamos *s* a Jehová nuestro Dios
   5.17 decís . . Vamos y ofrezcamos *s* a Jehová
   22.20 ofreciere *s* a dioses excepto . . Jehová
   29.28 sus *s* de paz, porción de ellos elevada
   34.15 y te invitarán, y comerás de sus *s*
1 S. 1.21 ofrecer a Jehová el *s* acostumbrado
   2.29 ¿por qué habéis hollado mis *s* y mis
   15.22 el obedecer es mejor que los *s*, y el
   16.2 y di: A ofrecer *s* a Jehová he venido
1 R. 3.15 sacrificó holocaustos y ofreció *s* de
   12.32 en Bet-el, ofreciendo *s* a los becerros
2 R. 10.19 porque tengo un gran *s* para Baal
2 Cr. 7.5 ofreció el rey Salomón en *s* . . bueyes
   29.31 presentad *s* y alabanzas en la casa de
Sal. 40.6 *s* y ofrenda no te agrada; has abierto
   50.8 no te reprenderé por tus *s*, ni por tus
   51.16 porque no quieres *s*, que yo lo daría
   106.28 se . . y comieron los *s* de los muertos
   107.22 ofrezcan *s* de alabanza, y publiquen
   119.108 sean agradables los *s* . . de mi boca
Pr. 15.8; 21.27 *s* de los impíos es abominación
Ec. 5.1 más para oir que para ofrecer el *s* de los
Is. 43.23 ni a mí me honraste con tus *s*; no te
Jer. 6.20 aceptables, ni vuestros *s* me agradan
   17.26 *s* de alabanza a la casa de Jehová
Ez. 39.17 *s* grande sobre los montes de Israel
Dn. 8.11 y por él fue quitado el continuo *s*, y el
   11.31 profanarán . . y quitarán el continuo *s*
Os. 6.6 porque misericordia quiero, y no *s*
   8.13 en los *s* de mis . . sacrificaron carne, y
Am. 4.4 traed de mañana vuestros *s*, y vuestros
Jon. 1.16 ofrecieron *s* a Jehová, e hicieron votos
   2.9 mas yo con voz de alabanza te ofreceré *s*
Sof. 1.7 Jehová ha preparado *s*, y ha dispuesto
Mt. 9.13; 12.7 misericordia quiero, y no *s*
Mr. 12.33 amarle . . es más que todos los . . *s*
Lc. 13.1 Pilato había mezclado con los *s* de ellos
Hch. 14.13 el sacerdote de Júpiter . . ofrecer *s*
Ro. 12.1 que presentéis vuestros cuerpos en *s* vivo
Fil. 2.17 sea derramado en libación sobre el *s* y
   4.18 olor fragante, *s* acepto, agradable a Dios
He. 5.1 presente ofrendas y *s* por los pecados
   7.27 de ofrecer primero *s* por sus propios
   8.3 constituido para presentar ofrendas y *s*
   9.26 presentó una vez . . por el *s* de sí mismo
   10.1 nunca puede, por los mismos *s* que se
   10.5 dice: *S* y ofrenda no quisiste; mas me
   10.12 habiendo ofrecido . . un solo *s* por los
   10.26 ya no queda más *s* por los pecados
   11.4 Abel ofreció . . más excelente *s* que Caín
   13.16 hacer bien . . de tales *s* se agrada Dios
1 P. 2.5 ofrecer *s* espirituales aceptables a Dios

SACUDIR v. Agitar, Mover

Sal. 109.23 me voy . . soy *sacudido* como langosta
Is. 52.2 *sacúdete* del polvo; levántate y siéntate
Mt. 10.14; Lc. 9.5 *sacudid* el polvo de vuestros
Mr. 1.26 el espíritu inmundo, *sacudiéndole* con
9.18; Lc. 9.39 le *sacude*; y echa espumarajos

SADRAC Dn. 1.7–20; 2.49; 3.1–30.

SADUCEO v. Escriba, Fariseo, Herodiano

Mt. 3.7 al ver él que . . los *s* venían a su bautismo
16.1 vinieron los *s* para tentarle, y le pidieron
22.23; Mr. 12.18; Lc. 20.27 vinieron a él los
s, que dicen que no hay resurrección
Hch. 4.1 el jefe de la guardia del templo, y los *s*
5.17 son la secta de los *s*, se llenaron de celos
23.6 una parte era de *s* y otra de fariseos

SAETA v. Arco

Dt. 32.23 sobre ellos; emplearé en ellos mis *s*
1 S. 20.20 yo tiraré tres *s* hacia aquel lado, como
2 S. 22.15; Sal. 18.14 envió sus *s*, y los dispersó
Job 41.28 *s* no le hace huir; las piedras de honda
Sal. 7.13 armas de . . y ha labrado *s* ardientes
11.2 malos . . disponen sus *s* sobre la cuerda
38.2 tus *s* cayeron sobre mí, y sobre mí ha
45.5 tus *s* agudas, con que caerán pueblos
91.5 no temerás el . . ni *s* que vuele de día
127.4 como *s* en mano del valiente, así son
Pr. 7.23 vida, hasta que la *s* traspasa su corazón
25.18 *s* aguda es el hombre que habla contra
Jer. 9.8 *s* afilada es la lengua de ellos; engaño
Ez. 5.16 arroje yo sobre ellos las . . *s* del hambre

SAFIRA Hch. 5.1–10.

SAJAR v. Cortar

Dt. 14.1 no os *sajaréis*, ni os raparéis a causa de
1 R. 18.28 clamaban a . . voces, y se *sajaban* con

SAL

Gn. 19.26 la mujer de Lot . . volvió estatua de *s*
Lv. 2.13 con *s* . . en toda ofrenda . . ofrecerás *s*
Nm. 18.19 pacto de *s* perpetuo es delante de
Jue. 9.45 y asoló la ciudad, y la sembró de *s*
2 R. 2.21 saliendo él a los . . echó dentro la *s*
Job 6.6 ¿se comerá lo desabrido sin *s*? ¿Habrá
Mt. 5.13 sois la *s* de la tierra; pero si la *s* se
Mr. 9.49 todo sacrificio será salado con *s*
9.50 tened *s* en vosotros mismos; y tened
Lc. 14.34 buena es la *s*; mas si la *s* se hiciere
Col. 4.6 sea vuestra palabra . . sazonada con *s*

SALAMINA Hch. 13.5.

SALARIO v. Jornal, Paga

Gn. 29.15; 30.28 Labán . . Dime cuál será tu *s*
31.7 y me ha cambiado el *s* diez veces; pero
Lv. 19.13 no retendrás el *s* del jornalero en tu
Jer. 22.13 balde, y no dándole el *s* de su trabajo!
31.16 *s* hay para tu trabajo, dice Jehová, y
Zac. 11.12 dame mi *s* . . y pesaron por mi *s*
Lc. 3.14 les dijo . . contentaos con vuestro *s*
Jn. 4.36 el que siega recibe *s*, y recoge fruto para
Ro. 4.4 al que obra, no se le cuenta el *s* como
2 Co. 11.8 recibiendo *s* para serviros a vosotros
1 Ti. 5.18 trilla; y: Digno es el obrero de su *s*

SALIDA

Sal. 121.8 guardará tu *s* y tu entrada desde ahora
Mi. 5.2 sus *s* son desde el principio, desde los
1 Co. 10.13 dará también . . con la tentación la *s*

SALIR v. Ir, Partir

Ex. 12.41 el mismo día . . *salieron* de la tierra de
Nm. 24.17 *saldrá* Estrella de Jacob . . cetro de
1 S. 11.3 nadie que nos defienda, *saldremos* a ti
18.13 y *salía* y entraba delante del pueblo
2 R. 18.31 haced conmigo paz, y *salid* a mí, y
Job 1.12 *salió* Satanás de delante de Jehová
9.7 él manda el sol, y no *sale*; y sella las
Sal. 68.7 cuando tú *saliste* delante de tu pueblo
105.38 Egipto se alegró de que *salieran*
108.11 y no *salías* . . con nuestros ejércitos?
Ec. 5.15 como *salió* del vientre . . desnudo, así
Is. 43.19 hago cosa nueva; pronto *saldrá* a luz

Mt. 10.14 *salid* de aquella casa o ciudad, y
Mr. 1.25; Lc. 4.35 Jesús . . ¡Cállate, y *sal* de él!
6.11 *salid* de allí, y sacudid el polvo que
Lc. 7.24 ¿qué *salisteis* a ver al desierto? ¿Una
Jn. 8.9 *salían* uno a uno, comenzando desde el
13.3 que había *salido* de Dios, y a Dios iba
16.28 *salí* del Padre, y he venido al mundo
Hch. 16.19 viendo . . había *salido* la esperanza de
16.36 así que ahora *salid*, y marchaos en paz
44.4 que todos se salvaron *saliendo* a tierra
1 Co. 5.10 os sería necesario *salir* del mundo
2 P. 1.19 el lucero . . *salga* en vuestros corazones
1 Jn. 2.19 *salieron* de nosotros, pero no eran de
Ap. 18.4 oí otra voz . . *Salid* de ella, pueblo mío

SALMANASAR 2 R. 17.3; 18.9.

SALMO

Sal. 92.1 y cantar *s* a tu nombre, oh Altísimo
98.4 levantad la voz, y aplaudid, y cantad *s*
1 Co. 14.26 cada uno de vosotros tiene *s*, tiene
Ef. 5.19 hablando entre vosotros con *s* . . himnos

SALOMÓN Nace, 2 S. 12.24; ungido rey,

1 R. 1.32–40; afirma su reino, 1 R. 2.12–46; se casa
con la hija de Faraón, 1 R. 3.1; pide sabiduría, 1 R.
3.5–15; juzga sabiamente, 1 R. 3.16–28; su pacto
con Hiram, 1 R. 5.1–18; construye el templo,
1 R. 6.1–38; 7.13–51; construye su casa, 1 R.
7.1–12; dedica el templo, 1 R. 8.1–66; pacto de
Dios con él, 1 R. 9.1–9; le visita la reina de Sabá,
1 R. 10.1–13; su apostasía y dificultades, 1 R.
11.1–40; muere, 1 R. 11.41–43.

Pr. 1.1 los proverbios de *S*, hijo de David, rey
Mt. 6.29; Lc. 12.27 ni aun *S* con toda su gloria
12.42; Lc. 11.31 para oír la sabiduría de *S*
Jn. 10.23 Jesús andaba en . . por el pórtico de *S*
Hch. 3.11 concurrió a ellos al pórtico . . de *S*

SALTAR

Job 21.11 manada, y sus hijos andan *saltando*
Sal. 68.3 mas los justos . . *saltarán* de alegría
Cnt. 2.8 he aquí él viene *saltando* sobre los montes
Is. 35.6 entonces el cojo *saltará* como un ciervo
Lc. 1.41 criatura *saltó* en su vientre; y Elisabet
Jn. 4.14 una fuente de agua que *salte* para vida
Hch. 3.8 *saltando*, se puso en pie y anduvo
14.10 dijo . . Levántate . . Y él *saltó*, y anduvo

SALTERIO v. Arpa

Sal. 33.2 aclamad . . cantadle con *s* y decacordio
57.8; 108.2 despierta, *s* y arpa; me levantaré
150.3 son de bocina; alabadle con *s* y arpa

SALUD v. Salvación

Hch. 27.34 os ruego que comáis por vuestra *s*
3 Jn. 2 que tengas *s*, así como prospera tu alma

SALUDAR

1 S. 25.5 id a Nabal, y *saludadle* en mi nombre
2 R. 4.29 no lo *saludes*; y si alguno te *saludare*
1 Cr. 18.10 envió a Adoram . . para *saludarle*
Mt. 5.47 si *saludáis* a . . hermanos solamente
10.12 y al entrar en casa, *saludadla*
Mr. 15.18 comenzaron luego a *saludarle*: Salve
Lc. 10.4 bolsa . . y a nadie *saludéis* por el camino
Hch. 21.7 y habiendo *saludado* a los hermanos
2 Co. 13.13 todos los santos os *saludan*
Fil. 4.21 *saludad* a todos los santos en Cristo
He. 11.13 *saludándolo*, y confesando que eran
13.24 *saludad* a todos vuestros pastores
3 Jn. 15 los amigos te *saludan*. *Saluda* tú a los

SALUTACIÓN

Mt. 23.7; Mr. 12.38; Lc. 11.43; 20.46 aman las *s*
en las plazas
Lc. 1.29 se turbó por . . pensaba qué *s* sería esta
1.41 cuando oyó Elisabet la *s* de María, una
1 Co. 16.21 yo, Pablo, os escribo esta *s* de mi
Col. 4.18 la *s* de mi propia mano, de Pablo

SALVACIÓN v. Redención

Gn. 49.18 tu *s* esperé, oh Jehová
Ex. 14.13 no temáis; estad firmes, y ved la *s* que
15.2 Jehová es . . mi cántico, y ha sido mi *s*

1 S. 2.1 Ana oró .. por cuanto me alegré en tu *s*
    11.13 porque hoy Jehová ha dado *s* en Israel
    19.5 y Jehová dio gran *s* a todo Israel
2 R. 13.17 saeta de *s* de Jehová, y saeta de *s*
1 Cr. 16.23 tierra; proclamad de día en día su *s*
Job 13.16 él mismo será mi *s*, porque no entrará
Sal. 3.2 dicen de mí: No hay para él *s* en Dios
    3.8 la *s* es de Jehová; sobre tu pueblo sea tu
    13.5 mas yo .. mi corazón se alegrará en tu *s*
    14.7 ¡oh, que de Sion saliera la *s* de Israel!
    18.2 y la fuerza de mi *s*, mi alto refugio
    27.1 Jehová es mi luz y mi *s*; ¿de quién
    35.3 la lanza .. dí a mi alma: Yo soy tu *s*
    37.39 pero la *s* de los justos es de Jehová
    40.10 he publicado tu fidelidad y tu *s*; no
    42.5, 11; 43.5 espera en .. *s* mía y Dios mío
    44.4 oh Dios, eres mi Rey; manda *s* a Jacob
    62.2 él solamente es mi roca y mi *s*; es mi
    62.7 en Dios está mi *s* y mi gloria; en Dios
    74.12 el que obra *s* en medio de la tierra
    85.7 oh Jehová, tu misericordia, y danos tu *s*
    91.16 lo saciaré .. vida, y le mostraré mi *s*
    96.2 cantad a .. anunciad de día en día su *s*
    98.2 ha hecho notoria su *s*; a vista de las
    98.3 la tierra han visto la *s* de nuestro Dios
    116.13 tomaré la copa de la *s*, e invocaré el
    118.14 cántico es JAH, y él me ha sido por *s*
    119.123 mis ojos desfallecieron por tu *s*
    119.155 lejos está de los impíos la *s*, porque
    132.16 vestiré de *s* a sus sacerdotes, y sus
    149.4 hermoseará a los humildes con la *s*
Is. 12.2 he aquí Dios es *s* mía; me aseguraré
    25.9 gozaremos y nos alegraremos en su *s*
    26.1 *s* puso Dios por muros y antemuro
    33.2 nuestra *s* en tiempo de la tribulación
    45.8 ábrase .. prodúzcanse la *s* y la justicia
    45.17 será salvo en Jehová con *s* eterna; no
    46.13 y mi *s* no se detendrá. Y pondré *s* en
    49.6 para que seas mi *s* hasta lo postrero de
    49.8 en el día de *s* te ayudé; y te guardaré
    51.6 pero mi *s* será para siempre, mi justicia
    52.10 los confines de .. verán la *s* del Dios
    54.17 siervos de Jehová, y su *s* de mí vendrá
    56.1 porque cercana está mi *s* para venir
    58.8 como el alba, y tu *s* se dejará ver pronto
    59.17 coraza, con yelmo de *s* en su cabeza
    60.18 tus muros llamarás *S*, a tus puertas
    61.10 porque me vistió con vestiduras de *s*
Lm. 3.26 bueno es esperar en .. la *s* de Jehová
Jl. 2.32 porque en el monte de Sion .. habrá *s*
Jon. 2.9 pagaré lo que .. La *s* es de Jehová
Mal. 4.2 sol de justicia, y en sus alas traerá *s*
Lc. 1.77 para dar conocimiento de *s* a su pueblo
    2.30 porque han visto mis ojos tu *s*
    3.6 y verá toda carne la *s* de Dios
    19.9 le dijo: Hoy ha venido la *s* a esta casa
Jn. 4.22 sabemos; porque la *s* viene de los judíos
Hch. 4.12 y en ningún otro hay *s*, porque no hay
    13.26 a vosotros es enviada la .. de esta *s*
    13.47 seas para *s* hasta lo último de la tierra
    16.17 quienes os anuncian el camino de *s*
    28.28 que a los gentiles es enviada esta *s* de
Ro. 1.16 es poder .. para *s* a todo aquel que cree
    10.1 mi oración a Dios por Israel, es para *s*
    10.10 pero con la boca se confiesa para *s*
    11.11 por su .. vino la *s* a los gentiles, para
    13.11 está más cerca de nosotros nuestra *s*
2 Co. 1.6 o si .. es para vuestra consolación y *s*
    6.2 en día de .. he aquí ahora el día de *s*
    7.10 produce arrepentimiento para *s*, de que
Ef. 1.13 habiendo oído .. evangelio de vuestra *s*
    6.17 tomad el yelmo de la *s*, y la espada del
Fil. 2.12 ocupaos en vuestra *s* con temor y
1 Ts. 5.8 y con la esperanza de *s* como yelmo
    5.9 para ira, sino para alcanzar *s* por medio
2 Ts. 2.13 escogido desde el principio para *s*
2 Ti. 2.10 para que ellos también obtengan la *s*
    3.15 hacer sabio para la *s* por la fe que es en
Tit. 2.11 se ha manifestado para *s* a todos los
He. 2.3 cómo .. si descuidamos una *s* tan grande?

He. 2.10 perfeccionase .. al autor de la *s* de ellos
    5.9 a ser autor de eterna *s* para todos los que
    6.9 cosas mejores, y que pertenecen a la *s*
1 P. 1.5 alcanzar la *s* que está preparada para ser
    1.9 fin de vuestra fe, que es la *s* de .. almas
2 P. 3.15 paciencia de nuestro Señor es para *s*
Jud. 3 de escribiros acerca de nuestra común *s*
Ap. 7.10 la *s* pertenece a nuestro Dios que está
    12.10 ahora ha venido la *s*, y el poder, y el
    19.1 *s* y honra y gloria y poder son del Señor

SALVADOR *v.* Cristo, Jesús, Libertador, Re-
    dentor, Señor
2 R. 13.5 dio Jehová *s* a Israel, y salieron del
Sal. 140.7 Señor, potente *S* mío, tú pusiste
Is. 19.20 él les enviará *s* y príncipe que los libre
    43.3 Jehová, Dios tuyo, el Santo de .. soy tu *S*
    45.21 Dios justo y *S*; ningún otro fuera de
    49.26; 60.16 que yo .. soy *S* tuyo y Redentor
    62.11 decid a la hija de . He aquí viene tu *S*
    63.8 ciertamente mi pueblo son .. y fue su *S*
Os. 13.4 no conocerás, pues .. otro *S* sino a mí
Abd. 21 subirán *s* al monte de Sion para juzgar
Zac. 9.9 tu rey vendrá a ti, justo y *s*, humilde
Lc. 1.47 mi espíritu se regocija en Dios mi *S*
    1.69 nos levantó un poderoso *S* en la casa de
    2.11 os ha nacido hoy .. un *S*, que es Cristo el
Jn. 4.42 sabemos que .. éste es el *S* del mundo
Hch. 5.31 Dios ha exaltado .. por Príncipe y *S*
    13.23 Dios levantó a Jesús por *S* a Israel
Ef. 5.23 como Cristo es cabeza de .. y él es su *S*
Fil. 3.20 donde también esperamos al *S*, al Señor
1 Ti. 4.10 esperamos en el Dios .. que es el *S* de
2 Ti. 1.10 manifestada por la aparición de .. *S*
Tit. 2.13 manifestación gloriosa de nuestro .. *S*
1 Jn. 4.14 ha enviado al Hijo, el *S* del mundo
Jud. 25 al único y sabio Dios, nuestro *S*, sea

SALVAR *v.* Libertar, Librar, Redimir
Ex. 14.30 salvó Jehová aquel día a Israel de
Dt. 20.4 Dios va con vosotros .. para *salvaros*
Jue. 6.15 señor mío, ¿con qué *salvaré* yo a Israel?
    7.7 con estos 300 hombres que .. os *salvaré*
1 S. 10.27 ¿cómo nos ha de *salvar* éste? Y le
    14.6 no es difícil para Jehová *salvar* con
    14.23 así salvó Jehová a Israel aquel día
    17.47 que Jehová no *salva* con espada y con
2 S. 22.28; Sal. 18.27 tú *salvas* al pueblo afligido
    22.42; Sal. 18.41 y no hubo quien los *salvase*
1 Cr. 16.35 decid: *Sálvanos*, oh Dios, salvación
2 Cr. 32.22 así salvó Jehová a Ezequías y a los
Job 5.20 en el hambre te *salvará* de la muerte
    22.29 y Dios *salvará* al humilde de ojos
    40.14 te confesaré que podrá *salvarte* tu
Sal. 3.7 levántate, Jehová; *sálvame*, Dios mío
    6.4 libra mi .. *sálvame* por tu misericordia
    7.10 mi escudo está en Dios, que *salva* a
    12.1 *salva*, oh Jehová, porque se acabaron
    17.7 tú que *salvas* a los que se refugian a tu
    20.6 conozco que Jehová *salva* a su ungido
    28.9 *salva* a tu pueblo, y bendice a tu
    33.16 el rey no se *salva* por la multitud del
    34.18 y *salva* a los contritos de espíritu
    54.1 oh Dios, *sálvame* por tu nombre, y con
    55.16 a Dios clamaré; y Jehová me *salvará*
    59.2 y *sálvame* de hombres sanguinarios
    69.1 *sálvame*, oh Dios, porque las aguas han
    69.35 Dios *salvará* a Sion, y reedificará las
    72.4 *salvará* a los hijos del menesteroso
    86.2 salva tú .. a tu siervo que en ti confía
    98.1 diestra lo ha *salvado*, y su santo brazo
    106.8 él los salvó por amor de su nombre
    106.10 los *salvó* de mano del enemigo, y los
    106.47 *sálvanos* .. Dios nuestro, y recógenos
    109.26 *sálvame* conforme a tu misericordia
    119.94 tuyo soy yo, *sálvame*, porque he
    138.7 enemigos .. y me *salvará* tu diestra
    145.19 oirá .. clamor de ellos, y los *salvará*
Is. 25.9 Dios, le hemos esperado, y nos *salvará*
    33.22 porque Jehová .. él mismo nos *salvará*
    35.4 pago; Dios mismo vendrá, y os *salvará*

Is. 37.35 ampararé a esta ciudad para *salvarla*
43.11 yo . . y fuera de mí no hay quien *salve*
45.17 *salvo* en Jehová con salvación eterna
45.22 mirad a mí, y sed *salvos*, todos los
47.15 cada uno irá . . no habrá quien te *salve*
49.25 le defenderé, y yo *salvaré* a tus hijos
50.8 cercano está de mí el que me *salva*
63.1 hablo en justicia, grande para *salvar*
63.5 me *salvó* mi brazo, y me sostuvo mi ira
63.9 y el ángel de su faz los *salvó*, en su
64.5 pecados . . ¿podremos acaso ser *salvos*?
Jer. 4.14 lava tu corazón . . para que sea *salva*
8.20 pasó . . y nosotros no hemos sido *salvos*
11.12 clamarán a los . . no los podrán *salvar*
17.14 *sálvame*, y seré *salvo*; porque tú eres
23.6 en sus días será *salvo* Judá, e Israel
30.10 yo soy el que te *salvo* de lejos a ti y a
30.11 porque yo estoy contigo para *salvarte*
31.7 Jehová, *salva* a tu pueblo, el remante
33.16 Judá será *salvo*, y Jerusalén habitará
42.11 estoy yo para *salvaros* y libraros de
46.27 he aquí yo te *salvaré* de lejos, y a tu
Ez. 34.22 yo *salvaré* a mis ovejas, y nunca más
Os. 1.7 *salvaré* por Jehová . . no los *s* con arco
Abd. 17 de Sion habrá un remanente que se *salve*
Sof. 3.17 Jehová está en medio de ti . . él *salvará*
Zac. 8.7 *salvo* a mi pueblo de la tierra del oriente
9.16 los *salvará* en aquel día Jehová su Dios
Mt. 1.21 él *salvará* a su pueblo de sus pecados
8.25 ¡Señor, *sálvanos*, que perecemos!
9.22; Lc. 8.48 hija, tu fe te ha *salvado*
10.22; 24.13; Mr. 13.13 el que persevere hasta
el fin, éste será *salvo*
14.30 dio voces, diciendo: ¡Señor, *sálvame*!
16.25; Mr. 8.35; Lc. 9.24; 17.33 el que quiera
salvar su vida
18.11; Lc. 19.10 ha venido para *salvar* lo que
19.25; Mr. 10.26 ¿quién . . podrá ser *salvo*?
24.22; Mr. 13.20 acortados, nadie sería *salvo*
27.40; Mr. 15.30 *sálvate* a ti mismo; si eres
27.42; Mr. 15.31; Lc. 23.35 a otros *salvó*, a sí
mismo no se puede *salvar*
Mr. 3.4; Lc. 6.9 lícito . . *salvar* la vida, o quitarla?
5.23 y pon las manos . . para que sea *salva*
5.28 decía . . Si tocare . . su manto, seré *salva*
5.34 hija, tu fe te ha hecho *salva*; vé en paz
16.16 creyere y fuere bautizado, será *salvo*
Lc. 9.56 no . . para perder . . sino para *salvarlas*
13.23 ¿son pocos los que se *salvan*? Y él les
18.42 le dijo: Recíbela, tu fe te ha *salvado*
Jn. 3.17 sino para que el mundo sea *salvo* por él
5.34 mas digo esto, para que . . seáis *salvos*
10.9 el que por mí entrare, será *salvo*; y
12.27 diré? ¿Padre, *sálvame* de esta hora?
12.47 no . . a juzgar . . sino a *salvar* al mundo
Hch. 2.21; Ro. 10.13 que invocare el . . será *salvo*
2.40 sed *salvos* de esta perversa generación
2.47 añadía . . los que habían de ser *salvos*
4.12 otro nombre . . que podamos ser *salvos*
15.1 os circuncidáis . . no podéis ser *salvos*
15.11 que por la gracia del . . seremos *salvos*
16.30 dijo . . ¿qué debo hacer para ser *salvo*?
16.31 cree en el . . y serás *salvo*, tú y tu casa
27.43 centurión, queriendo *salvar* a Pablo, les
Ro. 5.9 sangre, por él seremos *salvos* de la ira
5.10 reconciliados, seremos *salvos* por su
8.24 porque en esperanza fuimos *salvos*
9.27 mar, tan solo el remanente será *salvo*
10.9 creyeres en tu corazón . . serás *salvo*
11.14 por si . . hacer *salvos* a algunos de ellos
11.26 Israel será *salvo*, como está escrito
1 Co. 1.21 *salvar* a los creyentes por la locura
3.15 él mismo será *salvo*, aunque así como
5.5 que el espíritu sea *salvo* en el día del
7.16 mujer, si quizá harás *salvo* a tu marido?
9.22 que de todos modos *salve* a algunos
10.33 el de muchos, para que sean *salvos*
15.2 por el cual asimismo . . sois *salvos*, si
2 Co. 2.15 grato olor de . . en los que se *salvan*
Ef. 2.8 por gracia sois *salvos* por medio de la fe

1 Ts. 2.16 hablar a . . para que éstos se *salven*
1 Ti. 1.15 Cristo . . vino al mundo para *salvar* a
2.4 quiere que todos . . sean *salvos* y vengan
2.15 pero se *salvará* engendrando hijos, si
4.16 persiste en ello, pues . . te *salvarás* a
2 Ti. 1.9 nos *salvó* y llamó con llamamiento
Tit. 3.5 nos *salvó*, no por obras de justicia que
He. 7.25 *salvar* . . a los que por él se acercan a
11.7 el arca en que su casa se *salvase*; y por
Stg. 1.21 la cual puede *salvar* vuestras almas
2.14 no tiene obras? ¿Podrá la fe *salvarle*?
4.12 el dador de la ley, que puede *salvar* y
5.15 la oración de fe *salvará* al enfermo
5.20 *salvará* de muerte un alma, y cubrirá
1 P. 3.20 pocas personas . . fueron *salvadas* por
4.18 si el justo con dificultad se *salva*, ¿en
Jud. 5 que el Señor, habiendo *salvado* al pueblo
23 a otros *salvad*, arrebatándolos del fuego
Ap. 21.24 las naciones que hubieren sido *salvas*

SALVO *v.* Salvar
Sal. 12.5 pondré en *s* al que por ello suspira
Hch. 23.24 llevasen en *s* a Félix el gobernador

SAMARIA
1 R. 18.2 fue, pues . . y el hambre era grave en *S*
20.1 Ben-adad . . sitió a *S*, y la combatió
2 R. 17.6 rey de Asiria tomó *S*, y llevó a Israel
Is. 7.9 la cabeza de Efraín es *S*, y la . . de *S*
Ez. 16.46 hermana mayor es *S*, ella y sus hijas
Os. 13.16 *S* será asolada, porque se rebeló
Mi. 1.1 de Judá; lo que vio sobre *S* y Jerusalén
Jn. 4.4 y le era necesario pasar por *S*
Hch. 8.5 Felipe, descendiendo a la ciudad de *S*
8.14 los apóstoles que . . oyeron que *S* había

SAMARITANO, na
Mt. 10.5 no vayáis, ni en ciudad de *s* no entréis
Lc. 9.52 entraron en una aldea de los *s* para
10.33 un *s*, que iba de camino, vino cerca
17.16 sus pies, dándoles gracias; y éste era *s*
Jn. 4.9 mujer *s* . . judíos y *s* no se tratan entre
4.39 muchos de los *s* . . creyeron en él por la
4.48 ¿no decimos bien . . que tú eres *s*, y

SAMGAR Jue. 3.31.

SAMUEL Nace, 1 S. 1.19–20; es dedicado a
Jehová, 1 S. 1.21–28; ministra ante Jehová, 1 S.
2.11, 18–21; es llamado, 1 S. 3.1–21; juzga a Israel,
1 S. 7.3–17; amonesta a Israel por haber pedido
rey, 1 S. 8.10–18; unge rey a Saúl, 1 S. 10.1–8;
habla a Israel, 1 S. 12.1–25; reprende a Saúl, 1 S.
13.8–15; 15.10–31; corta en pedazos a Agag, 1 S.
15.32–33; unge a David, 1 S. 16.1–13; muere, 1 S.
25.1; 28.3.
Jer. 15.1 si Moisés y *S* se pusieran delante
Hch. 3.24 los profetas desde *S* . . han anunciado
13.20 años, les dio jueces hasta que el profeta *S*

SANAR *v.* Curar
Gn. 20.17 Abraham oró . . y Dios *sanó* a Abimelec
Nm. 12.13 te ruego, oh Dios, que la *sanes* ahora
Dt. 32.39 hiero, y yo *sano*; y no hay quien pueda
2 R. 5.3 si rogase mi señor al . . él lo *sanaría* de
8.8 consulta . . ¿Sanaré de esta enfermedad?
20.5 que yo te *sano*; al tercer día subirás a
2 Cr. 7.14 perdonaré sus . . y *sanaré* su tierra
30.20 y oyó Jehová a . . y *sanó* al pueblo
Sal. 6.2 *sáname*, oh Jehová, porque mis huesos
30.2 Jehová Dios . . a ti clamé, y me *sanaste*
41.4 *sana* mi alma . . contra ti he pecado
103.3 él es . . el que *sana* todas tus dolencias
107.20 envió su palabra, y los *sanó*, y los
147.3 él *sana* a los quebrantados de corazón
Is. 19.22 herirá Jehová a Egipto; herirá y *sanará*
38.21 tomen . . pónganla en la llaga, y *sanará*
57.19 paz, paz al . . dijo Jehová; y lo *sanaré*
Jer. 3.22 convertíos, hijos rebeldes, y *sanaré*
17.14 *sáname*, oh Jehová, y seré sano . . *salvo*
30.17 yo . . *sanaré* tus heridas, dice Jehová
51.9 curamos a Babilonia, y no ha *sanado*
Os. 14.4 *sanaré* su rebelión, los amaré de pura
Mt. 4.23; 9.35 *sanando* toda enfermedad y toda

Mt. 8.8 dijo . . di la palabra, y mi criado *sanará*
10.1; Lc. 9.1 les dio poder . . para *sanar* toda
12.10; Lc. 14.3 ¿es lícito *sanar* en el día de
12.15 le siguió mucha gente, y *sanaba* a todos
12.22 le *sanó*, de tal manera que el ciego y
13.15; Hch. 28.27 se conviertan, y yo los *sane*
14.14; Mr. 1.34; Lc. 7.21 *sanó* a los que estaban
    enfermos
15.30 pusieron a los pies de Jesús, y los *sanó*
17.16 traído a . . pero no le han podido *sanar*
Mr. 3.2; Lc. 6.7 si en día de reposo lo *sanaría*
3.15 y que tuviesen autoridad para *sanar*
16.18 sobre los . . pondrá sus manos, y *sanarán*
Lc. 4.18 ha enviado a *sanar* a los quebrantados de
5.17 poder del Señor estaba con él para *sanar*
6.17 y para ser *sanados* de sus enfermedades
8.2 algunas mujeres que habían sido *sanadas*
10.9 *sanad* a los enfermos que en ella haya
13.14 enojado de que Jesús hubiese *sanado* en
22.51 ya; dejad. Y tocando su oreja, le *sanó*
Jn. 4.47 vino a él y le rogó que . . *sanase* a su hijo
11.12 discípulos: Señor, si duerme, *sanará*
Hch. 3.11 asidos . . el cojo que había sido *sanado*
4.14 viendo al hombre que había sido *sanado*
5.16 muchos venían a . . y todos eran *sanados*
8.7 y muchos paralíticos y cojos eran *sanados*
9.34 Eneas, Jesucristo te *sana*; levántate, y
10.38 *sanando* a todos los oprimidos por el
14.9 y viendo que tenía fe para ser *sanado*
28.8 Pablo . . le impuso las manos, y le *sanó*
He. 12.13 que lo cojo no se . . sino que sea *sanado*
Stg. 5.16 orad unos por . . para que seáis *sanados*
1 P. 2.24 por cuya herida fuisteis *sanados*
Ap. 13.3 pero su herida mortal fue *sanada*; y se
13.12 bestia, cuya herida mortal fue *sanada*

SANGRE *v.* Expiación, Propiciación, Vida
Gn. 4.10 la voz de la *s* de tu hermano clama a mí
9.4 pero carne con su vida, que es su *s*, no
9.6 que derramare *s* . . su *s* será derramada
Ex. 4.9 cambiarán aquellas aguas . . y se harán *s*
7.20 todas las aguas . . se convirtieron en *s*
12.7 tomarán de la *s*, y la pondrán en los dos
24.8 Moisés tomó la *s* y roció sobre el pueblo
29.12 de la *s* del becerro tomarás y pondrás
30.10 con la *s* del sacrificio por el pecado
34.25 no ofrecerás cosa leudada . . con la *s* de
Lv. 1.5 sacerdotes hijos de Aarón ofrecerán la *s*
3.17 ninguna grosura ni ninguna *s* comeréis
4.5 el sacerdote . . tomará de la *s* del becerro
16.14 tomará luego de la *s* del becerro, y la
17.11 misma *s* hará expiación de la persona
19.26 no comeréis cosa alguna con *s*
20.9 a su madre maldijo; su *s* será sobre él
Nm. 35.33 porque esta *s* amancillará la tierra, y la
Dt. 12.16 solamente que *s* no comeréis; sobre la
32.43 porque él vengará la *s* de sus siervos de
Jos. 2.19 su *s* será sobre su cabeza, y nosotros
1 S. 14.32 ovejas y . . el pueblo los comió con *s*
19.5 ¿por qué . . pecarás contra la *s* inocente
2 S. 1.16 David le dijo: Tu *s* sea sobre tu cabeza
2 R. 21.16 derramó Manasés mucha *s* inocente en
1 Cr. 22.8 has derramado mucha *s*, y has hecho
Job 16.18 ¡oh tierra! no cubras mi *s*, y no
Sal. 78.44 volvió sus ríos en *s*, y sus corrientes
79.3 derramaron su *s* como agua en los
105.29 volvió sus aguas en *s*, y mató . . peces
106.38 derramaron la *s* . . la *s* de sus hijos
Pr. 6.17 las manos derramadoras de *s* inocente
Is. 1.11 no quiero *s* de bueyes, ni de ovejas, ni de
1.15 no oiré; llenas están de *s* vuestras manos
4.4 limpie la *s* de Jerusalén de en medio de
49.26 con su *s* serán embriagados como con
59.3 vuestras manos están contaminadas de *s*
59.7 pies . . se apresuran para derramar la *s*
63.3 y su *s* salpicó mis vestidos, y manché
Jer. 2.34 en tus faldas se halló la *s* de los pobres
19.4 y llenaron este lugar de *s* de inocentes
Lm. 4.13 derramaron en medio de ella la *s* de los

Ez. 9.9 pues la tierra está llena de *s*, y la ciudad
18.13 de cierto morirá, su *s* será sobre él
22.4 en tu *s* que derramaste has pecado, y te
33.5 oyó, y no se apercibió; su *s* será sobre él
33.25 ¿comeréis con *s*, y a . . y derramaréis *s*
45.19 sacerdote tomará . . *s* de la expiación
Jl. 2.30 daré . . *s*, y fuego, y columnas de humo
Hab. 2.12 ¡ay del que edifica la ciudad con *s*, y
Sof. 1.17 *s* de ellos será derramada como polvo
Zac. 9.11 también por la *s* de tu pacto serás salva
Mt. 9.20; Mr. 5.25; Lc. 8.43 una mujer enferma de
    flujo de *s*
16.17 porque no te lo reveló carne ni *s*, sino
23.30 sus cómplices en la *s* de los profetas
26.28; Mr. 14.24; Lc. 22.20 esto es mi *s* del
    nuevo pacto
27.6 no es lícito echarlas en . . es precio de *s*
27.24 inocente soy yo de la *s* de este justo
27.25 su *s* sea sobre nosotros, y sobre
Lc. 11.51 la *s* de Abel hasta la *s* de Zacarías
13.1 galileos cuya *s* Pilato había mezclado
22.44 era su sudor como grandes gotas de *s*
Jn. 1.13 los cuales no son engendrados de *s*, ni
19.34 una lanza, y al instante salió *s* y agua
Hch. 1.19 Acéldama, . . quiere decir, Campo de *s*
2.20 la luna en *s*, antes que venga el día del
5.28 queréis echar sobre nosotros la *s* de ese
15.20 de fornicación, de ahogado y de *s*
17.26 de una *s* ha hecho todo el linaje de los
18.6 vuestra *s* sea sobre vuestra propia
20.26 hoy, que estoy limpio de la *s* de todos
20.28 Señor, la cual él ganó por su propia *s*
21.25 se abstengan . . ídolos, de *s*, de ahogado
Ro. 3.15 sus pies se apresuran para derramar *s*
3.25 Dios puso . . por medio de la fe en su *s*
5.9 más, estando ya justificados en su *s*, por
1 Co. 10.16 ¿no es la comunión de la *s* de Cristo?
11.27 culpado del cuerpo y de la *s* del Señor
Gá. 1.16 no consulté en seguida con carne y *s*
Ef. 1.7 en quien tenemos redención por su *s*, el
2.13 habéis sido hechos cercanos por la *s* de
6.12 no tenemos lucha contra *s* y carne, sino
Col. 1.20 haciendo la paz mediante la *s* de su cruz
He. 9.12 y no por de . . sino por su propia *s*
9.22 y sin derramamiento de *s* no se hace
10.4 la *s* de los toros . . no puede quitar los
10.29 y tuviere por inmunda la *s* del pacto
12.4 porque aún no habéis resistido hasta la *s*
12.24 la *s* rociada que habla mejor que la de
13.20 gran pastor . . por la *s* del pacto eterno
1 P. 1.2 para ser rociados con la *s* de Jesucristo
1.19 sino con la *s* preciosa de Cristo, como de
1 Jn. 1.7 la *s* de Jesucristo su Hijo nos limpia de
5.6 es Jesucristo, que vino mediante agua y *s*
Ap. 1.5 nos lavó de nuestros pecados con su *s*
5.9 y con tu *s* nos has redimido para Dios
6.12 el sol . . y la luna se volvió toda como *s*
7.14 han emblanquecido en la *s* del Cordero
8.8 la tercera parte del mar se convirtió en *s*
11.6 poder sobre las . . para convertirlas en *s*
12.11 y le han vencido por medio de la *s* del
16.3 su copa sobre el mar . . se convirtió en *s*
17.6 mujer ebria de la *s* . . la *s* de los mártires
19.2 y ha vengado la *s* de sus siervos de la

SANGUINARIO, ria
2 S. 16.7 ¡fuera, fuera, hombre *s* y perverso!
Sal. 5.6 *s* y engañador abominará Jehová
55.23 los hombres *s* . . no llegarán a la mitad
Is. 33.15 tapa sus oídos para no oír propuestas *s*
Nah. 3.1 ¡ay de ti, ciudad *s* . . llena de mentira

SANIDAD *v.* Curación
Is. 6.10 no vea . . ni se convierta y haya para él *s*
Jer. 33.6 yo les traeré *s* y medicina; y los curaré
Ez. 47.8 entradas en el mar, recibirán *s* las aguas
Hch. 3.16 la fe . . ha dado a éste esta completa *s*
4.30 extiendes tu mano para que se hagan *s*
1 Co. 12.9 a otro, dones de *s* por el mismo
Ap. 22.2 hojas del árbol eran para la *s* de las

SANO, na *v.* Salvo

Sal. 38.3 nada hay *s* en mi carne, a causa de tu
Mt. 9.12; Mr. 2.17; Lc. 5.31 los *s* no tienen nece-
    sidad de médico
    14.36; Mr. 6.56 los que lo tocaron, quedaron *s*
Lc. 7.7 pero di la palabra, y mi siervo será *s*
    15.27 gordo, por haberle recibido bueno y *s*
Jn. 5.6 Jesús lo vio, y . . le dijo: ¿Quieres ser *s*?
1 Ti. 1.10 para cuanto se oponga a la *s* doctrina
    6.3 y no se conforma a las *s* palabras de
2 Ti. 1.13 retén . . las *s* palabras que de mí oíste
Tit. 1.13 repréndelos . . para que sean *s* en la fe
    2.2 los ancianos . . *s* en la fe, en el amor, en
    2.8 palabra *s* e irreprochable, de modo que

SANSÓN Jue. 13.24—16.31.

SANTIDAD *v.* Justicia, Santificación

Ex. 28.36 grabarás en ella como . . *S* a Jehová
    39.30 y escribieron en ella . . *S* a Jehová
1 Cr. 16.29; Sal. 29.2 en la hermosura de la *s*
Sal. 93.5 la *s* conviene a tu casa, oh Jehová, por
Is. 35.8 camino, y será llamado Camino de *S*
    57.15 yo habito en la altura y la *s*, y con el
Zac. 14.20 estará grabado sobre . . *S* a Jehová
Lc. 1.75 en *s* . . delante de él . . nuestros días
2 Co. 7.1 perfeccionando la *s* en el temor de Dios
Ef. 4.24 creado . . en la justicia y *s* de la verdad
1 Ts. 3.13 irreprensibles en *s* delante de Dios
He. 12.10 éste . . para que participemos de su *s*
    12.14 seguid la paz con todos, y la *s*, sin la

SANTIFICACIÓN *v.* Santidad

Ro. 6.19 servir a . . iniquidad, así ahora para *s*
    6.22 tenéis por vuestro fruto la *s*, y como fin
1 Ts. 4.3 pues la voluntad de Dios es vuestra *s*
    4.7 pues no nos ha llamado Dios a . . sino a *s*
2 Ts. 2.13 para salvación, mediante la *s* por
1 P. 1.2 elegidos según la . . en *s* del Espíritu

SANTIFICADO *v.* Consagrado

Hch. 20.32 para . . daros herencia con todos los *s*
1 Co. 1.2 a los *s* en Cristo Jesús, llamados a ser
Jud. 1 Judas . . a los llamados, *s* en Dios Padre

SANTIFICAR *v.* Apartar, Consagrar, Dedicar, Purificar, Separar

Gn. 2.3 bendijo Dios del día séptimo, y lo *santificó*
Ex. 29.37 *santificarás*, y será un altar santísimo
    29.43 el lugar será *santificado* con mi gloria
    31.13 que yo soy Jehová que os *santifico*
Lv. 8.10 ungió el tabernáculo y . . y las *santificó*
    10.3 en los que . . se acercan me *santificaré*
    20.7 *santificaos*, pues, y sed santos, porque yo
    21.8 le *santificarás*, por . . santo seré para ti
    21.8 santo soy yo Jehová que os *santifico*
    22.32 no profanéis . . Jehová que os *santifico*
    25.10 y *santificaréis* el año 50 . . de júbilo
Nm. 11.18 *santificaos* para mañana, y comeréis
    20.13 contendieron . . él se *santificó* en ellos
Dt. 32.51 no me *santificasteis* en medio de los
Jos. 3.5 *santificaos*, porque Jehová hará mañana
    7.13 levántate, y *santifica* al pueblo, y di
1 R. 9.3 yo he *santificado* esta casa que tú has
1 Cr. 15.14 los levitas se *santificaron* para traer
2 Cr. 7.16 he elegido y *santificado* esta casa, para
    29.17 y *santificaron* la casa . . en ocho días
    29.34 fueron más rectos . . para *santificarse*
Is. 5.16 Dios será *santificado* con justicia
    8.13 Jehová de los ejércitos . . a él *santificad*
    29.23 *santificarán* mi nombre; y al Santo
Jer. 1.5 y antes que nacieses te *santifiqué*, te di
    17.22; Ez. 20.20 *santificad* el día de reposo
Ez. 36.23 y *santificaré* mi . . nombre, profanado
    37.28 sabrán . . yo Jehová *santifico* a Israel
Mt. 6.9; Lc. 11.2 *santificado* sea tu nombre
Jn. 17.17 *santifícalos* en tu verdad; tu palabra es
    17.19 me *santifico* . . ellos sean *santificados*
1 Co. 6.11 ya habéis sido *santificados*, ya habéis
    7.14 el marido . . es *santificado* en la mujer
Ef. 5.26 *santificarla* . . en el lavamiento del agua
1 Ts. 5.23 Dios de . . os *santifique* por completo

1 Ti. 4.5 de Dios y por la oración es *santificado*
He. 2.11 el que *santifica* y los que son *santificados*
    9.13 si la sangre de los . . *santifican* para la
    10.10 somos *santificados* mediante la ofrenda
    10.29 la sangre . . en la cual fue *santificado*
    13.12 también Jesús, para *santificar* al pueblo
1 P. 3.15 *santificad* a Dios el Señor en vuestros

SANTÍSIMO

Ex. 26.33 separación entre el lugar santo y el *s*
1 R. 6.27 puso estos querubines . . en el lugar *s*
Pr. 9.10 el conocimiento del *S* es la inteligencia

SANTO, ta *v.* Limpio, Puro

Ex. 3.5 porque el lugar en que tú estás, tierra *s* es
    19.6 seréis un reino de sacerdotes, y gente *s*
    22.31 me seréis varones *s*. No comeréis carne
    26.33 velo . . entre el lugar *s* y el santísimo
Lv. 10.10 poder discernir entre lo *s* y lo profano
    11.44; 19.2; 20.26 y seréis *s*, porque yo soy *s*
    21.6 *s* serán a su Dios, y no profanarán el
Nm. 6.5 el tiempo . . de su nazareato . . será *s*
Dt. 7.6; 14.2, 21 tú eres pueblo *s* para Jehová tu
    23.14 por tanto, tu campamento ha de ser *s*
    26.19 que seas un pueblo *s* a Jehová tu Dios
    33.2 vino de entre diez millares de *s*, con la
Jos. 5.15 quita el calzado de . . donde estás es *s*
    24.19 porque él es Dios *s*, y Dios celoso
1 S. 2.2 no hay *s* como Jehová; porque no hay
2 R. 19.22; Is. 37.23 ¿contra quien . . el *S* de Israel
Esd. 8.28 son *s* los utensilios, y la plata y el oro
Neh. 8.10 porque día *s* es a nuestro Señor; no os
Job 5.1 ahora, pues . . a cuál de los *s* te volverás?
    15.15 he aquí, en sus *s* no confía, y ni aun
Sal. 16.10 ni permitirás que tu *s* vea corrupción
    22.3 pero tú eres *s*, tú que habitas entre las
    30.4 cantad a Jehová, vosotros sus *s*, y
    34.9 temed a Jehová, vosotros sus *s*, pues
    50.5 juntadme mis *s* . . que hicieron pacto
    77.13 oh Dios, *s* en tu camino; ¿qué dios es
    79.2 carne de tus *s* a las bestias de la tierra
    132.9 vistan de justicia, y se regocijen tus *s*
    145.10 te alaben . . obras, y tus *s* te bendigan
Is. 6.3 daba voces, diciendo: *S*, *s*, *s*, Jehová de
    12.6 grande es en medio de ti el *S* de Israel
    41.14 Jehová; el *S* de Israel es tu Redentor
    65.5 no te acerques a mí . . soy más *s* que tú
Jer. 2.3 *s* era Israel a Jehová, primicias de sus
    31.23 oh morada de justicia, oh monte *s*
Dn. 4.9 que hay en ti espíritu de los dioses *s*
    7.18 recibirán el reino los *s* del Altísimo
    7.21 este cuerno hacía guerra contra los *s*
    8.13 a un *s* que hablaba; y otro . . *s* preguntó
    8.24 destruirá a los . . *s*, y al pueblo de los *s*
Os. 11.9 el *S* en medio de ti; y no entraré en la
Zac. 14.5 vendrá Jehová mi . . y con él todos los *s*
Mt. 4.5 el diablo le llevó a la *s* ciudad, y le puso
    7.6 no deis lo *s* a los perros, ni . . perlas
    27.52 muchos cuerpos de *s* que habían dormido
Mr. 1.24; Lc. 4.34 sé quien eres, el *S* de Dios
Lc. 1.35 el *S* Ser que nacerá, será llamado Hijo
    2.23 abrirá la matriz será llamado *s* al Señor
Hch. 2.27; 13.35 ni permitirás . . *S* vea corrupción
    3.14 negasteis al *S* y al Justo, y pedisteis
    4.30 mediante el nombre de tu *s* Hijo Jesús
    7.33 porque el lugar en que estás es tierra *s*
    9.13 males ha hecho a tus *s* en Jerusalén
    26.10 encerré en cárceles a muchos de los *s*
Ro. 1.7 que estáis en Roma . . llamados a ser *s*
    8.27 conforme a . . Dios intercede por los *s*
    12.13 compartiendo . . necesidades de los *s*
    15.25 voy a Jerusalén para ministrar a los *s*
1 Co. 1.2 llamados a ser *s* con todos los que en
    3.17 el templo . . el cual sois vosotros, *s* es
    6.2 ¿o no sabéis que los *s* han de juzgar al
    7.14 vuestros hijos serían inmundos . . son *s*
    7.34 ser *s* así en cuerpo como en espíritu
    16.1 cuanto a la ofrenda para los *s*, haced
    16.15 se han dedicado al servicio de los *s*
2 Co. 9.1 cuanto a la ministración para los *s*, es
    9.12 no solamente suple lo que a los *s* falta

Ef. 1.4 fuésemos *s* y sin mancha delante de él
　1.18 las riquezas . . de su herencia en los *s*
　2.21 creciendo para ser un templo *s* en el
　3.8 menos que el más pequeño de todos los *s*
　3.18 comprender con todos los *s* cuál sea la
　4.12 fin de perfeccionar a los *s* para la obra
　5.3 ni aun se nombre . . como conviene a *s*
　5.27 una iglesia . . que fuese *s* y sin mancha
　6.18 con toda . . y súplica por todos los *s*
Fil. 4.21 saludad a todos los *s* en Cristo Jesús
Col. 1.12 para participar de la herencia de los *s*
　1.22 presentaros *s* y sin mancha . . delante
1 Ts. 2.10 sois testigos . . de cuán *s*, justa e
　3.13 la venida de nuestro . . con todos sus *s*
2 Ts. 1.10 para ser glorificado en sus *s* y ser
1 Ti. 5.10 si ha lavado los pies de los *s*; si ha
2 Ti. 1.9 nos salvó y llamó con llamamiento *s*
He. 13.24 saludad a . . pastores, y a todos los *s*
1 P. 1.15 sed . . *s* en toda vuestra manera de
　1.16 escrito está: Sed *s*, porque yo soy *s*
　2.5 sed edificados como casa . . sacerdocio *s*
　2.9 nación *s*, pueblo adquirido por Dios
2 P. 1.18 oímos esta voz . . con él en el monte *s*
　3.11 debéis . . andar en *s* y piadosa manera de
Jud. 3 por la fe que ha sido una vez dada a los *s*
Ap. 4.8 día y noche de decir: S, *s*, *s* es el Señor
　5.8 copas de oro . . son las oraciones de los *s*
　6.10 ¡hasta cuándo, Señor, *s* . . no juzgas y
　8.3 para añadirlo a las oraciones de . . los *s*
　13.7 se le permitió hacer guerra contra los *s*
　14.12 aquí está la paciencia de los *s*, los que
　16.6 derramaron la sangre de los *s* y de los
　17.6 la mujer ebria de la sangre de los *s*, y de
　20.6 bienaventurado y *s* el que tiene parte en
　22.11 y el que es *s*, santifíquese todavía

SANTUARIO *v.* Casa, Iglesia, Tabernáculo, Templo
Ex. 15.17 en el *s* que tus manos . . han afirmado
　25.8 harán un *s* para mí, y habitaré en medio
　36.1 hacer toda la obra del servicio del *s*
Lv. 21.12 ni saldrá del *s*, ni profanará el *s* de su
　26.2 y tened en reverencia mi *s*. Yo Jehová
1 R. 8.6; 2 Cr. 5.7 metieron el arca . . en el *s* de
1 Cr. 22.19 levantaos, y edificad el *s* de Jehová
　28.10 para que edifiques casa para el *s*
2 Cr. 30.8 someteos a Jehová, y venid a su *s*
Sal. 44.8 Dios, el *s* de las moradas del Altísimo
　60.6; 108.7 Dios ha dicho en su *s*: Yo me
　73.17 entrando en el *s* . . comprendí el fin de
　78.69 edificó su *s* a manera de eminencia
　96.6 delante de él; poder y gloria en su *s*
　102.19 porque miró desde lo alto de su *s*
　114.2 Judá vino a ser su *s*, e Israel su señorío
　134.2 alzad vuestras manos al *s*, y bendecid a
　150.1 alabad a Dios en su *s*; alabadle en la
Is. 8.14 entonces él será por *s*; pero a las dos casas
　16.12 venga a su *s* a orar, no le valdrá
　60.13 decorar el lugar de mi *s*; y yo honraré
　62.9 sino . . lo beberán en los atrios de mi *s*
　63.18 nuestros enemigos han hollado tu *s*
　64.11 casa de nuestro *s* y de nuestra gloria
Jer. 17.12 trono de . . es el lugar de nuestro *s*
　51.51 extranjeros contra los *s* de la casa de
Lm. 1.10 ha visto entrar en su *s* . . a las naciones
　2.7 desechó el Señor su . . menospreció su *s*
Ez. 5.11 por haber profanado mi *s* con todas tus
　11.16 seré . . pequeño *s* en las tierras adonde
　22.26; 23.38 sacerdotes . . contaminaron mis *s*
　37.26 pondré mi *s* entre ellos para siempre
　44.7 de traer extranjeros . . para estar en mi *s*
　48.8 del mar; y el *s* estará en medio de ella
Dn. 8.14 hasta 2.300 . . luego el *s* será purificado
　9.17 rostro resplandezca sobre tu *s* asolado
　9.26 el pueblo de . . destruirá la ciudad y el *s*
　11.31 de su parte tropas que profanarán el *s*
Am. 7.13 Bet-el, porque es *s* del rey, y capital
Lc. 1.12 que había visto visión en el *s* . . mudo
He. 8.2 ministro del *s*, y de aquel . . tabernáculo
　9.1 aun el primer pacto tenía . . *s* terrenal

SAQUEAR *v.* Despojar
Gn. 34.27 y *saquearon* la ciudad, por cuanto
2 R. 7.16 pueblo salió, y *saqueó* el campamento
Sal. 44.10 nos *saquean* . . los que nos aborrecen
　89.41 lo *saquean* todos los que pasan por el
Pr. 24.15 oh impío, no . . no *saquees* su cámara
Is. 17.14 la parte . . suerte de los que nos *saquean*
　33.1 ti, que *saqueas*, y nunca fuiste *saqueado*
Nah. 2.2 porque *saqueadores* los *saquearon*
Sof. 1.13 serán *saqueados* sus bienes, y sus casas
Mt. 12.29; Mr. 3.27 entrar en la casa . . y *saquear*

SARA (Sarai)　Mujer de Abraham, Gn. 11.29;
era estéril, Gn. 11.30; Sarai y Hagar, Gn. 16.1–6;
Abraham la hace aparecer como su hermana, Gn.
12.10–20; 20.1–18; llamada Sara, Gn. 17.15; se ríe
de la promesa de Dios, Gn. 18.9–15; da a luz a
Isaac, Gn. 21.1–8; tiene celos de Ismael, Gn. 21.9–
11; muere en Hebrón, Gn. 23.2; sepultada en
Macpela, Gn. 23.19.
Ro. 4.19 cuerpo . . o la esterilidad de la matriz de *S*
　9.9 por este tiempo vendré, y *S* tendrá un hijo
He. 11.11 por la fe . . la misma *S*, siendo estéril
1 P. 3.6 como *S* obedecía a Abraham, llamándole

SARDIS　Ap. 3.1–6.

SAREPTA　1 R. 17.9; Lc. 4.26.

SARÓN　Cnt. 2.1; Is. 33.9; 65.10.

SATANÁS *v.* Beelzebú, Diablo
Job 1.6; 2.1 los hijos de Dios . . vino también *S*
　2.7 *S* . . hirió a Job con una sarna maligna
Sal. 109.6 pon sobre él . . y esté a su diestra
Zac. 3.1 y *S* estaba a su mano derecha para
Mt. 4.10; Lc. 4.8 vete, *S*, porque escrito está: Al
　12.26; Mr. 3.23 si *S* echa fuera a *S*, contra
　16.23; Mr. 8.33 ¡quítate de delante de mí, *S*!
Mr. 1.13 estuvo allí . . días, y era tentado por *S*
　4.15 viene y quita la palabra que se sembró
Lc. 10.18 yo veía a *S* caer del cielo como un rayo
　11.18 si . . *S* está dividida contra sí mismo
　13.16 esta hija . . que *S* había atado 18 años
　22.3 entró *S* en Judas . . era uno . . de los doce
　22.31 *S* os ha pedido para zarandearos como
Jn. 5.4 por cuál llenó *S* tu corazón para que
　26.18 a la luz, y de la potestad de *S* a Dios
Ro. 16.20 el Dios de paz aplastará . . a *S* bajo
1 Co. 5.5 sea entregado a *S* para destrucción
　7.5 juntaros en uno, para que no os tiente *S*
2 Co. 2.11 que *S* no gane ventaja alguna sobre
　11.14 mismo *S* se disfraza como ángel de luz
　12.7 un mensajero de *S* que me abofetee, para
1 Ts. 2.18 quisimos ir a . . pero *S* nos estorbó
2 Ts. 2.9 inicuo cuyo advenimiento es por . . de *S*
1 Ti. 1.20 a quienes entregué a *S* para que
　5.15 algunos se han apartado en pos de *S*
Ap. 2.9 dicen . . y no lo son, sino sinagoga de *S*
　2.13 donde moras, donde está el trono de *S*
　2.24 no han conocido . . las profundidades de *S*
　3.9 yo entrego de la sinagoga de *S* a los que
　12.9 la serpiente . . que se llama diablo y *S*
　20.2 prendió al . . *S*, y lo ató por mil años
　20.7 los mil años se cumplan, *S* será suelto

SATISFACCIÓN *v.* Contentamiento
2 S. 21.3 ¿qué *s* os daré, para que bendigáis la
Gá. 4.15 ¿dónde . . esa *s* que experimentabais?

SATISFACER *v.* Agradar, Complacer, Contentar, Saciar
Ex. 21.19 *satisfará* por lo que estuvo sin trabajar
Pr. 5.19 sus caricias te *satisfagan* en todo tiempo
Gá. 5.16 y no *satisfagáis* los deseos de la carne

SATISFECHO *v.* Contento
Sal. 17.15 cuando despierte a tu semejanza
Pr. 27.20 así los ojos del hombre nunca están *s*
Hch. 27.38 ya *s*, aligeraron la nave, echando

SAUCE
Job 40.22 su sombra; los *s* del arroyo lo rodean
Is. 44.4 brotarán entre hierba, como *s* junto a
Ez. 17.5 la plantó junto a . . la puso como un *s*

SAÚL Hijo de Cis, 1 S. 9.1–2; su encuentro con
Samuel, 1 S. 9.3–27; ungido por Samuel, 1 S.
10.1–8; "¿también Saúl entre los profetas?" 1 S.
10.9–13; 19.19–24; escogido por rey en Mizpa,
1 S. 10.20–24; derrota a los amonitas, 1 S. 11.5–11;
hecho rey en Gilgal, 1 S. 11.12–15; reprendido por
ofrecer sacrificios, 1 S. 13.8–14; construye un altar,
1 S. 14.35; desechado como rey, 1 S. 15.10–30;
aliviado cuando David toca el arpa, 1 S. 16.14–23;
tiene celos de David, 1 S. 18.6–30; procura matar a
David, 1 S. 19.1–17; mata a los sacerdotes de Nob,
1 S. 22.6–19; perdonado por David, 1 S. 24.1–7;
26.1–25; consulta a la adivina de Endor, 1 S.
28.3–25; muere y es sepultado; 1 S. 31.1–13.
Hch. 13.21 pidieron rey, y Dios les dio a *S* hijo

SAULO de Tarso *v.* Pablo

SAZONAR
Lc. 14.34 hiciere insípida, ¿con qué se *sazonará*?
Col. 4.6 sea vuestra palabra . . *sazonada* con sal

SECAR *v.* Enjugar
1 R. 13.4 la mano que . . se le *secó*, y no la pudo
Sal. 37.2 y como la hierba verde se *secarán*
      129.6 hierba . . que se *seca* antes que crezca
Is. 19.5 las aguas . . y el río se agotará y *secará*
      40.7 la hierba se *seca*, y la flor se marchita
      44.27 dice a . . *Secaos*, y tus ríos haré *secar*
Ez. 17.9 todas sus hojas lozanas se *secarán*
      30.12 *secaré* los ríos, y entregaré la tierra
Jl. 1.12 todos los árboles del campo se *secaron*
Mt. 13.6; Mr. 4.6 porque no tenía raíz, se *secó*
      21.19; Mr. 11.20 luego se *secó* la higuera
Mr. 5.29 en seguida la fuente de su sangre se *secó*
Lc. 8.6 nacida, se *secó*, porque no tenía humedad
Jn. 15.6 el que en mí no permanece . . se *secará*
Stg. 1.11; 1 P. 1.24 hierba se *seca*, su flor se cae
Ap. 16.12 Eufrates; y el agua de éste se *secó*

SECO, ca
Gn. 1.9 dijo . . Dios . . descúbrase lo *s*. Y fue así
Jos. 3.17 los sacerdotes . . estuvieron en *s*, firmes
      4.22 hijos . . Israel pasó en *s* por este Jordán
2 R. 2.8 se apartaron . . pasaron ambos por lo *s*
Sal. 63.1 en tierra *s* y árida donde no hay agua
Is. 35.7 el lugar *s* se convertirá en estanque, y el
Ez. 37.4 diles: Huesos *s*, oíd palabra de Jehová
Os. 9.16 Efraín fue herido, su raíz está *s*, no dará
Mt. 12.10; Mr. 3.1; Lc. 6.6 que tenía *s* una mano
      12.43; Lc. 11.24 anda por lugares *s*, buscando
Lc. 23.31 árbol verde . . ¿en el *s*, qué no se hará?

SECRETO *v.* Aparte
Dt. 29.29 las cosas *s* pertenecen a Jehová . . Dios
Jue. 3.19 rey, una palabra *s* tengo que decirte
Job 11.6 te declarara los *s* de la sabiduría, que
      15.8 ¿oíste tú el *s* de Dios, y está limitada a
Sal. 31.20 lo *s* de tu presencia los esconderás
      44.21 porque él conoce los *s* del corazón
      55.14 que juntos comunicábamos . . los *s*, y
Pr. 11.13 el que anda en chismes descubre el *s*
      25.9 tu causa . . y no descubras el *s* a otro
Is. 45.19 no hablé en *s*, en un lugar oscuro de la
      48.16 desde el principio no hablé en *s*; desde
Jer. 23.18 ¿quién estuvo en el *s* de Jehová, y vio
Ez. 7.22 será violado mi lugar *s*; pues entrarán
Am. 3.7 revele su *s* a sus siervos los profetas
Mt. 2.7 Herodes, llamando en *s* a los magos
      6.4 sea tu . . en *s*; y tu Padre que ve en lo *s* te
Jn. 7.4 que procura darse a conocer hace algo en *s*
      7.10 él también subió a la fiesta . . como en *s*
Ro. 2.16 que Dios juzgará . . hombres *s* de los
Ef. 5.12 vergonzoso es aun hablar . . hacen en *s*

SECTA
Hch. 24.5 es . . cabecilla de la *s* de los nazarenos
      26.5 conforme a la más rigurosa *s* . . fariseo
      28.22 de esta *s* . . en todas partes se habla

SED *v.* Hambre
Ex. 17.3 tuvo allí *s*, y murmuró contra Moisés
Dt. 29.19 fin de que con la embriaguez quite la *s*
Jue. 15.18 teniendo gran *s*, clamó . . a Jehová

Jue. 15.18 ¿y moriré yo ahora de *s*, y caeré en
Sal. 42.2; 63.1 mi alma tiene *s* de Dios, del Dios
Pr. 25.21 pan, y si tuviere *s*, dale de beber agua
Is. 29.8 como el que tiene *s* y sueña, y le parece
      41.17 seca está de *s* su lengua; yo Jehová los
      48.21 no tuvieron *s* cuando los llevó por los
Mt. 5.6 bienaventurados los que tienen . . *s*
Jn. 4.14 el que bebiere del agua . . no tendrá *s*
      6.35 el que en mí cree, no tendrá *s* jamás
      7.37 si alguno tiene *s*, venga a mí y beba
      19.28 que la Escritura se cumpliese: Tengo *s*
Ro. 12.20 de comer; si tuviere *s*, dale de beber
Ap. 7.16 ya no tendrán hambre ni *s*, y el sol no
      21.6 que tuviere *s*, yo le daré gratuitamente
      22.17 el que tiene *s*, venga; y el que quiera

SEDEQUÍAS
2 R. 24.17 y le cambió el nombre por el de *S*
Jer. 21.3 y Jeremías les dijo: Diréis así a *S*
      24.8 como los higos malos . . pondré a *S* rey
      27.12 hablé también a *S* . . diciendo: Someted
      32.3 *S* rey de Judá lo había puesto preso
      34.2 vé y habla a *S* rey de Judá, y dile: Así
      38.14 después envió al rey *S*, e hizo traer al

SEDICIÓN *v.* Alboroto
Lc. 21.9 cuando oigáis de guerras y de *s*, no os
      23.19 había sido echado en la cárcel por *s*
Hch. 19.40 peligro de que seamos acusados de *s*

SEDIENTO, ta
Job 5.5 los espinos, y los *s* beberán su hacienda
Sal. 107.5 hambrientos y *s*, su alma desfallecía en
      143.6 extendí . . mi alma a ti como la tierra *s*
Pr. 25.25 como el agua fría al alma *s*, así son las
Is. 32.6 vacía el alma . . y quitando la bebida al *s*
      55.1 a todos los *s*: Venid a las aguas; y los

SEDUCIR *v.* Engañar
Jer. 20.7 me *sedujiste*, oh Jehová, y fui *seducido*
Dn. 11.32 *seducirá* a los violadores del pacto
Stg. 1.14 de su . . concupiscencia es . . *seducido*
2 P. 2.14 *seducen* a las almas inconstantes, tienen
      2.18 *seducen* con concupiscencias de la carne
Ap. 2.20 mujer Jezabel . . *seduzca* a mis siervos

SÉFORA Ex. 2.21; 4.25; 18.2.

SEGADOR
2 R. 4.18 vino a su padre, que estaba con los *s*
Mt. 13.39 la siega es el . . y los *s* son los ángeles

SEGAR *v.* Vendimiar
Lv. 19.9; 23.22 *siegues* la mies de tu . . no *segarás*
1 S. 6.13 los de Bet-semes *segaban* el trigo en
Job 4.8 que aran . . y siembran injuria, la *siegan*
Sal. 126.5 lágrimas, con regocijo *segarán*
Os. 10.12 *segad* para vosotros en misericordia
Mi. 6.15 sembrarás, mas no *segarás*; pisarás
Mt. 6.26; Lc. 12.24 que no siembran, ni *siegan*
      25.24; Lc. 19.21 *siegas* donde no sembraste
Jn. 4.36 que *siega* recibe salario, y recoge fruto
      4.37 uno . . siembra, y otro es el que *siega*
1 Co. 9.11 ¿es gran cosa si *segáremos* de vosotros
2 Co. 9.6 el que siembra escasamente . . *segará*
Gá. 6.7 lo que el hombre sembrare, eso . . *segará*
      6.9 su tiempo *segaremos*, si no desmayamos
Stg. 5.4 los clamores de los que habían *segado*
Ap. 14.15 tu hoz, y *siega*; porque la hora de *segar*

SEGUIR *v.* Imitar, Perseguir
Ex. 14.4 endureceré . . Faraón para que los *siga*
      14.8 Faraón . . *siguió* a los hijos de Israel
Dt. 4.4 vosotros que *seguisteis* a Jehová . . estáis
      10.20 a Jehová tu Dios temerás . . *seguirás*
      13.4 su voz, a él serviréis, y a él *seguiréis*
      16.20 la justicia *seguirás*, para que vivas y
      30.20 amando a Jehová . . y *siguiéndole* a él
Jos. 14.8 yo cumplí *siguiendo* a Jehová mi Dios
      22.5 *sigáis* a él, y le sirváis de todo vuestro
      23.8 a Jehová vuestro Dios *seguiréis*, como
1 S. 30.8 *síguelos*, porque . . los alcanzarás, y de
1 R. 18.21 si Jehová es Dios, *seguidle*; y si Baal
2 R. 6.19 *seguidme*, y yo os guiaré al hombre que
      18.6 *siguió* a Jehová, y no se apartó de él

Is. 51.1 oídme, los que *seguís* la justicia, los que
Mt. 4.20; Mr. 1.18 dejando . . redes, le *siguieron*
  8.19; Lc. 9.57 te *seguiré* adondequiera que
  8.22 le dijo: *Sígueme*; deja que los muertos
  9.9; Mr. 2.14; Lc. 5.27 le dijo: *sígueme* . . y le *siguió*
  16.24; Mr. 8.34; Lc. 9.23 niéguese . . y tome su cruz, y *sígame*
  19.21; Lc. 18.22 tesoro en . . y ven y *sígueme*
  19.27; Mr. 10.28; Lc. 18.28 hemos dejado todo, y te hemos *seguido*
Mr. 9.38; Lc. 9.49 lo prohibimos . . no nos *seguía*
  10.21 vende . . ven, *sígueme*, tomando tu cruz
Lc. 5.11 las barcas, dejándolo todo, le *siguieron*
Jn. 1.43 Jesús . . halló a Felipe, y le dijo: *Sígueme*
  8.12 el que me *sigue*, no andará en tinieblas
  10.5 al extraño no *seguirán*, sino huirán de él
  10.27 mi voz, y yo las conozco, y me *siguen*
  12.26 si alguno me sirve, *sígame*; y donde yo
  13.37 ¿por qué no te puedo *seguir* ahora?
  18.15 *seguían* a Jesús Simón Pedro y otro
  21.22 si quiero que . . ¿qué a ti? *Sígueme* tú
Hch. 12.9 *saliendo*, le *seguía*; pero no sabía que
Ro. 4.12 que también *siguen* las pisadas de la fe
  12.9 aborreced lo malo, *seguid* lo bueno
  14.19 *sigamos* lo que contribuye a la paz y a
1 Co. 14.1 *seguid* el amor; y procurad los dones
Fil. 3.16 *sigamos* un misma regla, sintamos una
1 Ti. 6.11; 2 Ti. 2.22 *sigue* la justicia, la fe, el
He. 12.14 *seguid* la paz con todos, y la santidad
1 P. 3.13 podrá hacer daño, si . . *seguís* el bien?
2 P. 2.2 y muchos *seguirán* sus disoluciones, por
Jud. 11 porque han *seguido* el camino de Caín
Ap. 14.13 porque sus obras con ellos *siguen*

SEGUNDO
1 Co. 15.47 el *s* hombre, que es el Señor, es del
Ap. 2.11 venciere, no sufrirá daño de la *s* muerte
  20.14 al lago de fuego. Esta es la muerte *s*
  21.8 en el lago que arde con . . es la muerte *s*

SEGURIDAD *v.* Certeza, Certidumbre, Confianza
2 R. 20.19; Is. 39.8 al menos paz y *s* en mis días
Job 5.4 sus hijos estarán lejos de la *s*; en la
  24.23 él le da *s* y confianza; sus ojos están
Sal. 71.5 mi esperanza, *s* mía desde mi juventud
  78.53 los guio con *s*, de modo que no . . temor
Ez. 34.27 su fruto, y estarán sobre su tierra con *s*
Ef. 3.12 tenemos *s* y aceso con confianza por
1 Ts. 5.3 cuando digan: Paz y *s*, entonces vendrá

SEGURO, ra *v.* Cierto, Confiado
Jue. 18.7 pueblo que habitaba en ella estaba *s*
Esd. 9.8 para darnos un lugar *s* en su santuario
Job 11.18 mirarás alrededor, y dormirás *s*
  12.6 y los que provocan a Dios viven *s*, en
  24.22 se levante, ninguno está *s* de la vida
Sal. 61.4 estaré *s* bajo la cubierta de tus alas
Jer. 33.16 Jerusalén habitará *s*, y se le llamará
Os. 2.18 quitaré de . . guerra, y te haré dormir *s*
Ro. 8.38 estoy *s* de que ni la muerte, ni la vida
Fil. 3.1 no me es molesto . . para vosotros es *s*
He. 6.19 tenemos como *s* y firme ancla del alma
2 P. 1.19 tenemos . . la palabra profética más *s*

SEIR
Dt. 2.5 dado por heredad a Esaú el monte de *S*
Ez. 35.2 hijo . . pon tu rostro hacia el monte de *S*

SELLAR
Est. 8.8 y *selladlo* con el anillo del rey; porque
Dn. 12.4 pero tú, Daniel . . *sella* el libro hasta el
  12.9 cerradas y *selladas* hasta el tiempo del fin
Mt. 27.66 aseguraron el sepulcro, *sellando* la piedra
2 Co. 1.22 el cual también nos ha *sellado*, y nos
Ef. 1.13 fuisteis *sellados* con el Espíritu Santo
  4.30 con el cual fuisteis *sellados* para el día
Ap. 7.3 hayamos *sellado* en sus frentes a los
  10.4 *sella* las cosas . . truenos han dicho
  22.10 me dijo: No *selles* las palabras de la

SELLO
Gn. 38.18 ella respondió: Tu *s*, tu cordón, y tu

Ro. 4.11 como *s* de la justicia de la fe que tuvo
1 Co. 9.2 el *s* de mi apostolado sois vosotros
2 Ti. 2.19 teniendo este *s*: Conoce el Señor a los
Ap. 5.1 un libro escrito . . y sellado con siete *s*
  6.1 vi cuando . . abrió uno de los *s*, y oí a
  8.1 séptimo *s*, se hizo silencio en el cielo
  9.4 los hombres que no tuviesen el *s* de Dios
  20.3 encerró, y puso su *s* sobre él, para que

SEM Gn. 5.32; 6.10; 9.26–27.

SEMAÍAS 1 R. 12.22; 2 Cr. 11.2.

SEMANA
Ex. 34.22; Dt. 16.10 celebrarás la fiesta de las *s*, la
Dn. 9.24 setenta *s* están determinadas sobre tu
  9.25 desde . . habrá siete *s*, y sesenta y dos *s*

SEMBRADO *v.* Campo
Mt. 12.1; Mr. 2.23; Lc. 6.1 iba por los *s* en un día

SEMBRADOR
Mt. 13.3; Mr. 4.3; Lc. 8.5 he aquí, el *s* salió a
  13.18 oíd, pues, vosotros la parábola del *s*

SEMBRAR *v.* Plantar
Gn. 26.12 *sembró* Isaac en aquella tierra, y
Job 4.8 que aran . . *siembran* injuria, la siegan
  31.8 *siembre* yo, y otro coma . . mi siembra
Sal. 107.37 *siembran* campos, y plantan viñas
  126.5 los que *sembraron* con lágrimas, con
Pr. 11.18 que *siembra* justicia tendrá galardón
  22.8 el que *sembrare* iniquidad, iniquidad
Ec. 11.4 el que al viento observa, no *sembrará*
  11.6 por la mañana *siembra* tu semilla, y a la
Is. 32.20 dichosos . . los que *sembráis* junto a
Jer. 4.3 arad campo . . no *sembréis* entre espinos
  31.27 *sembraré* la casa de Israel y la casa de
Os. 8.7 *sembraron* viento, y torbellino segarán
  10.12 *sembrad* . . vosotros en justicia, segad
Mi. 6.15 *sembrarás*, mas no segarás; pisarás
Hag. 1.6 *sembráis* mucho, y recogéis poco
Mt. 6.26; Lc. 12.24 las aves . . que no *siembran*
  13.3; Lc. 8.5 el sembrador salió a *sembrar*
  13.27 señor, ¿no *sembraste* buena semilla en tu
  25.26 sabías que siego donde no *sembré*, y
Lc. 19.21 pusiste, y siegas lo que no *sembraste*
Jn. 4.36 que *siembra* goce juntamente con el que
  4.37 uno es el que *siembra*, y otro es el que
1 Co. 9.11 si . . *sembramos* entre vosotros lo
  15.36 lo que tú *siembras* no se vivifica, si no
  15.42 se *siembra* en corrupción, resucitará en
2 Co. 9.6 el que *siembra* escasamente . . segará
  9.10 el que da semilla al que *siembra*, y pan
Gá. 6.7 lo que el hombre *sembrare*, eso . . segará
Stg. 3.18 el fruto de justicia se *siembra* en paz

SEMEJANTE *v.* Igual
Sal. 89.6 ¿quién será *s* a Jehová entre los hijos de
Is. 40.18 ¿a qué, pues, haréis *s* a Dios, o qué
Mr. 4.30 ¿a qué haremos *s* el reino de Dios, o con
  14.70 tu manera de hablar es *s* a la de ellos
Hch. 14.15 somos hombres *s* a vosotros, que os
Fil. 3.10 llegando a ser *s* a él en su muerte

SEMEJANZA *v.* Figura, Imagen
Gn. 1.26 hagamos al hombre a . . a nuestra *s*
  5.1 día que creó Dios al hombre, a *s* de Dios
Ro. 8.3 Dios, enviando a su Hijo en *s* de carne de
He. 7.15 a *s* de Melquisedec se levanta un sacerdote
Stg. 3.9 hombres . . que están hechos a la *s* de Dios

SEMENTERA
Gn. 8.22 no cesarán la *s* y la siega, el frío y el
Mal. 2.3 os dañaré la *s*, y os echaré al rostro el

SEMILLA *v.* Simiente
Gn. 1.11 produzca la tierra . . hierba que dé *s*
Ex. 16.31 llamó Maná; y era como *s* de culantro
Dt. 22.9 no sembrarás tu viña con *s* diversas
Sal. 126.6 y llorando el que lleva la preciosa *s*
Ec. 11.6 por la mañana siembra tu *s*, y a la tarde
Is. 55.10 da *s* al que siembra, y pan al que come
Mt. 13.24 que sembró buena *s* en su campo
  13.32; Mr. 4.31 más pequeña de todas las *s*
  13.38 la buena *s* son los hijos del reino, y la

Mr. 4.26 cuando un hombre echa *s* en la tierra
Lc. 8.11 la parábola: La *s* es la palabra de Dios
1 Co. 15.38 le da . . a cada *s* su propio cuerpo
2 Co. 9.10 el que da *s* al que siembra, y pan al que

SENAQUERIB   2 R. 18.13—19.37; 2 Cr. 32.1–
22; Is. 36.1—37.38.

SENCILLEZ *v.* Sinceridad
Gn. 20.5 con *s* de mi corazón y . . he hecho esto
2 Co. 1.12 con *s* . . hemos conducido en el mundo
Ef. 6.5 obedeced a . . con *s* de vuestro corazón

SENCILLO *v.* Ingenuo, Sincero
Sal. 116.6 Jehová guarda a los *s*; estaba yo
Fil. 2.15 para que seáis irreprensibles y *s*, hijos

SENDA *v.* Calzada, Camino, Vereda
Job 22.15 ¿quieres tú seguir la *s* antigua que
28.7 *s* que nunca la conoció ave, ni ojo de
Sal. 16.11 me mostrarás la *s* de la vida; en tu
Mr. 1.3; Lc. 3.4 preparad el . . enderezad sus *s*
He. 12.13 haced *s* derechas para vuestros pies

SENO *v.* Pecho
Gn. 25.23 dos naciones hay en tu *s*, y dos pueblos
Ex. 4.6 le dijo . . Mete ahora tu mano en tu *s*
Pr. 6.27 ¿tomará el hombre fuego en su *s* sin que

SENTADO
Jer. 8.14 ¿por qué nos estamos *s*? Reuníos, y
Ez. 3.15 me senté donde ellos estaban *s*, y allí
Mt. 9.10 que estando él *s* a la mesa en la casa, he
26.64; Mr. 14.62 *s* a la diestra del poder
Lc. 2.46 *s* en medio de los doctores de la ley
8.35 *s* a los pies de Jesús, vestido, y en su
1 Co. 8.10 si alguno te ve a ti . . *s* a la mesa en el
Col. 3.1 donde está Cristo *s* a la diestra de Dios
Ap. 4.3 el aspecto del que estaba *s* era semejante

SENTAR
Ex. 18.14 ¿por qué te *sientas* tú solo, y todo el
Sal. 26.4 no me he *sentado* con hombres hipócritas
110.1 *siéntate* a mi diestra, hasta que ponga
113.8 para hacerlos *sentar* con los príncipes
Jer. 15.17 no me *senté* en . . de burladores, ni me
22.30 ninguno de su . . *sentarse* sobre el trono
Mi. 4.4 se *sentará* cada uno debajo de su vid y
Mt. 19.28 vosotros . . *sentaréis* sobre doce tronos
20.21 que en tu reino se *sienten* estos dos hijos
22.44; Mr. 12.36; Lc. 20.42; Hch. 2.34; He.
1.13 *siéntate* a mi diestra, hasta que ponga
26.55 cada día me *sentaba* con vosotros
28.2 removió la piedra, y se *sentó* sobre ella
Mr. 10.37 en tu gloria nos *sentemos* el uno a tu
16.19 cielo, y se *sentó* a la diestra de Dios
Lc. 10.39 *sentándose* a los pies de Jesús, oía su
13.29 y se *sentarán* a la mesa en el reino de
17.7 luego le dice: Pasa, *siéntate* a la mesa?
22.27 ¿cual es mayor, el que se *sienta* a la
Jn. 4.6 Jesús, cansado . . *sentó* así junto al pozo
Ef. 1.20 y *sentándole* a su diestra en los lugares
2.6 nos hizo *sentar* en los lugares celestiales
2 Ts. 2.4 tanto que se *sienta* en el templo de Dios
He. 1.3 se *sentó* a la diestra de la Majestad en
10.12 se ha *sentado* a la diestra de Dios
Stg. 2.3 le decís: *Siéntate* tú aquí en buen lugar
Ap. 3.21 daré que se *siente* conmigo en mi trono

SENTENCIA
Dt. 17.9 sacerdotes . . te enseñarán la *s* del juicio
Ec. 8.11 no se ejecuta . . *s* sobre la mala obra
Dn. 4.24 la *s* del Altísimo, que ha venido sobre
Lc. 24.20 cómo le entregaron . . a *s* de muerte
Ro. 7.28 el Señor ejecutará su *s* sobre la tierra
2 Co. 1.9 tuvimos en nosotros . . *s* de muerte
Ap. 17.1 te mostraré la *s* contra la gran ramera

SENTIR *v.* Mente, Pensamiento, Pensar
2 Co. 13.11 consolaos, sed de un mismo *sentir*
Fil. 2.2 unánimes, *sintiendo* una misma cosa
2.5 haya, pues, en vosotros este *sentir* que hubo
3.15 mismo . . *sintamos*; y si otra cosa *sentís*
4.2 ruego a . . que sean de un mismo *sentir*
1 P. 3.8 todos de un mismo *sentir*, compasivos

SEÑA
Lc. 1.22 él les hablaba por *s*, y permaneció mudo
Jn. 13.24 a éste, pues, hizo *s* Simón Pedro, para

SEÑAL *v.* Maravilla, Marca, Milagro, Prodigio
Gn. 1.14 y sirvan de *s* para las estaciones, para
4.15 puso *s* en Caín, para que no lo matase
9.12 dijo Dios: Esta es la *s* del pacto que yo
28.18 la alzó por *s*, y derramó aceite encima
31.51 he aquí este majano, y he aquí esta *s*
35.14 Jacob erigió una *s* en el lugar donde
Ex. 3.12 yo estaré contigo; y esto te será por *s*
4.8 ni obedecieren a la voz de la primera *s*
7.3 multiplicaré en la tierra de Egipto mis *s*
12.13 sangre os será por *s* en las casas donde
31.13 es *s* entre mí y vosotros por vuestras
Nm. 16.38 y serán como *s* a los hijos de Israel
Dt. 6.8 y las atarás como una *s* en tu mano, y
6.22 Jehová hizo *s* y milagros . . en Egipto
28.46 serán en ti por *s* y por maravilla, y en
Jos. 2.12 de lo cual me daréis una *s* segura
24.17 Dios es . . que ha hecho estas grandes *s*
Jue. 6.17 des *s* de que tú has hablado conmigo
1 S. 2.34 te será por *s* esto que acontecerá a tus
1 R. 13.3 dio una *s*, diciendo: Esta es la *s* de que
2 R. 19.29 esto te daré por *s*, oh Ezequías: Este
20.8 ¿qué *s* tendré de que Jehová me sanará
Neh. 9.10 hiciste *s* y maravillas contra Faraón
Sal. 86.17 haz conmigo *s* para bien, y véanla los
Is. 7.11 pide para ti *s* de Jehová tu Dios
7.14 el Señor mismo os dará *s*: He aquí que
8.18 yo y . . somos por *s* y presagios en Israel
37.30 esto te será por *s*: Comeréis este año lo
38.7 te será *s* de parte de Jehová, que Jehová
38.22 ¿qué *s* tendré de que subiré a la casa de
55.13 será . . por *s* eterna que nunca será raída
Jer. 44.29 esto tendréis por *s*, dice Jehová, de que
Ez. 4.3 tú la sitiarás. Es *s* a la casa de Israel
9.4 pones una *s* en . . los hombres que gimen
12.6 por *s* te he dado a la casa de Israel
14.8 y le pondré por *s* y por escarmiento, y lo
20.12 que fuesen por *s* entre mí y ellos
24.24 Ezequiel, pues, os será por *s*; según
Dn. 4.3 ¡cuán grandes son sus *s*, y cuán potentes
6.27 hace *s* y maravillas en el cielo y en la
Mt. 12.39; 16.4; Mr. 8.12; Lc. 11.29 demanda *s*;
pero *s* no le será dada, sino la *s* del profeta
16.1; Mr. 8.11; Lc. 11.16 pidieron que les
mostrase *s* del cielo
24.3; Mr. 13.4; Lc. 21.7 qué *s* habrá de tu
venida, y del fin del siglo?
24.24; Mr. 13.22 harán grandes *s* y prodigios
24.30 aparecerá la *s* del Hijo del Hombre en
Mr. 14.44 el que le entregaba les había dado *s*
16.17 y estas *s* seguirán a los que creen: En
16.20 palabra con las *s* que la seguían. Amén
Lc. 2.12 esto os servirá de *s*: Hallaréis al niño
2.34 puesto . . para *s* que será contradicha
21.25 habrá . . en el sol, en la luna y en las
23.8 Herodes . . esperaba verle hacer alguna *s*
Jn. 2.11 este principio de *s* hizo Jesús en Caná de
2.23 creyeron en su . . viendo las *s* que hacía
2.23 nadie puede hacer estas *s* que tú haces
4.48 si no viereis *s* y prodigios, no creeréis
4.54 esta segunda *s* hizo Jesús, cuando fue de
6.2 porque veían las *s* que hacía en los enfermos
6.26 no porque habéis visto las *s*, sino porque
6.30 ¿qué *s* . . para que veamos y te creamos?
7.31 ¿hará más *s* que las que éste hace?
10.41 Juan, a la verdad, ninguna *s* hizo; pero
12.37 a pesar de que había hecho tantas *s*
20.25 si no viere en sus . . la *s* de los clavos
20.30 hizo . . muchas otras *s* en presencia de
Hch. 2.19 arriba en el cielo, y *s* abajo en la tierra
2.22 maravillas, prodigios y *s* que Dios hizo
4.30 mano para que se hagan . . *s* y prodigios
5.12 se hacían muchas *s* y prodigios en el
6.8 Esteban . . hacía . . prodigios y *s* entre el
8.6 gente . . oyendo y viendo las *s* que hacía
14.3 que se hiciesen por . . ellos *s* y prodigios

Hch. 15.12 cuán grandes s y . . había hecho Dios
21.40 Pablo . . hizo s con la mano al pueblo
Ro. 4.11 recibió la circuncisión como s, como
1 Co. 1.22 los judíos piden s, y los griegos
14.22 así que, las lenguas son por s, no a
2 Co. 12.12 las s de apóstol han sido hechas entre
He. 2.4 testificando Dios . . con s y prodigios y
Ap. 13.13 hace grandes s, de tal manera que
15.1 vi en el . . otra s, grande y admirable
16.14 son espíritus de demonios, que hacen s
19.20 falso profeta que había hecho . . las s

SEÑALAR v. Constituir, Designar, Poner
Jn. 6.27 dará; porque a éste señaló Dios el Padre
Hch. 1.23 señalaron a dos: a José . . y a Matías
2 Ts. 3.14 si . . señaladlo, y no os juntéis con él

SEÑOR, ra v. Amo, Cristo, Dios, Dueño, Jehová, Jesús, Maestro, Señor Jesucristo, Señor Jesús
Gn. 18.12 tendré deleite, siendo . . mi s ya viejo?
42.6 José era el s de la tierra, quien le vendía
45.9 Dios me ha puesto por s de todo Egipto
45.26 José vive aún; y él es s en la tierra de
Ex. 21.5 yo amo a mi s, a mi mujer y a mis hijos
Jue. 3.22 sé nuestro s, tú, y tu hijo, y tu nieto
1 S. 26.16 porque no habéis guardado a vuestro s
29.4 ¿con qué . . volvería . . a la gracia de su s
Est. 1.18 dirán esto las s de Persia y de Media que
Sal. 8.1, 9 ¡oh Jehová, S nuestro, cuán glorioso es
136.3 alabad al S de los s, porque para siempre
Pr. 30.10 no acuses al siervo ante su s, no sea que
Is. 1.3 el buey conoce a su dueño, y el asno el
26.13 otros s . . han enseñoreado de nosotros
Dn. 2.47 es Dios de dioses, y S de los reyes
5.29 de oro, y proclamar que él era el tercer s
Mi. 5.2 de ti me saldrá el que será S en Israel
Mal. 1.6 y si soy s, ¿dónde está mi temor? dice
Mt. 4.10; Lc. 4.8 al S tu Dios adorarás, y a él solo
6.24; Lc. 16.13 ninguno puede servir a dos s
7.21 no todo el que me dice: S, S, entrará en
9.38; Lc. 10.2 rogad, pues, al S de la mies, que
10.24 no es más . . ni el siervo más que su s
11.25 te alabo, Padre, S del cielo y de la tierra
12.8; Mr. 2.28; Lc. 6.5 el Hijo del Hombre es
S del día de reposo
21.42; Mr. 12.11 el S ha hecho esto, y es cosa
22.44; Mr. 12.36; Lc. 20.42; Hch. 2.34 dijo el
S a mi S: Siéntate a mi diestra
24.42 no sabéis . . hora ha de venir vuestro S
26.22 comenzó cada . . a decirle: ¿Soy yo, S?
28.6 venid, ved el lugar donde fue puesto el S
Mr. 5.19 cuéntales cuán grandes cosas el S ha
12.29 oye, Israel; el S nuestro Dios, el S uno es
13.35 no sabéis cuándo vendrá el s de la casa
16.20 ayudándoles el S y confirmando la
Lc. 1.46 María dijo: Engrandece mi alma al S
2.11 hoy . . un Salvador, que es Cristo el S
6.46 ¿por qué me llamáis, S, S, y no hacéis lo
14.23 dijo el s al siervo: Vé por los caminos
24.34 ha resucitado el S verdaderamente, y ha
Jn. 11.21, 32 dijo . . S, si hubieses estado aquí, mi
13.13 vosotros me llamáis . . S; y decís bien
13.16; 15.20 el siervo no es mayor que su s, ni
15.15 el siervo no sabe lo que hace su s; pero
20.20 discípulos se regocijaron viendo al S
20.28 Tomás respondió . . S mío, y Dios mío
21.7 Pedro, cuando oyó que era el S, se ciñó
Hch. 2.25 veía al S siempre delante de mí; porque
2.36 este Jesús . . Dios le ha hecho S y Cristo
9.5; 22.8; 26.15 ¿Quién eres, S? . . soy Jesús
11.21 gran número creyó y se convirtió al S
16.14 el S abrió el corazón de ella para que
17.24 S del cielo y de la tierra, no habita en
Ro. 10.9 confesares con tu boca que Jesús es el S
10.12 el mismo que es S de todos, es rico para
14.8 pues si vivimos, para el S vivimos; y si
14.9 para ser S así de los muertos como de los
1 Co. 1.31 que . . el que se gloría, gloríese en el S
7.12 a los demás yo digo, no el S: Si algún
7.32 el soltero tiene cuidado de la cosas del S

1 Co. 8.5 como hay muchos dioses y muchos s
11.20 os reunís . . esto no es comer la cena del S
12.3 nadie puede llamar a Jesús S, sino por el
15.47 el segundo hombre, que es el S, es del
Gá. 4.1 en nada difiere del . . aunque es s de todo
Ef. 4.5 un S, una fe, un bautismo
6.7 sirviendo . . como al S y no a los hombres
6.9 sabiendo que el S . . está en los cielos
Fil. 2.11 toda lengua confiese que Jesucristo es el S
4.5 de todos los hombres. El S está cerca
1 Ts. 4.6 porque el S es vengador de todo esto
4.17 para recibir al S en . . siempre con el S
2 Ts. 2.2 el sentido de que el día del S está cerca
3.3 fiel es el S, que os afirmará y guardará
3.16 y el mismo S de paz os dé siempre paz
1 Ti. 6.15 solo Soberano, Rey de reyes, y S de s
2 Ti. 3.11 sufrido, y de todas me ha librado el S
4.17 pero el S estuvo a mi lado, y me dio
He. 8.11 enseñará a su . . diciendo: Conoce al S
13.6 el S es mi ayudador; no temeré lo que
Stg. 5.11 S es muy misericordioso y compasivo
1 P. 2.3 es que habéis gustado la benignidad del S
2 P. 2.1 que . . aun negarán al S que los rescató
3.9 el S no retarda su promesa, según algunos
Jud. 14 he aquí, vino el S con sus santas decenas
Ap. 1.10 yo estaba en el Espíritu en el día del S
16.5 justo eres tú, oh S, el que eres y eras
17.14 los vencerá, porque él es S de s y Rey
19.16 este nombre: Rey de reyes, y S de s

SEÑOREAR v. Dominar, Enseñorear, Gobernar
Gn. 1.16 señorease en el día . . que s en la noche
1.26 señoree en los peces del mar, en las aves
1 R. 4.21 Salomón señoreaba sobre todos los reinos
Sal. 8.6 le hiciste señorear sobre las obras de tus
Pr. 12.24 la mano de los diligentes señoreará
Is. 14.2 señorearán sobre los que los oprimieron
40.10 vendrá con poder, y su brazo señoreará

SEÑORÍO v. Autoridad, Dominio, Poder, Potestad
Job 25.2 el s y el temor está con él; él hace paz en
Sal. 103.22 sus obras, en todos los lugares de su s
114.2 vino a ser su santuario, e Israel su s
145.13 siglos, y tu s en todas las generaciones
Dn. 4.3 reino . . su s de generación en generación
Zac. 9.10 su s será de mar a mar, y desde el río
Ef. 1.21 sobre todo . . autoridad y poder y s
1 P. 5.3 no como teniendo s sobre los que están
2 P. 2.10 siguiendo la carne . . desprecian el s

SEÑOR JESUCRISTO v. Cristo, Cristo Jesús, Jesucristo, Jesús, Mesías, Salvador, Señor, Señor Jesús
Hch. 15.26 vida por el nombre de nuestro S J
16.31 dijeron: Cree en el S J, y serás salvo, tú
28.31 predicando . . enseñando acerca del S J
Ro. 5.1 tenemos paz . . por medio de nuestro S J
13.14 sino vestíos del S J, y no proveáis para
1 Co. 1.7 esperando la manifestación de nuestro S J
15.57 da la victoria por medio de nuestro S J
2 Co. 8.9 ya conocéis la gracia de nuestro S J, que
Col. 2.6 que habéis recibido al S J, andad en él
1 Ts. 3.13 en la venida de nuestro S J con todos
5.9 alcanzar salvación por medio de . . S J
2 Ts. 1.12 nombre de nuestro S J sea glorificado
1 Ti. 6.14 hasta la aparición de nuestro S J
2 P. 1.16 conocer el poder y la venida de . . S J

SEÑOR JESÚS v. Cristo, Cristo Jesús, Jesucristo, Jesús, Mesías, Salvador, Señor, Señor Jesucristo
Hch. 1.21 todo el tiempo que el S J entraba y salía
7.59 invocaba y decía: S J, recibe mi espíritu
15.11 por la gracia del S J seremos salvos
19.5 fueron bautizados en el nombre del S J
19.17 y era magnificado el nombre del S J
21.13 aun a morir . . por el nombre del S J
1 Co. 11.23 que el S J, la noche que fue entregado
Gá. 6.17 traigo en mi cuerpo las marcas del S J
Col. 3.17 hecho, hacedlo todo en el nombre del S J
1 Ts. 2.15 los cuales mataron al S J, y a sus propios

2 Ts. 1.7 cuando se manifieste el *S J* desde el
Ap. 22.20 vengo en breve. Amén; sí, ven, *S J*

SEOL *v.* **Hades, Infierno, Sepulcro**
Nm. 16.33 descendieron vivos al *S*, y los cubrió la
Dt. 32.22 arderá hasta las profundidades del *S*
2 S. 22.6; Sal. 18.5 ligaduras del *S* me rodearon
Job 17.13 si yo espero, el *S* es mi casa; haré mi
24.19 nieve; así también el *S* a los pecadores
26.6 el *S* está descubierto delante de él, y el
Sal. 6.5 porque en . . en el *S*, ¿quién te alabará?
9.17 los malos serán trasladados al *S*, todas
16.10 porque no dejarás mi alma en el *S*, ni
49.15 Dios redimirá mi vida del poder del *S*
55.15 desciendan vivos al *S* . . hay maldades
86.13 has librado mi alma de las . . del *S*
88.3 mi alma está . . y mi vida cercana al *S*
Pr. 5.5 pies . . a la muerte; sus pasos conducen al *S*
9.18 convidados están en lo profundo del *S*
15.11 *S* y el Abadón están delante de Jehová
27.20 el *S* y el Abadón nunca se sacian; así
30.16 el *S*, la matriz estéril, la tierra que no se
Is. 5.14 por eso ensanchó su interior el *S*, y sin
14.9 el *S* abajo se espantó de ti; despertó
14.15 derribado eres hasta el *S*, a los lados
28.15 hicimos convenio con el *S*; cuando pase
38.10 a la mitad de mis días iré a las . . del *S*
38.18 el *S* no te exaltará, ni te alabará la
57.9 y te abatiste hasta la profundidad del *S*
Ez. 32.21 en medio del *S* hablarán a él los fuertes
Os. 13.14 la mano del *S* los redimiré, los libraré
Am. 9.2 aunque cavasen hasta el *S*, de allá los
Jon. 2.2 desde el seno del *S* clamé, y mi voz oíste

SEPARACIÓN
Ex. 9.4 hará *s* entre los ganados de Israel y los
26.33 aquel velo os hará *s* entre el lugar santo

SEPARAR *v.* **Apartar, Consagrar, Santificar**
Gn. 1.4 buena; y *separó* Dios la luz de las tinieblas
2 S. 1.23 tampoco en su muerte fueron *separados*
Esd. 9.1 no se han *separado* de los pueblos de las
Neh. 13.3 *separaron* . . a todos los mezclados con
Mt. 19.6; Mr. 10.9 los que Dios juntó, no lo *separe*
Lc. 24.51 se *separó* de ellos, y fue llevado arriba
Hch. 15.39 se *separaron* el uno del otro; Bernabé
Ro. 8.35 ¿quién nos *separará* del amor de Cristo?
8.39 ni . . nos podrá *separar* del amor de Dios
1 Co. 7.10 que la mujer no se *separe* del marido
7.15 pero si el incrédulo se separa, *sepárese*
1 Ts. 2.17 *separados* de vosotros por un poco de

SÉPTIMO
Ex. 20.10; Dt. 5.14 el *s* día es reposo para Jehová

SEPULCRO *v.* **Hades, Hoyo, Infierno, Muerte, Seol, Sepultura**
Ex. 14.11 dijeron a . . ¿No había *s* en Egipto, que
2 R. 13.21 arrojaron el cadáver en el *s* de Eliseo
Job 3.22 se alegran . . se gozan cuando hallan el *s*
33.18 detendrá su alma del *s*, y su vida de que
33.22 su alma se acerca al *s*, y su vida a los
Sal. 5.9 abierto es su garganta, con su lengua
88.11 ¿será contada en el *s* tu misericordia, o
Pr. 28.17 huirá hasta el *s*, y nadie le detendrá
Ec. 9.10 porque en el *s*, adonde vas, no hay obra
Cnt. 8.6 el amor; duros como el *s* los celos; sus
Jer. 5.16 aljaba como *s* abierto, todos valientes
20.17 y mi madre me hubiera sido mi *s*, y su
Ez. 32.23 gente está por los alrededores de su *s*
37.12 he aquí yo abro vuestros *s*, pueblo mío
Mt. 8.28 dos endemoniados que salían de los *s*
23.27 porque sois semejantes a *s* blanqueados
23.29 edificáis los *s* de los profetas, y adornáis
27.52 se abrieron los *s*, y muchos cuerpos de
27.60; Mr. 15.46; Lc. 23.53 *s* nuevo . . en una peña
28.1 Magdalena y la otra María, a ver el *s*
Mr. 5.2 vino a . . de los *s*, un hombre con un
15.46 hizo rodar una piedra a la entrada del *s*
16.2 la semana, vinieron al *s*, ya salido el sol
Lc. 8.27 ropa, ni moraba en casa, sino en los *s*

Lc. 11.44 que sois como *s* que no se ven, y los
11.47 edificáis los *s* de los profetas a quienes
24.1 día . . vinieron al *s*, trayendo las especias
24.12 pero levantándose Pedro, corrió al *s*
Jn. 5.28 todos los que están en los *s* oirán su voz
11.17 cuatro días que Lázaro estaba en el *s*
11.31 siguieron, diciendo: Va al *s* a llorar allí
19.41 había . . en el huerto un *s* nuevo, en el
20.1 fue de mañana, siendo aún oscuro, al *s*
20.6 Simón Pedro . . entró en el *s*, y vio los
Ro. 3.13 *s* abierto es su garganta; con su lengua
1 Co. 15.55 ¿dónde, oh *s*, tu victoria?

SEPULTAR *v.* **Enterrar**
Gn. 23.4 *sepultaré* mi muerta de delante de mí
25.9 lo *sepultaron* Isaac e Ismael sus hijos
50.13 le *sepultaron* en la cueva del campo de
Mi. 7.19 *sepultará* nuestras iniquidades, y echará

SEPULTURA *v.* **Hades, Hoyo, Infierno, Muerte, Sepulcro**
Gn. 35.20 un pilar sobre su *s* . . es la señal de la *s*
Dt. 34.6 y ninguno conoce el lugar de su *s* hasta
Job 5.26 vendrás a la vejez a la *s*, como la
Ec. 6.3 si su alma no se sació . . careció de *s*
Is. 53.9 se dispuso con los impíos su *s*, mas con
Jer. 22.19 en *s* de asno será enterrado . . fuera
Ez. 32.18 la tierra, con los que descienden a la *s*
39.11 daré a Gog lugar para *s* allí en Israel
Mt. 27.7 el campo del . . para *s* de los extranjeros
Mr. 14.8 anticipado a ungir mi cuerpo para la *s*
Jn. 12.7 para el día de mi *s* ha guardado esto

SEQUÍA
Is. 58.11 en las *s* saciará tu alma, y dará vigor
Jer. 14.1 palabra . . que vino . . con motivo de la *s*
Hag. 1.11 y llamé la *s* sobre esta tierra, y sobre

SER [*sust.*] *v.* **Animal, Bestia, Criatura, Viviente**
Gn. 1.20 produzcan las aguas *s* vivientes, y aves
Ez. 1.5 en medio de ella la figura de cuatro *s*
Ap. 4.6 junto al trono . . cuatro *s* vivientes llenos

SER [*verbo*]
Ex. 3.14 Yo *soy* el que *s* . . Yo *s* me envió a
Jn. 8.24 si no creéis que yo *soy* . . moriréis
8.58 antes que Abraham fuese, yo *soy*

SERAFÍN *v.* **Angel, Espíritu, Querubín**
Is. 6.2 por encima de él había *s*; cada uno

SERGIO PAULO Hch. 13.7–12.

SERPIENTE *v.* **Culebra, Diablo, Satanás**
Gn. 3.1 pero la *s* era astuta, más que todos los
49.17 será Dan *s* junto al camino, víbora
Nm. 21.8 hazte una *s* ardiente, y ponla sobre una
Dt. 32.33 veneno de *s* es su vino, y ponzoña cruel
2 R. 18.4 hizo pedazos la *s* de bronce que había
Job 26.13 los cielos; su mano creó la *s* tortuosa
Sal. 140.3 aguzaron su lengua como la *s*; veneno
Ec. 10.8 que aportillare vallado, le morderá la *s*
10.11 si muerde la *s* antes de ser encantada
Is. 14.29 saldrá áspid, y su fruto, *s* voladora
27.1 al leviatán *s* veloz, y al . . *s* tortuosa
65.25 y el polvo será el alimento de la *s*
Jer. 8.17 yo envío sobre vosotros *s*, áspides
Am. 9.3 del mar, allí mandaré a la *s* y los morderá
Mt. 10.16 sed . . prudentes como *s*, y sencillos
23.33 ¡s, generación de víboras! ¿Cómo
Mr. 16.18 tomarán en las manos *s*, y si bebieren
Lc. 10.19 doy potestad de hollar *s* y escorpiones
11.11 en lugar de pescado, le dará una *s*?
Jn. 3.14 como Moisés levantó la *s* en el desierto
2 Co. 11.3 como la *s* con su astucia engañó a Eva
Stg. 3.7 toda naturaleza . . de *s* . . se doma y ha
Ap. 12.9; 20.2 la *s* antigua, que se llama diablo

SERVICIO *v.* **Ministerio**
Ex. 30.16 lo darás para el *s* del tabernáculo; y será
1 R. 9.22 a ninguno . . Israel impuso Salomón *s*
Jn. 16.2 que os mate, pensará que rinde *s* a Dios
Hch. 12.25 y Saulo, cumplido su *s*, volvieron de
Ro. 15.31 la ofrenda de mí *s* a los . . sea acepta
He. 1.14 enviados para *s* a favor de los que serán
3 Jn. 6 como es digno de su *s* a Dios, para que

SERVIDOR *v.* **Criado, Ministro, Siervo**
Mt. 20.26; Mr. 10.43 hacerse grande . . será . . *s*
Jn. 12.26 donde yo estuviere, allí . . estará mi *s*
Ro. 13.4 porque es *s* de Dios para tu bien
1 Co. 4.1 téngannos los hombres por *s* de Cristo

SERVIDUMBRE *v.* **Esclavitud**
Ex. 1.14 amargaron su vida con dura *s*, en hacer
2.23 hijos de Israel gemían a causa de la *s*
20.2; Dt. 5.6; 8.14 de Egipto, de casa de *s*
Hch. 7.6 que los reducirían a *s* y los . . 400 años
1 Co. 9.27 golpeo mi cuerpo, y lo pongo en *s*
He. 2.15 por el temor de . . estaban . . sujetos a *s*

SERVIR *v.* **Adorar, Ministrar, Obedecer**
Gn. 25.23 fuerte . . y el mayor *servirá* al menor
25.32 Esaú . . ¿para qué, pues, me *servirá* la
27.29 *sírvante* pueblos, y naciones se . . a ti
29.18 yo te *serviré* siete años por Raquel tu
Ex. 1.13 los egipcios hicieron *servir* a . . Israel
3.12 señal . . *serviréis* a Dios sobre este monte
4.23 dejes ir a mi hijo, para que me *sirva*
14.12 mejor nos fuera *servir* a los egipcios
21.2 si comprares siervo . . seis años *servirá*
23.25 a Jehová vuestro Dios *serviréis*, y él
Lv. 25.39 a ti, no le harás *servir* como esclavo
Dt. 4.28 *serviréis* allí a dioses hechos de manos
5.9 no te inclinarás a ellas ni las *servirás*
6.13 tu Dios temerás, y a él solo *servirás*
7.16 ni *servirás* a sus dioses, porque te sera
10.12 *sirvas* a Jehová tu Dios con todo tu
11.16 os apartéis y *sirváis* a dioses ajenos
13.4 Jehová . . a él *serviréis*, y a él seguiréis
15.12 hubiere *servido* seis años, al séptimo
28.48 *servirás*, por tanto, a tus enemigos que
Jos. 22.5 él, y le *sirváis* de todo vuestro corazón
24.15 pero yo y mi casa *serviremos* a Jehová
24.18 *serviremos* a Jehová . . es nuestro Dios
Jue. 3.6 dieron sus hijas . . *sirvieron* a sus dioses
10.13 habéis *servido* a dioses ajenos; por
1 S. 7.3 Jehová, y sólo a él *servid*, y os librará
12.20 sino *servidle* con todo vuestro corazón
2 S. 22.44; Sal. 18.43 yo no conocía me *servirá*
1 R. 9.6; 2 Cr. 7.19 y *sirviereis* a dioses ajenos
12.7 buenas palabras . . ellos te *servirán* para
1 Cr. 28.9 *sírvele* con corazón perfecto, y con
4.9 ahora alivia algo de . . y te *serviremos*
Job 21.15 ¿quién es el . . para que le *sirvamos*?
34.9 ha dicho: De nada *servirá* al hombre
Sal. 2.11 *servid* a Jehová con temor, y . . temblor
22.30 la posteridad le *servirá*; esto será
72.11 reyes . . todas las naciones le *servirán*
100.2 *servid* a Jehová con alegría; venid
101.6 el que ande en el camino . . me *servirá*
106.36 *sirvieron* a sus ídolos, los cuales
Ec. 10.19 los vivos; el dinero *sirve* para todo
Is. 60.10 muros, y sus reyes te *servirán*; porque
60.12 nación o el reino que no te *sirviere*
Jer. 25.11 *servirán* estas naciones al rey de
27.7 todas las naciones le *servirán* a él, a su
30.9 *servirán* a Jehová su Dios y a David su
34.14 le *servirá* seis años, y lo enviará libre
Dn. 3.17 Dios a quien *servimos* puede librarnos
3.18 no *serviremos* a tus dioses, ni tampoco
6.20 a quien tú continuamente *sirves*, ¿te ha
7.10 fuego . . millares de millares le *servían*
7.14 que todos los pueblos . . le *sirvieran*
7.27 eterno, y todos los dominios le *servirán*
Hab. 2.18 ¿de qué *sirve* la escultura que esculpió
Sof. 3.9 le *sirvan* de común consentimiento
Mal. 3.14 dicho: Por demás es *servir* a Dios
3.18 el que *sirve* a Dios y el que no le *s*
Mt. 4.10 tu Dios adorarás, y a él solo *servirás*
4.11 he aquí vinieron ángeles y le *servían*
5.13 no *sirve* más para nada, sino para ser
6.24; Lc. 16.13 ninguno puede *servir* a dos
8.15; Mr. 1.31; Lc. 4.39 ella se levantó, y les
servía
20.28; Mr. 10.45 no vino para ser *servido*
25.44 o en la cárcel, y no te *servimos*?
Lc. 15.29 tantos años te *sirvo*, no habiéndote

Lc. 22.26 sea . . el que dirige, como el que *sirve*
22.27 estoy entre vosotros como el que *sirve*
Jn. 12.26 si alguno me *sirve*, sígame; y donde yo
Hch. 6.2 dejemos la palabra de Dios, para *servir*
20.19 *sirviendo* al Señor con toda humildad
24.23 no impidiese a . . *servirle* o venir a él
Ro. 6.6 a fin de que no *sirvamos* más al pecado
7.6 *sirvamos* bajo el régimen . . del Espíritu
9.12 se le dijo: El mayor *servirá* al menor
12.7 si de servicio, en *servir*; o el que enseña
12.11 fervientes en . . *sirviendo* al Señor
14.18 el que en esto *sirve* a Cristo, agrada
1 Co. 9.13 y que los que *sirven* al altar, del altar
2 Co. 11.8 recibiendo salario para *serviros* a
Gá. 4.8 *servíais* a los que por . . no son dioses
5.13 *servíos* por amor los unos a los otros
Ef. 6.7 *sirviendo* de buena voluntad, como al
Fil. 2.22 como hijo . . ha *servido* conmigo en el
3.3 los que en espíritu *servimos* a Dios y nos
Col. 3.24 herencia . . a Cristo el Señor *servís*
1 Ti. 6.2 sino *sirvanles* mejor, por cuanto son
He. 6.10 *servido* a los santos y *sirviéndoles* aún
9.14 muertas para que *sirváis* al Dios vivo
12.28 y mediante ella *sirvamos* a Dios
Ap. 7.15 le *sirven* día y noche en su templo; y el

SET Gn. 4.25—5.8.

SETENTA
Jer. 25.12 cuando sean cumplido los *s* años
Dn. 9.2 las desolaciones de Jerusalén en *s* años
9.24 *s* semanas están determinadas sobre tu
Mt. 18.22 no . . siete, sino aun hasta *s* veces siete
Lc. 10.1 designó el Señor también a otros *s*, a

SEVERO *v.* **Aspero, Duro**
Sal. 18.26 y *s* serás para con el perverso
Lc. 19.21 tuve miedo . . por cuanto eres hombre *s*

SHIBOLET
Jue. 12.6 decían . . dí *Sh*. Y él decía Sibolet

SI
Mt. 5.37; Stg. 5.12 sea vuestro hablar: *S*, *sí*; no
2 Co. 1.17 carne, para que haya en mí *S* y No?
1.20 las promesas de Dios son en él *S*, y en

SIBA 2 S. 9.2; 16.1.

SICLAG 1 S. 27.6; 30.1; 1 Cr. 12.1.

SICOMORO
Lc. 17.6 podrais decir a este *s*: Desarráigate, y
19.4 corriendo delante, subió a un árbol *s*

SIDON
Ez. 28.21 pon tu rostro hacia *S*, y profetiza
Mt. 11.21 en . . *S* se hubieran hecho los milagros
Hch. 27.3 al otro día llegamos a *S*; y Julio

SIDRA *v.* **Beber, Ebrio, Vino**
Lv. 10.9 no beberéis vino ni *s* cuando entréis en
Nm. 6.3 se abstendrá de vino y de *s*; no beberá
Pr. 20.1 vino es escarnecedor, la *s* alborotadora
31.4 no es de los . . ni de los príncipes la *s*
Is. 24.9 *s* les será amarga a los que la bebieren
28.7 el sacerdote y el profeta erraron con *s*

SIEGA *v.* **Cosecha, Mies**
Ex. 23.16 la fiesta de la *s*, los primeros frutos
Jos. 3.15 suele desbordarse . . el tiempo de la *s*
Rt. 1.22 llegaron a Belén al comienzo de la *s* de
1 S. 12.17 ¿no es ahora la *s* del trigo?
Pr. 6.8 en el tiempo de la *s* su mantenimiento
10.5 el que duerme en el tiempo de la *s* es
25.13 como frío de nieve en tiempo de la *s*
Jer. 5.24 da . . y nos guarda los tiempos . . de la *s*
8.20 pasó la *s*, terminó el verano, y nosotros
Mt. 13.30 hasta la *s*; y al tiempo de la *s* yo diré
13.39 la *s* es el fin del siglo; y los segadores
Mr. 4.29 se mete la hoz, porque la *s* ha llegado
Jn. 4.35 faltan cuatro meses para que llegue la *s*?

SIEMPRE *v.* **Eterno, Perpetuo, Siglo**
2 Cr. 7.16 ojos y mi corazón estarán ahí para *s*
Sal. 72.17 será su nombre para *s* . . dure el sol
106.1; 107.1; 136.1 para *s* es su misericordia
113.2 Jehová bendito desde ahora y para *s*

Sal. 119.44 guardaré tu ley *s* . . *s* y eternamente
119.89 para *s* . . permanece tu palabra en los
138.8 tu misericordia, oh Jehová, es para *s*
Lm. 3.31 porque el Señor no desecha para *s*
Jn. 12.8 a los pobres *s* los tendréis con vosotros
12.34 la ley, que el Cristo permanece para *s*
Fil. 4.4 regocijaos en el Señor *s.* Otra vez os
1 Ts. 4.17 el aire, y así estaremos *s* con el Señor
He. 7.3 sin padre . . permanece sacerdote para *s*
7.17 tú eres sacerdote para *s*, según el orden

SIERVO, va *v.* Criado, Esclavo, Ministro
Gn. 9.25 sea Canaán; *s* de *s* será a sus hermanos
16.1 ella tenía una *s* . . que se llamaba Agar
21.10 echa a esta *s* y a su hijo, porque el
Ex. 21.2 si comprares *s* hebreo, seis años servirá
21.7 alguno vendiere su hija por *s*, no saldrá
Lv. 25.55 mis *s* son los . . de Israel; son *s* míos
Nm. 14.24 a mi *s* Caleb, por cuanto hubo en él
Dt. 5.15; 15.15 acuérdate que fuiste *s* en tierra
6.21 nosotros éramos *s* de Faraón en Egipto
23.15 no entregarás . . el *s* que se huyere a ti
Jos. 9.23 no dejará de haber de entre vosotros *s*
1 S. 3.9 dirás: Habla, Jehová, porque tu *s* oye
17.9 venciere, nosotros seremos vuestros *s*
25.28 ruego que perdones a tu *s* esta ofensa
2 S. 7.20 pues tú conoces a tu *s*, Señor Jehová
15.34 he sido *s* de tu padre, así seré . . *s* tuyo
1 R. 12.7 si tú fueres hoy *s* de este pueblo y lo
2 R. 10.21 y vinieron todos los *s* de Baal, de tal
Esd. 9.9 *s* somos; mas en nuestra servidumbre no
Job 1.8; 2.3 ¿no has considerado a mi *s* Job, que
Sal. 79.2 dieron los cuerpos de tus *s* por comida
113.1 alabad, *s* de Jehová, alabad el nombre
116.16 yo soy tu *s*, *s* tuyo soy, hijo de tu *s*
119.17 haz bien a tu *s*; que viva, y guarde tu
119.65 bien has hecho con tu *s*, oh Jehová
119.125 tu *s* soy yo, dame entendimiento para
Pr. 11.29 el necio será *s* del sabio de corazón
17.2 el *s* prudente se enseñoreará del hijo
29.19 el *s* no se corrige con palabras; porque
30.10 no acuses al *s* ante su señor, no sea
30.23 por la *s* cuando hereda a su señora
Is. 24.2 sucederá . . como al *s*, así a su amo
41.8 pero tú, Israel, *s* mío eres; tú, Jacob, a
42.1 aquí mi *s*, yo le sostendré; mi escogido
42.19 ¿quién es ciego, sino mi *s*? ¿Quién es
43.10 sois . . mi *s* que yo escogí, para que me
44.1 oye, Jacob, *s* mío, y tú, Israel, a quien
44.21; 49.3 mi *s* eres . . *s* mío eres tú; Israel
48.20 decid: Redimió Jehová a Jacob su *s*
52.13 he aquí que mi *s* será prosperado, será
54.17 esta es la herencia de los *s* de Jehová
65.9 por heredad la tierra, y mis *s* habitarán
66.14 la mano de Jehová para con sus *s* será
Jer. 2.14 ¿es Israel *s*? ¿Por qué ha
25.9 a Nabucodonosor . . mi *s*, yo los traeré
27.6 tierras en mano de Nabucodonosor . . mi *s*
30.10; 46.27 tú, pues, *s* mío Jacob, no temas
34.11 hicieron volver a los *s* y a las *s* que
Lm. 5.8 *s* se enseñorearon de nosotros; no hubo
Dn. 3.26 dijo . . *s* del Dios Altísimo, salid y venid
6.20 Daniel, *s* del Dios viviente, el Dios tuyo
Jl. 2.29 sobre los *s* y las *s* derramaré mi Espíritu
Zac. 3.8 he aquí, yo traigo a mi *s* el Renuevo
Mt. 10.24; Jn. 13.16; 15.20 no es el *s* más que su
12.18 he aquí mi *s*, a quien he escogido; mi
18.23 rey que quiso hacer cuentas con sus *s*
21.34; Mr. 12.2; Lc. 20.10 envió sus *s* a los
labradores
22.3; Lc. 14.17 envió a sus *s* a llamar a los
23.11; Mr. 10.44 es el mayor . . sea vuestro *s*
24.45 ¿quién es, pues, el *s* fiel y prudente, al
25.21; Lc. 19.17 buen *s* y fiel; sobre poco has
26.51; Mr. 14.47; Lc. 22.50; Jn. 18.10 hiriendo
a un *s* del sumo sacerdote
Lc. 1.38 he aquí mi *s* del Señor; hágase conmigo
1.48 porque ha mirado la bajeza de su *s*; pues
1.54 socorrió a Israel su *s*, acordándose de la
2.29 ahora, Señor, despides a tu *s* en paz

Lc. 7.2 el *s* de un centurión . . estaba enfermo
12.43 bienaventurado aquel *s* . . le halle . . así
17.7 ¿quién de vosotros, teniendo un *s* que
Jn. 15.15 ya no os llamaré *s*, porque el *s* no sabe lo
Hch. 2.18 sobre mis *s* . . mis *s* . . mi Espíritu
16.17 estos hombres son *s* del Dios Altísimo
Ro. 1.1 Pablo, *s* de Jesucristo, llamado a ser
6.18 del pecado, vinisteis a ser *s* de la justicia
6.22 ahora que habéis sido . . hechos *s* de Dios
1 Co. 9.19 siendo libre de todos, me he hecho *s*
2 Co. 4.5 y a nosotros como vuestros *s* por amor
Gá. 1.10 agradara a mis . . no sería *s* de Cristo
Ef. 6.5; Col. 3.22 *s*, obedeced a vuestros amos
Fil. 2.7 tomando forma de *s*, hecho semejante a
Col. 4.1 lo que es justo y recto con vuestros *s*
2 Ti. 2.24 *s* del Señor no debe ser contencioso
Tit. 2.9 exhorta a los *s* a que se sujeten a sus
He. 3.5 Moisés a la verdad fue fiel en . . como *s*
Stg. 1.1 Santiago, *s* de Dios y . . Jesucristo
1 P. 2.16 libres, pero no . . sino como *s* de Dios
2 P. 1.1 Simón Pedro, *s* y apóstol de Jesucristo
Jud. 1 Judas, *s* de Jesucristo, y hermano de
Ap. 2.20 seduzca a mis *s* a fornicar y a comer
7.3 sellado en sus frentes a los *s* de nuestro
10.7 como él lo anunció a sus *s* los profetas
19.2 y ha vengado la sangre de sus *s* de la
22.3 Cordero estará en ella, y sus *s* le servirán

SIETE
Gn. 4.15 que matare a Caín, *s* veces será castigado
41.6 después . . salían otras *s* espigas menudas
41.27 las *s* espigas . . *s* años serán de hambre
Lv. 26.18 castigaros *s* veces más por . . pecados
Jos. 6.4 al séptimo día daréis *s* vueltas a la ciudad
Dn. 9.25 desde . . la orden . . habrá *s* semanas
Mt. 22.25; Mr. 12.20; Lc. 20.29 hubo . . entre nos-
otros *s* hermanos
Lc. 17.4 *s* veces al día pecare . . y *s* veces al día
Hch. 6.3 buscad . . *s* varones de buen testimonio
Ap. 1.4 Juan, a las *s* iglesias que están en Asia

SIGLO *v.* Edad, Eternidad, Eterno, Siempre
Sal. 90.2 desde el *s* y hasta el *s*, tú eres Dios
Mt. 13.40 el fuego, así será en el fin de este *s*
1 Co. 2.6 no de este *s*, ni de los . . de este *s*
Ef. 1.21 no sólo en este *s*, sino . . en el venidero
3.21 a él sea gloria en . . por los *s* de los *s*
6.12 contra los gobernadores de . . de este *s*
He. 1.8 dice: Tu trono, oh Dios, por el *s* del *s*
13.8 es el mismo ayer, y hoy, y por los *s*

SIGNIFICAR *v.* Decir
Dt. 6.20 ¿qué *significan* los testimonios y
Jos. 4.6, 21 ¿qué *significan* estas piedras?
Ez. 17.12 entendió qué *significan* estas cosas?
Mt. 9.13; 12.7 que *significa*: Misericordia quiero
Hch. 10.17 *significaría* la visión que había visto
He. 7.2 cuyo nombre *significa* . . Rey de Salem

SILAS (Silvano) Hch. 15.22; 15.40; 1 P. 5.12.

SILBAR
Job 27.23 sobre él, y desde su lugar le *silbarán*
Is. 7.18 *silbará* Jehová a la mosca que está en

SILENCIO *v.* Callar, Enmudecer
Sal. 37.7 guarda *s* ante Jehová, y espera en él
83.1 oh Dios, no guardes *s*; no calles, oh
1 Ti. 2.11 la mujer aprenda en *s*, con toda
Ap. 8.1 abrió el séptimo sello, se hizo *s* en el

SILO
Jos. 18.1 toda la congregación . . se reunió en *S*
Sal. 78.60 dejó, por tanto, el tabernáculo de *S*

SILOÉ Lc. 13.4; Jn. 9.7.

SILOH
Gn. 49.10 no será quitado . . hasta que venga *S*

SILVANO *v.* Silas

SILVESTRE
Ro. 11.17 siendo olivo *s*, has sido injertado en
11.24 si tú fuiste cortado del que . . olivo *s*

SILLA *v.* Asiento, Lugar
Sal. 122.5 allí están las *s* del juicio, los tronos
Mt. 23.6; Mr. 12.39; Lc. 11.43; 20.46 las primeras
    s en las sinagogas
Mr. 11.15 las *s* de los que vendían palomas

SIMA
Lc. 16.26 gran *s* está puesta entre nosotros

SIMEI   2 S. 16.5–13; 19.16–23; 1 R. 2.36–46.

SIMEÓN hijo de Jacob   Nace, Gn. 29.33; es
detenido como rehén, Gn. 42.24; su futuro predicho, Gn. 49.5–7.

Gn. 34.25 *S* y Leví . . tomaron cada uno su espada
SIMEÓN de Jerusalén   Lc. 2.25–35.

SIMIENTE *v.* Casa, Descendencia, Familia,
    Hijo, Linaje, Posteridad, Semilla
Gn. 3.15 pondré enemistad . . entre tu *s* y la *s* suya
    22.18; 26.4; 28.14 en tu *s* serán benditas
Is. 6.13 queda el tronco, así será el tronco, la *s* santa
Hag. 2.19 ¿no está aún la *s* en el granero? Ni la
Hch. 3.25 tu *s* serán benditas todas las familias
Gá. 3.16 y no dice: a las *s*, como si . . de muchos
1 P. 1.23 renacidos, no de *s* corruptible, sino de
1 Jn. 3.9 porque la *s* de Dios permanece en él

SIMÓN PEDRO *v.* Pedro

SIMÓN el cananista (Zelote) Mt. 10.4; Mr. 3.18;
Lc. 6.15; Hch. 1.13.

SIMÓN el hermano de Jesús   Mt. 13.55; Mr. 6.3.

SIMÓN el leproso   Mt. 26.6; Mr. 14.3.

SIMÓN de Cirene   Mt. 27.32; Mr. 15.21;
Lc. 23.26.

SIMÓN el mago   Hch. 8.9–24.

SIMÓN el curtidor   Hch. 9.43; 10.32.

SIMÓN de Antioquía   Hch. 13.1.

SIMPLE *v.* Sencillo
Pr. 1.4 para dar sagacidad a los *s*, y a los jóvenes
    1.22 ¿hasta cuándo, oh *s*, amaréis la simpleza
    7.7 vi entre los *s*, consideré entre los jóvenes
    8.5 entended, oh *s*, discreción; y vosotros
    9.4 dice a cualquier *s*: Ven acá; a los faltos
    14.15 el *s* todo lo cree; mas el avisado mira
    19.25 el escarnecedor, y el *s* se hará avisado
    22.3 mas los *s* pasan y reciben el daño

SIMPLEZA
Pr. 1.22 ¿hasta cuándo . . simples, amaréis la *s*
    9.6 dejad las *s*, y vivid, y andad por el

SINAGOGA *v.* Asamblea, Templo
Sal. 74.8 han quemado todas las *s* de Dios en la
Mt. 4.23; 13.54 enseñando en las *s* de ellos
    10.17 os entregarán . . en sus *s* os azotarán
    12.9 pasando de allí, vino a la *s* de ellos
    23.6; Mr. 12.39; Lc. 11.43; 20.46 aman . . las
        primeras sillas en las *s*
Mr. 1.39 predicaba en las *s* de . . en toda Galilea
    6.2 día de reposo, comenzó a enseñar en la *s*
Lc. 4.16 en el día de reposo entró en la *s* . . leer
    7.5 ama a nuestra nación, y nos edificó una *s*
    21.12 os entregarán a las *s* y a las cárceles
Jn. 9.22 confesase que . . fuera expulsado de la *s*
    12.42 pero . . para no ser expulsado de la *s*
    16.2 os expulsarán de las *s*; y aun viene la
Hch. 6.9 unos de la *s* llamada de los libertos, y de
    9.20 en seguida predicaba a Cristo en las *s*
    13.5 anunciaban la palabra de Dios en las *s*
    17.17 así que discutía en la *s* con los judíos y
    18.4 discutía la *s* todos los días de reposo
    19.8 y entrando Pablo en la *s*, habló con
Ap. 2.9 se dicen . . y no lo son, sino *s* de Satanás
    3.9 yo entrego de la *s* de Satanás a los que

SINAÍ *v.* Horeb
Ex. 19.1 mismo día llegaron al desierto de *S*
Lv. 7.38 mandó Jehová a Moisés en el monte de *S*
Nm. 1.1 habló Jehová a Moisés en el desierto de *S*

Dt. 33.2 dijo: Jehová vino de *S*, y de Seir les
Jue. 5.5; Sal. 68.8 aquel *S*, delante de Jehová Dios

SINAR
Gn. 11.2 hallaron una llanura en la tierra de *S*

SINCERAMENTE
Fil. 1.16 anuncian a Cristo . . por contención, no *s*
    2.20 que tan *s* se interese por vosotros

SINCERIDAD *v.* Sencillez
Sal. 5.9 porque en la boca de ellos no hay *s*
1 Co. 5.8 panes sin levadura, de *s* y verdad
2 Co. 1.12 *s* de Dios . . nos hemos conducido en
    2.17 sino que con *s* . . hablamos en Cristo
    8.8 poner a prueba . . la *s* del amor vuestro

SINCERO *v.* Sencillo
Fil. 1.10 a fin de que seáis *s* e irreprensibles para
He. 10.22 acerquémonos con corazón *s*, en plena

SION *v.* Jerusalén
2 S. 5.7; 1 Cr. 11.5 David tomó la fortaleza de *S*
Sal. 2.6 yo he puesto mi rey sobre *S*, mi santo
    9.11 cantad a Jehová, que habita en *S*
    14.7; 53.6 de *S* saliera la salvación de Israel
    48.2 es el monte de *S*, a los lados del norte
    48.12 andad alrededor de *S*, y rodeadla
    50.2 de *S*, perfección de hermosura, Dios ha
    69.35 Dios salvará a *S*, y reedificará los
    76.2 en Salem está su . . y su habitación en *S*
    87.2 ama Jehová las puertas de *S* más que
    97.8 oyó *S*, y se alegró; y las hijas de Judá
    102.16 cuanto Jehová habrá edificado a *S*
    125.1 que confían . . son como el monte de *S*
    132.13 Jehová ha elegido a *S*; la quiso para
Is. 1.27 *S* será rescatada con juicio, y los . . justicia
    2.3; Mi. 4.2 porque de *S* saldrá la ley, y de
    14.32 que Jehová fundó a *S*, y que a ella se
    24.23 Jehová . . reine en el monte de *S* y en
    28.16 yo he puesto en *S* . . piedra . . probada
    33.20 mira a *S*, ciudad de nuestras fiestas
    40.9 sobre un monte alto, anunciadora de *S*
    46.13 pondré salvación en *S*, y mi gloria en
    51.3 consolará Jehová a *S*; consolará todas
    59.20 vendrá el Redentor a *S*, y a los que
    60.14 te llamarán . . *S* del Santo de Israel
    66.8 en cuanto *S* estuvo de parto, dio a luz
Jer. 8.19 no está Jehová en *S*? ¿No . . su Rey?
    9.19 porque de *S* fue oída voz de endecha
    26.18; Mi. 3.12 *S* será arada como campo, y
    30.17 ésta es *S*, de la que nadie se acuerda
    31.6 subamos a *S*, a Jehová nuestro Dios
    50.5 preguntarán por el camino de *S*, hacia
Lm. 1.17 *S* extendió sus manos; no tiene quien
Abd. 17 en el monte de *S* habrá un remanente
Mi. 3.10 edificáis a *S* con sangre, y a Jerusalén
Mt. 21.5 decid a la hija de *S*: He aquí, tu Rey
Ro. 9.33 he aquí pongo en *S* piedra de tropiezo
He. 12.22 que os habéis acercado al monte de *S*
1 P. 2.6 pongo en *S* la principal piedra del ángulo
Ap. 14.1 Cordero . . en pie sobre el monte de *S*

SIQUEM hijo de Hamor   Gn. 34.2–26.

SIQUEM
Gn. 37.12 apacentar las ovejas de su padre en *S*
Jos. 24.1 reunió Josué a todas las tribus en *S*
1 R. 12.1; 2 Cr. 10.1 Roboam fue a *S*, porque

SIRACUSA   Hch. 28.12.

SIRIA
2 S. 8.6 puso luego David guarnición en *S* de
Is. 7.2 *S* se ha confederado con Efraín. Y se le
    7.8 la cabeza de *S* es Damasco, y la cabeza
Mt. 4.24 y se difundió su fama por toda *S*; y le
Hch. 15.41 pasó por *S* y Cilicia, confirmando a
    18.18 después se despidió . . y navegó a *S*, y con

SIRIO
2 S. 10.18; 1 Cr. 19.18 los *s* huyeron delante de
1 R. 20.20 huyeron los *s*, siguiéndoles los de
2 R. 6.9 no pases por tal . . porque los *s* van allí
Is. 9.12 oriente los *s*, y los filisteos del poniente

SIROFENICIA   Mr. 7.26.

SISAC 1 R. 11.40; 14.25; 2 Cr. 12.2.

SÍSARA Jue. 4.2—5.31.

SITIAR *v.* Cercar
Dt. 20.12 si no hiciere paz contigo . . *sitiarás*
1 R. 8.37; 2 Cr. 6.28 si sus enemigos los *sitiaren*
    20.1; 2 R. 6.24 Ben-adad . . *sitió* a Samaria
2 Cr. 32.9 Senaquerib rey de . . *sitiaba* a Laquis
Jer. 39.1 ejército contra Jerusalén, y la *sitiaron*
    52.5 estuvo *sitiada* la ciudad hasta el . . año
Lc. 19.43 *sitiarán*, y por todas . . te estrecharán

SITIO *v.* Asedio
Dt. 28.52 pondrá *s* a todas tus ciudades, hasta
2 Cr. 32.10 ¿en quién confiáis . . al resistir el *s*

SOBERANO
Hch. 4.24 *s* Señor, tu eres el Dios que hiciste el
1 Ti. 6.15 y solo *S*, Rey de reyes, y Señor de
Ap. 1.5 y el *s* de los reyes de la tierra. Al que

SOBERBIA *v.* Altivez, Arrogancia
Lv. 26.19 quebrantaré la *s* de vuestro orgullo
Nm. 15.30 mas la persona que hiciere algo con *s*
1 S. 17.28 yo conozco tu *s* y la malicia de tu
Job 15.25 se portó con *s* contra el Todopoderoso
    33.17 para quitar . . y apartar del varón la *s*
Sal. 19.13 preserva también a tu siervo de las *s*
    31.23 Jehová . . paga . . al que procede con *s*
    59.12 sean ellos presos en su *s*, y por la
    73.6 por tanto, la *s* los corona; se cubren de
Pr. 8.13 la *s* y la arrogancia, el mal camino, y la
    11.2 cuando viene la *s*, viene también la
    13.10 la *s* concebirá contienda; mas con los
    14.3 en la boca del necio está la vara de la *s*
    16.18 antes del quebrantamiento la *s*; y
    29.23 *s* del hombre le abate; pero al humilde
Is. 10.12 castigaré el fruto de la *s* del corazón del
    14.11 descendió al Seol tu *s*, y el sonido de
    16.6; Jer. 48.29 hemos oído la *s* de Moab; muy
    25.11 abatirá su *s* y la destreza de sus manos
Jer. 13.9 podrir la *s* de Judá, y la . . *s* de Jerusalén
    13.17 llorará mi alma . a causa de vuestra *s*
Ez. 7.10 ha florecido la vara, ha reverdecido la *s*
    7.24 haré cesar la *s* de los poderosos, y sus
    32.12 destruirán la *s* de Egipto, y toda su
    33.28 en soledad, y cesará la *s* de su poderío
Dn. 4.37 puede humillar a los que andan con *s*
Os. 5.5 la *s* de Israel le desmentirá en su cara
    7.10 la *s* de Israel testificará contra él en
Abd. 3 la *s* de tu corazón te ha engañado, tu
Sof. 2.10 les vendrá por su *s*, porque afrentaron
Stg. 4.16 pero ahora os jactáis en vuestras *s*

SOBERBIO *v.* Altivo
Neh. 9.16 mas ellos y nuestros padres fueron *s*
Sal. 94.2 oh Juez de la tierra; da el pago a los *s*
    119.21 reprendiste a los *s*, los malditos, que
    119.78 sean avergonzados los *s*, porque sin
Pr. 15.25 Jehová asolará la casa de los *s*; pero
    21.24 escarnecedor es el nombre del *s* y
Is. 2.12 día de Jehová de . . vendrá sobre todo *s*
Jer. 43.2 todos los varones *s* dijeron a Jeremías
    50.32 *s* tropezará y caerá, y no tendrá quien
Mal. 3.15 bienaventurados son los *s*, y los que
    4.1 un horno, y todos los *s* . . serán estopa
Lc. 1.51 esparció a los *s* en el pensamiento de su
Ro. 1.30 injuriosos, *s*, altivos, inventores de males
Stg. 4.6 Dios resiste a los *s*, y da gracia a los

SOBORNO *v.* Cohecho, Dádiva, Don, Presente
Dt. 16.19 ni tomes *s*; porque el *s* ciega los ojos
Job 15.34 y fuego consumirá las tiendas de *s*
Sal. 26.10 está el mal, y su diestra está llena de *s*
Pr. 15.27 mas el que aborrece el *s* vivirá
    17.8 piedra preciosa es el *s* para el que lo
    17.23 el impío toma *s* del seno para pervertir
Is. 1.23 aman el *s*, y van tras las recompensas

SOBRAR *v.* Quedar
Ex. 16.18 no *sobró* al que había recogido mucho
Mt. 15.37 y recogieron lo que *sobró* de los
Mr. 8.8 los pedazos que habían *sobrado*, siete
    12.44; Lc. 21.4 echado de lo que les *sobra*

SOBREABUNDAR *v.* Sobrepasar
Dt. 28.11 te hará Jehová *sobreabundar* en bienes
Ro. 5.20 el pecado abundó, *sobreabundó* la gracia
2 Co. 4.15 gracias *sobreabunde* para gloria de

SOBREEDIFICAR *v.* Edificar
1 Co. 3.10 pero cada uno mire cómo *sobreedifica*
Col. 2.7 arraigados y *sobreedificados* en él

SOBRELLEVAR *v.* Soportar, Sufrir
Jn. 16.12 pero ahora no las podéis *sobrellevar*
Gá. 6.2 *sobrellevad* los unos las cargas de los

SOBREPASAR *v.* Sobreabundar
Pr. 31.10 su estima *sobrepasa* largamente a la de
    31.29 mujeres . . mas tú *sobrepasas* a todas

SOBREVENIR *v.* Acontecer, Suceder
Jue. 6.13 ¿por qué nos ha *sobrevenido* todo esto?
Sal. 91.10 no te *sobrevendrá* mal, ni plaga tocará

SOBRIO, bria
1 Ts. 5.6 no durmamos como . . sino . . seamos *s*
    5.8 nosotros, que somos del día, seamos *s*
1 Ti. 3.2 sea . . *s*, prudente, decoroso, hospedador
    3.11 mujeres asimismo . . *s*, fieles en todo
2 Ti. 4.5 sé *s* en todo, soporta las aflicciones
Tit. 1.8 sino . . *s*, justo, santo, dueño de sí mismo
    2.2 que los ancianos sean *s*, serios, prudentes
1 P. 1.13 sed *s*, y esperad . . en la gracia que se
    4.7 acerca; sed, pues, *s*, y velad en oración
    5.8 sed *s*, y velad; porque . . el diablo, como

SOCORRER *v.* Ayudar
Sal. 40.13 Jehová, apresúrate a *socorrerme*
    71.2 *socórreme* y líbrame en tu justicia
    72.12 al . . que no tuviere quien le *socorra*
    119.173 esté tu mano pronta para *socorrerme*
Hab. 3.13 saliste para *socorrer* a tu pueblo, para
Mt. 15.25 vino . . diciendo: ¡Señor, *socórreme*!
Lc. 1.54 *socorrió* a Israel su siervo, acordándose
1 Ti. 5.10 si ha *socorrido* a los afligidos; si ha
He. 2.16 no *socorrió* a los ángeles, sino que *s* a
    2.18 es poderoso para *socorrer* a los que son

SOCORRO *v.* Auxilio, Ayuda
Jue. 5.23 no vinieron al *s* de . . al *s* de Jehová
2 Cr. 20.4 se reunieron . . para pedir *s* a Jehová
Sal. 60.11; 108.12 danos *s* contra el enemigo
    63.7 has sido mi *s*, y así en la sombra de tu
    89.19 puesto el *s* sobre uno que es poderoso
    121.1 a los montes; ¿de dónde vendrá mi *s*?
    124.8 nuestro *s* está en el nombre de Jehová
Is. 41.14 yo soy tu *s*, dice Jehová; el Santo de
Lm. 4.17 desfallecido . . esperando en vano . . *s*
Hch. 11.29 determinaron enviar *s* a los hermanos
He. 4.16 y hallar gracia para el oportuno *s*

SODOMA *v.* Gomorra
Gn. 13.13 hombres de *S* eran malos y pecadores
    18.20 el clamor contra *S* y . . se aumenta más
    19.24 Jehová hizo llover sobre *S* . . azufre
Dt. 29.23 como sucedió en la destrucción de *S*
    32.32 porque de la vid de *S* es la vid de ellos
Is. 1.9 si Jehová de los . . como *S* fuéramos
Jer. 23.14 me fueron todos ellos como *S*, y sus
Lm. 4.6 aumentó . . más que el pecado de *S*, de
Ez. 16.46 tu hermana menor es *S*, ella y sus hijas
Am. 4.11 como cuando Dios trastornó a *S* y a
Sof. 2.9 dice Jehová . . que Moab será como *S*
Mt. 10.15; 11.24; Mr. 6.11; Lc. 10.12 será más
    tolerable el castigo para *S*
Lc. 17.29 el día en que Lot salió de *S*, llovió del
Ro. 9.29 como *S* habríamos venido a ser, y a
2 P. 2.6 si condenó . . a las ciudades de *S* y de
Jud. 7 como *S* y Gomorra y las ciudades vecinas
Ap. 11.8 que en sentido espiritual se llama *S* y

SODOMITA
Dt. 23.17 ni haya *s* de entre los hijos de Israel
1 R. 14.24 hubo también *s* en la tierra, e hicieron
    15.12 quitó del país a los . . y . . los ídolos
Job 36.14 fallecerá el . . y su vida entre los *s*

SOFONÍAS el sacerdote 2 R. 25.18; Jer. 29.29;
52.24.

SOFONÍAS el profeta Sof. 1.1.

SOL v. Estrella, Luna
Jue. 5.31 los que te aman, sean como el s cuando
Job 9.7 manda al s, y no sale; y sella las estrellas
    31.26 si he mirado al s cuando resplandecía
Sal. 19.4 en ellos puso tabernáculo para el s
    84.11 s y escudo es Jehová Dios; gracia y
    104.19 hizo la luna . . el s conoce su ocaso
    121.6 el s no te fatigará de día, ni la luna de
Ec. 1.9 lo mismo . . nada hay nuevo debajo del s
    11.7 es la luz, y agradable a los ojos ver el s
Cnt. 1.6 en que soy morena, porque el s me miró
Is. 13.10 el s se oscurecerá al nacer, y la luna no
    30.26 como . . del s, y la luz del s siete veces
    49.10 ni sed, ni el calor ni el s los afligirá
    60.19 el s nunca más te servirá de luz para
    60.20 no se pondrá jamás tu s, ni menguará
Jl. 2.10; 3.15 el s y la luna se oscurecerán, y las
    2.31 el s se convertirá en tinieblas, y la luna
Am. 8.9 que haré que se ponga el s a mediodía
Mi. 3.6 y sobre los profetas se pondrá el s, y el
Hab. 3.11 el s y la luna se pararon en su lugar
Mal. 4.2 mas a vosotros . . nacerá el S de justicia
Mt. 5.45 que hace salir su s sobre malos y buenos
    13.43 los justos resplandecerán como el s en
    17.2 y resplandeció su rostro como el s, y sus
    24.29; Mr. 13.24 el s se oscurecerá, y la luna
Lc. 23.45 el s se oscureció, y el velo del templo
Hch. 2.20 el s se convertirá en tinieblas, y la luna
1 Co. 15.41 una es la gloria del s, otra la gloria del
Stg. 1.11 cuando sale el s con calor abrasador, la
Ap. 1.16 rostro era como el s cuando resplandece
    6.12 y el s se puso negro como tela de cilicio
    7.16 y el s no caerá más sobre ellos, ni calor
    8.12 y fue herida la tercera parte del s, y la
    9.2 se oscureció el s y el aire por el humo del
    12.1 mujer vestida del s, con la luna debajo
    16.8 cuarto ángel . . derramó su copa sobre el s
    19.17 a un ángel que estaba en pie en el s
    21.23; 22.5 la ciudad no tiene necesidad de s

SOLDADO v. Ejército, Tropa
Mt. 8.9; Lc. 7.8 tengo bajo mis órdenes s; y digo
    27.27 los s del . . llevaron a Jesús al pretorio
Lc. 3.14 también le preguntaron unos s, diciendo
Hch. 10.7 y a un devoto s de los que le asistían
    12.6 estaba Pedro durmiendo entre dos s
    27.31 pero Pablo dijo a . . los s: Si éstos no
1 Co. 9.7 ¿quién fue . . s a sus propias expensas?
2 Ti. 2.3 tú, pues, sufre penalidades como buen s

SOLEDAD v. Desierto
Sal. 107.4 por el desierto, por la s sin camino
Is. 42.15 convertiré en s montes y collados, haré
    64.10 Sion es un desierto, Jerusalén una s
Jer. 22.6 sin embargo, te convertiré en s, y como

SOLEMNIDAD v. Fiesta
Nm. 10.10 día de vuestra alegría, y en vuestras s
Am. 5.21 aborrecí, abominé vuestras s, y no me

SOLICITAR v. Pedir, Rogar
Ez. 36.37 aún seré solicitado por la casa de Israel
Dn. 2.49 Daniel solicitó del rey . . pusiera sobre

SOLÍCITO
Sal. 78.34 entonces se volvía s en busca suya
Pr. 22.29 ¿has visto hombre s en su trabajo?
Jl. 2.18 Jehová, s por su tierra, perdonará a su
2 Co. 8.17 estando . . muy s . . para ir a vosotros
Ef. 4.3 s en guardar la unidad del Espíritu en el
Fil. 4.10 de lo cual . . estabais s, pero os faltaba

SOLICITUD
Hch. 17.11 pues recibieron la palabra con toda s
Ro. 12.8 con liberalidad; el que preside, con s; el
2 Co. 7.7 vuestra s por mí, de manera que me
    7.11 ¡qué s produjo en vosotros, qué defensa
    7.12 que se os hiciese manifiesta nuestra s que
    8.16 puso en . . Tito la misma s por vosotros
Col. 4.13 doy testimonio de que tiene gran s por
He. 6.11 cada uno . . muestre la misma s hasta
Jud. 3 por la gran s que tenía de escribiros

SOLO, la
Gn. 2.18 no es bueno que el hombre esté s; le
Ex. 18.18 el trabajo . . no podrás hacerlo tú s
Ec. 4.8 está un hombre s y sin sucesor, que no
    4.10 ¡ay del s! que cuando cayere, no habrá
Lm. 1.1 ¡cómo ha quedado s la ciudad populosa!
Mt. 14.23 y cuando llegó la noche, estaba allí s
Jn. 6.15 Jesús . . volvió a retirarse al monte él s
    8.9 quedó s Jesús, y la mujer que estaba en
    8.16 no soy yo s, sino yo y el que me envió
    12.24 no cae en la tierra y muere, queda s
    16.32 hora . . y me dejaréis s; mas no estoy s
Ef. 2.15 para crear en sí . . un s y nuevo hombre
1 Ti. 5.5 que en verdad es viuda y ha quedado s

SOLTAR v. Desatar, Libertar
Gn. 43.14 yo os suelte al otro vuestro hermano
Job 7.19 no me soltarás . . hasta que trague mi
Mt. 27.15; Mr. 15.6 soltaba un preso, cualquiera
    27.21 ¿a cuál de los dos queréis que os suelte?
Lc. 23.16 le soltaré, pues, después de castigarle
    23.25 les soltó a aquel que había sido echado
Jn. 18.39 la costumbre de que os suelte uno en
    19.10 ¿no . . tengo autoridad para soltarte?
    19.12 si a éste sueltas, no eres amigo de César
1 Co. 7.27 ¿estás ligado a . . No procures soltarte

SOLTERO
1 Co. 7.8 a los s . . que bueno les fuera quedarse
    7.32 el s tiene cuidado de las cosas del Señor

SOMBRA v. Oscuridad, Tinieblas
Jue. 9.15 venid, abrigaos bajo de mi s; y si no
    9.36 ves la s de los montes como si fueran
2 R. 20.10 fácil . . es que la s decline diez grados
1 Cr. 29.15 nuestros días . . cual s que no dura
Job 14.2 sale . . huye como la s y no permanece
Sal. 39.6 una s es el hombre . . en vano se afana
    102.11 mis días son como s que se va, y me
    109.23 me voy como la s cuando declina; soy
    121.5 Jehová es tu . . es tu s a tu mano derecha
    144.4 el hombre . . días son como la s que pasa
Ec. 6.12 los días . . los cuales el pasa como s?
Cnt. 2.3 bajo la s del deseado me senté, y su
    2.17; 4.6 que apunte el día, y huyan las s
Is. 4.6 habrá un abrigo para s contra el calor del
    25.4 s contra el calor; porque el ímpetu de
    38.8 aquí yo haré volver la s por los grados
    49.2 me cubrió con la s de su mano; y me
Os. 14.7 volverán y se sentarán bajo su s; serán
Hch. 5.15 menos su s cayese sobre alguno de ellos
Col. 2.17 todo lo cual es s de lo que ha de venir
He. 8.5 sirven a lo que es figura y s de las cosas
    10.1 la ley, teniendo la s de los bienes venideros
Stg. 1.17 en el cual no hay . . ni s de variación

SOMETER v. Dominar, Sujetar
2 S. 22.45; Sal. 18.44 los hijos de . . se someterán
Sal. 47.3 él someterá a los pueblos debajo de
    66.3 tu poder se someterán a ti tus enemigos
    68.30 que se sometan con sus piezas de
Ro. 13.1 sométase toda persona a las autoridades
Gá. 2.5 ni . . un momento accedimos a someternos
Ef. 1.22 sometió todas las cosas bajo sus pies, y
    5.21 someteos unos a . . en el temor de Dios
Col. 2.20 ¿por qué . . os sometéis a preceptos
Stg. 4.7 someteos, pues, a Dios; resistid al diablo
1 P. 2.13 someteos a toda institución humana

SONIDO v. Estruendo
Ez. 1.24 oí el s de sus alas . . como s de . . aguas
Jn. 3.8 el viento sopla de donde . . y oyes su s
1 Co. 14.7 las cosas . . que producen s, como la
    14.8 si la trompeta diere s incierto, ¿quién se

SOÑADOR
Gn. 37.19 dijeron el uno al . . He aquí viene el s
Dt. 13.5 profeta o ese s de sueños ha de ser muerto
Jud. 8 estos s mancillan la carne, rechazan la

SOÑAR v. Sueño
Jue. 7.13 soñé un sueño: Veía un pan de cebada
Sal. 126.1 de Sion, seremos como los que sueñan
Is. 29.8 sueña, y le parece que come, pero cuando

SOPLAR
Gn. 2.7 *sopló* en su nariz aliento de vida, y fue el
Cnt. 4.16 *soplad* en mi huerto, despréndanse sus
Is. 40.7 porque el viento de Jehová *sopló* en ella
Jn. 3.8 el viento *sopla* de donde quiere, y oyes
20.22 *sopló*, y les dijo: Recibid el Espíritu
Ap. 7.1 que no *soplase* viento . . sobre la tierra

SOPLO *v.* Aliento, Hálito
2 S. 22.16; Sal. 18.15 el *s* del aliento de su nariz
Job 7.7 acuérdate que mi vida es un *s*, y que mis
32.8 el *s* del Omnipotente le hace que entienda
33.4 hizo, y el *s* del Omnipotente me dio vida

SOPORTAR *v.* Llevar, Padecer, Sobrellevar, Tolerar
Nm. 11.14 no puedo yo solo *soportar* a todo este
Neh. 9.30 les *soportaste* por muchos años, y les
Sal. 55.12 un enemigo, lo cual habría *soportado*
Jl. 2.11 día de Jehová . . ¿quién podrá *soportarlo*?
Mal. 3.2 ¿y quién podrá *soportar* el tiempo de su
Mr. 9.19 dijo: ¿Hasta cuándo os he de *soportar*?
Ro. 9.22 *soportó* con mucha paciencia los vasos
1 Co. 10.13 la salida, para que podáis *soportar*
13.7 cree, todo lo espera, todo lo *soporta*
Ef. 4.2; Col. 3.13 *soportándoos* . . los unos a los
1 Ts. 3.1 por lo cual, no pudiendo *soportarlo* más
2 Ti. 2.10 lo *soporto* por amor de los escogidos
He. 12.7 si *soportáis* la disciplina, Dios os trata
Stg. 1.12 bienaventurado el varón que *soporta* la
1 P. 2.18 sino también a los difíciles de *soportar*
2.20 pecando sois abofeteados, y lo *soportáis*?

SORDO *v.* Ciego, Cojo, Mudo
Ex. 4.11 al mudo y al *s*, al que ve y al ciego?
Lv. 19.14 no maldecirás al *s*, y delante del ciego
Sal. 38.13 mas yo, como si fuera *s*, no oigo; y soy
Is. 29.18 aquel tiempo los *s* oirán las palabras
35.5 ojos de . . y los oídos de los *s* se abrirán
42.19 ¿quién es *s*, como mi mensajero, que
43.8 sacad al . . y a los *s* que tienen oídos
Mt. 11.5; Lc. 7.22 los *s* oyen, los muertos son
Mr. 7.32 le trajeron un *s*, y tartamudo, y le
7.37 hace a los *s* oír, y a los mudos hablar

SORPRENDER
Sal. 89.22 no lo *sorprenderá* enemigo, ni hijo de
Mt. 22.15 consultaron cómo *sorprenderle* en
Mr. 12.13 que le *sorprendiesen* en alguna palabra
1 Ts. 5.4 para que aquel día os *sorprenda* como
1 P. 4.12 amados, no os *sorprendáis* del fuego de

SOSTENER *v.* Mantener, Sustentar
Sal. 20.2 envíe ayuda . . y desde Sion te *sostenga*
37.17 el que *sostiene* a los justos es Jehová
37.24 no . . postrado . . Jehová *sostiene* su mano
54.4 Señor está con los que *sostienen* mi vida
63.8 apegada a ti; tu diestra me ha *sostenido*
119.117 *sostenme*, y . . salvo, y me regocijaré
145.14 *sostiene* Jehová a todos los que caen
Pr. 27.4 ¿quién podrá *sostenerse* delante de la
Is. 41.13 tu Dios, quien te *sostiene* de tu mano
42.6 te *sostendré* por la mano; te guardaré
Lc. 4.11 en las manos te *sostendrán*, para que no
He. 11.27 se *sostuvo* como viendo al Invisible

SÓSTENES Hch. 18.17; 1 Co. 1.1.

SUBIR
Gn. 7.18 *subieron* las aguas y crecieron en gran
Ex. 24.1 *sube* ante Jehová, tú y Aarón, Nadab, y
Nm. 21.17 cántico: *Sube*, oh pozo; a él cantad
Jos. 6.5 *subirá* el pueblo . . derecho hacia adelante
1 S. 14.10 si nos dijeron así: *Subid* a nosotros
2 R. 23.2 *subió* el rey a la casa de Jehová con
Esd. 2.1; Neh. 7.6 éstos son los . . que *subieron*
Sal. 24.3 ¿quién *subirá* al monte de Jehová?
68.18 *subiste* a lo alto, cautivaste la cautividad
Pr. 30.4 ¿quién *subió* al cielo, y descendió?
Is. 2.3; Mi. 4.2 venid, y *subamos* al monte de Jehová
14.13 *subiré* al cielo, en lo alto, junto a las
40.9 *súbete* sobre un monte alto, anunciadora
58.14 yo te haré *subir* sobre las alturas de

Am. 9.2 y aunque *subieren* hasta el cielo, de allá
Lc. 19.4 corriendo . . *subió* a un árbol sicómoro
Jn. 3.13 *subió* al cielo, sino el que descendió
6.62 que, si viereis al Hijo del Hombre *subir*
20.17 porque aún no he *subido* a mi Padre
Ro. 10.6 no digas en . . ¿Quién *subirá* al cielo?
Ef. 4.8 *subiendo* a lo alto, llevó cautiva la
Ap. 4.1 *sube* acá, y yo te mostraré las cosas que
8.4 *subió* a la presencia de Dios el humo del
11.12 subid acá. Y *subieron* al cielo en una
19.3 el humo de ella *sube* por los siglos de

SUBLIME *v.* Alto, Grande
Sal. 118.16 la diestra de Jehová es *s*; la diestra
131.1 no . . ni en cosas demasiado *s* para mí
Is. 57.15 así dijo el Alto y *S*, el que habita la
Lc. 16.15 porque lo que los hombres tienen por *s*

SUBSISTIR *v.* Permanecer, Quedar
Is. 7.7 Jehová . . dice . . No *subsistirá*, ni será
Col. 1.17 cosas, y todas las cosas en él *subsisten*

SUCEDER *v.* Acontecer, Sobrevenir
Ec. 3.19 *sucede* a los . . hombres . . *s* a las bestias
8.14 que hay justos a quienes *sucede* como si
Fil. 1.12 que las cosas que me han *sucedido*, han

SUCOT
Gn. 33.17 Jacob fue a *S*, y edificó allí casa para
Ex. 12.37 partieron los . . Israel de Ramesés a *S*
Jue. 8.5 dijo a los *S*: Yo os ruego que deis

SUDARIO
Jn. 11.44 salió . . el rostro envuelto en un *s*
20.7 el *s*, que había estado sobre la cabeza

SUDOR
Gn. 3.19 con el *s* de tu rostro comerás el pan
Lc. 22.44 era su *s* como grandes gotas de sangre

SUEGRA
Mt. 8.14; Mr. 1.30 la *s* de Simón . . con fiebre

SUELTO
Pr. 20.19 no te entremetas . . con el *s* de lengua
Dn. 3.25 yo veo cuatro varones *s*, que se pasean

SUEÑO *v.* Dormido, Dormir, Sueño(s)
Gn. 2.21 Dios hizo caer *s* profundo sobre Adán
15.12 mas a la . . sobrecogió el *s* a Abraham
Jue. 4.21 pues él estaba cargado de *s* y cansado
1 S. 26.12 profundo *s* enviado de Jehová había
Job 4.13 cuando el *s* cae sobre los hombres
Sal. 127.2 pues que *u* su amado dará Dios el *s*
132.4 no daré *s* a mis ojos, ni a mis párpados
Pr. 3.24 sino que te acostarás, y tu *s* será grato
6.4 no des *s* a tus ojos, ni a tus párpados
6.10; 24.33 un poco de *s*, un poco de dormitar
20.13 no ames el *s*, que no te empobrezcas
23.21 porque . . el *s* hará vestir vestidos rotos
Ec. 5.3 de la mucha ocupación viene el *s*, y de la
5.12 dulce el *s* del trabajador, coma mucho
Is. 29.10 derramó sobre vosotros espíritu de *s*, y
Jer. 51.39, 57 duerman eterno *s* y no despierten
Dn. 6.18 se fue a su palacio . . y se le fue el *s*
10.9 caí . . en un profundo *s*, con mi rostro
Mt. 26.43; Mr. 14.40 ojos de ellos . . cargados de *s*
Hch. 20.9 Eutico . . rendido de un *s* profundo
Ro. 13.11 que es ya hora de levantarnos del *s*

SUEÑO(S) *v.* Extasis, Soñar, Visión
Gn. 20.3 Dios vino a Abimelec en *s* de noche
31.10 vi en *s* . . machos . . listados, pintados y
31.24 vino Dios a Labán . . en *s* aquella
37.5 soñó José un *s*, y lo contó a . . hermanos
40.5 tuvieron un *s*, cada uno su propio *s* en
41.1 que pasados dos años tuvo Faraón un *s*
41.15 oído . . que oyes *s* para interpretarlos
Job 33.15 por *s*, en visión nocturna, cuando el
Sal. 73.20 como *s* del que despierta, así, Señor
Ec. 5.7 donde abundan los *s*, también abundan
Jer. 23.28 el profeta que tuviere un *s*, cuente el *s*
23.32 los que profetizan *s* mentirosos, y los
Dn. 2.1 tuvo Nabucodonosor *s*, y se perturbó su
4.19 señor mío, el *s* sea para tus enemigos

Zac. 10.2 han hablado s vanos, y vano es su
Mt. 1.20 un ángel . . le apareció en s y le dijo
    2.12 avisados por revelación en s que no
    27.19 padecido mucho . . en s por causa de él

SUERTE v. Heredad, Parte, Porción
Lv. 16.8 echará s Aarón sobre los dos machos
Nm. 26.55 pero la tierra será repartida por s
Jos. 13.6 solamente repartirás tú por s el país a
1 S. 14.42 echad s . . y la s cayó sobre Jonatán
Sal. 22.18 repartieron . . sobre mi ropa echaron s
Pr. 1.14 echa tu s entre nosotros; tengamos todos
    16.33 la s se echa en el regazo; mas de Jehová
    18.18 la s pone fin a los pleitos, y decide entre
Jer. 13.25 es tu s, la porción que yo he medido
Jon. 1.7 y echaron s, y la s cayó sobre Jonás
Mt. 27.35 echando s . . sobre mi ropa echaron s
Mr. 15.24; Lc. 23.34 echando s sobre ellos
Jn. 19.24 sino echemos s sobre ella, a ver de
Hch. 1.26 les echaron s, y la s cayó sobre Matías

    SUFRIDO v. Paciente
Ec. 7.8 mejor es el s de espíritu que el altivo de
Ro. 12.12 s en la tribulación; constantes en la
1 Co. 13.4 el amor es s, es benigno; el amor no
2 Ti. 2.24 sino amable . . apto para enseñar, s

    SUFRIMIENTO v. Adversidad, Angustia, Cala-
        midad, Dolor, Malo, Miseria, Padecimiento,
        Tribulación
Neh. 9.32 no sea tenido en poco . . todo el s que
1 P. 1.11 anunciaba . . s de Cristo, y las glorias

    SUFRIR v. Padecer, Soportar, Tolerar
Sal. 6.7 mis ojos están gastados de sufrir; se han
Jer. 10.19 enfermedad mía es . . y debo sufrirla
    20.9 un fuego . . traté de sufrirlo, y no pude
    44.22 no pudo sufrirlo más Jehová, a causa de
Am. 7.10 tierra no puede sufrir todas sus palabras
1 Co. 6.7 ¿por qué no sufrís más bien el agravio?
    13.7 todo lo sufre, todo lo cree, todo lo espera
2 Co. 1.6 en el sufrir las mismas aflicciones que
2 Ti. 2.3 sufre penalidades como buen soldado de
    2.12 si sufrimos, también reinaremos con él
    4.3 cuando no sufrirán la sana doctrina, sino
He. 12.2 sufrió la cruz, menospreciando el oprobio
    12.3 a aquel que sufrió tal contradicción de
Stg. 5.11 por bienaventurados a los que sufren
1 P. 2.20 haciendo lo bueno sufrís, y lo soportáis

    SUJECIÓN v. Sujeto, Sumiso
1 Ti. 2.11 mujer aprenda en silencio, con toda s
    3.4 su casa, que tenga a sus hijos en s con

    SUJETAR v. Dominar, Someter
Is. 45.1 sujetar naciones delante de él y desatar
Lc. 10.17 demonios se nos sujetan en tu nombre
Ro. 8.20 la creación fue sujetada a vanidad, no
    10.3 no se han sujetado a la justicia de Dios
    11.32 Dios sujetó a todos en desobediencia
1 Co. 15.28 mismo se sujetará al que le sujetó
Fil. 3.21 puede también sujetar a sí mismo todas
He. 2.5 porque no sujetó a los ángeles el mundo
    2.8 le pusiste . . todo lo sujetaste bajo sus pies
    13.17 obedeced a vuestros . . y sujetaos a ellos

    SUJETO, ta v. Sujetar, Sumiso
Lc. 2.51 volvió a Nazaret, y estaba s a ellos
1 Co. 14.34 estén s, como también la ley lo
    15.28 luego que todas las cosas le estén s
Ef. 5.22; Col. 3.18 las casadas estén s a sus propios
    5.24 así que como la iglesia está s a Cristo, así
Tit. 2.5 s a sus maridos, para que la palabra de
1 P. 3.1 mujeres, estad s a vuestros maridos
    3.22 y a él están s ángeles, autoridades y
    5.5 jóvenes, estad s a los ancianos; y todos

    SUMISO, sa v. Humilde
Gn. 16.9 vuélvete a tu señora, y ponte s bajo su
1 P. 5.5 todos, s unos a otros, revestíos de humildad

    SUMO SACERDOTE v. Principal Sacerdote,
        Sacerdote
Lv. 21.10 el s s entre . . no descubrirá su cabeza
Zac. 3.1 me mostró el s s Josué, el cual estaba
Mt. 26.3 se reunieron en el patio del s s llamado

Mt. 26.57; Mr. 14.53; Lc. 22.54 le llevaron al s s
Jn. 11.49 Caifás, uno de ellos, s s aquel año, les
    18.19 el s s preguntó a Jesús acerca de sus
    18.22 le dio . . diciendo: ¿Así respondes al s s?
Hch. 5.17 entonces levantándose el s s y todos los
    7.1 el s s dijo entonces: ¿Es esto así?
    9.1 Saulo, respirando . . amenazas . . vino al s s
    23.4 dijeron: ¿Al s s de Dios injurias?
He. 2.17 misericordioso y fiel s s en lo que a Dios
    3.1 considerad al apóstol y s s de nuestra
    4.14 teniendo un gran s s que traspasó los
    5.1 todo s s tomado de entre los hombres es
    5.10 declarado por Dios s s según el orden de
    6.20 donde Jesús entró . . s s para siempre
    7.26 tal s s nos convenía: santo, inocente, sin
    7.28 la ley constituye s s a débiles hombres
    8.1 que tenemos tal s s, el cual se sentó a la
    9.7 sólo el s s una vez al año, no sin sangre
    9.11 ya presente Cristo, s s de los bienes
    9.25 entra el s s en el Lugar Santísimo

SUNAMITA   2 R. 4.8-37; 8.1-6.

SUPERIOR v. Mayor
Dn. 6.3 pero Daniel mismo era s a estos sátrapas
Lc. 6.40 el discípulo no es s a su maestro; mas
Fil. 2.3 estimando . . demás como s a él mismo
He. 1.4 hecho tanto s a los ángeles, cuanto heredó
1 P. 2.13 someteos a . . ya sea al rey, como a s

    SÚPLICA v. Oración, Petición, Ruego
2 S. 7.27 valor para hacer delante de ti esta s
    24.25 Jehová oyó las s de la tierra, y cesó la
Sal. 55.1 escucha, oh . . no te escondas de mi s
    66.19 me escuchó . . atendió a la voz de mi s
1 Ti. 5.5 diligente en s y oraciones noche y día

    SUPLICAR v. Orar, Pedir, Rogar
Sal. 119.58 tu presencia supliqué de . . corazón
Is. 45.14 sabeos . . harán reverencia y te suplicarán
Jer. 15.11 si no he suplicado ante ti en favor de
Sof. 3.10 más allá de . . Etiopía . . me suplicarán

    SUPLIR v. Proveer
1 Co. 16.17 pues ellos han suplido vuestra ausencia
2 Co. 8.14 la abundancia vuestra supla la escasez
    9.12 no solamente suple lo que a los . . falta
Fil. 2.30 exponiendo su vida para suplir lo que
    4.19 mi Dios, pues, suplirá todo lo que os falta

    SUR v. Norte
Ez. 20.46 pon tu rostro hacia el s, derrama tu
Dn. 11.5 y se hará fuerte el rey del s; mas uno de

    SURCO
Job 31.38 si mi tierra clama . . lloran todos sus s
Sal. 65.10 haces que se empapen sus s; haces

    SUSA
Neh. 1.1 en el año veinte, estando yo en S, capital
Est. 1.2 el cual estaba en S capital del reino
    3.15 pero la ciudad de S estaba conmovida

    SUSPIRAR
Sal. 12.5 pondré en salvo al que por ello suspira
    119.131 boca abrí y suspiré, porque deseaba

    SUSPIRO
Job 3.24 pues antes que mi pan viene mi s, y mis
Sal. 38.9 todos mis deseos, y mi s no te es oculto

    SUSTENTAR v. Alimentar, Sostener
Dt. 8.3 hizo tener hambre, y te sustentó con maná
    8.16 que te sustentó con maná en el desierto
2 S. 19.33 pasa conmigo, y yo te sustentaré
2 Cr. 18.26 sustentadle con pan de aflicción y agua
Neh. 9.21 los sustentaste 40 años en el desierto
Sal. 16.5 Jehová es la . . tú sustentas mi suerte
    17.5 sustenta mis pasos en tus caminos, para
    18.35 de tu salvación; tu diestra me sustentó
    41.3 lo sustentará sobre el lecho del dolor
    41.12 en mi integridad me has sustentado
    51.12 el gozo . . y espíritu noble me sustente
    55.22 sobre Jehová tu carga, y él te sustentará
    71.6 en ti he sido sustentado desde el vientre
    119.28, 116 susténtame según tu palabra

Is. 63.5 que no hubiera quien *sustentase*; y me
He. 1.3 y quien *sustenta* todas las cosas con la
Ap. 12.6 para que allí la *sustenten* por 1260 días
   12.14 donde es *sustentada* por un tiempo

SUSTENTO *v.* Alimento
Is. 3.1 Jehová .. quita .. todo *s* de pan y todo
Mr. 12.44; Lc. 21.4 de su pobreza echó .. todo su *s*
Hch. 14.17 llenando de *s* y de alegría nuestros
1 Ti. 6.8 teniendo *s* .. estemos contentos con esto

SUYO
Jn. 1.11 a lo *s* vino, y los *s* no le recibieron
Fil. 2.21 porque todos buscan lo *s* propio, no lo

TABERA Nm. 11.3; Dt. 9.22.

TABERNÁCULO *v.* Casa, Enramada, Templo,
   Tienda
Ex. 26.30 alzarás el *t* conforme al modelo que
   29.44 santificaré el *t* de reunión y el altar
   30.26 con él ungirás el *t* de reunión, el arca
   33.7 levantó lejos .. lo llamó el *T* de Reunión
   40.2 en el primer día del .. harás levantar el *t*
Lv. 1.1 llamó Jehová a Moisés .. desde el *t* de
   15.31 por haber contaminado mi *t* que está
   23.34; Dt. 16.13 la fiesta solemne de los *t*
   23.42 en *t* habitaréis siete días, todo .. en *t*
Nm. 3.7 desempeñen el encargo .. delante del *t*
   9.15 que el *t* fue erigido, la nube cubrió el *t*
   19.13 *t* de Jehová contaminó .. será cortado
   19.20 por cuanto contaminó el *t* de Jehová
Dt. 31.15 se apareció Jehová en el *t*, en la .. nube
Neh. 8.14 que habitasen los hijos de Israel en *t*
Sal. 15.1 Jehová, ¿quién habitará en tu *t*?
   19.4 sus palabras. En ellos puso *t* para el sol
   27.5 él me esconderá en su *t* en el día del
   31.20 pondrás en un *t* a cubierto de .. lenguas
   61.4 yo habitaré en tu *t* para siempre; estaré
   78.60 dejó, por tanto, el *t* de Silo, la tierra
   132.7 entraremos en su *t*; nos postraremos
Is. 16.5 y sobre él se sentará .. en el *t* de David
Ez. 37.27 estará en medio de ellos mi *t*, y seré *a*
Am. 5.26 llevabais el *t* de vuestro Moloc y Quiún
   9.11 levantaré el *t* caído de David, y cerraré
Jn. 7.2 estaba cerca la fiesta de los .. la de los *t*
Hch. 7.46 pidió proveer *t* para el Dios de Jacob
   15.16 reedificaré el *t* de David, que está caído
2 Co. 5.1 este *t*, se deshiciere, tenemos de Dios un
He. 8.2 de aquel verdadero *t* que levantó el Señor
   9.3 tras el segundo velo estaba la parte del *t*
   9.11 por el más amplio y más perfecto *t*, no
   9.21 roció también con la sangre el *t* y todos
   13.10 derecho de comer los que sirven al *t*
Ap. 15.5 fue abierto en el cielo el templo del *t* del
   21.3 he aquí el *t* de Dios con los hombres

TABLA
Ex. 24.12 sube .. y te daré *t* de piedra, y la ley
   31.18 dos *t* del testimonio, *t* de piedra escritas
   34.28 escribió en *t* las palabras del pacto, los
Dt. 9.9 las *t* de piedra, las *t* del pacto que Jehová
   10.1 lábrate dos *t* de piedra como las primeras
Is. 8.1 toma una *t* grande, y escribe en ella con
Hch. 27.44 parte en *t*, parte en cosas de la nave
He. 9.4 en la que estaba una .. y las *t* del pacto

TADEO *v.* Judas Mt. 10.3; Mr. 3.18.

TALENTO *v.* Mina
Mt. 18.24 presentado uno que le debía diez mil *t*
   25.15 a uno dio cinco *t*, y a otro dos, y a otro

TAMAR nuera de Judá Gn. 38.6-30.

TAMAR hermana de Absalón 2 S. 13.1-20.

TAMO *v.* Hojarasca, Paja
Job 21.18; Sal. 1.4 el *t* que arrebata el torbellino
Sal. 35.5 sean como el *t* delante del viento, y el
Is. 17.13 serán ahuyentados como el *t* de los
   47.14 he aquí que serán como el *t*; fuego los

TARDAR *v.* Demorar
Pr. 14.29 el que *tarda* en airarse es grande de
Ec. 5.4 haces promesa, no *tardes* en cumplirla
Dn. 9.19 no *tardes*, por amor de tí mismo, Dios

Hab. 2.3 la visión *tardará* aún por un tiempo
Mt. 24.48; Lc. 12.45 mi señor *tarda* en venir, mas
Mt. 25.5 *tardándose* el esposo, cabecearon todas
Hch. 9.38 rogarle: No *tardes* en venir a nosotros
He. 10.37 el que ha de venir vendrá, y no *tardará*
2 P. 2.3 condenación no se *tarda*, y su perdición

TARDE *v.* Mañana, Noche
Sal. 55.17 *t* y mañana y a mediodía oraré y
   104.23 a su labor, y a su labranza hasta la *t*
Lc. 24.29 quédate .. porque se hace *t*, y el día

TARDO
Ex. 4.10 soy *t* en el habla y torpe de lengua
Nah. 1.3 Jehová es *t* para la ira, y grande en
Lc. 24.25 y *t* de corazón para creer todo lo que
He. 5.11 por cuanto os habéis hecho *t* para oir

TARÉ Gn. 11.24-32.

TARSIS
1 R. 10.22 el rey tenía .. una flota de naves de *T*
2 Cr. 9.21 porque la flota del rey iba a *T* con los
Jon. 1.3 a *T* .. y halló una nave que partía para *T*

TARSO
Hch. 11.25 fue Bernabé a *T* para buscar a Saulo
   21.39 yo de cierto soy hombre judío de *T*

TARTAMUDO
Is. 28.11 en lengua de *t* .. hablará a este pueblo
   32.4 la lengua de los *t* hablará rápida y
   33.19 pueblo .. de lengua *t* que no comprendas
Mr. 7.32 trajeron un sordo y *t*, y le rogaron que

TEAS
Jue. 7.16 con *t* ardiendo dentro de los cántaros
   15.5 encendiendo las *t*, soltó las zorras en
Is. 50.11 que .. encendéis fuego, y os rodeáis de *t*

TECOA
2 S. 14.2 Joab a *T*, y tomó de allá una mujer
Am. 1.1 Amós, que fue uno de los pastores de *T*

TECHO *v.* Azotea, Tejado, Terrado
Mt. 8.8 no soy digno de que entres bajo mi *t*
Mr. 2.4 descubrieron el *t* de donde estaba

TEJADO *v.* Azotea, Techo, Terrado
Gn. 19.8 pues que vinieron a la sombra de mi *t*
Lc. 5.19 casa, y por el *t* le bajaron con el lecho

TEJER
Jue. 16.13 si *tejieres* siete guedejas de mi cabeza
Is. 59.5 incuban huevos .. *tejen* telas de arañas

TEJIDO
Mt. 27.29 pusieron .. una corona *t* de espinas
Jn. 19.23 túnica .. de un solo *t* de arriba abajo

TEMBLAR *v.* Estremecer, Terremoto
Ex. 15.14 lo oirán los pueblos y *temblarán*; se
Dt. 2.25 pueblos .. oirán tu fama, y *temblarán*
Jue. 5.4 tierra *tembló*, y los cielos destilaron
1 S. 4.13 su corazón estaba *temblando* por .. arca
2 S. 22.8; Sal. 18.7 tierra .. conmovida, y *tembló*
   22.46; Sal. 18.45 saldrán *temblando* de sus
Job 26.11 las columnas del cielo *tiemblan*, y se
Sal. 4.4 *temblad*, y no pequéis; meditad en .. cama
   14.5 ellos *temblaron* de espanto; porque Dios
   60.2 hiciste *temblar* la tierra, la has hendido
   68.8 la tierra *tembló* .. aquel Sinaí *t* delante
   82.5 *tiemblan* todos los cimientos de la tierra
   99.1 Jehová reina; *temblarán* los pueblos
   104.32 mira a la tierra, y ella *tiembla*; toca
   107.27 *tiemblan* y titubean como ebrios, y
   114.7 presencia de Jehová *tiembla* la tierra
Ec. 12.3 *temblarán* los guardas de la casa, y se
Is. 14.16 ¿es éste aquel varón que hacía *temblar*
   24.18 *temblarán* los cimientos de la tierra
   24.20 *temblará* la tierra como un ebrio, y
   32.11 *temblad*, oh indolentes; turbaos, oh
   64.2 las naciones *temblasen* a tu presencia
Jer. 10.10 a su ira *tiembla* la tierra, y las naciones
   51.29 la tierra, y se afligirá; porque
Ez. 38.20 todos los hombres .. *temblarán* ante
Dn. 6.26 *tiemblen* ante la presencia del Dios de
Os. 11.10 rugirá, y los hijos vendrán *temblando*

Hag. 2.6 haré *temblar* los cielos y la tierra, el mar
Mt. 27.51 tierra *tembló*, y las rocas se partieron
    28.4 de miedo de él los guardas *temblaron* y se
Mr. 5.33; Lc. 8.47 la mujer . . *temblando* . . vino y
Hch. 4.31 orado, el lugar en que estaban . . *tembló*
    7.32 Moisés, *temblando*, no se atrevía a mirar
    16.29 *temblando*, se postró a los pies de Pablo
Stg. 2.19 también los demonios creen, y *tiemblan*

TEMBLOR *v.* Temor, Terremoto
Job 4.14 me sobrevino un espanto y un *t*, que
Sal. 2.11 servid a . . con temor, y alegraos con *t*
    55.5 temor y *t* vinieron sobre mí, y terror me
Jer. 30.5 hemos oído voz de *t*; de espanto, y no de
Ez. 37.7 profeticé, pues, como me . . y he aquí un *t*
Mr. 16.8 les había tomado *t* y espanto; ni decían
Fil. 2.12 ocupaos en . . salvación con temor y *t*

TEMER *v.* Adorar, Obedecer, Servir
Gn. 15.1 Jehová a Abraham en visión . . No *temas*
    22.12 ya conozco que *temes* a Dios, por cuanto
    42.18 haced esto, y vivid: Yo *temo* a Dios
Ex. 14.10 los hijos de Israel *temieron* en gran manera
    14.31 el pueblo *temió* a Jehová, y creyeron a
Nm. 14.9 con nosotros está Jehová; no los *temáis*
Dt. 1.21 toma posesión . . no *temas* ni desmayes
    1.29 dije: No *temáis*, ni tengáis miedo de ellos
    4.10 para *temerme* todos los días que vivieran
    5.29 quién diera . . me *temiesen* y guardasen
    6.13 a Jehová tu Dios *temerás*, y a él sólo
    10.12 sino que *temas* a Jehová tu Dios, que
    13.11 para que todo Israel oiga, y *tema*, y no
    28.58 *temiendo* este nombre glorioso y
Jos. 1.9 no *temas* ni desmayes; porque Jehová tu
    8.1 dijo a Josué: No *temas* ni desmayes; toma
    24.14 ahora, pues, *temed* a Jehová, y servidle
Jue. 6.10 no *temáis* a los dioses de los amorreos
    7.3 quien *tema* y se estremezca, madrugue y
1 S. 12.14 si *temiereis* a Jehová y le sirviereis
    15.24 *temí* al pueblo y consentí a la voz de
2 R. 17.33 *temían* a Jehová, y honraban a . . dioses
1 Cr. 16.25 de ser *temido* sobre todos los dioses
Esd. 9.4 se me juntaron todos los que *temían* las
Neh. 6.16 *temieron* todas las naciones que estaban
Job 1.9 Satanás . . dijo: ¿Acaso teme Job a Dios
    3.25 y me ha acontecido lo que yo *temía*
    11.15 limpio . . y serás fuerte, y nada *temerás*
    31.23 porque *temí* el castigo de Dios, contra
    36.18 por lo cual *teme*, no sea que en su ira
    37.24 lo *temerán* por tanto los hombres; él no
Sal. 3.6 no *temeré* a diez millares de gente, que
    23.4 no *temeré* mal alguno, porque tú estarás
    25.12 ¿quién es el hombre que *teme* a Jehová?
    27.1 Jehová es mi luz y . . ¿de quién *temeré*?
    31.19 es tu bondad . . para los que *temen*
    33.8 *tema* a Jehová toda la tierra; *teman*
    33.18 el ojo de Jehová sobre los que le *temen*
    34.7 acampa alrededor de los que le *temen*, y
    34.9 *temed* a Jehová, vosotros sus santos, pues
    46.2 por tanto, no *temeremos*, aunque la tierra
    52.6 verán los justos, y *temerán*; se reirán de
    56.3 en el día que *temo*, yo en ti confío
    56.4, 11; 118.6 no *temeré* a . . hacer el hombre
    65.8 habitantes de . . *temen* de tus maravillas
    66.16 venid, oíd todos los que *teméis* a Dios
    72.5 te *temerán* mientras duren el sol y la luna
    85.9 cercana . . su salvación a los que te *temen*
    91.5 no *temerás* el terror nocturno, ni saeta
    103.11 su misericordia sobre los que le *temen*
    111.5 ha dado alimento a los que le *temen*
    112.1; 128.1 bienaventurado el . . que *teme* a
    115.11 que *teméis* a Jehová, confiad en Jehová
    119.38 confirma tu . . a tu siervo, que te *teme*
    119.74 que te *temen* me verán, y se alegrarán
    147.11 se complace . . en los que le *temen*, y
Pr. 14.16 el sabio *teme* y se aparta del mal; mas
    24.21 *teme* a Jehová, hijo mío, y al rey; no
    31.30 la mujer que *teme* a Jehová, ésa será
Ec. 5.7 las muchas palabras; mas tú, *teme* a Dios
    7.18 porque aquel que a Dios *teme*, saldrá bien
    12.13 *teme* a Dios, y guarda sus mandamientos

Is. 7.4 no *temas*, ni se turbe tu corazón a causa de
    7.16 la tierra . . que tú *temes* será abandonada
    8.12 ni *temáis* lo que ellos temen, ni . . miedo
    25.3 por esto . . te *temerá* la ciudad de gentes
    35.4 no *temáis*; he aquí . . vuestro Dios viene
    40.9 levántala, no *temas*; dí a las ciudades de
    41.10; 43.5 no *temas*, porque yo estoy contigo
    41.14 no *temas*, gusano de Jacob, oh . . Israel
    43.1 no *temas*, porque yo te redimí; te puse
    50.10 ¿quién hay . . que *teme* a Jehová, y oye
    51.7 no *temáis* afrenta de hombre . . ultrajes
Jer. 1.8, 17 no *temas* delante de ellos, porque
    5.22 ¿a mí no me *temeréis*? dice Jehová
    5.24 *temamos* ahora a Jehová Dios nuestro
    10.7 ¿quién no te *temerá*, oh Rey de las
    23.4 no *temerán* más, ni se amedrentarán, ni
Ez. 3.9 no los *temas*, ni tengas miedo delante de
Dn. 6.26 *teman* . . ante la presencia del Dios de
Os. 3.5 *temerán* a Jehová y a su bondad en el fin
Jl. 2.21 tierra, no *temas*; alégrate y gózate, porque
Jon. 1.9 respondió: Soy hebreo, y *temo* a Jehová
Sof. 3.7 me *temerá*; recibirá corrección, y no será
Mal. 3.16 los que *temían* a Jehová hablaron cada
    4.2 mas a vosotros los que *teméis* mi nombre
Mt. 1.20 José . . no *temas* recibir a María tu mujer
    8.26 ¿por qué *teméis*, hombres de poca fe?
    10.28 *temed* . . a aquel que puede destruir el
    10.31 no *temáis*; más valéis vosotros que
    14.5 quería matarle, pero *temía* al pueblo
    14.27; Mr. 6.50; Jn. 6.20 yo soy, no *temáis*!
    21.26 si decimos, de los hombres, *tememos* al
    27.54 *temieron* en gran manera, y dijeron
    28.5 ángel . . dijo . . No *temáis* vosotras
    28.10 Jesús les dijo: No *temáis*; id, dad las
Mr. 4.41 entonces *temieron* con gran temor, y se
    5.36; Lc. 8.50 dijo . . No *temas*, cree solamente
    6.20 Herodes *temía* a Juan . . y le guardaba
Lc. 1.30 María, no *temas*, porque has hallado
    1.50 su misericordia es . . a los que le *temen*
    2.10 el ángel les dijo: No *temáis*; porque he
    12.4 no *temáis* a los que matan el cuerpo, y
    12.32 no *temáis*, manada pequeña, porque a
    18.2 había . . un juez, que ni *temía* a Dios, ni
    23.40 ¿ni aun *temes* tú a Dios, estando en la
Jn. 12.15 no *temas*, hija de Sion; he aquí tu Rey
Hch. 10.35 agrada del que le *teme* y hace justicia
    13.16 varones . . y los que *teméis* a Dios, oíd
    18.9 dijo . . No *temas*, sino habla, y no calles
    27.24 diciendo: Pablo, no *temas*; es necesario
Ro. 11.20 en pie. No te ensoberbezcas, sino *teme*
2 Co. 12.20 me *temo* . . no os halle tales como quiero
Gá. 4.11 me *temo* . . que haya trabajado en vano
Col. 3.22 con corazón sincero, *temiendo* a Dios
1 Ti. 5.20 para que los demás también *teman*
He. 4.1 *temamos*, pues, no sea que permaneciendo
    11.23 padres . . no *temieron* el decreto del rey
    13.6 no *temeré* lo que me pueda hacer el
1 P. 2.17 amad a . . *Temed* a Dios. Honrad al rey
2 P. 2.10 no *temen* decir mal de las potestades
Ap. 1.17 no *temas*; yo soy el primero y el último
    2.10 no *temas* en nada lo que vas a padecer
    14.7 *temed* a Dios, y dadle gloria, porque la
    15.4 ¿quién no te *temerá* . . y glorificará tu
    19.5 alabad a nuestro Dios . . los que le *teméis*

TEMEROSO
Ex. 18.21 escoge . . varones de virtud, *t* de Dios
Dt. 28.66 estarás *t* de noche y de día, y no tendrás
Job 1.1, 8 Job . . *t* de Dios y apartado del mal
Hch. 9.6 temblando y *t*, dijo: Señor, ¿qué quieres
    10.22 Cornelio . . varón justo y *t* de Dios

TEMIBLE *v.* Formidable, Terrible
Sal. 47.2 Jehová el Altísimo es *t*; Rey grande
    66.5 Dios, *t* en hechos sobre los hijos de los
    68.35 *t* eres, oh Dios, desde tus santuarios
    76.7 tú, *t* eres tú; ¿y quién podrá estar en
    89.7 Dios *t* en la gran congregación de los
    96.4 grande es . . *t* sobre todos los dioses
Is. 2.19 por la presencia *t* de Jehová, y por el
    18.2, 7 pueblo *t* desde su principio y después

TEMOR v. Espanto, Miedo, Temblor, Terror
Gn. 9.2 el *t* . . de vosotros estarán sobre todo
20.11 dije . . no hay *t* de Dios en este lugar
32.7 Jacob tuvo gran *t*, y se angustió; y
Ex. 9.20 el que tuvo *t* de la palabra de Jehová
Dt. 2.25 comenzaré a poner tu *t* . . sobre los
11.25 miedo y *t* de vosotros pondrá Jehová
25.18 Amalec . . no tuvo ningún *t* de Dios
1 S. 18.29 más *t* de David, y fue Saúl enemigo de
Neh. 5.9 ¿no andaréis en el *t* de nuestro Dios
Job 4.6 ¿no es tu *t* a Dios tu confianza? ¿No es
18.11 de todas partes lo asombrarán *t*, y le
21.9 casas están a salvo de *t*, ni viene azote
28.28 aquí que el *t* del Señor es la sabiduría
Sal. 2.11 servid a Jehová con *t*, y alegraos con
19.9 el *t* de Jehová es limpio, que permanece
34.11 venid; hijos . . *t* de Jehová os enseñaré
36.1 no hay *t* de Dios delante de sus ojos
55.5 *t* y temblor vinieron sobre mí, y terror
76.8 juicio; la tierra tuvo *t* y quedó suspensa
111.10; Pr. 1.7; 9.10 de la sabiduría es el *t* de
112.7 no tendrá *t* de malas noticias; su
119.161 mi corazón tuvo *t* de tus palabras
Pr. 8.13 el *t* de Jehová es aborrecer el mal; la
10.27 el *t* de Jehová aumentará los días; mas
14.26 en el *t* de Jehová está la . . confianza
15.16 mejor es lo poco con el *t* de Jehová, que
15.33 el *t* de Jehová es enseñanza de sabiduría
19.23 el *t* de Jehová es para vida, y con él
29.25 el *t* del hombre pondrá lazo; mas el que
Is. 8.13 Jehová de los . . sea él vuestro *t*, y él sea
51.12 ¿quién eres tú para que tengas *t* del
Mal. 1.6 y si soy señor, ¿dónde está mi *t*? dice
Lc. 5.9 el *t* se había apoderado de él, y de todos
9.34 cubrió; y tuvieron *t* al entrar en la nube
21.26 desfalleciendo los hombres por el *t* y la
Hch. 2.43 y sobrevino *t* a toda persona, y muchas
5.11 vino gran *t* sobre toda la iglesia, y sobre
Ro. 3.18 no hay *t* de Dios delante de sus ojos
8.15 de esclavitud para estar otra vez en *t*
13.3 los magistrados no están para infundir *t*
1 Co. 2.3 con debilidad, y mucho *t* y temblor
2 Co. 5.11 conociendo . . el *t* del . . persuadimos
7.1 perfeccionando la santidad en el *t* de Dios
7.5 sino . . de fuera, conflictos; de dentro, *t*
Ef. 5.21 someteos unos a otros en el *t* de Dios
6.5 obedeced a vuestros amos . . *t* y temblor
Fil. 1.14 atreven . . más a hablar la palabra sin *t*
2.12 ocupaos en vuestra salvación con *t* y
He. 2.15 a todos los que por el *t* de la muerte
12.28 a Dios agradándole con *t* y reverencia
1 P. 1.17 conducíos en *t* todo el tiempo de vuestra
3.14 no os amedrentéis por *t* de ellos, ni os
1 Jn. 4.18 amor no hay *t* . . amor echa fuera el *t*

TEMPESTAD v. Torbellino, Viento
Sal. 55.8 escapar del viento borrascoso, de la *t*
58.9 vivos, así airados, los arrebatará él con *t*
107.29 cambia la *t* en sosiego, y . . sus ondas
Jer. 23.19 aquí que la *t* de Jehová saldrá con furor
25.32 se levantará de los fines de la tierra
Nah. 1.3 Jehová marcha en la *t* y el torbellino
Mt. 8.24; Mr. 4.37; Lc. 8.23 se levantó . . una *t*
16.3 por la mañana: Hoy habrá *t*; porque
Hch. 27.18 siendo combatidos por una furiosa *t*
He. 12.18 al monte . . que ardía en fuego . . y a la *t*

TEMPLO v. Casa, Iglesia, Santuario, Tabernáculo
2 R. 23.4 que sacasen del *t* de Jehová todos los
Esd. 4.1 edificaban el *t* de Jehová Dios de Israel
Sal. 5.7 casa; adoraré hacia tu santo *t* en tu temor
11.4; Hab. 2.20 Jehová está en su santo *t*
48.9 nos acordamos de tu . . en medio de tu *t*
65.4 saciados del bien de tu casa, de tu santo *t*
138.2 me postraré hacia tu santo *t*, y alabaré
Is. 6.1 alto y sublime, y sus faldas llenaban el *t*
44.28 serás edificada; y al *t*: Serás fundado
Jer. 7.4 *t* de Jehová, *t* de . . *t* de Jehová es este
Ez. 41.1 me introdujo luego en el *t*, y midió los
Os. 8.14 Israel . . y edificó *t*, y Judá multiplicó

Hag. 2.18 el día que se echó el cimiento del *t* de
Zac. 6.12 el Renuevo . . edificará el *t* de Jehová
Mal. 3.1 y vendrá súbitamente a su *t* el Señor
Mt. 4.5; Lc. 4.9 le puso sobre el pináculo del *t*
12.6 os digo que uno mayor que el *t* está aquí
21.12; Mr. 11.15; Lc. 19.45 entró Jesús en el *t* de Dios
23.16 si alguno jura por el *t*, no es nada; pero
24.1 discípulos . . mostrarle los edificios del *t*
26.55; Mr. 14.49; Lc. 22.53 cada día estaba con vosotros enseñando en el *t*
26.61; Mr. 14.58; Jn. 2.19 puedo derribar el *t* de Dios
27.40; Mr. 15.29 tú que derribas el *t*, y en tres
Lc. 2.27 movido por el Espíritu, vino al *t*
2.46 le hallaron en el *t*, sentado en medio de
18.10 dos hombres subieron al *t* a orar: uno
21.5 que hablaban de que el *t* estaba adornado
24.53 estaban siempre en el *t*, alabando y
Jn. 2.14 halló en el *t* a los que vendían bueyes
7.14 de la fiesta subió Jesús al *t*, y enseñaba
Hch. 2.46 unánimes . . en el *t*, y partiendo el pan
3.2 la puerta del *t* que se llama la Hermosa
4.1 el jefe de la guardia del *t*, y los saduceos
5.20 id, y puestos en pie en el *t*, anunciad al
7.48; 17.24 no habita en *t* hechos de mano
19.27 que el *t* de la gran diosa Diana sea
21.28 además . . ha metido a griegos en el *t*
22.17 orando en el *t* me sobrevino un éxtasis
24.6 intentó también profanar el *t*; y
1 Co. 3.16 ¿no sabéis que sois *t* de Dios, y que
6.19 que vuestro cuerpo es *t* del Espíritu Santo
2 Co. 6.16 ¿y qué acuerdo hay entre el *t* de Dios
Ef. 2.21 va creciendo para ser un *t* santo en el
Ap. 7.15 y le sirven día y noche en su *t*; y el
11.1 mide el *t* de Dios, y el altar, y a los
11.19 el *t* de Dios fue abierto en el cielo
15.8 el *t* se llenó de humo por la gloria de
21.22 no vi en ella . . el Señor . . es el *t*

TENDER
1 R. 17.21; 2 R. 4.34 se *tendió* sobre el niño
Mt. 21.8; Mr. 11.8; Lc. 19.36 *tendían* sus mantos por el camino

TENER v. Poseer, Recibir
Pr. 22.27 si no *tuvieres* para pagar, ¿por qué han
Sal. 114.5 ¿qué *tuviste*, oh mar, que huiste?
Mt. 13.12 a cualquiera que *tiene*, se le dará, y
He. 13.14 no *tenemos* aquí ciudad permanente
1 Jn. 5.15 sabemos que *tenemos* las peticiones que

TENTACIÓN v. Prueba
Mt. 6.13; Lc. 11.4 no nos metas en *t* . . líbranos
26.41; Mr. 14.38; Lc. 22.40 orad, para que no entréis en *t*
Lc. 4.13 cuando el diablo hubo acabado toda *t*
1 Co. 10.13 no os ha sobrevenido ninguna *t* que
1 Ti. 6.9 quieren enriquecerse caen en *t* y lazo, y
He. 3.8 como . . en el día de la *t* en el desierto
Stg. 1.12 bienaventurado el . . que soporta la *t*
2 P. 2.9 sabe el Señor librar de *t* a los piadosos

TENTAR v. Probar
Dt. 6.16 no *tentaréis* a Jehová vuestro Dios, como
Sal. 78.18 pues *tentaron* a Dios en su corazón
78.56 pero ellos *tentaron* . . al Dios Altísimo
95.9 donde me *tentaron* vuestros padres, me
106.14 y *tentaron* a Dios en la soledad
Is. 7.12 Acaz: No pediré, y no *tentaré* a Jehová
Mal. 3.15 sino que *tentaron* a Dios y escaparon
Mt. 4.1; Mr. 1.13; Lc. 4.2 Jesús fue llevado . . para ser *tentado*
4.7; Lc. 4.12 no *tentarás* al Señor tu Dios
16.1; 19.3; Mr. 8.11; 10.2 vinieron los fariseos . . para *tentarle*
22.18; Mr. 12.15; Lc. 20.23 ¿por qué me *tentáis*, hipócritas?
22.35 uno de ellos . . preguntó por *tentarle*
Lc. 11.16 para *tentarle*, le pedían señal del cielo
Hch. 5.9 convinisteis en *tentar* al Espíritu del
15.10 ¿por qué *tentáis* a Dios, poniendo

1 Co. 10.9 ni *tentemos* al Señor, como . . *tentaron*
　　10.13 Dios, es que no os dejará ser *tentados*
Gá. 6.1 mismo, no sea que tú también seas *tentado*
1 Ts. 3.5 no sea que os hubiese *tentado* el
He. 2.18 cuanto él mismo padeció siendo *tentado*
　　2.18 para socorrer a los que son *tentados*
　　3.9 donde me *tentaron* vuestros padres; me
　　4.15 sino uno que fue *tentado* en todo según
Stg. 1.13 *tentado*, no diga que es *t* de . . Dios no
　　puede ser *t* . . ni él *tienta*

TEÓFILO Lc. 1.3; Hch. 1.1.

TERAFÍN *v.* **Dios, Estatua, Idolo, Imagen**
Jue. 17.5 tuvo casa de dioses, e hizo efod y *t*
Zac. 10.2 porque los *t* han dado vanos oráculos

TERMINAR *v.* **Acabar, Concluir, Dejar**
Dn. 9.24 para *terminar* la prevaricación, y poner
Lc. 13.32 mañana, y al tercer día *termino* mi obra
1 P. 4.1 ha padecido en . . *terminó* con el pecado

TÉRMINO *v.* **Fin, Límite, Lindero**
Sal. 39.5 he aquí, diste a mis días *t* corto, y mi
　　74.17 tú fijaste todos los *t* de la tierra; el

TERRADO *v.* **Azotea, Techo, Tejado**
2 S. 11.2 y se paseaba sobre el *t* de la casa real
Pr. 21.9 mejor es vivir en un rincón del *t* que con
Is. 22.1 ¿qué tienes . . has subido sobre los *t*?

TERREMOTO *v.* **Temblar**
1 R. 19.11 un *t*; pero Jehová no estaba en el *t*
Is. 29.6 serás visitada con truenos, con *t* y con
Am. 1.1 que profetizó . . dos años antes del *t*
Mt. 24.7; Mr. 13.8; Lc. 21.11 habrá . . *t* en diferen-
　　tes lugares
　　27.54 visto el *t* . . temieron en gran manera
　　28.2 hubo un gran *t*; porque un ángel del
Hch. 16.26 sobrevino de repente un gran *t*, de tal
Ap. 6.12 abrió el sexto sello . . hubo un gran *t*
　　8.5 hubo truenos, y voces, y relámpagos, y un *t*
　　11.13 en aquella hora hubo un gran *t*, y la

TERRENAL *v.* **Celestial**
Jn. 3.12 si os he dicho cosas *t*, y no creéis, ¿cómo
　　3.31 el que es de la tierra, es *t*, y cosas *t* habla
1 Co. 15.40 hay . . cuerpos *t*; pero una es la gloria
　　15.48 cual el *t*, tales también los *t*; y cual el
Fil. 3.19 es el vientre . . que sólo piensan en lo *t*
Col. 3.5 haced morir, pues, lo *t* en vosotros
Stg. 3.15 no es la que desciende de lo alto, sino *t*

TERRIBLE *v.* **Temible**
Gn. 28.17 tuvo miedo . . ¡Cuán *t* es este lugar!
Ex. 15.11 *t* en maravillosas hazañas, hacedor de
Dt. 10.21 cosas grandes y *t* que tus ojos han visto
Is. 64.3 cuando, haciendo cosas *t* cuales nunca
He. 12.21 tan *t* era lo que se veía, que Moisés dijo

TERRITORIO *v.* **Tierra**
Ex. 34.24 ensancharé tu *t*; y ninguno codiciará tu
Dt. 12.20 cuando Jehová tu Dios ensanchare tu *t*
2 S. 8.3 al ir éste a recuperar su *t* al río Eufrates
Hch. 12.20 porque su *t* era abastecido por el del rey

TERRÓN
Job 21.33 los *t* del valle les serán dulces tras de él
Os. 10.11 Efraín; arará Judá, quebrará sus *t* Jacob

TERROR *v.* **Espanto, Miedo, Temor**
Gn. 35.5 el *t* de Dios estuvo sobre las ciudades
Job 9.34 quite de sobre mí . . y su *t* no me espante
　　13.21 aparta de mí tu . . y no me asombre tu *t*
　　24.17 si son conocidos, *t* de . . los toman
　　27.20 se apoderarán de él *t* como aguas
　　33.7 he aquí, mi *t* no te espantará, ni mi mano
Sal. 55.4 de mí, y *t* de muerte sobre mí han caído
　　73.19 como . . perecieron, se consumieron de *t*
Is. 13.8 se llenarán de *t*; angustias y dolores se
　　24.17 *t*, foso y red sobre ti, oh morador de la
Jer. 20.4 haré que seas un *t* a ti mismo y a todos
Ez. 7.18 ceñirán también de cilicio, y les cubrirá *t*

TÉRTULO Hch. 24.1–2.

TESALÓNICA Hch. 17.1; Fil. 4.16.

TESORERO
Is. 22.15 vé, entra a este *t*, a Sebna el mayordomo
Ro. 16.23 os saluda Erasto, *t* de la ciudad, y el

TESORO *v.* **Bien, Hacienda, Posesión, Riqueza**
Ex. 19.5 mi especial *t* sobre todos los pueblos
Dt. 28.12 te abrirá Jehová su buen *t*, el cielo
　　33.19 mares, y los *t* escondidos de la arena
Jos. 6.19 toda la plata . . entren en el *t* de Jehová
1 R. 14.26; 2 Cr. 12.9 tomó los *t* de la casa de
2 R. 20.13 mostró . . todo lo que había en sus *t*
　　24.13 sacó . . todos los *t* de la casa de Jehová
Esd. 7.20 dar, los darás de la casa de los *t* del rey
Job 38.22 ¿has entrado tú en los *t* de la nieve
Pr. 2.4 la buscares, y la escudriñares como a *t*
　　8.21 que los que me aman . . yo llene sus *t*
　　15.16 poco . . que el gran *t* donde hay turbación
　　21.6 amontonar *t* con lengua mentirosa es
　　21.20 *t* precioso y . . hay en la casa del sabio
Ec. 2.8 me amontoné . . *t* preciados de reyes y de
Is. 33.6 salvación; el temor de Jehová será su *t*
　　39.2 mostró . . todo lo que se hallaba en sus *t*
　　45.3 te daré los *t* escondidos, y los secretos
Jer. 15.13 tus *t* entregaré a la rapiña sin ningún
　　41.8 porque tenemos en el campo *t* de trigos
Dn. 11.43 se apoderará de los *t* de oro y plata
Mi. 6.10 ¿hay aún en casa del impío *t* de
Zac. 11.13 dijo Jehová: Echalo al *t*; hermoso
Mal. 3.17 serán para mí especial *t*, ha dicho
Mt. 6.19 no os hagáis *t* en la tierra, donde la
　　6.21; Lc. 12.34 donde esté vuestro *t*, allí . .
　　vuestro corazón
　　12.35 el hombre bueno, del buen *t* del corazón
　　13.44 reino de los cielos es semejante a un *t*
　　13.52 que saca de su *t* cosas nuevas y cosas
　　19.21; Mr. 10.21; Lc. 18.22 tendrás *t* en el
　　cielo; y ven, sígueme
　　27.6 dijeron: No es lícito echarlas en el *t* de
Lc. 12.21 así es el que hace para sí *t*, y no es
2 Co. 4.7 tenemos este *t* en vasos de barro, para
Col. 2.3 en quien están escondidos todos los *t* de la
He. 11.26 el vituperio de Cristo que los *t* de los
Stg. 5.3 acumulado *t* para los días postreros

TESTAMENTO
He. 9.17 el *t* con la muerte se confirma; pues no

TESTIFICAR *v.* **Afirmar, Decir, Declarar**
Dt. 32.46 las palabras que yo os *testifico* hoy
Job 15.6 boca . . y tus labios *testificarán* contra ti
　　31.35 qué el Omnipotente *testificará* por mí
Sal. 50.7 escucha, Israel, y *testificaré* contra ti
Is. 3.9 apariencia de su rostro *testifica* contra
Jer. 14.7 aunque nuestras iniquidades *testifican*
Os. 7.10 Israel *testificará* contra él en su cara
Mt. 27.13 ¿no oyes . . cosas *testifican* contra ti?
Lc. 16.28 les *testifique*, a fin de que no vengan
Jn. 3.11 y lo que hemos visto, *testificamos*; y no
　　3.32 lo que vio y oyó, esto *testifica*; y nadie
　　7.7 me aborrece . . yo *testifico* de él, porque
Hch. 2.40 *testificaba* . . diciendo: Sed salvos de
　　8.25 habiendo *testificado* . . se volvieron a
　　10.42 *testificásemos* que él es el que Dios ha
　　18.5 *testificando* . . que Jesús era el Cristo
　　20.21 *testificando* a judíos y a gentiles acerca
　　23.11 es necesario que *testifiques* . . en Roma
　　28.23 les *testificaba* el reino de Dios desde
Gá. 5.3 *testifico* a todo hombre que se circuncide
He. 2.4 *testificando* Dios juntamente con ellos
Stg. 5.3 oro . . su moho *testificará* contra vosotros
1 P. 5.12 *testificando* que esta es la . . gracia de
1 Jn. 1.2 y la hemos visto, y *testificamos*, y os
　　4.14 *testificamos* que el Padre ha enviado
　　5.9 el testimonio con que Dios ha *testificado*

TESTIGO *v.* **Testimonio**
Gn. 31.48 Labán dijo: Este majano es *t* hoy entre
Ex. 23.1 no te . . con el impío para ser *t* falso
Nm. 35.30; Dt. 17.6; 19.15 dicho de *t* morirá . .
　　dos o tres *t*
Dt. 4.26; 30.19 pongo hoy por *t* al cielo y a la

Dt. 31.26 este libro de . . esté allí por *t* contra ti
Jos. 24.27 he aquí esta piedra nos servirá de *t*
Job 16.19 mas he aquí que en los cielos está mi *t*
Sal. 35.11 se levantan *t* malvados; de lo que no sé
Pr. 14.5 *t* verdadero no mentirá; mas el *t* falso
   19.28 el *t* perverso se burlará del juicio, y la
   24.28 no seas sin causa *t* contra tu prójimo
Is. 43.10; 44.8 vosotros sois mis *t*, dice Jehová
   55.4 yo lo di por *t* a los pueblos, por jefe y
Jer. 32.12 di la carta de venta . . delante de los *t*
   42.5 Jehová sea entre nosotros *t* de la verdad
Mal. 3.5 seré pronto *t* contra los hechiceros y
Mt. 18.16; 2 Co. 13.1; He. 10.28 en boca de dos
   o tres *t*
   26.65; Mr. 14.63 más necesidad tenemos de *t*?
Lc. 11.48 sois *t* y consentidores de los hechos de
   24.48 y vosotros sois *t* de estas cosas
Hch. 1.8 me seréis *t* en Jerusalén, en toda Judea
   1.22 hecho *t* con nosotros, de su resurrección
   2.32; 3.15; 5.32; 10.39 de lo cual todos nosotros somos *t*
   22.15 serás *t* suyo a todos los hombres, de
   26.16 para ponerte por . . *t* de las cosas que
1 Co. 15.15 y somos hallados falsos *t* de Dios
2 Co. 1.23 invoco a Dios como *t* sobre mi alma
1 Ti. 5.19 no admitas . . sino con dos o tres *t*
2 Ti. 2.2 lo que has oído de mí ante muchos *t*
He. 12.1 en derredor . . tan grande nube de *t*
1 P. 5.1 y *t* de los padecimientos de Cristo
Ap. 1.5 Jesucristo el *t* fiel, el primogénito de los
   2.13 en los días en que Antipas mi *t* fiel fue
   3.14 el *t* fiel y verdadero, el principio de la
   11.3 daré a mis dos *t* que profeticen por 1.260

TESTIMONIO *v*. Estatuto, Juicio, Pacto, Testigo
Gn. 21.30 sirvan de *t* de que yo cavé este pozo
Ex. 16.34 lo puso delante del *T* para guardarlo
   20.16; Dt. 5.20 no hablarás contra . . falso *t*
   25.16 pondrás en el arca el *t* que yo te daré
   31.18 dio . . dos tablas del *t*, tablas de piedra
Nm. 9.15 la nube cubrió . . sobre la tienda del *t*
Dt. 4.45 estos son los *t* . . que habló Moisés a los
   6.20 ¿qué significan los *t* . . Dios mandó?
Jos. 22.27 mas que sea un *t* entre nosotros
Job 29.11 y los ojos que me veían me daban *t*
Sal. 19.7 el *t* de Jehová es fiel, que hace sabio al
   78.5 él estableció *t* en Jacob, y puso ley en
   93.5 *t* son muy firmes; la santidad conviene
   99.7 guardaban sus *t*, y el estatuto que les
   119.2 los que guardan sus *t*, y con todo el
   119.24 tus *t* son mis delicias y mis consejeros
   119.46 hablaré de tus *t* delante de los reyes
   119.99 más . . porque tus *t* son mi meditación
   119.111 por heredad he tomado tus *t* para
   119.129 maravillosos son tus *t*; por tanto, los
   119.144 justicia eterna son tus *t*; dame
   119.146 a ti clamé; sálvame, y guardaré tus *t*
   122.4 conforme al *t* dado a Israel, para
   132.12 si tus hijos guardaren mi pacto, y mi *t*
Is. 8.16 ata el *t*, sella la ley entre mis discípulos
Mt. 8.4; Mr. 1.44; Lc. 5.14 presenta la ofrenda . .
   para *t* a ellos
   10.18; Mr. 13.9 seréis llevados . . para *t* a ellos
   19.18; Mr. 10.19; Lc. 18.20 no dirás falso *t*
   24.14 predicado . . para *t* a todas las naciones
   26.59; Mr. 14.55 buscaban falso *t* contra
Mr. 6.11; Lc. 9.5 sacudid el polvo . . para *t* a ellos
Lc. 21.13 y esto os será ocasión para dar *t*
   22.71 ellos dijeron: ¿Qué más *t* necesitamos?
Jn. 1.7 para que diese *t* de la luz
   1.34 he dado *t* de que éste es el Hijo de Dios
   3.26 quien tú diste *t*, bautiza, y todos vienen
   3.32 y oyó, esto testifica; y nadie recibe su *t*
   5.31 doy *t* acerca de . . mí *t* no es verdadero
   5.34 pero yo no recibo *t* de hombre alguno
   5.36 yo tengo mayor *t* que el de Juan; porque
   5.37 el Padre que me envió ha dado *t* de mí
   5.39 eterna; y ellas son las que dan *t* de mí
   8.13 das *t* acerca de ti mismo; tu *t* no es
   8.17 que el *t* de dos hombres es verdadero

Jn. 8.18 doy *t* de mí mismo . . y el Padre . . da *t*
   15.26 el Espíritu de . . él dará *t* acerca de mí
   15.27 y vosotros daréis *t* . . porque habéis
   18.37 he venido al . . para dar *t* a la verdad
   19.35 el que lo vio da *t*, y su *t* es verdadero
   21.24 da *t* . . y sabemos que su *t* es verdadero
Hch. 4.33 daban *t* de la resurrección del Señor
   6.3 buscad, pues . . a siete varones de buen *t*
   14.3 el cual daba *t* a la palabra de su gracia
   14.17 si bien no se dejó a sí mismo sin *t*
   16.2 y daban buen *t* de él los hermanos que
   20.23 salvo que el Espíritu Santo . . me da *t*
   20.24 para dar *t* del evangelio de la gracia
   22.18 porque no recibirán tu *t* acerca de mí
   26.22 persevero . . dando *t* a pequeños y a
Ro. 2.15 en sus corazones, dando *t* su conciencia
   8.16 el Espíritu . . da *t* a nuestro espíritu, de
1 Co. 1.6 así como el *t* acerca de Cristo ha sido
   2.1 cuando fui a . . anunciaros el *t* de Dios
2 Co. 1.12 el *t* de nuestra conciencia, que con
2 Ts. 1.10 por cuanto nuestro *t* ha sido creído
1 Ti. 2.6 de lo cual se dio *t* a su debido tiempo
   3.7 es necesario que tenga buen *t* de los de
   5.10 tenga *t* de buenas obras; si ha criado
   6.13 de Jesucristo, que dio *t* de la buena
2 Ti. 1.8 no te avergüences de dar *t* de . . Señor
He. 11.2 por ella alcanzaron buen *t* los antiguos
   11.39 alcanzaron buen *t* mediante la fe, no
1 Jn. 5.7 tres son los que dan *t* en el cielo: el
   5.8 y tres son los que dan *t* en la tierra: el
   5.9 si recibimos el *t* de los hombres, mayor
   5.10 el que cree en . . tiene el *t* en sí mismo
3 Jn. 3 dieron *t* de tu verdad, de cómo andas en
   12 todos dan *t* de Demetrio, y aun la verdad
Ap. 1.2 ha dado *t* de la palabra de Dios, y del *t*
   6.9 habían sido muertos . . por el *t* que tenían
   12.11 vencido por . . la palabra del *t* de ellos
   15.5 en el cielo el templo del tabernáculo del *t*
   19.10 el *t* de Jesús es el espíritu de la profecía
   22.16 he enviado mi ángel para daros *t* de
   22.20 que da *t* de estas cosas dice . . vengo

TIARA *v*. Corona, Diadema
Ex. 28.40 les harás *t* para honra y hermosura
Ez. 21.26 depón la *t*, quita la corona; esto no

TIATIRA Hch. 16.14; Ap. 1.11; 2.18.

TIBERIAS *v*. Galilea Jn. 6.1, 23; 21.1.

TIEMPO *v*. Día, Eternidad, Generación, Hora,
   Siglo
2 R. 21.6; 2 Cr. 33.6 se dio a observar los *t*, y fue
Job 24.1 no son ocultos los *t* al Todopoderoso
Sal. 31.15 en tu mano están mis *t*; líbrame de la
   34.1 bendeciré a Jehová en todo *t* . . mi boca
   119.126 *t* es de actuar, oh Jehová, porque han
Pr. 15.23 y la palabra a su *t*, ¡cuán buena es!
Ec. 3.1; 8.6 tiene su *t*, y todo . . tiene su hora
   9.11 sino que *t* y ocasión acontecen a todos
   9.12 el hombre tampoco conoce su *t*; como
Is. 40.2 decidle a voces que su *t* es ya cumplido
Dn. 7.25 en su mano hasta *t*, y *t*, y medio *t*
   8.19 de la ira; porque *t*, se refiere al *t* del fin
   12.7 que será por *t*, *t*, y la mitad de un *t*
Mt. 16.2 dijo: Cuando anochece, decís: Buen *t*
   16.3 ¡mas las señales de los *t* no podéis!
   26.18 el Maestro dice: Mi *t* está cerca; en tu
Mr. 13.33 orad . . no sabéis cuando será el *t*
Lc. 9.51 se cumplió el *t* en que él había de ser
   21.8 vendrán . . diciendo . . El *t* está cerca
   21.24 que los *t* de los gentiles se cumplan
Jn. 7.6 mi *t* aún no ha llegado, mas vuestro *t*
   14.9 ¿tanto *t* hace que estoy con vosotros
Hch. 1.6 ¿restaurarás el reino a Israel en este *t*?
   17.26 y les ha prefijado el orden de los *t*
Ro. 13.11 conociendo el *t*, que es ya hora de
1 Co. 7.29 esto digo, hermanos, que el *t* es corto
2 Co. 6.2 he aquí ahora el *t* aceptable, he aquí
Gá. 4.4 pero cuando vino el cumplimiento del *t*
   4.10 guardáis los días . . los *t* y los años

Ef. 5.16 aprovechando bien el *t*, porque los días
1 Ts. 5.1 acerca de los *t* y de las ocasiones, no
2 Ts. 2.6 fin de que a su debido *t* se manifieste
2 Ti. 4.2 que instes a *t* y fuera de *t*; redarguye
    4.3 vendrá *t* cuando no sufrirán la . . doctrina
Tit. 1.3 a su debido *t* manifestó su palabra por
He. 1.1 hablado . . en otro *t* a los padres por los
1 Jn. 2.18 ya es el último *t*; y según . . oísteis
Ap. 1.3 bienaventurado . . porque el *t* está cerca
    6.11 descansasen todavía un poco de *t*, hasta
    12.12 el diablo ha descendido . . tiene poco *t*
    12.14 sustentada por un *t*, y *t*, y la mitad de
    22.10 no selles las palabras . . el *t* está cerca

TIENDA *v.* Morada, Tabernáculo
Gn. 4.20 Jabal . . padre de los que habitan en *t*
    25.27 Jacob era varón quieto . . habitaba en *t*
Nm. 24.5 ¡cuán hermosas son tus *t*, oh Jacob
2 S. 20.1 Seba . . dijo . . ¡Cada uno a su *t*, Israel!
2 R. 7.8 entraron en una *t* y comieron y bebieron
Job 5.24 sabrás que hay paz en tu *t*; visitarás tu
    29.4 cuando el favor de Dios velaba sobre mi *t*
Pr. 14.11 casa . . pero florecerá la *t* de los rectos
Is. 33.20 *t* que no será desarmada, ni serán
    54.2 ensancha el sitio de tu *t*, y las cortinas
Os. 12.9 aún te haré morar en *t*, como en los días
Zac. 12.7 y librará Jehová las *t* de Judá primero
Hch. 18.3 pues el oficio de ellos era hacer *t*

TIENTAS
Job 5.14 a mediodía andan a *t* como de noche
    12.25 van a *t*, como en tinieblas y sin luz

TIERNO, na *v.* Delicado
Dt. 28.54 el hombre *t* en medio de ti, y el muy
1 Cr. 22.5 Salomón mi hijo es muchacho . . *t* edad
Job 33.25 su carne será más *t* que la del niño
Is. 47.1 porque nunca más te llamarán *t* y delicada
1 Ts. 2.7 aunque fuimos *t* entre vosotros, como la

TIERRA *v.* Mundo, Polvo
Gn. 1.1 en el principio creó Dios los cielos y la *t*
    1.10 llamó Dios a lo seco *T*, y a la . . Mares
    3.17 maldita será la *t* por tu causa; con dolor
    11.1 tenía . . toda la *t* una sola lengua y unas
    12.1 vete de tu *t* y . . a la *t* que te mostraré
    12.7; 27.4 dijo . . a tu descendencia daré esta *t*
Ex. 3.5 porque el lugar en que tú estás, *t* santa es
    3.8 sacarlos de aquella *t* a una *t* buena y
    6.8 os meteré en la *t* por la cual alcé mi mano
    9.29 para que sepas que de Jehová es la *t*
Lv. 25.4 pero el séptimo año la *t* tendrá descanso
    25.23 la *t* no se venderá . . porque la *t* mía es
    26.20 porque vuestra *t* no dará su producto
Nm. 14.7 la *t* por donde pasamos . . es *t* . . buena
    16.30 si . . la *t* abriere su boca, y los tragare
    35.33 y la *t* no será expiada de la sangre que
Dt. 1.8 he entregado la *t*; entrad, y poseed la *t*
    8.10 bendecirás a Jehová tu . . por la buena *t*
    11.21 vuestros días . . numerosos sobre la *t*
    26.9 nos trajo a este lugar, y nos dio esta *t*
    26.15 que nos has dado . . *t* que fluye leche
    34.4 dijo: Esta es la *t* de que juré a Abraham
Jos. 1.11 poseer la *t* que Jehová . . Dios os da en
    19.51 y Josué . . acabaron de repartir la *t*
    24.13 os di la *t* por la cual nada trabajasteis
2 S. 24.25 Jehová oyó las súplicas de la *t*, y cesó
1 R. 8.27 ¿es verdad que Dios morará sobre la *t*?
2 R. 5.17 ¿de esta *t* no se dará a tu siervo la
2 Cr. 6.18 Dios habitará con el hombre en la *t*?
Neh. 9.35 en la *t* espaciosa y . . no te sirvieron
Job 9.6 remueve la *t* de su lugar, y hace temblar
    9.24 la *t* es entregada en manos de los impíos
    26.7 él extiende el . . cuelga la *t* sobre nada
    38.4 ¿dónde estabas tú cuando yo fundaba la *t*?
    41.33 no hay sobre la *t* quien se le parezca
Sal. 19.4 por toda la *t* salió su voz, y hasta el
    24.1 de Jehová es la *t* y su plenitud; el mundo
    72.19 toda la *t* sea llena de su gloria. Amén
    73.25 a ti? Y fuera de ti nada deseo en la *t*
    75.3 se arruinaban la *t* y sus moradores; yo
    89.11 tuyos son los cielos, tuya también la *t*

Sal. 90.2 antes que . . formases la *t* y el mundo
    98.3 todos los términos de la *t* han visto la
    102.25 tú fundaste la *t*, y los cielos son obra
    104.24 la *t* está llena de tus beneficios
    115.16 dado la *t* a los hijos de los hombres
    119.64 de tu misericordia . . está llena la *t*
Pr. 3.19 Jehová con sabiduría fundó la *t*; afirmó
Ec. 1.4 va . . viene; mas la *t* siempre permanece
Is. 6.3 santo . . toda la *t* está llena de su gloria
    11.9 *t* será llena del conocimiento de Jehová
    14.7 toda la *t* está en reposo y en paz; se
    40.22 el *t* está sentado sobre el círculo de la *t*
    45.12 hice la *t*, y creé sobre ella al hombre
    51.6 la *t* se envejecerá como ropa de vestir
    60.21 tu pueblo . . para siempre heredarán la *t*
    65.17 que yo crearé nuevos cielos y nueva *t*
    66.22 los cielos nuevos y la nueva *t* que yo hago
Jer. 22.29 ¡*t*, *t*, *t*! oye palabra de Jehová
    51.15 él es el que hizo la *t* con su poder, el
Am. 8.9 sol . . y cubriré de tinieblas la *t* en el día
Sof. 3.8 por el fuego . . será consumida toda la *t*
Hag. 2.6 yo haré temblar los cielos y la *t*, el mar
Zac. 14.9 y Jehová será rey sobre toda la *t*
Mt. 5.5 los mansos . . recibirán la *t* por heredad
    5.13 vosotros sois la sal de la *t*; pero si la
    5.35 ni por la *t*, porque es el estrado de sus
    6.10; Lc. 11.2 en el cielo, así también en la *t*
    6.19 no os hagáis tesoros en la *t*, donde la
    12.40 estará el Hijo . . en el corazón de la *t*
    13.8; Mr. 4.8; Lc. 8.8 parte cayó en buena *t*
    13.57; Mr. 6.4; Lc. 4.24; Jn. 4.44 no hay
    profeta sin honra sino en su propia *t*
    16.19; 18.18 lo que atares en la *t* será atado
    23.9 y no llaméis padre . . a nadie en la *t*
    24.35; Lc. 21.33 el cielo y la *t* pasarán, pero mis
    28.18 toda potestad me es dada en . . en la *t*
Mr. 6.1 salió Jesús de allí y vino a su *t*, y le
Lc. 12.49 fuego vine a echar en la *t*; ¿y qué
    13.7 córtala; ¿para qué inutiliza . . la *t*?
    16.17 más fácil es que pasen el cielo y la *t*
Jn. 8.6 pero Jesús . . escribía en *t* con el dedo
Hch. 7.3 sal de tu *t* y de . . y ven a la *t* que yo te
Ro. 10.18 por toda la *t* ha salido la voz de ellos
1 Co. 10.26, 28 del Señor es la *t* y su plenitud
    15.47 el primer hombre es de la *t*, terrenal
Ef. 3.15 toma nombre toda familia en . . y en la *t*
    4.9 descendido a las partes más bajas de la *t*
Col. 1.16 que hay en la *t*, visibles e invisibles
    3.2 poned la mira en las . . no en las de la *t*
He. 1.10 tú Señor, en el principio fundaste la *t*
    6.7 *t* que bebe la lluvia que . . cae sobre ella
    8.4 que, si estuviese sobre la *t*, ni siquiera
    11.9 en la *t* prometida como en *t* ajena
    12.26 conmoveré no solamente la *t* . . el cielo
2 P. 3.7 los cielos y la *t* . . están reservados por
    3.10 la *t* y las obras que . . serán quemadas
    3.13 esperamos . . y *t* nueva, en los cuales
Ap. 6.4 fue dado poder de quitar de la *t* la paz
    7.3 no hagáis daño a la *t*, ni al mar, ni a los
    21.1 vi un cielo nuevo y una *t* nueva; porque

TIESTO
Job 2.8 y tomaba Job un *t* para rascarse con él
Sal. 22.15 como un *t* se secó mi vigor, y mi lengua

TIGLAT-PILESER (Pul) Recibe tributo de
Manahem, 2 R. 15.19–20; lleva el pueblo cautivo a
Asiria, 2 R. 15.29; Acaz le rinde homenaje, 2 R.
16.7–10; 2 Cr. 28.20–21; deporta las tribus de
Israel, 1 Cr. 5.26.

TILDE
Mt. 5.18; Lc. 16.17 ni una *t* pasará de la ley

TIMNAT Gn. 38.12; Jue. 14.1.

TIMOTEO "Hijo amado" de Pablo, 1 Co.
4.17; 1 Ti. 1.2, 18; 2 Ti. 1.2; hijo de padre griego y
madre judía, Hch. 16.1; creció en una familia piadosa, 2 Ti. 1.5; 3.14–15; vive en Listra (o Derbe),
Hch. 16.1; circuncidado, Hch. 16.3; acompaña a
Pablo en su **segundo** viaje misionero, Hch. 16.1–4;
17.15; 18.5; **1 Ts.** 3.2–6; es ordenado, 1 Ti. 4.14;

2 Ti. 1.6; enviado a la iglesia de Corinto, 1 Co.
4.17; 16.10–11; acompaña a Pablo en su tercer viaje
misionero, Hch. 20.4; a cargo de la iglesia de Efeso,
1 Ti. 1.3; Pablo le pide que lo visite en la prisión,
2 Ti. 4.9–13; apresado y libertado, He. 13.23.

TINAJA v. Cántaro, Odre, Vasija
1 R. 17.14 la harina de la *t* no escaseará, ni el
Jn. 2.6 estaban allí seis *t* de piedra para agua

TINIEBLAS v. Oscuridad, Sombra
Gn. 1.2 las *t* estaban sobre la faz del abismo
Ex. 10.21 que haya *t* sobre la tierra de Egipto
　14.20 nube y *t* para . . y alumbraba a Israel
1 S. 2.9 los impíos perecen en *t*; porque nadie
2 S. 22.10; Sal. 18.9 había *t* debajo de sus pies
Job 5.14 de día tropiezan con *t*, y a mediodía
　10.21 a la tierra de *t* y de sombra de muerte
　10.22 tierra de . . cuya luz es como densas *t*
　12.22 él descubre las profundidades de las *t*
　15.22 él no cree que volverá de las *t*, y
　37.19 no podemos . . las ideas a causa de las *t*
　38.19 de la luz, y dónde está el lugar de las *t*
Sal. 88.6 has puesto . . en *t*, en lugares profundos
　88.12 ¿serán reconocidas en las *t* tus maravillas
　104.20 pones las *t*, y es la noche; en ella
　107.10 algunos moraban en *t* y sombra de
　112.4 resplandeció en las *t* luz a los rectos
　139.12 las *t* no encubren de ti, y la noche
Ec. 2.14 el sabio tiene . . mas el necio anda en *t*
Is. 5.20 que hacen de la luz *t*, y de las *t* luz
　5.30 he aquí *t* de tribulación, y en sus cielos
　8.22 y angustia; y serán sumidos en las *t*
　9.2 el pueblo que andaba en *t* vio gran luz
　42.16 delante de ellos cambiaré las *t* en luz
　49.9 digas . . a los que están en *t*: Mostraos
　50.10 el que anda en *t* y carece de luz, confíe
　58.10 si dieres tu pan . . en las *t* nacerá tu luz
Jer. 13.16 dad gloria a . . antes que haga venir *t*
Jl. 2.2 día de *t* y de oscuridad, día de nube y de
　2.31 el sol se convertirá en *t*, y la luna en
Am. 5.20 ¿no será el día de Jehová *t*, y no luz
　8.9 y cubriré de *t* la tierra en el día claro
Mt. 4.16 el pueblo asentado en *t* vio gran luz
　6.23 luz que en ti hay es *t*, ¿cuántas no serán
　8.12 serán echados a las *t* de afuera; allí será
　10.27; Lc. 12.3 lo que os digo en *t*, decidlo en
　22.13; 25.30 y echadle en las *t* de afuera; allí
　27.45; Mr. 15.33; Lc. 23.44 desde la hora sexta
　hubo
Lc. 1.79 para dar luz a los que habitan en *t*
　11.34 tu ojo es maligno . . tu cuerpo está en *t* y
　22.53 es vuestra hora, y la potestad de las *t*
Jn. 1.5 la luz en las *t* resplandece, y las *t* no
　3.19 los hombres amaron más las *t* que la luz
　8.12 el que me sigue, no andará en *t*, sino que
　12.35 luz, para que no os sorprendan las *t*
　12.46 aquel que cree en mí no permanezca en *t*
Hch. 2.20 el sol se convertirá en *t*, y la luna en
　13.11 cayeron sobre él oscuridad y *t*; y
　26.18 se conviertan de las *t* a la luz, y de la
Ro. 13.12 desechemos, pues, las obras de las *t*
1 Co. 4.5 cual aclarará también lo oculto de las *t*, y
2 Co. 4.6 mandó que de las *t* resplandeciese la
　6.14 ¿y qué comunión la luz con las *t*?
Ef. 5.8 en otro tiempo erais . . mas ahora sois
　5.11 en las obras infructuosas de las *t*, sino
　6.12 contra los gobernadores de las *t* de este
Col. 1.13 nos ha librado de la potestad de las *t*, y
1 Ts. 5.4 mas vosotros . . no estáis en *t*, para que
He. 12.18 ardía en fuego, a la oscuridad, a las *t*
1 P. 2.9 que os llamó de las *t* a su luz admirable
1 Jn. 1.5 Dios es luz, y no hay ningunas *t* en él
　2.8 las *t* van pasando, y la luz verdadera ya
　2.9 aborrece a su hermano, está todavía en *t*
Ap. 16.10 su reino se cubrió de *t*, y mordían de

TINTA v. Pluma
Jer. 36.18 él me dictaba de . . y yo escribía con *t*
2 Co. 3.3 escrita no con *t*, sino con el Espíritu del
2 Jn. 12; 3 Jn. 13 pero no he querido . . papel y *t*

TÍQUICO Hch. 20.4; Ef. 6.21; Col. 4.7; 2 Ti.
4.12; Tit. 3.12.

TIRO
Is. 23.1 profecía sobre *T*. Aullad, naves de
Ez. 26.3 yo estoy contra ti, oh *T*, y haré subir
　28.2 di al príncipe de *T*: Así ha dicho Jehová
Am. 1.9 por tres pecados de *T*, y por el cuarto
Mt. 11.21; Lc. 10.13 en *T* y . . se hubieran hecho
Hch. 12.20 Herodes . . enojado contra los de *T*
　21.3 navegamos a Siria, y arribamos a *T*

TITO
2 Co. 2.13 reposo . . por no haber hallado a . . *T*
　7.6 Dios . . nos consoló con la venida de *T*
　8.6 que exhortamos a *T* para que tal como
　8.16 en el corazón de *T* la misma solicitud
　8.23 en cuanto a *T*, es mi compañero y
　12.18 rogué a *T*, y envié con él al hermano
Gá. 2.1 subí . . llevando también conmigo a *T*
Tit. 1.4 a *T*, verdadero hijo en la común fe

TÍTULO
Mr. 15.26; Lc. 23.38; Jn. 19.19 el *t* escrito de su
　causa

TIZÓN
Is. 7.4 causa de estos dos cabos de *t* que humean
Am. 4.11 fuisteis como *t* escapado del fuego; mas

TOCAR v. Palpar
Gn. 3.3 Dios: No comeréis de él, ni le *tocaréis*
Jos. 6.9 los sacerdotes que *tocaban* las bocinas
1 Cr. 16.22; Sal. 105.15 no *toquéis*, dijo, a mis
Job 2.5 *toca* su hueso y su carne, y verás si no
　6.7 las cosas que mi alma no quería *tocar*
Is. 6.7 esto *tocó* tus labios, y es quitada tu culpa
Zac. 2.8 el que os *toca*, *t* a la niña de su ojo
Mt. 8.3; Mr. 1.41; Lc. 5.13 Jesús extendió la mano
　y le *tocó*
　8.15 y *tocó* su mano, y la fiebre la dejó; y ella
　9.21; Mr. 5.28 *tocare* . . su manto, seré salva
　9.29; 20.34 *tocó* los ojos, diciendo: Conforme
　11.17; Lc. 7.32 os *tocamos* flauta, y no
　14.36; Mr. 6.56 rogaban que les dejase *tocar*
Mr. 3.10 por *tocarle*, cuantos tenían plagas caían
　5.30; Lc. 8.45 ¿quién ha *tocado* mis vestidos?
Lc. 18.15 traían . . los niños para que los *tocase*
　22.51 dejad. Y *tocando* su oreja, le sanó
Jn. 20.17 dijo: No me *toques*, porque aún no he
Col. 2.21 no manejes, ni gustes, ni aun *toques*
Ap. 8.7 el primer ángel *tocó* la trompeta, y hubo

TODO, da
Ro. 11.36 de él, y por él, y para él, son *t* las cosas
1 Co. 9.22 a *t* me he hecho de . . de *t* modos

TODOPODEROSO v. Dios, Señor
Gn. 17.1 Jehová y le dijo: Yo soy el Dios *T*
Job 5.17 no menosprecies la corrección del *T*
　11.7 ¿llegarás tú a la perfección del *T*?
　22.25 el *T* será tu defensa, y tendrás plata
　37.23 él es *T*, al cual no alcanzamos, grande
Jl. 1.15 el día . . y vendrá como destrucción por el *T*
Ap. 1.8 que es y que era, y que ha de venir, el *T*
　4.8 santo, santo, santo el Señor Dios *T*, el
　11.17 te damos gracias, Señor Dios *T*, el que
　15.3 maravillosas son tus obras, Señor Dios *T*
　16.7 Señor Dios *T*, tus juicios son verdaderos
　19.6 porque el Señor nuestro Dios *T* reina!
　21.22 el Señor Dios *T* es el templo de ella

TOFET
Is. 30.33 porque *T* ya de tiempo está dispuesto y
Jer. 19.11 en *T* se enterrarán, porque no habrá otro

TOLERABLE
Mt. 10.15; 11.22; Mr. 6.11; Lc. 10.12, 14 será más
　t el castigo para

TOLERAR v. Soportar
Am. 7.8 yo pongo plomada de . . no lo *toleraré* más
2 Co. 11.20 pues *toleráis* si alguno os esclaviza

TOMAR v. Aceptar, Recibir
Ex. 20.7; Dt. 5.11 no *tomarás* el nombre de Jehová

Jos. 8.7 os levantaréis de . . *tomaréis* la ciudad
Rt. 4.13 Booz . . *tomó* a Rut, y ella fue su mujer
Sal. 49.15 del Seol, porque él me *tomará* consigo
    73.23 contigo; me *tomaste* de la mano derecha
Pr. 21.22 *tomó* el sabio la ciudad de los fuertes
Mt. 24.40; Lc. 17.34 el uno será *tomado*, y el otro
    26.26; Mr. 14.22; 1 Co. 11.24 *tomad*, comed;
    esto es mi cuerpo
Mr. 15.23 le dieron a beber vino . . él no lo *tomó*
Lc. 6.30 al que *tome* lo que es tuyo, no pidas que
    22.17 habiendo *tomado* la copa, dio gracias
    22.17 *tomad* esto, y repartidlo entre vosotros
Jn. 14.3 os *tomaré* a mí mismo, para que donde yo
    16.14 *tomará* de lo mío, y os lo hará saber
Ap. 22.17 *tome* del agua de la vida gratuitamente

TOMÁS

Mt. 10.3; Mr. 3.18; Lc. 6.15 *T*, Mateo . . Jacobo
Jn. 11.16 dijo entonces *T* . . a sus condiscípulos
    14.5 dijo *T*: Señor, no sabemos a dónde vas
    20.28 *T* respondió y le dijo: ¡Señor mío, y Dios

TORBELLINO *v.* Tempestad, Viento

2 R. 2.11 a los dos; y Elías subió al cielo en un *t*
Job 37.9 del sur viene el *t*, y el frío de los vientos
    38.1 respondió Jehová a Job desde un *t*, y dijo
Sal. 83.13 Dios mío, ponlos como *t* . . hojarascas
Pr. 10.25 como pasa el *t*, así el malo no permanece
Is. 66.15 sus carros como *t*, para descargar su ira

TORCER

Dt. 16.19 no *tuerzas* el derecho; no hagas acepción
    24.17 no *torcerás* el derecho del extranjero y
Pr. 19.3 insensatez del hombre *tuerce* su camino
Jer. 3.21 porque han *torcido* su camino, de Jehová
Lm. 3.9 cercó mis caminos . . *torció* mis senderos
2 P. 3.16 indoctos e inconstantes *tuercen*, como

TORCIDO

Sal. 10.5 sus caminos son *t* en todo tiempo; tus
Pr. 2.15 cuyas veredas son *t*, y *t* sus caminos
Ec. 1.15 *t* no se puede enderezar, y lo incompleto
Is. 40.4 y lo *t* se enderece, y lo áspero se allane
    45.2 iré delante . . y enderezaré los lugares *t*
    59.8 sus veredas son *t*; cualquiera que por

TORMENTO

Pr. 13.12 la esperanza que se demora es *t* del
Lc. 16.23 en el Hades alzó sus ojos, estando en *t*
Ap. 9.5 su *t* era como *t* de escorpión cuando hiere
    14.11 el humo de su *t* sube por los siglos de

TORO *v.* Becerro, Buey, Novillo, Vaca

Sal. 22.12 me han rodeado muchos *t* . . *t* de Basán
He. 9.13 si la sangre de los *t* y de los . . santifican
    10.4 la sangre de los *t* . . no puede quitar los

TORPE

Ex. 6.30 soy *t* de labios; ¿cómo . . me ha de oir
Sal. 73.22 tan *t* era yo, que no entendía; era como

TORRE *v.* Castillo, Fortaleza

Gn. 11.4 edifiquémonos una ciudad y una *t*
Jue. 8.9 cuando yo vuelva en paz, derribaré esta *t*
    9.46 todos los que estaban en la *t* de Siquem
Sal. 61.3 porque tú has sido mi refugio, y *t* fuerte
Pr. 18.10 *t* fuerte es el nombre de Jehová; a él
Is. 5.2 había edificado en medio de ella una *t*
    32.14 las *t* y fortalezas se volverán cuevas
Mi. 4.8 tú, oh *t* del rebaño, fortaleza de la hija de
Mt. 21.33; Mr. 12.1 edificó una *t*, y la arrendó
Lc. 13.4 sobre los cuales cayó la *t* en Siloé, y los
    14.28 ¿quién de . . queriendo edificar una *t*

TORRENTE *v.* Arroyo, Río

Jue. 5.21 los barrió el *t* de Cisón, el antiguo *t*
2 S. 22.5: Sal. 18.4 *t* de perversidad me atemorizaron
    22.16 entonces aparecieron los *t* de las aguas
Sal. 90.5 los arrebatas como con *t* de aguas; son

TORTA

Ex. 12.39 cocieron *t* sin levadura de la masa que
Lv. 2.4 será de *t* de flor de harina sin levadura
1 R. 17.13 hazme . . de ello una pequeña *t* cocida
Os. 7.8 ha mezclado . . Efraín fue *t* no volteada

I•

TÓRTOLA *v.* Palomino

Lv. 1.14 de aves, presentará su ofrenda de *t*, o de
Cnt. 2.12 nuestro país se ha oído la voz de la *t*
Lc. 2.24 ofrecer . . un par de *t*, o dos palominos

TRABAJADO

Job 3.20 por qué se da luz al *t*, y vida a los de
Mt. 11.28 venid a mi todos los que estáis *t* y

TRABAJAR *v.* Actuar, Hacer, Obrar

Gn. 30.30 ¿cuándo *trabajaré* . . por mi propia casa?
Ex. 20.9; 23.12; 34.21; 35.2; Lv. 23.3; Dt. 5.13 seis
    días *trabajarás*
    21.19 le satisfará por lo que estuvo sin *trabajar*
Jos. 24.13 di la tierra por lo cual nada *trabajasteis*
Neh. 4.6 porque el pueblo tuvo ánimo para *trabajar*
    4.17 con una mano *trabajaban* en la obra, y
Job 9.29 soy impío; ¿para qué *trabajaré* en vano?
Sal. 127.1 en vano *trabajan* los que la edifican
Pr. 16.26 el alma del que *trabaja*, *t* para si, porque
    21.25 porque sus manos no quieren *trabajar*
Ec. 3.9 ¿qué provecho tiene el que *trabaja*, de
    4.8 pero nunca cesa de *trabajar*, ni sus ojos se
    5.16 ¿y de qué le aprovechó *trabajar* en vano?
Is. 49.4 por demás he *trabajado*, en vano y sin
    65.23 no *trabajarán* en vano, ni darán a luz
Jer. 18.3 y he aquí que él *trabajaba* sobre la rueda
Hab. 2.13 los pueblos . . *trabajarán* para el fuego
Hag. 2.4 *trabajad*; porque yo estoy con vosotros
Mt. 6.28; Lc. 12.27 los lirios . . no *trabajan* ni
    20.12 postreros han *trabajado* una sola hora
    21.28 dijo: Hijo, vé hoy a *trabajar* en mi viña
Lc. 5.5 la noche hemos estado *trabajando*, y nada
    13.14 seis días hay en que se debe *trabajar*
Jn. 5.17 mi Padre hasta ahora *trabaja*, y yo *trabajo*
    6.27 *trabajad*, no por la comida que perece
Hch. 20.35 que, *trabajando* así, se debe ayudar a
1 Co. 9.6 no tenemos derecho de no *trabajar*?
    9.13 los que *trabajan* en las cosas sagradas
    15.10 he *trabajado* más que todos ellos; pero
Gá. 4.11 me temo . . que haya *trabajado* en vano
Ef. 4.28 sino que *trabaje*, haciendo con sus manos lo
Fil. 2.16 corrido en vano, ni en vano he *trabajado*
Col. 1.29 para lo cual también *trabajo*, luchando
1 Ts. 2.9 cómo *trabajando* de noche y de día, para
    4.11 *trabajar* con vuestras manos de la manera
    5.12 que reconozcáis a los que *trabajan* entre
2 Ts. 3.10 si . . no quiere *trabajar*, tampoco coma
1 Ti. 4.10 por esto mismo *trabajamos* y sufrimos
    5.17 los que *trabajan* en predicar y enseñar
2 Ti. 2.6 el labrador, para . . debe *trabajar* primero
Ap. 2.3 has *trabajado* . . por amor de mi nombre

TRABAJO *v.* Afán, Fatiga, Labor, Obra

Gn. 5.29 nos aliviará de nuestras obras y del *t* de
Dt. 26.7 aflicción, nuestro *t* y nuestra opresión
Sal. 73.5 no pasan *t* como los otros mortales, ni
    73.16 cuando pensé para saber esto, fue duro *t*
    128.2 que cuando comieres el *t* de tus manos
Pr. 22.29 ¿has visto hombre solícito en su *t*?
    24.10 si fueres flojo en el día de *t*, tu fuerza
Ec. 1.3; 2.22 ¿qué provecho tiene . . de todo su *t*
    2.10 mi corazón gozó de todo mi *t*; y esta fue
    2.18 aborrecí todo mi *t* que había hecho debajo
    2.26 mas al pecador da el *t* de recoger y
    4.4 todo *t* . . despierta la envidia del hombre
    6.7 todo el *t* del hombre es para su boca, y
Is. 45.14 el *t* de Egipto . . se pasarán a ti y serán
    55.2 gastáis . . vuestro *t* en lo que no sacia?
Jer. 3.24 confusión consumió el *t* . . padres
    31.16 salario hay para tu *t*, dice Jehová, y
Hch. 6.3 siete . . a quienes encarguemos de este *t*
1 Co. 15.58 vuestro *t* en el Señor no es en vano
2 Co. 6.5 en tumultos, en *t*, en desvelos, en ayunos
    10.15 no nos gloriamos . . en *t* ajenos, sino
    11.23 yo más; en *t* más abundante; en azotes
    11.27 en *t* y fatiga, en muchos desvelos, en
1 Ts. 3.5 no sea . . que nuestro *t* resultase en vano
He. 6.10 para no olvidar . . obra y *t* de amor que
2 Jn. 8 que no perdáis el fruto de vuestro *t*, sino
Ap. 2.2 yo conozco tus . . tu arduo *t* y paciencia
    14.13 descansarán de sus *t*, porque sus obras

TRADICIÓN
Mt. 15.2; Mr. 7.5 quebrantan la *t* de los ancianos
15.6 habéis invalidado el . . por vuestra *t*
Mr. 7.3, 8 los judíos, aferrándose a la *t* de los
Gá. 1.14 mucho más celoso de las *t* de mis padres
Col. 2.8 según las *t* de los hombres, conforme a

TRAER *v.* Llevar
Gn. 28.15 y volveré a *traerte* a esta tierra; porque
Dt. 1.31 Jehová tu Dios te ha *traído*, como *trae* el
2 S. 7.18; 1 Cr. 17.16 que tú me hayas *traído* hasta
1 Cr. 13.3 *traigamos* el arca de nuestro Dios a
13.12 ¿cómo he de *traer* a mi casa el arca de
2 Cr. 5.2 para que *trajesen* el arca del pacto de
Is. 60.9 para *traer* tus hijos de lejos, su plata y
60.11 para que a ti sean *traídas* las riquezas
Jer. 5.15 yo *traigo* sobre vosotros gente de lejos
6.19 *traigo* mal sobre este pueblo, el fruto de
Mal. 3.10 *traed* todos los diezmos al alfolí y haya
Jn. 6.44 si el Padre que me envió no le *trajere*
1 Co. 15.49 *traeremos* . . la imagen del celestial
1 Ts. 4.14 *traerá* Dios . . a los que durmieron en
1 Ti. 6.7 porque nada hemos *traído* a este mundo
2 Ti. 4.13 *trae* . . el capote que dejé en Troas en

TRAFICAR *v.* Negociar
Is. 47.15 que *traficaron* contigo desde tu juventud
Stg. 4.13 iremos a tal ciudad . . y *traficaremos*

TRAGAR
Nm. 16.30 la tierra abrirse su boca y los *tragare*
Sal. 106.17 se abrió la tierra y *tragó* a Datán, y
124.3 vivos nos habrían *tragado* entonces
Jon. 1.17 preparado un . . pez que *tragase* a Jonás
Mt. 23.24 coláis el mosquito, y *tragáis* el camello

TRAICIÓN
1 S. 24.11 y ve que no hay mal ni *t* en mi mano
2 R. 9.23 Joram . . huyó, y dijo . . ¡*T*, Ocozías!
11.14; 2 Cr. 23.13 Atalía . . clamó . . ¡*T*, *t*!

TRAMPA *v.* Cuerda, Hoyo, Lazo, Red
Jer. 5.26 lazos, pusieron *t* para cazar hombres
Ro. 11.9 dice: Sea vuelto su convite en *t* y en red

TRANQUILIDAD
Dn. 4.27 tal vez será eso una prolongación de tu *t*
1 Ts. 4.11 procuréis tener *t*, y ocuparos en vuestros

TRANSFIGURAR *v.* Cambiar
Mt. 17.2; Mr. 9.2 se *transfiguró* delante de ellos

TRANSFORMAR
Ro. 12.2 *transformaos* por medio de la renovación
1 Co. 15.51 pero todos seremos *transformados*
2 Co. 3.18 somos *transformados* de gloria en gloria
Fil. 3.21 *transformará* el cuerpo de la humillación

TRANSGRESIÓN *v.* Iniquidad, Ofensa, Pecado, Prevaricación
Jos. 22.16 ¿qué *t* es esta con que prevaricáis contra
Job 31.33 si encubrí como hombre mis *t* . . seno
Sal. 5.10 por la multitud de sus *t* échalos fuera
17.3 he resuelto que mi boca no haga *t*
39.8 líbrame de todas mis *t*; no me pongas
Ez. 18.22 y aun cometió, no le serán recordadas
18.30 apartaos de . . vuestras *t*, y no os será
Ro. 4.15 pero donde no hay ley, tampoco hay *t*
4.25 fue entregado por nuestras *t*, y resucitado
5.14 no pecaron a la manera de la *t* de Adán
5.15 pero el don no fue como la *t*; porque si
5.15 si por la *t* de aquel uno murieron los
11.11 por su *t* vino la salvación a los gentiles
Gá. 3.19 fue añadida a causa de las *t*, hasta que
1 Ti. 2.14 mujer, siendo engañada, incurrió en *t*
He. 2.2 firme, y toda *t* . . recibió justa retribución
9.15 para la remisión de las *t* que había bajo

TRANSGRESOR *v.* Inicuo, Malo, Pecador, Prevaricador
Sal. 51.13 entonces enseñaré a los *t* tus caminos
Pr. 13.15 da gracia, mas el camino de los *t* es duro
Ro. 2.27 te condenará a ti, que . . eres *t* de la ley
Gá. 2.18 las mismas vuelvo a edificar, *t* me hago
1 Ti. 1.9 sino para los *t* y desobedientes, para los
Stg. 2.11 pero matas, ya te has hecho *t* de la ley

TRANSPORTAR *v.* Llevar
Jer. 13.19 fue *transportada*, llevada en cautiverio
Am. 5.27 haré . . *transportar* más allá de Damasco

TRAPO
Is. 64.6 nuestras justicias como *t* de inmundicia
Jer. 38.11 tomó de allí *t* viejos y ropas raídas

TRASLADAR *v.* Pasar
2 S. 3.10 *trasladando* el reino de la casa de Saúl
1 Co. 13.2 tal manera que *trasladase* los montes
Col. 1.13 y *trasladado* al reino de su . . Hijo amado

TRASPASAR *v.* Infringir, Quebrantar
Ex. 19.21 ordena al pueblo que no *traspase* los
Jos. 23.16 si *traspasareis* el pacto de Jehová
Pr. 7.23 hasta que la saeta *traspasa* su corazón
22.28 no *traspases* los linderos antiguos que
Is. 24.5 *traspasaron* las leyes, falsearon el derecho
Jer. 34.18 los hombres que *traspasaron* mi pacto
Dn. 9.11 todo Israel *traspasó* tu ley apartándose
Os. 6.7 mas ellos, cual Adán, *traspasaron* el pacto
8.1 *traspasaron* mi pacto, y se rebelaron contra
Hab. 3.13 *traspasaste* la cabeza de la . . del impío
Zac. 12.10; Jn. 19.37 mirarán . . a quien *traspasaron*
Lc. 2.35 una espada *traspasará* tu misma alma
Ap. 1.7 todo ojo le verá, y los que le *traspasaron*

TRASQUILAR *v.* Oveja
Gn. 31.19 Labán había ido a *trasquilar* sus ovejas
Hch. 8.32 cordero . . delante del que lo *trasquila*

TRASTORNAR
Ex. 14.25 quitó las ruedas de sus . . y los *trastornó*
Job 12.19 príncipes, y *trastorna* a los poderosos
Sal. 140.4 que han pensado *trastornar* mis pasos
146.9 y el camino de los impíos *trastorna*
Pr. 11.11 por la boca de los . . será *trastornada*
12.7 *trastornará* a los impíos, y no serán más
13.6 mas la impiedad *trastornará* al pecador
21.12 los impíos son *trastornados* por el mal
22.12 *trastorna* las cosas de los prevaricadores
Is. 13.19 como Sodoma . . a las que *trastornó* Dios
14.16 ¿es éste aquel . . *trastornaba* los reinos
24.1 que hizo vacía la tierra . . y *trastorna*
Lm. 3.36 *trastornar* al hombre en su causa, el
Am. 4.11 *trastornó* . . como *trastornó* a Sodoma
Hag. 2.22 *trastornaré* el trono de los reinos
Hch. 13.10 ¿no cesarás de *trastornar* los caminos
17.6 éstos que *trastornan* el mundo entero han
2 Ti. 2.18 desviaron . . *trastornan* la fe de algunos
Tit. 1.11 *trastornan* casas enteras, enseñando por

TRATAR
Pr. 25.9 *trata* tu causa con tu compañero, y no
Jn. 4.9 judíos y samaritanos no se *tratan* entre sí

TREGUA
Job 6.10 si me asaltase con dolor sin dar más *t*
14.16 me cuentas los . . y no das *t* a mi pecado

TRES
Mt. 18.20 están dos o *t* congregados en mi nombre
Hch. 10.16 se hizo *t* veces; y aquel lienzo volvió a
28.15 salieron a . . hasta . . las *T* Tabernas

TRIBU *v.* Descendencia, Familia, Hijo
Nm. 36.9 no ande la heredad . . de una *t* a otra
Jue. 21.3 ¿por qué . . que falte hoy de Israel una *t*?
Sal. 122.4 allá subieron las *t*, las *t* de JAH
He. 7.14 que nuestro Señor vino de la *t* de Judá
Stg. 1.1 Santiago . . a las doce *t* que están en la
Ap. 7.4 sellados de todas las *t* de los . . de Israel

TRIBULACIÓN *v.* Adversidad, Aflicción, Angustia, Calamidad, Dolor, Malo, Miseria, Padecimiento, Sufrimiento
2 Cr. 15.4 en su *t* se convirtieron a Jehová Dios
Neh. 9.27 en el tiempo de su *t* clamaron a ti, y tu
Job 5.19 en seis *t* te librará, y en la séptima no te
15.24 *t* y angustia le turbarán . . como un rey
Pr. 1.27 cuando sobre vosotros viniere *t* y angustia
11.8 el justo es librado de la *t*; mas el impío
12.13 el impío . . mas el justo saldrá de la *t*
Is. 8.22 aquí *t* y tinieblas, oscuridad y angustia
26.16 Jehová, en la *t* te buscaron . . castigaste

Mt. 24.9 entonces os entregarán a *t*, y os matarán
24.21 porque habrá entonces gran *t*, cual no
24.29; Mr. 13.24 después de la *t* de aquellos
Mr. 4.17 cuando viene la *t* o la . . luego tropiezan
13.19 aquellos días serán de *t* cual nunca ha
Hch. 14.22 a través de muchas *t* entremos en el
Ro. 5.3 nos gloriamos en las *t*, sabiendo que la *t*
8.35 ¿*t*, o angustia, o persecución, o hambre
12.12 sufridos en la *t*; constantes en la oración
2 Co. 1.4 el cual nos consuela en todas nuestras *t*
1.4 podamos . . consolar a los que están en . . *t*
2.4 por la mucha *t* . . os escribí con . . lágrimas
4.17 porque esta leve *t* momentánea produce
6.4 como . . en *t*, en necesidades, en angustias
7.4 sobreabundo de gozo en todas nuestras *t*
8.2 en grande prueba de *t*, la abundancia de
Ef. 3.13 pido que no desmayéis a causa de mis *t*
Fil. 4.14 bien hicisteis en participar . . en mi *t*
1 Ts. 1.6 recibiendo la palabra en . . de gran *t*
3.3 a fin de que nadie se inquiete por estas *t*
Stg. 1.27 visitar a los . . y a las viudas en sus *t*
Ap. 1.9 y copartícipe vuestro en la *t*, en el reino
2.22 en gran *t* a los que con ella adulteran
7.14 éstos son los que han salido de la gran *t*

TRIBUNAL
Jn. 19.13 Pilato . . se sentó en el *t* en el lugar
Ro. 14.10; 2 Co. 5.10 compareceremos ante el *t* de
Stg. 2.6 ricos . . mismos que os arrastran a los *t*?

TRIBUTARIO, ria
Dt. 20.11 el pueblo . . fuere hallado te será *t*
Jue. 1.30 el cananeo habitó en medio . . y le fue *t*
2 Cr. 8.8 los hijos de . . hizo Salomón *t* hasta hoy
Pr. 12.24 señoreará; mas la negligencia será *t*
Lm. 1.1 la señora de provincias ha sido hecha *t*

TRIBUTO
Ex. 1.11 pusieron sobre ellos comisarios de *t* que
Nm. 31.28 apartarás para Jehová el *t* de . . guerra
2 S. 8.2 fueron los moabitas siervos . . pagaron *t*
1 R. 9.21 hizo Salomón que sirviesen con *t* hasta
Esd. 4.13 no pagarán, impuesto, y rentas, y el
7.24 ninguno podrá imponerles *t* . . ni renta
Dn. 11.20 uno que hará pasar un cobrador de *t*
Mt. 9.9; Mr. 2.14; Lc. 5.27 sentado al banco de los
t públicos
22.17; Mr. 12.14; Lc. 20.22 dar *t* a César, o no?
Lc. 23.2 y que prohibe dar *t* a César, diciendo que
Ro. 13.6 pues por esto pagáis también los *t*, porque
13.7 pagad a todos lo que debéis: al que *t*, *t*

TRIGO *v*. Grano
Gn. 27.28 te dé . . abundancia de *t* y de mosto
Dt. 8.8 tierra de *t* y cebada, de vides, higueras
Job 31.40 en lugar de *t* me nazcan abrojos, y
Sal. 81.16 le sustentaría Dios con lo mejor del *t*
Jer. 12.13 sembraron *t*, y segaron espinos
Jl. 2.24 las eras se llenarán de *t*, y los lagares
Zac. 9.17 el *t* alegrará a los jóvenes, y el vino a
Mt. 3.12; Lc. 3.17 recogerá su *t* en el granero
13.25 su enemigo y sembró cizaña entre el *t*
Lc. 22.31 os ha pedido para zarandearos como a *t*
Hch. 7.12 oyó Jacob que había *t* en Egipto, envió
1 Co. 15.37 sino el grano desnudo, ya sea de *t* o
Ap. 6.6 dos libras de *t* por un denario, y seis

TRILLAR
Is. 41.15 *trillarás* montes y los molerás, y collados
Jer. 51.33 es como una era cuando está de *trillar*
Am. 1.3 *trillaron* a Galaad con trillos de hierro
Mi. 4.13 levántate y *trilla*, hija de Sion, porque
Hab. 3.12 con furor *trillaste* las naciones
1 Ti. 5.18 no pondrás bozal al buey que *trilla*

TRILLO
2 S. 12.31; 1 Cr. 20.3 los puso a trabajar con . . *t*
Is. 41.15 yo te he puesto por *t*, *t* nuevo, lleno de

TRISTE
Gn. 40.6 vino a ellos José . . he aquí que estaban *t*
1 S. 1.18 se fue la mujer pero . . y no estuvo más *t*
Neh. 2.1 como yo no había estado antes *t* en su
Pr. 17.22 alegre . . mas el espíritu *t* seca los huesos

Mt. 19.22; Mr. 10.22; Lc. 18.23 se fue *t*, porque
tenía muchas posesiones
26.38; Mr. 14.34 mi alma está muy *t*, hasta la
Lc. 24.17 ¿qué pláticas son . . y por qué estáis *t*?

TRISTEZA *v*. Adversidad, Angustia, Calamidad,
Dolor, Malo, Miseria, Padecimiento, Sufri-
miento, Tribulación
Dt. 28.65 pues allí te dará Jehová . . *t* de alma
Pr. 10.1 padre, pero el hijo necio es *t* de su madre
10.22 la que enriquece, y no añade *t* con ella
Is. 35.10 gozo y alegría, y huirán la *t* y el gemido
Lc. 22.45 los halló durmiendo a causa de la *t*
Jn. 16.6 estas cosas, *t* ha llenado vuestro corazón
16.20 pero . . vuestra *t* se convertirá en gozo
Ro. 9.2 que tengo gran *t* y continuo dolor en mi
2 Co. 2.1 conmigo, no ir otra vez a vosotros con
2.3 que cuando llegue no tenga *t* de parte de
7.10 porque la *t* que es según Dios produce
9.7 cada uno dé . . no con *t*, ni por necesidad
Fil. 2.27 de mí, para que yo no tuviese *t* sobre *t*
He. 12.11 parece ser causa de gozo, sino de *t*

TRIUNFAR *v*. Vencer
Col. 2.15 los exhibió . . *triunfando* sobre ellos en
Stg. 2.13 y la misericordia *triunfa* sobre el juicio

TRIUNFO *v*. Victoria
Jue. 5.11 allí repetirán los *t* de Jehová, los *t* de sus
Sal. 18.50 grandes *t* da su rey, y hace misericordia
2 Co. 2.14 Dios . . el cual nos lleva siempre en *t*

TROAS Hch. 16.8; 20.5; 2 Co. 2.12; 2 Ti. 4.13.

TROMPETA *v*. Bocina, Cuerno
Lv. 23.24 tendréis . . conmemoración al son de *t*
25.9 el día de la expiación haréis tocar la *t*
Nm. 10.2 hazte dos *t* de plata . . obra de martillo
Jue. 7.16 todos ellos *t* en sus manos, y cántaros
Neh. 4.20 lugar donde oyereis el sonido de la *t*
Sal. 81.3 tocad la *t* en la nueva luna, en el día
98.6 aclamad con *t* y sonidos de bocina
Is. 27.13 se tocará con gran *t*, y vendrán los que
Jer. 4.5 tocad *t* en la tierra; pregonad, juntaos
Ez. 33.5 al sonido de la *t* oyó, y no se apercibió
Sof. 1.16 de *t* y de algazara sobre las ciudades
Zac. 9.14 Jehová el Señor tocará *t*, e irá entre
Mt. 6.2 cuando . . des limosna, no hagas tocar *t*
24.31 enviará sus ángeles con gran voz de *t*
1 Co. 14.8 y si la *t* diere sonido incierto, ¿quién
15.52 a la final *t*; porque se tocará la *t*, y los
1 Ts. 4.16 y con *t* de Dios, descenderá del cielo
Ap. 8.2 a los siete ángeles . . se les dieron siete *t*

TRONAR
Ex. 9.23 Jehová hizo *tronar* y granizar, y el fuego
1 S. 7.10 Jehová *tronó* . . sobre los filisteos
2 S. 22.14; Sal. 18.13 *tronó* desde los cielos Jehová
Job 37.5 *truena* Dios maravillosamente con su voz
40.9 Dios? ¿Y *truenas* con voz como la suya?

TRONO
Gn. 41.40 solamente en el *t* seré yo mayor que tú
1 R. 1.13 Salomón tu hijo . . el se sentará en mi *t*?
1.37 haga mayor su *t* que el *t* de mi señor
9.5; 2 Cr. 7.18 afirmaré el *t* de tu reino sobre
10.18; 2 Cr. 9.17 hizo . . el rey un gran *t* de
1 Cr. 29.23 se sentó Salomón por rey en el *t* de
Sal. 9.7 Jehová . . ha dispuesto su *t* para juicio
11.4 Jehová tiene en el cielo su *t*; sus ojos
45.6 tu *t*, oh Dios, es eterno y para siempre
47.8 reinó . . se sentó Dios sobre su santo *t*
89.14 justicia y juicio son el cimiento de tu *t*
93.2 firme es tu *t* desde entonces; tú eres
94.20 ¿se juntará contigo el *t* de iniquidades
103.19 Jehová estableció en los cielos su *t*, y
122.5 allá están . . los *t* de la casa de David
132.11 tu descendencia pondré sobre tu *t*
Pr. 16.12 porque con justicia será afirmado el *t*
25.5 del rey, y su *t* se afirmará en justicia
Is. 6.1 vi yo al Señor sentado sobre un *t* alto y
14.13 en lo alto, junto a las . . levantaré mi *t*
66.1 Jehová dijo así: El cielo es mi *t*, y la

Jer. 3.17 llamarán a Jerusalén: T de Jehová
17.12 t de gloria, excelso desde el principio
43.10 pondré su t sobre estas piedras que
Lm. 5.19 tu t de generación en generación
Dn. 7.9 mirando hasta que fueron puestos t
Mt. 5.34 ni por el cielo, porque es el t de Dios
19.28; 25.31 se siente en el t de su gloria
19.28; Lc. 22.30 os sentaréis sobre doce t
23.22 jura por el t de Dios, y por aquel que
Lc. 1.32 Dios le dará el t de David su padre
Hch. 2.30 al Cristo ¬ara que se sentase en su t
7.49 el cielo es mi t, y la tierra el estrado de
He. 1.8 tu t, por el siglo del siglo; cetro
4.16 acerquémonos, pues . . al t de la gracia
8.1; 12.2 se sentó a la diestra del t de Dios
Ap. 2.13 dónde moras, donde está el t de Satanás
3.21 le daré que se siente conmigo en mi t
4.2 un t . . en el cielo, en el t, uno sentado
4.4 alrededor del t había 24 t; y vi . . en los t
7.9 estaban delante del t y en la presencia del
7.17 el Cordero que está en medio del t los
20.4 vi t, y se sentaron sobre ellos los que
20.11 vi un gran t blanco y al que estaba
21.5 el que estaba sentado en el t dijo
22.1 un río limpio . . que salía del t de Dios
22.3 el t de Dios y del . . estará en ella, y sus

TROPA v. Ejército, Soldado
Esd. 8.22 tuve vergüenza de pedir al rey t y gente
Job 10.17 aumentas conmigo tu furor como t de
Hch. 23.27 a este . . lo libré yo acudiendo con la t

TROPEZADERO
Jue. 2.3 que serán azotes . . y sus dioses os serán t
Ro. 11.9 vuelto su convite en t y en retribución
1 Co. 1.23 para los judíos ciertamente t, y para los
8.9 vuestra no venga a ser t para los débiles

TROPEZAR v. Caer, Escandalizar, Ofender
Dt. 12.30 que no tropieces yendo en pos de ellas
2 S. 6.6; 1 Cr. 13.9 porque los bueyes tropezaban
Job 4.4 al que tropiezas enderezaban tus palabras
Pr. 3.23 andarás por tu camino . . pie no tropezará
24.17 y cuando tropezare, no se alegre tu
Is. 5.27 no habrá . . cansado, ni quien tropiece
8.14 él será . . por piedra para tropezar, y por
28.7 erraron en la . . tropezaron en el juicio
59.10 tropezamos a mediodía como de noche
63.13 que los condujo . . sin que tropezaran?
Jer. 13.16 antes que vuestros pies tropiecen en los
18.23 y tropiecen delante de ti; haz así con
20.11 los que me persiguen tropezarán, y no
Mal. 2.8 habéis hecho tropezar a muchos en la
Mt. 4.6; Lc. 4.11 para que no tropieces con tu pie
13.21; Mr. 4.17 venir la aflicción . . tropieza
18.6; Mr. 9.42; Lc. 17.2 cualquiera que haga
tropezar a uno de estos
24.10 muchos tropezarán . . y se entregarán
Jn. 11.9 el que anda de día, no tropieza, porque
Ro. 9.32 tropezaron en la piedra de tropiezo
11.11 ¿han tropezado . . para que cayesen?
14.20 es malo que el hombre haga tropezar
14.21 ni nada en que tu hermano tropiece, o
2 Co. 11.29 ¿a quién se le hace tropezar, y yo no

TROPIEZO v. Caída, Impedimento, Ofensa
Ex. 23.33; Dt. 7.16 a sus dioses, porque te será t
Is. 57.14 quitad los t del camino de mi pueblo
Jer. 6.21 yo pongo a este pueblo t, y caerán en
Ez. 14.3 porque han establecido el t de su maldad
Mt. 11.6; Lc. 7.23 bienaventurado . . no halle t
13.41 recogerán . . todos los que sirven de t
16.23 me eres t, porque no pones la mira en
18.7 porque es necesario que vengan t, pero
Lc. 17.1 imposible es que no vengan t; mas ¡ay
Jn. 16.1 cosas he hablado, para que no tengáis t
Ro. 9.33 pongo en Sion piedra de t y roca de
14.13 decidid no poner t u ocasión de caer al
16.17 que os fijéis en los que causan . . y t en
1 Co. 10.32 no seáis t ni a judíos, ni a gentiles
2 Co. 6.3 no damos a nadie . . ocasión de t, para
Gá. 5.11 en tal caso se ha quitado el t de la cruz

1 P. 2.8 piedra de t, y roca que hace caer, porque
1 Jn. 2.10 permanece en la luz, y en él no hay t
Ap. 2.14 que enseñaba a Balac a poner t ante los

TRUENO v. Relámpago
1 S. 12.17 yo clamaré a Jehová, y él dará t
Job 26.14 pero el t de su poder, ¿quién lo puede
Sal. 77.18 la voz de tu t estaba en el torbellino
104.7 al sonido de tu t se apresuraron
Is. 29.6 por Jehová de los . . serás visitada con t
Mr. 3.17 apellidó Boanerges, esto es, hijos del t
Ap. 4.5 del trono salían relámpagos y t y voces
8.5; 16.18 hubo t, y voces, y relámpagos, y
10.3 clamado, siete t emitieron sus voces
14.2 oí una voz . . como sonido de un gran t
19.6 y oí . . como la voz de grandes t, que

TUBAL-CAÍN Gn. 4.22.

TÚNICA v. Manto, Ropa, Vestido.
Gn. 3.21 Dios hizo al hombre y a . . t de pieles
37.3 a José . . hizo una t de diversos colores
37.31 tomaron ellos la t de . . y tiñeron la t
1 S. 2.19 hacía su madre una t pequeña y se la
Mt. 5.40 quitarte la t, déjale también la capa
10.10 ni de dos t, ni de calzado, ni de bordón
Lc. 3.11 el que tiene dos t, dé al que no tiene; y el
6.29 te quite la capa, ni aun la t le niegues
Jn. 19.23 tomaron . . su t, la cual era sin costura

TURBA v. Multitud
Lc. 22.47 el aún hablaba, se presentó una t; y el
Hch. 17.5 y juntando una t, alborotaron la ciudad

TURBACIÓN v. Congoja
Job 3.26 no he tenido . . no obstante, me vino t
Pr. 15.16 poco . . que el gran tesoro donde hay t

TURBADO, da v. Acongojado, Atribulado
Sal. 6.3 mi alma también está muy t; y tú, Jehová
Lc. 24.38 él les dijo: ¿Por qué estáis t, y vienen
Jn. 12.27 ahora está t mi alma, ¿y qué diré?

TURBAR v. Inquietar, Molestar, Perturbar
Ex. 15.15 los caudillos de Edom se turbarán; a los
1 R. 18.17 le dijo: Eres tú el que turbas a Israel?
Job 4.5 mas . . cuando ha llegado hasta ti, te turbas
9.28 me turban todos mis dolores; aun el que
23.16 Dios ha . . me ha turbado el Omnipotente
Sal. 2.5 ellos en su furor, y los turbará con su ira
42.5, 11; 43.5 ¿por qué . . turbas dentro de mí?
Is. 7.4 no temas, ni se turbe tu corazón a causa de
32.11 oh indolentes; turbaos, oh confiadas
Jer. 50.34 turbar a los moradores de Babilonia
Dn. 4.5 y visiones de mi cabeza me turbaron
7.15 se me turbó el espíritu a mí, Daniel, en
Mt. 2.3 oyendo esto, el rey Herodes se turbó, y
24.6; Mr. 13.7 de guerras . . no os turbéis
Jn. 10.24 ¿hasta cuándo nos turbarás el alma?
14.1, 27 no se turbe vuestro corazón

TURNO
2 Cr. 31.2 conforme a sus t . . uno según su oficio
1 Co. 14.27 si habla alguno . . sea esto . . por t

TUYO
1 Cr. 29.14 es t, y de lo recibido de tu mano
Jn. 17.10 y todo lo mío es t, y lo t mío

ÚLCERA
Ex. 9.9 producirá sarpullido con ú en los hombres
Ap. 16.2 vino una ú maligna y pestilente sobre

ÚLTIMO v. Fin, Postrero
Lc. 14.9 comiences con vergüenza a ocupar el ú
Hch. 13.47 seas para salvación hasta lo ú de la
1 Jn. 2.18 hijitos, ya es el ú tiempo; y según

UNÁNIME v. Acuerdo
Hch. 1.14 todos éstos perseveraban u en oración y
2.1 Pentecostés, estaban todos u juntos
2.46 perseverando u cada día en el templo, y
Ro. 12.16 u entre vosotros; no altivos, sino
Fil. 1.27 combatiendo u por la fe del evangelio
2.2 mismo amor, u, sintiendo una misma cosa

UNCIÓN
Ex. 30.25 harás de ello el aceite de la santa u

Sal. 89.20 hallé a David . . lo ungí con mi santa *u*
1 Jn. 2.20 pero vosotros tenéis la *u* del Santo, y
    2.27 pero la *u* que . . permanece en vosotros

UNGIDO *v.* **Cristo, Jesucristo, Mesías**
1 S. 2.10 Jehová . . exaltará el poderío de su *U*
    2.35 andará delante de mi *u* todos los días
    24.10 no extenderé mi mano . . el *u* de Jehová
    26.9 contra el *u* de Jehová, y será inocente?
2 S. 22.51 rey, y usa de misericordia para con su *u*
1 Cr. 16.22; Sal. 105.15 no toquéis, dijo, a mis *u*
Sal. 2.2 unidos contra Jehová y contra su *u*
    20.6 ahora conozco que Jehová salva a su *u*
    28.8 Jehová es . . el refugio salvador de su *u*
    84.9 mira . . pon los ojos en el rostro de tu *u*
    132.10 tu siervo, no vuelvas de tu *u* el rostro
Is. 45.1 así dice Jehová a su *u*, a Ciro, al cual
Hab. 3.13 saliste para socorrer . . socorrer a tu *u*
Zac. 4.14 los dos *u* que están delante del Señor
Lc. 2.26 muerte, antes que viese al *U* del Señor

UNGIR
Ex. 30.26; 40.9 *ungirás* el tabernáculo de reunión
Lv. 8.12 de Aarón, y lo *ungió* para santificarlo
Dt. 28.40 tendrás olivos . . mas no te *ungirás* con
Rt. 3.3 te lavarás . . te *ungirás*, y . . irás a la era
1 S. 9.16 al cual *ungirás* por príncipe sobre mi
    10.1 ¿no te ha *ungido* Jehová por príncipe
    16.13 Samuel tomó el cuerno del . . y lo *ungió*
2 S. 2.4 vinieron . . de Judá y *ungieron* allí a David
    12.7 yo te *ungí* por rey sobre Israel, y te libré
1 R. 1.39 tomando . . aceite del . . *ungió* a Salomón
    19.16 a Jehú hijo de Nimsi *ungirás* por rey
2 R. 9.3 dijo . . Yo te he *ungido* por rey sobre Israel
    11.12 le puso la . . y le hicieron rey *ungiéndole*
2 Cr. 23.11 lo *ungieron*, diciendo . . ¡Viva el rey!
Sal. 23.5 *unges* mi cabeza con aceite; mi copa
    45.7 por tanto, te *ungió* Dios, el Dios tuyo
Is. 61.1 porque me *ungió* Jehová; me ha enviado
Mt. 6.17 pero tú, cuando ayunes, *unge* tu cabeza
Mr. 6.13 *ungían* con aceite a muchos enfermos
    14.8 se ha anticipado a *ungir* mi cuerpo para
    16.1 compraron especias . . para ir a *ungirle*
Lc. 4.18 me ha *ungido* para dar buenas nuevas a
Jn. 11.2 María . . fue la que *ungió* al Señor con
    12.3 *ungió* los pies de Jesús, y los enjugó con
Hch. 4.27 tu santo Hijo Jesús, a quién *ungiste*
2 Co. 1.21 el que nos confirma . . *ungió*, es Dios
He. 1.9 por lo cual te *ungió* Dios, el Dios tuyo
Stg. 5.14 *ungiéndole* con . . en el nombre del Señor
Ap. 3.18 *unge* tus ojos con colirio, para que veas

UNGÜENTO *v.* **Perfume**
Job 41.31 el mar . . lo vuelve como una olla de *u*
Pr. 27.9 el *u* y el perfume alegran el corazón, y el
Ec. 7.1 mejor es la buena fama que el buen *u*
    9.8 en todo . . nunca falte *u* sobre tu cabeza
Cnt. 1.3 tu nombre es como *u* derramado; por eso
Am. 6.6 y se ungen con los *u* más preciosos; y no
Lc. 23.56 preparon especias aromáticas y *u*

UNIDAD
Ef. 4.3 solícitos en guardar la *u* del Espíritu en el
    4.13 hasta que todos lleguemos a la *u* de la fe

UNIDO
1 Co. 1.10 sino que estéis perfectamente *u* en una
Ef. 4.16 de quien todo el cuerpo . . *u* entre sí por
Col. 2.2 *u* en amor, hasta alcanzar todas las

UNIGÉNITO *v.* **Hijo**
Jn. 1.14 vimos su gloria . . como del *u* del Padre
    3.16 que ha dado a su Hijo *u*, para que todo
He. 11.17 por la fe Abraham . . ofrecía su *u*
1 Jn. 4.9 en que Dios envió a su Hijo *u* al mundo

UNIR *v.* **Juntar, Reunir**
Gn. 2.24; Mt. 19.5; Mr. 10.7; Ef. 5.31 se *unirá* a
    su mujer, y serán una sola carne
1 Co. 6.16 que el que se *une* con una ramera, es un
    6.17 pero el que se *une* al Señor, un espíritu es
Col. 2.19 de quien todo el cuerpo . . *uniéndose* por

UN, UNO
Gn. 11.6 el pueblo es *u*, y . . *u* solo lenguaje
Jn. 10.30 yo y el Padre *u* somos
    17.11 guárdalos en tu nombre . . que sean *u*
    17.21 todos sean *u* . . también ellos sean *u* en
1 Co. 8.6 sólo hay *u* Dios, el Padre . . y *u* Señor
Gá. 3.28 todos vosotros sois *u* en Cristo Jesús

UR Gn. 11.31; 15.7; Neh. 9.7.

URÍAS heteo 2 S. 11.3–26.

URÍAS el sacerdote 2 R. 16.10–16.

URÍAS el profeta Jer. 26.20–23.

URIM
Ex. 28.30 pondrás en el pectoral del juicio *U* y
1 S. 28.6 Jehová no le respondió ni . . ni por *U*
Esd. 2.63; Neh. 7.65 sacerdote . . con *U* y Tumim

USURA *v.* **Interés**
Ex. 22.25 cuando prestares . . ni le impondrás *u*
Lv. 25.36 no tomarás de él *u* ni ganancia, sino
Sal. 15.5 dinero no dio a *u*, ni contra el inocente
Pr. 28.8 aumenta sus riquezas con *u* y . . interés
Ez. 18.13 prestare a interés y tomare *u*; ¿vivirá
    22.12 interés y *u* tomaste, y a tus prójimos

UTENSILIO *v.* **Enseres, Vasija, Vaso**
2 Cr. 36.7 llevó . . de los *u* de la casa de Jehová
Is. 52.11 purificaos los que lleváis los *u* de
Jer. 27.18 oren . . los *u* . . no vayan a Babilonia
Mr. 11.16 nadie atravesase el templo llevando *u*

ÚTIL *v.* **Bueno, Provechoso**
Hch. 20.20 cómo nada que fuese *ú* he rehuido de
2 Ti. 2.21 *ú* al Señor, y dispuesto para toda buena
    3.16 y *ú* para enseñar, para redargüir, para
Tit. 3.8 estas cosas son buenas y *ú* a los hombres
Flm. 11 inútil, pero ahora a ti y a mí nos es *ú*

UVA *v.* **Racimo, Vid, Vino**
Gn. 40.10 viniendo a madurar sus racimos de *u*
Nm. 13.23 cortaron . . un racimo de *u*, el cual
Dt. 23.24 podrás comer *u* hasta saciarte; mas no
    32.14 y de la sangre de la *u* bebiste vino
    32.32 la vid de . . *u* de ellos son *u* ponzoñosas
Is. 5.2 esperaba que diese *u*, y dio *u* silvestres
Jer. 8.13 no quedarán *u* en la vid, ni higos en la
    31.29; Ez. 18.2 padres comieron las *u* agrias
Os. 9.10 como *u* en el desierto hallé a Israel; como
Mt. 7.16 ¿acaso se recogen *u* de los espinos, o
Ap. 14.18 vendimia . . porque sus *u* están maduras

UZA 2 S. 6.3–8; 1 Cr. 13.7–11.

UZÍAS 2 Cr. 26.1–23.

Is. 1.1; Os. 1.1; Am. 1.1; Zac. 14.5 en días de *U*
    6.1 el año que murió el rey *U* vi yo al Señor

VACA *v.* **Becerro, Buey, Novillo, Toro**
Gn. 41.2 que del río subían siete *v*, hermosas a la
    41.27 y las siete *v* flacas . . son siete años
Nm. 19.2 dí a los . . Israel que te traigan una *v*
1 S. 6.7 tomad luego dos *v* . . uncid las *v* al carro
Is. 7.21 que criará un hombre una *v* y dos ovejas
    11.7 la *v* y la osa pacerán, sus crías . . juntas
Am. 4.1 oíd esta palabra, *v* de Basán, que estáis

VACIAR
Gn. 42.35 aconteció que *vaciando* ellos sus sacos
Is. 24.1 que Jehová *vacía* la tierra y la desnuda

VACÍO, cía
Gn. 1.2 y la tierra estaba desordenada y *v*, y las
    37.24 la cisterna estaba *v*, no había . . agua
Dt. 15.13 lo despidieres libre, no le enviarás . . *v*
    16.16 ninguno se presentará con las manos *v*
Rt. 3.17 fin de que no vayas a . . con las manos *v*
1 S. 20.25 se sentó . . y el lugar de David quedó *v*
Job 16.3 ¿tendrán fin las palabras *v*? ¿O qué te
Is. 55.11 no volverá a mí *v*, sino que hará los que
Mr. 12.3; Lc. 20.11 le enviaron con las manos *v*
Lc. 1.53 colmó de bienes, y a los ricos envió *v*

VAGABUNDO *v.* **Ocioso**
Sal. 109.10 anden sus hijos *v*, y mendiguen
Pr. 12.11 sigue a los *v* es falto de entendimiento
    26.10 el que toma a sueldo insensato y *v*

VAGAR *v.* **Errante**
Job 12.24 los hace *vagar* como por un yermo sin
    15.23 *vaga* alrededor tras el pan, diciendo: En
Jer. 14.10 deleitaron en *vagar*, y no dieron reposo
Zac. 10.2 por lo cual el pueblo *vaga* como ovejas
He. 3.10 siempre andan *vagando* en su corazón

VALER
2 S. 18.3 tú ahora *vales* tanto como diez mil de
Job 6.13 que ni aun a mí mismo me puedo *valer*?
Mt. 6.26; 10.31; Lc. 12.7 más *valéis* vosotros que
    muchos pajarillos
Gá. 6.15 en Cristo . . ni la circuncisión *vale* nada

VALIENTE
Jos. 1.6 esfuérzate y sé *v*; porque tú repartirás a
    10.25 Josué les dijo . . sed fuertes y *v*, porque
Jue. 6.12 Jehová está contigo . . esforzado y *v*
1 S. 16.18 sabe tocar, y es *v* y vigoroso y hombre
    18.17 con tal que me seas hombre *v*, y pelees
2 S. 1.19 ha perecido . . ¡cómo han caído los *v*!
    2.7 esfuérzase, pues . . vuestras manos, y sed *v*
    11.16 donde sabía . . estaban los hombres más *v*
    23.8 son los nombres de los *v* que tuvo David
Sal. 33.16 rey . . ni escapa el *v* por la mucha fuerza
Cnt. 3.7 sesenta *v* la rodean, de los fuertes de
Am. 2.14 al fuerte no . . ni el *v* librará su vida
Nah. 2.3 el escudo de sus *v* estará enrojecido, los

VALOR *v.* **Precio**
Job 28.13 no conoce su *v* el hombre, ni se halla en
1 Co. 14.11 pero si yo ignoro el *v* de las palabras
Col. 2.23 no tienen *v* alguno contra los apetitos

VALLADO *v.* **Cercar, Muro, Pared**
Sal. 80.12 ¿por qué aportillaste sus *v*, y la
    89.40 aportillaste todos sus *v*; has destruido
Ec. 10.8 que aportillare *v*, le morderá la serpiente
Is. 5.5 mi viña; le quitaré su *v*, y será consumida
Ez. 22.30 y busqué entre . . hombre que hiciese *v*

VALLE *v.* **Arroyo, Llanura, Monte**
Dt. 21.4 traerán la becerra a un *v* escabroso, que
1 R. 20.28 Dios de los montes, y no Dios de los *v*
Sal. 23.4 aunque ande en *v* de sombra de muerte
Is. 22.1 profecía sobre el *v* de la visión. ¿Qué
    40.4 todo *v* sea alzado, y bájese todo monte
Ez. 37.1 me puso en medio de un *v* . . de huesos
Os. 2.15 y el *v* de Acor por puerta de esperanza
Jl. 3.14 muchos pueblos en el *v* de la decisión
Lc. 3.5 todo *v* se rellenará, y se bajará todo monte

VANAGLORIA *v.* **Jactancia**
Fil. 2.3 nada hagáis por contienda o por *v*; antes
1 Jn. 2.16 la *v* de la vida, no provienen del Padre

VANIDAD
1 S. 12.21 apartéis en pos de *v* que no aprovechan
2 R. 17.15 siguieron la *v*, y se hicieron vanos
Job 15.31 no confíe el iluso en la *v*, porque ella
    35.13 ciertamente Dios no oirá la *v*, ni la
Sal. 4.2 amaréis la *v*, y buscaréis la mentira?
    31.6 aborrezco a los que esperan en *v*
    39.5 es completa *v* todo hombre que vive
    62.9 y son los hijos de los hombres, mentira
    78.33 consumió sus días en *v*, y sus años en
    94.11 Jehová conoce los pensamientos . . son *v*
    119.37 aparta mis ojos, que no vean la *v*
    144.4 el hombre es semejante a la *v*, sus días
Pr. 13.11 las riquezas de *v* disminuirán; pero el
    30.8 *v* y palabra mentirosa aparta de mí; no
Ec. 1.2; 12.8 *v* de *v*, dijo el Predicador; todo es *v*
    1.14; 2.11, 26; 6.9 es *v* y aflicción de espíritu
    4.7 yo me volví otra vez, y vi *v* debajo del sol
    6.11 las muchas palabras multiplican la *v*
    6.12 la vida, todos los días de la vida de su *v*
    11.10 la adolescencia y la juventud son *v*
Is. 5.18 ¡ay de los que traen . . con cuerdas de *v*
    41.29 viento y *v* son sus imágenes fundidas
    44.9 los formadores de imágenes de . . son *v*
    59.4 confían en *v*, y hablan *v*; conciben
Jer. 2.5 se fueron tras la *v* y se hicieron vanos
    3.23 ciertamente *v* son los collados, y el
    10.3 las costumbres de los pueblos son *v*

Jer. 10.15 *v* son, obra vana; al tiempo de su
    51.18 *v* son, obra digna de burla; en el tiempo
Ez. 13.6 vieron *v* y adivinación mentirosa. Dicen
Os. 12.11 *v* han sido; en Gilgal sacrificaron
Hch. 14.15 que de estas *v* os convirtáis al Dios
Ro. 8.20 la creación fue sujetada a *v*, no por su
Ef. 4.17 gentiles, que andan en la *v* de su mente
Tit. 1.10 muchos contumaces, habladores de *v* y

VANO, na *v.* **Inútil, Provecho**
Ex. 20.7; Dt. 5.11 no tomarás el nombre . . en *v*
Dt. 32.47 porque no os es cosa *v*; es vuestra vida
Job 11.11 porque él conoce a los hombres *v*; ve
    27.12 os habéis hecho tan enteramente *v*?
Sal. 2.1 ¿por qué . . los pueblos piensan cosas *v*?
    24.4 el que no ha elevado su alma a cosas *v*
    33.17 *v* para salvarse es el caballo . . fuerza
    60.11; 108.12 *v* es la ayuda de los hombres
Is. 1.13 no me traigáis más *v* ofrenda; el incienso
    30.7 Egipto en *v* e inútilmente dará ayuda
    45.19 no dije a . . de Jacob: En *v* me buscáis
    65.23 no trabajarán en *v*, ni darán a luz para
Jer. 18.12 en *v*; porque en pos de . . ídolos iremos
    23.16 os alimentan con *v* esperanzas; hablan
Lm. 2.14 que te predicaron *v* profecías y extravíos
Ez. 12.24 porque no habrá más visión *v*, ni habrá
    13.7 ¿no habéis visto visión *v*, y no habéis
Mr. 7.7 pues en *v* me honran, enseñando como
Hch. 4.25 ¿por qué . . pueblos piensan cosas *v*?
Ro. 4.14 *v* resulta la fe, y anulada la promesa
1 Co. 1.17 que no se haga *v* la cruz de Cristo
    3.20 pensamientos de los sabios, que son *v*
    15.2 el cual . . sois salvos, si no creísteis en *v*
    15.14 *v* es . . nuestra predicación, *v* es . . fe
    15.58 vuestro trabajo en el Señor no es en *v*
2 Co. 6.1 a que no recibáis en *v* la gracia de Dios
Gá. 2.2 para no correr o haber corrido en *v*
Ef. 5.6 nadie os engañe con palabras *v*, porque
1 Ti. 1.6 algunos, se apartaron a *v* palabrería
    6.20 las profanas pláticas sobre cosas *v*, y los
Stg. 1.26 no refrena su . . la religión del tal es *v*
1 P. 1.18 rescatados de vuestra *v* manera de vivir
2 P. 2.18 hablando palabras . . *v*, seducen con

VAPOR
Gn. 2.6 subía de la tierra un *v*, el cual regaba la
Sal. 148.8 el fuego y el granizo, la nieve y el *v*

VARA *v.* **Bordón, Cetro, Palo**
Gn. 30.37 tomó luego Jacob *v* verdes de álamo
Ex. 4.2 ¿qué . . en tu mano? Y él respondió: Una *v*
    4.20 tomó . . Moisés la *v* de Dios en su mano
    7.10 echó Aarón su *v* delante de Faraón y
Nm. 17.2 toma de . . una *v* por cada casa . . doce *v*
    17.8 la *v* de Aarón de la . . había reverdecido
Jue. 5.14 de Zabulón los que tenían *v* de mando
1 S. 14.27 alargó la punta de una *v* que traía en su
Job 9.34 quite de sobre mí su *v*, y su terror no me
Sal. 2.9 los quebrantarás con *v* de hierro; como
    23.4 tu *v* y tu cayado me infundirán aliento
Pr. 10.13; 26.3 mas la *v* es para las espaldas del
    22.15 y la *v* de la corrección la hará alejar de él
    29.15 la *v* y la corrección dan sabiduría; mas
Is. 9.4 tú quebraste . . yugo, y la *v* de su hombro
    10.5 oh Asiria, *v* y báculo de mi furor, en su
    11.1 saldrá una *v* del tronco de Isaí, y un
Jer. 1.11 ¿qué ves . . dije: Veo una *v* de almendro
    48.17 decid: ¡Cómo se quebró la *v* fuerte, el
Ez. 7.10 ha florecido la *v*, ha reverdecido la
    20.37 haré pasar bajo la *v*, y os haré entrar
1 Co. 4.21 ¿iré a vosotros con *v*, o con amor y
2 Co. 11.25 tres veces he sido azotado con *v*; una
He. 9.4 la *v* de Aarón que reverdeció, y las tablas
Ap. 12.5 un hijo varón; que regirá con *v* de hierro
    19.15 el hará regirá con *v* de hierro; y él pisa

VARÓN *v.* **Hombre, Varón de Dios**
Gn. 1.27 y creó Dios al hombre . . *v* y hembra los
    2.23 ésta será llamada Varona, porque del *v* fue
    17.10 mi pacto . . Será circuncidado todo *v* de
Lv. 18.22 no te echarás con *v* como con mujer
1 S. 13.14 Jehová se ha buscado un *v* conforme a

Is. 13.12 haré más precioso que el oro fino al *v*
Hch. 13.22 a David . . *v* conforme a mi corazón
17.31 juzgará . . por aquel *v* a quien designó
1 Co. 11.8 el *v* no procede de la mujer, sino la
Ap. 12.5 dio a luz un hijo *v*, que regirá con vara

VARÓN DE DIOS
Jos. 14.6 dijo a Moisés, *v* de *D* . . tocante a mí
Jue. 13.6 un *v* de *D* vino a mí, cuyo aspecto era
1 S. 2.27 y vino un *v* de *D* a Elí, y le dijo: Así ha
9.6 hay en esta ciudad un *v* de *D*, que es
1 R. 13.1 que un *v* de *D* . . vino de Judá a Bet-el
17.24 ahora conozco que tú eres *v* de *D*, y que
20.28 vino . . el *v* de *D* al rey de Israel, y le
2 R. 1.10 si yo soy *v* de *D*, descienda fuego del
4.9 éste que siempre pasa por . . es *v* . . de *D*
2 Cr. 25.7 un *v* de *D* vino a él, y le dijo: Rey, no

VARONILMENTE
Nm. 24.18 tomada Seir . . e Israel se portará *v*
1 Co. 16.13 firmes en la . . portaos *v*, y esforzaos

VASIJA *v*. Cántaro, Utensilio, Vaso
Ex. 16.33 toma una *v* y pon en ella un gomer de
1 R. 17.14 ni el aceite de la *v* disminuirá, hasta
2 R. 4.3 vé y pide para ti *v* . . *v* vacías, no pocas
Jer. 18.4 la *v* de barro que él . . la hizo otra *v*
19.1 ve y compra una *v* de barro del alfarero
19.11 como quien quiebra una *v* de barro, que
22.28 ¿es este . . Conías una *v* despreciada *v*?
Mt. 25.4 las prudentes tomaron aceite en sus *v*

VASO *v*. Cáliz, Copa, Utensilio, Vasija
Sal. 31.12 he venido a ser como un *v* quebrado
Dn. 5.2 mandó que trajesen los *v* de oro y de
Mt. 20.22; Mr. 10.38 ¿podéis beber del *v* que yo
23.25; Lc. 11.39 limpiáis lo de fuera del *v* y
Mr. 9.41 que os diere un *v* de agua en mi nombre
Ro. 9.21 un *v* para honra y otro para deshonra?
9.23 los *v* de misericordia que él preparó
1 P. 3.7 honor a la mujer como a *v* más frágil

VÁSTAGO *v*. Renuevo
Is. 11.1 vara . . de Isaí, y un *v* retoñará de sus raíces
14.19 echado eres de tu . . como *v* abominable

VASTI Est. 1.9—2.17.

VECINO *v*. Amigo, Prójimo
Jos. 9.16 eran sus *v*, y que habitaban en medio de
Pr. 25.17 detén tu pie de la casa de tu *v*, no sea
27.10 mejor es *v* cerca que el hermano lejos
Jn. 9.8 los *v*, y los que antes le habían visto que

VEJEZ
Job 5.26 vendrás en la *v* a la sepultura, como la
Sal. 71.9, 18 no me deseches en tiempo de la *v*
92.14 aun en la *v* fructificarán; estarán
Pr. 16.31 corona de honra es la *v* que se halla en
20.29 la hermosura de los ancianos es su *v*
Is. 46.4 y hasta la *v* yo mismo . . os soportaré yo

VELA
Is. 33.23 no afirmaron su . . ni entesaron la *v*
Hch. 27.17 arriaron las *v* y quedaron a la deriva

VELAR *v*. Atalayar, Cuidar, Defender
Sal. 102.7 velo, y soy como el pájaro solitario
127.1 si Jehová no . . en vano *vela* la guardia
Pr. 22.12 los ojos de Jehová *velan* por la ciencia
Cnt. 2.7; 3.5 ni . . hagáis *velar* al amor, hasta que
5.2 yo dormía, pero mi corazón *velaba*
Jer. 39.12 y *vela* por él, y no le hagas mal alguno
Hab. 2.1 *velaré* para ver lo que se me dirá, y qué
Mt. 24.42; 25.13; Mr. 13.33, 35 *velad* . . porque no
sabéis a qué hora
24.43 si . . supiese el . . *velaría*, y no dejaría
26.38; Mr. 14.34 quedaos . . y *velad* conmigo
26.41; Mr. 14.38 *velad* y orad, para que no
Mr. 13.37 lo que . . digo, a todos les digo: *Velad*
14.37 Simón . . ¿no has podido *velar* una hora?
Lc. 2.8 pastores . . que *velaban* y guardaban las
12.37 siervos a los cuales . . halle *velando*
21.36 *velad*, pues, en todo tiempo orando
1 Co. 15.34 *velad* debidamente, y no pequéis
16.13 *velad*, estad firmes en la fe; portaos

Ef. 6.18 *velando* en ello con toda perseverancia
1 Ts. 5.6 los demás, sino *velemos* y seamos sobrios
5.10 ya sea que *velemos*, o que durmamos
He. 13.17 porque ellos *velan* por vuestras almas
1 P. 4.7 sed, pues, sobrios, y *velad* en oración
5.8 sed sobrios, y *velad*; porque vuestro
Ap. 16.15 yo vengo . . Bienaventurado el que *vela*

VELO
Gn. 24.65 ella entonces tomó el *v*, y se cubrió
38.14 se cubrió con un *v*, y se arrebozó, y se
Ex. 26.31 también harás un *v* de azul, púrpura
34.33 Moisés . . puso un *v* sobre su rostro
Lv. 16.2 no . . entre en el santuario detrás del *v*
Mt. 27.51; Mr. 15.38; Lc. 23.45 el *v* del templo se
rasgó en dos
2 Co. 3.14, 15 cuando leen . . queda el mismo *v*
He. 6.19 alma, y que penetra hasta dentro del *v*
9.3 tras el segundo *v* estaba la parte del
10.20 que él nos abrió a través del *v*, esto es

VELLUDO
Gn. 25.25 rubio, y era todo *v* como una pelliza
27.11 he aquí, Esaú mi hermano es hombre *v*

VENCEDOR
Ro. 8.37 somos más que *v* por medio de aquel que

VENCER ↑ Triunfar
Gn. 32.28 has luchado con Dios y . . has *vencido*
1 S. 17.50 así *venció* David al filisteo con honda
1 R. 20.23 nos han *vencido*; mas si peleáremos
Job 32.13 lo *vence* Dios, no el hombre
Jer. 1.19 pelearán contra ti, pero no te *vencerán*
Os. 12.3, 4 con su poder *venció* al ángel; *v*, y
Lc. 11.22 viene otro . . y le *vence*, le quita todas
Jn. 16.33 pero confiad, yo he *vencido* al mundo
Ro. 12.21 no seas *vencido* . . *vence* con el bien el
2 P. 2.19 el que es *vencido* por alguno es hecho
1 Jn. 4.4 sois de Dios, y los habéis *vencido*
5.4 lo que es nacido de Dios, *vence* al mundo
Ap. 2.7 al que *venciere*, le daré a comer del árbol
3.5 el que *venciere* será vestido de . . blancas
3.12 al que *venciere*, yo lo haré columna en
3.21 al que *venciere*, le daré que se siente
5.5 el León . . ha *vencido* para abrir el libro
6.2 corona, y salió *venciendo*, y para *vencer*
12.11 le han *vencido* por medio de la sangre
17.14 pelearán . . y el Cordero los *vencerá*
21.7 el que *venciere* heredará todas las cosas

VENDA
1 R. 20.38 se disfrazó, poniéndose una *v* sobre los
Ez. 13.18 ¡ay de aquellas que cosen *v* mágicas
Jn. 11.44 salió, atadas las manos y los pies con *v*

VENDAR
Is. 30.26 *vendare* Jehová la herida de su pueblo
Os. 6.1 Jehová . . nos curará; hirió, y nos *vendará*
Lc. 22.64 *vendándole* los ojos, le golpeaban el

VENDER *v*. Comprar
Gn. 25.31 *véndeme* en este día tu primogenitura
31.15 como por extrañas, pues que nos *vendió*
37.27 *vendámosle* a los ismaelitas, y no sean
41.56 abrió José todo granero . . *vendía* a los
45.4 soy José . . el que *vendisteis* para Egipto
Lv. 25.23 la tierra no se *venderá* a perpetuidad
25.42 no serán *vendidos* a manera de esclavos
27.28 no se *venderá* ni se . . cosa consagrada
Dt. 15.12 si se *vendiere* a ti tu hermano hebreo
21.14 no la *venderás* por dinero, ni . . esclava
32.30 si su roca no los hubiese *vendido*, o
Jue. 2.14 los *vendió* en manos de sus enemigos de
2 R. 4.7 *vende* el aceite, y paga a tus acreedores
Neh. 5.8 *vendéis* . . hermanos, y serán vendidos a
10.31 pueblos de la tierra trajesen a *vender*
Est. 7.4 hemos sido *vendidos*, yo y mi pueblo, para
Sal. 44.12 has *vendido* a tu pueblo de balde; no
Is. 50.1 que por vuestras maldades sois *vendidos*
52.3 de balde fuisteis *vendidos*; por tanto, sin
Ez. 7.12 el que *vende*, no llore, porque la ira está
Jl. 3.3 *vendieron* las niñas por vino para beber
3.8 *venderé* vuestros hijos y . . a los hijos de

Am. 2.6 *vendieron* por dinero al justo, y al pobre
    8.5 ¿cuándo pasará el mes, y *venderemos* el
Mt. 13.44 *vende* todo lo . . y compra aquel campo
    13.46 y *vendió* todo lo que tenía, y la compró
    18.25 no pudo pagar, ordenó su señor *venderle*
    19.21; Mr. 10.21; Lc. 18.22 *vende* lo que tienes,
    y dalo a los pobres
    21.12; Mr. 11.15; Lc. 19.45 echó fuera a todos
    los que *vendían*
    26.9; Mr. 14.5; Jn. 12.5 podía haberse *vendido*
    a gran precio
Lc. 12.33 *vended* lo que poséeis, y dad limosna
    17.28 de Lot . . *vendían*, plantaban, edificaban
Hch. 2.45 *vendían* sus propiedades y sus bienes
    4.34 *vendían*, y traían el precio de lo vendido
    5.1 Ananías, con Safira . . *vendió* una heredad
    7.9 *vendieron* a José para Egipto; pero Dios
He. 12.16 por . . comida *vendió* su primogenitura

VENDIMIAR *v.* Segar
Sal. 80.12 y la *vendimian* todos los que pasan por
Ap. 14.18 y *vendimia* los racimos de la tierra

VENENO
Job 20.16 *v* de áspides chupará; lo matará lengua
Sal. 58.4 *v* tienen como *v* de serpiente; son como
    140.3; Ro. 3.13 *v* . . hay debajo de sus labios
Stg. 3.8 domar la lengua, que . . llena de *v* mortal

VENERAR *v.* Respetar
Hch. 5.34 Gamaliel . . *venerado* de todo el pueblo
    19.27 de aquella a quien *venera* toda Asia
He. 12.9 nos disciplinaban, y los *venerábamos*

VENGADOR *v.* Sangre
Lv. 26.25 traeré sobre vosotros espada *v*, en
Nm. 35.12 aquellas ciudades para refugiarse del *v*
    35.19 el *v* de la sangre, él dará muerte al
Dt. 19.6 no sea que el *v* de la sangre . . persiga al
Jos. 20.3 os servirán de refugio contra el *v* de la
2 S. 14.11 el *v* de la sangre no aumente el daño
Nah. 1.2 es Dios celoso y *v* . . es *v* y lleno de
Ro. 13.4 *v* para castigar al que hace lo malo
1 Ts. 4.6 el Señor es *v* de todo esto, como ya os

VENGANZA *v.* Paga, Retribución
Dt. 32.35 mía es la *v* y la retribución; a su tiempo
Sal. 94.1 Jehová, Dios de las *v* . . muéstrate
    149.7 ejecutar *v* entre las naciones, y castigo
Is. 34.8 porque es día de *v* de Jehová, año de
    59.17 tomó ropas de *v* por vestidura, y se
    61.2 el año . . y el día de la *v* del Dios nuestro
    63.4 el día de la *v* está en mi corazón, y el
Jer. 50.15 porque es *v* de Jehová. Tomad *v* de ella
    50.28 las nuevas de la . . de la *v* de su templo
    51.6 el tiempo de la *v* de Jehová; le dará su
Mi. 5.15 con ira y con . . haré *v* en las naciones
Nah. 1.2 no tomará *v* dos veces de sus enemigos
Ro. 12.19; He. 10.30 mía es la *v*, yo pagaré, dice

VENGAR *v.* Pagar, Retribuir
Gn. 4.24 si siete veces será *vengado* Caín, Lamec
Lv. 19.18 no te *vengarás*, ni guardarás rencor a
Dt. 32.43 él *vengará* la sangre de sus siervos
Jue. 15.7 dijo . . juro que me *vengaré* de vosotros
1 S. 24.12 entre tú y yo, y *véngueme* de ti Jehová
    25.26 venir a . . *vengarte* por tu propia mano
2 S. 22.48; Sal. 18.47 Dios que *venga* mis agravios
Est. 8.13 aquel día, para *vengarse* de sus enemigos
Pr. 20.22 no digas: Yo me *vengaré*; espera a
Is. 1.24 enemigos, me *vengaré* de mis adversarios
Jer. 5.29 de tal gente no se *vengará* mi alma?
    15.15 visítame, y *véngame* de mis enemigos
Jl. 3.4 ¿queréis *vengaros* . . y si de mí os *vengáis*
Ro. 12.19 no os *venguéis* vosotros mismos, amados
Ap. 6.10 no juzgas y *vengas* nuestra sangre en
    19.2 ha *vengado* la sangre de sus siervos de

VENIDA *v.* Advenimiento, Aparición, Manifestación, Revelación
Mal. 3.2 quién podrá soportar el tiempo de su *v*?
Mt. 24.3 qué señal habrá de tu *v*, y del fin del
    24.27 así será . . la *v* del Hijo del Hombre
1 Co. 15.23 luego los que son de Cristo, en su *v*

1 Ts. 2.19 corona . . lo sois vosotros . . en su *v*?
    4.15 habremos quedado hasta la *v* del Señor
2 Ts. 2.1 con respecto a la *v* de nuestro Señor
2 Ti. 4.8 también a todos los que aman su *v*
Stg. 5.8 paciencia . . la *v* del Señor se acerca
2 P. 1.16 hemos dado a conocer el poder y la *v* de
    3.12 esperando . . la *v* del día de Dios, en el
1 Jn. 2.28 para que en su *v* no nos alejemos de él

VENIR *v.* Acercar, Llegar
Gn. 24.8 si la mujer no quisiere *venir* en pos de
    24.31 le dijo: *Ven*, bendito de Jehová; ¿por
Ex. 2.18 ¿por qué habéis *venido* . . tan temprano?
Nm. 10.29 *ven* con nosotros, y te haremos bien
1 S. 13.11 no *venías* dentro del plazo señalado
    17.45 tú *vienes* a mí con espada y lanza y
2 Cr. 30.8 *venid* a su santuario, el cual él ha
Job 1.6; 2.1 entre los cuales *vino* . . Satanás
Sal. 40.7 entonces dije: He aquí, *vengo*; en el
    50.3 *vendrá* nuestro Dios, y no callará; fuego
    100.2 *venid* ante su presencia con regocijo
    118.26 bendito el que *viene* en el nombre de
Is. 55.1 a todos los sedientos: *Venid* a las aguas
    55.3 inclinad vuestro oído, y *venid* a mí; oíd
    62.11 he aquí *viene* tu Salvador; he aquí su
Dn. 7.13 *venía* uno como un hijo de hombre, que
    10.14 para hacerte saber lo que ha de *venir* a
Am. 4.8 *venían* dos o tres ciudades . . para beber
Hab. 2.3 porque sin duda *vendrá*, no tardará
Mt. 4.19; Mr. 1.17 *venid* en pos de mí, y os haré
    6.10; Lc. 11.2 *venga* tu reino. Hágase tu
    8.9; Lc. 7.8 otro: *Ven*, y *viene*; y a mi siervo
    11.3; Lc. 7.19 ¿eres tú . . que había de *venir*
    11.28 *venid* a mí todos los que . . trabajados
    16.24; Mr. 8.34; Lc. 9.23 si alguno quiere *venir*
    en pos de mí
    19.14; Lc. 18.16 dejad a los niños *venir* a mi
    20.28 como el Hijo del Hombre no *vino* para
    21.5 he aquí, tu Rey *viene* a ti, manso, y
    21.9; 23.39; Lc. 13.35; Jn. 12.13 ¡bendito el
    que *viene* en el nombre del Señor!
    24.5; Mr. 13.6; Lc. 21.8 *vendrán* muchos en mi
    nombre, diciendo: Yo soy el Cristo
    24.42 porque no sabéis a qué hora ha de *venir*
    24.48; Lc. 12.45 mi señor tarda en *venir*
    26.64; Mr. 14.62 y *viniendo* en las nubes del
    27.53 saliendo . . *vinieron* a la santa ciudad
Mr. 13.26; Lc. 21.27 *vendrá* en las nubes con gran
Lc. 3.16 *viene* uno más poderoso que yo, de quien
    12.40 no penséis, el Hijo del Hombre *vendrá*
    17.20 el reino de . . no *vendrá* con advertencia
    18.8 cuando el Hijo del Hombre, ¿hallará fe
Jn. 1.11 suyo *vino*, y los suyos no le recibieron
    1.27 éste es el que *viene* después de mí, el
    1.39 *venid* y ved. Fueron, y vieron donde
    1.46 algo de bueno? Le dijo Felipe: *Ven* y ve
    5.40 no queréis *venir* a mí . . que tengáis vida
    5.43 yo he *venido* en nombre de mi Padre, y
    6.35 el que a mí *viene*, nunca tendrá hambre
    6.37 *vendrá* a mí; y al que a mí *viene*, no le
    6.44 ninguno puede *venir* a mí, si el Padre que
    7.28 no he *venido* de mí mismo, pero el que
    7.34; 8.21 a donde yo estaré . . no podréis *venir*
    7.39 aún no había *venido* el Espíritu Santo
    8.42 yo de Dios he salido, y he *venido*; pues
    10.10 yo he *venido* para que tengan vida, y
    11.43 clamó a gran voz: ¡Lázaro, *ven* fuera!
    14.3 me fuere . . *vendré* otra vez, y os tomaré
    14.6 vida; nadie *viene* al Padre, sino por mí
    14.18 no os dejaré huérfanos; *vendré* a vosotros
    15.22 si yo no hubiera *venido*, ni . . hablado
    16.13 hará saber las cosas que habrán de *venir*
    16.28 salí del Padre, y he *venido* al mundo
    16.32 he aquí la hora *viene*, y ha *venido* ya
    18.37 para esto he *venido* . . dar testimonio a
    21.22 quiero que él quede hasta que yo *venga*
Hch. 1.11 *vendrá* como le habéis visto ir al cielo
    11.13 haz *venir* a Simón, el que tiene por
    21.36 la muchedumbre del pueblo *venía* detrás
1 Co. 11.26 muerte . . anunciáis hasta que él *venga*

1 Co. 16.22 no amare . . sea anatema. El Señor *viene*
1 Ts. 5.2; 2 P. 3.10 día . . *vendrá* así como ladrón
2 Ts. 2.3 porque no *vendrá* sin que antes *venga* la
2 Ti. 4.9 procura *venir* pronto a verme
He. 10.7 he aquí que *vengo*, oh Dios, para hacer
   10.37 el que ha de *venir vendrá*, y no tardará
Ap. 3.11; 22.7, 12 he aquí, yo *vengo* pronto
   22.17 dicen: *Ven*. Y el que oye, diga: *Ven*
   22.20 *vengo* en breve . . Amén; sí, *ven*, Señor

VENTAJA
Job 35.3 porque dijiste: ¿Qué *v* sacaré de ello?
Ro. 3.1 ¿qué *v* tiene, pues, el judío? ¿o de qué
2 Co. 2.11 Satanás no gane *v* . . sobre nosotros

VENTANA
Gn. 6.16 una *v* harás al arca, y la acabarás a un
Jos. 2.15 ella los hizo descender con . . por la *v*
2 R. 7.19 si Jehová hiciese *v* en el cielo, ¿pudiera
Is. 54.12 tus *v* pondré de piedras preciosas, tus
Dn. 6.10 Daniel . . abiertas las *v* de su cámara que
Mal. 3.10 abriré las *v* de los cielos, y derramaré
Hch. 20.9 Eutico . . sentado en la *v*, rendido de

VENTURA *v*. Dicha
Gn. 30.11 dijo Lea: Vino la *v*; y llamó su . . Gad
1 Co. 9.26 de esta manera corro, no como a la *v*

VER *v*. Mirar, Observar
Gn. 1.31 *vio* Dios todo lo que había hecho, y he
   11.5 descendió Jehová para *ver* la ciudad y la
   16.13 tú eres Dios que *ve* . . ¿No he *visto*
   32.30 porque dijo: *Vi* a Dios cara a cara, y
Ex. 3.7 he *visto* la aflicción de mi pueblo que está
   19.21 traspase los límites para *ver* a Jehová
   24.10 *vieron* al Dios de Israel; y había debajo
   33.20 no podrás *ver* mí . . no me *verá* hombre
Nm. 14.23 no *verán* la tierra de la cual juré a
Dt. 3.25 pase yo, te ruego, y *vea* aquella tierra
   34.4 te he permitido *verla* con tus ojos, mas
Jue. 6.22 *viendo* . . Gedeón que era el ángel de
   19.30 jamás se ha hecho ni *visto* tal cosa
1 S. 17.28 que para *ver* la batalla has venido
2 R. 14.8; 2 Cr. 25.17 que nos *veamos* las caras
   20.15; Is. 39.4 decir: ¿Qué *vieron* en tu casa?
Est. 8.6 ¿cómo podré yo *ver* el mal . . mi pueblo?
Job 6.28 ahora . . miradme, y *ved* si digo mentira
   7.8 los ojos de los que me *ven*, no me *verán*
   9.11 él pasará delante de mí, y yo no lo *veré*
   15.17 te mostraré, y te con.aré lo que he *visto*
   19.26 después . . en mi carne he de *ver* a Dios
   22.14 las nubes le rodearon, y no *ve*; y por el
   28.7 la conoció ave, ni ojo de buitre la *vio*
   42.5 te había oído; mas ahora mis ojos te *ven*
Sal. 10.11 ha encubierto su rostro; nunca lo *verá*
   11.4 sus ojos *ven*, sus párpados examinan a
   17.15 cuanto a mí, *veré* tu rostro en justicia
   27.13 si no creyese que *veré* la bondad de
   34.8 gustad, y *ved* que es bueno Jehová
   46.8; 66.5 venid, *ved* las obras de Jehová, que
   71.20 que me has hecho *ver* muchas angustias
   94.9 ¿no oirá? el que formó el ojo, ¿no *verá*?
   115.5; 135.16 hablan; tienen ojos, mas no *ven*
   139.16 mi embrión *vieron* tus ojos, y en tu
Ec. 3.22 he *visto* que no hay cosa mejor para el
   8.17 he *visto* todas las obras de Dios, que el
Is. 6.5 han *visto* mis ojos al Rey, Jehová de los
   6.9 oíd . . *ved* por cierto, mas no comprendáis
   6.10 para que no *vea* con sus ojos, ni oiga con
   29.15 ¿quién nos *ve*, y quién nos conoce?
   40.5 toda carne juntamente la *verá*; porque
   40.9 di a . . Judá: ¡*Ved* aquí el Dios vuestro!
   52.8 *verán* que Jehová vuelve a traer a Sion
   52.10 los confines de . . *verán* la salvación de
   52.15 *verán* lo que nunca les fue contado, y
   53.2 le *veremos*, mas sin atractivo para que
   62.2 entonces *verán* las gentes tu justicia, y
   64.4 ni ojo ha *visto* a Dios fuera de ti, que
   66.8 ¿quién oyó . . *vio* tal cosa? ¿Concebirá la
Jer. 12.3 tú . . me *viste*, y probaste mi corazón para
Hab. 1.3 ¿por qué me haces *ver* iniquidad, y haces
   1.13 muy limpio eres de ojos para *ver* el mal

Hag. 2.3 haya *visto* esta casa . . cómo la *veis* ahora?
Mt. 5.8 de limpio corazón . . ellos *verán* a Dios
   5.16 para que *vean* vuestras buenas obras, y
   6.1 delante de los . . para ser *vistos* de ellos
   11.4; Lc. 7.22 haced saber a Juan las . . *visto*
   11.5; Lc. 7.22 los ciegos *ven*, los cojos andan
   11.7; Lc. 7.24 ¿qué salisteis a *ver* al desierto?
   13.14; Mr. 4.12; Hch. 28.26 *viendo veréis*, y no
   percibiréis
   13.15 para que no *vean* con los ojos, y oigan
   13.17; Lc. 10.24 desearon *ver* lo que *veis*, y no
   16.28; Mr. 9.1; Lc. 9.27 hasta que hayan *visto*
   17.8; Mr. 9.8 a nadie *vieron*, sino a Jesús solo
   22.11 entró el rey para *ver* . . y *vio* allí a un
   25.37 Señor, ¿cuándo te *vimos* hambriento, y
   26.64 desde ahora *veréis* al Hijo del Hombre
   28.6 *ved* el lugar donde fue puesto el Señor
   28.7; Mr. 16.7 va . . a Galilea; allí le *veréis*
Mr. 6.33 muchos los *vieron* ir, y le reconocieron
   8.18 ¿teniendo ojos no *veis*, y teniendo oídos
   8.24 *veo* los hombres como árboles, pero los
Lc. 1.2 enseñaron los que . . *vieron* con sus ojos
   2.30 porque han *visto* mis ojos tu salvación
   3.6 y *verá* toda carne la salvación de Dios
   5.26 decían: Hoy hemos *visto* maravillas
   8.10 para que *viendo*, no *vean*, y oyendo no
   9.9 ¿quién . . es éste . . ? Y procuraba *ver*
   10.18 yo *veía* a Satanás caer del cielo como
   10.32 un levita . . y *viéndole*, pasó de largo
   17.22 desearéis *ver* uno de los días del Hijo
   19.3 procuraba *ver* quién era Jesús, pero no
   21.31 cuando *vedis* que suceden estas cosas
   23.8 Herodes . . tiempo que deseaba *verle*
   24.39 palpad, y *ved*; porque un espíritu no
Jn. 1.18 a Dios nadie le *vio* jamás; el . . Hijo
   1.39 venid y *ved*. Fueron, y *vieron* donde
   1.46 de bueno? Le dijo Felipe: Ven y *ve*
   1.50 crees? Cosas mayores que éstas *verás*
   3.3 no naciere de . . no puede *ver* el reino de
   3.11 y lo que hemos *visto*, testificamos; y no
   5.37 oído su voz, ni habéis *visto* su aspecto
   6.46 no que alguno haya *visto* al Padre, sino
   7.3 tus discípulos *vean* las obras que haces
   8.38 yo hablo lo que he *visto* cerca del Padre
   8.56 de que había de *ver* mi día; y lo *vio*, y
   9.25 que habiendo yo sido ciego, ahora *veo*
   9.37 has *visto*, y el que habla contigo, él es
   9.39 los que no *ven*, *vean*, y los que *ven*, sean
   12.19 ya *veis* que no conseguís nada. Mirad
   12.21 éstos . . Señor, quisiéramos *ver* a Jesús
   12.45 y el que me *ve*, *ve* al que me envió
   14.9 el que me ha *visto* a mí, ha *v* al Padre
   14.19 mundo no me *verá* . . vosotros me *veréis*
   16.16 no me *veréis*; y de nuevo un . . y me *v*
   17.24 que *vean* mi gloria que me has dado
   20.25 si no *viere* en sus manos la señal de los
   20.29 porque me has *visto*, Tomás, creíste
Hch. 1.9 *viéndole* ellos, fue alzado, y le recibió una
   4.14 *viendo* al hombre que había sido sanado
   4.20 dejar de decir lo que hemos *visto* y oído
   7.34 he *visto* la aflicción de mi pueblo que
   9.9 estuvo tres días sin *ver*, y no comió ni
   11.23 cuando llegó, y *vio* la gracia de Dios
   20.25 sé que ninguno de . . *verá* más mi rostro
   22.15 serás testigo . . de lo que has *visto* y oído
Ro. 8.24 la esperanza que se *ve*, no es esperanza
   15.21 nunca les fue anunciado acerca . . *verán*
1 Co. 2.9 cosas que ojo no *vio*, ni oído oyó, ni
   9.1 ¿no he *visto* a Jesús el Señor nuestro?
   13.12 ahora *vemos* por espejo, oscuramente
2 Co. 4.18 las cosas que se *ven* son temporales
He. 11.3 que se *ve* . . fue hecho de lo que no se *veía*
   12.14 santidad, sin la cual nadie . . al Señor
   12.21 tan terrible era lo que se *veía*, que
2 P. 1.16 sino como habiendo *visto* con nuestros
1 Jn. 1.1 lo que hemos *visto* con nuestros ojos
   3.2 a él, porque le *veremos* tal como él es
   4.12 nadie ha *visto* jamás a Dios. Si nos
   4.20 no ama a su hermano a quien ha *visto*
   5.16 si alguno *viere* a su hermano . . pecado

Ap. 1.7 viene . . y todo ojo le *verá*, y los que le
22.8 después que las hube . . *visto*, me postré

VERANO *v.* **Invierno**
Gn. 8.22 no cesarán . . el frío y el calor, el *v* y el
Sal. 74.17 tu . . el *v* y el invierno tú los formaste
Pr. 6.8 prepara en el *v* su comida, y recoge en el
10.5 que recoge en el *v* es hombre entendido
Jer. 8.20 pasó la siega, terminó el *v*, y nosotros
Mt. 24.32; **Lc.** 21.30 sabéis que el *v* está cerca

VERAZ *v.* **Verdad, Verdadero**
Pr. 12.19 el labio *v* permanecerá para siempre
Mr. 12.14 Maestro, sabemos que eres hombre *v*
Jn. 3.33 recibe que . . éste atestigua que Dios es *v*
Ro. 3.4 bien sea Dios *v*, y todo hombre mentiroso
2 **Co.** 6.8 buena fama; como engañadores, pero *v*

VERBO *v.* **Cristo, Jesucristo, Jesús**
Jn. 1.1 en el principio era el *V* . . y el *V* era Dios
1.14 aquel *V* fue hecho carne, y habitó entre
1 **Jn.** 1.1 palparon . . manos tocante al *V* de vida
5.7 Padre, el *V* y el Espíritu Santo; y estos
Ap. 19.13 sangre; y su nombre es: El *V* de Dios

VERDAD *v.* **Fidelidad**
Gn. 32.10 menor soy que . . toda la *v* que has
Ex. 18.21 temerosos de Dios, varones de *v*, que
Dt. 32.4 Dios de *v*, y sin ninguna iniquidad en él
1 **R.** 17.24 la palabra de Jehová es *v* en tu boca
2 **Cr.** 9.5 *v* es lo que había oído en mi tierra
Sal. 25.5 encamíname en tu *v*, y enséñame, porque
40.11 tu misericordia y tu *v* me guarden
43.3 envía tu luz y tu *v*; éstas me guiarán
51.6 he aquí, tú amas la *v* en lo íntimo, y en
60.4 has . . bandera que alcen por causa de la *v*
85.10 la misericordia y la *v* se encontraron
86.11 enséñame . . caminaré yo en tu *v*; afirma
89.24 mi *v* y mi misericordia estarán con él
91.4 estarás seguro; escudo y adarga es su *v*
98.3 acordado de . . de su *v* para con la casa
100.5 Jehová . . su *v* por todas las generaciones
111.7 las obras de sus manos son *v* y juicio
119.30 escogí el camino de la *v*; he puesto
119.86 todos tus mandamientos son *v*; sin
Pr. 8.7 mi boca hablará *v* . . impiedad abominan
12.17 el que habla *v* declara justicia; mas el
20.6 pero hombre de *v* ¿quién lo hallará?
22.21 la certidumbre de las palabras de *v*
23.23 compra la *v*, y no la vendas; la
28.20 hombre de *v* tendrá muchas bendiciones
Is. 25.1 tus consejos antiguos son *v* y firmeza
42.3 caña . . por medio de la *v* traerá justicia
48.1 hacen memoria del Dios . . mas no en *v*
59.14 la *v* tropezó en la plaza, y la equidad
Jer. 4.2 vive Jehová, en *v*, en juicio y en justicia fue
7.28 pereció la *v*, y de la boca de ellos
9.3 no se fortalecieron para la *v* en la tierra
33.6 les revelaré abundancia de paz y de *v*
Dn. 8.12 echó por tierra la *v*, e hizo cuanto quiso
Os. 4.1 porque no hay *v*, ni misericordia, ni
Zac. 7.9 diciendo: Juzgad conforme a la *v*, y haced
8.3 y Jerusalén se llamará Ciudad de la *V*
8.16 hablad *v* cada cual . . juzgad según la *v*
Mt. 22.16 sabemos que eres amante de la *v*, y que
Lc. 1.4 para que conozcas bien la *v* de las cosas
Jn. 1.14 vimos su gloria . . lleno de gracia y de *v*
1.17 y la *v* vinieron por medio de Jesucristo
3.21 el que practica la *v* viene a la luz, para
4.24 en espíritu y en *v* es necesario que adoren
5.33 a Juan, y él dio testimonio de la *v*
8.32 conoceréis la *v*, y la *v* os hará libres
8.40 matarme a mí . . que os he hablado la *v*
8.46 si digo la *v*, ¿por qué vosotros no me
10.41 pero todo lo que Juan dijo de éste, era *v*
14.6 yo soy el camino, y la *v*, y la vida; nadie
16.13 el Espíritu de *v*, él os guiará a toda la *v*
17.17 santifícalos en tu *v*; tu palabra es *v*
18.38 le dijo Pilato: ¿Qué es la *v*? Y cuando
Hch. 26.25 que hablo palabras de *v* y de cordura
Ro. 1.25 cambiaron la *v* de Dios por la mentira
2.2 el juicio de Dios contra los . . es según *v*

Ro. 2.8 ira y enojo a los que . . no obedecen a la *v*
3.7 si por mi mentira la *v* de Dios abundó para
9.1 *v* digo en Cristo, no miento, y mi
1 **Co.** 5.8 sino con panes . . de sinceridad y de *v*
13.6 no . . de la injusticia, mas se goza de la *v*
2 **Co.** 4.2 no . . sino por la manifestación de la *v*
6.7 en palabra de *v*, en poder de Dios, con
7.14 nuestro gloriarnos con Tito resultó *v*
13.8 nada podemos . . contra la *v*, sino por la *v*
Gá. 2.5 para que la *v* del evangelio permaneciese
3.1; 5.7 ¿quién . . para no obedecer a la *v*
4.16 vuestro enemigo, por deciros la *v*?
Ef. 1.13 vosotros, habiendo oído la palabra de *v*
4.15 siguiendo la *v* en amor, crezcamos en
4.21 oído . . conforme a la *v* que está en Jesús
4.25 desechando la mentira, hablad *v* cada uno
5.9 el fruto del Espíritu es en . . justicia y *v*
6.14 firmes, ceñidos vuestros lomos con la *v*
2 **Ts.** 2.12 condenados . . que no creyeron a la *v*
1 **Ti.** 2.4 salvos y vengan al conocimiento de la *v*
2.7 digo *v* . . maestro de los gentiles en fe y *v*
3.15 la iglesia . . columna y baluarte de la *v*
6.5 disputas . . de hombres . . privados de la *v*
2 **Ti.** 3.7 nunca . . llegar al conocimiento de la *v*
3.8 así también éstos resisten a la *v*; hombres
4.4 apartarán de la *v* el oído y se volverán a
He. 10.26 haber recibido el conocimiento de la *v*
Stg. 5.19 si alguno de . . se ha extraviado de la *v*
1 **P.** 1.22 por la obediencia de la *v*, mediante el
2 **P.** 1.12 las sepáis, y estéis confirmados en la *v*
2.2 cuales el camino de la *v* será blasfemado
1 **Jn.** 1.6 si . . mentimos, y no practicamos la *v*
1.8 si decimos que . . la *v* no está en nosotros
2.4 dice . . es mentiroso, y la *v* no está en él
2.21 no os he escrito como si ignorareis la *v*
2.21 porque ninguna mentira procede de la *v*
3.18 no amemos de palabra ni de . . sino . . en *v*
3.19 en esto conocemos que somos de la *v*
4.6 en esto conocemos el espíritu de *v* y el
2 **Jn.** 2 a causa de la *v* que permanece en nosotros
4 he hallado a algunos de . . andando en la *v*
3 **Jn.** 4 gozo . . el oír que mis hijos andan en la *v*

VERDADERO, ra *v.* **Fiel**
2 **Cr.** 15.3 muchos días ha estado Israel sin *v* Dios
Pr. 14.5 el testigo *v* no mentirá; mas el testigo
14.25 el testigo *v* libra las almas, mas el
Jer. 10.10 mas Jehová es el Dios *v* y vivo; él es
14.13 sino que en este lugar os daré paz *v*
Dn. 4.37 todas sus obras son *v*, y sus caminos
Lc. 16.11 si en las . . ¿quién os confiará lo *v*?
Jn. 4.23 la hora viene . . cuando los *v* adoradores
5.31 si . . de mí mismo, mi testimonio no es *v*
7.18 busca la gloria del que le envió, éste es *v*
7.28; 8.26 pero el que me envió es *v*, a quien
8.14 mi testimonio es *v*, porque sé de dónde
8.17 que el testimonio de dos hombres es *v*
17.3 que te conozcan a ti, el único Dios *v*, y a
19.35 su testimonio es *v*; y él sabe que dice
21.24 da . . y sabemos que su testimonio es *v*
Fil. 4.8 todo lo que es *v*, todo lo honesto, todo lo
Tit. 1.13 testimonio es *v*; por tanto, repréndelos
1 **Jn.** 2.8 las tinieblas van pasando, y la luz *v* ya
2.27 la unción misma . . es *v*, y no es mentira
5.20 conocer al . . que es *v*; y estamos en el *v*
3 **Jn.** 12 sabéis que nuestro testimonio es *v*
Ap. 3.7 esto dice el Santo, el *V*, el que tiene la llave
3.14 el Amén, el testigo fiel y *v*, el principio
6.10 ¿hasta cuándo, Señor santo y *v*, no juzgas
16.7 Señor Dios . . tus juicios son *v* y justos
19.11 el que lo montaba se llamaba Fiel y *V*
21.5; 22.6 estas palabras son fieles y *v*

VERDE
Jue. 16.7 si me ataren con siete mimbres *v* que aún
Lc. 23.31 si en el árbol *v* hacen estas cosas, en el

VEREDA *v.* **Calzada, Camino, Senda**
Pr. 4.14 no entres por la *v* de los impíos, ni vayas
5.21 ojos de Jehová . . él considera todas sus *v*

VERGONZOSO, sa
Jer. 6.10 que la palabra de Jehová les es cosa *v*

Ro. 1.26 por esto Dios los entregó a pasiones *v*
    1.27 cometiendo hechos *v* hombres con
1 Co. 11.6 si le es *v* . . mujer cortarse el cabello
2 Co. 4.2 antes bien renunciamos a lo oculto y *v*
Ef. 5.12 *v* es aun hablar de lo que ellos hacen en

VERGÜENZA *v.* Desnudez, Ignominia
Sal. 44.15 cada día mi *v* está delante de mí, y la
Pr. 19.26 roba a su padre . . es hijo que causa *v*
Is. 3.17 Señor raerá . . y Jehová descubrirá sus *v*
    47.3 será tu *v* descubierta, y tu deshonra
    54.4 que te olvidarás de la *v* de tu juventud
Lm. 1.8 han menospreciado, porque vieron su *v*
Ez. 7.18 en todo rostro habrá *v*, y todas sus
Dn. 12.2 y otros para *v* y confusión perpetua
Sof. 3.5 justo . . pero el perverso no conoce la *v*
Lc. 14.9 comiences con *v* a ocupar el último
    16.3 cavar, no puedo; mendigar, me da *v*
1 Co. 15.34 no conocen . . para *v* vuestra lo digo
Fil. 3.19 y cuya gloria es su *v*; que sólo piensan
Jud. 13 ondas del mar, que espuman su propia *v*
Ap. 3.18 que no se descubra la *v* de tu desnudez

VESTIDO, da *v.* Ropa, Vestidura
Gn. 27.15 tomó Rebeca los *v* de Esaú su hijo
Ex. 22.26 tomares en prenda el *v* de tu prójimo
Lv. 13.47 cuando en un *v* hubiere plaga de lepra
    19.19 no te pondrás *v* con mezcla de hilos
Dt. 8.4; 29.5 tu *v* nunca se envejeció sobre ti, ni
Jos. 9.5 con *v* viejos sobre sí; y todo el pan que
Jue. 14.12 os daré 30 *v* de lino y 30 *v* de fiesta
1 S. 19.24 se despojó de sus *v*, y profetizó
2 S. 10.4 les cortó los *v* por la mitad hasta las
2 R. 5.26 ¿es tiempo de tomar . . *v*, olivares
    7.15 que todo el camino estaba lleno de *v* y
Est. 6.11 Amán tomó el *v* y el caballo, y vistió
Job 13.28 mi cuerpo . . como *v* que roe la polilla
    31.19 si he visto que pereciera alguno sin *v*
Sal. 22.18 repartieron entre sí mis *v*, y sobre mi
    45.8 mirra, áloe y casia exhalan todos tus *v*
    45.13 hija del rey . . brocado de oro es su *v*
Pr. 27.26 corderos son para tus *v*, y los cabritos
Ec. 9.8 en todo tiempo sean blancos tus *v*, y
Is. 63.3 su sangre salpicó mis *v*, y manché toda
Mi. 2.8 de sobre el *v* quitasteis las capas . . a los
Mt. 3.4; Mr. 1.6 Juan estaba *v* de pelo de camello
    6.25; Lc. 12.23 ¿no es . . cuerpo más que el *v*?
    6.28 por el *v*, ¿por qué os afanáis? . . lirios
    9.16; Mr. 2.21 remiendo de . . nuevo en *v* viejo
    17.2; Mr. 9.3; Lc. 9.29 *v* se hicieron blancos
    22.12 ¿cómo entraste . . sin estar *v* de boda?
    27.31; Mr. 15.20 le pusieron sus *v*, y le llevaron
    27.35; Mr. 15.24; Lc. 23.34; Jn. 19.24 re-
    partieron entre sí sus *v*
Mr. 5.15; Lc. 8.35 sentado, *v* y en su juicio cabal
Lc. 5.36 pedazo de un *v* nuevo . . en un *v* viejo
    15.22 sacad el mejor *v*, y vestidle; y poned
Jn. 19.23 tomaron sus *v*, e hicieron cuatro partes
Hch. 9.39 mostrando . . los *v* que Dorcas hacía
    12.21 Herodes, *v* de ropas reales, se sentó en
He. 1.12 y como un *v* los envolverás, y serán
1 P. 3.3 no sea . . de adornos de oro o de *v* lujosos
Ap. 7.13 estos que están *v* de ropas blancas
    17.4 mujer estaba *v* de púrpura y escarlata

VESTIDURA *v.* Ropa, Vestido
Ex. 28.2 harás *v* sagradas a Aarón tu hermano
    29.29 *v* santas . . de Aarón, serán de sus hijos
Nm. 20.28 Moisés desnudó a Aarón de su *v*, y se
Sal. 104.2 el que se cubre de luz como de *v*, que
Pr. 31.25 fuerza y honor son su *v*; y se ríe de lo
Zac. 3.3 y Josué estaba vestido de *v* viles, y estaba
Mt. 11.8; Lc. 7.25 ¿a un hombre cubierto de *v*
    26.65; Mr. 14.63 sumo sacerdote rasgó sus *v*
Lc. 24.4 a ellas dos varones con *v* resplandecientes
He. 1.11 todos ellos se envejecerán como una *v*
Ap. 3.4 personas . . que no han manchado sus *v*
    3.5 el que venciere será vestido de *v* blancas
    3.18 de mí compres . . *v* blancas para vestirte
    6.11 se les dieron *v* blancas, y se les dijo que

VESTIR *v.* Revestir, Vestido
Dt. 22.5 no *vestirá* la mujer traje de hombre, ni

Job 40.10 y *vístete* de honra y de hermosura
Sal. 65.13 se *visten* de manadas los llanos, y los
    93.1 Jehová reina; se *vistió* . . se *v* . . de poder
Is. 51.9 *vístete* de poder, oh brazo de Jehová
    52.1 *vístete* de poder, oh Sion; *v* tu ropa
Hag. 1.6 os *vestís*, y no os calentáis; y el que
Mt. 6.25; Lc. 12.22 ni por el cuerpo, qué *vestiréis*
    6.29; Lc. 12.27 ni aun Salomón . . se *vistió* así
    6.30; Lc. 12.28 si la hierba . . Dios la *viste* así
Mr. 15.17 le *vistieron* de púrpura, y . . una corona
Lc. 16.19 un hombre . . que se *vestía* de púrpura
Ro. 13.14 sino *vestíos* del Señor Jesucristo, y no
Ef. 6.11 *vestíos* de toda la armadura de Dios
Col. 3.12 *vestíos*, pues, como escogidos de Dios
1 Ts. 5.8 habiéndonos *vestido* con la coraza de
Ap. 19.8 se le ha concedido que se *vista* de lino

VEZ
He. 1.1 Dios, habiendo hablado muchas *v* y de
    7.27 porque esto lo hizo una *v* para siempre
    9.12 entró una *v* para siempre en el Lugar
    9.25 no para ofrecerse muchas *v*, como entra
    9.26 se presentó una *v* para siempre por el
    9.28 también Cristo fue ofrecido una sola *v*
    10.10 la ofrenda . . hecha una *v* para siempre

VIAJE *v.* Camino
Neh. 2.6 el rey . . ¿Cuánto durará tu *v*, y cuándo
Pr. 7.19 el marido no está . . se ha ido a un largo *v*
Lc. 11.6 un amigo mío ha venido a mí de *v*, y no
Ro. 1.10 tenga . . próspero *v* para ir a vosotros

VIANDA *v.* Alimento, Comida
1 Co. 3.2 os di a beber leche, y no *v*; porque aún
    6.13 las *v* para el . . y el vientre para las *v*
He. 13.9 no con *v*, que nunca aprovecharon a los

VÍBORA *v.* Culebra, Serpiente
Job 20.16 veneno de . . lo matará lengua de *v*
Is. 11.8 niño . . su mano sobre la caverna de la *v*
Mt. 3.7; 12.34; 23.33; Lc. 3.7 ¡generación de *v*!
Hch. 28.3 una *v*, huyendo del calor, se le prendió

VÍCTIMA *v.* Holocausto, Sacrificio
Ex. 12.27 es la *v* de la pascua de Jehová, el cual
Ez. 39.17 de todas partes a mi *v* que sacrifico

VICTORIA *v.* Triunfo
2 S. 8.6; 1 Cr. 18.6 Jehová dio la *v* a David por
    19.2 se volvió aquel día la *v* en luto para
    23.10 aquel día Jehová dio una gran *v*, y se
Sal. 144.10 tú, el que da *v* a los reyes, el que
Pr. 21.31 el caballo . . Jehová es el que da la *v*
    24.6 en la multitud de consejeros está la *v*
1 Co. 15.54 escrita: Sorbida es la muerte en *v*
    15.55 tu aguijón? ¿Dónde, oh sepulcro, tu *v*?
    15.57 da la *v* por medio de nuestro Señor
1 Jn. 5.4 esta es la *v* que ha vencido al mundo
Ap. 15.2 habían alcanzado la *v* sobre la bestia

VID *v.* Viña
Gn. 40.9 yo soñaba que veía una *v* delante de mí
Dt. 8.8 tierra de trigo y cebada, de *v*, higueras
Jue. 9.12 dijeron luego los árboles a la *v*: Pues
Sal. 80.8 hiciste venir una *v* de Egipto; echaste
    128.3 tu mujer será como *v* que lleva fruto
Cnt. 2.13 sus higos, y las *v* en cierne dieron olor
Is. .5.2 despedregado y plantado de *v* escogidas
Jer. 2.21 planté de *v* escogida, simiente verdadera
Ez. 15.2 ¿qué es la madera de la *v* más que
    17.6 brotó, y se hizo una *v* de mucho ramaje
    19.10 tu madre fue como una *v* en medio de
Jl. 1.7 asoló mi *v*, y descortezó mi higuera; del
Mi. 4.4 se sentará cada uno debajo de su *v* y
Hab. 3.17 no florezca, ni en las *v* haya frutos
Zac. 3.10 convidará a su . . debajo de su *v* y
Mt. 26.29; Mr. 14.25; Lc. 22.18 no beberé más de
    este fruto de la *v*
Jn. 15.1 yo soy la *v* verdadera, y mi Padre es el

VIDA *v.* Inmortalidad, Resurrección, Sangre,
    Vida Eterna
Gn. 2.7 Dios . . sopló en su nariz aliento de *v*
    2.9 el árbol de vida en medio del huerto, y el

Gn. 44.30 como su *v* está ligada a la *v* de él
Lv. 17.11 la *v* de la carne en la sangre está, y yo
Dt. 12.23 la sangre es la *v*, y no comerás la *v*
30.15 he puesto delante de ti hoy la *v* y el
30.20 es *v* para ti, y prolongación de tus días
Jos. 2.13 salvaréis la *v* a mi padre y a mí madre
1 S. 2.6 Jehová mata, y él da *v*; él hace
Job 2.4 todo lo que el hombre tiene dará por su *v*
2.6 él está en tu mano; mas guarda su *v*
3.23 ¿por qué se da *v* al hombre que no sabe
7.1 ¿no es acaso brega la *v* del hombre sobre
7.7 acuérdate que mi *v* es un soplo y que
10.1 está mi alma hastiada de mi *v*; daré
11.17 la *v* será más clara que el mediodía
33.4 y el soplo del Omnipotente me dio *v*
36.6 no otorgará *v* al impío, pero a los
Sal. 16.11 me mostrarás la senda de la *v*; en tu
21.4 la *v* te demandó, y se la diste; largura de
30.3 me diste *v*, para que no descendiese a la
34.12 ¿quién es el hombre que desea *v*, que
63.3 porque mejor es tu misericordia que la *v*
64.1 voz . . guarda mi *v* del temor del enemigo
71.20 tú, que . . volverás a darme *v*, y de nuevo
85.6 ¿no volverás a darnos *v*, para que tu
103.4 el que rescata del hoyo tu *v*, el que te
Pr. 3.22 serán *v* a tu alma, y gracia a tu cuello
4.22 son *v* a los que las hallan, y medicina
4.23 guarda tu corazón . . de él mana la *v*
6.23 y camino de *v* las represiones que te
8.35 porque el que me halla, hallará la *v*
11.19 como la justicia conduce a la *v*, así
12.28 en el camino de la justicia está la *v*
14.27 el temor de Jehová es manantial de *v*
14.30 el corazón apacible es *v* de la carne
18.21 la muerte y la *v* están en poder de la
19.23 el temor de Jehová es para *v*, y con él
Ec. 2.17 aborrecí, por tanto, la *v*; porque la obra
7.12 la sabiduría . . da *v* a sus poseedores
Is. 53.12 cuanto derramó su *v* hasta la muerte
Jer. 21.8 pongo delante . . camino de *v* y camino
Lm. 3.58 abogaste, Señor . . alma; redimiste mi *v*
Dn. 12.2 después de . . se quitará la *v* al hombre vuestra
12.2 serán despertados, unos para *v* eterna, y
Os. 6.2 dará *v* después de dos días; en el tercer
Jon. 4.3 oh Jehová, te ruego que me quites la *v*
Mt. 6.25; Lc. 12.22 no os afanéis por vuestra *v*
7.14 angosto el camino, que lleva a la *v*
10.39 halla su *v* . . pierde su *v* por causa de
Mr. 8.35; Lc. 9.24; 17.33 que quiera salvar su *v*
9.43 mejor te es entrar en la *v* manco, que
10.45 y para dar su *v* en rescate por muchos
Lc. 12.15 la *v* . . no consiste en la abundancia de
14.26 no aborrece . . su propia *v*, no puede
Jn. 1.4 en él estaba la *v*, y la *v* era la luz de los
5.21 también el Hijo a los que quiere da *v*
5.24 el que oye . . ha pasado de muerte a *v*
5.26 como el Padre tiene *v* en sí mismo, así
6.35 Jesús les dijo: Yo soy el pan de *v*; el que
6.53 si no . . bebéis su sangre, no tenéis *v* en
8.12 el que me sigue . . tendrá la luz de la *v*
10.10 yo he venido para que tengan *v*, y para
10.11 el buen pastor su *v* da por las ovejas
10.15 al Padre; y pongo mi *v* por las ovejas
10.17 me ama el Padre, porque yo pongo mi *v*
11.25 yo soy la resurrección y la *v*; el que cree
12.25 aborrece su *v* . . para *v* eterna la guardará
13.37 ¿por qué no te puedo . . *v* pondré por ti
15.13 este, que uno ponga su *v* por sus amigos
20.31 que creyendo, tengáis *v* en su nombre
Hch. 7.38 que recibió palabras de *v* para darnos
11.18 ha dado Dios arrepentimiento para *v*
15.26 que han expuesto su *v* por el nombre
17.25 él es quien da a todos *v* y aliento y
20.24 ni estimo preciosa mi *v* para mí mismo
Ro. 5.10 reconciliados, seremos salvos por su *v*
5.17 mucho más reinarán en *v* por uno solo
6.4 así también nosotros andemos en *v* nueva
7.10 el mismo mandamiento que era para *v*
8.6 pero ocuparse del Espíritu es *v* y paz
16.4 expusieron **su** *v* por mí; a los cuales no

1 Co. 15.19 si en esta *v* . . esperamos en Cristo
2 Co. 2.16 muerte, y a aquéllos olor de *v* para *v*
4.10 también la *v* de Jesús se manifieste en
4.12 la muerte actúa en . . y en vosotros la *v*
5.4 para que lo mortal sea absorbido por la *v*
Ef. 2.5 nos dio *v* juntamente con Cristo (por
4.18 ajenos de la *v* de Dios por la ignorancia
6.3 para que . . seas de larga *v* sobre la tierra
Fil. 1.20 magnificado . . o por *v* o por muerte
4.3 cuyos nombres están en el libro de la *v*
Col. 2.13 a vosotros . . os dio *v* juntamente con él
3.3 vuestra *v* está escondida con Cristo en
3.4 cuando Cristo, vuestra *v*, se manifieste
1 Ti. 4.8 pues tiene promesa de esta *v* presente y
2 Ti. 1.10 sacó a luz la *v* y la inmortalidad por el
Stg. 1.12 recibirá la corona de *v*, que Dios ha
4.14 ¿qué es vuestra *v*? Ciertamente es
1 P. 3.10 que quiere amar la *v* y ver días buenos
2 P. 1.3 todas las cosas que pertenecen a la *v* y a
1 Jn. 1.2 la *v* fue manifestada, y la hemos visto
3.14 sabemos que hemos pasado de muerte a *v*
3.16 amor, en que él puso su *v* por nosotros
3.16 poner nuestras *v* por los hermanos
5.11 dado *v* eterna; y esta *v* está en su Hijo
5.12 el que tiene al Hijo, tiene la *v*; el que no
5.16 alguno viere . . pedirá, y Dios le dará *v*
Ap. 2.7 le daré a comer del árbol de la *v*, el cual
3.5 no borraré su nombre del libro de la *v*
11.11 entró en ellos el espíritu de *v* enviado
12.11 menospreciaron sus *v* hasta la muerte
21.6 le daré . . de la fuente del agua de la *v*
22.1 me mostró un río limpio de agua de *v*
22.2 en medio de la calle . . el árbol de la *v*
22.17 tome del agua de la *v* gratuitamente

VIDA ETERNA *v*. Inmortalidad, Vida
Mt. 19.16; Mr. 10.17; Lc. 10.25; 18.18 ¿qué bien
haré para tener la *v e*?
19.29 haya dejado casas, o . . heredará la *v e*
25.46 al castigo eterno . . justos a la *v e*
Mr. 10.30; Lc. 18.30 y en el siglo venidero la *v e*
Jn. 3.15, 16 en él cree, no se pierda, mas tenga *v e*
3.36 el que cree en el Hijo tiene *v e*; pero el
4.14 una fuente de agua que salte para *v e*
4.36 el que siega . . recoge fruto para *v e*
5.24 el que . . cree . . tiene *v e*; y no vendrá a
5.39 os parece que en ellas tenéis la *v e*
6.27 sino por la comida que a *v e* permanece
6.40 que ve al Hijo, y cree en él, tenga *v e*
6.47 os digo: El que cree en mí, tiene *v e*
6.54 el que come mi carne, y bebe . . tiene *v e*
6.68 quién iremos? Tú tienes palabras de *v e*
10.28 yo les doy *v e*; y no perecerán jamás
12.25 el que aborrece . . para *v e* la guardará
12.50 y sé que su mandamiento es *v e*
17.2 potestad . . para que dé *v e* a todos los
17.3 y esta es la *v e*: que te conozcan a ti, el
Hch. 13.46 y no os juzgáis dignos de la *v e*, he
13.48 los que estaban ordenados para *v e*
Ro. 2.7 a *v e*, perseverando en bien hacer
5.21 así también la gracia reine . . para *v e*
6.22 la santificación, y como fin, la *v e*
6.23 mas la dádiva de Dios es *v e* en Cristo
Gá. 6.8 que siembra . . del Espíritu segará *v e*
1 Ti. 6.12 batalla de la fe, echa mano de la *v e*
Tit. 1.2 en la esperanza de la *v e*, la cual Dios
1 Jn. 1.2 os anunciamos la *v e*, la cual estaba
2.25 es la promesa que él nos hizo, la *v e*
3.15 ningún homicida tiene *v e* permanente
5.11 Dios nos ha dado *v e*; y esta vida está
5.13 para que sepáis que tenéis *v e*, y para
5.20 es el verdadero Dios, y la *v e*
Jud. 21 esperando la misericordia de . . para *v e*

VIDENTE *v*. Profeta, Sacerdote
1 S. 9.9 vamos al *v* . . profeta . . se le llamaba *v*
9.19 yo soy el *v*; sube delante de mí al lugar
2 S. 24.11; 1 Cr. 21.9 Gad *v* de David
2 Cr. 33.19 escritas en las palabras de los *v*
Is. 30.10 que dicen a los *v*: No veáis; y a los

VIDRIO *v.* Cristal
Ap. 4.6 delante del trono . . como un mar de *v*
15.2 como un mar de *v* mezclado con fuego
21.18 la ciudad era de oro . . semajante al *v*

VIEJO, ja *v.* Anciano
Gn. 18.11 y Abraham y Sara eran *v*, de edad
Job 32.4 porque los otros eran más *v* que él
Is. 65.20 no habrá . . ni *v* que sus días no cumpla
Mt. 9.16; Mr. 2.21 paño nuevo en vestido *v*
Lc. 5.36 pone en un vestido *v*; pues si lo hace
Jn. 3.4 ¿cómo puede un hombre nacer siendo *v*?
21.18 cuando ya seas *v*, extenderás tus manos
Ro. 6.6 que nuestro *v* hombre fue crucificado
2 Co. 5.17 las cosas *v* pasaron; he aquí todas son
Ef. 4.22 despojaos del *v* hombre, que está viciado
Col. 3.9 habiéndoos despojado del *v* hombre con
He. 8.13 al decir: Nuevo pacto, ha dado por *v* al

VIENTO *v.* Tempestad, Torbellino
Gn. 8.1 e hizo pasar Dios un *v* sobre la tierra
Ex. 15.10 soplaste con tu *v*; los cubrió el mar
1 R. 19.11 un . . *v* . . Jehová no estaba en el *v*
Job 1.19 un gran *v* vino del lado del desierto y
28.25 al dar peso al *v*, y poner las aguas por
Sal. 104.4 el que hace a los *v* sus mensajeros, y
135.7 las nubes . . saca de sus depósitos los *v*
147.18 soplará su *v*, y fluirán las aguas
Pr. 11.29 el que turba su casa heredará *v*; y el
25.23 el *v* del norte ahuyenta la lluvia, y el
27.16 contenerla es como refrenar el *v*, o
30.4 ¿quién encerró los *v* en sus puños?
Ec. 11.4 el que al *v* observa, no sembrará; y el
11.5 como tú no sabes cuál es el camino del *v*
Is. 32.2 será . . como escondedero contra el *v*
Jer. 4.11 *v* seco de las alturas del desierto vino a
5.13 antes los profetas serán como *v*, porque
Ez. 1.4 miré, y he aquí venía del norte un *v*
Os. 8.7 porque sembraron *v*, y torbellino segarán
12.1 Efraín se apacienta de *v*, y sigue al solano
13.15 aunque . . vendrá el solano, *v* de Jehová
Am. 4.13 el que forma los montes, y crea el *v*, y
Jon. 1.4 Jehová hizo levantar un gran *v* en el mar
Mt. 7.25 soplaron *v*, y golpearon contra . . casa
8.26; Mr. 4.39; Lc. 8.24 reprendió a los *v* y al
14.24; Mr. 6.48 porque el *v* era contrario
Jn. 3.8 el *v* sopla donde quiere, y oyes su sonido
Hch. 2.2 un estruendo como de un *v* recio que
Ef. 4.14 niños . . llevados por doquiera de todo *v*

VIENTRE *v.* Seno
Nm. 5.21 que tu muslo caiga y que tu *v* se hinche
25.8 los alanceó a ambos . . la mujer por su *v*
Jue. 3.21 tomó el puñal . . y se le metió por el *v*
Sal. 139.13 tú me hiciste en el *v* de mi madre
Pr. 18.20 del fruto de la boca . . se llenará su *v*
Is. 49.1 Jehová me llamó desde el *v*, desde las
Jer. 20.17 porque no me mató en el *v*, y mi madre
Jon. 1.17; Mt. 12.40 estuvo Jonás en el *v* del pez
Mt. 15.17 que todo lo que entra en la boca va al *v*
Mr. 7.19 no entra en su corazón, sino en el *v*
Lc. 1.42 bendita tú . . y bendito el fruto de tu *v*
11.27 bienaventurado el *v* que te trajo, y los
15.16 deseaba llenar su *v* de las algarrobas
Jn. 3.4 ¿puede acaso entrar . . en el *v* de su madre
Ro. 16.18 no sirven . . sino a sus propios *v*, y con
1 Co. 6.13 las viandas para el *v*, y el *v* para las
Fil. 3.19 cuyo dios es el *v*, y cuya gloria es su
Ap. 10.9 te amagará el *v*, pero en tu boca será

VIGA
Mt. 7.3; Lc. 6.41 y no echas de ver la *v* que está

VIGILIA
Sal. 90.4 son como . . una de las *v* de la noche
Lc. 2.8 y guardaban las *v* de la noche sobre su
12.38 aunque venga a la segunda *v* . . tercera *v*

VIGOR *v.* Fuerza
Sal. 38.10 me ha dejado mi *v*, y aun la luz de mis
Pr. 24.5 es fuerte, y de pujante *v* el hombre docto
Is. 58.11 dará *v* a tus huesos; y serás como huerto

VIL *v.* Bajo, Despreciable
2 S. 6.22 aun me haré más *v* que esta vez, y seré
Job 18.3 ¿por qué . . a vuestros ojos somos *v*?
30.8 hijos de *v*, y hombres sin nombre, más
40.4 aquí que yo soy *v*; ¿qué te responderé?
Sal. 15.4 a cuyos ojos el *v* es menospreciado
Jer. 15.19 si entresacares lo precioso de lo *v*
Nah. 1.14 allí pondré tu sepulcro, porque fuiste *v*
Mal. 2.9 yo también os he hecho *v* y bajos ante
1 Co. 1.28 lo *v* del mundo y lo menospreciado
2 Ti. 2.20 usos honrosos, y otros para usos *v*

VILEZA *v.* Maldad, Perversidad
Gn. 34.7 hizo *v* en Israel acostándose con la hija
Dt. 22.21 morirá, por cuanto hizo *v* en Israel
2 S. 13.12 no se debe hacer así . . No hagas tal *v*
Sal. 12.8 cuando la *v* es exaltada entre los hijos
Is. 5.7 esperaba juicio, y he aquí *v*; justicia, y he

VINAGRE
Nm. 6.3 no beberá *v* de vino, ni *v* de sidra, ni
Sal. 69.21 hiel . . en mi sed me dieron a beber *v*
Pr. 10.26 como el *v* a los dientes, y como el humo
25.20 como . . el que sobre el jabón echa *v*
Mt. 27.34 le dieron a beber *v* mezclado con hiel
27.48; Mr. 15.36; Jn. 19.29 tomó una esponja,
y la empapó de *v*
Lc. 23.36 acercándose y presentándole *v*

VINDICACIÓN *v.* Retribución, Venganza
Sal. 17.2 de tu presencia proceda mi *v*; vean tus
2 Co. 7.11 qué ardiente afecto, qué celo, y qué *v*!

VINO *v.* Beber, Ebrio, Sidra
Lv. 10.9 tú, y tus hijos . . no beberéis *v* ni sidra
Nm. 6.3 se abstendrá de *v* y de sidra; no beberá
Jue. 13.4 ahora, pues, no bebas *v* ni sidra, ni
Sal. 104.15 el *v* que alegra el corazón del hombre
Pr. 20.1 el *v* es escarnecedor, la sidra alborotadora
21.17 y el que ama el *v* y . . no enriquecerá
23.30 para los que se detienen mucho en el *v*
23.31 no mires al *v* cuando rojea, cuando
31.6 dad . . el *v* a los de amargado ánimo
Cnt. 1.2 porque mejores son tus amores que el *v*
Is. 1.22 escorias, tu *v* está mezclado con agua
5.11 ¡ay de los . . hasta que el *v* los enciende!
28.7 también éstos erraron con el *v*, y con
29.9 embriagaos, y no de *v*; tambalead, y no
Jer. 35.6 ellos dijeron: No beberemos *v*; porque
Ez. 44.21 ninguno de los sacerdotes beberá *v*
Dn. 1.8 no contaminarse . . con el *v* que bebía
Os. 4.11 fornicación, y *v* y mosto quitan el juicio
Am. 6.6 beben *v* en tazones, y se ungen con los
Mi. 2.11 te profetizaré de *v* y de sidra; este tal
Hab. 2.5 el que es dado al *v* es traicionero
Sof. 1.12 reposan tranquilos como el *v* asentado
Mt. 9.17; Mr. 2.22; Lc. 5.37 ni echan *v* nuevo en
odres viejos
Mr. 15.23 le dieron a beber *v* mezclado con mirra
Lc. 1.15 no beberá *v* ni sidra, y será lleno del
10.34 sus heridas, echándoles aceite y *v*
Jn. 2.3 faltando el *v*, la madre . . dijo: No tienen *v*
1 Ti. 3.3; Tit. 1.7 no dado al *v*, no pendenciero
5.23 un poco de *v* por causa de tu estómago
Tit. 2.3 no esclavas del *v*, maestras del bien

VIÑA *v.* Vid
Gn. 9.20 después comenzó Noé . . y plantó una *v*
Dt. 23.24 en la *v* de tu prójimo, podrás comer uvas
28.30 ella; plantarás *v*, y no la disfrutarás
Jue. 14.5 cuando llegaron a las *v* de Timnat, he
Sal. 78.47 sus *v* destruyó con granizo, y sus
Pr. 24.30 la *v* del hombre falto de entendimiento
Cnt. 1.6 a guardar las *v*; y mi . . mía no guardé
2.15 echan a perder las *v*; y están en cierne
Is. 5.1 cantaré . . el cantar de mi amado a su *v*
5.7 la *v* de Jehová . . es la casa de Israel
27.2 día cantad acerca de la *v* del vino rojo
36.16 coma cada uno de su *v*, y cada uno de
65.21 plantarán *v*, y comerán el fruto de ellas
Os. 10.1 Israel una frondosa *v*, que da . . fruto
Am. 9.14 plantarán *v*, y beberán el vino de ellas
Mt. 20.1 salió . . a contratar obreros para su *v*

Mt. 21.28 le dijo: Hijo, vé hoy a trabajar en mi *v*
  21.33; Mr. 12.1; Lc. 20.9 plantó una *v*, la cercó
Lc. 13.6 un hombre una higuera plantada en su *v*
1 Co. 9.7 ¿quién planta *v* y no come de su fruto?
Ap. 14.19 el ángel . . vendimió la *v* de la tierra

VIOLAR *v*. **Quebrantar**
Gn. 17.14 será cortada de . . ha *violado* mi pacto
Lm. 5.11 *violaron* a las mujeres en Sion, a las
He. 10.28 el que *viola* la ley de Moisés, por el

VIOLENCIA *v*. **Fuerza**
Gn. 6.11 corrompió . . estaba la tierra llena de *v*
Esd. 4.23 y les hicieron cesar con poder y *v*
Job 35.9 a causa de la multitud de las *v* claman
Sal. 55.9 porque he visto *v* y rencilla en la ciudad
  58.2 hacéis pesar la *v* de vuestras manos en la
  62.10 no confiéis en la *v*, ni en la rapiña; no
  72.14 de engaño y de *v* redimirá sus almas
  73.6 la soberbia . . se cubren de vestido de *v*
  74.20 tierra están llenos de habitaciones de *v*
  119.134 líbrame de la *v* de los hombres
Pr. 10.6 pero *v* cubrirá la boca de los impíos
Ec. 4.1 todas las *v* que se hacen debajo del sol
Is. 3.5 y el pueblo se hará *v* unos a otros, cada
  30.12 confiasteis en *v* y en iniquidad, y en
  60.18 nunca más se oirá en tu tierra *v* . . ni
Jer. 6.6 ciudad que ha de ser castigada . . llena de *v*
  51.46 habrá *v* en la tierra, dominador contra
Ez. 7.11 la *v* se ha levantado en vara de maldad
Hab. 1.3 destrucción y *v* están delante de mí
Mt. 11.12 el reino de los cielos sufre *v*, y los
Hch. 5.26 y los trajo sin *v*, porque temían ser
  21.35 era llevado en peso . . a causa de la *v*
  27.41 y la popa se abría con la *v* del mar

VIOLENTO, ta *v*. **Iracundo**
2 S. 22.49; Sal. 18.48 me libraste del varón *v*
Sal. 57.4 me he guardado de las sendas de los *v*
  54.3 contra mí, y hombres *v* buscan mi vida
  71.4 líbrame . . de la mano del perverso y *v*
  140.1 líbrame, oh . . guárdame de hombres *v*
Is. 19.4 señor duro, y rey *v* se enseñoreará de ellos
Mal. 3.13 vuestras palabras contra mí han sido *v*

VIRGEN *v*. **Doncella, Joven**
Lv. 21.14 tomará de su pueblo una *v* por mujer
Dt. 22.17 diciendo: No he hallado *v* a tu hija
1 R. 1.2 busquen para mi señor el rey una joven *v*
Est. 2.2 busquen para el rey jóvenes *v* de buen
Job 31.1 ¿cómo, pues, había yo de mirar a una *v*?
Is. 7.14 he aquí que la *v* concebirá, y dará a luz
  62.5 pues como el joven se desposa con la *v*
Jer. 2.32 ¿se olvida la *v* de su atavío, o la
  14.17 es quebrantada la *v* hija de mi pueblo
Lm. 2.13 ¿a quién te comparé . . oh *v* hija de
Am. 5.2 cayó la *v* . . no podrá levantarse ya más
Mt. 1.23 una *v* concebirá y dará a luz un hijo
  25.1 el reino de los . . será semejante a diez *v*
Lc. 1.27 a una *v* desposada con un varón que se
1 Co. 7.25 cuanto a las *v* no tengo mandamiento
  7.36 es impropio para su hija *v* que pase ya
2 Co. 11.2 presentaros como una *v* pura a Cristo
Ap. 14.4 que no se contaminaron . . pues son *v*

VIRTUD
Ex. 18.21 escoge tú de entre . . varones de *v*
Fil. 4.8 si hay *v* alguna, si algo digno de alabanza
2 P. 1.5 añadid a . . fe *v*; a la *v*, conocimiento

VIRTUOSA
Rt. 3.11 toda la gente de . . sabe que eres mujer *v*
Pr. 12.4 la mujer *v* es corona de su marido; mas
  31.10 mujer *v*, ¿quién la hallará? porque su

VISIBLE *v*. **Manifiesto**
Ro. 1.20 hacen . . *v* desde la creación del mundo
Col. 1.16 en la tierra, *v* e invisibles; sean tronos

VISIÓN *v*. **Éxtasis, Sueño**
Gn. 15.1 vino la palabra de Jehová a Abram en *v*
  46.2 y habló Dios a Israel en *v* de noche, y
Ex. 3.3 iré yo ahora y veré esta grande *v*, por qué
Nm. 12.6 le apareceré en *v*, en sueños hablaré con
  24.4 dijo . . el que vio la *v* del Omnipotente

1 S. 3.1 escaseaba en . . no había *v* con frecuencia
  3.15 y Samuel temía descubrir la *v* a Eli
2 S. 7.17; 1 Cr. 17.15 conforme . . esta *v*, así habló
2 Cr. 26.5 en los días de Zacarías, entendido en *v*
Job 4.13 en imaginaciones de *v* nocturnas, cuando
  7.14 asustas con sueños, y me aterras con *v*
  33.15 *v* nocturna, cuando el sueño cae sobre
Sal. 89.19 hablaste en *v* a tu santo, y dijiste
Is. 1.1 *v* de Isaías hijo de Amoz, la cual vio en
  29.11 os será toda *v* como palabras de libro
Jer. 23.16 hablan *v* de su propio corazón, no de la
Lm. 2.9 profetas tampoco hallaron *v* de Jehová
Ez. 1.1 los cielos se abrieron, y vi *v* de Dios
  8.3 me llevó en *v* de Dios a Jerusalén, a la
  11.24 me levantó el Espíritu . . a llevar en *v*
  12.22 van . . los días, y desaparecerá toda *v*?
  40.2 en *v* de . . me llevó a la tierra de Israel
Dn. 1.17 Daniel tuvo entendimiento en toda *v*
  2.19 el secreto fue revelado a Daniel en *v* de
  4.5 vi un sueño . . *v* de mi cabeza me turbaron
  7.2 Daniel dijo: Miraba yo en mi *v* de noche
  8.1 en el año tercero . . me apareció una *v*
  8.16 gritó y dijo: Gabriel, enseña a éste la *v*
  8.26 la *v* de . . es verdadera; y tú guarda la *v*
  10.7 yo, Daniel, vi aquella *v*, y no la vieron
Jl. 2.28 soñarán sueños, y vuestros jóvenes verán *v*
Abd. 1 *v* de Abdías. Jehová el Señor ha dicho
Nah. 1.1 libro de la *v* de Nahum de Elcos
Hab. 2.2 escribe la *v*, y decláiala en tablas, para
Mt. 17.9 no digáis a nadie la *v*, hasta que el Hijo
Lc. 1.22 comprendieron que había visto *v* en el
Hch. 2.17 vuestros jóvenes verán *v*, y vuestros
  9.10 a quien el Señor dijo en *v*: Ananías
  10.3 éste vio claramente en una *v*, como a la
  11.5 vi en éxtasis una *v*: algo semejante a un
  12.9 ángel, sino que pensaba que veía una *v*
  16.9 Pablo . . *v* de noche: un varón macedonio
  18.9 el Señor dijo a Pablo en *v* de noche
  26.19 oh rey . . no fui rebelde a la *v* celestial
2 Co. 12.1 pero vendré a las *v* y a las . . del Señor
Ap. 9.17 así vi en *v* los caballos y a sus jinetes

VISITAR *v*. **Castigar**
Gn. 21.1 *visitó* Jehová a Sara, como había dicho
Ex. 20.5; Nm. 14.18; Dt. 5.9 *visita* la maldad de los
  padres sobre los hijos
Rt. 1.6 que Jehová había *visitado* a su pueblo
Job 7.18 lo *visites* todas las mañanas, y todos los
Sal. 8.4 el hijo del hombre . . para que lo *visites*?
  65.9 *visitas* la tierra, y la riegas; en gran
  80.14 mira . . y considera, y *visita* esta viña
  106.4 oh Jehová . . *visítame* con tu salvación
Jer. 29.10 os *visitaré*, y despertaré sobre vosotros
Zac. 11.16 a un pastor que no *visitará* las perdidas
Mt. 25.36 estuve . . enfermo, y me *visitasteis*; en
Lc. 1.68; 7.16 Dios . . ha *visitado* . . a su pueblo
  1.78 que nos *visitó* desde lo alto la aurora
Hch. 15.14 cómo Dios *visitó* por primera vez a
  15.36 volvamos a *visitar* a los hermanos en
He. 2.6 o el hijo del hombre para que le *visites*?

VÍSPERA
Lc. 23.54 era día de la *v* de la pascua, y estaba
Jn. 19.31 por cuanto era la *v* de la pascua, a fin

VISTA
Ec. 6.9 más vale *v* de ojos que deseo que pasa
Mt. 20.34 los ojos, y en seguida recibieron la *v*
Mr. 10.52 seguida recobró la *v*, y seguía a Jesús en el
Lc. 18.41 ¿qué quieres . . Señor, que yo reciba la *v*
2 Co. 5.7 porque por fe andamos, no por *v*

VITUPERAR *v*. **Afrentar, Injuriar, Maldecir**
2 R. 19.22; Is. 37.23 ¿a quién has *vituperado* y
Job 19.3 ya me habéis *vituperado* diez veces; ¿no
Sal. 69.9 los denuestos de los que te *vituperaban*
Mt. 5.11; Lc. 6.22 bienaventurados . . os *vituperen*
Ro. 14.16 no sea, pues, *vituperado* vuestro bien
2 Co. 6.3 que nuestro ministerio no sea *vituperado*
1 P. 4.14 si sois *vituperados* por el nombre

VITUPERIO *v*. **Afrenta**
He. 6.6 crucificando de nuevo . . exponiéndole a *v*

He. 10.33 con *v* y . . fuisteis hechos espectáculo
11.26 teniendo por mayores riquezas el *v* de
11.36 otros experimentaron *v* y azotes, y a
13.13 salgamos, pues, a él . . llevando su *v*

VIUDA *v.* Huérfano
Gn. 38.11 Judá dijo a Tamar su . . Quédate *v* en
Ex. 22.22 a ninguna *v* ni huérfano afligiréis
Dt. 10.18 que hace justicia al huérfano y a la *v*
2 S. 14.5 yo a la verdad soy una mujer *v* y mi
1 R. 17.9 he dado orden allí a una mujer *v* que te
Job 22.9 las *v* enviaste vacías, y los brazos de los
24.3 asno . . y toman en prenda el buey de la *v*
29.13 mí, y al corazón de la *v* yo daba alegría
31.16 si . . e hice desfallecer los ojos de la *v*
Sal. 94.6 a la *v* y al extranjero matan, y a los
109.9 sean sus hijos huérfanos, y su mujer *v*
146.9 guarda . . al huérfano y a la *v* sostiene
Pr. 15.25 Jehová . . afirmará la heredad de la *v*
Is. 1.17 haced justicia al huérfano, amparad a la *v*
Jer. 49.11 yo los criaré; y en mí confiarán tus *v*
Lm. 1.1 la grande entre las . . se ha vuelto como *v*
Zac. 7.10 no oprimáis a la *v*, al huérfano . . pobre
Mt. 23.14; Mr. 12.40; Lc. 20.47 devoráis las casas
de las *v*
Mr. 12.42; Lc. 21.2 vino una *v* pobre, y echó dos
Lc. 2.37 era *v* hacía ochenta y cuatro años; y no
4.26 sino a una mujer *v* en Sarepta de Sidón
7.12 hijo único de su madre, la cual era *v*
18.3 había también . . una *v*, la cual venía a
Hch. 6.1 de que las *v* . . eran desatendidas en la
1 Ti. 5.3 honra a las *v* que en verdad lo son
5.9 sea puesta en la lista sólo la *v* no menor
5.14 quiero, pues, que las *v* jóvenes se casen
Stg. 1.27 visitar a . . y a las *v* en sus tribulaciones
Ap. 18.7 como reina, y no soy *v*, y no veré llanto

VIUDEZ
Is. 47.9 estas dos cosas te vendrán . . orfandad y *v*
54.4 y de la afrenta de tu *v* no tendrás más

VIVIENTE *v.* Ser [sust.], Vivo
Gn. 2.7 Dios formó al hombre . . y fue . . un ser *v*
Jos. 3.10 en esto conoceréis que el Dios *v* está en
Job 33.30 para iluminarlo con la luz de los *v*
Sal. 69.28 sean raídos del libro de los *v*, y no
116.9 andaré delante . . en la tierra de los *v*
Ez. 1.5 y en medio de ella la . . de cuatro seres *v*
Dn. 6.20 Daniel, siervo del Dios *v*, el Dios tuyo
Jn. 6.57 como me envió el Padre *v*, y yo vivo por
1 Co. 15.45 fue hecho el primer . . Adán alma *v*
Ap. 19.4 los cuatro seres *v* se postraron en tierra

VIVIFICAR *v.* Vida, Vida Eterna
Neh. 9.6 tú hiciste . . *vivificas* todas estas cosas
Sal. 119.25 abatida . . *vivifícame* según tu palabra
119.107 *vivifícame* . . conforme a tu palabra
119.149 oye . . *vivifícame* conforme a tu juicio
119.154 redímeme; *vivifícame* con tu palabra
119.156 *vivifícame* conforme a tus juicios
138.7 medio de la angustia, tú me *vivificarás*
143.11 por tu nombre . . Jehová, me *vivificarás*
Os. 14.7 serán *vivificados* como trigo, y florecerán
Ro. 8.11 *vivificará* también vuestros cuerpos
1 Co. 15.22 en Cristo todos serán *vivificados*
2 Co. 3.6 la letra mata, mas el espíritu *vivifica*
Gá. 3.21 porque si la ley dada pudiera *vivificar*

VIVIR *v.* Andar, Conducta
Ex. 33.20 porque no me verá hombre, y *vivirá*
Lv. 18.5 cuales haciendo el hombre, *vivirá* en ellos
Dt. 5.24 Jehová habla al hombre, y éste aún *vive*
8.3 no sólo de pan *vivirá* el hombre, mas de
30.19 escoge, pues, la vida, para que *vivas*
1 S. 10.24 con alegría, diciendo: ¡Viva el rey!
2 S. 16.16 dijo Husai: ¡Viva el rey, *v* el rey!
2 R. 11.12; 2 Cr. 23.11 dijeron: ¡Viva el rey!
Job 7.16 abomino de mi vida; no he de *vivir* para
14.14 si el hombre muriere, ¿volverá a *vivir*?
Sal. 4.8 solo tú, Jehová, me haces *vivir* confiado
69.32 buscad a Dios, y *vivirá* vuestro corazón
104.33 a mi Dios cantaré salmos mientras *viva*
118.17 no moriré, sino que *viviré*, y contaré

Sal. 119.17 haz bien a tu siervo; que *viva*, y guarde
119.175 *viva* mi alma y te alabe, y tus juicios
Pr. 4.4 guarda mis mandamientos, y *vivirás*
9.6 dejad las simplezas, y *vivid*, y andad por
Ec. 6.6 *viviere* mil años dos veces, sin gustar del
Is. 26.19 tus muertos *vivirán*; sus cadáveres
38.19 el que *vive*, éste te dará alabanza
53.10 verá linaje, *vivirá* por largos días, y la
Ez. 3.21 no pecare, de cierto *vivirá*, porque fue
18.9 éste es justo; éste *vivirá*, dice Jehová
18.23 ¿no *vivirá*, si se apartare de sus caminos?
18.27 y apartándose el . . hará *vivir* su alma
20.11, 13 el hombre que los cumpliere *vivirá*
33.13 yo dijere al justo: De cierto *vivirás*, y él
37.3 y me dijo: Hijo de . . *vivirán* estos huesos?
Am. 5.4 así dice Jehová . . Buscadme, y *viviréis*
5.14 buscad lo bueno, y no . . para que *vicáis*
Hab. 2.4 alma . . mas el justo por su fe *vivirá*
Mt. 4.4; Lc. 4.4 no sólo de pan *vivirá* el hombre
9.18 ven y pon tu mano sobre ella, y *vivirá*
Mr. 16.11 cuando oyeron que *vivía*, y que había
Lc. 10.28 le dijo: Bien has . . haz esto, y *vivirás*
20.38 sino de vivos, pues para él todos *viven*
24.5 buscáis entre los muertos al que *vive*?
24.23 de ángeles, quienes dijeron que él *vivía*
Jn. 4.50 Jesús le dijo: Vé, tu hijo *vive*. Y . . creyó
5.25 oirán la voz . . los que la oyeren *vivirán*
6.51 comiere . . este pan, *vivirá* para siempre
11.25 cree en mí, aunque esté muerto, *vivirá*
14.19 porque yo vivo, vosotros . . *viviréis*
Hch. 17.28 en él *vivimos*, y nos movemos, y somos
Ro. 1.17; Gá. 3.11; He. 10.38 el justo por la fe
vivirá
6.2 al pecado, ¿cómo *viviremos* aún en él?
6.8 creemos que también *viviremos* con él
6.10 mas en cuanto *vive*, para Dios *vive*
8.10 el espíritu *vive* a causa de la justicia
10.5 el hombre que haga estas cosas, *vivirá*
14.7 porque ninguno de nosotros *vive* para sí
14.8 pues si *vivimos*, para el Señor *v*; y si
1 Co. 9.14 anuncian el . . que *vivan* del evangelio
15.6 hermanos . . de los cuales muchos *viven*
2 Co. 5.15 que los que *viven*, ya no *vivan* para sí
13.4 aunque fue . . *vive* por el poder de Dios
Gá. 2.20 ya no *vivo* yo, mas *vive* Cristo en mí
2.20 lo que ahora *vivo* . . *vivo* en la fe del
5.25 si *vivimos* por el Espíritu, andemos
Ef. 2.3 entre los cuales . . nosotros *vivimos* en
Fil. 1.21 para mí el *vivir* es Cristo, y el morir es
Col. 2.20 ¿por qué, como si *vivieseis* en el mundo
1 Ts. 4.17 luego nosotros los que *vivimos*, los que
5.10 ya sea que . . *vivamos* juntamente con él
1 Ti. 5.6 se entrega a los . . *viviendo* está muerta
2 Ti. 3.12 los que quieren *vivir* piadosamente en
Tit. 2.12 *vivamos* en este siglo sobria, justa y
He. 7.25 *viviendo* siempre para interceder por
9.17 pues no es válido . . que el testador *vive*
Stg. 4.15 si el Señor quiere, *viviremos* y haremos
1 P. 1.15 santos en toda vuestra manera de *vivir*
2.12 buena vuestra manera de *vivir* entre los
2.24 muertos a los pecados, *vivamos* a la
4.6 pero *vivan* en espíritu según Dios
2 P. 3.11 en santo y piadosa manera de *vivir*?
1 Jn. 4.9 envió a su Hijo . . que *vivamos* por él
Ap. 1.18 *vivo*, y estuve muerto; mas he aquí que *v*
3.1 nombre de que *vives*, y estás muerto
20.4 *vivieron* y reinaron con Cristo mil años

VIVO, va *v.* Ser [sust.], Viviente
Nm. 16.33 descendieron *v* al Seol, y los cubrió la
1 R. 3.25 rey dijo: Partid por medio al niño *v*
Is. 8.19 ¿consultará a los muertos por los *v*?
Jer. 2.13 me dejaron a mí, fuente de agua *v*, y
Zac. 14.8 saldrán de Jerusalén aguas *v*, la mitad
Mt. 22.32; Mr. 12.27; Lc. 20.38 no es Dios de
muertos, sino de *v*
Jn. 4.10 si . . tú le pedirías, y él te daría agua *v*
6.51 yo soy el pan *v* que descendió del cielo
7.38 de su interior correrán ríos de agua *v*
Hch. 1.3 se presentó *v* con muchas pruebas

Hch. 14.15 os convirtáis al Dios *v*, que hizo el
25.19 Jesús . . el que Pablo afirmaba estar *v*
Ro. 6.11 pero *v* para Dios en Cristo Jesús, Señor
6.13 presentaos . . como *v* de entre los muertos
12.1 vuestros cuerpos en sacrificio *v*, santo
1 Ts. 1.9 Dios, para servir al Dios *v* y verdadero
2 Ti. 4.1 que juzgará a los *v* y a los muertos en
He. 4.12 la palabra de Dios es *v* y eficaz, y más
10.20 el camino nuevo y *v* que él nos abrió
1 P. 2.4 acercándoos a él, piedra *v*, desechada
4.5 está preparado para juzgar a los *v* y a los

VOCACIÓN *v*. Elección, Llamamiento
1 Co. 1.26 mirad, hermanos, vuestra *v*, que no
Ef. 4.4 en una misma esperanza de vuestra *v*
2 P. 1.10 hacer firme vuestra *v* y elección; porque

VOLAR
2 S. 22.11; Sal. 18.10 cabalgó sobre un . . y *voló*
Job 39.26 ¿*vuela* el gavilán por tu sabiduría, y
Sal. 55.6 alas . . paloma! *Volaría* yo, y descansaría
Is. 6.2 con dos cubrían sus pies, y con dos *volaban*
6.6 y *voló* hacia mí uno de los serafines
11.14 *volarán* sobre los hombros de los filisteos
60.8 ¿quiénes son éstos que *vuelan* como
Dn. 9.21 Gabriel . . *volando* con presteza, vino a
Os. 9.11 la gloria de Efraín *volará* cual ave, de
Ap. 8.13 oía a un ángel *volar* por en medio del

VOLUNTAD *v*. Deseo, Querer, Voluntad de Dios
Lv. 1.3 su *v* lo ofrecerá a la puerta del tabernáculo
Est. 1.8 que se hiciese según la *v* de cada uno
Sal. 40.8 hacer tu *v*, Dios mío, me ha agradado
143.10 enséñame a hacer tu *v*, porque tú eres
Pr. 14.9 pecado; mas entre los rectos hay buena *v*
Is. 48.14 aquel a quien Jehová amó ejecutará su *v*
53.10 la *v* de Jehová será en su . . prosperada
58.13 si retrajeres . . de hacer tu *v* en mi día
Jer. 15.1 de mí, no estaría mi *v* con este pueblo
Mt. 6.10; Lc. 11.2 hágase tu *v*, como en el cielo
18.14 no es la *v* de vuestro Padre que está en
21.31 ¿cuál de los dos hizo la *v* de su padre?
26.42 copa sin que yo la beba, hágase tu *v*
Lc. 2.14 paz, buena *v* para con los hombres!
12.47 que conociendo*la *v* de su señor, no se
22.42 copa; pero no se haga mi *v*, sino la tuya
Jn. 1.13 ni de *v* de carne, ni de *v* de varón, sino
4.34 mi comida es que haga la *v* del que me
5.30 no busco mi *v*, sino la *v* del que me
6.38 no para hacer mi *v*, sino la *v* del que me
6.39 esta es la *v* del Padre, el que me envió
Hch. 21.14 diciendo: Hágase la *v* del Señor
22.14 te ha escogido para que conozcas su *v*
Ro. 2.18 y conoces su *v*, e instruido por la ley
8.20 sujetada a vanidad, no por su propia *v*
1 Co. 7.37 sino que es dueño de su propia *v*, y ha
16.12 de ninguna manera tuvo *v* de ir por ahora
2 Co. 8.12 si primero hay la *v* dispuesta, será acepta
9.2 pues conozco vuestra buena *v*, de la cual
Ef. 1.9 a conocer el misterio de su *v*, según su
1.11 hace todas . . según el designio de su *v*
2.3 vivimos . . haciendo la *v* de la carne y de
5.17 entendidos de cuál sea la *v* del Señor
6.7 sirviendo de buena *v*, como al Señor y no
He. 10.7 aquí que vengo, oh Dios, para hacer tu *v*
13.21 os haga aptos . . para que hagáis su *v*
Stg. 1.18 él, de su *v*, nos hizo nacer por la palabra
2 P. 1.21 porque nunca la profecía fue traída por *v*
1 Jn. 5.14 si pedimos . . cosa conforme a su *v*
Ap. 4.11 y por tu *v* existen y fueron creadas

VOLUNTAD DE DIOS *v*. Voluntad
Mr. 3.35 todo aquel que hace la *v* de *D*, ése es mi
Jn. 7.17 el que quiere hacer la *v* de *D*, conocerá
Ro. 1.10 tenga al fin, por la *v* de *D*, un próspero
12.2 la buena *v* de *D*, agradable y perfecta
2 Co. 8.5 y luego a nosotros por la *v* de *D*
Ef. 6.6 como . . de corazón haciendo la *v* de *D*
1 Ts. 4.3 pues la *v* de *D* es vuestra santificación
5.18 dad gracias en todo . . esta es la *v* de *D*
He. 10.36 habiendo hecho la *v* de *D*, obtengáis
1 P. 2.15 esta es la *v* de *D*: que haciendo bien

1 P. 3.17 mejor es . . si la *v* de *D* así lo quiere
4.2 no vivir el . . sino conforme a la *v* de *D*
4.19 padecen según la *v* de *D*, encomienden
1 Jn. 2.17 el que hace la *v* de *D* permanece para

VOLUNTARIAMENTE
1 Cr. 29.9 de todo corazón ofrecieron a Jehová *v*
Sal. 110.3 tu pueblo se te ofrecerá *v* en el día de
He. 10.26 si pecáremos *v* después de haber
1 P. 5.2 cuidando de ella, no por fuerza, sino *v*
2 P. 3.5 éstos ignoran *v*, que en el tiempo antiguo

VOLUNTARIO, ria
Lv. 7.16 mas si . . su ofrenda fuere voto, o *v*, será
1 Cr. 28.9 con corazón perfecto y con ánimo *v*
29.5 ¿quién quiere hacer hoy ofrenda *v* a
Esd. 2.68 hicieron ofrendas *v* para la casa de Dios
3.5 además de esto . . toda ofrenda *v* a Jehová
8.28 ofrenda *v* a Jehová Dios de nuestros
Am. 4.5 publicad ofrendas *v* . . que así lo queréis
Flm. 14 no fuese como de necesidad, sino *v*

VOLVER *v*. Convertir, Devolver, Regresar
Gn. 44.34 ¿cómo *volveré* yo a mi padre sin el
Lv. 26.9 me *volveré* a vosotros, y os haré crecer
Nm. 10.36 *vuelve*, oh Jehová, a los millares de
14.4 un capitán, y *volvámonos* a Egipto
Dt. 4.30 los postreros días te *volvieres* a Jehová
Rt. 1.11 Noemí respondió: *Volveos*, hijas mías
1 S. 7.3 si de todo corazón os *volvéis* a Jehová
2 S. 12.23 yo voy a él, mas él no *volverá* a mí
2 R. 17.13 *volveos* de vuestros malos caminos
2 Cr. 30.9 su rostro, si vosotros os *volviereis* a él
Neh. 1.9 si os *volviereis* a mí, y guardaréis mis
Job 1.21 desnudo salí del . . y desnudo *volveré*
7.10 no *volverá* más a su casa, ni su lugar le
10.21 que vaya para no *volver*, a la tierra de
15.22 él no cree que *volverá* de las tinieblas
22.23 si te *volvieres* al Omnipotente, serás
Sal. 22.27 se *volverán* a Jehová todos los confines
51.12 *vuélveme* el gozo de tu salvación, y
60.1 te has airado; ¡*vuélvete* a nosotros!
70.2 sean *vueltos* atrás y avergonzados los
80.14 oh Dios . . *vuelve* ahora; mira desde el
116.7 *vuelve*, oh alma mía, a tu reposo
Pr. 1.23 *volveos* a mi represión; he aquí yo
2.19 los que a ella se lleguen, no *volverán*, ni
Ec. 12.7 y el polvo *vuelva* a la tierra, como era
Cnt. 6.13 *vuélvete*, *v*, oh sulamita; *v*, *v*, y te
Is. 10.21 el remanente *volverá* . . *v* al Dios fuerte
35.10; 51.11 los redimidos de Jehová *volverán*
44.22 *vuélvete* a mí, porque yo te redimí
49.5 para hacer *volver* a él a Jacob y para
55.7 y *vuélvase* a Jehová, el cual tendrá de él
55.11 no *volverá* a mí vacía, sino que hará lo
Jer. 3.12 *vuélvete*, oh rebelde Israel, dice Jehová
4.1 si te *volvieres*, oh Israel . . *vuélvete* a mí
15.7 aventé . . no se *volvieron* de sus caminos
24.7 se *volverán* a mí de todo su corazón
25.5; 35.15; Ez. 33.11 *volveos* ahora de vuestro
mal camino
26.3 se *vuelva* cada uno de su mal camino
31.21 *vuélvete* por el camino . . *vuelve* a estas
33.26 haré *volver* sus cautivos, y tendré de ellos
46.27 *vuélvete* Jacob . . y no habrá . . atemorice
Lm. 3.40 y busquemos, y *volvámonos* a Jehová
5.21 *vuélvenos*, oh Jehová . . y nos *volveremos*
Ez. 14.6 convertíos, y *volveos* de vuestros ídolos
Os. 2.7 dirá: Iré y me *volveré* a mi primer marido
5.15 andaré y *volveré* a mi lugar, hasta que
6.1 venid y *volvamos* a Jehová . . nos curará
12.6 *vuélvete* a tu Dios; guarda misericordia
Am. 4.8 todo, no os *volvisteis* a mí, dice Jehová
Zac. 1.3; Mal. 3.7 *volveos* a mí, y yo me *volveré* a
Mt. 5.39 te hiera en la . . *vuélvele* también la otra
12.44; Lc. 11.24 *volveré* a mi casa de donde
18.3 que si no os *volvéis* . . como niños, no
24.18 no *vuelva* atrás para tomar su capa
Lc. 1.17 para hacer *volver* los corazones de los
4.14 Jesús *volvió* en el poder del Espíritu a
8.39 *vuélvete* a tu casa, y cuenta cuán
10.17 *volvieron* los setenta con gozo . . Señor

Lc. 22.32 tú . . *vuelto*, confirma a tus hermanos
Jn. 20.10 y *volvieron* los discípulos a los suyos

VOMITAR
Lv. 18.25 ella, y la tierra *vomitó* sus moradores
18.28 la tierra os *vomite* . . como *vomitó* a la
Job 20.15 devoró riquezas, pero las *vomitará*; de
Pr. 23.8 *vomitarás* la parte que comiste, y perderás
25.16 no sea que hastiado de ella la *vomites*
Jon. 2.10 mandó . . pez, y *vomitó* a Jonás en tierra
Ap. 3.16 eres tibio, y . . te *vomitaré* de mi boca

VÓMITO
Pr. 26.11 como perro que vuelve a su *v*, así es el
Is. 28.8 toda mesa está llena de *v* y suciedad
Hab. 2.16 cáliz . . y *v* de afrenta sobre tu gloria
2 P. 2.22 perro vuelve a su *v*, y la puerca lavada

VOSOTROS
Dt. 7.7 no por ser *v* más que todos los pueblos
Mt. 28.20 estoy con *v* todos los días, hasta el fin

VOTO *v.* Juramento, Pacto, Promesa
Gn. 28.20 hizo Jacob *v* . . Si fuere Dios conmigo
31.13 ungiste la piedra, y . . me hiciste un *v*
Lv. 27.2; Nm. 30.2 alguno hiciere . . *v* a Jehová
Nm. 30.4 su padre oyere su *v*, y . . callare a ello
Dt. 23.21 *v* a Jehová tu . . no tardes en pagarlo
Jue. 11.30 y Jefté hizo *v* a Jehová, diciendo: Si
1 S. 1.11 hizo *v*, diciendo: Jehová de . . ejércitos
2 S. 15.7 pagar mi *v* que he prometido a Jehová
Job 22.27 y él te oirá; y tú pagarás tus *v*
Sal. 22.25 *v* pagaré delante de los que le temen
50.14 sacrifica . . y paga tus *v* al Altísimo
56.12 sobre mí, oh Dios, están tus *v*; te
61.5 porque tú, oh Dios, has oído mis *v*; me
65.1 tuya . . oh Dios, y a ti se pagarán los *v*
116.14 ahora pagaré mis *v* a Jehová delante
Pr. 20.25 lazo es . . hacer . . *v* de consagración
Is. 19.21 harán *v* a Jehová, y los cumplirán
Nah. 1.15 celebra, oh . . tus fiestas, cumple tus *v*
Hch. 18.18 rapado la cabeza . . tenía hecho *v*
21.23 que tienen obligación de cumplir *v*

VOZ *v.* Clamor, Sonido
Gn. 3.8 oyeron la *v* de . . Dios . . en el huerto
22.11 ángel de Jehová le dio *v* desde el cielo
27.22 la *v* es la *v* de Jacob; pero las manos
Ex. 15.26 si oyeres atentamente la *v* de Jehová
23.21 guárdate delante de él, y oye su *v*
24.3 todo el pueblo respondió a una *v*, y dijo
Nm. 7.89 oía la *v* que le hablaba de encima del
Dt. 4.12 a excepción de oir la *v*, ninguna figura
8.20 no habréis atendido a la *v* de Jehová
13.4 a él temeréis . . y escucharéis su *v*, a él
Jos. 10.14 habiendo atendido Jehová a la *v* de un
1 S. 24.16; 26.17 ¿no es esta la *v* tuya, hijo mío
Sal. 18.13 tronó . . y el Altísimo dio su *v*
19.4 por toda la tierra salió su *v*, y hasta el
68.33 al que cabalga . . dará su *v*, poderosa *v*
95.7 él es nuestro Dios . . si oyeres hoy su *v*
Pr. 1.20 en las calles, alza su *v* en las plazas
Cnt. 2.8 ¡la *v* de mi amado! He aquí él viene
2.14 hazme oir tu *v* . . dulce es la *v* tuya, y
5.2 es la *v* de mi amado que llama: Abreme
Is. 6.8 *v* del Señor, que decía: ¿A quién enviaré
30.30 Jehová hará oir su potente *v*, y hará ver
40.3 *v* que clama en el desierto: Preparad
40.6 *v* que decía: Da *v*. Y yo respondí: ¿Qué
40.9 levanta . . fuertemente tu *v*, anunciadora
42.2 no alzará su *v*, ni la hará oir en las calles
66.6 *v* de . . *v* del templo, *v* de Jehová que da
Jer. 7.34 cesar . . la *v* de gozo y la *v* de alegría
25.10 que desaparezca . . la *v* de gozo y la *v* de
31.15 *v* fue oída en Ramá, llanto y lloro
42.6 a la *v* de Jehová . . obedeceremos, para
Mi. 6.9 la *v* de Jehová clama a la ciudad; es sabio
Mt. 3.3; Lc. 3.4; Jn. 1.23 *v* del que clama en el
3.17; Mr. 1.11; Lc. 3.22 una *v* de los cielos
12.19 no . . ni nadie oirá en las calles su *v*
17.5; Mr. 9.7; Lc. 9.35 una *v* desde la nube
Lc. 23.23 las *v* de ellos y de los . . prevalecieron
Jn. 3.29 el amigo . . se goza . . de la *v* del esposo

Jn. 5.25 los muertos oirán la *v* del Hijo de Dios
5.37 nunca habéis oído su *v*, ni habéis visto
7.37 fiesta, Jesús se puso en pie y alzó la *v*
10.3 ovejas oyen su *v*; y a sus ovejas llama
10.16 oirán mi *v*; y habrá un rebaño, y un
10.27 mis ovejas oyen mi *v*, y yo las conozco
12.30 no ha venido esta *v* por causa mía, sino
18.37 aquel que es de la verdad, oye mi *v*
Hch. 7.31 acercándose . . vino a él la *v* del Señor
9.7 oyendo a la verdad la *v*, mas sin ver a
10.13; 11.7 una *v*: Levántate, Pedro, mata y
12.22 gritando: ¡*V* de Dios, y no de hombre!
22.7; 26.14 y oí una *v* que me decía: Saulo
Ro. 10.18 por toda la tierra ha salido la *v* de ellos
He. 3.7; 4.7 si oyereis hoy su *v*, no endurezcáis
12.19 a la *v* que hablaba, la cual los que la
2 P. 1.17 fue enviada . . una *v* que decía: Este es
2.16 muda bestia . . hablando con *v* de hombre
Ap. 1.10 y oí . . una gran *v* como de trompeta
1.15 y su *v* como estruendo de muchas aguas
3.20 si alguno oye mi *v* y abre la puerta
10.4; 12.10; 18.4; 21.3 oí una *v* del cielo que
11.15 *v* en el cielo, que decían: Los reinos de
19.1 una gran *v* de gran multitud en el cielo

YELMO *v.* Armadura, Coraza, Escudo
Is. 59.17 con *y* de salvación en su cabeza; tomó
Ef. 6.17; 1 Ts. 5.8 tomad el *y* de la salvación

YERRO *v.* Error
Lv. 4.2 cuando alguna persona pecare por *y* en
Nm. 15.25 y les será perdonado, porque *y* es
Sal. 90.8 de ti, nuestros *y* a la luz de tu rostro

YUGO *v.* Carga
Gn. 27.40 que descargarás su *y* de tu cerviz
Lv. 26.13 rompí las coyundas de vuestro *y*, y os
Nm. 19.2 vaca . . sobre la cual no se haya puesto *y*
Dt. 28.48 él pondrá *y* de hierro sobre tu cuello
1 R. 12.4; 2 Cr. 10.4 tu padre agravó nuestro *y*
Is. 9.4 porque tú quebraste su pesado *y*, la vara
10.27 su *y* de tu cerviz, y tu *y* se pudrirá a
14.25 su *y* será apartado de ellos, y su carga
58.6 dejar ir libres . . y que rompáis todo *y*?
Jer. 2.20 porque desde muy atrás rompiste tu *y* y
27.2 hazte coyundas y *y*, y ponlos sobre tu
28.2 quebranté el *y* del rey de Babilonia
30.8 yo quebraré su *y* de tu cuello, y romperé
Lm. 1.14 el *y* de mis rebeliones ha sido atado por
3.27 bueno es . . llevar el *y* desde su juventud
Os. 11.4 y fui . . como los que alzan el *y* de sobre
Nah. 1.13 quebraré su *y* de sobre ti, y romperé
Mt. 11.29 llevad mi *y* sobre vosotros, y aprended
11.30 mi *y* es fácil, y ligera mi carga
Hch. 15.10 poniendo . . *y* sobre . . nuestros padres
2 Co. 6.14 no os unáis en *y* desigual con los
Gá. 5.1 no . . otra vez sujetos al *y* de esclavitud

ZABULÓN   Gn. 30.20; Is. 9.1; Mt. 4.15.

ZACARÍAS rey de Israel   2 R. 15.8-11.

ZACARÍAS el sacerdote   2 Cr. 24.20-22.
Mt. 23.35; Lc. 11.51 la sangre de *Z* hijo de

ZACARÍAS padre de Juan el Bautista   Lc. 1.5-23; 59-64; 69-79.

ZAFIRO
Is. 54.11 cimentaré tus . . y sobre *z* te fundaré
Ap. 21.19 el segundo, *z*; el tercero, ágata; el

ZAPATO *v.* Calzado
Rt. 4.8 el pariente dijo a Booz . . y se quitó el *z*
Am. 2.6 vendieron . . al pobre por un par de *z*

ZAQUEO   Lc. 19.2-10.

ZARANDEAR
Am. 9.9 sea *zarandeada* . . como se *zarandea* el
Lc. 22.31 Satanás os ha pedido para *zarandearos*

ZARCILLO
Gn. 35.4 dieron a Jacob . . los dioses . . y los *z*
Ex. 32.2 apartad los *z* de oro que están en las
Jue. 8.24 dijo Gedeón . . cada uno me dé los *z*
Pr. 11.22 como *z* de oro en el hocico de un cerdo
25.12 como *z* de oro y joyel de oro fino es

Cnt. 1.11 *z* Je oro te haremos, tachonados de
Is. 3.20 del pelo, los pomitos de olor y los *z*

ZARZA
Ex. 3.2 que la *z* ardía . . y la *z* no se consumía
Dt. 33.16 la gracia del que habitó en la *z* venga
Jue. 9.14 dijeron . . todos los árboles a la *z*
Is. 55.13 en lugar de la *z* crecerá ciprés, y en
Mr. 12.26 Moisés cómo le habló Dios en la *z*
Lc. 20.37 aun Moisés lo enseñó en el . . de la *z*
Hch. 7.30 Sinaí, en la llama de fuego de una *z*

ZEBA y ZALMUNA Jue. 8.5–21.

ZEBEDEO Mt. 4.21; Mr. 1.20.

ZELOFEHAD Nm. 26.33; 36.2.

ZELOTE *v.* Simón el cananista

ZIF 1 S. 23.14; 26.2.

ZIN Nm. 13.21; 27.14.

ZOAR Gn. 19.22–30.

ZOFAR Job 2.11; 11.1; 20.1; 42.9.

ZOROBABEL
Esd. 2.2; Neh. 7.7 los cuales vinieron con *Z*
Hag. 1.1 por medio del profeta Hageo a *Z*
Zac. 4.6 esta es palabra de Jehová a *Z*, que dice

ZORRA
Jue. 15.4 fue Sansón . . cazó 300 *z*, y tomó teas y
Cnt. 2.15 cazadnos las *z*, las *z* pequeñas, que dice
Lm. 5.18 el monte de Sion . . *z* andan por él
Ez. 13.4 como *z* . . fueron tus profetas, oh Israel
Mt. 8.20; Lc. 9.58 las *z* tienen guaridas, y las
Lc. 13.32 decid a aquella *z*: He aquí, echo fuera

ZURDO
Jue. 3.15 a Aod hijo de Gera . . el cual era *z*
20.16 setecientos hombres escogidos . . *z*

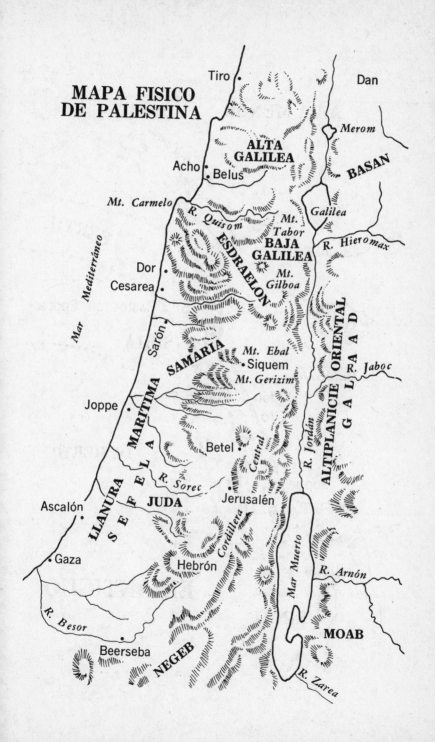

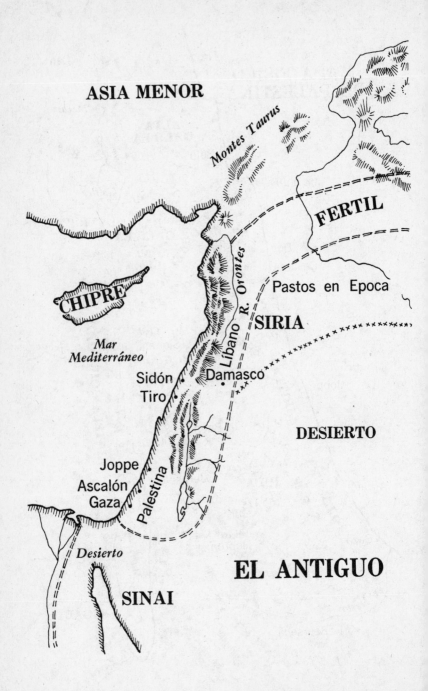

ASIA MENOR

Montes Taurus

FERTIL

CHIPRE

Pastos en Epoca

R. Orontes

SIRIA

Líbano

Mar Mediterráneo

Sidón
Tiro

Damasco

DESIERTO

Joppe
Ascalón
Gaza

Palestina

Desierto

EL ANTIGUO

SINAI

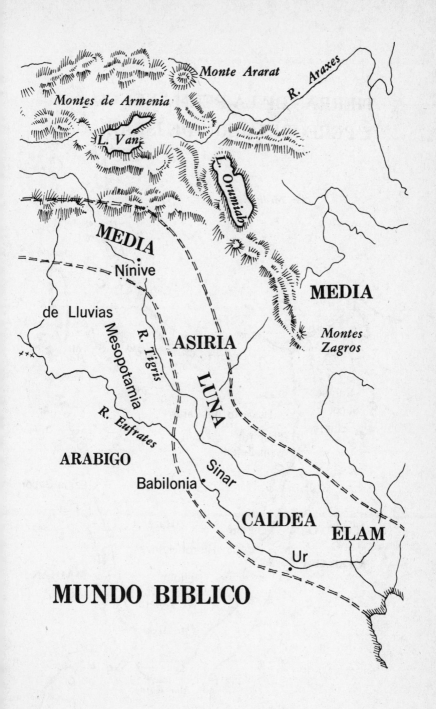

MUNDO BIBLICO

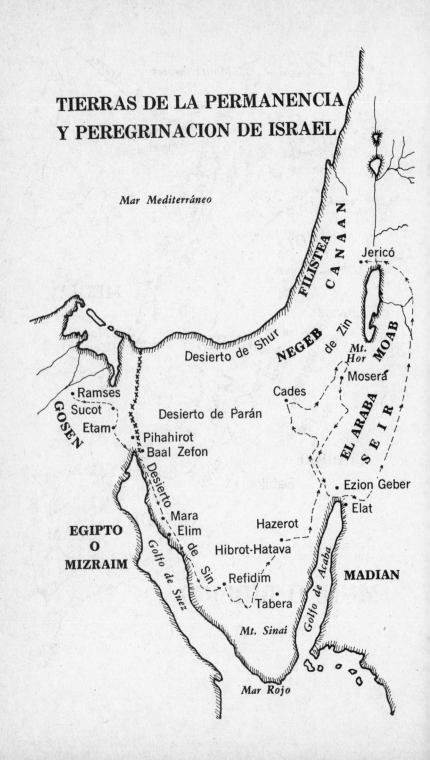

TIERRAS DE LA PERMANENCIA
Y PEREGRINACION DE ISRAEL

Mar Mediterráneo

Jericó

FILISTEA

CANAAN

NEGEB

de Zin

Desierto de Shur

Mt. Hor

MOAB

Mosera

Cades

EL ARABA

SEIR

Ramses

GOSEN

Sucot

Desierto de Parán

Etam

Pihahirot

Baal Zefon

Desierto

Ezion Geber

Elat

Mara

Hazerot

Elim

EGIPTO
O
MIZRAIM

de Sin

Hibrot-Hatava

MADIAN

Golfo de Suez

Refidim

Golfo de Acaba

Tabera

Mt. Sinai

Mar Rojo

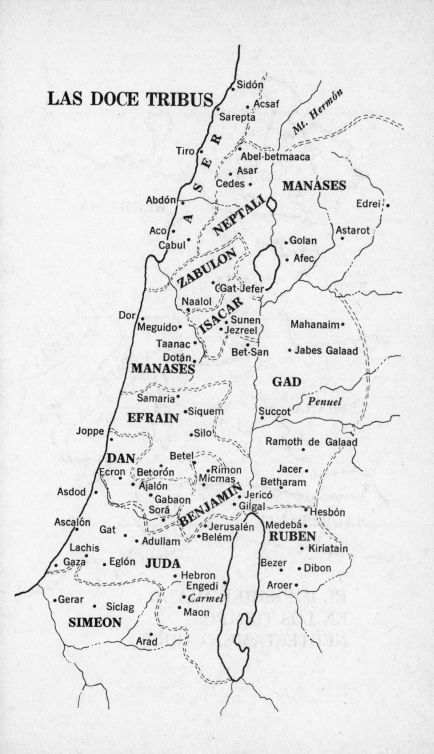

EL IMPERIO ROMANO
EN LOS TIEMPOS
NEOTESTAMENTARIOS

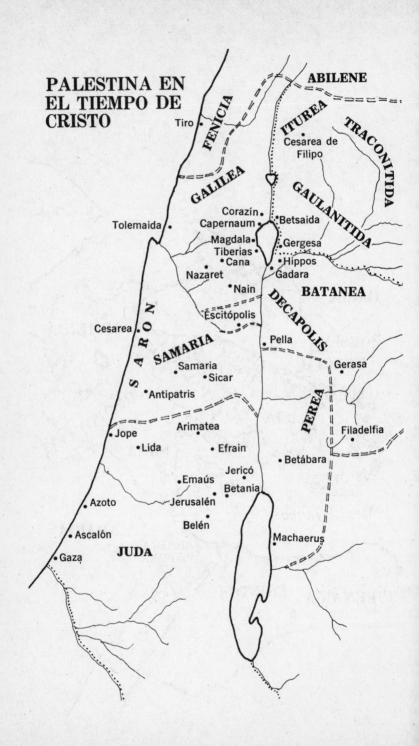

PALESTINA EN
EL TIEMPO DE
CRISTO

FENICIA

Tiro

ABILENE

ITUREA

TRACONITIDA

Cesarea de
Filipo

GALILEA

GAULANITIDA

Corazín

Tolemaida

Capernaum

Betsaida

Magdala

Gergesa

Tiberias

Cana

Hippos

Nazaret

Gadara

Nain

BATANEA

Escitópolis

DECAPOLIS

Cesarea

SARON

SAMARIA

Pella

Samaria

Sicar

Gerasa

Antipatris

PEREA

Arimatea

Filadelfia

Jope

Lida

Efrain

Betábara

Jericó

Emaús

Betania

Azoto

Jerusalén

Belén

Ascalón

Machaerus

Gaza

JUDA

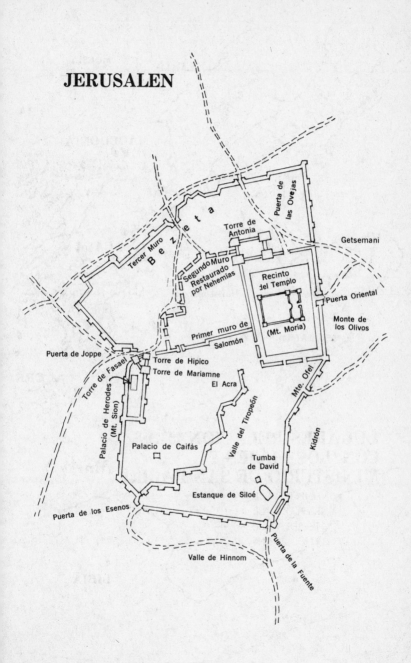

JERUSALEN

Tercer Muro

B e z e t a

Torre de Antonia

Puerta de las Ovejas

Getsemani

Segundo Muro Restaurado por Nehemías

Recinto del Templo

Puerta Oriental

Primer muro de Salomón

(Mt. Moria)

Monte de los Olivos

Puerta de Joppe

Torre de Fasael

Torre de Hipico

Torre de Mariamne

El Acra

Mte. Ofel

Palacio de Herodes (Mt. Sion)

Valle del Tiropeón

Kidrón

Palacio de Caifás

Tumba de David

Estanque de Siloé

Puerta de los Esenos

Puerta de la Fuente

Valle de Hinnom

LUGARES RELACIONADOS
CON LOS VIAJES Y
MINISTERIO DE SAN PABLO

PRIMER VIAJE →→→→→→→
SEGUNDO VIAJE ···>··>··>
TERCER VIAJE ··—→·· —→
VIAJE A ROMA →— — —→

Nos agradaría recibir noticias suyas.
Por favor, envíe sus comentarios sobre este libro
a la dirección que aparece a continuación.
Muchas gracias.

EDITORIAL VIDA
8325 NW 53rd St., Suite: 100
Miami, Florida 33166-4665
Vidapub.sales@harpercollins.com
http://www.editorialvida.com